COMENTARIOS BÍBLICOS CON APLICACIÓN

MATEO

del texto bíblico a una aplicación contemporánea

NVI

COMENTARIOS BÍBLICOS CON APLICACIÓN

MATEO

del texto bíblico a una aplicación contemporánea

MICHAEL J. WILKINS

Vida®

La misión de Editorial Vida es ser la compañía líder en satisfacer las necesidades de las personas, con recursos cuyo contenido glorifique al Señor Jesucristo y promueva principios bíblicos.

COMENTARIO BÍBLICO CON APLICACIÓN NVI: MATEO

Edición en español publicada por

Editorial Vida–2016

Nashville, Tennessee

Este título también está disponible en formato electrónico

Originally published in the U.S.A. under the title:

The NIV Application Commentary: Matthew

Editor de la serie: *Dr. Matt Williams*
Traducción: *Loida Viegas Fernández y Pedro L. Gómez Flores*
Edición: *S. E. Telee*
Diseño interior: *José Luis López González*

ISBN: 978-0-8297-5933-4

CATEGORÍA: Comentario bíblico / Nuevo Testamento

IMPRESO EN ESTADOS UNIDOS DE AMÉRICA
PRINTED IN THE UNITED STATES OF AMERICA

16 17 18 19 DCI 12 11 10 9 8 7 6 5 4 3 2 1

Para

Barbara y Stuart Campbell

Margaret y Juan Meliá

León y Mary Wilkins

Figuras parentales en nuestras vidas que han modelado el discipulado de Jesús para nosotros.

Contenido

7

Introducción a la serie CBA NVI

11

Prefacio del editor

13

Prefacio del autor

15

Abreviaturas

18

Introducción

36

Bosquejo del Evangelio de Mateo

45

Bibliografía

52

Texto y comentario de Mateo

Introducción a la serie CBA NVI

Los *Comentarios bíblicos con aplicación: serie* NVI son únicos. La mayoría de los comentarios bíblicos nos ayudan a recorrer el trecho que va desde el siglo XXI al siglo I. Nos permiten cruzar las barreras temporales, culturales, idiomáticas y geográficas que nos separan del mundo bíblico. Sin embargo, solo nos ofrecen un billete de ida al pasado y asumen que nosotros mismos podemos, de algún modo, hacer el viaje de regreso por nuestra cuenta. Una vez nos han explicado el *sentido original* de un libro o pasaje, estos comentarios nos brindan poca o ninguna ayuda para explorar su *significado contemporáneo*. La información que nos ofrecen es sin duda valiosa, pero la tarea ha quedado a medias.

Recientemente, algunos comentarios han incluido un poco de aplicación contemporánea como *una* de sus metas. No obstante, las aplicaciones son a menudo imprecisas o moralizadoras, y algunos volúmenes parecen más sermones escritos que comentarios.

La meta principal de los *Comentarios bíblicos con aplicación: serie* NVI es ayudarte con la tarea, difícil pero vital, de trasladar un mensaje antiguo a un contexto moderno. La serie no se centra en la aplicación solamente como un producto acabado, sino que te ayuda también a pensar detenidamente en el *proceso* por el que se pasa del sentido original de un pasaje a su significado contemporáneo. Son verdaderos comentarios, no exposiciones populares. Se trata de obras de referencia, no de literatura devocional.

El formato de la serie ha sido concebido para conseguir la meta propuesta. El tratamiento de cada pasaje se lleva a cabo en tres secciones: *Sentido Original*, *Construyendo Puentes*, y *Significado Contemporáneo*.

Sentido Original

Esta sección te ayuda a entender el significado del texto bíblico en su contexto del siglo I. En este apartado se tratan de manera concisa todos los elementos de la exégesis tradicional, a saber, el contexto histórico, literario y cultural del pasaje. Los autores analizan cuestiones relacionadas con la gramática, la sintaxis y el significado de las palabras bíblicas. Se esfuerzan asimismo en explorar las principales ideas del pasaje y el modo en que el autor bíblico desarrolla tales ideas.[1]

1. Obsérvese que, cuando los autores tratan el sentido de alguna palabra en las lenguas bíblicas originales, en esta serie se utiliza el método general de transliteración en lugar del más técnico (el que utiliza los alfabetos griego y hebreo).

Tras leer esta sección, el lector entenderá los problemas, preguntas y preocupaciones de los *primeros receptores* y el modo en que el autor bíblico trató tales cuestiones. Esta comprensión es fundamental para cualquier aplicación legítima del texto en nuestros días.

Construyendo Puentes

Como indica el título, en esta sección se construye un puente entre el mundo de la Biblia y el de nuestros días, entre el contexto original y el moderno, analizando tanto los aspectos circunstanciales del texto como los intemporales.

La Palabra de Dios tiene un *aspecto circunstancial*. Los autores de la Escritura dirigieron sus palabras a situaciones, problemas y cuestiones específicas. Pablo advirtió a los gálatas sobre las consecuencias de circuncidarse y los peligros de intentar justificarse por la ley (Gá 5:2-5). El autor de Hebreos se esforzó en convencer a sus lectores de que Cristo es superior a Moisés, a los sacerdotes aarónicos y a los sacrificios veterotestamentarios. Juan instó a sus lectores a "someter a prueba a los profetas" que enseñaban una forma de gnosticismo incipiente (1Jn 4:1-6). En cada uno de estos casos, la naturaleza circunstancial de la Escritura nos capacita para escuchar la Palabra de Dios en situaciones que fueron *concretas* y no abstractas.

No obstante, esta misma naturaleza circunstancial de la Escritura también crea problemas. Nuestras situaciones, dificultades y preguntas no siempre están relacionadas directamente con las que afrontaban los primeros receptores de la Biblia. Por tanto, la Palabra de Dios para ellos no siempre nos parece pertinente a nosotros. Por ejemplo, ¿cuándo fue la última vez que alguien te instó a circuncidarte, afirmando que era una parte necesaria de la justificación? ¿A cuántas personas de nuestros días les inquieta la cuestión de si Cristo es o no superior a los sacerdotes aarónicos? ¿Y hasta qué punto puede una "prueba" diseñada para detectar el gnosticismo incipiente ser de algún valor en una cultura moderna?

Afortunadamente, las Escrituras no son únicamente documentos circunstanciales, sino también *intemporales*. Del mismo modo que Dios habló a los primeros receptores, sigue hablándonos a nosotros a través de las páginas de la Escritura. Puesto que compartimos la común condición de humanos con las gentes de la Biblia, descubrimos una *dimensión universal* en los problemas a los que tenían que hacer frente y en las soluciones que Dios les dio. La naturaleza intemporal de la Escritura hace posible que nos hable con poder en cualquier momento histórico y en cualquier cultura.

Quienes dejan de reconocer que la Escritura tiene una dimensión circunstancial y otra intemporal se acarrean muchos problemas. Por ejemplo, los que se sienten apabullados por la naturaleza circunstancial de libros como Hebreos o

Gálatas pueden soslayar su lectura por su aparente falta de sentido para nuestros días. Por otra parte, quienes están convencidos de la naturaleza intemporal de la Escritura, pero no consiguen percibir su aspecto circunstancial, pueden "disertar elocuentemente" sobre el sacerdocio de Melquisedec ante una congregación muerta de aburrimiento.

El propósito de esta sección es, por tanto, ayudarte a discernir lo intemporal (y lo que no lo es) en las páginas del Nuevo Testamento dirigidas a situaciones temporales. Por ejemplo, si la principal preocupación de Pablo no es la circuncisión (como se nos dice en Gá 5:6), ¿cuál *es* entonces? Si las exposiciones sobre el sacerdocio aarónico o sobre Melquisedec nos parecen hoy irrelevantes, ¿cuáles son los elementos de valor permanente en estos pasajes? Si en nuestros días los creyentes intentan "someter a prueba a los profetas" con una prueba diseñada para una herejía específica del siglo I, ¿existe alguna otra comprobación bíblica más apropiada para que podamos cumplir hoy este propósito?

No obstante, esta sección no solo descubre lo intemporal de un pasaje concreto, sino que también nos ayuda a ver *cómo* lo hace. El autor del comentario se esfuerza en tornar explícito lo que en el texto está implícito; toma un proceso normalmente intuitivo y lo explica de un modo lógico y ordenado. ¿Cómo sabemos que la circuncisión no es la principal preocupación de Pablo? ¿Qué claves del texto o del contexto nos ayudan a darnos cuenta de que la verdadera preocupación de Pablo se halla a un nivel más profundo?

Lógicamente, aquellos pasajes en que la distancia histórica entre nosotros y los primeros lectores es mayor requieren un tratamiento más extenso. Por el contrario, aquellos textos en que la distancia histórica es más reducida o casi inexistente demandan menos atención.

Una clarificación final. Puesto que esta sección prepara el camino para tratar el significado contemporáneo del pasaje, no siempre existe una distinción precisa o una clara división entre esta y la siguiente. No obstante, cuando ambos bloques se leen juntos, tendremos la fuerte sensación de haber pasado del mundo de la Biblia al de nuestros días.

Significado Contemporáneo

Esta sección permite que el mensaje bíblico nos hable hoy con el mismo poder que cuando fue escrito. ¿Cómo podemos aplicar lo que hemos aprendido sobre Jerusalén, Éfeso o Corinto a nuestras necesidades contemporáneas en Los Ángeles, Lima o Barcelona? ¿Cómo podemos tomar un mensaje, que se expresó inicialmente en griego y arameo, y comunicarlo con claridad en nuestro idioma? ¿Cómo podemos tomar las eternas verdades que en su origen se plasmaron en un tiempo y una cultura distintos, y aplicarlos a las parecidas pero diferentes necesidades de nuestra cultura?

Para conseguir estas metas, la presente sección nos ayuda en varias cuestiones clave.

En primer lugar, nos permite identificar situaciones, problemas o preguntas contemporáneas verdaderamente comparables a las que la audiencia original hubo de hacer frente. Puesto que las situaciones de hoy rara vez son idénticas a las que se dieron en el siglo primero, hemos de buscar escenarios semejantes para que nuestras aplicaciones sean relevantes.

En segundo lugar, esta sección explora toda una serie de contextos en los que el pasaje en cuestión puede aplicarse en nuestro tiempo. Buscaremos aplicaciones personales, pero también nos veremos estimulados a pensar más allá de nuestra situación personal, considerando cuestiones que afectan a la sociedad y la cultura en general.

En tercer lugar, en esta sección tomaremos conciencia de los problemas o dificultades que pueden surgir en nuestro deseo de aplicar el pasaje. En caso de que existan varias maneras legítimas de aplicar un pasaje (cuestiones en las que no exista acuerdo entre los cristianos), el autor llamará nuestra atención al respecto y nos ayudará a analizar a fondo las implicaciones.

En la consecución de estas metas, los colaboradores de esta serie intentan evitar dos extremos. El primero, plantear aplicaciones tan específicas que el comentario se convierta rápidamente en un texto arcaico. El segundo, evitar un tratamiento tan general del sentido del pasaje que deje de conectar con la vida y cultura contemporáneas.

Por encima de todo, los colaboradores de esta serie han realizado un diligente esfuerzo para que sus observaciones no suenen a perorata moralizadora. Los *Comentarios bíblicos con aplicación: serie NVI* no pretenden ofrecerte materiales listos para ser utilizados en sermones, sino herramientas, ideas y reflexiones que te ayuden a comunicar la Palabra de Dios con poder. Si conseguimos ayudarte en esta meta se habrá cumplido el propósito de esta serie.

Los editores

Prefacio del editor

Puede decirse que la sección más leída del Evangelio de Mateo en nuestro tiempo es el Sermón del Monte (caps. 5-7). Es incluso posible que estos sean los capítulos más leídos de todo el Nuevo Testamento. La razón es fácil de imaginar. Vivimos en una era moralizante, legalista e individualista. El Sermón del Monte puede leerse como un manual de ética y seguirse independientemente de lo que se piense sobre Dios, la comunidad judía o la iglesia cristiana. De hecho, Albert Schweitzer, uno de los grandes pensadores de nuestro tiempo, lo leyó de este modo y afirmó que el Sermón del Monte sintetiza la esencia del cristianismo. Lamentablemente, esta es una forma errónea de leer el Sermón del Monte y el Evangelio de Mateo, porque este acercamiento presupone que la forma en que decidimos comportarnos determina quiénes somos y establece nuestra identidad. Y esto es completamente erróneo. Lo que nos enseña el Evangelio de Mateo en general y el Sermón del Monte en particular es que quienes somos (o más exactamente, aquel a quien pertenecemos, i.e., aquel a quien decidimos seguir o con quien elegimos identificarnos) determina el modo en que nos comportamos. Mateo nos dice que el Sermón del Monte describe cómo nos comportaremos si decidimos seguir a Jesús como Mesías.

¿Parece una distinción demasiado sutil? ¿Da la impresión de que le estamos buscando los tres pies al gato, o de que hacemos una montaña de un granito de arena? Puede que lo estemos exagerando un poco. Pero vale la pena subrayar esto porque, cuando entendemos así el Sermón del Monte, deja de ser un sermón y se convierte en un tratado de ética. Esta manera de abordarlo quita la esencia del cristianismo como un don de la gracia y la convierte en una filosofía moderna. Cuando leemos incorrectamente el Sermón del Monte suceden tres cosas importantes, a cual peor.

(1) Sobrevaloramos nuestra bondad. Resulta tentador pensar en nuestro carácter como algo que construimos cuidadosamente, con unos ladrillos de honestidad por aquí, unas viguetas de generosidad por allá, sobre un fundamento de disciplina y energía. Según este panorama somos nosotros quienes decidimos tanto la meta como los métodos y materiales que necesitamos para conseguirla. Es cosa nuestra pasar o no la prueba. Mateo dice que no somos tan buenos.

(2) Subestimamos nuestra capacidad para el mal. La razón por la que nuestra bondad innata, creada por Dios, no consigue dominar nuestras personalidades es que hemos sido infectados por una fuerza que nos ha discapacitado radicalmente y que impide que resplandezcan las luces de nuestra bondad. Todos sentimos los rigores de esta fuerza y quizá desearíamos que no existiera. Mateo nos pide que nos identifiquemos con el Mesías porque cuando se trata de esta cuestión no tenemos otra alternativa: "Les aseguro que a menos que ustedes cambien y se vuelvan como niños, no entrarán en el reino de los cielos".

(3) Dependemos de Dios menos de lo que deberíamos. En primer lugar, nos sentimos tentados a no identificarnos con el Mesías para que nuestro carácter emerja como consecuencia de esta decisión, y no al revés; optamos por reformarnos un poco para hacernos más aceptables a Dios antes de sometemos a él. No obstante, cuando hacemos esto nos es imposible depender de Dios como debiéramos. Reservamos un poco —bastante, normalmente—, de lo que consideramos "energía creativa" para hacernos aceptables ante Dios. Y con esta reserva cambiamos el mensaje del Evangelio.

El Sermón del Monte es un ideal imposible si lo leemos como un tratado de ética que establece la norma a alcanzar. Es una maravillosa descripción de lo que podemos llegar a ser si nos identificamos con Cristo y permitimos que su amor se exprese en nosotros. Leído de este modo, el Evangelio de Mateo es una gloriosa promesa de lo que somos y llegaremos a ser: la esperanza de la vida cristiana que su autor vio con tanta claridad.

Terry C. Muck

Prefacio del autor

El Evangelio de Mateo ha ocupado un lugar especial en mi vida durante más de veinticinco años. Los últimos cinco años en particular han sido los más gratificantes. Escribir un comentario de esta naturaleza, con sus tres secciones —Sentido Original, Construyendo Puentes y Significado Contemporáneo— ha sido como redactar tres comentarios a la vez. Pero esto es precisamente lo genial de esta serie de comentarios y la razón por la que escribirlo ha tenido un gran impacto sobre mí personalmente. Andar con Jesús en el escenario histórico del siglo I por medio de las meticulosas reflexiones de Mateo, ser instruido por las intenciones teológicas de este autor para su comunidad y abrirme permitiendo que sus reflexiones sobre la identidad y misión de Jesús penetren en mi corazón, alma, mente y fuerzas me ha cambiado.

Redactar este comentario ha sido una de las experiencias espirituales que más hondamente han enriquecido mi vida. Escuchar la enseñanza de Jesús en sus discursos, especialmente el Sermón del Monte, ha modelado mi concepción del mundo, mi teología y mi vida, que intento vivir según los principios éticos del reino de los cielos. Observar el desarrollo del ministerio de Jesús entre sus seguidores más cercanos, los interesados que guardan la distancia y los intensamente antagónicos ha dado forma a mi manera de relacionarme con las personas. En particular, entrar en la experiencia de la pasión que Jesús vivió durante sus últimos días en la tierra y sus últimas horas en la cruz me ha impactado intensamente. Mateo me llevó al corazón de Jesús en la cruz, una experiencia que rompió mi propio corazón, restaurado después de manera singular por Jesús, que llevó a cabo su sacrificio expiatorio por el pecado de la humanidad.

Doy también las gracias a muchas otras personas que han hecho esto posible: al editor ejecutivo de Zondervan, Jack Kuhatschek, por invitarme a que escribiera este comentario y por su paciencia a medida que se acercaba el plazo para que entregara el manuscrito. Jack, eres un líder generoso, amable y, al tiempo, muy motivador; gracias. Doy gracias a Terry Muck por su supervisión y a Scot McKnight por su cuidadosa lectura del manuscrito. A Verlyn Verbrugge, veterano editor que con tanta diligencia invierte su enorme conocimiento del Nuevo Testamento y su competencia técnica: gracias por tu apoyo, ánimo y deseo de ayudar a los escritores a llevar a buen término sus años de trabajo. Estoy muy agradecido por mi relación con Zondervan. Doy gracias especialmente a Stan Gundry por su diligente dirección como redactor jefe, a Joyce Ondersma por su amable atención de los escritores y a Jack Kragt por desarrollar el trabajo de nuestra vida. Juntos han hecho de Zondervan, en mi opinión, la editorial evangélica de referencia. Es un honor trabajar con ustedes.

Doy también gracias a mis colegas —facultad, administración, staff y estudiantes— de la Talbot School of Theology, de la Universidad de Biola, por su generoso apoyo. Me han escuchado enseñar, predicar y reflexionar sobre Mateo durante muchos años. Gracias por creer en mí y apoyar mi trabajo. Si pretendiera nombrar a cada uno en particular seguro que me olvidaría de alguno, solo puedo, por tanto, darles las gracias colectivamente a todos ustedes. Hay una excepción: Dennis Dirks, mi decano asociado, quien ha hecho un enorme sacrificio personal por apoyarme para que pudiera llevar a cabo mi vocación. Eres el epítome del liderazgo servicial del que tan superficialmente se habla en nuestro tiempo. Gracias, querido amigo.

A lo largo de los años, mis ayudantes de investigación han ido aportando un importante acervo de bibliografía y recursos, y me han ayudado a explorar algunos temas técnicos del Evangelio de Mateo. Quiero expresar un reconocimiento especial a Todd Wendorff, Gary Manning, Ray Bonesteele, Mark Aleta, Steve Earle, Marco Choi, Betty Talbert-Wetler y Aaron Devine. Esther Sunukjian confeccionó el índice de textos bíblicos. Pido a quienes haya podido pasar por alto que, por favor, me disculpen, pero quiero que sepan que han contribuido de forma significativa a la publicación de esta obra.

Mi gratitud final y culminante es para mi familia. De todos los Evangelios, el de Mateo es el que otorga a la familia —tanto a la eclesial como a la biológica— un lugar más importante. Mientras escribía este comentario, tuve el honor de formar parte del equipo pastoral a media jornada en la Iglesia Presbiteriana de San Clemente, California. Ustedes me escucharon enseñar y predicar sobre el Evangelio de Mateo muchas, *muchas* veces. Siempre me apoyaron y me animaron a ser riguroso desde el punto de vista académico, y radical en la práctica. Gracias.

Y durante todos estos años he tenido el privilegio de contar con una esposa, hijos, padres y mucha familia en el sentido más amplio que me han ayudado a entender y aplicar lo que enseña Mateo. Gracias a todos —especialmente a nuestras hijas Wendy y Michelle, a su marido, Dan, y su bebé, Melia Noël, nacida esta semana—, gracias por permitirme crecer como padre y ahora abuelo. Y a mi esposa, Lynne: hemos crecido juntos en Jesús intentando formar una familia para él y seguimos caminando juntos, aún más íntimamente, guiados por Jesús en esta siguiente fase maravillosa de nuestra vida juntos. Gracias, querida esposa y amiga, por el apoyo que siempre me das ayudándome a equilibrar la vida y por la increíble alegría que aportas cada día a mi vida.

Michael J. Wilkins
Talbot School of Theology, Biola University

Abreviaturas

ABD	David N. Freedman, ed., *Anchor Bible Dictionary*, 6 vols. (Nueva York: Doubleday, 1992)
ABR	*Australian Biblical Review*
ABRL	Anchor Bible Reference Library
ACCSNT	Ancient Christian Commentary on Scripture: New Testament
b.	Babylonian Talmud
BAR	*Biblical Archaeology Review*
BBR	*Bulletin for Biblical Research*
BDAG	Walter Bauer, *A Greek-English Lexicon of the New Testament and Other Early Christian Literature*, trad. ing. W. Arndt y W. Gingrich; 3ª ed., rev. Frederick W. Danker (Chicago: Univ. of Chicago Press, 2000)
BDF	Blass, Debrunner, *A Grammar of the Greek New Testament and Other Early Christian Literature,* trad. ing. y ed. de Robert Funk (Chicago: Univ. of Chicago Press, 1961)
Bib	*Biblica*
BibSac	*Bibliotheca sacra*
BNTC	Black's New Testament Commentaries
BST	The Bible Speaks Today
BT	*The Bible Translator*
BTDB	Walter A. Elwell, ed., *Baker Theological Dictionary of the Bible* (Grand Rapids: Baker, 1994)
BZ	*Biblische Zeitschrift*
BZNW	Beihefte zur Zeitschrift für die neutestamentliche Wissenschaft
CBQ	*Catholic Biblical Quarterly*
CBQMS	Catholic Biblical Quarterly Monograph Series
CGTC	Cambridge Greek Testament Commentary
CNT	Commentaire du Nouveau Testament
CurBS	*Currents in Research: Biblical Studies*
DBI	Leland Ryken, James Wilhoit, and Tremper Longman III, eds., *Dictionary of Biblical Imagery* (Downers Grove, Ill.: InterVarsity Press, 1998)
DJBP	Jacob Neusner and William Green, eds., *Dictionary of Judaism in the Biblical Period* (Peabody, Mass.: Hendrickson, 1099)

DJG	Joel Green, Scot McKnight, y I. Howard Marshall, eds., *Dictionary of Jesus and the Gospels* (Downers Grove, Ill.: InterVarsity Press, 1992)
DLNTD	C. A. Evans y S. E. Porter, eds., *Dictionary of Later New Testament and Its Development* (Downers Grove, Ill.: InterVarsity Press, 2000)
DSB	Daily Study Bible Commentary Series
DSD	*Dead Sea Discoveries*
EBC	*Expositor's Bible Commentary*
EJR	*Encyclopedia of the Jewish Religion*
ExpTim	*Expository Times*
GNC	Good News Commentary
HTKNT	Herders theologischer Kommentar zum Neuen Testament
IBD	J. D. Douglas, ed., *The Illustrated Bible Dictionary,* 3 vols. (Downers Grove, Ill.: InterVarsity Press, 1986)
ICC	International Critical Commentary
IVPNTC	InterVarsity Press New Testament Commentary
ISBE	G. Bromiley, ed., *International Standard Bible Encyclopedia*, 4 vols., ed. rev. (Grand Rapids: Eerdmans, 1979-1988)
JBL	*Journal of Biblical Literature*
JETS	*Journal of the Evangelical Theological Society*
JSNT	*Journal for the Study of the New Testament*
JSNTSup	Journal for the Study of the New Testament Supplement Series
JSPSup	Journal for the Study of the Pseudepigrapha: Supplement Series
LEC	Library of Early Christianity
Louw-Nida	Johannes Louw y Eugene Nida, *Greek-English Lexicon of the New Testament: Based on Semantic Domains*, 2ª ed., 2 vols. (Nueva York: United Bible Society, 1989)
m.	Mishná
NCB	New Century Bible
NDBT	Desmond Alexander, Brian Rosner, D. A. Carson, y Graeme Goldsworth, eds., *New Dictionary of Biblical Theology* (Downers Grove, Ill.: InterVarsity Press, 2000)
NIB	Leander Keck, ed. gen., *New Interpreter's Bible: A Commentary in 12 Volumes* (Nashville: Abingdon, 1995)
NIDNTT	Colin Brown, ed., *New International Dictionary of New Testament Theology*, 4 vols. (Grand Rapids: Zondervan, 1967-1971)

NIGTC	New International Greek Testament Commentary
NIV	New International Version
NovT	*Novum Testamentum*
NovTSup	Novum Testamentum Supplements
NSBT	New Studies in Biblical Theology
NTM	New Testament Message
NTS	*New Testament Studies*
NTTS	New Testament Tools and Studies
NVI	Nueva Versión Internacional
PDT	La Palabra de Dios para Todos
PNTC	Pillar New Testament Commentary
RB	*Revue biblique*
SBC	Student's Bible Commentary
SBLSP	*Society of Biblical Literature Seminar Papers*
SBT	Studies in Biblical Theology
SJT	*Scottish Journal of Theology*
SM	Sermón del Monte
SNTSMS	Society for New Testament Studies Monograph Series
Str.-B.	Strack-Billerbeck
t.	Tosefta
TBT	*The Bible Today*
TCGNT	Bruce Metzger, *The Textual Commentary on the Greek New Testament*, 2ª ed. (Nueva York: American Bible Society, 1994)
TLZ	*Theologische Literaturzeitung*
TNTC	Tyndale New Testament Commentary
TrinJ	*Trinity Journal*
TT	*Theology Today*
TynBul	*Tyndale Bulletin*
WBC	Word Biblical Commentary
WTJ	*Westminster Theological Journal*
y.	Talmud de Jerusalén
ZIBBC	*Zondervan Illustrated Bible Backgrounds Commentary*
ZPEB	Merrill C. Tenney, ed. gen., *Zondervan Pictorial Encyclopedia of the Bible* (Grand Rapids: Zondervan, 1975-1976)

Introducción

Estamos a punto de emprender un viaje por uno de los escritos más apreciados de la fe cristiana. Según citas de los primeros autores cristianos, el Evangelio de Mateo fue el más ampliamente leído y utilizado durante los años de formación de la iglesia. Manlio Simonetti, un famoso experto en literatura patrística, afirma acerca del Evangelio de Mateo: "No es ninguna exageración afirmar que los fieles que vivieron entre el final del primer siglo y el fin del segundo conocieron las palabras y obras de Cristo a través de este texto".[1] Ha conservado su atractivo a lo largo de los siglos y ejercido una gran influencia sobre la iglesia.[2] Muchos sostienen que este Evangelio ha sido el más importante durante una buena parte de la historia de la iglesia.[3] Una de las principales razones por las que este Evangelio es tan importante es su verificación de que Jesús era el ansiado Mesías de Israel, quien había traído salvación no solo a los judíos sino a todas las naciones.

Unos treinta años antes de la redacción de este Evangelio, Jesús el Mesías se había presentado discretamente a Israel. Mantenía contactos con Juan el Bautista, el apasionado profeta, pero aquella relación se convirtió en un vínculo peligroso, ya que Juan fue decapitado por Herodes Antipas, el títere de Roma en Galilea. Como Juan, Jesús adquirió una rápida popularidad entre el pueblo y atrajo a grandes multitudes que escuchaban su mensaje, experimentaban sus milagros de sanación y eran desafiados por su predicación acerca de la llegada del reino de los cielos. Pero también igual que Juan, Jesús se convirtió en objetivo de la oposición de los poderes políticos y religiosos de Israel. Esta oposición se intensificó dramáticamente hasta que, tristemente, en el tercer año de su ministerio, durante la Pascua, Jesús fue arrestado, juzgado por el sistema religioso judío y el gobierno de ocupación romano, y ejecutado por medio de la crucifixión.

Al principio, esto pareció poner fin al movimiento mesiánico del entorno de Jesús. Pero pronto comenzaron a circular rumores de que Jesús el Mesías había resucitado, que se había aparecido a sus seguidores y que todo lo que había predicado sobre la llegada del reino de los cielos era verdad. Él era realmente el Mesías de Israel y el Salvador de la humanidad. Sus seguidores comenzaron

1. Manlio Simonetti, ed., *Matthew 1-13* (ACCSNT; Downers Grove, Ill.: InterVarsity Press, 2001), 1A:xxxvii.
2. Quienes estén interesados en un breve resumen histórico, pueden ver Simonetti, *Matthew 1-13*, 1A:xxxvii-xli. Un estudio todavía valioso para establecer esta tesis es, Édouard Massaux, *The Influence of the Gospel of Saint Matthew on Christian Literature before Saint Irenaeus,* Book 1: *The First Ecclesiastical Writers*, trad. ing. Norman J. Belval y Suzanne Hecht, ed. Arthur J. Bellinzoni (New Gospel Studies 5/1; 1950; Macon, Ga.: Mercer Univ. Press, 1990).
3. P. ej., Ulrich Luz, *Matthew 1-7: A Commentary*, trad. ing. Wilhelm C. Linss (1985; Minneapolis: Augsburg, 1989), 81.

a propagar su mensaje por todo el mundo mediterráneo. Pero, como sucedió durante su ministerio terrenal, el mensaje de Jesús creó divisiones entre quienes lo escuchaban. Grupos de judíos se hicieron seguidores de Jesús en Palestina, en la cada vez más importante comunidad judía de Antioquía de Siria y hasta en Roma, el odiado centro del imperialismo romano. En todos los lugares donde se había establecido el judaísmo de la diáspora, este recibió el impacto de las persistentes y penetrantes incursiones de cristianos judíos.

El emperador Claudio se había preocupado por la rápida extensión del movimiento cristiano, que Suetonio parece consignar como una consecuencia de la disputa acerca de un tal "Cresto" en Roma, en la década 40-50 del siglo I,[4] que bien podría haber sido una contienda entre judíos y cristianos por la predicación sobre Jesús el Mesías.[5] Los cristianos afirmaban que Jesús había resucitado de entre los muertos y apuntaban a la tumba vacía. Los judíos respondían con la historia de un cadáver robado. Frustrado con ambas partes, Claudio expulsó a todos los judíos de Roma (el cristianismo se consideraba como una secta del judaísmo; Hch 18:2).

Entonces César (¿Claudio?) hizo que uno de sus gobernadores locales promulgara el famoso "decreto de Nazaret", que se proclamó, aproximadamente en el año 50 A.D. en esta ciudad galilea donde se había iniciado la agitación. Se trata de una losa de piedra con la inscripción de un decreto imperial que amenaza con la pena capital a quienes violan tumbas y pone de relieve la seriedad con que el mundo antiguo se tomaba la profanación de los sepulcros y el traslado de los cadáveres. Puede también ayudarnos a profundizar en los acontecimientos que narra Mateo, si su relato se produjo (como algunos proponen) en respuesta a la controversia entre judíos y cristianos acerca de la tumba vacía de Jesús.[6] Esto estaría en consonancia con la afirmación de Mateo en el sentido de que los judíos hicieron circular una historia sobre el robo del cuerpo de Jesús por parte de sus discípulos (ver comentarios sobre 28:11-15).

Esta clase de controversias fueron las que suscitaron la redacción del primer Evangelio. Ya en el primer versículo, el autor nos deja ver su propósito al escribir su obra, a saber, establecer la identidad de Jesús como Mesías, heredero de las promesas al trono de Israel por medio del rey David y de ser una bendición para todas las naciones a través del patriarca Abraham. Así, este primer Evangelio sirve de herramienta de evangelización para los judíos, argumentando que deben volverse a Jesús como el Mesías tan largamente esperado, pero también para los gentiles, subrayando que a través de Jesús el Mesías se les ofrece salvación.

---

4. Suetonio, *Claudio* 25.4.
5. *Cf.* F. F. Bruce, *Hechos de los Apóstoles: introducción, comentario, y notas* (Buenos Aires: Nueva Creación, 1998), p. 391 de la 3ª ed. en inglés.
6. Se dice que esta tabla se encontró en Nazaret en 1878, pero que los caracteres griegos indican una procedencia del siglo I A.C. Está en posesión de la Bibliothèque Nationale de París (ver foto en E. M. Blaiklock, "Nazareth Decree", *ZPEB*, 4:391-92).

Asimismo, esta obra sirve de herramienta apologética para los cristianos de origen judío, animándoles a mostrarse firmes ante la oposición de sus compatriotas judíos y de los paganos gentiles, sabiendo que Jesús el Mesías ha cumplido la prometida llegada del reino de los cielos. Con el trasfondo de un mundo cada vez más hostil al cristianismo, el autor consolida la identidad de su iglesia como verdadero pueblo de Dios, que trasciende las barreras étnicas, económicas y religiosas para encontrar la unidad en su adhesión a Jesús el Mesías. Su Evangelio se convierte en un manual de discipulado, puesto que tanto judíos como gentiles se hacen discípulos de Jesús el Mesías y aprenden a obedecer cuanto les ordenó a sus primeros seguidores.

El autor del primer Evangelio

Parece evidente que la persona responsable de redactar este Evangelio tiene en mente cuestiones judías, lo cual nos lleva al asunto de su identidad. Cuando abrimos este libro en nuestras traducciones modernas, encontramos normalmente el título de "Mateo" o "el Evangelio según Mateo". Pero a muchos veteranos lectores les sorprende descubrir que los cuatro Evangelios son, técnicamente, anónimos. Los títulos que se asignan ahora a cada uno de ellos no encabezaban probablemente los manuscritos originales y fueron añadidos después para distinguir entre sí los cuatro textos.

Por otra parte, ninguno de los autores de los Evangelios consigna explícitamente su nombre dentro del texto como autor de la obra. Pero esto es, de hecho, lo que cabría esperar, puesto que no estaban escribiendo mensajes a lejanas congregaciones con nombres de destinatarios y remitentes, como los que encontramos en las cartas del Nuevo Testamento, sino más bien compilando relatos para iglesias de las que ellos eran miembros activos y dirigentes. Probablemente formaban parte de la congregación receptora y fueron los primeros en leer en ella su Evangelio. Era innecesario consignar sus nombres, porque sus oyentes conocían su identidad. Se habría considerado fuera de lugar que registraran su nombre en sus relatos, puesto que su propósito no era afirmar su autoridad, sino poner en manos de sus lectores la impecable historia de la vida y ministerio de Jesús.

Antiguos registros de la autoría

Hemos, pues, de mirar en los archivos de la historia de la iglesia para encontrar pruebas de la autoría de los Evangelios. La tradición más antigua de la iglesia atribuye unánimemente la autoría del primer Evangelio a Mateo, el recaudador de impuestos a quien Jesús llamó para que fuera uno de sus doce primeros discípulos. Escrita a finales del siglo I, la *Didajé* demuestra tener un conocimiento directo del primer Evangelio, citándolo más que cualquiera de los otros tres (citando, p. ej., el Padrenuestro: *cf. Did.* 8:2; Mt 6:9-11). Solo unos años más tarde, la carta de *Pseudo Bernabé* cita el primer Evangelio como Escritura divinamente inspirada (*Bernabé* 4.14 [Mt 22:14]). La primera mención explícita de este Evangelio data de la tercera década del siglo II, y la hace Papías, obispo de Hierápolis en Asia Menor (aprox. 135), y más adelante en el mismo siglo Ireneo, obispo de Lyon en la Galia (aprox. 175).

Papías (c. 60-130) afirmaba haber escuchado al apóstol Juan, y fue más adelante compañero de Policarpo (Ireneo, *Contra las Herejías* 5.33.4). Eusebio, el historiador de la iglesia (aprox. 325) le citó y avaló diciendo: "Mateo por su parte recopiló los oráculos en el dialecto hebreo [arameo] y cada cual lo interpretó como pudo" (Eusebio, *Hist. Ecl.* 3.39.16).

Ireneo nació en Asia Menor aproximadamente en el año 135, estudió bajo Policarpo, obispo de Esmirna, y según la tradición murió como mártir alrededor del año 200. En una de sus cinco obras monumentales contra las herejías gnósticas (c. 175), Ireneo declara: "Mateo también editó un Evangelio escrito entre los hebreos en su propio dialecto, mientras Pedro y Pablo estaban predicando en Roma y poniendo los fundamentos de la iglesia" (*Contra las Herejías* 3.1.1).

Estos dirigentes de la iglesia o bien se habían relacionado directamente con la comunidad apostólica o habían sido instruidos por quienes habían conocido a los apóstoles y, por ello, conocían de primera mano el origen de los Evangelios. Aunque el pleno significado de sus declaraciones sigue abierto al debate, no contamos con ninguna tradición que asigne el primer Evangelio a ningún otro autor, si es que la hubo. Algunos autores posteriores (p. ej., Hipólito, Tertuliano, Cipriano, Novaciano) citan regularmente el Evangelio de Mateo como Escritura inspirada al mismo nivel que el Antiguo Testamento.[7]

El testimonio de los padres de la iglesia sobre la autoría apostólica de los Evangelios sinópticos (Mateo, Marcos y Lucas) no puede tomarse a la ligera.[8] Todas las evidencias apoyan de manera uniforme la creencia de que Mateo (el recaudador de impuestos convertido en discípulo), Marcos (el compañero de Pedro y Pablo) y Lucas ("el médico amado" de Pablo) eran los autores de los Evangelios que se les atribuyen. Es difícil concebir que cristianos de una etapa tan temprana (siglo II) atribuyeran estos Evangelios, por otra parte anónimos, a tres candidatos tan improbables si de hecho no los escribieron. Marcos y Lucas no estaban entre los doce apóstoles de Jesús. A Marcos se le conoce mejor por ser el que abandonó a Pablo en uno de sus viajes (Hch 13:13; *cf.* 15:37-40), y Lucas es particularmente oscuro, siendo mencionado por nombre solo en una ocasión en todo el Nuevo Testamento (Col 4:14). A Mateo, aunque es uno de los apóstoles, se le conoce también especialmente por una característica negativa, a saber, su pasado como inmoral recaudador de impuestos (Mt 9:9-13). A los recaudadores de impuestos se les consideraba traidores de su nación.

7. Simonetti, *Matthew 1-13*, xxxvii.
8. Lo mismo sucede con Juan y su Evangelio; sin embargo, aquí solo tratamos los sinópticos, que desarrollan cuestiones parecidas.

En contraste, los Evangelios apócrifos escogían sistemáticamente como sus autores ficticios a personajes mejor conocidos y ejemplares (como Felipe, Pedro, Jacobo, Bartolomé o María).[9] Hasta Tomás, a pesar de sus famosas dudas sobre la resurrección de Jesús (Jn 20:25), parece un candidato más plausible al que atribuir un Evangelio que Mateo, Marcos o Lucas, teniendo en cuenta que finalmente hizo una profunda declaración de fe en el Jesús resucitado (*cf.* Jn 20:28). Esto concuerda con el Evangelio gnóstico de Tomás, que se arroga la autoría de este apóstol. Una falsa atribución del primer Evangelio a un apóstol relativamente desconocido como Mateo parece improbable hasta fechas posteriores en que la inclusión de los apóstoles en el canon fue común.

Algunos eruditos modernos niegan la autoría de Mateo, puesto que suscriben la prioridad de Marcos y no pueden imaginar que un apóstol (en esta caso Mateo) tomara prestado material de alguien que no lo fuera (como Marcos). Sin embargo, aunque Mateo hubiera tenido acceso al Evangelio de Marcos, este representaba el relato autorizado de Pedro y, sin duda, solo añadiría un mayor peso apostólico a su narración.

Mateo, la persona

En la lista de los doce discípulos que consigna este Evangelio, Mateo se refiere a sí mismo como "Mateo, el recaudador de impuestos" (10:3), que rememora el incidente en el que Jesús le llamó cuando estaba sentado en el banco de los tributos (*cf.* 9-9; 10-3). Cuando relata el llamamiento, el primer Evangelio se refiere a él como "Mateo" (9:9), mientras que Marcos lo menciona como "Leví, hijo de Alfeo" (Mr 2:14) y Lucas alude a él meramente como, "Leví" (Lc 5:27). La razón de estas variaciones ha sido objeto de especulación, pero la mayoría de los eruditos sugieren que este recaudador de impuestos tenía dos nombres, Mateo Leví, desde su nacimiento o desde su conversión.[10] Algunos han querido hacer ver que Leví no era uno de los doce y que, por tanto, era alguien distinto de Mateo. Se trata, no obstante, de especulaciones injustificadas, ya que las circunstancias del llamamiento son las mismas en Mateo, Marcos y Lucas.[11]

---

9. Quienes deseen considerar la colección completa de los Evangelios apócrifos, pueden ver Wilhelm Schneemelcher, ed., *New Testament Apocrypha*, ed. rev. vol. 1 (Louisville: Westminster John Knox, 1990).
10. Por ejemplo, D. A. Carson se inclina a pensar que "Mateo Leví" era su doble nombre de nacimiento ("Matthew", *EBC* [Grand Rapids: Zondervan, 1984], 8:224), mientras que Donald Hagner sugiere que "Mateo" fue el nombre que se le dio a Leví tras su conversión (*Matthew 1-13* [WBC 33A; Dallas: Word, 1993], 237-38).
11. Quienes deseen considerar un análisis de las pruebas que identifican a Mateo con Leví como una sola persona, ver R. T. France, *Matthew: Evangelist and Teacher* (Grand Rapids: Zondervan, 1989), 66-70.

El nombre de Leví puede indicar que Mateo era de la tribu homónima y que, por tanto, estaba familiarizado con las prácticas levíticas.[12] El relato que hace Marcos del llamamiento se refiere a él como "hijo de Alfeo" (Mr 2:14), y algunos consideran que esto indica que era hermano del apóstol "Jacobo hijo de Alfeo" (*cf.* Mr 3:18). Sin embargo, teniendo en cuenta que los otros pares de hermanos se identifican y relacionan específicamente como tales, es improbable que Mateo Leví y Jacobo fueran hermanos.

Mateo Leví recibió el llamamiento a seguir a Jesús mientras estaba sentado en el banco de los tributos. Este banco estaba posiblemente ubicado junto a una de las principales rutas comerciales cerca de Capernaúm y en él se recaudaban tributos para Herodes Antipas de los comerciantes que viajaban por esta zona. Mateo siguió inmediatamente a Jesús y preparó un banquete para él en su casa, a la que invitó a un extenso grupo de recaudadores de impuestos y pecadores (Mt 9:10-11; Lc 5:29-30). Teniendo en cuenta que los recaudadores de impuestos eran, generalmente, bastante ricos y despreciados por el pueblo (*cf.* Zaqueo, Lc 19:1-10), el llamamiento y respuesta de Mateo fue algo totalmente fuera de lo normal y requería una milagrosa transformación en la vida de este recaudador de impuestos.

Poco más se conoce de Mateo Leví, a excepción de la tradición ampliamente atestiguada de que es el autor del Evangelio que ahora lleva su nombre. Como recaudador de impuestos, Mateo habría sido formado en las técnicas de escritura y caligrafía seculares, y como cristiano galileo de origen judío, habría podido interpretar la vida de Jesús desde la óptica de las expectativas veterotestamentarias.[13] Eusebio dijo que Mateo predicó primero a los "hebreos" y después a "otros grupos", en lugares como Persia, Partia y Siria (*Hist. Ecl.* 3:24.6). Las tradiciones sobre la muerte de Mateo son diversas: algunos afirman que murió mártir y otros, que falleció de muerte natural.

Fecha y destino

No se conoce la fecha exacta de la redacción de Mateo, aunque la profecía de Jesús sobre la destrucción de Jerusalén (24:1-28) se ha utilizado como una indicación de que podría haberse escrito después del año 70 A.D. Sin embargo, esta conclusión es solo necesaria si se le niega a Jesús la capacidad de predecir el futuro. Puesto que Ireneo, padre de la iglesia primitiva (c. 175), indica que Mateo escribió su Evangelio mientras Pablo y Pedro todavía vivían (Ireneo, *Contra las Herejías* 3.1.1), la datación tradicional se ha establecido, por regla general, entre finales de los 50 y principios de los 60 del siglo I. Mateo nos dice

12. W. F. Albright y C. S. Mann, *Matthew* (AB 26; Garden City, N.Y.: Doubleday, 1971), clxxvii-clxxviii, clxxxiii-clxxxiv.
13. *Cf.* France, *Matthew*, 70-74.

que en el momento de redactar su Evangelio, el "campo de sangre" de Jerusalén seguía llamándose de esta manera (27:8), lo que muestra su constante conexión con las condiciones de Palestina y sugiere que se trata de un periodo anterior a la devastación de Jerusalén en el año 70 A.C.[14]

A menudo se ha considerado a la influyente iglesia en Antioquía de Siria, con su gran contingente judeocristiano y gentil (*cf.* Hch 11:19-26; 13:1-3), como la primera receptora del Evangelio de Mateo. Una confirmación parcial de este hecho es la influencia que este texto ejerció sobre el obispo Ignacio de Antioquía y la *Didajé*. Pero el mensaje de Mateo fue igualmente relevante para la joven iglesia repartida por todo el mundo antiguo, un mensaje que parece haberse diseminado con bastante rapidez.

Las peculiares perspectivas de Mateo

El Evangelio de Mateo ha conservado su atractivo a lo largo de los siglos y ejercido una poderosa influencia sobre la iglesia a través de una buena parte de la historia. Su popularidad se explica, al menos en parte, por los siguientes distintivos que aparecen a lo largo de este Evangelio.

Cristología. La iglesia ha hecho uso sistemáticamente de este Evangelio como clarificación fundamental de la identidad de Jesucristo en tanto que Hijo de Dios, Rey de Israel y Señor de la iglesia. Desde el anuncio de la concepción de Jesús (1:18-25) hasta la divina protección del niño (2:15), pasando por los anuncios celestiales del bautismo y la transfiguración por parte del Padre (3:17; 17:5) y las angustiosas oraciones de Jesús en Getsemaní (26:39, 42), Mateo nos presenta la identidad de Jesús como Hijo encarnado de Dios Padre.

Mateo nos ofrece también una perspectiva sostenida de Jesús como prometido Rey de Israel (1:1-16; 2:1-6), quién vino a inaugurar el reino de los cielos (4:12-17), si bien la vida en este reino sería de un orden distinto del que muchos esperaban (*cf.* cap. 13). Esta vida en el reino de los cielos se centra especialmente en una íntima y continua relación de Jesús con sus discípulos que se extenderá a lo largo de los tiempos (28:20), y que solo en el Evangelio de Mateo se designa como la futura "iglesia" que Jesús mismo construirá y supervisará (16:18; 18-17). El retrato que Mateo traza de Jesús para clarificar su identidad y misión muestra a menudo sus matices mediante los varios títulos que se relacionan con él.

---

14. Para una defensa más completa de la datación temprana de Mateo antes del año 70 A.D.: entre principios de la década de los 50 y el comienzo de la de los 60, ver Craig L. Blomberg, *Matthew* (NAC 22; Nashville: Broadman, 1992), 41-42; como una respuesta a la persecución neroniana de los años 65-67 A.D., ver Robert H. Gundry, *Matthew: A Commentary on His Handbook for a Mixed Church Under Persecution*, 2ª ed. (Grand Rapids: Eerdmans, 1994), 599-609; o de manera más general en la década de los 60, ver Carson, "Matthew", 19-21.

Mateo inicia su Evangelio con el nombre "Jesucristo" (1:1). A *Jesús* se le explica por medio de su nombre de pila, mediante el cual se le designa comúnmente a lo largo de su vida y que denota su papel como Salvador (*cf.* 1:21). "Cristo", que en hebreo es *mašiah* o Mesías, es un título que significa "ungido". Aparece treinta y nueve veces para referirse a reyes (2 S 1:14, 16; *cf.* 1QSa 2:14, 20), sacerdotes (Éx 28:41; *cf.* 1QS 9:11) y profetas (Sal 105:15; *cf.* CD 2:12; 5:21-6:1; 1QM 11:7-8). En la mentalidad judía llegó a ser una expresión relacionada con David como el ungido Rey de Israel y con la promesa del "ungido" que sería la luz de la esperanza para el pueblo de Israel. Mateo apunta a este título como propiedad legítima de Jesús por su ascendencia como descendiente de David (ver comentarios sobre 1:16-18).

El nombre "Cristo" ha sido el título que la iglesia ha utilizado más ampliamente. El hecho de que a los creyentes en Jesús se les describiera en una etapa temprana como "cristianos" es un elocuente testimonio de la importancia que este concepto adquirió en su mentalidad. Jesús aceptó esta designación y con ello pretendía ser el agente "ungido" por Dios para establecer el reino (26:63-64). Él era el Cristo, el rey mesiánico en su sentido más completo. Su duda o reserva en el uso de este título para referirse a sí mismo solo tenía que ver con la utilización popular de este término que, en el siglo I, tenía ciertas connotaciones políticas. Jesús se esforzó cuidadosamente en definir o restringir el uso del término para designar la clase de libertador mesiánico que él iba a ser (ver 4:12-17).

"Hijo de David" es una importante expresión de este Evangelio.[15] Mateo se sirve del nombre del gran rey diecisiete veces, más que cualquier otro libro del Nuevo Testamento. Igual que "Mesías", el título "hijo de David" alude a un personaje prometido que perpetuaría el trono de David, señalando así la ascendencia del Mesías y las regias expectativas de un trono eterno (ver 2 S 7:11b-16). Pero evocaba también imágenes de un Mesías que, como David, sería un poderoso guerrero que destruiría los enemigos de Israel y restablecería el trono de Jerusalén y el reino de Israel al esplendor del tiempo de David. La esperanza de un reino restaurado se veía como el cumplimiento de la promesa divina hecha a David (ver comentarios sobre 9:27).

En este Evangelio, el título "Hijo de Dios" es una poderosa designación que revela la verdadera identidad de Jesús el Mesías. A lo largo de la narración de Mateo, esta expresión da testimonio de una estrecha relación entre Jesús y Dios. La concepción hace de Jesús el Hijo de Dios en un sentido único (1:21-23), algo que se lleva a cabo en su regreso de Egipto (2:15), lo reitera el Padre en su bautismo (3:17), lo cuestiona el diablo en las tentaciones (4:2, 5) y lo reconocen los demonios que van a ser expulsados (8:29). En toda la narración de Mateo, Jesús

15. Ver 1:1; 9:27; 12:23; 15:22; 20:30-31; 21:9, 15; 22:42, 45.

reivindica constantemente una singular relación con su Padre celestial.[16] Esto nos retrotrae también a la profunda profecía sobre la línea davídica: "Yo seré su padre, y él será mi hijo" (2S 7:14), que aludía en primer término a Salomón, pero también a la futura línea mesiánica.

La importancia de la expresión "Hijo de Dios" en este Evangelio no se ve únicamente en su utilización explícita (p. ej., 8:29; 14:33; 16:16; *cf.* 3:17; 17:5), sino también en la que se hace implícitamente.[17] Jesús se refiere a Dios como su Padre unas veintitrés veces en Mateo, quince de las cuales se producen en este Evangelio (ver comentarios sobre 5:16). Pedro confiesa a Jesús como "el Cristo, el Hijo del Dios viviente" (16:16), el título más exaltado de Mateo. Esta confesión la hacen solo creyentes (a excepción de contextos donde es una blasfemia; *cf.* 4:3, 6) y solo por revelación (16:7; 11:27; *cf.* 13:11). Mientras que el cuarto Evangelio hace explícita la filiación ontológica de Jesús, Mateo la asume como fundamento de esta relación (ver comentarios sobre 1:20-23). Jesús es el Hijo divino del Padre celestial.[18]

Puede que el título "Hijo del hombre" sea el más significativo para llegar a la clarificación que hace Jesús de su identidad personal (ver comentarios sobre 8:18-22). Durante su ministerio terrenal, esta expresión habría hecho sonar una nota relativamente ambigua. Quienes oyeron esta expresión recordarían su uso en Ezequiel, donde Dios se refiere al profeta con la expresión "Hijo del hombre" más de noventa veces (p. ej., Ez 2:1, 3, 6, 8, etc.; *cf.* Dn 8:17), señalando la fragilidad de Ezequiel como ser humano ante el poderoso Dios que se revela en la visión.[19] Pero recordarían también que esta expresión se utilizaba igualmente en la profecía de Daniel para aludir a un soberano glorificado, la apocalíptica figura mesiánica que gobierna eternamente con el Anciano (Dn 7:13-14).

Con esta ambigüedad general, la expresión "Hijo del hombre" es para Jesús un vehículo útil para transmitir su identidad mesiánica. No evocaba asociaciones mentales generalizadas, como sí era el caso de títulos como "Mesías", "Hijo de David" o incluso "Hijo de Dios". Jesús podía enseñar el significado de su verdadera identidad refiriéndose a sí mismo como "Hijo del hombre".[20] Con una triple

---

16. Ver 7:21; 10:32-33; 11:25-27; 12:50; 15:13; 18:35; 20:23; 24:36; 25:34; 26:39, 42; 26:53; 28:19.
17. P. ej., 1:23: "La virgen concebirá y dará a luz un hijo, y lo llamarán Emanuel [...] Dios con nosotros".
18. En las ricas conexiones relacionadas con la expresión "Hijo de Dios", es importante entender la fuerza contextual que sus autores le adjudican. Carson observa: "del mismo modo que es erróneo ver filiación ontológica en cada uso, lo es también excluirla de manera prematura" ("Matthew", 109).
19. Leslie C. Allen, *Ezekiel 1-19* (WBC 29; Dallas: Word, 1994), 38.
20. Nadie más utiliza esta expresión para aludir a Jesús, y en el resto del Nuevo Testamento este título solo se utiliza una vez en relación con Jesús (Hch 7:56), a excepción de tres alusiones o citas veterotestamentarias (Heb 2:6 = Sal 8:5; Ap 1:13 y 14:14 = Dn 7:13).

progresión general, Jesús utiliza la expresión para clarificar exactamente quién es él y cuál su ministerio.

- El Hijo del hombre es el Siervo humilde, que ha venido a perdonar los pecados de los pecadores corrientes en su ministerio terrenal (8:20; 9:6; 11:19; 12:8; 12:32; 12:40).
- El Hijo del hombre es el Siervo Sufriente, cuya muerte expiatoria y resurrección redimirán a su pueblo (16:13, 27-28; 17:9, 12, 22; 20:18, 28; 26:2, 24, 45).
- El Hijo del hombre es el glorioso Rey y Juez, que volverá para traer a la tierra el reino de los cielos (10:23; 13:37, 41; 19:28; 24:27, 30, 37, 39, 44; 25:31; 26:64).

Las erróneas nociones y expectativas del pueblo, de los líderes religiosos y hasta de sus discípulos hicieron que no siempre se entendiera correctamente la misión de Jesús. Pero al final, y tras una suficiente utilización de este ambiguo título para clarificar su identidad y ministerio, cuando se sirvió de él por última vez en su juicio ante Caifás y el Sanedrín, quedó perfectamente claro que con "Hijo del hombre" Jesús se presentaba como el divino Mesías de Israel (*cf.* 26:63-68).

"Señor" es también un título con el que Jesús revela crecientemente su identidad y misión. Durante su ministerio, las personas utilizaban este término como un mero título de respeto (p. ej., 8:21; 18:21; 26:22). Pero su uso en el Evangelio de Mateo tiene también mucha más trascendencia. Descubrimos que "Señor" es el título que utilizan normalmente quienes se acercan a Jesús en busca de la ayuda de Dios (ver p. ej., 8:2, 5; 9:28; 15:22, 25; 17:15; 20:30, 31, 33), incluyendo a sus propios discípulos cuando necesitan la ayuda divina (p. ej., 8:25; 14:30). A medida que se va desarrollando el ministerio de Jesús, sus discípulos utilizan el título con creciente deferencia, por cuanto él resulta ser más de lo que en un principio ellos habían entendido. Jesús está vinculado al poder de Dios y tiene una relación con él como el Hijo a quien solo pueden dirigirse con un título como "Señor", reservado normalmente para la deidad (p. ej., 14:28; 16:25; 17:4).

Esto es particularmente crucial cuando las personas ven sus obras milagrosas, se dirigen a él como Señor y después le adoran (14:33), reconociéndole una prerrogativa reservada únicamente a Dios. "Señor" es también uno de los títulos que, como "Hijo del hombre", Jesús utiliza para aludir a sí mismo y que revela

---

A excepción de dos casos, este título solo aparece en labios de Jesús, pero aun en dichos casos cabe observar que los oyentes se sirvieron de este título porque Jesús lo había hecho anteriormente como una forma de autodesignarse (Jn 12:23), y el ángel se limita a repetir las propias palabras de Jesús (Lc 24:7).

progresivamente su identidad divina.[21] Como el único que alude al Dios del cielo como "mi Padre" (p. ej., 7:21) y con autoridad para confinar a los falsos profetas al juicio eterno (7:22-23), Jesús es más que un mero maestro que inspira respeto; él es el Señor, a quien se adora como aquel que tiene toda autoridad en el cielo y en la tierra (28:16-20).

Particularismo y universalismo histórico-salvífico. Los términos "particularismo" y "universalismo" indican que el Evangelio de Mateo concede un importante acento tanto al cumplimiento de las promesas de salvación hechas específicamente a Israel como al de la promesa salvífica universal otorgada a todos los pueblos de la tierra. La iglesia, formada por personas de todas las nacionalidades, ha valorado especialmente este Evangelio porque Mateo pretende consignar la continuación de la historia de la salvación a todas las naciones. Su declaración introductoria en el sentido de que Jesucristo es tanto el "hijo de David" como el "hijo de Abraham" (1:1) es la indicación preliminar de que tanto las promesas de salvación hechas por medio de David a Israel (p. ej., 2S 7:8-17) como mediante Abraham a todos los pueblos (Gn 12:1-3; 22:18) se han cumplido en la vida y ministerio de Jesucristo, el prometido Salvador de todas las naciones.

Solo el Evangelio de Mateo señala explícitamente la intención de Jesús de ir primero "a las ovejas descarriadas del pueblo de Israel" (10:5-6; 15:24), mostrando que, desde un punto de vista histórico, la promesa divina de salvación a Israel se había, ciertamente, cumplido. No obstante, las promesas hechas a Abraham en el sentido de que sería una bendición para todas las naciones se cumplen también cuando Jesús extiende la salvación a los gentiles (cf. 21:44; 28:19). A lo largo de la historia, la iglesia ha hallado en el Evangelio de Mateo la certeza de que Dios cumple verdaderamente sus promesas a su pueblo.

El puente entre el Antiguo Testamento y el Nuevo. A lo largo de la historia de la iglesia, el Evangelio de Mateo ha sido un libro fundamental para ayudarle a entender la relación entre el Antiguo Testamento y el Nuevo. Situado primero en orden en las primeras colecciones del canon del Nuevo Testamento, este Evangelio es un puente natural entre el Antiguo Testamento y el Nuevo. Mateo demuestra repetidamente que las esperanzas, profecías y promesas veterotestamentarias se han cumplido ahora en la persona y ministerio de Jesús. Mateo comienza con el "cumplimiento" de la genealogía mesiánica en el nacimiento de Jesús (1:1-17) y prosigue demostrando el cumplimiento en la vida y ministerio de Jesús de varias profecías y temas del Antiguo Testamento (p. ej., 1:22-23; 2:4-5, 15, 17, 23) y el cumplimiento de la ley del Antiguo Testamento (5:17-48). Es probable que la iglesia primitiva situara Mateo en el primer lugar del canon neotestamentario precisamente por su valor como puente entre ambos Testamentos.

---

21. Ver 9:38; 21:3; 22:43-45; 23:38; 24:42; 25:37, 44. France, *Matthew*, 287-88.

Una "gran comisión" para la evangelización y la misión. Este primer Evangelio ha ocupado una posición especial en el ámbito de la misión y evangelización de la iglesia por el destacado lugar en que sitúa la Gran Comisión, como clímax y conclusión del ministerio de Jesús (28:18-20). La forma de la comisión de Jesús ("hacer discípulos de todas las naciones", 28:19) solo aparece en el Evangelio de Mateo y ofrece una continuidad entre la labor de hacer discípulos que desarrolló Jesús en su ministerio terrenal y la del discipulado al que ha sido llamada la iglesia. Este encargo es el último mandamiento de Jesús, y pone un singular imperativo sobre sus seguidores que, a lo largo de la historia de la iglesia, ha impulsado a muchos cristianos a levantar su mirada a todos los pueblos de la tierra que todavía no han oído y obedecido el evangelio del reino de los cielos. A lo largo de toda la historia de la iglesia, la Gran Comisión ha estado en el corazón de los esfuerzos evangelizadores y misioneros.

La nueva comunidad de fe. Ante la amenaza de la persecución romana dentro de un mundo pagano, Mateo se dirige a una iglesia representativa de la emergente comunidad de fe. Esta comunidad tiene al parecer una numerosa membresía de cristianos procedentes del judaísmo, que conocen bien las actividades del templo y el sistema religioso judío. Pero hay también un extenso grupo de cristianos gentiles, que están descubriendo su legado de fe en la universal promesa divina de salvación de Dios. La iglesia ha encontrado siempre en Mateo el llamamiento a una nueva comunidad que trasciende las barreras étnicas y religiosas y que halla su unidad en su adhesión a Jesús el Mesías. La iglesia ha sido constantemente desafiada por el mensaje de Mateo en el sentido de que las antiguas barreras al discipulado han sido ahora abolidas.

La oferta de discipulado que encontramos en la Gran Comisión ha derribado las mismas barreras que Jesús echó abajo durante su ministerio terrenal. Las restricciones basadas en cuestiones de género, identidad étnica, posición social y práctica religiosa fueron abolidas de manera que ahora mujeres y hombres, judíos y gentiles, ricos y pobres, limpios e inmundos son igualmente llamados a ser discípulos de Jesús. Con la clara comprensión que tiene Mateo del Antiguo Testamento y de las prácticas judías, su Evangelio ha mantenido una posición radical en la presentación del llamamiento de Jesús a los que "están cansados y agobiados" (11:28).

Mateo es el único evangelista que utiliza el término *ekklesia*, que más adelante se convertiría en la palabra característica para aludir a la comunidad de los creyentes. Este Evangelio subraya explícitamente que el programa de Dios en la historia de la salvación encontrará su continuidad en el periodo presente en que Jesús construye su iglesia y mantiene su presencia dentro de su asamblea (16:18; 18:15-20; *cf.* 28:20). Cualquiera que responda a su invitación (22:10) podrá formar parte de la iglesia para disfrutar su comunión y demostrar la verdadera comunidad de la fe.

Discípulos, multitudes y dirigentes judíos.[22] Estos tres grupos ofrecen un trasfondo para el relato de Jesús que desarrolla Mateo. Los "dirigentes judíos" son los antagonistas, los responsables de la crucifixión de Jesús. Las "multitudes" son esencialmente un grupo neutral; aunque son objeto del ministerio de predicación, enseñanza y curaciones de Jesús, como grupo no ejercen fe en él. Los "discípulos" son los verdaderos seguidores de Jesús, los verdaderos creyentes.

La "multitud" no se vincula seriamente con Jesús y en distintas ocasiones se orienta hacia él tanto de manera positiva como negativa.[23] Las multitudes son el objeto del ministerio salvífico de Jesús; su objetivo es convertir en discípulos a quienes las forman. En el desarrollo de su ministerio docente y kerigmático, la señal de fe se produce cuando la persona sale de la multitud y llama a Jesús "Señor" (*cf.* 8:18, 21; 17:14-15). Cuando alguien sale de la multitud, tal persona decide ejercer fe y convertirse en creyente o seguir sin creer (*cf.* 19:16-22).

El papel de Pedro. Pedro desempeña un importante papel como dirigente y portavoz de los discípulos en varios incidentes de este Evangelio. Mateo narra cinco episodios sobre Pedro en cinco capítulos fundamentales que no aparecen en ningún otro Evangelio (14:28-31; 15:15; 16:17-19; 17:24-27; 18:21). Mateo subraya el papel de liderazgo de Pedro, pero le muestra también como un dirigente imperfecto en proceso de desarrollo, a quien Jesús prepara para los primeros días de la iglesia.[24]

Por ejemplo, en 14:28-31, Pedro demuestra un gran valor cuando pide a Jesús que le permita andar sobre el agua, algo que no hizo ningún personaje del Antiguo Testamento. Y sin embargo, al mismo tiempo, el valor de Pedro para andar hacia Jesús sobre el agua se convierte en una ocasión para el fracaso cuando comienza a hundirse. El diagrama de acontecimientos de la Figura 1 muestra claramente que Pedro tiene altibajos en su seguimiento de Jesús, pero que constantemente se le sigue estimulando a ser un dirigente entre los doce.

Estructura de la narración y el discurso. El Evangelio de Mateo ha ocupado un lugar preferente en la historia de la iglesia por la gran extensión que concede al ministerio docente de Jesús, en especial al Sermón del Monte.[25] Mateo consigna la compilación más completa de las enseñanzas, exhortaciones, profecías y parábolas de Jesús en toda la Escritura.

---

22. Ver Michael J. Wilkins, *The Concept of Disciple in Matthew's Gospel: As Reflected in the Use of the Term Μαθητής* (NovTSup 29; Leiden: Brill, 1988).
23. J. R. C. Cousland, *The Crowds in the Gospel of Matthew* (NovTSup 102; Leiden: Brill, 2002).
24. Sobre la descripción que Mateo hace de Pedro y su papel de liderazgo en desarrollo, ver Michael J. Wilkins, *Discipleship in the Ancient World and Matthew's Gospel,* 2ª ed. (Grand Rapids: Baker, 1995), 173-216, 264.
25. Donald Guthrie, *New Testament Introduction,* 3ª ed. (Downers Grove, Ill.: InterVarsity Press, 1970), 21.

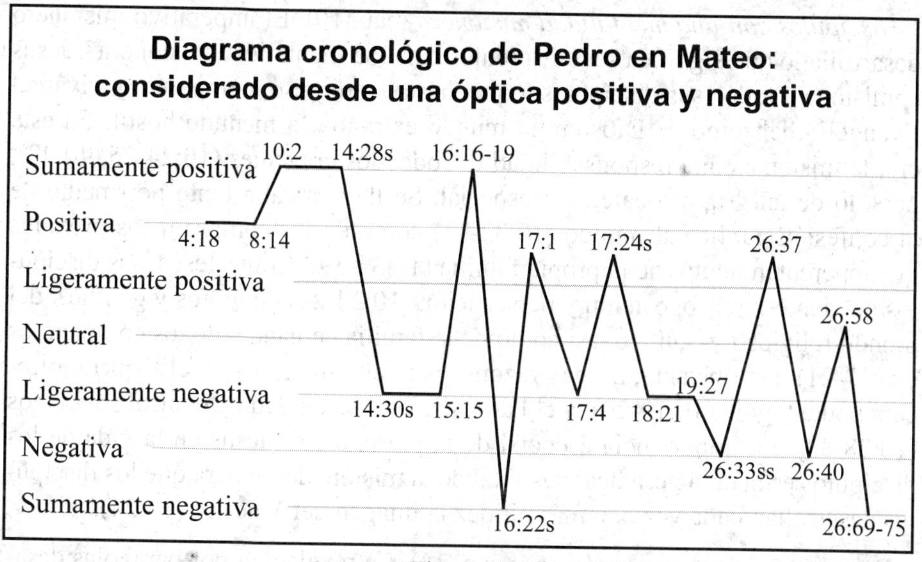

Figura 1

El elemento final de la Gran Comisión, en que Jesús declara que los nuevos discípulos han de aprender a "obedecer todo lo que les he mandado a ustedes" (28:20), nos da un atisbo de uno de los propósitos generales de este Evangelio. Mateo consigna cinco de los principales discursos de Jesús, todos los cuales se dirigen en primer lugar a los discípulos (caps. 5-7; 10; 13; 18; 24-25) e indica la conclusión de cada uno de ellos con idéntica fórmula: "Cuando Jesús terminó de decir estas cosas..." (7:28; 11:1; 13:53; 19:1; 26:1). Estos discursos ofrecen una presentación integral sobre la clase de discipulado que había que enseñar a los discípulos como base de la completa obediencia a Cristo y devino el fundamento para la instrucción cristiana dentro de la iglesia. Por otra parte, estos discursos revelan también que los discípulos de Jesús se caracterizarán por el modo en que se les enseñará a vivir mediante estas instrucciones.

Discípulos de la vida del reino (caps. 5-7). La proclamación de la vida del reino, conocida popularmente como Sermón del Monte, desarrolla lo que significa ser "discípulos de la vida del reino". Jesús expone la realidad de un radical discipulado cotidiano vivido en la presencia y poder del reino de Dios dentro del mundo cotidiano de los discípulos. Esta clase de discipulado comporta una transformación conforme a la justicia del reino (5:20). El ejemplo decisivo de esta justicia es el propio Jesús, quien ha venido a cumplir la revelación veterotestamentaria de la voluntad de Dios para su pueblo (5:17, 21-47), a fin de que sus discípulos puedan seguir claramente la meta de ser perfectos como lo es su Padre celestial (5:48). La vida del reino se dirige, pues, a todos los aspectos de lo que significa ser discípulos de Jesús durante esta era, algo que tiene dimensiones éticas, religiosas, matrimoniales, emocionales y económicas.

Discípulos con una mentalidad misionera (cap. 10). El imperativo misionero desarrolla lo que significa ser "discípulos con una mentalidad misionera". Jesús comisiona a todos sus discípulos a que, hasta su regreso, compartan y vivan el Evangelio del reino de Dios en un mundo extraño y a menudo hostil. En esta era, la misión es una responsabilidad de todos los creyentes (10:24-25, 40-42), no solo de un grupo o categoría especial. Se lleva a cabo tanto por medio de la confesión pública al mundo (10:32-33) como en los compromisos privados que repercuten dentro de la propia familia (10:34-39). Como Jesús, sus discípulos pueden esperar oposición y persecución (10:24-25) de judíos y gentiles, del mundo religioso y político, así como de la familia cercana y de los compañeros (10:17-21). No obstante, no hay razones para el temor, ya que el Espíritu ofrecerá poder y guía (10:19-20), y el Padre ejercerá su cuidado y control soberanos (10:28-33). La importancia esencial de la presencia de Jesús en la vida de los discípulos es la característica más vital de la misión, de manera que los discípulos desarrollan cada vez con más nitidez la imagen del Maestro (10:24).

Discípulos del reino clandestino (cap. 13). La revelación por parábolas desarrolla lo que significa ser "discípulos del reino clandestino". Por medio de ellas, Jesús prueba los corazones de la multitud para que muestren si el mensaje del reino de los cielos ha echado raíces y produce fruto o si, por el contrario, ha sido improductivo (13:18-23). Por medio de sus parábolas, Jesús manifiesta también a sus discípulos los secretos del reino de Dios, dando a conocer que, durante esta era, el reino pervive de una manera oculta. Será un reino encubierto, no la abrumadora manifestación política, militar y culturalmente dominante del reino de Dios que muchos esperaban (13:31-33). El Discurso de las Parábolas pone, pues, de relieve lo que significa que los discípulos de Jesús vivan como súbditos del reino en un mundo que todavía no ha experimentado el reino de Dios plenamente consumado.

No obstante, los discípulos de Jesús actuarán de manera visiblemente diferente de como lo hacen los demás en este mundo siendo transformados desde su interior. Habrá que esperar al final de esta era para que se produzca una separación final y pública entre los que pertenecen al reino de los cielos y los que no (13:41-43, 49-50). La incongruencia de la clandestinidad y poca notoriedad del reino de Dios hace que muchos no lo tengan en cuenta; no obstante, para quienes descubren su presencia, es la realidad más preciosa de esta era (13:44-46). Los discípulos de Jesús deben, pues, prestar más atención a la prioridad del reino en sus vidas, para que puedan seguir siendo el tesoro de la revelación a un mundo que observa (13:51-52). El Discurso de las Parábolas clarifica lo que significa ser discípulo de Jesús en el inaugurado pero no consumado reino de Dios.

Discípulos basados en la comunidad (cap. 18). En la prescripción de la comunidad, Jesús declara que la vida del reino ha de expresarse a través de la iglesia que él establecerá en la tierra por medio de sus discípulos. Este discurso clarifica que el discipulado de Jesús se expresa por medio de una iglesia caracterizada por la humildad, la responsabilidad, la pureza, la disciplina, el perdón, la reconciliación y la restauración. Este cuarto discurso se dirige a quienes forman parte del círculo interior. El primer y tercer discursos iban principalmente dirigidos a los discípulos de Jesús, pero se incluyó a las multitudes por otros propósitos específicos (ver comentarios sobre 5:1-2; 7:28-29; 13:1-2, 10-17), y los líderes religiosos eran un objeto implícito de reprensión (5:20; 6:1-18; 12:24-32, 46-50). Pero como el segundo y el quinto, el cuarto discurso se dirige exclusivamente a los discípulos.

Solo el Evangelio de Mateo presenta esta compilación y organización de la prescripción de la comunidad, así como una buena parte de su contenido. Esta singularidad acentúa la urgencia por parte de Jesús de preparar a sus discípulos para el tiempo cercano en que una nueva comunidad de fe sustituirá a Israel, durante esta era, como el cuerpo de Jesús que da testimonio de la realidad de la presencia del reino. El carácter único de este pasaje acentúa también el modo en que la presencia del reino de los cielos pone patas arriba los valores de este mundo y la forma en que la nueva comunidad, la iglesia, será un testimonio vivo de este trastorno.

Discípulos de paso y en espera (caps. 24–25). En el Discurso (o predicción escatológica) del monte de los Olivos, Jesús dirige su mirada por el largo corredor del tiempo y profetiza a sus discípulos su regreso y el establecimiento de su trono mesiánico al final de la era. Con este discurso culmina su enseñanza sobre el discipulado y lo hace describiendo el modo en que sus discípulos han de vivir cada día de este periodo del "ya, pero todavía no" del reino de Dios en expectante preparación para su regreso con poder. Han de vivir con la expectativa de que Jesús puede regresar en cualquier momento y, sin embargo, planear responsablemente como si tuvieran un extenso periodo de tiempo por delante.

Dirigentes. Podemos encontrar en Mateo otros temas significativos esparcidos a lo largo del Evangelio que complementan lo que encontramos en los discursos. Son especialmente relevantes algunos extensos mensajes dirigidos a los dirigentes religiosos de Israel, a los cuales deberían prestar detenida atención los dirigentes de nuestro tiempo, por los importantes principios y advertencias que contienen.[26]

Tres horizontes

Considerando todas estas características, no es de extrañar que el Evangelio de Mateo haya sido uno de los más utilizados por los cristianos durante más de dos milenios. El pleno impacto de este extraordinario Evangelio se entiende

26. Especialmente relevantes aquí son los caps. 9; 12; 15; 17; 19; 20-22; culminando en el capítulo 23.

mejor mediante la conocida práctica de leer los Evangelios con tres horizontes en mente.[27]

(1) El primero es el nivel del ministerio histórico de Jesús. En este comentario exploraremos este horizonte en las secciones Sentido Original, donde consideraremos la revelación de la misión de Jesús el Mesías a su pueblo Israel, con las implicaciones universales que esta tiene para todas las naciones. Intentaremos situarnos en el contexto histórico del siglo I para ver y oír a Jesús con los ojos y oídos de quienes le seguían por Palestina. La historia es de vital importancia para entender los Evangelios, puesto que registran lo que realmente sucedió en el tiempo y en el espacio. Los autores de los Evangelios fueron o bien testigos o bien relatores de la esencia del mensaje cristiano que Dios representó en la historia. "Cubrían acontecimientos sólidamente históricos, y el protagonista de su obra era un personaje de carne y hueso, que vivió una vida humana bajo el firmamento palestino".[28] Este registro histórico constituía la base de la fe del evangelista, que se esforzaba por consignar verdad histórica (p. ej., Lc 1:1, 4).

(2) Hemos de intentar entender la singular perspectiva de Mateo desde la que instruye a su comunidad sobre sus propios asuntos. Por eso intentamos entender el trasfondo y acentos de Mateo y su comunidad. Mateo no creó datos históricos para confirmar la identidad mesiánica de Jesús o satisfacer las necesidades de sus oyentes, pero sí veía la vida de Jesús desde su singular perspectiva. Los autores de los Evangelios pretendían presentar los hechos de la historia para convencer a sus lectores de que Jesús era ciertamente el Cristo, el Salvador y para que, creyendo, encontraran vida eterna en su nombre (p. ej., Jn 20:30-31). Cuando consideramos el Evangelio de Mateo, vemos que se presentan los hechos de tal manera que nos desafía a preguntarnos: "¿Qué clase de hombre es Jesús y cómo vamos a responder a él?". Exploraremos especialmente este horizonte en las secciones Construyendo Puentes del comentario.

(3) El tercer horizonte es el del lector contemporáneo. La realidad es que no somos muy distintos de las personas que hemos considerado en los dos primeros horizontes, pero existen cuestiones y circunstancias contemporáneas que hemos de contemplar para que la lectura de Mateo sea directamente relevante. Estos asuntos los examinaremos en las secciones tituladas Significado Contemporáneo. Mateo comienza haciendo referencia a Jesús como Emmanuel, "Dios con nosotros" (1:23), y concluye con las palabras de Jesús: "Y les aseguro que estaré con ustedes siempre, hasta el fin del mundo" (28:20). No existe una

27. P. ej., Sidney Greidanus, *The Modern Preacher and the Ancient Text: Interpreting and Preaching Biblical Literature* (Grand Rapids: Eerdmans, 1988), 300-306. Greidanus subraya dos horizontes, pero también incluye el propio horizonte del lector, al que yo me refiero como tercer horizonte.

28. Ralph P. Martin, *New Testament Foundations: A Guide for Christian Students. Volume 1: The Four Gospels* (Grand Rapids: Eerdmans, 1975), 43.

reivindicación más radical que entender que Jesús es el Dios encarnado, quien vino a estar con su pueblo y, aunque ascendió para estar con el Padre, sigue estando con su pueblo. Esta era la esencia del discipulado en el siglo I, y sigue siendo el privilegio de los cristianos de hoy que vivimos con Jesús en el mundo del siglo XXI.

Bosquejo del Evangelio de Mateo

I. Jesús el Mesías llega a la historia (1:1-2:23)

A. Jesús el Mesías trae un nuevo comienzo para la humanidad (1:1)

B. Genealogía de Jesús el Mesías (1:2-17)

1. De Abraham al rey David (1:2-6)
2. Del rey David al exilio babilónico (1:6-11)
3. Del exilio babilónico a Jesús el Mesías (1:12-16)
4. Culminación de la genealogía de Mateo en Jesús el Mesías (1:16-17)

C. Anuncio angélico de la concepción de Jesús el Mesías (1:18-25)

D. Unos sabios comunican la señal que anuncia el nacimiento del "Rey de los judíos" (2:1-12)

1. El viaje de los sabios (2:1-2)
2. La astuta duplicidad de Herodes (2:3-8)
3. Los sabios adoran al niño (2:9-12)

E. Profecías del Antiguo Testamento que se cumplen en Jesús el Mesías (2:13-23)

1. La huida a Egipto (2:13-15)
2. La masacre de los niños de Belén (2:16-18)
3. El regreso a Nazaret (2:19-23)

II. Juan el Bautista se prepara para la aparición del reino mesiánico (3:1-17)

A. Aparición de Juan el Bautista (3:1-6)

B. Profecía de Juan el Bautista sobre el impacto del que ha de venir (3:7-12)

C. Jesús el Mesías aparece para ser bautizado por Juan el Bautista (3:13-17)

III. Jesús el Mesías inicia el avance del reino mesiánico (4:1-25)

A. Tentaciones del Mesías (4:1-11)

1. Trasfondo de las tentaciones (4:1-2)
2. La primera tentación (personal): convertir las piedras en pan (4:3-4)
3. La segunda tentación (nacional): saltar desde el pináculo del templo (4:5-7)
4. La tercera tentación (universal): adorar a Satanás (4:8-10)
5. El resultado de las tentaciones (4:11)

B. Jesús el Mesías inicia su ministerio en Galilea (4:12-17)

C. Jesús el Mesías recluta pescadores de hombres (4:18-22)

D. Jesús el Mesías expone el Evangelio del Reino (4:23-25)

IV. Primer discurso. El Sermón del Monte: proclamación de la vida del reino (5:1-7:29)

A. Trasfondo del sermón (5:1-2)

B. Las Bienaventuranzas y el testimonio del reino de los cielos (5:3-16)

1. Las Bienaventuranzas (5:3-12)
2. Sal y luz: los verdaderos discípulos dan testimonio del reino de los cielos (5:13-16)

C. Jesús el Mesías cumple la ley: el reino mesiánico en relación con la ley (5:17-48)

1. Jesús y el reino cumplen la ley (5:17-20)
2. Las antítesis: Jesús el Mesías cumple efectivamente la ley (5:21-48)
    a. Asesinato: cuidado de las relaciones personales (5:21-26)
    b. Adulterio: unidad matrimonial (5:27-30)
    c. Divorcio: inalterada santidad del matrimonio (5:31-32)
    d. Juramentos: honestidad transparente (5:33-37)
    e. Ojo por ojo: disposición a servir (5:38-42)
    f. Amor y odio: compromiso incondicional (5:43-47)
3. Conclusión: la búsqueda de la perfección (5:48)

D. Desarrollo de la vida del reino en el mundo real (6:1-7:12)

1. La espiritualidad pública del reino en la vida religiosa (6:1-18)
    a. El principio (6:1)
    b. Limosna (6:2-4)
    c. Oración (6:5-15)
    d. Ayuno (6:16-18)
2. La espiritualidad personal del reino en la vida de cada día (6:19-34)
    a. Escoge a tu señor: Dios o las riquezas (6:19-24)
    b. Escoge a tu proveedor: Dios o la preocupación (6:25-34)
3. La espiritualidad del reino en las relaciones personales dentro de la comunidad (7:1-12)
    a. Juzgar a los demás de manera impropia (7:1-5)
    b. Evaluar correctamente a los demás (7:6)
    c. La guía de Dios en relación con los demás (7:7-12)

E. ¡Advertencia! Con Jesús o contra él (7:13-29)

1. Puertas y caminos anchos y estrechos (7:13-14)

2. Verdaderos y falsos profetas (7:15-20)
3. Verdaderos y falsos discípulos (7:21-23)
4. Constructores sabios y necios (7:24-27)
5. Reacción de las multitudes (7:28-29)

V. El legítimo poder del Mesías: el poder del reino, demostrado (8:1-9:38)

A. Sanación de los marginados (8:1-17)
1. Purificación del leproso: límites de la pureza (8:1-4)
2. Sanación del siervo del centurión: barreras étnicas (8:5-13)
3. Sanación de la suegra de Pedro: barreras de género (8:14-15)
4. Los muchos: los poseídos: todas las barreras (8:16-17)

B. Jesús desanima a algunos que pretenden seguirle (8:18-22)

C. Asaltar las fortalezas de Satanás (8:23-9:8)
1. Calmando una tormenta: autoridad sobre la naturaleza (8:23-27)
2. Exorcizando a los poseídos: autoridad sobre el mundo de los espíritus (8:28-34)
3. Sanando a un paralítico: autoridad sobre el pecado (9:1-8)

D. Manifestación de un discipulado insospechado (9:9-17)
1. Llamamiento de Mateo y otros pecadores (9:9-13)
2. Discipulado y tradiciones religiosas (9:14-17)

E. Milagros inesperados expresan una compasión extraordinaria (9:18-34)
1. Los muertos reciben la vida (9:18-26)
2. Los ciegos reciben la vista (9:27-31)
3. Los mudos reciben la voz (9:32-34)

F. El Mesías en acción recluta obreros (9:35-38)

VI. Segundo discurso. Imperativo misionero: misión con autoridad de los mensajeros del Mesías (10:1-42)

A. Comisión de los doce para la misión (10:1-4)

B. Instrucciones para la misión inmediata a Israel (10:5-15)

C. Instrucciones para la misión futura al mundo (10:16-23)

D. Características de los discípulos misioneros (10:24-42)
1. Discípulos y Señor en misión (10:24-25)
2. Seguidores atrevidos (10:26-31)
3. Reconociendo en público la supremacía de Jesús (10:32-33)
4. Adhesión a la supremacía de Jesús en el hogar (10:34-39)
5. Recompensa por recibir a los discípulos de Jesús en misión (10:40-42)

VII. Brote de oposición al Mesías (11:1-12:50)

A. Juan el Bautista cuestiona a Jesús (11:2-6)
B. Tributo de Jesús a Juan el Bautista (11:7-15)
C. La generación descontenta (11:16-19)
D. Las privilegiadas ciudades impenitentes (11:20-24)
E. Invitación a una relación con el Padre y el Hijo (11:25-30)
F. Enfrentamientos con los fariseos por el sábado (12:1-14)
  1. Trabajo en sábado (12:1-8)
  2. Sanación en sábado (12:9-14)
G. El siervo de Dios ungido por el Espíritu (12:15-21)
H. Enfrentamientos con los fariseos sobre el origen del poder milagroso de Jesús (12:22-37)
  1. Los fariseos acusan a Jesús de demonismo (12:22-24)
  2. Defensa de Jesús (12:25-29)
  3. Ofensa de Jesús (12:30-37)
I. Enfrentamientos con los fariseos por su demanda de una "señal" (12:38-42)
J. La generación perversa y el regreso del espíritu maligno (12:43-45)
K. Los discípulos de Jesús son su verdadera familia (12:46-50)

VIII. Tercer discurso: revelación parabólica: los misterios del reino mesiánico (13:1-58)

A. Apertura del Discurso de las Parábolas (13:1-23)
  1. Parábola del sembrador (13:3b.-9)
  2. Propósito de Jesús en el uso de las parábolas (13:10-17)
  3. Interpretación de la parábola del sembrador (13:18-23)
B. Otras parábolas dirigidas a las multitudes (13:24-33)
  1. Parábola del trigo y la cizaña (13:24-30)
  2. Parábola de la semilla de mostaza (13:31-32)
  3. Parábola de la levadura (13:33)
  4. Parábolas que revelan cosas ocultas (13:34-35)
C. Explicaciones y parábolas dirigidas a los discípulos (13:36-50)
  1. Interpretación de la parábola del trigo y cizaña (13:36-43)
  2. Parábola del tesoro escondido (13:44)
  3. Parábola de la perla preciosa (13:45-46)
  4. Parábola de la red (13:47-50)
D. Parábola del tesoro del padre de familia (13:51-52)

E. Transición hacia una clarificación de la identidad y misión del Mesías (13:53)

IX. La identidad del Mesías, revelada (13:54-16:20)

A. Profeta(s) sin honra (13:53-14:12)
  1. Jesús, rechazado en Nazaret (13:54-58)
  2. Juan el Bautista, decapitado por Herodes Antipas (14:1-12)

B. Compasivo sanador y proveedor de Israel (14:13-21)

C. El Hijo de Dios recibe adoración (14:22-36)
  1. Andar sobre el agua (14:22-33)
  2. El Hijo de Dios sana en Genesaret (14:34-36)

D. El verdadero maestro de la Palabra de Dios (15:1-20)
  1. Las tradiciones de los ancianos judíos (15:1-9)
  2. Pureza e impureza de corazón (15:10-20)

E. Compasivo sanador y proveedor de los gentiles (15:21-39)
  1. Jesús se retira a regiones gentiles (15:21)
  2. Una mujer gentil reconoce a Jesús como Hijo de David (15:21-28)
  3. Muchos gentiles glorifican al Dios de Israel (15:29-31)
  4. Alimentación de los cuatro mil (15:32-38)
  5. Un breve regreso al territorio judío (15:39)

F. Pedro confiesa a Jesús como el Cristo, el Hijo del Dios vivo (16:1-20)
  1. Jesús no dará más señales (16:1-4)
  2. La levadura espiritual de fariseos y saduceos (16:5-12)
  3. ¿Quién es el Hijo del hombre? (16:13-14)
  4. La confesión de la identidad de Jesús por parte de Pedro (16:15-16)
  5. Pronunciamientos de Jesús sobre Pedro (16:17-19)

X. El sufrimiento del Mesías, revelado (16:21-17:27)

A. El sacrificio del sufrimiento (16:21-28)
  1. El Mesías sufriente y resucitado (16:21)
  2. Presunción de Pedro (16:22-23)
  3. El coste del discipulado (16:24-27)
  4. El Hijo del hombre viniendo en su reino (16:27-28)

B. El Hijo amado, transfigurado (17:1-13)
  1. La transfiguración de Jesús (17:1-8)
  2. Juan el Bautista y la venida de Elías (17:9-13)

C. Hijos del reino (17:14-27)

1. Sanación y exorcismo de un muchacho epiléptico (17:14-20)
2. La segunda predicción de la pasión (17:22-23)
3. Pago del impuesto del templo (17:24-27)

XI. La comunidad del Mesías revelada (18:1-20:34)

A. Cuarto discurso: prescripción de la comunidad: características de la vida en la comunidad del reino (18:1-35)
   1. La grandeza de la humildad (18:1-4)
   2. Refugio para el humilde (18:5-9)
   3. Protección angélica de los pequeños (18:10)
   4. Búsqueda divina de ovejas perdidas (18:12-14)
   5. Disciplinando a discípulos rebeldes (18:15-17)
   6. Consenso sobre la disciplina y vida comunitaria (18:18-20)
   7. Perdón en la comunidad de los discípulos que pecan (18:21-35)

B. La santidad del matrimonio en la comunidad (19:1-12)
   1. Viaje por Judea a Jerusalén (19:1-2)
   2. La cuestión del divorcio en la comunidad (19:3-9)
   3. La cuestión de la soltería en la comunidad (19:10-12)

C. Valorar la comunidad del reino (19:13-20:34)
   1. La comunidad del reino pertenece a los pequeños (19:13-15)
   2. La tragedia del joven rico (19:16-22)
   3. La generosa recompensa de quienes siguen a Jesús (19:23-30)
   4. Parábola de los obreros de la viña (20:1-16)
   5. Tercera predicción de la pasión de Jesús (20:17-19)
   6. Ejemplo de sacrificio, sufrimiento y servicio comunitario de Jesús (20:20-28)
   7. Misericordiosa sanación de dos ciegos en Jericó (20:29-34)

XII. El Mesías afirma su autoridad sobre Jerusalén (21-23)

A. La culminante entrada en Jerusalén: autoridad de Jesús como Mesías (21:1-11)

B. Las acciones del templo: declaración de Jesús sobre la clase dirigente del templo (21:12-17)

C. Maldición de la higuera: el juicio de la nación por parte de Jesús (21:18-22)

D. Controversias en el atrio del templo sobre la autoridad de Jesús (21:23-22:46)

1. Tres parábolas de condena a los dirigentes religiosos de Israel (21:28-22:14)
   a. Parábola de los dos hijos (21:28-32)
   b. Parábola de los aparceros malvados (21:33-46)
   c. Parábola del banquete de bodas (22:1-14)
2. Cuatro debates con los líderes religiosos sobre la autoridad e identidad de Jesús (22:15-46)
   a. El tributo en los reinos (22:15-22)
   b. Matrimonio en la resurrección (22:23-33)
   c. El mandamiento mayor (22:34-40)
   d. El Hijo de David (22:41-46)

E. Advertencias y ayes de juicio contra los maestros de la ley y los fariseos (23:1-36)
1. Advertencia a las multitudes y a los discípulos (23:1-12)
2. Ayes sobre los maestros de la ley y los fariseos (23:13-32)
3. Invectiva final: asesinos de los justos (23:33-36)
4. Lamentos sobre Jerusalén (23:37-39)

XIII. Quinto discurso. Alocución del monte de los Olivos: dilación, regreso y juicio del Mesías (24:1-25:46)

A. Trasfondo del discurso (24:1-3)

B. Principio de los dolores de parto (24:4-14)
1. Sufrimientos por todo el mundo (24:4-8)
2. Sufrimientos de los discípulos de Jesús (24:9-13)
3. Predicación del Evangelio a todas las naciones (24:14)

C. Descripción de la "gran tribulación" (24:15-28)
1. La abominación desoladora (24:15)
2. La huida de los creyentes (24:16-20)
3. "Gran tribulación" (24:21)
4. Los días, acortados (24:22)
5. Advertencias sobre falsos mesías (24:23-28)

D. Descripción de la venida del Hijo del hombre (24:29-31)

E. La lección de la higuera (24:32-35)

F. El "tiempo" de la venida de Jesús (24:36-41)

G. Exhortaciones parabólicas a velar y estar preparados para la venida del Hijo del hombre (24:42-25:30)
1. Parábola del dueño de la casa y el ladrón (24:42-44)

2. Parábola sobre dos clases de siervos (24:45-51)
3. Parábola de las diez vírgenes (25:1-13)
4. Parábola de los talentos (25:14-30)

H. Juicio al final (25:31-46)
1. Separación de las ovejas y las cabras (25:31-33)
2. Recompensa de las ovejas (25:34-40)
3. Castigo de las cabras (25:41-46)

XIV. El Mesías, crucificado (26:1-27:66)

A. Predicción de Jesús y complot de los líderes religiosos (26:1-5)
B. Jesús ungido en Betania (26:6-13)
C. Judas prepara la traición (26:14-16)
D. La Pascua y la Cena del Señor (26:17-30)
E. Predicción de la negación de Pedro (26:31-35)
F. Getsemaní: la agonizante oración de Jesús (26:36-46)
G. El arresto de Jesús (26:47-56)
H. El juicio judío de Jesús (26:57-27:10)
1. Jesús ante el Sanedrín (26:57-68)
2. Las negaciones de Pedro (26:69-75)
3. Jesús, condenado por el Sanedrín y entregado a Pilato (27:1-2)
4. Remordimiento y suicidio de Judas (27:3-10)

I. El juicio romano de Jesús (27:11-26)
1. Jesús ante Pilato (27:11-14)
2. La multitud, Barrabás y Jesús (27:15-18)
3. Sueño de la esposa de Pilato (27:19)
4. Los líderes religiosos, la multitud y la sangre de Jesús (27:20-26)

J. Jesús el Mesías es crucificado (27:27-44)
1. Los soldados flagelan a Jesús y se burlan de él (27:27-31)
2. Recorrido al Gólgota (27:32-34)
3. Jesús es crucificado (27:35-38)
4. El Mesías, objeto de burlas (27:39-44)

K. La muerte de Jesús el Mesías (27:45-50)
L. Testimonios de la muerte de Jesús (27:51-54)
1. Testimonio del templo (27:51)
2. Testimonio de los muertos (27:51b.-53)
3. Testimonio de los gentiles (27:54)

M. Las mujeres que seguían a Jesús (27:55-56)

N. La sepultura de Jesús el Mesías (27:57-61)

O. La guardia en el sepulcro (27:62-66)

XV. Resurrección y comisión del Mesías (28:1-20)

A. Las mujeres que siguen a Jesús descubren una tumba vacía (28:1-7)

B. El Jesús resucitado se aparece a las mujeres (28:8-10)

C. La conspiración para negar la verdad de la resurrección de Jesús (28:11-15)

D. La Gran Comisión del Jesús resucitado (28:16-20)

Bibliografía

Comentarios

Albright, W. F., y C. S. Mann. *Matthew*. AB 26. Garden City, N.Y.: Doubleday, 1971.

Allen, Willoughby C. *A Critical and Exegetical Commentary on the Gospel According to St. Matthew*. ICC. 3ª ed. Edimburgo: T. & T. Clark, 1912.

Augsburger, Myron S. *Matthew. The Communicator's Commentary*. Waco, Tex.: Word, 1982.

Barclay, William. *The Gospel of Matthew*. 2 vols. DSB. Ed. rev. Filadelfia: Westminster,1975.

Barton, Bruce B., Mark Fackler, Linda K. Taylor, y David R. Veerman. *Matthew. Life Application Bible Commentary*. Wheaton: Tyndale, 1996.

Beare, Francis Wright. *The Gospel According to Matthew: Translation, Introduction and Commentary*. San Francisco: Harper & Row, 1981.

Betz, Hans Dieter. *The Sermon on the Mount: A Commentary on the Sermon on the Mount, Including the Sermon on the Plain (Matthew 5:3-7:27 and Luke 6:20-49)*. Hermeneia. Minneapolis: Fortress, 1995.

Blomberg, Craig L. *Matthew*. NAC 22. Nashville: Broadman, 1992.

Boring, M. Eugene. "The Gospel of Matthew: Introduction, Commentary, and Reflections." *The New Interpreter's Bible*. Vol. 8. Nashville: Abingdon, 1995.

Broadus, John. Matthew. *An American Commentary.* Valley Forge, Pa.: Judson, 1886.

Brown, Raymond E. *El nacimiento del Mesías: comentario a los relatos de la infancia*. Madrid: Ediciones Cristiandad, 1982.

_____. *La Muerte del Mesías: desde Getsemaní hasta el sepulcro: comentario a los relatos de la pasión de los cuatro evangelios*. Estella: Verbo Divino, 2005-2006.

Bruce, A. B. "The Gospel According to Matthew." *The Expositor's Greek Testament*. Vol. 1. Grand Rapids: Eerdmans, 1976.

Bruner, Frederick Dale. *Matthew*. 2 vols. *The ChristBook (Matthew 1-12)* y *The Churchbook (Matthew 13-28)*. Dallas: Word, 1987, 1990.

Buchanan, George Wesley. *The Gospel of Matthew.* 2 vols. Mellen Biblical Commentary. Lewiston, N.Y.: Mellen Biblical Press, 1996.

Carson, D. A. "Matthew." *The Expositor's Bible Commentary.* Vol. 8. Grand Rapids: Zondervan, 1984.

Davies, Margaret. *Matthew. Readings: A New Biblical Commentary.* Sheffield: JSOT Press, 1993.

Davies, W. D., y Dale C. Allison Jr. *A Critical and Exegetical Commentary on the Gospel According to Saint Matthew.* 3 vols. ICC. Edimburgo: T. & T. Clark, 1988, 1991, 1997.

Hare, Douglas R. A. *Matthew. Interpretation.* Louisville: John Knox, 1993.

Fenton, J. C. *Saint Matthew.* Westminster Pelican Commentaries. Filadelfia: Westminster, 1963.

Filson, Floyd V. *The Gospel According to St. Matthew.* BNTC. 2ª ed. Londres: Adam & Charles Black, 1971.

France, R. T. *The Gospel According to Matthew.* TNTC. Grand Rapids: Eerdmans, 1985.

Gardner, Richard B. *Matthew.* Believers Church Bible Commentary. Scottdale, Pa.: Herald, 1991.

Garland, David E. *Reading Matthew.* Nueva York: Crossroad, 1993.

Glasscock, ed. *Matthew.* Moody Gospel Commentary. Chicago: Moody Press, 1997.

Gnilka, J. *Das Matthäusevangelium.* 2 vols. HTKNT. Freiburg: Herder, 1986, 1988.

Green, H. Benedict. *The Gospel According to Matthew: Introduction and Commentary.* The New Clarendon Bible (New Testament). Oxford: Oxford Univ. Press, 1975.

Green, Michael. *The Message of Matthew: The Kingdom of Heaven.* BST. Downers Grove, Ill.: InterVarsity Press, 2000.

Guelich, Robert A. *The Sermon on the Mount: A Foundation for Understanding.* Waco, Tex.: Word, 1982.

Gundry, Robert H. *Matthew: A Commentary on His Handbook for a Mixed Church Under Persecution.* 2ª ed. Grand Rapids: Eerdmans, 1994.

Hagner, Donald. *Matthew 1-13.* WBC 33A. Dallas: Word, 1993.

_____. *Matthew 14-28.* WBC 33B. Dallas: Word, 1995.

Harrington, Daniel J. *The Gospel of Matthew.* Sacra Pagina. Collegeville, Minn.: Michael Glazier, 1991.

Hendriksen, William. *Exposition of the Gospel According to Matthew.* Grand Rapids: Baker, 1973.

Hill, David. *The Gospel of Matthew.* NCB. Grand Rapids: Eerdmans, 1972.

Keener, Craig S. *A Commentary on the Gospel of Matthew.* Grand Rapids: Eerdmans, 1999.

_____. *Matthew.* IVPNTC. Downers Grove, Ill.: InterVarsity Press, 1997.

Leiva-Merikakis, Erasmo. *Fire of Mercy, Heart of the Word: Meditations on the Gospel According to St. Matthew.* Vol. 1. San Francisco: Ignatius, 1996.

Levine, Amy-Jill. *A Feminist Companion to Matthew. Feminist Companion to the New Testament and Early Christian Writings.* Vol. 1. Sheffield: Sheffield Academic Press, 2001.

Long, Thomas G. *Matthew.* Westminster Bible Companion. Louisville: Westminster John Knox, 1997.

Luz, Ulrich. *Matthew 1-7: A Commentary.* 1985. Trad. ing. Wilhelm C. Linss. Hermeneia. Minneapolis: Augsburg, 1989.

_____. *Matthew 8-20: A Commentary.* Hermeneia. Trad. ing. James E. Crouch. Minneapolis: Fortress, 2001.

MacArthur, John. *Matthew 1-7; Matthew 8-15; Matthew 16-23; Matthew 24-28.* MacArthur New Testament Commentary. Chicago: Moody Press, 1985, 1987, 1989.

McNeile, Alan Hugh. *The Gospel According to Matthew: The Greek Text with Introduction, Notes, and Indices.* Grand Rapids: Baker, 1980.

Meier, John P. *Matthew.* NTM 3. Wilmington, Del.: Michael Glazier, 1980.

Morgan, G. Campbell. *The Gospel According to Matthew.* Old Tappan, N.J.: Revell, n.d.

Morris, Leon. *The Gospel According to Matthew.* PNTC. Grand Rapids: Eerdmans, 1992.

Mounce, Robert H. *Matthew.* GNC. San Francisco: Harper & Row, 1985.

Overman, J. Andrew. *Church and Community in Crisis: The Gospel According to Matthew.* The New Testament in Context. Valley Forge, Pa.: Trinity Press International, 1996.

Perlewitz, M. *The Gospel of Matthew.* Message of Biblical Spirituality 8. Wilmington, Del.: Michael Glazier, 1988.

Plummer, Alfred. *An Exegetical Commentary on the Gospel According to St. Matthew.* Grand Rapids: Baker, 1982.

Ridderbos, H. N. *Matthew.* BSC. Grand Rapids: Zondervan, 1987.

Robertson, Archibald Thomas. "The Gospel According to Matthew." *Word Pictures in the New Testament.* Vol. 1. Nashville: Broadman, 1930.

Ryle, J. C. *Mateo.* Terrassa: CLIE, 1988.

Sand, Alexander. *Das Evangelium nach Matthäus.* Regensburger Neues Testament. Regensburg: Friedrich Pustet, 1986.

Schnackenburg, Rudolf. *The Gospel of Matthew.* Trad. ing. Robert R. Barr. Grand Rapids: Eerdmans, 2002.

Schweizer, Eduard. *The Good News According to Matthew.* Atlanta: John Knox, 1975.

Senior, Donald. *Matthew.* Abingdon New Testament Commentaries. Nashville: Abingdon, 1998.

Simonetti, Manlio, ed. *Matthew 1-13.* ACCSNT 1a. Downers Grove, Ill.: InterVarsity Press, 2001.

_____. *Matthew 14-28.* ACCSNT 1b. Downers Grove, Ill.: InterVarsity Press, 2002.

Smith, R. H. *Matthew.* Augsburg Commentary on the New Testament. Minneapolis: Augsburg, 1989.

Tasker, R. V. G. *The Gospel According to St. Matthew: An Introduction and Commentary.* TNTC. Grand Rapids: Eerdmans, 1961.

Toussaint, Stanley D. *Behold the King: A Study of Matthew.* Portland, Ore.: Multnomah, 1981.

Trilling, Wolfgang. *The Gospel According to St. Matthew.* 2 vols. Nueva York: Crossroad, 1981.

Walvoord, John F. *Matthew: Thy Kingdom Come.* Chicago: Moody Press, 1974.

Weber, Stuart K. *Matthew.* Holman New Testament Commentary. Nashville: Holman, 2000.

Wilkins, Michael. "Matthew." *ZIBBC.* Grand Rapids: Zondervan, 2002.

Zanchettin, Leo, ed. *Matthew: A Devotional Commentary.* Mahwah, N.J.: Paulist, 1997.

Estudios especiales

Los títulos consignados a continuación son solo una muestra de la extensa literatura que existe sobre Mateo. En las notas a pie de página se mencionan estudios más breves, como artículos de publicaciones y capítulos de libros.

Aune, David E., ed. *The Gospel of Matthew in Current Study: Studies in Memory of William G. Thompson, S.J.* Grand Rapids: Eerdmans, 2001.

Bauckham, Richard. *Gospel Women: Studies of the Named Women in the Gospels.* Grand Rapids: Eerdmans, 2002.

Bornkamm, Günther, Gerhard Barth, y Heinz Joachim Held. *Tradition and Interpretation in Matthew*. Trad. ing. Percy Scott. Filadelfia: Westminster, 1963.

Brown, Jeannine K. *The Disciples in Narrative Perspective: The Portrayal and Function of the Matthean Disciples*. SBL Academia Biblica 9. Atlanta: Society of Biblical Literature, 2002.

Burkett, Delbert. *The Son of Man Debate: A History and Evaluation*. SNTSMS 107. Cambridge: Cambridge Univ. Press, 1999.

Caragounis, Chrys. *Peter and the Rock*. BZNW 58. Berlín/Nueva York: de Gruyter, 1990.

Carter, Warren. *Households and Discipleship: A Study of Matthew 19-20*. JSNTSup 103. Sheffield: JSOT Press, 1994.

_____. *Matthew: Storyteller, Interpreter, Evangelist*. Peabody, Mass.: Hendrickson, 1996.

_____, y John Paul Heil, *Matthew's Parables: Audience-Oriented Perspectives*. CBQMS 30. Washington, A.D.: Catholic Biblical Association of America, 1998.

Cousland, J. R. C. *The Crowds in the Gospel of Matthew*. NovTSup 102. Leiden: Brill, 2002.

Davis, Stephen, Daniel Kendall y Gerald O'Collins, eds. *The Resurrection: An Interdisciplinary Symposium on the Resurrection of Jesus*. Oxford: Oxford Univ. Press, 1997.

Donaldson, Terence L. *Jesus on the Mountain: A Study in Matthean Theology*. JSNTSup 8. Sheffield: JSOT Press, 1985.

Edwards, Richard A. *Matthew's Story of Jesus*. Filadelfia: Fortress, 1985.

_____. *Matthew's Narrative Portrait of Disciples: How the Text-Connoted Reader Is Informed. Harrisburg*, Pa.: Trinity Press International, 1997.

France, R. T. *Matthew: Evangelist and Teacher*. Grand Rapids: Zondervan, 1989.

Gerhardsson, Birger. *The Testing of God's Son (Matt 4:1-11 and Par.)*. ConBNT 2.1. Lund: Gleerup, 1996.

Goodacre, Mark. *The Case Against Q: Studies in Markan Priority and the Synoptic Problem*. Harrisburg, Pa.: Trinity Press International, 2002.

Green, H. Benedict. *Matthew, Poet of the Beatitudes*. JSNTSup 203. Sheffield: Sheffield Academic Press, 2001.

Howell, David B. *Matthew's Inclusive Story: A Study in the Narrative Rhetoric of the First Gospel*. JSNTSup 42. Sheffield: JSOT Press, 1990.

Ilan, Tal. *Jewish Women in Greco-Roman Palestine: An Inquiry into Image and Status.* Tubinga: J. C. B. Mohr (Paul Siebeck), 1995.

Kingsbury, Jack Dean. *Matthew As Story.* 2ª ed. Filadelfia: Fortress, 1988.

_____. Matthew: *Structure, Christology, Kingdom.* 2ª ed. Minneapolis: Fortress, 1989.

Knowles, Michael. *Jeremiah in Matthew's Gospel: The Rejected-Prophet Motif in Matthean Redaction.* JSNTSup 68. Sheffield: Sheffield Academic Press, 1993.

Köstenberger, Andreas J., y Peter T. O'Brien. *Salvation to the Ends of the Earth: A Biblical Theology of Mission.* NSBT 11. Downers Grove, Ill.: InterVarsity Press, 2001.

Kupp, David D. *Matthew's Emmanuel: Divine Presence and God's People in the First Gospel.* SNTSMS. Cambridge: Cambridge Univ. Press, 1997.

LaGrand, James. *The Earliest Christian Mission to "All Nations" in the Light of Matthew's Gospel.* International Studies in Formative Christianity and Judaism. Atlanta: Scholars Press, 1995.

Levine, Amy-Jill. *The Social and Ethnic Dimensions of Matthean Salvation History.* Studies in the Bible and Early Christianity 14. Lewiston, N.Y.: Mellen, 1988.

McKnight, Scot. *A Light Among the Gentiles: Jewish Missionary Activity in the Second Temple Period.* Minneapolis: Fortress, 1990.

Orton, David E. *The Understanding Scribe: Matthew and the Apocalyptic Ideal.* JSNTSup 25. Sheffield: Sheffield Academic Press, 1989.

Powell, Mark Allan, y David R. Bauer, eds. *Who Do You Say That I Am? Essays on Christology. In Honor of Jack Dean Kingsbury.* Louisville: Westminster John Knox, 1999.

Robinson, James M., Paul Hoffmann y John S. Kloppenborg, eds. *The Critical Edition of Q: Synopsis Including the Gospels of Matthew and Luke, Mark and Thomas, with English, German and French Translations of Q and Thomas.* Hermeneia. Minneapolis: Fortress, 2000.

Rousseau, John J. y Rami Arav. *Jesus and His World: An Archaeological and Cultural Dictionary.* Minneapolis: Fortress, 1995.

Saldarini, Anthony J. *Matthew's Christian-Jewish Community.* Chicago: Univ. of Chicago Press, 1994.

Sim, David C. *Apocalyptic Eschatology in the Gospel of Matthew.* SNTSMS 88. Cambridge: Cambridge Univ. Press, 1996.

_____. *The Gospel of Matthew and Christian Judaism: The History and Social Setting of the Matthean Community.* Studies of the New Testament and Its World. Edimburgo: T. & T. Clark, 1998.

Stanton, Graham N. *A Gospel for a New People: Studies in Matthew*. Edimburgo: T. & T. Clark, 1992.

Tan, Kim Huat. *The Zion Traditions and the Aims of Jesus*. SNTSMS. Cambridge: Cambridge Univ. Press, 1997.

Twelftree, Graham H. *Jesus the Miracle Worker: A Historical and Theological Study*. Downers Grove, Ill.: InterVarsity Press, 1999.

Vledder, Evert-Jan. *Conflict in the Miracle Stories: A Socio-Exegetical Study of Matthew 8 and 9.* JSNTSup 152. Sheffield: Sheffield Academic Press, 1997.

Webb, Robert L. *John the Baptizer and Prophet: A Socio-Historical Study*. JSNTSup 62. Sheffield: JSOT Press, 1991.

Wenham, David. *The Rediscovery of Jesus' Eschatological Discourse.* Gospel Perspectives 4. Sheffield: JSOT Press, 1984.

Wilkins, Michael J. *The Concept of Disciple in Matthew's Gospel As Reflected in the Use of the Term Μαθητής* NovTSup 59. Leiden: Brill, 1988.

_____. *Following the Master: A Biblical Theology of Discipleship.* Grand Rapids: Zondervan, 1992.

_____. *Discipleship in the Ancient World and Matthew's Gospel.* 2ª ed. Grand Rapids: Baker, 1995.

Yamasaki, Gary. *John the Baptist in Life and Death: Audience-Oriented Criticism of Matthew's Narrative.* JSNTSup 167. Sheffield: Sheffield Academic Press, 1998.

Yang, Yong-Eui. *Jesus and the Sabbath in Matthew's Gospel.* JSNTSup 139. Sheffield: Sheffield Academic Press, 1997.

Mateo 1:1-17

Tabla genealógica de Jesucristo, hijo de David, hijo de
Abraham:

2 Abraham fue el padre de Isaac;
Isaac, padre de Jacob;
Jacob, padre de Judá y de sus hermanos;
3 Judá, padre de Fares y de Zera, cuya madre fue Tamar;
Fares, padre de Jezrón;
Jezrón, padre de Aram;
4 Aram, padre de Aminadab;
Aminadab, padre de Naasón;
Naasón, padre de Salmón;
5 Salmón, padre de Booz, cuya madre fue Rajab;
Booz, padre de Obed, cuya madre fue Rut;
Obed, padre de Isaí;
6 e Isaí, padre del rey David.

David fue el padre de Salomón, cuya madre había sido la
esposa de Urías;

7 Salomón, padre de Roboán;
Roboán, padre de Abías;
Abías, padre de Asá;
8 Asá, padre de Josafat;
Josafat, padre de Jorán;
Jorán, padre de Uzías;
9 Uzías, padre de Jotán;
Jotán, padre de Acaz;
Acaz, padre de Ezequías;
10 Ezequías, padre de Manasés;
Manasés, padre de Amón;
Amón, padre de Josías;
11 y Josías, padre de Jeconías y de sus hermanos en
tiempos de la deportación a Babilonia.
12 Después de la deportación a Babilonia,
Jeconías fue el padre de Salatiel;
Salatiel, padre de Zorobabel;
13 Zorobabel, padre de Abiud;
Abiud, padre de Eliaquín;
Eliaquín, padre de Azor;
14 Azor, padre de Sadoc;
Sadoc, padre de Aquín;
Aquín, padre de Eliud;
15 Eliud, padre de Eleazar;

Eleazar, padre de Matán;
Matán, padre de Jacob;
16 y Jacob fue padre de José, que fue el esposo de María,
de la cual nació Jesús, llamado el Cristo.

17 Así que hubo en total catorce generaciones desde Abraham
hasta David, catorce desde David hasta la deportación a Babilonia,
y catorce desde la deportación hasta el Cristo.

Sentido Original

Durante este periodo, el mundo mediterráneo experimentaba la famosa *pax romana*, una situación de relativa calma que se inició con el reinado de César Augusto (27 A.C.-14 A.D.) y que se prolongó al menos hasta el mandato de Marco Aurelio (161-180 A.D.). El historiador romano Tácito atribuye el inicio de este periodo de paz casi exclusivamente a los inmensos poderes de Augusto. Sin embargo, como observa Tácito, la concordia que inauguró Augusto no trajo consigo libertad para todos sus súbditos. Por todo el mundo romano eran muchos los que esperaban un cambio. Tácito escribe:

> Mientras Augusto se mantuvo fuerte y dirigió su casa y la paz del imperio, nadie se preocupó inminentemente. Mas cuando la vejez le incapacitó para el gobierno, su cercano final trajo esperanzas de cambio. Unos pocos comenzaron a hablar ociosamente de las bondades de la libertad. Un grupo mayor temía la guerra y otros la deseaban.[1]

Bajo la superficie se producían constantes corrientes revolucionarias que emergían cíclicamente para alterar la *pax romana*. En una de las remotas regiones del imperio, donde afloraban repetidamente ciertos disturbios, la esperanza de libertad llegó finalmente de la forma más insospechada. En Israel nació un rival de Augusto. Pero su aparición fue discreta, sin desafiar directamente el poder militar y político de Roma. Con el tiempo, de hecho, muchos de sus propios compatriotas se desilusionaron con la revolución que traía, siendo esta una transformación del corazón, no la que podían llevar a cabo las espadas o los carros de combate.

Esta era la revolución que trajo Jesús, el anhelado Mesías de Israel. El Evangelio de Mateo rememora una larga historia de expectativas dentro de Israel. Su relato esclarece cómo cumplieron la vida y ministerio de Jesús las promesas de los profetas veterotestamentarios, pero muestra también que Jesús desilusionó muchas de las erróneas expectativas del pueblo.

1. Cornelio Tácito, *The Annals of Imperial Rome 1.4*; trad. Michael Grant (Ed. Rev.; Nueva York: Penguin, 1976). En español, *Anales* (Madrid: Gredos, 1991).

Jesús el Mesías trae un nuevo comienzo para la humanidad (1:1)

Mateo introduce su Evangelio con un lenguaje que recuerda el libro de Génesis. La palabra griega que la NVI traduce como "tabla genealógica" en 1:1 es el término *genesis*[2] (lit. "comienzos"), que es también el título que la Septuaginta (la LXX, traducción griega del Antiguo Testamento) da al primer libro del Antiguo Testamento. De hecho, una expresión casi idéntica a la de Mateo 1:1 aparece en la LXX, en el texto de Génesis 2:4 y 5:1 donde se consigna el primer registro de la creación de Dios y la primera genealogía de las criaturas humanas creadas por Dios. Por otra parte, en Mateo esta expresión no es solo el encabezamiento de la genealogía de 1:2-17,[3] sino también el de la narración de la infancia de Jesús en 1:18-2:23.[4] Puede también argumentarse que esta expresión funciona como título de todo el libro sobre Jesús.[5] Del mismo modo que Génesis presentaba la historia de un comienzo, a saber, la creación de Dios y su relación pactada con Israel, también el Evangelio de Mateo nos presenta la historia de un nuevo comienzo: el de la llegada de Jesús el Mesías y el reino de Dios (*cf.* también Mr 1:1).

Las primeras palabras de Mateo ("Jesucristo, hijo de David, hijo de Abraham") tenían una importancia especial para una audiencia judía, que trazaba su genealogía mediante los pactos que Dios hizo con Israel. Este encabezamiento, con los nombres de Jesús y su genealogía, está repleto de significado.[6]

La práctica común era que las personas tuvieran un solo nombre personal, que a menudo tenía un determinado significado religioso. Este libro trata de "Jesús" (*Iesous*), que es su nombre histórico, cotidiano y el que se utiliza normalmente en las narraciones de los Evangelios. Este nombre es *Yeshua* en hebreo (que significa "Yahvé salva", *cf.* Neh 7:7), una forma abreviada de Josué (*Yehošua*), "Yahvé es salvación" (Éx 24:13); este nombre adquirirá profundas connotaciones de salvación al relacionarse con la vida y ministerio de Jesús (*cf.* 1:21).[7]

---

2. Según BDAG, 192, esta palabra significa "origen, fuente, causa productiva, comienzo", que en este contexto indica "un relato de la vida de alguien".
3. Gundry, *Matthew*, 13.
4. Carson, "Matthew", *EBC*, 8:61, subraya que la reaparición del término *genesis* en 1:18 indica que, en los caps. 1-2, Mateo se centra, con esta expresión, no solo en la genealogía sino, de manera más general, en el "origen de Jesucristo".
5. W. D. Davies y Dale C. Allison Jr., *A Critical and Exegetical Commentary on the Gospel According to Saint Matthew*, Vol. 1: *Introduction and Commentary on Matthew I-VII* (ICC; Edimburgo: T. & T. Clark, 1988), 149-54, argumentan convincentemente que la expresión *biblos geneseos* es el título de todo el libro. Ver también Leon Morris, *The Gospel According to Matthew* (PNTC; Grand Rapids: Eerdmans, 1992), 19.
6. Las expresiones "hijo de David" e "hijo de Abraham" están en aposición a "Jesucristo", indicando que estos títulos son una explicación más de la identidad de Jesús.
7. *Cf.* Birger Gerhardsson, "The Christology of Matthew", en *Who Do You Say That I Am? Essays on Christology in Honor of Jack Dean Kingsbury,* ed. Mark Allan Powell y David R. Bauer (Louisville: Westminster John Knox, 1999), 16-17.

"Cristo" (*Christos*) es un título, derivado del hebreo *mašiah* ("ungido"), que recuerda a David como rey ungido de Israel. Con el paso del tiempo, este término se relacionó con la promesa de un "ungido" que sería la luz de la esperanza para Israel. Por medio del profeta Natán, Dios había prometido a David que su casa y su trono serían establecidos para siempre (2S 7:11b-16), una promesa cuyo cumplimiento se ve ahora en Jesús como Mesías. El nombre completo que usa la forma transliterada (i.e., "Jesucristo") es correcto y tradicional, pero en su uso común puede entenderse incorrectamente, como algo parecido a un nombre y un apellido.

En el Evangelio de Mateo, "Hijo de David" es una expresión importante (9:27; 12:23; 15:22; 20:30-31; 21:9, 15; 22:42, 45). Mateo utiliza diecisiete veces el nombre de este gran rey, más que cualquier otro libro del Nuevo Testamento. El rey David era el venerado y triunfante guerrero de la historia de Israel. Con la frase "hijo de David" se alude a un personaje prometido que perpetuará el trono de David, señalando así la ascendencia y regias expectativas del Mesías (ver 2 S 7:11b-16). Pero evoca también imágenes de un Mesías que vendría conquistando, un poderoso guerrero como David que destruiría a los enemigos de Israel y restablecería el trono de Jerusalén y el reino de Israel al esplendor del periodo davídico.

Pero Jesús es también "hijo de Abraham". Al trazar esta genealogía no solo hasta David sino hasta Abraham, Mateo enciende una luz de esperanza para todo el mundo. El pacto que Dios hizo con Abraham estableció a Israel como pueblo escogido, pero constituía también una promesa de que su descendencia sería una bendición para todas las naciones (Gn 12:1-3; 22:18).[8]

Por tanto, con su genealogía de Jesús, esta introducción ofrece una importante clave para interpretar el mensaje de Mateo. Con el ministerio de Jesús se cumplió el pacto de Dios con el pueblo de Israel (p. ej., 10:6; 15:24), pero este dio también cumplimiento a la divina promesa de impartir esperanza universal a todas las naciones (*cf.* 21:43; 28:19). Este tema se va acentuando cada vez más en el Evangelio y alcanza un clímax en la comisión final (*cf.* 28:18-20).

Genealogía de Jesús el Mesías (1:2-17)

En el mundo antiguo, las genealogías tenían una gran importancia y desempeñaban un papel especialmente significativo para los judíos. Según el Antiguo Testamento (p. ej., 1 Cr 1-9), el pueblo de Dios mantenía extensas genealogías como registro de los descendientes de cada familia, pero se utilizaban también con propósitos prácticos y legales para establecer los legados, herencias, legitimación y derechos de las personas. El conocimiento de los antepasados era

8. Ver, p. ej., M. Daniel Carroll R., "Blessing the Nations: Toward a Biblical Theology of Mission from Genesis", *BBR* 10 (2000): 17-34; Richard J. Erickson, "Joseph and the Birth of Isaac in Matthew 1", *BBR* 10 (2000): 35-51.

especialmente necesario para dirimir correctamente las disputas sobre cuestiones de propiedades.[9]

Mateo se sirvió muy probablemente de algunas de las genealogías consignadas en el Antiguo Testamento[10] y utilizó una fraseología parecida. Para la lista de nombres posterior a Zorobabel, en el periodo que no cubre el Antiguo Testamento, Mateo utiliza posiblemente otros registros de los que ya no disponemos. Ciertas fuentes indican que durante el siglo I podía accederse a extensos registros genealógicos,[11] algunos de cuyos datos más importantes sobre las familias que ejercían funciones políticas y sacerdotales los albergaba el templo. Las tradiciones rabínicas posteriores, por ejemplo, intentaban establecer la ascendencia davídica del rabino Hillel, casi contemporáneo de Jesús, por medio de un rollo genealógico supuestamente archivado en Jerusalén.[12] Las genealogías oficiales extrabíblicas se perdieron con la destrucción del templo y Jerusalén en el año 70 A.D., aunque algunos registros privados se conservaron en otros lugares.

Lucas presenta también una genealogía de Jesús (ver Lc 3:23-38),[13] que guarda varias diferencias esenciales con la de Mateo (1:2-17). (1) Mateo presenta una genealogía descendente, que comienza con Abraham, el antepasado más antiguo, va citando generaciones posteriores (de padres a hijos) y culmina con el nacimiento de Jesús. Esta es la forma más común de las genealogías judías en el Antiguo Testamento (p. ej., Gn 5:1-32). Por su parte, Lucas nos presenta una forma de genealogía ascendente que invierte el orden (va de hijo a padre), comenzando con Jesús y trazándola hacia atrás hasta Adán (Lc 3:23-38; *cf.* Esd 7:1-5). Este orden inverso se encuentra más comúnmente en ciertas genealogías grecorromanas.

(2) Mateo pone un acento especial en los pactos establecidos con Israel, en línea con el primer versículo de su Evangelio, trazando el linaje de Jesús hasta David (1:6) y Abraham (1:2). Lucas subraya especialmente la relación de Jesús con toda la humanidad y con Dios mismo trazando su ascendencia hasta "Adán, hijo de Dios" (Lc 3:38): Jesús es hijo de Adán e Hijo de Dios.

---

9. *Cf.* Marshall D. Johnson, *The Purpose of Biblical Genealogies with Special Reference to the Setting of the Genealogies of Jesus*, 2ª ed. (SNTSMS 8; Cambridge: Cambridge Univ. Press, 1988).
10. P. ej., Gn 4:17-18; 5:3-32; 10:1-32; 46:8-27; 1Cr 1:34; 2:1-15; 3:1-24; Rt 4:12-22. Ver John Nolland, "Genealogical Annotation in Genesis as Background for the Matthean Genealogy of Jesus", *TynBul* 47 (mayo 1996): 115-22, quien sugiere que Mateo estudió las genealogías de Génesis y organizó la suya siguiendo su patrón.
11. P. ej., Josefo, *Vida* 6; *Contra Apión* 1.28-56.
12. *Génesis Rabbá* 98:8; *j. Ta'anit* 4:2; ver Anthony J. Saldarini, *Pharisees, Scribes and Sadducees in Palestinian Society: A Sociological Approach* (Wilmington, Del.: Michael Glazier, 1988), 204-206.
13. Quienes deseen considerar una exposición de esta cuestión, puede ver Raymond E. Brown, *El nacimiento del Mesías: comentario a los relatos de la infancia* (Madrid: Ediciones Cristiandad, 1982), pp. 84-95 de la edición en inglés.

(3) Algunos nombres consignados tras la deportación babilónica difieren entre las dos genealogías. Por ejemplo: Mateo sigue la línea de Jeconías, Salatiel y Zorobabel, mientras que Lucas la traza por medio de Neri, Salatiel y Zorobabel.

(4) Mateo omite varios nombres que aparecen en la genealogía de Lucas, probablemente para crear una simetría literaria que facilite la memorización (ver comentarios sobre 1:17). El verbo *gennao* ("dar a luz, engendrar") aparece en todos los eslabones de la genealogía de Mateo y se utiliza con frecuencia para aludir a un antepasado más remoto (p. ej., abuelo o bisabuelo).

(5) Uno de los rasgos más significativos del texto de Mateo es su acento en la ascendencia real de Jesús. Para Mateo, David no es meramente el hijo de Isaí (Lc 3:31-32), sino el "Rey David" (Mt 1:6). Por otra parte, Mateo traza la genealogía de Jesús a través de Salomón, el Hijo de David, quien sucedió a su padre como Rey de Israel, mientras que Lucas lo hace a través de Natán, otro hijo de David que no subió al trono (*cf.* 1:6; Lc 3:32; *cf.* 2 S 5:14).

¿Cómo se explican las diferencias en las genealogías de Jesús que nos presentan Mateo y Lucas? Normalmente se dan dos explicaciones básicas, aunque las variaciones son numerosas. (1) La primera perspectiva subraya generalmente que Mateo traza la línea de Jesús a través de su padre José, mientras que Lucas lo hace a través de María. (2) El segundo punto de vista subraya que en ambas genealogías Mateo y Lucas toman como referencia la línea de José, aunque con propósitos distintos. Si bien no es posible explicar completamente las diferencias con la información que poseemos ahora, parece claro que Mateo pretende demostrar la legitimidad de Jesús como heredero del trono de David. Con el nacimiento de Jesús ha llegado el Hijo más ilustre de David, el esperado rey mesiánico de su descendencia.[14]

De Abraham al rey David (1:2-6a). Los acentos de Mateo en su genealogía ofrecen claves para su comprensión de la identidad y ministerio de Jesús.[15] El patrón esencial de la genealogía se establece en el primer eslabón: "Abraham fue el padre de Isaac" (lit., "Abraham engendró a Isaac"). Esto está en línea con la típica fraseología veterotestamentaria, como en la traducción de 1 Crónicas 1:34 que hace la Septuaginta: "Abraham engendró a Isaac". Este mismo patrón aparece cuarenta veces, utilizando la voz activa del verbo *gennao* (*cf.* la expresión "engendró" utilizada por la RVR1960 o la LBLA). Esta expresión subraya la ascendencia humana de cada generación, lo cual prepara el camino para el dramático cambio de construcción que encontramos en 1:16, donde Mateo se sirve de la voz pasiva para señalar el origen divino de Jesús.

Mateo afirma que Jacob fue padre de "Judá y de sus hermanos", posiblemente para señalar el carácter inclusivo de la familia de Israel de la que vendría el Mesías.

---

14. *Cf.* 22:41-46; 2 S 7:12-16; Sal 89:19-29, 35-37; 110:1-7; 132:11-12.
15. El acento de Mateo, cuando se considera en su conjunto, ofrece importantes claves para la identidad y futuro ministerio de Jesús.

Judá era el hijo de Jacob portador del cetro, el báculo de gobierno (Gn 49:8-12). El Mesías procedería de la línea real de Judá (Gn 49:10), pero vivió dentro del territorio adjudicado a otros hermanos. Judá tuvo dos hijos con Tamar, Zara y Fares (Mt 1:2), que probablemente se mencionan porque eran mellizos (Gn 38:27-30).

Las cuatro generaciones que van de Fares a Aminadab, quien aparece en el primer censo de la nación israelita que hizo Moisés durante el peregrinaje por el desierto, cubren aproximadamente 450 años (Nm 1:7).[16] Durante las seis generaciones que se enumeran desde Naasón, dirigente de la tribu de Judá en el desierto, hasta la monarquía que se inicia con David, transcurren aproximadamente otros 400 años.[17] Esto es una clara indicación de que Mateo omite nombres de la genealogía consignada en 1 Crónicas 2:5, 9-15. Esta clase de omisiones era muy común en el mundo antiguo, principalmente para que las genealogías fueran fáciles de memorizar (ver comentario sobre 1:17).

Booz (*cf.* 1 Cr2:11-12) es la primera persona conocida en las narraciones del Antiguo Testamento de esta genealogía. Es uno de los principales personajes del libro de Rut; Booz se casa con Rut, la moabita, y es el padre de Obed (Mt 1:5; *cf.* Rt 4:17, 21; 1Cr 2:12). Poco más se conoce de Obed, excepto que es el padre de Isaí (Mt 1:5; *cf.* Rt 4:17, 21), quien a su vez lo es de David. Isaí ocupa un lugar destacado en la narrativa veterotestamentaria, principalmente durante la unción de David por parte de Samuel, el ascenso de David al poder en la corte de Saúl y su iniciación a la vida militar con su victoria sobre Goliat (1 S 16:17).

La inclusión de cinco mujeres en la genealogía de Jesús (Tamar, Rajab, Rut, Betsabé y María) se considera a menudo como una clave del énfasis de Mateo.[18] Normalmente, las mujeres no aparecían en las genealogías veterotestamentarias, que se trazaban por regla general a través de los hombres como cabezas de las familias. Cuando se mencionaba a alguna mujer, había por regla general alguna razón concreta.[19] De igual modo, Mateo parece tener varias razones para incluir a estas mujeres en la genealogía de Jesús (ver la sección Construyendo Puentes).

Tamar (*cf.* Gn. 38), nuera de Judá, concibió a Fares y a Zara tras hacer creer a Judá que era una prostituta del templo y mantener una relación sexual con él. Judá no había cumplido su voto de darle por esposo a su hijo menor, por lo cual Tamar hizo las cosas a su manera. No está muy claro cuál es su procedencia

16. *Cf.* Gn 15:13; Éx 12:40, aproximadamente 1898-1445 A.C.
17. *Cf.* Nm 2:3; 7:12; 2S 5:4, aproximadamente 1445-1040 A.C. Quienes deseen considerar una extensa exposición sobre las cronologías pueden ver J. Barton Payne, "Chronology of the Old Testament", *ZPEB*, 1:834-36.
18. Quienes deseen considerar una exposición de esta cuestión pueden ver Johnson, *The Purpose of Biblical Genealogies*, 152-79; Hagner, *Matthew 1-13, 10;* Beverly Roberts Gaventa, *Mary: Glimpses of the Mother of Jesus* (Columbia: Univ. of South Carolina, 1995), 33-39.
19. E.g., 1Cr 1:39; 2:3-4, 16, 18, 24, 26, 29, 48-49; 3:9.

(algunos proponen que era cananea,[20] aunque otros insisten en que no).[21] El nombre de Tamar aparece también en la genealogía que encontramos en 1 Crónicas 2:4: "Y Tamar su nuera dio a luz a Fares y a Zara". Puesto que la fraseología de Mateo se parece mucho a la de 1 Crónicas, es posible que Mateo consignara el nombre de Tamar simplemente porque se enumera, o puede que pretendiera incluir a una mujer cuyos derechos fueron conculcados por los hombres.

Rajab (*cf.* Jos 2) fue la prostituta de Jericó (gentil), que protegió a los dos espías enviados por Josué para reconocer la tierra prometida e informar al pueblo de Israel (Jos 2:1-21). Solo aquí encontramos a Rajab entre los antepasados de David, algo que no sucede en ningún otro lugar de la Escritura ni de los escritos judíos.[22]

Rut (*cf.* Rt 3) es una moabita (p. ej., Rt 1:4; 2:1, 6). Los moabitas no podían ser admitidos en la congregación hasta la décima generación (Dt 23:3), pero aquí Mateo deja claro que las mujeres gentiles, Rajab y Rut, formaban parte de la línea real de Jesús.

Como se ha dicho con anterioridad, uno de los rasgos más significativos del texto de Mateo es su acento en la ascendencia real de Jesús. David no es solo el hijo de Isaí (como se declara en la genealogía de Lc 3:31-32) sino del "Rey David" (Mt 1:6), un acento explícito en la realeza de la genealogía de Jesús. A partir de aquí Mateo sigue subrayando esta cuestión mediante el uso veintidós veces del término "rey", más que cualquier otro libro del Nuevo Testamento. A lo largo de su Evangelio, Mateo no deja de presentar a Jesús como "Rey de los judíos".[23]

Desde el rey David al exilio babilónico (1:6b-11). A continuación Mateo traza la genealogía de Jesús durante el periodo de la monarquía que, en Judá, el reino del sur, se extendió desde el rey David hasta el exilio babilónico. Este fue un tiempo de intensos conflictos tanto en el reino del norte como en el del sur. Se generaron conflictos internos, con varias facciones que contendían por el poder, y externos, con la amenaza de invasión por parte de Asiria y Babilonia. Es posible que Mateo se sirviera de 1 Crónicas 3:10-14 como patrón para la redacción de esta sección, puesto que las genealogías de ambos pasajes omiten varios reyes que encontramos en las narraciones de los libros de Reyes y Crónicas. Como en la lista de nombres que van desde Abraham hasta David, se omiten algunos de ellos a fin de facilitar su memorización (ver comentario sobre 1:17).

20. P. ej., Gordon Wenham, *Genesis 16-50* (WBC 2; Waco, Tex.: Word, 1987), 366; Richard Bauckham, "Tamar's Ancestry and Rajab's Marriage: Two Problems in the Matthean Genealogy", *NovT* 37 (1995): 313-329.
21. John Sailhamer, "Genesis", *EBC*, 2:232.
22. Ver Johnson, *The Purpose of Biblical Genealogies,* 162-65.
23. Ver 2:2; 27:11, 29, 37, 42. Esto se subraya también mediante el contraste con el Rey Herodes y su hijo Arquelao (2:1-23), la mención del rey en la parábola (22:1-13), y el Hijo del hombre sentado como rey sobre el trono en el día del juicio (25:31-46).

"La esposa de Urías", a la que conocemos como Betsabé (*cf.* 2 S 11:1-27), es la cuarta mujer que se menciona en la línea de Jesús. Betsabé era una persona de ética y moral cuestionables, como sus predecesoras Tamar y Rajab.

Como se ha dicho anteriormente, Mateo traza la genealogía de Jesús a través de Salomón, el hijo de David. Esta genealogía alcanza su clímax con el nacimiento de Jesús como regio gobernante. La sorprendente característica de esta sección es la alternancia de reyes piadosos e impíos que gobernaron a Israel. Lo auténtico e inverosímil de esta genealogía debió de dejar atónitos a los lectores de Mateo. Los antepasados de Jesús eran seres humanos con todas las flaquezas y potenciales de las personas normales. Dios obró por medio de ellos para llevar a cabo su salvación.

En otras palabras, en la genealogía de Jesús no hay un patrón de rectitud y justicia. En el tramo de Abraham a David encontramos adúlteros, prostitutas, héroes y gentiles. Más adelante vemos que algunos reyes impíos engendraron reyes buenos, y algunos reyes buenos fueron padres de monarcas impíos. El perverso Roboán (*cf.* 1R 14:21-31) y su inicuo hijo Abías (*cf.* 15:1-7) tuvieron descendientes que ejercieron buenos reinados, como Asá (*cf.* 15:10-11 y Josafat *cf.* 22:41-44). Y estos a su vez tuvieron descendientes impíos, como Jorán (*cf.* 2R 8:16-19). Como observa Carson, "Buenos o malos, formaron parte de la línea del Mesías; puesto que, aunque la gracia se transmite biológicamente, nadie puede burlarse de la providencia de Dios o ganarle la partida".[24]

Mateo pasa directamente de Joram a Uzías, sin referirse a Ocozías (2R 8:25-26), a Joás (2R 12:1-3) y Amasías (2R 14:1-4), quien fue el padre biológico de Uzías o Azarías (2R 14:21-22). La alternancia de reyes buenos y malos sigue después con Josías, quien engendró al impío Jeconías o Conías (Mt 1:11; *cf.* Jer 22:24, 28; 24:1), llamado también Joaquín (2Cr 36:9).

Según los registros del Antiguo Testamento (2R 23:31-24:20), varios reyes impíos gobernaron brevemente después de Josías e inmediatamente antes del exilio: sus hijos Joacaz, Joacim y Sedequías, y su nieto Joaquín/Jeconías (*cf.* 2 R 24:18-25:7; 2 Cr 36:10). ¿Qué quiere decir entonces Mateo cuando afirma que Josías "engendró a Jeconías y a sus hermanos, en el tiempo de la deportación a Babilonia"? Una forma de resolver la dificultad es reconocer que la Septuaginta utiliza en ocasiones el nombre griego *Ioakim* para aludir tanto a Joacim como a su hijo Joaquín/Jeconías.[25] Por ello, la referencia de Mateo a "Jeconías y a sus hermanos" bien podría tener un doble sentido, pretendiendo que los lectores entendieran que el gobierno davídico de Jerusalén terminó con Joacim y la genealogía de David siguió con su hijo Joaquín[26] (*cf.* la expresión

24. Carson, "Matthew", 67.
25. Ver en la LXX 4 Reyes 24:6, 8, 12, 15; 25:27; Jer 52:31.
26. Ver John Nolland, "Jeconiah and His Brothers (Matthew 1:11)", *BBR* 7 (1997): 169-77. Ver también, Hagner, *Matthew 1-13, 5-6,* que llega a una conclusión similar utilizando un acercamiento un poco distinto. La dificultad fundamental que plantea este punto

Judá "y sus hermanos" en 1:2). A continuación, la nación va al exilio y regresa sin un rey que la gobierne, algo que deberá aguardar a la llegada de Jesús el Mesías, el heredero al trono.

Del exilio babilónico a Jesús el Mesías (1:12-16). Tras el exilio, la línea davídica continúa por medio de Jeconías. Según parece, Joaquín/Jeconías murió en Babilonia durante el exilio (*cf.* Jer 52:34). Joaquín fue un rey impío (2R 24:8-9; 2Cr 36:9), tan perverso que la airada profecía de Jeremías declara sobre él que "ninguno de sus descendientes logrará ocupar el trono de David, ni reinar de nuevo en Judá" (Jer 23:30).

Con una maldición profética tan asombrosa sobre Jeconías y sus descendientes, podríamos asumir que esto invalida también el derecho de Jesús al trono. No obstante, como antes he propuesto, el hecho de que Mateo siga la línea de José y su derecho al trono y Lucas apele al derecho biológico de María al trono (lo cual incluye el derecho legal de José como heredero adoptivo de Elí) ayuda a explicar que para Mateo la maldición de Jeconías no invalida la línea legal. La maldición habría impedido que un hijo biológico de Jeconías ascendiera al trono, aunque, al parecer, el derecho legal de ocupar esta posición seguiría transmitiéndose por la línea de Jeconías.

Jeconías engendró a Salatiel (1 Cr 3:17) y este a Zorobabel, quien lideró el primer grupo que regresó a Israel tras el exilio. Zorobabel fue gobernador de Judá bajo el mandato de Darío I, el rey persa (Esd 3:2; 5:2), y se le tiene en alta estima como a alguien de renombre dentro de la tradición judía (*Eclo.* 49:11). De los nueve nombres que van desde Abiud hasta Jacob solo tenemos conocimiento por la genealogía de Mateo, no aparecen en ningún pasaje del Antiguo Testamento ni de otro texto judío. Mateo podría haber tenido acceso a registros genealógicos archivados en el templo que fueron destruidos con el saqueo de Jerusalén por parte de los romanos en el año 70 A.D.

Culminación de la genealogía de Mateo en Jesús el Mesías (1:16-17). Mateo llega ahora a la cumbre de la genealogía. Jesús es el verdadero hijo de David, legítimo heredero legal de las promesas del pacto vinculadas al trono davídico. Es asimismo el verdadero hijo de Abraham, un legítimo heredero legal de las promesas del pacto ligadas a la simiente y territorio abrahámicos. Pero hay mucho más sobre Jesús de lo que nadie podría haber anticipado. Ningún otro nacimiento de un descendiente de David fue como el suyo.

Mateo muestra una deliberada precisión en su relato de la vida y ministerio terrenal de Jesús para acentuar importantes verdades para la devoción y

---

de vista es que no hay datos concluyentes para afirmar que el nombre de Jeconías, a diferencia del de Joacim, evocara imágenes de ambas personas.

la doctrina. En la genealogía, escribe: "... y Jacob engendró a José, marido de María, de la cual nació Jesús, llamado el Cristo" (1:16).[27]

La expresión "de la cual" traduce el pronombre relativo griego *hes*. El género femenino del pronombre relativo señala concretamente a María como aquella de la que nació Jesucristo. Esta genealogía ha venido centrándose en los progenitores varones, pero aquí Mateo pronuncia una exacta declaración de la relación de Jesucristo con José y María. Mientras que la genealogía establece a José como padre legal de Jesús, Mateo subraya que María es la madre biológica "de la cual" nació Jesús, preparando al lector para el nacimiento virginal con el cambio de atención de José a María.

El texto español oscurece una importante idea sobre Jesús que Mateo expresa en el texto griego.

La expresión "nació" traduce el verbo *gennao*, que está en voz pasiva y clarifica más el origen de Jesús. Como antes hemos observado, en 1:2-16 este mismo verbo aparece cuarenta veces. En todas las demás ocasiones este verbo está en voz activa (p. ej., 1:2: "Abraham fue el padre de"; lit., "engendró a" Isaac), subrayando la intervención humana en el proceso de concebir y dar a luz un hijo. Pero, en 1:16 este verbo está en voz pasiva, una voz en que el sujeto de la oración, María, recibe la acción del verbo. Mateo especifica que no se trata de una acción exclusiva de María que dio a luz, preparando así al lector para el anuncio angélico de la acción divina en la concepción y nacimiento de Jesús (1:18-25). Esta es una construcción común en el Nuevo Testamento, que muchos gramáticos llaman "pasiva divina", en la que se asume que Dios es el agente de la acción.[28] A modo de contraste, Mateo utiliza el verbo *tikto* en voz activa con María como el *sujeto* que da a luz a Jesús (1:25).

Mediante el uso del pronombre relativo femenino "la cual" y la forma pasiva del verbo "nació", Mateo subraya deliberadamente que María es la madre de Jesús, pero que fue un "sujeto paciente" en la concepción del niño. Mateo clarificará más adelante que María concibió milagrosamente por obra del Espíritu de Dios (1:18-25). Jesús es ciertamente el Cristo, el Mesías, hijo de David, hijo de Abraham (1:1), pero es también Hijo de Dios, Emmanuel, "Dios con nosotros" (1:23). No es un rey corriente de la línea de David.

Mateo revela además que incluso la estructura de la genealogía pretende culminar en Jesús el Mesías. Las genealogías se organizaban a menudo para facilitar la memorización. Mateo estructura su genealogía para que haya catorce

---

27. Hay complejos problemas textuales tras el texto de 1:16, pero la mejor lectura es la que encontramos en los principales textos griegos de nuestro tiempo, en los que también se basa la NVI; ver John Nolland, "A Text-Critical Discussion of Matthew 1:16", *CBQ* 58 (octubre 1996): 665-73.
28. BDF, 72 (§130.1); Daniel B. Wallace, *Greek Grammar Beyond the Basics: An Exegetical Syntax of the New Testament* (Grand Rapids: Zondervan, 1996), 437.

generaciones desde el pacto hecho con Abraham hasta el establecido con David, otras catorce desde el final del reinado de David hasta la deportación a Babilonia y catorce generaciones más desde la deportación babilónica hasta Jesús.

La genealogía tiene cuarenta y un nombres, lo cual crea una dificultad, porque catorce generaciones multiplicadas por los tres grupos suman cuarenta y dos nombres. Esto indica posiblemente que uno de los nombres ha de contarse dos veces. Con respecto a este cálculo, los catorce nombres del primer grupo de catorce generaciones comienzan con Abraham y acaban con David. El segundo grupo de catorce generaciones va desde David a la deportación babilónica, y los catorce nombres a contar en este grupo comienzan con Salomón y finalizan con Jeconías. El tercer grupo de catorce generaciones, desde la deportación hasta Jesús, comienza contando de nuevo a Jeconías y termina con el nombre de Jesús. Como he sugerido antes, el nombre de "Jeconías" puede tener un doble sentido para referirse tanto a Joacim y al final del segundo grupo de generaciones como para aludir a Joaquín y el comienzo del tercer grupo posterior a la deportación. Según esta suposición, el nombre de "Jeconías" se contaría dos veces para aludir a los dos gobernantes y eras distintas de la genealogía de Mateo. La división sería, pues, como sigue:

de Abraham a David
de Salomón a Jeconías/Joacim
de Jeconías/Joaquín a Jesús

Se han saltado algunas generaciones del árbol familiar para que la estructura pudiera ser uniforme y facilitar así la memorización, mientras que a otros miembros se les ha dado una cierta prominencia para subrayar un determinado aspecto. A David se le menciona dos veces, aunque solo se le cuenta una, para dejar claro a los lectores judíos que Jesús es el Mesías davídico. El número catorce puede ser incluso una sutil referencia a David, puesto que el valor numérico dc las consonantes hebreas de su nombre es catorce (d w d= 4+6+4). A la práctica judía de contar el valor numérico de las letras se le llama *gematría*.[29] Aludir al número de consonantes del nombre de David habría sido muy significativo para oyentes que estaban íntimamente familiarizados con este trasfondo y práctica hebreos.

Construyendo Puentes

Propósito de los Evangelios. Cuando se compara los Evangelios con otros escritos de la antigüedad, queda claro que se escribieron con un doblc propósito: presentar al Jesús histórico y ofrecer una perspectiva sobre él que respondiera a las necesidades e intereses de los receptores del Evangelio en cuestión. En ambos niveles los escritores pretendían despertar

29. R. J. Werblowsky y G. Wigoder, eds., *EJR* (Nueva York: Holt, Rhinehart, Winston, 1965), 154 (sub "Gematria").

o fortalecer la fe de sus lectores.[30] El singular punto de vista de cada autor en ambos niveles se hace evidente con solo leer los primeros versículos de cada Evangelio. Obsérvese lo sorprendentemente distintos que son los versículos iniciales de cada uno:

> Mateo 1:1: "Tabla genealógica de Jesucristo, hijo de David, hijo de Abraham".
>
> Marcos 1:1: "Comienzo del evangelio de Jesucristo, el Hijo de Dios".
>
> Lucas 1:1-4: "Muchos han intentado hacer un relato de las cosas que se han cumplido entre nosotros, tal y como nos las transmitieron los que desde el principio fueron testigos presenciales y servidores de la palabra. Por lo tanto, yo también, excelentísimo Teófilo, habiendo investigado todo esto con esmero desde su origen, he decidido escribírtelo ordenadamente, para que llegues a tener plena seguridad de lo que te enseñaron".
>
> Juan 1:1: "En el principio ya existía el Verbo, y el Verbo estaba con Dios, y el Verbo era Dios".

Como hemos expuesto en la Introducción, aunque todos los Evangelios presentan un relato fiel de los detalles históricos de la vida y ministerio de Jesús, cada uno de ellos ofrece una perspectiva singular sobre su vida y ministerio orientada hacia las necesidades específicas de los oyentes a quienes se dirige la obra.[31] Por ejemplo, el Evangelio de Marcos parece orientarse hacia la proclamación esencial del Evangelio para quienes necesitaban un texto básico sobre la vida y ministerio de Jesús. Lucas afirma explícitamente que ha confeccionado un relato histórico para convencer a Teófilo de la veracidad de la vida y ministerio de Jesús que ha escuchado. Y Juan nos ofrece una reflexión teológica sobre Jesús como el eterno Logos, una reflexión que podía ser necesaria no tanto para la primera generación de la iglesia, sino para creyentes posteriores.

¿Pero qué pretende Mateo? El primer versículo de su Evangelio nos ofrece una importante clave para su propósito y perspectiva general. La obra de Mateo tenía un significado especial para quienes tenían un trasfondo judaico, y pretendía despertar la fe de los judíos y fortalecer la de los cristianos procedentes del judaísmo, puesto que Jesús es el "Mesías", el "hijo de David", el heredero de

---

30. Ver, p. ej., David E. Aune, *The New Testament in Its Literary Environment*, ed. Wayne A. Meeks (LEC; Filadelfia: Westminster, 1987), 59-63.
31. Aunque muy probablemente todos los Evangelios se mandaron originalmente a determinados destinatarios, no se redactaron pensando exclusivamente en ninguna comunidad específica, sino con un ojo puesto en los lectores que estos documentos llegarían a alcanzar con su circulación. Ver Richard Bauckham, ed., *The Gospels for All Christians: Rethinking the Gospel Audiences* (Grand Rapids: Eerdmans, 1998), más en general, Martin Hengel, *The Four Gospels and the One Gospel of Jesus Christ: An Investigation of the Collection and Origin of the Canonical Gospels* (Harrisburg, Pa.: Trinity Press International, 2000).

las promesas al trono de Israel por medio de este rey. Pero este Evangelio quería también despertar y fortalecer la fe de aquellos que proceden de un trasfondo gentil. Los gentiles y los cristianos de trasfondo gentil encontrarían una enorme esperanza al entender que, como "hijo de Abraham", la ascendencia de Jesús da cumplimiento a las promesas a todas las naciones del mundo, por cuanto él es el heredero de la bendición universal del pacto establecida por medio de este patriarca.

Esta es una importante clave para entender uno de los propósitos de Mateo al escribir su Evangelio, que se dirige a receptores de trasfondo judío y les explica el modo en que Jesús cumple las promesas hechas al pueblo de Israel. No obstante, en su relato, Mateo entretejerá un mensaje para todas las naciones, detallando el modo en que Jesús cumplió la esperanza universal de salvación para todos los pueblos.

La fidelidad de Dios. El encabezamiento desemboca directamente en la genealogía que desarrolla la ascendencia de Jesús, aquel a quien Mateo ha identificado como el Mesías; sin embargo, la autenticidad —e inverosimilitud— de esta genealogía debió de sorprender a sus lectores. Los ascendientes de Jesús fueron seres humanos con todas las flaquezas y potencialidades de las personas normales. Pero Dios obró a través de personas así para llevar a cabo su plan de salvación.

En la genealogía de Jesús no hay patrón de justicia y rectitud. En ella encontramos adúlteros, prostitutas, héroes y gentiles. El perverso Roboán fue padre del impío Abías, quien, a su vez, fue padre de Asá, un rey que hizo lo bueno. Asá fue padre de Josafat, otro rey bueno (1:8), quien por su parte fue padre del impío Jorán. Esto no excusa a los lectores de Mateo de su responsabilidad de vivir vidas piadosas, porque aunque, finalmente, incluso aquellos privilegiados que actuaron perversamente fueron juzgados, no hay duda de que ello les hizo sentirse sobrecogidos ante el Dios que lleva soberanamente a cabo su voluntad por medio de personas normales.

Por ello, en el comienzo mismo de su Evangelio, Mateo dirige a sus lectores más allá de las cualificaciones personales de los ancestros del Mesías, para centrarse en la fidelidad de Dios para llevar a cabo su plan de salvación. Como irá quedando claro a lo largo del relato de Mateo, lo que dio fuerza a la fidelidad de Dios fue su abrumador amor por su pueblo. Tras observar esta yuxtaposición genealógica de justos y pecadores, Michael Green exclama: "Desde el comienzo mismo del Evangelio se subraya el universal amor de Dios. Nada puede detenerlo y no hay nadie que no lo necesite".[32] Este llega a ser el explícito mensaje de Mateo sobre Jesús el Mesías.

Hombres y mujeres. La mayoría de los eruditos consideran la inclusión de las cinco mujeres en la genealogía de Jesús como otra clave para entender los

32. Michael Green, *The Message of Matthew: The Kingdom of Heaven* (BST; Downers Grove, Ill.: InterVarsity Press, 2000), 59.

énfasis de Mateo. Como se ha dicho anteriormente, a las mujeres no siempre se las incluía en las genealogías veterotestamentarias. Por regla general, cuando se las consignaba había alguna razón específica para ello. Las especulaciones sobre el propósito para incluir a estas mujeres en la genealogía de Jesús vienen de lejos,[33] pero Mateo parece tener varias razones para hacerlo. Puede decirse algo positivo de cada una de las que se presentan a continuación, pero es difícil reducir el propósito de Mateo a un solo criterio.

(1) Dentro de la sociedad judía, las mujeres habían experimentado una creciente marginación y hasta abusos. Entre los ascendientes de Jesús se consigna a Tamar, una mujer a quien se le negó injustamente la maternidad por la falsedad de los hombres. Las mujeres de la genealogía representan la igualdad de género que se les había negado por una buena parte de la cultura judía.[34] Desde el principio Jesús vino a restaurar la dignidad personal de las mujeres y su igualdad con los hombres.

(2) Tamar, Rajab y Betsabé tenían mala reputación por conducta y carácter moralmente dudosos. Representan el tipo de pecadoras que Jesús vino a salvar, una poderosa declaración sobre la oferta de salvación para personas de cualquier género.[35]

(3) Es posible que las primeras cuatro mujeres fueran gentiles, aunque no se conoce bien la identidad étnica de Tamar y Betsabé.[36] Está claro, sin embargo, que Rut era moabita, y que las personas de este pueblo no debían ser admitidas a la congregación de Israel hasta la décima generación (Dt 23:3). Rajab era sin duda cananea. Es posible que Mateo esté así indicando que la salvación se ofrece a todos los grupos étnicos, lo cual es un importante tema en este Evangelio (Mt 8:5-13; 28:18-20). Aunque Jesús el Mesías no podía tener varones gentiles entre sus antepasados, sí los tenía, no obstante, en estas mujeres, lo cual sugiere su idoneidad como Mesías tanto para los judíos como para los gentiles.[37]

(4) Las mujeres que se mencionan experimentaron matrimonios poco corrientes, escándalos sexuales o sospechas de tener hijos ilegítimos. Puede que Mateo

---

33. Quienes deseen considerar resúmenes con evaluaciones recientemente publicados de los distintos puntos de vista, pueden ver Johnson, *The Purpose of Biblical Genealogies*, 152-79; Brown, *The Birth of the Messiah*, 71-74; Davies y Allison, *Matthew I-VII*, 170-72; John C. Hutchison, "Women, Gentiles, and the Messianic Mission in Matthew's Genealogy", *BibSac* 158 (abril-junio 2001): 152-64.
34. Gaventa, Mary, 33-39; Wim J. Weren, "The Five Women in Matthew's Genealogy", *CBQ* 59 (abril 1997): 288-305.
35. Morris, *Matthew*, 23.
36. El origen étnico de Betsabé es incierto puesto que solo se la menciona mediante el nombre de su primer marido, Urías el heteo; *cf.* John Nolland, "The Four (Five) Women and other Annotations in Matthew's Genealogy", *NTS* 43 (1997): 527-39.
37. Ulrich Luz, *Matthew 1-7*, 109-10; Bauckham, "Tamar's Ancestry and Rajab's Marriage", 313; Craig S. Keener, *A Commentary on the Gospel of Matthew* (Grand Rapids: Eerdmans, 1999), 78-81.

estuviera contrarrestando los prejuicios contra las circunstancias de María por parte de aquellos judíos que podían estar olvidando su propia historia, aunque este también refutará las acusaciones de la ilegitimidad contra María (1:18-25).[38]

(5) Cada una de estas mujeres representa un periodo crucial de la historia de Israel en la que un gentil mostró una fe extraordinaria en contraste con la actitud de los judíos que carecían de valor y de fe: Tamar en contraste con la deslealtad de Judá, Rajab frente a la incredulidad de la generación del desierto, Rut frente a os infieles israelitas del periodo de los jueces y Urías en contraste con la pecaminosidad de David con Betsabé. La línea mesiánica fue preservada, a través incluso de algunos gentiles, cuando Israel fue infiel.[39]

La importancia esencial de los primeros versículos de Mateo es su comprensión de que Dios es fiel a sus promesas del pacto a Israel y a todas las naciones. Con el nacimiento de Jesús el Mesías, la aurora de la salvación ha llegado para todas las personas sea cual sea su identidad étnica, género o clase social. Ciertamente, incluyendo estos inesperados nombres en la genealogía mesiánica, Mateo muestra que Dios puede utilizar a cualquiera —por marginado o despreciado que sea— para llevar a cabo sus propósitos. En el contexto de un mundo cada vez más hostil al cristianismo, Mateo afianza la identidad de la iglesia como verdadero pueblo de Dios, que trasciende las barreras étnicas, económicas y religiosas y encuentra la unidad en su adhesión a Jesús el Mesías.

Significado Contemporáneo

Cuando alguien estudia por primera vez el Evangelio de Mateo, casi invariablemente experimenta una gran perplejidad al leer los primeros versículos del capítulo 1: ¡es nada más que una lista de nombres!

¿Cuál podría ser el significado contemporáneo de tan árida enumeración? Si no entendemos el valor del encabezamiento y genealogía de Mateo, puede incluso que, para nuestra desgracia, nos sintamos tentados a poner a un lado este magnificente Evangelio.

Valor apologético. Un lector judío entendería inmediatamente la trascendencia de los primeros versículos de Mateo para establecer el derecho de Jesús al

38. Brown, *El nacimiento del Mesías,* pp. 71-74 del original en inglés. Edwin D. Freed, "The Women in Matthew's Genealogy", *JSNT* 29 (1987): 3-19; Craig L. Blomberg, "The Liberation of Illegitimacy: Women and Rulers in Matthew 1-2", *BTB* 21 (1991): 145-50; Hagner, *Matthew 1-13*, 10; Davies y Allison, *Matthew I-VII*, 170-72.

39. Hutchison, "Women, Gentiles, and the Messianic Mission in Matthew's Genealogy", 152-64. Según este punto de vista, la intención principal no es llamar la atención sobre las cuatro mujeres, sino más bien sobre cuatro relatos veterotestamentarios que ilustran que Dios permaneció fiel a sus pactos, aunque Israel no lo fuera. *Cf.* también John Paul Heil, "The Narrative Roles of the Women in Matthew's Genealogy", *Bib* 72 (1991): 538-45.

trono davídico y clarificar su identidad mesiánica. Aquellos que han abierto sus ojos y creen en Jesús como Mesías, descubren el cumplimiento de sus esperanzas al comenzar su nueva vida con él. Este era al menos parte del propósito de Mateo al escribir su Evangelio y aun en nuestro tiempo tiene una relevancia inmediata para judíos y cristianos por igual.

Esta fue la experiencia de Alfred Edersheim, el prolífico erudito del siglo XVIII. Nacido en 1825, en el seno de una familia judía de Viena, el joven Alfred se hizo cristiano con poco más de veinte años bajo la influencia de ciertos capellanes presbiterianos escoceses que ministraban en Europa. Edersheim vivió en Escocia e Inglaterra, donde entró en el ministerio pastoral. Más adelante estudió en Cambridge y Oxford y fue profesor en estas instituciones docentes. Invirtió la mayor parte de su vida adulta escribiendo sobre la vida de Cristo, que culminó con la que es posiblemente su obra más influyente, *The Life and Times of Jesus the Messiah* (La vida y tiempos de Jesús el Mesías), que él denominó como *apologia pro vita mea* ("una defensa de mi vida").[40] Como el apóstol Mateo, Alfred Edersheim descubrió en la vida y ministerio de Jesús lo mismo que atestigua la genealogía: que Jesús era, ciertamente, el Mesías de su pueblo Israel. En su comentario sobre la natividad de Jesús, Edersheim da un impresionante testimonio de su Mesías:

> Él fue el hombre perfecto: el ideal de la humanidad, su doctrina la única enseñanza absoluta. El mundo no ha conocido a ningún otro, ninguno que sea igual que él, y lo ha reconocido, si no por el testimonio verbal, por la evidencia de los hechos [...]. Si no es el Mesías no cabe duda de que, al menos hasta ahora, ha hecho su obra. Si no es el Mesías, lo cierto es, al menos, que no ha habido ningún otro, antes o después de Él. Si Jesús no es el Mesías, entonces el mundo no tiene y nunca podrá tener un Mesías.[41]

Edersheim encontró en el relato de Mateo, otro judío que vivió antes de él, un registro convincente de la verdad de Jesús como esperanza de Israel, el Mesías, el Hijo de David. Por ello, al comenzar nuestro estudio del Evangelio de Mateo, descubrimos en él un mensaje que es de enorme e inmediato valor para cualquier lector judío y también para que los cristianos puedan ayudar a los judíos a entender de un modo más completo la verdadera identidad de Jesús el Mesías.

Un objetivo será, por tanto, que entendamos verdaderamente de qué modo tan directo puede este Evangelio hablar a las necesidades de nuestros amigos y vecinos judíos, ofreciéndoles una clara comprensión de cómo puede Jesús dar cumplimiento a sus esperanzas y sueños.

---

40. Alfred Edersheim, *La vida y los tiempos de Jesús el Mesías* (Terrassa: CLIE, 1988-1989), p. xix de la reimp. inglesa de 1971.
41. *Ibid.*, 180-81.

Raíces. Los primeros versículos de Mateo son también sorprendentemente relevantes para lectores de cualquier trasfondo. Cuando Mateo traza la ascendencia de Jesús hasta Abraham, clarifica que la promesa del pacto incluye a toda la humanidad. Todos podemos encontrar nuestras raíces en la historia de la salvación que se traza en la genealogía de Jesús.

Prueba a pedirle a alguien que trace su genealogía. Alguna vez les he pedido a dos o tres alumnos de mi clase que pasen al frente y escriban en la pizarra los nombres de sus padres, abuelos, bisabuelos, etcétera, hasta donde recuerden. Casi sin excepción, los estudiantes solo consiguen llegar hasta sus abuelos, o como mucho hasta sus bisabuelos. En una ocasión, tres jóvenes del seminario pasaron voluntariamente a la pizarra; sus trasfondos eran japonés-hawaiano, mejicano-estadounidense y chino-estadounidense. A pesar de sus diferencias culturales, solo pudieron recordar tres generaciones.

Esto puede deberse en gran medida al hecho de que ya no somos una cultura oral, un tipo de cultura en la que los jóvenes solían impregnarse de su herencia memorizando su árbol genealógico. Otro factor puede ser que vivimos en un mundo cada vez más movible, en el que muchos jóvenes crecen separados de sus familias. Por otra parte, nuestro moderno sentido de la propia importancia nos lleva con frecuencia a ignorar el pasado.

Sin embargo, a pesar de que no conocemos a fondo nuestro legado familiar, Mateo nos muestra que tenemos otra serie de raíces, a saber, las raíces de la fe. Cuando alguien se hace cristiano, pasa inmediatamente a formar parte de la familia de la fe que tiene una genealogía extensa y bien documentada. Mediante la historia de la iglesia podemos remontarnos casi dos mil años hasta la familia de la fe iniciada por Jesús y, por medio de él, hasta las raíces del pacto que Dios estableció por medio del patriarca Abraham. El apóstol Juan nos dice:

> Vino a lo que era suyo, pero los suyos no lo recibieron. Mas a cuantos lo recibieron, a los que creen en su nombre, les dio el derecho de ser hijos de Dios. Estos no nacen de la sangre, ni por deseos naturales, ni por voluntad humana, sino que nacen de Dios (Jn 1:11-13).

Contrastando su familia terrenal con su familia de la fe, Jesús preguntó: "¿Quién es mi madre, y quiénes son mis hermanos? [...] Señalando a sus discípulos, añadió: —Aquí tienen a mi madre y a mis hermanos. Pues mi hermano, mi hermana y mi madre son los que hacen la voluntad de mi Padre que está en el cielo" (12:49-50). El hecho de que Jesús cumpla las promesas hechas a Abraham permite que todos los que han oído su llamada de salvación se unan a su familia espiritual. Sea cual sea nuestra ascendencia, o falta de ella, ahora todos tenemos raíces en la línea del Mesías, que une a los cristianos de cualquier trasfondo, raza, color, cultura o nacionalidad en las promesas de Dios.

Historia. Los cristianos son historiadores. Puesto que ahora tenemos raíces en la familia histórico-salvífica de Dios, hemos de ser diligentes en el descubrimiento y establecimiento de esta historia. La crucifixión, resurrección y ascensión de Jesús fueron el núcleo de la predicación de la iglesia primitiva. Los primeros cristianos habían sido testigos de estos poderosos acontecimientos y estaban profundamente asombrados por la singularidad de Jesús como sacrificio expiatorio por los pecados de la humanidad. Tenían, pues, que documentar cuidadosamente los acontecimientos de la vida y ministerio de Jesús y dar respuestas creíbles a los desafíos contra Jesús que se suscitaron en su tiempo. Fueron, por ello, diligentes historiadores, con el fundamento teológico de su fe firmemente integrado en los hechos de la historia.

Hoy no hemos de ser menos diligentes. El repudio de la persona y la obra de Jesús es tan feroz en nuestro tiempo como durante el siglo I. El pluralismo, el secularismo y el relativismo plantean desafíos directos a la singularidad de Jesús en nuestro tiempo y requieren que fundamentemos nuestras creencias en el firme fundamento de los hechos de la historia, no en ilusiones, subjetividad emocional o especulaciones históricas. Por implicación, esta responsabilidad recae por igual en los dirigentes eclesiales y en los propios miembros de las comunidades. Todos hemos de estar bien educados y formados en el carácter singular de Jesús y su mensaje entre las religiones, escuelas filosóficas e ideologías políticas del mundo.

Esto requiere una concienzuda comprensión de la identidad de Jesús, así como de su misión y su manera de llevarla a cabo. Como expresa N. T. Wright: "... anhelo que llegue el día en que los seminaristas vuelvan de nuevo a deleitarse, fascinados, en el minucioso estudio del siglo I. Si aquel siglo no fue el momento en que la historia alcanzó su gran clímax, la iglesia está entonces desperdiciando el tiempo".[42]

Como cristianos, todos nosotros estamos llamados a consolidar nuestra fe mediante una comprensión concienzuda y creíble del ministerio terrenal de nuestro Señor Jesús el Mesías. Este es uno de los principales propósitos de nuestro estudio del Evangelio de Mateo.

---

42. N. T. Wright, *The Challenge of Jesus: Rediscovering Who Jesus Was and Is* (Downers Grove, Ill.: InterVarsity Press, 1999), 31.

Mateo 1:18-25

**El nacimiento de Jesús, el Cristo, fue así: Su madre, María,
estaba comprometida para casarse con José, pero antes de
unirse a él, resultó que estaba encinta por obra del Espíritu
Santo. 19 Como José, su esposo, era un hombre justo y no quería
exponerla a vergüenza pública, resolvió divorciarse de ella en
secreto.**

**20 Pero cuando él estaba considerando hacerlo, se le apareció en
sueños un ángel del Señor y le dijo: «José, hijo de David, no temas
recibir a María por esposa, porque ella ha concebido por obra del
Espíritu Santo. 21 Dará a luz un hijo, y le pondrás por nombre Jesús,
porque él salvará a su pueblo de sus pecados.»**

**22 Todo esto sucedió para que se cumpliera lo que el Señor había
dicho por medio del profeta: 23 «La virgen concebirá y dará a luz un
hijo, y lo llamarán Emanuel» (que significa «Dios con nosotros»).**

**24 Cuando José se despertó, hizo lo que el ángel del Señor le había
mandado y recibió a María por esposa. 25 Pero no tuvo relaciones
conyugales con ella hasta que dio a luz un hijo, a quien le puso por
nombre Jesús.**

Sentido Original

Al comienzo de esta crucial sección narrativa, Mateo indica con una suave cláusula adversativa[1] que ha llegado a la razón y propósito para enumerar la anterior genealogía, a saber, la concepción y nacimiento del Mesías. Jesús es tanto hijo de David como hijo de Abraham (1:1), pero ahora se revela también como Hijo de Dios.[2] El comienzo[3] de una nueva era en la historia de Israel se produce con el relato de la concepción de Jesús en un pequeño pueblo de Nazaret de Galilea (*cf.* Lc 2:4-5). En este tiempo, tanto José como María se encuentran en Nazaret, que es su ciudad natal (Lc 2:39) y el lugar en el que acabarán criando a su hijo (ver comentarios sobre Mt 2:23; Lc 2:39-40).

---

1. La conjunción griega *de* (no traducida en la NVI) llama la atención del lector sobre el nacimiento de Jesús como culminación de la genealogía; "El nacimiento de Jesús hay que categorizarlo en una clase especial" (Carson, "Matthew", 81 n.18).
2. El acento de esta importante perícopa sigue estando en los vínculos genealógicos de Jesús, pero Mateo introduce también el tema del Hijo de Dios, que se hará explícito más adelante en la narración (p. ej., 3:17); ver Jack Dean Kingsbury, *Matthew As Story*, 2ª ed. (Filadelfia: Fortress, 1988), 49-58; Gerhardsson, "The Christology of Matthew", 21-23.
3. La misma palabra para "comienzo" (*genesis*) que aparece en 1:1 aparece de nuevo aquí (NVI, "nacimiento"). Esta no es solo la narración del nacimiento de Jesús, sino el comienzo de una nueva era.

Anuncio angélico de la concepción de Jesús el Mesías (1:18-21)

Como era costumbre entre los jóvenes que querían casarse, José y María se habían desposado y estaban en un periodo de "noviazgo", un estado que suponía una responsabilidad más seria de lo que representa en muchas de nuestras culturas actuales. Por regla general, las costumbres matrimoniales de la cultura judía de aquel tiempo establecían dos etapas esenciales de la relación: los esponsales y la boda.[4]

(1) La etapa de los esponsales comenzaba con la elección de un cónyuge. En las antiguas culturas del Oriente Próximo era por regla general la familia la que iniciaba los arreglos. El código legal babilónico de Eshnunna (que data más o menos del 2000 A.C.) declara: "Si un hombre toma la hija de (otro) hombre sin pedir el permiso de su padre y de su madre y no establece un contrato matrimonial formal con su padre y con su madre, aunque viva en su casa durante un año, ella no será su esposa".[5] En el Antiguo Testamento no encontramos este tipo de legislación vinculante, reconoce que una buena esposa es un don del Señor, no de los padres (Pr 19:14), y vemos ejemplos de muchachos y muchachas que expresan sus preferencias (Rt 2–4). Pero eran normalmente los padres del varón quienes escogían a la joven que se comprometería con su hijo (p. ej., Gn 21:21; 38:6). Normalmente, los jóvenes se comprometían entre los doce y los trece años de edad, aunque algunos textos rabínicos posteriores sugieren que en el tiempo de Jesús los hombres se casaban a menudo alrededor de los dieciocho (*m. Abot* 5:21; *b. Qidd.* 29b–30a).

En una segunda etapa, los esponsales implicaban el establecimiento de ciertas disposiciones oficiales. En un acuerdo prenupcial delante de testigos, ambos jóvenes formalizaban su entrada oficial al estado de desposados. Era un contrato legalmente vinculante, que confería al hombre ciertos derechos legales sobre la mujer y solo podía quebrantarse mediante un proceso formal de divorcio (*cf. m. Ketub.* 1:2; 4:2). Durante este periodo podían intercambiarse tres tipos de presentes. (a) El precio de la novia (*cf.* Gn 34:12) era una compensación de la familia del novio a la familia de la novia, que sellaba el pacto y vinculaba a las dos familias. (b) La dote (*cf.* Gn. 24:59) era un regalo que el padre de familia podía hacer a su hijo o hija, y que desde un punto de vista económico permitía a la nueva pareja comenzar una nueva familia. (c) El regalo del novio a la novia era un símbolo de compromiso con su relación (*cf.* Gn 23:53).

---

4. Ver Joachim Jeremias, *Jerusalén en tiempos de Jesús. Estudio económico y social del mundo del Nuevo Testamento* (Madrid: Cristiandad, 1980), 376-83; J. S. Wright y J. A. Thompson, "Marriage", *IBD*, 2:955-56; Victor P. Hamilton, "Marriage (OT and ANE)", *ABD*, 4:559-69.
5. J. B. Pritchard, ed., *Ancient Near Eastern Texts Relating to the Old Testament*, 3ª ed. (Princeton: Princeton Univ. Press, 1969), no. 27.

Según parece, durante esta etapa se aludía a los desposados con los términos "esposo" y "esposa" (ver 1:16, 19, 20, 24). Aunque hay ciertas pruebas de que en Judea la pareja desposada vivía junta durante este intervalo en casa del padre del varón (*m. Ketub.* 1:5; *b. Ketub.* 9b, 12a), en Galilea no se permitía que los desposados tuvieran relaciones sexuales y la chica no abandonaba a su familia para vivir con su esposo. La infidelidad sexual durante esta etapa se consideraba adulterio y era susceptible de pena de muerte por lapidación (*cf.* Lv 20:10; Dt 22:23-24), aunque en la época del Nuevo Testamento la lapidación era poco frecuente. Si uno de los cónyuges moría durante este periodo de los esponsales, al sobreviviente se le consideraba "viuda" o "viudo". Por tanto, a José se le consideraba "marido" de María (1:19) aunque Mateo especifica que esto fue "antes de unirse a él", un eufemismo para aludir a las relaciones sexuales (*cf.* 1Co 7:5).

(2) El matrimonio propiamente dicho tenía lugar en una ceremonia formal más o menos un año después de los esponsales (*m. Ketub.* 5:2; *m. Ned.* 10:5). Vestidos con prendas nupciales, el novio y sus compañeros iban en procesión a la casa de la novia y para escoltarla a ella y a sus damas hasta la casa del novio, donde se celebraba una cena nupcial (Mt 22:1-14; *cf.* Sal 45:14-15). Los padres y los amigos bendecían a la pareja (Gn 24–60; *Tobit* 7:13), y el padre de la novia redactaba un contrato matrimonial. Poco después, en una cámara nupcial especialmente preparada para la ocasión (*cf.* Sal 19:5; *Tobit* 7:16), la pareja oraba y a continuación, consumaba sexualmente el matrimonio, tras lo cual se mostraba públicamente una prenda ensangrentada como prueba de la virginidad de la novia (Dt 22:13-21). Las celebraciones nupciales seguían a veces por espacio de una semana o más (Gn 29:27; *Tobit* 8:20). Más adelante, la pareja establecía su hogar, aunque normalmente vivían con la familia.

En el tiempo en que Mateo narra su relato, María está aproximadamente en su cuarto mes de embarazo. Ha pasado tres meses con Elisabet, su "pariente"[6] (Lc 1:36, 56), pero ahora regresa a Nazaret y se descubre "que estaba encinta". Esto no implica que María hubiera intentado encubrir el embarazo (i.e., "resultó"), sino más bien que este se da a conocer a otras personas y a José. No hay todavía un conocimiento *público*, puesto que José está en condiciones de divorciarse de ella en secreto (1:19).

Mateo se limita a declarar que el niño fue concebido por obra[7] del Espíritu Santo. Sin conocer el origen sobrenatural de la concepción, José no puede, sino

6. *Syngenis* es un término de carácter general, que podría aludir a una tía o una prima.
7. Mateo utiliza la preposición *ek* en 1:18, recordando su uso en 1:3, 5 (2 veces), 6 y 16 en el contexto genealógico (*cf.* 1:20). Esta preposición puede traducirse como "*por* el Espíritu Santo", indicando agencia o medio (Hagner, *Matthew* 1–13, 17; R. T. France, *The Gospel According to Matthew* [TNTC; Grand Rapids: Eerdmans, 1985], 77; ver Wallace, *Greek Grammar*, 125-27, 371, 741). Por otra parte, en el griego koiné esta preposición se fue utilizando cada vez más con el genitivo para expresar la idea de fuente (Wallace, *Greek Grammar*, 77, 109 n. 102). En este caso, la frase indicaría que "el Espíritu Santo" es la fuente. No obstante, esta idea de origen no está demasiado lejos

pensar que María ha cometido adulterio.[8] Lo apropiado en este caso por su condición de hombre justo es que este obtuviera un certificado de divorcio. Este es el sentido normal del término "justo" en el Antiguo Testamento: una conducta correcta según la ley. Este mismo adjetivo se utiliza para aludir a Zacarías y Elisabet (Lc 1:6) y a Simeón (2:25).

Pero en este punto José experimenta un dilema personal. No puede seguir adelante como si nada y casarse con María, porque hacerlo significaría tolerar lo que él piensa que ha sido un acto adúltero. Entre muchos grupos del judaísmo antiguo, el divorcio por adulterio no era optativo sino preceptivo, ya que se consideraba que este producía un estado de impureza que de hecho disolvía el matrimonio.[9] Sin embargo, su preocupación por la reputación de María hace que José no quiera exponerla a la vergüenza pública,[10] y que tenga, por tanto, que decidirse entre dos opciones. Por una parte, podría tramitar un divorcio público, en el que su estado se daría a conocer abiertamente. Pero en tal caso María quedaría expuesta a la vergüenza de la comunidad como adúltera y a la pena de lapidación conforme a la ley. Por otro lado, podría divorciarse de ella en privado. La ley no requería que los hechos se hicieran públicos, permitiendo la posibilidad de un divorcio relativamente privado (dos o tres testigos). Esta última era la única opción que permitiría que José se mantuviera justo según la ley y pudiera, al tiempo, salvar a María de la vergüenza pública y de una posible muerte.[11]

En este dilema se pone de relieve el carácter y compasión de José. Mateo distingue entre el propósito de José (*thelo*; NVI "no quería") y su deseo (*boulomai*; NVI "resolvió"). José pretende mantener su justicia personal, pero desea asimismo expresar su compasión por la mujer con la que está comprometido, aunque cree que ha cometido adulterio.

En medio de este dilema se produce la sorprendente aparición del ángel del Señor (1:20), quien, en sueños, le anuncia a José la milagrosa concepción del niño (1:20). El Antiguo Testamento representa en ocasiones a Dios con la expresión "el ángel del Señor",[12] pero este ángel es uno de los seres espirituales creados que sirven a Dios.[13] La palabra "ángel" (*angelos*, "mensajero") alude a uno de los

---

de la de agencia, que se refleja admirablemente en la frase "por obra del Espíritu Santo" (ver, no obstante, comentarios sobre 1:20).

8. Ver Dale C. Allison Jr., "Divorce, Celibacy and Joseph (Matthew 1.18-25 y 19.1-12)", *JSNT* 49 (1993): 3-10.
9. Markus Bockmuehl, "Matthew 5.32; 19.9 in the Light of Pre-Rabbinic Halakah", *NTS* 35 (1989): 291-95.
10. Las cláusulas deberían traducirse: "siendo justo, *pero no* queriendo estigmatizarla" (Brown, *Birth of the Messiah*, 127-28).
11. La ley no requería que fuera apedreada (ver especialmente Dt 22:13-21, puesto que podría haber sido violada).
12. Gn 21:17; 22:15-18; Éx 3:2-6; Jue. 6:11-24.
13. *Cf.* Zac 1:8-17; Lc 1:26; *1 En.* 6:7; 8:3-4; 69:1.

principales roles de los ángeles como mensajeros de Dios para la humanidad.[14] No se dan detalles sobre la aparición de este ángel, pero, en el Antiguo Testamento, estos seres adoptaban en ocasiones la forma de seres humanos (Gn 18).

Normalmente, la Escritura no menciona el nombre de los ángeles, a excepción de Miguel (Dn 10:13; Ap 12:7, 8) y Gabriel (Dn 8:15-26; 9:20-27; Lc 1:26). Gabriel es "el ángel del Señor" que anuncia la concepción de Juan el Bautista a Zacarías y la de Jesús a María (Lc 1:11-20, 26-38). Es posible que el "ángel del Señor" no identificado que en Mateo anuncia el nacimiento de Jesús a los pastores (Lc 2:9) y la concepción de Jesús a José (Mt 1:20-23) sea también Gabriel, quien parece desempeñar un papel especial en los anuncios.[15] En la narración de Mateo, los ángeles solo aparecen explícitamente en los relatos de la infancia (Mt 1:20, 24; 2:13, 19), en la tentación de Jesús (4:11), y en la escena de la resurrección (28:2, 5), dando oportuno testimonio de estos importantes acontecimientos en el ministerio de Jesús. Jesús menciona también a los ángeles en su enseñanza, indicando sus roles presentes o futuros en la historia humana (4:6; 13:39, 41, 49; 16:27; 18:10; 22:30; 24:31-36; 25:31-41; 26:53).

En el mundo antiguo, los sueños se consideraban, normalmente, no solo como experiencias de origen natural, sino también como un medio divino de comunicación.[16] El Antiguo Testamento considera que los sueños pueden tener una procedencia natural (Ec 5:3), divina (Gn 28:12; Dn 2:19) y maligna (Dt 13:1, 2; Jer 23:32). El principal uso del sueño en el Antiguo Testamento es señalar un mensaje de Dios acerca de actividades presentes (Nm 12:6; Job 33:15-17) o acontecimientos futuros (Gn 37:5-11; Dn 7:1-28). En el Nuevo Testamento, la expresión "en sueños" (*kat' onar*) aparece solo en el Evangelio de Mateo. En cada caso el sueño está de algún modo relacionado con Jesús y tiene que ver con alguna forma de guía sobrenatural (*cf.* Mt 1:20; 2:12, 13, 19, 22; 27:19).

Esta aparición angélica en un sueño proporciona la guía que José necesita. El ángel se dirige a José como "hijo de David", la única vez en el Evangelio de Mateo que esta expresión se aplica a alguien que no sea Jesús. Este título vincula a José y estos incidentes con la genealogía anterior (1:1). La línea real será ahora sometida a prueba cuando a José se le pide que lleve a cabo un importante papel en la venida del Mesías davídico. El mandamiento "no temas" (1:20) no implica que el temor forme parte del dilema de José por el embarazo de su desposada María. No ha de tener miedo de las consecuencias y del estigma que sobrevendrán cuando siga adelante con el compromiso de sus esponsales y se case con su desposada. Nadie va a creer la fantástica historia que a continuación anuncia

14. Lawrence Osborn, "Entertaining Angels: Their Place in Contemporary Theology", *TynBul* 45 (1994): 273-96.
15. Ver Larry W. Hurtado, *One God, One Lord: Early Christian Devotion and Ancient Jewish Monotheism* (Filadelfia: Fortress, 1988), 71-92; Carol A. Newsom, "Gabriel", *ABD*, 2:863; Carol A. Newsom y Duane F. Watson, "Angel", *ABD*, 1:248-55.
16. Ovidio, *Metamorfosis* 9.685-701; Tácito, *Anales* 2.14.

el ángel: que la concepción del niño es obra del Espíritu Santo,[17] no de José (lo cual él ya sabe) ni de cualquier otro hombre (que es lo que sospechaba). En este punto, al comienzo de la era del Nuevo Testamento, el Espíritu Santo desempeña un papel esencial. Los escritores del Antiguo Testamento aluden repetidamente al Espíritu de Dios como agente del poder de Dios (p. ej., Gn 1:2; Jue 3:10), pero no será hasta la encarnación cuando el Espíritu se mostrará claramente como una persona distinta del Padre y el Hijo. Mateo presta una atención especial a esta distinción (*cf.* Mt 3:16-17; 10:20; 12:18, 28; 28:19), preparando el camino para la idea de que, en el tiempo presente, el Espíritu Santo ha sido enviado para llevar a cabo la obra de Dios en el escenario de la historia humana. Jesús el Mesías es Dios encarnado, cuyo origen y concepción milagrosa solo se explican por medio de la obra de Dios el Espíritu Santo.

En el marco del judaísmo del siglo I, "Jesús" era un nombre popular (ver comentarios sobre 1:1), que los padres ponían a sus hijos como una esperanza simbólica de la esperada salvación que Yahvé enviaría. Una expresión ampliamente difundida de esta esperanza era la expectativa de un Mesías que salvaría a Israel de la opresión romana y purificaría a su pueblo (p. ej., *Sal. Salom.* 17). Pero el ángel se sirve de un tema menos popular, aunque quizá más importante, a saber, la salvación del pecado como la necesidad esencial de Israel (*cf.* Sal 130:8; *Sal. Salom.* 18:3-5). Esta salvación es ahora inminente, por lo que Mateo dirige a sus lectores al propósito fundamental de la vida y ministerio terrenal de Jesús: salvar "a su pueblo de sus pecados" dando su vida como rescate por muchos (*cf.* 20:28).

El término que aquí se traduce como pueblo es *laos*, que en Mateo se aplica normalmente al pueblo de Israel (p. ej., 4:16; 27:25). Esta expresión retrotrae al lector a la genealogía y a la naturaleza real de Jesús como Mesías davídico, heredero al trono de David sobre Israel (1:6, 16). Pero, aquí, la expresión "su pueblo" va más allá de Israel y apunta, en última instancia, a la salvación que el Mesías ofrece a todo el mundo como hijo de Abraham (1:1; *cf.* 2:6; 3:9; 8:11; 16:18). Esta salvación que Jesús llevará a cabo será la base de la justicia del reino de los cielos que él inaugura como aquel que cumple la ley (*cf.* 4:12-17; 5:17-20).[18]

El profetizado Emanuel (1:22-23)

La narración continúa con una información para el lector: los acontecimientos de la concepción milagrosa de Jesús cumplen una profecía del Señor por medio del profeta Isaías. Las palabras expresadas aquí pueden ser una continuación del mensaje del ángel a José, la única ocasión bíblica en que un ángel cita la Escritura

---

17. Esta es la misma frase preposicional con *ek* que se consigna en 1:18. Mateo parece estar indicando tanto agencia como fuente, lo cual puede explicar por qué en 1:18 la NIV traduce esta expresión "*por* obra del Espíritu Santo", pero aquí en 1:20 vierte "*del* Espíritu Santo" [la NVI traduce "por obra del Espíritu Santo" en ambos casos. N. del T.].
18. David R. Bauer, "The Kingship of Jesus in the Matthean Infancy Narrative: A Literary Analysis", *CBQ* 57 (1995): 306-23.

para clarificar que estos acontecimientos dan cumplimiento a una antigua profecía.[19] O, más probablemente, estas palabras representan una digresión interpretativa de Mateo, que pretende clarificar a sus lectores el modo en que los acontecimientos precedentes se relacionan con la profecía del Antiguo Testamento.[20] Los acontecimientos de la concepción sobrenatural de Jesús el Mesías se producen "para que se cumpliera lo que el Señor había dicho por medio del profeta". Mateo subraya que la profecía procede en última instancia del Señor, pero el profeta es el agente intermedio por medio del cual Dios le habla a su pueblo.[21]

Esto introduce el primer ejemplo de la "fórmula de cumplimiento" característica de Mateo. En el capítulo 2 aparecen expresiones similares que desempeñan un papel importante, pero también a lo largo del Evangelio (ver 2:5-6, 15, 17-18, 23; 4:14-16; 8:17; 11:10; 12:17-21; 13:14-15, 35; 21:4-5; 26:31, 56; 27:9-10). Entre los Evangelios sinópticos, esta fórmula solo aparece de manera regular en Mateo (*cf.* también Jn 12:38-39; 13:18; 19:24, 28, 36-37). La construcción exacta de la fórmula de cumplimiento varía hasta cierto punto,[22] pero casi siempre comporta una introducción en la que Mateo señala un suceso o enseñanza de Jesús que "cumple" (*pleroo*) un pasaje del Antiguo Testamento que normalmente se cita a continuación.

Como se ha expuesto en la introducción, "cumplir" puede indicar el directo cumplimiento de una predicción, según el cual en un acontecimiento de la vida y ministerio terrenal de Jesús se hace real un pronóstico profético (p. ej., 1:22-23). El término "cumplir" puede también indicar que la vida de Jesús da pleno significado a todo el Antiguo Testamento (p. ej., 5:17-20), o que es una correspondencia o recapitulación divinamente orquestada analógica o tipológica de la historia de Israel (p. ej., 2:15, 17-18).

En este texto, Mateo declara que los acontecimientos que rodean la concepción de Jesús cumplen directamente la sublime profecía pronunciada por Isaías durante los oscuros días de la amenaza nacional bajo el reinado de Acaz, rey de Judá. En el año 734 A.C. la amenaza de un ataque del norte hacía temer a Acaz que su reinado terminara pronto. Pecaj rey de Israel y Rezín rey de Aram (Siria) formaban una coalición infame y amenazaban con invadir Judá y sustituir a

19. Carson, "Matthew", 76-77, subraya que la fórmula de cumplimiento que aquí se utiliza con *gegonen*, "se cumpliera", solo aparece tres veces en Mateo (1:22; 21:4; 26:56); muy probablemente, la última vez no sea un paréntesis de Mateo, sino la interpretación de Jesús.

20. Hagner, *Matthew 1–13,* 20; Davies y Allison, *Matthew*, 1:211. La mayor parte de las versiones en inglés, entre ellas la NIV, ponen unas comillas de cierre con un punto después de 1:22, terminando así la cita directa del ángel.

21. Mateo utiliza sistemáticamente la preposición *hypo* para expresar a Dios como agente final ("por el Señor", *cf.* 2:15; 22:31) y *dia* para hacer referencia a la agencia intermedia del profeta ("por medio del profeta", p. ej., 2:5, 15, 17, 23; 4:14; 8:17; 13:35; 24:15; 27:9).

22. Ver las variaciones y exposición en la introducción; ver también, Hagner, *Matthew 1–13*, liv-lvii.

Acaz por un rey títere, el hijo de Tabeel (Is 7:6). El profeta Isaías afirmó que Dios no permitiría que esto sucediera, asegurándole a Acaz que Dios mantendría la promesa de que un descendiente de David se sentaría en el trono para siempre (2S 7:11-17). A fin de confirmar que estos dos reyes no conquistarían Judá, Isaías profetizó que el Señor le daría una señal a Acaz: una virgen daría a luz.

En hebreo hay dos palabras esenciales para "virgen". El término *almah*, que es el que aparece en la profecía de Isaías 7:14, significa "muchacha no casada" o "joven", y muchos eruditos sostienen que casi siempre alude a una mujer soltera y virgen (p. ej., Gn 24:43; Éx 2:8; Sal 68:25).[23] La otra palabra es *betulah*, que puede aludir a una "virgen" (Gn 24:16; Lv 21:3) pero también a una "vieja viuda" (Jl 1:8). Los traductores griegos de Isaías 7:14 tradujeron la palabra hebrea *almah* con la palabra griega *parthenos*, que casi sin excepción denota a una mujer soltera y madura sexualmente, que es virgen.[24]

En la extensa[25] historia de la interpretación de Isaías 7:14 y su relación con Mateo 1:22-23, 25 surgen básicamente tres puntos de vista. (1) Algunos proponen que, originalmente, la señal solo lo era para las circunstancias históricas de Acaz y Judá, pero que Mateo la interpreta tipológicamente como una alusión a Jesús.[26] Según este punto de vista, Isaías tenía en mente a una mujer joven que en aquel momento era virgen pero que más adelante se casaría y tendría un hijo al que pondría por nombre Emanuel. Isaías podía hacer referencia a Ezequías, hijo del rey Acaz y heredero al trono, a Maher-Shalal-Hash-Baz (*cf.* Is 8:4, 8), o a un niño no identificado llamado Emanuel que habría dado a luz alguna mujer conocida de Acaz. Cuando este niño naciera y se le pusiera por nombre Emanuel, Acaz sabría que las profecías de Isaías eran correctas y que la liberación estaba cerca. Según este punto de vista, el uso que Mateo hace del texto va más allá del propósito original de la profecía.

(2) Otros sugieren que la profecía no se cumplió realmente con el nacimiento de ningún niño en días de Acaz, sino que era una profecía netamente mesiánica que solo se cumplió con el nacimiento de Jesús. El término *almah* ha de entenderse

---

23. El pasaje en debate es Proverbios 30:19; ver Allen P. Ross, "Proverbs", *EBC*, 5:1124.
24. La excepción es Génesis 34:4, donde el término *parthenos* se utiliza en referencia a Dina, aunque esta había sido ya violada (*cf.* 34:3).
25. Quienes quieran considerar antiguos estudios sobre este asunto pueden ver J. G. Machen, *The Virgin Birth of Christ* (Grand Rapids: Baker, 1971) y Charles Lee Feinberg, *Is the Virgin Birth in the Old Testament?* (Whittier: Emeth, 1967). Para estudios más recientes, ver Gerard Van Groningen, *Messianic Revelation in the Old Testament* (Grand Rapids: Baker, 1990), esp. 521-37; Daniel Schibler, "Messianism and Messianic Prophecy in Isaiah 1–12 and 28–33", en *The Lord's Anointed: Interpretation of Old Testament Messianic Texts*, ed. P. E. Satterthwaite, R. S. Hess, y G. J. Wenham (Grand Rapids: Baker, 1995), 87-104.
26. P. ej., J. D. W. Watts, *Isaiah 1–33* (WBC 24; Waco, Tex.: Word, 1985), 98-104; Davies and Allison, *Matthew*, 1:213; Warren Carter, "Evoking Isaiah: Matthean Soteriology and an Intertextual Reading of Isaiah 7–9 and Matthew 1:23 and 4:15–16", *JBL* 119 (otoño 2000): 503-20.

como una referencia a una "virgen", lo cual significa que esta profecía no se cumplió con un nacimiento milagroso en el tiempo de Isaías, sino que solo podría apuntar hacia adelante al cumplimiento en la concepción y nacimiento de Jesús.[27]

(3) La interpretación más satisfactoria adopta lo mejor de estos puntos de vista y reconoce que, por medio de Isaías, Dios estaba dando una señal que tenía relevancia histórica y que se cumplió en los días de Acaz, pero que apuntaba también al futuro libertador mesiánico y que se cumplió en la concepción y nacimiento de Jesús.[28] Cientos de años antes del nacimiento de Cristo, los traductores judíos de la Septuaginta parecen indicar mediante el uso del término *parthenos* que las palabras del profeta encontrarían un cumplimiento más profundo más allá de los acontecimientos del tiempo de Isaías. Y escribas judíos de un periodo posterior veían un sentido más profundo en el contexto cuando interpretaron el sentido de Emanuel, que significa "Dios con nosotros", como una promesa de la edad de oro (*cf.* Is 2:2-4; 9:2-7; 11:1-16) cuando el hijo mesiánico de David traería juicio sobre los impíos y bendición sobre los justos. Este iba a ser el tiempo final de la presencia de Dios manifestada a Israel.

Isaías profetizó que una mujer, que era virgen en el tiempo de Acaz (734 A.C.) tendría un hijo llamado Emanuel. Teniendo en cuenta que ni la reina ni la esposa de Isaías eran vírgenes, esta virgen sería probablemente alguna joven soltera dentro de la casa real a quien Acaz conocía. Esta mujer se casaría, quedaría embarazada y cuando naciera el niño le pondría por nombre Emanuel, probablemente como una simbólica expresión de esperanza de la presencia de Dios en aquellos difíciles tiempos de dificultades nacionales. Antes de que el niño fuera lo suficiente mayor para distinguir el bien del mal, Judá se vería liberada de la amenaza de invasión de los dos reyes del norte (Is 7:14-17). Tiglat Piléser III de Asiria acabó con la alianza entre los reyes del norte en el año 732 A.C., cuando destruyó Damasco, conquistó Aram y ejecutó a Rezín.

Todo esto sucedió dentro del marco temporal milagrosamente predicho como señal para Acaz. Hubo, pues, un cumplimiento inmediato de una predicción milagrosa.

Aunque no se hace mención de la reacción de Acaz a medida que presenciaba el desarrollo de estos acontecimientos predichos, este habría sido probablemente reprendido por su falta de fe y sus intentos de conseguir la seguridad para Judá y el linaje de David por medio de su política proasiria.

27. P. ej., Carson, "Matthew", 78-80, citando esp. un trabajo más temprano de J. A. Motyer, "Context and Content in the Interpretation of Isaiah 7:14", *TynBul* 21 (1970): 118-25.
28. P. ej., Geoffrey W. Grogan, "Isaiah", *EBC*, 6:62-65; Hagner, *Matthew 1–13*, 20-21; Blomberg, *Matthew*, 58-59. Ver el significativo estudio de John H. Sailhamer que subraya que las interpretaciones mesiánicas neotestamentarias de un texto del Antiguo Testamento son de hecho el significado que tenía en mente el autor veterotestamentario: "The Messiah and the Hebrew Bible", *JETS* 44 (marzo 2001): 5-23.

Mateo mira al Antiguo Testamento y afirma que el nacimiento del niño Jesús, que salvaría a su pueblo de sus pecados, cumple finalmente la profecía de Isaías 7:14. Aunque la señal dada a Acaz y a la casa de Judá era una milagrosa predicción de salvación de un ataque militar de Pecaj y Rezín, predecía también la venida de un futuro personaje mesiánico que ofrecería salvación espiritual del pecado. En otras palabras, la señal de Isaías demuestra, por un lado, que el nacimiento de Emanuel señalaría la liberación de la invasión de Acaz y la casa de David y, por otro, que iba a haber un libertador futuro mesiánico llamado Emanuel, y que este es, verdaderamente, Dios con nosotros.

Esta interpretación toma en serio tanto el contexto inmediato de la predicción a Acaz en Isaías 7:14 como el contexto general de la profecía de Isaías, en que una era mesiánica futura honraría a "Galilea de los gentiles" (Is 9:1-2) con un niño al que se llamaría "Consejero admirable, Dios fuerte, Padre eterno, Príncipe de paz" (9:6). De este personaje que señala Isaías, solo Jesús podría ser el verdadero cumplimiento: "Se extenderán su soberanía y su paz, y no tendrán fin. Gobernará sobre el trono de David y sobre su reino, para establecerlo y sostenerlo con justicia y rectitud desde ahora y para siempre. Esto lo llevará a cabo el celo del Señor Todopoderoso" (9:7).

El ángel instruye a José para que le ponga al niño el nombre de "Jesús", con el que se le conocerá a lo largo de su vida terrenal y en la primera etapa de la iglesia. No hay constancia de que, alguna vez, sus familiares o seguidores le llamaran "Emanuel". El hecho de que Mateo nos lo traduzca indica más bien que este nombre pretende ser un título indicativo de la identidad mesiánica de Jesús: "Dios con nosotros". Tanto su nombre común como su título expresan verdades profundas: *Jesús* especifica lo que hace ("Dios salva") y *Emanuel* señala su identidad ("Dios con nosotros"). Se trata de nombres llenos de significado que hablan de una profunda orientación cristológica por parte de Mateo. Observemos que su Evangelio concluye con este mismo tema, cuando Jesús promete a sus discípulos: "Les aseguro que estaré con ustedes siempre, hasta el fin del mundo" (28:20). En Jesús el Mesías, Dios está ciertamente con nosotros.[29]

La obediencia inmediata de José (1:24-25)

Cuando José despierta del sueño, cumple la orden del ángel y formaliza la segunda fase del proceso matrimonial celebrando la ceremonia de la boda. Cuando concluyen los ritos, José se lleva a María a su casa para que viva con él (y quizá con otros parientes) como una pareja plenamente casada, solo que "no tuvo relaciones conyugales con ella hasta que dio a luz un hijo" (1:25). La delicada redacción de Mateo (lit., "no la conoció") era una forma común, tanto en hebreo como en griego, de aludir a una abstinencia de relaciones sexuales. La

29. El ángel Gabriel utilizó una expresión parecida cuando le dijo a María: "el Señor está contigo" (Lc 1:28), indicando que Dios estaría con ella en todo el proceso de la concepción y nacimiento del Hijo del Altísimo.

abstinencia sexual durante el embarazo era una práctica ampliamente observada en el judaísmo del siglo I.[30] Tal abstinencia mantenía la purificación ritual de José y María durante el embarazo y aseguraba el nacimiento virginal de Jesús. Pero esto no indica que la abstinencia continuara tras el nacimiento de Jesús. El sentido lógico de la expresión "hasta que" es que, tras el nacimiento de Jesús, María y José tuvieron una vida sexual normal, de la que nacieron otros hijos (ver 12:46; 13:55).[31]

Mientras que Lucas se centra en la obediencia de María y su sumisión al anuncio angélico de estos extraordinarios acontecimientos (p. ej., Lc 1:38), Mateo subraya el igualmente sobresaliente carácter de José. Cuando descubre que su esposa está embarazada, José sabe que él no es el padre. Tras el anuncio del ángel, José responde con inmediata obediencia, y lo seguirá haciendo a lo largo de todo el relato de la infancia. El texto no solo presenta a María como una mujer piadosa, sino que muestra también a José tomando la iniciativa para llevar a cabo las instrucciones del ángel. Mateo especifica que "[José] le puso por nombre Jesús" (1:25). A lo largo de todo el relato, José se conduce como un obediente dirigente en su matrimonio y familia y como un hombre piadoso, un acento que sin duda no pasa desapercibido a una audiencia judeocristiana.

Construyendo Puentes

El nacimiento virginal. Entre los autores de los Evangelios, Mateo y Lucas no solo prestan atención a la genealogía de Jesús, sino que también consignan su milagrosa concepción e infancia. En el relato de Lucas, el anuncio de la concepción del ángel Gabriel a María combina en sus rasgos esenciales los notables hechos de las naturalezas humana y divina. El niño tiene un linaje humano que desciende de Adán (Lc 3:23-38), un nombre humano, "Jesús" (1:31), y experimenta un nacimiento humano (2:6-7); pero tiene también una relación divina como "Hijo de Dios" (1:35), se le describe como "Hijo del Altísimo" (1:32) y experimenta una milagrosa concepción por medio del Espíritu Santo en el seno de una mujer virgen (1:35). La presentación de Mateo apoya con igual firmeza el nacimiento virginal anunciado a José por el ángel del Señor, dando asimismo fe de ambas naturalezas, humana y divina, en la asombrosa concepción de Jesús. El niño tiene un linaje humano por medio del rey David y el patriarca Abraham (1:1-17), un nombre humano, "Jesús", por medio del que se identifica con "su pueblo" (1:21), y un nacimiento humano (1:25). Pero tiene también una relación divina por medio del Espíritu Santo

---

30. Ver Pseudo-Foclides 186 (c. 100 A.C.-100 A.D.); Josefo, *Contra Apión* 2:202-3.
31. Dale C. Allison Jr., "Divorce, Celibacy and Joseph (Matthew 1.18-25 and 19.1-12)", 6 n.16. Ver la interesante exposición de este pasaje por parte del erudito católico Raymond Brown en vista de la doctrina de la "perpetua virginidad" de María, que, afirma él, no es el énfasis de Mateo en este pasaje (*The Birth of the Messiah*, 132).

(1:23), se le describe como "Emanuel (que significa: "Dios con nosotros)" (1:22) y su origen es divino, al ser concebido por el Espíritu Santo en el seno de una mujer virgen (1:18, 20).

Sin entrar en detalles, el anuncio angélico deja claro que la concepción no se lleva a cabo por los medios humanos habituales, sino mediante una intervención del Espíritu Santo absolutamente singular y única. Mateo no teoriza sobre la forma en que esta concepción podría producirse, sino que se limita a presentarla como un hecho auténtico desde un punto de vista histórico. Mateo entiende que en la concepción, nacimiento y desarrollo de Jesús hay elementos naturales y sobrenaturales. Presenta la concepción y nacimiento virginal de Jesús como un hecho aceptado, explicando así la sorprendente verdad de que Dios ha adoptado la naturaleza humana y está ahora con su pueblo. Es únicamente este Dios y hombre quien, como va desvelando el relato de Mateo, puede salvar a su pueblo de sus pecados, y esto debería hacer que se detuvieran en una interminable gratitud para adorarle como Jesús, "Dios salva", y Emanuel, "Dios con nosotros".

Al identificar a Jesús como "Dios con nosotros", Mateo da continuidad a un tema que impregna el concepto veterotestamentario de Dios con su pueblo. Cuando dio la ley a Israel en el desierto, Dios subrayó su intención contractual: "Caminaré entre ustedes. Yo seré su Dios, y ustedes serán mi pueblo" (Lv 26:12). Dios llamó a la nación a una relación en la que él estaría con ellos. No podía haber ninguna otra persona o dios que ocupara el lugar de preeminencia debido solo a él, usurpando su lugar. Aun cuando Dios llamó a hombres y mujeres a ocupar posiciones de liderazgo (p. ej., Moisés, Josué, jueces, profetas), estos eran solo dirigentes intermedios. El lugar de preeminencia tenía que ocuparlo únicamente Dios.

De hecho, en un principio y dentro del marco de esta relación contractual, Israel no fue gobernado por ningún rey humano. Dios mismo era su soberano. Pero tener un rey invisible fue difícil para el pueblo de Israel. Puesto que las naciones circundantes tenían reyes humanos a quienes podían ver y seguir, el pueblo de Israel quiso también tener un monarca humano. Para Dios esto era lo mismo que rechazarle como rey (1S 8:7), y lo consideró algo perverso (12:17). Aunque Dios permitió que un rey humano gobernara a su pueblo, e incluso estableció a Saúl y llamó a David y a sus descendientes para que reinaran, su propósito era ser él mismo su rey. La promesa de un Mesías venidero davídico está entretejida con la de que Dios mismo estaría con su pueblo (p. ej., Ez 37:24-28).[32]

La importancia de que Mateo interpretara el nombre de Jesús como Emanuel no puede, pues, dejar de subrayarse. Dios ha venido a estar con su pueblo para cumplir el significado más profundo del pacto. En Jesús, Dios está ahora

---

32. Quienes deseen considerar una exposición del tema "yo estoy contigo/ustedes" en la tradición veterotestamentaria pueden ver David D. Kupp, *Matthew's Emmanuel: Divine Presence and God's People in the First Gospel* (SNTSMS 90; Cambridge: Cambridge Univ. Press, 1996), 138-56.

personalmente con su pueblo como su Salvador. Este tema forma el corazón de una relación personal de Jesús con sus seguidores que llegará a ser característica de su singular forma de discipulado (ver comentario sobre 4:18-22).[33]

Aprendiendo de otros personajes del relato. ¿Pueden los demás personajes enseñarnos también algo? Sí, pero para aprender de ellos correcta y apropiadamente siempre hemos de entender las lecciones primeramente en relación con Jesús. Si nos mantenemos centrados en Jesús como protagonista de la narración de Mateo, podemos entender más correctamente el papel que desempeñan los demás personajes en relación con él a medida que van entrando y saliendo del escenario. Pero si nos apresuramos a abordar otros personajes sin entender primero el papel que desempeñan en relación con el ministerio histórico de Jesús y la línea argumental de Mateo, podemos caer en un acercamiento "moralizante". Esto significa que sacamos conclusiones morales de lo que deberíamos "hacer" o "ser" como cristianos identificándonos con personajes del relato, pero a menudo nuestras conclusiones no son coherentes con lo que el texto pretende verdaderamente enseñar.[34]

No obstante, los escritores de la antigüedad, y los autores bíblicos no son una excepción, enseñaban lecciones de moral y ética por medio de sus personajes secundarios.[35] Lo más importante es entender el papel que desempeña cada uno de ellos.

Significado Contemporáneo

El relato introductorio de Mateo es un claro recordatorio de que los Evangelios son ante todo una narración sobre Jesús, que está siempre en un primer plano. Los demás personajes van entrando y saliendo del escenario y recibirán una atención especial para propósitos específicos. Pero la pregunta que hemos de hacernos constantemente en cada perícopa del relato es: "¿Qué está diciéndonos este pasaje sobre Jesús?" Dirigiendo nuestra atención al ministerio terrenal de Jesús, es mucho más probable que podamos escuchar claramente lo que Mateo pretendía decirnos en su relato sobre Jesucristo, hijo de David, hijo de Abraham (1:1). A partir de ahí podremos hacer apropiadas aplicaciones contemporáneas del texto para nuestras vidas.

33. Para este tema veterotestamentario en relación con el aspecto de Jesús, ver Michael J. Wilkins, *Following the Master: A Biblical Theology of Discipleship* (Grand Rapids: Zondervan, 1992), 51-69, esp. 57 y 66. También traza esta relación en Mateo 1 con el nacimiento del Mesías "Dios con nosotros", pero más críticamente, Kupp, *Matthew's Emmanuel,* 157-75.

34. Greidanus, *The Modern Preacher and the Ancient Text*, 163-66. Hay una valiosa instrucción para evitar este fenómeno y otras formas impropias de tender puentes desde el texto original a una aplicación moderna en pp. 157-87.

35. Aune, *The New Testament in Its Literary Environment*, 35-43.

La imagen de Jesús. Hay dos cosas que sobresalen especialmente en este pasaje. (1) Mateo consigna con sencillez el milagro más increíble de la historia, la concepción y nacimiento virginal de Jesús por medio del Espíritu Santo. No embellece la historia procurando convencer a sus lectores de la veracidad de su relato, sino que más bien la presupone. Al parecer, este milagro es tan conocido en la comunidad que solo tiene que declararlo. Aunque puede que no logremos entender totalmente la profundidad de la milagrosa encarnación, Mateo nos impele desde el mismo inicio de su relato a tratar con ello.

(2) Jesús el Mesías vino a ser el Salvador de los pecados de su pueblo. En Israel, muchos esperaban una salvación física de las adversidades padecidas bajo varios poderes opresores, siendo el último de ellos el férreo puño de Roma. Aunque esperaban a un triunfante hijo de David, en el corazón de los mensajes proféticos veterotestamentarios había una consistente línea de esperanza con respecto a la salvación del pecado. Mateo apunta a Jesús como redentor Hijo de David, que se acerca a quienes esperan el cumplimiento de las palabras del salmista en Salmos 130:7-8:

> … Israel, espera al SEÑOR.
> Porque en él hay amor inagotable;
> en él hay plena redención.
> Él mismo redimirá a Israel
> de todos sus pecados.

Este es el propósito fundamental que subyace tras el ministerio de Jesús. El mensaje que proclamamos ha de estar igual de centrado en la oferta de la salvación del pecado. En estos dos acentos vemos que el relato que Mateo hace de Jesús es distinto de cualquier otro. Es una historia singular de una persona singular concebida de forma singular y con un mensaje y ministerio singulares.

El nacimiento virginal. La especial atención que tanto Mateo como Lucas conceden a la narración de la divina concepción nos lleva a concluir que el nacimiento virginal de Jesús tiene una profunda trascendencia para nuestra fe y vida cristianas.

(1) En primer lugar, el nacimiento virginal apunta a la naturaleza divina de Jesús. Considerado junto a su prerrogativa de perdonar pecados (9:6), la naturaleza confirmatoria de su ministerio de milagros (14:33), el carácter único de su muerte en la cruz (27:46, 54) y la maravilla de la resurrección (28:9), el nacimiento virginal señala la absoluta singularidad de Jesucristo. Su concepción, ministerio y resurrección son realmente declaraciones de su naturaleza divina, que nos impelen a considerar sus reivindicaciones sobre nuestras vidas como dueño absoluto.

(2) El relato del nacimiento virginal nos presenta a una persona en quien se unen la plena deidad y la plena humanidad. El nacimiento virginal fue el medio que Dios escogió para que su Hijo llegara a ser perfecto hombre y Dios.

Donald Guthrie concluye: "... no puede decirse que la encarnación demande el nacimiento virginal, porque Dios podría haberla conseguido de otro modo. Pero puede y debe decirse que el nacimiento virginal de Jesús es completamente apropiado para la naturaleza de aquel que se hizo carne aunque era igual a Dios (Fil 2:6)".[36] Esto señala en última instancia el modo en que el sacrificio del humano en la cruz podía expiar los pecados de la humanidad. Jesús está singularmente cualificado para llevar los pecados del mundo en la cruz porque su naturaleza divina es infinitamente apta para sustentar su humanidad.

(3) El nacimiento virginal señala la verdadera naturaleza humana de Jesús libre de pecado heredado. Mediante la poderosa obra del Espíritu Santo que cubre a María en la concepción, se interrumpe la línea continua del pecado, para que Jesús nazca santo (*cf.* Lc 1:35).[37] Como verdadero hombre, Jesús puede sentir profunda empatía con nuestras experiencias y tentaciones humanas (Heb 4:15-16) y ofrecer un ejemplo sobre cómo vencer la tentación (ver comentarios sobre Mt 4:1-11). La pureza de Jesús a lo largo de toda su vida se basa en el hecho de que su naturaleza divina es tan poderosa en su determinación de hacer el bien que no puede ser vencida por ninguna tentación de su naturaleza humana. Esto le hace, pues, apto para ser el único sacrificio humano inmaculado por nuestro pecado.

(4) El nacimiento virginal de Jesús señala la primera etapa de la redención de la humanidad, que fue creada a imagen de Dios, pero deformada por los efectos del pecado. En este proceso de redención recibiremos vida por medio del sacrificio que él llevará a cabo por nuestro pecado (2Co 5:17-21), pero después implicará también la conformación de nuestras vidas según el modelo de Jesús (2Co 3:18; 1P 2:21). Jesús es la plena imagen de Dios (Col 1:15-20); él es el único ser humano cuya humanidad no fue nunca afectada por el pecado (Heb 4:15). Puesto que en Jesús se muestra plenamente el desarrollo de la imagen de Dios, la vida cristiana significa conformar nuestra vida según el modelo de la suya.

El relato que Mateo hace de la concepción y nacimiento virginal narra un acontecimiento singular y milagroso por el que Jesús, el inmaculado Salvador, vino al mundo a salvar a su pueblo de sus pecados. Este es el comienzo de la principal línea argumental del Evangelio de Mateo. Sin embargo, esta narración del nacimiento virginal es también la primera etapa por la que Emanuel, "Dios con nosotros", se convierte en el patrón de la vida transformadora que él producirá en todo aquel que cree en él (Ro 8:29).

A medida que el Evangelio de Mateo avanza en su relato, hemos de prestar atención a algunas de las siguientes formas en que Jesús establece un perfecto

36. Donald Guthrie, *New Testament Theology* (Downers Grove, Ill.: InterVarsity Press, 1981), 374.

37. Quienes deseen considerar una exposición de esta cuestión pueden ver Wayne Grudem, *Teología sistemática* (Miami: Vida, 2007), 553-56.

ejemplo de la clase de vida que se producirá en nosotros cuando le seguimos como discípulos suyos.

- Jesús tenía una comunión perfecta con el Padre (11:25-30; *cf.* Jn 17:1).
- Jesús obedeció perfectamente la voluntad del Padre (26:42; *cf.* Jn 4:34; 5:30; 6:38).
- Jesús mostró siempre un fuerte amor por los seres humanos, al margen de cuán perdidos, enfermos o abatidos pudieran encontrarse o de cuán pecaminosos pudieran ser (9:36; 10:6; *cf.* Mr 1:41; Lc 7:13).
- Jesús demostró su amor entregándonos generosa y voluntariamente su vida (20:28; *cf.* Jn 15:13).

El proceso de desarrollo integral de Jesús en su vida humana se convierte en un modelo completo de la forma en que podemos enfocar nuestro propio desarrollo como personas redimidas por él y transformadas por su Espíritu. Esta es la indicación más temprana de lo que significará ser discípulos de Jesús. Los primeros años de Jesús son un ejemplo de cómo podemos ahora desarrollarnos como personas totales, en todos los aspectos del crecimiento humano (ver Lc 2:52). Como nosotros, también él experimentó un desarrollo humano, aunque en su caso fue de un modo perfecto, por lo cual Jesús representa el perfecto ejemplo de lo que significa ser plenamente humano.

Hablaremos más detalladamente de esto a medida que la historia de Mateo vaya avanzando; sin embargo, y por extraño que pueda parecernos en un principio, el discipulado significa vivir una vida completamente humana en este mundo en unión con Jesucristo y creciendo en conformidad a su imagen.[38]

Aprendiendo de José. En Mateo 1, José es una persona importante, como lo son también el ángel del Señor, el Espíritu Santo y María. No obstante, el mensaje central de la narración no gira alrededor de José o de cualquier otro personaje, sino de Jesús, aunque solo aparezca en el último versículo (1:25). La totalidad de la narración tiene que ver con Jesús: quién es, cómo llegó a la historia y cuál será su papel e identidad. Todos los demás personajes tienen mucho que enseñarnos, pero para aprender de ellos de manera precisa y acertada hemos de mantener la centralidad del mensaje sobre Jesús (ver comentarios en la sección Construyendo Puentes).

Cuando lo comparamos con el Evangelio de Lucas, que en sus narraciones de la infancia subraya el papel de María (*cf.* Lc 1:26-56; 2:19, 34-35), Mateo concede una atención especial a José. Este hecho nos permite ver que Mateo

---

38. Quienes estén interesados en una exposición más completa pueden ver Michael J. Wilkins, *In His Image: Reflecting Christ in Everyday Life* (Colorado Springs: NavPress, 1997), 111-24.

pone de relieve a José para acentuar aspectos de su papel que tienen sentido para nuestras propias vidas.[39]

(1) En primer lugar, José nos es un ejemplo por la forma en que establece sus prioridades. Mantiene como propósito para su vida y relaciones personales la preservación de su buena relación con el Señor por medio de su obediencia a la ley. Su compromiso con la justicia es sorprendente, y se muestra en sus restricciones sexuales y su aborrecimiento de lo que él considera infidelidad. Es especialmente importante subrayar esta cuestión cuando recordamos que José es probablemente un hombre más o menos joven, puede que de menos de veinte años. Los hombres jóvenes suelen tener una lucha especial con la pureza sexual. Como joven que experimenta las pasiones de la juventud, José nos ofrece el ejemplo de un joven piadoso que se esfuerza por establecer los valores de la voluntad de Dios para su vida. Se trata de una imagen realista que podemos subrayar a nuestros jóvenes para que puedan identificarse más estrechamente con el compromiso de José con la justicia.

(2) La obediencia de José a la ley no es legalista. No se interesa solo en obedecer la ley, sino que muestra también compasión por María y se preocupa por su bienestar. No renuncia a su fidelidad a la ley para cuidar de María, ni la abandona cuando su embarazo le plantea un dilema sobre su justicia personal, sino que intenta equilibrar su obediencia con compasión. Jesús condenará una y otra vez a los escribas y fariseos por su puntilloso legalismo que descarta la compasión y la misericordia (p. ej., 9:10-13), un triste comentario sobre algunos de los dirigentes religiosos de su tiempo. Sin embargo, Mateo nos demuestra mediante el equilibrado ejemplo de José que el Israel de aquel tiempo no practicaba masivamente el rígido legalismo de las listas de preceptos positivos y negativos.

José está en la línea de otros personajes del Antiguo Testamento cuya búsqueda de la justicia estaba dirigida por los valores y metas de la ley, incluidas la compasión y la misericordia, como expresión de la voluntad de Dios. En su sentido más amplio, una persona justa es aquella cuya vida se define por la realidad de Dios, que significa tanto pureza de vida como compasión de corazón. José, que no forma parte de la élite religiosa, ejemplifica la búsqueda de esta realidad diaria. En nuestros días podemos señalar muchos ejemplos de hombres y mujeres cuyas vidas ejemplifican esta equilibrada búsqueda de justicia. Muchas veces, aquellos que nos vienen a la mente son, en primer lugar, líderes cristianos que han dedicado sus vidas como ejemplo para sus rebaños. Sin embargo, los que a menudo me impresionan más son aquellas personas laicas que purifican sus vidas y corazones en el anonimato de la vida cotidiana: amas de casa, oficiales de policía, hombres y mujeres de negocios, enfermeras, maestros, etcétera. El joven José es uno de ellos.

39. Carolyn Thomas, "The Nativity Scene: A Challenge to Discipleship", *TBT* 28 (1990): 26-33 intenta conectar el ejemplo de José con el desarrollo posterior del discipulado en el Evangelio de Mateo.

(3) La obediencia de José al mensaje del ángel del Señor se impone por encima de sus sospechas sobre la infidelidad de María y su temor a que su reputación y honor se vean destruidos. El estado emocional de José en el momento en que el ángel se le aparece era probablemente de un intenso conflicto emocional. No obstante, la especial revelación de Dios en esta suprema encrucijada de la historia le da la dirección y estabilidad que necesita para ayudar al desarrollo del divino programa de la salvación, aun cuando sea objeto de burlas y de falsas acusaciones de inmoralidad.

Aunque nunca experimentemos una aparición tan impresionante de Dios, todos nosotros nos veremos ante circunstancias y riesgos inesperados en nuestro deseo de llevar a cabo la voluntad de Dios para nuestras vidas. Un joven comprometido para casarse me dijo recientemente que la obediencia de José en estas circunstancias le había impactado profundamente. Había tenido muchas luchas para confiar en su prometida, porque en una relación anterior su novia le había sido infiel. Creía que no podría volver a confiar en una mujer. Su temor le había comenzado a paralizar en su relación con su novia (temor de sufrir nuevamente por la misma cuestión y de ser objeto de burla por ser un hombre engañado). Pero me dijo que en este incidente aprendió dos importantes lecciones. En primer lugar, que la "confianza" no consiste en tener un conocimiento total, sino en creer lo que había visto y oído en la vida de su prometida, y después, en virtud de lo que sabía que era cierto, darle un voto de confianza. Esto le producía pánico, porque se hacía nuevamente vulnerable. Pero la segunda cosa que aprendió fue que, una vez que llegara al punto de confiar en ella, tenía que poner su relación en las manos de Dios y creer que él les mantendría a ambos fieles a la relación. De modo que su verdadera confianza está en Dios. Creo que ha aprendido una lección clave sobre el matrimonio cristiano, y es que este se basa en la confianza mutua, pero es el poder de Dios el que lo vigoriza y mantiene.

El papel del Espíritu Santo. La naturaleza tan explícita del papel del Espíritu Santo en este pasaje nos permite comenzar a ver el desarrollo de la revelación de Dios a lo largo de la Escritura. En el Antiguo Testamento, Yahvé se manifiesta como el único Dios verdadero, en contraste con el gran número de dioses de los pueblos de su entorno (Dt 6:4-14). Como ya hemos observado, en la etapa de la historia representada en los Evangelios, Jesús, el Hijo, es el principal protagonista, y mantiene una íntima relación con Dios Padre (*cf.* 3:17; 17:5). Sin embargo, como se verá cada vez más claro, cuando el ministerio terrenal de Jesús alcanza su consumación con la cruz y la resurrección, Dios Espíritu Santo adopta un papel esencial en el escenario de la historia. Esta actividad del Espíritu se hace más explícita con la extensión de la iglesia en Hechos y en la enseñanza de posteriores autores del Nuevo Testamento, pero comenzamos a verla en acción con la concepción y nacimiento de Jesús el Mesías.

Hoy vivimos en la tercera etapa de la historia humana. Cuando Jesús ascendió al cielo, envió al Espíritu Santo para que ofreciera poder, dirección, consuelo y la presencia de Dios para llevar a cabo la tarea de edificar la iglesia, cumplir la Gran Comisión y transformar a los discípulos conforme a la imagen de Jesús.

Esto es lo que le dije al joven comprometido para casarse que he mencionado antes. Él y su futura esposa tienen el privilegio de ser habitados por el Espíritu Santo de Dios, quien hará crecer su matrimonio hasta el nivel que Dios ha establecido. El recelo, la autoprotección, la falta de generosidad, la amargura y la indignación son con demasiada frecuencia los cánceres capaces de corroer un matrimonio, como hubiera podido suceder en la relación de los jóvenes José y María. Pero en este tiempo, el matrimonio, como cualquier otra relación entre creyentes, puede ser transformado por el poder del Espíritu.

El apóstol Pablo habla de la transformación de las relaciones personales tocadas por el Espíritu Santo. El apóstol anima a Tito, el joven pastor, a recordar a los miembros de las iglesias "que deben mostrarse obedientes y sumisos ante los gobernantes y las autoridades. Siempre deben estar dispuestos a hacer lo bueno: a no hablar mal de nadie, sino a buscar la paz y ser respetuosos, demostrando plena humildad en su trato con todo el mundo" (Tit 3:1-2). Puesto que las relaciones personales no eran siempre así, Pablo sigue explicándose mediante lo que es, de hecho, una confesión de tipo personal: "en otro tiempo también nosotros éramos necios y desobedientes. Estábamos descarriados y éramos esclavos de todo género de pasiones y placeres. Vivíamos en la malicia y en la envidia. Éramos detestables y nos odiábamos unos a otros" (Tit 3:3). Personalmente he vivido la triste experiencia de ver a muchos matrimonios y otras relaciones personales caracterizadas por este tipo de descripciones. Pero Pablo no se queda aquí y nos ofrece, a renglón seguido, uno de los testimonios más entusiastas de la forma en que la obra del Espíritu puede transformar las relaciones personales:

> Pero cuando se manifestaron la bondad y el amor de Dios nuestro Salvador, él nos salvó, no por nuestras propias obras de justicia sino por su misericordia. Nos salvó mediante el lavamiento de la regeneración y de la renovación por el Espíritu Santo, el cual fue derramado abundantemente sobre nosotros por medio de Jesucristo nuestro Salvador. (Tit 3:4-6)

¡Qué privilegio y responsabilidad tenemos de vivir en esta etapa de la historia! En su obediencia a la obra del Espíritu, los jóvenes José y María nos ofrecen al comienzo mismo de esta era un anticipo de que las relaciones personales pueden ser puras y caracterizadas por el servicio mutuo. Hoy, esta es la verdadera base sobre la que podemos construir matrimonios y familias piadosas y ver ciertamente la transformación de cualquier relación personal, tanto dentro como fuera de la iglesia, por medio de la transformadora obra del Espíritu de Dios.

Mateo 2:1-12

Después de que Jesús nació en Belén de Judea en tiempos del
rey Herodes, llegaron a Jerusalén unos sabios procedentes
del Oriente.

2 —¿Dónde está el que ha nacido rey de los judíos? —preguntaron—.
Vimos levantarse su estrella y hemos venido a adorarlo.

3 Cuando lo oyó el rey Herodes, se turbó, y toda Jerusalén con
él. 4 Así que convocó de entre el pueblo a todos los jefes de los
sacerdotes y maestros de la ley, y les preguntó dónde había de
nacer el Cristo.

5 —En Belén de Judea —le respondieron—, porque esto es lo que
ha escrito el profeta:

> 6 "Pero tú, Belén, en la tierra de Judá,
> de ninguna manera eres la menor entre los principales de
> Judá;
> porque de ti saldrá un príncipe
> que será el pastor de mi pueblo Israel."

7 Luego Herodes llamó en secreto a los sabios y se enteró por ellos
del tiempo exacto en que había aparecido la estrella. 8 Los envió a
Belén y les dijo:

—Vayan e infórmense bien de ese niño y, tan pronto como lo
encuentren, avísenme para que yo también vaya y lo adore.

9 Después de oír al rey, siguieron su camino, y sucedió que la
estrella que habían visto levantarse iba delante de ellos hasta que
se detuvo sobre el lugar donde estaba el niño. 10 Al ver la estrella, se
llenaron de alegría. 11 Cuando llegaron a la casa, vieron al niño con
María, su madre; y postrándose lo adoraron. Abrieron sus cofres
y le presentaron como regalos oro, incienso y mirra. 12 Entonces,
advertidos en sueños de que no volvieran a Herodes, regresaron a
su tierra por otro camino.

Sentido Original

Al comenzar el capítulo 2, el marco temporal de la narración ha dado un salto hacia delante de dos años (ver comentarios sobre 2:16). Mateo acabó el capítulo 1 mencionando el nacimiento de Jesús y su nombre (1:25). Ahora aquel bebé es un "niño" (2:8, 10), y la familia está viviendo "en Belén de Judea" (2:1).[1] Belén se encuentra a unos diez kilómetros al sur/suroeste de Jerusalén.[2] Lucas nos informa que antes del nacimiento de Jesús, José y María viajaron desde Nazaret (Galilea) hasta Belén (Judea) para registrarse en el censo obligatorio ordenado por César Augusto (Lc 2:1-7). Celebraron muy probablemente una ceremonia nupcial en Nazaret, tras lo cual viajaron a Belén para inscribirse en el censo, y allí nació el niño.[3] Lucas no menciona ninguno de los acontecimientos que se consignan en Mateo 2, excepto el comentario de que, tras la presentación del niño en el templo, "José y María regresaron a Galilea, a su propio pueblo de Nazaret" (Lc 2:39).

La mayoría de quienes intentan armonizar los relatos de la infancia sugieren que los acontecimientos de Mateo 2 se producen tras la visita al templo, pero antes del regreso definitivo a Nazaret para criar al niño.[4] Otros sugieren que el viaje a Nazaret que menciona Lucas (2:39) tuvo lugar antes de los acontecimientos de Mateo 2, y proponen que, cuando la familia salió del templo, fueron a Nazaret a recoger sus pertenencias (Lc 2:29) porque José y María habían decidido criar al niño en Belén. Después, tras establecerse en Belén, se producen los acontecimientos de Mateo 2:1-22. Cuando regresan de Egipto y descubren el peligro de seguir viviendo en Belén, se establecen permanentemente en Nazaret.[5] Es un tanto difícil situar una visita intermedia a Nazaret siguiendo una lectura superficial de Lucas 2:39-40. En cualquier caso, tras el nacimiento de Jesús y su presentación en el templo, José y María toman la decisión de criar al niño en Belén, la ciudad de los antepasados de José.

El viaje de los sabios a Jerusalén (2:1-2)

Los acontecimientos que Mateo se dispone a narrar tienen lugar "en tiempos del rey Herodes". Palestina, la región que abarca el territorio bíblico de Israel y

---

1. La expresión "de Judea" distingue este pueblo del Belén de Zabulón (Jos 19:10, 15), situado cerca de Nazaret.
2. Henri Cazelles, "Bethlehem", *ABD*, 1:712.
3. Mateo sugiere que la pareja celebró la ceremonia oficial de boda antes del nacimiento de Jesús (1:24-25), de modo que la expresión de Lucas en el sentido de que María era todavía la "desposada" de José cuando estos se dirigían a Belén indica que el matrimonio todavía no se había consumado sexualmente, y ello da a entender el nacimiento virginal (*cf.* Darrell Bock, *Luke1:1–9:50* [Grand Rapids: Baker, 1994], 205-206).
4. P. ej., A. T. Robertson, *A Harmony of the Gospels for Students of the Life of Christ: Based on the Broadus Harmony in the Revised Version* (Nueva York: Harper & Row, 1922), 13; Robert H. Stein, *Luke* (NAC; Nashville: Broadman, 1992), 118. Según este punto de vista, Lucas 2:39a se produce antes de los acontecimientos de Mateo 2:1-22, y Lucas 2:39b se produce después de estos acontecimientos y es paralelo a Mateo 2:23, cuando la familia regresa de Egipto y se dirige a Nazaret para evitar a Arquelao. Aunque esto es posible, Lucas 2:39 parece implicar que el viaje a Nazaret se produce inmediatamente después de la presentación del templo.
5. Robert L. Thomas y Stanley N. Gundry, eds., *The NIV Harmony of the Gospels* (Harper & Row, 1978), 38 nota o.

Judá, era una de las muchas zonas que cayó bajo el poder del Imperio romano, siempre en expansión. Una serie de problemas dentro de la dinastía asmonea había hecho de este territorio fácil presa del voraz y expansivo poder militar de Roma. En el año 63 A.C., el famoso general Pompeyo avanzó hacia Jerusalén y conquistó la ciudad y el resto de Palestina. Los romanos pusieron en el gobierno a mandatarios locales que gobernaran para sus intereses y con el tiempo, Herodes, un monarca de ascendencia idumea/nabatea, adquirió un papel destacado y gobernó bajo los dictados de Roma entre los años 37 y 4 A.C. Herodes, llamado "rey de los judíos", gobernó con firmeza y en ocasiones de manera implacable y despiadada. Murió probablemente en marzo del 4 A.C. (ver exposición más adelante). Puesto que Herodes está todavía vivo cuando los sabios llegan a Jerusalén, unos dos años después del nacimiento de Jesús, la mayoría de los eruditos fechan este acontecimiento entre los años 6 y 4 A.C. (ver comentarios sobre 2:16).

La trascendencia universal del nacimiento del niño Jesús se proclama inmediatamente porque unos sabios de Oriente llegan a Jerusalén para adorar a aquel "que ha nacido rey de los judíos" (1:1-2). El término "sabios" (magos, "mago") aludía en un principio a una casta sacerdotal de la antigua Persia, seguidores, probablemente, de Zoroastro (c. 630?-550? A.C.), un maestro y profeta persa. Más adelante se introdujeron algunos elementos babilónicos del ámbito de la astrología, la demonología, la sabiduría y la magia. Estos sabios eran normalmente destacados personajes de la vida religiosa de su país de origen, que en su labor empleaban toda una serie de elementos científicos (astrología), diplomáticos (sabiduría) y religiosos (conjuros mágicos). Estas prácticas eran distintas de las de un tipo más corriente de "magos" que encontramos en otros pasajes (p. ej., magos en Hch 13:6, 8).

Estos sabios procedían de "Oriente" y buscaban al que había "nacido rey de los judíos". Estos hombres tenían conocimiento de las profecías del Antiguo Testamento, se supone que por su contacto con las colonias judías de Oriente. Aunque muchos judíos volvieron a Palestina después del exilio, grandes números se quedaron también en las zonas orientales, especialmente en Babilonia, en el territorio de Partia, situado al norte, y en el de Arabia, al sudoeste. Los dirigentes paganos, políticos y religiosos por igual, estaban al tanto de las peculiaridades de la religión judía, como la observancia del sábado o las restricciones matrimoniales[6] y, en el tiempo en que vivían estos sabios, en Babilonia había importantes instituciones docentes judías.[7] Los líderes religiosos gentiles de Oriente recibían una constante influencia de las Escrituras, profecías y maestros hebreos.

6. Josefo, *Ant.* 18:318-19, 340, 449-52.
7. *b. Pesaḥ* 6:1; *cf. y. Pesaḥ* 6:1, 33a. *b.*

Si los sabios procedían de las inmediaciones de Babilonia,[8] habrían recorrido aproximadamente 1.500 kilómetros. La ruta comercial de Babilonia discurría hacia el norte siguiendo el Éufrates, y después hacia el sur a lo largo del valle del Orontes, de Siria hasta Palestina. Puesto que estos habrían tenido que hacer preparativos para el viaje y reunir una caravana, habrían pasado varios meses desde el momento en que vieron la estrella hasta que llegaron a Jerusalén.[9]

A pesar de lo que afirman los villancicos y tradiciones navideñas, hay poca base histórica que respalde la idea que fueran tres reyes. Ya en el siglo III A.C., se consideraba que estos sabios eran reyes que daban cumplimiento a Salmos 72:11, "ante él se inclinen todos los reyes". Pero probablemente cumplían una función más en la línea de consejeros religiosos de su corte. No se conoce con exactitud cuántos eran. Mientras la tradición oriental fija su número en doce, la occidental afirma que eran tres, basándose en los tres regalos que estos presentaron a Jesús, a saber, oro, incienso y mirra.[10] Fuera cual fuera su número, probablemente estos sabios viajaban con un numeroso grupo de sirvientes y guardias, debido a la extensión del viaje.

La meta de estos hombres es encontrar al "que ha nacido rey de los judíos". Mateo ha trazado la ascendencia por medio del rey David (1:6), preparándonos para la aplicación a Jesús el Mesías del título "rey de los judíos". Aunque el pueblo de Israel había estado esperando durante mucho tiempo al legítimo heredero al trono, Dios anuncia primero su llegada a través de estos sabios gentiles. En el mundo del siglo I se esperaba con expectación a un mandatario que surgiría de Judea. Suetonio escribe: "Por todo oriente se había propagado una antigua y persistente creencia: el destino había decretado que, en aquel tiempo, ciertos hombres procedentes de Judea tomarían el poder [y gobernarían el mundo]".[11] Por mucho tiempo, los profetas de Israel habían hablado de un período de paz y prosperidad mundiales traídos por un futuro libertador davídico (p. ej., Ez 34:23-31). Esta creencia se había extendido más allá de las fronteras

---

8. Tony T. Maalouf sostiene que los sabios procedían de las comunidades árabes del desierto, mucho más cerca de Jerusalén; ver "Were the Magi from Persia or Arabia?" *BibSac* 156 (1999): 399-442.
9. Obsérvese que Esdras tardó cuatro meses con un grupo de cuatro a cinco mil personas en recorrer esta ruta (Esd 7:9). Aunque los sabios podrían haber viajado más rápidamente, en cualquier caso habría sido a un paso muy lento comparado con el de los viajes modernos.
10. Los nombres tradicionales de estos sabios —Baltasar, Melchor y Gaspar (o Caspar)— aparecen por primera vez en el mosaico de una iglesia del siglo VI en Rávena, Italia, pero tales designaciones carecen de apoyo histórico.
11. Suetonio, *Vespasiano* 5.

de Israel, de modo que en otras regiones se esperaba el surgimiento de un gobernante (o de varios) de la tierra prometida de Judea.[12]

Las palabras de los sabios sobre el rey al que buscan fueron: "Vimos su estrella en el este y hemos venido a adorarlo" (NIV). La palabra "este" (*anatole*) puede denotar la "salida" del sol y las estrellas (*cf.* Lc 1:78 o la ubicación de una región llamada el este, Ap 21:13).[13] En la frase de 2:1 donde esta palabra se traduce "procedentes del Oriente", la expresión alude correctamente al último sentido, pero en 2:2, que la NIV traduce "en el este", implica el primero, indicando que vieron la salida de la estrella. Es decir, lo que vieron no fue la salida de la estrella por el lado oriental del firmamento, de otro modo habrían viajado hacia el este, sino que cuando se encontraban al este de Jerusalén, la estrella se levantó probablemente al oeste de donde se encontraban, llevándoles a dirigirse en esta dirección hacia Jerusalén.

A través de la comunidad judía de su tierra natal, los sabios habrían conocido la profecía de Balaam: "Una estrella saldrá de Jacob; un rey surgirá en Israel" (Nm 24:17). En muchos círculos del judaísmo se entendía que esta profecía apuntaba a un libertador mesiánico (p. ej., CD 7:18-26; 4QTest 9-13). En el libro de Apocalipsis, Jesús alude a sí mismo en un lenguaje similar: "Yo soy la raíz y la descendencia de David, la brillante estrella de la mañana" (Ap 22:16; *cf.* 2:28; 2P 1:19).

Hay varias propuestas con respecto a la naturaleza de esta estrella.[14] (1) Muchos sugieren que se trata de un fenómeno natural que tiene su origen en un acontecimiento astronómico verificable, como el avistamiento de un cometa,[15] una supernova o una conjunción de planetas. Una posibilidad que se ha debatido mucho es que la atención de los sabios se viese atraída por una infrecuente conjunción de planetas que tuvo lugar el día 27 de mayo del año 7 A.C.[16] En la

12. Tanto Josefo (*Guerras de los Judíos* 3:399-408; 6:310-15) como Tácito (*Historia* 5:13) observan esta extensa expectativa. Ambos autores sostienen que los judíos estaban equivocados y que la expectativa se cumplió de hecho con la ascensión de Vespasiano al trono tras sus victorias de Palestina. Sin embargo, no cabe duda de que los propios judíos (evidentemente Josefo es una excepción) no vieron en Vespasiano el cumplimiento de su esperanza profética veterotestamentaria.
13. Ver BDAG, 74.
14. Hay una breve exposición de los puntos de vista predominantes en Brown, *Birth of the Messiah*, 170-74, y W. P. Armstrong y J. Finegan, "Chronology of the NT", *ISBE*, 1:687-88. Quienes deseen considerar otros puntos de vista pueden ver E. Jerry Vardaman y Edwin M. Yamauchi, eds., *Chronos, Kairos, Christos: Nativity and Chronological Studies Presented to Jack Finegan* (Winona Lake: Eisenbrauns, 1989). Las diferentes hipótesis se hacen más especulativas en el segundo volumen, E. Jerry Vardaman, ed., *Chronos, Kairos, Christos II: Chronological, Nativity, and Religious Studies in Memory of Ray Summers* (Macon, Ga: Mercer Univ. Press, 1998).
15. P. ej., el cometa Halley, visible en los años 12 y 11 A.C.
16. Ver la obra del astrónomo David Hughes, *The Star of Bethlehem: An Astronomer's Confirmation* (Nueva York: Walker, 1979).

astrología babilónica, Júpiter representaba la principal deidad. Cuando Júpiter se acercó a Saturno (que representaba a los judíos), en la constelación de Piscis (que representaba Palestina), los sabios se refirieron a Júpiter como la estrella del rey que estaban buscando y la relación entre Saturno y Piscis les mostraba en qué nación había que buscarle (la judía) y dónde (Palestina). Una sugerencia relacionada se basa en esta conjunción, pero vincula la estrella específica con una supernova que los astrónomos chinos y coreanos registraron entre los meses de marzo y abril del 5 A.C.[17]

(2) Otros sugieren que esta "estrella" fue un fenómeno astral sobrenatural que Dios utilizó para anunciar el nacimiento de Jesús basándose en la forma en que el texto describe la estrella, que aparece y reaparece y se mueve y dirige a los sabios hasta la misma casa que ocupaban Jesús y su familia. Algunos proponen que solo los sabios habrían visto este fenómeno.

(3) Otra sugerencia verosímil es que el fenómeno sobrenatural fuera un ángel enviado a los sabios para anunciar el nacimiento del Mesías y guiarles hasta Jesús para que fueran un testimonio de su nacimiento por medio de su adoración. La Escritura alude a menudo a los ángeles, buenos y caídos, como estrellas (buenos: Job 38:7; Dn 8:10; Ap 1:16, 20; 2:1; 3:1; caídos: Ap 8:10, 11; 9:1; quizá Is 14:12-13). Los ángeles dirigieron y protegieron a Israel hasta su llegada a la tierra prometida (Éx 14:19; 23:20), y aparecen con frecuencia en la literatura judía y cristiana como encargados de guiar a los hombres.[18] El erudito del Nuevo Testamento Dale Allison cita el *Evangelio de la infancia* 7, un documento árabe apócrifo que amplía el relato de los sabios de Mateo explicando: "En esta misma hora se les apareció un ángel con la forma de aquella estrella que les había antes dirigido en su viaje".[19]

Esta última idea sería consistente con el destacado lugar que ocupa el ángel del Señor en las narraciones generales de la infancia: anunciando a José la concepción virginal de Jesús (1:20), advirtiendo a los sabios para que no volvieran a Herodes (2:12) y a José para que huyera con su familia a Egipto (2:13), diciéndole luego que regresara a Israel (2:19) y guiándole concretamente a Nazaret (2:22).

En cualquier caso, con la mezcla de influencias del paganismo, la astrología y las Escrituras judías, es dudoso que los sabios fueran a sabiendas a adorar a Jesús reconociendo su naturaleza encarnada como Dios y hombre. Deseaban muy probablemente adorar al "rey de los judíos" de un modo parecido al que los mandatarios de un país vasallo rendían tributo al emperador. Los sabios

17. Mark Kidger, *The Star of Bethlehem: An Astronomer's View* (Princeton, N.J.: Princeton Univ. Press, 1999), sostiene que esta conjunción alertó a los sabios de algún acontecimiento especial y la supernova provocó su viaje.
18. P. ej., *1 En.* 1:2 y pássim; *T. Leví* 2–5; *Historia de los Recabitas* 1:3 y pássim.
19. Ver Dale C. Allison, "What Was the Star That Guided the Magi?" *BibRev* 9 (noviembre-diciembre 1993): 24.

rindieron un homenaje legítimo a Jesús como el prometido gobernante que había de levantarse en Israel, pero su adoración va mucho más allá de lo que ellos entendían.[20]

La astuta duplicidad de Herodes (2:3-8)

Según parece, Herodes estaba al corriente del simbolismo de la estrella que iba a anunciar la llegada del Mesías, por lo que no cuestiona lo que dicen los sabios. Al principio, su reacción parece sorprendente: "se turbó, y toda Jerusalén con él". Herodes sabe que él no es el legítimo heredero del reino davídico; sabe que ha usurpado el trono alineándose con Roma. Por tanto, cuando los sabios anuncian que están buscando al que ha nacido rey de los judíos, Herodes piensa posiblemente que los poderes invasores de Oriente quieren quizá unir sus fuerzas con algún grupo de resistencia dentro de Israel para derrocarle y coronar a un rey que procede de la verdadera línea del esperado Mesías.

Herodes no tiene temor de un ataque desde el oeste, puesto que el Imperio romano se extiende en esta dirección, y él es el gobernador de Judea puesto por Roma. Sí desarrolla, no obstante, un profundo temor de ataques desde la zona oriental. Durante la lucha de los asmoneos por la supremacía entre Antígono e Hircano II, Antígono unió fuerzas con los partos, un imperio situado al noreste de Israel, que invadió Judea y sitió Jerusalén. Herodes huyó a Roma, donde buscó ayuda para expulsar a los partos y recobrar el trono. Después de recuperar Jerusalén en el año 37 A.C., Herodes construyó una serie de palacios-fortaleza a lo largo de la frontera oriental para protegerse mejor de las fuerzas invasoras[21] y dedicó también su reinado y recursos a varios proyectos arquitectónicos magnificentes. Proyectos como la reconstrucción del templo de Jerusalén, que comenzó alrededor de los años 20/19 A.C. y concluyó en el 63 A.C., beneficiaban muchas veces a sus súbditos judíos.

Los últimos años del reinado de Herodes se caracterizaron por constantes problemas domésticos. Sus diez esposas habían tenido numerosos descendientes que contendían entre sí por el trono. En su vejez se volvió cada vez más paranoico, haciendo encarcelar y ejecutar a algunos miembros de su familia (por ejemplo, a su esposa Miramne I y más tarde a sus dos hijos Alejandro y Aristóbulo). Tras varios incidentes de este tipo, César Augusto hizo el famoso juego de palabras que se le atribuye en el sentido de que prefería ser el cerdo de Herodes (*hys*) a ser su hijo (*huios*).[22]

---

20. Ver David Peterson, *Engaging with God: A Biblical Theology of Worship* (Downers Grove, Ill.: InterVarsity Press, 1992), 85; Albright y Mann, *Matthew: Introduction, Translation, and Notes*, 13-14.
21. Ver Josefo, *Ant.* 14:335-69; 17:23.
22. Macrobio, *Saturnales* 2.f.11. El dicho está en latín, pero depende de la ortografía y pronunciación griega para que el juego de palabras tenga sentido; obsérvese también la aversión judía por los cerdos.

La llegada de los sabios no solo trastornó a Herodes, sino también a "toda Jerusalén con él". La palabra "Jerusalén" designa a la ciudad santa (4:5; 27:53), pero representa también a los dirigentes religiosos y políticos de Israel que podían sentirse inquietos pensando en las consecuencias que podría tener para ellos que Herodes montara en cólera ante la supuesta amenaza de la fuerza militar que podía venir con los sabios. Pero es más probable que su reacción nos dé una clave de la salud espiritual de los dirigentes de Israel, que se han puesto políticamente de parte de Herodes y, si su base de poder se ve amenazada, lo será también la suya. Cabría esperar que los dirigentes religiosos se alegraran con la noticia del nacimiento del Rey de Israel, pero la llegada del verdadero Rey representa una amenaza para unos líderes religiosos y políticos corruptos. Desde el mismo comienzo del relato de Mateo, Jerusalén se presenta como una ciudad potencialmente negativa hacia Jesús que une sus fuerzas con quienes pronto intentarán darle muerte (2:16, 20).[23]

El principal liderazgo de los judíos estaba en manos de "los principales sacerdotes" y los "maestros de la ley" (*grammateus*). Los principales sacerdotes eran miembros del Sanedrín (*cf.* 26:57; Mr 14:53), quienes, junto con el sumo sacerdote, supervisaban las actividades del templo, el tesoro y las órdenes sacerdotales. El término *grammateus* (que también se traduce "escriba") había aludido en otro tiempo a personas que se ocupaban con la lectura, la escritura y el copiado de las Escrituras. Pero en el tiempo del Nuevo Testamento denotaba a los expertos en la interpretación de la ley y era un sinónimo del término "abogado" o "experto de la ley" (*nomikos*; *cf.* Mt 23:4; Lc 11:45-46). Estos eran los comentaristas oficiales del Antiguo Testamento (ver comentarios sobre 8:19).

La investigación de Herodes sobre "dónde había de nacer el Cristo" demuestra que el concepto de "rey de los judíos" (2:2) se había llegado a vincular con "el Cristo", el Mesías. Los líderes religiosos citan al profeta Miqueas, quien unos siglos antes se refirió a Belén como pequeña "entre los clanes de Judá", porque sería el lugar donde nacería el futuro gobernante, el Mesías (Mi 5:2). Su cita contiene también una alusión a un famoso tema que se cita en la toma de posesión de David como rey de Israel, "Tú guiarás a mi pueblo Israel y lo gobernarás" (2S 5:2).[24] La expectativa profética de que el Mesías davídico nacería

23. Peter W. L. Walker, *Jesus and the Holy City: New Testament Perspectives on Jerusalem* (Grand Rapids: Eerdmans, 1996), 33-34. Quienes estén interesados en un útil análisis literario que contrasta a Herodes y a los dirigentes religiosos con Jesús como legítimo "rey de los judíos" pueden ver Bauer, "The Kingship of Jesus", 306-23. Bauer sugiere que por medio de la expresión "toda Jerusalén" Mateo quiere preparar el terreno para subrayar más adelante la reprobación de los líderes religiosos de Israel por llevar a Israel a rechazar a Jesús y a hacerse responsables de la condenación y ejecución de Jesús (*cf.* 27:20, 25).

24. El Nuevo Testamento expresa el tema del pastor relacionado con Jesús el Mesías: Jesús se refiere a sí mismo como "el buen pastor" (Jn 10:11); el autor del libro de Hebreos llama a Jesús "el gran Pastor de las ovejas" (Heb 13:20); el apóstol Pedro subraya que los dirigentes de la iglesia han de "pastorear" el rebaño (1P 5:2; *cf.* Jn 21:16) para Jesús, "el

en Belén se había extendido por Israel (*cf.* Jn 7:42). Esta aldea recibe un doble honor, el de ser la ciudad natal del rey David, y ahora también el de serlo de Jesús el Cristo, el rey y pastor de Israel.

La duplicidad de Herodes le lleva a llamar en secreto a los sabios para sonsacarles cuándo se les había aparecido la estrella (2:7). El secretismo con que Herodes prepara este encuentro podría deberse a su voluntad de impedir que los judíos que esperaban la llegada del Mesías advirtieran a los sabios sobre su traición.[25] O quizá la razón fuera que, si el niño que buscaban los sabios era realmente el Mesías esperado y si Herodes quería eliminarlo, el pueblo judío no se lo tomaría bien. Se mueve, por tanto, secretamente para librarse de la amenaza que ve para su trono en Jesús sin que el pueblo lo sepa. Parece inconcebible que quisiera eliminar al Mesías para salvar su trono, pero Herodes era idumeo, y se resistiría implacablemente a la idea de que un libertador judío pudiera adueñarse de su poder. Notemos también que Herodes se consideraba "Rey de los judíos".

Los sabios no conocen la implacable reputación de Herodes, probablemente por lo distante de Palestina que está su país y piensan, por tanto, que el monarca es sincero cuando dice querer rendir tributo al Mesías. Herodes confía en haber engañado a los sabios, porque no envía una escolta con ellos a Belén, y no tiene razones para dudar que seguirán adelante con el plan y regresarán para notificarle el paradero del niño. Lo que trastoca sus planes es la intervención de Dios.

Los sabios adoran al niño (2:9-12)

Según parece, la estrella que les condujo a Palestina reaparece ahora para guiarles, a lo largo de diez kilómetros, hasta Belén, donde se encuentra el niño. La forma en que se describe el movimiento de la estrella implica un fenómeno sobrenatural, puesto que es difícil reconstruir cómo pudo cualquier forma de estrella ir delante de ellos y detenerse o posarse sobre el lugar en que estaba el niño. Puesto que los sabios ya han sido informados de que el Mesías iba a nacer en Belén, la estrella no les guía hasta el pueblo en sí, sino hasta el lugar concreto en que ahora se encuentran el niño y la familia. Esto es consistente con alguna forma de guía angélica sobrenatural (ver comentarios sobre 2:2).

Jesús, con María y José, se encuentra ahora en una "casa" en Belén. Recientemente se han excavado casas de gente corriente en el siglo I A.C. y presentan rasgos muy característicos. Este tipo de casas, construidas a nivel del terreno, formaban a menudo una serie de habitaciones construidas alrededor de un patio. Estas habitaciones eran espacios vitales, que hacían las veces de dormitorio, cocina, establos y almacenes. Las casas construidas en zonas montañosas podían tener dos pisos. La primera planta tenía un patio rodeado de establos, mientras que en la segunda estaban los dormitorios y demás habitaciones. En las zonas

---

Pastor supremo" (1P 5:4); y, con respecto a los mártires que salen de la gran tribulación, "el Cordero que está en el trono los pastoreará" (Ap 7:17).

25. Hagner, *Matthew 1–13*, 30.

rocosas y cavernosas, podían utilizarse cuevas o grutas como parte de la estructura del piso inferior formando establos subterráneos.[26]

El término que se usa para describir a Jesús en 2:8, 9, 11 (también en 2:13, 14, 20, 21) es "niño" (*paidion*), que designa normalmente a un bebé o un niño que empieza a andar.[27] Puesto que más adelante Herodes mandará matar a todos los niños de menos de dos años, deducimos que probablemente Jesús tenga ahora casi dos años. No se sabe si la casa en la que vive la familia es la misma relacionada con el establo en que nació Jesús, sin embargo, puesto que la joven familia se ha quedado en Belén en lugar de volver a Nazaret para criar a su hijo, se supone que José ha dispuesto una residencia permanente en una casa familiar.

El propósito del peregrinaje de los sabios para ver al niño se cumple cuando "postrándose lo adoran" (2:11). Aunque ven tanto al niño como a María, su madre, adoran solo al niño. A José no se le menciona. Aunque tiene, y seguirá teniendo, un papel importante en esta narración, su verdadero centro de atención es el niño Jesús.

La palabra que se usa para describir la "adoración" de los sabios es un término reservado normalmente para expresar la veneración de la deidad.[28] Un principio que la Escritura deja muy claro es que solo Dios debe recibir adoración, nunca un intermediario, ni siquiera un ángel (p. ej., Hch 14:11-15; Ap 19:10). Pero es dudoso que en aquel momento aquellos personajes religiosos cuasi paganos entendieran la naturaleza divina de Jesús. Teniendo en cuenta que incluso sus seguidores más cercanos necesitaron cierto tiempo para comprender la naturaleza de la encarnación, es dudoso que estos hombres adoraran conscientemente a Jesús como Dios y hombre. No obstante, a pesar de su mezcla de trasfondo religioso pagano con influencia judía, su adoración implica probablemente mucho más de lo que incluso ellos entienden.[29] Cuando menos comprenden que se trata del Mesías de Dios y por medio de él adoran al mismo Dios de Israel. Por otra parte, su adoración es una clara acusación de los dirigentes herodianos de Jerusalén, que pronto intentarán, no adorar, sino matar al pequeño rey de los judíos.

Al dirigirse a la realeza o a personas de elevada posición religiosa o política, a menudo se llevaban regalos para demostrar reverencia (Gn 43:11-15; 1S 9:7-8; 1R 10:1-2). La palabra "tesoros" se utiliza para aludir al erario de una nación (*1 Mac*. 3:29) o, como en este versículo, alguna forma de receptáculo o "caja",[30]

26. John S. Holladay Jr., "House, Israelite", *ABD*, 3:313; Rousseau y Arav, "House", *Jesus and His World*, 128-31.
27. Lucas se sirve del mismo término para aludir a Jesús en su nacimiento y presentación en el templo cuando hacía solo unos días de su nacimiento (Lc 2:17, 27).
28. El verbo es *proskyneo*, "adorar" con el objeto directo dativo *auto*, "él". El dativo es el caso que expresa interés personal, y que normalmente se usa para subrayar la adoración de la deidad (*cf.* 14:33; Wallace, *Greek Grammar*, 172-73).
29. Peterson, *Engaging with God*, 85.
30. Josefo (*Ant*. 9:163; *cf.* 2R 12:9-11) utiliza este término para designar la caja de madera que el sumo sacerdote Joiada puso junto al altar para recoger las ofrendas del pueblo para

utilizada por los sabios para llevar objetos de valor —oro, incienso y mirra— que presentan al recién nacido rey. Este acto de adoración recuerda ciertos pasajes veterotestamentarios en que los dirigentes de las naciones gentiles entregan sus presentes al Rey de Israel, y mira proféticamente hacia adelante a las naciones que honran al Mesías venidero.[31]

El oro es el metal precioso que más se menciona en la Escritura; como en nuestro tiempo, el oro era muy apreciado por todo el mundo antiguo como medio de intercambio así como para la confección de joyas, ornamentos y cuberterías para la realeza. El "incienso" (u "olíbano"; *cf.* Lv 2:1; 14:7; Neh 13:9) se elabora a base de una resina gomosa de los árboles del género *Boswellia*.[32] Esta goma produce un dulce aroma cuando se quema. El olíbano se utilizaba para propósitos no religiosos, como la elaboración de perfume (Cnt 3:6; 4:6, 14), pero en Israel se utilizaba ceremonialmente como ingrediente para preparar el único incienso que se permitía sobre el altar (Éx 30:9, 34-38).[33] La "mirra" es la savia que exuda un pequeño árbol que crece en la India, Arabia y Abisinia. Está formada por una mezcla de resina, goma y aceite de esencias, que produce su aroma característico. Vendida en forma líquida o sólida, la mirra se utilizaba como un ingrediente del incienso (Éx 30:23), como perfume para los vestidos (Sal 45:8; Cnt 3:6), para aromatizar el lecho de los amantes (Est 2:13; Pr 7:17) y como tónico estimulante (*cf.* Mr 15:23). Los judíos no practicaban el embalsamamiento completo de los cadáveres, sino que los preparaban para la sepultura lavándolos, vistiéndolos con prendas especiales e impregnándolos con fragrante mirra y otras especias para sofocar el hedor del cuerpo cuando se iniciaba la descomposición (Jn 19:39).[34]

Hay una prolongada historia de interpretación que ve un sentido simbólico en estos presentes de acuerdo con la vida y ministerio de Jesús, a saber, el oro como expresión de su realeza, el incienso de su deidad y la mirra de su muerte expiatoria y sepultura.[35] Pero esto es sobrevalorar el grado de comprensión de los sabios sobre la identidad de Jesús. Estos tres presentes indican más bien la estima y veneración de los sabios hacia el niño y representan la rendición de pleitesía que le corresponde como rey de los judíos. Aunque los sabios no lo

---

la restauración del templo. Mateo utiliza la palabra para hacer referencia a un depósito personal "lo que tiene guardado" (Mt 13:52), así como para indicar las cosas que están guardadas: tesoro en el cielo (6:20; *cf.* tesoros en Cristo, Col 2:3).

31. *Cf.* Sal 72:10-11; Is 60:5-6, 11; 66:20; Sof 3:10; Hag 2:7-8.
32. Este árbol se encuentra en el sur de Arabia, Etiopía, Somalia y la India. Durante el verano se le quitaba la corteza y se le practicaban profundas incisiones, con lo cual segregaba una goma ámbar, que adquiría un color blancuzco en la superficie de la resina.
33. Ver W. E. Shewell-Cooper, "Frankincense", *ZPEB*, 2:606-7.
34. Ver Kjeld Nielsen, "Incense", *ABD*, 3:404-9; Victor H. Matthews, "Perfumes and Spices", *ABD*, 5:226-28; Joel Green, "Burial of Jesus", *DJG*, 88-92.
35. P. ej., Ireneo, *Contra las Herejías* 3.9.2; Orígenes, *Contra Celso* 1:60.

sepan ni lo pretendan, Dios se sirve probablemente de estos regalos para ayudar a la familia en su huida a Egipto y su estancia en este país.

Pero el peligro que suponen para el pequeño rey los paranoicos celos del tetrarca pasan a un primer plano cuando un ángel advierte en sueños a los sabios de que no regresen a Herodes para darle la información que les ha pedido (2:12). En el mundo antiguo era muy común que los sueños se consideraran un medio de comunicación de Dios para los seres humanos (ver comentarios sobre 1:20). José es el principal receptor de los sueños: en el anuncio de la concepción virginal de Jesús (1:20), en los avisos para que se traslade a Egipto con la familia (2:13), regrese a Israel (2:19) y se retire a Nazaret (2:22). En casi todos estos casos se menciona específicamente a un ángel que se dirige a José. Parece, pues, posible que el ángel se aparezca también en este sueño a los sabios, para advertirles sobre la duplicidad de Herodes. De ser así, la advertencia en un sueño concordaría con la idea de que la estrella que les guiaba era un ángel que ahora les dirige de vuelta a su tierra natal.

En lugar de volver sobre sus pasos, vía Jerusalén, donde Herodes les espera, los sabios "regresaron a su tierra por otro camino" (2:12). Tras la expresión "regresaron" está la palabra (*anachoreo*) que subraya un patrón temático de hostilidad, retraimiento y cumplimiento profético recurrente en esta narración.[36] Mateo subraya que, a pesar de las reiteradas circunstancias hostiles, el cuidado soberano de Dios rodea la vida terrenal de Jesús el Mesías. Bajo la amenazadora nube de hostilidad, los sabios evitan pasar por Jerusalén, y se ven obligados a dar un largo rodeo para regresar a su tierra natal.

Puede que se desplazaran hacia el sur bordeando el mar Muerto hasta su extremo más meridional para enlazar con la ruta comercial del norte que pasaba por Nabatea y Decápolis al oriente del río Jordán. O es también posible que se dirigieran hacia el sur, hasta Hebrón, y a continuación al oeste hacia la costa mediterránea para tomar la ruta comercial, dirigiéndose hacia el norte por la llanura costera. El largo brazo de la seguridad militar de Herodes llegaba incluso a la mayoría de estas rutas, por lo cual, probablemente, los sabios y su comitiva habrían viajado con la mayor rapidez y secretismo posibles. Su sacrificio y tenacidad son un profundo testimonio del impacto de haber visto y adorado a Jesús, el verdadero rey de los judíos, y de la esperanza de los buscadores gentiles.

Construyendo Puentes

El cuidado soberano de Dios. Las características que esperamos encontrar en quienes tienen éxito en el ámbito de la política, la vida militar, el mundo del

36. *Cf.* también 2:13, "Cuando ya se habían ido"; 2:14, "partió para Egipto"; 2:22-23; 4:12-18; 12:15-21; 14:12-14; 15:21-28; 27:5-10; ver Deirdre Good, "The Verb ἀναχωρέω in Matthew's Gospel", *NovT* 32 (1990): 1-12.

espectáculo, los deportes o los negocios son la ambición, la fortaleza y la estrategia. Dios puede utilizar, y lo ha hecho, estas características en su pueblo a lo largo de la historia en el cumplimiento de su voluntad en la tierra. La ambición de Josué para llevar a Israel a la tierra prometida fue un ejemplo para todo el pueblo, puesto que seguía lo que Dios le indicaba sin vacilar (Jos 1:6-9; 23:6-11). La fortaleza que demostró Moisés ante las fuerzas de la naturaleza y ante un Faraón rebelde y reacio a dejarles salir se ha destacado durante siglos como una de las demostraciones más espectaculares del poder de Dios (p. ej., Sal 105:23-45). La estrategia que desarrolló el rey David cuando derrotó al gigante Goliat y a los enemigos de Dios es legendaria entre los líderes militares (p. ej., 1S 17:50-54; 2S 8:11-15). Dios puede utilizar, y lo hace, la ambición, la fuerza y la estrategia para llevar a cabo su voluntad.

Sin embargo, el carácter impredecible del relato de la infancia nos muestra que Dios va a poner patas arriba estas características al iniciar esta etapa crucial de la historia de la salvación. El cuadro que traza Mateo sobre la llegada de Jesús es impresionante por su potencial, pero alarmante por lo que respecta a su vulnerabilidad. Jesús es el Rey de los judíos (2:1), el Mesías (2:4) y el gobernante ("príncipe", 2:6) que "pastoreará" a su pueblo Israel (2:6). En él se focalizan las esperanzas proféticas del pueblo de Israel, avasallado ahora bajo el yugo de Roma. No es un niño corriente, sino el dirigente que traerá nueva seguridad al atribulado pueblo de Dios.

Ahora, sin embargo, Jesús no es más que un niño. No tiene cortesanos reales que le atiendan, ni guardia militar que le defienda. No tiene palacio o ejército. De hecho, suena una nota siniestra. Este pequeño, vulnerable y humilde pretendiente al trono de Israel se verá amenazado por el tiránico y conspirador Herodes. ¿Quién cuidará al futuro rey? ¿Quién le protegerá? ¿Cómo podrá sobrevivir para desempeñar el papel que han profetizado sobre él?

Esto es lo que hace que el relato de Mateo sea tan sorprendente e impredecible. El texto contrasta la ambición, fuerza y estrategia de Herodes y los dirigentes religiosos de Jerusalén con la vulnerabilidad del niño. Toda la vida de Herodes estuvo caracterizada por su implacable ambición, que le llevó a deponer a todos los aspirantes asmoneos al trono. Herodes orquestó siempre alianzas con el poder romano de turno para contar con la maquinaria militar y política a su favor. Tras su estrategia se escondía una insensible brillantez que conseguía mantener a raya a las enfrentadas fuerzas de Israel mediante una forzada gratitud por sus logros arquitectónicos; por otra parte, su crueldad inspiraba temor y su traición religiosa y política, odio. Ningún aspirante al trono podría esperar competir con Herodes, especialmente alguien tan vulnerable como Jesús, un niño absolutamente indefenso en brazos de una joven madre campesina, solo protegida por su humilde marido del insignificante pueblo de Nazaret.

Sin embargo, a lo largo de toda la narración, el tema que subyace tras todos estos acontecimientos es que Dios tiene el control de la situación. Al iniciar el proceso de redención de la humanidad, su mano está tras cada suceso que se produce. La milagrosa aparición de la estrella a unos sabios gentiles ponía de relieve que Dios estaba iniciando la liberación mesiánica de Israel y de toda la humanidad. El niño y los padres son providencialmente encaminados a Belén, su profetizada ciudad natal, a pesar de vivir en la lejana Nazaret. Con un significado que posiblemente no comprendían completamente, los sabios paganos se postran en adoración ante el único que es divinamente digno de su veneración. En su providencia, Dios abastece materialmente al pequeño y a sus padres mediante unos presentes que les permitirán huir de la sanguinaria locura de un paranoico asesino. Y el taimado plan de uno de los personajes más poderosos del mundo antiguo se ve frustrado por unos inocentes sabios que atienden a una milagrosa advertencia que les llega en sueños. A pesar de las recurrentes circunstancias hostiles, Dios ejerce su soberano cuidado en la vida terrenal de Jesús el Mesías.

La ambición, poder y estrategia humanas no suelen ver la mano de Dios e inconscientemente intentan frustrar sus propósitos. La pasión por sus propios planes y propósitos cegaba a Herodes y a los dirigentes religiosos de Jerusalén con respecto al plan redentor de Dios. Su ceguera les llevó, pues, a procurar obstaculizar el diseño divino. Solo los ojos de la fe son capaces de ver la acción de Dios, porque él se mueve, a menudo de formas insospechadas, entre bastidores de la historia humana para llevar a cabo sus propósitos.

Mateo subraya este elegante tema al comienzo de su relato, para que sus lectores abran los ojos de la fe y vean la obra de Dios en la vida de Jesús el Mesías. El tema de la soberanía de Dios que se expone en las narraciones de la infancia establece una trayectoria para el relato de todo el ministerio de Jesús por parte de Mateo. Jesús no actúa conforme a las típicas expectativas y ambiciones humanas, no se presenta en línea con el poder humano característico, envuelto en ostentación o fama y, a menudo, va contracorriente de las típicas estrategias humanas. Sorprendentemente, se muestra como un humilde siervo que trae justicia tanto a judíos como a gentiles y brinda curaciones, esperanza y un mensaje de buenas noticias a los que sufren y a los marginados (*cf.* 12:15-21).

Lo extraño e inesperado de esta clase de Mesías será potencial causa de desconcierto incluso para su famoso heraldo, Juan el Bautista, quien ha de aprender a discernir la actividad de Dios en la redención de Israel y a no encerrarse en su propia idea del Mesías (11:2-6).[37] Lo inesperado de esta clase de Mesías enfurecerá al sistema religioso de Israel, y lo llevará a seguir impenitentemente en su

---

37. La dificultad de asimilar el carácter inesperado del ministerio mesiánico de Jesús continúa hasta el día de hoy. Los eruditos judíos de nuestro tiempo tienen a menudo las mismas dificultades con el mesianismo de Jesús que muchos dirigentes judíos del siglo I. Estos sugieren que Jesús "fracasó" como Mesías porque no trajo una redención completa y definitiva al mundo en el ámbito sociopolítico; P. ej., Byron L. Sherwin, "Who Do You Say That I Am?" en *Jesus Through Jewish Eyes: Rabbis and Scholars Engage an*

pecado (12:22-32) condenando y ejecutando a aquel a quien deberían haber reconocido (26:1-2). Y, de nuevo, este carácter inesperado del ministerio redentor, expiatorio y mesiánico de Jesús desconcertará incluso a sus discípulos, que tienen en mente los procedimientos humanos, no los divinos (16:21-23; 20:20-28).

En el plan salvífico de Dios que se lleva a cabo con la entrada de Jesús el Mesías en la historia muestran ambición, fortaleza y estrategia. Pero tales características se desarrollan según su expresión divina no humana. Mateo dirige nuestra atención al hecho de que Dios controla la situación, aun cuando los acontecimientos que rodean su obra se desarrollan de maneras insospechadas.

Significado Contemporáneo

El amor de Dios... y el nuestro. "Ella tenía el hábito de dirigir breves oraciones silenciosas a Dios sobre las cuestiones cotidianas más sencillas, y ahora susurró: 'Por favor Dios, haz que piense que sigo siendo bonita'". ¡Qué palabras tan conmovedoras! Para Delia, su más preciada posesión era su hermoso pelo castaño, que se derramaba, ondulado, hasta las rodillas, pero acaba de cortárselo para venderlo a un fabricante de pelucas. Lo había hecho para poder comprarle un regalo de Navidad a su querido marido Jim. Con el dinero de su cabello le compraría la cadena en la que Jim podría llevar el reloj de oro que había sido de su padre y antes de su abuelo, su posesión más preciada.

Delia y Jim son una pareja joven de recién casados que subsisten al límite de la pobreza. Viven en un pequeño y desvencijado apartamento y tienen poco dinero para delicadezas, y menos aún para extravagantes regalos de Navidad. Sin saber lo que Delia ha hecho, Jim llegará a casa la noche de Navidad y la encontrará sin su hermosa cabellera, de la que se ha desprendido para comprarle la cadena de oro que él no puede permitirse. ¿La seguirá encontrando bonita?

Pero, en un giro melodramático de este relato clásico de O. Henry, resulta que Jim ha vendido su preciado reloj para comprarle a ella un juego de peinetas de carey con aretes engarzados, unas alhajas por las que ella había suspirado largo tiempo sin la menor esperanza de poder conseguirlas.

Delia, ahora con el pelo corto, posee sin embargo el regalo más precioso y costoso que su marido hubiera podido comprarle. Y Jim, que no tiene ya su reloj, cuenta, sin embargo, con el regalo más valioso y sacrificado que su joven esposa hubiera podido darle por Navidad. Al final de su relato, O. Henry reflexiona:

> Acabo de contarles con parquedad la sencilla crónica de dos jovencitos irreflexivos que con la mayor insensatez sacrificaron sus más

Ancient Brother in a New Conversation, ed. Beatrice Bruteau (Maryknoll, N.Y.: Orbis, 2001), 36-38. Ver comentarios a continuación sobre 11:2-6.

> ricos tesoros por amor al otro. Pero digamos, para concluir, a los sabios de nuestro tiempo que, de todos los que hacen regalos, ellos fueron los más sabios. De todos los que dan y reciben regalos, los más sabios son los seres como Jim y Delia. Ellos son los verdaderos sabios del relato evangélico.[38]

Acabo de recordarle este relato a mi esposa, que lo leyó por última vez cuando estaba en la universidad, hace casi treinta años, e inmediatamente los ojos se le han llenado de lágrimas. ¡Este hecho muestra el tierno espíritu de mi esposa y el dramatismo de esta historia! Puede que Henry haya dado un giro alegórico a su relato, pero no cabe duda de que toca un elemento esencial a todos nosotros. El acto de dar con actitud sacrificada define lo que significa amar al otro. Es posible que fuera este tipo de amor lo que motivó a los sabios del relato de Mateo en la presentación de sus regalos y adoración por la llegada del Rey de los judíos. Es difícil saber con seguridad cuáles eran los pensamientos y emociones de aquellos sabios, pero creo que Henry tiene razón al extrapolar de sus acciones elementos que ellos mismos probablemente ni siquiera habrían entendido por completo: nuestra adoración y sacrificado amor a Jesús producirá un amor verdadero y sacrificado hacia los demás.

Respuesta personal a Jesús. Mateo no se limita a presentar otro relato religioso. Nos cuenta lo que en la gran pantalla se ha titulado *La historia más grande jamás contada*. Dios ha entrado en la historia en la persona de Jesús el Mesías y el mundo ya no ha sido nunca más el mismo. Henry entendió acertadamente que todos nuestros sacrificios no son más que un reflejo de lo que subyace tras el relato de la Navidad. Aunque es correcto prestar atención a los sabios, no cabe duda de que hemos de centrarnos en el sacrificado amor de Dios, sobre el cual el apóstol Pablo nos dice: "Pero Dios demuestra su amor por nosotros en esto: en que cuando todavía éramos pecadores, Cristo murió por nosotros" (Ro 5:8).

A veces nos quedamos atrapados en las sentimentales imágenes del relato de la Natividad: un beatífico niño Jesús que duerme apaciblemente entre las mullidas pajas de un pesebre, en un pintoresco establo cerca de Belén; es una noche invernal y estrellada, y contemplamos a una venerable María y a un arcaico José, mientras llegan los camellos con los tres sabios, rodeados de asnos y ovejas con pastores procedentes de los campos y una hueste de ángeles. Nuestro propósito no es trastocar las sentimentales tradiciones que han llegado hasta nosotros, sino entender con claridad el acento de Mateo para poder ajustar más cuidadosamente nuestras vidas con la inmensa trascendencia que supone la llegada de Jesús el Mesías.

El propósito de la visita de los sabios era adorar al que nació "rey de los judíos". Es cierto que, para ellos, su adoración no fue, posiblemente, más que un homenaje dado a Jesús como un mero rey humano, pero sus acciones apuntan a

38. O. Henry, "The Gift of the Magi", *The Complete Works of O. Henry* (Garden City, N.Y.: Doubleday, Doran, 1936), 10.

un tributo más profundo de lo que ellos pensaban. Mateo ha informado a sus lectores que Jesús fue concebido por Dios (1:18-25), por lo cual honrarle a él es, de hecho, adorar a Dios mismo, aquel que es digno de toda adoración. Jesús no es solo el "rey de los judíos", sino también alguien que trae consigo la esperanza de salvación para todo el mundo. Si estos sabios gentiles han entendido que Jesús es el rey de Israel, entonces, ciertamente, los judíos han de reconocerle como el Mesías.[39] ¿Pero lo harán? Cuando Mateo pasa a explicar la respuesta de los dirigentes judíos al sorprendente anuncio de los sabios, solo puede hablar de una trágica duplicidad y traición. Es aleccionador entender que aquellos que tenían la mayor oportunidad de adorar al verdadero rey de los judíos se convirtieron en títeres de Herodes, el usurpador.

Cuando reflexionamos sobre nuestros proyectos religiosos y políticos, también deberíamos considerar solemnemente cuál es nuestra respuesta personal a Jesús. Los criterios para valorar correctamente nuestra relación con Jesús no son siempre nuestros logros. Cualquier pastor, líder de jóvenes o maestro de escuela dominical sabe lo atareados que podemos estar estableciendo los límites de nuestras actividades y prioridades. Absortos en nuestras muchas ocupaciones, es posible perder de vista lo que Dios está haciendo en nosotros y en nuestro entorno. ¿Estamos dispuestos a reconocer la presencia de Jesús en todos los detalles de nuestras vidas, o acaso nuestros deseos y ambiciones nos llevan a pasar por alto su influencia?

En este nivel más fundamental, Mateo nos enseña que la llegada de Jesús a la historia para iniciar la salvación de su pueblo de sus pecados requiere, sin duda, que nos entreguemos a él. Cuando hacemos esto, su vida se convierte en el patrón para la nuestra. Aunque la sacrificada entrega mutua de Delia y Jim es sin duda un profundo ejemplo para nuestras vidas, el mejor y más importante modelo es el que surge del sacrificio de la encarnación. Me sobrecoge pensar que la entrega de Dios en la encarnación y crucifixión de Jesús es el fundamento y ejemplo de la mía. El apóstol Pablo hace sonar esta nota cuando declara: "Esposos, amen a sus esposas, así como Cristo amó a la iglesia y se entregó por ella" (Ef 5:25).

Muchos matrimonios experimentan lo que yo llamo síndrome del "juego de la cuerda", en el que cada cónyuge jala del otro para que supla sus necesidades. Cuando ambos han tirado considerablemente y se sienten relativamente satisfechos, suele alcanzarse un cierto estado de equilibrio. Pero, si has jugado alguna vez a este juego de la cuerda en alguna actividad al aire libre, recordarás que el equilibrio en estos casos es siempre frágil, ya que solo se mantiene mediante la tensión de un interminable gasto de energía. Muchas parejas acaban cansándose tanto de esta constante lucha en un juego de la cuerda relacional que arrojan la toalla.

39. Steve Willis, "Matthew's Birth Stories: Prophecy and the Magi", *ExpTim* 105 (1993): 43-45.

Sin embargo, en lugar de tirar para recibir, a las parejas puede enseñárseles a dar. En mis sesiones preparatorias para el matrimonio les pido a las parejas que lleven a cabo un experimento. Han de comprometerse durante dos meses a no pedirle al otro que supla sus necesidades, sino solo a interesarse únicamente en las formas de satisfacer las necesidades del otro. Lo que descubrirán es que, de este modo, el equilibrio que consiguen no se basa en la tensión, sino en la gracia. Ambos sirven al otro por propia voluntad y ven suplidas sus necesidades recibiendo, no exigiendo. En la mayoría de los casos, este experimento acaba como base de una nueva clase de relación matrimonial, cuya directriz operativa es dar, no recibir.

Por regla general, las parejas reaccionan con incredulidad cuando les propongo este experimento. Una joven me dijo, con mucha honestidad: "Me he acostumbrado a ponerme pesada e insistente, porque de otro modo no puedo conseguir que me ayude con los planes para la boda o me lleve a cenar. Sencillamente, muchas veces no piensa en mis necesidades". Sin embargo, cuando comenzaron a entender que iban a intentar seguir el patrón de la gracia de Dios hacia nosotros, ambos se asombraron de sus respuestas hacia el otro. Él desarrolló toda una nueva serie de prioridades diarias basadas en la constante pregunta: "¿Qué necesita hoy que yo pueda aportarle?". Ella, por su parte, sentía libertad para estimularle en cosas que creía que él necesitaba, como jugar con sus amigos el habitual partido de baloncesto del sábado por la tarde. ¡Sorprendentemente, él se ofrecía muchas veces a hacer otra cosa si veía que ella le necesitaba! Ambos descubrieron su responsabilidad de darle al otro lo que necesitaba, en lugar de exigir que les aportara lo que ellos necesitaban. En lugar de tirar de la cuerda, aprendieron un patrón de servicio completamente nuevo. Pero este tipo de equilibrio de gracia y generosidad es solo posible mediante una transformación fundamental en nuestras vidas cuando experimentamos la generosidad de Dios revelada de manera tan gráfica en el niño de Belén.[40]

Esta es la historia que nos cuenta Mateo, perfectamente en línea con las palabras tan conocidas del apóstol Juan: "Porque tanto amó Dios al mundo, que dio a su Hijo unigénito" (Jn 3:16).

40. He desarrollado este tema de un modo más completo en un artículo de divulgación: Michael J. Wilkins, "Because God Is Generous", *Moody Magazine* (marzo-abril 2001), 15-17.

Mateo 2:13-23

**Cuando ya se habían ido, un ángel del Señor se le apareció
en sueños a José y le dijo: «Levántate, toma al niño y a su
madre, y huye a Egipto. Quédate allí hasta que yo te avise,
porque Herodes va a buscar al niño para matarlo.»**

**14 Así que se levantó cuando todavía era de noche, tomó al niño
y a su madre, y partió para Egipto, 15 donde permaneció hasta la
muerte de Herodes. De este modo se cumplió lo que el Señor había
dicho por medio del profeta: «De Egipto llamé a mi hijo.»**

**16 Cuando Herodes se dio cuenta de que los sabios se habían
burlado de él, se enfureció y mandó matar a todos los niños
menores de dos años en Belén y en sus alrededores, de acuerdo
con el tiempo que había averiguado de los sabios. 17 Entonces se
cumplió lo dicho por el profeta Jeremías:**

> **18 «Se oye un grito en Ramá,
> llanto y gran lamentación;
> es Raquel, que llora por sus hijos
> y no quiere ser consolada;
> ¡sus hijos ya no existen!»**

**19 Después de que murió Herodes, un ángel del Señor se le apareció
en sueños a José en Egipto 20 y le dijo: «Levántate, toma al niño
y a su madre, y vete a la tierra de Israel, que ya murieron los que
amenazaban con quitarle la vida al niño.»**

**21 Así que se levantó José, tomó al niño y a su madre, y regresó a
la tierra de Israel. 22 Pero al oír que Arquelao reinaba en Judea en
lugar de su padre Herodes, tuvo miedo de ir allá. Advertido por
Dios en sueños, se retiró al distrito de Galilea, 23 y fue a vivir en
un pueblo llamado Nazaret. Con esto se cumplió lo dicho por los
profetas: «Lo llamarán nazareno.»**

Sentido Original

En la narración de este capítulo, la historia personal de Jesús repite ciertos aspectos de la historia nacional de Israel, como el desplazamiento a Egipto y el regreso bajo la protección de Dios (Os 11:1), el dolor de las madres por sus hijos asesinados en Belén y el de Raquel por sus hijos exiliados en el tiempo de la cautividad babilónica (Jer 31:15), y el esperado vástago redentor (Is 11:1).

La huida de la familia a Egipto (2:13-15)

Una vez que los sabios estaban en terreno seguro, el ángel del Señor se aparece de nuevo en sueños a José y le avisa sobre el plan de Herodes de matar al niño (*cf.* 2:16). Se trata de su tercer sueño (*cf.* 1:20; 2:12) y de la segunda comunicación del ángel del Señor a José. José deviene nuevamente el intermediario para garantizar la seguridad del niño y de la madre. Aunque no es el padre biológico de Jesús, José es uno de los protagonistas de la narración de Mateo (mientras que Lucas subraya más a María, la madre). Es posible que Mateo siga el aspecto legal de la paternidad de José comenzando con la genealogía, pero describe también el papel de liderazgo que desempeñaba el padre en la típica familia judía.

El ángel hace explícito lo que hasta ahora solo se ha sobreentendido en la narración, a saber, que la paranoica obsesión de Herodes con el trono le lleva a intentar matar al niño que es rey de los judíos.[1] El ángel explica a José cómo debe cuidar al niño y a la madre y, una vez más, este le obedece inmediatamente, huyendo a Egipto por la noche con el niño y con su madre.

La frontera egipcia estaba a unos 130 kilómetros de Belén. A partir de la frontera comenzó la parte más dura del trayecto, que les llevó quizá a la principal comunidad judía de Egipto, en la ciudad de Alejandría, situada en la costa mediterránea en el extremo occidental del delta del Nilo. En esta enorme metrópolis vivían en aquel tiempo aproximadamente un millón de judíos. En casi cualquier lugar de Egipto, la familia habría estado inmediatamente a salvo de Herodes, puesto que era una provincia romana que se encontraba fuera de su jurisdicción. José, María y Jesús se quedaron allí hasta la muerte de Herodes (marzo/abril del año 4 A.C.), tras la cual el ángel les dice que regresen a Israel (2:20).

Como en la narración de la concepción y nacimiento de Jesús, Mateo señala la huida a Egipto y posterior regreso de este país como un "cumplimiento de la Escritura". Es difícil entender el sentido en que la referencia de Oseas al éxodo puede implicar para Mateo que la vida de Jesús cumple las palabras del profeta. Este nos permite ver que Mateo tiene una perspectiva multifacética sobre el modo en que Jesús "cumple" las Escrituras del Antiguo Testamento. (1) En algunos casos, "cumplir" indica que en los acontecimientos de la vida y ministerio terrenal de Jesús se materializa la profecía predictiva. Esta clase de cumplimiento puede ser una predicción específica, como en 1:22-23 (el nacimiento virginal), o el pronóstico de una cuestión colectiva, como en 3:15, donde el

1. En la frase "Herodes va a buscar al niño para *matarlo*", Mateo utiliza la misma palabra que en el relato de la pasión, donde los jefes de los sacerdotes y los ancianos buscaban a Jesús "para darle muerte" (27:20; NVI: "ejecutar a Jesús"). Esta persecución inicial de Jesús por parte de Herodes y los dirigentes religiosos guarda un paralelismo con los últimos días de Jesús en Jerusalén, donde los dirigentes políticos y religiosos se esfuerzan por eliminar la amenaza de Jesús a su poder (*cf.* Hagner, *Matthew 1–13*, 35; Davies y Allison, *Matthew*, 1:260).

ministerio de la vida de Jesús da cumplimiento a la profecía veterotestamentaria colectiva de una justicia histórico-salvífica.

(2) En otros casos, "cumplir" puede indicar que Jesús lleva a su pleno cumplimiento el verdadero sentido de la Escritura del Antiguo Testamento, como por ejemplo en el caso de su impresionante declaración en el Sermón del Monte: "No piensen que he venido a anular la ley o los profetas; no he venido a anularlos sino a darles cumplimiento" (ver comentarios sobre 5:17-20).

(3) En otros casos, cuando Mateo habla de "cumplir" puede aludir a que la vida y ministerio terrenal de Jesús se correspondían en un sentido analógico o tipológico con ciertos aspectos de la historia nacional de Israel (algunos dicen que los recapitulaban o repetían). Esto es, al parecer, lo que Mateo tiene en mente cuando cita las palabras del profeta Oseas, "de Egipto llamé a mi hijo" (2:15; ver también, 2:17-18).[2] En el contexto de su profecía, Oseas narra de nuevo que, en el Éxodo, Dios sacó fielmente a Israel de Egipto.[3] El punto de comparación de Mateo es la solidaridad colectiva entre la nación de Israel como hija de Dios que fue rescatada y liberada por él, y Jesús como aquel que será manifestado como el "Hijo" de Dios por excelencia.[4] Jesús el Mesías no es únicamente "hijo de David, hijo de Abraham" (1:1), sino Hijo de Dios, lo cual apunta hacia la singular manera en que la voz del cielo declarará específicamente a Jesús como el hijo amado (3:17; 17:5), y en que Jesús se dirigirá a Dios como su Padre (26:39-42).

Por otra parte, los autores del Antiguo Testamento instaban constantemente a la nación de Israel a que miraran atrás a su redención por parte de Dios cuando les sacó de Egipto.[5] La Pascua anual era tanto un recordatorio como una promesa de que Dios había provisto un cordero expiatorio para su pueblo Israel. Cuando Mateo recuerda el relato de Oseas sobre el fiel rescate de que Israel fue objeto por parte de Dios cuando se encontraba en Egipto, está señalando que la infancia de Jesús se corresponde en un sentido analógico con la historia de Israel. La vida de Jesús es la consumación histórica del proceso de redención. Ninguna amenaza de ningún dirigente público puede frustrar este proceso. Jesús recapitula aquí la promesa a Israel en el sentido de que la redención es inminente. Como subraya Craig Blomberg:

2. Ver Tracy L. Howard, "The Use of Hosea 11:1 in Matthew 2:15: An Alternative Solution", *BibSac* 143 (octubre-diciembre 1986): 314-28, quien describe como "correspondencia analógica" el uso que Mateo hace de Oseas 11:1; es decir, para Howard, Mateo veía una analogía entre los acontecimientos de la nación que se describen en Oseas 11:1-2 y los que vivió el Mesías (2:13-15). Jesús es aquel que *actualiza* y *completa* todo lo que Dios quería para la nación (p. 322).
3. Mateo nos da tanto el origen y sujeto de la profecía mediante el uso de *hypo* ("lo que el Señor había dicho") como su agente inmediato, que expresa por medio de la preposición *dia* ("*por medio* del profeta"), como en 1:22.
4. Kaiser, *The Messiah in the Old Testament* (Grand Rapids: Zondervan, 1995), 35.
5. P. ej., Sal 78; 81; 105-6; Jer 2:6; 7:22-25; Ez 20:1-20; Mi 6:1-4.

> Mateo ve paralelismos tan sorprendentes en los patrones de las actividades de Dios en la historia que no pueden atribuirse a la mera coincidencia. Dios sacó de Egipto a la nación de Israel para inaugurar su pacto original con ellos y, del mismo modo, está nuevamente trayendo de Egipto al Mesías, cumplidor de las esperanzas de Israel, cuando se dispone a inaugurar su nuevo pacto.[6]

Mateo no pretende subrayar que Jesús sea un nuevo Moisés, sino que cumple la promesa de redención hecha a la nación de Israel e iniciada con el Éxodo y la Pascua.

La masacre de los niños de Belén (2:16-18)

Mateo vuelve a la situación de Belén para narrar los incidentes históricos que rodearon el horrible asesinato de los niños de esta localidad por parte de Herodes. Cuando el tetrarca se dio cuenta de que los sabios, entendiendo de algún modo sus verdaderas intenciones, habían huido, decidió tomar medidas dando muerte a cualquiera que supusiera un potencial peligro para su trono. Su pregunta anterior a los sabios sobre el tiempo en que apareció la estrella le permitió determinar con bastante exactitud cuándo nació el niño (2:7). Ordenó, pues, la muerte de todos los infantes nacidos en las inmediaciones de Belén dentro del periodo de dos años que había calculado. Teniendo en cuenta el tamaño del pueblo, se ha estimado que habría habido entre diez y treinta niños de estas edades.[7] Aunque no es un grupo tan numeroso como a menudo se ha presentado en las modernas reconstrucciones cinematográficas de este acontecimiento, sigue siendo una desgarradora pérdida para los habitantes de esta aldea.

No existen otros registros históricos de este incidente, lo cual no es sorprendente, si consideramos que en aquel tiempo Belén era una localidad rural un tanto pequeña. Los niños asesinados representaron una enorme pérdida para Belén, pero no fue un hecho particularmente destacado cuando lo consideramos junto a otros horribles acontecimientos protagonizados por Herodes en su infame trayectoria.

Mateo habla de la aflicción de Belén como un trágico recordatorio de la angustia antes experimentada en la historia de Israel, como cumplimiento de lo dicho "por el profeta Jeremías":[8]

---

6. Blomberg, *Matthew*, 67; ver también, Hagner, *Matthew 1–13*, 36; John H. Sailhamer, "Hosea 11:1 and Matthew 2:15", *WTJ* 63 (2001): 83-92.
7. Solo 123 hombres regresaron a Belén del exilio babilónico (Esd 2:21), y al parecer esta localidad no había pasado de ser una pequeña aldea de unos 1.000 habitantes cuando Jesús nació.
8. Puesto que en este caso Mateo solo nos da el agente inmediato de la profecía ("*por* el profeta") y no su origen (el Señor), como sí hace en 1:22 y 2:15, es posible que quiera evitar que sus lectores puedan, de algún modo, entender equivocadamente que Dios sea el responsable de esta gran maldad; la culpa de estos actos horribles es directamente de

Se oye un grito en Ramá,
    llanto y gran lamentación;
es Raquel, que llora por sus hijos
    y no quiere ser consolada;
¡sus hijos ya no existen! (Mt 2:18; *cf.* Jer 31:15)

Siglos antes, el ejército de Nabucodonosor había reunido a los cautivos de Judá en el pueblo de Ramá antes de trasladarlos, exiliados, a Babilonia (Jer 40:1-2). Jeremías describe a Raquel, que personifica a las madres de Israel, llorando la muerte de sus hijos cuando estos son llevados a su destino. Raquel no encuentra consuelo, ya que, al ser llevados a otra tierra, "ya no existen", es decir, no son ya una nación y se les considera como muertos. Sin embargo, aun cuando Jeremías pronuncia esta horrible lamentación sobre el Israel del exilio, le ofrece también una palabra de consuelo de parte de Dios: tienen un futuro esperanzador, porque Dios devolverá a los hijos de Raquel a su tierra (31:16-17) y el próximo establecimiento del nuevo pacto con Israel vendrá con alegría mesiánica (31:31-34).

El uso que hace Mateo de la narración de Jeremías se parece al que ha hecho antes citando al profeta Miqueas (*cf.* 2:15). No es un caso de cumplimiento en el sentido de predicción-consumación (ver comentarios sobre 1:23; 2:6, 13-15), sino de correspondencia analógica. Del mismo modo que Herodes intenta eliminar al recién nacido rey de los judíos, los acontecimientos de la vida terrenal de Jesús se corresponden analógicamente con el anterior intento de erradicar al pueblo escogido de Dios por parte de un poder extranjero. Pero con el nacimiento de Jesús llega también la consolación prometida a los judíos llevados al exilio.

En Belén, la nación de Israel experimenta una vez más angustia y sufrimiento, pero la anterior promesa se hará ahora realidad. Raquel había muerto en Zelzá, cerca de Ramá, y allí fue sepultada, mientras se dirigía a Belén.[9] Mateo relaciona el lugar de la deportación con el de la masacre, donde, en ambos casos, las fuerzas extranjeras intentaron erradicar el plan salvífico de Dios destruyendo al pueblo escogido de Israel y al Mesías. Pero "el poder de Dios es mayor que el de las fuerzas que infligen dolor",[10] de modo que, con la soberana protección del infante Mesías por parte de Dios, él lleva a sus últimas consecuencias la experiencia del llanto tanto en el exilio como en Belén. El prometido libertador mesiánico ha venido para inaugurar el nuevo pacto prometido por Jeremías (Jer 31:31-35).[11]

Herodes; ver Michael Knowles, *Jeremiah in Matthew's Gospel: The Rejected-Prophet Motif in Matthean Redaction* (JSNTSup 68; Sheffield: Sheffield Academic Press, 1993), 15, 33-52.

9. Gn 35:19; 48:7; *cf.* 1S 10:2. Una tradición posterior confundió estas referencias tomándolas como una implicación de que Belén era el emplazamiento del sepulcro de Raquel; ver Gordon J. Wenham, *Genesis* 16-50, 327.
10. Bob Becking, "'A Voice Was Heard in Ramah.' Some Remarks on Structure and Meaning of Jeremiah 31,15-17", *BZ* 38 (1994): 242.
11. Ver *Ibíd.*, 229-42; ver también Willis, "Matthew's Birth Stories", 43-45.

Muerte de Herodes (2:19)

No mucho después de ordenar la espeluznante matanza de Belén, Herodes contrajo una dolorosa enfermedad que acabaría con su vida (ver la sección Construyendo Puentes). Murió con sesenta y nueve años en su palacio de Jericó, en marzo del año 4 A.C.[12] Había ordenado que, cuando se produjera su muerte, se ejecutara a un gran número de judíos influyentes para que en el pueblo hubiera lamento y no alegría. La orden fue, sin embargo, revocada por su hermana Salomé.[13] Una larga comitiva fúnebre de dignatarios imperiales y unidades militares desfilaron con el cadáver de Herodes en un féretro de oro tachonado con piedras preciosas hasta el lugar donde fue sepultado (cerca del Herodión).

Después de cambiar su testamento al menos siete veces, Herodes decidió finalmente dividir el reino entre tres de los hijos que le quedaban, Arquelao, Herodes Antipas y Herodes Filipo.[14] A la muerte de Herodes, Arquelao tenía diecinueve años. Este era hijo de Malthace y le sucedió en el trono sobre Judea, Samaria e Idumea (*cf.* 2:22). Reinó desde el año 4 A.C. hasta el 6 A.D. y pronto demostró la misma crueldad que había caracterizado el reinado de su predecesor. Tras la muerte de su padre, durante la Pascua, Arquelao respondió de manera desproporcionada a un alzamiento que se produjo en el templo enviando tropas de infantería y caballería que mataron a unos tres mil peregrinos.[15] Su crueldad hizo temer a César Augusto un alzamiento del pueblo, de modo que depuso a Arquelao y lo desterró a las Galias en el año 6 A.D. A partir de entonces, el gobierno de Judea se puso en manos de gobernantes romanos llamados prefectos, uno de los cuales fue Poncio Pilato (26-36 A.D.; Lc 3:1; 23:1).

Herodes Antipas, hermano menor de Arquelao por parte de Malthace, tenía diecisiete años y se convirtió en tetrarca de Galilea y Perea; reinó entre el año 4 A.C. y el 39 A.D. (*cf.* Mt 14:1-12; Lc 23:6-12). De entre los hijos de Herodes, Antipas es el que recibe más prominencia en el Nuevo Testamento, ya que gobernó la región donde Jesús desarrolló su ministerio principal. Su mayor infamia fue su ejecución de Juan el Bautista por criticar su escandaloso matrimonio con la esposa de su medio hermano (ver comentarios sobre Mt 14:1-12) y su interpelación a Jesús antes de su crucifixión (*cf.* Lc 23:6-12).

Regreso de la familia a Nazaret (2:19-23)

Tras la muerte de Herodes el Grande, el ángel se aparece de nuevo a José en un sueño. Este es el cuarto de cinco sueños consignados en la narración de los dos

12. Para una extensa exposición sobre la fecha de la muerte de Herodes, ver Harold W. Hoehner, *Chronological Aspects of the Life of Christ* (Grand Rapids: Zondervan 1977), 11-27.
13. Ver Josefo, *Ant.* 17:174-79, 193.
14. Ver *Ibíd.*, 17:188-89.
15. *Ibíd.*, 17:213–18; ídem, *Guerras de los Judíos* 2.6.2 §§88-90.

primeros capítulos y el tercero de cuatro diálogos entre José y un ángel. El ángel instruye a José para que lleve al niño y a la madre de vuelta a Israel, por cuanto la amenaza de Herodes ha terminado. Posiblemente, el plural "los que amenazaban con quitarle la vida al niño" es otra referencia a la culpabilidad de los dirigentes judíos de Jerusalén, cuya zona de influencia se vería amenazada, igual que la de Herodes, con la aparición de un nuevo rey de los judíos (*cf.* 2:3).[16]

Probablemente, la familia no se quedó en Egipto más de un año. Cuando oye que Arquelao, el hijo de Herodes, está gobernando Judea en lugar de su padre, José es advertido por Dios en otro sueño para que no regrese a Belén. La familia se desvía, pues, hacia Nazaret, en la región de Galilea gobernada por Herodes Antipas. En Nazaret, los padres crían a Jesús, lejos de las maquinaciones políticas de Jerusalén.

Nazaret estaba ubicada en los montes de la baja Galilea, en una elevación de unos 400 metros, a medio camino entre el Mediterráneo y el mar de Galilea. En el tiempo de Jesús, Nazaret no era una localidad estratégica desde un punto de vista político, militar o religioso. En aquel momento, tenía posiblemente una reducida población de unas 500 personas.[17] Un paseo de diez minutos hasta un cerro situado al norte de Nazaret ofrecía una magnificente vista de las rutas comerciales que discurrían por el valle, unos 300 metros por debajo, y de la ciudad de Séforis, capital de Herodes Antipas.

Milagrosamente protegido y guiado, Jesús crecerá en Nazaret y "lo llamarán nazareno". En este punto, varios elementos nos llaman la atención. (1) La observación más obvia es que Mateo identifica a Jesús como aquel que venía del pueblo llamado Nazaret. En la antigüedad no se usaban apellidos, por lo cual a la gente se la identificaba de otras formas. Puesto que el nombre de Jesús era muy común, se le diferenciaba de otros hombres con el mismo nombre mediante expresiones como "Jesús, el hijo del carpintero" o "Jesús de Nazaret". El término "nazareno" (*Nazoraios*) deriva de "Nazaret" (*Nazaret*) para aludir a una persona procedente de aquel pueblo. Mateo utiliza indistintamente las expresiones "Jesús de Nazaret" y "Jesús el nazareno" para aludir al pueblo donde creció Jesús (ver 21:11; 26:71).[18]

16. Walker, *Jesus and the Holy City*, 33-34. Wallace (*Greek Grammar*, 403-5) y Turner (Syntax, 25-26; BDF, par. 141) resuelve la dificultad desde un acercamiento gramatical sugiriendo que se trata de un ejemplo de "plural categórico", en que el plural se utiliza para desviar la atención del actor (aquí Herodes) y trasladarla a la acción (aquí, que la vida del niño ya no está en peligro y puede por tanto regresar con seguridad a Israel).
17. James F. Strange, "Nazareth (Place)", *ABD*, 4:1050-51.
18. Ver también Mr 1:24-45; 10:47; Lc 4:34; 18:37; Jn 18:5, 7; 19:19; Hch 2:22; 3:6; 4:10; 6:14; 22:8; 26:9). Los seguidores de Jesús fueron después identificados como la "secta de los nazarenos" (Hch 24:5) para señalarlos como seguidores de Jesús, que era de Nazaret. Ver H. H. Schaeder, "Ναζαρηνός Ναζωραῖος", *TDNT*, 4:874-79.

(2) El juego de palabras de Mateo pretende sugerir un significado más profundo, puesto que al llamar "nazareno" a Jesús "se cumplió lo dicho por los profetas". Puesto que no hay ninguna profecía veterotestamentaria con esta fraseología, Mateo pretende que esta expresión sea una forma de discurso indirecto. Su referencia alude aquí a varias profecías del Antiguo Testamento relacionadas con el juego de palabras que suscitan los términos "Nazaret/nazareno".

(a) Una sugerencia se basa en la relación entre "Nazaret" y el término arameo para "voto" (*nezer*) y sugiere que los fundadores del pueblo eran miembros de una secta religiosa cuyas prácticas giraban en torno a los votos, como el voto nazareo de separación ascética que encontramos en Números 6:1-21: abstinencia de bebidas fuertes, no cortarse el pelo y evitar el contacto con cadáveres. Este punto de vista sugiere, por otra parte, que, puesto que en la Septuaginta la expresión "nazareo de Dios" se utilizaba como sinónima de "santo de Dios" (*cf.* Jue 13:7; 16:17), la palabra "nazareno" estaría relacionada con "nazareo" (*nazir*) y ello indicaría que Jesús era un nazareo, una especie de segundo Sansón (*cf.* Nm 6:1-21 con Jue 13:5, 7; 16:17). En este caso, Mateo podría estar subrayando que, como "santo de Dios", Jesús hizo ciertos votos (*cf.* Mr 1:24). Era un hombre puro y santo.[19]

Pero el retrato de Jesús que trazan los Evangelios no concuerda con el de un nazareo. Juan el Bautista encajaba más que Jesús con este perfil. Jesús reprendió a Israel por rechazar a Juan considerándole un asceta. Por otra parte, Israel rechazó a Jesús por ser "un glotón y un borracho, amigo de recaudadores de impuestos y de pecadores" (11:16-19). Jesús habría violado el voto cuando bebió vino y tocó a los muertos para resucitarlos (9:23-26).[20]

(b) Una sugerencia más probable es que Nazaret fuera inicialmente establecida por personas de la línea de David, que pusieron al asentamiento un nombre deliberadamente mesiánico, relacionando la fundación del pueblo con la esperanza del futuro *neṣer* ("vástago") de Isaías 11:1:

> Del tronco de Isaí brotará un retoño;
> un vástago [*neṣer*] nacerá de sus raíces.

La profecía de Isaías 11:1-5 era uno de los textos más populares del mesianismo davídico del judaísmo temprano;[21] no es, pues, improbable que un grupo que regresaba del exilio para establecer una nueva aldea le hubiera puesto un nombre que reflejaba esta esperanza.[22] Al remanente creyente de Israel también

19. Ver Brown, *Birth of the Messiah*, 210-13; Davies y Allison, *Matthew*, 1:276-77.
20. Ver Hagner, *Matthew 1–13*, 41.
21. Richard Bauckham, "The Messianic Interpretation of Isa. 10:34 in the Dead Sea Scrolls, 2 Baruch and the Preaching of John the Baptist", *DSD* 2 (1995): 202-16. Bauckham afirma que este es "el [texto] más popular" (p. 202).
22. Para una reconstrucción verosímil, ver Adrian M. Leske, "Isaiah and Matthew: The Prophetic Influence in the First Gospel", en *Jesus and the Suffering Servant: Isaiah 53*

se le llama el "vástago" (*neṣer*; NVI "retoño") en Isaías 60:21, demostrando la solidaridad del remanente con el prometido vástago de Isaías 11:1. El tema de un "vástago" o "retoño" mesiánico aflora también sorprendentemente en otros contextos veterotestamentarios, utilizando sinónimos de *neṣer*, como *semaḥ* ("brote, rama, cuerno"; p. ej., Sal 132:17; Is 4:2; 53:2; Jer 23:5; 33:15; Ez 29:21; Zac 3:8; 6:12), *ḥoṭer* ("vástago"; p. ej., Is 11:1) y *yoneq* ("planta joven") y *šoreš* ("raíz"; Is 53:2).

Aunque el término *neṣer* aparece únicamente en Isaías 11:1 y 60:21 con un sentido mesiánico, el concepto de vástago devino una importante designación para el Mesías en la literatura rabínica[23] y los tárgumes, y la comunidad de Qumrán lo interpretó también con un sentido mesiánico, de manera que la expresión "renuevo de David" se convirtió en una de las frases preferidas para aludir al esperado Mesías.[24] Es importante subrayar esta cuestión, puesto que el término para aludir al *neṣer* de Isaías 11:1 en la literatura de Qumrán es *semaḥ*, demostrando un uso directo equivalente de ambos términos. Esta expresión se usa también en relación con la promesa mesiánica de 2 Samuel 7:12-14,[25] la de Génesis 49:10,[26] que asegura la permanente presencia de un soberano de la tribu de Judá, y en otros contextos mesiánicos.[27]

Juntas, estas corrientes apuntan a un tema veterotestamentario importante y reconocible de un renuevo mesiánico de la línea de David, que traería liberación

---

and Christian Origins, ed. W. H. Bellinger Jr. y W R. Farmer (Harrisburg, Pa.: Trinity Press International, 1998), 162-63, y Rainer Riesner, "Archeology and Geography", *DJG*, 36.

23. Obsérvese, por ejemplo, las Dieciocho Bendiciones que se recitaban en la sinagoga: "Haz que el Vástago de David tu siervo retoñe prestamente, y que su cuerno sea exaltado por tu salvación" (Ben. 15 [14]).
24. P. ej., 4Q Manuscrito de la Guerra 5:3-4: "El Vástago de David. Entonces [todas las fuerzas de Belial] serán juzgadas" y "el príncipe de la congregación, el Vástago [de David] le dará muerte". Ver también, 4Q Pesher[a] Isaías 3:18 (4Q161 [4QpIsa[a]]): "La interpretación de esta palabra tiene que ver con un renuevo de David que retoñará en los últimos días".
25. "Este se refiere al 'vástago de David', quien surgirá con el intérprete de la ley que se levantará en Sión en los últimos días" (4QFlorilegium [4Q174] 10-12).
26. 4Q Pesher de Génesis 5:1-5 (4Q252[4QpGen[a]]).
27. Las alusiones a un renuevo o vástago describiendo una era mesiánica se encuentran en 1QHa 14:15; 15:19; 16:5-10 [= 1QH[a] 6:15; 7:19; 8:5-10] y 4Q Pesher[a] Isaías 3:15-26 (4Q161[4QpIsa[a]]. Quienes estén interesados en generalidades sobre el mesianismo en la literatura de Qumrán, pueden ver Marinus de Jonge, "Messiah", *ABD*, 4:777-88; Craig A. Evans, "Messianism", *DNTB*, 700-703; y Lawrence H. Schiffman, "Messianic Figures and Ideas in the Qumran Scrolls", *The Messiah: Developments in Earliest Judaism and Christianity*, ed. James H. Charlesworth (Minneapolis: Fortress, 1992), 116-29. Los textos de Qumrán citados proceden de Florentino García Martínez, *The Dead Sea Scrolls Translated: The Qumran Texts in English*, 2ª ed., trad. de Wilfred G. E. Watson (Grand Rapids: Eerdmans, 1992), del original en español *Textos de Qumrán* (Madrid: Trotta, 2009).

a Israel. El discurso indirecto que supone la alusión de Mateo a "los profetas" le permite recurrir tanto a la profecía del *neṣer* en Isaías 11:1 como a la esencia de varias predicciones del Antiguo Testamento relacionadas con el juego de palabras suscitado por el tema del "vástago". Aparentemente, los fundadores de Nazaret eran miembros de un movimiento que se identificaba con esta tradición profética. Estos esperaban al "vástago" mesiánico (Is 11:1) y encarnaban el papel de los fieles de Israel como "el retoño plantado por mí mismo" (60:21). Este contenido mesiánico debería, a su vez, relacionarse con el anuncio de la concepción de Jesús como el Emanuel de Isaías 7:14.[28]

(c) Mateo utiliza también el término "nazareno" como una expresión coloquial o idiomática para aludir a un individuo de una zona remota y despreciada. Este autor traza una conexión entre la relación divinamente dispuesta de Jesús con Nazaret y varios profetas del Antiguo Testamento que predecían que el Mesías sería despreciado (ver, p. ej., Sal 22:6-8, 13; 69:8, 20-21; Is 11:1; 49:7; Dn 9:26). Este tema culmina en Isaías 53:2, especialmente con el contraste del poderoso vástago que se hace objeto de oprobio:

> Creció en su presencia como vástago [*yoneq*] tierno,
> como raíz [*sores*] de tierra seca.
> No había en él belleza ni majestad alguna;
> su aspecto no era atractivo y nada en su apariencia lo hacía deseable.

La relativamente humilde Nazaret, en comparación con Jerusalén o incluso con Belén, se convierte en la ciudad de residencia del Mesías. La narración de la infancia ha llevado a este tema. Este Mesías no vino con pomposidad o alarde de su gloria, sino que nació en la relativa oscuridad de Belén. Él y su familia huyeron a Egipto de noche, en una muestra de su impotencia y humildad, y su llegada a la historia estuvo rodeada de dolor y aflicción cuando los niños de Belén fueron masacrados. Ni siquiera crecería en Belén con sus connotaciones davídicas, sino en el pueblo todavía más oscuro de Nazaret. Natanael expresó la opinión popular cuando preguntó, "¡De Nazaret! [...] ¿Acaso de allí puede salir algo bueno?" (Jn 1:45-46). Mateo vuelve constantemente al tema de la modestia y discreción de Jesús (Mt 8:20; 11:16-19; 15:7-8) que le relacionan con el cumplimiento de las profecías del Antiguo Testamento en el sentido de que el Mesías sería despreciado. La referencia sistemática a Jesús el nazareno supone un cierto matiz negativo como expresión de burla y desprecio. Estas burlas se dirigieron también a los seguidores de Jesús cuando se les ridiculizó como miembros de "la secta de los nazarenos" (Hch 24:5).

(3) La reflexión de Mateo sobre los primeros años de vida de Jesús pretende por tanto, ayudar a sus lectores a que vean un doble sentido en la expresión "Jesús el nazareno". Por una parte, Jesús es el cumplimiento de la esperanza del

---

28. Ver exposición en Brown, *Birth of the Messiah*, 211-13, 217-19; Hagner, *Matthew 1–13*, 41; Davies y Allison, *Matthew*, 1:277–79.

neṣer mesiánico: el "vástago" del linaje de David. Por otra, su relación con la humilde ciudad de Nazaret muestra que el Mesías no viene en gloria, sino en un entorno humilde. Como vástago de la descendencia real, Jesús sería "derribado y convertido en un tocón y crecería en un entorno que le garantizaría granjearse las burlas".[29] Utilizada por sus seguidores, la expresión "Jesús el nazareno" denotaba fe en él como libertador mesiánico (Hch 2:22; 3:6; 10:38), pero en boca de sus enemigos era un título de oprobio que pretendía negar su identidad mesiánica (Mt 26:71; Mr 14:67).

Mateo no dice nada sobre los años que Jesús vivió en Nazaret. Recientes hallazgos arqueológicos pueden responder algunas preguntas sobre cómo habría sido la vida durante aquellos años. La educación se valoraba mucho en el pueblo de Israel, incluso entre los más pobres, de manera que la mayoría de los niños recibían una escolarización básica que les permitía aprender a leer y escribir. La educación judía se orientaba hacia el aprendizaje de las Escrituras del Antiguo Testamento y, probablemente, también hacia expresiones locales del judaísmo. Especialmente en las zonas rurales, la asistencia a la sinagoga influenciaba los valores, las prácticas y la cosmovisión de los niños.

Jesús habría recibido también formación en el oficio de su padre: la carpintería (ver comentarios sobre 13:55), y en otras cuestiones necesarias para preparar a un joven para las responsabilidades de la vida adulta, como cuidar de las tierras familiares. Es posible que Jesús hubiera tenido que asumir responsabilidades de adultos a edad temprana, ya que, probablemente, José habría muerto en algún momento entre el viaje a Jerusalén cuando él tenía doce años (Lc 2:41-51) y el comienzo de su ministerio público a los treinta (Lc 3:23).[30] La pérdida de un padre era una experiencia muy dura para su familia, porque añadía más cargas y expectativas sobre el resto de ella (ver comentarios sobre 12:46-50; 13:55-58).

Jesús creció en una atmósfera multicultural en que se hablaban varios idiomas. Todos los Evangelios consignan en griego la vida y enseñanzas de Jesús (este era el idioma comercial del Imperio romano), pero el idioma común de los judíos en Galilea era el arameo. En los Evangelios se han introducido algunas frases de Jesús en arameo.[31] Los judíos devotos también conocían al menos una cierta forma de hebreo vernáculo y literario, como pone de relieve el hecho de que Jesús leyera las Escrituras hebreas en la sinagoga de Nazaret (Lc 4:16-20). El pueblo común hablaba también un poco de latín, que era el idioma del personal militar

29. Carson, "Matthew", 97.
30. A María y los hermanos de Jesús se les menciona durante su ministerio (p. ej., 12:46-50; 13:55-58; *cf.* Hch 1:14), pero no se menciona a José ni se sugiere que no esté vivo. Teniendo en cuenta que Mateo concede gran atención al papel de José a lo largo de los caps. 1–2, cabría esperar que le mencionara en su Evangelio si todavía estuviera vivo.
31. P. ej., *raca* (prob. "necio"; Mt. 5:22), *cefas* ("roca", Jn 1:42; *cf.* Mt 16:18), *Talitha koum* ("Niña, a ti te digo, ¡levántate!"; Mr 5:41), *Abba* ("padre"; Mr 14:36), *Eloi, Eloi, lama sabactani* ("Dios mío, Dios mío, ¿por qué me has desamparado?" Mt 27:46; *cf.* Mr 15:34).

romano. Por ejemplo, en el rótulo que Pilato clavó en la cruz de Jesús, uno de los títulos estaba en latín (Jn 19:20). Como otras personas con una proyección pública de la región de Galilea, Jesús era muy probablemente multilingüe.[32]

En resumidas cuentas, el cuadro de Jesús en Mateo 1–2 representa un insondable equilibrio de elementos humanos y divinos. Jesús tiene una ascendencia humana, pero su concepción y nacimiento son sobrenaturales. Nace en circunstancias muy humanas, pero estas son dirigidas de manera sobrenatural. Aunque el desarrollo humano de Jesús fue similar al de otros jóvenes de su tiempo, Mateo ha puesto ya de relieve el carácter único de su naturaleza divina como Emanuel, "Dios con nosotros".[33] Sin embargo, ninguno de los evangelistas separa las naturalezas humana y divina de Jesús. Ambas forman parte del mismo hombre, Jesús de Nazaret, el Mesías, cuyo ministerio público se convierte en el interés fundamental de los siguientes capítulos de Mateo.

Construyendo Puentes

El retrato de Jesús que traza Mateo. En el primer capítulo de su relato, Mateo ha introducido un tema que se convierte en una de las principales características del capítulo 2, a saber, la "fórmula de cumplimiento" (p. ej., 2:14). En su relato de los detalles históricos de la vida terrenal de Jesús, este mira más allá de las Escrituras del Antiguo Testamento y declara a sus lectores que la vida de Jesús cumple antiguos pronunciamientos proféticos. Este tema es una importante clave para entender el propósito de Mateo al escribir su Evangelio. Este pasa de la profecía predictiva directa a la correspondencia analógica (o tipológica) para demostrar que Jesús cumple las profecías del Antiguo Testamento. La suma de ambas fórmulas ofrece una imagen más completa de Jesús como anticipado Mesías de Israel.

(1) La primera aparición de la fórmula de cumplimiento apunta a la concepción y nacimiento de Jesús, que cumplen la profecía de que el libertador mesiánico nacería de una virgen. Al niño se le llamará Emanuel, lo cual prepara a los lectores de Mateo para la verdad encarnacional garantizada en el nacimiento del niño Jesús en el sentido de que "Dios [está] con nosotros" (1:22-23; *cf.* Is 7:14).

32. Para una buena perspectiva general apoyando la potencial capacidad multilingüe de Jesús, ver Michael O. Wise, "Languages of Palestine", *DJG*, 434-44; F. F. Bruce, "Latin", *ABD*, 4:220-22; Stanley E. Porter, "Jesus and the Use of Greek in Galilee", en *Studying the Historical Jesus: Evaluations of the State of Current Research*, ed. Bruce Chilton and Craig A. Evans (NTTS 19; Leiden: Brill, 1994), 123-54.

33. Lucas acentúa también este elemento por medio de un suceso de la infancia de Jesús que muestra una temprana percepción de su singular relación con Dios como "mi Padre" (Lc 2:39-50).

(2) Con el nacimiento de Jesús en Belén de Judea se cumple la profecía predictiva del Mesías que anunciaba su alumbramiento en la antigua ciudad de David para gobernar y pastorear al pueblo de Israel (2:6; *cf.* 2S 5:2; Mi 5:2).

(3) Jesús cumple en sentido analógico/tipológico la correspondencia entre Israel como Hijo de Dios rescatado y liberado de Egipto por él y Jesús que experimenta la protección de Dios en su viaje de ida y vuelta a Egipto como Hijo (2:15; Os 11:1). El pacto con Israel iniciado con la Pascua y el Éxodo se cumple ahora con la llegada de Jesús para inaugurar el nuevo pacto.

(4) Los acontecimientos de la vida de Jesús cumplen en un sentido analógico/tipológico la correspondencia entre las madres de Israel que se lamentan por sus hijos llevados cautivos al exilio babilónico y las de Belén que lloran a sus pequeños injustamente asesinados. Los intentos de Herodes de eliminar al recién nacido rey de los judíos se corresponden analógicamente con el anterior intento de aniquilar al pueblo escogido de Dios por parte de un poder extranjero, pero con la venida de Jesús llega también el consuelo prometido al Israel que fue enviado al exilio babilónico (2:17-18; Jer 31:15).

(5) Finalmente, las raíces de Jesús en Nazaret apuntan hacia su identidad como aquel que cumple tanto la directa profecía del vástago mesiánico, un rey de la línea de David que juzgará con justicia y destruirá la tierra con la vara de su boca (2:23; *cf.* Is 11:1-5; también Jer 23:5), como la directa profecía mesiánica del siervo sufriente y despreciado (Mt 2:23; *cf.* Is 52–53).

Mateo traza una atrevida imagen de Jesús que une distintas corrientes de profecía a partir del Antiguo Testamento y que en su conjunto deslegitima las sectarias expectativas que bullen dentro de Israel. Jesús está a la altura de cualquiera de tales expectativas, pero, siendo la encarnación misma de Dios que ha venido para ser su Rey, va mucho más allá de ellas.

¿Historia profetizada o profecía convertida en historia? Algunos críticos de nuestro tiempo acusan a Mateo de relatar la vida de Jesús manipulando caprichosamente los hechos para que encajen con lo que los profetas habían dicho. Sostienen que Mateo se inventó los detalles o manipuló directamente los hechos de la vida de Jesús para que estos parecieran cumplir las profecías del Antiguo Testamento sobre la venida del Mesías. Algunos proponen, por ejemplo, que Mateo, que escribía para una audiencia judía, construyó deliberadamente un relato sobre la vida de Jesús que cumpliera profecías como su nacimiento de una virgen en Belén, su viaje a Egipto o su crianza en Nazaret.[34] ¿Qué podemos decir a esto? ¿Escribió Mateo un riguroso relato de acontecimientos que sucedieron realmente en la historia y que cumplieron antiguas profecías o creó él mismo los relatos sobre Jesús para que parecieran el cumplimiento de tales profecías?

---

34. P. ej, John Dominic Crossan, *Jesus: A Revolutionary Biography* (San Francisco: HarperSanFrancisco, 1994), 15-21.

Yo afirmo lo primero: Mateo consignó escrupulosamente lo que sucedió en la vida y ministerio de Jesús, y tales acontecimientos fueron el milagroso cumplimiento de las antiguas profecías sobre el futuro Mesías. Los eruditos evangélicos han respondido satisfactoriamente a las acusaciones de los críticos siguiendo cuatro líneas básicas.[35]

(1) La creación de relatos históricos falsos para demostrar el cumplimiento de una profecía no es un elemento característico de la historia de la interpretación judía. Como escritor judío, Mateo no tenía precedentes de una práctica que representaba un flagrante desprecio de la interpretación judía de las profecías veterotestamentarias. Por otra parte, el evangelista habría sido objeto de intensas críticas por parte de la comunidad interpretativa judía por la falsificación de las profecías.

(2) Los apóstoles, y entre ellos Mateo, estaban tan cautivados por la realidad de Jesús como Mesías que estuvieron dispuestos a ser perseguidos por los judíos, y la mayoría de ellos acabaron pagando con sus vidas su compromiso con Jesús. Probablemente no habrían estado dispuestos a sufrir por una mentira sobre alguien que realmente no era el Mesías.

(3) Durante la redacción y circulación de los Evangelios, quedaban todavía muchas personas que habían presenciado personalmente los acontecimientos de la vida de Jesús. Tales personas habrían confrontado a Mateo con su ficción. Pero no tenemos noticia de esta clase de acusación contra Mateo, no hay constancia de ella en ningún documento antiguo.

(4) Los propios judíos habrían utilizado cualquier supuesta invención como una forma de desacreditar las afirmaciones de que Jesús era el Mesías. Si Jesús no hubiera nacido en Belén, o si su reivindicación de ser el Mesías no estuviera en línea con las profecías del Antiguo Testamento, los judíos que conocían los detalles habrían negado sin titubear su realidad. Sin embargo, no se conoce ninguna acusación de este tipo, ni siquiera del Talmud, que en algunos lugares

35. Para una refutación de la acusación en el sentido de que Mateo era un imaginativo intérprete midrásico, ver R. T. France, "Scripture, Tradition and History in the Infancy Narratives of Matthew", *Gospel Perspectives*, Volume II: *Studies of History and Tradition in the Four Gospels*, ed. R. T. France and David Wenham (Sheffield: JSOT Press, 1981), 239-66; Charles L. Quarles, "Midrash as Creative Historiography: Portrait of a Misnomer", *JETS* 39 (1996): 457-64; ídem, "The Protoevangelium of James as an Alleged Parallel to Creative Historiography in the Synoptic Birth Narratives", *BBR* 8 (1998): 139-49; Craig Blomberg, *The Historical Reliability of the Gospels* (Downers Grove, Ill.: InterVarsity Press, 1987), 43-53. Quienes deseen considerar una perspectiva general de las profecías del Antiguo Testamento y su cumplimiento en Jesús pueden ver Kaiser, *The Messiah in the Old Testament*, 13-35, 231-35, y pássim. Quienes estén interesados en una perspectiva general de esta cuestión en lenguaje sencillo pueden ver la entrevista a Louis: S. Lapides, "The Fingerprint Evidence: Did Jesus—and Jesus Alone—Match the Identity of the Messiah?" en Lee Strobel, *El caso de Cristo* (Miami: Vida, 2000), pp. 171-87 de la edición en inglés.

habla peyorativamente de Jesús y sus seguidores, pero que nunca les acusa de falsificar la vida de Jesús para hacerla encajar en las profecías mesiánicas.

Muerte de Herodes el Grande. La forma en que Mateo consigna la muerte de Herodes es otra incisiva clave del modo en que ha decidido plasmar la vida y ministerio de Jesús el Mesías. Mientras que Josefo ofrece una gráfica descripción de la muerte de Herodes,[36] subrayando principalmente que Dios estaba castigándole por su perversa conducta e impiedad, Mateo se limita a declarar que Herodes murió, de modo que el ángel del Señor llevó a José, María y Jesús a regresar de Egipto. Su consignación de la muerte de Herodes no es, por tanto, sino otro incidente que explica la guía divina de la vida del Mesías.

Puede que Mateo tuviera pensamientos parecidos a los de Josefo sobre la divina retribución de Herodes por la repugnancia de su sanguinaria conducta. Sin embargo, no los expresa abiertamente. Se concentra exclusivamente en los acontecimientos de la vida de Jesús y en la forma en que estos cumplieron las profecías mesiánicas del Antiguo Testamento. Su breve referencia a la muerte de Herodes solo sirve para subrayar la soberanía de Dios en la protección del pequeño Jesús para que pudiera volver a su tierra y ser criado en preparación de su futura tarea de proclamar el Evangelio del reino de Dios (*cf.* 4:23).

Los calendarios modernos y la fecha del nacimiento de Jesús. La primera vez que un cristiano oye que Jesús nació probablemente entre los años 6 y 4 A.C., se siente perplejo. ¿No asumen, acaso, los calendarios occidentales que el nacimiento de Jesús se produjo en el año 1 A.C.? ¿Podría esto significar que nuestros registros del Nuevo Testamento son erróneos? Un poco de investigación nos ayuda a ver que la discrepancia no surge del texto bíblico, sino de los intentos en siglos posteriores de establecer una fecha para el nacimiento de Jesús.

Los calendarios modernos inician la era presente, llamada a menudo "era cristiana", con el nacimiento de Jesús. Las fechas tras su nacimiento se designan con las iniciales A.D. ("año del Señor") y las anteriores a su nacimiento con las siglas A.C. ("antes de Cristo").[37]

La primera persona que desarrolló este sistema fue el monje cristiano Dionisio el Exiguo en el año 525 A.C. Antes de él, los romanos habían desarrollado el sistema de datación utilizado por todo el mundo occidental, utilizando la expresión "AUC" (*ab urbe condita,* "desde la fundación de la ciudad [de Roma]", o *anno urbis conditae* ", en el año de la fundación de la ciudad"). Dionisio creía más reverente que el punto de referencia del calendario fuera el nacimiento de Jesús y no la fundación de Roma. Por tanto, con los registros históricos de que disponía, Dionisio calculó que el nacimiento de Jesús tuvo lugar el día 25 de diciembre del

---

36. Josefo, *Ant.* 17:168-71 (*cf.* Nikos Kokkinos, "Herod's Horrid Death", *BAR* 28/2 [marzo-abril 2002]: 28-35, 62).

37. Por un asunto de sensibilidad a otras tradiciones religiosas, algunos utilizan ahora las expresiones E.C. ("Era Común") y A.E.C. ("antes de la Era Común").

año 753 AUC (i.e., aproximadamente 754 años después de la fundación de Roma). Esto situó el comienzo de la era cristiana en enero del año 1, 754 AUC (permitiendo un ajuste lunar), o bajo el nuevo cálculo, el día 1 de enero del año 1 A.D.

Sin embargo, Dionisio no tenía todos los datos históricos de que hoy disponen los eruditos para realizar una datación más exacta. Hoy sabemos que el rey Herodes murió en marzo/abril del año 750 AUC. Puesto que Mateo afirma que Jesús nació mientras Herodes seguía aún vivo, este habría nacido, según el calendario romano, entre los años 748-750 AUC., entre cuatro y seis años antes de los cálculos de Dionisio. Así, una datación más rigurosa del nacimiento de Jesús lo sitúa entre los años 4-6 A.C. Esto no tiene nada que ver con la exactitud de los datos bíblicos, sino solo con la precisión histórica del bienintencionado pero mal encaminado Dionisio el Exiguo.

Significado Contemporáneo

Jesús el Mesías vino al mundo para salvarlo, pero desde el principio recibió amenazas. No obstante, frente a las amenazadoras fuerzas del mundo, entra en acción el poder de Dios para proteger y dirigir la vida del niño Jesús y su familia. Dos ideas demandan aquí nuestra atención.

Será llamado nazareno. Aquel a quien se llama Jesús y que salvará a su pueblo de sus pecados, Emanuel, "Dios con nosotros", a quien se aclama como "rey de los judíos", es también el "nazareno". Así es como Mateo concluye su extraordinaria narración de la infancia de Jesús. Identificar a Jesús con este título supone un doble sentido con el que Mateo le presenta como cumplimiento de las contrapuestas profecías del vástago y el siervo. Jesús es el poderoso vástago redentor para Israel, pero también el despreciado Siervo Sufriente, que llevará nuestras enfermedades y será traspasado por nuestras transgresiones. "Nazareno" es un honroso título que señala a Jesús como el anhelado vástago mesiánico y redentor de Israel. Pero es también un título despectivo que le convierte para Israel en el despreciado Siervo Sufriente.

A nosotros se nos llama "cristianos". A los primeros cristianos, los judíos les llamaban "la secta de los nazarenos" (Hch 24:5), un nombre que expresaba el desprecio que tenían para los discípulos de Jesús. Pronto, los paganos comenzaron a llamar "cristianos" a los discípulos de Jesús, un nombre que tenía también un doble sentido. El Libro de los Hechos indica que en la gran metrópolis de Antioquía, con sus muchas sectas y religiones mistéricas enfrentadas, a aquellos que hablaban tan apasionadamente de ser discípulos del *Christos* pronto se les llamó *Christianoi*, "pueblo de Cristo". Pero llevar el nombre de "cristiano" suponía llevar un distintivo de oprobio (Hch 26:28).[38] Pedro intenta afirmar la

38. Agripa hablaba en tono burlón cuando le dijo a Pablo: "Un poco más y me convences a hacerme cristiano".

determinación de la iglesia perseguida diciendo que, cuando los paganos les traten con hostilidad, el nombre de "cristiano" supone una insignia de honor (1P 4:16). A comienzos del siglo II, los oficiales romanos preguntaban a los acusados de creer en Jesucristo si eran o no "cristianos". Si aceptaban este nombre, los mataban (si eran ciudadanos romanos, los enviaban a Roma para ser juzgados).[39] En el tiempo en que la iglesia primitiva fue perseguida, el uso de este término era peligroso, porque permitía a los romanos saber claramente quiénes creían en un Dios que no era el emperador.[40]

La designación "nazareno" era para Jesús lo mismo que "cristiano" para sus seguidores, a saber, tanto un distintivo de honor como de burla y relacionado con la persecución. Para muchas personas de nuestro tiempo, llevar el nombre de "cristiano" es algo similar a lo que significó para la iglesia primitiva. En lugares como Indonesia, se incendian edificios por el mero hecho de ser lugares "cristianos" de adoración. En la China comunista, las personas van a la cárcel simplemente por poseer o distribuir literatura "cristiana". Y los cristianos del mundo occidental podemos hoy entender más fácilmente lo que es la persecución por ser cristiano ante el terrorismo radical islámico global.

Cuando Mark y Lara, dos de nuestros antiguos estudiantes, acabaron la universidad, se casaron y se unieron a una organización misionera internacional. Se formaron durante varios años para ser traductores de la Biblia y finalmente cumplieron su sueño de participar en un proyecto de traducción bíblica en un país mayoritariamente musulmán. Recientemente, un domingo por la mañana, mi esposa y yo nos despertamos con la noticia de que dos hombres habían entrado en una iglesia internacional de la ciudad donde viven Mark y Lara y habían arrojado varias granadas a los congregados. Las noticias eran imprecisas en un primer momento, pero se sabía que en el ataque habían muerto cinco personas, dos de las cuales eran estadounidenses. Al menos otras cuarenta personas habían sido heridas, entre ellas unos diez estadounidenses. Más adelante nos estremecimos al escuchar el nombre de Mark entre los heridos.

En el país donde viven Mark y Lara hay solo un dos por ciento de cristianos. Dicen que, en general, las personas son extraordinariamente bondadosas y serviciales con ellos. Sin embargo, algunos extremistas atacaron la iglesia solo porque era un templo "cristiano".

Uno o dos días después del incidente, algunos periodistas entrevistaron a Mark. Lara y sus dos pequeños estaban bien. Cuando le preguntaron si iban a abandonar el país, Mark dijo que tenían un plan alternativo para hacerlo si era necesario, pero que les gustaría quedarse. En un apasionante fragmento de la entrevista, Mark reconocía que, aunque le habían atacado *por ser cristiano*, le

39. Ver Plinio el Joven, *Cartas* 10.96.
40. Michael J. Wilkins, "Christian", *ABD*, 1:925-26.

gustaría quedarse, *por la misma razón*: "Soy cristiano —dijo—, y creo que mi seguridad está en las manos de Dios, no en las del hombre".[41]

Este es el ejemplo de Jesús, el nazareno, actuando en su vida. Hoy muchos de nosotros nos llamamos "cristianos" con relativa facilidad. Sin embargo, de distintas formas, este nombre nos indica honor y desprecio o sufrimiento. En el Evangelio de Mateo, ser discípulos de Jesús llegará a significar hacernos como él (10:24-25). Este es también el constante tema de los demás autores del Nuevo Testamento (p. ej., 2Co 3:18; 1P 2:21). Y, si nos hacemos como él, también nosotros llevaremos su nombre, con sus conexiones positivas y negativas.

Aunque la tortura y la persecución por ser cristianos parecen posibilidades muy remotas en la mayoría de nuestros mundos cotidianos, pueden llegar a sernos mucho más familiares de lo que pensamos. La creciente secularización de la cultura occidental no es un buen presagio para nosotros. Se disuade a los cristianos de censurar prácticas como la obscenidad, la pornografía y la homosexualidad, que la Escritura condena. En el nombre de "la libertad religiosa", muchas de las prácticas normales de la fe que en otro tiempo disfrutaba la iglesia —como las oraciones públicas o la representación de escenas de la Natividad en el periodo navideño— se han eliminado. Más que a asegurar la libertad religiosa, los propósitos de una buena parte de la política pública parecen ir encaminados a librarse *de* la religión.

No es accidental que Jesús creciera en Nazaret y fuera identificado con esta localidad, que recibió su nombre en reconocimiento de la esperanza del futuro "vástago" mesiánico de Isaías 11:1. Pero su relación con Nazaret significa además que Jesús no se identificó con la clase religiosa y política de Jerusalén. Jesús no formaba parte de los círculos del poder político, religioso o militar. La profecía que cumplió le relacionaba con una figura mesiánica procedente del pueblo, el "varón de dolores" despreciado, pero que era también el siervo mesiánico que justificaría a muchos y llevaría sus iniquidades (p. ej., Is 52:13–53:12). Aunque su sacrificio mesiánico es único, la encarnación de Jesús nos proporciona un ejemplo de humildad y disposición a servir que desafiará nuestros deseos egocéntricos de comodidad, fama, riqueza y gloria.

Por tanto, nuestro andar con Jesús en este mundo implicará alguna forma de sufrimiento por su nombre. Jesús sufrió cuando hacía el bien. Aunque la persecución marcó el destino de la iglesia desde sus días más tempranos, esta no ha apagado, sin embargo, su pasión por seguir a Jesús, sea cual sea el coste. Pablo le dice al joven pastor Timoteo: "Así mismo serán perseguidos todos los que quieran llevar una vida piadosa en Cristo Jesús" (2Ti 3:12).

José, el padre adoptivo. Una característica singular del Evangelio de Mateo es la manera tan significativa en que sobresale José, el padre terrenal de Jesús.

---

41. Por la seguridad de Mark y Lara, no he revelado su identidad, ubicación ni el periódico que publicó la entrevista.

Solo en este Evangelio tiene José alguna notoriedad. Así, junto con el enfoque cristológico del retrato de Jesús que surge de las narraciones de la infancia, es también lícito observar el papel de José para ver el significado contemporáneo de las lecciones que Mateo quiso transmitir a sus lectores.

La figura de José se muestra por primera vez en Nazaret, cuando el ángel se le aparece con el anuncio de la concepción milagrosa del bebé que se convertiría en rey, y Mateo le menciona por última vez cuando lleva a su familia de vuelta a Nazaret. Los sorprendentes acontecimientos que sucedieron en menos de tres años debieron de haber aturdido a este joven padre. José es una figura silenciosa pero fuerte que dirige y protege con determinación a su pequeña familia. ¡Qué inmenso debía de ser el amor por su esposa y por su hijo que le sostuvieron!

En el capítulo 1 vemos una expresión de su amor por su esposa en su deseo de protegerla de la deshonra y después cuando obedece las instrucciones del ángel y toma por esposa a su desposada, a pesar de las abrumadoras evidencias *humanas* de su infidelidad. Y en el capítulo 2 vemos de nuevo su amor por su esposa e hijo cuando se enfrenta a todas las fuerzas del poder político y religioso para obedecer a Dios y proteger a su familia. Como padre, su ejemplo me humilla y me mueve a la obediencia a Dios.

Recordemos, sin embargo, que Jesús no es el hijo biológico de José. Sería más fácil comprender el sacrificio de José si el niño fuera de su propia sangre, pero saber que era su hijo adoptivo nos hace honrar más aún su obediencia. El vínculo que hay entre ellos no surge del profundo lazo emocional y espiritual de un padre hacia su hijo biológico, sino del hondo compromiso de obediencia al verdadero Padre de este Hijo.

José sigue siendo, pues, un poderoso ejemplo para todos nosotros como padres, porque nuestros hijos no son tampoco realmente nuestros, sino un don de Dios, su verdadero Padre. Esta es, creo, una de las lecciones más poderosas que debemos aprender de las ceremonias de dedicación de niños de las diferentes tradiciones eclesiales. Los padres jóvenes deben iniciar su privilegio como progenitores devolviendo al Padre su bebé.

Mi esposa y yo aprendimos esta lección de forma dramática con nuestra primera hija Michelle. El pastor de la iglesia a la que asistimos mientras estudiamos en el seminario subrayó en la presentación de Michelle que no solo estábamos dedicando a Dios a nuestra pequeña, sino que también nosotros nos comprometíamos a criarla para él, entendiendo que en realidad era una vida que le pertenecía a él y que él nos prestaba. Un mes más tarde, Michelle desarrolló un grave proceso gripal que la debilitó y deshidrató por completo. Una noche lluviosa y oscura, sus vómitos y diarrea se habían hecho tan graves que, por indicación del médico, la llevamos corriendo a un hospital. El facultativo que la examinó dijo que, si hubiéramos esperado hasta la mañana siguiente, Michelle habría muerto deshidratada. De modo que dejamos a nuestra pequeña —“desafinada” la apodaron las enfermeras, porque sus intentos de llorar no sonaban a verdadero llanto— de cuatro meses a su cuidados y volvimos a casa. Por el camino, conduciendo en aquella noche húmeda e inquietante, Lynne y yo lloramos, reconociendo lo cerca que habíamos estado de perderla. Pero en nuestras lágrimas reafirmamos delante de Dios que Michelle era suya. Se la habíamos entregado a él y nos habíamos comprometido a criarla para él. Así, con lágrimas en los ojos, dejamos de aferrarnos a Michelle y afirmamos que seguiríamos su voluntad para ella, entendiendo que él es su verdadero Padre.

Esto es lo que José nos enseña como padre obediente de un hijo adoptivo. Para todos nosotros, la paternidad —biológica o adoptiva— significa obedecer al verdadero padre de nuestros hijos. Walter y Thanne Wangerin han tenido tanto hijos biológicos como adoptados y entienden profundamente las diferencias, especialmente el dolor que se produce cuando un hijo adoptivo desea encontrar a sus padres biológicos. Pero han aprendido profundamente de José el santo misterio de criar al hijo biológico de otros padres. Y en esta lección comparten también con todos los padres y madres el hecho de que amar correctamente a nuestros hijos significa criarlos para su Padre celestial, en cuya imagen fueron creados. Wangerin escribe con elocuencia:

> En el rostro de todos nuestros hijos está la imagen de su Creador. Cuando unos padres, amando a Dios, aman correctamente a sus hijos y, siguiendo a Dios, les guían a una vida autónoma y madura, dentro del propósito para el que nacieron, entonces, en esta plenitud, también ellos encontrarán el rostro de Dios el Padre, quien puso en sus manos a estos hijos por un periodo limitado de tiempo.[42]

Esta fue la lección que Wangerin aprendió de José, quien crio a su hijo adoptivo para su Padre celestial: una oportuna lección para todos nosotros.

42. Walter Wangerin Jr., "A Stranger in Joseph's House", *Christianity Today* 39 (11 diciembre, 1995): 16-20 (cita en p. 20). En su artículo, Wangerin relata el proceso desgarrador pero reconfortante de permitir que su hija adoptiva encontrara a sus padres biológicos.

Mateo 3:1-17

En aquellos días se presentó Juan el Bautista predicando en el
desierto de Judea. 2 Decía: «Arrepiéntanse, porque el reino de
los cielos está cerca.» 3 Juan era aquel de quien había escrito
el profeta Isaías:

«Voz de uno que grita en el desierto:
"Preparen el camino para el Señor,
háganle sendas derechas." »

4 La ropa de Juan estaba hecha de pelo de camello. Llevaba
puesto un cinturón de cuero y se alimentaba de langostas y miel
silvestre. 5 Acudía a él la gente de Jerusalén, de toda Judea y de
toda la región del Jordán. 6 Cuando confesaban sus pecados, él los
bautizaba en el río Jordán.

7 Pero al ver que muchos fariseos y saduceos llegaban adonde él
estaba bautizando, les advirtió: «¡Camada de víboras! ¿Quién les
dijo que podrán escapar del castigo que se acerca? 8 Produzcan
frutos que demuestren arrepentimiento. 9 No piensen que podrán
alegar: "Tenemos a Abraham por padre." Porque les digo que
aun de estas piedras Dios es capaz de darle hijos a Abraham. 10 El
hacha ya está puesta a la raíz de los árboles, y todo árbol que no
produzca buen fruto será cortado y arrojado al fuego.

11 »Yo los bautizo a ustedes con agua para que se arrepientan. Pero
el que viene después de mí es más poderoso que yo, y ni siquiera
merezco llevarle las sandalias. Él los bautizará con el Espíritu
Santo y con fuego. 12 Tiene el rastrillo en la mano y limpiará su era,
recogiendo el trigo en su granero; la paja, en cambio, la quemará
con fuego que nunca se apagará.»

13 Un día Jesús fue de Galilea al Jordán para que Juan lo bautiza-
ra. 14 Pero Juan trató de disuadirlo.

—Yo soy el que necesita ser bautizado por ti, ¿y tú vienes a mí?
—objetó.

15 —Dejémoslo así por ahora, pues nos conviene cumplir con lo que
es justo —le contestó Jesús.

Entonces Juan consintió.

16 Tan pronto como Jesús fue bautizado, subió del agua. En ese
momento se abrió el cielo, y él vio al Espíritu de Dios bajar como
una paloma y posarse sobre él. 17 Y una voz del cielo decía: «Este
es mi Hijo amado; estoy muy complacido con él.»

Sentido Original

Con la expresión "en aquellos días se presentó Juan el Bautista", Mateo salta de la infancia de Jesús a su madurez. Han pasado más de veinticinco años desde que José llevó a su familia a Nazaret hasta que Juan el Bautista aparece en el desierto de Judea.[1] Las narraciones de la infancia aportan un trasfondo crucial para clarificar la identidad de Jesús como anhelado Mesías de Israel. Pero ahora Mateo avanza el calendario para poner el foco de su relato en el ministerio público de Jesús.

Juan el Bautista prepara el camino (3:1-6)

El mensaje de Juan (3:1-3). Juan el Bautista desempeña un importante papel al comienzo de los cuatro Evangelios. En Mateo, es la primera persona que aparece en la narración del ministerio público de Jesús.[2] Juan es un personaje histórico inmensamente importante, en especial porque conecta la actividad salvífica veterotestamentaria de Dios con su actividad salvífica en el ministerio de Jesús. Jesús dirá de él: "Les aseguro que entre los mortales no se ha levantado nadie más grande que Juan el Bautista" (11:11).

Lucas nos ofrece el trasfondo de Juan (Lc 1:5-25, 39-80) como hijo de padres piadosos, de edad avanzada y de la línea sacerdotal. Elisabet, la madre de Juan, era parienta[3] de la madre de Jesús (1:36). Habiendo crecido en Judea, Juan habría tenido probablemente un contacto limitado con Jesús, quien creció en Nazaret. El cuarto Evangelio nos dice que Juan "no le conocía" (Jn 1:31, 33), lo que indica que no supo que Jesús era el Mesías hasta su bautismo.

Antes de emprender su ministerio público, Juan vivió un cierto periodo de tiempo en el desierto (Lc 1:80). En algún momento posterior al año 26 A.D. el Bautista hizo su aparición pública en Israel, predicando en "el desierto de Judea" (Mt 3:1), probablemente en los yermos valles y montes del bajo Jordán, en la zona oeste del mar Muerto. En la historia de Israel, el desierto era un lugar importante. Dios impartió la ley en el desierto de Sinaí (Éx 19), los profetas fueron a menudo al desierto cerca del Jordán para tener comunión con Dios (p. ej., 1R 17:2-3; 19:3-18), los macabeos llevaron a cabo su guerra de guerrillas desde el desierto (p. ej., *1 Mac.* 5), y este tenía connotaciones mesiánicas para diversos

1. Jesús tenía "unos treinta años cuando comenzó su ministerio" (Lc 3:23).
2. Quienes deseen considerar una exposición sobre la estructura del Evangelio de Mateo que subraya la aparición de Juan el Bautista, pueden ver Gerd Häfner, "'Jene Tage' (Mt 3,1) und der Umfang des matthäischen 'Prologs': Ein Beitrag zur Frage nach der Struktur des Mt-Ev", *BZ* 37 (1993): 43-59.
3. La palabra griega que se traduce "parienta" es *syngenis*, y podría aludir a una tía o prima, pero a menudo se traduce simplemente "pariente o familiar".

grupos dentro de Israel que relacionaban el desierto con la futura liberación de Dios (p. ej., los esenios de la comunidad de Qumrán).[4]

Aunque el lugar en que Juan ministraba en el Jordán estaba cerca de la zona donde se ubicaba la comunidad de Qumrán y algunos eruditos se han preguntado si formaba parte de esta comunidad, cabe observar que Juan no demandaba que quienes adoptaban su mensaje y bautismo se apartasen del resto de la nación y vivieran en el desierto, como sí hacían los esenios de Qumrán. Por otra parte, el mensaje de Juan se parecía más al de los profetas veterotestamentarios que al de Qumrán. Mientras que la comunidad de Qumrán se estaba preparando para el último conflicto cósmico en el que se unirían al libertador de Dios para luchar junto a él, el mensaje de Juan subrayaba el final de la era con el juicio de Dios. Por otra parte, el único acto del bautismo de arrepentimiento de Juan y los repetidos lavamientos rituales de Qumrán eran bastante distintos. Por ello, la mayoría de los eruditos de nuestro tiempo concluyen que es dudoso que Juan hubiera formado parte de esta comunidad.[5]

El mensaje central de Juan el Bautista es un urgente llamamiento a las personas a "arrepentirse, porque el reino de los cielos está cerca" (3:2-3). Este es el mismo mensaje que anuncia Jesús (4:17) y que predican los doce durante su viaje misionero por Israel (10:5). El llamamiento de Juan al arrepentimiento se parece al de los profetas del Antiguo Testamento, que llamaban al pueblo a una correcta relación con Dios que debe afectar a todos los aspectos de sus vidas.[6] Indicando este "cambio de pensamiento", el arrepentimiento del Antiguo Testamento requiere siempre un cambio de actitud de la persona hacia Dios, que repercutirá después en sus acciones y dirección general en la vida. Las señales externas de arrepentimiento eran normalmente la confesión y abandono del pecado, y oraciones de lamento.

Sin embargo, aunque el mensaje de Juan se parece mucho al de los profetas del Antiguo Testamento, este tiene un tono característico. Este llama al pueblo a arrepentirse porque "el reino de los cielos está cerca". El reino se ha acercado

---

4. Ver Joseph Patrich, "Hideouts in the Judean Wilderness", *BAR* 15/5 (septiembre-octubre 1989): 32-42. Para una perspectiva general de estos grupos, ver Richard A. Horsley y John S. Hanson, *Bandits, Prophets, and Messiahs: Popular Movements at the Time of Jesus* (Minneapolis: Winston, 1985).
5. Ver Ben Witherington Jr., "John the Baptist", *DJG*, 384; John P. Meier, *A Marginal Jew: Rethinking the Historical Jesus* (ABRL 2; Nueva York: Doubleday, 1994), 49-52; Bock, *Luke1:1-9*:50, 198; Rousseau y Arav, *Jesus and His World*, 80-82, 262; Todd S. Beall, *Josephus' Description of the Essenes Illustrated by the Dead Sea Scrolls* (SNTSMS 58; Cambridge: Cambridge Univ. Press, 1988); John C. Hutchison, "Was John the Baptist an Essene From Qumran?" *BibSac* 159 (abril-junio 2002): 187-200.
6. El imperativo presente, "arrepiéntanse", imparte una regulación moral; *cf.* Buist M. Fanning, *Verbal Aspect in New Testament Greek* (Oxford: Clarendon, 1990), 355-64.

en el Mesías (ver comentarios sobre 4:17).[7] Juan es aquel de quien profetizó Isaías que tendría el privilegio de preparar el camino para la venida del Señor y su reino: "Voz de uno que grita en el desierto: 'Preparen el camino para el Señor, háganle sendas derechas'" (3:3; *cf.* Is 40:3).

Juan no era un mero religioso zelote más buscando apoyo para su proyecto. Igual que antes de la visita de un rey hay que limpiar de obstáculos las carreteras, Juan pide al pueblo que quite todo aquello que pueda obstaculizar su recepción del Señor, les insta a prepararse —a poner en orden su corazón y vida— para la llegada del que ha de venir con el reino de los cielos. En este sentido, pues, podemos decir que el reino de Dios se ha acercado en la persona de Jesús, pero su plena manifestación es todavía futura.

La expresión "el reino de los cielos"[8] es una frase característica del lenguaje religioso judío, aparece solo en el Evangelio de Mateo (treinta y tres veces) y es sinónima de la expresión "reino de Dios",[9] que aparece en los otros Evangelios (*cf.* 19:23-24; Mr 10:24-25; Lc 18:24-25). "El reino de los cielos" traduce la expresión hebrea *malkut samayim*, que aparece abundantemente en la literatura judía. Su sentido de la reverencia, unido al deseo de no blasfemar involuntariamente el nombre de Dios (Éx 20:7) llevó a los judíos en una fecha muy temprana a evitar en la medida de lo posible cualquier mención del nombre de Dios. El término "cielo" es una de las palabras que se usan para sustituir el nombre de Dios (p. ej., *1 Mac.* 3:18-19; 4:10; 12:15; *m. Abot* 1:3, 11).

---

7. El matiz del tiempo perfecto en griego *engiken* es que el reino de los cielos se ha acercado en la persona del Mesías que está a punto de llegar, y en su persona les enfrenta permanentemente (ver comentarios sobre 4:17). El modo en que el reino "se acerca" es un tanto distinto en el mensaje de Jesús (*cf.* 4:17) y en el de los doce (*cf.* 10:7). Mientras que Juan mira hacia adelante, a la venida del reino con aquel que ha de venir, Jesús y los doce anuncian la entrada al reino por medio de su presencia en el ministerio de Jesús el Mesías (*cf.* también 12:28).
8. El plural de la expresión "el reino de los cielos" refleja una típica concepción judía del mundo superior que comprende el aire que respiramos, el espacio estelar y el ámbito de los espíritus, pero también el trono de Dios. El plural aparece especialment en Mateo; *cf.* Helmut Traub, Gerhard von Rad, "οὐρανός κ.τ.λ."., *TDNT*, 5:497-53; Hans Bietenhard, "Heaven, Ascend, Above", *NIDNTT*, 2:184-96.
9. La mayoría de los comentaristas coinciden en que estas expresiones son intercambiables, aunque algunos han sugerido que Mateo pretende expresar dos aspectos distintos del reino en el uso de estas dos expresiones; P. ej., el reino de Dios es una realidad presente que prepara a los individuos para el escatológico reino de los cielos, un fenómeno completamente futuro en Mateo: Willoughby C. Allen, *A Critical and Exegetical Commentary on the Gospel According to S. Matthew*, 3ª ed. (ICC; Edimburgo: T. & T. Clark, 1912), lxvii-lxviii, 232; Margaret Pamment, "The Kingdom of Heaven According to the First Gospel", *NTS* 27 (1981): 211-32. Algunos autores dispensacionalistas anteriores establecieron también una distinción entre estas dos expresiones que, sin embargo, ha sido mayoritariamente abandonada; ver Robert L. Saucy, *The Case for Progressive Dispensationalism: The Interface Between Dispensational and Non-Dispensational Theology* (Grand Rapids: Zondervan, 1993), 19.

Por aquel tiempo, el pueblo de Israel estaba harto de que otros reinos y gobernantes les dominaran. Querían volver a las antiguas glorias de los reinados de David, Salomón y sus descendientes. Tuvieron una breve y seductora experiencia de semiindependencia durante la revuelta macabea y el gobierno de los asmoneos, pero de esto hacía ya mucho tiempo. Una vez más otro poder extranjero, Roma, les gobernaba. La sed de independencia era fuerte en Israel. Daba la impresión de que las profecías de eterna continuidad de la casa y reino de David (2S 7:11-16; 1 Cr 17:23-27) nunca se harían realidad.

Juan el Bautista enciende de nuevo estas esperanzas predicando que "el reino de los cielos se ha acercado". La misión de Juan es como la de un mensajero que precede al rey para proclamar su venida y la necesidad de que los ciudadanos se preparen para ella. Lo que indicaba que estaban preparados era su arrepentimiento del pecado y de sus caminos pecaminosos para esperar el reino. ¿Pero qué clase de reino esperaban? ¿Qué esperaba Juan que sucediera ahora que el reino de Dios se había acercado? A medida que se vaya desarrollando el relato analizaremos en detalle las diferentes expectativas para separarlas de lo que Dios pretendía hacer en realidad.

La apariencia de Juan (3:4). Como su mensaje, la apariencia de Juan —especialmente su forma de vestir y su alimentación— suscitaban recuerdos de las profecías del regreso de Elías para preparar el camino del juicio de Dios (*cf.* Mal 3:1; 4:5-6). Juan aparece en el desierto vestido de pelo de camello, con un cinturón de piel ceñido a su cintura (*cf.* 2R 1:8). A menudo, los moradores nómadas del desierto se servían del pelo de cabra o de camello para tejer telas gruesas, ásperas y oscuras, con las que confeccionaban túnicas o mantos. La gran densidad de estas prendas las hacía prácticamente impermeables y protegía a quienes las llevaban de la mayoría de los elementos atmosféricos. En los proverbios, la tela de pelo de camello era la indumentaria de los más pobres, en contraposición con el delicado y sofisticado atuendo de los cortesanos (11:8). Por otra parte, este tipo de prendas se llevaban a veces como una protesta contra la ostentación y como símbolo de angustia o aflicción,[10] de manera que la ropa de pelo de camello de Juan el Bautista era posiblemente una representación visual del arrepentimiento al que llamaba al pueblo (*cf.* Neh 9:1; Jer 6:26).

Juan se alimentaba de langostas y miel silvestre, lo cual no era una dieta infrecuente de quienes vivían en el desierto.[11] La langosta es un tipo de saltamontes migratorio que estaba dentro de los insectos permitidos por las leyes alimentarias de Israel (Lv 11:20-23). Las langostas son una importante fuente de alimentación en muchas zonas del mundo, especialmente por su riqueza en proteínas y por su abundancia aun en las zonas más desoladas. A menudo se las recolecta y se conservan secas o molidas y convertidas en harina. La dieta de Juan a base de

10. Heb 11:37; *cf.* Gn 37:34; 2S 3:31; 2R 6:30.
11. Como pone de relieve el *Documento de Damasco* hallado en Qumrán (CD-A 12:13-15).

langostas y miel de abejas le proporcionaba una alimentación rudimentaria pero bien equilibrada.[12]

Pero lo más importante, es que esta dieta hace que Juan se destaque como alguien que ha rechazado los lujos de la vida. Su dieta e indumentaria se conjugan con su mensaje para presentar una poderosa demanda de arrepentimiento en vista de la cercanía del reino. Juan encarna en su estilo de vida el mensaje de arrepentimiento que predica.[13] Malaquías, el último profeta veterotestamentario, llevó su mensaje a un clímax con una profecía del Señor enviando al profeta Elías antes del día del Señor grande y terrible, para hacer "que los padres se reconcilien con sus hijos y los hijos con sus padres" (Mal 4:6). Muchos judíos estaban esperando la intervención de Dios.

No es, pues, de extrañar la asombrosa respuesta del pueblo a Juan. Aunque Mateo no menciona todavía la conexión (*cf.* 11:2-19; 17:9-13), aquí tenemos a otro como Elías. ¡Dios está de nuevo hablando a su pueblo por medio de un profeta!

El bautismo de Juan (3:5-6). La respuesta al llamamiento de Juan al arrepentimiento es extraordinaria y grandes multitudes de personas acuden a él procedentes de Jerusalén, de toda Judea y de la región del valle del Jordán. El mensaje de Juan parece haber penetrado en todos los estratos de Israel. La población no acude a un mero espectáculo. No era fácil trasladarse al desierto, especialmente para quienes vivían en la ciudad. Pero, cautivados por las sorprendentes declaraciones de Juan sobre la cercanía del reino de Dios, el pueblo demuestra su arrepentimiento "confesando sus pecados". Las gentes corrientes de Israel indican con su radical arrepentimiento que, en el mensaje del Bautista, han escuchado la advertencia de un profeta de Dios. En vista del inminente juicio, han de ser francos con Dios. La cercanía del reino no deja lugar a dudas: deben ser transparentes y mostrarle a Dios por medio de sus acciones y palabras que, de verdad, están dejando atrás sus antiguos caminos y preparados para la venida de su reino.

Por ello, Juan les bautiza en el Jordán. De todas las actividades y características de Juan, su bautismo era la más peculiar y evocadora. Este acto de bautismo como preparación para la venida del futuro reino era tan característico de Juan que le granjeó el apelativo de "Bautista" (ver 3:1; Josefo, *Ant.* 18:116).

El bautismo de Juan era similar y, al tiempo, distinto de otras formas de bautismo que en aquel momento se practicaban en Israel.[14] Acompañado como iba del arrepentimiento y confesión de pecados, simbolizaba la purificación. Pero, a diferencia de formas de bautismo como las de Qumrán o las que practicaban los fariseos —altamente estructuradas y que incluían reiterados lavamientos—,

12. Ver las interesantes presentaciones de G. S. Cansdale, "Locust", *ZPEB*, 3:948-50, y Edwin Firmage, "Zoology (Animal Profiles): Locusts; Bees", *ABD*, 6:1150.
13. Ver Meier, *A Marginal Jew*, 2:49.
14. Para ampliar el trasfondo, ver Wilkins, "Matthew", 24.

el de Juan era un bautismo de una sola vez. Aunque guardaba un cierta similitud con el bautismo de prosélitos (un rito que se realizaba una sola vez),[15] era, sin embargo, muy distinto, ya que Juan no bautizaba a gentiles, sino a judíos. Quienes se bautizaban respondían al llamamiento de Juan a la presencia del reino y del que había de venir. Su bautismo requería un compromiso personal con la nueva actividad de Dios dentro de Israel. El bautismo de Juan llegó a ser el trasfondo de la práctica bautismal de Jesús y sus discípulos (Jn 3:22-24; 4:1-3) y de la iglesia primitiva.

Impacto del reino de los cielos (3:7-12)

Entre las multitudes que acudían para escuchar a Juan estaban algunos de los dirigentes religiosos fariseos y saduceos. Se les menciona aquí explícitamente por primera vez en la narración de Mateo,[16] aunque su presencia está implícita en la referencia a los dirigentes de Jerusalén de las narraciones de la infancia (p. ej., 2:3-4).

Advertencia a los líderes religiosos de Israel (3:7-10). El término "fariseos" procede posiblemente de la palabra hebrea/aramea *perušim* ("separados"), aludiendo tanto a su origen como a sus prácticas características. Entre los miembros del Sanedrín, el cuerpo religioso dirigente de Jerusalén, estos constituían una minoría. Los fariseos eran una comunión o fraternidad laica vinculada a las sinagogas locales y, por ello, gozaban de popularidad entre la gente normal. Su característica más notoria era su adhesión a la tradición oral, que observaban rigurosamente a fin de que la ley escrita fuera pertinente para la vida diaria. "Los saduceos" eran, en cambio, un pequeño grupo con influencias entre los aristócratas y sacerdotes que derivaban su autoridad de las actividades del templo. Aunque constituían una mayoría en el Sanedrín, los saduceos estaban alejados del pueblo por su posición económica y política y por su apoyo al gobierno de Roma.

A pesar de que fariseos y saduceos normalmente se oponían entre sí (*cf.* Hechos 23:7-8), se unen para ir al lugar en que Juan está bautizando,[17] y parecen mezclarse con las multitudes que responden al arrepentimiento que demanda el mensaje de Juan. Puede que se estén acercando a Juan como dirigentes oficiales de Israel para validar (o quizá investigar) su ministerio. Juan ve su hipocresía y sus verdaderos propósitos y les dirige duras palabras, llamándoles

---

15. La datación del bautismo de "prosélitos" es objeto de debate; algunos sugieren que no se produjo hasta el periodo de la era cristiana, cuando el judaísmo admitía a los prosélitos gentiles mediante el bautismo, la circuncisión y un sacrificio; P. ej., Meier, *A Marginal Jew*, 2:52; Scot McKnight, *A Light Among the Gentiles* (Minneapolis: Fortress, 1991). Otros sostienen, no obstante, como probable que en el tiempo de Juan hubiera un bautismo de prosélitos para gentiles ritualmente impuros; P. ej., Craig S. Keener, *The Spirit in the Gospels and Acts* (Peabody, Mass.: Hendrickson, 1997), 63-64, 146-49.
16. Para ampliar el trasfondo, ver Wilkins, "Matthew", 25.
17. Mateo subrayará otras dos ocasiones en que se enumera juntos a fariseos y saduceos: en su oposición a Jesús (16:1-4, 5-12).

"camada de víboras" (*cf.* 12:34; 23:33), una clara referencia a la docena o más de pequeñas y peligrosas serpientes que puede alumbrar una serpiente. Las víboras eran proverbiales por la sutileza de su acercamiento y ataque, como la serpiente de Génesis 3. Estos líderes religiosos tienen motivos ocultos, a saber, o bien intentan congraciarse con las multitudes que se acercan a Juan o bien pretenden encontrar algún fallo en esta figura profética que está fuera de sus círculos y atrae a tantos seguidores.[18]

Juan clarifica lo que sucederá con la venida del reino: (1) traerá ira para aquellos que no se arrepienten (3:8-10), y (2) se iniciará con la venida del que ha de venir, con su bautismo del Espíritu Santo y fuego (3:11-12). La venida del reino de los cielos irá acompañada de la ira de Dios y del fuego del castigo eterno (3:8, 10). Quienes responden al mensaje de Juan y se arrepienten escaparán de la ira de Dios. Pero debe de haber una respuesta personal a Dios; la herencia religiosa o étnica no servirá de nada. Las personas han de acercarse a Dios arrepentidas y sin pretensiones religiosas previas de alguna ventaja delante de Dios. La de Juan no es, por tanto, una llamada exclusiva para quienes viven abierta y descaradamente en pecado, como si el arrepentimiento fuera solo para quienes vuelven a una abierta inmoralidad o han vivido siempre en ella. Es una llamada al arrepentimiento para todo Israel, también para sus líderes religiosos. Lamentablemente, la actividad religiosa y una ascendencia ilustre pueden a menudo impedir que las personas vean las deficiencias de su vida delante de Dios.

Juan no pretende poner en entredicho a los fariseos y saduceos, dirigentes oficiales del judaísmo, ridiculizándoles públicamente; los llama más bien a asumir adecuadamente su responsabilidad como ejemplos de la nación. De todo el pueblo, ellos deberían haber sido quienes de manera honesta y abierta preparan sus corazones para la venida del Mesías. Estos habían tenido el privilegio de estudiar las Escrituras con más detenimiento y deberían, por tanto, haber sido los primeros en prepararse para recibir la vida del reino. Pero, en lugar de ello, iban a recibir juicio.

Por otra parte, el arrepentimiento debe validarse como algo real en la propia vida por medio de determinados frutos. Hablar es fácil, y la hipocresía, real. Juan no va a tolerar ninguna maniobra religiosa con el mero propósito de conseguir un grupo de seguidores. Articula un tema que distinguirá también el ministerio de Jesús. La evidencia de una verdadera vida espiritual interior es siempre el fruto de una vida externa transformada. La llegada del reino traerá consigo una verdadera vida espiritual que producirá un profundo cambio desde dentro. Jesús dirá más adelante que los falsos discípulos son aquellos que carecen de

18. Esta interpretación es la que da el sentido más acertado a la preposición *epi* en la cláusula *erchomenous epi to baptisma autou* (NIV, "llegaban adonde él estaba bautizando" en lugar de dar a entender que "venían para el bautismo", LBLA); *cf.* Gary Yamasaki, *John the Baptist in Life and Death: Audience-Oriented Criticism of Matthew's Narrative* (JSNTSup 167; Sheffield: Sheffield Academic Press, 1998), 86.

la vida de la vid verdadera. Son sarmientos muertos, que solo sirven para ser arrojados al fuego (Jn 15:6). La decisiva marca que identifica a un árbol vivo es su fruto. La marca identificativa crucial del reino de Dios es una vida que se ha arrepentido del pecado y da fruto de arrepentimiento (*cf.* el mensaje de Pablo en Hch 26:20).

Quienes no reciben la vida espiritual recibirán la ira de Dios. Han rechazado su llamada al arrepentimiento, no han recibido la vida del reino de los cielos y percibirán, por tanto, la plena sentencia del juicio de Dios sobre su pecado. Juan está plenamente convencido de que el hacha del juicio de Dios caerá de manera inminente sobre aquellos que no expresan la vida y frutos del reino de los cielos. Y el esperado libertador mesiánico,[19] de quien Juan da ahora testimonio público, es quien blandirá el hacha en cuestión.

La venida del Mesías (3:11-12). Aquí llegamos a la médula del ministerio de Juan, que apunta a otra persona que está delante y por encima de él. Aunque Juan ocupa un poderoso lugar en la historia de la salvación de Dios, él sabe que su papel es solo preparatorio para el acontecimiento más significativo. Llamar al arrepentimiento a la nación no es lo más importante. El principal acontecimiento es la aparición de aquel que inaugurará el reino de Dios en la tierra. Aunque hay una continuidad entre sus mensajes y ministerios, Juan subraya especialmente el contraste entre él y el que había de venir. Dicho contraste se ve en la identidad y bautismo del que ha de venir.

(1) Juan apunta a "aquel que viene después de mí", una expresión que transmite una fuerte expectativa mesiánica.[20] Juan es un hombre fuerte, marcado por los rigores del desierto y la dureza y soledad de su llamamiento como profeta. Hay que tener una gran fuerza física y anímica para soportar este tipo de penalidades. Pero Juan tiene su mirada en aquel que es "más poderoso" que él y que llegará con el poder de Dios para inaugurar el reino mesiánico. Como un siervo a un rey, Juan entiende que él no es ni siquiera digno de llevar las sandalias de este libertador mesiánico. Su lenguaje no es de menosprecio hacia sí mismo. No es que carezca de una adecuada imagen propia. Sabe muy bien quién es él y conoce también claramente la identidad del que ha de venir. Juan es el heraldo; el que ha de venir es el libertador mesiánico.

(2) Juan acentúa más aún el contraste entre él y el que ha de venir diferenciando sus bautismos: Juan bautizaba "con" (o "en") agua para arrepentimiento, pero el que había de venir bautizaría "con" (o "en") el Espíritu Santo y fuego. Una vez más, Juan demuestra una sencilla comprensión de cuál es su papel y lugar

---

19. Quienes deseen considerar un minucioso análisis de las implicaciones mesiánicas pueden ver Bauckham, "The Messianic Interpretation of Isa. 10:34 in the Dead Sea Scrolls", 202-16.
20. *Cf.* Sal 118:26 con Mt 11:3; 21:9; 23:39; Heb 10:37.

en el plan redentor de Dios. El bautismo de Juan será reemplazado por la llegada de un bautismo superior.

El bautismo de Juan estaba exclusivamente relacionado con el arrepentimiento (ver comentarios anteriores; ver también, Mr 1:4; Lc 3:3; Hch 13:24; 19:4). Sin embargo, aun siendo singular, el bautismo de Juan era solo una preparación para el que llevaría a cabo quien había de venir. Este inauguraría un bautismo portador tanto de bendición como de juicio escatológico ("trigo" y "paja"; *cf.* también Jl 2:28-29).[21] El que ha de venir bautizará a los arrepentidos —aquellos que están dispuestos a recibirle— con la bendición del Espíritu Santo. Sin embargo, a los impenitentes —aquellos que no están receptivos al que ha de venir— los bautizará con el juicio del fuego eterno. Jesús relaciona habitualmente su ministerio mesiánico con el de Juan utilizando este doble tema: él ha venido a traer sanación y buenas nuevas para los pobres y oprimidos (Mt 11:4-5) y descanso para los cansados (11:25-30); sin embargo, aquellos que rechazan su ministerio y mensaje deberán hacer frente a un juicio seguro (11:20-24; *cf.* Jn 3:31-36; 5:25-35).

Mediante el uso de una segunda metáfora, Juan declara que el tiempo de este bautismo está cerca. Sirviéndose de una escena común en la experiencia de sus oyentes, Juan afirma que el Mesías tiene ya el aventador en la mano. Todo está listo para el comienzo de la cosecha. Al final de la siega, el labrador llevaba el trigo a la era, una superficie de piedra o tierra compactada que tenía a menudo un muro bajo que cerraba el perímetro. A continuación, tomaba el bieldo y arrojaba el trigo al aire, contra el viento, con lo cual la paja, más ligera, se separaba del trigo en la era. A continuación, el trigo se guardaba en el granero para su posterior molienda y se convertía en harina para hacer pan, pero la paja se amontonaba con el rastrillo para ser quemada.

El impacto de este mensaje sobre sus oyentes debió de ser profundo, puesto que los motivos de muchos para estar allí no eran honestos. Juan está trazando una línea en Israel que pondrá a prueba el corazón de los oyentes. Quienes han ido a escucharle con motivos impuros van a ser advertidos en aquel mismo momento de que el Mesías va a traer juicio sobre ellos, un juicio que será finalmente eterno. Sin embargo, quienes han ido a escucharle con una sincera actitud de arrepentimiento y confesión de pecados serán preparados para la venida del Mesías y el derramamiento del Espíritu. Los arrepentidos forman el núcleo de quienes recibirán el ministerio de gracia del esperado Mesías.[22]

---

21. Para un tratamiento más amplio, ver J. D. G. Dunn, *Baptism in the Holy Spirit* (Filadelfia: Westminster, 1970), 10-11, 13-14; R. Alastair Campbell, "Jesus and His Baptism", *TynBul* 47 (1996): 191-214; Hagner, *Matthew 1–13*, 51-52; Robert A. Guelich, *Mark 1–8:26* (WBC 34A; Dallas: Word, 1989), 27-28.
22. Para una exposición de las dinámicas religiosa y social dirigida al gran público, ver Robert L. Webb, *John the Baptizer and Prophet: A Socio-Historical Study* (JSNTSup 62; Sheffield: JSOT Press, 1991), 289-300.

Este mensaje pone patas arriba las normas religiosas y sociales de Israel. Aquellos considerados a menudo más dignos por su formación, compromiso y dedicación, como los fariseos y saduceos, son objeto de las críticas más punzantes. Pero la perturbación del statu quo en Israel no es algo nuevo. Los profetas eran bien conocidos por sus intensas críticas a los dirigentes religiosos y políticos. El mensaje de Juan rememora simplemente las normas de juicio y bendición que Dios había ya establecido como ideal mesiánico (ver, p. ej., Jer 23). Y este día de revelación mesiánica es inminente.

Juan bautiza a Jesús el Mesías (3:13-17)

Tras este atronador mensaje profético de juicio del Bautista, se elevan considerablemente las expectativas para la llegada del libertador mesiánico. Hasta este momento, "el que ha de venir" no ha sido identificado. Ahora Jesús entra en escena para reivindicar esta identificación.

¡Qué personaje tan poco prometedor! Juan nos ha hecho pensar en un poderoso personaje que viene con el poder del Espíritu Santo y el fuego del juicio. Cabría esperar que su aparición pública fuera en Jerusalén, reclamando su derecho al trono de David y al templo de Salomón; o quizá procedente del desierto bajo la guisa de un victorioso conquistador, como David, el antiguo guerrero, o como un heraldo profético, al estilo de Juan. Pero Mateo se limita a decir: "Un día Jesús fue de Galilea al Jordán". Él entra en escena como un solitario personaje procedente de la insignificante región agrícola de Galilea.

La característica más insólita de este episodio es probablemente que Jesús pide a Juan que le bautice, como cualquier persona de la multitud. Incluso Juan parece sorprendido, cuando intenta disuadir a Jesús de que sea bautizado por él. El bautismo de Juan es solo con agua y preparatorio para el más importante, del Espíritu Santo y fuego, que el Mesías va a inaugurar. ¿Por qué quiere el esperado Mesías ser bautizado por su precursor?

Sin una lectura cuidadosa del texto, podría concluirse que Jesús creía necesitar también conversión y purificación, como la multitud (3:2, 6).[23] Pero Juan disipa rápidamente esta posibilidad, puesto que conoce la identidad de Jesús como portador del bautismo mesiánico: "Yo soy el que necesita ser bautizado por ti, ¿y tú vienes a mí?". Este es el más poderoso que inaugura el reino que Juan ha estado proclamando. Solo por la insistencia de Jesús ("dejémoslo así por ahora"), Juan accede a bautizar a Jesús, porque "nos conviene cumplir con lo que es justo" (3:15). El bautismo de Jesús tiene una trascendencia mucho mayor de lo que podemos pensar. No es de extrañar que los cuatro Evangelios narren este incidente de una u otra manera (*cf.* Mr 1:9-11; Lc 3:21-22; Jn 1:29-34). Este es

23. Esta es la especulativa conclusión del escéptico relato de la vida de Jesús por parte de Donald Spoto, *The Hidden Jesus: A New Life* (Nueva York: St. Martin's, 1998), 45-46.

el comienzo del ministerio que forjará para siempre el sentido de la relación de Dios con su pueblo.

¿Qué quiere decir Jesús cuando afirma que en su bautismo él y Juan van a "cumplir con lo que es justo"? La palabra "cumplir" (*pleroo*) sigue con el tema del "cumplimiento" que ha sido tan destacado en la primera narración del Evangelio de Mateo. Con la concepción, nacimiento e infancia de Jesús se cumplieron profecías específicas y generales (caps. 1–2), la aparición de Juan dio cumplimiento a las expectativas veterotestamentarias del precursor (3:3), y ahora, con el bautismo de Jesús se va a "cumplir con lo que es justo". La cuestión de la justicia (*dikaiosyne*) es otro importante concepto del Evangelio de Mateo (*cf.* 5:6, 10, 20; 6:1, 33; 21:32). Algunos sugieren que Jesús habla en un sentido ético, que el bautismo cumplirá con todas las justas expectativas de la ley, de manera similar a lo que Jesús declara en el Sermón del Monte (*cf.* 5:17).[24] Sin embargo, este contexto no implica una sumisión ética a los mandamientos de Dios. En el Antiguo Testamento no hay ningún mandamiento a observar el bautismo de Juan. Por tanto, es difícil considerar que la sumisión a este bautismo sea, en este sentido, un acto de justicia, y mucho menos el cumplimiento de *toda* la justicia.

Lo más probable es que Jesús aluda a ello en un sentido histórico-salvífico. La actividad salvífica de Dios profetizada por todo el Antiguo Testamento se está cumpliendo ahora con la inauguración del ministerio de Jesús y culminará con su muerte en la cruz. Es posible que Jesús tenga en mente la justicia de Isaías 53:11: "Después de su sufrimiento, verá la luz y quedará satisfecho; por su conocimiento mi siervo justo justificará a muchos, y cargará con las iniquidades de ellos". Jesús cumplirá la voluntad de Dios en el sentido de consumar su actividad salvífica. La similar referencia histórico-salvífica a Juan el Bautista en 21:31-32 apoya esta comprensión.[25] Jesús está expresando su obediencia al plan salvífico de Dios revelado en las Escrituras.[26]

El bautismo público establece, por tanto, una concreta continuidad histórico-salvífica entre los ministerios de Juan y de Jesús. Cuando Jesús se presenta con Juan en el bautismo, está respaldando el ministerio y mensaje de Juan y relacionando su causa con la de él. Por otra parte, con su descenso a las aguas del bautismo, Jesús se está identificando con su pueblo en su necesidad; es decir, se identifica con la pecaminosa humanidad que ha venido a salvar, y de manera

24. Ver especialmente, Benno Przybylski, *Righteousness in Matthew and His World of Thought* (SNTSMS 41; Cambridge: Cambridge Univ. Press, 1980).
25. Donald A. Hagner, "Righteousness in Matthew's Theology", en *Worship, Theology and Ministry in the Early Church: Essays in Honor of Ralph P. Martin*, ed. Michael J. Wilkins and Terence Paige (JSNTSup 87; Sheffield: JSOT Press, 1992), 116-17.
26. Keener, *Matthew* (1999), 132.

especial, en aquel momento, con el remanente fiel de Israel que acude para ser bautizado.[27] Leon Morris traza una imagen gráfica de esta cuestión:

> Jesús habría podido ponerse junto a Juan llamando al arrepentimiento a los pecadores, pero en lugar de ello se pone de su lado, afirmando su solidaridad y haciéndose uno con ellos en el proceso de la salvación que en su momento cumpliría.[28]

Jesús llevará ahora a su cumplimiento el ministerio que comenzó Juan. Él es aquel "más poderoso" a quién Juan señala, y que cumple la esperanza de justicia como rey de la descendencia davídica y siervo justo. Pero es también Emanuel, "Dios con nosotros", y Jesús, aquel que "salvará a su pueblo de sus pecados" (1:21-23). Se identifica con el ministerio histórico-salvífico de Juan, pero lo hace desde el agua, solidarizándose precisamente con las personas que ha venido a salvar. Por ello, Jesús recibirá ahora la unción del Espíritu y la confirmación del Padre para que cumpla su misión, lo cual aporta más indicaciones de la razón de su bautismo.

Imaginémonos la escena. Juan ha declarado de manera abierta y firme sus expectativas sobre el juicio que traerá aquel poderoso que ha de venir. Las personas han depositado su futuro en la esperanza de la venida del reino de Dios. Y ahora, aquel a quien Juan reconoce como la personificación de tales sueños, baja a las aguas del Jordán para ser bautizado como cualquier otra persona. Parece absolutamente decepcionante, paradójico incluso. Pero en medio de esta escena tan sencilla, Dios interviene de manera impresionante para presentar públicamente a Jesús en su misión mesiánica, mediante la experiencia de una triple revelación: Jesús ve los cielos abiertos, al Espíritu de Dios descendiendo sobre él como una paloma y oye la voz de Dios reconociéndole como su hijo amado.

(1) Cuando Jesús sube del agua,[29] "se abrió el cielo". Esta "pasiva divina"[30] da a entender que Dios mismo abre las puertas del cielo para comunicarnos algo crucial. Esta es una expresión común de la Escritura para aludir a importantes ocasiones en que Dios revela algo importante a su pueblo (*cf.* Is 64:1; Ez 1:1; Jn 1:51; Hch 7:56; 10:11).

---

27. George R. Beasley-Murray, *Baptism in the New Testament* (Grand Rapids: Eerdmans, 1962), 45-67.
28. Morris, *Matthew*, 65.
29. Meier concluye que el bautismo era probablemente por inmersión, lo cual está implícito en la afirmación de que, tras su bautismo, Jesús "subió del agua" (3:16; Mr 1:10). Meier apoya esta conclusión con dos factores fuera de Mateo: (1) Juan bautizaba en el Jordán y en Enón cerca de Salín, "porque allí había mucha agua" (Jn 3:23); (2) Josefo afirma que Juan no bautizaba para limpiar almas, sino para purificar cuerpos (*Ant.* 118; ver Meier, *Marginal Jew*, 2:93 n. 152).
30. La frase "se abrió [lit. 'fue abierto'] el cielo" es un ejemplo del uso bastante común de la voz pasiva sin especificar el agente, pero el contexto deja claro que dicho agente es Dios; ver Wallace, *Greek Grammar*, 435-38.

(2) A continuación, Jesús "vio al Espíritu de Dios bajar como una paloma y posarse sobre él". No es que el Espíritu tome la forma de una paloma, sino más bien que esta manifestación visible indica el descenso real del Espíritu sobre Jesús. El símbolo de la paloma expresa las características que a menudo se relacionan con esta ave, como la benevolencia y la paz en contraste con el juicio (recordemos la paloma que envió Noé para determinar si el tiempo del juicio de Dios había terminado, Gn 8:10), o la acción creadora y supervisora del Espíritu yendo y viniendo sobre las aguas de la nueva creación (Gn 1:2).

El descenso del Espíritu alude a la unción del Siervo del Señor por parte del Espíritu en Isaías 42:1 —que serán las palabras citadas por la voz celestial en Mateo 3:17 (*cf.* 12:18)— y a la del vástago davídico en Isaías 11:2. La unción de Jesús por el Espíritu es, a un tiempo, la coronación del Mesías de Israel y la comisión del justo siervo de Dios para la obra que va ahora a llevar a cabo con el poder y presencia del Espíritu.[31] Aquel que ha de bautizar con el Espíritu (Mt 3:11), que será dirigido y vigorizado por él (4:1), y que por medio de él inaugurará la era mesiánica de la salvación (12:18-21; *cf.* Is 42:1-4; 61:1), es ahora ungido por el Espíritu para el ejercicio de su ministerio mesiánico.

No sugiero con esto que Jesús recibiera el Espíritu por primera vez en su bautismo. La concepción de Jesús fue "por obra del Espíritu Santo" (1:20), lo cual indica que, como el Bautista, fue lleno del Espíritu desde la matriz. El descenso del Espíritu en el bautismo es una unción formal que inaugura el ministerio público de Jesús. Juan el Bautista declara en otro lugar que el descenso del Espíritu sobre Jesús es lo que le confirma que Jesús era sin duda el Hijo de Dios (Jn 1:32-34). Esta es la señal visible y confirmatoria de que Jesús es el esperado Mesías, aquel para el que Juan ha estado preparando el camino.

(3) El simbolismo de la paloma se hace explícito cuando se oye una voz desde el cielo. Aunque consideraba que la profecía había cesado con Malaquías, el pueblo judío de aquel tiempo entendía que, si bien de manera indirecta y sin autoridad vinculante, la voz de Dios aún podía escucharse.[32] Ahora suena una voz muy distinta. La presencia del Mesías trae consigo la directa voz de Dios, con toda su autoridad. Con la llegada de Juan el Bautista, la figura profética, el descenso del Espíritu sobre el Mesías ungido, y la voz del Padre, Dios reanuda la comunicación directa. Esta voz expresa una doble declaración sobre la identidad y naturaleza de Jesús mediante extractos de dos importantes pasajes mesiánicos: Salmos 2:7 e Isaías 42:1.

---

31. Quienes deseen considerar un análisis intertextual basado en los temas del juicio, la liberación y el sufrimiento en las imágenes tradicionales judías de la paloma (p. ej., Gn 8; Sal 74:19; *2 Esd.* 5:21-6:34) pueden ver David B. Capes, "Intertextual Echoes in the Matthean Baptismal Narrative", *BBR* 9 (1999): 37-49; *cf.* N. T. Wright, *Jesus and the Victory of God: Christian Origins and the Question of God* (Minneapolis: Fortress, 1996), 2:536-37.

32. Para trasfondo y exposición, ver Davies y Allison, *Matthew*, 1:335-36.

(a) La afirmación "Este es mi Hijo amado; estoy muy complacido con él" evoca la conocida imagen del padre y el hijo en Salmos 2:7: "'Tú eres mi hijo', me ha dicho; 'hoy mismo te he engendrado [...]'". El título "Hijo de Dios" tenía una clara significación mesiánica antes del ministerio de Jesús.[33] La expresión "estoy muy complacido con él" podría haber evocado imágenes de Isaac, a quien, hablando con Abraham, Dios llama "tu hijo, el único que tienes y al que tanto amas" (Gn 22:2), pero lo más importante es la relación que la voz afirma tener con Jesús. Jesús es el Hijo, la voz procede del Padre, y en el centro de su relación está el amor. Aunque aquí no se dice nada sobre cuándo se inició esta relación, Mateo nos ha informado ya de que la concepción de Jesús señala su origen divino (1:20, 23; *cf.* 2:15). Este no es el lenguaje de la adopción, sino la confirmación de una relación de amor existente entre el Padre celestial y su Hijo.[34]

(b) La declaración "estoy muy complacido con él" nos lleva un paso más allá en el entendimiento de la misión de Jesús inspirándose en Isaías 42:1 en otra importante figura mesiánica: el "Siervo".

> Este es mi siervo, a quien sostengo,
> mi escogido, en quien me deleito;
> sobre él he puesto mi Espíritu,
> y llevará justicia a las naciones.

La declaración del Padre proclama a Jesús como el Siervo capacitado por la unción del Espíritu para llevar justicia a las naciones. A medida que la narración se desarrolla, y en el contexto de clarificar el propósito del ministerio de Jesús (*cf.* Mt 12:17-21), Mateo hará explícita esta conexión con la cita de Isaías 42:1-4.

Como trasfondo de la declaración del Padre, estos pasajes señalan dos acentos distintos de la identidad de Jesús, su propia concepción mesiánica y su misión. (1) Él es el Hijo divino y el Siervo Sufriente, una declaración que recuerda el doble sentido de la alusión nazarena (2:23) y que la voz repetirá en la transfiguración (17:5). El Padre ha puesto en manos de su Hijo amado la misión del Siervo de llevar la salvación a las naciones (Is 42:1, 4). El amor y la obediencia sustentarán esta relación y llevarán a cabo la misión, porque la voluntad del Padre para el Hijo amado incluye su obediencia a la cruz, cuando el Hijo llevará sobre sí la iniquidad de su pueblo (Mt 26:39, 42; *cf.* Is 53).

(2) Por medio de la unción del Espíritu, el Padre introduce formalmente a Jesús a su ministerio público como Hijo unigénito, quien, aunque Siervo humilde (Is 42), es también triunfante Rey mesiánico (Sal 2). Si bien dará cumplimiento

---

33. Ver Ben Witherington III, *The Christology of Jesus* (Minneapolis: Fortress, 1990), 148-55.
34. En las ricas conexiones relacionadas con la expresión "Hijo de Dios", es importante entender la proyectada fuerza contextual. Carson observa: "Igual que es erróneo ver una filiación ontológica en todos los usos, lo es excluirla prematuramente" ("Matthew", 109).

a la voluntad de su Padre ministrando a su pueblo Israel (Mt 10:6; 15:24), trae también esperanza a las naciones (Mt 28:18). Estos son los temas que caracterizarán el relato de Jesús Mesías.

Construyendo Puentes

El famoso novelista judío Chaim Potok ha escrito una historia de su pueblo, titulada *Wanderings*. Potok narra una grandiosa y apasionante historia, que sigue el devenir del pueblo judío desde las antiguas andanzas de Abraham por el paganismo de la antigüedad, pasando por los siglos de la diáspora, cuando su pueblo se perdió por el islam y el cristianismo, hasta nuestros días en que navega por el moderno paganismo secular.

En la introducción, Potok habla del judaísmo de su padre. Era un judaísmo basado en la esperanza, pero una esperanza que tenía que desarrollarse en las dificultades de esta vida. Su padre había servido en una unidad polaca del ejército austriaco durante la Primera Guerra Mundial y muchas veces hablaba de su herencia judía en términos militares. Para él los judíos eran las tropas de reconocimiento de la vanguardia de Dios:

> … y un día conseguirían establecer el reino de Dios en la tierra. De esto no tenía duda [...]. Mi padre veía la historia como el camino que llevaba desde la divina creación del mundo hace casi seis mil años a la futura venida del Mesías y la redención, primero del pueblo judío y después de toda la humanidad.[35]

Este era el judaísmo en el que Potok creció y fue instruido. Pero Potok dio a su judaísmo una nueva forma. Cuando abandonó los confines del mundo de su padre y experimentó el encanto y sufrimiento de otras culturas fuera del judaísmo, la "prolija coherencia ancestral de mi pasado se vino abajo", afirma Potok,[36] que ha pasado una buena parte de su vida adulta intentando entender el carácter único de su pueblo, que soportó tanto sufrimiento, y que se ha aferrado de manera tan tenaz a unas esperanzas que ya no parecen relevantes en el mundo moderno. Este autor remodeló y transformó en especial la esperanza de su padre sobre la venida del reino de Dios, la esperanza de un futuro Mesías y la redención. Unas esperanzas que hoy parecen completamente inútiles.

Expectativas del Mesías. Los judíos del siglo I experimentaron también varias clases de remodelaciones y transformaciones, y Mateo escribe su Evangelio para hablar de sus esperanzas. El evangelista mira esta misma herencia judía y narra otra clase de historia: una historia de *llegadas*. Para los receptores de

35. Chaim Potok, *Wanderings: Chaim Potok's History of the Jews* (Nueva York: Fawcett Crest, 1978), 11.
36. *Ibíd.*, 13.

Mateo, los siglos de tránsito por el exilio y la opresión eran muy reales. Pero el mensaje profético que sustentaba su esperanza se había ahora cumplido. Juan el Bautista, aquel apasionado mensajero de Dios, anunció que el esperado reino de Dios, el esperado Mesías y la esperada redención de Israel y de toda la raza humana habían llegado.

Pero era una esperanza distinta de la que aguardaban muchos en Israel. Varios grupos dentro de la nación habían remodelado sus esperanzas de un inminente reino de Dios y Mesías. Algunos estaban absortos en prácticas rituales para purificarse. Otros se sumergían en un meticuloso estudio e interpretación de sus Escrituras con el deseo de hacer relevante un mensaje antiguo. Un tercer grupo pensaba en la pronta aparición de un rey triunfante, mientras que otros esperaban un reino donde todo giraría en torno al templo con sus sacrificios y pureza. Otros pensaban en un inminente derramamiento del juicio e ira de Dios. Por último, algunos habían casi abandonado cualquier esperanza de la intervención de Dios y habían asumido que la esperanza estaba en sus manos mediante la acción política o una revolución violenta. Dentro de Israel, varios grupos tomaron las mismas Escrituras hebreas y siguieron diversas corrientes proféticas asumiendo distintas expectativas de lo que Dios haría cuando llevara a cabo su liberación mesiánica al final de la era.[37]

La remodelación que Chaim Potok hizo de su fe judía no es tan nueva. Ya sucedía en el siglo I. Esta remodelación hizo a menudo que las personas se atrincheraran tanto en sus expectativas que tuvieran dificultades para aceptar la verdadera obra de Dios entre ellos.

Mateo declara que Jesús es el esperado del que Juan había hablado en cumplimiento de las profecías veterotestamentarias, pero se trata de una verdad mucho más sorprendente de lo que la mayoría de Israel habría esperado. Es una realidad que superará con mucho sus expectativas. Tendrán que remodelar sus pensamientos, y esto es lo que hace Mateo. En un sentido, Mateo narra lo sucedido, pero en otro nivel renueva la comprensión de sus lectores para que sus esperanzas se amolden a las reveladas por los profetas.

El Evangelio del reino. Mateo no escribe, por tanto, una biografía en el sentido moderno de un relato exhaustivo de la vida de la persona en cuestión, sino

37. Entre otros, Jacob Neusner se refiere al fenómeno de las diversas expectativas como "Judaísmos y sus Mesías". Neusner explica: "En un judaísmo, un Mesías es un hombre que al final de la historia, en el *eschaton*, traerá salvación al Israel concebido por el grupo social dirigido por la forma de vida y cosmovisión de dicho judaísmo. Los judaísmos y sus Mesías al comienzo del cristianismo comprenden por tanto un grupo de sistemas religiosos que forman una familia diferenciada, caracterizada por dos rasgos: (1) dirigida a 'Israel' y (2) con referencia a diversos pasajes de las únicas sagradas escrituras comunes ('Antiguo Testamento,' 'Torá escrita')". Ver su "Introduction" a *Judaisms and Their Messiahs at the Turn of the Christian Era*, ed. Jacob Neusner, William S. Green, and Ernest Frerichs (Cambridge: Cambridge Univ. Press, 1987), ix.

que escribe más bien un "evangelio",[38] un relato de las buenas nuevas de que Jesús el Mesías ha traído salvación a su pueblo. Enfoca los acontecimientos y enseñanzas importantes en la vida del que ha nacido "rey de los judíos" (2:2), lo cual establece la legítima reivindicación de Jesús como aquel que "salvará a su pueblo de sus pecados" (1:21). Mateo solo utiliza el sustantivo "evangelio" (*euangelion*) cuatro veces, y tres de ellas lo hace en su expresión característica "evangelio del reino" (4:23; 9:35; 24:14).[39] Las "buenas nuevas" que Mateo subraya para sus lectores son que la era del reino de Dios había finalmente despuntado. La cita de Mateo sobre la esencia del mensaje de Juan en 3:2 recoge un tema que será fundamental para su propia proclamación. Es el mismo mensaje que Jesús anunciará al comienzo de su ministerio público (4:17) y que los doce predicarán en su viaje misionero por Israel (10:5).

Hemos visto que Mateo ha subrayado la genealogía de Jesús como alguien que tiene derecho al trono de David, la milagrosa concepción de aquel que salvará a su pueblo de sus pecados, y el nacimiento y divina protección del que es "rey de los judíos". Ahora se centra en el profetizado heraldo y la entrada de aquel que había de llegar al paisaje religioso de Israel. Sin duda, muchos de quienes oyeron a Juan eran personas muy devotas que reconocían en su mensaje la voz profética de Dios. Muchos eran, nominalmente al menos, religiosos. Pero el bautismo de Juan requería un compromiso personal de todo el pueblo con la nueva actividad de Dios dentro de Israel. Quienes respondían, atendían al llamamiento de la presencia del reino y a la venida del que había de venir anunciados por Juan.

La inconcebible verdad de Jesús como Hijo de Dios. Posiblemente, todos nosotros estamos demasiado familiarizados con Jesús para entender la enorme dificultad que supuso para las personas del siglo I, incluyendo más adelante aun a sus mismos discípulos, la plena comprensión de su identidad. Desde que éramos niños hemos aprendido en la escuela dominical, grupos de jóvenes y estudios bíblicos que Jesús es Dios y hombre a la vez. Muchos de nosotros hemos recitado credos y oído incontables sermones sobre las naturalezas divina y humana de Jesús. Pero nuestra familiaridad con esta verdad nos hace insensibles a la realidad que encierra. Como afirma Malcolm Muggeridge: "La venida de Jesús al mundo es el suceso más extraordinario de la historia humana".[40]

Muggeridge no hace solo referencia a la importancia religiosa del ministerio de Jesús, sino especialmente a la inconcebible verdad de que Dios se hiciera humano y viviera entre nosotros. Será tarea de Pablo y del apóstol Juan explicar el significado de la encarnación para la redención humana. Mateo escribe

---

38. Quienes quieran considerar un análisis detallado del género "evangelio" en vista de las "biografías" de la antigüedad pueden ver Richard A. Burridge, *What Are the Gospels? A Comparison with Greco-Roman Biography* (SNTSMS 70; Cambridge: Cambridge Univ. Press, 1992).
39. Ver comentarios sobre 4:23.
40. Malcolm Muggeridge, *Jesus: The Man Who Lives* (Nueva York: Harper & Row, 1975), 1.

para relatar las buenas nuevas de la realidad de la encarnación. Ha dado ya a sus lectores una noción entre bastidores de la identidad de Jesús con la consignación de su genealogía mesiánica (1:1-17), la narración de su divina concepción (1:18-25) y su infancia mesiánica anticipada proféticamente (cap. 2). Ahora ofrece una profundización en la verdadera identidad de Jesús en su bautismo (3:13-17). Él es el Mesías ungido, el Hijo amado y el Siervo Sufriente. En este punto hemos de notar dos cuestiones.

(1) En 3:16-17 tenemos la aparición del Espíritu, la presencia del Hijo y la voz del Padre. Como afirma Leon Morris: "Mateo tiene un cierto interés trinitario",[41] y concluirá su Evangelio con otra alusión trinitaria en la instrucción de Jesús de que los nuevos discípulos han de ser bautizados en el nombre singular del Padre, Hijo y Espíritu Santo (28:19). Mateo presenta una clara ilustración de la deidad de Jesús siguiendo las profecías del Antiguo Testamento. Antes de la encarnación, el fuerte lenguaje divino de algunas de estas profecías no podía entenderse adecuadamente y generó una diversidad de puntos de vista sobre la naturaleza del Mesías. Sin embargo, para Mateo, la realidad de la encarnación deja ahora clara la revelación de Dios: Jesús es el divino Hijo de Dios.[42]

(2) Juan dijo que Jesús bautizaría con Espíritu Santo y fuego (*cf.* Hch 2), y ahora en su bautismo es ungido por el Espíritu. Esto inicia la era del Espíritu predicha por el profeta Joel (Jl 2:28-29). La consistente imagen cristológica del Nuevo Testamento revela a Jesús como una persona completamente divina en esencia y atributos, aunque durante su tiempo en la tierra no se muestra en la gloria de su deidad. Jesús vive una vida plenamente humana en el poder del Espíritu, mostrando a sus seguidores el decisivo ejemplo de una vida guiada y facultada por el Espíritu, el ejemplo de cómo ha de vivirse la verdadera vida humana.

La realidad de Jesús como Hijo de Dios encarnado es una verdad inconcebible, si nos permitimos reflexionar a fondo en el relato que desarrolla Mateo. Esta es verdaderamente la única respuesta suficiente a las esperanzas del pueblo judío en el siglo I, y a las de todas las gentes de nuestro tiempo.[43] Al reflexionar sobre esta verdad, descubriremos que este relato remodelará nuestras expectativas de lo que es la vida del reino.

---

41. Morris, *Matthew*, 68.
42. Ver Kaiser, *The Messiah in the Old Testament*, donde este autor presenta una exposición de la revelación cronológica de las profecías mesiánicas del Antiguo Testamento.
43. Para una perspectiva general del desarrollo histórico cristológico neotestamentario, ver Martin Hengel, "Christological Titles in Early Christianity", en *The Messiah*, 425-48. Para una perspectiva teológica general de este asunto ver, Grudem, *Teología sistemática*, esp. 580-90.

Significado Contemporáneo

Hasta ahora, el relato de Mateo no nos ha revelado plenamente cómo será el anunciado reino de los cielos. Juan ha proclamado su llegada y Jesús ha sido ungido por el Espíritu y confirmado por el Padre para emprender su establecimiento. Tendremos que mirar de cerca el ministerio y enseñanza de Jesús a medida que se desarrollan en este Evangelio para entender las características y actividades del reino. Pero Mateo nos ha dado ya algunas claves importantes, especialmente porque su llegada ha confrontado las expectativas de muchos dentro de Israel. Las expectativas del pueblo, los líderes religiosos y hasta las del propio Juan han de ser abandonadas o remodeladas.

Aunque el trasfondo de muchos de nosotros no ha contribuido a que hayamos desarrollado un concepto completo del reino, nuestras expectativas también habrán de ser abandonadas o remodeladas al considerar las implicaciones de nuestra vida en el reino de los cielos. Suelo subrayar esto a mis estudiantes escenificando una analogía:

Entro en una clase llena de estudiantes y digo gritando: "¡Soy el rey!". Cuando se han recuperado de su sorpresa, les pregunto qué les vino a la mente cuando me oyeron.

Las respuestas son del tipo: "El rey Arturo y su mesa redonda"; la escena de la película *Titanic* en que el protagonista dice gritando: "¡Soy el rey del mundo!"; "Elvis Presley!" o el fantasioso león de *El Mago de Oz* que cantaba "¡Si yo fuera el rey de la junglaaa!"...

Todos llevamos con nosotros distintas imágenes y memorias mentales de lo que son un "rey" y un "reino", dependiendo de nuestras experiencias pasadas y de nuestra mentalidad. Si tuvieras que acercarte a una persona de la calle e invitarla al reino, tendrías que explicarle muchas cosas para que entendiera lo que quieres decir, porque se ha formado ya una imagen mental de las cosas que *recuerda* y de las que *quiere*.

En otras palabras, probablemente tendremos que abandonar o remodelar nuestras expectativas. ¿Cuál es tu expectativa del reino? De los incidentes que rodean el anuncio del reino de Juan el Bautista junto con el bautismo y unción de Jesús como Mesías podemos ver varias implicaciones importantes.

Una advertencia de juicio, pero también una invitación a la vida y al cambio. En primer lugar, la llegada del reino de Dios en la predicación de Juan es una advertencia de juicio, pero también una invitación a la vida y una expectativa de verdadero cambio en las vidas de aquellos que responden. Esto se explicará de un modo más completo a medida que el ministerio de Jesús se vaya desarrollando; sin embargo, la llegada del reino de Dios promete traer consigo vida del reino. Juan esperaba que aquel que había de venir trajera ira y juicio final sobre los impenitentes. Pero esperaba también que la venida del reino iba a suponer la reunión de los arrepentidos en un lugar seguro y su bautismo con el Espíritu Santo. Dentro del reino hay vida, fuera está la muerte.

La predicación de Juan el Bautista era una clara intromisión en la vida de quienes le rodeaban. A la mayoría de nosotros no nos gusta dar esta clase de sermones de "fuego y azufre". No nos gusta ofender. Muchos pastores, sentados en el lecho de muerte de alguien que ha rechazado sistemáticamente el tierno mensaje de la salvación, han luchado con la idea de si era o no apropiado transmitir este aterrador mensaje de juicio al final de la vida. Pero Juan sí nos advierte, como lo hará Jesús más adelante (11:20-24), del juicio que vendrá sobre quienes rechazan el mensaje del reino de Dios. Hemos de tener clara esta advertencia y darla a conocer a quienes nos rodean.

Aunque la cronología de Juan sobre la llegada del juicio mesiánico tiene todavía que cumplirse, no hay duda de que llegará. Es cierto que podemos crear una idea distorsionada de Dios y del evangelio insistiendo demasiado en el juicio futuro, pero si minimizamos la realidad de este juicio también desfiguraremos la idea de las personas. No hay sensación más dolorosa, de impotencia y desesperación que pensar en un ser querido que acaba de pasar a la eternidad con una actitud rebelde y beligerante contra Dios. Pero es inmensa la paz que sentimos cuando pensamos en un ser querido que está en los brazos de Dios porque ha tomado en serio la advertencia y ha entregado su vida al Salvador.

Pero Juan no está solo resistiendo a la muerte, sino invitando a quienes responden a su mensaje a experimentar la vida, a huir de la ira futura y a esperar el bautismo del Espíritu Santo que traerá aquel que ha de venir. No debería darse nunca el mensaje de juicio sin ofrecer también la vida prometida a quienes responden positivamente.

Esto no es un mero escapismo hacia el futuro. La verdadera vida promete cambios reales en la presente esfera de nuestra vida diaria. El cambio de mente y dirección de vida que es responsabilidad nuestra en el arrepentimiento es evidente. Pero lo que Juan ofrece no es la última promoción de autoayuda, sino que apunta a la fuente del verdadero cambio: el Espíritu Santo. El tiempo prometido para el derramamiento del Espíritu Santo en Joel (Jl 2:28-29) lo describe Ezequiel como la era del nuevo pacto de Dios, en que él pondrá su Espíritu en su pueblo (Ez 36:26-27). Esto supondrá el cambio de la prometida purificación de Ezequiel y la capacidad de obedecer la ley de Dios. Pero Ezequiel conecta todo esto con el nuevo corazón que recibirá el pueblo del nuevo pacto. Estos son los primeros indicios del tema de la regeneración por medio del Espíritu, un tema que más adelante caracterizará no solo la enseñanza de Jesús (*cf.* Jn 3:3-7), sino que será una verdad fundamental de Pablo y la iglesia primitiva (Tit 3:4-7).

No es solo que el cambio sea posible, sino que es la realidad de quienes experimentan "el nuevo nacimiento" y el poder transformador del Espíritu. Todo esto se insinúa en la referencia de Juan a dar fruto, que apunta a la vida y cambio interior que producirá finalmente un cambio externo. No basta con la profesión, hay que dar fruto. La "profesión" es la afirmación externa de que una persona se ha arrepentido y ha recibido nueva vida, pero los "frutos" son la evidencia externa de que la nueva vida es real. La fuerza interior que imparte vida a un árbol siempre producirá el fruto que determina la naturaleza del árbol en cuestión. La llegada del reino irá acompañada del Espíritu, que dará vida a todos los que respondan.

La trampa del linaje espiritual. El linaje religioso no garantiza la participación en el reino de los cielos. Juan no rinde pleitesía a la ancestral estirpe de los fariseos y saduceos, que tienen a Abraham por padre (3:2, 9). Puede que esto nos resulte sorprendente, puesto que las promesas del pacto hechas a Abraham constituyeron el comienzo del pueblo de Israel (Gn 12:1-3; 15:1-19). Pero Juan no es el primero de hacer este tipo de advertencia a los líderes religiosos. Los profetas amonestaron a Israel desde el principio que no debían depender de su ascendencia o de marcas del pacto, como la circuncisión, sino circuncidar su corazón" (p. ej., Jer 4:4). Dios era quien había establecido a su pueblo al escogerlo y establecer un pacto con él, y, si así lo quería, podía levantar un pueblo nuevo para sí de las piedras (Mt 3:9). La participación en el reino de Dios es un asunto del *corazón*. El arrepentimiento significa ante todo tener el corazón dirigido hacia Dios, lo cual será después evidente por los frutos de la propia vida.

En ocasiones tiemblo cuando recuerdo que soy un "profesional cristiano". Se me paga para que estudie y enseñe la Biblia, para que me ponga en pie y ore delante de mis alumnos e iglesia. Por lo que respecta a los pormenores de quiénes somos como pueblo, los fariseos y los saduceos no son muy distintos de nosotros. Habrá algunos de estos líderes religiosos, como Nicodemo y José de Arimatea, que reconocerán el movimiento de Dios en el mensaje de Juan y el ministerio de Jesús y se arrepentirán ante la llegada del reino de los cielos. Pero otros están tan ocupados con los deberes de su vida religiosa, y tan comprometidos con su propia comprensión del mensaje de Dios en el Antiguo Testamento que ignoran, y después rechazan, la oferta de Jesús de entrar en el reino de los cielos. El privilegio de formar parte del pueblo de Israel y su posición como dirigentes no garantizan su entrada al reino.

Este no es un asunto menor para nosotros. Haber nacido en un hogar cristiano es un privilegio inmenso; lo es tener unos padres cristianos que intentan vivir un estilo de vida piadoso y guiar a sus hijos en la clase de vida que Dios quiere para nosotros. Los padres cristianos tienen el privilegio de contar con la dirección de la Escritura y el Espíritu para ayudarles a criar a sus hijos en el camino correcto.

Pero tanto unos como otros han de recordar que estas cosas no son garantías. El privilegio de un hogar cristiano ha de ir acompañado de la responsabilidad. Los padres cristianos deben ser diligentes, no solo en llevar a sus hijos a las actividades de la iglesia, sino también en ayudarles a entender lo que significa presentar sus corazones a Dios, lo cual es de suma importancia. Y los hijos de familias cristianas no deben depender de la fe de sus padres. Cada uno de nosotros tendrá que rendir cuentas individualmente de lo que haya hecho con su vida.

Por otra parte, quienes tenemos el privilegio de ejercer algún ministerio cristiano de plena dedicación hemos de recordar la trampa del profesionalismo sobre la que advierten constantemente Juan y Jesús a lo largo de su ministerio. Personalmente me estremezco, pues, ante la posibilidad de llegar a ser como aquellos fariseos y saduceos que habían endurecido su corazón para con Dios llevando a cabo actividades religiosas vacías (ver comentarios sobre 6:1-18). Debo abrir mi corazón a Dios para vivir sinceramente delante de él y experimentar su ministerio en mi vida, con el fruto de una constante y humilde dependencia del Espíritu de Dios.

Humildad. Hemos de tomarnos el llamamiento de Dios con una extraordinaria seriedad, pero evitar concentrarnos en las apariencias. Esta tercera implicación surge de observar las cualidades de carácter de Juan y Jesús en el cumplimiento de sus llamamientos. Juan no solo tenía un extenso grupo de seguidores; también demostró su autoridad al reprender a los líderes religiosos por su hipocresía. Pero no se dejó llevar por una idea errónea de su propia importancia. Juan entendió claramente su papel sabiendo que vendría uno después de él que sería mayor que él y tendría un papel más importante que el suyo. Juan no se resistió a que otro le superara. Jesús era el más importante, el Mesías, el divino Hijo de Dios, que iba a asumir su crucial papel redentor. No obstante, Jesús asumió una posición de subordinación al someterse al bautismo de Juan. No se negó a parecer inferior.

Esta es una tremenda lección sobre cómo nos vemos a nosotros mismos en el desempeño del llamamiento de Dios en nuestras vidas. Ni Juan ni Jesús se dejaron llevar por las apariencias. Aunque demostraron fuerza para desempeñar su papel en el plan de la salvación, esta fortaleza implicaba reducir el aspecto de su importancia personal. La palabra clave aquí es "humildad", un término que no goza de muy buena prensa en nuestros días, donde se oye hablar mucho más de "derechos". Es posible que esto no sea algo nuevo, puesto que la imagen que Juan y Jesús transmiten en todas las épocas es la incongruencia de su humildad relativa a la trascendencia de su roles. No nos gusta ocultar la apariencia de nuestra importancia. Por ello, Juan y Jesús nos dan un poderoso ejemplo de humildad. Conocer los propósitos de Dios y no permitir que nuestro deseo de autopromoción sea un obstáculo también nos permite cumplir con el llamamiento de Dios para nuestra vida.

Naturalmente, el que puede hacernos sentir más incómodos en esto es Jesús. ¿Le fue realmente difícil mostrarse con humildad en las aguas del bautismo de Juan? ¿Tuvo de veras luchas con cosas tan prosaicas como la imagen de sí mismo, las apariencias y su rol? Creo que sí. Era así de humano. Jesús experimentó todas las cosas que nosotros enfrentamos (*cf.* Heb 4:14-16). Por eso es nuestro ejemplo. Esto es un elemento clave para su entrada en la historia. Jesús no solo consiguió nuestra salvación, sino que también nos dio el modelo de cómo es una verdadera vida humana vivida en el poder del Espíritu. Esto no reduce en modo alguno su deidad, sino que nos da más bien un primer atisbo de lo que supuso la encarnación. Jesús puso a un lado su gloria y el ejercicio independiente de su deidad para vivir una vida igual que tú y yo. Por ello es el ejemplo absolutamente real y tangible de aquello en lo que nuestras vidas están siendo transformadas (ver 2Co 3:18).

Podemos sentirnos incómodos con un Salvador así. Nos gustaría mucho más centrarnos en su fuerza (¡de hecho, lo hacemos!). Pero su fuerza procede de su humilde dependencia en el mismo Espíritu del que dependemos tú y yo. Esta es la naturaleza de su encarnación, que Mateo pasa ahora a considerar narrando la entrada de Jesús en el conflicto cósmico cuando Satanás le tienta en el desierto.

Mateo 4:1-11

**Luego el Espíritu llevó a Jesús al desierto para que el diablo
lo sometiera a tentación. 2 Después de ayunar cuarenta días
y cuarenta noches, tuvo hambre. 3 El tentador se le acercó y le
propuso:**

**—Si eres el Hijo de Dios, ordena a estas piedras que se conviertan
en pan.**

4 Jesús le respondió:

**—Escrito está: "No sólo de pan vive el hombre, sino de toda palabra
que sale de la boca de Dios."**

**5 Luego el diablo lo llevó a la ciudad santa e hizo que se pusiera de
pie sobre la parte más alta del templo, y le dijo:**

6 —Si eres el Hijo de Dios, tírate abajo. Porque escrito está:

> **"Ordenará que sus ángeles**
> **te sostengan en sus manos,**
> **para que no tropieces con piedra alguna."**

**7 —También está escrito: "No pongas a prueba al Señor tu Dios"
—le contestó Jesús.**

**8 De nuevo lo tentó el diablo, llevándolo a una montaña muy alta, y
le mostró todos los reinos del mundo y su esplendor.**

9 —Todo esto te daré si te postras y me adoras.

**10 —¡Vete, Satanás! —le dijo Jesús—. Porque escrito está: "Adora
al Señor tu Dios y sírvele solamente a él."**

11 Entonces el diablo lo dejó, y unos ángeles acudieron a servirle.

Sentido Original

Tras su bautismo, Jesús entra en su ministerio como libertador mesiánico ungido por el Espíritu y confirmado por el Padre. Pero su comienzo como libertador es tan incongruente como su aparición para el bautismo.

En lugar de iniciar una reforma pública, ¡se va al desierto a ayunar! Pero este será algo más que un lugar de retiro espiritual. El desierto es el escenario del primer choque entre los reinos enfrentados y sus gobernantes; entre dos figuras que reclaman el corazón y el alma de las personas. Jesús va ahora a hacer avanzar, no retroceder, el reino de Dios.

Trasfondo de las tentaciones (4:1-2)

El ministerio de Jesús comienza en el desierto, posiblemente una nueva referencia a las tierras altas del desierto de Judea, al oeste del Jordán y el mar Muerto. Este es posiblemente el mismo desierto donde estaba Juan el Bautista (3:1). Pero, a diferencia de Juan, Jesús no comienza predicando, sino ayunando. A lo largo de su ministerio público, Jesús se retirará muchas veces a lugares solitarios para estar solo y prepararse para acontecimientos particularmente trascendentes (p. ej., 14:13, 23). En este momento, todo su ministerio se extiende delante de él y, por ello, se retira al desierto a fin de prepararse espiritualmente para los futuros acontecimientos, igual que en otro tiempo Israel vivió en el desierto antes de comenzar su tarea en la tierra prometida.

Este parece ser el objetivo de este tiempo intenso de ayuno. El ayuno se practicaba a menudo para centrarse en la oración (ver comentarios sobre 9:14-15) mediante la disciplina personal. Jesús se preparó para su ministerio público por medio de este extenso periodo de comunión con su Padre, quien acababa de confirmar su relación en el bautismo.

Pero en este relato hay algo más que preparación espiritual. Mateo nos dice que Jesús va al desierto para el específico propósito de ser tentado por el diablo. Mientras Jesús ayuna se está preparando una batalla. En estos dos primeros versículos, Mateo hace dos reflexiones clave.

(1) Jesús es guiado por el Espíritu. El Espíritu vino sobre él en su bautismo (3:13-17), y ahora le conduce al desierto. Mateo nos muestra, de manera progresiva, que el Espíritu no es ninguna fuerza impersonal, sino el agente personal que guiará íntimamente cada uno de los pasos de Jesús en su vida terrenal. Jesús ha venido a llevar a cabo la voluntad del Padre que le envió (26:39, 42), y es el Espíritu quien le guía en este propósito. Es decir, Jesús está en el desierto no solo para tener comunión con el Padre, sino también para entablar combate con el enemigo. Este mismo Espíritu dará poder a Jesús para resistir las tentaciones de Satanás.

(2) El diablo es el verdadero adversario. Aunque aparece por primera vez en el relato de Mateo, el diablo es el que ha estado ya tras los esfuerzos por impedir la llegada de Jesús el Mesías. Aunque Herodes fue el primer adversario humano de Jesús, el verdadero enemigo se revela ahora como "el diablo", o, como se le llamará más adelante, Satanás (4:10; 12:26; 16:23). El término griego *diabolos* ("acusador") aparece aquí precedido por el artículo determinado para indicar que Jesús es tentado por "*el* diablo" de una manera única (*cf.* también 4:5, 8, 11; 13:39; 25:41). Esta expresión no es un símbolo de depravación o un emblema de la tendencia a la corrupción. Como afirma Clinton Arnold, "*el* diablo es un ser espiritual poderoso e inteligente, absolutamente malvado, y directamente involucrado en obrar el mal en la vida de las personas y a una escala mucho más

extensa. No es una abstracción, ni como personificación del ser interior corrupto ni en el sentido de una representación simbólica del mal organizado".[1]

Como verdadero enemigo de Dios (13:39), el diablo acaudilla huestes de poderosos seres espirituales que le ayudan en su propósito de frustrar los propósitos de Dios. Pablo le llama, "el que gobierna las tinieblas" (Ef 2:2). La línea de batalla trazada en las arenas del desierto de Judea es realmente la que se traza en las arenas de todos los tiempos, puesto que el desenlace tendrá implicaciones para toda la humanidad. Esta es la primera escaramuza en el intento del gobernador de las tinieblas de detener el avance del reino de Dios.

El cuadro que encontramos en este versículo concuerda con lo que vemos de la estrategia de Satanás en otros pasajes.[2] El enemigo no atacará frontalmente a Jesús, sino que intentará distraerle mediante una serie de tentaciones.

La expresión "lo sometiera a tentación" traduce esencialmente al verbo *peirazo*, que puede significar "tentar" o "probar".[3] "Tentar" es seducir a una persona para que haga algo contrario a la voluntad de Dios, como Satanás intentará hacer con Jesús. Las "pruebas", por otra parte, pretenden que una persona se muestre fiel a la voluntad de Dios, con la buena intención de que así sea. La Escritura es clara en el sentido de que Dios nunca *tienta* a nadie (Stg 1:13), pero sí se sirve de las circunstancias para *probar* el carácter o determinación de las personas y conseguir un buen fin (p. ej., Heb 11:17).

En un sentido, la tentación y la prueba son distintas caras de la misma moneda. Satanás pretende conseguir que Jesús se aparte de la voluntad del Padre, pero, en medio de esas circunstancias, el Padre utiliza la malvada intención de Satanás para el buen propósito de fortalecerle en su papel mesiánico. En otras palabras, Satanás no actúa independientemente de Dios. Observemos que Satanás intentó llevar a Job a maldecir a Dios y apartarse de su voluntad, pero Dios tenía control de la situación, de modo que, cuando Job volvió a él, fue fortalecido. En el caso de José, sus hermanos pretendían hacerle daño vendiéndole como esclavo a los egipcios, pero Dios se sirvió de estas mismas circunstancias para el bien (Gn. 50:20). La tentación ha de verse en el contexto de la prueba, porque Dios tiene control tanto del tentador como de las circunstancias, y nunca permitirá que una persona sea tentada más de lo que es capaz de soportar (1Co 10:13).

Por eso algunos se refieren a las tentaciones de Jesús como la *prueba* del Hijo de Dios.[4] El Padre no envía al Hijo para el mal, sino para el bien. Una tentación

---

1. Clinton E. Arnold, *Three Crucial Questions about Spiritual Warfare* (Grand Rapids: Baker, 1997), 35.
2. Ver Job 1–2 [esp. 1:6-12]; Zac 3:1-12; 1Cr 21:1; Lc 10:18–5; 20.
3. BDAG, 646. Esto se aplica también al sustantivo *peirasmos*, que puede significar "tentación" o "prueba".
4. P. ej., Birger Gerhardsson, *The Testing of God's Son (Matt 4:1–11 and Par.)* (ConBNT 2.1; Lund: Gleerup, 1966); Don B. Garlington, "Jesus, The Unique Son of God: Tested and Faithful", *BibSac* 151 (julio-septiembre 1994): 284-308.

en las manos de Satanás se convierte en una prueba en las de Dios.[5] La tentación es real, pero el buen resultado está asegurado porque el Hijo se sujeta a la guía y poder del Espíritu en el cumplimiento de la voluntad del Padre. Cuando Jesús es llevado por el Espíritu al desierto, Satanás intenta desviarle de la voluntad del Padre, sin embargo, utiliza la propia tentación para establecerle en su voluntad.[6]

La confrontación de Jesús con el diablo al comienzo de su ministerio público no es casual. Al desarrollar su narración histórica de estos acontecimientos, Mateo indica tres importantes propósitos que se cumplen por medio del victorioso choque de Jesús con el maligno.[7]

(1) Este victorioso encuentro supera la experiencia de Adán. Como Hijo de Dios, Jesús conseguirá lo que Adán, el primer "hijo" de Dios en la creación, no pudo lograr.[8] El primer Adán fracasó encontrándose en las mejores condiciones, Jesús como postrer Adán triunfa en las peores. La muerte fue el resultado del pecado de Adán, pero el sufrimiento y la tentación permitirán que Jesús expíe los pecados de su pueblo y le imparta vida. Jesús será tentado en otras dos ocasiones, y demostrará sus capacidades para llevar el pecado de los demás resistiéndolo en su propia vida (Heb 2:17-18).

(2) Este victorioso encuentro sobrepasa la experiencia de Moisés e Israel. Las alusiones previas de Mateo a la historia de Israel nos llevan a una correspondencia entre la experiencia de cuarenta días de ayuno de Jesús en el desierto y los cuarenta años de pruebas de Israel en el desierto (Dt 8:2-3).[9] Tanto tipológica como directamente, la primera etapa de la vida de Jesús presenta paralelismos

---

5. El mismo término, *peirazo*, se utiliza en relación con los líderes religiosos que se acercan a Jesús para interpelarle más adelante (16:1; 19:3; 22:34-35). El contexto determina sus motivos, buenos o malos.
6. *Cf.* Morris, *Matthew*, 71 y ss.
7. El ayuno de cuarenta días de Jesús le preparó para el ministerio redentor que emprendería, lo cual no implica que ayunara para hacerse deliberadamente vulnerable a Satanás. Hemos de tener cuidado con las implicaciones que extraemos para la vida espiritual en nuestro tiempo. Los relatos de la tentación se han utilizado como modelo para ciertas prácticas ascéticas que podrían estar injustificadas, como por ejemplo someterse a periodos de ayuno extremos, llegando casi al punto de la muerte, para experimentar experiencias de intimidad con Jesús.
8. Muchos han observado los paralelismos con Adán, comenzando ya con los primeros padres de la iglesia, como Ireneo (Ver D. Jeffrey Bingham, *Irenaeus' Use of Matthew's Gospel: In Adversus Haereses* [Traditio exegetica graeca 7; Lovaina, Bélgica: Peeters Lovaina, 1998], 274-81). Los paralelismos con Adán son más pronunciados en Lucas y Marcos (ver Davies y Allison, *Matthew*, 1:356-57).
9. El número "cuarenta" (y algunos de sus múltiplos, como 80 y 120) se utiliza con frecuencia como un número redondo para designar los años de una generación, la madurez (p. ej., de una vida), o un periodo simbólico de tiempo (p. ej., *cf.* Éx 24:18). El periodo de "cuarenta días" adquiere una relevancia especial en la Escritura, y, aunque este número se relacionaba a menudo con penurias, aflicción o castigo, era también un tiempo de preparación para participar de forma especialmente significativa en las actividades de Dios (ver Éx 24:18; Dt 9:25; 1R 19:8; Ez 4:6).

con la historia de Israel. Esto se hace especialmente claro cuando observamos que cada una de las respuestas de Jesús al tentador procede de Deuteronomio, la última narración de Moisés a los israelitas. Sin embargo, y lo que es más importante, evocar de nuevo la experiencia de Israel subraya la victoria de Jesús el Mesías: el cumplimiento de la experiencia de la nación de Israel. Jesús será plenamente obediente a la guía del Espíritu, mientras que Israel, aunque contaba con su capacitación (*cf.* Nm 11:17, 25, 26, 29; 14:24; 24:2, 18), no lo fue. Las tentaciones son una representación victoriosa de la historia de Israel.

(3) Este encuentro triunfante confirma la identidad y misión de Jesús como Hijo único de Dios. Mateo no pretende meramente consignar las tentaciones espirituales de Jesús, sino presentar cuestiones de mayor calado. Las alusiones a la caída de Adán y el errático tránsito de Israel por el desierto demandan el nuevo comienzo de Dios. La caótica oscuridad del pecado se cierne sobre la humanidad, y Jesús es llamado como unigénito Hijo de Dios para rectificar los fallos anteriores. Pero el principio del fin de la oscuridad debe surgir de la debilidad de la encarnación, puesto que el Hijo obediente se convierte en prototipo de la victoria sobre la tentación para todos los que le siguen (Heb 4:14-16). Por ello, tras cuarenta días y cuarenta noches de ayuno, cuando es más vulnerable, el tentador se acerca a Jesús. Satanás intenta frustrar el plan de Dios para la redención de la humanidad descalificando a Jesús como Salvador inmaculado y obediente Hijo.[10]

Primera tentación: convertir las piedras en pan (4:3-4).

Satanás se acerca tres veces a Jesús, y en cada caso hace fracasar sus tentaciones. Podemos observar un patrón que aparece habitualmente en el ministerio de Jesús. Este esquema es también importante para nuestra propia resistencia a la tentación.[11]

La naturaleza de las tentaciones se expresa en las primeras palabras del tentador: "Si eres el Hijo de Dios...". Esta expresión clave, que se repite en la segunda tentación (4:6) y se asume en la tercera (4:9), refleja el propósito general del tentador de manipular Jesús: "Si eres el Hijo de Dios, ordena a estas piedras que se conviertan en pan".[12] Hace poco, la voz del Padre ha confirmado la identidad

10. Donald Guthrie, *A Shorter Life of Christ* (Grand Rapids: Zondervan, 1970), 81-82.

11. Es importante observar y establecer este esquema en nuestro desarrollo espiritual, a pesar de los modernos intentos de negar la existencia de un ser satánico real, y, por tanto, de tentaciones personales reales. Para un estudio histórico de la literatura popular y la persistencia de un patrón para la espiritualidad, aunque un tanto apartado del ejemplo de Jesús, ver Christian Davis, "Where Are We Going, Where Have We Been? The Temporality of Spirituality in Satanic Temptation Narratives", *Christian Scholars Review* 29 (primavera 2000): 455-69.

12. Toda una condición, "si eres el Hijo de Dios", que muestra el intento de Satanás de manipular a Jesús. Como argumento asume que esta identificación es cierta y acto seguido la utiliza para intentar manipular a Jesús. Ver Richard A. Young, *Intermediate*

de Jesús y su relación con él con estas palabras: "Este es mi Hijo amado; estoy muy complacido con él" (3:17). Satanás no duda de la identidad de Jesús como Hijo de Dios, ni intenta crearle dudas al respecto; se esfuerza más bien para que haga una mala utilización de sus prerrogativas como Hijo de Dios. Satanás pretende jugar sutilmente con la identidad de Jesús, halagarle casi, para engañarle y hacerle ir en contra de la voluntad del Padre para el Hijo. El tentador parece estar diciendo: "Si eres el Hijo de Dios, ¿por qué tienes que seguir pasando hambre? Tú tienes poder; convierte estas piedras en pan y come".

Jesús tiene la capacidad de realizar dicho milagro, porque más adelante multiplica milagrosamente panes y peces para alimentar a un grupo de cinco mil personas y a otro de cuatro mil. Pero, en este momento, no es la voluntad de Dios que consiga la comida de este modo. Jesús ha venido para vivir una vida verdaderamente humana, que consigue la comida por medios normales. Convertir las piedras en pan habría llevado a Jesús fuera de la voluntad del Padre para su experiencia como Hijo encarnado.

Las tentaciones son una de las formas en que el enemigo intenta apartar a las personas de la específica voluntad de Dios. Así, la tentación no siempre pretende conseguir que las personas hagan cosas inherentemente pecaminosas. Convertir las piedras en pan no es algo intrínsecamente malo. Pero la voluntad del Padre para el Hijo en aquel momento es que ayune, no que coma. Convertir las piedras en pan apartará a Jesús del buen camino. La cuestión es realmente: ¿cuál es la voluntad del Padre para el Hijo?

Jesús responde a Satanás citando un pasaje de Deuteronomio. Esto demuestra la conexión entre las tentaciones de Jesús y la experiencia de Israel en el desierto. En Deuteronomio 8:2, Moisés recuerda a Israel que Dios les había guiado aquellos cuarenta años en el desierto para humillarlos y ponerlos a prueba. Una de las pruebas fue llevarles a tener hambre y experimentar la milagrosa provisión divina del maná. El propósito de aquella experiencia era enseñarles que "no sólo de pan vive el hombre, sino de todo lo que sale de la boca del Señor" (Dt 8:3).

Jesús cita ahora esta misma lección en su respuesta a la tentación de Satanás. Israel debería haber confiado en la promesa de Dios en el sentido de que él velaría por ellos, aun cuando se encontraban en una zona en que no parecía haber medios para alimentar a tantas personas. Si la voluntad de Dios para ellos era que estuvieran allí, tenían que confiar en él cuando les dijo que les cuidaría. De igual manera, puesto que la voluntad del Padre era que Jesús estuviera en el desierto como un humano que no se apoya en sus capacidades para crear comida, sino en la provisión de su Padre, no puede apartarse de esta voluntad para esta situación ni para toda su experiencia como Hijo encarnado. Jesús confiará en lo que el Padre ha revelado como su voluntad.

New Testament Greek: A Linguistic and Exegetical Approach (Nashville: Broadman & Holman, 1994), 229-30.

La primera tentación se dirige al núcleo de la confianza *personal* de Jesús en la dirección del Padre. Aunque las circunstancias presentes —Jesús está hambriento y agotado tras cuarenta días de ayuno— parecen contradecir la voz que declara su estatus como Hijo de Dios a quien el Padre ama verdaderamente, Jesús sostiene que la esencia de la vida es confiar en la Palabra de Dios. No tiene necesidad de convertir las piedras en pan para confirmar su identidad o suplir sus necesidades. El Padre le ha declarado su Hijo, el Espíritu le ha llevado al desierto y él no irá en contra de la voluntad del Padre. Aunque sus circunstancias presentes no parecen apoyar de manera evidente que él sea el Hijo, el Espíritu le ha guiado a este lugar y debe confiar en la palabra del Padre en el sentido de que él le cuidará aunque su cuerpo esté pidiendo comida a gritos.

Segunda tentación: saltar desde el pináculo del templo (4:5-7)

Si la primera tentación ataca la vida personal del Hijo en relación con la voluntad del Padre, la segunda[13] representa un ataque sobre su responsabilidad *nacional*. El diablo lleva a Jesús a Jerusalén, la ciudad santa, y le sitúa en el pináculo del templo. Al hablar de la "parte más alta del templo", Mateo alude probablemente al rincón sudeste del complejo, que se elevaba unos 150 metros por encima del valle de Cedrón, o a una prominente puerta del templo. Satanás se acerca de nuevo a Jesús con las palabras, "Si eres el Hijo de Dios", sin embargo en esta ocasión cita Salmos 91:11-12, donde el salmista declara el cuidado protector de Dios para los fieles de Israel. El diablo insta a Jesús a arrojarse desde dicho pináculo para que su amante padre envíe a los ángeles en su rescate (Mt 4:6).

Jesús tiene la capacidad de hacer aquello que el diablo le sugiere. Más adelante en Mateo, inmediatamente antes de su arresto y crucifixión, Jesús afirma que si lo quisiera podría pedir a su Padre más de doce legiones de ángeles para su rescate (26:53). La cita del diablo es, pues, una evidente mala utilización de la Escritura en un intento de manipular a Jesús. El contexto veterotestamentario original no implica que Dios se haya comprometido a enviar su protección en cualquier situación de peligro. Su respuesta mediante un texto de Deuteronomio demuestra que Jesús discierne la tergiversación de la Escritura por parte del

---

13. Mateo y Lucas invierten el orden de la segunda y tercera tentaciones. Este es un buen ejemplo que ilustra que cada evangelista narra ciertos incidentes para su propósito específico. Mateo pretende narrar una secuencia cronológica, mientras que Lucas tiene un propósito más teológico al poner al final la tentación del templo (Lc 4:3-12; *cf.* I. Howard Marshall, *Commentary on Luke* [NIGTC; Grand Rapids: Eerdmans, 1978], 166-67; Nolland, *Luke 1–9:20,* 180-81). El propósito cronológico de Mateo se revela por el uso del adverbio de secuencia "luego" (*tote*, 4:5), que en otros pasajes utiliza habitualmente para expresar una progresión cronológica (p. ej., 3:13; 4:1, 17), y "de nuevo" (*palin*, 4:8), que continúa el pensamiento de progresión cronológica.

diablo y entiende la siniestra motivación que subyace tras ella: "También está escrito: 'No pongas a prueba al Señor tu Dios'" (4:7; *cf.* Dt 6:16).[14]

Satanás pretende que Jesús ponga a prueba a su Padre de dos formas (ver comentarios sobre *peirazo* en 4:1-2, la raíz del verbo que Mateo consigna en este versículo). (1) Colocándose deliberadamente en una situación imposible, Jesús estaría poniendo a prueba de manera impropia el amor de su Padre, intentando manipularle para que enviara una fuerza angélica de rescate (*cf.* 6:36-40). La verdadera fe no hace este tipo de demandas. (2) ¡Pensemos en la reacción del pueblo si Jesús se arrojase desde el pináculo del templo y los ángeles lo rescataran! Esta espectacular demostración suscitaría muchos seguidores a Jesús, pero no por el camino del Padre (proclamando obedientemente el evangelio del reino y sufriendo las consecuencias que ello pudiera conllevar).

El diablo desafía a Jesús a que confirme la relación que tiene con el Padre. ¿Le ama realmente? Que lo demuestre enviándole su ayuda. ¿Sabe realmente el Padre cuál es la mejor forma de conseguir seguidores por toda la nación? ¡Ya verás qué reacción produce un salto desde el pináculo del templo! Pero Jesús no tiene necesidad de que el Padre le demuestre que tienen esta relación Padre-Hijo, que fue declarada en el bautismo; el Hijo no necesita más confirmación. Esta es la esencia de la fe bíblica: confiar en lo que Dios ha dicho y ser obediente a ello sin necesitar otra confirmación.

Tercera tentación: adorar a Satanás (4:8-10)

Las tentaciones no tienen únicamente una dimensión personal y nacional, sino también *universal*, que el diablo revela ahora. Satanás lleva a Jesús a un monte alto,[15] le muestra todos los reinos del mundo y su esplendor (4:8) y, acto seguido, le hace una oferta sorprendente: "Todo esto te daré si te postras y me adoras".

¡Qué señuelo tan cruel! Estos reinos son precisamente la razón por la que Jesús ha puesto a un lado su gloria. Su propósito final es reunir a las naciones en el reino de Dios (*cf.* 25:31-34). Pero, antes de sentarse en su regio trono, ha de colgar de la cruz. El diablo le ofrece, pues, un atajo. Jesús puede evitar la ignominia de estas penalidades humanas y el sufrimiento de la cruz. Pero tomar el atajo requiere la aceptación de una inmensa condición: ha de abandonar la voluntad de su Padre celestial para adorar al diablo en la tierra. La voluntad del Padre para la vida de Jesús es la cruz (ver 16:21-27; 26:36-46), pero Satanás

14. Christoph Kähler, "Satanischer Schriftgebrauch: Zur Hermeneutik von Mt 4,1-11/ Lk 4, 1-13", *TLZ* 119 (1994): 857-68. Este incidente de la tentación de Jesús es singular, por cuanto utiliza las citas de la Escritura y entiende una mala utilización de la Escritura.
15. Esto puede indicar que al menos esta tentación se produjo mediante cierto tipo de experiencia visionaria, puesto que ningún monte conocido permitiría hacer físicamente visibles todos los reinos de la tierra. Satanás utilizó las fuerzas a su disposición para llevar a cabo tentaciones muy reales. No cabe duda de que ciertos poderes sobrenaturales intervinieron aquí para tentar al Hijo de Dios.

intenta desviarle de esta misión haciéndole tomar un atajo para evitar el camino difícil que le llevará al reino.

Jesús declara, por tanto, categóricamente: "¡Vete, Satanás! [...] Porque escrito está: 'Adora al Señor tu Dios y sírvele solamente a él'". En esta respuesta, Jesús ejerce su legítima autoridad sobre Satanás pronunciando su primer mandamiento (*cf.* 16:23)[16] y cita por tercera vez el libro de Deuteronomio (Dt 6:13). A pesar de lo poderoso que Satanás pueda ser, de la fragilidad de Jesús tras su largo ayuno y de la intensidad de las tentaciones, Jesús le derrota con una sola palabra.

Hay aquí tres importantes cuestiones. (1) En el relato paralelo de Lucas, Satanás subraya que se le ha concedido autoridad sobre los reinos del mundo, y puede dárselos a quien él desee (Lc 4:5-6). Es cierto que Satanás posee una significativa influencia sobre las gentes y poderes de este mundo (2Co 4:4; Ef 2:1-2; Ap 13:1-2), pero dicha influencia es limitada. Su oferta a Jesús indica su "diabólico autoengaño".[17] El tiempo de su derrota y desaparición es inminente, pero él sigue luchando, creyendo que puede neutralizar al que viene a subyugar su poder (Jn 12:31; 14:30; 16:11).

(2) Las tentaciones suponen una deformación de la realidad y, por tanto, su antídoto se elabora con la *verdad* de la Escritura. Jesús no entra a disputar un pulso espiritual con Satanás, contraponiendo su poder como Hijo de Dios al de él. Lo que hace es, en lugar de ello, utilizar la verdad de la Escritura para guiar su comprensión de la realidad.

(3) Solo el Padre es digno de adoración. El que Satanás pida a Jesús que le adore indica cuál es su objetivo general y dicha demanda es sin duda la esencia del pecado. El pecado desecha la voluntad de Dios y establece la propia, para hacer de uno mismo el dios de la propia vida. Satanás desea suplantar a Dios. Las imágenes del rey de Tiro (Ez 28:2, 11-19) y del de Babilonia (Is 14:12-14) encarnan esta obsesión y se ha entendido frecuentemente que, más allá de los diabólicos gobernantes terrenales, aluden al propio Satanás. La adoración de Dios es la demostración tangible de que una persona ha entregado el gobierno de la propia vida a la voluntad de Dios. Esto tiene también implicaciones para entender la identidad de Jesús como divino Hijo de Dios, puesto que ha recibido, y seguirá recibiendo, adoración.[18]

Desenlace de las tentaciones (4:11)

El comentario final de Mateo sobre el relato de la tentación ofrece una reconfortante conclusión, pero también nos ayuda a comprender el cuadro general que

16. Aquel a quien en todo el relato se ha venido llamando "diablo" (p. ej., 4:1, 5, 8) ahora se le llama "Satanás" (4:10), "el Adversario".
17. Bock, *Luke 1:1-9:50*, 376.
18. "La insistencia de Jesús en adorar solo a Dios hace que el tema característico de Mateo de adorar a Jesús (p. ej., 2:2; 8:2; 9:18; 14:33; 15:25; 20:20; 28:17) sea más significativo como evidencia de su divinidad" (Blomberg, *Matthew*, 85-86).

subyace tras el conflicto de Jesús con Satanás. (1) El efecto inmediato de la reprensión de Jesús a Satanás fue que: "Entonces el diablo lo dejó". Aunque este es solo el primero de los muchos ataques que Jesús experimentará a lo largo de su ministerio, establece el precedente de su lucha espiritual y de cualquier otra. Jesús debe permanecer anclado en la voluntad del Padre, sean cuales sean las circunstancias o tentaciones que puedan producirse. Resistir el asalto del diablo permaneciendo estable en la verdad de Dios hará que Satanás huya (*cf.* Stg 4:7; 1P 5:9).

(2) Mateo añade un reconfortante, conmovedor incluso, comentario: "y unos ángeles acudieron a servirle". Es decir, los ángeles atienden las necesidades físicas de Jesús tras su largo periodo de ayuno. Pero, más importante, este comentario indica la trascendencia cósmica de la escena que acaba de producirse. El Hijo ha comenzado la invasión del dominio de Satanás. Leemos en Hebreos 1:6: "Además, al introducir a su Primogénito en el mundo, Dios dice: 'Que lo adoren todos los ángeles de Dios'". Es como si los ángeles hubieran estado observando estas escaramuzas iniciales desde el cielo y ahora rindieran al Hijo el debido honor. Esta ha sido una trascendental victoria al comienzo de esta conflagración cósmica, y resultará finalmente en la conquista de todo el mal y el establecimiento del reino de Dios por todo el universo. Todo el cielo conoce la trascendencia de este triunfo y los ángeles sirven al Hijo, quien ahora avanzará el reino.

Construyendo Puentes

"Qué cosas hizo o hubiera podido hacer Jesús, solo realizables por ser Dios?" Tomémonos un par de minutos para pensar a fondo en esta pregunta. Podemos pensar en el hecho de que anduviera sobre el agua. Esto parece, ciertamente, algo que solo Dios podía hacer. Pero después recordamos que Pedro salió de la barca y también anduvo sobre las aguas unos momentos. No era Dios y, sin embargo, anduvo sobre el agua.

Jesús resucitó a algunas personas, como a Lázaro, por ejemplo. Pero la Escritura menciona a otros que también resucitaron a personas de los muertos, como Elías, que levantó de los muertos al hijo de una viuda (1R 17:17-24), o Pedro, que hizo lo mismo con Tabita (Hch 9:36-42). Ni Elías ni Pedro eran divinos.

Podemos pensar en el hecho de que Jesús llevara a cabo distintos milagros, como la multiplicación de los panes y los peces para alimentar a cinco mil personas, o la curación de personas con discapacidades, o la predicción de acontecimientos futuros. Pero la Biblia informa de otras personas que llevaron también a cabo obras parecidas, como Eliseo, que multiplicó el aceite de la viuda (2R 4:1-7); Pedro, que hizo andar al mendigo cojo (Hch 3:1-10); o Natán, al pronosticar que el Mesías vendría a través de la descendencia de David (2S 7:8-17).

También podemos pensar en el hecho de que Jesús puede perdonar pecados (Mr 2:6-12) o en su obra expiatoria en la cruz como indicaciones de su deidad. Ciertamente, Jesús solo pudo hacer estas cosas porque era Dios. No obstante, en general, cuando pensamos en todo lo que Jesús hizo durante su ministerio terrenal, hay solo algunas cosas que no guardan paralelismo con ningún otro personaje bíblico humano.

No pretendo en modo alguno minimizar la deidad de Jesús. Personalmente me hice cristiano porque estaba absolutamente convencido de que Jesús era el Dios de la encarnación, vino a la tierra a morir por los pecados del mundo y resucitó como testimonio de este hecho. Estoy dispuesto a morir por esta verdad. La Escritura es rotunda en su declaración de que Jesús es el divino Hijo de Dios, la segunda persona de la Trinidad.

Pero muchos de nosotros somos lo que yo llamo "gnósticos funcionales", es decir, subrayamos tanto la deidad de Jesús que casi negamos su humanidad, mientras que el mundo de hoy tiende a negar su deidad y solo reconoce su humanidad. Por ello, defendemos enérgicamente la deidad de Jesús y sospechamos de cualquiera que hable excesivamente de su humanidad.

El Nuevo Testamento no se muestra incómodo ni con la deidad de Jesús ni con su humanidad. Afirma categóricamente ambas naturalezas (p. ej., 1:3-4). Mateo subraya con toda naturalidad tanto la divina concepción de Jesús *como* su ascendencia humana. En la escena bautismal, Mateo ha subrayado claramente la naturaleza divina de Jesús como amado hijo de Dios. Pero subraya con igual claridad que Jesús fue guiado por el Espíritu a la tentación y que en su victoria sobre Satanás combatió como humano.

La misión mesiánica ungida por el Espíritu. Lo que Jesús hizo en su ministerio terrenal no lo llevó a cabo sirviéndose principalmente de sus poderes divinos, sino actuando como Mesías ungido por el Espíritu. Jesús vino para vivir una vida completamente humana, como tú y yo, y esto significaba limitarse voluntariamente a sus atributos humanos. Llevó a cabo milagros, sanó e incluso resucitó a personas, porque dependía del poder del Espíritu. Obsérvese el relato de Pedro hablando de las actividades de Jesús en su sermón de Pentecostés: "Pueblo de Israel, escuchen esto: Jesús de Nazaret fue un hombre acreditado por Dios ante ustedes con milagros, señales y prodigios, los cuales realizó Dios entre ustedes por medio de él, como bien lo saben" (Hch 2:22). Dios llevaba a cabo los milagros, prodigios y señales a través de Jesús.

Por otra parte, Jesús vivió una vida piadosa y pura porque se apoyaba en el poder del Espíritu. En un mensaje posterior, Pedro dijo:

> Ustedes conocen este mensaje que se difundió por toda Judea, comenzando desde Galilea, después del bautismo que predicó Juan. Me refiero a Jesús de Nazaret: cómo lo ungió Dios con el Espíritu Santo y con poder, y cómo anduvo haciendo el bien y sanando a

todos los que estaban oprimidos por el diablo, porque Dios estaba con él. (Hch 10:37-38)

En otras palabras, Jesús cumplió las promesas mesiánicas como descendiente humano y ungido por el Espíritu de David. Su misión redentora consistió en vivir una vida completamente humana que venciera toda tentación en el poder del Espíritu para poder ofrecer una vida humana sin mancha en la cruz como sacrificio por los pecados de la humanidad. Es cierto que aquel sacrificio solo podía ser suficiente porque la naturaleza humana de Jesús estaba sustentada por la divina, cuando aquel que era Dios y hombre se sometió a la cruz. Sin embargo, aunque retuvo plenamente su deidad, se limitó voluntariamente para vivir una experiencia plenamente humana.

Intenta imaginarte a Jesús como un bebé, durmiendo en un pesebre de Belén. Mira al firmamento y piensa: "Qué mundo tan maravilloso he creado. Recuerdo cuando mi Padre celestial y yo hablamos de crear este mundo. ¡Qué hermoso es!". Tendido en aquella cuna improvisada piensa además: "Tengo hambre y estoy mojado. Me encantaría que mamá María me cambiara. Pero pobre mamá. Lleva unos días muy difíciles. Venir cabalgando desde Nazaret ha sido duro. Así que creo que voy a dejarla dormir toda la noche. Esperaré hasta la mañana para que me cambie los pañales y me dé la comida. O, mejor todavía, me levantaré, me cambiaré y me prepararé algo de comer".

¿Suena razonable? ¡Por supuesto que no! Jesús experimentó una humanidad plena. Tuvo los pensamientos de un bebé normal y sus mismas reacciones. Lloraba cuando tenía hambre o estaba mojado, y dormía cuando estaba saciado y seco. Dependía de sus progenitores humanos. Aunque Jesús era plenamente divino, se hizo plenamente humano sujetándose a todas las experiencias características de los humanos.

Por tanto, aunque Jesús era completamente divino y poseía todos los atributos de la deidad, limitó su uso para poder cumplir las promesas de que Dios enviaría un libertador mesiánico plenamente humano de la línea de David. Él vivió la misma clase de vida que vivimos tú y yo, pero lo hizo de manera perfecta, siendo perfectamente obediente a la voluntad del Padre en el poder del Espíritu. El comienzo del ministerio público de Jesús se caracterizó por la venida del Espíritu sobre él en su bautismo (3:13-17), y fue el Espíritu quien le llevó inmediatamente a su encuentro con la tentación (4:1). El mismo Espíritu al que, en su humanidad, Jesús se dirigió para recibir el poder necesario para resistir las tentaciones de Satanás.

El supremo ejemplo de la vida guiada por el Espíritu. Navegamos aquí por aguas teológicas profundas, pero es importante que entendamos esta cuestión,[19]

19. En cualquier teología sistemática normal, como por ejemplo, Grudem, *Teología sistemática*, esp. 580-90, puede hallarse una perspectiva general de estas cuestiones teológicas. Algunos teólogos subrayan que, durante su estancia en la tierra, Jesús actuó

no solo para comprender la experiencia de Jesús en su vida y ministerio, sino porque, como ejemplo de ser humano perfecto, que vivió de manera perfecta en el poder del Espíritu, su vida tiene una importancia práctica para nosotros.

Este mismo Espíritu está a nuestra disposición. Aunque en esta vida no alcanzaremos la perfección de Jesús (p. ej., Fil 3:12), le miramos como ejemplo de la vida en el Espíritu que está a nuestra disposición. Este mismo Espíritu está ahora transformándonos a su imagen. Como dice el apóstol Pablo: "Así, todos nosotros, que con el rostro descubierto reflejamos como en un espejo la gloria del Señor, somos transformados a su semejanza con más y más gloria por la acción del Señor, que es el Espíritu" (2Co 3:18).

Jesús vino a mostrarnos cómo vivir la vida humana según el propósito original de Dios. En su naturaleza humana vivió una vida victoriosa porque vivió de manera perfecta en el poder del Espíritu. Es posible que algunos de nosotros no llevemos a cabo milagros extraordinarios, a no ser que esto sea la voluntad de Dios para nuestra vida, pero todos podemos vivir victoriosamente por medio del Espíritu siguiendo el ejemplo de Jesús en todas las áreas de la vida.[20]

El supremo ejemplo de cómo vencer tentaciones. Por ello, aunque las tentaciones de Jesús son únicas a su misión como inaugurador mesiánico del reino, son también comunes a la experiencia humana y nos dan un ejemplo de lo que podemos hacer en nuestra propia lucha espiritual. Aunque Jesús no podía ser tentado en su deidad (Stg 1:13), en su humanidad lo fue en todas las esferas, como nosotros, pero sin pecado (Heb 2:18; 4:15-16).[21] Las tentaciones iban dirigidas a su naturaleza humana y experimentó el máximo nivel de tentación con que el mundo diabólico podía atacarle. La escena de Getsemaní muestra claramente que, para Jesús, la tentación fue una experiencia verdadera y angustiosa (ver Lc 22:44). Su voluntad, centrada plenamente en llevar a cabo el propósito de su Padre celestial, le dirigía a resistir la tentación.

El apóstol Pablo consigna también una poderosa promesa que nos permite tomarnos muy en serio el ejemplo de Jesús: "Ustedes no han sufrido ninguna tentación que no sea común al género humano. Pero Dios es fiel, y no permitirá

---

exclusivamente según sus facultades humanas y que las demostraciones de actividad sobrenatural que vemos en su vida se explican por el poder del Espíritu (*cf.* Hch 2:22-23; 10:38). Otros ponen de relieve que en ocasiones Jesús actuaba según las facultades de su naturaleza divina. Todos concuerdan, no obstante, en que Jesús vivió una vida completamente humana en el poder del Espíritu.

20. He desarrollado esto de un modo más completo en mi libro *In His Image*.
21. Aunque el debate sobre si Jesús *podría* o no haber pecado, activo durante tantos siglos, está más allá del ámbito de esta obra, estoy de acuerdo con aquellos teólogos que creen que Jesús no podía pecar. ¿En qué sentido fue, pues, una tentación verdadera? La imposibilidad de pecar no hace que la tentación sea menos severa. Quienes deseen profundizar más en este asunto pueden ver Grudem, *Teología sistemática*, 562-64, pero también M. Erickson, *Christian Theology* (Grand Rapids: Baker, 1983), 2:718-20.

que ustedes sean tentados más allá de lo que puedan aguantar. Más bien, cuando llegue la tentación, él les dará también una salida a fin de que puedan resistir" (1Co 10:13). Dios promete que ninguna tentación puede derrotarnos, puesto que si nos volvemos a él, constante y conscientemente, en cada tentación, y dependemos de los recursos capacitadores del Espíritu, podemos ser victoriosos. La tentación es real, pero no tenemos por qué ceder a ella. ¿Caeremos a veces? Sí, lamentablemente, caeremos a veces, hasta que dejemos esta vida. Pero cuanto más aprendamos a depender de los recursos prometidos por Dios, más creceremos en la capacidad de oponernos a las tentaciones que se presenten y nos mantendremos firmes con la ayuda del Espíritu.

Una de mis jóvenes estudiantes no había entendido la verdad de este versículo hasta un día en clase. Abrió los ojos como platos y dijo en voz alta a la clase: "Si realmente creyera este versículo, mi vida no sería nunca la misma. ¡Ya no *tengo por qué* ceder!". A partir de este punto, pasó a creer y practicar la verdad de este texto, y se ha convertido en una cristiana dinámica y victoriosa en el poder del Espíritu.

Aquí es donde entra en juego el ejemplo de Jesús. Su voluntad era tan poderosa en su determinación de hacer el bien que, por intensa que fuera la tentación que encontrara en su experiencia humana, esta no podía derrotarle. Cuando fijamos nuestra voluntad con determinación a la voluntad del Padre para nuestra vida, podemos aprender del ejemplo de Jesús cuando él llevaba a cabo la voluntad del Padre para su vida. No alcanzaremos la misma perfección con la que Jesús vivió su vida, puesto que seguimos en un mundo caído, pero el proceso de restauración ha comenzado mediante la obra redentora de Jesús, cuyas pisadas seguimos ahora nosotros (1P 2:21).

Significado Contemporáneo

Todos nosotros somos vulnerables a una serie de tentaciones que pueden neutralizarnos. ¿Cuál es la fuente de tu tentación más preocupante? Es posible que una tentación que para una persona es dura y difícil, a otra ni siquiera la ponga en problemas.

Por ejemplo, a mí nunca me han gustado los dulces y, por ello, ante una caja de chocolatinas no me siento especialmente atraído. Para algunas personas, el chocolate es una seria tentación. ¡Pero pónganme en una librería bien surtida y tendré que hacer un buen esfuerzo para reprimirme y no comprar un montón de maravillosos libros de referencia! ¡A algunas personas nunca se les pasaría por la cabeza comprar la clase de libros que yo me siento permanentemente tentado a pensar que "necesito"!

Si hicieras un sondeo entre tus amigos y colegas sobre la fuente de sus más intensas tentaciones, probablemente te sorprendería descubrir un intrigante fenómeno. Por regla general, sus tentaciones no son cosas malas, y es que, normalmente, la tentación no suele proponernos cosas inherentemente "malas", sino más bien cosas buenas utilizadas para propósitos erróneos. El chocolate no es intrínsecamente malo, ni tampoco lo son los libros. Un exceso de chocolate puede causar toda clase de problemas: deterioro dental, aumento de peso, una nutrición deficiente, etc. Los libros pueden publicarse con malos propósitos, como difundir pornografía o enseñanzas heréticas. Los libros pueden cautivar hasta tal punto a una persona que eluda vivir una vida responsable en el mundo real. En el contexto de Jesús, hemos observado que, aunque comer pan es una necesidad para la vida, crearlo por sugerencia de Satanás hubiera sido un pecado para él.

La naturaleza esencial de la tentación es que puede interpretarse sutilmente para que parezca algo bueno, no malo, pervirtiendo una cosa buena para darle un mal uso. La relación sexual entre hombres y mujeres es algo ordenado por Dios, pero dentro de un determinado ámbito. La tentación de tener una relación sexual fuera del matrimonio convierte una cosa buena en algo malo dándole un uso erróneo.

Por tanto, una de las consideraciones más importantes cuando hablamos de la tentación es entender el propósito correcto de las cosas que enfrentamos. Dicho de otro modo, ¿qué quiere Dios para nosotros en una determinada situación? Entender correctamente cómo Dios ha creado nuestros cuerpos nos dará una clara comprensión de la cantidad de chocolate que podemos comer, la clase de relación sexual que podemos mantener, de si hemos o no de hablar sobre una persona a sus espaldas, o de cualquier otra cosa que se presente. Al afrontar cualquier tentación, si utilizamos 1 Corintios 10:13 como directriz de la forma en que antes lo hemos sugerido, podremos aprender a servirnos de los recursos de Dios para ser victoriosos. Ser tentado no es pecado, lo es sucumbir a la tentación (*cf.* Stg 1:13-15). Las tentaciones en manos de Satanás devienen una prueba en las manos de Dios. Él las utilizará como una prueba y como una forma de fortalecer nuestro carácter.

El ejemplo de Jesús para el liderazgo cristiano. El convincente librito de Henri Nouwen, *En el nombre de Jesús*, utiliza las tentaciones de Jesús como un buen ejemplo para los líderes cristianos.[22] Cuando entran en el ministerio, los dirigentes cristianos enfrentan una serie de tentaciones. Inmediatamente nos vienen a la mente tentaciones de orden moral o ético, porque la mayoría de nosotros nos hemos sentido terriblemente avergonzados ante los casos de conducta impropia de dirigentes cristianos denunciadas por los medios de comunicación. Pero Nouwen dirige nuestra atención hacia otro tipo de tentaciones, cosas que muchos de nosotros podríamos considerar buenas y deseables: (1) la tentación de ser relevante, es decir, de hacer, mostrar, demostrar o construir cosas que

22. Henri Nouwen, *En el nombre de Jesús: un nuevo modelo de responsable de la comunidad cristiana* (Madrid: PPC, 1994).

evidencian nuestra capacidad de afectar la vida de las personas; (2) la tentación de ser espectacular, es decir, de hacer algo que consiga una gran aprobación y popularidad; (3) la tentación de ser poderoso, es decir, de utilizar la fuerza política, económica, espiritual y hasta militar como instrumento para establecer el reino de los cielos en la tierra.[23]

Nouwen hizo estas reflexiones sobre el liderazgo cristiano tras abandonar veinte años como profesor de Psicología y Teología pastoral en Notre Dame, Yale y Harvard para ser ministro residente en una comunidad para personas con discapacidades mentales. Nouwen había descubierto que durante buena parte de su vida había considerado la relevancia, la popularidad y el poder como ingredientes de un ministerio efectivo, pero cuando encontró los elementos clave para resistir la tentación y ser un verdadero dirigente cristiano fue mirando el ejemplo de Jesús: la oración como forma de vida, la vulnerabilidad en un ministerio compartido y la confianza en el liderazgo de Dios para nosotros y las personas que ministramos. Nouwen concluye diciendo: "Les dejo con la imagen del dirigente con manos extendidas, que escoge una vida de movilidad social descendente. Es la imagen del líder que ora, confía y se hace vulnerable".[24]

Es posible que algunas de las ideas de Nouwen vayan más allá del contexto de Mateo, sin embargo son relevantes porque estas tentaciones surgen rápidamente cuando queremos influenciar a las personas para Cristo. Ser relevantes, populares y poderosos no es intrínsecamente malo, pero desear estas cosas puede corromper el ministerio. Cuando miramos el patrón de Jesús, encontramos un mejor ejemplo para nuestro liderazgo.

El ejemplo de Jesús para la tentación y la lucha espiritual diaria. Las tentaciones de Jesús no son solo relevantes para el desarrollo de un liderazgo como el de Cristo, lo son también como ejemplos para nuestra victoria personal diaria sobre las tentaciones y la lucha espiritual que encontramos en nuestra experiencia. Aunque estas tentaciones de Jesús desempeñaron un papel singular en su entrada en el ministerio mesiánico, desde hace mucho tiempo se ha observado un paralelismo aproximado con las tentaciones de Eva en Edén y las del mundo que Juan pide a la iglesia que resista.

Tentación	Mateo 4:1-11	Génesis 3:1-7	1 Juan 2:15-16
Relevancia física	Convertir las piedras en pan	El fruto del árbol era bueno para comer	Las pasiones del hombre pecaminoso

23. *Ibíd.*, pp. 16-17, 38-39, 58-59 de la edición en inglés.
24. *Ibíd.*, p. 73 de la edición en inglés.

Confirma el amor y voluntad de Dios	Ser rescatado por los ángeles de una caída del templo	No van a morir. Tiene buen aspecto	Deseo de los ojos
Orgullo y poder	Poseer todos los reinos del mundo	Serán como Dios	Jactancia de lo que tenemos y hacemos

Jesús salió airoso allí donde Adán y Eva fracasaron, y su forma de superar la tentación se convierte en ejemplo de cómo podemos salir adelante bajo similares tentaciones. Esta es la poderosa verdad que ha sustentado a todos los cristianos a través de los tiempos bajo todo tipo de tentación imaginable. Podemos resumir de este modo el ejemplo de Jesús: *resistir al diablo, en el poder del Espíritu, mediante la guía de la Palabra, para llevar a cabo la voluntad de Dios.*

(1) *Resistir al diablo.* El primer principio que vemos en Jesús es que resistió al diablo. Dos personas que conocieron a Jesús mejor que nadie y que vieron de primera mano muchos de sus enfrentamientos espirituales nos dan este mismo consejo. Santiago, el hermano de Jesús, escribe: "Así que sométanse a Dios. Resistan al diablo, y él huirá de ustedes" (Stg 4:7). El apóstol Pedro, quien sucumbirá a la tentación para salvar la vida negando a Jesús, afirma: "Su enemigo el diablo ronda como león rugiente, buscando a quién devorar. Resístanlo, manteniéndose firmes en la fe, sabiendo que sus hermanos en todo el mundo están soportando la misma clase de sufrimientos" (1P 5:8-9). Este es un poderoso consejo para cualquier cristiano. Cuando llega la tentación, la victoria comienza diciendo "¡No!". Hemos sido llamados a vestirnos con toda la armadura de Dios y a mantenernos firmes contra las artimañas del diablo (Ef 6:10-18).[25]

(2) *En el poder del Espíritu de Dios.* Pero no podemos resistir al diablo en nuestras propias fuerzas; nuestro poder ha de venir del Espíritu Santo. En sus tentaciones, Jesús fue dirigido y facultado de poder por el Espíritu. Nunca estuvo solo en su lucha, ni en los momentos más difíciles. El Espíritu estaba allí para guiarle e impartirle poder. Es importante notar dos triquiñuelas del diablo: (a) quiere llevarnos a pensar que, en nuestra tentación, Dios nos ha abandonado. Pero, en su tratado sobre la vida en el Espíritu (Ro 8), Pablo subraya que quienes pertenecen a Cristo tienen al Espíritu (Ro 8:9–11), y está con nosotros aun en nuestros peores momentos. (b) Satanás quiere que pensemos que podemos manejar la tentación por nosotros mismos, con nuestros propios recursos. En la verdadera lucha espiritual, hemos de depender del Espíritu para que este nos guíe durante la peor parte de la refriega (*cf.* Ef 6:10-18). Reivindicando el mismo

25. Clinton Arnold habla de nueve convicciones y acciones que ayudan a resistir con éxito al diablo; ver Arnold, *Three Crucial Questions about Spiritual Warfare*, 30-41, 116-29.

poder que Jesús obtuvo por medio del Espíritu, podremos resistir al diablo, que huirá de nosotros (Stg 4:7).

(3) *Mediante la guía de la Palabra de Dios*. Si la tentación consiste esencialmente en llevarnos en dirección contraria a la voluntad de Dios, conocer esta voluntad es entonces lo que nos mantiene en el buen camino. La Biblia se nos ha dado para mostrarnos la verdad de la vida en contraste con la mentira del mundo, la carne y el diablo. Si comparamos la Palabra de Jesús con las palabras del mundo, entenderemos cómo enfrentarnos a la mentira y seguir la voluntad del Padre (*cf.* Jn 8:31-32). Satanás tuerce el contexto de la Escritura para los propósitos de la tentación, pero, en sus tentaciones, Jesús ejemplifica el correcto uso de la Escritura.

(4) *Llevar a cabo la voluntad de Dios el Padre*. Conocer la Palabra de Dios nos permitirá discernir su voluntad para nosotros. La meta última de la vida es oír al final: "Hiciste bien, siervo bueno y fiel" (25:21, 23). ¿Cómo podemos saber lo que hemos de hacer? Hemos de entender los propósitos de Dios para nuestra vida, tanto en los pequeños detalles como en las decisiones más importantes de la vida. Mateo afirma esto en otros pasajes de Mateo: "... busquen primeramente el reino de Dios y su justicia, y todas estas cosas les serán añadidas"; "... si alguien quiere ser mi discípulo, tiene que negarse a sí mismo, tomar su cruz y seguirme"; y "Ama al Señor tu Dios con todo tu corazón, con todo tu ser y con toda tu mente" (6:33; 16:24; 22:37).

En este punto, la instrucción del salmista resulta valiosa: "Deléitate en el Señor, y él te concederá los deseos de tu corazón" (Sal 37:4). Deleitarnos en Dios, o amarle, podría ser la directriz más importante para todas las decisiones de nuestra vida, grandes y pequeñas, porque si amamos verdaderamente a Dios no haremos nada contrario a su Palabra y voluntad para nosotros. Por otra parte, cuando nos deleitamos en nuestra vida con Dios, somos libres para seguir nuestros deseos y sueños.

Por tanto, cuando somos tentados hemos de preguntarnos: "¿Es esto lo que Dios quiere para mí?" en relación con cualquier curso de acción que consideremos seguir. "¿Puedo hacer esto y amar verdaderamente a Dios y deleitarme en él?". Jesús es el máximo ejemplo de alguien que encontraba su alimento esencial en llevar a cabo la voluntad del Padre. Sus palabras fueron: "... mi alimento es hacer la voluntad del que me envió y terminar su obra" (Jn 4:34). Si este es nuestro deseo constante, podremos sin duda resistir al diablo en el poder del Espíritu, mediante la guía de la Palabra para cumplir la voluntad de Dios.

Mateo 4:12-25

Cuando Jesús oyó que habían encarcelado a Juan, regresó a
Galilea. 13 Partió de Nazaret y se fue a vivir a Capernaúm, que
está junto al lago en la región de Zabulón y de Neftalí, 14 para
cumplir lo dicho por el profeta Isaías:

> 15 «Tierra de Zabulón y tierra de Neftalí,
> camino del mar, al otro lado del Jordán,
> Galilea de los gentiles;
> 16 el pueblo que habitaba en la oscuridad
> ha visto una gran luz;
> sobre los que vivían en densas tinieblas
> la luz ha resplandecido.»

17 Desde entonces comenzó Jesús a predicar: «Arrepiéntanse,
porque el reino de los cielos está cerca.»

18 Mientras caminaba junto al mar de Galilea, Jesús vio a dos
hermanos: uno era Simón, llamado Pedro, y el otro Andrés. Estaban
echando la red al lago, pues eran pescadores. 19 «Vengan, síganme
—les dijo Jesús—, y los haré pescadores de hombres.» 20 Al instante
dejaron las redes y lo siguieron.

21 Más adelante vio a otros dos hermanos: Jacobo y Juan, hijos de
Zebedeo, que estaban con su padre en una barca remendando las
redes. Jesús los llamó, 22 y dejaron en seguida la barca y a su padre,
y lo siguieron.

23 Jesús recorría toda Galilea, enseñando en las sinagogas, anun-
ciando las buenas nuevas del reino, y sanando toda enfermedad
y dolencia entre la gente. 24 Su fama se extendió por toda Siria, y
le llevaban todos los que padecían de diversas enfermedades, los
que sufrían de dolores graves, los endemoniados, los epilépticos
y los paralíticos, y él los sanaba. 25 Lo seguían grandes multitudes
de Galilea, Decápolis, Jerusalén, Judea y de la región al otro lado
del Jordán.

Sentido Original

Para algunos, el retiro de Jesús al desierto para ayunar habría parecido algo inconsistente con sus expectativas de un libertador mesiánico. Sin embargo, aunque Jesús estaba débil al final de un prolongado ayuno, derrotó a Satanás con una palabra de autoridad. Este "libertador" no encajaba en los estereotipados moldes mesiánicos, porque el poder y autoridad que desplegó no eran de orden militar ni político, aunque sí asombrosos. Jesús fue lo suficientemente poderoso para vencer al diabólico gobernante de este mundo, suficientemente universal para alcanzar a judíos y gentiles por igual con su Evangelio mesiánico, con autoridad suficiente para transformar a hombres sencillos en dirigentes de un movimiento que cambió el curso de la historia, y suficientemente eficiente para atender las necesidades básicas de las personas en todos los ámbitos: cuerpo, alma y espíritu. Esta es la clase de libertador mesiánico que hace avanzar el reino de Dios.

Jesús el Mesías inicia su ministerio en Galilea (4:12-17)

Tradicionalmente se ha considerado que el ministerio de Jesús duró tres años: un año de oscuridad, uno de popularidad y otro de creciente rechazo.[1] Los Evangelios sinópticos omiten en gran parte el primer año de oscuridad, pero este está implícito en la introducción al ministerio en Galilea de Jesús: "Cuando Jesús oyó que habían encarcelado a Juan, regresó a Galilea" (4:12). En Mateo no se dice nada sobre este primer año entre el bautismo de Jesús y el arresto de Juan. Para conocer algunos detalles de este periodo, hemos de leer Juan 1:26-4:3.

Jesús regresa a Galilea porque Juan el Bautista es encarcelado. Tras la expresión "habían encarcelado a Juan" está el mismo verbo (*paradidomi*) que acabará relacionándose con el arresto, encarcelamiento y ejecución de Jesús (*cf.* 17:22; Mr 15:1; Ro 4:25; 8:32; 1Co 11:23). Mateo no explica las razones del arresto de Juan, probablemente porque sus oyentes estaban bien familiarizados con lo sucedido. Josefo pone de relieve que Herodes Antipas encarceló a Juan por razones políticas; temía que la popularidad de Juan entre el pueblo, unida a su predicación y bautismo, pudiera llevar al pueblo a alguna forma de sedición.[2] Mateo añade más adelante otra razón de orden moral para el arresto de Juan: Juan el Bautista había condenado públicamente a Herodes Antipas por haber tenido por amante a Herodías, la esposa de su hermanastro Felipe, con la que finalmente se casó (ver comentarios sobre 14:1-12).

Jesús *regresa* (lit., "retrocede, se retira") a la región de Galilea para comenzar su ministerio. El verbo *anachoreo* ("retroceder, retirarse") se ha utilizado varias veces ya en Mateo,[3] y en cada caso el "regreso" se relaciona con algún asunto negativo. Aquí el asunto negativo es el encarcelamiento de Juan el Bautista. Podemos asumir que Jesús se aleja de la zona del arresto de Juan para distanciarse del peligro.[4] Pero, cuando caemos en la cuenta de que Herodes Antipas

1. Aquellos que deseen considerar una breve perspectiva general de las cuestiones cronológicas pueden ver Robert Stein, *Jesus the Messiah* (Downers Grove, Ill.: InterVarsity Press, 1996), 51-60. Para una exposición más técnica de este asunto, ver Hoehner, *Chronological Aspects of the Life of Christ*, 45-63.
2. Josefo, *Ant.* 18.116-19.
3. Ver 2:12, 13, 14, 22; 4:12; *cf.* 14:13; 15:21; 27:5.
4. Good, "The Verb ΑΝΑΧΩΡΕΩ in Matthew's Gospel", 1-12.

gobernaba Galilea, entendemos que Jesús no regresa a esta región para huir de él. Tiberíades, la capital de Herodes, está a menos de quince kilómetros de Capernaúm en la costa del mar de Galilea, base del ministerio de Jesús. Un comentarista sugiere incluso que Jesús se dirige al centro mismo de la zona de autoridad de Herodes para desafiarle.[5] Sea o no este el caso, no hay duda de que Jesús no está huyendo del peligro.

Se pone de relieve una trama siniestra. Las tentaciones de Jesús nos han puesto sobre aviso del conflicto espiritual que ruge entre el plan del Padre y la oposición de Satanás. El mordaz ataque de Juan el Bautista contra la hipocresía de los fariseos y saduceos nos advierte de la colisión entre el mensaje del evangelio y las actividades de las instituciones religiosas. La alusión de Mateo al arresto de Juan nos advierte de que hay un conflicto político entre las esperanzas del pueblo de Israel y el gobierno de los ocupantes romanos. Jesús emprende su ministerio en Galilea a pesar de la amenaza de tormenta.

En su regreso a Galilea, Jesús va en primer lugar a su ciudad natal de Nazaret, donde, al parecer, siguen viviendo su madre, hermanos y hermanas. Mateo solo dice que Jesús "partió de Nazaret",[6] y fue a Capernaúm, pero Lucas consigna algunos detalles de lo que sucedió en su ciudad. Jesús asiste a la sinagoga, y como predicador local que regresa con una cierta fama, lee la Escritura. Sin embargo, ofende las sensibilidades étnicas de los presentes cuando revela que su ministerio incluirá a los gentiles, y por ello intentan matarle (ver Lc 4:16-31).

La animosidad entre judíos y gentiles era elevada. Tres zonas de la región norteña de Israel estaban rodeadas por poblaciones no judías, lo cual dio lugar al nombre de "Galilea de los gentiles" (4:15). Aunque Jesús se dirigió primeramente a los judíos para cumplir las promesas divinas a la nación (10:5-7), pasa a expresar una actitud cada vez más abierta hacia los gentiles. Esta apertura refleja la intención del pacto abrahámico de incluir a los gentiles y es el fundamento de la posterior misión apostólica a los no judíos (28:18). Pero muchos judíos, entre ellos sus antiguos conciudadanos, no podían vencer su antipatía hacia los gentiles.

Tras salir de la hostil Nazaret, Jesús hace de Capernaúm su base de operaciones y nueva residencia durante el desarrollo de su ministerio en Galilea (4:13; *cf.* 9:1). Capernaúm es la forma griega de la palabra hebrea *Kefar Nahum*, que significa "aldea de Nahúm". Mateo narra más adelante que Capernaúm, Corazín y Betsaida fueron las ciudades donde "había hecho la mayor parte de sus milagros" (11:20). Algunos aluden a esta zona de operaciones como el "triángulo evangélico", la ubicación fundamental de la proclamación del Evangelio por

---

5. Ver Floyd V. Filson, *A Commentary on the Gospel According to St. Matthew*, 2ª ed. (Black's New Testament Commentaries; Londres: Adam & Charles Black, 1971), 72.
6. Algunas traducciones vierten "pero en lugar de ir a Nazaret [CEV, NLT]", lo cual oscurece la traducción normal de *kataleipo*, que tiene el sentido de "dejar atrás" (*cf.* BDAG, 520-21).

parte de Jesús.[7] Capernaúm, una localidad galilea fronteriza, se encuentra en la mitad de la base del triángulo.[8]

Con la llegada de Jesús a los territorios galileos de Zabulón y Neftalí se inicia un fértil ministerio y se cumple otra profecía del Antiguo Testamento. Mateo 4:15-16 cita Isaías 9:1-2. Esta es la sexta profecía del Antiguo Testamento que Mateo cita hasta ahora, y la quinta que utiliza su fórmula de cumplimiento característica (ver 1:22-23; 2:5-6, 15, 17-18, 23). Zabulón y Neftalí eran dos de las doce tribus que se establecieron en la región más norteña, cerca del mar de Galilea. Nazaret estaba en el territorio de Zabulón, mientras que Capernaúm se encontraba en Neftalí. El "camino del mar" (4:15) era la ruta comercial que atravesaba esta región en dirección al Mediterráneo. Mateo reconoce que el ministerio de Jesús se extenderá mucho más allá de los límites físicos de la Galilea judía, e influenciará a los que viajan por la región, personas procedentes de tierras más allá del Jordán, y en última instancia a los gentiles.

Desde que, en el año 732 A.C., la campaña asiria la redujo a una provincia gestionada por un gobernador asirio (2R 15:29), esta región había experimentado agitación social y una infiltración forzada de influencia gentil. A los habitantes se les llama "pueblo que habitaba en la oscuridad" (Mt 4:16), una descripción de aquellos judíos que vivían entre los gentiles y esperaban la liberación.[9] Aquí, una zona muy apartada del centro de la vida religiosa judía de Jerusalén y donde las tinieblas son más densas, estos judíos son los primeros en ver la gran luz de la liberación de Dios en Jesús. Traerá esperanza a quienes entienden de un modo muy claro la desesperación de la muerte. Esta luz presagia el universal mensaje de esperanza, ya que, desde esta misma región, Jesús enviará a sus seguidores a la comisión de hacer discípulos de todos los gentiles/naciones (28:18). El mensaje que comienza a desplegarse es el de la gracia mesiánica, porque se dirige primero a aquellos que menos lo esperan.

La expresión "Desde entonces comenzó Jesús a predicar..." (4:17) marca un momento decisivo en la narración de Mateo.[10] Esta frase indica que los

---

7. Bargil Pixner, *With Jesus Through Galilee According to the Fifth Gospel* (Israel: Corazin, 1992), 33-35.
8. Para una visión arqueológica de conjunto de la historia de Capernaúm, ver John C. H. Laughlin, "Capernaum: From Jesus' Time and After", *BAR* 19/5 (1993): 55-61, 70; Pixner, *With Jesus Through Galilee*, 35.
9. El término "pueblo" (*laos*) en Mateo alude habitualmente a Israel (*cf.* comentarios sobre 1:21; 27:24-25).
10. Esta expresión aparecerá de nuevo en 16:21, en otro momento decisivo en que Jesús expresará sus primeras predicciones de la pasión y próxima crucifixión. Esta expresión se ha visto como una clave para trazar la estructura del Evangelio, sugiriendo que Mateo la utiliza para dividir el texto en tres secciones principales: 1:1-4:16; 4:17–16:20; y 16:21–28:20. Ver, p. ej., Jack Dean Kingsbury, *Matthew: Structure, Christology, Kingdom* (Filadelfia: Fortress, 1975). Aunque no cabe duda de que la aparición de esta frase establece una transición crucial en la narración, es dudoso que hubiera tenido

preparativos para el ministerio mesiánico de Jesús están completos. El profetizado nacimiento milagroso e infancia del Mesías han sido establecidos. El precursor profético ha anunciado su llegada. Ha sido ungido para el ministerio por el Espíritu y confirmado por el Padre. Ha establecido su autoridad y poder como Hijo sobre Satanás. Ahora, con la finalización del ministerio público de Juan por su arresto, Jesús el Mesías se dirige a la tierra de la profetizada liberación, donde predica su mensaje de la irrupción de Dios en la historia.

El resumen que Mateo hace del mensaje de Jesús es el mismo que el de Juan: "Arrepiéntanse, porque el reino de los cielos está cerca" (4:17; *cf.* 3:2).[11] En ningún caso se define la venida del reino, lo cual indica, posiblemente, que ciertas expectativas sobre este asunto se suscitaron entre quienes le oyeron predicar.[12] Sin embargo, el modo en que Jesús desarrolla su ministerio y la respuesta de muchos a él pone de relieve distintas interpretaciones y expectativas de la forma en que el reino de Dios "está cerca".

Donald Gowan subraya una consistente esperanza profética general que se prestaba a una serie de expectativas dentro de Israel. "Dios ha de transformar al ser humano; dándole un nuevo corazón y un nuevo espíritu [...]. Dios ha de transformar la sociedad humana; restaurar Israel a la tierra prometida, reconstruir ciudades y hacer de la nueva posición de Israel un testimonio a las naciones [...]. Y Dios ha de transformar la naturaleza".[13] En Israel, algunos aguardaban especialmente la transformación de la naturaleza; otros, la restauración de Israel; un tercer grupo centraba su esperanza en el don de un nuevo corazón, mientras que otros esperaban nuevas ciudades. Muchos esperaban un juicio inminente y la restauración que vendría con la venida del Mesías, aguardando que la ira de Dios fuera derramada sobre los impíos y su bendición sobre los justos. Cuando el pueblo oye a Jesús anunciando que el reino de los cielos se ha acercado, cada grupo espera que introduzca la clase de reino que coincide con sus esperanzas.

Pero Jesús tiene su programa. Él traerá, sin duda, una forma de juicio, por cuanto la ira de Dios está sobre aquellos que no le obedecen y porque juzgará al príncipe de este mundo (*cf.* Jn 3:36; 16:11). También traerá una forma de restauración en su presentación del reino a Israel (*cf.* Mt 10:5-7; 15:24). Jesús inicia una forma de justicia restaurativa como requisito para la entrada al reino de los

---

mucha trascendencia para unos receptores que escuchaban la lectura del texto, teniendo en cuenta lo separadas que están las dos apariciones.

11. Ver comentarios sobre 3:2 para la expresión "el reino de los cielos/Dios" en la predicación de Juan.
12. Esta ausencia de definiciones presupone que quienes oían predicar a Jesús y a su precursor, Juan el Bautista, les entenderían, y que les vendrían a la mente ciertas asociaciones con el anuncio del reino. Ver Dale Patrick, "The Kingdom of God in the Old Testament", *The Kingdom of God in Twentieth Century Interpretation*, ed. Wendell Willis (Peabody, Mass.: Hendrickson, 1987), 71.
13. Donald E. Gowan, *Eschatology in the Old Testament* (Filadelfia: Fortress, 1986), 2.

cielos (5:20). Pero la forma en que estas cosas cumplen la esperanza profética veterotestamentaria es distinta de lo que muchos esperaban en Israel.

El punto crucial de la inauguración del reino de los cielos por parte de Jesús tiene que ver con el modo en que las personas responden a él como Mesías.[14] Él es el que había de venir profetizado por Juan (*cf.* 3:13-17; 11:2-6), pero predica las buenas nuevas del reino para todos los que se acercan a él. Puesto que Jesús permanece fiel a su misión, las personas son forzadas a tomar una decisión. O bien están con él, lo cual requiere un ajuste de sus expectativas a lo que Jesús revela como programa de Dios, o están contra él. La tragedia de esta última elección se pone completamente de relieve en el juicio romano, cuando la multitud escoge al revolucionario y bandolero Barrabás en lugar de a Jesús. Jesús ha desilusionado amargamente las expectativas de la multitud en cuanto a lo que el reino debe traer consigo y, por ello, se vuelven contra él (ver 27:15-26).

Los caminos de Dios no son siempre lo que esperan los humanos. Jesús cumplirá sin duda la esperanza profética, pero su pleno cumplimiento tendrá que esperar a su regreso como Hijo del hombre en gloria (*cf.* 24:29-31). Los eruditos de nuestro tiempo suelen aludir a este doble fenómeno como la naturaleza "ya, pero todavía no" del reino. Jesús ha inaugurado *ya* el reino, pero este *todavía no* ha alcanzado su forma final.[15] A medida que avancemos por Mateo, intentaremos entender qué es exactamente lo que Jesús inauguró y qué ha de cumplirse todavía. El reino está ahora presente con la llegada del rey mesiánico del linaje de David, y su llegada confrontará una serie de expectativas entre aquellos que experimentan su impacto. Pero una parte de lo que otros esperaban que sucediera inmediatamente —especialmente el juicio y la restauración— aguarda su cumplimiento final.

Jesús el Mesías llama a pescadores de hombres (4:18-22)

El reino de Dios avanza de un modo singular cuando Jesús, andando junto al mar de Galilea, posiblemente cerca de Capernaúm, llama a algunos pescadores

14. Como afirma Cranfield, "El reino de Dios se ha acercado a los hombres en la persona de Jesús y, de hecho, en su persona, les confronta" (C. E. B. Cranfield, *The Gospel According to St Mark* [CGTC; Cambridge: Cambridge Univ. Press, 1972], 68).

15. Aunque hay diversidad de opiniones con respecto a lo que Jesús lleva a cabo durante su primera venida y lo que aguarda a su segunda, la posición general "ya/todavía no" goza de un amplio consenso. Quienes quieran considerar el resumen más completo de las recientes posiciones, ver Mark Saucy, *The Kingdom of God in the Teaching of Jesus: In Twentieth Century Theology* (Dallas: Word, 1997). Para un breve panorama general de perspectivas evangélicas muy extendidas, ver el número de marzo de 1992 de *JETS*, que recoge un artículo de George R. Beasley-Murray, "The Kingdom of God in the Teaching of Jesus", *JETS* 35 (1992): 19-30, una respuesta de Craig Blomberg (31-36), una réplica de Beasley-Murray (37-38) y un artículo aparte de Carl F. H. Henry, "Reflections on the Kingdom of God", 39-49.

para que se unan a él.[16] Al "mar de Galilea", situado a unos 100 kilómetros al norte de Jerusalén, se le llama mar o lago "Quinéret" en el Antiguo Testamento.[17] En otros pasajes del Nuevo Testamento se le llama (1) "mar de Tiberíades" (Jn 6:1; 21:1), en honor a la ciudad de Tiberíades, capital de Herodes Antipas, situada en la costa oeste; (2) "lago de Genesaret" (Lc 5:1), un nombre derivado de un pueblo y llanura que lleva este nombre, situados en la costa oeste/noroeste;[18] y (3) a veces simplemente "el lago" (Lc 5:2; 8:22; 23:33).

Este lago se encuentra en el gran valle del Rift, a unos 213 metros bajo el nivel del mar. El río Jordán entra al lago por el norte y sale por el sur, desde donde discurre hasta desembocar en el mar Muerto, a unos 100 kilómetros al sur. Todos los escritores de la antigüedad ensalzan el mar de Galilea por sus aguas dulces y sus agradables temperaturas, a diferencia del mar Muerto. Sus riberas no eran marismas pantanosas, sino playas de blancas arenas, y la pesca era abundante.[19] Su baja elevación hace que las temperaturas del lago sean relativamente suaves durante todo el año, de modo que las gentes podían dormir al aire libre en las zonas adyacentes (p. ej., 15:32; Mr 8:2). No obstante, el hecho de estar rodeado en sus zonas este y oeste por cordilleras que se elevan casi mil metros por encima de su nivel, convierte el lago en una zona proclive a súbitas corrientes descendentes y violentas tormentas (*cf.* Mt 8:24; Mr 4:37; Lc 8:23; Jn 6:18).[20]

Mientras anda junto al mar, Jesús ve a dos hombres, Simón Pedro y Andrés su hermano, que "estaban echando la red" (lit., "echando una atarraya") en el mar (4:18). La "atarraya" (*amphiblestron*) era un tipo de red que manejaba un solo pescador. Era una malla circular, de 7 a 9 metros de diámetro, con plomadas en sus extremos externos. Siguiendo una determinada técnica, el pescador doblaba la red sobre su brazo y la arrojaba desde una barca o desde la orilla en aguas poco profundas. La red era arrastrada hacia abajo por las plomadas del círculo externo (como un paracaídas), y se hundía hasta el fondo atrapando algunos peces. Se trata de un trabajo tedioso.[21]

---

16. La conexión del mensaje de Jesús con el contexto inmediato del ministerio en la narración de Mateo lo pone de relieve Warren Carter, "Narrative/Literary Approaches to Matthean Theology: The 'Reign of the Heavens' As an Example (Mt. 4.17–5.12)", *JSNT* 67 (septiembre 1997): 3-27.
17. Nm 34:11; Dt 3:17; Jos 12:3; 13:27.
18. "Lago de Genesaret" es una versión helenizada del nombre hebreo "Lago de Quinéret".
19. Estrabón, *Geografía* 16.2; Plinio, *Historia Natural* 5.15, 71; Josefo, *Guerras de los Judíos*. 3.506.
20. Ver Seán Freyne, *Galilee from Alexander the Great to Hadrian: A Study of Second Temple Judaism* (Wilmington: Michael Glazier, 1980); ídem, "Galilee, Sea of", *ABD*, 2:900; Rainer Riesner, "Archeology and Geography", *DJG*, 37.
21. Para una plena descripción e ilustraciones, ver Mendel Nun, *The Sea of Galilee and Its Fishermen in the New Testament* (Kibbutz Ein Gev: Kinneret Sailing Co., 1989), 23-37; ídem. "Cast Your Net Upon the Waters: Fish and Fishermen in Jesus' Time", *BAR* 19/6 (1993): 52-53.

Jesús se acerca a estos hombres y les dice, "Vengan, síganme [...] y los haré pescadores de hombres" (4:19). Sorprendentemente, en medio de su jornada laboral, dejan inmediatamente sus redes y le siguen (4:20). La expresión "dejaron las redes" implica que lo están dejando todo atrás, incluyendo su medio de vida y su hogar. Más adelante, Pedro lo declarará categóricamente: "¡Mira, nosotros lo hemos dejado todo por seguirte!" (19:27). Pedro convierte su casa, donde vive con su esposa y con su suegra (*cf.* 8:14-15), en la base de operaciones para el ministerio de Jesús en Galilea. Estos atienden al llamamiento de Jesús de cambiar su ocupación de pescar peces por pescar almas humanas.

A continuación, Jesús sigue caminando y ve a otros dos hermanos, Jacobo y Juan, hijos de Zebedeo, en la barca con su padre remendando sus redes (*diktya*). Se trata muy probablemente de redes de trasmallo, compuestas por tres capas de malla, y formadas por cinco unidades, cada una de ellas de más de treinta metros de longitud, y cuyo manejo requería de al menos dos barcas por la noche, cuando los peces no veían las redes.[22] El extraordinario descubrimiento en 1986 de una antigua barca de pesca del tiempo de Jesús nos da una idea de la clase de barca que podrían haber tenido los hijos de Zebedeo. Estaba equipada para cocinar durante las partidas de pesca por el lago, que duraban toda la noche.[23]

Probablemente tras una noche de pesca con su padre y otros pescadores y tripulantes asalariados (*cf.* Mr 1:20), Jacobo y Juan están preparando sus redes para su siguiente partida de pesca en el lago. El cuidado de este equipamiento requería una buena parte de la mañana posterior a la noche de pesca. Pero, igual que hizo con Pedro y Andrés, Jesús interrumpe sus atareadas actividades y les llama. Estos también lo dejan todo para seguir a Jesús, lo cual incluye su barca y su padre (4:21-22). Al obedecer el llamamiento de Jesús, Jacobo y Juan están renunciando a su compromiso con el negocio familiar, sus bienes y su sustento, lo cual habría tenido, sin duda, un impacto en las relaciones, responsabilidades y obligaciones familiares.

Varios aspectos importantes resaltan la trascendencia de esta escena que consigna Mateo sobre la primera actividad pública de Jesús. (1) *Foco sobre Jesús.* Mateo sitúa el enfoque principal de este incidente en Jesús y el reino de los cielos que ha anunciado. La escena del llamamiento subraya especialmente la autoridad de Jesús. Cuando Jesús llama, las personas obedecen. Solo podemos emprender y mantener una vida de discipulado en virtud de la autoridad de Jesús,[24]

---

22. Nun, *The Sea of Galilee and Its Fishermen*, 16-44.
23. Sobre la fascinante historia del descubrimiento y excavación de la barca por parte del excavador principal, ver Shelley Wachsmann, *The Sea of Galilee Boat: An Extraordinary 2000 Year Old Discovery* (Nueva York: Plenum, 1995).
24. Jack Dean Kingsbury, "On Following Jesus: The 'Eager' Scribe and the 'Reluctant' Disciple (Matthew 8.18-22)", *NTS* 34 (1988): 49, afirma sobre la escena del llamamiento: "... sirve para acentuar la gran autoridad con que Jesús llama a las personas a convertirse

el Hijo mesiánico, ungido por el Espíritu, en quien el reino ha llegado. La única respuesta apropiada es obedecer inmediatamente.

(2) *Obreros del reino*. Jesús está reclutando obreros para que se unan a él en su misión y les presenta un resultado prometedor: "... los haré pescadores de hombres" (4:19). En el futuro, "serán tan efectivos en llevar hombres al reino como lo han sido en la pesca de peces".[25] No serán solo enviados en una misión a corto plazo con el mensaje de Jesús sobre la llegada del reino (*cf.* 10:5-7), sino que saldrán también en misión por todo el mundo haciendo discípulos de todas las naciones (28:18-20). Estos cuatro discípulos se convertirán en el círculo íntimo de Jesús entre los doce (ver comentarios sobre 10:1-4), y Pedro jugará un importante papel en el liderazgo de los primeros días de la iglesia apostólica (ver comentarios sobre 16:17-20).[26]

(3) *Una relación previa*. Es importante observar que el llamamiento y respuesta de los cuatro hermanos se basa en una extensa relación previa que habían disfrutado con Jesús.[27] Este no es el primer encuentro entre ellos y Jesús. El cuarto Evangelio nos ayuda a rellenar una parte del trasfondo de esta relación. Andrés era uno de los dos discípulos de Juan el Bautista que le abandonaron para seguir a Jesús, y este llevó inmediatamente a su hermano Pedro al Señor (Jn 1:35-42). Tradicionalmente se ha señalado que el otro discípulo, no identificado, es el apóstol Juan.[28] Es muy probable que al menos Andrés, Pedro y Juan (¿quizá también Jacobo?) fueran sus acompañantes en las bodas de Caná, donde presenciaron el milagro y creyeron en Jesús (2:1-2, 11). Es también muy probable que estos sean los discípulos de Jesús que ministraron con él en Judea durante el primer año de su ministerio (*cf.* 3:22-23; 4:1-3).

Por ello, cuando se produjeron los acontecimientos en Galilea que aquí se relatan, más o menos un año después, habrían tenido mucho tiempo para considerar la misión de Jesús. En ningún lugar se nos dice por qué habían vuelto a la pesca, pero Mateo subraya la urgencia de su respuesta al llamamiento de Jesús sirviéndose de una redacción idéntica en 4:20, 22: (lit.) "dejando de inmediato [...] lo siguieron". No fue una decisión emocional e improvisada. Habían tenido que esperar esta ocasión crucial para unirse a Jesús cuando emprende su misión del reino, de manera que responden de inmediato cuando él les llama.

---

en sus discípulos y la absoluta obediencia y compromiso con que responden aquellos que son llamados".

25. David Hill, *The Gospel of Matthew* (NCB; Londres: Oliphants, 1972), 106.
26. Ver Warren Carter, "Matthew 4:18-22 and Matthean Discipleship: An Audience-Oriented Perspective", *CBQ* 59 (1997): 58-75.
27. Scot McKnight, *Turning to Jesus: The Sociology of Conversion in the Gospels* (Louisville: Westminster John Knox, 2002), 40-42. Expongo más completamente el desarrollo de la relación de los discípulos con Jesús en Wilkins, *Following the Master,* cap. 6.
28. Al no identificarse, el autor del Evangelio de Juan deja una sutil firma como el discípulo no identificado (*cf.* también "el discípulo a quien Jesús amaba"). Ver D. A. Carson, *The Gospel According to John* (Grand Rapids: Eerdmans, 1991), 154.

(4) *Compromiso personal con Jesús*. Aunque el acento de este relato es principalmente el llamamiento de los cuatro para que se unan a la misión del reino de Jesús, esta tarea se cumple en especial como una derivación de su relación con él: "'Vengan, síganme —les dijo Jesús—" (4:19). La lealtad a su persona es *el* acto decisivo.[29] ¿Pero qué puede decirnos esto sobre la condición espiritual de los hermanos en el momento de su llamamiento, y cuánto saben de Jesús? Como se ha observado, estos cuatro discípulos se habían relacionado previa y extensamente con Jesús y hasta habían creído en él como Mesías (*cf.* Jn 1:41; 2:11). Quiero subrayar que estos responden todo lo que pueden a todo lo que entienden.[30]

A lo largo del ministerio de Jesús, los discípulos experimentan un creciente entendimiento de su identidad, y esto requiere un lógico ajuste de su compromiso con él. Si lo analizamos en vista de ciertos incidentes de su posterior ministerio, vemos que Pedro hace una confesión sobre la identidad de Jesús que solo se le revela en un momento posterior (16:16), y el Cuarto Evangelio consigna un episodio, acaecido un tiempo después, en el que Pedro hace una afirmación de compromiso con Jesús para vida eterna (Jn 6:66-68). Al observar cómo conocen a Jesús varias personas, hemos de reconocer siempre que se trata de un momento único, en que la plena trascendencia de la entrada del Dios y hombre en la historia se va comprendiendo lentamente. De hecho, se necesita la Resurrección y Pentecostés para tener finalmente una clara comprensión. Aunque el explícito propósito del llamamiento es que nos unamos a Jesús en la pesca de hombres, estos hermanos son llamados ante todo a comprometerse con Jesús.

(5) *Un llamamiento característico a una singular forma de discipulado*. Por último, este "llamamiento" establece un rasgo característico de la forma de discipulado de Jesús. Aunque Mateo no alude aquí a los cuatro como "discípulos", se asume que son ellos los que tiene en mente cuando Jesús se sienta y enseña a sus "discípulos" en la siguiente escena del Sermón del Monte (5:1-2). A primera vista, Jesús comparte muchas características con los rabinos judíos: enseña en las sinagogas y lo hace el sábado, enseña de acuerdo con las costumbres judías, se le brinda el respeto debido a los maestros de la ley, va acompañado de sus discípulos, y hasta se le llama "rabí" (26:49; Mr 9:5; Jn 1:49).

Sin embargo, a medida que su ministerio se va desarrollando, Jesús establece una forma de discipulado distinta de la de los rabinos. En Israel, el patrón normal era que los aspirantes a discípulos se acercaran al rabino y le pidieran

---

29. Ver Leon Morris, "Disciples of Jesus", en *Jesus of Nazareth: Lord and Christ—Essays on the Historical Jesus and New Testament Christology*, ed. Joel B. Green and Max Turner (Grand Rapids: Eerdmans, 1994), 116; Eduard Schweizer, *Lordship and Discipleship*, ed. rev. (SBT 28; Naperville, Illinois: Allenson, 1960), 20.
30. Para un análisis crítico de las perspectivas de los Evangelios sobre el llamamiento de Pedro, ver S. O. Abogunrin, "The Three Variant Accounts of Peter's Call: A Critical and Theological Examination of the Texts", *NTS* 31 (1985): 587-602.

que les permitiera estudiar con él (p. ej., 8:19).[31] Más adelante, tales discípulos acompañaban a su maestro, imitando a menudo su enseñanza de la Torá, puesto que "imitar al maestro es imitar la imitación que Moisés hace de Dios".[32] En la primera etapa del movimiento de Jesús, varias personas se acercaron a él de este modo (p. ej., Jn 1:38, 49; 3:2). Pero, al inaugurar su misión del reino, Jesús establece un nuevo patrón, puesto que es él quien toma la iniciativa de buscar y llamar a estos hermanos para que entren en una permanente relación con él.[33]

Aunque es probable que los discípulos de Jesús memorizaran una buena parte de su enseñanza y la transmitieran a otros como tradición de la iglesia, ellos estaban en última instancia comprometidos con su persona, no solo con su enseñanza. La meta de los discípulos judíos era llegar a ser maestros o rabinos, y tener sus propios discípulos. Sin embargo, los discípulos de Jesús tenían que seguir siendo siempre discípulos de su Amo y Maestro, y seguirle exclusivamente a él (*cf.* 23:1-12). Esto tenía implicaciones trascendentales. El discipulado con Jesús iba a ser distinto de lo que muchos habían anticipado. No iba a ser meramente un programa de aprendizaje. El discipulado era una vida que comenzaba en relación con el Maestro y se introducía a todas las esferas de su experiencia. Este es el comienzo de la vida del reino.[34]

Jesús el Mesías expone el evangelio del reino (4:23-25)

Cuando Jesús llama a los cuatro hermanos para que se unan a él en la pesca de almas humanas, se embarca en el primero de al menos tres extensos viajes ministeriales por Galilea, una zona con una población de unas 300.000 personas repartidas probablemente en más de 200 aldeas y pueblos. Mateo consigna un revelador resumen de las actividades de este viaje: "Jesús recorría toda Galilea, enseñando en las sinagogas, anunciando las buenas nuevas del reino, y sanando toda enfermedad y dolencia entre la gente". Este resumen se repite en su mayor parte en 9:35, formando una técnica literaria que suele llamarse *inclusio,* una especie de sujetalibros que subraya el material de los capítulos que hay entre ellos. En los capítulos 5–7, Jesús se presenta como *el Mesías que enseña* en el incomparable Sermón del Monte, y en los capítulos 8–9 lo hace como *el Mesías que actúa* en la colección de relatos de milagros. Al presentar a Jesús de esta manera, los lectores de Mateo experimentarán claramente la naturaleza del reino de los cielos que Jesús ha inaugurado.

---

31. Joshua b. Perahyah dijo: "Provéete de un maestro y consigue un discípulo como compañero" (*Abot* 1.6), y Rabban Gamaliel se hizo eco de estas palabras diciendo: "Provéete de un maestro y despójate de toda duda" (*Abot* 1.16).
32. Jacob Neusner, *Invitation to the Talmud: A Teaching Book* (Nueva York: Harper & Row, 1973), 70.
33. Martin Hengel, *The Charismatic Leader and His Followers* (Nueva York: Crossroad, 1981), 42-57.
34. Wilkins, *Following the Master*, 100-109, 124-25.

El evangelista pone de relieve el triple perfil ministerial de Jesús por medio de tres participios griegos y sus objetos. (1) "Enseñando". Enseñar se relaciona a menudo con la actividad de explicar la verdad a quienes ya conocen su contenido: Jesús enseñará a los discípulos en el Sermón del Monte (ver comentarios sobre 5:1-2).

(2) "Anunciando". Este verbo se relaciona generalmente con la proclamación de la verdad a quienes no conocen su contenido. El Evangelio del reino se predicará al mundo como un testimonio a los gentiles (24:14). Aunque pueden exagerarse las distinciones o las coincidencias entre la enseñanza y la predicación,[35] su yuxtaposición en este versículo puede indicar que Jesús empleaba métodos distintos en distintas situaciones para dirigirse a distintos tipos de oyentes. Cuando visitaba las sinagogas judías, Jesús clarificaba la naturaleza de su mensaje a partir las Escrituras del Antiguo Testamento, demostrando que él era el esperado libertador mesiánico (*cf.* Lc 4:16-30). Cuando se encontraba en las zonas rurales, donde probablemente había muchas personas no versadas en las Escrituras veterotestamentarias, Jesús proclamaba su mensaje con toda sencillez.

En el núcleo de toda la enseñanza y predicación de Jesús está el mensaje del "las buenas nuevas del reino" (4:23). Mateo solo utiliza cuatro veces el sustantivo "evangelio" (*euangelion*), y tres de ellas aparece en la expresión "las buenas nuevas del reino", que solo consigna él.[36] Las verdaderas "buenas nuevas" son que en el ministerio de Jesús la era del reino de Dios ha despuntado finalmente.

Mateo habla de "sus" sinagogas (4:23), lo cual puede reflejar la situación del tiempo en que escribe, cuando los cristianos ya habían comenzado a reunirse aparte de sus compatriotas judíos para adorar a Dios en un entorno claramente cristiano. Por otra parte, el uso de esta expresión puede también reflejar la distinción que se produjo entre los dirigentes judíos y Jesús, al principio de su ministerio. Los líderes religiosos, especialmente los fariseos y los doctores de la ley, cuyos seguidores procedían mayormente de las sinagogas, se posicionaron en un principio en contra de Jesús y su mensaje, y la frase "sus sinagogas" puede expresar la separación entre ellos y Jesús (ver 9:35; 10:17; 12:9; 13:54; *cf.* 23:34).[37]

(3) Jesús no solo enseña y anuncia estas buenas nuevas, sino que también las demuestra cuando sana "toda enfermedad y dolencia entre la gente". Estas curaciones indican una vez más que Jesús tiene autoridad sobre los poderes de este mundo y confirma la llegada del reino de Dios (11:4-6). La expresión "toda

35. Para una perspectiva general del debate reciente sobre estas dos palabras, ver J. I. H. McDonald, *Kerygma and Didache: The Articulation and Structure of the Earliest Christian Message* (SNTSMS 37; Cambridge: Cambridge Univ. Press, 1980).

36. Ver 4:23; 9:35; 24:14. Muchas traducciones vierten la expresión de Lucas 16:16 como "las buenas nuevas del reino de Dios" (NVI) o "evangelio del reino", pero la expresión de Mateo es distinta. Lucas utiliza el verbo *euangelizo*, no el sustantivo *euangelion*.

37. Morris, *Matthew*, 86.

enfermedad y dolencia" indica que nada escapa a la capacidad de Jesús para sanar, una autoridad que él dará también a los doce durante su viaje misionero por Israel (10:1). Estas sanaciones se producen "entre la gente [*laos*]", el término que alude específicamente al pueblo de Israel. Tanto la proclamación como los milagros anuncian que la esperada promesa del reino es inminente.

La respuesta a la enseñanza, predicación y curaciones de Jesús es asombrosa. Cuando las noticias de su ministerio se extienden fuera de los límites de Galilea, hasta la zona septentrional de Siria (4:24), las gentes comienzan a llevar a Jesús a quienes viven acosados por toda clase de aflicciones. Mateo subraya el impacto del ministerio integral sanador de Jesús consignando una lista de enfermedades: "los que sufrían de dolores graves", los "endemoniados" (indicando el poder de Jesús que persiste sobre el reino del diablo), "los epilépticos" (una enfermedad que se relacionaba con la posesión diabólica en 17:14-21), y los "paralíticos" (una angustiosa aflicción en un tiempo en que los desplazamientos a pie eran lo normal). El recurrente acento de la narración de Mateo en las sanaciones[38] subraya que la llegada del reino queda confirmada por el poder de Jesús sobre todas las esferas de la existencia humana: espiritual, física o emocional.

Grandes multitudes responden al ministerio sanador de Jesús siguiéndole. Puesto que Mateo ha utilizado recientemente la palabra "seguir" para describir la respuesta de los cuatro hermanos al llamamiento de Jesús, podríamos asumir que, para Mateo, también las multitudes han entrado en una relación de discipulado con Jesús. Sin embargo, en la introducción al Sermón del Monte que sigue de inmediato, Mateo hace una distinción entre las multitudes y los discípulos. Por tanto, "seguir" a Jesús puede entenderse en un sentido metafórico como una alusión al discipulado, pero se usa también en un sentido espacial para describir un movimiento literal. El contexto determinará cómo lo está utilizando Mateo en cada caso.[39]

Las multitudes que ahora siguen a Jesús han respondido a su mensaje y ministerio sanador con suficiente interés y entusiasmo como para desplazarse desde las regiones adyacentes. No vienen solo desde Galilea, sino también desde la región romana de Decápolis, que es el distrito mayoritariamente gentil situado en las zonas sur y este del mar de Galilea. Las multitudes llegan también desde Jerusalén y Judea, centro de la vida judía. Además, una parte de la multitud procede también de la "región al otro lado del Jordán", una expresión común para designar la región de Perea, o, más generalmente, el territorio situado al norte y este del Jordán.[40]

---

38. Mateo utiliza el término "sanar" (*therapeuo*) dieciséis veces, más que cualquier otro libro del Nuevo Testamento (Hagner, *Matthew* 1–13, 81).
39. Ver Wilkins, *The Concept of Disciple in Matthew's Gospel*, 148-50, 170-71; Jack Dean Kingsbury, "The Verb AKOLOUTHEIN ('To Follow') as an Index of Matthew's View of His Community", *JBL* 97 (1978): 56-73.
40. Ver Bastiaan Van Elderen, "Early Christianity in Transjordan", *TynBul* 45 (1994): 97-117. Van Elderen sugiere que esta referencia alude a la zona de la Transjordania septentrional, lo cual concordaría con la referencia a "toda Siria" de 4:24.

Las zonas que menciona Mateo en 4:24-25 llevan al lector a todas las regiones pobladas por judíos. Aunque algunos de estos territorios estaban ampliamente poblados por gentiles (p. ej., Decápolis), es dudoso que Mateo quiera dar a entender que el ministerio de Jesús hubiera suscitado un masivo seguimiento de gentiles. Quienes se acercan a Jesús son principalmente judíos, pero vienen de todas partes. Jesús está generando una enorme conmoción en Israel con su mensaje de la llegada del reino, validado por un ministerio sanador tan extenso.

Construyendo Puentes

Jesús en el centro de atención. El relato que desarrolla Mateo tiene una serie de escenarios y personajes que van entrando y saliendo de la narración. Si pensamos en los capítulos 1–4, nos vienen inmediatamente a la mente varias situaciones y personas. En la remota aldea de Nazaret, José, con su asombrosa integridad, pasa a un primer plano en el capítulo 1 cuando se le anuncia la milagrosa concepción de María, desposada con él. En el capítulo 2, son objeto de atención varias escenas y personajes: los sabios procedentes de Oriente, el perverso rey Herodes perpetrando sus infames vilezas en la santa ciudad de Jerusalén, José que salva heroicamente al niño y a la madre amenazados, huyendo de Belén para ir a Egipto y volver luego a Nazaret.

Desde el desierto de Judea, Juan el Bautista hace una grandiosa entrada en el capítulo 3 como el anhelado profeta que proclama arrepentimiento al pueblo de Israel, con sus líderes religiosos. En el río Jordán, el descenso del Espíritu y la voz del Padre añaden un impresionante efecto a la escena del bautismo de Jesús. En el capítulo 4, contenemos el aliento cuando el epítome del mal entra en escena en la persona del diablo, pero aplaudimos cuando le vemos derrotado en las primeras escaramuzas de su guerra con Jesús. Por el mar de Galilea, intentamos ponernos en la piel de los cuatro pescadores que sacrifican sorprendentemente su forma de vida para pescar almas, cuando personas de toda Galilea y las regiones adyacentes experimentan sanación de muchas dolencias.

A medida que se desarrolla la historia, todas estas escenas y personajes captan nuestra atención, y con razón, puesto que todos ellos desempeñan un importante papel en el relato. No obstante, cuando pensamos en todos estos personajes, uno de ellos queda muchas veces fuera de la imagen: ¡Jesús! A menudo estamos tan centrados en los demás actores y detalles de la narración, por lo que podemos aprender de ellos, que pasamos por alto al verdadero protagonista de todo el relato. Casi parece que Jesús queda integrado en el trasfondo.

Sin embargo, como dijimos en 1:18-25, aunque sin duda aprenderemos cosas del papel que desempeñan otros personajes y de las escenas en que estos aparecen, el centro del escenario pertenece siempre a Jesús. Desde 1:1, donde se le presenta como la culminación del linaje de David y Abraham, hasta 28:20, donde él afirma que estará con sus discípulos hasta el fin del mundo, Jesús es el foco alrededor del que gira todo el Evangelio.

Aunque esto puede parecer obvio, se trata de un principio hermenéutico fundamental que, lamentablemente, violan muy a menudo quienes leen los Evangelios y quienes enseñan o predican sobre ellos. En nuestra tarea de tender puentes entre el texto y nuestro mundo, podemos asimismo centrarnos tanto en los actores secundarios y los detalles que más nos intrigan que pasamos por encima del personaje principal que motivó el relato. Aunque los demás personajes y las escenas en que aparecen desempeñan un papel precioso, destacando varias facetas de Jesús y su ministerio, Mateo cuenta ante todo una historia sobre Jesús.[41] Esto se hace evidente en el pasaje que estamos considerando, en el que Mateo presenta reveladoras verdades sobre Jesús desde el marco de su ministerio, los cuatro personajes secundarios y las multitudes que responden a él.

Galilea. Sorprendentemente, el escenario en que Jesús lleva a cabo su ministerio público es Galilea. Alguien familiarizado con la historia de Israel habría esperado que el Mesías focalizara su ministerio en Jerusalén, centro del poder y prestigio religiosos y de las esperanzas proféticas. Galilea es la antítesis de Jerusalén. Pero Jesús no se relaciona con los altos y poderosos, y no presta atención a la jerarquía religiosa. Va a la tierra que habita en oscuridad, donde la luz del Evangelio resplandecerá con luz más radiante. La esperanza profética de Isaías 9:1-6 se cumplirá, pero esta comienza en Galilea, lejos de Jerusalén, donde muchos esperaban la restauración del poder y la gloria en la casa de David. Es en Galilea donde comienza la esperanza veterotestamentaria para todas las naciones. Los incidentes que se desarrollan en Galilea requieren un ajuste de las expectativas del pueblo sobre el ministerio mesiánico.

Los hermanos. La respuesta de estos cuatro hermanos es muy reveladora, pero solo por lo que nos dice sobre el llamamiento de Jesús. Su respuesta es una asombrosa prueba de que Jesús ejerce una clase de autoridad mesiánica distinta. Sin ejército, sin espada y sin el respaldo del poder religioso, la autoridad de Jesús como inaugurador del reino demanda una obediencia incondicional. Cuando él llama, las personas deben obedecer. La abrupta narración de Mateo sobre el llamamiento de los cuatro hermanos presupone una relación previa con Jesús, y resulta en que estos se unen a Jesús como colaboradores en su misión.

Sin embargo, el relato de Mateo es lo suficientemente general para interpelar a lectores en distintas etapas de su fe: por ejemplo, a personas llamadas al arrepentimiento y la fe en Jesús como Salvador mesiánico, a quienes escuchan

---

41. Este es un principio esencial para leer cualquier Evangelio, que Robert Stein ilustra a partir de Marcos: "El Evangelio de Marcos es un Evangelio sobre Jesús. Desde Marcos 1:1 a 16:8, Jesús es el centro de atención. No hay ninguna narración en el libro que no se centre, de algún modo, en él. Él es el principal contenido, el centro de atención, y el objeto de todo el Evangelio" (*Playing by The Rules: A Basic Guide to Interpreting the Bible* [Grand Rapids: Baker, 1994], 159).

un llamamiento al liderazgo en la iglesia, o a los que son llamados a arrepentirse de una devoción sin entusiasmo y entregarse completamente a Jesús. El discipulado de Jesús es distinto del tipo de relación que proponen otros líderes religiosos. Jesús es el autorizado inaugurador del reino, y para los lectores de Mateo esto indica que sus vidas solo encontrarán verdadera realización respondiendo al llamamiento de unirse a Jesús en el avance del reino de Dios.

Las multitudes. Aunque las multitudes son también una prueba de la naturaleza de la identidad y ministerio de Jesús, su testimonio es diverso. Por una parte, las multitudes son un entusiasta testimonio de que la inauguración del reino incluye un compasivo cuidado de todas las peculiaridades de la condición humana caída: físicas, emocionales y espirituales. Jesús sana todo tipo de condiciones. Pero, por otra parte, el entusiasmo de las multitudes es voluble. En un principio, la respuesta de las multitudes parece asegurar un optimista futuro para el ministerio de Jesús.

Pero sabemos que no fue finalmente por estos derroteros. ¿Qué es lo que cambió la respuesta de las multitudes? Al parecer, el entusiasmo inicial fue más una respuesta a la satisfacción de sus necesidades que un testimonio de su compromiso con Jesús como Mesías. Es posible que, para fortalecer a sus oyentes, Mateo quiera subrayar que las apariencias pueden engañar. Si la multitud que al comienzo seguía a Jesús de manera tan entusiasta acabó cambiando de opinión y rechazándole, entonces es posible que los lectores de Mateo tengan que concienciarse con respecto a la respuesta que recibe su misión. La respuesta inicial de las multitudes no es la validación final del ministerio mesiánico de Jesús.[42]

Significado Contemporáneo

El puente apropiado entre la narración de Mateo y el significado contemporáneo del texto consiste en determinar lo que nos dicen sobre Jesús y su ministerio histórico los diferentes personajes y escenarios. Una vez hayamos cruzado este puente, es mucho más probable que tracemos significados apropiados para nuestras situaciones. De la inauguración del ministerio de Jesús a Israel surgen tres ideas.

La luz que disipa la oscuridad imparte vida. La región geográfica a la que Jesús fue a iniciar su ministerio es Galilea de los gentiles, que Mateo describe metafóricamente como una tierra de oscuridad y sombra de muerte. Pero el sol no resplandece menos en Galilea que en Jerusalén o Belén. La tasa de enfermedad de Galilea no es superior a la de Judea ni a la de Samaria. De hecho, tanto en el Antiguo Testamento como en el Nuevo, "oscuridad" es un término especialmente evocador. Si la luz simboliza a Dios, la oscuridad connota todo lo que

42. Warren Carter, "The Crowds in Matthew's Gospel", *CBQ* 55 (1993): 54-67.

es anti Dios: los impíos (Pr 2:13-14; 1Ts 5:4-7), el juicio (Éx 10:21; Mt 25:30) y la muerte (Sal 88:13).

Pero son pocos los que ven tinieblas o sombra de muerte en Galilea. La región galilea es hasta hoy una de las más zonas más hermosas de toda Palestina. Galilea es tierra de ríos, onduladas laderas, exquisita agricultura, y presidida por el imponente lago. Las mansiones y teatro de Séforis y los palacios y estadio de Tiberíades indican que Galilea no era un desierto cultural. No obstante, las tinieblas de este mundo son algo real, aunque la mayoría no se dé cuenta. Es una región bajo la influencia de los gentiles, con sus dioses, sus estilos de vida, su concepción del mundo.

Aunque la oscuridad es opaca para la humanidad, para Dios es transparente (Sal 139:12), y hace mucho tiempo él prometió mandar luz. Con la llegada de Jesús, una gran luz resplandece ahora en las tinieblas (Mt 4:16). Quienes responden a la luz son introducidos a la esfera de la vida donde la oscuridad y hasta la sombra de la muerte se disipan (*cf.* Job 22:28; Sal 27:1). Otros autores del Nuevo Testamento subrayan este tema, afirmando que Jesús es la luz vivificadora que imparte vida (Jn 1:4), y el que le sigue "no andará en tinieblas, sino que tendrá la luz de la vida" (Jn 8:12). Los creyentes son "hijos de luz" (Jn 12:36; Ef 5:8; 1Ts 5:5). La luz posee poderes esenciales para la verdadera vida, y por ello "estar en la luz" viene a significar simplemente "vivir", lo cual no solo indica vida eterna, sino también vida temporal en la tierra. Aquel que se acerca a la luz de Jesús el Mesías es introducido en la vida caracterizada por la luz.[43]

Este es un tema esencial al que tenemos que asirnos. Aunque nosotros o quienes nos rodean no nos demos cuenta, la oscuridad de este mundo es real. La oscuridad es más directamente la ausencia de luz, de manera que estar lejos de Jesús es estar en la oscuridad. Esta es una necesaria perspectiva que hemos de mantener cuando nos ocupamos en nuestras actividades cotidianas. No hace falta formar parte de determinados sectores de la sociedad para estar en la oscuridad. Yo vivo en una hermosa localidad costera del sur de California, donde el sol resplandece casi todo el año. Y, sin embargo, aun en la luminosidad de este pequeño planeta, las personas viven sin Jesús, bajo la oscura sombra de este mundo. No podemos permitir que la apariencia superficial de las personas nos oculte sus verdaderas necesidades, aunque ellos mismos puedan no reconocerlas. Para alcanzarlas de manera efectiva hemos de asumir que nuestro llamamiento es vivir en la alegría de la luz de Jesús, permitiendo constantemente que nuestras vidas alumbren las suyas con la verdadera vida del reino.

El llamamiento de Jesús hoy. En el plano histórico, el llamamiento de los cuatro hermanos sirve principalmente para subrayar la autoridad de Jesús, como

43. *Cf.* Lc 16:8; Jn 3:19 y ss.; 12:36; 2Co 6:14; Col 1:12-13; 1Ts 5:5; 1P 2:9. Michael J. Wilkins, "Darkness", "Light", *Baker Theological Dictionary of the Bible*, ed. Walter A. Elwell (Grand Rapids: Baker, 1996), 142-43, 486-87.

inaugurador del reino, para reclutar obreros para la misión. La respuesta de estos hermanos ilustra que la obediencia es la única respuesta apropiada al llamamiento, con autoridad, de Jesús. Cuando Jesús llama, también nosotros hemos de obedecer. Jesús tiene autoridad sobre todas las esferas de la vida de sus discípulos, y hemos de obedecer inmediatamente en cualquier cosa a la que nos llame.

Aunque esto es importante para aquellos que están oyendo un llamamiento a la salvación, dada la significativa relación previa entre estos hermanos y Jesús, no podemos dar por sentado que Mateo pretenda que esta escena se entienda especialmente como un paradigma para la evangelización. Como afirma Calvino, esta no es "una mera descripción general del llamamiento a la fe, sino una llamada específica a una determinada tarea".[44] Los lectores modernos deben oír en el llamamiento de Jesús un desafío a poner en orden todas nuestras ambiciones. Estos cuatro hermanos eran ya discípulos del Señor, hombres que se habían comprometido con Jesús como Mesías (*cf.* Jn 1:41; 2:2, 11). Pero en esta escena están siendo llamados a poner su profesión en su correcta perspectiva en vista de las necesidades de alcanzar su mundo con el mensaje de salvación. Puesto que, en última instancia, los cuatro son llamados a desempeñar un papel como apóstoles en el fundamento de la iglesia, se les pedirá que abandonen su profesión anterior.

Pero no a todos los discípulos de Jesús se les llama a abandonar su profesión. Uno de los ejemplos más sorprendentes que veremos más adelante es el de José de Arimatea, que, aunque era discípulo de Jesús, conservó su posición en la sociedad y una gran riqueza, que le permitió prestar un servicio indispensable y único a Jesús en el momento de más necesidad (*cf.* 27:57-60). Sea cual sea nuestra profesión, seamos predicadores o fontaneros, maestros o técnicos, camareros de hotel o sanitarios, el discipulado significa que nuestra prioridad en la vida es unirnos a Jesús para alcanzar nuestro mundo diario con las buenas nuevas de la vida en el reino de los cielos. Yo nunca podré alcanzar a agentes de policía no cristianos tan eficientemente como un policía cristiano comprometido. Ningún pastor puede entrar en el complejo mundo de las finanzas empresariales de manera tan eficaz como un hombre o una mujer de negocios cristiano, comprometido e informado. Cada uno de nosotros tiene un privilegiado lugar de ministerio que es único para seguir a Jesús en nuestra vida diaria.

La inmediata obediencia de los hermanos tampoco niega el sentido común o la apropiada responsabilidad de rendir cuentas de sus obligaciones personales, familiares y profesionales. Aunque "lo dejaron todo", Pedro sigue viviendo en su casa con su esposa y su suegra, y probablemente su hermano Andrés hace lo propio con su familia (8:14-15). Hay un sentido en el que Pedro y el resto de los doce abandonan todo para desempeñar su papel fundacional en la iglesia, sin embargo, no se nos dice en ninguna parte que abandonaran sus responsabilidades

44. Juan Calvino, *A Harmony of the Gospels Matthew, Mark and Luke* (Grand Rapids: Eerdmans, 1972), 1:572.

de proveer para las necesidades de sus familias. Más tarde, el apóstol Pablo reprenderá a ciertos creyentes que se entrometían en el ministerio pero no velaban por las necesidades de su familia (2Ts 3:6-13; 1Ti 5:8).

En un sentido, este pasaje nos ayuda a comprender las circunstancias históricas del anuncio del reino de los cielos por parte de Jesús y su reclutamiento de cuatro importantes colaboradores en esta singular proclamación histórica. No obstante, este incidente es un paradigma para que discípulos de todos los tiempos entiendan que, sea cual sea nuestro llamamiento, hemos de vernos como pescadores de hombres. Nuestra vida encuentra un sentido más pleno cuando respondemos al llamamiento de Jesús a unirnos a él en el avance del reino de los cielos.

Un transformador mensaje del reino de Dios. Al Green es un "pescador" de nuestro tiempo. Green era un famosísimo cantante de *soul* de la década de 1970, que compuso canciones como *Love and Happiness* [Amor y felicidad] y *Let's Stay Together* [Sigamos juntos]. Aunque aquellas primeras melodías eran ya inspiradoras, Green experimentó un cambio en la orientación de su carrera musical que trajo un mensaje aún más poderoso a sus canciones. Green "nació de nuevo" en la cima de su popularidad, y hoy es "el reverendo Al Green", pastor de una iglesia en Memphis, Tennessee, donde canta éxitos como *Saved* [Salvo] y *Straighten Out Your Life* [Endereza tu vida]. Un entrevistador de una revista secular parecía perplejo por la transformación que veía en la vida de Green, y habla de su "naturaleza camaleónica".[45]

Pero el cambio de vida de Green no puede explicarse como una mera decisión de pasarse a otro estilo musical. En sus palabras, fue un llamamiento. En 1979, durante un concierto de *soul* en Cincinnati, Green resbaló y cayó del escenario; fue un milagro que no sufriera una grave lesión. Al Green interpretó aquel acontecimiento como un llamamiento de Dios a retirarse de la música secular y elevar su voz en alabanza a Dios.[46] Su llamamiento trajo un apacible vigor a su vida, que le permitió usar su talento natural para servir en el reino de Dios. Las recompensas de la fama no tienen la misma atracción que antes, dice. "Ahora carecen de importancia para mí. Las riquezas están en las almas de los hombres".[47]

Aunque nuestro llamamiento no sea tan impresionante como el de Al Green, la historia del antiguo llamamiento de los cuatro pescadores proporciona suficientes incentivos para que todos reconozcamos nuestra responsabilidad de servir a Jesús en la misión del reino de Dios. Jesús describe a sus discípulos como luz y portadores de luz (Mt 5:14-16), y Pablo indica a las iglesias de Asia Menor y Macedonia que la vida del creyente es una luz de testimonio al mundo que les

---

45. Richard Todd, "Let's Pray Together", *Civilization: The Magazine of the Library of Congress* (febrero-marzo 1999), 48.
46. Testimonio sobre Al Green de su página web personal, www.algreen.com.
47. Cita de Todd, "Let's Pray Together", 48.

rodea (Ef 5:8; Fil 2:15). Nuestra tarea es, pues, ahora transmitir la divina luz que hemos recibido, porque sin ella el mundo perecerá eternamente. Lo que hemos recibido en la secreta intimidad de la comunidad de creyentes hemos de proclamarlo valerosamente "en la luz" (Mt 10:27; Lc 12:3). Todos aquellos que han entrado en la luz tienen ahora la responsabilidad, como misioneros de Cristo, de brillar como "estrellas en el firmamento", con la luz de Jesús (Fil 2:15).

En un mensaje en nuestro seminario, el orador invitado, el pastor E. V. Hill, afirmó que, a lo largo de su historia, la iglesia ha luchado con la tentación de ser "cuidadora del acuario en lugar de pescadora de hombres". Aquellas palabras impactaron a muchos de quienes estábamos escuchando. Aunque hay un mundo de dolor fuera de las paredes de nuestras iglesias y organizaciones, podemos estar tan decididos a edificar nuestros ministerios que nos dedicamos a cuidar a nuestro pequeño círculo en lugar de acudir allí donde las personas sufren. Como discípulos de Jesús, todos tenemos el increíble privilegio, y obligación, de llevar el mensaje del evangelio del reino a quienes, a nuestro alrededor, viven en tinieblas.

Mateo 5:1-2

Cuando vio a las multitudes, subió a la ladera de una montaña y se sentó. Sus discípulos se le acercaron, 2 y tomando él la palabra, comenzó a enseñarles diciendo:

Sentido Original

Mateo ha narrado la fase inicial del ministerio de Jesús con brevedad, pero poderosamente: Jesús anuncia su misión (4:17), llama a sus primeros colaboradores (4:18-22), y lleva a cabo un extraordinario viaje de enseñanza, predicación y curaciones por Galilea (4:22-25). Mateo recoge ahora un extenso mensaje que desarrolla en detalle la clase de vida que pueden disfrutar quienes responden a la venida del reino de Dios.

Este evangelista tiene un interés especial en los mensajes de Jesús. Mientras que Marcos y Lucas consignan resúmenes de varios mensajes y el Evangelio de Juan registra extensamente el discurso del aposento alto que Jesús pronunció la noche antes de su crucifixión, Mateo ha preservado cinco importantes mensajes o discursos, que va alternando con narraciones sobre las actividades de Jesús. Como se ha dicho en la Introducción, estos discursos son una clave para entender uno, al menos, de los propósitos de Mateo al escribir su Evangelio. El evangelista recoge una serie de mensajes de Jesús para que la iglesia de todos los tiempos pueda llevar a cabo una parte crucial de la última comisión de Jesús: "enseñándoles a obedecer todo lo que les he mandado a ustedes" (28:20).

Este primero de los discursos de Jesús, llamado tradicionalmente Sermón del Monte (SM), es sin duda el más conocido. Desde que Jesús pronunciara estas palabras por primera vez hasta el día de hoy, personas de todos los trasfondos y tradiciones han sido intensamente motivadas por su potente expresión de la vida moral y ética. En el siglo XX, este sermón influyó profundamente en Mohandas K. Gandhi, el *Mahatma* ("gran alma" en sánscrito), en su revolución no violenta que llevó finalmente a la libertad de la India. También Martin Luther King Jr., el predicador protestante estadounidense que llegó a ser un legendario dirigente internacional por los derechos civiles, se esforzó en hacer de las enseñanzas de este sermón la base de su programa político y compromiso ideológico con la no violencia y la desobediencia civil.

El sermón consignado en Mateo 5-7 es casi con toda seguridad un resumen de otro mucho más extenso. Estos tres capítulos pueden leerse en unos treinta minutos. La práctica habitual de Jesús era invertir largos periodos en la enseñanza y la predicación, hasta el punto de que, al menos en dos ocasiones, pasó todo un día instruyendo a las multitudes y acabó alimentando milagrosamente a grupos de cinco y cuatro mil personas (14:13-21; 15:32-38). Pero este resumen no es una mera recopilación de pensamientos escogidos al azar. La estructura de este mensaje es un todo unificado.

El contexto del SM es la inauguración del reino de los cielos por parte de Jesús. Como aquel que ha nacido "rey de los judíos" (2:2) y ha demostrado poder sobre la enfermedad y el diablo (4:23-25; *cf.* 9:35; 10:1), Jesús pronuncia una poderosa declaración sobre la realidad y disponibilidad de la vida del reino para sus seguidores, lo cual incluye instrucciones prácticas sobre el modo de vivirla. Por ello, en el centro mismo del SM está el mensaje de Jesús sobre el reino de los cielos. Sus primeras palabras hablan del reino de los cielos como una posesión presente (5:3, 10), declaran distintos grados de consideración para quienes están en el reino (5:19), y anuncian los términos para entrar en él (5:20). La oración que Jesús enseña a sus discípulos tiene la venida del reino como tema fundamental (6:10), y su amonestación sobre las prioridades diarias de la vida subraya la importancia de buscar primero el reino (6:33). La recompensa decisiva para quienes conocen verdaderamente a Jesús y hacen la voluntad de su Padre es entrar en el reino de los cielos (7:21-23).

El nombre de este discurso deriva de su marco geográfico, en "la ladera de una montaña" de algún lugar de Galilea (5:1). El enclave tradicional coincide con el consenso más reciente al respecto, y lo sitúan en el Tabgha, cerca de Capernaúm, sobre una cordillera situada al oeste del pueblo. Esta es la zona a la que, posiblemente, aluden los Evangelios cuando cuentan que Jesús se dirigió a "un lugar solitario [*eremos*]" (14:13; *cf.* Mr 1:35). Una antigua tradición llama "Eremos" a la parte superior del monte. Al pie de Eremos se encuentra el área de las siete fuentes, que llevaban el nombre griego de *Heptapegon* ("siete manantiales"), que más adelante se transliteraría en árabe de forma aproximada como *et-Tabgha*.[1] El Eremos ofrece una imponente panorámica del mar de Galilea y los pueblos adyacentes. La sinuosa superficie del monte hizo que se mantuviera sin cultivar, lo cual habría permitido que Jesús reuniera grandes multitudes a su alrededor sin causar daños a las tierras de cultivo adyacentes.[2]

Jesús se dirige a un monte como especial lugar de revelación divina varias veces para importantes acontecimientos de la narración de Mateo.[3] Los

1. Pixner, *With Jesus Through Galilee,* 34. Pixner también equipara este lugar con Magadán (ver comentarios sobre 15:39).
2. *Ibíd.*, 36.
3. P. ej., la montaña de la tentación (4:8); este montaña (5:1-2); el monte de la transfiguración (17:1); el monte de los olivos (24:3); el monte de la aparición tras la resurrección y la comisión (28:16).

expositores se han preguntado si Mateo traza paralelismos con incidentes o temas veterotestamentarios, como el ascenso de Moisés al monte Sinaí para recibir la ley (Éx 19-20).[4] Es cuestionable, no obstante, que debamos ver a Jesús como un nuevo Moisés impartiendo una nueva Torá en los cinco discursos, como algunos han sugerido. Lo que hace Jesús no es impartir una nueva ley, sino más bien cumplirla por medio de su vida y enseñanza (*cf.* 5:17-20). En todo caso, su instrucción contrasta con las tradiciones orales de los escribas y fariseos. Jesús, el Mesías autorizado, cumple el propósito de la ley, puesto que su enseñanza penetra en el pleno significado de los mandamientos de Dios.[5]

La fraseología de Mateo para describir a los receptores del SM es importante. Jesús ve a las multitudes y, entonces, sube al monte y se sienta (la postura típica de los maestros judíos para la enseñanza, *cf.* 23:2), una posición que Jesús adopta de manera habitual (*cf.* 13:1-2; 15:29; 24:3-4; 26:55). Sus discípulos se acercan entonces a él y, "abriendo su boca" (LBLA, RVR1960, otro modismo judío), comienza a enseñarles. Puesto que el antecedente más cercano al pronombre "les" es "sus discípulos", Mateo especifica que Jesús deja a las multitudes para enseñar a sus discípulos. ¿Quiénes son las "multitudes" y quiénes los "discípulos"? ¿Qué sentido tiene que Jesús no enseñe a las multitudes, sino a los discípulos?

La palabra "multitud" (*ochlos*) es la que se utiliza para designar al extenso grupo de personas mencionado en 4:25 que va siguiendo a Jesús. El término "discípulo" (*mathetes*) aparece en este texto por primera vez en Mateo; casi con toda seguridad alude a los cuatro hermanos que Jesús acaba de llamar para que le sigan (4:18-22), junto con cualquier otra persona comprometida con él en aquel momento. Dentro del judaísmo, la expresión "discípulo" era un término general usado para referirse a los seguidores de una serie de maestros, pero, a lo largo de su ministerio, Jesús lo utilizó de una forma singular para describir a sus seguidores.

Mateo menciona tres grupos principales de personas alrededor de Jesús en su ministerio terrenal: sus discípulos, los líderes religiosos y las multitudes.[6] Los *discípulos* son aquellos que se han comprometido con Jesús como Mesías. Los *líderes religiosos*, representados especialmente por los fariseos, son los oponentes de Jesús durante una buena parte de su ministerio (12:22-32). La *multitud* es básicamente neutral, un grupo de personas que sienten curiosidad, atónitas por

---

4. El estudio reciente más completo es el de Terence L. Donaldson, *Jesus on the Mountain: A Study in Matthean Theology* (JSNTSup 8; Sheffield: JSOT, 1985).
5. Así lo entiende también Hagner, *Matthew* 1-13, 86. Hay una cautelosa exploración del tema mosaico en Davies y Allison, *Matthew*, 1:422-24.
6. Wilkins, *The Concept of Disciple in Matthew's Gospel*, esp. 163-72; ídem, *Following the Master*, 179-83. Para considerar una perspectiva similar, ver Cousland, *The Crowds in the Gospel of Matthew*.

su enseñanza y ministerio (7:28-29) pero que todavía no se han comprometido con él.

El objetivo de Jesús era hacer discípulos de la multitud. En el transcurso de su enseñanza y predicación, surgen personas de la multitud que muestran su fe llamando "Señor" a Jesús y se convierten así en discípulos/creyentes (*cf.* 8:18, 21; 17:14-15). Al principio, las multitudes se asombran de la enseñanza (7:28-29) y milagros de Jesús (9:8), y reciben su compasiva atención (9:35-38; 14:13-14). Pero van demostrando cada vez una mayor dureza de corazón (*cf.* 13:2-3, 10-17, 34-36), hasta que, finalmente, los líderes religiosos las convencen para que pidan la muerte de Jesús (27:15-25). En este punto inicial de su ministerio, Jesús enseñará a los discípulos en el Sermón, pero mirará también a la multitud, extendiéndole una invitación a hacerse discípulos.

Cabe subrayar también que el grupo de "discípulos" no es sinónimo de los "doce", puesto que algunos de ellos tienen todavía que ser llamados (p. ej., Mateo el recaudador de impuestos en 9:9; *cf.* 10:2-4). Los doce representan un grupo más reducido dentro del grupo más extenso de los discípulos de Jesús. Consideremos Lucas 6:13: "Al llegar la mañana, llamó a sus discípulos y escogió a doce de ellos, a los que nombró apóstoles". El término "discípulo" designa aquí a quienes han creído en Jesús, mientras que "apóstol" alude a determinados discípulos como dirigentes de la futura iglesia.[7] Como discípulos, los doce son como cualquier otra persona que ha respondido al llamamiento de Jesús a la vida eterna en el reino, pero, como apóstoles, han respondido a otro llamamiento al liderazgo (*cf.* 10:1-2).

Puesto que la enseñanza de Jesús en el SM se dirige principalmente a los discípulos, puede entenderse como una formación en el discipulado. Es la primera instrucción esencial para quienes han contraído un compromiso con Jesús y su proclamación del evangelio del reino. Por otra parte, el SM contiene también en ciertos puntos una invitación a la multitud a entrar en el reino de los cielos (p. ej., 5:20; 7:28-29).

---

7. Mateo habla también de discípulos aparte de los doce (8:21) e indica la existencia de un círculo de discípulos más amplio que reciben su enseñanza y obedecen su radical llamamiento a seguirle (10:24-42). También reconoce por medio de un verbo afín la existencia de un discípulo con nombre propio aparte de los doce, José de Arimatea (27:57). Por otra parte, las mujeres que asisten a la crucifixión de Jesús se describen con términos del ámbito del discipulado (ver comentarios sobre 12:46-50; 27:55- 56, 61; 28:1-8). Quienes deseen considerar una exposición de esta cuestión pueden ver Michael J. Wilkins, "Named and Unnamed Disciples in Matthew: A Literary/Theological Study", *SBLSP* 30 (Atlanta: Scholars Press, 1991); ídem, "Women in the Teaching and Example of Jesus", en *Women and Men in Ministry: A Complementary Perspective,* ed. Robert L. Saucy y Judith K. TenElshof (Chicago: Moody Press, 2001), 91-112; Przybylski, *Righteousness in Matthew*, 108-10.

Relación con el "Sermón del llano" de Lucas (Lc 6:17-49). En Lucas 6:17-49 se presenta un mensaje de Jesús que guarda una sorprendente semejanza con el SM. Ambos discursos se consignan en el contexto del extenso ministerio sanador y docente de Jesús (Mt 4:23-25; Lc 6:17-19), ambos comienzan con las Bienaventuranzas, ambos imparten una importante enseñanza ética sobre el amor y la justicia, ambos subrayan la necesidad de dar fruto y ambos concluyen con la parábola de los constructores. Pero existen también importantes diferencias. Por ejemplo, Mateo no consigna los "ayes" que aparecen después de las Bienaventuranzas de Lucas (Lc 6:24-26), Lucas no incluye la mayoría de las antítesis que encontramos en Mateo 5:21-48, y la versión del Padrenuestro que registra Lucas no aparece en el sermón sino en Lucas 11:1-4.

La reconciliación de estas similitudes y diferencias ha llevado a los comentaristas a distintas conclusiones. (1) Las similitudes llevan a algunos a afirmar que Mateo y Lucas presentan dos resúmenes distintos del mismo mensaje impartido por Jesús.[8] (2) Las diferencias hacen que otros sugieran que Mateo y Lucas consignan dos sermones distintos, pronunciados por Jesús en dos ocasiones distintas en que repite parte del mismo contenido o cuestiones similares.[9] (3) Un tercer grupo propone que Mateo, Lucas, o ambos, recopilaron enseñanzas que Jesús impartió en ocasiones distintas y con ellas dieron forma a un solo sermón.[10] Por regla general se asume este último punto de vista porque hay paralelismos del sermón de Mateo dispersos a lo largo del Evangelio de Lucas.[11]

Puesto que tanto Mateo como Lucas dan a entender que sus sermones fueron impartidos en una sola ocasión, el tercer punto de vista pierde fuerza. La primera posibilidad cuenta a su favor con el hecho de que ambos sermones comparten un mismo contexto general, un mismo orden esencial y un parecido marco geográfico (una zona montañosa).[12] El segundo punto de vista cobra fuerza si recordamos que Jesús hizo un recorrido de casi dos años enseñando y predicando por las zonas rurales de Galilea y es fácil pensar que pudiera haber repetido parte del mismo contenido en numerosas ocasiones. Puesto que la respuesta a

8. P. ej., Carson, "Matthew", 125-26; Bock, *Luke 1:1-9:50*, 553; Thomas y Gundry, *The NIV Harmony of the Gospels*, 70-71 nota c.
9. P. ej., Morris, *Matthew*, 93; Blomberg, *Matthew*, 96.
10. P. ej., Hagner, *Matthew* 1-13, 69; Robert A. Guelich, *The Sermon on the Mount: A Foundation for Understanding* (Waco, Tex.: Word, 1982), 35; Hans Dieter Betz, *The Sermon on the Mount: A Commentary on the Sermon on the Mount, Including the Sermon on the Plain (Matthew 5:3-7:27 and Luke 6:20-49),* ed. Adela Yarbro Collins (Hermeneia; Minneapolis: Fortress, 1995), 44-45.
11. P. ej., *cf.* Mt 5:13 en Lc 14:34-35; Mt 5:14 en Lc 11:33, etc. Ver Hagner, *Matthew 1-13*, 83 para un listado completo.
12. Algunos abogan por un sermón compartido por Mateo y Lucas apelando a la existencia del Sermón en la fuente Q. Sin embargo, puesto que esta hipotética fuente solo puede estar en los lugares en que Mateo y Lucas comparten material que no encontramos en Marcos, sería dar por sentado algo que realmente no está tan claro.

esta cuestión no determina nada de gran importancia, lo mejor sería decir que, hasta que tengamos una idea más clara, es preferible asumir alguna de las dos primeras opciones.

Construyendo Puentes

Interpretaciones del Sermón del Monte. A lo largo de la historia de la iglesia, los expositores han dado al SM una serie de interpretaciones.[13] Tales interpretaciones han generado diversas aplicaciones, que van desde las que sitúan el SM en el centro de los programas sociales y seculares actuales hasta las que limitan la aplicabilidad de los detalles del SM a un periodo futuro en el que Cristo reinará en la tierra. Todas estas interpretaciones surgen principalmente de nuestra idea de cómo quiere Jesús que se aplique su misión del reino a la vida de nuestro tiempo. Se han producido, literalmente, docenas de interpretaciones, que podrían resumirse bajo los siguientes encabezamientos.[14]

(1) *Requisitos de entrada al reino*. Muchos han entendido las declaraciones de Jesús sobre entrar al reino (p. ej., 5:20) en el sentido de que el SM es principalmente una invitación a entrar en el reino de Dios y que en la enseñanza moral y ética de Jesús encontramos determinados requisitos para entrar a dicho reino. Este acercamiento es bastante diverso y lo comparten, al menos en parte, algunos sectores dentro del liberalismo y el existencialismo protestantes, y los reformadores sociales. Aunque este acercamiento no aboga forzosamente por una adhesión legalista a los detalles del SM, sí considera que la esencia del SM es definir los medios por los que el reino de Dios se hace real. Este elemento esencial y practicable puede hallarse manteniendo el ideal ético del sermón (Adolph Harnack), viviendo una existencia humana auténtica delante de Dios (Søren Kierkegaard) o consiguiendo el ideal de la no violencia personal y social (León Tolstoy).

Este acercamiento al SM reconoce la naturaleza radical del reino de Dios que Jesús anuncia, pero confunde los *resultados* de participar en la vida del reino con

13. Quienes deseen considerar visiones de conjunto breves y útiles de la historia de la interpretación pueden ver Guelich, *The Sermon on the Mount*, 14-22, y David Crump, “Applying the Sermon on the Mount: Once You Have Read It What Do You Do with It?” *Criswell Theological Review* 6/1 (1992): 3-14. Hay un estudio más extenso en Warren. S. Kissinger, *The Sermon on the Mount: A History of Interpretation and Bibliography* (Metuchen, N.J.: Scarecrow, 1975).
14. Algunos de los resúmenes más útiles se encuentran en Carson, “Matthew”, 126-28; W. D. Davies y Dale C. Allison Jr., “Reflections on the Sermon on the Mount”, *SJT* 44 (1991): 283-309; y Blomberg, *Matthew*, 94-95. Hay una extensa lista de interpretaciones en Clarence Bauman, *The Sermon on the Mount: The Modern Quest for Its Meaning* (Macon, Ga.: Mercer Univ. Press, 1985).

los *medios* para obtener dicha vida. La clase de vida que presenta Jesús en el SM será la experiencia vigorizada por el Espíritu de aquellos que ya han respondido al evangelio del reino, no el medio por el que se entra en él. Este sermón debe leerse dentro del contexto del ministerio general de Jesús en la tierra, lo cual incluye la obra redentora de la cruz. Los seguidores de Jesús experimentarán estos ideales éticos y morales, no como una forma de entrar en el reino, sino como una consecuencia de la vida del reino que será suya mediante el poder con que los faculte del Espíritu.

(2) *Un ideal imposible.* Martín Lutero reconoció que el SM no puede ser una expresión de los medios para entrar en el reino de Dios, porque es imposible que los seres humanos aparte de la gracia de Dios cumplan sus rigurosas demandas. El reformador entendía, por tanto, el SM en el mismo sentido que la afirmación de Pablo sobre el papel de la ley (Ro 3-4; Gá 3). Representa una expresión perfecta de la voluntad moral de Dios, que es imposible de cumplir para los seres humanos, y nos fuerza por tanto a reconocer nuestra pecaminosidad y a suplicar, arrepentidos, la gracia de Dios.

Lutero no diferenció claramente a los receptores del sermón. Jesús se dirige a discípulos que ya han respondido a su misión, lo cual incluye su arrepentimiento anterior (3:2; 4:17). Aunque el SM expresa, sin duda, un ideal imposible de alcanzar para seres humanos caídos, se trata de un paradigma que los discípulos se esforzarán por vivir en su vida de cada día, bajo la gracia de Dios y el poder del Espíritu (ver 5:48). En el SM, Jesús no se limita a describir el ideal del reino, sino que incluye la capacitación para alcanzar dicho ideal de vida en el mismo.

(3) *Un ejemplo para otra era.* Otros acercamientos al SM no lo ven como un mensaje directamente relevante para este tiempo. Algunos proponen que Jesús impartió estas instrucciones a sus discípulos como una rigurosa ética de emergencia a fin de prepararlos para la inminente llegada del reino de Dios con el regreso de Jesús. Sin embargo, puesto que Jesús no regresó, la rigurosa ética del SM es inapropiada para esta era (Albert Schweitzer). En una dirección totalmente distinta, otros sugieren que, puesto que Jesús no instauró el reino literal de Dios a Israel en su primera venida, la aplicación literal del SM aguarda un periodo futuro en que el reino de los cielos será establecido en la tierra durante el reinado milenial de Cristo (p. ej., C. I. Scofield). Ambos puntos de vista ven principios dentro del SM que los creyentes de nuestro tiempo han de atender, pero la principal aplicación es para otra era.

Aunque estos dos acercamientos son polos opuestos desde un punto de vista teológico, ambos toman en serio su idea de la naturaleza y el momento del establecimiento del reino. Ambos concluyen generalmente que o bien Jesús estableció literalmente el reino entonces o ahora no está presente en ningún sentido. No obstante, si entendemos que la inauguración del reino por parte de Jesús era una combinación del "ya, pero todavía no", no tenemos que alejarnos a ninguna de estas posiciones extremas que adoptan ambos acercamientos. Como hemos comentado en Mateo 4, ciertos aspectos del reino se inauguraron con la llegada de Jesús, mientras que otros esperan un cumplimiento final. Puesto que Jesús explica a sus discípulos la forma en que la llegada del reino impacta sus vidas, el SM interpela en principio a discípulos de todas las épocas, también de hoy.

(4) *Un elitismo optativo*. Otros sugieren que el SM se impartió a un selecto grupo de creyentes altamente comprometidos que buscaban un grado más elevado de vida ética y moral. Este punto de vista lo sugirió el teólogo medieval Tomás de Aquino, quien afirmaba que en la enseñanza de Jesús había dos niveles. El primero de ellos era para los cristianos de a pie (el "laicado", por así decirlo), mientras que el nivel más elevado era para quienes buscaban un grado más alto de justicia (especialmente el clero y varias órdenes sacerdotales y monásticas). Asimismo, algunos sugieren hoy que las "multitudes" representan a los creyentes normales, mientras que los "discípulos" son aquellos que mantienen un compromiso más elevado con su formación espiritual o se han preparado para ser dirigentes de la iglesia.[15]

Hemos de reconocer que, ciertamente, el SM es un elevado modelo de vida ética y moral; sin embargo, no se dirige a un reducido y selecto grupo, sino que es más bien el supremo llamamiento de todos los creyentes. A lo largo de la historia se ha intentado repetidamente establecer sistemas éticos de dos niveles, que separan artificialmente a los cristianos en categorías inferiores y superiores, pero han sido correctamente rechazados, como subraya la doctrina reformada del "sacerdocio de todos los creyentes". Por otra parte, aunque reconocemos una distinción entre las "multitudes" y los "discípulos", no es una diferencia entre dos categorías de creyentes (p. ej., los discípulos están más comprometidos que las "multitudes" de creyentes). La distinción es más bien entre creyentes y no creyentes; es decir, los discípulos son aquellos que se han comprometido con Jesús como Salvador, mientras que las personas que forman las multitudes tienen interés pero todavía no han tomado la decisión de creer en él para vida eterna. Nos hacemos discípulos en la conversión. Por tanto, el SM es un elevado llamamiento, pero un ligero yugo de obligación para todos los cristianos.[16]

La esencia de la vida del reino para los discípulos de todas las eras. Todos los puntos de vista que acabamos de exponer tienen una parte de verdad. Sin embargo, una mayoría de comentaristas, con ciertas variaciones, entienden el SM como la declaración de la esencia de la vida del reino por parte de Jesús. Hay varios elementos clave en este acercamiento general al SM.

---

15. Para una perspectiva general de estas tradiciones, ver Michael J. Wilkins, "Eliminating Elitism from Our Traditions Through the Biblical Reunification of Spiritual Formation and Discipleship", en *Spiritual Formation: An Evangelical Perspective,* ed. Richard E. Averbeck y Michael P. Green (Grand Rapids: Eerdmans, de próxima aparición).
16. David Crump, "Applying the Sermon on the Mount", 4, declara: "Está claro que, antes del periodo medieval, el Sermón del Monte se veía como una presentación directa de ética cristiana".

(1) Hemos de oír claramente los mensajes dirigidos específicamente a discípulos y multitudes. Una de las principales claves interpretativas para entender el SM es clarificar cuál es el mensaje dirigido a los discípulos o a las multitudes. Los discípulos son aquellos que han contraído un compromiso con Jesús como inaugurador del reino de Dios y reciben por ello una enseñanza directa sobre la vida del reino. Las multitudes están formadas por personas interesadas, pero que todavía no se han comprometido con el evangelio del reino presentado por Jesús. Puesto que el SM se dirige principalmente a los discípulos, puede considerarse como una formación en el discipulado cristiano para creyentes de todas las eras.

Por hacer una distinción, el SM es principalmente una *instrucción* para discípulos sobre cómo ha de vivirse la vida en esta tierra en vista de la radical verdad de que el reino de los cielos se ha acercado. Pero, en segundo lugar, este discurso presenta una *invitación* (no requisitos) a las multitudes para que entren al reino (p. ej., 5:20). Va a haber ciertas zonas de coincidencia en que se traslaparán las enseñanzas de ambos grupos, porque las multitudes de las que Jesús se aparta al principio del sermón (5:1) aparecen al final, sorprendidas de que Jesús les enseñara con una autoridad que no encontraban en los maestros de la ley (7:28-29). Aun cuando enseña directamente a sus discípulos, Jesús tiene un ojo puesto en la multitud, esperando persuadir a sus integrantes de que se conviertan en sus discípulos. Su enseñanza es una seductora atracción a las multitudes que están dentro de su espacio de recepción.[17]

(2) Hemos de identificar a los blancos de la crítica dentro del marco religioso histórico. Los doctores de la ley y los fariseos de aquel tiempo eran los intérpretes más influyentes de las Escrituras. Eran los principales pastores y ejemplos de moralidad religiosa para el pueblo. Sin embargo, algunas de sus interpretaciones y aplicaciones estaban apartando al pueblo del camino de la voluntad de Dios revelada en la ley y los profetas. Así, por un lado, los doctores de la ley y los fariseos son el objetivo de la crítica implícita y explícita de Jesús por sus enseñanzas incorrectas y ejemplo hipócrita (p. ej., 6:1-18). Por otra parte, por medio del SM, Jesús demuestra que la vida del reino que él ha inaugurado cumple correctamente las Escrituras del Antiguo Testamento (5:17-20).

A medida que va desarrollándose el SM, se produce un sutil cambio y el tono del discurso, que era relativamente positivo en su comienzo, va endureciéndose cada vez más. En el capítulo 5, Jesús demanda una forma más elevada de justicia que la mostrada por los doctores de la ley y los fariseos (p. ej., 5:20); en el capítulo 6, los hipócritas están "fuera" (les interpela en tercera persona del plural); pero, en el capítulo 7, Jesús se dirige directamente a ellos ("ustedes"), tratando directamente con los adversarios que están descarriando al pueblo.[18] Por tanto, casi en cada punto del SM hemos de determinar cómo se enfrenta Jesús a las

---

17. Ver Randall Buth, "Singular and Plural Forms of Address in the Sermon on the Mount", *BT* 44 (1993): 446-47.
18. *Ibíd.*

interpretaciones erróneas o aplicaciones hipócritas del Antiguo Testamento que desarrollan los dirigentes judíos. Jesús muestra el verdadero sentido de la voluntad de Dios cumpliendo el Antiguo Testamento, y lo hace abordando la vida religiosa de las personas tal como se la han interpretado y ejemplificado falsamente los maestros de la ley y los fariseos (5:17-20).

(3) Hemos de ver este Sermón como el modelo para la vida cristiana: realista pero ideal. Aunque el SM nos da el ideal del discipulado (p. ej., 5:48), esta meta se presenta dentro de una comprensión realista de la vida humana diaria, que será transformada por la participación en la vida del nuevo pacto (26:26-29). El nuevo pacto que inaugura Jesús comprende tanto el perdón de los pecados como la transformación de las vidas, porque es la base de la regeneración y el crecimiento espiritual producidos por el Espíritu (*cf.* Ez 36:26-32; Tit 3:4-7). Aunque en el SM no se menciona explícitamente al Espíritu Santo, como inaugurador mesiánico del reino de Dios, ungido por el Espíritu (3:16-4:1), Jesús ejemplifica la clase de vida facultada por el Espíritu para vivir la radical enseñanza expresada en el SM.

Los discípulos de Jesús recibirán un verdadero perdón de pecados por la obra redentora de Cristo en la cruz, serán introducidos a la vida del reino mediante la obra regeneradora del Espíritu característica del nuevo pacto y experimentarán, por el mismo Espíritu, una verdadera transformación a imagen de Cristo (*cf.* 10:24-25; Ro 8:29; 2Co 3:18). En su vida y enseñanza, Jesús expresa la perfección del Padre, que pone delante de los discípulos como meta ideal hacia la que han de esforzarse. La maravillosa verdad que subyace tras esta meta es que, aunque no la alcanzarán de manera perfecta en esta vida (ver comentarios sobre 5:48), hay una realista promesa de iniciación y realización final. La vida ideal que Jesús vive y enseña se convierte en la meta por la que todo discípulo ha de esforzarse en esta vida.

Jesús interpreta los inmutables principios de la divina voluntad de Dios, ya manifestada en la ley y los profetas, para quienes viven en el reino de Dios bajo la tensión del "ya, pero todavía no". El SM subrayará una transformación desde dentro hacia fuera. Jesús nos llevará una y otra vez a la motivación interior, no a un cumplimiento externo. La vida interior transformará de manera natural la exterior. El corazón que atesora el reino de los cielos por encima de todo lo demás será el punto de partida para la transformación de toda la vida.

Significado Contemporáneo

La introducción de Mateo al SM llama nuestra atención sobre importantes implicaciones que serán útiles cuando entendamos más claramente cómo hemos de desarrollar nuestro seguimiento de Jesús.

El SM traza el fundamento de nuestro discipulado. La vida del reino, explicada en el SM, es el fundamento del discipulado personal de todo cristiano. El imperativo de la Gran Comisión que concluye el Evangelio de Mateo es "hacer discípulos" de todas las naciones (28:19). Cuando alguien se convierte se hace discípulo de Jesús, lo cual es sinónimo de ser cristiano. El último participio de la Gran Comisión muestra que a los nuevos discípulos debe enseñárseles a obedecer todas las cosas que Jesús ordenó (28:20). Y el SM es la primera enseñanza importante de Jesús que encontramos en el Evangelio, donde describe el núcleo de lo que significa vivir como discípulo de Jesús. Subrayo esto especialmente para contrarrestar la idea de que el discipulado está reservado para una avanzada etapa de compromiso. Desde el punto de vista bíblico, todos los cristianos son discípulos, y la enseñanza del SM no es, por tanto, para un reducido grupo de creyentes más comprometidos, sino la esencia de la enseñanza de Jesús para todos los cristianos.

Los discursos de Mateo desarrollan una completa descripción de nuestro seguimiento de Jesús. No es ninguna coincidencia que los cinco discursos principales del Evangelio de Mateo vayan dirigidos a los discípulos de Jesús y que formen la colección más extensa y organizada de su enseñanza que se ha consignado. Por ello, cuando entendemos que los discípulos han de aprender a obedecer todo lo que Jesús ha ordenado, vemos que estos cinco discursos nos ofrecen la expresión más completa de la vida que Jesús quiere para cada uno de nosotros. Durante la mayor parte de la historia de la iglesia, el contenido de este Evangelio se ha utilizado como instrucción integral para la vida cristiana y, por ello, me refiero a Mateo como un "manual de discipulado".

Iremos desarrollando más en profundidad esta cuestión a medida que estudiemos cada discurso, y consideraremos las repercusiones de utilizar este Evangelio como una herramienta de enseñanza cuando analicemos la Gran Comisión de Jesús. Pero, a modo de perspectiva general, podemos ver la clase de discípulos que se formarán cuando se les enseñe a obedecer el contenido de los discursos de Jesús.

- Discípulos de la vida del reino. El SM, o *discurso de la vida del reino*, desarrolla lo que significa que los discípulos de Jesús vivan una vida radical del reino en su vida diaria (Mt 5-7).
- Discípulos con una mentalidad misionera. El segundo discurso es el *imperativo misionero*, donde Jesús explica que los discípulos de Jesús han de salir y vivir prácticamente el mensaje del evangelio del reino de Dios ante un mundo extraño y muchas veces hostil (Mt 10).
- Discípulos del reino clandestino. El tercer discurso es su *revelación parabólica*, que pone de relieve lo que significa para los discípulos de Jesús vivir como súbditos del reino en un mundo donde todavía no se ha manifestado plenamente el poder de Dios (Mt 13).

- Discípulos con base en la comunidad. El cuarto discurso es *la prescripción de la comunidad*, que trata del discipulado que se expresa por medio de una iglesia caracterizada por la humildad, la pureza, la responsabilidad de rendir cuentas, el perdón y la reconciliación (Mt 18).
- Discípulos y peregrinos expectantes. El quinto discurso es la *predicción escatológica*, llamado tradicionalmente Discurso del monte de los Olivos, que lleva a su clímax la enseñanza de Jesús sobre el discipulado mostrando que sus seguidores han de vivir cada día en expectante preparación para su regreso con poder (Mt 24-25).

En estos discursos hay una progresión de la enseñanza hacia la plenitud de la vida del discípulo. Mateo fue durante mucho tiempo el Evangelio preferido de la iglesia primitiva, como herramienta catequética natural diseñada para desarrollar discípulos completos. La idea esencial de cada discurso apunta a esta clase de intencionada integridad. Haríamos bien en dirigirnos regularmente a Mateo a lo largo de nuestras vidas, tanto para orientar nuestro desarrollo como discípulos de Jesús como también para aprender a guiar a otros en el ámbito de nuestros ministerios.

Una equilibrada comprensión del SM nos llevará a madurar como discípulos de Jesús. La enseñanza del SM traslada a nuestro discipulado algunos de los desafíos más radicales que encontramos en la Escritura. Necesitamos una cuidadosa comprensión de lo que Jesús quiere realmente decirnos en sus enseñanzas para poder ser verdaderamente radicales como discípulos suyos sin llevar sus enseñanzas a extremos injustificados. Algunas de sus enseñanzas se han malentendido y o bien se han aplicado erróneamente o se han rechazado, porque Jesús se sirve de exageraciones intencionadas para exponer sus argumentos (ver comentarios sobre 5:29; 6:31-33). El uso de prácticas de estudio bíblico y principios hermenéuticos normales nos ayudará a entender correctamente lo que Jesús pretende decirnos y nos permitirá evitar el peligro de interpretar y aplicar incorrectamente sus palabras.

Presento a continuación algunos consejos para una equilibrada interpretación de algunas de las enseñanzas más problemáticas de Jesús en el SM que pueden ser de ayuda.

(1) Considera literalmente el pasaje e intenta entender el significado de la afirmación de Jesús. La mayoría de los problemas pueden resolverse buscando el contexto cultural y literario del texto y considerando el propósito del dicho en cuestión dentro de su contexto más extenso. Por ejemplo, cuando Jesús dice que no juremos (5:34), sus palabras han de entenderse dentro del contexto de los líderes religiosos que intentaban manipular situaciones para eludir el cumplimiento de sus obligaciones hacia sus compatriotas. Jesús no condena los juramentos de lealtad o el compromiso de cumplir un contrato.

(2) Descubre el principio que enseña el pasaje. Un aspecto importante para la comprensión del SM es entender que cuando Jesús dice que ha venido para cumplir el Antiguo Testamento, nos está llevando a los propósitos y motivos de los pasajes veterotestamentarios que habían sido malinterpretados por los líderes religiosos de su tiempo. Tras determinadas instrucciones, como volver la otra mejilla o entregar la capa (5:39-40), subyacen principios fácilmente transferibles a nuestras vidas.

(3) Comprueba si el pasaje en cuestión debe equilibrarse con algún otro principio bíblico para poder entender todo el consejo de Dios. Como en cualquier argumentación polémica, Jesús presenta a menudo un extremo de un determinado asunto para explicar su argumento. Con ello no quiere decir que otros principios importantes no sean igualmente válidos. Por ejemplo, las declaraciones de Jesús sobre no preocuparnos por lo que vamos a comer, beber o vestir deben equilibrarse con el importante tema bíblico de que la verdadera piedad conlleva trabajar honestamente para suplir nuestras necesidades (p. ej., 2Ts 3:9-12; 1Ti 5:8).

(4) Cuando hayas comprendido el principio de manera equilibrada, regresa al pasaje del SM e intenta vivirlo de manera práctica y radical. Equilibrar las enseñanzas de Jesús no significa descafeinarlas o despojarlas de su radicalidad. Al contrario, ser discípulos verdaderamente radicales de Jesús significa tomar *todas* sus enseñanzas y vivirlas de la forma en que él quería que se aplicaran. Por ejemplo, Jesús advierte sobre el peligro de hacernos tesoros en la tierra (6:19-21), y deberíamos vivir plenamente este principio. Pero, más adelante, el Señor utiliza una parábola sobre la inversión de recursos para advertirnos igualmente sobre los peligros de invertir de manera irresponsable aquello que Dios nos ha dado para que lo utilicemos en su servicio (25:14-30). Vivir con ambos principios al mismo tiempo nos permitirá ser discípulos radicales que vivimos con la perspectiva de Dios sobre nuestros valores y servicio.

Con estas directrices para leer el SM, hemos de procurar que este desafíe y fortalezca en la práctica nuestra vida como discípulos de Jesús. Nuestro objetivo ha de ser que Jesús sea más real como Señor que nos imparte poder para vivir la maravillosa vida que nos ofrece y como modelo que nos proporciona el ejemplo a seguir.

Mateo 5:3-16

«Dichosos los pobres en espíritu,
porque el reino de los cielos les pertenece.
4 Dichosos los que lloran,
porque serán consolados.
5 Dichosos los humildes,
porque recibirán la tierra como herencia.
6 Dichosos los que tienen hambre y sed de justicia,
porque serán saciados.
7 Dichosos los compasivos,
porque serán tratados con compasión.
8 Dichosos los de corazón limpio,
porque ellos verán a Dios.
9 Dichosos los que trabajan por la paz,
porque serán llamados hijos de Dios.
10 Dichosos los perseguidos por causa de la justicia,
porque el reino de los cielos les pertenece.

11 »Dichosos serán ustedes cuando por mi causa la gente los
insulte, los persiga y levante contra ustedes toda clase de
calumnias. 12 Alégrense y llénense de júbilo, porque les espera una
gran recompensa en el cielo. Así también persiguieron a los profe-
tas que los precedieron a ustedes.

13 »Ustedes son la sal de la tierra. Pero si la sal se vuelve insípida,
¿cómo recobrará su sabor? Ya no sirve para nada, sino para que la
gente la deseche y la pisotee.

14 »Ustedes son la luz del mundo. Una ciudad en lo alto de una
colina no puede esconderse. 15 Ni se enciende una lámpara para
cubrirla con un cajón. Por el contrario, se pone en la repisa para
que alumbre a todos los que están en la casa. 16 Hagan brillar su luz
delante de todos, para que ellos puedan ver las buenas obras de
ustedes y alaben al Padre que está en el cielo.

Sentido Original

Las Bienaventuranzas introducen el Sermón del Monte con una visión sobria pero deslumbrante de la acción del reino de los cielos entre el pueblo de Dios. Más que una mera introducción formal de carácter literario,[1] las Bienaventuranzas

1. Betz, *The Sermon on the Mount*, 92: "Igual que en el ámbito musical las obras maestras suelen comenzar con un introito, el SM se inicia con una extraordinaria secuencia de declaraciones, las llamadas Bienaventuranzas".

resumen la esencia de todo el mensaje, explicándonos en pocas palabras el modo en que el reino impacta la vida de quienes responden a él. El carácter de esta vida del reino transgrede los valores que la mayoría de las personas consideran importantes, porque la bendición de Dios descansa sobre las personas más insólitas e inverosímiles: los pobres de espíritu, los que lloran, los mansos, los perseguidos. "Las Bienaventuranzas trazan una realidad al revés, o —más exactamente— definen la realidad de tal manera que el orden habitual de las cosas se muestra invertido para Dios".[2]

Las Bienaventuranzas del reino de los cielos (5:3-12)

Aparte del Padrenuestro, estos son los versículos más conocidos del SM. El sustantivo "dichoso" traduce el término griego *makarios*. Algunas versiones recientes traducen *makarios* como "felices" (BLP). Esta puede ser una buena traducción, aunque el uso moderno de este término tiende a trivializar el significado al sugerir que se trata de un estado temporal, emocional o circunstancial. La tradicional palabra "bienaventurado" sigue siendo quizá la que mejor describe lo que Jesús está diciendo.

Makarios es un estado de existencia en relación con Dios en el que la persona es "bendita" desde la perspectiva de Dios, aun cuando no se sienta feliz o no esté experimentando buena fortuna. No significa que a tal persona se le haya adjudicado una determinada bendición o que se le exhorte a vivir una vida digna de ella; es más bien el reconocimiento de que las personas aludidas son benditas.[3] Los sentimientos negativos, la ausencia de sentimientos o las situaciones adversas no pueden llevarse la bendición de quienes existen en relación con Dios.

Estructura. Cada bienaventuranza está formada por dos cláusulas poéticas. La primera comienza con la afirmación de bendición ("bienaventurados/dichosos") seguida de una afirmación de la identidad de quienes son bienaventurados (p. ej., "los pobres en espíritu"), una estructura parecida a la del primer versículo de Salmos 1.[4] La segunda cláusula comienza con "porque" (*hoti*), y explica la razón de lo que la precede (p. ej., "porque el reino de los cielos les pertenece").

---

2. Richard B. Hays, *The Moral Vision of the New Testament—Community, Cross, New Community: A Contemporary Introduction to New Testament Ethics* (San Francisco: HarperSanFrancisco, 1996), 321.
3. En su ministerio, Jesús no subraya el aspecto sacramental de otorgar una bendición, y veremos más adelante que las Bienaventuranzas no son imperativos. Ver Guelich, *The Sermon on the Mount*, 63-66. Para una consideración similar de si en 16:17 Jesús imparte o reconoce una bendición a Pedro, ver Wilkins, *Discipleship in the Ancient World and Matthew's Gospel,* 187. Esta última opción es más probable en 16:17.
4. Este *makarios* inicial sin el verbo "ser", que es el patrón de todas las Bienaventuranzas, aparece también en la LXX (*cf.* Gn 30:13; Sal 30:13; 2:12; 30:18; 12:12). Para un análisis reciente, exhaustivo pero crítico, de la naturaleza poética de las Bienaventuranzas, ver H. Benedict Green, *Matthew, Poet of the Beatitudes* (JSNTSup 203; Sheffield: Sheffield Academic Press, 2001).

Las Bienaventuranzas constan de ocho afirmaciones de bendición y una novena (5:11-12) que es una extensión y personalización de la octava para los discípulos de Jesús que experimentan persecución.[5] La estructura general de las Bienaventuranzas nos da una importante clave de su tema principal. La primera y la octava (5:3, 10) forman una especie de sujetalibros, otro ejemplo del frecuente recurso literario hebreo llamado *inclusio*,[6] puesto que la subordinada causal de la primera bienaventuranza se repite en la última: "porque el reino de los cielos les pertenece" (*cf.* 5:3, 10). La repetición de la cláusula en presente indica el tema principal de las Bienaventuranzas, a saber, que la bendición del reino de los cielos es una posesión y acción presente entre aquellos que responden al ministerio de Jesús. No obstante, desde la segunda bienaventuranza hasta la séptima (5:4-9) tienen subordinada causal en futuro, lo cual indica que el reino es también expectativa y esperanza futuras.

1. Dichosos los pobres en espíritu (5:3). Los "pobres" son aquellos que han experimentado desafortunadas circunstancias desde un punto de vista económico (19:21; 26:11), pero también personas oprimidas desde un punto de vista espiritual y emocional, desilusionadas y necesitadas de la ayuda de Dios.[7] Aquellos que han experimentado el lado difícil de la vida, que viven privación y hambre y no tienen recursos propios para hacer algo con su vida. Esto incluye también a quienes reconocen que no pueden presentar nada espiritual o religioso agradable a Dios. Son insolventes desde un punto de vista espiritual.[8] Esto es lo que le oímos decir al salmista cuando clama en Salmos 40:17:

> Y a mí, pobre y necesitado, quiera el Señor tomarme en cuenta.
> Tú eres mi socorro y mi libertador; ¡no te tardes, Dios mío!

Esta actitud de humildad ante las duras realidades de la vida lleva a las personas a abrirse para recibir las bendiciones del reino de los cielos.

... porque el reino de los cielos les pertenece. El reino de Dios pertenece a quienes saben que no tienen recursos, materiales ni espirituales, para satisfacer a Dios. Estos son los "pobres" a quienes Jesús anuncia las "buenas nuevas" (11:5) y a quienes pertenece el reino de los cielos. Esta primera bienaventuranza

---

5. La estructura de las ocho primeras declaraciones de bendición son prácticamente idénticas. Puesto que el tema de la persecución persiste en la novena declaración de bendición, pero su estructura difiere considerablemente (hay un cambio de la tercera persona a la segunda, el nexo "son" aparece por primera vez y la habitual estructura de dos cláusulas desaparece), se acepta generalmente que la novena afirmación es una extensión de la octava bienaventuranza.
6. Ver W. G. E. Watson, *Classical Hebrew Poetry* (JSOTSup 26; Sheffield: JSOT, 1984), 282-87. La *inclusio* aparece también en la narración (ver comentarios sobre 4:23; 9:35).
7. BDAG, 735
8. El dativo de esfera "en/de espíritu" debe entenderse como prácticamente equivalente a un adverbio, lo cual aludiría a los "pobres espiritualmente" (*cf.* Wallace, *Greek Grammar*, 155).

pone en entredicho la cosmovisión dominante de que las bendiciones materiales son una señal de la aprobación de Dios en la vida de las personas y de que estas fluyen automáticamente de las bendiciones espirituales. Jesús enseña, por el contrario, que la norma del reino de los cielos es la bancarrota espiritual, en contraste con la autosuficiencia tan característica de los líderes religiosos. Los discípulos de Jesús experimentarán su más completa realización personal acudiendo a los recursos del reino de los cielos para guiar sus vidas.

2. Dichosos los que lloran (5:4). Aquellos que ven su ruina espiritual son también los que lloran. La pérdida de cualquier cosa que alguien considera valiosa le llevará al llanto y al lamento, sea su apoyo económico, algún ser querido, su situación en la sociedad o la propia posición espiritual delante de Dios. El salmista habla de esta última clase de llanto cuando dice: "Ríos de lágrimas brotan de mis ojos, porque tu ley no se obedece" (Sal 119:136). Quienes están satisfechos consigo mismos se sienten tentados a alegrarse en sus propios logros, pero los que han tocado fondo espiritual, emocional o económicamente, o ven la ruina de quienes les rodean, lloran.

... porque serán consolados. No obstante, en cuanto a estas personas que se han dado cuenta de su pérdida y lloran por ella, Dios dice: "¡Consuelen, consuelen a mi pueblo!" (Is 40:1). La llegada del reino de los cielos con el ministerio de Jesús trae la primera degustación de la reconfortante bendición de Dios. Los pobres en espíritu y los que lloran experimentan ahora el cumplimiento de la bendición mesiánica prometida en Isaías 61:1-3. Jesús ha venido a salvar a su pueblo de sus pecados (Mt 1:21; 11:28-30), pero este no recibirá el consuelo definitivo hasta que, en presencia del Cordero celestial, se cumpla la promesa: "Dios les enjugará toda lágrima de sus ojos" (Ap 7:17).

Este llanto no excluye la alegría que caracterizará a los seguidores de Jesús, sino que define la vida en la presencia del reino, el "ya, pero todavía no". Nosotros lloramos con los que lloran y nos gozamos con los que se gozan (Ro 12:15). Sin embargo, nuestro llorar no es la tristeza de quienes no tienen esperanza (1Ts 4:13); es un llanto que expresa el dolor de la opresión y la persecución, pero no refleja desesperación, puesto que sabemos cómo acaba la historia. Lloramos por nuestro pecado personal y por los males sociales: las mismas cosas que Dios lamenta. Sin embargo, con este llanto nos convertimos en instrumentos de las buenas nuevas del reino de los cielos, personas que llevamos a los demás el mismo consuelo que hemos recibido de Dios (2Co 1:3-7).

3. Dichosos los humildes (5:5). Los dominantes, los agresivos, los duros y los tiranos son a menudo quienes intentan someter la tierra y establecer sus pequeños reinos personales. Pero Jesús dice que son los "mansos" quienes heredarán la tierra, evocando de nuevo al salmista que anima a los que han sido maltratados por los impíos (Sal 37:9, 11). Con esta bienaventuranza, el enfoque pasa de las cualidades personales ("los pobres en espíritu", "los que lloran") a los atributos interpersonales ("los humildes"), personas que no se afirman sobre los demás para promover sus causas. Sin embargo, esto no implica debilidad, porque este mismo término se aplica a Jesús, quien se describe como "apacible y humilde de corazón" (11:29; *cf.* 21:5). Jesús no tuvo miedo de enfrentarse a los líderes religiosos cuando fue necesario, de reprender a sus discípulos por su egocentrismo, o de afrontar la muerte más atroz cuando experimentó voluntariamente la cruz.

... porque recibirán la tierra como herencia (5:5). Jesús ejemplifica mejor la mansedumbre. Se necesita una gran fuerza para llevar a otras personas a la voluntad de Dios, pero, cuando esta va acompañada por una actitud desinteresada y no agresiva, produce una mansedumbre capaz de soportar con paciencia grandes contratiempos para llevar a cabo los propósitos de Dios para su pueblo. Esta clase de personas "recibirán la tierra como herencia". Jesús expresa esta mansedumbre cuando predica las buenas nuevas, proclama libertad y anuncia la llegada del favor del Señor (11:5), y dichosos aquellos que no tropiezan en su humilde ministerio mesiánico (11:6). Aunque en última instancia esto señala al reino terrenal de Cristo (25:35), los discípulos de Jesús han entrado, ya ahora, en su herencia espiritual (p. ej., Ef 1:18; Col 1:12; Heb 9:15).

4. Dichosos los que tienen hambre y sed de justicia (5:6). Aquellos que tienen "hambre y sed" se encuentran en una gran necesidad. Morirán si no consiguen alimento y bebida. Esta es la pasión de aquellos que desean justicia. En el contexto de las anteriores Bienaventuranzas, esta justicia contiene varios aspectos. En primer lugar alude a la "justicia" que demandan los oprimidos o quienes han sido objeto de un trato injusto. También incluye la idea de una justicia ética personal de quienes desean una vida libre de los destructivos enredos del pecado. Y, como en 3:15, esta hambre y sed de justicia tiene un sentido histórico-salvífico que alude a la actividad salvadora de Dios. Quienes tienen el hambre y la sed de esta bienaventuranza desean que se haga justicia en la tierra, anhelan una justicia ética más profunda en su propia vida y, sobre todo, ansían la plena expresión en la tierra de la prometida salvación de Dios.[9]

... porque serán saciados (5:6). La fuente última de esta clase de justicia es Dios mismo (*cf.* Sal 42:1-2; 63:1). Lo único que puede satisfacer a quienes anhelan la norma de justicia expresada en la ley es su capacitación para experimentarla (119:10-11, 20, etc.).[10] Aunque los maestros de la ley y los fariseos pretenden alcanzar la justicia por medio del estudio e interpretación de la Torá, sus esfuerzos producen únicamente una forma de justicia propia que no les permite entrar en el reino de los cielos (*cf.* 5:20). Sin embargo, aquellos que anhelan profundamente la multifacética justicia de Dios serán saciados. Aunque, en su sentido pleno, esta satisfacción divina solo se hará real en el reino futuro de Dios, quienes responden a la invitación de Jesús a vivir la vida del reino e

9. Quienes deseen considerar una exposición de esta cuestión pueden ver Donald A. Hagner, "Righteousness in Matthew's Gospel", en *Worship, Theology and Ministry in the Early Church*, 116-17.
10. Ver Morris, *Matthew*, 99-100.

inician una relación personal con él la experimentarán ya en el presente, puesto que él satisfará su más profunda hambre y sed de justicia (*cf.* 12:1-8; 26:26-29; Jn 4:13-15; 6:35 y ss.).

Los discípulos de Jesús ven de un modo muy personal el contraste entre la justicia propia de los líderes religiosos y la justicia de Dios en la vida y ministerio de Jesús. A medida que siguen experimentando la transformación que acompaña a la vida en el reino de los cielos, su hambre y sed de justicia no cesan. Viviendo como viven en la era presente del "ya, pero todavía no", siguen experimentando un apasionado interés por la justicia en la vida del reino. Esta apasionada búsqueda de justicia fluye de un corazón transformado. Los discípulos de Jesús serán instrumentos de la justicia de Dios, ya que se esforzarán por vivirla, la ejemplificarán en su vida y llevarán el divino don de la salvación a un mundo que sigue bajo el dominio del maligno (Ef 2:1-10).

5. Dichosos los compasivos (5:7). El tema de la misericordia ocupa un lugar fundamental en la Biblia, porque, en su gran compasión, Dios no da a los seres humanos lo que merecen, y sí, en cambio, aquello que no merecen (ver Sal 25:6-7; *cf.* Pr 14:21). De igual modo, los compasivos son aquellos que perdonan al culpable y son bondadosos con los necesitados y los que sufren. La demanda de una rigurosa observancia de la ley hacía que los dirigentes religiosos del tiempo de Jesús tendieran a ser inmisericordes. Aunque su deseo de ver pureza en el pueblo de Israel era encomiable, eran inexcusables porque sus rigurosas demandas los hacía severos y condenatorios hacia quienes no cumplían sus normas.

... porque serán tratados con compasión (5:7). Sin sacrificar las divinas normas de santidad, Jesús elogia a quienes muestran misericordia hacia los necesitados, porque la compasión que expresan hacia los demás les será mostrada a ellos. Esta actitud misericordiosa no hace a nadie merecedor del reino, pero refleja una disposición del corazón que inclina a quien la tiene a recibir la oferta de misericordia que Jesús ha proclamado en su evangelio del reino. Los líderes religiosos no pueden recibir la misericordia de Dios porque han llegado a ser tan autocomplacientes con sus logros religiosos que no creen necesitar misericordia.

Los discípulos de Jesús aprenden de esta bienaventuranza que Dios siempre ha requerido misericordia de su pueblo. Recordemos la clásica afirmación de Miqueas: "¡Ya se te ha declarado lo que es bueno! Ya se te ha dicho lo que de ti espera el Señor: Practicar la justicia, amar la misericordia, y humillarte ante tu Dios" (Mi 6:8). Aquellos que reciben misericordia demostrarán misericordia, un tema que se recalca de manera un tanto distinta en la parábola del perdón (Mt 18:33). Entendiendo que son indignos pecadores, los verdaderos discípulos han experimentado el misericordioso perdón de Dios, y esto ha producido en ellos una gratitud tan abrumadora y una comprensión tan profunda del perdón que también ellos a su vez mostrarán la misma misericordia hacia otros pecadores indignos.

6. Dichosos los de corazón limpio (5:8). En la sexta bienaventuranza, Jesús se dirige al núcleo de la vida humana: el corazón. En el tiempo de Jesús, la pureza o limpieza era un importante tema religioso. Aun observando todas las leyes veterotestamentarias sobre la pureza, podía pasarse por alto la más importante de todas, a saber, la pureza de corazón. Jesús declara aquí que la pureza externa procede de un corazón puro, no viceversa (p. ej., 15:1-19). En esta bienaventuranza, Jesús da continuidad a un importante tema del Antiguo Testamento que presenta el corazón puro como aquello que define a una persona cuya decidida lealtad a Dios afecta a todas las esferas de la vida: "El que ama la pureza de corazón y tiene gracia al hablar tendrá por amigo al rey" (Pr 22:11; *cf.* Sal 24:3-6; 73:1).

Aunque el pueblo del Antiguo Testamento sabía claramente que el corazón humano era malvado (ver Pr 20:9; Jer 17:9), sabía también que la obra de Dios en un corazón malvado podía purificarlo y traer una nueva motivación para seguirle. "Crea en mí, oh Dios, un corazón limpio, y renueva la firmeza de mi espíritu" (Sal 51:10). Los puros de corazón no son necesariamente personas que se han sometido a todos los rituales de purificación de los fariseos, sino aquellos que muestran una completa lealtad a Dios y a sus caminos.

... porque ellos verán a Dios (5:8). La completa devoción de los puros de corazón será recompensada con su más sublime esperanza: "verán a Dios". Aunque ningún ser humano puede contemplar plenamente el glorioso rostro de Dios (Éx 33:20), esta era culmina con la esperanza expresada en Apocalipsis 22:4: "... lo verán cara a cara, y llevarán su nombre en la frente". Pero quienes escucharon a Jesús pronunciar esta bienaventuranza experimentaron también un inmediato cumplimiento de la esperanza, puesto que Jesús es Emanuel, "Dios con nosotros" (1:23). A quienes han puesto su corazón en Dios y no en el mero ritualismo religioso, y responden al mensaje del evangelio del reino proclamado por Jesús, se les invita a entrar en una comunión con él en la que experimentarán lo impensable; verán a Dios en Jesús.

7. Dichosos los que trabajan por la paz (5:9). La séptima bienaventuranza trata de "los que trabajan por la paz". El tema de la "paz" (heb. *shalom*; gr. *eirene*) permea todo el texto bíblico. Indica un estado de plenitud e integridad en todas las esferas de la vida, que abarca la relación con Dios, el prójimo y las naciones (*cf.* Sal 28:3; Ecl 3:8; Is 26:3). Mientras los zelotes del tiempo de Jesús intentaban conseguir la independencia de Israel mediante la táctica de las guerrillas que propone "divide y vencerás", los líderes religiosos dividían a la nación con sus sectarias componendas. Pero los verdaderos instrumentos de paz son los portadores de la buena nueva: "tu Dios reina", aquel que trae la armonía definitiva entre todos los pueblos (*cf.* Is 52:7). Hacer la paz tiene, por tanto, connotaciones mesiánicas (*cf.* "Príncipe de paz" en Is 9:6-7), y los verdaderos instrumentos de paz son aquellos que esperan a Dios y trabajan para su causa, quien restaura todas las divisiones suscitadas por los seres humanos.

... porque serán llamados hijos de Dios (5:9). Jesús rechaza los diferentes intentos de establecer la supremacía de Israel por medios políticos, religiosos y militares. Estos han creado todavía más división; se dirige, pues, a quienes quieren la paz de Dios. Con la inauguración del reino de los cielos, Jesús es el supremo pacificador, que hace la paz entre Dios y los hombres, y quita las barreras que separan entre sí a los humanos (Ef 2:11-17; Col 1:20). Aquellos que han esperado la paz mesiánica de Dios pueden ahora responder a la invitación de Jesús, y recibir la mejor recompensa: ser llamados "hijos de Dios", es decir, desempeñar el papel que Israel ha asumido pero ha tomado a la ligera (Dt 14:1; Os 1:10). Quienes responden al ministerio de Jesús son herederos del reino y reflejan el carácter de su Padre celestial llevando a cabo la misión pacificadora de Jesús para con el mundo.

8a. Dichosos los perseguidos por causa de la justicia (5:10). La octava bienaventuranza deja claro, una vez más, que estas no son requisitos de entrada al reino de Dios, o de lo contrario Jesús estaría validando la tortura o el martirio como formas de ganar la entrada al reino. Por otra parte, queda claro que las Bienaventuranzas no son tampoco demandas éticas de una determinada conducta, o de lo contrario Jesús estaría incitando a sus discípulos a procurar ser perseguidos para obtener así su bendición.

Lo que Jesús hace en la octava bienaventuranza es consolar a quienes han padecido una persecución inmerecida.[11] La persecución causada por el propio pecado o necedad puede ser merecida (*cf.* 1P 2:20; 3:14; 4:14-15), pero estas personas han sido perseguidas por ponerse del lado de la justicia. Con sus palabras de consuelo, Jesús condena categóricamente a los perseguidores. Aunque no se les identifica explícitamente, la bienaventuranza paralela de Lucas pronuncia un "ay" en alusión a quienes, como los falsos profetas del Antiguo Testamento, reciben el elogio de las multitudes, (*cf.* Lc 6:26). Esto implica de nuevo a los dirigentes religiosos de aquel tiempo, que perseguían a quienes no se conformaban a sus criterios de justicia.

La persecución puede adquirir la forma de abusos físicos, verbales o de ambos tipos a la vez, pero aquí describe especialmente la forma en que los líderes religiosos acosaban al pueblo llano y excluían de su comunión a cualquiera que no se ajustara a sus normas (*cf.* Lc 6:22; Mt 23:34).[12] Triste e irónicamente, los

11. El participio perfecto pasivo forma un sustantivo, "aquellos que han sido perseguidos". El uso aquí del tiempo perfecto es difícil de explicar. Desde la perspectiva de Jesús, ninguno de sus discípulos ha sido perseguido por la justicia hasta ese momento. ¿Quién, pues, cumplía el requisito para decir que el reino de los cielos le pertenece? No puede aludir a los profetas del Antiguo Testamento (a quienes Jesús hará referencia en el versículo siguiente), porque eran como Juan el Bautista, anteriores a la inauguración del reino y, por ello, este no les pertenecía. Otros soslayan la situación histórica diciendo que Mateo está haciendo una afirmación al servirse del tiempo perfecto, para decirles algo a sus lectores. La perspectiva de la "declaración" parece ofrecer la mejor explicación.

12. Gundry, *Matthew*, 72.

líderes religiosos perseguían en el nombre de su justicia propia precisamente a las personas que se habían puesto al lado de la verdadera justicia.

... porque el reino de los cielos les pertenece (5:10). Aunque la persecución es muy dura, la recompensa sobrepasa con mucho el riesgo, "porque el reino de los cielos les pertenece". Esta declaración en tiempo presente reproduce la subordinada causal de la primera bienaventuranza (5:3).[13] Jesús imparte aquí esperanza a las personas de su tiempo que se habían alzado para contender a favor de la justicia de Dios y contra la arrogancia espiritual de los líderes religiosos. Aunque han sido perseguidos por su posicionamiento, Jesús dice que el reino de Dios les pertenece a ellos, no a los dirigentes religiosos, y solo tienen que responder a su invitación de unirse al reino.

8b. Dichosos serán ustedes cuando por mi causa la gente los insulte (5:11-12). El énfasis se desplaza cada vez más de las *declaraciones* sobre las multitudes y los dirigentes religiosos a la *instrucción* de los discípulos de Jesús. Esto se hace explícito con el cambio de la tercera persona del plural ("los que") a la segunda (vosotros/"ustedes"), los discípulos a quienes Jesús enseña en el SM (*cf.* 5:1-2). Los dirigentes religiosos insultarán, perseguirán y hablarán mal de los discípulos en el nombre de Dios, pero Jesús pondrá de relieve que estos dirigentes son igual que los hipócritas líderes del Antiguo Testamento, que persiguieron a los verdaderos profetas de Dios. La hostilidad de que son objeto sus discípulos es más específica que "por causa de la justicia" (5:10); es "por causa de mí" (5:11). Puesto que Jesús experimentará oposición y persecución, sus discípulos han de esperar lo mismo.[14]

Con esta instrucción, Jesús prepara a sus discípulos para el tiempo en que, ciertamente, sufrirán persecución, ofreciéndoles la esperanza de que, por difíciles que sean las circunstancias, ellos son verdaderos herederos del reino. Aunque el reino les pertenece, este no introduce en aquel momento un tiempo de paz y seguridad. De hecho, Jesús indica que su recompensa no la hallarán en un reino terrenal, sino "en el cielo". El Señor contempla el largo corredor del tiempo, ve el momento en que el reino, en su forma final, será establecido en la tierra y ofrece esperanza a sus discípulos para aquellos momentos en que parece dudoso que su reino vaya a llegar algún día. Puede que, desde una perspectiva religiosa, económica o social, no lo parezca, pero el reino les pertenece, y en esto se gozarán verdaderamente.

Sal y luz (5:13-16)

Con las Bienaventuranzas, Jesús imparte una *declaración* para las multitudes y los líderes religiosos, e *instrucción* para sus discípulos sobre la naturaleza de la

13. Ver comentarios sobre la *inclusio* literaria que esto forma y las implicaciones concomitantes del significado.
14. Este es un tema neotestamentario fundamental (*cf.* 10:24-25; Jn 11:16; 15:18-25; 2Ti 3:12; 1P 4:13-14).

vida en el reino de los cielos. Ahora, con dos penetrantes metáforas, se dirige a sus discípulos y declara el modo en que van a impactar a este mundo con la vida del reino que poseen. Al mundo en que pueden esperar persecución (5:10-12), los discípulos de Jesús han de ir como "sal" y "luz" (5:13-16). Estas metáforas revelan la naturaleza de la vida del reino que impregna a quienes pertenecen a Jesús, el impacto que esta vida tendrá en el mundo que les observa y la responsabilidad de los discípulos de Jesús que viven en este mundo y esperan la venida del reino de Dios.

Ustedes son la sal de la tierra (5:13). En el mundo antiguo, la sal tenía una serie de cualidades y usos naturales. Era un producto tan importante que se utilizaba como elemento de intercambio en los negocios por todo el Mediterráneo, el Egeo y el Adriático.[15] La variedad de usos que se daba a la sal suscita distintas interpretaciones de lo que Jesús quería comunicar con esta analogía. (1) Hasta hace poco, uno de los principales usos de la sal era el de agente conservante. En una sociedad sin refrigeración, la carne o el pescado podían meterse en salazón para ralentizar el proceso de corrupción. Algunos proponen que con esta analogía Jesús alude a la influencia que tendrían sus discípulos contra la decadencia moral de un mundo caído.[16]

(2) La sal es también un elemento esencial en la dieta de los seres humanos y otros animales de sangre caliente. Normalmente, los seres humanos ingieren la sal como un condimento que añaden a los alimentos, mientras que los animales lo suelen hacer lamiendo los depósitos naturales de sal y minerales o los bloques de esta sustancia que preparan los ganaderos. Puesto que este es el uso más familiar de la sal para los lectores modernos, muchos sugieren que Jesús está indicando que la presencia de sus discípulos en este mundo será un condimento mediante el cual Dios enriquecerá el reino.[17]

(3) La sal se usaba también, en pequeñas cantidades, como fertilizante para ciertos tipos de suelo ("la tierra"). Por ello, algunos proponen que los discípulos de Jesús intensificarán el crecimiento de la obra de Dios en este mundo.[18]

(4) Un punto de vista muy difundido sugiere que, puesto que en el mundo antiguo la sal tenía diversos usos, Jesús no está señalando una determinada aplicación, sino utilizándola con un sentido muy amplio e inclusivo para aludir a una necesidad vital para la vida cotidiana. Sirac expresó esta perspectiva

---

15. Nuestra palabra "salario" deriva del término latino *salarium*, que alude a la asignación de sal de los soldados del ejército romano. Ver Robert P. Multhauf, *Neptune's Gift: A History of Common Salt* (Baltimore: Johns Hopkins Univ. Press, 1978); John Challinor, *A Dictionary of Geology*, 6ª ed. (Oxford: Oxford Univ. Press, 1986).
16. P. ej., Carson, "Matthew", 138.
17. P. ej., Luz, *Matthew* 1-7, 250.
18. P. ej., Gundry, *Matthew*, 75. Ver la interesante exposición de este punto de vista por parte de un profesor de agricultura, Eugene P. Deatrick, "Salt, Soil, Savior", *BA* 25 (1962): 41-48.

(*Eclo.* 39:26), y Plinio comentó que "no hay nada más útil que la sal y la luz solar".[19] Entendida de este modo, la metáfora indica que los discípulos de Jesús son vitalmente importantes para el mundo en un sentido religioso general.[20]

Esta última sugerencia es atractiva, puesto que subrayar demasiado una determinada aplicación de la sal puede llevarnos a una inapropiada alegorización de esta metáfora. En otras palabras, Jesús indica con esta imagen que sus discípulos ("*ustedes* son la sal") son necesarios para el bienestar del mundo. Es decir, los discípulos han experimentado una transformación en sus vidas al entrar en contacto con el reino de los cielos. Estos son ahora distintos de las demás personas de esta tierra, y Dios se sirve de su presencia para influenciar positivamente este mundo.

La siguiente afirmación de Jesús ha suscitado un debate considerable: "Pero si la sal se vuelve insípida, ¿cómo recobrará su sabor? Ya no sirve para nada, sino para que la gente la deseche y la pisotee" (5:13). Estrictamente hablando, la sal no puede perder su salinidad, porque el cloruro sódico es un compuesto estable. ¿Qué es, entonces, lo que Jesús quiere decir?

(1) Una posibilidad es que Jesús esté aludiendo a ciertas formaciones minerales que contenían depósitos de cloruro sódico. En los huecos de estas rocas se guardaba carne y pescado para preservarlos. Con el tiempo la sal se iba filtrando de las rocas, que dejaban de ser útiles y eran, por tanto, desechadas. ¡Como creyentes, podemos ser conservantes o rocas inútiles!

(2) Es también posible que Jesús tuviera en mente la sal que se formaba en las orillas del mar Muerto, fruto de la evaporación, y que se recogía para uso doméstico. En esta sal había muchas veces cristales de yeso, que se forman por la precipitación del sulfato de calcio del agua marina. La sal y el yeso se mezclaban a menudo en varios depósitos salinos. Cuando las personas iban a recoger sal, esta impura mezcla de sal y yeso podía confundirse fácilmente con sal pura. Pero, puesto que esta mezcla no podía utilizarse ni para preservar alimentos ni para condimentarlos, se consideraba que había perdido su utilidad.[21]

(3) Puede que Jesús aludiera al uso de bloques de sal por parte de los panaderos árabes para nivelar el suelo de los hornos donde cocían sus productos. Después de cierto tiempo, el intenso calor hacía cristalizar los bloques, cuya composición química experimentaba un cambio que los volvía inútiles y hacía necesaria su sustitución.

(4) Una cita atribuida al rabino Josué ben Haninia (aprox.. 90 A.D.) puede ayudarnos a entender hasta cierto punto estas palabras de Jesús. Rechazando una pregunta capciosa, el rabino Haninia alude a un dicho proverbial cuando pregunta: "¿Puede acaso la sal perder su sabor?". El contexto del dicho implica

19. Plinio, *Hist. Nat.* 31.102.
20. P. ej., Hagner, *Matthew 1-13,* 99; Davies y Allison, *Matthew*, 1:473.
21. P. ej., Hagner, *Matthew 1-13*, 99, quien cita F. Hauck, "ἅλλας", *TDNT*, 1:229.

que es imposible que la sal pierda su sabor, porque él hace un paralelismo con el dicho preguntando: "¿Acaso la mula (que es estéril) tiene descendencia?" (*b. Bek. 8b*). Del mismo modo que las mulas no pueden tener crías, la sal no puede perder su sabor.

Si este fuera el trasfondo de la frase, Jesús estaría citando un conocido dicho proverbial sobre las imposibilidades, para aludir a una igualmente imposible característica de sus discípulos.[22] Al salir al mundo como sal, han de reconocer que la prueba de la realidad de su profesión está en la naturaleza de sus vidas. Los verdaderos discípulos no pueden perder lo que les ha hecho discípulos, porque se han convertido en otras personas, nuevas criaturas por la vida del reino de los cielos. No obstante, los impostores, que solo pretenden adoptar un superficial condimento de la vida del reino, serán puestos al descubierto. Su sal es solo un aromatizante externo, no un verdadero cambio personal. Tales impostores no pueden recuperar su sabor porque, de hecho, nunca han tenido la vida del reino.

La siguiente afirmación de Jesús transmite con eficacia la seriedad de este asunto: "Ya no sirve para nada, sino para que la gente la deseche y la pisotee". La respuesta a los falsos discípulos es el rechazo y el juicio de parte de las mismas personas para las que deberían tener valor. A los impostores se les conocerá por lo que son. No tienen nada que ofrecer al mundo, porque no son distintos de él. El mundo, por tanto, se indigna con ellos por su arrogante hipocresía. Para los discípulos profesantes, el reto está en examinar su naturaleza y confesar honestamente si han sido o no transformados por la vida del reino de Dios.

La luz del mundo (5:14-16). Los discípulos de Jesús no son solo "la sal de la tierra", sino también "la luz del mundo". La metáfora de la luz guarda una continuidad con la de la sal y va un paso más allá para ilustrar lo que Jesús quiere decir. El de la "luz" es un importante tema de la Escritura, que normalmente subraya la eliminación de la oscuridad en el desarrollo de la historia y teología bíblicas. El contraste literal entre la luz y la oscuridad físicas suscita un profundo contraste metafórico entre el bien y el mal metafísicos, Dios y las fuerzas del mal, los creyentes y los no creyentes. Más adelante, Jesús declara que él es "la luz del mundo" (Jn 8:12; 9:5), que ha venido para alumbrar a todas las personas (1:4-14), a fin de que quienes creen en él no anden en tinieblas (12:46).

Igual que la vida y mensaje salvífico de Jesús traen luz a quienes están en la oscuridad (Mt 4:15-16), sus discípulos son una demostración viva de la llegada del reino de los cielos. Los discípulos no son meros portadores de la luz de la revelación que acompaña al anuncio del reino por parte de Jesús, sino que la encarnan: *son* esa luz (Mt 5:14-16; *cf.* Ef 5:8; Fil 2:15).

Jesús sigue con el lenguaje proverbial alusivo a las "imposibilidades" que ha utilizado en la metáfora de la sal afirmando que "una ciudad en lo alto de una

22. Podría ser algo parecido al dicho de Jesús sobre la imposibilidad de que un camello pasara por el ojo de una aguja (19:24).

colina no puede esconderse" y que no "se enciende una lámpara para cubrirla con un cajón". La ciudad a la que Jesús hace referencia podría ser Jerusalén, construida sobre el monte de Sión, puesto que a Israel, con Jerusalén como su ciudad santa, se la consideraba luz del mundo (Is 2:2-5; 42:6; 49:6). Sin embargo, teniendo en cuenta que Jesús está ahora en Galilea, cerca de Capernaúm, es posible que esté utilizando una ciudad local como ilustración, porque muchas veces se servía de imágenes de sus inmediaciones para ilustrar su enseñanza.[23] En cualquier caso, es imposible esconder una ciudad situada sobre una colina.

Las lámparas que se utilizaban en las casas típicas palestinas eran recipientes de barro parcialmente cerrados. Tenían un agujero en la parte superior para introducir el aceite y una tobera al final en la que se montaba una mecha de lino o algodón. Eran lámparas bastante pequeñas, que alumbraban un espacio modesto; por ello, para aprovechar al máximo su iluminación se ponían en un candelero. Puesto que muchas casas judías eran modestas estructuras de una sola habitación, estas lámparas situadas en un lugar elevado podían dar luz a cualquiera que se encontrara en la casa. Las lámparas eran esenciales para poder ver por la noche en las zonas adyacentes de la casa y solo se cubrían con un recipiente opaco para apagarlas (*cf. m. Šabb.* 16.1).[24]

Los discípulos de Jesús son llamados a ser la luz del mundo. No pueden esconderse; por su propia naturaleza, la vida del reino que poseen es un testimonio vivo para aquellos que todavía no tienen esa luz. Sus buenas obras son fruto de la luz y la vida que proceden de Dios. No son ellos quienes las llevan a cabo, porque quienes les vean en acción no los glorificarán a ellos, sino a su "Padre que está en el cielo" (*cf.* las motivaciones de los líderes religiosos en 6:1). En Mateo, el título "Padre" aparece aquí por primera vez, e introduce la especial relación que existe entre Dios y los discípulos de Jesús. El Padre ha declarado a Jesús como su Hijo amado (3:17) y ahora se presenta también a quienes han recibido la luz del reino como hijos del Padre celestial (*cf.* Jn 1:7-13).[25]

A los discípulos de Jesús les ha sido impartida vida del reino, una vida que los transforma y les hace producir buenas obras. Expresar la luz del evangelio tanto en su mensaje como en su vida hará que las personas sepan que el reino de los cielos está verdaderamente en el mundo, y glorificarán a su Padre celestial. Las

23. Hipo, una ciudad griega de la Decápolis que encajaría en este perfil, estaba situada sobre una colina circular por encima de la costa sudoriental. Era claramente visible desde la zona de Capernaúm, especialmente cuando se iluminaba por la noche (ver Rousseau y Arav, "Hippos/Susita", *Jesus and His World*, 127-28).

24. Ver Wilkins, "Matthew", 36, y John Rea, "Lamp", *ZPEB*, 3:865-66, hay imágenes de lámparas, que van desde la época patriarcal al periodo del Nuevo Testamento, encontradas en excavaciones; *cf.* Carol Meyers, "Lampstand", *ABD*, 4:141-43.

25. El uso de la expresión "Padre" tiene un sentido metafórico (p. ej., Aída Besançon Spencer, "Father-Ruler: The Meaning of the Metaphor 'Father' for God in the Bible", *JETS* 39 [1996]: 433-442), pero aquí está cargada de sentido teológico para resaltar la relación entre el Padre y el Hijo, puede que incluso entre Dios y los creyentes.

Bienaventuranzas apuntaban en esta dirección, pero las metáforas de la sal y la luz son las primeras indicaciones explícitas de que la presencia del reino produce vidas cambiadas.

Construyendo Puentes

> Con el fin de formar una unión más perfecta, establecer la justicia, asegurar la tranquilidad interior, proveer una defensa común, promover el bienestar general y asegurarnos a nosotros y a nuestra posteridad los beneficios de la libertad, nosotros, el pueblo estadounidense, establecemos esta Constitución para los Estados Unidos de América.[26]
>
> El preámbulo de la constitución de Estados Unidos es una de las declaraciones más memorables de la historia de nuestro país. Declara sucintamente los valores y actitudes de la futura nación y proporciona un resumen de los artículos de la carta magna que se desarrollarán a continuación. El preámbulo nos ayuda a comprender la intención de los padres de la constitución, cuyos detalles se enumeran en sus artículos. Dicho preámbulo es un indicio de que esta carta magna sería un valiente intento de crear un gobierno central fuerte al tiempo que se preservaba la soberanía del pueblo.[27]

Del mismo modo, las Bienaventuranzas son una especie de preámbulo al SM, aunque estas representan un tesoro todavía más memorable para la humanidad. Estas nos ofrecen una concisa declaración de los valores y actitudes del reino de los cielos que Jesús ha anunciado y resumen los principios de la vida del reino que expresará en el Sermón que sigue. Descubrimos en ellas un extracto de la intención de Jesús de cambiar la historia para establecer el reino de los cielos, y también una clave para entender la organización que Mateo hace de su Evangelio. Las Bienaventuranzas son una declaración radical y atrevida del propósito de Jesús de establecer el reino de los cielos en la tierra, un reino que traerá verdadera paz y libertad a todos los que se atreven a seguirle como discípulos suyos. Y es por medio de estos discípulos como su reino traerá bendición a todos los pueblos de la tierra.

Interpretando las Bienaventuranzas. Las Bienaventuranzas y el Sermón del Monte en su conjunto han de interpretarse de acuerdo con la intención original de Jesús, o de lo contrario nos veremos enfrentados a su objetivo al establecer el reino de los cielos en la tierra. Cuando nos acercamos a las Bienaventuranzas hemos de evitar varios extremos. (1) No hemos de concluir que Jesús está

---

26. El texto de este Preámbulo ha sido tomado de la web de la Cámara de Representantes de Estados Unidos: http://www.house.gov/house/Educat.html.
27. http://www.house.gov/house/Constitution/Foreword.html.

llamando a sus oyentes a un meritorio intento de ganarse la salvación observando estas cualidades de carácter para entrar en el reino. Las Bienaventuranzas de Jesús son declaraciones hechas en el ámbito de la gracia, no de la ley. (2) Hemos de evitar convertirlas en onerosas demandas éticas para los miembros del reino. En ellas no hay imperativos, excepto el de "gozarse" cuando se experimenta la bendición de Dios en medio de la persecución (5:12). (3) No debemos concluir que se trata de bendiciones escatológicas que solo se cumplirán al final de la era. Las bendiciones del reino se expresan tanto en tiempo presente (5:3, 10) como en futuro (5:4-9).[28]

Jesús utiliza las Bienaventuranzas para hablar a distintos oyentes y comunicar varios mensajes sobre el reino de los cielos. Concretamente, Jesús hace una declaración sobre el reino a Israel en su conjunto, y al mismo tiempo imparte instrucciones a sus discípulos sobre la naturaleza de la vida del reino.

(1) *Declaración.* Jesús cumple la profecía de Isaías 61:1, como el que había de venir, capacitado por el Espíritu y ungido por el Señor para predicar buenas nuevas a los pobres y proclamar libertad a los cautivos y prisioneros (*cf.* 11:5). El reino de los cielos pertenece a quienes responden. Los límites que separan el éxito del fracaso, lo limpio de lo impuro, lo justo de lo perverso, suelen ser de creación humana y son ahora derribados. En estas ocho breves declaraciones, Jesús hace dos de carácter general.

(a) Una invitación a quienes esperan la bendición de Dios. El reino de los cielos está a disposición de los oprimidos de la tierra, de aquellos que dudan de ellos mismos o son declarados indignos. La declaración de bendición en la primera mitad de cada bienaventuranza responde a las cualidades de carácter de aquellos personajes del Antiguo Testamento que buscaron a Dios. "Dichosos los pobres en espíritu, porque el reino de los cielos les pertenece" es la respuesta escatológica de Jesús al clamor del salmista: "Este pobre clamó, y el SEÑOR le oyó y lo libró de todas sus angustias" (Sal 34:6). Los que buscan a Dios no son los ricos, ni los poderosos, los ilustres y los pudientes, sino los pobres en espíritu.

Así comienza la declaración de Jesús sobre la llegada del reino de los cielos. Los pobres en espíritu, los que lloran, los mansos, los que tienen hambre y sed de justicia, los compasivos, los de puro corazón, los que trabajan por la paz, los perseguidos por causa de la justicia: estas son las personas que han buscado a Dios rechazando la soberbia y la autosuficiencia, que es el camino del pecado y la idolatría. Estos son ciertamente bienaventurados, porque ahora Jesús les invita a responder a su mensaje de la llegada del reino.

(b) Una declaración de condenación a quienes piensan que tienen la bendición de Dios. La segunda declaración es de condenación para quienes han rechazado

---

28. Quienes deseen considerar una exposición de esta cuestión pueden ver Guelich, "The Beatitudes: 'Entrance Requirements' or 'Eschatological Blessings'?" en *Sermon on the Mount*, 109-11.

los caminos de Dios y han encontrado satisfacción en los placeres de la vida lejos de Dios. Esto lo subraya especialmente la versión de Lucas, donde Jesús pronuncia cuatro ayes para contrarrestar las declaraciones:

> Pero ¡ay de ustedes los ricos, porque ya han recibido su consuelo! ¡Ay de ustedes los que ahora están saciados, porque sabrán lo que es pasar hambre! ¡Ay de ustedes los que ahora ríen, porque sabrán lo que es derramar lágrimas! ¡Ay de ustedes cuando todos los elogien! Dense cuenta de que los antepasados de esta gente trataron así a los falsos profetas (Lc 6:24-26).

Estos "ayes" sugieren que busquemos una nota de condenación en las Bienaventuranzas de Mateo. Dicha nota condenatoria se dirige especialmente a los líderes religiosos de Israel. Jesús sorprenderá a las multitudes y a sus discípulos con su afirmación de que los maestros de la ley y los fariseos no están en el reino de los cielos (Mt 5:20). Estos están satisfechos con su propia justicia, lo cual los excluye de la bendición que ha llegado con el ministerio de Jesús.

Por ello, cada una de las Bienaventuranzas de Jesús contiene una invitación explícita a aquellos que, aparentemente, son indignos del reino, pero encierra también una condenación implícita de quienes se creen dignos pero no lo son. Por ejemplo, en la primera bienaventuranza, Jesús declara que el reino pertenece a aquellos que se consideran indignos y sin recursos espirituales para acceder a él. Pero al mismo tiempo declara la condenación de la élite religiosa que se llena de orgullo por sus logros religiosos. De hecho, los espiritualmente ricos han de humillarse delante de Dios y reconocer que no tienen recursos espirituales que justifiquen su entrada al reino de Dios.

Situar las Bienaventuranzas en el contexto histórico de su sentido original, en el marco del ministerio de Jesús, nos ayuda a no equivocarnos al aplicarlas a nuestra realidad contemporánea. Al menos en parte, el SM quiere ser una acusación histórica de la forma en que los dirigentes religiosos pretendían agradar a Dios. A lo largo de todo el Sermón, los maestros de la ley y los fariseos son una especie de contrapunto a la declaración de Jesús sobre la vida del reino, porque estos proponen un erróneo ejemplo de justicia,[29] a saber, la expresión ética de una determinada interpretación de la ley. Estos dirigentes judíos tendían a desarrollar una conducta externa sin la debida consideración por la realidad interior. Jesús llama "hipocresía" a la conducta externa que oculta corrupción interior (*cf.* 23:27). El Señor afirma, por el contrario, que la justicia del reino de Dios es en primer lugar algo interno, un asunto del corazón, que afecta a la conducta externa (15:16-20). Por ello, cada bienaventuranza contiene una condenación implícita de la hipocresía religiosa que el pueblo debe rechazar.

---

29. En 5:20, Jesús identifica a los doctores de la ley y a los fariseos como los receptores de su condenación. Aunque no les nombra explícitamente en el resto del SM, estos son los obvios objetos de su crítica.

Pero no basta con escuchar una declaración. Aunque las Bienaventuranzas no son requisitos de entrada, sí representan una invitación a la multitud a responder al anuncio del reino de los cielos por parte de Jesús. Hay solo dos posibilidades: el camino del reino o el de los dirigentes religiosos. Con su ofrecimiento del reino, Jesús brinda a todos el camino de la vida. Pero la puerta es estrecha, una estrechez que define el propio Jesús (*cf.* 7:13-14). Todos han de entrar por medio de él.

(2) *Instrucción.* Las Bienaventuranzas tienen también un especial valor instructivo para sus discípulos. Las cualidades que ejemplificaban las personas piadosas en el Antiguo Testamento son ahora una realidad escatológica con la llegada del reino de Dios. Estas cualidades acompañarán a la transformación que se produce en la vida de cada discípulo cuando estos se sujetan a la operación de la vida del reino por medio del Espíritu. En las Bienaventuranzas, y ciertamente en el SM en su conjunto, el acento está en una justicia que comienza con la transformación de la vida interior y avanza después para adaptar los valores interiores a la conducta externa (p. ej., 5:20-48).

El problema de los doctores de la ley y los fariseos era su tendencia a promover primero la justicia externa (*cf.* 15:6-9; 23:25-28). Jesús se centra en la transformación del corazón que se produce con la llegada del reino de los cielos y que dirigirá, a continuación, la transformación de toda la persona: palabra, pensamiento, acción y obras. Este había sido el propósito de Dios desde la creación original, pero ahora, con la llegada del reino de los cielos en el ministerio de Jesús, el discipulado traerá congruencia entre la vida interior y la exterior (*cf.* 5:17-20). Las Bienaventuranzas son afirmaciones sobre la clase de características que se verán en el discípulo que vive la vida del reino; no son, por tanto, imperativos o normas que los discípulos deban llevar a cabo para conseguir la aprobación de Dios. Si este fuera el caso, las Bienaventuranzas no serían muy distintas de las rigurosas demandas de pureza de los dirigentes judíos, y llevarían a la misma clase de hipocresía religiosa que Jesús condena. Pero las ellas nos dan directrices de la clase de vida que Dios quiere producir en sus discípulos. Con la llegada del reino de Dios a cada discípulo, estas cualidades de carácter se convierten en una realidad concreta. Esta es la conexión entre la enseñanza de Jesús sobre el discipulado y las posteriores exposiciones neotestamentarias sobre la regeneración y la santificación a través de la obra del Espíritu Santo. Observemos, por ejemplo, la descripción que hace Pedro del proceso transformador de aquellos que han nacido de nuevo, por la palabra de Dios que vive y permanece, en 1 Pedro 1:22-2:3. A medida que los discípulos de Jesús se enfrentan a los desafíos diarios que experimentan en las realidades de un mundo caído, han de rechazar el mal camino y permitir que el Espíritu de Dios produzca estas características de Cristo en ellos.

Como tales, las Bienaventuranzas contrastan los valores de Jesús con los del mundo. Larry Richards expresa del siguiente modo este contraste entre los valores de Jesús y los del mundo:

Valores de Jesús	Contravalores
pobres en espíritu	seguros de sí mismos, competentes, autosuficientes
lloran	buscadores de placeres, hedonistas, "los mimados de la fortuna"
mansos	orgullosos, poderosos, importantes
hambre y sed de justicia	satisfechos, "equilibrados", prácticos
compasivos	llenos de orgullo espiritual, "saben cuidarse a sí mismos"
puros de corazón	"adultos" sofisticados, abiertos de mente
trabajan por la paz	competitivos, agresivos
perseguidos por causa de la justicia	adaptables, populares, "políticamente correctos"[30]

Cada uno de estos rasgos puede explorarse más a fondo, pero ayudan a ilustrar los valores que Jesús establece con la venida del reino de los cielos. Las Bienaventuranzas son atrevidas afirmaciones sobre la naturaleza de la vida del reino. Esta comienza abandonando el orgullo por nuestros logros espirituales delante de Dios y avanza cuando permitimos que él produzca la vida del reino en nuestra vida cotidiana.

Significado Contemporáneo

Aplicabilidad de las Bienaventuranzas. Las Bienaventuranzas que dan comienzo al SM son declaraciones de bendición acerca de quienes esperan la acción mesiánica de Dios, de condenación sobre los dirigentes religiosos que han querido conseguir la bendición de Dios por medio de sus propios esfuerzos, e instrucciones para los discípulos de Jesús sobre la vida que es verdaderamente "bendita" desde la perspectiva de Dios. Pero para muchos son irritantes porque parecen muy ajenas a nuestras aspiraciones humanas. ¿Quién quiere realmente ser pobre, llorar o ser manso?

El influyente libro de Dallas Willard, *La divina conspiración*, es una vigorosa explicación del discipulado cristiano, que se centra especialmente en el Evangelio de Mateo y el SM como su fundamento bíblico. En su exposición de las Bienaventuranzas, Willard menciona a una mujer que afirmaba que su hijo

30. Lawrence O. Richards, *The Teacher's Commentary* (Wheaton, Ill.: Victor, 1987), 541.

había dejado de identificarse como cristiano y abandonado la iglesia por las Bienaventuranzas. Este joven, un militar fuerte e inteligente, había tenido una desafortunada experiencia:

> Como sucede a menudo, alguien le había dicho que las Bienaventuranzas —con su lista de personas pobres, tristes, débiles y afables— eran una imagen del cristiano ideal. El joven le explicó a su madre: "Yo no soy así, ni podré serlo nunca".[31]

Entiendo la experiencia de este joven. En mi adolescencia yo también renuncié a mi identidad cristiana y a la iglesia por razones parecidas. Recuerdo reuniones del grupo de jóvenes en que las Bienaventuranzas se presentaban como ideales que teníamos que imitar. Sentados en la última fila, mis colegas y yo nos reíamos disimuladamente cuando los líderes de jóvenes intentaban convencernos de que dejáramos de ser gallitos y tipos duros y fuéramos mansos y afables. Mis tres amigos y yo éramos atletas que practicábamos varios deportes en el instituto, y la imagen de la vida cristiana que se nos presentaba a partir de las Bienaventuranzas nos parecía patética. Cuando miro atrás, pienso que nuestro engreimiento y machismo juvenil eran posiblemente igual de patéticos, pero la vida cristiana que nos presentaba aquella iglesia no tenía nada que ofrecernos como alternativa viable y sólida.

No muchos años después de descartar las Bienaventuranzas para la vida real, sentado en una jungla vietnamita bajo un cielo lleno de brillantes estrellas, me sentí abrumado por su trascendencia. En aquel momento era miembro de un arrogante batallón de combate de infantería aerotransportada. Éramos una máquina de guerra bien entrenada y sumamente eficiente. Una noche, sentado en mi turno de guardia, tras una batalla especialmente devastadora, experimenté la realidad de la que Jesús habla en las Bienaventuranzas. Aquel día había combatido con júbilo. Había quitado la vida a otros jóvenes sin el menor problema de conciencia. Vi los cuerpos de mis compañeros de pelotón, de diecinueve y veinte años, destruidos por otros jóvenes, nuestros odiados enemigos, aunque probablemente ni ellos ni nosotros podíamos explicar adecuadamente las razones de nuestra hostilidad.

Aquella noche experimenté un profundo quebrantamiento. Me convertí en pobre de espíritu reconociendo la profundidad de mi depravación y estremeciéndome

---

31. Dallas Willard, *La divina conspiración* (Miami: Vida, 2013.), p. 99 del original en inglés. Premiado como libro del año por *Christianity Today* en 1998, *La divina conspiración* es una provechosa aplicación del Sermón del Monte, y del Evangelio de Mateo en general, al desarrollo espiritual. En su exposición de las Bienaventuranzas, Willard pretende evitar los extremos y caricaturas de las características que Jesús presenta en este texto. Aunque Willard rechaza acertadamente los extremos, su explicación alternativa es problemática, porque considera las características individuales como condiciones negativas. Este enfoque no tiene en cuenta el uso positivo de estos temas que, de manera consistente, hacen tanto el Antiguo Testamento como el resto del Nuevo.

al considerar cómo me juzgaría Dios, si existía. Lloré por el mal que vi en mí y el que había visto surgir tan rápidamente en todos nosotros. Por primera vez en mi corta vida, entendí que no era el invencible capitán de mi barco. Podía morir en cualquier momento. Así, a partir de aquella misma noche, comencé a entender claramente que había una forma muy distinta de vivir. En aquel momento no lo expresé con estas palabras, pero la mansedumbre, la justicia, la misericordia, la pureza y la pacificación pasaron a ser una opción claramente preferible al modo en que había estado buscando trascendencia y éxito.

Ahora me doy cuenta de que estaba comenzando a experimentar el aspecto *declarativo* de las Bienaventuranzas. Vi por primera vez el horror de mi vida como humano apartado de Dios. Necesitaba algo desesperadamente, pero no tenía la más remota idea de lo que podía ser. Experimenté la condenación de mi antiguo engreimiento y autosuficiencia y, por encima de todo, la de mi arrogante forma de servirme de las personas en mi deseo de satisfacer mis pasiones personales. Esta vital transición me preparó y habilitó para aceptar la invitación de Jesús a la vida del reino de los cielos dos años más tarde.

Yo no intenté hacer nada para llegar a este lugar. Sucedió como le sucederá a cualquier persona que analice honestamente el camino de los seres humanos aparte de Dios. Se produjo cuando me di cuenta, en lo profundo de mi alma, de que todos hemos de escoger entre dos formas de vivir la vida: el camino del reino de Dios, que nos presenta Jesús, o el del mundo, que va hacia la destrucción. No es casualidad que Jesús culmine el SM hablando de estas decisiones (7:13-27).

No, yo no hice nada para llegar a este lugar, pero ahora sé que alguien sí intervino. En un momento posterior de su ministerio, la noche antes de su crucifixión, Jesús dijo que enviaría a otra persona en su lugar: un Consejero, el Espíritu de Dios, que "convencería" al mundo de pecado, justicia y juicio (Jn 16:8). Esto es lo que me sucedió a mí, y lo que le sucede a cualquier persona separada de Jesús y el reino de los cielos, porque esta es la única forma en que una persona puede arrepentirse y volverse a Dios. Lo que lleva a las personas al lugar en que pueden responder a la invitación al evangelio del reino y experimentar la bendición es la obra redargüidora del Espíritu.

Del mismo modo que las Bienaventuranzas expresan la bendición que experimentan las multitudes mediante la obra redargüidora del Espíritu Santo, estas expresan también la bendición de su obra renovadora en la vida del discípulo. No creo que nunca me haya esforzado por ser pobre en espíritu o haya querido de manera consciente llorar o ser manso. Tiendo a sentir rechazo hacia quienes hablan excesivamente de querer ser justos, compasivos o puros, o de hacer la paz y sufrir gozosamente por la obra de Jesús. Pero, sorprendentemente, a medida que me he ido centrando en caminar con Jesús, he visto que estas características han empezado a tomar forma en mí, antes presuntuoso y arrogante.

Las características individuales de las Bienaventuranzas no son autoinducidas, ni podemos aprenderlas o imitarlas para que se produzcan en nuestras vidas. Son productos de una vida facultada por el Espíritu de Dios. Son, como la lista que Pablo da en Gálatas 5:22-23, frutos del Espíritu. Son un panorama integral de lo que el Espíritu produce en la vida de un discípulo de Jesús que anda en sus caminos y es transformado a su imagen.

Es, pues, de gran ayuda estudiar las Bienaventuranzas, puesto que estas revelan los valores del reino de los cielos. Como sucede con cualquier estudio de la Escritura, estas nos muestran los caminos de Dios en contraste con los del mundo y nos ayudan a entender el camino correcto. Pero la maravillosa verdad que subyace tras el estudio de las Bienaventuranzas y nuestra obediencia a su verdad como Palabra de Dios es que, en última instancia, estas características las produce el Espíritu de Dios.

El joven del que hemos hablado antes se apartó del cristianismo por la percepción que tenía de la vida cristiana expuesta en las Bienaventuranzas. En este hecho intervienen, probablemente, dos cosas. (1) Como yo mismo, este joven es producto de un mundo que se gloría en el yo, en la fortaleza personal e institucional y en las bravatas. Las Bienaventuranzas dan la vuelta a estos valores para mostrar, mediante la venida del reino de Dios, cómo es una humanidad que se relaciona correctamente con Dios y entre sí.

(2) Es bastante probable que este hombre haya visto aplicaciones incorrectas de las Bienaventuranzas en sus experiencias eclesiales. A lo largo de la historia de la iglesia, las Bienaventuranzas han sido objeto de incorrectas interpretaciones que han llevado a extremos. Muchos años más tarde, entendí que la iglesia que abandoné en mi adolescencia era teológicamente liberal. Creían, realmente, que las Bienaventuranzas eran una expresión de la vida ideal que los humanos deben luchar por conseguir para encontrar a Dios. Entendían correctamente que las Bienaventuranzas eran una maravillosa declaración de la vida cristiana, pero pensaban erróneamente que era algo que podían conseguir por sí mismos. Algunos grupos sostienen que estas características no son para el turbulento y devastado mundo de nuestro tiempo, sino que aguardan su cumplimiento en un lejano reino futuro. Otros han basado toda una serie de prácticas pacifistas y no violentas, tanto personales como eclesiásticas, en la importancia primordial de las Bienaventuranzas para el desarrollo de un sistema teológico contemporáneo.

No es de extrañar que aquel joven no entendiera lo que Jesús quería comunicarnos. Las Bienaventuranzas no son un medio para entrar en el reino ni para promover su avance. Son expresiones de la vida del reino, producidas por el Espíritu y que revelan a todo el mundo que en los discípulos de Jesús se ha iniciado una transformación de la creación. Esta es la razón por la que somos dichosos.

La aplicabilidad de los dichos sobre la sal y la luz. A lo largo de la historia, los seres humanos han intentado establecer sus pequeños reinos sobre la tierra, ya sea por medio de la *blitzkrieg* nazi, una revolución comunista o una *yihad* islámica. Para los humanos es una tentación real recurrir a este tipo de medios, porque las criaturas caídas quieren imponer su voluntad a los demás. Pero Jesús ha traído el reino de Dios de una forma muy distinta, por el camino de la regeneración y la renovación por el Espíritu. La pobreza en espíritu, el lloro, la mansedumbre, la justicia, la misericordia, la pureza y la paz producidas por el Espíritu son las características de los discípulos de Jesús que le permiten a Dios establecer su reino a su manera. Los dichos sobre la sal y la luz son derivaciones naturales de las Bienaventuranzas, puesto que la vida del reino que encontramos en los discípulos de Jesús se expresa en sus vidas en este mundo.[32]

La metáfora de la sal nos informa que nuestras vidas son importantes para este mundo. Independientemente de cuál sea nuestra posición o profesión, la vida del reino que poseemos es inestimable por el efecto preservador, sazonador y fertilizador que tendrá en nuestra esfera diaria. Esta metáfora contiene también una advertencia para los impostores, porque la vida del reino que está transformando a los verdaderos discípulos no puede imitarse o fingirse. Aunque la metáfora de la luz continúa con este pensamiento, subraya de un modo más directo la influencia positiva que tendrán los discípulos en este mundo oscurecido por el pecado. No es solo que seamos portadores de la luz del evangelio del reino de Dios, sino que, de hecho, *somos* esa luz. La obra transformadora del Espíritu en nuestra vida ha producido en nosotros luz del reino que afecta, cada aspecto de nuestro ser.

Hay dos implicaciones de estas verdades que llaman la atención. (1) La Escritura habla explícitamente de la necesidad de que los cristianos se reúnan regularmente para apoyarse, animarse y formarse (p. ej., Heb 10:24-25). La iglesia es nuestro refugio, nuestro hospital y nuestro centro de entrenamiento. Pero para ser sal y luz hemos de salir al mundo de las personas que mueren sin el mensaje del evangelio. Este acento se inició con la escena del llamamiento en el capítulo 4, donde Jesús llama a dos pares de hermanos a ser pescadores de hombres. Las personas que hemos de alcanzar viven a nuestro alrededor. Son nuestros vecinos, la persona que nos trae el correo, los amigos de nuestros hijos y sus padres y maestros, nuestros compañeros de la oficina, el camarero del restaurante del pueblo, etc. La iglesia, el grupo de estudio bíblico o el centro de retiros llevan a cabo un servicio inestimable apoyándonos, guiándonos y preparándonos para la vida, pero esta se desarrolla principalmente fuera de tales entornos. Los discípulos que son sal y luz son llamados a ser deliberadamente peregrinos en el mundo.

---

32. Hays, *The Moral Vision of the New Testament*, 321: "La vocación de la comunidad de ser 'sal' y 'luz' del mundo (5:13-16) se cumplirá precisamente cuando los seguidores de Jesús encarnen la realidad alternativa de Dios a través de las cualidades de carácter establecidas por las Bienaventuranzas".

(2) Este peregrinaje consciente como sal y luz requiere que sepamos quiénes somos y qué es lo que nos hace distintos del mundo. No es un mero término religioso. Hemos de *hablar* la verdad del evangelio para que las personas la conozcan, pero somos llamados a *vivirla* para que vean que es real. La luz del reino producirá en nosotros una vida transformada, "para que ellos puedan ver las buenas obras de ustedes y alaben al Padre que está en el cielo" (5:16). Las Bienaventuranzas subrayan el cambio producido en el carácter de los discípulos que son transformados por la llegada del reino. Nuestro deliberado peregrinaje en el mundo requiere que estemos atentos a la absoluta diferencia entre nuestro discipulado y los valores y hábitos del mundo, y que vivamos los valores del reino resumidos en las Bienaventuranzas y revelados con mayor profundidad en el resto del SM.

Mucho de esto se consigue en la vida de cada día. Podemos pensar que nuestra identidad como sal y luz es algo que expresaremos en actividades sensacionales como predicar, dar testimonio o participar en misiones a corto plazo. Pero si, como hemos propuesto, el mundo al que hemos de ir son personas que encontramos en las rutinas de la vida cotidiana, estas verán nuestra vida transformada en nuestras actividades de cada día. Es la transformación de tales actividades diarias lo que les llevará a alabar a nuestro Padre celestial. Las personas normales están tan afectadas por el pecado que viven por debajo del propósito creador de Dios. Mienten cuando no quieren hacerlo, son deshonestas para intentar progresar, agravian y hacen daño a quienes aman. Muchas personas no quieren ser así, pero no tienen medicina para el pecado que les ha distorsionado como seres creados a imagen de Dios.

Otros han desarrollado una actitud "pasota". Van por la calle hablando por el celular como si no hubiera nadie a su alrededor. Dicen palabras malsonantes como Madonna en el programa de David Letterman, hacen pensar a sus hijos que el mundo es su patio personal de recreo y conducen como locos. Un reciente sondeo realizado por el panel de investigaciones Public Agenda muestra que la ordinariez y la descortesía están empeorando en Estados Unidos. El 79% de los encuestados perciben la falta de respeto y cortesía como un serio problema. El 88% afirman encontrarse con frecuencia o de vez en cuando con personas groseras o irrespetuosas. La mala atención al cliente se ha extendido tanto que casi la mitad de los encuestados alegaron haber abandonado indignados alguna tienda durante el pasado año por esta razón. Pero, curiosamente, las personas encuestadas ofrecían pocas soluciones. El 36% afirmó que, cuando se es víctima de una conducta grosera, lo que hay que hacer es responder con una afectada cortesía. El 20% consideraba mejor señalar la conducta inapropiada. Pero el 42% entendía que, en estos casos, lo mejor era abandonar el establecimiento con indignación.[33]

33. Matt Crenson, The Associated Press, "Poll: Manners Lost in America", *Orange County Register* (3 abril 2002), Nation and World, 1.

Puede parecernos trivial, pero este es el tipo de cosas que tratan las Bienaventuranzas y las metáforas de Jesús sobre la sal y la luz. Sí, tenemos el mensaje salvífico del evangelio y hemos de declararlo; es cierto que las personas no pueden cambiar hasta que escuchen este mensaje. Pero el antiguo adagio de que nuestras acciones hablan más alto que nuestras palabras es cierto. Hemos de mostrar con nuestra vida que somos distintos. De lo contrario estaremos escondiendo nuestra luz del mundo. ¿Somos groseros e irrespetuosos? ¿Nos uniremos a la multitud que ridiculiza a un jugador del otro equipo? ¿Nos esmeramos en dar el mejor servicio que podemos a quienes atendemos, sean clientes en Wal-Mart, estudiantes en la escuela o feligreses en la iglesia? Jesús nos dice que, como discípulos suyos, no seremos groseros o irrespetuosos si permitimos que la vida del reino haga su obra en nosotros. Y cuando somos respetuosos, atentos, considerados y serviciales, quienes nos rodean verán que Jesús realmente cambia las cosas.

Donald McCullough ha escrito un libro fascinante con consejos prácticos en este sentido.[34] Aunque no dirige su obra principalmente a creyentes, McCullough profesa ser cristiano y basa el respeto que nos debemos unos a otros en el hecho de que la humanidad ha sido creada a imagen de Dios. Algunos de sus capítulos tienen títulos inteligentes como "No aparezcas en la boda con una gorra de béisbol", "Arrodíllate para hablar con los niños" o "Deja una propina por la que valga la pena trabajar". Merece la pena considerar lo que mueve a McCullough a escribir sobre estas cuestiones aparentemente insignificantes:

> Estoy más interesado en pequeñas cosas, como acordarte de decir "gracias" y llamar a tu madre el Día de la Madre. Puede que estas cosas no parezcan muy importantes en comparación con los grandes problemas que enfrenta nuestra cultura, pero puede que sean el mejor punto de partida; puede que sean el único punto de partida honesto. Si una persona no se acuerda de darle las gracias a la señora de la limpieza, probablemente no importará mucho si es capaz de escribir un importante tratado filosófico sobre la bondad; si una persona es desatenta con su familia, posiblemente los ángeles no se sentirán muy impresionados por sus elevados sermones sobre la naturaleza del amor.[35]

Jesús nos enseña también que damos testimonio de la presencia del reino de Dios mediante pequeños actos de bondad. Los discípulos, que son pobres de espíritu, lamentarán la ordinariez y la descortesía y serán amables, buscarán la justicia, practicarán misericordia y serán instrumentos de paz, aunque ello implique aflicción. Al vivir de este modo, nos manifestaremos como hijos de Dios, verdadera sal de la tierra y resplandeciente luz del mundo.

---

34. Donald McCullough, *Say Please, Say Thank You: The Respect We Owe One Another* (New York: Perigee, 1998).
35. *Ibíd.*, 8.

Mateo 5:17-20

»No piensen que he venido a anular la ley o los profetas; no he venido a anularlos sino a darles cumplimiento. [18] Les aseguro que mientras existan el cielo y la tierra, ni una letra ni una tilde de la ley desaparecerán hasta que todo se haya cumplido. [19] Todo el que infrinja uno solo de estos mandamientos, por pequeño que sea, y enseñe a otros a hacer lo mismo, será considerado el más pequeño en el reino de los cielos; pero el que los practique y enseñe será considerado grande en el reino de los cielos. [20] Porque les digo a ustedes, que no van a entrar en el reino de los cielos a menos que su justicia supere a la de los fariseos y de los maestros de la ley.

Sentido Original

El anuncio inicial de Juan el Bautista sobre la proximidad del reino de los cielos produjo tensión entre los dirigentes religiosos y la prevista actividad del reino (3:7-12). Sus críticas implícitas y explícitas a los dirigentes religiosos producirán una creciente tensión y una frontal oposición (12:22-32). En el centro de esta tensión y oposición está la sospecha de que Jesús no es completamente ortodoxo en su compromiso con el Antiguo Testamento. Por ello, en su primer discurso importante en este Evangelio, Jesús deja claro su entendimiento del Antiguo Testamento y su compromiso con él.

Pero Jesús no se limitará a confirmar la posición de una de las escuelas de pensamiento de aquel momento, o a presentar una aplicación más de la antigua ley a sus circunstancias contemporáneas. Con su autorizada interpretación del sentido original del Antiguo Testamento, Jesús se sitúa por encima de los debates rabínicos. Estos cuatro versículos nos dan la clave para interpretar el SM, pero también, en muchos sentidos, para entender la idea que tiene Jesús de la inauguración del reino y, por extensión, nos ayuda a captar el propósito de Mateo para escribir su Evangelio.

Cumpliendo la ley (5:17). Es posible que algunos vieran el anuncio de Jesús de la llegada del reino de los cielos (4:17) como si estuviera comenzando una nueva obra que chocaba con las Escrituras del Antiguo Testamento. Pero Jesús declara de manera categórica: "No piensen que he venido a anular la ley o los profetas". La expresión "no piensen" sugiere que Jesús está respondiendo a una sospecha en el sentido de que él intenta poner a un lado la antigua revelación de Dios con su anuncio de la llegada del reino de Dios.[1] Pretender esto sería la marca decisiva de un hereje.[2] Jesús deja, pues, claro al comienzo de su ministerio didáctico que la llegada del reino no elimina la previa revelación de Dios por medio de la Ley y los Profetas.

La "Ley" o "Torá" alude a los primeros cinco libros del Antiguo Testamento, llamados Libros de Moisés o Pentateuco. El bloque de los "Profetas" comprende a los llamados Profetas Mayores y Menores del Antiguo Testamento. La expresión "la ley y los profetas" (*cf.* 7:12; 11:13; 22:40; Ro. 3:21) es una forma de aludir a todas Escrituras hebreas. Es una expresión similar a "la ley de Moisés, los profetas y los salmos" (Lc 24:44) o simplemente "la ley"[3] (Mt 5:18; 1Co 14:21). En lugar de eliminar lo que Dios había revelado sobre su voluntad por su pueblo en la Escritura hebrea, el propósito de Jesús para su ministerio terrenal se resume en la fórmula: "he venido [...] a darles cumplimiento".[4]

En la narración de Mateo, el término "cumplir" (*pleroo*) es ya un importante indicador del significado de Jesús en el programa histórico de Dios, porque la vida y ministerio de Jesús cumplen las profecías y expectativas del Antiguo Testamento (p. ej., 1:22-23; 2:15, 17-18, 23; 4:14-16). A lo largo del Nuevo Testamento, varios otros escritores señalan también cámo cumple Jesús, por ejemplo, los roles veterotestamentarios de profeta,[5] sacerdote[6] y rey.[7] Pero en este versículo Jesús señala en otra dirección cuando declara que ha venido a cumplir *toda* la Escritura del Antiguo Testamento.

La idea de "cumplimiento" va más allá de la obediencia (i.e., guardar la ley), aunque la incluye. El contexto, especialmente el que desarrollarán las "antítesis" que seguirán (5:21-48), indica que Jesús no solo cumple ciertos roles anticipados, sino también que su interpretación de las Escrituras completa y clarifica el propósito de Dios por medio de la ley.[8] Todo aquello que el Antiguo Testamento

1. La polémica del SM (*cf.* 5:20; 6:1-18; 7:28-29) indica que el antagonismo entre Jesús y los líderes religiosos está ya bien establecida (*cf.* Hagner, *Matthew 1-13*, 104-5; contra Robert Banks, *Jesus and the Law in the Synoptic Tradition* [SNTSMS 28; Cambridge: Cambridge Univ. Press, 1975], 65 y ss.; Carson, "Matthew", 141-42).
2. Keener, *A Commentary on the Gospel of Matthew* (1999), 176 n. 46.
3. En las páginas siguientes intentaremos utilizar la palabra "Ley" en mayúscula si se refiere al Pentateuco o a todo el Antiguo Testamento, pero en minúscula si alude a las secciones legales veterotestamentarias.
4. Warren Carter, "Jesus' 'I have come' Statements in Matthew's Gospel", *CBQ* 60 (1998): 44-62.
5. Dt 18:15-19; Mt 21:11; Hch 3:22.
6. Lv 16:11-19; Is 6:7; Mt. 21:13; Heb. 2:17-18; 4:14-16; 5:1-10; 7:24-25; 9:11-14.
7. Is 62:11; Zac 9:9; Mt 2:2; 21:5; Lc 2:11; 1Ti 6:15; Ap 17:14; 19:16.
8. Para útiles aproximaciones y guías a la literatura, ver Guelich, *Sermon on the Mount*, 138-42, y J. Daryl Charles, "The Greatest or the Least in the Kingdom? The Disciple's Relationship to the Law (Matt 5:17-20)", *TrinJ* 13 nueva serie (1992): 139-62.

pretendía comunicar sobre la voluntad, esperanzas y futuro de Dios[9] para la humanidad encuentra su significado más completo en Jesús. Jesús ha venido para actualizar la Escritura y llevar a sus discípulos a una comprensión más profunda de su verdadero sentido, y ello en contraste con muchos dirigentes judíos, que han entendido y aplicado erróneamente el propósito de la Escritura.[10]

La permanente validez del Antiguo Testamento (5:18). Jesús afirma categóricamente que la permanente validez de "la ley" (todas las Escrituras hebreas) como voluntad revelada de Dios para su pueblo hasta el fin de esta era trae la consumación de todo lo que Dios se ha propuesto. Las dos cláusulas con "hasta" de 5:18 [la NVI traduce *mientras/hasta*, pero en el original es la misma palabra. N. del T.] son paralelas, esencialmente sinónimas, y se usan para subrayar la permanente validez del Antiguo Testamento. La expresión "hasta que todo se haya cumplido" parece incluir también algunos rasgos de "cumplimiento" que apuntan a la consumación de esperanzas veterotestamentarias específicas por parte de Jesús; por ejemplo, en la antítesis Jesús reitera la validez permanente del Antiguo Testamento pero no hace que determinadas prescripciones sean legalmente vinculantes (ver comentarios sobre 5:33-37).

El Antiguo Testamento permanece para siempre como una revelación de la voluntad de Dios para los seres humanos a lo largo de la historia hasta que todo se "cumpla". Aunque ciertos elementos de la Escritura se cumplirán en el ministerio de Jesús, el Antiguo Testamento sigue siendo un principio válido. Por ejemplo, la enseñanza de la muerte y el derramamiento de sangre para expiar el pecado ya no se expresa mediante los sacrificios del templo, sino que se ha "cumplido" de una vez y para siempre en el sacrificio de Cristo en la cruz (*cf.* Heb 9:11-14). Por ello, este mandamiento del Antiguo Testamento no es ya legalmente vinculante como tal. No obstante, el principio veterotestamentario de sentencia y pago por el pecado sigue siendo válido y ha de enseñarse y entenderse como la voluntad de Dios.[11]

Jesús confirma, por tanto, la plena autoridad del Antiguo Testamento como Escritura para todas las edades (*cf.* 2Ti 3:15-16), hasta en los elementos más diminutos del texto escrito. Estos elementos son la letra más pequeña (*iota*; "jota" RVR1960) del alfabeto hebreo (*yod*) y "el trazo más pequeño de una pluma" (*keraia*; "tilde" NVI), que muy probablemente alude a un remate, gancho o ribete tipográfico que distingue varios caracteres hebreos.

9. Ver Mateo 11:13, donde la Ley y los Profetas profetizan hasta que la nueva era llega con Juan.
10. Hay una exposición del contraste con los dirigentes religiosos contemporáneos en J. Daryl Charles, "Garnishing with the 'Greater Righteousness': The Disciple's Relationship to the Law (Matthew 5:17-20)", *BBR* 12 (2002): 1-15.
11. David A. Dorsey, "The Law of Moses and the Christian: A Compromise", *JETS* 34 (1991): 321-34. El artículo de Dorsey pretende, encomiablemente, clarificar la cuestión de la continuidad y discontinuidad de la ley para el cristiano.

Esto conlleva implicaciones para entender la idea que tiene Jesús de la inspiración de la Escritura, que se extiende a las palabras, incluso las letras y sus partes. Esto está de acuerdo con una idea de la inspiración "verbal y plenaria"; es decir, Dios inspiró las palabras mismas de la Escritura, todas ellas. No es solo que la Escritura *contenga* la Palabra de Dios, sino que sus palabras *son* la Palabra de Dios.[12]

Guardar y enseñar los mandamientos (5:19). Las consecuencias de cuál sea nuestra manera de abordar el Antiguo Testamento son inmensas. Los rabinos reconocían una distinción entre mandamientos "leves" e "importantes" y defendían la obediencia a ambos (*m. Abot* 2:1; 4:2). Un mandamiento leve sería, por ejemplo, el requisito del diezmo sobre los diferentes productos (*cf.* Lv 27:30; Dt 14:22), y uno importante sería la profanación del nombre de Dios, la violación del sábado o la negativa a establecer justicia social (Éx 20:2-8; Mi 6:8). Puesto que el Antiguo Testamento sigue siendo la expresión válida de la voluntad de Dios, hasta la "jota" y la "tilde", Jesús demanda también un compromiso con todos los mandamientos, por pequeños que sean, pero condena igualmente la perversión que convierte mandamientos leves en importantes (*cf.* Mt 23:23).[13]

Jesús dirige sus comentarios concretamente a sus seguidores. El "más pequeño" y el "grande en el reino de los cielos" son quienes han respondido a su anuncio del evangelio del reino. Jesús declara con eficacia la autoridad vinculante de la Escritura. Puesto que no ha venido a "anular" la ley y los profetas, sino a darles cumplimiento (5:17), sus discípulos tampoco deben "anular" o "infringir"[14] los mandamientos, sino practicarlos y enseñarlos (5:19). El juego de palabras de este versículo avisa a sus discípulos sobre cómo deben conducirse por lo que respecta al Antiguo Testamento, *teniendo en cuenta que este se está ahora cumpliendo* en la persona y ministerio de Jesús. Todo el Antiguo Testamento es la expresión de la voluntad de Dios, pero debe obedecerse y enseñarse desde la perspectiva de cómo Jesús lo "cumple" mediante su interpretación de su propósito y significado. La posición de un discípulo en el reino de los cielos está en función de si se acerca a la voluntad revelada de Dios con una actitud trivial o si la obedece y la enseña como la verdadera Palabra de Dios.

No debe entenderse que la expresión "más pequeño" indique la exclusión de tal persona del reino, puesto que en el versículo siguiente Jesús distingue entre aquellos que están dentro del reino y los que están fuera de él. Los términos "pequeño" y "grande" son formas de reconocer a quienes, en esta vida, han sido fieles de palabra y obra a la voluntad revelada de Dios, tal como la enseña Jesús.

---

12. Para un análisis general, ver John W. Wenham, "Christ's View of Scripture", en *Inerrancy*, ed. Norman L. Geisler (Grand Rapids: Zondervan, 1980), 1-36; Grudem, *Teología Sistemática*, esp. 74-107.
13. Charles, "Greatest or Least in the Kingdom", 154-56.
14. El verbo que se traduce "anular" es *katalyo*, e "infringir", *lyo*, sin el prefijo preposicional *kata*.

Justicia "de dentro hacia fuera" (5:20). De una advertencia y recomendación a sus discípulos, Jesús dirige ahora su atención a su audiencia más amplia, aquellos que no están en el reino de los cielos. "Porque les digo a ustedes, que no van a entrar en el reino de los cielos a menos que su justicia supere a la de los fariseos y de los maestros de la ley" (5:20). Es posible que esta haya sido la declaración más chocante de Jesús, porque los maestros de la ley y los fariseos eran el epítome de la justicia ética.

Los "maestros de la ley" o escribas (*grammateus*) no eran solo guardianes del texto del Antiguo Testamento, sino también maestros de la ley (7:29), se consideraban responsables de interpretarla y preservarla (Mr 7:5-8), de elaborar doctrina a partir de ella (Mt 17:10), y hacían discípulos, a quienes formaban para que continuaran la profesión y sus enseñanzas. Un equivalente contemporáneo de los escribas podría ser un profesor o erudito de estudios bíblicos y teológicos. Los "fariseos" (ver comentario sobre 3:7) eran miembros de una secta comprometida con el cumplimiento de las demandas del Antiguo Testamento por medio de su elaborada tradición oral. Su escrupulosa adhesión a la ley escrita y oral era legendaria en Israel y, sin embargo, Jesús afirma que ello no les habilita para entrar en el reino de los cielos.

¿Pero cómo podía alguien superar su justicia? Si los escribas y los fariseos no habían conseguido entrar, ¿qué esperanza podían tener los demás? ¿Significa esto que se requiere una versión más intensa de la doctrina de salvación por obras? ¿O que había que sobrepasar a los escribas y fariseos en el cumplimiento de los 613 mandamientos[15] y hacerlo mejor que ellos? No, replica Jesús. Sus discípulos no son llamados a una mayor *cantidad* de justicia, sino a una *clase* distinta de ella. Como pone de relieve la interacción de Jesús con Juan el Bautista (3:15) y la declaración de las Bienaventuranzas (5:6), en la predicación de Jesús la justicia no es principalmente un logro personal de pureza ética. La justicia pertenece a la esfera de la gracia. En su proclamación de las buenas nuevas, Jesús afirma que el reino de los cielos está ahora disponible para quienes responden a él. La actividad salvífica de Dios ha llegado a la escena terrenal para liberar a su pueblo, y va a producir un radical cambio en sus vidas.[16]

La sorpresa de esta declaración elimina los precedentes para ganar el favor de Dios y sirve como introducción a la "antítesis" que sigue (5:21-48) y como revelación implícita del principio fundamental de la vida en el reino de los cielos, a saber, que la justicia del reino actúa desde dentro hacia fuera, no viceversa. Este no es, sin embargo, un principio nuevo.

15. Tradicionalmente, los rabinos consideraban que la suma de los mandamientos y las prohibiciones era de 613.

16. Hagner, "Righteousness in Matthew's Theology", 116-17. Hagner ve principalmente el elemento de justicia ética en 5:20, pero su argumento a favor la liberación salvífica de Dios en 3:15 y 5:6 podría aplicarse también aquí, lo cual hace de un modo más directo en su comentario (Hagner, *Matthew 1-13*, 109).

El pueblo de Dios sabía que los actos externos de justicia no podían quitar el pecado o ganar el favor de Dios sin ir precedidos de un corazón arrepentido. El salmo 51 es quizá el arquetipo de esta clase de justicia. David expresa en él su anhelo de limpieza interior y pureza de corazón tras su execrable aventura con Betsabé (Sal 51:2, 7, 10). David muestra una clara comprensión de esta operación de dentro hacia fuera:

> Tú no te deleitas en los sacrificios ni te complacen los holocaustos; de lo contrario, te los ofrecería. El sacrificio que te agrada es un espíritu quebrantado; tú, oh Dios, no desprecias al corazón quebrantado y arrepentido. (Sal 51:16-17)

Más adelante, David ofreció sacrificios y ofrendas y recibió el favor de Dios, pero sabía que todo esto debía ir precedido por un arrepentimiento interior y la divina obra de limpieza y purificación.

No obstante, a lo largo de su historia, Israel tendió a invertir esta operación, como en el caso de los escribas y fariseos del tiempo de Jesús. La suposición parecía ser que, si alguien se esforzaba lo suficiente para limpiar lo de fuera, lo de dentro estaría automáticamente limpio. Más adelante Jesús condena explícitamente este procedimiento cuando dice:

> ¡Ay de ustedes, maestros de la ley y fariseos, hipócritas!, que son como sepulcros blanqueados. Por fuera lucen hermosos pero por dentro están llenos de huesos de muertos y de podredumbre. Así también ustedes, por fuera dan la impresión de ser justos pero por dentro están llenos de hipocresía y de maldad. (Mt 23:27-28)

Puesto que la entrada en el reino de los cielos no se consigue mediante actos externos de justicia, Jesús lleva a los oyentes a reconocer que las personas han de buscar una clase distinta de justicia, a saber, una justicia interior que comienza con una transformación del corazón, algo que, como sabía David, solo Dios podía llevar a cabo (Sal 51:10).

La llegada del reino de los cielos produce una transformación espiritual en el corazón del discípulo, que producirá en última instancia la transformación de su vida ética (ver comentarios sobre 15:16-20). Si la entrada en el reino de los cielos solo puede conseguirse mediante una obra transformadora interior, también el crecimiento personal en el reino está sujeto al mismo movimiento transformador que actúa desde dentro hacia fuera. Este principio subyace bajo la siguiente serie de ejemplos que Jesús utiliza para explicar cómo cumple el Antiguo Testamento. Sus propios discípulos cumplirán el propósito y voluntad de Dios (como se revela en la Escritura) a medida que estos adapten su vida interior a su Palabra y esta transformación interior guíe entonces su conducta externa.

Sin duda, la declaración de Jesús en 5:20 es una clave interpretativa del Sermón del Monte y, por extensión, para entender la vida en el reino de los cielos. Es la misma realidad que subyace bajo la concepción paulina de la justificación y la santificación. Jesús, pues, de ningún modo pone a un lado o anula la ley, sino que afirma y cumple toda su autoridad. En las antítesis que Mateo presenta a continuación, Jesús contrasta su interpretación espiritual e interna con la legalista y externa de los fariseos, que concluye con una justicia externa y superficial.

Construyendo Puentes

Basándose en la rigurosa actitud hacia la ley de Dios que encontramos en estas palabras de Jesús, determinados eruditos críticos han intentado muchas veces enfrentar a Mateo y Pablo, como si este último defendiera un evangelio antinomiano al que Mateo se opone deliberadamente con un evangelio de ley.[17] Pero el contraste entre Pablo y Mateo se lleva a un extremo. Aunque Mateo consigna dichos de Jesús que sostienen la validez vinculante de la ley (5:17-20), el Señor utiliza también lenguaje muy categórico para reprender a los fariseos que aplicaban el Antiguo Testamento de un modo tan legalista que cerraban la puerta del pueblo al reino de los cielos (p. ej., 23:13-15). Mateo subraya también el mensaje de la transformación del corazón que presenta Jesús, no el de una salvación por obras. (p. ej., 15:1-20).

Pablo también considera que la ley es santa, justa y buena (Ro 7:12), tiene enérgicas palabras de condenación para los judaizantes legalistas (p. ej., Gá 1:8), y subraya la salvación por la sola gracia (p. ej., Ef 2:8-9). Tanto Mateo como Pablo vuelven a Jesús para la declaración de que las Escrituras veterotestamentarias son la voluntad escrita y revelada de Dios. El Antiguo Testamento es y seguirá siendo Escritura (2Ti 3:16), pero Jesús la llevará a su sentido y meta originales.

Cumpliendo la ley. Mateo ha preparado bien a sus lectores para la asombrosa declaración de Jesús, “No [...] he venido a anular la ley o los profetas [...] sino a darles cumplimiento”, señalando de manera consistente la forma en que Jesús cumple ciertas profecías o temas del Antiguo Testamento. Ahora llegamos a la desconcertante declaración de que Jesús cumple *todo* el Antiguo Testamento. Muy probablemente se extendieron rumores de que Jesús y sus seguidores habían puesto a un lado el Antiguo Testamento. Mateo indica, pues, directamente a sus lectores que Jesús *cumple* el Antiguo Testamento.

Pero la forma en que Jesús cumple la ley en 5:17-20 nos lleva en una dirección ligeramente distinta a la de los dos primeros capítulos donde se habla de profecía y cumplimiento. En esta sección se subraya que determinadas profecías del Antiguo Testamento sobre un libertador mesiánico se cumplen en la vida y ministerio de Jesús (1:22-23, 2:5-6, 15, 17-18, 23). Aquí Jesús lleva a su

17. P. ej., F. W. Beare, *The Gospel According to Matthew: Translation Introduction and Commentary* (San Francisco: Harper & Row, 1981), 141.

cumplimiento todo aquello que el Antiguo Testamento había revelado sobre la voluntad de Dios para la humanidad. (1) Esto significa que la perfecta obediencia de Jesús a la voluntad de Dios tal como se revela en la ley le permite ser el perfecto sacrificio por los pecados en su muerte. (2) Por otra parte, su obediencia aporta el medio por el que sus discípulos pueden vivir vidas de obediencia a la ley de Dios, puesto que Jesús ayudará pronto a sus seguidores a entender y poner en práctica la intención original de Dios para su ley.

No bastará adaptar nuestra conducta a la obediencia externa de alguna ley en particular. Los discípulos de Jesús entenderán las realidades que subyacen tras la ley y experimentarán una transformación del corazón y una obediencia que solo puede hacerse real mediante la vida del nuevo pacto en el Espíritu. El camino a la grandeza en el reino de los cielos pasa por obedecer y enseñar sus mandamientos (5:19), que es una característica central de los discípulos de la Gran Comisión (28:19-20). "El mandamiento de vivir bajo la autoridad de Dios, dado en primer lugar a Adán y Eva en la creación, puede, pues, ser restaurado con la inauguración del reino, puesto que el poder de la presencia de Dios entre nosotros es la aurora de la nueva creación. Las demandas de Jesús fluyen de sus dones".[18]

Esta es una indicación cada vez más clara de la llegada de las promesas del nuevo pacto. El profeta Ezequiel había profetizado:

> Los rociaré con agua pura, y quedarán purificados. Los limpiaré de todas sus impurezas e idolatrías. Les daré un nuevo corazón, y les infundiré un espíritu nuevo; les quitaré ese corazón de piedra que ahora tienen, y les pondré un corazón de carne. Infundiré mi Espíritu en ustedes, y haré que sigan mis preceptos y obedezcan mis leyes. (Ez 36:25-27; *cf.* Jer 31:31-34)

Jesús guía a sus discípulos al cumplimiento de la verdadera intención de la ley de Dios, que trata de la justicia interior en contraste con la mera justicia externa. Ellos entran al reino arrepintiéndose y confesando sus pecados (*cf.* 3:1-6; 4:17), y esto permite que el Espíritu entre en su vida para purificarlos aplicando a su corazón la justicia expiatoria de Jesús. Los discípulos de Jesús son, pues, más justos que los escribas y los fariseos, por cuanto, entrando en el reino, han sido regenerados.

Por otra parte, los discípulos de Jesús crecen en justicia siendo transformados a imagen de Cristo. Esta afirmación pone el fundamento de las posteriores doctrinas neotestamentarias de la justificación (justicia imputada) y la santificación

---

18. Scott J. Hafemann, *The God of Promise and the Life of Faith: Understanding the Heart of the Bible* (Wheaton: Crossway, 2001), 202. Todo el capítulo 9 de Mateo es una valiosa perspectiva general de la relación de Jesús con la ley y las implicaciones para la obediencia de sus discípulos.

(justicia impartida), que serán el acento especial del exfariseo "justo", el apóstol Pablo.

> No es de extrañar que Pablo, el más intachable de los fariseos (Fil 3:4-6), cuando entendió el evangelio de Cristo, considerase basura todos sus antiguos activos espirituales. Su nuevo deseo era ganar a Cristo, no buscando la justicia propia que viene de la ley, sino la que procede de Dios, por la fe en Cristo (Fil 3:8 y ss.).[19]

Significado Contemporáneo

Relación del cristiano con la ley. Las cuestiones relativas a la relación del cristiano con las Escrituras del Antiguo Testamento (la ley) son complejas. Mientras algunos sostienen que nada del Antiguo Testamento se aplica a Jesús a no ser que el Nuevo lo afirme explícitamente, otros entienden lo contrario y consideran que todo es de aplicación a no ser que el Nuevo Testamento lo niegue de forma manifiesta.[20] En vista de las declaraciones de Jesús en 5:17-20, ambos extremos deberían evitarse. Aunque estas cuestiones van más allá de lo que podemos tratar en este comentario, sí podemos considerar ciertos principios esenciales.

(1) La ley es una revelación de la voluntad de Dios para la humanidad. Esta revela la norma de la perfecta justicia de Dios. Si ponemos a un lado algunos aspectos de su Palabra estaremos jugando con la voluntad de Dios. Por ejemplo, puede ser loable oponerse al aborto, pero, cuando los activistas antiaborto recurren a la violencia y al asesinato, han contravenido los mandamientos de Dios.

(2) Si queremos entender correctamente la ley hemos de comprender el propósito de Dios para ella. La ley tenía varios propósitos. Pretendía instruir al pueblo de Dios en su voluntad para que este pudiera cumplir su propósito como "reino de sacerdotes y [...] nación santa" (Éx 19:6). Pero no tenían que depender de sus requisitos como medio para ser perdonados (Sal 51:14-17). La ley pretendía señalar la pecaminosidad de la humanidad y su necesidad de Dios (Ro 7:7) y llevarla a Cristo, para quien serán justificados por la fe (Gá 3:24).

(3) Cuando leemos los Evangelios en general y las antítesis en particular (Mt 5:21-48), hemos de tener en cuenta que en este pasaje Jesús está objetando a las interpretaciones erróneas de la ley, no a la ley en sí. En el judaísmo farisaico había una tendencia a hacer las interpretaciones y tradiciones tan vinculantes como la propia ley. Jesús rechazó sus prácticas, no la ley, que siguió defendiendo como la voluntad de Dios.

---

19. Carson, Donald A. *El sermón del monte: una exposición bíblica de Mateo 5-7* (Barcelona: Publicaciones Andamio, 1996), p. 39 del original en inglés.
20. Blomberg, *Matthew*, 103-104.

(4) Jesús cumplió la ley y demostró ser perfecto Dios y hombre, y capaz, por tanto, de convertirse en el medio de nuestra justificación o correcta posición delante de Dios (Mt 5:17-20; Ro 5:18-21; Heb 5:7-10). No estamos, pues, bajo la ley como una forma de ganarnos la salvación.

(5) Al mismo tiempo, Jesús es el intérprete de la ley, que muestra lo que es principio vinculante y lo que es mero rito temporal (Mt 12:1-8; Heb 9:11-10:13). Para interpretar y aplicar correctamente la ley y entender el Antiguo Testamento en vista del nuevo pacto que inaugura Jesús, hemos de buscar su mente. Cristo subrayó que, en última instancia, la ley fue dada para ayudar a los seres humanos a vivir la vida según el propósito original de Dios, no para mantenernos bajo una serie de reglas religiosas vinculantes (Mt 12:3-5, 9-14). Cuando Jesús interpreta la ley, nos revela su propósito y motivos perdidos tras el legalismo de los escribas y fariseos. A continuación, demuestra que los principios de la ley son directrices válidas para mostrar la voluntad de Dios para su pueblo (5:21-48).[21]

(6) Jesús demuestra que todo el Antiguo Testamento depende del amor a Dios y al prójimo (22:38-39), con lo cual se cumple verdaderamente toda la ley. La "ley del amor" se convierte en una importante clave para determinar cómo ha de vivir el cristiano en la práctica la voluntad de Dios (5:21, 27, 38, etc.).

Transformación desde dentro. La naturaleza de la enseñanza de Jesús sobre la vida del reino puede ilustrarse entendiendo al discípulo como una serie de capas concéntricas que finalmente llegan a la médula de las persona. Como personas con alma, somos una compleja fusión de realidades materiales e inmateriales. En nuestra capa más externa están las *relaciones sociales*. Lo que primero conozco de una persona son las relaciones personales que comparto con ella o en las que la veo comprometida, sea en una clase, en una familia o en la calle. La siguiente capa es el *cuerpo*, que incluye la ropa de la persona, su forma de comportarse, de hablar, su aspecto, etcétera. A continuación viene la *mente* de la persona, que es donde esta razona, considera emociones y experimenta las realidades espirituales. La última capa y núcleo más interior de la persona es el *corazón*, donde se alojan su espíritu y voluntad.

El evangelio que predicaba Jesús estaba vigorizado por el Espíritu de Dios, y atravesaba las relaciones sociales y el cuerpo para alcanzar la mente del oyente. Tanto la enseñanza como la lógica e interpelación de Jesús a la persona estaban en conflicto con los líderes religiosos que se oponían a él. Al mismo tiempo,

---

21. Dorsey, "The Law of Moses and the Christian, 331: "Si, por un lado, los datos sugieren firmemente que el corpus no es ya legalmente vinculante para los cristianos, hay pruebas igualmente contundentes en el Nuevo Testamento de que estas 613 leyes sí son profundamente vinculantes para los cristianos en un sentido profético y pedagógico". Para una útil exposición sobre "principialismo" en la aplicación del Antiguo Testamento, ver William W. Klein, Craig L. Blomberg y Robert L. Hubbard Jr., *Introduction to Biblical Interpretation* (Dallas: Word, 1993), 278-83; y J. Daniel Hays, "Applying the Old Testament Law Today", *BibSac* 158 (enero-marzo 2001): 21-35.

el Espíritu de Dios convence y atrae a la persona, aunque las fuerzas del mal intentan persuadirle de que el mensaje de Jesús es un engaño. Si bien la batalla se libra en la mente, el objeto de la guerra es dominar el corazón. Si la persona dice "sí" a Jesús en la voluntad de su corazón, la Palabra de Dios, vigorizada por el Espíritu, penetra en dicho corazón, produciendo la transformación prometida en el nuevo pacto, a saber: justificación, regeneración y renovación de vida. La persona en cuestión se ha convertido en discípula de Jesús y entra en el reino de los cielos.

Con esto intento ilustrar lo que Jesús quería decir cuando afirmó: "... porque les digo a ustedes, que no van a entrar en el reino de los cielos a menos que su justicia supere a la de los fariseos y de los maestros de la ley" (5:20). El núcleo más interior del discípulo ha experimentado la transformación del nuevo pacto, es decir, la justificación (declarado legalmente justo delante de Dios) y el comienzo de la santificación (la experiencia del crecimiento personal en justicia). Esto sobrepasa la justicia de los escribas y fariseos, que era externa y autoinducida.

A medida que el discípulo sigue respondiendo obedientemente a la Palabra de Dios enseñada y predicada por Jesús y vigorizada por el Espíritu, el corazón recién transformado dirige la transformación de la persona desde el interior hacia afuera. El corazón-voluntad de la persona, en el poder del Espíritu que mora en ella, dirige la renovación de la mente (*cf.* Ro 12:1-2), la disciplina del cuerpo (1Co 6:12-20), y la purificación de las relaciones sociales (1Co 5:9-13; Heb 10:24-25) de modo que el discípulo dice "sí" a Dios con todo su ser. El discípulo lleva el fruto del Espíritu en una vida entregada a Dios que es transformada a imagen de Jesús.

El diagrama de la página siguiente intenta ilustrar estas verdades. Este es el proceso del discipulado, por el que la verdad del evangelio libera a las personas para convertirse en discípulos de Jesús. A medida que la persona sigue comparando las palabras del mundo con las de Jesús, es verdaderamente libre para crecer como discípulo (Jn 8:31-32). El Espíritu de Dios viene a morar a la vida del discípulo, y produce los rasgos del carácter de Cristo, especialmente el amor (Jn 13:34-35) y el fruto del Espíritu (Jn 15:7-8). A medida que avancemos en el desarrollo del SM, este diagrama nos ayudará a apropiarnos de la enseñanza de Jesús y a avanzar en el crecimiento según su imagen:

Transformación de dentro hacia fuera de los discípulos de Jesús para ser como Él *

(1) El evangelio y el Espíritu.
Las palabras del evangelio de Jesús, vigorizadas por el Espíritu, penetran en las relaciones personales y el cuerpo y pasan a la mente. La batalla ruge en la mente del potencial discípulo, pero la guerra es por la posesión del corazón.

(2) Obediencia del discípulo potencial.
El corazón-voluntad toma una decisión a favor o en contra de Jesús. Cuando el corazón dice "sí" a Jesús, la verdad de la Palabra de Dios, vigorizada por el Espíritu Santo, penetra en el corazón, regenerando y liberando a la persona para que se convierta en discípula de Jesús (Jn 8:31-32).

(3) Transformado para amar como ama Jesús.
El corazón regenerado es el comienzo de la transformación del discípulo a imagen de Cristo, especialmente para amar como ama Jesús (Jn 13:34-45). El corazón habitado por el Espíritu dirige el proceso de transformación dentro hacia fuera de la mente, el cuerpo y las relaciones sociales.

(4) Ser como Jesús en todo nuestro ser.
El discípulo que sigue diciendo "sí" a la Palabra de Dios es transformado para llevar el fruto del Espíritu (Jn 15:7-8). El discípulo es capacitado para decir "sí" a Dios con todo su ser. Este proceso de transformación de dentro hacia fuera sigue a lo largo de toda la vida, a medida que el discípulo se apropia de la verdad de las Palabra en el Espíritu para ser más como Jesús.

Persona con alma
(relaciones sociales, cuerpo, mente, corazón)

El discípulo dice "sí" a Dios con todo su ser

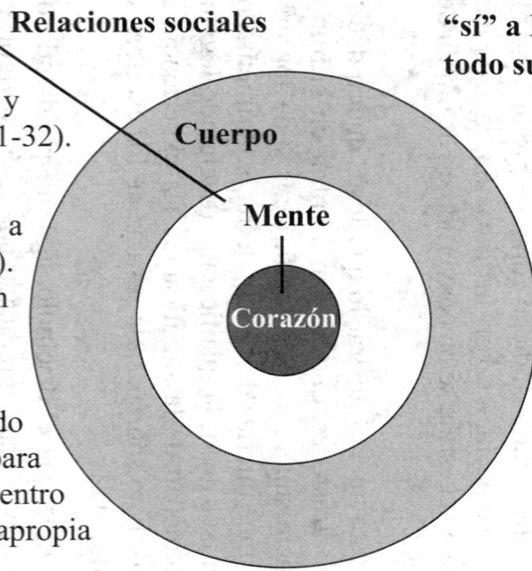

* Adaptado de la obra de Dallas Willard, *Renueva tu corazón: sé como Cristo* (Terrassa: Clie 2004), p. 38 de la versión original. He adaptado el diagrama para ilustrar cómo es la persona que entra y vive en el reino de los cielos según Jesús.

Mateo 5:21-48

»Ustedes han oído que se dijo a sus antepasados: "No
mates, y todo el que mate quedará sujeto al juicio del
tribunal." 22 Pero yo les digo que todo el que se enoje
con su hermano quedará sujeto al juicio del tribunal. Es más,
cualquiera que insulte a su hermano quedará sujeto al juicio del
Consejo. Pero cualquiera que lo maldiga quedará sujeto al juicio
del infierno.

23 »Por lo tanto, si estás presentando tu ofrenda en el altar y allí
recuerdas que tu hermano tiene algo contra ti, 24 deja tu ofrenda allí
delante del altar. Ve primero y reconcíliate con tu hermano; luego
vuelve y presenta tu ofrenda.

25 »Si tu adversario te va a denunciar, llega a un acuerdo con él lo
más pronto posible. Hazlo mientras vayan de camino al juzgado,
no sea que te entregue al juez, y el juez al guardia, y te echen en
la cárcel. 26 Te aseguro que no saldrás de allí hasta que pagues el
último centavo.

27 »Ustedes han oído que se dijo: "No cometas adulterio." 28 Pero
yo les digo que cualquiera que mira a una mujer y la codicia ya
ha cometido adulterio con ella en el corazón. 29 Por tanto, si tu ojo
derecho te hace pecar, sácatelo y tíralo. Más te vale perder una sola
parte de tu cuerpo, y no que todo él sea arrojado al infierno. 30 Y si tu
mano derecha te hace pecar, córtatela y arrójala. Más te vale perder
una sola parte de tu cuerpo, y no que todo él vaya al infierno.

31 »Se ha dicho: "El que repudia a su esposa debe darle un
certificado de divorcio." 32 Pero yo les digo que, excepto en caso
de infidelidad conyugal, todo el que se divorcia de su esposa, la
induce a cometer adulterio, y el que se casa con la divorciada
comete adulterio también.

33 »También han oído que se dijo a sus antepasados: "No faltes a tu
juramento, sino cumple con tus promesas al Señor." 34 Pero yo les
digo: No juren de ningún modo: ni por el cielo, porque es el trono
de Dios; 35 ni por la tierra, porque es el estrado de sus pies; ni por
Jerusalén, porque es la ciudad del gran Rey. 36 Tampoco jures por
tu cabeza, porque no puedes hacer que ni uno solo de tus cabellos
se vuelva blanco o negro. 37 Cuando ustedes digan "sí", que sea
realmente sí; y cuando digan "no", que sea no. Cualquier cosa de
más, proviene del maligno.

38 »Ustedes han oído que se dijo: "Ojo por ojo y diente por diente." 39 Pero yo les digo: No resistan al que les haga mal. Si alguien te da una bofetada en la mejilla derecha, vuélvele también la otra. 40 Si alguien te pone pleito para quitarte la capa, déjale también la camisa. 41 Si alguien te obliga a llevarle la carga un kilómetro, llévasela dos. 42 Al que te pida, dale; y al que quiera tomar de ti prestado, no le vuelvas la espalda.

43 »Ustedes han oído que se dijo: "Ama a tu prójimo y odia a tu enemigo." 44 Pero yo les digo: Amen a sus enemigos y oren por quienes los persiguen, 45 para que sean hijos de su Padre que está en el cielo. Él hace que salga el sol sobre malos y buenos, y que llueva sobre justos e injustos. 46 Si ustedes aman solamente a quienes los aman, ¿qué recompensa recibirán? ¿Acaso no hacen eso hasta los recaudadores de impuestos? 47 Y si saludan a sus hermanos solamente, ¿qué de más hacen ustedes? ¿Acaso no hacen esto hasta los gentiles? 48 Por tanto, sean perfectos, así como su Padre celestial es perfecto.

Sentido Original

A la siguiente sección del SM se la llama a menudo "la antítesis", por la reiteración (seis veces) de afirmaciones como: "Ustedes han oído que se dijo [...] Pero yo les digo". La declaración de Jesús es la antítesis de lo anterior. Esto se ha interpretado erróneamente en el sentido de que Jesús hace de su enseñanza la antítesis del Antiguo Testamento.[1] Pero si analizamos con cuidado estas afirmaciones de Jesús veremos que contrasta su comprensión del Antiguo Testamento con ciertas *interpretaciones* o *aplicaciones* incorrectas. En cada antítesis, Jesús demuestra cómo debe interpretarse y aplicarse el Antiguo Testamento y, por tanto, cómo se cumplen la ley y los profetas (*cf.* 5:17). Esto eleva a Jesús por encima de todos los intérpretes, y sitúa sus pronunciamientos en el mismo nivel de la Escritura. Para sus seguidores, esta reivindicación es increíblemente difícil de comprender plenamente y se convierte en un amargo punto de tensión con sus enemigos dentro del poder religioso.

Es importante no perder de vista el contexto histórico de estas palabras. Jesús está hablando en una situación en la que los maestros de la ley y los fariseos dominaban las vidas del pueblo. Los fariseos habían establecido lo que ellos consideraban el camino correcto para lograr la justicia por medio de su interpretación y aplicación del Antiguo Testamento. Una faceta de este sistema era la tendencia a demandar una obediencia legalista y externa de la ley, sin subrayar la

1. P. ej., Luz, *Matthew*, 1:277-79. Varios autores han intentado mostrar tanto continuidad como discontinuidad entre la ley mosaica y la enseñanza de Jesús, pero tienden a subrayar la discontinuidad; P. ej., Banks, *Jesus and the Law*, 203-26; Frank Thielman, *The Law and the New Testament: The Question of Continuity* (Nueva York: Crossroad, 1999), 49-58.

obediencia interior del corazón. Eran, por tanto, "hipócritas" en su práctica de la ley (ver comentarios sobre 6:1-18) y llevaban al pueblo a una práctica hipócrita.

En este pasaje, Jesús considera varios ejemplos prácticos de esta clase de práctica y demuestra que la correcta interpretación y aplicación de la ley ha de basarse en *propósitos* y *motivaciones* correctas. Lo que Jesús dice no es: "Oigan lo que dice el Antiguo Testamento"; sino: "Han oído que se dijo". Jesús no está negando el Antiguo Testamento, sino la comprensión y aplicación tradicionales. El Señor confronta la interpretación incorrecta con su autorizada declaración, mostrando la intención original de la ley.[2] Al vivir con propósitos y motivos correctos, quienes están en el reino de los cielos vivirán una justicia que sobrepasa la de los escribas y fariseos (*cf.* 5:20).

De esta antítesis surge un patrón. (1) Jesús introduce un pasaje del Antiguo Testamento con la expresión característica: "Han oído que se dijo [tiempo atrás al pueblo]". El verbo en voz pasiva "se dijo [lit., fue dicho]" es un ejemplo de "pasiva divina", que da a entender que Dios es el que dio el mandamiento en cuestión al autor veterotestamentario, quien a su vez lo impartió al pueblo.

(2) A continuación, Jesús cita (p. ej., 5:43) una interpretación popular o práctica tradicional de aquel momento del pasaje veterotestamentario que ha citado. Aquella forma de entender la ley lleva al pueblo a aplicarla erróneamente.

(3) Acto seguido, Jesús hace una autorizada declaración que lleva a sus oyentes al sentido y aplicación del pasaje que Dios tenía en mente. Él no abroga la ley, sino que la lleva a su cumplimiento. Esto no siempre significa algo totalmente inesperado o desconocido. Podemos sin duda encontrar a personas en el Antiguo Testamento y dentro del judaísmo que entendían igual que Jesús la intención de la ley y se movían en esta dirección.

Asesinato… El cultivo de las relaciones personales (5:21-26)

Jesús comienza con el sexto mandamiento del Decálogo: "No mates" (Éx 20:13; Dt 5:17). Aunque en hebreo hay siete palabras que significan matar, el verbo utilizado en Éxodo 20:13 hace que "asesinar" (*raṣaḥ*) sea una traducción más exacta que "matar". Este término denota premeditación e intencionalidad. Esto no se aplica a matar animales (Gn 9:3), defender el hogar (Éx 22:2), muerte accidental (Dt 19:5), la ejecución de los asesinos por parte del estado (Gn 9:6) o la participación en cierto tipo de guerras con la propia nación. Sí se aplica, no obstante, a acabar con la propia vida (i.e., suicidio), a ser cómplice de un asesinato (2S 12:9), o a quienes tienen la responsabilidad de castigar a conocidos asesinos pero no lo hacen (1R 21:19).[3] La pena por asesinato era la muerte; no podía reducirse a ninguna sentencia inferior (Nm 35:31).

2. Carson, *Sermon on the Mount*, 40: "Jesús parece estar preocupado por dos cosas: 1) derribar las tradiciones erróneas, y 2) indicar con autoridad la verdadera dirección hacia la que apuntan las Escrituras del Antiguo Testamento".
3. Walter C. Kaiser Jr., "Exodus", *EBC*, 2:424-25.

La expresión "y todo el que mate quedará sujeto al juicio del tribunal" no es una cita directa del Antiguo Testamento, sino una idea común basada en varios pasajes veterotestamentarios que requieren juicio por asesinato. Tras esta prohibición subyace el hecho de que los seres humanos han sido creados a imagen de Dios (Gn 1:26-27; 9:6). Esta pena estaba ya en vigor en los decretos dados a Noé (Gn 9:6), antes de la ley sinaítica.

La declaración de Jesús "Pero yo les digo" introduce tres formas en que se quita la vida de una persona, además del acto físico del asesinato. Cada caso debe ser castigado. (1) El primero es la ira: "... todo el que se enoje con su hermano quedará sujeto al juicio del tribunal" (5:22). Jesús habla aquí del origen del asesinato, que es la ira (*cf.* 1Jn 3:15). La ira es ya una violación de la ley, y tras la prohibición veterotestamentaria del asesinato subyace la intención de proscribir la ira. Cuando nos airamos de un modo inapropiado con alguien, le estamos quitando su identidad y valor como criatura de Dios, y esto adopta su forma final en el acto físico del asesinato. La justicia que se espera de los súbditos de Dios no consiste solo en evitar el asesinato, sino en eliminar la ira de nuestras relaciones personales.

El discípulo que se indigna con su "hermano" (otro nombre para aludir a los discípulos de Jesús; *cf.* 12:46-50) "quedará sujeto al juicio" (5:22), una expresión que puede aludir a las autoridades religiosas locales, al Sanedrín local que había en ciudades más grandes o al juicio final de Dios.

(2) El segundo caso es llamar "raca" (transliteración de un término arameo que connota la idea de "cabeza hueca") a otro discípulo. Este término despectivo era una afrenta personal y pública. En la cultura judía, los insultos eran muy ofensivos porque con ellos se eliminaba la identidad de la persona y se la sustituía por una identidad ofensiva. La persona es despojada del significado vinculado a su verdadero nombre. El "Sanedrín" nacional era la institución judicial de los judíos (similar a un Tribunal Supremo), que las autoridades romanas permitían para administrar casos judíos, siempre que no vulneraran las leyes romanas.

(3) El tercer caso es decirle a un discípulo: "… eres un estúpido [*moré*]" (5:22). Esto era también altamente insultante en la cultura judía, porque este término tenía connotaciones morales (*cf.*, p. ej., Pr 10:23). *Moré* es muy probablemente un forma de la palabra griega *moros* (origen de nuestra palabra "morón"), que alude a una persona que actúa sistemáticamente como un idiota. Tratar al hermano con este tipo de desprecio era despojarle de su identidad personal y convertirle en algo que no era.

La expresión "juicio del infierno" traduce el término *geenna*, del que procede la transliteración "Gehena". La palabra *geena* es la forma aramea del término hebreo *ge ben-hinom* ("valle de los hijos de Hinom"), un valle situado al oeste y sudoeste de Jerusalén. En este lugar, Acaz y Manasés sacrificaron a sus hijos a

Moloc,[4] lo cual llevó a Josías a profanar aquel lugar (2R 23:10). Más adelante, este valle se utilizó para quemar la basura de Jerusalén, que ardía constantemente y hacía de este valle una apropiada referencia a los fuegos del castigo. En la literatura apocalíptica judía, el valle de Hinom aludió, primero, a la entrada al infierno y, más adelante, al propio infierno (*4 Esdras* 7:36). En el tiempo de Jesús, este término se utilizaba para indicar el estado final del castigo (*cf.* Mt 18:9).

Jesús ilustra su declaración sobre la seriedad de la ira y el robo de identidad subrayando el antídoto, que es la reconciliación con "tu hermano" (5:23-24) y "tu adversario" (5:25-26). (1) En la primera situación se invierte el sujeto esperado: el hermano tiene algo *contra ti*. Jesús habla de ocasiones en que sus discípulos han ofendido a otra persona, no cuando ellos han sido los ofendidos. La reconciliación es responsabilidad de quien ha cometido el agravio, aunque se sobreentiende una actitud recíproca (*cf.* 18:21-22; Mr 11:25). La expresión "si estás presentando tu ofrenda en el altar" presupone un sacrificio que se ofrece en el templo de Jerusalén. Dejar inmediatamente la ofrenda indica la importancia de la reconciliación, puesto que los oyentes de Jesús eran de Galilea y el esfuerzo para asistir al sacrificio del templo era importante.

(2) La segunda escena se produce camino del juzgado, donde un litigante ha denunciado a un discípulo por algún asunto de dinero (5:26). Esto presupone posiblemente un marco legal gentil, puesto que en la ley judía no hay constancia de encarcelamiento por deuda. Antes de que el proceso legal se ponga en marcha, los discípulos de Jesús han de llegar "a un acuerdo" (lit., "hacerse amigos rápidamente") con su adversario.[5] Los discípulos de Jesús no han de procurar una mera resolución de sus asuntos legales, sino esforzarse por una forma de reconciliación que crea amistades a partir de relaciones enfrentadas.

Ser encarcelado hasta la plena satisfacción de la deuda suscita un sentido de imposibilidad (5:26; *cf.* 18:34), puesto que el deudor no tenía la oportunidad de trabajar para ganar dinero. El "centavo" (*kodrantes*) es el cuadrante romano de bronce/cobre, la moneda romana más pequeña.[6] Jesús utiliza este panorama para volver a la seriedad del problema de la ira. La ira sin reconciliación es la equivalencia interior del asesinato, que es imposible de restituir. Dejar los problemas relacionales sin resolver es permitir que el pecado que se ha iniciado siga destruyendo las relaciones personales entre personas.

El mandamiento de la ley "no mates" no se cumple meramente cuando evitamos el homicidio. Jesús revela que el propósito de la ley es el cultivo de las relaciones personales. Los discípulos de Jesús deben aplicar una urgencia diaria

4. Ver 2R 16:3; 21:6; Jer 32:35; *cf.* 7:31-32; 19:1-13.
5. BDAG, 409.
6. Para una provechosa exposición y numerosas ilustraciones de varios sistemas monetarios ver D. H. Wheaton, "Money", *IBD*, 2:1018-23; también John W. Betlyon, "Coinage", *ABD*, 1:1076-89; Rousseau y Arav, "Coins and Money", *Jesus and His World*, 55-61.

al mantenimiento de la vida saludable de sus relaciones personales, tanto con otros discípulos como con aquellos que no lo son. Cualquier cosa que hagamos que despoje a un hermano o una hermana de su singularidad personal es pecado, y es nuestra responsabilidad reconciliarnos con él/ella.

Adulterio… Unidad matrimonial (5:27-30)

En la segunda antítesis, Jesús cita directamente el séptimo mandamiento del Decálogo sobre el adulterio (Éx 20:14; Dt 5:17), y alude al décimo sobre la codicia (Éx 20:17; Dt 5:21). En el Antiguo Testamento, el adulterio suponía el mantenimiento de relaciones sexuales consentidas entre un hombre, casado o no, y la esposa de otro hombre. El término y la sentencia (muerte) se aplicaban por igual tanto al hombre como a la mujer (Lv 20:10; *cf.* Dt 22:22). En este contexto, una mujer desposada se consideraba esposa de su prometido (Dt 22:23-24).

El adulterio se consideraba una de las ofensas más graves porque profanaba aquella relación que era un reflejo de la que Dios mantenía con su pueblo. Los profetas utilizaron a menudo la imagen del adulterio para aludir a las relaciones que el pueblo de Israel mantenía con otros dioses (*cf.* Ez 16:32; Os 4:13b). José entendía que acostarse con la mujer de Potifar no habría sido solo una ofensa para su marido, sino especialmente un "pecado contra Dios" (Gn 39:9). El rey David, tras su adulterio con Betsabé, confesó su pecado a Dios diciendo: "Contra ti he pecado, sólo contra ti" (Sal 51:4). El Antiguo Testamento denuncia en términos muy enérgicos cualquier relación sexual extramatrimonial, condenando a los hombres incluso más firmemente que a las mujeres (*cf.* Os 4:14).

La declaración de Jesús reafirma el compromiso veterotestamentario con la unidad del vínculo matrimonial y la lleva a su sentido original más profundo:[7] "Pero yo les digo que cualquiera que mira a una mujer y la codicia ya ha cometido adulterio con ella en el corazón" (Mt 5:28). No basta con mantener una mera pureza física. La pureza del matrimonio demanda una mutua y exclusiva devoción de los cónyuges en cada aspecto de sus vidas, y este compromiso excluye desear a otra persona o entregarse de cualquier forma a otra persona.[8] Mirar lascivamente a otra mujer rompe el vínculo de unidad que un hombre tiene con su esposa.

La base de este principio está en la relación entre Dios y su pueblo. Ezequiel condena gráficamente a Israel por adulterio espiritual, no solo cuando el pueblo adoraba de facto a ídolos paganos, sino cuando deseaba a otros dioses en su corazón y con sus ojos. Dios se lamenta: "... porque he sufrido a causa de sus corazones adúlteros que se apartaron de mí, y a causa de sus ojos que se prostituyeron tras sus ídolos" (Ez 6:9, LBLA). La unidad de un hombre con su mujer

7. Obsérvese que aquí no se responde a una interpretación explícita, aunque esta antítesis va con la siguiente, que enuncia interpretaciones comunes en el tiempo de Jesús.
8. Ver la poderosa alegoría sobre la fidelidad matrimonial en Proverbios 5:15-23.

significa que el marido se entrega a ella, y solo a ella. Cuando un hombre mira con deseo a otra mujer, ha rechazado a su esposa y se ha entregado a la otra. La pasión se origina en el corazón (15:19), que es el núcleo de la identidad y voluntad de la persona. Por tanto, el adulterio no es solo una relación sexual física, sino también la recreación mental de este acto de infidelidad.

Jesús ilustra la seriedad de la pasión que destruye el vínculo matrimonial mediante dos gráficos ejemplos: "... si tu ojo derecho te hace pecar, sácatelo y tíralo" (5:29), y "si tu mano derecha te hace pecar, córtatela y arrójala" (5:30). Puesto que la mayoría de las personas son diestras, el lado derecho representaba a menudo el lado más poderoso o importante. El ojo es el medio por el que se inicia la tentación que estimula la pasión, y la mano representa el instrumento que la pasión utiliza físicamente. Jesús se sirve, por tanto, de una hipérbole (exageración deliberada) para subrayar la seriedad de la devoción conyugal que compromete corazón, ojos y manos.[9]

Al comienzo de la historia de la iglesia, personas como Orígenes de Alejandría cometieron el error de entender literalmente las declaraciones de este pasaje y de 19:12. Jesús no aboga por la mutilación física, sino que, por medio de espectaculares figuras literarias, subraya el riguroso dominio propio que mostrarán los discípulos comprometidos. Las personas que pretenden llevar a cabo la ordenanza de Dios deben estar dispuestos a hacer lo que sea necesario por mantener la unidad del vínculo matrimonial. El pecado es esencialmente una cuestión interior y condena a la persona que se relaja satisfecha en sus actos externos de justicia.[10] Nuestras acciones indican el estado de nuestro corazón, y quien destruye el vínculo matrimonial es digno de condenación eterna, porque este pecado revela que tal persona no sigue a Jesús. La vida en el reino de los cielos no produce personas de otro mundo, sino discípulos que viven las relaciones humanas, entre ellas el matrimonio, según el diseño original de Dios.

Divorcio... La santidad del matrimonio, inviolada (5:31-32)

En la tercera antítesis, Jesús sigue el pensamiento sobre la santidad del matrimonio aludiendo a la declaración mosaica sobre certificados de divorcio (Dt 24:1; ver también comentarios sobre 19:3-12). Puesto que el divorcio era un fenómeno muy extendido en el mundo antiguo, Dios estableció una regulación por medio de Moisés que pretendía tres cosas: (1) proteger la santidad del matrimonio de la "indecencia" que contamina la relación matrimonial; (2) proteger a las mujeres de maridos que pudieran despedirlas sin ninguna causa; (3) documentar

9. Davies y Allison, *Matthew*, 1:524-26. Jesús pronuncia advertencias parecidas en 18:8-9 en el contexto de mantener la unidad de la comunidad.

10. Hay un llamamiento a la pureza sexual que invita a la reflexión en, John R. W. Stott, *The Message of the Sermon on the Mount (Matthew 5-7): Christian Counter-Culture* (BST; Downers Grove, Ill.: InterVarsity Press, 1978), 86-91.

su condición de mujer legítimamente divorciada para que no se pensara que era una prostituta o una adúltera que huía de la ley.

En el tiempo de Jesús, quienes interpretaban y debatían la regulación mosaica, especialmente el significado de "indecencia" en Deuteronomio 24:1, estaban perdiendo de vista la santidad esencial del matrimonio. En este debate se asumía que el divorcio era necesario y legal. La escuela más conservadora de Shammai solo permitía el divorcio por razones de inmoralidad sexual. La escuela de Hillel, más liberal, declaraba que la estipulación mosaica de "indecencia" permitía que un hombre se divorciara de su esposa "si esta le preparaba mal la comida" (*m. Giṭ.* 9:10). Algunos rabinos de periodos posteriores afirmaron que el divorcio se hacía necesario cuando se cometía adulterio (*m. Soṭah* 5:1; *m. Yebam* 2:8), porque el adulterio producía un estado de impureza que, de hecho, disolvía legalmente el matrimonio.[11]

Jesús regresa al propósito divino original de la institución del matrimonio y de la regulación mosaica. Dios quería que el matrimonio fuera la unión permanente de un hombre y una mujer que los hacía uno (Gn 2:24). Dios "aborrece" el divorcio, porque este desgarra y destruye algo que debería considerarse una unión permanente (*cf.* Mal 2:16). Por ello, Jesús afirma categóricamente que el divorcio lleva al adulterio, del cual acaba de afirmar su despreciable naturaleza (5:27-30), porque un divorcio ilícito convierte a la mujer en adúltera cuando se casa de nuevo.

Sin embargo, como Moisés, Jesús deja margen para una excepción. Aunque Dios ve el matrimonio como un estado permanente, algunas veces el vínculo conyugal ha sido violado hasta tal punto que uno de los cónyuges ha destruido ya la unión matrimonial. Esto sucede cuando una persona ha cometido *porneia*, que la NVI traduce acertadamente como "infidelidad conyugal". Puesto que la idea de "adulterio" se ha especificado ya mediante otra palabra (*moicheuo*; 5:27-28), *porneia* ha de ser algo menos específico que la infidelidad sexual, pero, siguiendo la intención mosaica, más que algo frívolo. Porneia incluye cualquier actividad pecaminosa que divide deliberadamente la relación matrimonial. Jesús afirma inequívocamente lo sagrado de la relación matrimonial, pero permite el divorcio para proteger a la parte inocente y salvaguardar la institución del matrimonio para que no se convierta en una vulgar farsa.

Juramentos... Honestidad transparente (5:33-37)

La cuarta antítesis no comienza con la cita de un mandamiento, sino con un resumen de varios pasajes sobre "juramentos".[12] En el Antiguo Testamento,

11. Markus Bockmuehl, "Matthew 5.32; 19.9 in the Light of Pre-Rabbinic Halakah", *NTS* 35 (1989): 291-95; D. C. Allison Jr., "Divorce, Celibacy, and Joseph", *JSNT* 49 (1993): 3-10.
12. Ver Éx 20:7; Lv 19:12; Nm 30:2; Dt 23:21-23.

Dios garantizaba a menudo el cumplimiento de sus promesas con un juramento (Gn 9:9-17). De igual manera, el Antiguo Testamento permitía que las personas juraran por el nombre de Dios para acreditar una importante afirmación o promesa. Los juramentos o votos ayudaban a las personas a permanecer fieles a los compromisos contraídos. La ley demandaba que las personas cumplieran cualquier juramento hecho (*cf.* Lv 19:12; Nm 30:2), como el voto al Señor que formaba parte del sistema veterotestamentario de sacrificios (Dt 23:21). Aunque no eran obligatorios, Dios aprobaba los juramentos debidamente realizados. Los rabinos desarrollaron una jerarquía de juramentos altamente estructurada, que más adelante se plasmó en un tratado de la Mishná, *Šebuot* ("Juramentos").

Algunos intérpretes del tiempo de Jesús tendían a entender el permiso del Antiguo Testamento como una indicación de que solo los juramentos que invocaban el nombre del Señor eran vinculantes. Cuando las personas no se tomaban realmente en serio un juramento, juraban probablemente por cosas "menos sagradas" (p. ej., "por el cielo", "por la tierra", "por Jerusalén", etc.; *cf.* Mt 23:16-22). Puesto que la persona no invocaba el nombre de Dios literalmente, el juramento no se consideraba vinculante. Esta creciente tendencia a encontrar lagunas en los juramentos llevó a su devaluación, haciendo que algunos advirtieran contra utilizar cualquier clase de juramento. Josefo dice de los esenios: "Cualquier palabra suya tiene más fuerza que un juramento; estos evitan los juramentos, y los consideran peor que el perjurio, porque dicen que alguien a quien no se cree sin apelar a Dios está ya condenado".[13]

Con respecto a los juramentos, Jesús va a la esencia del propósito de la ley cuando dice que sus discípulos no deben jurar "de ningún modo". No está hablando de la utilización de lenguaje profano o imprecaciones, sino de invocar el nombre de Dios o cosas parecidas para garantizar la verdad de lo que se dice. Jesús entiende la duplicidad del corazón humano, porque a veces los juramentos servían para encubrir un engaño. En contraposición, los discípulos de Jesús deben ser personas tan íntegras y veraces que todo lo que digan sea absolutamente creíble y digno de confianza. Una persona íntegra es alguien que en su comunicación diaria es tan veraz, digna de confianza, auténtica, sin malicia y honesta que sus palabras se creen sin que haya ningún juramento.

En otras palabras, un simple "sí" o "no" debe ser suficiente para una persona digna de confianza (*cf.* 2Co 1:15-24), un dicho de Jesús del que Santiago se hace eco (Stg 5:12). Es cierto que Pablo hizo un juramento porque sus receptores no le conocían lo suficiente como para estar seguros de su carácter, lo cual nos permite ver que el Nuevo Testamento no desestima los juramentos de manera absoluta (2Co 1:18; Gá 1:20). Pero lo que Jesús quiere decir es que la sencilla palabra de un discípulo debe considerarse digna de confianza, como un documento o contrato firmado. Cuando continúa diciendo que "cualquier cosa de

---

13. Josefo, *Guerras de los judíos*, 2:135; ver también *Eclo.* 23:9, 11; Filón, *Sobre el Decálogo,* 84-95.

más, proviene del maligno", Jesús indica que jurar por algo para engañar solo puede tener una fuente: el maligno, Satanás (*cf.* Mt 6:13; 13:19, 38).

Ojo por ojo... Disposición a servir (5:38-42)

En la quinta antítesis, Jesús condena los abusos de que había sido objeto la ley del talión (*lex talionis*) para facilitar la venganza personal. La *lex talionis*, que aparece de forma similar en el Código de Hammurabi (# 196-200), se destaca especialmente en la Torá como medio de administrar justicia y depurar el mal de su pueblo: "Y cuando todos los demás oigan esto, tendrán temor y nunca más se hará semejante maldad en el país. No le tengas consideración a nadie. Cobra vida por vida, ojo por ojo, diente por diente, mano por mano, y pie por pie" (Dt 19:20-21; *cf.* Éx 21:23-25; Lv 24:18-20). En algunas sociedades de la antigüedad, los castigos se administraban sin considerar cada caso en particular y a menudo la sentencia excedía con mucho el delito. La ley de la retribución se establecía para controlar los castigos desproporcionados. Si alguien hería a otra persona y esta perdía el ojo, el culpable tenía que pagar con su ojo como castigo proporcional. La mayoría de los comentaristas dudan que esta ley fuera concebida para aplicarse literalmente en cada caso; era, sin embargo, una metáfora gráfica para establecer la equivalencia de la pérdida en una determinada circunstancia.[14] Esta ley pretendía ser un medio de calibrar la justicia.

La *lex talionis* tenía que ser aplicada por las autoridades civiles y los tribunales para proteger a las personas, castigar a los delincuentes y frenar la delincuencia. No debía ser administrada por individuos (*cf.* Dt 19:15-21). De hecho, la ley civil pretendía *poner freno* a la venganza particular (*cf.* Pr 20:22; 24:29),[15] porque la persona que había sufrido el delito era demasiado susceptible de ser poco objetiva y parcial en la venganza. Allí donde las autoridades eran responsables de administrar la justicia, el pueblo de Dios no tenía que ocuparse de la retribución personal y podía entonces aspirar a un nivel más elevado de ética: podían amarse y servirse unos a otros. El Señor habló directamente a su pueblo sobre esta alternativa: "No seas vengativo con tu prójimo, ni le guardes rencor. Ama a tu prójimo como a ti mismo. Yo soy el Señor" (Lv 19:18).

Sin embargo, en el turbulento mundo del tiempo de Jesús, con el pueblo judío bajo las fuerzas romanas de ocupación, era fácil perder de vista este propósito más elevado y comenzar a utilizar la ley de la retribución para justificar la venganza personal. Las personas estaban a merced de los romanos en todas partes: en la calle, en los tribunales, en la presencia de las fuerzas armadas de ocupación y en el mundo diario de las necesidades económicas. Los dirigentes judíos tenían poco poder (o ninguno) para ejecutar justicia y proteger a su pueblo. Aquellos

---

14. Ver John E. Hartley, *Leviticus* (WBC 4; Dallas: Word, 1992), 412-14. La Mishná habla de compensaciones económicas en toda una serie de ofensas, pero habla de vida por vida literal en caso de asesinato (*cf. m. B. Qam.* 8:1-6).
15. *Ibíd.*, 412; Earl S. Kalland, "Deuteronomy", *EBC*, 3:126.

que sufrían agravios querían vengarse, especialmente cuando no había una clara justicia que los protegiera, la venganza personal era una cuestión candente entre los judíos. Incluso algunos de los dirigentes judíos buscaban venganza reuniendo grupos de seguidores entre el pueblo para oponerse a los romanos,[16] lo cual generó, en el tiempo de Jesús, movimientos de resistencia popular por todo el territorio.[17]

Bajo esta opresiva atmósfera, Jesús señala la motivación del discípulo que ha sufrido algún tipo de abuso y ha sido agraviado. "Pero yo les digo: No resistan al que les haga mal" (5:39). No es responsabilidad del discípulo "resistir" (*anthisemi*)[18] u oponerse al ofensor. En el plano personal, la primera responsabilidad del discípulo es cambiar la dinámica de la situación de tomar a dar. La persona que les ha hecho mal ha intentado tomar de ellos, pero los discípulos de Jesús han de darle al ofensor sirviéndole. Los discípulos de Jesús no deben pensar primero en la retribución. Aun cuando estén siendo sometidos a abusos, deben pensar en formas de hacer avanzar el reino de los cielos y su influencia en este mundo.

A continuación, Jesús utiliza cuatro ilustraciones de la vida cotidiana de sus discípulos bajo opresión para subrayar cómo pueden servir a quienes les ofenden. Su meta final es buscar "una oportunidad para que el enemigo se convierta a la verdad del reino de Dios".[19] (1) La primera escena parece situarse en un contexto público en que el discípulo es insultado: "Si alguien te da una bofetada en la mejilla derecha" (5:39). Lo que Jesús tiene aquí en mente no es tanto el dolor físico como el insulto que supone tal acción: una manera simbólica de afrentar la dignidad y honor de la persona (*cf. m. B. Qam.* 8:6). Se sabe que a algunos miembros de las fuerzas armadas de ocupación les gustaba ofender de esta manera a los pueblos subyugados. Volver la otra mejilla indica que los discípulos de Jesús tienen la certeza de que no tienen que devolver más mal por el mal que se les ha hecho (*cf.* Ro 12:19-21; 1Ts 5:15). Al volver la otra mejilla se sitúan en una posición de mayor indignidad y vulnerabilidad, pero esto les da la oportunidad de servir al ofensor, como ilustran las dos siguientes escenas.

(2) La segunda escena se produce en un escenario legal: "Si alguien te pone pleito" (5:40). Un discípulo es llevado a los tribunales para quitarle la túnica. El sencillo vestido de las personas, en el siglo I, era un taparrabos, cubierto por una túnica (o más) que les envolvía todo el cuerpo, un manto externo, una faja

16. Saul Lieberman, *Greek in Jewish Palestine: Studies in the Life and Manners of Jewish Palestine in the II-IV Centuries C.E.* (Nueva York: Jewish Theological Seminary of America, 1942), 179-83.
17. Para el trasfondo, ver Horsley y Hanson, *Bandits, Prophets, and Messiahs*, 30-43.
18. *BDAG*, 80. Este es el único pasaje de Mateo en que aparece este término que connota la idea de tomarse la justicia por su mano.
19. Hays, *The Moral Vision of the New Testament*, 326.

a modo de cinturón, un velo o turbante que les cubría la cabeza y sandalias.[20] La "túnica" (*chiton*) era la prenda básica, un vestido interior de manga larga, parecido a un camisón que estaba en contacto con la piel. Jesús les dice a sus discípulos que, si alguien les pone a pleito para quitarles la túnica, deben darle también la "camisa ['capa', LBLA, RV60, BTX3]" (*himation*). La capa era la túnica externa (*cf.* 27:35):[21] una prenda imprescindible. Cuando se entregaba como fianza, tenía que devolverse antes del atardecer, puesto que los pobres se cubrían con ella para dormir (Éx 22:26-7; Dt 24:12; Ez 18:7; Am 2:8.). Jesús hace una demanda sorprendente a sus discípulos. Han de invertir la dinámica. En lugar de defenderse o vengarse de esta persona que de manera tan injusta intenta quitarles sus posesiones más esenciales, han de darle más de lo que les pide.

(3) La tercera ilustración nos sitúa en una escena militar: "Si alguien te obliga a llevarle la carga un kilómetro" (5:41). En la antigüedad, el personal de las administraciones públicas o militares podía demandar la ayuda de civiles locales para asuntos oficiales. Los funcionarios del sistema postal persa podían obligar a los civiles a cargar correspondencia oficial, y el personal militar romano podía organizar grupos de obreros del pueblo (sin pagarles) para construir carreteras, fortificaciones y edificios públicos. Podían reclutar personas sin previo aviso para que ayudaran en una determinada operación. La escena neotestamentaria más conocida es aquella en que los guardias romanos obligan a Simón de Cirene a llevar la cruz de Jesús (27:32; Mr 15:21). Jesús les dice a sus discípulos que, cuando se les pide que lleven una carga "un kilómetro" (*milion*)[22], han de llevarla dos.

(4) La última ilustración tiene relación con las personas incómodas: "Al que te pida, dale; y al que quiera tomar de ti prestado" (5:42). Con este caso, Jesús lleva su idea un paso más allá, aludiendo a dos clases de personas incómodas que pueden invadir la vida diaria de sus discípulos. Los discípulos de Jesús no solo deben responder con un trato positivo a quienes pretenden abusar de ellos, sino que también han de dar a quienes les mendigan y piden prestado. El término "pedir" (*aiteo*) en este contexto hace referencia a una persona pobre que pide limosna. Es posible que la persona que pide "prestado" (*danizo*) sea también pobre, ya que el uso de este mismo verbo en Lucas 6:34 alude a préstamos que la persona que recibe no puede devolver. Dar limosna a los pobres era un ejercicio fundamental de la devoción judía (ver comentarios sobre 6:2-4). El Antiguo Testamento era también claro sobre la obligación de que el pueblo de Israel tenía que prestar a los pobres que había entre ellos (Dt 15:7-11).

---

20. Douglas R. Edwards, "Dress and Ornamentation", *ABD*, 2:232-38.
21. Juan distingue entre la túnica exterior de Jesús (*himation*), que los soldados dividieron, y la "prenda interior" (*chiton*), que no tenía costuras (Jn 19:23-24). El cuarto evangelista utiliza las dos mismas palabras que Mateo.
22. Esta palabra significa "mil pasos" (BDAG, 651) o aproximadamente un kilómetro. H. Wayne House, *Chronological and Background Charts of the New Testament* (Grand Rapids: Zondervan, 1981), 26 nos ofrece una provechosa tabla de distancias equivalentes.

Jesús amplía, no obstante, esta obligación con poderosas imágenes de generosidad. Aunque el que pide no sea pobre legítimamente o no esté pidiendo limosna, el discípulo debe darle para su necesidad. Puede que el que pide el préstamo sea un desaprensivo o incluso un enemigo y que no pretenda devolver lo que solicita, pero, aun así, el discípulo no debe negarse.[23] El pasaje paralelo en el Evangelio de Lucas indica explícitamente que los discípulos han de prestar a los propios enemigos (ver Lc 6:35). Con estos dichos, Jesús elimina la obligación de juzgar los méritos de la petición de caridad o de un préstamo. Sus discípulos son libres para vivir con generosidad sin preguntar. El Antiguo Testamento reconviene a los haraganes que se empobrecen por su pereza (Pr 6:1-11) y considera perversos a quienes piden sistemáticamente préstamos que no devuelven (*cf.* Sal 37:21). Pero dar generosamente a quien pide ayuda, especialmente a aquellos que quizá no la necesiten de veras o probablemente no la devuelvan, es la máxima expresión de la generosidad.

Jesús mismo vivió prácticamente este principio radical y se convirtió en un vívido ejemplo para sus seguidores (*cf.* 1P 2:20-25). Amó tanto que entregó su vida por los pecadores (Ro 5:8). La primera obligación de sus discípulos no es vengarse por el mal que se les ha hecho o protegerse a sí mismos y a sus intereses personales. Su principal obligación es servir a quienes les rodean, tanto a quienes parecen merecerlo como a los que no. Como las otras antítesis, este principio creó sin duda incomodidad en aquellos que lo oyeron al principio y la crea en quienes lo leemos posteriormente. Otros pasajes del Nuevo Testamento parecen estar en conflicto con el principio que se expresa aquí de manera tan rotunda.[24] Pero, por mucho que podamos, o quizá hasta debamos, desear armonizar la enseñanza de esta antítesis, la intensidad de la obligación de los discípulos de servir a los demás no debe minimizarse. Esta enseñanza nos prepara para la siguiente antítesis, en el sentido de que los discípulos no deben odiar a sus enemigos, sino amarlos, tanto como a su prójimo.

Amor y odio... Compromiso incondicional (5:43-47)

Jesús comienza la última antítesis citando una de las verdades fundamentales del Antiguo Testamento: "Ustedes han oído que se dijo: 'Ama a tu prójimo'" (5:43). El amor al prójimo era uno de los mandamientos de Dios por medio de Moisés (Lv 19:18). En respuesta a la pregunta/prueba de un experto sobre cuál era el mayor mandamiento de la ley, Jesús aludió al de amar a Dios y al prójimo como a uno mismo (Mt 22:36-40).

La siguiente afirmación de la antítesis, "odia a tu enemigo", no aparece explícitamente en el Antiguo Testamento. De hecho, Moisés dirigió al pueblo a ayudar

---

23. El verbo *apostrepho* tiene el significado esencial de "volverse atrás, dar media vuelta" aunque puede también utilizarse con el sentido de "defraudar" (BDAG, 122-23). El primero es aquí más probable.
24. P. ej., Hch 22:29; 1Ts 3:10. Ver exposición de esta cuestión más adelante.

a un enemigo necesitado (Éx 23:4-5). Sin embargo, aunque el amor al prójimo es esencial a la enseñanza veterotestamentaria, el divino aborrecimiento del mal es también uno de sus temas centrales. El salmista afirma: "Tú no eres un Dios que se complazca en lo malo; a tu lado no tienen cabida los malvados" (Sal 5:4; *cf.* 45:7; Dt 7:2; 30:7). Dios aborrece el mal. De hecho, el salmista lleva las cosas un paso más allá en el versículo siguiente: "No hay lugar en tu presencia para los altivos, pues aborreces a los malhechores" (Sal 5:5). Por su parte, aquellos que desean ser justos aprenden a aborrecer el mal como lo hace Dios mismo, de modo que el salmista puede decir en otro lugar: "¿Acaso no aborrezco, Señor, a los que te odian, y abomino a los que te rechazan? El odio que les tengo es un odio implacable; ¡los cuento entre mis enemigos!" (Sal 139:21-22; *cf.* 26:4-5).

Más adelante, ciertos grupos dentro de Israel desarrollaron estas cuestiones identificando al "prójimo" exclusivamente con quienes vivían dentro de su comunidad judía, y a los "impíos" con los gentiles o con quienes estaban fuera de su comunidad y eran, por tanto, enemigos de Dios y suyos. En Qumrán aparece el extremo más estricto. *La regla de la comunidad* da instrucciones para buscar a Dios y hacer lo que es bueno y justo, con el propósito de "amar todo lo que él escogió y odiar todo lo que él despreció, apartándose de todo mal y siguiendo estrictamente todo lo que es bueno" (1QS 1.3-4). Las instrucciones van después un paso más allá: "... amarán a todos los hijos de la luz, a cada uno según el destino que Dios estableció para él. Detestarán a todos los hijos de las tinieblas, a cada uno según su culpa de acuerdo con la venganza de Dios" (1QS 1.9-11).[25] Puesto que Dios aborrece el mal, se entiende que quienes lo encarnan son enemigos de él. Era natural detestar a los enemigos de Dios.

Sin embargo, Jesús toma estas actitudes enfrentadas de amor al prójimo y odio a los enemigos y las integra en una unidad, algo que sin duda asombra a sus oyentes, pero que es de hecho lo que Dios pretendía desde el principio: "Pero yo les digo: Amen a sus enemigos y oren por quienes los persiguen" (5:44). Es cierto que Dios aborrece el mal, pero su propósito es la reconciliación. En este sentido, el antiguo dicho es cierto: "Dios odia el pecado pero ama al pecador". Esto es lo que dirige el dicho de Jesús sobre la necesidad de amar a nuestros enemigos. Aunque es un dicho radical por expresar algo contrario a lo que estaba ocurriendo en muchos círculos de Israel, preserva de hecho el amor que Dios tiene para todos los seres humanos. Todas las criaturas de Dios le pertenecen, y él las ama y desea que todos procedan al arrepentimiento (*cf.* 2P 3:9). Los discípulos de Jesús han de ver a las personas de este mundo como Dios las ve y amarlas lo suficiente para tenderles la mano con el mensaje de reconciliación, hasta el punto de orar por quienes los persiguen por ser cristianos.

---

25. Utilizando la traducción de Geza Vermes, *The Dead Sea Scrolls in English,* 2ª ed. (Nueva York: Penguin, 1975), 72. Ver también Hill, *Matthew*, 129; Ito, "Matthew and the Community of the Dead Sea Scrolls", 27-28.

Cuando Jesús afirma: "para que sean hijos de su Padre que está en el cielo" (5:45), no está indicando el medio por el que nos convertimos en hijos de Dios, sino expresando que el amor hace explícita la relación entre Dios Padre y los seguidores de Jesús. Los hijos de Israel eran hijos de Dios por su llamamiento, y dicha llamada llevaba consigo la obligación de poner en práctica su voluntad. Pero cualquiera que responde a la voluntad de Dios en el ministerio de Jesús es un "hijo" o "hija" del Padre celestial (*cf.* 12:48-50). Esta relación familiar conlleva la obligación de actuar como un hijo o una hija, lo cual significa amar como ama el Padre.[26]

Jesús continúa con dos ejemplos de la gracia común que Dios imparte a todos los seres humanos, justos e injustos, como base de la razón por la que sus discípulos han de amar a prójimos y enemigos. (1) Dios hace salir el sol sobre buenos y malos, y llover sobre ambos grupos. Todas las criaturas de Dios son dignas de su cuidado en esta vida. En última instancia, todos daremos cuenta de nuestras decisiones buenas o malas, y Dios juzgará algún día a quienes deciden hacer el mal. Pero, en esta vida, su gracia común se extiende a todos. Esta declaración nos prepara para la extensión de la oferta de la gracia salvífica, por su deseo de que todos, malos, injustos, recaudadores de impuestos y paganos respondan a su llamamiento al reino y se conviertan así en hijos del Padre celestial.

(2) A continuación, Jesús utiliza las relaciones naturales para mostrar que el amor de Dios va más allá de los vínculos humanos normales. Todos los grupos cuidan a sus miembros. Los recaudadores de impuestos aman a sus amigos y colegas, a sus esposas e hijos, y estos a su vez los aman a ellos, no hay, pues, un especial reconocimiento en el hecho de que los discípulos de Jesús se amen unos a otros (5:46). Puesto que los gentiles "saludan" a sus compañeros y miembros de su familia y les desean paz y bendición (5:47; *cf.* 10:12), introducir a otros discípulos a la intimidad de la comunidad de Jesús no es nada fuera de lo común. Todos los grupos cuidan de los suyos y, hasta cierto punto, ven a los de fuera como "enemigos".

Pero Dios no ve las mismas agrupaciones que han creado los seres humanos. Él trasciende todos los delimitadores grupales humanos y ama a todas las personas, aun a aquellos que le han rechazado. Esta es la clase de amor que Jesús defiende, la base para la colectividad universal de Dios, donde los discípulos de Jesús no tenemos enemigos, sino que consideramos a todas las criaturas de Dios dignas de nuestro amor. Aunque entre los discípulos de Jesús habrá un amor especial, como miembros de la misma familia que hacen la voluntad del Padre (Jn 13:34-35; *cf.* Mt 12:46-50), el amor debe extenderse a todos aquellos que Dios ha creado. Con esta sexta antítesis, Jesús lleva a sus discípulos a la más elevada comprensión del modo en que él cumple el Antiguo Testamento y en que la justicia de ellos, como súbditos del reino de los cielos, sobrepasará a la de maestros de la ley y fariseos (*cf.* Mt 5:20).

---

26. Spencer, "Father-Ruler", 440-41.

Conclusión: la búsqueda de perfección (5:48)

La expresión "Por tanto" introduce una última y poderosa comisión: "Sean perfectos, así como su Padre celestial es perfecto" (5:48). Es una apropiada conclusión a la sexta antítesis, por cuanto el perfecto amor de Dios hacia sus criaturas ejemplifica el que los discípulos de Jesús han de demostrar hacia sus enemigos y aquellos que les persiguen. Dios obra siempre en perfecto amor para con sus criaturas, porque él es amor (1Jn 4:16). Del mismo modo, si los discípulos de Jesús se esfuerzan por tener el amor del Padre para todos los seres humanos, darán siempre a los demás aquello que necesitan desde la óptica de Dios.

Al mismo tiempo, esta declaración es una oportuna conclusión para todas las antítesis consignadas en 5:21-47. Amar a nuestros enemigos es reproducir una de las características esenciales de Dios (5:45), pero los discípulos de Jesús han de emular a Dios en todas las áreas de la vida. En las antítesis, Jesús ha utilizado selecciones representativas del Antiguo Testamento para clarificar su propósito como la voluntad de Dios para su pueblo. El Antiguo Testamento es un reflejo de Dios. Por tanto, puesto que los discípulos persiguen el cumplimiento de su propósito y motivos tal como Jesús los ha clarificado, estos buscan de hecho la perfección de Dios. El uso del tiempo futuro por parte de Mateo (lit., "serán perfectos") tiene una idea imperativa general, como indica la NVI.

Pero con el modo indicativo podemos ver también una especie de meta y promesa. Un imperativo presente, "sigan siendo perfectos" o "sean continuamente perfectos", pondría una demanda imposible sobre los discípulos de Jesús. Sin embargo, con el tiempo futuro se presenta una clara *meta* que ha de dar forma a toda la vida de los discípulos, que han de poner nada menos que la perfección de Dios como objetivo final de su conducta, pensamientos y voluntad. Por otra parte, el tiempo futuro implica también una *promesa*, por cuanto el Padre no solo representa la meta divina, sino también el divino capacitador. "Jesús formula su mandamiento de tal manera que, en sus esfuerzos por alcanzar la meta de Dios para sus vidas, los discípulos pueden buscar la ayuda divina".[27]

Los discípulos de Jesús han de ir en pos de la perfección que representa Dios mismo. La palabra "perfectos" (*teleios*) se usa también en la Septuaginta en Deuteronomio 18:13: "Serán perfectos delante de su Dios". La palabra que se utiliza en el texto hebreo (*tamim*) denota la idea de totalidad o plenitud (Lv 23:15, 30; Jos 10:13), especificando la cualidad irreprensible de los animales que iban a ser ofrecidos en sacrificio (Éx 12:5) o el completo compromiso de las personas con Dios, incluida la irreprochabilidad ética (Gn 6:9; 17:1; Dt 18:13; 2S 22:24-27). El término griego *teleios* entraña las mismas connotaciones: finalidad, finalización o plenitud, aquello que deviene total o perfecto. Pero puede

27. Morris, *Matthew*, 133.

también indicar a una persona que ha alcanzado madurez espiritual.[28] Pero, con el Padre como meta, Jesús no está diciendo: "Sean maduros como lo es su Padre celestial", sino: "Sean perfectos, como lo es su Padre celestial". Los discípulos han de perseguir la perfección del Padre como la meta de sus vidas.

Este dicho de Jesús es, pues, un mandamiento, una promesa y una declaración de esperanza. Sus discípulos participan en el proceso de la regeneración, que ahora, con la llegada del reino de los cielos, se hace objetivamente real de una forma revolucionaria. La necesidad del nuevo nacimiento para entrar en el reino de los cielos (*cf.* Jn 3:1-7) hace posible y real la transformación de sus discípulos a su imagen (Mt 10:24-25; Ro 8:29; 1Co 3:18). Como ser humano completo, Jesús es la perfección de la imagen de Dios en el hombre y, como Hijo de Dios, la imagen perfecta del Dios invisible (Col 1:15-20), por tanto, es el ejemplo decisivo para sus discípulos cuando estos escuchan el mandamiento "sean perfectos, así como su Padre celestial es perfecto". Esta declaración implica una meta ideal realista que los discípulos de Jesús deben seguir con tranquila insatisfacción en esta vida hasta la consumación de su perfección en la eternidad.

Construyendo Puentes

La llegada del reino de los cielos con la vida y ministerio de Jesús va acompañada de un extraordinario poder y de un revolucionario cambio de vida; no se trata del poder de un ejército irresistible o de la revolución de una insurrección armada, sino de la capacidad para cumplir la ley y los profetas con una revolucionaria transformación que trasciende la justicia de los escribas y fariseos. Con seis breves antítesis, Jesús se eleva por encima de cualquiera de los líderes religiosos de Israel, pasado o presente, y declara la esencia de la voluntad de Dios para toda la humanidad.[29] La inauguración de la vida del reino no solo capacita a los seguidores de Jesús para obedecer los elementos externos de los mandamientos de Dios, sino que los lleva al núcleo del propósito y motivos del Antiguo Testamento para que puedan obedecer la voluntad de Dios de todo corazón.[30]

Una radicalización del Antiguo Testamento en los discípulos de Jesús. En su propósito de consignar las palabras de Jesús para que sus discípulos tengan directrices para su constante y creciente obediencia a la voluntad de Dios,[31] Mateo ha condensado la esencia del discipulado en los cinco discursos. El Sermón

28. P. ej., 1Co 14:20; Ef 4:13; Heb 5:14; 6:1. Este es el significado que adopta William Hendriksen, *Exposition of the Gospel According to Matthew* (NTC; Grand Rapids: Baker, 1973), 317-19.
29. Ver Keener, *A Commentary on the Gospel of Matthew*, 181-82, para una exposición sobre el método pedagógico de Jesús en relación con los paralelos dentro del judaísmo.
30. Kingsbury, *Matthew As Story*, 66.
31. Ver introducción y comentarios sobre 28:20.

del Monte es la clave para entender cómo transformará la vida del reino a los discípulos de Jesús. Si hay alguna verdad en nuestra anterior sugerencia de que las Bienaventuranzas representan una especie de "preámbulo" al SM, que actúa como una "constitución" del reino de los cielos, las declaraciones de Jesús sobre el Antiguo Testamento y la justicia del reino de los cielos en 5:17-48 podrían verse entonces como la Carta de Derechos para los discípulos de Jesús.

La Carta de Derechos de la Constitución de Estados Unidos se adoptó como una manera de asegurar que el nuevo gobierno no impidiera el propósito de los padres fundadores de garantizar la libertad y la justicia a los ciudadanos individuales.[32] De manera similar, con sus declaraciones, Jesús reconforta a sus oyentes y censura con severidad a sus oponentes, que piensan quizá que el anuncio de la llegada del reino de los cielos abolirá la Ley y los Profetas. Más que abolir el Antiguo Testamento, Jesús lo radicaliza en la vida de sus discípulos a medida que su progresiva transformación cumple su intención, motivos y propósito. Las antítesis ofrecen ejemplos cruciales de cómo la ley y los profetas se cumplen en los discípulos de Jesús y ofrecen las directrices clave para sus seguidores de todos los tiempos.

Aunque Jesús impartió probablemente muchas interpretaciones autorizadas que confrontaban la incorrecta comprensión y aplicación del Antiguo Testamento, Mateo solo consigna estas seis antítesis. Un breve resumen de cada uno de estos contrastes ilustra la dirección que Jesús da al discipulado en el reino de los cielos.

- Siendo transformados, los verdaderos discípulos no solo evitan el asesinato, sino también la ira o la difamación para no despojar de su personalidad e identidad a otras personas (5:21-23), siendo además agentes de reconciliación cuando las ofensas enrarecen sus relaciones personales (5:23-26).
- Los verdaderos discípulos no solo rechazan los actos físicos de adulterio, sino que están tan comprometidos con el propósito de Dios para el matrimonio que solo tienen ojos y manos para sus cónyuges (5:27-28) y disciplinan cada pensamiento y acción para vivir plenamente dedicados a ellos (5:29-30).
- Los verdaderos discípulos no solo respetan la pureza de la relación matrimonial, sino que sostienen los valores de Dios acerca de su diseño original del matrimonio y están incondicionalmente comprometidos con su permanencia y santidad (5:31-32).
- Los verdaderos discípulos no tienen que pronunciar juramentos para confirmar la veracidad de sus afirmaciones, puesto que sus fieles vidas confirman repetidamente la fiabilidad de sus palabras (5:33-37).

---

32. Ver la web de National Archives and Records Administration: http://www.nara.gov/exhall/charters/billrights/billmain.html.

- Los verdaderos discípulos están tan seguros de su transformada identidad del reino que, cuando son agraviados, no se limitan a adherirse a la retribución legal, sino que utilizan cada oportunidad para servir a los demás, tanto buenos como malos, para atraerlos al reino de los cielos mediante la realidad de la gracia de Dios en sus vidas (5:38-42).
- Los verdaderos discípulos no solo aman lo que ama Dios y detestan lo que él detesta, sino que tienen el renovado corazón de Dios que les permite amar al mundo de los pecadores por quienes Jesús dará, finalmente, su vida (5:43-48).
- Como colofón, los verdaderos discípulos han experimentado intensamente la presencia transformadora del reino de los cielos, de tal manera que su progresivo desarrollo según la imagen de Jesús, el Hijo de Dios, asegura su crecimiento en la perfección de Dios Padre (5:48).

Actitudes del corazón y acciones externas. La realidad de la vida del reino afecta tanto a las actitudes internas del corazón como a las acciones externas, porque ambas se relacionan sistémicamente entre sí. Jesús no da más prioridad a un aspecto que al otro, puesto que el discipulado integral requiere que prestemos atención tanto a lo interno como a lo externo. No obstante, las actitudes del corazón son el adecuado fundamento y fuente de las acciones externas. El corazón debidamente arraigado en Jesús y edificado sobre él producirá buen fruto y resistirá las tormentas de la vida (7:20, 25). Por ello, nuestra vida como discípulos de Jesús requiere frecuente atención a las actitudes del corazón (*cf.* 5:3-10), lo cual se expresará de manera natural en un testimonio al mundo (5:13-16) y producirá una vida de justicia que cumple la voluntad de Dios para nuestra existencia (5:20-48). Esto no anula la necesidad de ser intencionados en nuestras acciones, porque hacer las cosas por un sentido del deber (5:24a) e incluso pensando en la recompensa (6:18) puede ser una parte de redefinir nuestros motivos interiores y hacer que nuestra obediencia externa sea más consistente.

Las virtudes de las Bienaventuranzas son un elemento interno fundamental para el verdadero discipulado, que nos capacita para arrepentirnos y oír la invitación de Jesús de entrar al reino de los cielos. Pero son también fundamentales para la transformación de corazón y vida que se muestra en las antítesis. Personalmente no creo que Mateo establezca un intencionado paralelismo entre las ocho Bienaventuranzas y las seis antítesis, pero existe una asombrosa conexión de acentos entre ellas. Las virtudes de las Bienaventuranzas aportan la fuerza para obedecer las antítesis.

- Los pobres en espíritu (5:3) no tienen una idea más elevada de sí mismos de la que deben tener (*cf.* Ro 12:3) y por eso no se indignan de manera impropia ni denigran a otras personas (5:21-26).

- Los que lloran (5:4) por la pecaminosidad de este mundo tendrán una perspectiva eterna de las relaciones personales que les impedirá desear a otra persona aparte de su cónyuge (5:27-30).
- Los humildes (5:5) no imponen su voluntad a los demás, de modo que entenderán los propósitos de Dios para el matrimonio y no querrán divorciarse de su cónyuge (5:31-32).
- Los que tienen hambre y sed de justicia (5:6) no tendrán que recurrir a un juramento que responda por su honestidad, sino que dirán siempre la verdad (5:33-37).
- Los compasivos (5:7) no se vengarán, porque, habiendo sido objeto de misericordia, serán también misericordiosos con otras personas (5:38-42).
- Los puros de corazón (5:8) amarán a amigos y enemigos, todo el mundo por el que Jesús dio su vida (5:43-47).
- Los que trabajan por la paz (5:9) son hijos de Dios, su Padre celestial, cuando aman a quienes los persiguen (5:44-45).
- Quienes son perseguidos por causa de la justicia (5:10) han entrado en el reino de los cielos mediante el divino don de la justicia y han recibido la promesa, la meta y la capacitación del constante crecimiento en la justa perfección del Padre (5:48).

Nuestra obediencia a la enseñanza de Jesús debería fluir de un corazón rebosante y correctamente orientado hacia Dios. No debemos conformarnos con una mera observancia de la letra de la ley, que nos conducirá al mismo error de los escribas y fariseos, sino buscar el propósito y motivos de la ley. Las antítesis son ejemplos tangibles y reales de la obediencia que se espera de todos los discípulos; una obediencia que deviene cualitativamente más justa puesto que sus motivaciones son correctas. Jesús no vino a abolir el propósito de Dios expresado en la ley, sino a llevarnos de vuelta a él, un propósito que se expresa plenamente en su reafirmación del imperativo veterotestamentario: "Ama al Señor tu Dios con todo tu corazón, con todo tu ser y con toda tu mente [...] y [...] a tu prójimo como a ti mismo" (22:37).

Significado Contemporáneo

De las docenas de libros que hay en mi biblioteca dedicados al estudio del Sermón del Monte, uno de ellos tiene un título de lo más intrigante: *Did Jesus Use a Modem at the Sermon on the Mount?* [¿Usó Jesús un módem en el Sermón del Monte?].

He de confesar que lo compré por internet, sin verlo, porque el título me llamó la atención. Cuando lo recibí, descubrí que no se trata realmente de un estudio del SM, sino de una recopilación de lecturas devocionales. El autor, Ellis Bush, es docente informático de plena dedicación y, en un principio, escribió el libro como una serie de "devocionales por internet" para su clase de escuela dominical, sirviéndose de una inteligente analogía informática para ilustrar principios cristianos para la vida laboral y familiar. Bush presenta un llamativo poema para comenzar el libro:

> ¿Usó Jesús un módem
> en el Sermón del Monte?
> ¿Se sirvió acaso de un fax,
> Para mandar su mensaje?
> ¿Llevaban busca los discípulos,
> Cuando salieron a predicar?
> ¿Usó Jesús un módem
> En el Sermón del Monte?[33]

¡¿Usó Jesús un módem?! ¡Vaya! ¡Qué lejos están las actividades y tecnología de nuestro mundo de lo que sucedía en el tiempo de Jesús! Vivimos vidas muy distintas a las del siglo I, con comunicaciones digitales instantáneas, constantes viajes internacionales y una comunidad mundial en continua expansión. Puede que alguien piense que nuestra sofisticada tecnología hace totalmente irrelevante la enseñanza de Jesús. ¿Pero hasta qué punto están presentes el asesinato, el adulterio, el divorcio, el engaño, la venganza y el odio en nuestro mundo? Cada vez que veo las noticias o leo el periódico, estas cuestiones están presentes. De manera que, aunque tecnológicamente estemos muy lejos de aquellas audiencias del siglo I, espiritualmente estamos igual de necesitados.

Estoy atónito por la brillantez de la enseñanza de Jesús que trasciende todos estos siglos, porque sus soluciones a los problemas de la humanidad, en todas las épocas, lugares y culturas son inmediatamente relevantes. Jesús no produjo prácticas religiosas provincianas que quedaron inoperantes en otros lugares o tras el paso de unas generaciones, sino que abordó los dilemas humanos universales y ofreció respuestas intemporales y supraculturales. El discipulado que presenta en estas antítesis y a lo largo del SM —en toda su enseñanza, de hecho— es el mismo que el de nuestro tiempo. Se han escrito libros enteros sobre cada una de estas antítesis, otra indicación de su permanente importancia, pero algunos comentarios generales indicarán su relevancia para nuestro discipulado en desarrollo.

Tratar a las personas con dignidad (5:21-26). La sorprendente característica de la primera antítesis es su acento en la dignidad del ser humano creado a imagen de Dios. No solo no podemos matar a un ser humano, sino que no debemos hacer nada que degrade su dignidad. En uno de sus sermones más profundos, C. S. Lewis aludió a esto como el "peso de la gloria", llamándonos a modelar nuestras vidas de modo que promovamos la gloria de nuestro prójimo. La carga, o el peso, o el lastre de la gloria de mi prójimo debería descansar sobre mi

33. Ellis Bush Jr., *Did Jesus Use a Modem at the Sermon on the Mount? Inspirational Thoughts for the Information Age* (Mukilteo, Wa.: Winepress, 1997), 7.

espalda, una carga tan pesada que solamente podría soportarla la humildad, y las espaldas de los orgullosos se romperían.[34]

Otra importante característica de la primera antítesis es nuestra responsabilidad de ser ministros de reconciliación para que las relaciones humanas reflejen la gloria de Dios. La ilustración de Jesús en el sentido de apresurarse para llevar a cabo la reconciliación aunque el discípulo esté a punto de ofrecer un sacrificio acentúa la urgencia de mantener relaciones personales saludables. Cualquier actividad religiosa que procure apaciguar nuestra relación con Dios carece de sentido si no se basa en la pureza de nuestras relaciones humanas. No debemos proceder a la adoración con el conocimiento de que hemos tratado mal a alguien.

Como ministros de reconciliación, sin embargo, hay límites a lo que podemos conseguir. No podemos forzar a que otra persona nos perdone. A veces lleva su tiempo que alguien confíe o vuelva a confiar en nosotros cuando le hemos hecho daño. Aunque tenemos la obligación de buscar la reconciliación, puede que esta no pueda producirse cuando nosotros lo deseamos. Esta es la razón por la que hemos de tener mucho cuidado con nuestras palabras y acciones. Una vez pronunciadas, las palabras no pueden borrarse, y las heridas infligidas dejan a menudo cicatrices permanentes.

Los dichos de Jesús demandan que pensemos con cuidado en lo que *no* dice. Es posible airarse y no pecar (Ef 4:26). Por toda la Escritura vemos evidencias de justa indignación contra el pecado, a la que se llama ira. Jesús nos da una prueba de ella en la purificación del templo (21:12-17), y, en sus parábolas, Dios expresa indignación e ira (18:34; 22:7). En sus invectivas contra los dirigentes religiosos, durante su última y funesta semana en Jerusalén, Jesús alude a los fariseos y maestros de la ley como "ciegos insensatos" (23:17), utilizando un término relacionado con el que él mismo prohíbe en 5:22. Pero, en este caso, Jesús no está pronunciando insultos frívolamente. Estos eran realmente insensatos, por cuanto estaban permitiendo ciegamente que sus prácticas religiosas distorsionaran sus vidas con Dios.

La enseñanza de Jesús se usa a veces como argumento en contra de la pena capital. Pero Jesús defiende la prohibición veterotestamentaria del asesinato, no matar en sí, y está hablando de actividad personal, no de responsabilidad gubernamental. En Éxodo 21 se autoriza la aplicación de la pena de muerte tras un proceso judicial y como castigo de delitos graves, y este es el sentido más probable de las declaraciones de Pablo en Romanos 13:1-5. Según estos pasajes hay cuatro áreas en las que a veces la muerte de un ser humano por otro está justificada: la pena capital, el mantenimiento de la ley y el orden, la legítima defensa y la guerra justa. Hablaremos más a fondo de esto cuando tratemos la quinta antítesis.

34. C. S. Lewis, *El peso de la gloria* (Nashville: HarperCollins Español, 2016), 45.

Pureza en el matrimonio (5:27-30). La segunda antítesis equilibra el rigor del séptimo mandamiento del Decálogo, "No cometas adulterio" (Éx 20:14), con el radicalismo del décimo, "No codicies la casa de tu prójimo: No codicies su esposa" (20:17). Una cosa es que un hombre nunca haya cometido adulterio, pero otra es que nunca haya violado el vínculo matrimonial flirteando con otra mujer o mirando pornografía. El apóstol Pablo entendía bien la diferencia, porque él mismo se consideró justo hasta que entendió plenamente la trascendencia del mandamiento de no codiciar. Con esta comprensión, Pablo vio la profundidad de su pecaminosidad (Ro 7:7-13). La llegada del reino de los cielos con el ministerio de Jesús capacita a sus discípulos para vivir la clase de matrimonio que Dios diseñó en un principio. Siguiendo el punto principal de la primera antítesis, cuando me entrego a mi esposa total y exclusivamente, le confiero la dignidad que merece como mujer que ha sido creada a imagen de Dios. Cualquier otra cosa la degrada.

No es ninguna coincidencia que, en los listados de requisitos para los dirigentes de la iglesia, Pablo subraye la salud matrimonial de los dirigentes, a fin de que estos puedan ser ejemplos para la iglesia de la profundidad del compromiso manifestado en sus vidas (1Ti 3:2, 12; Tit 1:6). Puede que el testimonio más poderoso de la presencia del reino de los cielos sea el incondicional compromiso de los dirigentes con sus cónyuges, lo cual significa el mantenimiento de una absoluta pureza en todas sus relaciones personales.

Recuerdo perfectamente la primera vez que vi a un pastor violar este elevado llamamiento. Hacía solo un par de años que era cristiano y recién me había casado. El pastor encargado de la música y una mujer del grupo musical comenzaron a flirtear. Aunque algunas personas parecían minimizar el asunto, a mí me removía el estómago. Por un lado, era ofensivo para sus cónyuges y, por otro, rebajaba las normas de del ministerio de aquella iglesia. Finalmente acabaron dcjando sus matrimonios y abandonando la fc. Todo comcnzó como "un inofcnsivo flirteo", pero acabó afectando destructivamente muchas vidas. Jesús nos llama a ser severamente honestos con nosotros mismos y a consagrarnos a nuestros cónyuges con la misma determinación que nos hemos comprometido con él.

Fidelidad en el matrimonio (5:31-32). Respetar la pureza del matrimonio también permite que los discípulos de Jesús entiendan el diseño original de Dios para el matrimonio y estar incondicionalmente comprometidos a su permanencia y santidad. El objetivo de la tercera antítesis es que consideremos el pacto matrimonial como algo tan sagrado que no sea quebrantado excepto cuando las condiciones más extremas hagan imposible permanecer en él. Dios ha diseñado un patrón para la continua salud de la raza humana. Cuando un hombre y una mujer inician una relación matrimonial, se comprometen el uno con el otro en una unidad indivisible. Ser infieles a esta relación es serlo a Dios, quien les ha unido. Mantenerse firmemente comprometidos con esta relación —en acción, palabras, pensamientos, emociones y prioridades— es experimentar la plenitud de la relación que Dios ha diseñado para que vivan los seres humanos y para el mantenimiento de la vida en este mundo.

Recomiendo que los pastores dediquen un tiempo con cada pareja antes de la boda a analizar lo que significa comprometerse con el otro "en la prosperidad y la adversidad, en la riqueza y la pobreza, en la enfermedad y la salud, amar, cuidar y respetar al otro hasta que la muerte los separe". Estas palabras pueden pronunciarse con mucha facilidad, pero, en una cultura como la nuestra, en la que aproximadamente la mitad de los matrimonios acaban en divorcio, las parejas deben entender a qué se están comprometiendo y con qué recursos cuentan para poder mantenerse fieles a su pacto. Por otra parte, las parejas deben ir al matrimonio sin pensar en el divorcio como opción. Sí, cierto, Jesús lo concedió como una excepción cuando la pecaminosidad ha destruido ya el vínculo matrimonial, pero una excepción no es lo mismo que una opción fácil cuando la situación se pone difícil.

También deberíamos tener cuidado de no leer en la declaración de Jesús algo que él no quiso decir o implicar. Él no declaró que la excepción de la *porneia* demandara el divorcio. La reconciliación y el perdón son siempre la meta de cualquier ruptura que se produzca en la comunidad de la fe (*cf.* 18:15-35), también en la biológica. Si todos los intentos para la reconciliación fracasan, el divorcio es posible; pero no es el primer paso ni algo preceptivo. Jesús tampoco dijo que, en el caso de un divorcio legítimo, no pudiera producirse un nuevo matrimonio válido. Por otra parte, no declaró que un divorcio ilícito o incluso un nuevo matrimonio ilícito sean pecados imperdonables. Aunque tomar otro camino del que Jesús nos ofrece siempre tiene consecuencias, hemos de tener cuidado de no crear cargas opresivas que cancelen la gracia y restauración de Dios.[35] Hablaremos de este asunto de un modo más completo en el capítulo 19.

Cumplir nuestra palabra (5:33-37). En la cuarta antítesis, Jesús subraya que sus discípulos no tienen que pronunciar juramentos como confirmación adicional de su veracidad, puesto que sus vidas fieles confirman constantemente la fiabilidad de lo que dicen. Una vez más, esto es una prueba del corazón. Lo que hablamos con nuestros labios procede de nuestro ser interior. Un corazón digno de confianza pronunciará palabras fiables. Las personas que tienen un corazón honesto hablarán honestamente. Si añadimos a nuestro "sí" o "no" algo como: "sí, ¡te lo juro!" ¿Significa acaso que sin esta última cláusula lo que decimos no es tan veraz? Un simple "sí" ha de ser siempre tan vinculante como cualquier juramento.

La veracidad es una de las necesidades esenciales en nuestras actividades diarias de la vida (Éx 23:1-3; Lv 19:16). Cuando nos movemos en un contexto de

35. Para una útil visión de conjunto, ver David Instone-Brewer, *Divorce and Remarriage in the 1st and 21st Century* (Grove Biblical Series 19; Cambridge: Grove, 2001), y su tratamiento más extenso, *Divorce and Remarriage in the Bible: The Social and Literary Context* (Grand Rapids: Eerdmans, 2002).

honestidad, somos liberados para confiar libremente en los demás. Cuando la palabra o el apretón de manos de una persona sobre un determinado asunto no inspiran confianza, hemos de introducir toda clase de salvaguardas legales que complican la vida diaria. Llevando esto un paso más allá, hemos de introducir otras salvaguardas a nuestras vidas de cada día para protegernos de personas maliciosas que mediante falsos testimonios quieren dañar nuestra reputación, destruir nuestro carácter, o engañarnos para apropiarse de lo que es legítimamente nuestro.

Pero Jesús no está diciendo que todos los juramentos estén mal. Él mismo dio testimonio bajo juramento en su juicio ante el Sanedrín (26:63-64). En una corte de justicia, las personas actúan bajo la jurisdicción de autoridades gubernamentales que intentan establecer ciertas normas humanas. Acceder a un juramento es acatar tales normas y, por extensión, someterse a Dios (Ro 13:1-7; *cf.* Heb 6:16-18). Por ejemplo, en los primeros días del sistema judicial estadounidense, cuando las personas pronunciaban un juramento delante de un tribunal como "que Dios me castigue si miento" ofrecía una pauta de juicio. Si una persona mentía estando bajo este juramento delante de Dios, era susceptible del juicio divino.

También Pablo pronunció una especie de juramento cuando invocó a Dios como testigo para convencer a sus lectores de que lo que estaba diciendo era verdad (2Co 1:18; Gá 1:20). Sus lectores no le conocían lo suficiente como para tener una confianza justificada en sus declaraciones. En nuestro mundo, la mentira es algo tan común que no sabemos en quién podemos confiar. Cuando una persona no nos conoce bien, no tiene ninguna razón para confiar en nosotros. Si invocamos a Dios por testigo, estamos diciendo que somos realmente cristianos. Si mentimos, es una demostración de que no conocemos a Dios.

Sirviéndonos firmemente unos a otros (5:38-42). La quinta antítesis es una de las más conocidas, aunque también, a menudo, la más tergiversada. "Volver la otra mejilla" se ha convertido en un dicho proverbial que algunos han utilizado para promocionar el pacifismo; otros, para categorizar a los cristianos como personas sin carácter; y un tercer grupo, para excusar su cobardía. Hemos de subrayar una vez más que Jesús no está refutando la ley de retribución veterotestamentaria. El tema de la justicia aparece tanto en la enseñanza de Jesús como en el Antiguo Testamento. El potencial destructivo del pecado en la vida de las personas requiere un freno; este debe ser castigado. Jesús no niega en modo alguno la justicia; cuando se dirige a la cruz, lo hace para efectuar el pago decisivo por el castigo del pecado.

Lo que Jesús rebate en la quinta antítesis es que la ley de la retribución se utilizara para justificar la venganza *personal*. Creo que aquí Jesús pone el dedo en la llaga. Personalmente, he sido una persona muy combativa la mayor parte de mi vida. Y, aunque me he ablandado bastante, sigo queriendo devolver el golpe a quienes me hacen daño. Siento el impulso de perseguir al que descaradamente se pasa un semáforo en rojo, detener al kamikaze que baja como un loco por la pista con su *snowboard*, sin pensar en la seguridad de las personas mayores que están esquiando. Y no creo que esté totalmente equivocado por ello. Es correcto querer que la justicia prevalezca. Pero me equivoco cuando dejo que mi ego tome cartas en el asunto, cuando actúo para demostrar que soy fuerte, que soy superior a la otra persona, que soy el todopoderoso poli de Dios. En gran parte, esto se debe a mi inseguridad. Todavía estoy intentando demostrar algo.

Puede que alguna vez Dios me utilice para hacer justicia, pero normalmente esto está en manos de las autoridades: las patrullas de policía que controlan el tráfico o la vigilancia de la estación de esquí. Lo que me toca a mí es servir a los demás para que vean en mí otra forma de vivir. Esto es esencialmente lo que Jesús quiere decir. Como discípulos de Jesús, deberíamos sentirnos tan seguros de nuestra identidad transformada como ciudadanos del reino que, cuando somos agraviados, no nos limitamos simplemente a reivindicar la retribución legal, sino que utilizamos cada oportunidad para servir a los demás, sean buenos o malos, para que la realidad de la gracia de Dios en nuestra vida los atraiga al reino de los cielos.

Esto está directamente en línea con la enseñanza de Pablo. Por una parte, les dice a los creyentes de la iglesia de Roma que no devuelvan mal por mal, que estén en paz con todas las personas, y que no se venguen de quienes los agravian (Ro 12:17-19). Lo que les está diciendo es que no promuevan la *venganza personal*. ¿Por qué? Porque, por otra parte, el apóstol subraya que Dios es el que retribuye (12:19-20), y él ha establecido a las autoridades gubernamentales para la tarea de juzgar a los malhechores (13:1-7). La responsabilidad de los cristianos es hacer bien a nuestros enemigos (12:20-21).

Esto no excluye, sin embargo, que los cristianos puedan servir en la policía o en las fuerzas armadas. Pero han de mantener su identidad personal firmemente arraigada en Cristo mientras sirven como herramientas de la justicia de Dios. Este puede ser un equilibrio difícil de mantener, porque requiere que los agentes cristianos hagan juicios de valor sobre lo que está bien o mal desde la perspectiva de Dios, no necesariamente de las leyes civiles, como sí habría que hacer en un país comunista. Requiere que los soldados cristianos hagan juicios sobre lo que es o no una guerra justa.[36] Los apóstoles estaban dispuestos a desobedecer a las autoridades judías cuando les ordenaron que dejaran de predicar el evangelio, porque, como dijo Pedro, “Es necesario obedecer a Dios antes que a los hombres” (Hch 5:29).

Tengo ciertas dudas sobre mencionar o no el punto siguiente, porque es fácil racionalizar la venganza personal, pero quizá sea conveniente equilibrar la

36. Se ha considerado que una guerra justa tiene siete distintivos: (1) causa justa; (2) intención justa; (3) último recurso; (4) declaración formal; (5) objetivos limitados; (6) medios proporcionales; (7) inmunidad para los no combatientes; ver Arthur F. Holmes, “The Just War”, en *War: Four Christian Views,* ed. Robert G. Clouse (Downers Grove, Ill.: InterVarsity Press, 1981), 120-21.

quinta antítesis con otros principios bíblicos. Por ejemplo, Pablo evitó ser flagelado apelando a sus derechos como ciudadano romano (Hch 22:22-29; 25:11-12). Esto indica que hay situaciones en las que hemos de evitar que nos atropellen y abusen de nosotros, a no ser que sea la voluntad de Dios para nosotros en aquella ocasión. En otro ejemplo, Pablo declara esta regla a la iglesia: "El que no quiera trabajar, que tampoco coma" (2Ts 3:10). Había personas en la iglesia que eran entrometidas y esperaban que la iglesia proveyera para sus necesidades. Sin embargo, Pablo espera que busquen trabajo y se ganen la vida. Dar o prestar a tales personas sería contraproducente.

La quinta antítesis subraya que los discípulos de Jesús han de tener una clara disposición a servir. Esto significa que no hemos de pensar primero en nuestro perjuicio, sino en el beneficio del otro. Hemos de darle a la persona lo que necesita para su bien. Nuestro ejemplo esencial es el propio Jesús:

> Cuando proferían insultos contra él, no replicaba con insultos; cuando padecía, no amenazaba, sino que se entregaba a aquel que juzga con justicia. Él mismo, en su cuerpo, llevó al madero nuestros pecados, para que muramos al pecado y vivamos para la justicia. Por sus heridas ustedes han sido sanados. (1P 2:23-24)

Amando como ama Dios (5:43-47). La sexta antítesis continúa el pensamiento de la quinta, pero se centra en la vigorosa energía que hace posible que los discípulos de Jesús puedan dar. Hemos de amar como ama Dios. Del mismo modo que la palabra "amor" se usa hoy para expresar toda una serie de sentidos, que van desde el enamoramiento a la fraternidad y de la buena voluntad a las relaciones sexuales, en el mundo antiguo, las palabras para amor expresan una serie de actitudes, emociones y conductas. Los autores del Nuevo Testamento tomaron estos mismos términos, en especial el verbo *agapao* y el sustantivo *agape* y les dieron un nuevo sentido acorde con la enseñanza y ejemplo de Jesús.

Esta radical reorientación se ve en dos versículos que, probablemente, los cristianos conocemos tan bien que pierden su impacto y significado. El primero es Juan 3:16: "Porque tanto amó Dios al mundo, que dio a su Hijo unigénito, para que todo el que cree en él no se pierda, sino que tenga vida eterna". La clave para entender esta clase de amor es el término "dio". Dios Padre dio al Hijo y este dio libremente su vida para que podamos vivir. Cuando Jesús estaba a punto de ir a la cruz, el apóstol Juan nos dice: "... habiendo amado a los suyos que estaban en el mundo, los amó hasta el fin [les mostró la plena extensión de su amor, NIV]" (13:1). Esta "plena extensión de su amor" significa dar su vida por nosotros en la cruz. Esta es la profunda naturaleza del amor de Jesús hacia nosotros, y se convierte en el ejemplo del sacrificado amor que podemos tener por los demás, incluidos nuestros enemigos.

El otro versículo procede de Romanos 5:8: "Pero Dios demuestra su amor por nosotros en esto: en que cuando todavía éramos pecadores, Cristo murió por nosotros". El impacto de estas palabras se siente aun con mayor profundidad cuando Pablo sigue diciendo, "Porque si, cuando éramos enemigos de Dios, fuimos reconciliados con él mediante la muerte de su Hijo, ¡con cuánta más razón, habiendo sido reconciliados, seremos salvados por su vida!" (5:10). Esta clase de amor es una fuerza motivadora que imparte apego emocional y sentimientos personales, pero va más allá de estas cosas y nos lleva a darnos por el beneficio de los demás. Amar a nuestros enemigos no significa que hemos de tolerar su conducta, pero sí que estamos tan comprometidos en sus vidas que Dios nos utiliza para reconciliarlos con él y ponerlos en sintonía con la voluntad de Dios para sus vidas. Hemos de amar como ama Dios.

Hay dos importantes claves de la razón por la que hemos de amar como Dios ama. (1) Tenemos un nuevo corazón que ama. Por medio del nuevo nacimiento, se ha producido un cambio en el corazón espiritual del creyente por el amor de Dios para nosotros (*cf.* Hch 15:9; también Ez 36:26). Este nuevo corazón nos impulsa a amar con el amor de Dios. Nosotros amamos, no porque seamos así, sino porque Dios nos amó primero e hizo un cambio en nuestro corazón, que nos *impulsa* a amar (*cf.* 1Jn 4:12-21).

(2) Puesto que Dios nos imparte su amor de manera incesante, nuestro nuevo corazón puede esparcirlo constantemente. Es el amor de Dios el que nos ha impartido la vida y el que nos garantiza que podremos amar a otras personas, incluso a nuestros enemigos. Puesto que Dios es amor e infinito, él tiene un infinito suministro de amor. Cuando abrimos nuestros corazones a él, su amor se derrama en nuestros corazones y después fluye a quienes nos rodean.

¿Pero qué significa realmente amar a alguien? Mi definición personal de amor es: *un compromiso incondicional con una persona imperfecta por el que me obligo a llevar esta relación al propósito de Dios.* Sea cual sea el propósito de Dios para las distintas relaciones personales que mantengo, he de entregarme a ellas de manera incondicional. El compromiso de amor que tengo con mi esposa es distinto que el que tengo con mis hijos, estudiantes o vecinos. El aspecto de mi amor será distinto cuando me entrego a personas que no me gustan o a quienes no les gusto. Pero la pregunta que me hago en cada una de estas situaciones es: "¿Qué quiere Dios para esta relación y cuál es la mejor forma de conseguirlo?". Con esta clase de dirección podremos entregarnos de manera sabia y madura, incluso a nuestros enemigos.

En nuestros días hay fuerzas peligrosas y taimadas en acción, que van desde las milicias patriotas de la ultraderecha y los supremacistas étnicos hasta los activistas homosexuales extremistas de la izquierda y los anarquistas. Tras los ataques terroristas del 11 de septiembre de 2001 en Nueva York y Washington, todos entendemos mucho más claramente la realidad de personas que nos declaran sus enemigos, aunque ni siquiera las conocemos. Hay fuerzas en este mundo que son abiertamente opuestas a la verdad bíblica y que pretenden destruir a la iglesia de Cristo y sus valores. Sin embargo, ¿las amamos? No a distancia. No en teoría. ¿Intentamos llegar a sus corazones y ganarlas para Jesús, aun cuando ellas rechazan nuestro amor? No siempre puedo responder afirmativamente. Pero debo hacerlo, porque su destino eterno está en juego. Este es el extraordinario amor que demostró Jesús, incluso en la cruz, cuando dijo: "Padre [...] perdónalos, porque no saben lo que hacen" (Lc 23:34).

¿Amamos como amaba Jesús? Posiblemente no tanto como pensamos, puesto que amar con esta clase de amor significará nuestra plena obediencia a la voluntad de Dios para nuestra vida, la permanente transformación de nuestra vida personal, colectiva y familiar y nuestra dedicada evangelización al mundo que nos rodea. En última instancia, esto es lo que significa amar verdaderamente a Dios con todo nuestro corazón, alma, mente y fuerza, y a nuestro prójimo como a nosotros mismos.[37]

Sean perfectos (5:48). Jesús concluye estas antítesis con su trascendental llamamiento: "Por tanto, sean perfectos, así como su Padre celestial es perfecto" (5:48). En su sencillez, esta podría ser una de las afirmaciones más puras sobre la formación espiritual de toda la Escritura. Pero ante su magnitud podemos sentirnos incómodos, porque estas palabras pueden implicar que somos capaces de alcanzar un estado de perfección en esta vida.[38] Otros, rechazando esta posibilidad, pueden sentirse igualmente incómodos ante una meta inalcanzable en esta vida que puede parecerles una vana ilusión. O podemos sentirnos incómodos con la implicación de que existen puntos mensurables de progreso hacia una meta, por el cáncer de la comparación que puede producirse en quienes participan de este proceso. O es quizá el propio concepto de "semejanza con Cristo" el que nos hace sentir incómodos. ¿Es esta realmente una meta alcanzable?

Pero todo este malestar puede disiparse considerando la importante distinción teológica que existe entre perfección posicional y posición experimental. Aunque esta distinción espera al desarrollo teológico de Pablo, la perfección posicional es "la justicia imputada" de Cristo, la base de la justificación del cristiano desde una óptica legal o forense. La justicia experimental es "la justicia impartida" de Cristo que experimenta el cristiano en el proceso de la santificación y mediante la obra del Espíritu. En 5:48, Jesús tiene en mente este último aspecto, pero presupone y construye sobre el primero. Esto implica un proceso imperfecto que se extiende a lo largo de esta vida y lo acepta como meta que solo se cumplirá plenamente en el futuro.[39]

---

37. Para un tratamiento popular, ver Michael J. Wilkins, "What Jesus Loved", *Moody Magazine* 100.3 (enero-febrero 2000): 25-27.
38. Tasker (*Matthew*, 70) se siente incómodo con respecto a utilizar el término "perfectos" para traducir Mateo 5:48, y la llama una "equívoca traducción de *teleios*, en gran medida responsable de la errónea doctrina del 'perfeccionismo'".
39. Guthrie, *New Testament Theology*, 663: "La búsqueda del ideal no se entenderá nunca a no ser que se reconozca un cierto elemento de imposibilidad en las demandas de

En lugar de sentirnos incómodos ante el magnificente llamamiento de Jesús, podemos practicar un equilibrio de lo que personalmente llamo "sosegada insatisfacción". Descanso contento con lo que Cristo ha hecho en mi vida y con el crecimiento que ha habido en ella, aunque al mismo tiempo compenso este contentamiento con un deseo de avanzar. En cualquier momento de mi vida quiero estar satisfecho con lo que Dios ha estado haciendo, y, sin embargo, quiero mantener una medida de insatisfacción que me lleva a seguir adelante, hacia la madurez completa. Acepto mi imperfección, pero tengo el valor de seguir adelante, esforzándome hacia la perfección. Descanso en el indicativo de lo que Dios ha llevado a cabo en la obra redentora y regeneradora de Cristo (Tit 3:4-7), descanso en la certeza de que, en este mismo momento, la transformación se está llevando a cabo (2Co 3:18), y descanso también en la promesa de que finalmente seremos iguales a él (1Jn 3:2). Pero me siento insatisfecho cuando veo inmadurez o impureza en mi corazón, mente y vida; me siento insatisfecho con el estado de este mundo aparte de Cristo; me siento insatisfecho amando menos de lo que ama Jesús.

Si ponemos solo la vista en nuestra perfección posicional, podemos desarrollar una actitud de complacencia con respecto a nuestro crecimiento presente. Si miramos únicamente nuestra imperfección experimental, podemos angustiarnos por nuestro estado presente. Hemos de descansar en la perfección posicional que Cristo ha llevado a cabo por medio de la cruz, aunque manteniéndonos relativamente insatisfechos con nuestra experiencia en esta vida y esforzándonos hacia un mayor crecimiento en Cristo. Es posible vivir con expectativas poco realistas de nuestras verdaderas posibilidades y de lo que Dios quiere de nosotros. Podemos establecer un sistema de logros y esperar un cierto nivel de conducta antes de creer que Dios nos ama o acepta. O podemos caer en la trampa de compararnos, de forma poco realista, con lo que han conseguido otras personas, perdiendo así de vista nuestra singularidad. "Sosegada insatisfacción" significa que, cuando nos hemos esforzado al máximo en nuestra vida como discípulos de Jesús, podemos encontrar contentamiento en nuestro crecimiento y en lo que hemos conseguido.

Por otra parte, hemos de negarnos a capitular ante nuestras imperfecciones y avanzar hacia un mayor crecimiento. Los discípulos de Jesús experimentan la transformadora presencia del reino de los cielos de forma que, siendo más como el Hijo, adquieren la misma perfección de Dios Padre. Esto es lo que entiendo en el llamamiento de Jesús a ser perfectos como lo es nuestro Padre celestial.

Jesús. Ningún hombre que considere haber logrado ya la perfección tiene una correcta comprensión de ella".

Mateo 6:1-18

Cuídense de no hacer sus obras de justicia delante de la gente
para llamar la atención. Si actúan así, su Padre que está en el
cielo no les dará ninguna recompensa.

2 »Por eso, cuando des a los necesitados, no lo anuncies al son de
trompeta, como lo hacen los hipócritas en las sinagogas y en las
calles para que la gente les rinda homenaje. Les aseguro que ellos
ya han recibido toda su recompensa. 3 Más bien, cuando des a los
necesitados, que no se entere tu mano izquierda de lo que hace la
derecha, 4 para que tu limosna sea en secreto. Así tu Padre, que ve
lo que se hace en secreto, te recompensará.

5 »Cuando oren, no sean como los hipócritas, porque a ellos les
encanta orar de pie en las sinagogas y en las esquinas de las plazas
para que la gente los vea. Les aseguro que ya han obtenido toda su
recompensa. 6 Pero tú, cuando te pongas a orar, entra en tu cuarto,
cierra la puerta y ora a tu Padre, que está en lo secreto. Así tu Padre,
que ve lo que se hace en secreto, te recompensará. 7 Y al orar, no
hablen sólo por hablar como hacen los gentiles, porque ellos se
imaginan que serán escuchados por sus muchas palabras. 8 No
sean como ellos, porque su Padre sabe lo que ustedes necesitan
antes de que se lo pidan.

9 »Ustedes deben orar así:

»"Padre nuestro que estás en el cielo,
santificado sea tu nombre,
10 venga tu reino,
hágase tu voluntad
en la tierra como en el cielo.
11 Danos hoy nuestro pan cotidiano.
12 Perdónanos nuestras deudas,
como también nosotros hemos perdonado a nuestros
deudores.
13 Y no nos dejes caer en tentación,
sino líbranos del maligno."

14 »Porque si perdonan a otros sus ofensas, también los perdonará
a ustedes su Padre celestial. 15 Pero si no perdonan a otros sus
ofensas, tampoco su Padre les perdonará a ustedes las suyas.

16 »Cuando ayunen, no pongan cara triste como hacen los hipócritas,
que demudan sus rostros para mostrar que están ayunando. Les
aseguro que estos ya han obtenido toda su recompensa. 17 Pero tú,
cuando ayunes, perfúmate la cabeza y lávate la cara 18 para que no

sea evidente ante los demás que estás ayunando, sino sólo ante tu Padre, que está en lo secreto; y tu Padre, que ve lo que se hace en secreto, te recompensará.

Sentido Original

La transformación que produce "justicia de corazón" (5:20) también generará "obras de justicia" (6:1) en los discípulos a medida que estos se van pareciendo más al Padre celestial (5:48). Jesús pasa, pues, a enseñar a sus discípulos el modo en que la justicia del reino de los cielos se expresa en los detalles de tres importantes ámbitos de la vida cotidiana: la vida *pública* religiosa (6:1-18), la vida interior *personal* (6:19-34) y la vida relacional *interpersonal* (7:1-12).

Obras de justicia (6:1)

Jesus aborda en primer lugar la palestra de la religión pública, porque este es el lugar en que se desarrolla y pone a prueba la espiritualidad de la persona: "Cuídense de no hacer sus obras de justicia delante de la gente para llamar la atención". La expresión "obras de justicia" (*dikaiosyne*) es una buena traducción de la misma palabra que en 5:20 se traduce simplemente como "justicia". En ese texto indicaba la transformación interior del corazón, operada por Dios, que nos introduce al reino de los cielos, mientras que aquí alude a las actividades externas del constante proceso de transformación que nos hace cada vez más como nuestro Padre celestial (5:48). La vida religiosa pública es crucial para el desarrollo de la espiritualidad personal, porque es aquí donde el pueblo de Dios se reúne para adorar, ser instruido en las Escrituras y estimularse mutuamente en la devoción personal.

Pero se trata también de un ámbito peligroso, porque las prácticas religiosas públicas pueden llevarse a cabo principalmente para que los demás lo vean. Por ello, Jesús tiene críticas contra los líderes religiosos judíos de su tiempo. Aunque no se les menciona por nombre, lo más probable es que Jesús esté refiriéndose a "los fariseos y los maestros de la ley" (*cf.* 5:20). Puesto que estos son los personajes religiosos más públicos e influyentes entre el pueblo, Jesús los denuncia por su mal ejemplo. Estos realizan ciertos actos religiosos públicos para recibir el respeto de sus compañeros y la admiración del pueblo (ver 6:2, 5, 16, 18).

Si los discípulos de Jesús caen en semejante demostración de interesada devoción pública: "su Padre que está en el cielo no les dará ninguna recompensa" (6:1). El término griego que se traduce "recompensa" es *misthos*, que puede indicar el pago de un "salario" (20:8) o, como en este versículo, la recompensa de las buenas obras de una persona con un buen premio. Se trata del reconocimiento y recompensa de Dios por la encomiable calidad moral de las obras de justicia de un discípulo (6:1-2; *cf.* 5:12).[1] La idea de que Dios recompensa la buena conducta y castiga la mala es común en el Antiguo Testamento y en la literatura judía. En Deuteronomio 28 se enumera una serie de recompensas y castigos que Dios distribuye según la fidelidad al pacto de Israel, un tema que desarrollan los profetas posteriores (p. ej., Is. 65:6-7; 66:6). *Las reglas de la comunidad* de Qumrán presentan listas de virtudes y vicios con sus correspondientes recompensas y castigos, presentes y futuros (1QS 4:2-14).[2]

Pero Jesús advierte a sus discípulos que la obediencia en el ámbito público no garantiza una recompensa de Dios, porque los motivos son más importantes que la mera actividad. Jesús prosigue dando prueba de esto con tres ejemplos de la devoción judía: dar a los necesitados (6:2-4), orar (6:5-15) y ayunar (6:16-18). Estos actos de devoción son valiosos para el desarrollo de la justicia personal, y Dios recompensará al discípulo que las practica sinceramente delante de él. Sin embargo, estos pueden también practicarse "con hipocresía", es decir, buscando los elogios de la gente y la aprobación de los dirigentes religiosos. En estos casos, no habrá ninguna recompensa de Dios (*cf.* 6:2, 5, 16).

La recompensa que promete Jesús, la justicia del reino de los cielos, sigue el mensaje central del SM. Quienes llevan a cabo estos actos, movidos por la fuerza de un corazón transformado por la justicia de Dios, serán recompensados con un crecimiento interior en la justicia del reino en esta vida, y la perfección final en la otra.

Dar a los necesitados (6:2-4)

Una afirmación del libro apócrifo de Tobit subraya la interdependencia de las prácticas de dar a los necesitados, orar y ayunar, pero pone de relieve la especial importancia dentro del judaísmo de dar limosna:

> Vale más la oración con el ayuno y la limosna con la justicia, que la riqueza con la iniquidad. Vale más hacer limosna que amontonar oro. La limosna libra de la muerte y purifica de todo pecado. Los que dan limosna gozarán de una larga vida. Los que pecan y practican la injusticia son enemigos de su propia vida. (*Tobit* 12:8-10)

Al respetado sumo sacerdote del tiempo de Alejandro Magno, Simeón el Justo, se le atribuye esta afirmación: "Tres cosas sustentan el mundo: la ley, el servicio [del templo] y las obras de bondad" (*m. Abot* 1.2).[3] Dar a los necesitados era una

1. BDAG, 653; Louw-Nida, "μισθός—38.14, 57.173", 491, 577; puede utilizarse también para aludir a una retribución por las malas obras.
2. La recompensa por andar en obediencia al pacto sería una profunda visitación de la bendición de Dios: "Y la visitación de aquellos que andan en ella será de sanidad, abundante paz durante una vida larga, una descendencia fructífera con toda bendición y goces eternos, con vida interminable y una corona de gloria con una majestuosa indumentaria de luz eterna" (1QS 4:6-8).
3. "Simeon the Just", *DJBP*, 586.

de las columnas de la vida religiosa. En las sociedades agrícolas de la antigüedad, la pobreza estaba muy extendida, y el pueblo de Israel se tomaba muy en serio la obligación de cuidar a los pobres (*cf.* Dt 15:11). En el tiempo de Jesús, la frase "hacer misericordia" se había convertido en una expresión técnica que aludía al cuidado de los pobres mediante la donación de limosnas.[4]

Las personas verdaderamente espirituales reconocían la difícil situación de los necesitados y ayudaban responsablemente a su cuidado. Pero Jesús dice: "... no lo anuncies al son de trompeta" (6:2). Algunos proponen que el Señor tiene en mente una trompeta literal, que se usaría para llamar al pueblo al ayuno acompañado de limosnas o a señalar la dádiva de una ofrenda especialmente cuantiosa. Pero podría también denotar el ruido que hacían las monedas cuando se arrojaban en los cofres con forma de trompeta emplazados en el templo para recaudar las limosnas (*m. Šeqal.* 2:1). Pero lo más probable es que Jesús esté recurriendo a una vívida muestra de ironía: aquellos que parecen más humanitarios desean a menudo el reconocimiento de la gloria más humana y darán a conocer su benevolente preocupación por los pobres. Hoy se usa la palabra "fanfarria", que denota un conjunto musical basado en instrumentos de metal, para aludir a una muestra de jactancia.

Jesús llama "hipócritas" a quienes se dedican a esta peligrosa autopromoción. El término "hipócrita" (*hypokrites*)[5] aludía inicialmente a los actores que subían a los escenarios griegos, que se servían de varias máscaras para representar sus papeles. Jesús censura aquí a los líderes religiosos, especialmente a los fariseos, por una determinada forma de hipocresía: la realización pública de obras de justicia que esconde, aun de ellos mismos, su corrupción interior (*cf.* 23:25-26). Su hipocresía consiste en *hacer cosas correctas por razones erróneas*. Llevan a cabo *externa actos piadosos* "para que la gente les rinda homenaje" (*doxazo*; "glorifique").[6] La trágica ironía consiste en que estos recibirán "toda su recompensa" con este reconocimiento público de sus piadosas actividades, pero nada por parte de Dios. Si no se llevan a cabo por los motivos correctos, las actividades religiosas, incluso aquellas dirigidas a bendecir a otras personas, no tienen un verdadero valor espiritual y no reciben ningún elogio de Dios. Son, pues, muy importantes las *razones* que nos llevan a hacer las *cosas* que hacemos.

A continuación, Jesús contrasta la forma en que sus discípulos deben practicar sus obras de justicia con el modo en que lo hacen los líderes religiosos: estos han de hacer lo opuesto y mantener en secreto sus actos de piedad (6:3a). Su motivación ha de ser una preocupación tan pura por la situación de los pobres

---

4. Ver Hch 9:36; 10:2; 24:17; *cf. Tobit* 1:3, 16; 4:7-8; *Eclo.* 7:10.
5. Este término aparece trece veces en Mateo, pero solo otras cuatro en el resto del Nuevo Testamento.
6. Ver I. Howard Marshall, "Who Is a Hypocrite?" Part 2, "Four 'Bad' Words in the New Testament", *BibSac* 159 (abril-junio 2002): 131-50 (ver especialmente 137, 149-50).

que, cuando dan, deberían hacerlo sin ninguna idea de mérito o de interés personal. Ni siquiera te alabes interiormente por lo que has hecho, aconseja Jesús. No importa que nadie conozca las buenas obras que se hacen, porque el Padre ve la acción más secreta: "Así tu Padre, que ve lo que se hace en secreto, te recompensará". Dios recompensará a los discípulos de Jesús con justicia interior en esta vida y completa perfección en la otra. Los elogios humanos por dar a los necesitados no pueden compararse con el valor de que Dios reconozca nuestra secreta generosidad.

Orar (6:5-15)

Una segunda práctica de la devoción judía era la oración. Aunque la oración personal podía practicarse en cualquier momento, los judíos piadosos oraban públicamente en determinados momentos. Normalmente, se llevaban a cabo oraciones por la mañana, por la tarde y por la noche (Sal 55:17; Dn 6:10; Hch 3:1).[7] Josefo señala que los sacrificios, que incluían las oraciones, se ofrecían "dos veces al día, a primera hora de la mañana y a la hora novena".[8] Jesús indica que cada vez que oramos hemos de tener una actitud apropiada.

La pretenciosa oración de los hipócritas (6:5-6). Como las dádivas a los necesitados (6:2), la oración puede dejar de ser un verdadero acto de devoción y convertirse en una forma de hipocresía cuando el acto externo esconde motivos corruptos. Cuando llegaba la hora establecida para la oración, los judíos piadosos dejaban lo que estuvieran haciendo y oraban. Esto podía hacerse discretamente o con un pretencioso despliegue. Algunas personas se las arreglaban para estar en un lugar donde se notara su presencia, como la sinagoga o la esquina de una plaza. En estos casos, la motivación interior de estas oraciones públicas era el reconocimiento y elogio de su devoción, lo cual carece de valor ante Dios. Esta clase de oración hipócrita recibe la misma recompensa que las limosnas: el elogio de la gente.

En contraste, Jesús dirige a sus discípulos a que, cuando oren, lo hagan en su "cuarto". Puesto que, en la Palestina del primer siglo, la mayoría no tenían habitaciones privadas en sus casas, Jesús habla probablemente de manera metafórica para subrayar la idea de privacidad. Este dicho continúa con el acento sobre la privacidad del propio corazón.[9] El foco está en la intimidad de la comunión con Dios en el corazón, que es la esencia de cualquier oración, pública o privada. Las oraciones públicas de Jesús (ver 14:19; 15:36) indican que, con estas palabras, no

---

7. Para una histórica visión de conjunto de las prácticas del judaísmo, ver Lee I. Levine, *The Ancient Synagogue: The First Thousand Years* (New Haven, Conn.: Yale Univ. Press, 2000), 510-23.
8. Josefo, *Ant*. 14.65.
9. I. Howard Marshall, "Jesus—Example and Teacher of Prayer in the Synoptic Gospels", *Into God's Presence: Prayer in the New Testament*, ed. Richard N. Longenecker (McMaster New Testament Studies; Grand Rapids: Eerdmans, 2001), 126.

está prohibiendo o condenando cualquier oración pública. Notemos también que, en la oración modelo que sigue, los discípulos deben dirigirse a Dios como "Padre nuestro" (6:9), lo cual indica que se trata de una oración colectiva. Pero cuando oran en público, los discípulos han de observar cuidadosamente su motivación.

Las repetitivas oraciones de los paganos (6:7-8). Jesús prosigue advirtiendo a sus discípulos sobre las oraciones repetitivas: "... no hablen sólo por hablar como hacen los gentiles". El término "gentiles" es *ethnikoi*, y la expresión "hablar por hablar" (*battalogeo*) alude a una persona que repite las mismas palabras una y otra vez sin pensar lo que dice.[10] Los sacerdotes de Baal clamaron desde la mañana hasta el mediodía: "¡Baal, respóndenos!" (1R 18:26), y la multitud del teatro en Éfeso gritó por espacio de dos horas: "¡Grande es Diana de los efesios!" (Hch 19:34). Dios está siempre dispuesto a escuchar, pero no podemos manipularle por medio de oraciones rituales. Es absurdo "parlotear [BTX3]" para conseguir la atención de Dios y manipularle para obtener lo que queremos, porque el Padre sabe en todo momento lo que sus hijos necesitan, antes incluso de que se lo pidan (Mt 6:8).

Jesús ilustra en su propia vida y enseñanza otros dos aspectos sobre esta afirmación. (1) Aunque Dios ya sabe lo que necesitamos, no hemos de dudar en pedirle. Los discípulos de Jesús no oran para informar a Dios, sino para expresar sus deseos, necesidades y dependencia de su Padre celestial. Este es uno de los temas centrales del Padrenuestro. (2) No es impropio que nuestras oraciones sean largas, porque Jesús mismo oró noches enteras (*cf.* Lc 6:12). También elogió la persistencia en la oración mediante la parábola de una viuda (Lc 18:1-8) y repitió la misma petición en su oración al Padre en el huerto de Getsemaní (Mt 26:44). Mucho del sentido de la oración tiene que ver con los cambios que esta produce en *nosotros* —nuestro carácter, nuestra voluntad y nuestros valores—, mientras esperamos la respuesta de Dios. Como Jesús enseña ahora a sus discípulos, hay una forma mejor de rogar al Padre que la de los hipócritas o los gentiles.

La oración modelo para los discípulos, el Padrenuestro (6:9-13). Jesús ofrece ahora un ejemplo sobre cómo han de orar sus discípulos. Aunque en inglés se suele aludir al Padrenuestro como "la Oración del Señor", es de hecho "la oración del discípulo", puesto que es un ejemplo a seguir para ellos.[11] Hay varias cuestiones que configuran el contexto de esta oración.

1. Jesús presenta esta oración no tanto como un mandamiento a seguir, sino como una *invitación* a compartir su propia vida de oración.[12]

---

10. BDAG, 172.
11. M. M. B. Turner, "Prayer in the Gospels and Acts", *Teach Us to Pray: Prayer in the Bible and the World*, ed. D. A. Carson (Grand Rapids: Baker, 1990), 64. Tenemos el texto de una de las oraciones de Jesús en Juan 17, que es la oración intercesora del Señor.
12. N. T. Wright, "The Lord's Prayer as a Paradigm of Christian Prayer", *Into God's Presence*, 132.

2. Jesús da directrices sobre la forma en que su pueblo debería desarrollar su vida normal de oración. En este sentido, es un *modelo* para ellos. Pero Jesús no demanda una repetición literal de las palabras, puesto que utilizarlas de este modo puede llevar al pecado del formalismo que él mismo condena aquí.[13]

3. Las *prioridades* de la oración están en línea con la práctica sistemática, tanto en el Antiguo Testamento como en el Nuevo, de establecer la primacía de Dios en la vida nacional y personal. En las tres primeras peticiones, Jesús llama a los discípulos a centrarse en la preeminencia de Dios, mientras que en las tres últimas les guía a pedir por sus necesidades personales en un contexto comunitario.[14]

4. El *alcance* de la oración se extiende desde los grandes temas del nombre de Dios, su reino y su voluntad a las cuestiones cotidianas del pan, las deudas y las tentaciones.

5. Los *temas teológicos* de esta oración se explican de un modo más completo en el resto del SM y en Mateo, lo cual es indicativo de la unidad de la enseñanza de Jesús tal como se consigna en este Evangelio. Estos temas conforman una trayectoria del programa teológico de Jesús.

Invocación (6:9). La oración comienza invocando a Dios: "Padre nuestro que estás en el cielo". El término que se traduce "Padre" es "*Abba*", un nombre que utilizaban los niños para dirigirse a sus padres terrenales, que denota calidez e intimidad en la seguridad que aporta el cuidado de un padre amante. Aunque los niños utilizaban esta palabra con un sentido cargado de connotaciones afectivas, parecido al de nuestra palabra "papá", esta tenía un significado mucho más profundo en la vida religiosa adulta.[15] El tema de un "Padre celestial" aparece a lo largo de todo el Antiguo Testamento (p. ej., Dt 14:1; 32:6; Sal 103:13; Os 11:1; Jer 3:4; 31:9) y fue haciéndose cada vez más popular durante el periodo del segundo templo en oraciones pidiendo protección y perdón.[16] Los judíos adultos aludían a menudo a Dios en oración como "Padre nuestro" (heb. *abinu*).[17] La forma en que Jesús utiliza la expresión "*mi* Padre" (11:27) para aludir a su Padre celestial es excepcional porque él es el Hijo unigénito (*cf.* 3:17). Sin embargo, al llamar a sus discípulos a participar en el reino de los cielos, estos han entrado

13. Ver Michael J. Wilkins, "Prayer", *DLNTD*, 947.
14. Hendriksen, *Matthew*, 325.
15. Ver Geza Vermes, *The Religion of Jesus the Jew* (Minneapolis: Fortress, 1993), 152-83.
16. P. ej., *Jub.* 1:24, 28; 19:29; *Jos. Asen.* 12:14; *Eclo.* 23:1, 4; *Sab. Sal.* 2:16-20; 14:3; *Tobit* 13:4; 4Q372; 1QH 9:35. Ver "Father, God As", *DJBP*, 224.
17. Para ejemplos, ver James H. Charlesworth, "A Caveat on Textual Transmission and the Meaning of Abba: A Study of the Lord's Prayer", en *The Lord's Prayer and Other Prayer Texts from the Greco-Roman Era*, ed. James H. Charlesworth con Mark Harding y Mark Kiley (Valley Forge, Pa.: Trinity Press International, 1994), 7.

también ahora en una relación con su Padre.[18] Por otra parte, la fórmula "Padre *nuestro*" expresa la relación que tenemos los unos con los otros como discípulos y con Jesús como nuestro hermano, y la intimidad colectiva que disfrutamos con el mismo Padre.

(1) El nombre de Dios (6:9). La primera petición se dirige hacia el nombre de Dios: "Santificado sea tu nombre", o "Que tu nombre sea hecho santo". El propósito de santificar el nombre (el nombre significa la persona) es que Dios pueda ser "santificado" o apartado como santo entre todos los pueblos y en todas las acciones, que sea tratado con el más alto honor. La oración congregacional judía Kadish ("santo"), que probablemente se remonta al tiempo de Jesús, comienza de manera similar: "Exaltado y santificado sea su gran nombre en el mundo que creó según su voluntad [...]".[19] Esto afirma la típica expectativa judía de que *a* Dios ha de tratársele con el más alto honor. Santificar el nombre divino significa tratarlo con reverencia y, por tanto, reverenciar honrar, glorificar y exaltar a Dios. Esta es la esencia de los tres primeros mandamientos del Decálogo: "No tendrás dioses ajenos delante de mí. No te harás imagen, ni ninguna semejanza de cosa que esté arriba en el cielo [...] ni abajo en la tierra, ni en las aguas debajo de la tierra [...]. No tomarás el Nombre del SEÑOR tu Dios en vano" (Éx 20:3-7; Dt 5:7-11).

A lo largo de los siglos, Israel desarrolló una reticencia a pronunciar el nombre de Dios, especialmente el singular nombre de Yahvé (YHWH). Como alternativa se usaron varias sustituciones, como "Señor" (*Adonai*). El pueblo de Israel no solo tenía que erradicar los nombres de los dioses paganos, sino también adorar a Dios en el santuario, el lugar que había escogido para poner su nombre (Dt 12:3-5, 11). Los discípulos de Jesús honrarán el nombre de Dios en sus oraciones, pero especialmente cuando se sujetan a su poder y autoridad sometiéndose al bautismo en el nombre del Padre, del Hijo y del Espíritu Santo (28:19).[20]

(2) El reino de Dios (6:10). La segunda petición expresa la esperanza del pueblo de Dios a lo largo de toda la historia: "Venga tu reino". El Kadish continúa diciendo asimismo: "... que gobierne su reino en vuestra vida y en vuestros días y en vida de toda la casa de Israel, y que sea presto y pronto".[21] Israel esperaba que Dios enviara a su Ungido a gobernar la tierra y, ahora que Jesús ha inaugurado el reino de los cielos, sus discípulos viven anticipando la finalización de este programa. El Mesías ungido está presente y activo para traer el reino soberano y salvífico de Dios. Cuando los discípulos oran "venga tu reino", están entrando

18. Esta imagen prevalece a lo largo del SM (*cf.* 5:16, 45, 48; 6:26, 33; 7:11).
19. B. T. Viviano, "Hillel and Jesus on Prayer", *Hillel and Jesus: Comparisons of Two Major Religious Leaders*, ed. James H. Charlesworth y Loren L. Johns (Minneapolis: Fortress, 1997), 449-50. Ver también, James D. G. Dunn, "Prayer", *DJG*, 617.
20. Ver "Name", *DJBP*, 448.
21. Viviano, "Hillel and Jesus on Prayer", 449.

en sintonía con la propia práctica de oración de Jesús, uniéndose al movimiento de su reino y buscando el poder de Dios para favorecer su cumplimiento final.[22]

Esta petición se refleja en una oración que se expresa en la súplica de la iglesia primitiva: "Ven, oh Señor!" (*marana tha*),[23] la oración cristiana más antigua de que tenemos constancia. En la sinagoga, los discípulos habían invocado el nombre del Dios del pacto como "Señor", pero, ahora, este mismo título divino se aplica a Jesús el Mesías, quien ha inaugurado el reino de los cielos y lo llevará a su manifestación final.[24]

(3) La voluntad de Dios (6:10). La tercera petición habla del cumplimiento de la voluntad de Dios: "... hágase tu voluntad en la tierra como en el cielo". Esta petición ha de vincularse con la anterior. Dondequiera que el reino de los cielos ejerce su presencia, se experimenta la voluntad de Dios. Dios reina en el cielo de manera absoluta, lo cual significa que todo el cielo experimenta su perfecta voluntad. Jesús pide en su oración que la tierra experimente este mismo reinado de Dios. La palabra que se traduce "voluntad" es *thelema*, y puede aludir al propósito de Dios (p. ej., Ef 1:11) y a su deseo (p. ej., Lc 13:34). Pero, como en este pasaje, *thelema* puede expresar la divina voluntad de dirigir, como en la exclamación del salmista: "El hacer tu voluntad, Dios mío, me ha agradado; y tu ley está en medio de mis entrañas" (Sal 40:8).

El supremo acto de obediencia de Jesús en su ministerio terrenal fue sujetarse a la voluntad de Dios Padre, lo cual declaró desde el comienzo: "Mi comida es que haga la voluntad del que me envió, y que acabe su obra" (Jn 4:34), y lo cumplió fielmente hasta el final, cuando afirmó en Getsemaní: "Padre mío, si es posible, pase de mí este vaso; pero no como yo quiero, sino como tú" (Mt 26:39, 42). Con la inauguración del reino, aquellos que llevan a cabo la voluntad del Padre en el ministerio de Jesús devienen sus discípulos (12:50) y demuestran la realidad del reino de los cielos permaneciendo fieles a esta voluntad para sus vidas (*cf.* 5:13-16). La completa experiencia de la voluntad de Dios en la tierra solo se producirá con la venida de su reino al mundo en su forma final, cuando caerá todo gobierno perverso (Ap 20:1-10) y culminará la regeneración de esta tierra (*cf.* Ro 8:18-25). Pero los discípulos de Jesús son un testimonio vivo para el mundo de que la voluntad de Dios puede experimentarse hoy.

La invocación y tres primeras peticiones dan a los discípulos de Jesús las prioridades correctas, puesto que es menos probable que oremos de forma frívola o egoísta por la voluntad de Dios si primero le hemos glorificado como "Padre" y pedido que traiga su reino a la tierra.[25] Las siguientes tres peticiones pueden

22. Wright, "The Lord's Prayer", 135.
23. Ver 1Co 16:22; *Did.* 10.6; *cf.* Ap 22:20.
24. Wilkins, "Prayer", 947; Ralph P. Martin, *Worship in the Early Church*, ed. rev. (Grand Rapids: Eerdmans, 1974), 32-33.
25. Turner, "Prayer in the Gospels and Acts", 65.

entonces enfocarse adecuadamente en las necesidades de los discípulos: su sostenimiento, su pecado y su conflicto espiritual.

(4) Sostenimiento (6:11). La cuarta petición alude al sostenimiento de los discípulos: "Danos hoy nuestro pan cotidiano". La referencia al "pan" es un ejemplo de sinécdoque para aludir a la "comida" (4:4), pero que hace especial referencia a todas las necesidades del creyente, tanto físicas como espirituales. Los discípulos han de depender de Dios para todas sus necesidades.[26] El adjetivo que se traduce "cotidiano" (*epiousios*) solo aparece en este versículo y en el pasaje paralelo de Lucas 11:3.[27] Su conexión con "pan" ha sido objeto de debate, y se han sugerido sentidos como "para el día presente", "para la necesaria existencia de hoy",[28] "para el día que viene"[29] y "para el Día" (i.e., la bendición hoy de la venida escatológica del día del Señor).[30]

Puesto que la redacción evoca la dependencia diaria de Israel en el desierto para recibir el maná de Dios (Éx 16), la primera idea parece la más probable.[31] Del mismo modo que el maná se suministraba cada día, los discípulos deben también depender de la diaria provisión de vida de Dios, lo cual les ayudará a desarrollar una continua y consciente dependencia de él. La enfática posición del adverbio "hoy" al final de la frase griega subraya que hemos de centrarnos en el día presente, lo cual encaja con la posterior amonestación de Jesús sobre no angustiarnos por el futuro (6:34). Si Dios se preocupa por nosotros hoy, lo hará sin duda todos los días de nuestras vidas. La mejor forma de evitar la ansiedad es confiar conscientemente en que Dios proveerá el pan de hoy y el de mañana (*cf.* 6:34; Fil 4:6). Jesús no dice que sus discípulos no deban ocuparse responsablemente de sus necesidades y de las de sus seres queridos, como indica en su sana reprensión de los fariseos por no proveer para las necesidades de sus padres (15:3-6). Únicamente denuncia la ansiedad acerca del futuro.[32] Hemos de depender de Dios para nuestro sostenimiento físico y solo preocuparnos del día presente.

---

26. Ver Osborne, *The Hermeneutical Spiral*, 100-101, 108.
27. Para una idea general de esta palabra, ver Betz, *Sermon on the Mount*, 396-99; Davies y Allison, *Matthew*, 1:607-10; Hagner, *Matthew* 1:149-50; Morris, *Matthew*, 146 n. 43.
28. Este es el punto de vista de Betz, *The Sermon on the Mount*.
29. Una referencia a la oración que se ofrece al comienzo del día o antes del descanso nocturno, pidiendo provisión para el día siguiente. "Danos pan para el día que comienza". Davies y Allison, *Matthew*, 1:609 adoptan este punto de vista.
30. "Pan para el día que viene", en relación con el día escatológico del Señor y el banquete escatológico. Los discípulos deben orar por la experiencia de esa bendición hoy. Esta lectura escatológica es la que hace Hagner, *Matthew* 1:149-50.
31. BDF, 123[1]: "desde un punto de vista conceptual y gramatical [esta es] la explicación más verosímil". La dificultad estriba en que parece redundante con *semeron*, "hoy" = "danos hoy nuestro pan para este día". Véase, sin embargo, su exposición.
32. Más adelante Pablo ayudará a la iglesia a conseguir un legítimo equilibrio (p. ej., 2Ts 3:6-15; 1Ti 5-6).

(5) Pecados (6:12). La quinta petición alude a la deuda de pecado de los discípulos: "Perdónanos nuestras deudas, como también nosotros hemos perdonado a nuestros deudores". Mateo usa aquí la palabra *opheilema*, "deuda", mientras que Lucas utiliza *hamartia*, "pecado" (Lc 11:4). Son básicamente expresiones equivalentes, pero con el matiz añadido en Mateo de que los seres humanos deben obediencia a Dios. El pecado crea una obligación o "deuda" para con Dios que no podemos satisfacer de ningún modo. Este es un sentimiento que encontramos a menudo en el judaísmo: "Perdona a tu prójimo el mal que ha hecho, y tus pecados te serán perdonados cuando ores" (*Eclo.* 28:2). Pero que se radicaliza en el ministerio de Jesús. Un distintivo de su ministerio del nuevo pacto es su papel expiatorio en el perdón de los pecados (26:28), algo que escandalizaba a sus oponentes (9:1-8).

Los discípulos de Jesús han respondido a su mandato de arrepentirse, y sus pecados han sido ahora perdonados. Pero no deben limitarse a deleitarse en su estado de perdón, sino que han de perdonar a otros. Aquellos que han recibido el perdón están tan llenos de gratitud a Dios que, por su parte, perdonarán gustosamente a sus "deudores". Esto no enseña que los humanos deban perdonar a otros antes de recibir ellos mismos el perdón, sino que perdonar a los demás es una *prueba* de que los pecados de este discípulo han sido perdonados y de que tal persona posee la salvación (*cf.* 18:21-35). Los discípulos hemos de perdonar a quienes nos han agraviado para mantener una gozosa experiencia de salvación (*cf.* 6:14-15). Esta forma de actuar es una evidencia de que a la persona en cuestión se le ha perdonado verdaderamente su deuda de pecado.[33] Por otra parte, la ausencia de un espíritu perdonador en un individuo es prueba de que no ha experimentado el perdón de Dios.

(6) Conflicto espiritual (6:13). La última petición hace referencia a la batalla de los discípulos con las fuerzas del mal: "Y no nos dejes caer [lit. 'metas'] en tentación, sino líbranos del maligno [o 'mal']". Puesto que Dios no es el que tienta a su pueblo (Stg 1:13), y teniendo en cuenta que el término que se traduce "tentación" (*peirasmos*) puede hacer referencia tanto a una tentación como a una prueba (*cf.* Mt 4:1-11; Stg 1:12-13), esta petición indica que los discípulos deben pedir liberación de las pruebas (Éx 16:4; Dt 8:16; 1P 1:7) o rogar que estas no se conviertan en ocasión para la tentación. Este sentido es similar al de una oración judía matutina y vespertina:

> No me pongas bajo el poder del pecado,
> de la culpa,
> la tentación,
> o bajo el dominio de nada vergonzoso.[34]

---

33. Ver P. S. Cameron, "Lead Us Not into Temptation", *ExpTim* 101 (1990): 299-301.
34. *b. Ber. 60b*, citado en Joachim Jeremias, *New Testament Theology: The Proclamation of Jesus* (Nueva York: Scribner's, 1971), 202.

Jesús dirigió a sus discípulos para que oraran así en Getsemaní: "Estén alerta y oren para que no caigan en tentación. El espíritu está dispuesto, pero el cuerpo es débil" (26:41).

La segunda cláusula de esta petición, "sino líbranos del maligno [o, 'mal']", indica que los discípulos han de ser conscientes de que la vida es un conflicto espiritual. Que la palabra "maligno [o 'mal']" vaya precedida de un artículo determinado indica posiblemente que Jesús se refiere a Satanás (*cf.* 5:37), aunque puede también entenderse como una alusión al mal en general (*cf.* 5:39).[35] La influencia de Satanás está tras todos los intentos de convertir las pruebas en tentaciones al mal, Jesús enseña, pues, a sus discípulos que deben depender de Dios no solo para su sostenimiento físico y perdón de pecados, sino también para la victoria moral y espiritual en todas las batallas de la vida.[36]

Terminación litúrgica. La conclusión doxológica que muchos cristianos están habituados a orar ("Porque tuyo es el reino y el poder y la gloria por los siglos de los siglos. Amén") no concluía originalmente el Padrenuestro en el Evangelio de Mateo. Los manuscritos mejores y más antiguos no contienen este final, los comentarios más antiguos sobre esta oración no lo mencionan, ni tampoco aparece en la oración paralela de Lucas (Lc 11:2-4). Esta doxología aparece en diferentes formas en muchos manuscritos posteriores. Aunque no estaba inicialmente en el Evangelio de Mateo, sí está en línea con otros muchos conceptos bíblicos y refleja posiblemente la antigua práctica cristiana de adaptar esta oración para un uso litúrgico en la iglesia, quizá basándose en 1 Crónicas 29:11.[37]

Perdón y oración (6:14-15). Jesús concluye su instrucción sobre la oración reiterando el acento de la quinta petición sobre perdonar a los demás (6:12). La salvación no descansa sobre méritos humanos, sino solo sobre la gracia y la misericordia de Dios. Una vez que los discípulos han recibido perdón y salvación, han de dar a otros el mismo perdón que ellos han recibido. Esto es prueba de que han sido perdonados (ver también comentarios sobre 18:21-35).

Ayunar (6:16-18)

Jesús retoma su condenación de las prácticas hipócritas de los líderes religiosos, especialmente los maestros de la ley y los fariseos, concentrándose ahora en

35. Morris, *Matthew*, 148-49, la considera en el último sentido. Otros han propuesto que se trata de una lítotes, una figura literaria que expresa una cosa negando lo contrario; p. ej., la expresión "no pocos" significa "muchos". Los discípulos deben pedirle a Dios que no los lleve a la tentación, sino lejos de ella, a la justicia, a situaciones en que, lejos de ser tentados, sean protegidos y mantenidos en un estado de pureza y rectitud; Carson, *Sermon on the Mount*, 70.
36. Bruce Chilton, *Jesus' Prayer and Jesus' Eucharist: His Personal Practice of Spirituality* (Valley Forge, Pa.: Trinity Press International, 1997), 46-47.
37. Quienes deseen una exposición de esta cuestión, ver *TCGNT*, 13-14; Betz, *Sermon on the Mount*, 414-15.

el ayuno, la tercera columna de la devoción judía (ver comentarios sobre 6:1-2). Puesto que los líderes religiosos ayunaban para conseguir el reconocimiento del pueblo, esta es toda la recompensa que recibirán. Las "obras de justicia" como el ayuno carecen de valor si no se llevan a cabo por los motivos adecuados.

Durante una buena parte de su historia, en Israel se practicaron varias clases de ayuno, siempre simbolizando algo más profundo que la mera abstinencia de comida.

- *Ayuno normal.* Quienes lo practicaban se abstenían de cualquier comida, sólida o líquida, pero no de agua, preparándose normalmente para algún importante acontecimiento. Jesús ayunó durante cuarenta días preparándose para ser tentado por Satanás e inaugurar su ministerio público (Mt 4:1-2; Lc 4:1-2).
- *Ayuno parcial.* A veces las personas asumían ciertas restricciones de alimentos, pero no se abstenían totalmente de ellos. Durante un periodo de tres semanas de luto, Daniel no comió carne, bebió vino ni usó ningún perfume (Dn 10:3).
- *Ayuno absoluto.* Durante periodos urgentes relativamente cortos, las personas podían abstenerse completamente de comer y beber para concentrarse en discernir la guía de Dios. Ester no comió ni bebió nada por espacio de tres días durante un período de crisis nacional (Est 4:16) y, en su dramática conversión, Pablo se abstuvo de comer y beber por tres días (Hch 9:9).
- *Ayunos privados y colectivos.* Aunque el ayuno es normalmente un asunto privado, en ocasiones el pueblo de Dios se reunía para participar en ayunos colectivos o públicos, como en el día de la expiación (Lv 23:37), en tiempos de emergencia nacional (2Cr 20:1-4), o para buscar la dirección de Dios en oración (Esd 8:21 23).

La ley del Antiguo Testamento requería solo un ayuno anual con motivo del día de la expiación (Lv 16:29-34; 23:26-32). La expresión utilizada en Levítico para aludir al ayuno es literalmente "afligiréis vuestras almas" (RVR1960) o "humillaréis vuestras almas" (BTX3). Esto indica que, además de abstenerse de comida, el pueblo debía demostrar una humillación de sus almas vistiendo cilicio, luto y orando (*cf.* Sal 35:13; Is 58:3).[38] Con el paso del tiempo, los ayunos se extendieron a otros propósitos legítimos, como el arrepentimiento nacional y la búsqueda de la misericordia de Dios (p. ej., Esd 8:21-23). Ciertos días del año se convirtieron en jornadas programadas de ayuno (Neh 9:1; Zac 8:19).

La enseñanza de Jesús tiene en cuenta esta historia nacional. El Señor presupone que sus discípulos ayunarán, puesto que dice simplemente "cuando ayunen" (6:16). Ayudar a los necesitados, orar y ayunar eran parte de la devoción normal

---

38. BDB, 776, 847; ver Hartley, *Leviticus*, 242; R. Laird Harris, "Leviticus", *EBC*, 2:591.

y, aunque Jesús no prohíbe que sus discípulos ayunen, tampoco lo convierte en una práctica obligatoria. Más adelante, en un enfrentamiento sobre las prácticas de ayuno de los fariseos y los discípulos de Juan el Bautista, Jesús declara que sus seguidores debían tener una actitud festiva mientras él estuviera con ellos; durante este periodo, el ayuno estaba fuera de lugar. Cuando él no estuviera ya en la tierra, el ayuno sería de nuevo un importante ejercicio espiritual, aunque no preceptivo (ver 9:14-15).

Algunos sectarios ayunaban normalmente dos veces por semana (*cf.* Lc 18:12), por regla general los lunes y los jueves, porque se decía que Moisés había subido al Sinaí en aquellos días. Ayunando en aquellos días, sentían que estaban emulando el riguroso acercamiento de Moisés a Dios y su santidad. Pero esto puede también llevar a una engañosa trampa de autoengrandecimiento, cuando las personas intentan elevar su posición religiosa a ojos de la gente y sus colegas, difundiendo sus logros religiosos. Por ello, Jesús dice: "... no pongan cara triste como hacen los hipócritas, que demudan sus rostros para mostrar que están ayunando".

La palabra "demudan" (*afanizo*) indica el acto de hacer el rostro irreconocible desde una perspectiva normal, con la intención de mostrar la privación física soportada durante el ayuno. No cabe duda de que los hipócritas no querían ser totalmente irreconocibles, lo cual frustraría el propósito de llamar la atención sobre sus obras piadosas. Durante el periodo del ayuno puede que estas personas desfiguraran sus rostros dejando de asearse o esparciendo ceniza sobre su cabeza y rostro como señal de contrición. Esta era una forma de conseguir que los demás vieran sus esfuerzos por ser piadosos.

Los discípulos de Jesús deben tener un acercamiento distinto, porque el ayuno ha de ser un asunto del corazón entre Dios y la persona. "Pero tú, cuando ayunes, perfúmate la cabeza y lávate la cara". El aseo que se recomienda es de naturaleza social, no ritual. Significa que la persona en cuestión se ha aseado para disfrutar la vida, algo parecido a lo que el Predicador dice en Eclesiastés: "Anda, y come tu pan con gozo, y bebe tu vino con alegre corazón; para que tus obras sean agradables a Dios en este tiempo. En todo tiempo serán blancos tus vestidos, y nunca faltará ungüento sobre tu cabeza" (Ec 9:7-8). Más que hacer una pública demostración de su ayuno, lo cual destruiría cualquier valor espiritual, los discípulos de Jesús han de celebrar la vida mientras ayunan. Nadie tiene por qué saber que está ayunando.

Como las prácticas de ayudar a los necesitados y orar, el ayuno ha de hacerse en el secreto del corazón, teniendo como única audiencia a Dios Padre. La recompensa del ayuno es la misma que la de las otras "obras de justicia": el continuo desarrollo de la justicia interior en esta vida y la perfección final en la otra (6:1-4). Pero el valor espiritual del ayuno será solo una recompensa para quienes buscan el favor y la atención de Dios, y solo de él.

Construyendo Puentes

Jesús vino a cumplir la revelación veterotestamentaria de la voluntad de Dios para su pueblo, pero esto no sucedió en un vacío. Muchas otras personas y grupos estaban también intentando vivir las directrices veterotestamentarias en la vida de cada día. ¿Cuán distinta de la de estos otros grupos será la forma de discipulado que introduce Jesús? ¿Qué es lo que hará que la enseñanza de Jesús sobresalga de la de los dirigentes religiosos de su tiempo? Para Mateo, estos son asuntos importantes en la redacción de su Evangelio, porque su registro del SM es una importante declaración de principios sobre lo que supone nuestra vida como discípulos de Jesús. Puesto que los discípulos de todas las eras han de aprender a guardar todas las cosas que Jesús ha mandado (28:20), Mateo quiere afirmar de un modo claro y preciso la clase de discipulado que Jesús desea.

Por ello, tras consignar seis ejemplos que ilustran que la interpretación y aplicación que Jesús hace del Antiguo Testamento es la antítesis de ciertas prácticas de aquel tiempo (5:21-48), presenta tres formas representativas en que el discipulado de Jesús sobrepasa la vida beata y legalista de los dirigentes religiosos de su tiempo. Es posible que Jesús hubiera puesto otros ejemplos, por cuanto el SM original era probablemente mucho más extenso, pero estos tres refutan poderosamente el hipócrita ejemplo de los líderes religiosos. Aunque la obediencia, fundamental en el discipulado de Jesús, lo era también en otras formas de discipulado del judaísmo, Jesús llama a sus seguidores a adherirse a los *motivos* que subyacen tras la observancia veterotestamentaria, no solo a un acatamiento externo.

Motivos. ¿Por qué hacemos las cosas buenas que hacemos? ¿Por nuestra gratitud a Jesús por invitarnos al reino de los cielos o por las recompensas que ofrece? ¿Porque es lo correcto y punto o porque buscamos el reconocimiento de las personas? La ayuda a los necesitados, la oración y el ayuno pueden ser cosas valiosas para el desarrollo de la piedad personal y Dios recompensará a quienes las practiquen sinceramente delante de él. Pero pueden también practicarse con hipocresía (6:2, 5, 16) para conseguir el elogio de los demás, la aprobación de los dirigentes religiosos y la acumulación de bendición material en esta vida. En estos casos no habrá ninguna recompensa de parte de Dios. Quienes llevan a cabo este tipo de actividades para ganarse el elogio de los demás serán cada vez más petulantes, y la única recompensa que recibirán será una cierta aprobación humana (6:2, 15).

¿Por qué hacemos lo que hacemos? Filósofos, psicólogos y educadores llevan mucho tiempo debatiendo si la motivación es innata (programada genéticamente) o adquirida (aprendida), si es fruto principalmente de necesidades internas o de metas externas, o si es principalmente mecanicista (automática) o cognitiva (con un procesamiento activo). No es de extrañar que la mayoría de los investigadores coincidan en que muchas de las situaciones de la vida real que vivimos requieren una combinación de todos estos aspectos.[39] Un vistazo a la enseñanza de Jesús en esta sección lo confirma. Su crítica contra los líderes religiosos se dirige a su corrupción interior, su hipocresía, que es la pecaminosa dolencia de la propia glorificación. Pero esta corrupción era también estimulada por la recompensa externa que recibían cuando satisfacían su deseo de atención con los elogios del pueblo y los dirigentes religiosos. Eran un ejemplo clásico de "motivos mezclados" cuando fuerzas motivadoras buenas y malas se unían de manera poco sabia o perversa. Este deliberado proceder movido por diversas motivaciones es lo que Jesús condena directamente.

Aunque evitemos esta mezcla de motivos, la enseñanza de Jesús nos muestra que nuestro discipulado se verá influenciado por una serie de elementos motivadores. La *actitud transformada* del corazón que experimenta el discípulo nos motiva a disciplinar nuestras vidas para que sean como la del Padre (5:48). Somos diferentes porque la venida del reino de los cielos en el ministerio de Jesús trae la salvación y transformación del nuevo pacto por medio de la cruz. El verdadero discípulo actúa en *agradecimiento* al Salvador que nos ha rescatado (ver comentarios sobre 20:1-16). Pero Jesús también habla de *recompensas* como factor motivador externo. Nos disciplinamos para ser obedientes a las enseñanzas de Jesús y recibir del Padre la recompensa de un constante desarrollo de nuestra piedad en esta vida y la promesa de consumación de este proceso en la otra.

¿Por qué, pues, hacemos lo que hacemos? Mantener el equilibrio de estas fuerzas es crucial para nuestro discipulado, porque ir demasiado lejos en cualquier dirección distorsionará nuestra motivación. Puesto que la motivación es personal e interna, es un rápido indicador del corazón de la persona. Un amigo me dijo una vez que su principal motivación como pastor era la recompensa que Dios le dará al final de esta vida. Siempre he considerado esto un poco desequilibrado, especialmente cuando considero las otras fuerzas motivadoras de que disponemos. La siguiente puede ser una buena forma de desarrollar un apropiado equilibrio.

En la jerarquía de motivos cristianos, hay buenos argumentos para poner en primer lugar la gratitud por la gracia de Dios al mandar a su Hijo en rescate por la humanidad (20:1-28). A diferencia de otros elevados motivos que proponen a menudo los filósofos, este se orienta fuera del propio ser.[40] Como fuerza motivadora, la gratitud se desarrolla mirando constantemente más allá del propio ser

39. Para un resumen claramente desarrollado, ver Herbert L. Petri, "Motivation", *Encyclopedia Britannica*, www.britannica.com/eb/article?eu=115599> [Consultada el 27 de abril de 2002].
40. Ronald C. Doll, "Motives and Motivation", *Baker's Dictionary of Christian Ethics*, ed. Carl F. H. Henry (Grand Rapids: Baker, 1973), 437-38.

a la obra consumada del ministerio de Jesús y considerando profundamente las consecuencias para nuestro destino sin ella.

Un segundo motivo, y consecuente con el primero, es el amor en respuesta al que Dios nos ha mostrado a nosotros (5:43-47; *cf.* 1Jn 4:7-21). La experiencia del verdadero amor de Dios nos moverá poderosamente a amarle a él y a los demás. Podemos sentirnos motivados también por el deseo de emular a Jesús, como discípulos que desean ser como su maestro (10:24-25; 2Co 3:18).

Está asimismo la motivación de evitar la pérdida de alegría (Sal 51:12), y también, naturalmente, la de la recompensa futura. Quienes ayudan a los necesitados, oran y ayunan en lo secreto del corazón serán recompensados (6:4, 6, 18). Pero Jesús no presentó las recompensas como principal fuerza motivadora. Estas se mencionan como el subproducto de una vida libre de autopromoción.

El erudito neotestamentario Harold Hoehner sostiene: "... la motivación de los creyentes en esta vida no debería ser la obtención de recompensas como un fin en sí, sino agradar a Dios de todo corazón en gratitud por lo que ha hecho por nosotros por medio de Cristo".[41] Considerar las recompensas como principal motivación es centrarnos en nosotros mismos, precisamente la clase de hipocresía que Jesús condena.[42] Un equilibrio horizontal/vertical nos mantendrá correctamente motivados: "El más digno de los motivos se dirige verticalmente, en una expresión de gratitud, obediencia y honor a Dios, y después, horizontalmente, en la búsqueda del bienestar espiritual, físico y material de nuestros semejantes".[43]

Significado Contemporáneo

Coherencia entre la vida interior y la práctica externa. Jesús espera que llevemos a cabo "obras de justicia", pero no para ganarnos la entrada al reino ni para conseguir una posición especial delante del Padre, sino como deliberados actos para conformar la expresión externa de nuestras vidas a la obra interior de Dios en nuestros corazones. Las obras de justicia (llamadas popularmente "disciplinas espirituales") aportan coherencia entre la justicia interior que Dios inicia cuando un discípulo entra en el reino de los cielos y el desarrollo de la justicia experimental en esta vida que este persigue según la directriz de "Por tanto, sean perfectos, así como su Padre celestial es perfecto" (5:48). Asimismo, el apóstol Pablo aconseja al joven pastor Timoteo: "... ejercítate para la piedad. Porque el ejercicio corporal es provechoso

41. Harold H. Hoehner, "Rewards", *NDBT*, 740.
42. *Cf. ibíd.*: "La principal motivación de un soldado debería ser la de servir a su país, aunque puede que reciba medallas como recompensa por su servicio. Del mismo modo, los verdaderos siervos de Dios no deben centrarse en sí mismos, sino en el Señor al que sirven con deleite".
43. Doll, "Motives and Motivation", 438.

para un poco; mas la piedad para todo aprovecha, porque tiene promesa de esta vida presente, y de la venidera" (1Ti 4:7-8).

La transformación que Dios ha comenzado en la vida interior se refleja en nuestras obras de justicia. Jesús subraya tres prácticas que ilustran este principio. La transformación que se produce en el corazón de los discípulos los lleva a amar con el amor de Dios, lo cual se expresará ayudando a los necesitados (6:2-4). La intimidad de la relación con Dios que se ha producido en la persona interior del discípulo se expresará en una íntima forma de oración privada entre él y el Padre (6:5-15). La vida interior del discípulo que ha experimentado verdadera humildad y dolor por el propio pecado y lamentable estado del mundo apartado de Dios le instará a emprender la disciplina del ayuno para analizar la propia vida y centrarse en la oración por el arrepentimiento del mundo (6:16-18).

A lo largo de la historia de la iglesia, la práctica de todo el espectro de disciplinas espirituales ha sido una clave para el crecimiento espiritual. Estas "disciplinas" pueden considerarse desde ópticas diferentes. Una de las formas es verlas como una triple unidad: *disciplinas interiores* (meditación, oración, ayuno, estudio), *disciplinas externas* (simplicidad, soledad, sumisión, servicio) y *disciplinas colectivas* (confesión, adoración, dirección, celebración).[44] Otra forma es verlas desde una doble perspectiva contraria: *disciplinas de abstinencia* (soledad, silencio, ayuno, frugalidad, castidad, discreción, sacrificio) y *disciplinas de compromiso* (estudio, adoración, celebración, servicio, oración, comunión, confesión, sumisión).[45] Sea cual sea nuestro enfoque, lo importante es recordar que la justicia del reino de los cielos es un proceso que se dirige desde dentro hacia fuera, y que Jesús lo orienta deliberadamente para contrarrestar la hipócrita práctica de actuar solo en función de lo externo.

Uno de los peligros más graves es practicar de manera rutinaria estas disciplinas para obtener la aprobación de quienes nos rodean o para satisfacer las expectativas de la tradición eclesial de la que formamos parte. Otro grave peligro es caer en la trampa contraria de abandonar la práctica de estas disciplinas por temor a caer en el legalismo. Puede que el ejemplo más importante lo tengamos en la propia vida de Jesús, quien no solo nos llama a practicar estas disciplinas, sino que modela el modo de hacerlo como una consecuencia natural de su piedad interior. Donald Whitney afirma: "El Señor Jesús no solo espera estas disciplinas de nosotros, sino que nos las ejemplifica. Jesús aplicó su corazón a la disciplina. Se disciplinó para la piedad. Si queremos ser como Cristo, hemos de vivir como él vivió".[46]

---

44. Richard J. Foster, *Celebration of Discipline: The Path to Spiritual Growth*, ed. rev. (San Francisco: Harper & Row, 1988).
45. Dallas Willard, *El espíritu de las disciplinas: ¿Cómo transforma Dios la vida?* (Miami: Vida, 2010.), pp. 156-75 del original en inglés.
46. Donald S. Whitney, *Spiritual Disciplines for the Christian Life* (Colorado Springs: NavPress, 1991), 21.

La transformación personal comienza en el ser interior mediante la obra del Espíritu de Dios, que produce los cambios externos cuando nos disciplinamos para ser más como Cristo. Hemos de desarrollar una mentalidad de transformación de dentro hacia afuera para que el crecimiento del ser interior producido por el Espíritu esté en armonía con la obediencia externa.

Ser visto por los hombres (6:1). Jesús revela en este versículo una importante distinción que han de mantener sus discípulos. Antes les ha instado: "Hagan brillar su luz delante de todos, para que ellos puedan ver las buenas obras de ustedes" (5:16). Ahora, sin embargo, les amonesta: "Cuídense de no hacer sus obras de justicia delante de la gente para llamar la atención" (6:1). A simple vista, esto puede parecernos una contradicción, pero cuando lo analizamos más de cerca vemos que la diferencia entre ambos casos está en los *motivos* que subyacen tras dichos actos de devoción.

En el primer caso, la demostración pública de buenas obras no pretende llamar la atención sobre el discípulo, sino que busca que las personas "alaben al Padre que está en el cielo" (5:16). Es fácil que los discípulos tuvieran miedo de expresar abiertamente sus buenas obras ante la posibilidad de que ello suscitara persecución (5:10), por eso Jesús los llama a pensar valerosamente en la gloria de su Padre celestial como motivo para sus expresiones públicas de piedad. En este último caso, Jesús trata la vanidad religiosa que tienta a los discípulos a realizar actos públicos de devoción y buenas obras para lograr la admiración de otras personas (6:1). Una forma de equilibrar la tentación de la cobardía, por un lado, y de la vanidad religiosa, por otro, lo propuso hace más de cien hace años A. B. Bruce, quien sugirió esta fórmula: "Muéstrate cuando te sientas tentado a *esconderte*, escóndete cuando te sientas tentado a *mostrarte*. Los fariseos fueron tentados a esto último y sucumbieron".[47]

Eliminar el elitismo. Otro elemento que surge de la censura que Jesús hace de las prácticas hipócritas de los líderes religiosos es la que podemos denominar "elitismo". Todas las disciplinas espirituales que antes hemos mencionado, incluidas las tres que Jesús trató directamente, representan prácticas arraigadas en prescripciones bíblicas, y todas ellas deberían incorporarse a una vida cristiana fiel. Pero, por lo que respecta a los fariseos, la corrupta práctica de estas disciplinas puede crear una distinción elitista.

En el ámbito de ciertas tradiciones históricas, las expectativas de conformidad a determinadas prácticas han sido, a menudo, tan exigentes que solo un pequeño grupo podía dedicarse realmente a la plena práctica de estas disciplinas. Este era uno de los problemas de ciertos movimientos ascéticos monásticos. Algunas tradiciones llegaron a ser exclusivistas en el sentido de que se constituían como principal medio para desarrollar una verdadera espiritualidad, de modo que se

47. Alexander Balmain Bruce, "The Synoptic Gospels", *The Expositor's Greek Testament* (1897; reimp.; Grand Rapids: Eerdmans, 1976), 1:116.

desarrolló una distinción elitista entre los cristianos nominales y los que estaban comprometidos con las prácticas de determinadas tradiciones. Aunque este no era, qué duda cabe, el propósito original, llegó a ser su desafortunado resultado, que hizo que los cristianos normales desistieran a menudo de ser "espirituales". Esto llevó a la distinción entre clero y laicado que los reformadores intentaron rectificar.

El predominio del elitismo en muchas tradiciones explica en parte por qué muchos creyentes se sienten frustrados en su vida cristiana. Una concepción de la vida cristiana en dos niveles promueve la apatía entre los que no han decidido comprometerse y sugiere que el nivel más elevado de compromiso es opcional, lo cual en la vida práctica de la mayoría de los cristianos significa que el compromiso con la transformación a imagen de Cristo es opcional. Uno de los propósitos de Jesús en el SM, y especialmente al tratar la práctica de "obras de justicia" en esta sección, es eliminar una concepción elitista del discipulado. La práctica de las disciplinas es una consecuencia normal de nuestra vida como discípulos de Jesús. Puesto que todos los verdaderos creyentes son discípulos de Jesucristo y, por tanto, todos ellos han nacido de nuevo a la vida espiritual por el Espíritu de Dios (*cf.* Ro 8:9; Tit 3:3-7),[48] Jesús llama a todos los creyentes a su forma de discipulado, que implica practicar fielmente las "obras de justicia" en devoción al Padre.[49]

Practicando las disciplinas en secreto. Jesús subraya que una solución clave para la hipocresía religiosa es realizar la actividad en cuestión "en secreto" (6:4, 6, 18), lo cual significa esencialmente que los hechos se llevan a cabo en la privacidad del propio corazón.

Ayudar a los necesitados en secreto (6:2-4). Puesto que la motivación interior dirige las acciones externas, los discípulos de Jesús han de dar a los necesitados desde el secreto de su corazón. Jesús no está diciendo que sus discípulos no deban dar a los necesitados en público. En la práctica, esta forma de donación para los necesitados requería una acción pública, muy distinta a la de nuestro tiempo en que podemos enviar dinero de manera anónima por correo o mediante una transferencia bancaria. Aunque los distintos actos se llevaban a cabo en el ámbito público —como dar una limosna al pobre que mendigaba en la calle, a la familia necesitada en el pueblo o a la madre viuda en la comunidad eclesial— el motivo del corazón tenía que ser secreto; el discípulo de Jesús no desea adulación pública y, para ello, ha de desarrollar un equilibrio juicioso y apropiado. Me sorprendió en cierto modo recibir la revista de una universidad cristiana que publicaba una lista de cada exalumno de la institución que había realizado alguna donación a la escuela y seguía, a continuación, con una vehemente petición de apoyo económico a quienes no lo habían hecho. Personalmente, la encontré

48. Ver D. A. Carson, "When Is Spirituality Spiritual?" *JETS* 37 (Septiembre 1994): 381-94.
49. Ver un desarrollo más completo de este tema en Wilkins, "Eliminating Elitism" (de próxima aparición).

un poco manipuladora, aunque no pareció haber ofendido a otros. Sin embargo, podría ser un tanto extremista afirmar que solo los donativos anónimos son correctos. Asistí a una iglesia en la que no se recogía la ofrenda porque no querían manipular a sus asistentes y deseaban mantener el mayor anonimato posible. Lo que hacían era poner una caja para la ofrenda en la pared para que los miembros depositaran sus donativos al salir. Esto puede ser incluso más público que recoger la ofrenda durante el servicio.

Una vez más, Jesús habla de los *motivos* de la persona para ofrendar, no de ningún formato en particular para hacerlo. No hemos de dar con el interés oculto de que se nos reconozca públicamente. Pero no hemos de esperar hasta que nuestros motivos cambien automáticamente. Tratar con nuestras motivaciones puede ser paralizante, puesto que en el proceso de nuestro crecimiento en Cristo seguiremos siendo influenciados cada día por las tentaciones de este mundo. Dios no requiere que seamos perfectos; solo nos pide que nos esforcemos por serlo, esto incluye tratar con nuestros motivos.

Hace años, antes de orar por la ofrenda en la pequeña iglesia que pastoreaba, dije a la congregación que, si aquella mañana iban a dar de manera forzada (2Co 9:5) o se sentían tentados a hacerlo para que les vieran los líderes o incluso su propia familia, mejor que guardaran la cartera. Dios no necesitaba un dinero ofrendado con malas motivaciones. Los ancianos de la iglesia se sentían visiblemente alarmados. Pero entonces seguí diciendo que, aunque sus motivos para ofrendar no fueran puros, Dios podía cambiar sus corazones en el siguiente latido. De modo que, si estaban preparados, podíamos orar y pedirle a Dios que purificara sus motivos. ¡Los ancianos estaban mucho más contentos! Es nuestra responsabilidad revisar nuestros motivos, pedirle al Espíritu de Dios que los purifique y seguir después adelante, sabiendo que él seguirá haciéndonos crecer en esta área, si realmente lo deseamos.

Orar en secreto (6:5-15). El discípulo también ha de practicar la oración en la secreta privacidad del corazón (6:6).[50] No existen requisitos prestablecidos para lograr esta privacidad; significa esencialmente encontrarnos en una situación en que solo hablamos con el Padre. Algunas personas encuentran este tipo de privacidad en ciertos momentos especiales del día, otros lo hacen mediante el mantenimiento de un diario, otros lo consiguen a través de un determinado patrón de oración. Sus propias oraciones públicas (14:19; 15:36) y la naturaleza comunitaria de la oración a un Padre común (6:9) nos permiten ver que Jesús no está prohibiendo o condenando todas las oraciones públicas. La oración pública ha de formar parte de la comunidad de discípulos que unen sus corazones para buscar la guía de Dios y suplican la realidad de su obra entre ellos (*cf.* Hch 2:42; 4:23-30). Sin embargo, en estas oraciones públicas, quienes oran han de hacerlo desde la privacidad de su corazón, con Dios como único destinatario de sus palabras.

50. Marshall, "Jesus—Example and Teacher of Prayer in the Synoptic Gospels", 126.

Todos hemos tenido a veces la sensación de estar en un grupo de oración donde parece que quien ora se dirige más a nosotros que a Dios. O que nuestras grandilocuentes oraciones pretendieran en realidad impresionar a los oyentes más que alcanzar a Dios. Con los años he aprendido a dirigirme a Dios atentamente desde la privacidad de mi corazón, pero también a reconocer que en mis oraciones estoy dirigiendo a la congregación e incluso instruyéndola. Este parece ser el propósito de la oración sumosacerdotal de Jesús (Jn 17) y de las plegarias de Pablo por las iglesias (p. ej., Ef 3:14-21). La motivación de la oración privada es la intimidad de la comunión con Dios en nuestro corazón, que está en el centro de toda oración, pública o privada.

Ayunar en secreto (6:16-18). Igual que cuando se trata de ayudar a los necesitados y de orar, el ayuno debe también llevarse a cabo en la privacidad del corazón del discípulo. Puesto que realizar un ayuno requiere un riguroso dominio propio, es una importante tentación comunicar sutilmente a los demás nuestros esfuerzos o victorias. Aunque esto puede hacerse de un modo inocente, Jesús nos advierte de que la divulgación de nuestro ayuno puede convertirse en una peligrosa forma de orgullo y autoengaño espiritual.

Pero, como sucede con las otras disciplinas, Jesús no prohíbe el ayuno colectivo. De las aproximadamente dieciséis alusiones al ayuno en el Nuevo Testamento, la mitad más o menos hacen referencia a ayunos colectivos, incluidos aquellos que parecen indicar que era una práctica habitual de la iglesia primitiva (Hch 14:23; 23:12; 27:9, 33).[51] Como el individual, el ayuno colectivo anima a la iglesia a expresar dolor por el pecado, a buscar el perdón en la comunidad, a concentrarse en la obra de Dios y a pedir su dirección. Pero incluso el ayuno colectivo ha de llevarse a cabo en la privacidad del corazón, sin que la iglesia se exalte por el rigor de su devoción. El ayuno ha perdido mucho atractivo en la iglesia moderna, por una triste malinterpretación de la enseñanza de Jesús. El Señor no condena el ayuno, ni siquiera el ayuno colectivo, excepto cuando se practica para conseguir el elogio de los demás.

51. Kent D. Berghuis, "A Biblical Perspective on Fasting", *BibSac* 158 (enero-marzo 2001): 86-103, esp. 97-101, presenta una lista de referencias al ayuno en la Biblia y su clasificación como individual o colectivo.

Mateo 6:19-34

»No acumulen para sí tesoros en la tierra, donde la polilla
y el óxido destruyen, y donde los ladrones se meten a
robar. 20 Más bien, acumulen para sí tesoros en el cielo,
donde ni la polilla ni el óxido carcomen, ni los ladrones se meten a
robar. 21 Porque donde esté tu tesoro, allí estará también tu corazón.

22 »El ojo es la lámpara del cuerpo. Por tanto, si tu visión es clara,
todo tu ser disfrutará de la luz. 23 Pero si tu visión está nublada,
todo tu ser estará en oscuridad. Si la luz que hay en ti es oscuridad,
¡qué densa será esa oscuridad!

24 »Nadie puede servir a dos señores, pues menospreciará a uno y
amará al otro, o querrá mucho a uno y despreciará al otro. No se
puede servir a la vez a Dios y a las riquezas.

25 »Por eso les digo: No se preocupen por su vida, qué comerán
o beberán; ni por su cuerpo, cómo se vestirán. ¿No tiene la vida
más valor que la comida, y el cuerpo más que la ropa? 26 Fíjense
en las aves del cielo: no siembran ni cosechan ni almacenan en
graneros; sin embargo, el Padre celestial las alimenta. ¿No valen
ustedes mucho más que ellas? 27 ¿Quién de ustedes, por mucho
que se preocupe, puede añadir una sola hora al curso de su vida?

28 »¿Y por qué se preocupan por la ropa? Observen cómo crecen
los lirios del campo. No trabajan ni hilan; 29 sin embargo, les digo
que ni siquiera Salomón, con todo su esplendor, se vestía como
uno de ellos. 30 Si así viste Dios a la hierba que hoy está en el
campo y mañana es arrojada al horno, ¿no hará mucho más por
ustedes, gente de poca fe? 31 Así que no se preocupen diciendo:
"¿Qué comeremos?" o "¿Qué beberemos?" o "¿Con qué nos
vestiremos?" 32 Porque los paganos andan tras todas estas cosas,
y el Padre celestial sabe que ustedes las necesitan. 33 Más bien,
busquen primeramente el reino de Dios y su justicia, y todas estas
cosas les serán añadidas. 34 Por lo tanto, no se angustien por el
mañana, el cual tendrá sus propios afanes. Cada día tiene ya sus
problemas.

Sentido Original

El dicho clave de esta sección es el famoso imperativo de Jesús: "Más bien, busquen primeramente el reino de Dios y su justicia" (6:33), que mantiene la prioridad y enseñanza general del SM. La sección anterior (6:1-18) indica la clase de vida religiosa que los discípulos de Jesús experimentarán en la esfera pública bajo la influencia del reino de los cielos. Sus "obras de justicia" (6:1) traen coherencia entre el don inicial de la justicia posicional, por la que los discípulos consiguieron la entrada al reino de los cielos (5:20) y su crecimiento experimental en justicia al concentrarse en la meta final de la perfección de su Padre celestial (5:48). Esta sección continúa con la enseñanza sobre la búsqueda de la justicia del reino (6:33), pero aquí el foco está en la clase de vida interior personal que los discípulos de Jesús experimentarán en su vida cotidiana.

Por una parte, Jesús advierte sobre el peligro que suponen para los discípulos la preocupación cotidiana por las riquezas (6:19-24) y el afán (6:25-34), cosas que pueden robarles la prioridad del reino en su vida personal. Por otro lado, el Señor enseña a sus discípulos cómo pueden vivir con la prioridad del reino de los cielos y su justicia, incluyendo sus ideales, visión, prioridades y seguridad.

Escoge a tu Señor: Dios o las riquezas (6:19-24)

En la búsqueda de la perfección del Padre (5:48), los discípulos de Jesús deben hacer frente a un cierto número de preocupaciones diarias que tienen el potencial de disuadir su indivisa lealtad al reino y su justicia. Jesús habla en primer lugar de las riquezas.

Dos tesoros del corazón (6:19-21). La prosperidad económica era importante para el pueblo de Israel, puesto que solía considerarse como una señal de la bendición y recompensa de Dios por su obediencia a él. Un rabino de la antigüedad afirmó:

> Un hombre debe enseñar siempre a su hijo un oficio limpio [o fácil], y orar a aquel a quien pertenecen las riquezas y posesiones, porque no hay oficio en que no haya tanto riqueza como pobreza; porque ni la pobreza ni la riqueza de los hombres proceden del oficio, sino que todo es de acuerdo con sus méritos (*m. Qidd.* 4.14).

Pero los escritores judíos advertían también al pueblo de que la riqueza no es lo que, en definitiva, determina la propia posición espiritual delante de Dios.[1] La fortuna podía adquirirse de manera ilegítima, y con demasiada frecuencia son los impíos quienes prosperan. Jeremías se lamenta: "Justo eres tú, oh SEÑOR, aunque yo dispute contigo; hablaré empero juicios contigo. ¿Por qué es prosperado el camino de los impíos? Tienen paz todos los que se rebelan completamente contra ti" (Jer 12:1). *El primer libro de Enoc* habla de la destrucción final de quienes acumulan de manera ilegítima: "Porque sus riquezas no permanecerán sino que les serán quitadas rápidamente porque han sido adquiridas de manera injusta, y ustedes serán entregados a una gran maldición" (*1 En.* 97:8-10).

1. *Cf.* 1QS 10.18-19; *Eclo.* 31:8-11.

La acumulación de riquezas por sí mismas es engañosa, puesto que uno puede encontrar en los tesoros materiales una falsa sensación de seguridad o una errónea valoración de la propia espiritualidad. Por eso Jesús dice: "No acumulen para sí tesoros en la tierra". El término que traduce el imperativo "No acumulen" es *thesaurizo*, que se relaciona con el sustantivo "tesoro" (*thesauros*). En la expresión original hay, pues, un juego de palabras que en español podría traducirse literalmente como "No atesoren tesoros en la tierra". La palabra "tesoro" representa la acumulación de lo que es valioso.

Pero estas cosas que algunas personas valoran están sujetas a los destructivos efectos de la vida en un mundo caído, "donde la polilla y el óxido destruyen, y donde los ladrones se meten a robar". A la polilla se la reconocía normalmente como destructora de los materiales más esenciales de la vida.[2] Un pequeño insecto podía destruir las prendas más elegantes y refinadas. El término "óxido" es una palabra general para la idea de "consumir", que apunta no solo a una destructiva acción en los metales, sino a un deterioro de una naturaleza más amplia. Destruye una serie de materiales como cosechas, cepas y hasta dientes.[3] Las posesiones más valiosas son susceptibles de ser consumidas. La clase de "ladrón" que Jesús tiene aquí en mente roba a los ricos para su propio beneficio. La polilla, el óxido y los ladrones representan aquellas fuerzas que hacen que los tesoros terrenales disminuyan su valor y sean finalmente destruidos.

En lugar de hacer acopio de bienes materiales, Jesús recomienda: "... acumulen para sí tesoros en el cielo". Aunque no identifica estos tesoros, la idea de acumular buenas obras ante Dios era prominente en la historia de Israel. Sirac exhorta: "Pierde tu plata por un hermano o un amigo, y no permitas que se oxide y se pierda debajo de una piedra. Haz tu tesoro de acuerdo con los mandamientos del Altísimo, y te aprovechará más que el oro" (*Eclo*. 29:10-11, NRSV). Es posible que Jesús tenga en mente las "obras de justicia" de la sección anterior —ayudar a los pobres, orar y ayunar— o cualquier otra obra de valor que lleven a cabo sus discípulos. Pablo se refiere al oro y la plata de la labor de los cristianos por el reino que será recompensada en el día del juicio (1Co 3:12-15).

Pero lo más importante es que el contraste entre "tesoros en la tierra" y "tesoros en el cielo" implica una contraposición de valores. Jesús va más allá de las buenas obras para centrarse en el corazón: "Porque donde esté tu tesoro, allí estará también tu corazón". El "corazón" representa el núcleo del ser, la verdadera persona interior, la fuente causativa de la vida espiritual, emocional y psicológica. Las cosas que valoramos están determinadas por la naturaleza de nuestro corazón (ver 5:8, 28).

---

2. Job 4:19; Is 50:9; 51:8.
3. P. ej., Mal 3:11. Ver BDAG, 184-85. En griego hay otro término para aludir al óxido que destruye el metal: *ios* (ver Stg 5:3).

Jesús ha indicado ya que el corazón es la fuente de nuestras obras, buenas o malas (5:28; *cf.* 15:18-19). Este pensamiento sigue formando parte de la presente consideración, pero con el elemento añadido de que aquello que el discípulo ha puesto como su valor más elevado es un indicador del estado de su corazón.[4] El valor supremo ha de ser Dios mismo. Aunque las recompensas tienen su importancia, el mayor tesoro del cielo es el Padre. Si los discípulos de Jesús mantienen sus corazones completamente centrados en el Padre celestial, cualquier otro tesoro de este mundo palidecerá en comparación. Esto establecerá la trayectoria de un saludable discipulado que comprenderá cuestiones como prioridades, motivos, buenas obras, ambiciones, seguridad, autoestima personal y relaciones personales.

Dos ojos del corazón (6:22-23). Para entender bien estos difíciles versículos hemos de relacionarlos con el pasaje anterior (6:19-21) y siguiente (6:24): el discípulo ha de escoger entre tesoros enfrentados. Jesús continúa con el tema del "tesoro" aludiendo al "ojo" como canal a la persona interior: "La lámpara del cuerpo es el ojo; así que, si tu ojo es bueno, todo tu cuerpo estará lleno de luz [RVR1960]". Aunque el ojo "bueno" y el "malo" pueden entenderse en un sentido físico como alusión a ojos sanos y enfermos, hemos de seguir aquí con el sentido metafórico. Algunos autores griegos y judíos hablaban del ojo como una lámpara que incorporaba su propia fuente de luz y que resplandecía hacia fuera para iluminar los objetos; esto indicaba la vitalidad de la vida de la persona (p. ej., los ojos se oscurecen; Gn 27:1; 48:18).[5] Pero aquí Jesús utiliza el ojo con un sentido metafórico distinto, en referencia a una lámpara que ilumina la vida interior de una persona.

En la literatura judía había una estrecha conexión entre el corazón y el ojo.[6] Siguiendo la simetría de este pasaje, el ojo "bueno" puede significar un ojo "generoso", una persona que está dispuesta a ofrendar su riqueza,[7] o "sencillo" en el sentido de simplicidad de propósito o lealtad indivisa.[8] Este último significado está más en línea con el dicho anterior y el siguiente. Puesto que el corazón es el verdadero depositario del tesoro, Jesús indica ahora que, cuando el ojo se enfoca en algo de valor, este deviene el conducto que llena el corazón con dicho objeto. Si el ojo es bueno, se convierte en el conducto que permite que el corazón esté lleno de la luz del tesoro de Dios.

---

4. Este dicho se personaliza para el discípulo individual con el cambio de la segunda persona del plural "ustedes" en 6:19-20 a la segunda del singular en 6:21.
5. Ver D. C. Allison Jr., "The Eye Is the Lamp of the Body (Matthew 6.22-23 = Luke 11.34-36)", *NTS* 33 (1987): 61-83.
6. Ver *T. Iss.* 3:4; 4:1-2, 5-6; 5:1.
7. Susan Eastman, "The Evil Eye and the Curse of the Law: Galatians 3.1 Revisited", *JSNT* 83 (septiembre 2001): 69-87, esp. 77.
8. Ver BDAG, 104 sobre este sentido de *haplous*: "motivado por un propósito sencillo siendo abierto y transparente".

Pero hay también un ojo malo: "... pero si tu ojo es maligno, todo tu cuerpo estará en tinieblas [RVR1960]". La palabra "malo/maligno" connota aquí la idea de mal moral.[9] En el mundo antiguo, el "ojo malo" es el que codicia con envidia lo que pertenece a otra persona; es un ojo avaricioso o mezquino.[10] Esta expresión aparece de manera similar en 20:15, donde la expresión literal "ojo malo" indica envidia (*cf.* NVI, "te da envidia"). El paralelismo indica aquí una vez más una visión sencilla, indivisa, pero perversa en este caso. Si los ojos de un discípulo se fijan en algún tesoro terrenal como su valor, identidad y seguridad terrenales, su corazón estará también lleno de oscuridad.[11] Cuando ponemos la vista en algo malo, el ojo deviene el conducto por el que el mal llena la persona interior.

Dos dueños del corazón: Dios y el dinero (6:24). Las ideas de dos tesoros (6:19-21) y dos ojos (6:22-23) nos preparan para el clímax de escoger entre dos amos: "Nadie puede servir a dos señores". La palabra que se traduce como "señor" es *kyrios*, que tiene suficiente flexibilidad para aludir a un hacendado (18:25; 20:8); un maestro en una típica relación maestro-discípulo (10:25); Jesús como Hijo del hombre, que es Señor del sábado (12:8); Jesús como rey mesiánico (21:3), el Mesías como Señor de David (22:44); y el Hijo del hombre como Señor (24:42-44). El uso de esta palabra indica aquí un principio general sobre el nivel de compromiso, tanto con un amo terrenal como con Dios como dueño final. El término que traduce "servir" es *douleuo*, lo cual indica que se tiene en mente a un esclavo, no a un empleado. Aunque se puede trabajar para dos empresarios, un esclavo es posesión exclusiva de un amo, lo cual implica un propietario exclusivo que demanda un servicio exclusivo.

La lealtad al dueño es extrema: "... pues menospreciará a uno y amará al otro, o querrá mucho a uno y despreciará al otro". La noción bíblica de "menospreciar/odiar" y "amar" entiende estas acciones como patrones de vida, no meras reacciones emocionales. "¿Acaso no aborrezco, SEÑOR, a los que te odian, y abomino a los que te rechazan? El odio que les tengo es un odio implacable; ¡los cuento entre mis enemigos!" (Sal 139:21-22; *cf.* Mt 5:43; 1QS 1.9-11). Estas palabras nos preparan para la radical llamada de Jesús a un compromiso incondicional con él, hasta el punto de que uno ha de detestar o rechazar totalmente cualquier cosa que obstaculice el vínculo con él, así como el amor o entrega total a él (*cf.* Mt 10:34-39; 12:30; Lc 14:26).

La metáfora sobre escoger entre dos amos culminará en el dicho "No se puede servir a la vez a Dios y a las riquezas". Con Dios no puede haber lealtades divididas. Jesús personifica a las riquezas o posesiones de cualquier clase como un dios rival, "Mammón". Esta palabra es una transliteración del término griego

9. Ver Davies y Allison (*Matthew*, 1:639-41) para una exposición del trasfondo.
10. G. Harder, "πονηρός", *TDNT*, 6:555-56. Ver también *T. Benj.* 4:2-3; *cf.* 6:5-7.
11. Hagner, *Matthew*, 1:159: "Metafóricamente hablando, un ojo generoso o el ojo sencillo del discipulado es fuente de luz, mientras que un ojo malo y codicioso es fuente de oscuridad".

mamona, que a su vez procede del hebreo/arameo *mamon*, que significa "prosperidad, riquezas, posesiones". La tentación de adorar al dios del materialismo era muy conocida en el judaísmo. Una desgarradora confesión del *Testamento de Judá* en el siglo II A.C. (19:1-2) afirma: "Hijos míos, el amor al dinero conduce a la idolatría, porque, una vez han sido arrastradas por el dinero, las gentes designan como dioses a aquellos que no lo son. Hace que todo el que lo tiene pierda la cabeza. Por culpa del dinero perdí completamente a mis hijos". El autor sigue diciendo: "... el príncipe del error me cegó" (19:4), señalando la satánica actividad de utilizar la idolatría material para descarriar a los hijos de Dios.

La avaricia y la codicia son las trampas favoritas del maligno, de manera que los mandamientos y advertencias contra estas son comunes en el Antiguo Testamento (p. ej., Éx 20:17; Dt 5:21; Job 31:24-25; Sal 49; Ec 2:1-11), en el judaísmo (*Eclo*. 11:18-19; *T. Jud.* 18-19; *1 En.* 97:8-10), y en la iglesia primitiva (Col 3:5; 1Ti 6:10; 2P 2:3). En última instancia, hay solo una elección: servir, amar y adorar a Dios o a Satanás. Amar a Dios no es un mero asunto emocional, sino que entraña el servicio y entrega de todo el ser: corazón, alma, mente y fuerzas (ver Mt 19:16-22; 22:37).

Escoge a tu proveedor: Dios o la preocupación (6:25-34).

Pero puede que la pregunta sea: "Si elijo a Dios como mi amo y pongo mi valor, dignidad y fuente de seguridad en el cielo, ¿quién cuidará de mis necesidades diarias en la tierra?". Por eso Jesús dirige la atención a la cuestión del "afán". En particular, este Señor cuidará las necesidades básicas de los discípulos de Jesús para que puedan prestar atención a las cuestiones más importantes de la vida, lo cual se resume especialmente en la expresión "busquen primeramente el reino de Dios y su justicia, y todas estas cosas les serán añadidas" (6:33).

El principio acerca de la preocupación (6:25). El principio sobre la preocupación se expresa en el imperativo "No se preocupen [*merimnao*] por su vida". Algunas veces *merimnao* expresa un apropiado sentimiento de intensa preocupación e inquietud por algo, como la obra del Señor (1Co 7:32) o por el bienestar de alguien (Fil 2:20).[12] En estos casos podemos traducir esta palabra como "preocuparse/interesarse". La preocupación es apropiada cuando se dirige hacia cosas correctas, se mantiene dentro de unos límites y nos lleva a cumplir con nuestro deber. Sin embargo, *merimnao* alude también a la experiencia de intensos sentimientos de ansiedad por determinadas situaciones, como por ejemplo lo que hemos de decir si somos arrestados por predicar el evangelio (Mt 10:19), por muchas cosas menos importantes (Lc 10:41) o por las acuciantes cuestiones diarias de la vida. Pablo utiliza este significado cuando dice: "No se inquieten por nada; más bien, en toda ocasión, con oración y ruego, presenten sus peticiones a Dios y denle gracias" (Fil 4:6). La preocupación está fuera de lugar o es errónea

12. BDAG, 632.

cuando está mal encauzada, es desproporcionada o indica una falta de confianza en Dios. En este pasaje, Jesús alude a este último sentido y, a continuación, plantea una pregunta a sus discípulos que presupone una respuesta y una réplica inmediatas: "¿No tiene la vida más valor que la comida, y el cuerpo más que la ropa?". La respuesta natural e implícita debería ser: "¡Sí, por supuesto, mi vida y mi cuerpo son más importantes que la comida y el vestido!". Y la respuesta natural a este argumento debería ser: "Si Dios me ha dado la vida y el cuerpo, no cabe, entonces, duda de que me dará comida y ropa".

Pero para los pobres era difícil dejar de pensar en este tipo de necesidades esenciales, puesto que no siempre era fácil proveerlas. Jesús está hablando con personas que conocen bien las diarias luchas de la vida. Una buena parte de su rutina diaria la pasaban intentando conseguir lo suficiente para subsistir aquel día. Particularmente los pobres no tenían una gran despensa, de modo que preguntarse qué comerían mañana era muy pertinente, teniendo especialmente en cuenta las inesperadas contingencias de las hambrunas, incendios o inundaciones. Jesús está, pues, forzando aun a los más pobres de entre ellos a aceptar que deben concentrarse en las cuestiones más importantes de la vida. Para los pobres, esto supone un desafío radical, puesto que, si no se preocupan de conseguir la comida y el vestido de cada día, sus familias podrían verse inmediatamente en problemas. Jesús les pide que asuman el reto inmediato de confiar cada día en la provisión de Dios en las situaciones cotidianas.

El ejemplo de la vida y la comida (6:26-27). La primera razón que presenta Jesús para argumentar que sus discípulos no deben preocuparse es que el Padre cuida a sus criaturas: "Fíjense en las aves del cielo: no siembran ni cosechan ni almacenan en graneros; sin embargo, el Padre celestial las alimenta". Las aves invierten su energía haciendo lo que es natural a su instinto, como construir nidos y buscar comida para sus polluelos, pero es Dios quien, de hecho, las alimenta y las viste (*cf.* Sal 104:10-16; *Salmos de Salomón* 5:8-10). La cuestión es que cuando los discípulos de Jesús se conforman responsablemente a la forma de vida que Dios les ha ordenado, él cumple fielmente su parte del compromiso.

Sirviéndose de una típica argumentación "de menor a mayor", muy utilizada también por los rabinos, Jesús los interpela con otra pregunta retórica: "¿No valen ustedes mucho más que ellas?". Puesto que los seres humanos son la corona de la creación y sus administradores (Sal 8:3-8), Dios se ocupará adecuadamente de sus necesidades. Jesús desarrolla su argumento con otras preguntas retóricas: "¿Quién de ustedes, por mucho que se preocupe, puede añadir una sola hora al curso de su vida?". La NVI traduce bien una curiosa expresión griega de "añadir un codo [*pechys*] a su edad/estatura [*helikia*]". La palabra *pechys* representa una unidad estandarizada de longitud llamada "codo", la medida normal de un antebrazo (unos cuarenta y cinco centímetros).[13] El término *helikia* denota por regla general una medida de edad o madurez (p. ej., Heb 11:11), pero ocasionalmente

13. Marvin A. Powell, "Weights and Measures", *ABD*, 4:899.

se utiliza para aludir a la estatura física (p. ej., Lc 2:52; 19:3). En este contexto, la idea de alargar la propia estatura no tiene mucho sentido, por lo que seguramente hace referencia a alargar la vida un cierto tiempo. La preocupación no conseguirá alargar la vida del preocupado.

El ejemplo del vestido (6:28-30). Jesús presenta a continuación la segunda razón por la que sus discípulos no deben preocuparse: "Observen cómo crecen los lirios del campo". Esta expresión trae a la mente la divina provisión en la naturaleza para las flores que crecen espontáneamente por el campo y que, posiblemente, en aquel momento eran visibles para Jesús, los discípulos y la multitud. También hoy las anémonas rojas y moradas, coronadas con tallos de veinticinco centímetros, y los lirios azules crecen abundantes por las laderas del mar de Galilea.[14] Las hermosas flores que rodean a Jesús suscitan un sorprendente contraste con las regias vestiduras de Salomón: "Ni siquiera Salomón, con todo su esplendor, se vestía como uno de ellos". Las riquezas de Salomón suscitaron la visita de la reina de Sabá y su vida se convirtió en una proverbial historia de éxito (ver 1R 10:1-29; 2Cr 9:1-28). ¡No obstante, no hay más que ver que las flores del campo que Dios hace crecer son más hermosas!

El acento cambia ligeramente cuando Jesús considera que los lirios son el vestido de la "hierba que hoy está en el campo" (6:30). La hierba verde de la primavera, cuando se cortaba, secaba y ataba en manojos, constituía una fuente natural de combustible para encender hornos y cocinas, y era también una metáfora bíblica común para aludir a los dramáticos cambios del destino y a la fragilidad y transitoriedad humanas.[15] Si el cuidado sustentador de Dios se extiende a una parte tan transitoria de su creación, "¿no hará mucho más por ustedes, gente de poca fe?". Aquellos que miran con los ojos de la fe verán la belleza de la creación de Dios en contraste con los esfuerzos humanos por alcanzar la grandiosidad y aprenderán a seguir diariamente su dirección y a confiar en su graciosa provisión. "Poca fe" (*oligopistos*) es una expresión muy característica de Jesús que aparece principalmente en este Evangelio,[16] y que él dirige solo a sus discípulos para indicar una *deficiencia* en la fe más que una *ausencia* de ella.

El interés del padre en todas las cosas (6:31-32). La tercera razón por la que los discípulos no deben ceder a la preocupación es que esto es lo que hacen aquellos que no creen ni entienden el cuidado del Padre: "Porque los paganos andan tras todas estas cosas, y el Padre celestial sabe que ustedes las necesitan". El término "paganos [*ethne*]," que se traduce "naciones" en todos los demás pasajes de Mateo en que aparece (12:21; 25:32; 28:19), alude normalmente a los no judíos, los gentiles. Aquí, el acento está en aquellos que viven fuera de

14. Irene y Walter Jacob, "Flora", *ABD*, 2:813; Pixner, *With Jesus Through Galilee According to the Fifth Gospel*, 37.
15. Sal 37:2; 102:4, 11; 129:6; Is 40:6-8; citado en 1P 1:24-25; Stg 1:10; Ver "Grass", *DBI*, 348-49.
16. Ver 6:30; 8:26; 16:8; 14:31, 17:20; Lc 12:28; *cf.* también *oligopistia* en Mt 17:20.

los valores de Dios. Quienes tienen fe en la provisión de Dios no se preocuparán y rechazarán las metas y valores de aquellos que no creen. La apropiada comprensión de la provisión de Dios y de sus responsabilidades y prioridades en la vida libera a sus criaturas de una inapropiada preocupación.[17] Morris comenta: "… esta actitud evita que las personas se preocupen de su éxito en este mundo; hace que los ricos y los de desahogada posición no se concentren en su éxito y que los pobres y necesitados no lo hagan en su desdicha".[18]

La prioridad correcta (6:33). El razonamiento de Jesús culmina con el famoso mandamiento de "busquen primeramente el reino de Dios y su justicia". Esta crucial amonestación lleva a los oyentes de vuelta al versículo clave del sermón, en el que Jesús afirma: "... no van a entrar en el reino de los cielos a menos que su justicia supere a la de los fariseos y de los maestros de la ley" (5:20). El uso del imperativo "busquen" no significa que deban buscar algo que no está presente, porque Jesús ha anunciado ya la llegada del reino. En este contexto significa que sus discípulos deben hacer del reino de los cielos el centro de sus prioridades diarias y constantes. Estos han entrado ya en el reino de los cielos y han de vivir dentro de esta realidad, siguiendo el orden que Dios establece para su vida diaria.[19] Haciendo esto buscarán "su justicia".

La conjunción del reino y la justicia constituye un tema especial en el SM (5:6, 10, 20; 6:1). Dicha conjunción no es para decir que los discípulos hayan de esforzarse por conseguir la salvación, puesto que con su entrada en el reino se les ha impartido la justicia "imputada" de que habla 5:20. Lo que significa es que han de esforzarse por avanzar en la experiencia de la justicia "impartida", que es lo mismo que crecer en la perfección del Padre (5:48) mediante la práctica de las "obras de justicia" (6:1). La expresión teológica de estos temas se convierte en un importante foco de interés de la iglesia primitiva, en especial de Pablo. Pero su fundamento queda establecido en esta enseñanza de Jesús. Cuando sus discípulos buscan el reino de Dios y su justicia en sus prioridades y actividades diarias, verán que su Padre celestial, siempre atento y siempre solícito, suplirá todas sus necesidades ("todas estas cosas les serán añadidas").

Eliminar la preocupación (6:34). Tras el culminante imperativo que ha de dirigir todas las áreas de la vida de los discípulos, Jesús regresa al asunto de la preocupación por la provisión diaria de Dios para sus necesidades. El ordenamiento de la vida de los discípulos por parte de Dios incluye su provisión para todas sus necesidades diarias, "por lo tanto", no debemos preocuparnos por el mañana. Aprender a depender de la provisión de Dios para las necesidades

17. Craig Blomberg, "On Wealth and Worry", *Criswell Theological Review* 6 (1992): 72-89, esp 82.
18. Morris, *Matthew*, 157.
19. Thomas E. Schmidt, "Burden, Barrier, Blasphemy: Wealth in Matt. 6:33, Luke 14:33, and Luke 16:15", *TrinJ* nueva serie 9 (1988): 171-89, esp. 174-75.

presentes hará que los discípulos desarrollen una confianza en él para sus necesidades futuras.

Las dos expresiones de este versículo, "el mañana [...] tendrá sus propios afanes" y "cada día tiene ya sus problemas", reiteran la misma verdad esencial: nuestras preocupaciones de hoy, por intensas que sean, no pueden cambiar en nada las inquietudes y problemas del mañana. En la medida en que los discípulos aprenden a confiar en la provisión de Dios en el presente, incluido el "pan cotidiano" (6:11), se sentirán cada vez más seguros de que los cuidará también mañana, por muchas dificultades que puedan venir.

No hay ningún paralelismo exacto de esta máxima,[20] lo cual parece indicar que estas palabras de Jesús llegaron a ser proverbiales, ya que Santiago recurre probablemente a esta verdad en una de sus amonestaciones (Stg 4:13-15). Aunque los discípulos de Jesús no saben lo que traerá el mañana, el Padre, sí. Vivir cada día de esta manera nos ahorra una gran cantidad de inquietud.

Construyendo Puentes

La vida en el mundo antiguo. La vida cotidiana en las ciudades del mundo antiguo era muy distinta de la que se vive hoy, aun bajo las circunstancias más difíciles. Con poca agua y limitadísimos medios de higiene, es difícil imaginar la increíble densidad de seres humanos y animales que convivían en los espacios urbanos.

> Las rudimentarias construcciones de una sola pieza eran oscuras, a menudo húmedas y siempre sucias. Todo estaba impregnado de olor a sudor, orina, heces y decadencia. Fuera, en la calle, las cosas no estaban mejor: barro, alcantarillas abiertas, estiércol y mucha gente. En ocasiones, la gente abandonaba cadáveres humanos —adultos y niños— en la calle.[21]

Mateo escribe a una comunidad de creyentes, probablemente pobres en su mayoría y que vive esta clase de realidad, en un entorno urbano. Son personas que ven la vida desde su sombría existencia cotidiana e intentan determinar cómo van a sobrevivir hasta el día siguiente, cómo van a salir adelante y a darles algún futuro a sus hijos. Pueden pensar que el entorno del primer ministerio de Jesús en la Galilea rural les ofrecía un marco más idílico, con sus colinas verdes y onduladas, sus cielos despejados y azules y sus amplios límites.

---

20. Pero, para dichos parecidos, ver Pr 27:1; *b. Sanh.* 100b; *b. Ber.* 9a; Hagner, *Matthew*, 1:166.
21. Rodney Stark, "Antioch as the Social Situation for Matthew's Gospel", *Social History of the Matthean Community: Cross Disciplinary Approaches*, ed. David L. Balch (Minneapolis: Fortress, 1991), 194.

Pero la vida es difícil en ambos entornos. Es posible que entre las gentes a las que Jesús se dirige en el SM hubiera algunos ricos, pero la inmensa mayoría de sus oyentes eran campesinos, que vivían la mayor parte de su vida en condiciones de gran precariedad, malviviendo en las zonas rurales de Galilea. Todo lo que consiguen de la tierra es para poder comer hasta la siguiente cosecha, alimentar a sus animales de trabajo, sembrar la próxima cosecha y un poco para cambiarlo por otros productos básicos o conseguir dinero para comprarlos. Sin embargo, ya sea que trabajen su propia tierra o sean arrendatarios, están obligados a pagar todo lo que les sobra como tributo al grupo de gobernantes, que lo utilizan para afianzar su elevado nivel de vida.[22] No es de extrañar que uno de los fenómenos que marcaron este periodo fuera el surgimiento de movimientos revolucionarios que pretendían aliviar la difícil condición de los pobres desafiando el agobiante control que los ricos terratenientes tenían sobre la vida política y económica y de la región.[23]

En un sentido negativo, Jesús advierte sobre el peligro de acumular riquezas (6:19-24) y la preocupación por las necesidades materiales (6:25-34) que pueden apartar a los discípulos de priorizar la realidad del reino en su vida personal. Poner la confianza en los tesoros terrenales es absurdo y no traerá verdadera seguridad, porque las cosas de este mundo son perecederas. Si sus mentes se dirigen al mismo tiempo hacia las cosas terrenales y las celestiales, su perspectiva acabará distrayendo, confundiendo y oscureciendo su vida interior. Es imposible ser siervos de Dios y de Mammón al mismo tiempo, porque el deseo de enriquecerse y la preocupación por las necesidades diarias suplantan a Dios.

En un sentido positivo, Jesús enseña que sus discípulos pueden vivir con seguridad plena en medio de sus dificultades cotidianas. Ocuparse correctamente de su vida personal significa priorizar de tal modo sus valores que nada de este mundo suplante a Dios como su Señor (6:19-24) y Proveedor (6:25-34). En términos generales, esto lo consiguen cuando buscan "primeramente el reino de Dios y su justicia" (6:33). Si la base de su seguridad está en tesoros terrenales, por mucho que se "preocupen", nunca podrán satisfacer sus necesidades. Si ponen su seguridad en su Padre celestial, él se ocupará, como tal, de todas sus necesidades.

Evitando extremos. Una adecuada perspectiva sobre las riquezas y la preocupación nos ayudará a evitar algunos extremos preocupantes. (1) Uno de ellos es negar toda preocupación material hasta el punto del ascetismo, como la que encontramos en ciertos sectores del judaísmo.[24]

22. Horsley y Hanson, *Bandits, Prophets, and Messiahs,* 53-54.
23. Ver Seán Freyne, "Economic Realities and Social Stratification" y "How Revolutionary Was Galilee", *Galilee from Alexander the Great to Hadrian*, 155-255.
24. Ver, p. ej., *1 En.* 108:8-9: "A quienes han amado a Dios y no han amado el oro ni la plata ni ninguna de las riquezas de este mundo y sus cuerpos han sido torturados; a quienes después de existir no han deseado alimento terrestre, se les mira como una brisa que pasa".

(2) Otro extremo es pensar que hacer planes para suplir futuras necesidades físicas demuestra una falta de fe. El sentido común nos dice que el patrón habitual de Dios para su pueblo ha sido siempre el ejercicio de una responsable administración de los recursos para hacer frente a las necesidades diarias. Por ejemplo, una parte importante de la ley de Dios regulaba la vida para que hubiera abundancia de provisiones para las ofrendas y sacrificios (p. ej., Éx 22-23). El haragán es aquel que espera que los demás suplan sus necesidades; debe, pues, aprender de las hormigas el sentido común de recoger durante el verano para las necesidades del invierno (Pr 6:6; 30:25). Dios dirigió a José para que aconsejara a Faraón que almacenara cereales durante los años de abundancia para hacer frente a los futuros siete años de sequía, lo cual resultó en la salvación de la familia de José (Gn 42:33-36; 45:7). Y los padres responsables ahorran para sus hijos (2Co 12:14). Dios quiere que utilicemos nuestro sentido común para hacer frente a futuras necesidades como un medio para mantener su lugar como Señor y Proveedor de su pueblo.

(3) Un tercer extremo es la idea de que Jesús considere una falta de fe que un creyente inicie algún negocio o actividad comercial para, al menos en parte, obtener algunos beneficios. De nuevo, como muestra el elogio de la mujer virtuosa (Pr 31:10-31), el plan de Dios para su pueblo incluye un sabio sentido comercial. En la parábola de los talentos, Jesús elogia los negocios y prácticas bancarias sensatos (Mt 25:14-30). Santiago parece basarse en la afirmación de Jesús en Mateo 6:34 cuando establece un correcto equilibrio para la juiciosa planificación comercial: "Si el Señor quiere, viviremos y haremos esto o aquello" (Stg 4:15). Puesto que nosotros no podemos prever el futuro pero Dios, sí, los comerciantes juiciosos buscan su voluntad.

(4) Un último extremo consiste en pensar que todos los ricos han doblado su rodilla ante el dios Dinero y no pueden ser discípulos de Jesús. Como hemos observado, una de las señales de la bendición de Dios puede ser la riqueza material. Aunque Abraham era muy rico (Gn 13:2), se le llama amigo de Dios (2Cr 20:7; Is 41:8; Stg 2:23). Tras su prueba, Dios bendijo a Job doblando las posesiones que había perdido (Job 42:10-15). Cuando Zaqueo se convirtió era un rico recaudador de impuestos, y, sin embargo, solo repartió la mitad de lo que tenía, prometiendo devolver cuatro veces más a aquellos que había defraudado, lo cual implica que todavía le quedaba mucho dinero (Lc 19:2-10). Y José de Arimatea, rico y discípulo de Jesús (Mt 27:57), es un ejemplo de alguien a quien Dios permite ofrecer, con sus posesiones, un privilegiado servicio al Señor.

La clave para todo discípulo es buscar primeramente el reino de Dios y su justicia y no permitir que ningún dios —dinero, éxito o el propio ser— ocupe el lugar de Jesús como Señor y Proveedor.

Significado Contemporáneo

Hay un par de adhesivos para coches que expresan la idolatría del mundo moderno: "Gana el que muere con más juguetes", o: "No puedes llevártelos contigo". Según la filosofía que subyace tras estas máximas, esta vida y el más allá no tienen sentido y, por tanto, nuestra ambición ha de ser esforzarnos por encontrar nuestro valor en el materialismo y los placeres de este mundo.

Israel fue llevada cautiva a Babilonia como castigo por adorar a los ídolos paganos (Jer 25:1-11) y, aunque después de esta experiencia nunca más sucumbió a la misma forma de idolatría, sí fue afligida por otras formas, como el servicio a Mammón, el dios del materialismo. En nuestro mundo moderno puede que nunca se nos pase por la cabeza arrodillarnos ante un ídolo pagano, pero el ejemplo de Israel nos advierte sobre la tentación de hacer del materialismo y su placer un dios muy real. El materialismo es un cáncer incontrolado y convertido hoy en una tentación por todo el mundo que, por consiguiente, produce innumerables preocupaciones en las personas que se afanan por mantener el estilo de vida que desean.

El ídolo del materialismo. Hay varias razones por las que las personas acumulan "tesoros" en la tierra.

- *Seguridad.* Queremos saber que nuestras necesidades están cubiertas y, por ello, lo que trae una mayor seguridad a nuestra vida y nuestra alma es la seguridad material.
- *Autoestima y valor personal.* Las posesiones materiales y las riquezas son a menudo indicadores del éxito de las personas. Tenemos un sentimiento positivo de nosotros mismos si nos vestimos bien, conducimos un buen coche, comemos bien y vivimos en una casa bien decorada.
- *Poder.* Con las riquezas y el éxito material creemos que podemos tener, conseguir y ser lo que queremos. La prosperidad económica nos da control sobre nuestro destino y sobre otras personas.
- *Independencia.* Con las riquezas puedo ser mi propio "dios" y no depender de nadie más.
- *Placer.* El dinero nos permite entregarnos a todas nuestras fantasías: unas vacaciones exóticas, una boda de lujo, las mejores comidas o la casa más extravagante.

El salmista nos ofrece una sabia perspectiva sobre aquellos que han dedicado sus vidas a la búsqueda de las riquezas e invierte la filosofía de los adhesivos mencionados al principio de esta sección.

> No te asombre ver que alguien se enriquezca y aumente el esplendor de su casa, porque al morir no se llevará nada, ni con él descenderá su esplendor. Aunque en vida se considere dichoso, y la gente lo elogie por sus logros, irá a reunirse con sus ancestros, sin que vuelva jamás a ver la luz. A pesar de sus riquezas, no perduran los mortales; al igual que las bestias, perecen. (Sal 49:16-20)

La búsqueda de riquezas materiales es un débil intento de llenar el oscuro vacío que solo puede colmar una mirada fija en Jesús como nuestro exclusivo Señor y Proveedor. Todos haremos bien en preguntarnos frecuentemente: "¿Qué es lo más valioso de mi vida?". Y después deberíamos evaluar en qué hemos pasado el tiempo, qué es lo que hemos perseguido en nuestra vida y en qué hemos gastado nuestro dinero. Una buena contabilidad de nuestro tiempo, relaciones personales o dinero es un buen indicador de nuestros valores.

El dinero, las riquezas y las posesiones tienen tres propósitos principales en la Escritura: (1) proveer de manera apropiada para las necesidades de la familia y evitar convertirse en una carga para los demás (1Ts 4:11-12; 2Ts 3:6-15; 1Ti 5:8); (2) ayudar a los necesitados, especialmente en el ámbito de la familia de la fe (Pr 19:17; Hch 11:27-30; Ro 15:25-27; 2Co 8:1-15; Gá 6:7-10; Ef 4:28; 1Ti 5:3-7); y (3) animar y apoyar la obra de Dios en la extensión del evangelio del reino en nuestro país y por todo el mundo (1Co 9:3-14; Fil 4:14-19; 1Ti 5:17-18). Si ponemos a Jesús en el centro de nuestra vida para servirle y amarle con todo lo que tenemos y somos, utilizaremos de manera apropiada todas las bendiciones de la vida y evitaremos la moderna idolatría del materialismo.

La idolatría de la preocupación. Posiblemente no consideramos la preocupación como una forma de idolatría, pero lo es cuando permitimos que nos lleve a apartar nuestros ojos de Jesús. Reemplazamos a Dios por la desesperanza o el temor y recurrimos a nuestros esfuerzos en un intento de controlar la situación. Esta clase de esfuerzos puede llevarnos a un mundo difícil y la preocupación por los resultados puede consumirnos. Un reciente artículo de la revista Time pone de relieve que la ansiedad como respuesta biológica, emocional y psicológica a los presentes asuntos nacionales e internacionales es muy elevada. Más que nunca, las personas enferman de preocupación.[25] Muchas veces me he sentido sorprendido por la forma en que las madres tratan estos asuntos. El artículo en cuestión describe una escena demasiado frecuente:

> Son las cuatro de la madrugada y tú estás con los ojos como platos, las manos sudadas y el corazón acelerado. Estas preocupado/a por tus hijos, por tus padres que están envejeciendo, tu plan de jubilación, tu salud, tu vida sexual. Respirando pausadamente junto a ti, tu cónyuge está ajeno a toda tu angustia. ¿Es que acaso no se da cuenta de los peligros que acechan tras cada sombra? Seguro que

25. Christine Gorman, "The Science of Anxiety", *Time* 159 (10 junio 2002): 46-54.

> no. ¿Cómo podría, si no, con todo lo que sucede en el mundo, haber hablado tan serenamente durante la cena de pasar unos días de vacaciones en Florida?[26]

Las madres tienen preocupaciones especiales. Durante el embarazo se preocupan por el parto y, después, por el constante cuidado y atención de esta pequeña y frágil bendición. Se preocupan de que se desarrollen saludablemente y de que tengan amigos e influencias adecuados; piensan en los futuros cónyuges de sus hijos e hijas y en si ellas, como madres, estarán a la altura de estas responsabilidades. Las madres se preocupan también por sus carencias en el desempeño de su rol; se preguntan si imparten suficiente disciplina y amor, dirección y libertad o apropiadas recompensas y restricciones. Naturalmente, los padres también están implicados en estas mismas actividades, pero el especial papel de las madres las lleva con frecuencia a experimentar una preocupación más directa por el pasado y el futuro en la crianza de sus hijos.

En un breve periodo de enseñanza en otro seminario escuché a Warren Wiersbe hacer este comentario durante un servicio en capilla: "Se dice a menudo que constantemente somos crucificados entre dos ladrones: el pesar por el ayer y las preocupaciones por el mañana".[27] Cuando una madre deja de mirar a Jesús, la preocupación lógica y responsable se convierte muchas veces en desesperación, temor o abatimiento.

Una mujer de nuestro barrio vive una significativa dolencia con la preocupación. Aunque todos sus hijos la han hecho sufrir en cierta medida, son, básicamente, buena gente. Su marido es muy trabajador, pero no muy buen empresario. Han tenido importantes problemas económicos en el pasado y están ahora considerando declararse en quiebra. No son creyentes y la preocupación la ha consumido. Rara vez duerme toda la noche, habla sin cesar de su incierto y sombrío futuro, y está empezando a padecer hipertensión y problemas cardíacos. Su mayor necesidad es dejar de lamentarse por lo sucedido en el pasado y renunciar a sus preocupaciones por el futuro.

Max Lucado ha escrito un breve devocional para madres en el que incluye una selección sagazmente titulada "Quesis y cómos: el peso de la preocupación". Lucado se plantea lo que una madre puede perfectamente preguntarse, "'¿Qué sucede si me caso con un hombre que ronca?' '¿Cómo pagaremos los gastos de matrícula de nuestro bebé?'".[28] Comentando la afirmación de Jesús en Mateo 6:34, Lucado utiliza una traducción que vierte: "Dios les ayudará a gestionar cualquier cosa por difícil que sea cuando llegue el momento". Este autor prosigue con algunos buenos consejos para las madres, subrayando especialmente la expresión "cuando llegue el momento":

26. *Ibíd.*, 46.
27. Mensaje de capilla para estudiantes de Doctorado en Ministerio y miembros de la facultad en la Trinity Evangelical Divinity School (9 noviembre 1998).
28. Max Lucado, *Traveling Light for Mothers* (Nashville: W Publishing Group, 2002), 65.

> "No sé lo que haría si mi marido muriera". Lo sabrás *cuando llegue el momento*. "Cuando mis hijos se vayan de casa, no sé si podré soportarlo". No será fácil, pero, *cuando llegue el momento*, Dios impartirá la fuerza necesaria. La clave es: enfrenta los problemas de hoy con la fuerza de hoy. No comiences a afrontar los problemas de mañana hasta mañana. Todavía no tienes la fuerza de mañana. Solo cuentas con la de hoy.[29]

Mi esposa y yo estamos trabajando con nuestra joven amiga, la madre preocupada, para ayudarla a encontrar la fuerza de hoy en una relación personal con Jesús. Pero el consejo de Lucado es bueno para todos nosotros. Posiblemente, en algún momento, todos nos hemos despertado por la noche preocupados por una factura que hay que pagar pronto, un adolescente que todavía no ha llegado a casa tras una salida nocturna o una fecha tope que se nos echa encima en el trabajo. Todos posiblemente nos hemos preguntado alguna vez si sabremos manejar la siguiente fase de la paternidad o el matrimonio. La popular canción aconseja: "Don't worry. Be happy (No te preocupes. Sé feliz)". A todos nos gustaría ser felices, pero el mero deseo no hará que suceda. La clave para vencer la preocupación es aprender a utilizar la fuerza de Dios para llevar a cabo lo que se nos presenta hoy, porque los logros de hoy son las lecciones de mañana. Creo que una de las formas más importantes de practicar realmente esto es aprender a expresar habitualmente nuestra gratitud a Dios por lo que está haciendo y ha hecho, en preparación para confiar en él mañana. Una manera de invertir la tendencia hacia la ansiedad es mirar lo que tenemos y a lo que Dios ha hecho y decir: "Gracias, Señor". Este es el tema del entrañable coro "Dad gracias de corazón", que la mayoría de nosotros hemos cantado en algún momento de nuestra vida.[30] Seamos débiles o fuertes, pobres o ricos, la enseñanza de Jesús sobre las riquezas y la preocupación está firmemente arraigada en lo que él ha hecho por nosotros. Él es nuestro Señor y Proveedor, aquel que nos ha impartido vida, prioridades y valores del reino, por lo cual podemos decir, en verdad, "gracias".

---

29. *Ibíd.*, 74-75.
30. Original en inglés de Henry Smith, "Give Thanks with A Grateful Heart", letra y música © 1978 Integrity's Hosanna! Music, Glyndley Manor, Stone Cross, Pevensey, East Sussez BN24 5BS.

Mateo 7:1-12

»No juzguen a nadie, para que nadie los juzgue a
ustedes. 2 Porque tal como juzguen se les juzgará, y con
la medida que midan a otros, se les medirá a ustedes.

3 »¿Por qué te fijas en la astilla que tiene tu hermano en el ojo, y no
le das importancia a la viga que está en el tuyo? 4 ¿Cómo puedes
decirle a tu hermano: "Déjame sacarte la astilla del ojo", cuando
ahí tienes una viga en el tuyo? 5 ¡Hipócrita!, saca primero la viga de
tu propio ojo, y entonces verás con claridad para sacar la astilla del
ojo de tu hermano.

6 »No den lo sagrado a los perros, no sea que se vuelvan contra
ustedes y los despedacen; ni echen sus perlas a los cerdos, no sea
que las pisoteen.

7 »Pidan, y se les dará; busquen, y encontrarán; llamen, y se les
abrirá. 8 Porque todo el que pide, recibe; el que busca, encuentra; y
al que llama, se le abre.

9 »¿Quién de ustedes, si su hijo le pide pan, le da una piedra? 10 ¿O
si le pide un pescado, le da una serpiente? 11 Pues si ustedes,
aun siendo malos, saben dar cosas buenas a sus hijos, ¡cuánto
más su Padre que está en el cielo dará cosas buenas a los que
le pidan! 12 Así que en todo traten ustedes a los demás tal y como
quieren que ellos los traten a ustedes. De hecho, esto es la ley y
los profetas.

Sentido Original

Jesús pasa ahora de advertir a sus discípulos sobre sus tentaciones personales con las riquezas y la preocupación a advertirles sobre las tentaciones que pueden surgir en sus relaciones personales. Con ello sigue desarrollando el tema de la naturaleza de la vida del reino para sus discípulos. Tras expresar los principios interpretativos de la vida del reino que dan cumplimiento a la intención original de Dios en el Antiguo Testamento (5:17-48), Jesús pasa a enseñar a sus discípulos cómo han de desarrollar la verdadera vida del reino en el mundo real (6:1–7:12). Esta sección es la tercera de tres que tratan este tema (ver comentarios al principio de 6:1-18). Jesús trata aquí la espiritualidad *interpersonal* del reino de los discípulos en sus relaciones personales dentro de la comunidad (7:1-12).

Jesús dedicó un espacio considerable a condenar a los líderes religiosos por su hipocresía, que les llevaba a dar una apariencia externa de justicia para ser elogiados por las personas (6:1-18). Ahora reconoce que también sus discípulos pueden caer en la hipocresía (7:1-5). Después añade una palabra de advertencia sobre el extremo contrario de no discernir (7:6). Evitar ambos extremos es una tarea imposible en nuestras propias fuerzas, por lo cual Jesús consigna una sección sobre la oración que muestra a sus discípulos cómo vivir en equilibrio, tanto en este problema como en cualquier otro (7:7-12). La vida del reino permite que sus discípulos vivan de un modo correcto en relación con los demás. Esta vida los librará de actitudes impropias de juicio hacia los demás y los guardará de ser ingenuos en cuanto a personas que son verdaderamente peligrosas y nocivas.

Juzgar impropiamente a los demás (7:1-5)

Jesús advierte: "No juzguen a nadie, para que nadie los juzgue a ustedes". Esta advertencia establece el principio para la sección que sigue (7:1-5). El asunto específico que se juzga no se identifica concretamente, sino que deja margen para una amplia aplicación. El verbo "juzgar" (*krino*) tiene distintos matices, dependiendo del contexto, y alude al discernimiento o evaluación normales (*cf.* Lc 7:43), a litigios legales (Mt 5:40), a la concesión de recompensas (19:28), al pronunciamiento de una sentencia (Jn 7:51) o a la absoluta determinación del destino de una persona (5:22; 8:16). En este pasaje se alude a estos dos últimos sentidos: Jesús advierte a sus discípulos sobre lo erróneo de ponerse por encima de los demás para declararlos culpables delante de Dios. Debemos tener cuidado de no hacer esta clase de juicios, porque también nosotros seremos juzgados de cometer un pecado peor que aquel que estamos denunciando. En *Eclesiástico* 18:20 encontramos un sentimiento parecido: "Antes de que llegue el juicio, examínate a ti mismo; y cuando seas enjuiciado encontrarás perdón"; y Santiago advierte: "No hay más que un solo legislador y juez, aquel que puede salvar y destruir. Tú, en cambio, ¿quién eres para juzgar a tu prójimo?" (Stg 4:12).

Jesús subraya de nuevo el principio que subyace bajo la advertencia de "tal como juzguen se les juzgará". El texto griego es enfático: "Con el juicio con que juzgan serán juzgados". Podemos entender el argumento que hay tras esta advertencia si reconocemos que reitera anteriores principios del SM.[1] La advertencia sobre juzgar es inversa a la positiva bendición que Jesús defendió en la quinta bienaventuranza: "Dichosos los compasivos, porque serán tratados con compasión" (5:7). Esta advertencia recapitula también el objetivo de la quinta petición del Padrenuestro: "Perdónanos nuestras deudas, como también nosotros hemos perdonado a nuestros deudores" (6:12). Los verdaderos discípulos, impactados

1. Curiosamente, Bruner llama a las primeras cuatro perícopas del capítulo 7 "las sumas", puesto que totalizan una buena parte de la enseñanza anterior del SM; Frederick Dale Bruner, Matthew 1-12, *The Christbook: A Historical/Theological Commentary* (Waco, Tex.: Word, 1987), 272.

como están por la misericordia de Dios en la llegada del reino de los cielos, se mostrarán misericordia mutua, no juicio. Puesto que los verdaderos discípulos han recibido el perdón, se perdonarán los unos a los otros.

En otras palabras, caer en un patrón de vida en que juzgamos a los demás es mostrar que no somos verdaderos miembros del reino de los cielos. Este juicio absoluto es una declaración categórica de la culpabilidad de alguien sobre un determinado asunto en términos concluyentes. La verdadera culpable es una persona que hace de sí misma, de su opinión y de su forma de hacer las cosas la norma absoluta. La persona en cuestión ha usurpado el lugar de Dios, porque solo él puede juzgar de esta forma.

Cuando los discípulos han desarrollado esta actitud crítica y condenatoria como un patrón consistente, han expulsado al amor de sus relaciones personales. El tipo de amor que Jesús ofrece permite que sus discípulos sirvan positivamente a los demás, pero no que los condenen. Si en nuestro corazón no tenemos esta clase de amor, sino una vengativa actitud de condenación, estamos demostrando que realmente no conocemos la misericordia y el perdón de Dios. La pasiva divina de "para que no seáis juzgados (RVR1960)" apunta a Dios como el único juez capaz de juzgar de manera absoluta.

La advertencia continúa con una amonestación paralela, "y con la medida que midan a otros, se les medirá a ustedes", similar a un aviso que encontramos en una norma rabínica sobre el adulterio: "Con la medida con que un hombre mide se le medirá a él" (*m. Soṭah* 1.7). La "medida" en cuestión puede ser una balanza, un recipiente o una vara, utilizados para calcular pesos o distancias, pero que a menudo se usaba de forma figurada, como aquí, para aludir a la uniforme justicia de Dios (*cf.* 23:32).

La ilustración que utiliza Jesús indica que el asunto específico que condena el denunciante no es de una gran trascendencia. Una vez más, el Señor se sirve de una hipérbole (una exageración intencionada; *cf.* 5:29-30) para ilustrar su argumento: "¿Por qué te fijas en la astilla que tiene tu hermano en el ojo, y no le das importancia a la viga que está en el tuyo?". Esta metáfora puede surgir del propio trasfondo de Jesús como hijo de carpintero (13:55). El término "astilla" (*karphos*) alude a una brizna de rama o tallo, algo completamente insignificante comparado con una "viga" (*dokos*) o gran poste. Este contraste ilustra la diferencia entre el insignificante problema del acusado y el enorme del acusador. Este último no puede ayudar a nadie, porque su visión espiritual está seriamente afectada por la viga que tiene en el ojo.

El verdadero problema es que el acusador es un "hipócrita" (7:5). Jesús utiliza el vocativo singular, "¡Hipócrita!", lo cual personaliza la acusación y da a entender que entre los propios seguidores de Jesús se detecta hipocresía. Como antes (*cf.* 6:2, 5, 16), hipocresía significa realizar obras externas de justicia que ocultan, quizá hasta de uno mismo, la propia corrupción interior. En este caso, el hipócrita piensa que puede ver con claridad el pecado de un hermano en la fe y lo condena delante de Dios. Sin embargo, no ha visto su propia actitud pretenciosa y crítica. Por una parte, la hipocresía puede ser un pecado remediable que el discípulo puede eliminar por medio de un examen de conciencia y confesión (7:5). Por otra, esta puede revelar un pecado más terminal. A lo largo de su ministerio, ciertas personas se unieron a Jesús, pero en realidad nunca creyeron de verdad. El principal ejemplo es Judas Iscariote, pero hubo muchos otros que adoptaron el nombre de discípulos aunque nunca creyeron de verdad (p. ej., Jn 6:60-66).

Jesús llama al discípulo nominal a examinarse a sí mismo, porque, en este último sentido, los hipócritas no conocen a Dios (ver comentarios sobre 6:1-2). En cualquier caso, la religiosidad ciega al discípulo en lo relativo a su hipocresía.[2] Este ha de buscar su propio perdón y sanidad espiritual en Dios antes de poder siquiera entender lo que los demás hacen mal. Cuando el discípulo elimina la viga de su petulancia, podrá entonces ver con ojos de humildad las astillas que puedan tener otros hermanos o hermanas. Una de las marcas de la comunidad de discípulos es la responsabilidad que tenemos de ayudarnos unos a otros a sacar la "astilla" del pecado de nuestras vidas (*cf.* 18:15-20), pero es una tarea que solo puede realizarse desde una vida humilde y que ha quitado la viga del orgullo espiritual que juzga a los demás (*cf.* Gá 6:1-5). Entonces, la restauración puede llevarse a cabo con la actitud correcta: "Después de la autocrítica, las relaciones personales se basan en una empatía que busca la liberación del otro más que en una indiferencia que le condena".[3]

Evaluar de manera apropiada a los demás (7:6)

Jesús aborda a continuación un problema en el extremo contrario de juzgar hipócritamente: la ingenua aceptación de personas sin discernir su verdadero fondo. El Señor demanda el apropiado discernimiento del bien y el mal, de lo bueno y de lo malo (7:6, 15-23), porque, en su mundo cotidiano, los discípulos tendrán que hacer constantes evaluaciones. Han de ser sabios y juiciosos.[4] En primer lugar, "No den lo sagrado a los perros". Aunque, para el lector moderno, la mención de "perros" trae a la memoria la imagen de animales de compañía bien aseados, en el mundo antiguo, los perros vivían entre las basuras, corriendo por las calles y escarbando entre los desechos para encontrar comida (Sal 59:14-15). Hablar de alguien como un perro era un grave insulto que reducía a la persona al nivel más bajo de la escala social (2S 16:9). Como metáfora, "perro" era una humillante etiqueta para aludir a quienes estaban fuera de la comunidad de Israel,

2. Morris, *Matthew*, 167: "Jesús llama la atención sobre un curioso rasgo de la raza humana que muy a menudo combina una profunda ignorancia de uno mismo con la arrogante presunción de conocer a otras personas, en especial sus faltas".
3. William F. Warren, "Focuses on Spirituality in the Sermon on the Mount", *Theological Educator* 46 (1992): 121.
4. Ver también comentarios sobre 7:16-20; 10:11-15; 16:6, 12; 18:17-18; *cf.* 1Co 5:5; 1Jn 4:1.

o eran enemigos de ella.[5] Pero, en este texto, la referencia parece más amplia, por cuanto incluye a todos los que son hostiles a los discípulos de Jesús. En este contexto, la expresión "lo sagrado" alude muy probablemente al mensaje del evangelio del reino, indicando que este santo mensaje no debe ser corrompido por quienes son hostiles a la invitación de Jesús o la han rechazado.[6]

Jesús reafirma la imagen del perro con la figura paralela del cerdo: "... ni echen sus perlas a los cerdos". En el mundo antiguo, la noción del cerdo es muy distinta de la que suscitan personajes del ámbito de la animación como el cerdito "Porky". Aunque la carne de cerdo era muy apreciada por muchos pueblos del mundo mediterráneo, los judíos (y quizá algunos sacerdotes egipcios de la antigüedad) la rechazaban, posiblemente porque, como los perros, también los cerdos eran animales que escarbaban en la basura. Sus hábitos omnívoros hacían que en ocasiones los cerdos se alimentaran de carne en descomposición, una práctica detestable para los judíos. Los cerdos podían ser peligrosos porque arrasaban los campos (Sal 80:13), y, cuando se desmandaban por las calles de las ciudades, eran a menudo responsables de la muerte de niños.[7] Las "perlas" simbolizan el valor del mensaje del reino de los cielos (ver comentarios sobre 13:45-46). Algo tan valioso no debería entregarse a quienes no muestran ningún aprecio por ello; con el rechazo de este mensaje demuestran cuál es su naturaleza.

Los discípulos de Jesús no consideran que tales personas sean bestias, sino que simplemente responden a su actitud. Sus acciones les señalan como enemigos del reino de los cielos. En otros pasajes de la Escritura se relaciona a perros y cerdos (Is 66:3; 2P 2:22) como animales peligrosos y ritualmente inmundos. La extraña conducta de estos animales salvajes producía temor, porque su intensa voracidad podía llevarles a atacar y devorar a seres humanos (*cf.* Sal 22:16-17). Esta imagen advierte a los discípulos del peligro que suponen aquellos que han rechazado el mensaje del reino de los cielos. Es una advertencia sobre los peligros de un celo mal encaminado en la proclamación del evangelio del reino a aquellos cuya sola intención es el escarnio, la ridiculización o algo peor.

La dirección de Dios en relación con otros (7:7-12)

Estos versículos parecen un tanto desvinculados de los precedentes, hasta que vemos que Jesús pretende concluir el SM. El Señor se centra aquí en la fuente de la estabilidad de los discípulos a medida que aprenden a vivir una verdadera vida del reino en este mundo caído.

5. Ver 1S 17:43; Sal 22:16; Pr 26:11. Aquellos que deseen considerar más datos de trasfondo pueden ver comentarios sobre Mt 15:26-28; ver también recuadro en "Dogs and Pigs in the Ancient World", en Wilkins, "Matthew", 51.
6. Hagner, *Matthew*, 171-72.
7. Ver "Dog", "Pork", *DJBP*, 172; "Animals", "Dogs", "Swine", *DBI*, 29, 213-14, 834-35; Edwin Firmage, "Zoology", *ABD*, 6:1130-35, 1143-44.

Pidan, busquen y llamen (7:7-8). Para la aplicación de los principios de no juzgar, sino evaluar de manera sabia y apropiada a los demás, los discípulos han de acercarse al Padre con la expectativa de recibir respuesta: "Pidan [...] busquen [...] llamen y se les abrirá". Puede que a los discípulos de Jesús les resulte difícil ser compasivos y perdonadores a la vez que sabios y juiciosos; conceder a otros discípulos el beneficio de la duda, pero estar en guardia contra quienes quieren destruir la comunidad; no juzgar a nadie, pero ser sabios y observadores para entender el verdadero carácter de las personas y tratar con ellas de manera consecuente. Sin embargo, la divina capacitación que Dios imparte cuando los discípulos de Jesús oran puede ayudarles a evitar los extremos de 7:1-5 y 7:6.

Es fácil entender que la palabra "pedir" hace referencia a orar, pero "buscar" y "llamar" son también metáforas alusivas a la oración. En la visión del apóstol Juan, el Jesús resucitado "llama" para que la iglesia escuche y se abra a la intimidad de su comunión (Ap 3:20).[8] Aunque algunos ven los imperativos presentes "pidan, busquen, llamen" como prácticamente equivalentes,[9] parece mejor sugerir que Jesús quiere indicar un grado ascendente de intensidad en la oración y apunta a una forma de vida tenaz delante del Padre.[10] "Pidan" indica un acercamiento a Dios con humildad y conciencia de la propia necesidad, como cuando un niño se acerca a su padre. "Busquen" relaciona la oración con una responsable actividad en la búsqueda de la voluntad de Dios, como cuando una persona ora por un empleo y al mismo tiempo se esfuerza por encontrarlo. "Llamen" hace referencia a la persistencia en pedir y buscar, como cuando el discípulo persevera orando por la salvación de su familia al tiempo que proclama y vive pacientemente el evangelio durante toda su vida.[11] Los discípulos de Jesús han de vivir una vida de oración constante al Padre, ser responsables en la búsqueda de la voluntad de Dios y mantener una incesante determinación esperando su respuesta.

Pero si estos imperativos enseñan que los discípulos han de mostrar *persistencia* en la oración, las respuestas paralelas enseñan que estos han de tener la *certeza* de que tales peticiones obtendrán la respuesta del Padre. Las respuestas predictivas —"se les dará", "encontrarán" y "se les abrirá" (7:7)— se repiten para impartir una certidumbre sorprendentemente universal de la respuesta a las oraciones de los discípulos. Quienes obtendrán respuesta a sus oraciones no son algunos, sino "todo el que", lo cual significa todos aquellos que han seguido a Jesús como discípulos suyos.

Pan ... piedra ... pescado ... serpiente (7:9-11). Jesús clarifica la indefinida enseñanza sobre la certidumbre de la respuesta a la oración de los discípulos mostrando que el Padre responderá con lo que sabe que es bueno para sus hijos.

---

8. Wilkins, "Prayer", *DLNTD*, 941-48.
9. John Broadus, *Matthew: An American Commentary* (Valley Forge, Pa.: Judson, 1886), 158.
10. France, *Matthew* (1985), 144.
11. Hendricksen, *Matthew*, 361-62.

"¿Quién de ustedes, si su hijo le pide pan, le da una piedra? ¿O si le pide un pescado, le da una serpiente?" (7:9-10). Normalmente, la dieta diaria de los judíos consistía en pan y pescado. Un padre responsable no sería tan mezquino como para engañar a sus hijos con piedras que parecieran pan (*cf.* la primera tentación de Jesús, 4:1-4), ni tan temerario como para darles serpientes en lugar de pescado. De manera que, si un padre responsable dará a sus hijos exactamente lo que necesitan diariamente, el Padre celestial, siendo como es absolutamente digno de confianza, dará siempre a los discípulos lo que realmente necesitan.

Jesús concluye con un argumento a fortiori (uno que a partir de una conclusión aceptada subraya otra aún más evidente), llamado *qal waḥomer* en la interpretación rabínica judía.[12] "Pues si ustedes, aun siendo malos, saben dar cosas buenas a sus hijos, ¡cuánto más su Padre que está en el cielo dará cosas buenas a los que le pidan!" (7:11). Si lo inferior es cierto (el proceder de unos padres terrenales contaminados por la maldad de este mundo caído), "cuánto más" lo será lo superior (la respuesta del Padre celestial). Los padres terrenales tienen el deseo innato de bendecir a sus hijos y no son normalmente mezquinos o temerarios con ellos, aun siendo todavía malos por el pecado que afecta a toda la humanidad por la caída de Adán y Eva (*cf.* Ro 5:12-14). ¡Cuánto más nuestro Padre celestial, que es perfectamente santo y bueno, dará siempre a sus hijos lo que necesitan cuando le piden!

La regla de oro (7:12). Puesto que la enseñanza principal del SM está llegando a su fin, Jesús lleva el camino del reino a su clímax en un precepto: "Así que en todo traten ustedes a los demás tal y como quieren que ellos los traten a ustedes. De hecho, esto es la ley y los profetas" (*cf.* Lc 6:31). A esta máxima se la llama normalmente la "regla de oro" porque, supuestamente, el emperador Alejandro Severo la escribió con oro en una pared de su palacio.[13] La expresión "así que" (*oun*; "por tanto") introduce este dicho como una conclusión sinóptica de la esencia del SM. La declaración "de hecho, esto es [o 'resume'; NIV] la ley y los profetas", forma una *inclusio* con el dicho parecido que expresa la intención inicial de Jesús para el SM (5:17).[14] La enseñanza de Jesús en el SM "cumple" (*pleroo*) la ley y los profetas (5:17), mientras que su regla de oro los "resume" (7:12). La regla de oro compendia, pues, la esencia de la voluntad de Dios para su pueblo en el Antiguo Testamento y, ahora, para los discípulos de Jesús. Tras este dicho final, Jesús pedirá a sus oyentes que se decidan entre dos caminos: con él o contra él (7:13-27).

Esta máxima moral de la regla de oro se expresa de varias formas en otras tradiciones, y se declara tanto de manera positiva como negativa (ver más adelante). Este precepto parece haber sido un tema recurrente en el judaísmo de

12. Hay múltiples ejemplos en Keener, *A Commentary on the Gospel of Matthew* (1999), 247 n. 231.
13. France, *Matthew* (1985), 145.
14. Guelich, *Sermon on the Mount*, 361-62; France, *Matthew* (1985), 145; Carson, 15.

aquel tiempo, y Hillel el Viejo lo tenía supuestamente como lema: "No hagas a tu prójimo lo que te es odioso a ti". La literatura rabínica atribuye este dicho a Hillel el Viejo, que sigue diciendo: "Esto es toda la Torá. El resto es comentario. ¡Ve y aprende!" (*b. Šabb.* 31a).[15]

En la regla de oro de Jesús encontramos una liberadora base para la vida personal y comunitaria. ¿Qué es lo correcto? Piensa en la forma en que te gustaría ser tratado y después utiliza este criterio como directriz para tratar a los demás. De este modo tenemos una concisa regla que expresa todo lo que Dios pretendía en el Antiguo Testamento para la justicia de la comunidad y que Jesús espera de la comunidad del reino de sus discípulos.

La enseñanza de Jesús sobre la oración y la regla del oro trae a la luz dos reveladoras ideas sobre la estabilidad en la propia vida de discipulado. (1) La estabilidad se producirá cuando sus discípulos aprendan a depender de su Padre celestial: su única constante en este mundo. Sean cuales sean las necesidades de los discípulos, materiales o espirituales, estos han de desarrollar una saludable dependencia de su Padre celestial (7:7-11). Amar a Dios es confiar que él nos cuidará.

(2) Esta estabilidad será también fruto de un saludable compromiso para vivir para el beneficio de los demás (7:12). Amar verdaderamente a otras personas es entregarse a ellas para su bien. Cuando hay un verdadero amor mutuo, ambas personas confían totalmente que el otro cuidará de sus necesidades. Cuando la apropiada confianza en el cuidado del otro se combina con la confianza en la provisión del Padre, los discípulos de Jesús nunca tienen que pensar en la satisfacción de sus necesidades, puesto que estas se cumplen en la amorosa comunidad de discípulos que imitan el compromiso del Padre con nuestro bienestar.

Construyendo Puentes

Como ha hecho a lo largo del SM, Jesús traslada al corazón la fuerza motivadora para el discipulado, de modo que lo que impulsa la obediencia comienza con la obra de Dios en la persona interior. Los verdaderos discípulos no se juzgarán impropiamente los unos a los otros, puesto que han experimentado la misericordia y el perdón de Dios y extenderán a los demás esta misma misericordia y perdón en una actitud de agradecimiento a Dios (7:1-5). Los verdaderos discípulos aprenderán a discernir la conveniencia o no de compartir su evangelio con quienes son propensos a burlarse de él (7:6). El constante crecimiento interior de los discípulos procede de una persistente relación de oración con el Padre, quien promete responder sus peticiones con aquello que es bueno para ellos (7:7-11). Y los criterios para determinar lo que es "bueno" emanan de los valores del reino, que hasta este momento se explican claramente en la enseñanza del SM.

15. Ver P. S. Alexander, "Jesus and the Golden Rule", en *Hillel and Jesus*, 363-88.

La regla de oro. Con esta suprema regla de oro, Jesús expresa, pues, en una sola afirmación, la esencia de la voluntad de Dios revelada en el Antiguo Testamento y la esencia de la vida del reino para sus discípulos. Como punto de referencia para las relaciones humanas, esta máxima moral se ha expresado en otros contextos a lo largo de la historia tanto en formas positivas como negativas. Séneca, filósofo y estadista romano (4 A.C.-65 A.D.) expresó este principio de manera positiva: "Mostremos generosidad de la misma manera que nos gustaría que se nos brindase a nosotros" (*De beneficiis* 2.1.1), mientras que Confucio, el filósofo chino (551-479 A.C.), lo declaró de manera negativa: "¡No hagas a los demás lo que no quieres que te hagan a ti!" (*Analectas* 15:23).[16]

Este precepto parece haber sido un tema recurrente en el judaísmo del tiempo de Jesús. Tobit consigna una forma negativa de este principio: "Sé prudente, hijo mío, en todo lo que hagas, y bien educado en tu manera de portarte. Lo que no quieras que te hagan, no se lo hagas a los demás" (*Tobit* 4:14b-15 DHH). Antes hemos observado que Hillel el Viejo (aprox. 70 A.C.-10 A.D.) tenía una consigna parecida. Sin embargo, mientras que las expresiones de este dicho en el mundo antiguo indican una *aspiración ética*, Jesús declara que la regla de oro es la *manifestación normativa* del discipulado de sus seguidores.

Como tal, la regla de oro resume verdaderamente "la ley y los profetas" (7:12; *cf.* 5:17-20), por cuanto localiza la fuerza motivadora para el discipulado en el corazón. Como ha hecho en el SM, Jesús indica que este era el propósito original de Dios para el Antiguo Testamento. Moisés apuntaba en esta dirección cuando declaró que los mandamientos tenían que ser grabados en el corazón de Israel (Dt 6:6), no observados externamente. La obediencia ética ha de llevarse a cabo desde la plenitud del corazón de la persona. Alguien puede decir que vive según la regla de oro como expresión de un ideal ético utilitario, pero se convertirá en un esfuerzo inútil, o puede que hasta egoísta, si no fluye del corazón.

En otras palabras, la regla de oro ha de vivirse en consonancia con el mayor mandamiento. Más adelante, cuando se le preguntó cuál era el mayor mandamiento de la ley, Jesús contestó: "'Ama al Señor tu Dios con todo tu corazón, con todo tu ser y con toda tu mente' [...]. El segundo se parece a este: 'Ama a tu prójimo como a ti mismo'" (Mt 22:37-40; *cf.* Dt 6:4-5 y Lv 19:18). La práctica de la regla de oro como fruto del discipulado de Jesús es esencialmente una expresión de la vida de una persona que ama a Dios y al prójimo.

En esto descubrimos una base liberadora para la vida personal y comunitaria. El amor a Dios nos permite amar a los demás, lo cual significa en su sentido más práctico hacerles lo que nos gustaría que se nos hiciera a nosotros. Pero no siempre sabemos lo que más nos conviene. Todas las antiguas expresiones de la regla de oro tenían expectativas de lo que las personas querían o no que se les hiciera. La práctica de la regla de oro presupone, por tanto, que los discípulos de Jesús

16. Hay otros ejemplos en Betz, *The Sermon on the Mount*, 509-16.

saben lo que es mejor para ellos, y pueden usarlo como norma para su proceder con los demás. Esta norma es el impacto del reino de los cielos en sus vidas.

Al responder al evangelio del reino, los discípulos de Jesús han experimentado lo que es verdaderamente mejor para ellos. Han experimentado, por ejemplo, el amor del Padre para ellos como hijos suyos, de modo que no solo amarán a su prójimo, sino también a sus enemigos (5:43-47), lo cual establece el amor como norma fundamental de la comunidad de discípulos. Puesto que han experimentado la misericordia de Dios, se relacionarán misericordiosamente con otros, y con ello establecerán la misericordia como una norma realista mutua de su discipulado (5:7). Y lo mismo sucederá con el perdón, que se constituirá asimismo como una marca distintiva de su discipulado (6:12). Puesto que entienden lo que significa dedicación exclusiva en su relación con el Padre, extenderán a su cónyuge una dedicación igualmente exclusiva, eliminando de la comunidad la lujuria, el adulterio y el divorcio (5:25-32).

De este modo, todas las enseñanzas de Jesús en el SM se convierten en el modelo para que pueda producirse una práctica realista de la regla de oro. Es un ideal ético que satisface las más profundas inclinaciones de la persona creada a imagen de Dios, liberando a los discípulos de Jesús de una obediencia externa y legalista para hacer llegar a los demás, en actividades concretas, el mismo amor de Dios que ellos han experimentado en su recepción de la vida del reino.

Significado Contemporáneo

Hace varios años vinieron a nuestra universidad dos oradores para dar una serie de mensajes durante unas conferencias sobre misiones. Estos predicadores intentaban ayudar a los estudiantes a entender cómo encontrar la voluntad de Dios para sus vidas. El primer mensaje se basó en Salmos 46:10: "Dejen de pelear y acepten que yo soy Dios. Yo gobierno a las naciones, y controlo al mundo entero!" (PDT). El orador tituló el mensaje "Déjenlo correr y que Dios…". El segundo sermón giró alrededor de Mateo 7:7: "Pidan, y se les dará; busquen, y encontrarán; llamen, y se les abrirá". El orador tituló el mensaje "Derribando puertas".

El primer mensaje sostenía que debíamos dejar el problema y pasárselo a Dios. El énfasis estaba en dejar que Dios controlara sus vidas y después encontrar paz acerca de lo que querían hacer en ellas. Se animó a los estudiantes a encontrar un lugar tranquilo y buscar la mente de Dios. Se les exhortó a renunciar a sus ambiciones, planificación o lucha por encontrar la voluntad de Dios y a permitir sencillamente que él fuera el Dios de sus vidas. "¡Déjalo correr y que Dios actúe!"

El segundo mensaje desarrollaba el asunto de la responsabilidad personal. El acento estaba en ejercer fe como una forma de descubrir la voluntad de Dios para sus vidas. En esta segunda consideración se animó a los estudiantes a buscar el consejo de personas sabias y piadosas, a explorar posibilidades y a intentar varias alternativas. Se les dijo que solo dando un paso de fe encontrarían la voluntad de Dios. El predicador usó la ilustración del coche que se conduce más fácilmente cuando está en movimiento que cuando está aparcado. "¡Derriben puertas para Dios!".

Muchos estudiantes se sentían visiblemente confundidos por aquellos mensajes aparentemente contradictorios. Los oradores parecían decir cosas opuestas. ¿Eran realmente mensajes contradictorios? Yo diría que sí y no. Sí, en el sentido de que cada uno de ellos expuso un principio bíblico correcto, y en nuestra perspectiva limitada son aparentemente contradictorios. Pero no, si tenemos en cuenta que ambos principios no tienen por qué contraponerse entre sí. No tenemos que escoger necesariamente entre uno u otro, ambos principios pueden desempeñar un papel crucial para descubrir la voluntad de Dios para nosotros como individuos.

Equilibrio. Una de las claves más importantes para mi vida como discípulo de Jesucristo es el *equilibrio*. No llego hasta el punto de decir que el equilibrio sea *la* clave, pero sí *una* de las claves que me han ayudado a tratar muchas cuestiones difíciles. La clase de equilibrio a la que me refiero surge de un fenómeno presente en una buena parte de la vida. En nuestra existencia diaria y en algunas de nuestras búsquedas intelectuales más profundas, encontramos a menudo dilemas surgidos de paradojas. Cuando hablo de *dilemas* me refiero a "situaciones que requieren una decisión entre alternativas igualmente indeseables" o a "decisiones entre dos alternativas que parecen verdaderas". Con *paradoja* quiero decir "alguna persona, cosa o situación que muestra una naturaleza aparentemente contradictoria".[17]

Lo importante es que las alternativas opuestas no son necesariamente contradictorias, pero desde la perspectiva del observador parecen serlo. Lo que convierte algo en un dilema es que ambas alternativas son aparentemente verdaderas y por consiguiente no puede descartarse ninguna de ellas y, sin embargo, el observador no entiende cómo pueden retenerse ambas alternativas al mismo tiempo. Por otra parte, una de las alternativas parece con frecuencia más deseable que la otra. Algunos dilemas aparecen al considerar las grandes verdades de la historia, otros cuando intentamos entender a Dios y su revelación para nosotros, y otros los experimentamos en las diarias rutinas de la vida.

Los dilemas que forman parte de nuestra vida intelectual, ética y práctica presentan una grave tendencia en muchos de nosotros hacia la "polarización" o el "extremismo". Cuando se nos enfrenta a dos verdades aparentemente contrarias, nuestra tendencia es aferrarnos a una de ellas y a continuación ignorar, excluir o atacar la otra. Tres cuestiones contribuyen a esta tendencia: primero, nuestras capacidades finitas no nos permiten entender plenamente cómo pueden ambas

17. Estas definiciones proceden del *Webster's Encyclopedic Unabridged Dictionary of the English Language* (Avenel, N.J.: Gramercy, 1989).

cosas ser ciertas, en segundo lugar, las situaciones de la vida demandan que tomemos una decisión inmediata antes de poder entender realmente la complejidad del asunto y, tercero, el péndulo de la historia oscila de una alternativa a la otra como más deseable.

La clase de equilibrio por la que abogo significa tomar dos verdades aparentemente contrarias y vivir con ambas al mismo tiempo, aunque puede que no podamos entender plenamente cómo encajan. Algunos evitan el concepto de equilibrio porque parece llevarnos a comprometer la verdad o a la falta de concreción o convicción, algo que ciertamente queremos evitar. Pero mi idea de equilibrio es muy diferente. Es un proceso que incluye los siguientes aspectos.

1. ¡Piensa con sentido común! No te dejes arrastrar por reacciones emocionales. Esta clase de reacción ante aparentes contradicciones puede paralizarnos o llevarnos a un extremo.
2. Abrirnos honestamente a ambas verdades, independientemente de cuál haya sido nuestra experiencia pasada o nuestro trasfondo.
3. Sostener simultáneamente dichas verdades en apariencia opuestas. Si ambas son bíblicas, tendrán su valor en el proceso de toma de decisiones y se revelarán finalmente complementarias, no contradictorias.
4. Aplica ambos aspectos al mismo tiempo. Puesto que la Escritura es una guía para la vida, es más fácil vivir ambos principios que comprenderlos plenamente.

Por ejemplo, aunque podemos no entender totalmente el modo en que coexisten la soberanía de Dios y nuestra responsabilidad (porque este es un importante asunto que subyace en la Escritura), todos tenemos la experiencia de ver la interacción de ambos principios en las experiencias diarias de la vida. Necesitamos tanto escuchar como buscar la dirección de Dios. Ambos principios son esenciales para ayudarnos a funcionar de manera efectiva en nuestra vida con Dios en el día a día. Puede que al principio sea más sencillo quedarnos con uno solo de los aspectos, pero seremos más sabios, más completos y estaremos mejor informados con un equilibrio de ambos.

A lo largo del SM hemos tenido que recurrir al equilibrio para entender toda la enseñanza de Jesús sobre la naturaleza de la vida del reino. Hemos visto, por ejemplo, que Jesús exhortó a sus discípulos a hacer "brillar su luz delante de todos, para que ellos puedan ver las buenas obras de ustedes y alaben al Padre que está en el cielo" (5:16); sin embargo, más adelante les instó en estos términos: "Cuídense de no hacer sus obras de justicia delante de la gente para llamar la atención" (6:1). Un equilibrio de ambos consejos expresado por el adagio "Muéstrate cuando te sientas tentado a *esconderte* y escóndete cuando te sientas tentado a *mostrarte*"[18] nos ayuda a evitar las tentaciones de la cobardía y la vanidad religiosa.

O, de nuevo, no debemos preocuparnos por lo que hemos de comer o beber (6:25-34), pero si una persona se niega a trabajar, no debe ser sostenida por la iglesia (2Ts 3:10). Esto demanda un equilibrio entre la confianza en el dinámico cuidado de Dios y nuestra propia responsabilidad personal. Pablo nos dice que podemos descansar en nuestra identidad por nuestra justicia posicional en Cristo (Ro 8:1); no obstante, Jesús nos dice que hemos de esforzarnos por avanzar hacia la perfección (Mt 5:48). Personalmente, encuentro un equilibrio de estos principios en la expresión "sosegada insatisfacción".

En esta sección nos encontramos con varias cuestiones que demandan el equilibrio de dos verdades. (1) No debemos juzgar (7:1), pero hemos de ser sabios y juiciosos (7:5). Para ser un juez cabal, debe conocerse la acusación, contar con todas las pruebas, escuchar a ambas partes, pronunciar un veredicto imparcial y, después, aplicar la sentencia según la ley. Aunque Jesús prohíbe un juicio absoluto (que solo Dios puede llevar a cabo), este requiere una valoración o evaluación relativa de la conducta de las personas.

(2) No hemos de dar lo sagrado a los perros o las perlas a los cerdos (7:6) y, sin embargo, hemos de proclamar constantemente el evangelio con amor incluso a quienes son nuestros enemigos (5:43-47). Piensa en lo que significa compartir el evangelio con una persona ebria y agresiva o intentar hablarle de la belleza y el poder del nombre de Jesús a alguien que acaba de maldecirlo o tomarlo en vano. Un antiguo dicho afirma: "Nunca intentes enseñar a cantar a un cerdo, porque pierdes el tiempo y molestas al cerdo". No obstante, algunos de quienes podríamos considerar perros o cerdos responderán a las perlas que tenemos. No deberíamos hacer "juicios" apresurados. Recordemos que Jesús vio una actitud mucho más prometedora en los recaudadores de impuestos, los pecadores y el ladrón crucificado (quizá más incluso de lo que veían ellos mismos) que en los dirigentes religiosos.

(3) Al aplicar la exhortación de pedir, buscar y llamar (7:7), hemos de equilibrarla con el consejo del salmista, "Estad quietos y conoced que yo soy Dios" (Sal 46:10). Esto es lo que he intentado que mis estudiantes descubran.

Vivir con un sentido de equilibrio ha sido una herramienta muy útil en mi interpretación de la Escritura y en su aplicación a mi vida personal. Sin embargo, este intento de ser equilibrados puede llevarnos, en ocasiones, a ver en algunas verdades un supuesto equilibrio que es incorrecto o innecesario. Podemos estar tan centrados en encontrar equilibrios que estemos ciegos a las verdaderas contradicciones. En estos casos, buscar un equilibrio puede llevarnos en realidad al error o a las componendas. El análisis de las paradojas puede también ser un proceso tan consumidor que puede llevarnos al agotamiento intelectual y a la

18. Bruce, "The Synoptic Gospels", 116.

parálisis. Si nos acercamos de un modo correcto, esta búsqueda de equilibrio es una gratificante forma de pensar y explorar toda la vida, porque nos lleva a una percepción más completa de la verdad. Pero es también la más exigente, por cuanto requiere un constante análisis y evaluación de nuestras acciones y pensamientos. Hemos de reconocer que estamos siempre en proceso. Pero esta meta de entender y aplicar toda la verdad de Dios es lo que nos permitirá mantener el equilibrio.[19]

19. Desarrollé esta cuestión en profundidad en Michael J. Wilkins, "Balance as a Key to Discipleship", *Ratio: Essays in Christian Thought* 1/1 (primavera 1993): 45-64.

Mateo 7:13-29

»Entren por la puerta estrecha. Porque es ancha la puerta
y espacioso el camino que conduce a la destrucción, y
muchos entran por ella. 14 Pero estrecha es la puerta y
angosto el camino que conduce a la vida, y son pocos los que la
encuentran.

15 »Cuídense de los falsos profetas. Vienen a ustedes disfrazados
de ovejas, pero por dentro son lobos feroces. 16 Por sus frutos los
conocerán. ¿Acaso se recogen uvas de los espinos, o higos de los
cardos? 17 Del mismo modo, todo árbol bueno da fruto bueno, pero
el árbol malo da fruto malo. 18 Un árbol bueno no puede dar fruto
malo, y un árbol malo no puede dar fruto bueno. 19 Todo árbol que
no da buen fruto se corta y se arroja al fuego. 20 Así que por sus
frutos los conocerán.

21 »No todo el que me dice: "Señor, Señor", entrará en el reino de
los cielos, sino sólo el que hace la voluntad de mi Padre que está
en el cielo. 22 Muchos me dirán en aquel día: "Señor, Señor, ¿no
profetizamos en tu nombre, y en tu nombre expulsamos demonios
e hicimos muchos milagros?" 23 Entonces les diré claramente:
"Jamás los conocí. ¡Aléjense de mí, hacedores de maldad!"

24 »Por tanto, todo el que me oye estas palabras y las pone en
práctica es como un hombre prudente que construyó su casa sobre
la roca. 25 Cayeron las lluvias, crecieron los ríos, y soplaron los
vientos y azotaron aquella casa; con todo, la casa no se derrumbó
porque estaba cimentada sobre la roca. 26 Pero todo el que me
oye estas palabras y no las pone en práctica es como un hombre
insensato que construyó su casa sobre la arena. 27 Cayeron las
lluvias, crecieron los ríos, y soplaron los vientos y azotaron aquella
casa, y esta se derrumbó, y grande fue su ruina.»

28 Cuando Jesús terminó de decir estas cosas, las multitudes se
asombraron de su enseñanza, 29 porque les enseñaba como quien
tenía autoridad, y no como los maestros de la ley.

Sentido Original

Aunque los discípulos han sido los principales receptores de su enseñanza en el SM (*cf.* 5:1-2), Jesús no ha perdido de vista a las multitudes y líderes religiosos. Ha invitado a las multitudes a entrar en el reino de los cielos y les ha advertido junto a sus discípulos del erróneo liderazgo de los dirigentes religiosos, especialmente de los maestros de la ley y los fariseos (*cf.* 5:20).

Jesús concluye el SM con una serie de advertencias a los tres grupos, porque está en juego el destino eterno. Pide a sus *discípulos* que examinen su vida para asegurarse de que no son meros profesantes, sino verdaderos miembros del reino de los cielos; a las *multitudes* las insta a considerar cuidadosamente la alternativa de seguirle a él o a los populares dirigentes religiosos; y a estos *dirigentes* les advierte sobre su responsabilidad al guiar al pueblo por el camino equivocado. En cada una de las cuatro advertencias —dos puertas y caminos (7:13-14), dos clases de profetas (7:15-20), dos clases de discípulos (7:21-23) y dos fundamentos (7:24-27)—, los interpelados han de tomar una decisión: ¿están con Jesús o contra él? No hay terreno intermedio, no hay otra elección, y deben tomar una determinación de consecuencias eternas.

Puertas y caminos anchos y estrechos (13:14-14)

La última sección del SM se inicia con la exhortación: "Entren por la puerta estrecha". La imagen de dos caminos en la vida era común en el judaísmo, ya fuera aludiendo a dos caminos separados que llevan al Paraíso o al Gehena (*b. Ber.* 28b), o al estrecho camino de las adversidades de la vida que finalmente lleva a la amplia senda de la bendición eterna (p. ej., *2 Esd.* 7:3-9). La utilización que Jesús hace de la imaginería es específica y fácil de entender. Aquellos que entran por la puerta ancha se encontrarán en un amplio camino que lleva a la destrucción, pero quienes lo hacen por la estrecha se hallarán en una senda estrecha que lleva a la vida.

La puerta y el camino anchos invitan, ofreciendo abundante espacio a quienes desean seguir la norma cultural y piadosa de los líderes religiosos. Los términos "ancha" y "espacioso" tienen un sentido espacial, pero suscitan también la idea de holgura y comodidad. Este espacioso camino es de fácil acceso y puede transitarse de manera confortable y tranquila.[1] Sin embargo, esta comodidad es engañosa, puesto que termina en "destrucción" (*apoleia*), un término común para aludir al castigo eterno (*cf.* 2P 3:7; Ap 17:8).

La puerta y el camino estrechos son mucho más restringidos, porque se limitan a Jesús y su forma de discipulado. El suyo es el camino de la minoría, puesto que pocos se atreven a abandonar la opinión popular y los dictados de los dirigentes religiosos. Los términos "estrecha" y "angosto" son también de carácter espacial, pero equilibran la metáfora evocando imágenes de dificultad. Esto es lo que sucede especialmente con la última palabra, que puede indicar problemas y aflicción (p. ej., 2Co 1:6; 4:8).[2] Quienes transitan este angosto camino

1. *Cf.* Hagner, *Matthew*, 1:179.
2. El verbo que se usa en este versículo es una forma de *thlibo*, que es un cognado de la palabra que suele traducirse como "tribulación" (*thlipsis*) y que, normalmente, indica persecución.

experimentarán dificultades, especialmente porque el desafío que supone el discipulado de Jesús suscitará la opresión, persecución incluso, de quienes recorren el camino de la mayoría.

Caben dos importantes y relacionadas distinciones interpretativas sobre la intención metafórica. (1) ¿Qué es primero, el camino o la puerta? (2) ¿Cuándo se produce esta entrada por la puerta, estrecha o ancha: durante esta vida o al final de ella? Las respuestas que demos a estas dos preguntas tienen importantes implicaciones. Algunos sostienen que el camino es primero y que este lleva a la puerta. Entienden que con esta metáfora Jesús desafía a sus oyentes a emprender el camino de la justicia que plantea su enseñanza en el SM para, al final de su vida, poder entrar por la puerta del reino.[3] Pero la mayoría de los comentaristas afirman —correctamente, creo— que Jesús quiso expresar en el texto el verdadero orden de estas realidades: la puerta primero y el camino después, y que ambas cosas aluden a una decisión tomada en esta vida.[4]

Jesús es la puerta estrecha por la que entran aquellos que responden a su invitación al reino del cielo. El camino del discipulado se extiende, entonces, a lo largo de nuestros años en la tierra, llevando finalmente a la vida eterna. Los falsos profetas y oponentes religiosos ofrecen una invitación más atractiva, porque el suyo es el camino más fácil para encajar en la sabiduría convencional. Sin embargo, quienes deciden entrar por la puerta de la opinión popular rechazando la invitación de Jesús descubrirán que tras ella arranca un camino que lleva a la eterna destrucción.

Verdaderos y falsos profetas (7:15-20)

Por el camino estrecho, los discípulos han de cuidarse "de los falsos profetas". Jesús ha advertido ya sobre el peligro de los líderes religiosos que engañan al pueblo con su falsa forma de justicia (5:20; 6:1-18), pero ahora va un paso más allá y avisa sobre los líderes revolucionarios que lo extravían con sus falsas profecías. Las advertencias sobre falsos profetas constituyen un importante tema en el Evangelio de Mateo (p. ej., 7:21-23; 24:11-12, 24), similar al de las advertencias de este tipo que contiene el Antiguo Testamento (p. ej., Jer 6:13-15; 8:10-12; Ez 13:1-23; 22:27-29; Sof 3:1-4). Se trata de advertencias contra quienes intentaban guiar al pueblo hablando falsamente en el nombre de Dios. Josefo nos habla de una serie de profetas populares que llevaron al pueblo a la insurrección: "Engañadores e impostores que, fingiendo obrar por la inspiración de Dios, y promoviendo cambios revolucionarios, convencieron a la multitud para

3. P. ej., Tasker, *Matthew*, 82; Richard B. Gardner, *Matthew* (Scottdale, Pa.: Herald, 1991), 136.
4. P. ej., Betz, *Sermon on the Mount*, 524-26, Carson, "Matthew", 189-90; Davies and Allison, *Matthew* 1:697-99; France, *Matthew*, 146-47.

que obraran como locos y los llevaron al desierto con la idea de que Dios les daría allí señales de su liberación".[5]

En un principio, los falsos profetas parecen auténticos miembros del rebaño de Dios por su forma de hablar y por su relación con el grupo, pero sus intenciones son perversas, como las de un lobo que hace estragos en el rebaño para su propia gratificación: "Vienen a ustedes disfrazados de ovejas, pero por dentro son lobos feroces". Esta expresión utiliza la natural enemistad entre ovejas y lobos (p. ej., Is 11:6; 65:25) y constituye la base de las posteriores advertencias del apóstol Pablo a los ancianos de Éfeso (Hch 20:29) y las de Ignacio de Antioquía a la iglesia de Filadelfia (Ign. *Fil.* 2:1-2).[6]

Manteniendo el anterior equilibrio de no juzgar al hermano (7:1-5), pero tampoco aceptar ingenuamente que todos tienen buenas intenciones (7:6), Jesús dice a sus discípulos que sean sabios y juiciosos cuando reciban a profetas con supuestos mensajes de Dios. "Por sus frutos los conocerán". El "fruto" es el producto de la vida esencial de la persona. Todo lo que dice y hace revela quién es (Stg 3:9-12). Juan el Bautista había reprendido a saduceos y fariseos por acudir a su bautismo, diciéndoles que debían producir "frutos que demuestren arrepentimiento" (Mt 3:8). El arrepentimiento de corazón producirá una vida arrepentida que rechaza el pecado.

De manera similar, Pablo dirá más adelante a los creyentes de Galacia que analicen sus vidas y las de los falsos maestros, puesto que aquellos que verdaderamente pertenecen a Cristo manifestarán el fruto del Espíritu, no las obras de la carne (Gá 5:16-24). La marca de una iglesia que crece en Cristo es los frutos de justicia y las buenas obras (Fil 1:11; Col 1:10). Y el apóstol Juan llama a la iglesia a poner a prueba el espíritu de los profetas para ver si estos son guiados por el Espíritu Santo para confesar que Jesús ha venido en carne (1Jn 4:1-3).

Jesús llama, pues, a sus discípulos a evaluar con cuidado a cualquier profeta que entra en su comunidad. No solo deben observar su mensaje para ver si coincide con el camino estrecho presentado por Jesús en el SM, sino también sus obras y vida para ver si estas son coherentes con la vida del reino que menciona en el mismo discurso. "¿Acaso se recogen uvas de los espinos, o higos de los cardos?" Las uvas y los higos eran alimentos básicos en Palestina, y los espinos y los cardos eran perniciosas malezas. Estas últimas plantas absorben los nutrientes de las otras y son también nocivas para los seres humanos por sus punzantes espinas. Las malas hierbas no pueden producir buen fruto. Sin la obra

---

5. Josefo, *Guerras de los judíos*. 2.259. Entre los líderes más populares de estos movimientos estaba Teudas (aprox. 45 A.D.; ver *Ant.* 20.97-98), el profeta de Egipto (aprox. 56 A.D.; ver *Ant.* 20.169-71; *Guerras* 2.261-63), y Jesús hijo de Ananías (aprox. 62-69 A.D.; ver *Guerras* 6.300-309). Quienes deseen considerar una aproximación a estos grupos pueden ver Horsley y Hanson, *Bandits, Prophets, and Messiahs*, 160-89
6. Ver también 2Co 11:11-15; 2P 2:1-3, 17-22.

de Dios en sus vidas, los falsos profetas no pueden hablar el mensaje de Dios ni manifestar la justicia que dicho mensaje produce.

Puesto que los árboles producen solo frutos coincidentes con su naturaleza —buen fruto los buenos y mal fruto los malos— Jesús amonesta a sus discípulos, como ya ha hecho antes (*cf.* 7:6), para que analicen los "frutos" de quienes pretenden ser profetas. Los falsos profetas producirán malos frutos, lo cual desde una perspectiva veterotestamentaria consiste en apartar al pueblo de Dios para seguir falsos dioses (Dt 13:1-18) o en pronunciar profecías que no se cumplen (18:21-22). Los malos árboles no sirven sino para leña (Mt 7:19), una sorprendente metáfora sobre el juicio de que serán objeto los falsos profetas. A continuación, Jesús repite 7:16: "Así que por sus frutos los conocerán" (7:20), otro ejemplo de *inclusio* con que cierra esta importante advertencia (*cf.* 5:3, 10).

Verdaderos y falsos discípulos (7:21-23)

Los falsos profetas no solo vendrán a la comunidad desde fuera, sino que también desde dentro de ella se suscitarán falsos discípulos: "No todo el que me dice: 'Señor, Señor', entrará en el reino de los cielos". Estas palabras aluden a alguien que ha confesado a Jesús como Señor, pero que Jesús sabe que no se ha arrepentido verdaderamente como condición para entrar en el reino de los cielos. En esta etapa del movimiento de Jesús, es dudoso que llamar "Señor" (*kyrios*) a Jesús tuviera el pleno sentido divino que este tratamiento adquirió en el periodo posterior a la resurrección (p. ej., Jn 20:28). Durante el ministerio de Jesús, esta palabra se utilizaba principalmente como un tratamiento de respeto (p. ej., Mt 18:21; 26:22).

Pero hemos de notar que, en el Evangelio de Mateo, el uso de *kyrios* tiene también mucha más trascendencia. "Señor" es el título que utilizaban habitualmente quienes se acercaban a Jesús buscando la ayuda divina (p. ej., 8:2, 5; 9:28; 15:22, 25; 17:15; 20:30, 31, 33), entre ellos, sus propios discípulos cuando se encontraban en dicha tesitura (p. ej., 8:25; 14:30).[7] A medida que el ministerio de Jesús se va desarrollando, sus discípulos utilizan este tratamiento con creciente deferencia, ya que están descubriendo que es mucho más grande de lo que inicialmente habían entendido. Tiene acceso al poder de Dios y a una relación con él como Hijo que solo puede expresarse propiamente con un título reservado a la Deidad: "Señor" (p. ej., 14:28; 16:25; 17:4). Esto es especialmente significativo cuando los discípulos ven sus obras milagrosas, apelan a él como "Señor" y le adoran (14:33), algo reservado exclusivamente a la Deidad.

"Señor" es también uno de los títulos, como "Hijo del hombre" (ver comentarios sobre 8:20), que Jesús utiliza para aludir a sí mismo de un modo que pone

7. Günther Bornkamm, "End-Expectation and Church in Matthew's Gospel", *Tradition and Interpretation in Matthew,* ed. Günther Bornkamm, Gerhard Barth, y Heinz Joachim Held, trad. ing. Percy Scott (Filadelfia: Westminster, 1963), 41-43.

cada vez más de relieve su identidad divina.[8] Siendo el único que alude al Dios del cielo como "mi Padre" (utilizado aquí por primera vez en Mateo)[9] y que tiene autoridad para confinar a los falsos profetas al juicio eterno (7:22-23), Jesús es ciertamente más que un mero maestro, por respetado que sea.

Por tanto, este falso discípulo que invoca a Jesús como "Señor, Señor" ha dicho más de lo que sabe, pero quienes leen el relato en la comunidad de Mateo captarán el pleno significado de estas palabras. Puesto que una confesión verbal de Jesús como Señor puede ocultar un corazón impenitente, Jesús afirma que la entrada al reino del cielo está reservada para aquellos que hacen "la voluntad de mi Padre que está en el cielo" (7:21). Esta misma expresión aparece de nuevo más adelante para indicar cuál es el requisito para entrar a formar parte de la comunidad familiar de Jesús (12:50; *cf.* 6:10; 21:31; 26:42). Esto no significa meramente obedecer las leyes del Antiguo Testamento como la voluntad de Dios. La voluntad del Padre significa obedecer a la llamada del reino del cielo que llevará a una verdadera justicia. Puesto que Jesús es el cumplimiento del Antiguo Testamento (5:17), es el ejemplo final de obediencia a la voluntad del Padre (26:42). Seguir su ejemplo en el discipulado y ser como él permitirá a sus discípulos hacer la voluntad de Dios en la vida cotidiana.

Estos falsos discípulos pretenden ser profetas y apuntan a su actividad carismática como una señal de su discipulado: "... ¿no profetizamos en tu nombre, y en tu nombre expulsamos demonios e hicimos muchos milagros?". Los exorcismos y los milagros acompañaban habitualmente a la proclamación del evangelio por parte de Jesús (p. ej., 4:24; 8:3, 16) y los doce (*cf.* 10:1, 7-8) y confirmaban la autenticidad del mensaje. Aunque los falsos discípulos pueden conseguir poder "en el nombre de Jesús", sus actividades son inútiles por lo que a su destino eterno se refiere. Estos no se acercan a Jesús como verdadera puerta al reino ni participan de estas actividades según la voluntad del Padre (7:21).

Jesús nunca subraya lo externo como señal más significativa de autenticidad. Lo que demanda es nuestra lealtad interior a la voluntad de Dios, que producirá los frutos de una vida transformada. Para llevar a cabo sus objetivos, Dios puede utilizar a una persona (a "muchas" incluso) que profesa el nombre de Jesús, aunque se haya engañado a sí misma o a otras. No obstante, la decisiva revelación de la autenticidad de la propia vida se producirá en el tiempo del juicio.

Jesús evoca, por tanto, una escena escatológica del juicio eterno en la que aparta de él a estas personas. "Entonces les diré claramente: 'Jamás los conocí. ¡Aléjense de mí, hacedores de maldad!'".[10] Estas palabras expresan el directo y

---

8. Ver 9:38; 21:3; 22:43-45; 23:38; 24:42; 25:37, 44. France, *Matthew: Evangelist and Teacher*, 287-88.
9. Ver también, 10:32, 33; 11:27; 12:50; 16:17; 18:10, 19; 20:23; 25:34; 26:39, 42, 53.
10. Hay una exposición académica sobre el juicio en el Evangelio de Mateo en David C. Sim, *Apocalyptic Eschatology in the Gospel of Matthew* (SNTSMS 88; Cambridge: Cambridge Univ. Press, 1996), esp. 130-39.

absoluto rechazo de una persona que no tiene una verdadera relación de discipulado con Jesús (*cf.* 25:13). Esta reivindicación de autoridad para determinar quién entra en el reino y quién va al castigo eterno supone la más elevada reclamación cristológica por parte de Jesús. Por todo el Antiguo Testamento se afirma que Dios "conoce" a aquellos que él ha escogido como pueblo suyo (Jer 1:5; Os 13:5; Am 3:2), un tema que se reitera en el Nuevo Testamento para hablar de una relación salvífica con Dios por medio de Jesucristo (*cf.* Gá 4:8-9; 2Ti 2:19). Jesús reivindica aquí la prerrogativa divina de conocer los recovecos más profundos de los corazones.

Constructores sabios y necios (7:24-27)

Jesús pronuncia la parábola del constructor sabio y el necio como desafío y conclusión ilustrativa del SM (*cf.* también Lc 6:47-49): "Por tanto, todo el que me oye estas palabras y las pone en práctica". Aunque la expresión "todo el que" incluye a los discípulos, que son los principales receptores de la enseñanza del SM, se dirige también a las multitudes, a las que Jesús ha estado invitando constantemente a entrar en el reino de los cielos (ver comentarios sobre 5:1-2, 20). Es muy probable que estén también presentes, quizá en secreto, algunos representantes de los dirigentes religiosos a quienes Jesús ha venido poniendo como ejemplo negativo de quienes apartan al pueblo de la justicia de Dios para llevarlos a su propia hipocresía (*cf.* comentarios sobre 5:20; 6:1-2).[11]

Puede que el encantador corito para niños ("El hombre sabio su casa edificó") suavice el duro contraste histórico que presenta la parábola. Jesús demanda una decisión entre él y los dirigentes religiosos. Una cuestión a la que recurre una y otra vez: "están conmigo o contra mí". Jesús pide a quienes han oído las palabras del SM que las pongan en práctica, trazando una línea divisora entre él y cualquier otro fundamento para la vida. La referencia a la inundación es una metáfora característicamente judía, como se refleja en la literatura de Qumrán (1QH 6.26; 7.8-9) y en un dicho tanaítico de principios del siglo segundo: "¿A qué puede compararse un hombre de buenas obras muy estudioso de la Torá? A alguien que primero pone piedras y después ladrillos. Aunque una gran inundación se levante contra él no lo desplazará [...]".[12] Pero el dicho de Jesús refleja una referencia más específica a su entorno y al objeto de su crítica.

En esta parábola, Jesús demuestra conocer las técnicas de construcción del momento, lo cual puede reflejar su formación como carpintero en el negocio familiar (13:55): "... como un hombre prudente que construyó su casa sobre la roca [...] como un hombre insensato que construyó su casa sobre la arena" (7:24-25). El escenario de este sermón, cerca del mar de Galilea, encuentra un marco natural para esta parábola. Las arenas aluviales que rodeaban el litoral se

11. Guelich, *Sermon on the Mount*, 419-21.
12. Atribuido a Elisha ben Abuya en *Abot de-Rabbi Nathan*, A 24 (p. 77); citado en Vermes, *The Religion of Jesus the Jew*, 102.

endurecían superficialmente durante los tórridos meses de verano. Pero un constructor sabio no se dejaría engañar por las condiciones de la superficie. Cavaría una zanja de hasta tres metros de profundidad hasta encontrar la roca de fondo y allí pondría los cimientos de su casa. Cuando llegaran las lluvias invernales y el Jordán desaguara todo su caudal en el mar, desbordándose sus orillas, las casas construidas sobre la superficie de las arenas aluviales tendrían un fundamento inestable. Sin embargo, las construidas sobre la roca de fondo podrían soportar la inundación. En unas excavaciones de finales de la década de 1970 en aquella región se encontró un manto de roca de basalto que, al parecer, había servido para cimentar un edificio en tiempos antiguos.[13]

Los que oyeran el SM habrían entendido rápidamente el significado superficial de la parábola, puesto que comprendían perfectamente la necedad que suponía tomar el camino fácil y no construir sobre el lecho de roca. "Cayeron las lluvias, crecieron los ríos, y soplaron los vientos y azotaron aquella casa, y esta se derrumbó, y grande fue su ruina". ¿Pero podrían mirar más allá de la parábola y captar lo que Jesús quería decir? ¿Estarían dispuestos a rechazar las arenas aparentemente seguras pero superficiales del liderazgo de los escribas y fariseos y optar por poner las palabras de Jesús como fundamento de sus vidas? Los dirigentes religiosos estaban fomentando una forma de justicia superficial que ocultaba un fundamento inestable de hipocresía religiosa. Finalmente, su inestabilidad se manifestaría en la falta de respuestas a las necesidades más profundas de las personas. En esta parábola, Jesús continúa ofreciendo una invitación a construir sobre la roca de la verdadera vida en el reino de los cielos, pero este es un camino impopular, problemático incluso, puesto que quienes le siguen dejan atrás el cómodo camino que ofrecen los populares dirigentes religiosos.

La persona sabia muestra que ha considerado cuidadosamente las inestables arenas de las enseñanzas humanas y entiende que Jesús es la única verdad segura de la vida (*cf.* 1Co 3:10-11). La persona sabia piensa de antemano en las tormentas y sacrificios venideros y construye su vida sobre la roca de las palabras de Jesús. La elección no es menos dura en nuestros días. La persona sabia construye su vida en Jesús, al margen del clima cultural o religioso.

La reacción de las multitudes (7:28-29)

Las palabras que utiliza Mateo para señalar la conclusión del SM aparecen de nuevo como una fórmula idéntica tras cada uno de los cinco principales discursos de su Evangelio: "Cuando Jesús terminó de decir estas cosas" (7:28; *cf.* 11:1; 13:53; 19:1; 26:1). Esta fórmula forma parte de un patrón característico de estos discursos, puesto que constituirán el principal contenido que a lo largo de la historia sus discípulos utilizarán para enseñar a los nuevos seguidores a guardar todo lo que Jesús ha mandado en su ministerio terrenal (28:20).

---

13. Gordon Franz, "The Parable of the Two Builders", *Archaeology in Biblical World* 3 (1995): 6-11.

Aunque Jesús quiso que el SM fuera principalmente enseñanza para sus discípulos, "las multitudes" han estado escuchando en el trasfondo (*cf.* 5:1-2). De hecho, Jesús dirigió algunos de sus desafíos a las multitudes como una invitación a entrar en el reino de los cielos (5:20), especialmente hacia el final del discurso (p. ej., 7:24).[14] Por ello Mateo consigna aquí su reacción: "Las multitudes se asombraron de su enseñanza, porque les enseñaba como quien tenía autoridad, y no como los maestros de la ley" (7:28-29). Este es un elocuente testimonio de la autoridad de la enseñanza de Jesús, que acentúa la principal intención de Mateo. Los maestros de la ley eran expertos legales del Antiguo Testamento en el tiempo de Jesús (ver comentarios sobre 5:20; 8:19). Su autoridad entre el pueblo procedía de su erudición al citar a maestros anteriores y de la formulación de nuevas interpretaciones. Pero, irónicamente, sus prácticas habían amordazado la autoridad del Antiguo Testamento, puesto que habían añadido tantas tradiciones y requisitos legales que el poder de la Escritura había sido derrotado (p. ej., 15:1-9). No podían, pues, hablar con autoridad, puesto que habían silenciado la única fuente de autoridad.

Pero Jesús tiene una autoridad inherente. Esto no solo se ve en su repetida declaración de la antítesis "pero yo les digo", que muestra cómo cumple el Antiguo Testamento (ver 5:21-48), sino también en su impresionante declaración como juez del destino eterno de los humanos: "Entonces les diré claramente: 'Jamás los conocí. ¡Aléjense de mí, hacedores de maldad!'" (7:23). Desde Moisés (Éx 11:4) a Elías (1R 21:23) Isaías (Is 3:16) y Zacarías (Zac 8:3), los profetas y escritores del Antiguo Testamento no hablaban de una autoridad personal, sino más bien de la que emanaba de la revelación: "Así dice el Señor". La enseñanza de Jesús es tan contundente que se ve claramente que es portador de la autoridad de Dios.

Pero la conclusión de Mateo es irónica. El asombro ante las enseñanzas de Jesús no indica su aceptación. El término "se asombraron" es la forma pasiva de *ekplesso*, que en Mateo no alude a la fe. Esta palabra indica una serie de respuestas emocionales, pero no un compromiso con el ministerio mesiánico de Jesús. Se utiliza para describir la escéptica reacción de la ciudad natal de Jesús a su ministerio (13:58), la atónita respuesta de sus discípulos a la dificultad para la salvación de los ricos (19:25), y la estupefacción de las multitudes ante la enseñanza de Jesús sobre el matrimonio en la resurrección (22:33). Asombro no es lo mismo que compromiso de fe. Solo cuando alguien acepta la invitación de Jesús y entra en el reino de los cielos, se convierte en discípulo.[15]

Por una parte, Mateo aplaude a las multitudes que han exaltado a Jesús, porque han reconocido su autoridad en contraste con los dirigentes religiosos de su tiempo. Por otra parte, el evangelista expresa una advertencia a las multitudes. Jesús no quiere que las personas se limiten a escuchar y a marcharse asombradas.

14. Wilkins, *Discipleship in the Ancient World and Matthew's Gospel*, 150-52.
15. Kingsbury, "The Verb *AKOLOUTHEIN*", 61.

Quiere que tras escuchar tomen una decisión a favor de él. Tomar una decisión significa salir de la multitud y convertirse en discípulo de Jesús.[16]

El asombroso impacto del SM es su carácter intensamente desafiante para la vida. Por una parte se trata de una acusación profundamente inquietante de los dirigentes religiosos, que han intentado establecer su propio proyecto suplantando la intención original de Dios. El SM supone también un sorprendente desafío a las multitudes, atraídas a la autorizada declaración de Jesús sobre las realidades de la vida, pero sin haber puesto todavía su fe en él. Este sermón es asimismo la más elevada aspiración, la directriz de vida más realista, para los discípulos de Jesús, que descubrirán que, cuando viven en la práctica la sorprendente realidad de la vida en el reino de los cielos, las palabras de Jesús devienen una fuente constante de la dirección de Dios.

Construyendo Puentes

"Esta se derrumbó, y grande fue su ruina" (7:27). Las últimas palabras de Jesús en este magnificente SM terminan con una nota trágica. Puede que esta no sea la forma en que muchos predicadores modernos deciden concluir un sermón. Suena excesivamente "fatalista". Nosotros preferiríamos terminar en un tono más animado. Obviamente, Jesús no siempre concluye sus mensajes de esta manera. En el último mensaje de su ministerio terrenal, el discurso del aposento alto dirigido a sus discípulos la noche antes de su crucifixión, Jesús terminó con una nota muy distinta: "Yo les he dicho estas cosas para que en mí hallen paz. En este mundo afrontarán aflicciones, pero ¡anímense! Yo he vencido al mundo" (Jn 16:33).

Sin embargo, la variopinta audiencia del SM demanda un desafío distinto. En esta temprana etapa de su movimiento, Jesús desafía a sus discípulos a examinarse cuidadosamente para no engañarse a sí mismos con respecto a la autenticidad de su compromiso con él, porque algún día tendrán que dar cuentas de su profesión. A las multitudes las desafía también a considerar su invitación al reino de los cielos, puesto que su decisión, a favor o en contra de él, tiene consecuencias eternas. Y a los líderes religiosos los insta a considerar detenidamente su hipocresía religiosa, que puede llevarlos a ellos y a las multitudes a la destrucción eterna. Por tanto, la nota de condenación con que Jesús concluye el SM es especialmente apropiada y urgente para aquel tiempo y audiencia, y no llama la atención al juicio en sí, sino a Jesús como su administrador.

El asombro de las multitudes ante su enseñanza pone de relieve la autoridad con que él ha hablado en el SM; el último foco está, pues, en el propio Jesús.

---

16. Wilkins, *Discipleship in the Ancient World and Matthew's Gospel*, 229-30; Guelich, *Sermon on the Mount*, 419-21; T.W. Manson, *The Teaching of Jesus*, 2ª ed. (Cambridge: Cambridge Univ. Press, 1935), 19.

Mateo quiere que sus lectores vean que las palabras de Jesús tienen autoridad por ser quien es. En los capítulos 1-4, a Jesús se le introduce como Mesías de Israel por medio de la genealogía y las narraciones de la infancia, en la atronadora predicación y ministerio de Juan el Bautista, en las escaramuzas con el diablo en el desierto, en su llegada a Galilea para anunciar la venida del reino de los cielos y en el llamamiento de sus primeros colaboradores para que se conviertan en pescadores de hombres. En los capítulos 5-7, Jesús se presenta como Mesías en palabra; en el impecable SM y en los siguientes capítulos 8-9, Jesús se presenta como Mesías en acción en una colección de relatos milagrosos. Los focos iluminan a Jesús como autorizado Mesías de las esperanzas de Israel.

Pero, en su condición de Mesías, Jesús es también el árbitro autorizado del destino de la humanidad. En estas cuatro breves escenas que finalizan el SM, toda la humanidad está delante de Jesús y este pregunta a cada uno en particular: "¿Qué vas a hacer conmigo?".

- 7:13, 14: ¿Vas a entrar por la puerta que lleva a la vida en el reino de los cielos y a emprender una vida de seguimiento a mí? ¿O me rechazarás para seguir el camino que lleva a la destrucción?
- 7:15, 20: ¿Vas a buscar en mí la fuente interior de la transformación que produce el buen fruto de la vida? ¿O acaso seguirás las voces proféticas de este mundo, que promete dar sentido a la vida, pero que solo te llevará a las llamas del infierno?
- 7:21, 23: ¿Obedecerás la voluntad de mi Padre y vendrás a mí como tu único Señor? ¿O seguirás falsas manifestaciones de espiritualidad que te alejarán eternamente de Dios?
- 7:24, 27: ¿Construirás tu vida sobre mí como tu roca? ¿O permitirás que la agradable comodidad de tu vida te lleve a desatender la preparación para las tormentas que vendrán y que finalmente te arrastrarán a la destrucción de la otra vida?

Aunque estas imágenes del castigo eterno no son agradables, sí son urgentes y necesarias para los oyentes de Jesús y para los lectores de Mateo, nosotros entre ellos. Los años que se nos han asignado en este mundo tienen una trascendencia eterna. Pueden terminar antes de lo que pensamos y, por tanto, hemos de estar preparados en todo momento para lo que hay más allá. Es más, el modo en que vivimos estos años es importante, porque lo que sembramos aquí es lo que recogeremos allí. Esto debe llevarnos a vivir con una perspectiva eterna que influya en nuestras prioridades laborales y de ocio, en nuestras relaciones personales y compromisos y en nuestras obligaciones y servicio.

Por tanto, la trágica nota con que Jesús concluye este sermón es muy instructiva para nuestra propia predicación y enseñanza y para nuestra vida personal y ministerio. No creo que me vaya al otro extremo y me convierta en un predicador de "fuego y azufre", sin embargo, en mi ministerio y liderazgo tengo la responsabilidad de llamar a las personas a considerar su responsabilidad eterna en relación con lo que han hecho con Jesús. Como hacía Jesús, debo preguntar: "¿Estás con Jesús o contra él? ¿Entiendes claramente cuáles son las consecuencias de ambos caminos tanto para esta vida como para la otra?".

Significado Contemporáneo

"Una mala persona no puede llevar a cabo buenas obras, ni una buena persona, malas obras".[17] Son las sorprendentes palabras de Agustín, antiguo padre y teólogo de la iglesia primitiva en su comentario sobre la metáfora de Jesús acerca de los árboles buenos y malos (7:15-20). Durante dos mil años, los discípulos de Jesucristo han estudiado, predicado, memorizado y utilizado el SM como patrón para la vida. En el siglo XXI, a menudo nos hemos empobrecido porque no hemos informado nuestros estudios con la experiencia de tales discípulos. Con la llegada de la imprenta, estudios más recientes del SM, como los de los reformadores, se han puesto al alcance de los estudiantes modernos, pero los de siglos anteriores eran muchas veces inaccesibles. Sin embargo, en los últimos años, la iglesia ha sido enriquecida con traducciones y colecciones asequibles de comentarios y sermones bíblicos de los antiguos padres de la iglesia.[18]

Como cabría esperar, entre estas antiguas exposiciones hay una mezcla heterogénea de buenos y malos trabajos, no muy distinta de la que encontramos cuando estudiamos los comentarios escritos de nuestro tiempo. En estos escritos pueden hallarse ciertas extravagancias teológicas que siglos de reflexión teológica y modernos descubrimientos arqueológicos han ayudado a resolver. No obstante, al considerar las cuatro advertencias con que concluye el SM, considero muy enriquecedor estudiar las perspectivas de la patrística. Los problemas que Jesús trata aquí son similares a los de la iglesia primitiva y a los de nuestro tiempo. Las perspectivas de los antiguos padres son útiles cuando las comparamos con las de nuestros autores modernos para mostrarnos cómo se han entendido las palabras de Jesús a lo largo de la historia de la iglesia. Nos hacemos más sabios cuando consideramos las duras advertencias de Jesús en este texto tanto desde la óptica de las reflexiones antiguas como desde la de las modernas.

Puertas y caminos anchos y estrechos (7:13-14). Un problema constante que enfrentan quienes consideran la invitación de Jesús al reino es que no es el camino popular: "... son pocos los que lo encuentran" (7:14). No siempre podemos

17. Agustín, *Sermón del Monte* 2.24.79. Todas las citas de los padres de la iglesia en esta sección son de la colección de Simonetti, *Matthew 1-13*, 152-58. Todos los autores posteriores se citan directamente.
18. Un ejemplo reciente es la serie *Ancient Christian Commentary on Scripture* (Antiguo comentario cristiano de la Escritura), Thomas C. Oden, ed. gen.

descubrir la voluntad de Dios recurriendo a la mayoría, porque nuestros caminos no son siempre los de Dios. "'Todo el mundo lo hace' no será un criterio muy útil en la ética cristiana",[19] afirma Dale Bruner, erudito y pastor moderno. Cuando nos motiva el deseo de agradar a los demás, descubriremos que nuestras consideraciones pueden no complacer de ningún modo a Dios. El reformador Juan Calvino afirma:

> ¿Qué puede explicar que los hombres se precipiten de manera consciente, voluntaria y desenfadada, sino el hecho de que no creen que se estén condenando, cuando toda la multitud se dirige a este destino al mismo tiempo. Por otra parte, los reducidos grupos de los fieles producen muchos cobardes, porque es difícil inducirnos a renunciar al mundo y a modelar nuestra vida según el ejemplo de unos pocos.[20]

Por ello Jesús nos llama a asumir un valiente compromiso con él como entrada al camino de la vida en el reino de los cielos. Allí encontraremos a la comunidad de discípulos, con quienes compartiremos una común apreciación por los valores y comunión del reino.

Pero otro problema de quienes consideran la invitación de Jesús al reino es que no es el camino fácil. Las palabras "ancha" y "espacioso" no solo nos dan pistas sobre quiénes van a tomar el camino al infierno, sino que implican también un camino fácil, sin los problemas, la opresión y el rigor de la puerta "estrecha" y el camino "angosto" de una vida como discípulos de Jesús. Jesús dirá más adelante: "... porque mi yugo es suave y mi carga es liviana" (11:30), una confirmación de que se unirá a nosotros cuando andamos por el camino del discipulado y de que recibiremos fuerza para seguir adelante. Pero Jesús nos llama a considerar el coste de lo que este camino angosto significará en nuestra vida diaria. Bruner sigue diciendo:

> No tenemos que engañarnos diciendo que la ética de Jesús no es difícil. El Sermón del Monte de Jesús requiere coraje e inversión moral. Es un camino duro [...]. La idea del éxito del secularismo y el superespiritualismo carece de la fibra moral e intelectual que encontramos en la vida vivida en obediencia a las demandas de Jesús.[21]

Pero Crisóstomo, padre de la iglesia primitiva, encuentra ánimo en las dificultades del camino cuando considera las futuras coronas de la recompensa eterna.

> ¡Porque este camino lleva a la vida! El resultado es que la naturaleza temporal del esfuerzo y el carácter eterno de las coronas de los

19. Bruner, *Matthew*, 1:283.
20. Calvino, *Matthew, Mark, and Luke*, 1:233.
21. Bruner, *Matthew,* 1:283.

> vencedores, junto al hecho de que los esfuerzos vienen primero y las coronas después, se convierte en una vigorosa fuente de ánimo.[22]

Jesús pide, por tanto, que quienes aspiran a ser sus discípulos consideren cuidadosamente la alternativa de la vida en el reino de los cielos, por angosta y difícil que pueda ser, frente al camino popular que lleva a la destrucción.

Otro problema que puede surgir del reto que nos plantea Jesús con las puertas y los caminos es que, si no entendemos bien el orden, podemos pensar que Jesús está hablando de un sistema de obras. En la escuela dominical de las iglesias teológicamente liberales a las que asistía de niño, recuerdo claramente al maestro explicando que el camino era primero y después venía la puerta. Es decir, teníamos que escoger uno de los caminos, el estrecho, que era sinónimo de vivir una vida recta, o el ancho, que lo era de una vida inmoral. Al final de nuestro tiempo en este mundo, si no nos habíamos apartado del camino angosto, se nos prometía franquear la puerta estrecha y entrar en el cielo. Este maestro estaba defendiendo que el camino al cielo era el de las buenas obras.

Sin embargo, mirando de cerca el dicho de Jesús, hemos visto que la puerta es lo primero. Jesús ofrece, por gracia, esta invitación a la vida. Él mismo es la puerta estrecha por quien hemos de entrar al reino de los cielos y a la vida eterna. Al igual que en el caso de la puerta, la estrechez del camino está determinada por la persona de Jesús, e indica la vida de discipulado que emprendemos tras entrar por la puerta. La puerta y el camino anchos indican la elección del camino del mundo en lugar del de Jesús. La decisión de ponernos del lado de Jesús o en contra de él se produce en esta vida y es la decisión más importante que hemos de tomar. Jesús ofrece por gracia la invitación a la salvación y a una vida con él.

Frutos buenos y malos (7:15-20). Con la metáfora de los lobos vestidos de oveja, Jesús advierte implícitamente que los falsos profetas están dentro de la comunidad. La única forma de distinguirlos de los verdaderos discípulos es por el fruto de sus vidas. En los primeros tiempos de la historia de la iglesia, Agustín escribió contra un grupo de lobos vestidos de ovejas, los maniqueos, un movimiento dualista que defendía dos naturalezas opuestas inherentes en todas las personas: una buena y una mala, el Dios supremo y el Poder de la Oscuridad. Los maniqueos utilizaban el dicho de Jesús sobre los dos árboles para apoyar su doctrina, por eso Agustín comenta para combatir su error: "El árbol, naturalmente, es el alma —o sea, la persona— y los frutos son las obras de la persona. Por tanto, una mala persona no puede llevar a cabo buenas obras, ni una buena persona, malas obras".[23] Agustín no está dando a entender que un alma mala no pueda convertirse en buena. Lo que sostiene es que el alma, en su bondad o

---

22. Crisóstomo, *El Evangelio de Mateo*, Homilía 23.5.
23. Agustín, *Sermón del Monte* 2.24.79.

maldad, produce buenos o malos frutos. El alma dará frutos en consonancia con su naturaleza, buena o mala.[24]

Hay dos importantes implicaciones que llaman la atención. (1) La verdadera transformación es la prueba de la realidad del impacto del reino de los cielos en la vida de una persona. La virtuosa vida del reino de los cielos que Jesús enseñó en el SM no puede producirla una persona que no ha experimentado el poder transformador de este reino. Crisóstomo afirma: "Mientras una persona viva de forma degenerada, no podrá generar buen fruto. Porque tal persona puede ciertamente cambiar a la virtud, siendo malvado, pero mientras permanezca en maldad, no podrá dar buen fruto".[25]

(2) Se nos llama a examinar los frutos de quienes profesan tener un mensaje de parte de Dios, porque pueden ser impostores. Si hay una lección en la historia de la que deberíamos aprender es que las iglesias, denominaciones, escuelas y grupos misioneros han sido, y son, vulnerables a las falsas doctrinas.[26] Tenemos la responsabilidad de proteger al rebaño de los lobos rapaces que, pervirtiendo el evangelio, pretenden apartar a los discípulos de la fe (*cf.* Hch 20:28-30).

William Barclay, el popular expositor del siglo pasado, habla de una especie de espino, llamado arraclán, que produce unas pequeñas bayas negras que parecen granos de uva, y de una zarza cuya flor puede confundirse desde la distancia con un higo. Barclay se sirve de estos ejemplos para ilustrar que podemos ver un parecido superficial entre los verdaderos maestros y los falsos, pero la naturaleza de su vida pondrá finalmente de relieve la veracidad o no del mensaje. Barclay sugiere que la falta esencial del falso maestro es el *egoísmo*:

> El verdadero pastor se preocupa más por el rebaño que por su vida; lo único que preocupa al lobo es dar satisfacción a su voracidad. El falso profeta se dedica a la enseñanza, no por lo que puede dar a los demás, sino por lo que puede conseguir para sí mismo.[27]

A continuación, Barclay advierte a quienes están en el ministerio del evangelio acerca de tres formas en que un maestro puede ser dominado por el egoísmo: puede enseñar únicamente para obtener una *ganancia*; puede hacerlo solo por *prestigio*; o su única motivación puede ser *transmitir sus ideas*, no la verdad de Dios.[28] La advertencia de Jesús sobre los falsos mensajes proféticos es tan relevante en nuestro tiempo como lo ha sido a lo largo de la historia de la iglesia.

---

24. Simonetti, *Matthew 1-13*, 155 n. 19.
25. Crisóstomo, *El Evangelio de Mateo*, Homilía 23.7.
26. Keener, *Matthew* (IVPNTC; Downers Grove, Ill.: InterVarsity, 1997), 164: "Nosotros, que deberíamos dedicarnos a impugnar los injustos razonamientos de este mundo, estamos muchas veces enzarzados en una batalla dentro de nuestras propias filas".
27. William Barclay, *The Gospel of Matthew*, ed. rev. (DSB; Filadelfia: Westminster, 1975), 1:284.
28. *Ibíd.*, 1:284-85.

Muchos falsos mensajeros promueven con pasión una promesa de vida que, sin embargo, solo les llevará junto con sus seguidores a las llamas del infierno.

Oidores y hacedores de la voluntad del Padre (7:21-23). En la tercera advertencia, Jesús se dirige a aquellos que hacen profesión de fe en él y que llevan incluso a cabo obras milagrosas en su nombre, pero que realmente no le pertenecen. El patriarca Cirilo de Alejandría instruye a su iglesia diciendo:

> Puede haber algunos que, en un principio, creían como es debido y trabajaban diligentemente para la virtud. Es posible que hasta hubieran obrado milagros, profetizado y echado fuera demonios. Y, sin embargo, más tarde, se vuelven al mal, a la obstinación, al engaño y a sus deseos. Sobre los tales, Jesús afirma: "Jamás los conocí".[29]

Cirilo subraya correctamente que la obstinación, el engaño y el seguimiento de los propios deseos son rasgos que distinguen a los falsos discípulos, que se engañan a sí mismos y a otros creyentes y desean la atención que recibirán con las manifestaciones espectaculares. Hoy las cosas no han cambiado. Es desalentador ver cuántas personas son atraídas a predicadores que proclaman la autenticidad de su mensaje mediante espectaculares manifestaciones de poder "espiritual". Jesús nos advierte de que las señales y los prodigios no prueban la conformidad con la voluntad de su Padre, puesto que estas cosas pueden proceder de fuentes ajenas a Dios, como los poderes diabólicos y la creación humana (*cf.* Hch 19:13-16; 2Ts 2:9-12; Ap 13:13-14). Como observa Craig Blomberg, la actividad carismática tiende "a poner el entusiasmo y lo espectacular en lugar de la prosaica obediencia en medio del sufrimiento. Pero estas demostraciones externas no demuestran nada".[30]

La prueba final de cualquier ministerio es si promueve o no la obediencia a la voluntad del Padre. El pastor contemporáneo John Stott comenta: "Recitamos el credo en la iglesia y cantamos himnos que expresan devoción a Cristo. Incluso llevamos a cabo toda una serie de ministerios en su nombre. Pero a Jesús no le impresionan nuestras palabras piadosas y ortodoxas y sigue buscando la evidencia de nuestra sinceridad en las buenas obras de la obediencia".[31] Cualquier otra cosa es obra de los "hacedores de maldad" (7:23), y resultará en su condenación eterna. Cirilo continúa: "Aunque en un principio habían vivido virtuosamente, acabaron condenados. Dios conoce a aquellos que ama, y ama a quienes creen en él con sencillez y hacen las cosas que le agradan".[32]

Constructores sabios y necios (7:24-27). La cuarta advertencia de Jesús compara la sabiduría de encontrar nuestra justicia en su proclamación del reino de los cielos con la necedad de quienes la buscan en el mensaje de los dirigentes

29. Cirilo de Alejandría, *Fragmento* 88.
30. Blomberg, *Matthew*, 133.
31. Stott, *Sermon on the Mount*, 208.
32. Cirilo de Alejandría, *Fragmento* 88.

religiosos. Crisóstomo alude a quienes se esfuerzan por construir una casa sobre la arena como "descerebrados", por cuanto su trabajo obtendrá un beneficio inmediato pero la destrucción eterna.[33] "Descerebrados" es también una apropiada expresión para nuestro tiempo cuando consideramos la elección entre construir nuestra vida en Jesús como fundamento o edificarla sobre cualquier otro.

El popular pastor y expositor James Montgomery Boice sugiere que se pueden cometer dos errores con respecto a esta decisión. Uno de ellos es decir, como lo hacen muchos jóvenes, que no necesitan ningún fundamento. El otro es más propio de generaciones anteriores, y consiste en afirmar que cualquier fundamento es válido.[34] El primero lo vemos en el escepticismo posmoderno respecto a la verdad absoluta, y el último en el pluralismo políticamente correcto de la cultura moderna. Pero solo Jesús y la vida del reino que ha anunciado en el SM son la roca firme que ha ofrecido verdadera estabilidad, seguridad y esperanza a lo largo de la historia de la iglesia. Esto se expresa con gran belleza en el himno antiguo, que no anticuado, "My Hope Is Built on Nothing Less [Mi esperanza se funda en nada menos]".

> Mi esperanza solo está
> En la sangre y justicia de Jesús;
> No daré a otro mi confianza
> Descansaré en el nombre de Jesús.
> Estoy en pie sobre la roca;
> Todo lo demás arena es,
> Todo lo demás arena es.[35]

Pido a Dios que nuestro estudio de este Sermón haya hecho algo más que dejarnos "asombrados" de la enseñanza de Jesús; mi petición es que nuestra respuesta no sea meramente emocional, sino la de discípulos que lo han dejado todo para seguir el camino de Jesús. Nos llevará a exaltar verdaderamente a Jesús como aquel que tiene toda autoridad y cuya enseñanza es el verdadero fundamento y fuente de la vida.

33. Crisóstomo, *El Evangelio de Mateo* 157.
34. James Montgomery Boice, *The Sermon on the Mount: An Exposition* (Grand Rapids: Zondervan, 1972), 310-11.
35. William B. Bradbury, "My Hope Is Built on Nothing Less" (1863).

Mateo 8:1–9:8

Cuando Jesús bajó de la ladera de la montaña, lo siguieron
grandes multitudes. [2] Un hombre que tenía lepra se le acercó
y se arrodilló delante de él.

—Señor, si quieres, puedes limpiarme —le dijo.

[3] Jesús extendió la mano y tocó al hombre.

—Sí quiero —le dijo—. ¡Queda limpio!

Y al instante quedó sano de la lepra.

[4] —Mira, no se lo digas a nadie —le dijo Jesús—; sólo ve, preséntate al sacerdote, y lleva la ofrenda que ordenó Moisés, para que sirva de testimonio.

[5] Al entrar Jesús en Capernaúm, se le acercó un centurión pidiendo ayuda.

[6] —Señor, mi siervo está postrado en casa con parálisis, y sufre terriblemente.

[7] —Iré a sanarlo —respondió Jesús.

[8] —Señor, no merezco que entres bajo mi techo. Pero basta con
que digas una sola palabra, y mi siervo quedará sano. [9] Porque
yo mismo soy un hombre sujeto a órdenes superiores, y además
tengo soldados bajo mi autoridad. Le digo a uno: "Ve", y va, y al
otro: "Ven", y viene. Le digo a mi siervo: "Haz esto", y lo hace.

[10] Al oír esto, Jesús se asombró y dijo a quienes lo seguían:

—Les aseguro que no he encontrado en Israel a nadie que tenga
tanta fe. [11] Les digo que muchos vendrán del oriente y del occidente,
y participarán en el banquete con Abraham, Isaac y Jacob en el
reino de los cielos. [12] Pero a los súbditos del reino se les echará
afuera, a la oscuridad, donde habrá llanto y rechinar de dientes.

[13] Luego Jesús le dijo al centurión:

—¡Ve! Todo se hará tal como creíste.

Y en esa misma hora aquel siervo quedó sano.

[14] Cuando Jesús entró en casa de Pedro, vio a la suegra de este en
cama, con fiebre. [15] Le tocó la mano y la fiebre se le quitó; luego ella
se levantó y comenzó a servirle.

[16] Al atardecer, le llevaron muchos endemoniados, y con una sola
palabra expulsó a los espíritus, y sanó a todos los enfermos. [17] Esto
sucedió para que se cumpliera lo dicho por el profeta Isaías:

«Él cargó con nuestras enfermedades
y soportó nuestros dolores».

18 Cuando Jesús vio a la multitud que lo rodeaba, dio orden de pasar
al otro lado del lago. 19 Se le acercó un maestro de la ley y le dijo:

—Maestro, te seguiré a dondequiera que vayas.

20 —Las zorras tienen madrigueras y las aves tienen nidos —le
respondió Jesús—, pero el Hijo del hombre no tiene dónde recostar
la cabeza.

21 Otro discípulo le pidió:

—Señor, primero déjame ir a enterrar a mi padre.

22 —Sígueme —le replicó Jesús—, y deja que los muertos entierren
a sus muertos.

23 Luego subió a la barca y sus discípulos lo siguieron. 24 De
repente, se levantó en el lago una tormenta tan fuerte que las olas
inundaban la barca. Pero Jesús estaba dormido. 25 Los discípulos
fueron a despertarlo.

—¡Señor —gritaron—, sálvanos, que nos vamos a ahogar!

26 —Hombres de poca fe —les contestó—, ¿por qué tienen tanto
miedo?

Entonces se levantó y reprendió a los vientos y a las olas, y todo
quedó completamente tranquilo.

27 Los discípulos no salían de su asombro, y decían: «¿Qué clase
de hombre es este, que hasta los vientos y las olas le obedecen?».

28 Cuando Jesús llegó al otro lado, a la región de los gadarenos, dos
endemoniados le salieron al encuentro de entre los sepulcros. Eran
tan violentos que nadie se atrevía a pasar por aquel camino. 29 De
pronto le gritaron:

—¿Por qué te entrometes, Hijo de Dios? ¿Has venido aquí a
atormentarnos antes del tiempo señalado?

30 A cierta distancia de ellos estaba paciendo una gran manada de
cerdos. 31 Los demonios le rogaron a Jesús:

—Si nos expulsas, mándanos a la manada de cerdos.

32 —Vayan —les dijo.

Así que salieron de los hombres y entraron en los cerdos, y toda
la manada se precipitó al lago por el despeñadero y murió en el
agua. 33 Los que cuidaban los cerdos salieron corriendo al pueblo
y dieron aviso de todo, incluso de lo que les había sucedido a los
endemoniados. 34 Entonces todos los del pueblo fueron al encuentro
de Jesús. Y cuando lo vieron, le suplicaron que se alejara de esa
región.

9:1 Subió Jesús a una barca, cruzó al otro lado y llegó a su propio
pueblo. 2 Unos hombres le llevaron un paralítico, acostado en una
camilla. Al ver Jesús la fe de ellos, le dijo al paralítico:

—¡Ánimo, hijo; tus pecados quedan perdonados!

3 Algunos de los maestros de la ley murmuraron entre ellos: «¡Este
hombre blasfema!».

4 Como Jesús conocía sus pensamientos, les dijo:

—¿Por qué dan lugar a tan malos pensamientos? 5 ¿Qué es más
fácil, decir: "Tus pecados quedan perdonados", o decir: "Levántate
y anda"? 6 Pues para que sepan que el Hijo del hombre tiene
autoridad en la tierra para perdonar pecados —se dirigió entonces
al paralítico—: Levántate, toma tu camilla y vete a tu casa.

7 Y el hombre se levantó y se fue a su casa. 8 Al ver esto, la multitud
se llenó de temor, y glorificó a Dios por haber dado tal autoridad a
los mortales.

Sentido Original

Al concluir Jesús el Sermón del Monte y descender de la montaña, grandes multitudes de personas lo siguen (8:1). Su ministerio público inicial atrajo amplias muchedumbres (4:23-25), y su enseñanza en el SM las ha asombrado (7:28), de manera que empiezan a ir tras él por las tierras altas de Galilea. Mateo reúne ahora varias historias de milagros para demostrar que Jesús no solo tiene un extraordinario mensaje mesiánico, sino también una gran misión.[1] Jesús no solo es el Mesías en palabra (caps. 5–7), también es el Mesías en obras (caps. 8–9).

Los milagros de Jesús pueden dividirse al menos en tres clases generales: sanidades, exorcismos y milagros de la naturaleza, además de una subcategoría (o categoría aparte) de esta última: resucitar a los muertos. Mateo se centrará en cada uno de estos tipos de milagros aquí como demostración de que el reino de Dios ha llegado verdaderamente (*cf.* 12:28).

Sin embargo, la misión mesiánica de Jesús no se desarrollará como muchos pueden haber esperado. Primero, sanará a los marginados (8:1-17), decepcionará las expectativas del momento acerca del discipulado (8:18-22) y derrotará las fortalezas de Satanás, como la naturaleza, los demonios y la enfermedad (8:23–9:8). A continuación revelará una forma inesperada de discipulado (9.9-17), sanará lo inesperado (9:18-35) y enrolará a obreros que salgan con su autoridad mesiánica para extender su misión (9:36–10:4).

Sanación de los marginados (8:1-17)

En tres breves escenas, Mateo demuestra cómo el ministerio mesiánico de Jesús trae restauración a las personas con frecuencia marginadas dentro de la

1. Los milagros de los caps. 8–9 no están en el orden cronológico seguido por las armonías habituales en la vida de Jesús. Ver, p. ej., la colocación de los milagros en Thomas y Gundry, *The NIV Harmony of the Gospels,* 22-26. Mateo tiene propósitos teológicos en mente cuando reúne estas historias de milagro en un solo lugar.

cultura judía: leprosos (8:1-4), gentiles (8:5-13) y mujeres (8:14-15). De este modo, Jesús rompe las barreras de la pureza, la etnia y el género para que todos puedan responder a su invitación al reino de los cielos.

Limpiar a los leprosos: límites de la pureza (8:1-4). La narración comienza abruptamente: "Un hombre que tenía lepra se le acercó y se arrodilló delante de él". El concepto moderno de la lepra trae a la mente una enfermedad temida y debilitante conocida como la enfermedad de Hansen, dominante en las zonas húmedas, tropicales o subtropicales del mundo (mayormente en Asia, África, Sudamérica y las islas del Pacífico). Aunque no es altamente contagiosa, el horror de la enfermedad que puede consumir miembros y extremidades, como las orejas y la nariz, ha conducido al aislamiento de los afectados.

Sin embargo, en el mundo antiguo, la lepra se asociaba de forma más general con una variedad de enfermedades cutáneas, como la dermatosis, la psoriasis, el lupus, la tiña y otros trastornos sospechosos de la piel. El Antiguo Testamento proporcionó unas directrices específicas para el examen y el tratamiento de los que sufrían estas dolencias (ver Lv 13–14), dado que muchos de esos desórdenes se consideraban altamente contagiosos.

Este leproso debió de haber oído hablar del ministerio sanador tan extendido de Jesús (Mt 4:23-25), porque se arrodilló delante de él y dijo: "Señor, si quieres, puedes limpiarme". El título vocativo "Señor" (*kyrie*) es el que usan las personas en general para acercarse a Jesús en busca de ayuda divina.[2] Este leproso no pretende dictar la agenda de Jesús, sino que apela a él como quien ostenta la pureza sanadora de Dios. La línea entre la impureza médica y espiritual se difuminaba con frecuencia por la incertidumbre del diagnóstico. A todos los que tenían la lepra se les exigía que los examinara el sacerdote, quien, tras el examen, podía decretar la pureza o la impureza de la persona (Lv 13:2ss). Si tenía lepra, el individuo enfermo tenía que ser aislado del resto de la comunidad y se le pedía que llevara la ropa rasgada, que cubriera la parte baja de su rostro y que gritara: "¡Inmundo! ¡Inmundo!" (Lv 13:45-46; Nm 5:2-4).

La fuente de la sanidad de este leproso está en Jesús, quien solo tiene que *querer* efectuar una cura inmediata. Al extender su mano para tocar al leproso, Jesús no viola las leyes de la pureza del Antiguo Testamento, porque, en lugar de contaminarse, limpiaba al leproso con su mano sanadora y su pureza espiritual. Ordenándole al leproso que llevara a cabo el ritual prescrito de presentarse al sacerdote (8:4), Jesús cumple el requisito de la ley para que los leprosos se reinserten en la sociedad (Lv 14:1-32). Al observar la ley mosaica, esto se convierte en un "testimonio" (*martyrion*) de su verdadera identidad mesiánica para el sacerdocio y el pueblo (Mt 8:4).

2. P. ej., 8:2, 5; 9:28; 15:22, 25; 17:15; 20:30, 31, 33; ver Bornkamm, "End-Expectation and Church in Matthew's Gospel", 41-43.

No obstante, se le da una instrucción al leproso: "Mira, no se lo digas a nadie". Un aspecto regular del ministerio de Jesús consistía en exigir secretismo sobre su identidad y actividad, algo que se enfatiza de forma especial en el Evangelio de Marcos, pero también en Mateo (*cf.* 9:30; 12:16; 16:20; 17:9). El deseo de Jesús de que se guardara silencio no es un tema urdido por los escritores de los Evangelios para explicar la tradición no mesiánica recibida,[3] sino que es un tema que caracteriza la misión histórica de Jesús. Él evita cuidadosamente provocar en las multitudes una mala comprensión de su identidad mesiánica. Aunque los milagros darán fe de la autenticidad del mensaje de su evangelio sobre la llegada del reino de los cielos, Jesús no quiere que las multitudes aclamen solo los milagros. Estas pueden malinterpretar fácilmente su mensaje y entender que significa que ha venido tan solo a efectuar sanidades físicas o a traer la liberación nacional y militar. Llevará a sus discípulos y a las multitudes a comprender que su principal misión consiste en traer el perdón de los pecados (ver 9:1-8; 20:28; 26:28), que produce la verdadera purificación.

Curación del siervo del centurión: límites étnicos (8:5-13). No solo hallamos en esta narración un relato asombroso de la sanidad realizada por Jesús desde la distancia, también descubrimos la pasmosa reversión de las expectativas étnicas y religiosas. En esta temprana etapa del ministerio de Jesús y del relato de Mateo, un gentil recibe sanidad, se revela la promesa de la inclusión de los gentiles en el reino de los cielos y se le advierte a la nación de Israel sobre la exclusión del programa de redención de Dios si no se arrepienten. Sin duda, esto debió de haber desconcertado a la audiencia de Jesús y constituye un crudo recordatorio para los lectores de Mateo sobre la verdadera naturaleza del discipulado.

Al regresar de nuevo a Capernaúm, base de su ministerio galileo (ver comentarios sobre 4:13), Jesús se encuentra con un centurión, un oficial del ejército romano. La *centuria*, un grupo de cien soldados, era la unidad más pequeña de la legión romana. Cada una de ellas estaba comandada por un centurión, el principal oficial profesional de los ejércitos de la antigua Roma. Aunque existía poca evidencia tangible de que hubiera una *centuria* estacionada en Galilea antes del 44 A.D.,[4] excavaciones recientes revelan que una guarnición militar de Capernaúm tenía sus cuarteles al este del pueblo judío. Estas excavaciones arrojaron más luz sobre el centurión. Debía de ser un oficial capaz y responsable, que mantenía buenas relaciones con el pueblo judío de a pie. En cada una de las escenas de milagro de los capítulos 8–9, Mateo abrevia el relato para llegar a la figura o la acción principal del incidente. Hace que el centurión se acerque

3. Es una interpretación popular entre algunos comentaristas críticos, que comienza en 1901 con William Wrede, *The Messianic Secret,* trad. ing. J. C. G. Greig (Cambridge: James Clarke, 1971) y revisada de nuevo en una variedad de formas hasta hoy; p. ej., C. M. Tuckett, ed., *The Messianic Secret* (Filadelfia: Fortress, 1983).
4. A. N. Sherwin-White, *Roman Society and Roman Law in the New Testament* (Oxford: Clarendon, 1963), 123-24.

directamente a Jesús[5] con una petición, no para sí mismo, sino por su criado: "Señor, mi siervo está postrado en casa con parálisis, y sufre terriblemente". Jesús ya había curado anteriormente esa misma enfermedad (parálisis) en aquellos que llevaron hasta él las multitudes de 4:24, de modo que es probable que el centurión hubiera oído hablar del poder de Jesús sobre aquella dolencia. Su siervo está sufriendo enormemente. Se desconoce la fuente de la parálisis, pero las descripciones han llevado a algunos a sugerir que la causa era la poliomielitis, el azote de muchos en las sociedades antiguas.

Usando el mismo título pronunciado por el leproso, "Señor" (8:2), este centurión romano hace gala de una extraordinaria sensibilidad hacia las tradiciones judías, considerándose indigno de recibir al maestro judío en su hogar gentil: "Señor, no merezco que entres bajo mi techo". Que un judío entrara en una casa gentil lo hacía ceremonialmente inmundo (*cf.* Hch 10:28). Pero, al reconocer la superioridad personal de Jesús como aquel que puede sanar a su siervo, el centurión va más allá de la aversión de los judíos por los hogares gentiles. "Pero basta con que digas una sola palabra, y mi siervo quedará sano. Porque yo mismo soy un hombre sujeto a órdenes superiores, y además tengo soldados bajo mi autoridad". Los militares romanos ejercían un profundo control sobre la vida de sus propias tropas, como era necesario para estar preparados en situaciones de combate. Pero este centurión rinde homenaje a una autoridad aún mayor en Jesús, cuya palabra sola —como la Palabra de Dios (*cf.* Sal 107:20)— puede sanar.

La probabilidad de que este centurión sea un gentil temeroso de Dios no solo explica el elogio de Jesús a sus seguidores: "Les aseguro que no he encontrado en Israel a nadie que tenga tanta fe". El centurión comprende que en Jesús está el Libertador esperado a quien Israel como nación debería haber reconocido. De ahí que la declaración de Jesús resalte al centurión por su fe ejemplar y, a la vez, censure a Israel por su falta de fe. La alabanza y la acusación de Jesús se convierten en un lenguaje de promesa para los gentiles y de juicio contra Israel: "Les digo que muchos vendrán del oriente y del occidente, y participarán en el banquete con Abraham, Isaac y Jacob en el reino de los cielos".

La frase "del oriente y del occidente" apunta a la amplitud de los pueblos que descenderán de los confines de la tierra. El Antiguo Testamento había anticipado la inclusión de todos los pueblos de la tierra en el banquete escatológico (Is 25:6-9; 56:3-8).[6] El pacto hecho con Abraham con respecto a que sería una bendición para todas las naciones de la tierra, que se cumplió con la llegada de

5. En la versión de Lucas (Lc 7:1-10), que proporciona mayor detalle, son algunos ancianos judíos y después otros amigos, también judíos, quienes hacen realmente la petición de sanidad del criado. Se acercan a Jesús por gratitud al centurión, porque había construido una sinagoga para ellos. El centurión reconoce claramente su propia indignidad como gentil para acercarse a Jesús (7:7).
6. Gene R. Smillie, "'Even the Dogs'": Gentiles in the Gospel of Matthew", *JETS* 45 (marzo 2002): 73-97, esp. 91-97.

Jesús (*cf.* 1:1; Gn 12:1-3; 22:18), ahora se hace público en el pronunciamiento al centurión. Los pueblos de la tierra se unirán a los patriarcas en el banquete escatológico del reino de los cielos.[7]

Al mismo tiempo que asegura la inclusión de los gentiles, Jesús prevé dramáticamente la exclusión de los que parecen tener un lugar afianzado: "Pero a los súbditos del reino se les echará afuera". La expresión "sujetos del reino" (lit., "hijos del reino") es un semitismo que señala al Israel nacional,[8] cuyos líderes reclaman el reino de Dios a través de su herencia abrahámica (3:8-9). Con extraordinaria pasión, Jesús prosigue con el tema del juicio anunciado por Juan el Bautista (*cf.* 3:7-12). La reivindicación israelita del reino dejará fuera a cualquiera que no se arrepienta, a menos que sigan la senda de fe en Jesús que el centurión ha ejemplificado (ver comentarios sobre 21:43-46). Jesús sigue pintando una imagen triste del futuro del Israel impenitente con términos comunes a las descripciones del infierno o Gehena (22:13; *cf. 4 Esdras* 7:93; *1 En.* 63:10): "a la oscuridad, donde habrá llanto y rechinar de dientes".

Esta declaración debió de chocarles a los oyentes de Jesús, pero es coherente con los profetas del Antiguo Testamento que sistemáticamente llamaron a Israel a volver a Dios. Jesús seguirá rogándole a Israel que se arrepienta y entre al reino que él ha inaugurado. Esto cumple las promesas pactuales a Israel dadas a través de Abraham, Isaac y Jacob, que incluye la asistencia al banquete escatológico. Estar presente en él conlleva un requisito primordial para todos los hijos de Dios, independientemente de su identidad étnica: la fe en Jesús como Mesías. Los gentiles que crean se unirán a los judíos que lo hagan.[9] Los que no vuelvan a él en fe, como libertador mesiánico, recibirán un justo castigo, sean judíos o gentiles. Aún no se ha declarado la misión gentil, pero la respuesta de Jesús al centurión indica que la puerta del reino está abierta para todo aquel que crea.[10]

La verdadera sanidad no es *proporcional* a la cantidad de fe del centurión (ver comentarios sobre 17:20) ni tampoco está *causada* por su fe (ver comentarios sobre 15:28), sino que se produce en *respuesta* a su fe en Jesús como aquel que puede sanar. Los relatos de sanidad milagrosa en el judaísmo son raros y se consideraban extraordinarias, de modo que la sanidad de Jesús en esta historia se habría considerado asombrosa. Por ejemplo, la tan debatida historia de Rabí Hanina ben Dosa, narrada en el Talmud Babilónico (*b. Ver.* 34b) indica que el rabino sabía que no era más que el intermediario de una oración y que no tenía ni siquiera la estatura de un profeta.[11] Pero Jesús se sabe fuente de la sanidad (8:7),

---

7. Ver Scot McKnight, *A New Vision for Israel: The Teachings of Jesus in National Context* (Grand Rapids: Eerdmans, 1999), 150-55.
8. P. ej., Lucas 16:8 se refiere a los "hijos de luz", y 1 QM 17.8 alude a los "hijos de su verdad" e "hijos de su pacto".
9. McKnight, *A New Vision for Israel,* 150-51.
10. Charles H. H. Scobie, "Israel and the Nations: An Essay in Biblical Theology", *Tyn-Bul* 43 (1992): 283-305, esp. 293-94; Carson, "Matthew", 203.
11. Ver Wilkins, "Matthew", 55, para relatar la oración del rabino para la sanidad.

y el centurión también es consciente de ello (8:8). La autoridad de Jesús como Sanador lo aparta de todos los demás, una prerrogativa que solo el Mesías divino podía reivindicar y validar.

Curación de la suegra de Pedro: límites de género (8:14-15). Jesús ha cruzado los límites de la pureza (8:1-4) y las barreras étnicas (8:5-13), y en su tercer milagro de sanidad rompe los límites de género para curar a una mujer, otra persona con frecuencia marginada en algunos círculos del judaísmo. Similar a la anterior historia de sanidad, el incidente de la curación de la suegra de Pedro se abrevia en Mateo (*cf.* Mr 1:21-31; Lc 4:31-39). Mateo solo se centra en el incidente de sanidad y no en los demás elementos que lo rodean.

La escena tiene lugar en casa de Pedro, en Capernaúm. Al parecer, Pedro y Andrés han trasladado el negocio familiar de pesca desde su ciudad natal de Betsaida (Jn 1:44) a Capernaúm, y han establecido allí su hogar. Jesús entra en casa de Pedro. Esto puede sorprender al lector por la anterior respuesta de Pedro y Andrés al llamado de Jesús: "Al instante dejaron las redes y lo siguieron" (4:20). Es evidente que, para seguir a Jesús, Pedro no necesitaba abandonar su casa ni a los miembros de su familia (pero véase 19:27). El llamado a Pedro para que se convirtiera en un pescador de hombres significaba seguir la voluntad de Jesús para su vida, pero no quería decir que comprometiera sus responsabilidades familiares ni asumiera un estilo de vida ascético en el que abandonara todas sus posesiones materiales.

Curiosamente, en 1968 se acometieron excavaciones en un enclave del que se decía tradicionalmente que era la verdadera casa de Pedro. Al examinar los vestigios de las iglesias centenarias, los excavadores llegaron a lo que originalmente fue una casa, edificada en torno al 63 A.C. Todas las pruebas históricas y arqueológicas han conducido a la mayoría de los eruditos a concluir que se trataba realmente del hogar original de Pedro en Capernaúm durante el ministerio de Jesús.[12] La excavación de una sinagoga cercana es coherente con los relatos de Marcos y Lucas que dan a entender que la sinagoga estaba cerca de la casa de Pedro. El nivel más bajo de esta última excavación es una sinagoga del siglo I, de basalto negro, probablemente la sinagoga en la que Jesús predicó, a tan solo unos pocos pasos de la casa de Pedro.[13]

Marcos nos informa que el hogar pertenecía a Pedro y a Andrés (Mr 1:29). Tal vez fuera la casa de sus padres, pero ahora estaba ocupada por los hijos y

12. Ver Wilkins, "Matthew", 56.
13. Para analizar exposiciones renombradas sobre la excavación de la casa de Pedro y la sinagoga, ver Charlesworth, *Jesus Within Judaism,* 109-15; James F. Strange y Hershel Shanks, "Synagogue Where Jesus Preached Found at Capernaúm" [Hallada en Capernaúm la sinagoga donde Jesús predicaba], *Arqueology and the Bible: The Best of BAR, Volume II: Archaeology in the World of Herod, Jesus and Paul* (Washington, A.D.: Biblical Archaeological Society, 1990), 200-207; Rousseau y Arav, "Capernaum (Capharnaum)", *Jesus and His World,* 39-47.

su familia política, incluidos al menos Pedro, su esposa y los padres de esta. La expresión mateana "en cama, con fiebre" indica que la suegra de Pedro estaba pasando por una grave enfermedad, tal vez malaria, porque su fiebre se considera una enfermedad y no un síntoma (*cf.* Jn 4:52; Hch 28:8).

La presencia personal de Jesús conlleva autoridad sobre el mundo asolado por la enfermedad cuando cura a la mujer con un solo toque. El milagro es eficaz e instantáneo: "Entonces ella se levantó y los atendió [*diakoneo*]". La implicación directa es que la mujer le sirve la comida a Jesús. Pero el uso que Mateo hace de *diakoneo* tiene una relevancia que supera la simple preparación de la comida. Los actos de la mujer indican una gratitud instantánea por haber sido sanada, una motivación sorprendentemente importante para todo el discipulado de Jesús (ver comentarios sobre 20:1-15).

El exorcismo y la curación de muchos (8:16-17). Dado que Mateo no recoge que el exorcismo de la sinagoga en el día de reposo que encontramos en Marcos 1:21-28 y Lucas 4:40, solo hace un comentario general sobre el momento del día: "al caer la noche". Como el día de reposo acababa con la puesta del sol, las personas pueden llevar a sus familiares y amigos endemoniados o enfermos a Jesús sin quebrantar las leyes del *sabbat.* Como en el caso del siervo del centurión, la poderosa "palabra" de Jesús es lo único necesario para sanar.

Mateo enfatiza una vez más que la vida y ministerio de Jesús es el cumplimiento del Antiguo Testamento (*cf.* 1:23, 25; 2:15, 23; 4:14), especificando que su vida y ministerio es el cumplimiento de la profecía de Isaías 53:4: "Ciertamente él cargó con nuestras enfermedades y soportó nuestros dolores". Es otra alusión al Siervo de la profecía[14] de Isaías que ahora se enfoca en el papel del Siervo como quien trae sanidad. El texto griego de la cita de Mateo llega al núcleo central del significado de la profecía en la que se están considerando tanto el pecado como la enfermedad. La cita es del "Cántico del Siervo", más amplio, de Isaías 52:13–53:12, que tiene la expiación substitutoria como uno de sus temas centrales. El Siervo lleva las dolencias de otros a través de su propio sufrimiento y muerte. Mateo se apoya en esta profecía para vincular el ministerio sanador de Jesús con el tema de la sustitución. Jesús mismo no se pone enfermo, sino que toma y quita la enfermedad mediante su poder sanador.

Aunque esto no presenta aún de forma explícita el sufrimiento vicario de Jesús y su muerte por el pecado, ciertamente prepara el camino para ello.[15] Jesús vino para salvar a su pueblo de sus pecados (1:21), y sus sanidades apuntan más allá de sí mismas a la cruz y su iniciación del nuevo pacto en su sangre, que es derramada por el perdón del pecado (26:27-28). Toda enfermedad y muerte están arraigadas, en última instancia, en la entrada del pecado en la existencia

14. Ver 2:23, el "Renuevo" de Is 53:2; *cf.* también Mt 12:17-21; 26:28; 27:12; 27:38.
15. Millard Erickson, *Christian Theology* (Grand Rapids: Baker, 1984), 836-41.

humana, de manera que todo el ministerio de Jesús, en su inauguración del reino de los cielos, empieza a revertir el ciclo de muerte y sufrimiento.[16]

Algunos especialistas en crítica textual dudan que los judíos del siglo primero interpretaran Isaías 53:4 con sentido mesiánico,[17] pero los textos rabínicos posteriores conocían una interpretación mesiánica del pasaje.[18] Por tanto, es más que probable que al menos algunos judíos de la época de Jesús vieran la relevancia mesiánica del Siervo Sufriente de Isaías 53, como indica Mateo.[19] El evangelista explicita que, en Jesús, el Siervo ha venido a quitar la enfermedad de su pueblo. La completa revelación del sufrimiento vicario de Jesús por el pecado se irá aclarando a medida que se desarrolla su ministerio (p. ej., 20:18-19, 28; 26:27-28).

Decepción con respecto al discipulado esperado (8:18-22)

Es posible que nos sorprendan las acciones de Jesús después de esas sanidades, porque cuando ve a las multitudes se aparta de ellas (ver 5:1 para una nota similar; ver comentarios). Aquí Jesús ve a la multitud y se marcha para estar con sus discípulos (8:18). Es un coherente contraste en Mateo. La muchedumbre es el objeto del ministerio de proclamación del evangelio y de sanidad de Jesús, que los invita al reino de los cielos para convertirse en sus discípulos. Se denomina discípulos a aquellos que han respondido, y Jesús les imparte una enseñanza especializada que los capacita para vivir la vida del reino y servir a otros. El incidente siguiente habla de dos individuos que se acercan; al parecer ya son discípulos de Jesús, pero con una comprensión deficiente de lo que entraña el discipulado. Él les explica a ambos la parte esencial del discipulado de forma individual, por el defecto de cada uno de ellos.

Las expectativas profesionales de un aspirante a discípulo (8:18-20). Jesús ordena a sus discípulos que "pasen al otro lado del lago" (8:18). La expresión "al otro lado" suele marcar el movimiento de Jesús cruzando el mar de Galilea, en esta ocasión desde la región principalmente judía, del lado occidental, a la región de mayoría gentil, en el lado oriental (*cf.* 8:28; 9:1). Pero, antes de partir, "un maestro de la ley" se acerca a él (8:18; ver también comentarios sobre 5:20). Esta persona era un *grammateus* ("escriba"), un experto en el manejo de los documentos escritos. En el mundo antiguo, solo unos pocos podían leer y escribir. Aunque los judíos tenían un porcentaje más alto de población instruida en la

16. Carson, "Matthew", 206.
17. P. ej., Hooker, "Did the Use of Isaiah 53 to Interpret His Mission Begin with Jesus?" 88-103.
18. Hill, *The Gospel of Matthew,* 161; p. ej., *b. Sanh.* 98a-b: "Ciertamente él sufrió nuestros dolores y llevó nuestros pecados; y nosotros le tuvimos por azotado, por herido de Dios y abatido".
19. Para una extensa exposición de la identificación del Rey davídico mesiánico profetizado con el Siervo Sufriente de Isaías 52:13–53:12, ver Van Groningen, *Messianic Revelation in the Old Testament,* 619-50.

lectura y la escritura, solo un grupo especial trabajaba con regularidad con material escrito y eran menos aún los que tenían acceso a los libros o las Escrituras. Las capacidades de los escribas superaban las simples habilidades secretariales e incluían la enseñanza, la interpretación y la regulación de las leyes.

En Galilea, los escribas parecen oficiales de rango inferior que actuaban en la sinagoga como maestros o intérpretes (7:28-29), mientras que en Jerusalén ostentaban un cargo más elevado vinculado con los principales sacerdotes y el Sanedrín (2:4). Los escribas se juntaron con los fariseos para cuestionar a Jesús en Galilea (15:1) y Jerusalén (23:13) y unieron fuerzas con los principales sacerdotes de Jerusalén cuando estos condenaron a Jesús (21:15). Eran expertos en las Escrituras según sus creencias sectarias (de ahí "maestro de la ley" en la NVI).

El maestro de la ley de 8:19 había sido discípulo de un rabino hasta acabar sus estudios y, a continuación, él mismo se convirtió en un experto legal. Viene a Jesús con este trasfondo, refiriéndose a él como "maestro", el equivalente del título hebreo "rabí" (ver comentarios sobre 23:7-10). "Te seguiré" indica normalmente el deseo de una relación de discipulado, pero este hombre tiene en mente el tipo de relación maestro-discípulo, en el que el discípulo potencial examina a varios maestros para después inscribirse con el más popular o el mejor preparado.[20]

La respuesta de Jesús al ofrecimiento voluntario del maestro de la ley es sorprendente: "Las zorras tienen madrigueras y las aves tienen nidos [...] pero el Hijo del hombre no tiene dónde recostar la cabeza" (8:20). Lo más probable es que Jesús esté apoyándose en una metáfora familiar para explicar la exclusividad de su forma de relación maestro-discípulo. Esta respuesta notablemente severa prueba a este entusiasmado recluta, porque la forma de discipulado de Jesús es de una clase diferente de la que el escriba había experimentado en su formación anterior. Los rabinos disfrutaban de una posición relativamente alta dentro del judaísmo, pero Jesús no tiene escuela ni sinagoga, ni lugar de honor prestigioso entre las autoridades religiosas. Se queda en casa de amigos, parientes y discípulos a lo largo de la mayor parte de su ministerio (p. ej., 8:14). De modo que la expresión "no tiene dónde recostar su cabeza" no indica a un filósofo sin hogar, a la manera de los cínicos, sino más bien que su ministerio no resultará en un centro institucional con beneficios cómodos, y que esta será también la suerte de quienes lo sigan.[21]

La expresión "Hijo del hombre" (8:20) habría hecho sonar una cuerda relativamente ambigua en este maestro de la ley. Habría recordado su uso en Ezequiel, donde Dios se refiere al profeta con la expresión "hijo del hombre" más de noventa veces (p. ej., Ez 2:1, 3, 6, 8, etc.; *cf.* Dn 8:17), subrayando así la fragilidad

---

20. Ver Martin Hengel, *The Charismatic Leader and His Followers,* trad. ing. James Greig (Nueva York: Crossroad, 1981), 3-15; pássim.
21. Jack Dean Kingsbury, "On Following Jesus: The "Eager" Scribe and the "Reluctant" Disciple (Mt 8:18-22)", *NTS* 34 (1988): 47-52, esp. 49.

de Ezequiel como ser humano ante el Dios poderoso revelado en la visión.[22] Pero el maestro de la ley también habría recordado cómo usó Daniel la expresión "Hijo del hombre" para aludir a un Soberano glorificado, la figura mesiánica apocalíptica que reina para siempre con el "venerable Anciano" (Dn 7:13-14). Este último sentido de la expresión se abrió camino en el judaísmo, porque aparece en los escritos pseudoepigráficos *1 Enoc* y *4 Esdras* 13. La referencia en 1 Enoc es especialmente interesante porque, probablemente, precede el tiempo de Jesús.

> Se mirarán los unos a los otros aterrorizados, bajarán la mirada y la pena se apoderará de ellos cuando vean a este Hijo de Mujer sentarse sobre el trono de su gloria. Y los reyes, los poderosos y todos los que dominan la tierra alabarán, bendecirán y ensalzarán a quien reina sobre todo lo que es secreto. Porque desde el principio el Hijo del hombre fue ocultado y el Más Alto lo preservó en medio de su poder y lo reveló a los elegidos. (62:5-7) [23]

Pero este título no se usaba de forma generalizada. Con semejante ambigüedad, para Jesús era un conveniente vehículo para transmitir su identidad mesiánica. No conllevaba asociaciones populares como las que se atribuían a títulos como "Mesías", "Hijo de David" o incluso "Hijo de Dios". Más bien podía enseñar el verdadero significado de su identidad refiriéndose a sí mismo como "el Hijo del hombre" que, de hecho, es la autodesignación favorita de Jesús.[24] Con un triple progreso general, usa la expresión para aclarar quién es él y cuál es su ministerio.[25]

1. El Hijo del hombre es el Siervo humilde que ha venido a perdonar los pecados de los pecadores comunes en su ministerio terrenal (8:20; 9:6; 11:19; 12:8, 32, 40).

---

22. Allen, *Ezekiel 1–19,* 38.
23. Aunque la fecha de esta porción de Enoc es objeto de debate, la opinión académica actual la data alrededor de la época de Herodes el Grande; *cf.* E. Isaac, "1 (Ethiopic Apocalypse of) Enoch", *The Old Testament Pseudepigrapha,* ed. James H. Charlesworth (Garden City, N.Y.: Doubleday, 1983), 1.7.
24. En cada caso de los Evangelios, excepto en dos, el título solo se halla en los labios de Jesús, pero incluso en ellos (1) la audiencia usa este título porque Jesús lo usó con anterioridad como autodesignación (Jn 12:23), y (2) el ángel solo está repitiendo las propias palabras de Jesús (Lc 24.7). En el resto del Nuevo Testamento, el título solo se usa con referencia a Jesús una vez (Hch 7:56), excepto en tres alusiones o citas del Antiguo Testamento (Heb 2:6 = Sal 8:5; Ap 1:13 y 14:14 = Dn 7:13).
25. Para una útil visión de conjunto de un erudito evangélico, ver Robert H. Stein, *The Method and Message of Jesus' Teaching,* ed. rev. (Louisville: Westminster John Knox, 1994), 135-51. Para una interesante exposición por parte de un erudito judío, ver David Flusser, *Jesus,* en colaboración con R. Steven Notley, ed. rev. (Jerusalén: Magnes, 1998), 124-33.

2. El Hijo del hombre es el Siervo Sufriente, cuya muerte expiatoria y resurrección redimirá a su pueblo (16:13, 27-28; 17:9, 12, 22; 20:18, 28; 26:2, 24, 45).
3. El Hijo del hombre es el Rey glorioso y Juez que regresará para traer el reino de los cielos a la tierra (10:23; 13:37, 41; 19:28; 24:27, 30, 37, 39, 44; 25:31; 26:64).

La misión de Jesús no siempre se entiende, a causa de las percepciones erróneas y las defectuosas expectativas del pueblo, los líderes religiosos y hasta sus propios discípulos. Pero, al final, después de haber usado este título ambiguo para aclarar su identidad y ministerio, lo utiliza por última vez en su juicio ante Caifás y el Sanedrín, donde queda perfectamente claro que está afirmando ser el Mesías divino de Israel (*cf.* 26:63-68).[26]

Las expectativas culturales de un aspirante a discípulo (8:21-22). Ahora se acerca "otro discípulo". Algunos sugieren que el término "otro" (*heteros*) hace una distinción entre el maestro de la ley (8:19) y esta persona, de forma que el primero es un aspirante a discípulo y el segundo es un verdadero discípulo.[27] Resulta más útil considerar a estos dos individuos desde la perspectiva histórica del movimiento de Jesús. En la etapa inicial del ministerio de Jesús, las personas acuden a él y solicitan unirse a su movimiento. Llegan con sus expectativas de ver cómo es el discipulado con Jesús, basándose principalmente en sus experiencias pasadas. Pero, en las fases posteriores de su ministerio, Jesús enseña de manera explícita cómo es su forma de discipulado en comparación con otras formas de judaísmo. Por tanto, estos dos individuos son discípulos en el sentido más lato del término. Ninguno de ellos forma parte de los doce, pero sí del círculo más amplio de discípulos que con anterioridad se reúnen en torno a Jesús (*cf.* Lc 6:13, 17), muchos de los cuales no entendían por completo lo que entraña la forma de discipulado de Jesús.

Pero Jesús no tendrá discípulo alguno de no ser bajo sus propias condiciones, así que pone a prueba el compromiso de este discípulo. Más tarde hará lo mismo con un gran grupo de sus discípulos, y en ese tiempo se revelará que tampoco ellos han creído de verdad (Jn 6:60-66).[28]

El discípulo pide: "Señor, primero déjame ir a enterrar a mi padre". Dar sepultura a los muertos desbancaba otras obligaciones religiosas en Israel, incluso para los sacerdotes a quienes se les permitía contaminarse tocando a los muertos, si era un miembro de la familia (Lv 21:2). La obligación de cuidar de los muertos procedía implícitamente del mandamiento: "Honra a tu padre y a tu madre"

26. P. ej., Gerhardsson, "The Christology of Matthew", en *Who Do You Say That I am?* 20-21: "En el Evangelio de Mateo, la posición de Jesús —tanto en su humillación como en su exaltación— y toda su obra están cubiertas por los dichos del Hijo del hombre".
27. P. ej., Kingsbury, "On Following Jesus", 47-52.
28. Ver Wilkins, *Following the Master,* cap. 6.

(Éx 20:12; Dt 5:16; *cf.* también Gn 50:5; *Tobit* 4:3; 6:15). Nótese esta declaración de la Mishná sobre ocuparse de los muertos de uno: "Aquel cuyo muerto yace sin sepultar delante de él está exento de recitar la *Shemá,* de pronunciar la *Tefillah* y de llevar filacterias" (*m. Ber.* 3.1). El Talmud lo llevaba un paso más allá: "Aquel que tiene ante él a un pariente muerto queda liberado de recitar la *Shema,* de las Dieciocho Bendiciones y de todos los mandamientos recogidos en la Torá" (*b. Ber.* 31a).

La respuesta de Jesús es sorprendente, por no decir chocante: "Sígueme [...] y deja que los muertos entierren a sus muertos". Más tarde, reprende a los fariseos y los maestros de la ley por no honrar correctamente al padre y a la madre (15:1-9), por tanto, no está abogando por que este discípulo contravenga la prescripción del Antiguo Testamento. El intento de entender la respuesta de Jesús ha llevado a un número de explicaciones. Algunos piensan que el padre de esta persona no ha muerto aún, y que quiere quedarse junto a él hasta entonces. O tal vez esté regresando para cumplir la segunda fase de la sepultura: trasladar los huesos de su padre, un año después de la muerte, a un osario. Otros buscan la explicación en una alusión metafórica en el lenguaje de Jesús, como: "Deja que los que estén *espiritualmente* muertos entierren a los que están *físicamente* muertos".[29] En cualquier caso, Jesús está elevando su llamado de "sígueme" por encima de todas las demás lealtades. Cualquier cosa que se interponga en el camino de un compromiso incondicional con él debe ser dejada de lado.[30]

Esto exige que pensemos sabiamente. Los discípulos de Jesús deben guiarse por el mandato divino de honrar a sus padres, pero hay que prestar atención a la supremacía de Jesús como su Señor. Esta era una lucha típica en aquella cultura, intentando equilibrar la responsabilidad para con la familia con el compromiso con Dios, porque en varias ocasiones Jesús desafía a la multitud y hasta a sus propios discípulos a que no permitan que ningún compromiso familiar tenga prioridad sobre el compromiso con él (10:37-39; Lc 14:25-26).

Derrota de las fortalezas de Satanás (8:23–9:8)

La primera refriega entre Jesús y Satanás tuvo por resultado la victoria de Jesús sobre las tentaciones (4:1-11). Sigue invadiendo y derrotando a tres de las principales fortalezas de Satanás: el ámbito de la naturaleza al calmar la tormenta (8:23-27), la esfera del mundo del espíritu al exorcizar a los endemoniados (8:28-34), y el dominio de la enfermedad y el pecado al sanar a un paralítico (9:1-8).

Calmar una tormenta: autoridad sobre la naturaleza (8:23-27). El deseo del maestro de la ley ("te seguiré", 8:19) y el mandamiento de Jesús ("sígueme",

29. Ver Hagner, *Matthew,* 1:218.
30. Para el debate sobre el entorno social, ver Joseph H. Hellerman, *The Ancient Church As Family* (Minneapolis: Fortress, 2001), 72-73.

8:22) quedan ahora manifestados por sus discípulos: "Luego subió a la barca y sus discípulos lo siguieron". El término "seguir" (*akoloutheo*) es sinónimo de ser discípulo (*cf.* 4:20, 22), marcando una transición desde la escena de los dos aspirantes a discípulos a la historia de Jesús con sus discípulos en el lago. En contraste con los dos precedentes, los discípulos siguen a Jesús y su participación en el milagro de la naturaleza demuestra tanto la deficiencia como el esperado crecimiento de su discipulado con Jesús.

Estos discípulos, de los cuales solo se ha nombrado a cuatro (Pedro, Andrés, Santiago y Juan; ver 4:18-22), han cruzado el mar muchas veces, al ser pescadores profesionales. Pero están haciendo un viaje que los marcará para siempre. "De repente, se levantó en el lago una tormenta tan fuerte...". Los escritores antiguos aclaman todos ellos el mar de Galilea por sus frescas aguas y las agradables temperaturas, tan distintas al mar Muerto. Tenía playas de arena clara a lo largo de la costa y estaba bien poblado de peces.[31] La baja elevación del lago (194 metros por debajo del nivel del mar) le proporcionaba unas temperaturas suaves todo el año, permitiendo que con frecuencia se pudiera dormir al aire libre (p. ej., 8:25).

Sin embargo, rodeado de cadenas montañosas al este y al oeste, que se elevan a unos 800 metros desde el nivel del lago, lo azotaba un viento del este especialmente infame que soplaba por encima de las montañas, sobre todo durante la primavera y el otoño (*cf.* 14:19, 24; Jn 6:1-4). Su escasa altitud hacía que se formaran repentinas corrientes y tormentas violentas (*cf.* Mr 4:37; Lc 8:23; Jn 6:18) que producían olas de dos metros y más, capaces de hundir un barco con toda facilidad.[32]

Atravesar el mar de Galilea de noche era una experiencia común para los pescadores, que usaban trasmallos durante toda la noche.[33] Muchos barcos necesitaban una tripulación de cinco personas al menos para manejar el barco (cuatro remeros y un timonel), aunque podía llegar a ser de hasta dieciséis. Había bastante espacio para que una persona se acostara en la popa y durmiera cuando no estaba de servicio, tal vez sobre un saco de arena de lastre a modo de almohada (*cf.* Mr 4:38).[34]

Debió de ser una tormenta sumamente poderosa para que los discípulos se asustaran tanto. Clamaron: "¡Señor, sálvanos!". Bajo estas circunstancias, su súplica indica que entienden que Jesús es lo bastante poderoso y que se puede recurrir a él cuando no pueden controlar su destino. Si hubiera sido un simple mortal, no habría sido capaz de hacer nada más de lo que ellos podían hacer por sí solos.

---

31. Estrabón, *Geografía* 16.2; Plinio, *Historia natural* 5.15, 71; Josefo, *Guerras* 3.506.
32. Freyne, "Galilee, Sea of", *ABD,* 2:900; Rainer Riesner, "Archeology and Geography", *DJG,* 37.
33. Nun, *The Sea of Galilee,* 16-44.
34. Waschmann, *The Sea of Galilee Boat,* 326-28.

Sin embargo, que apelaran a él no era del todo suficiente, porque Jesús los reprende: "Hombres de poca fe [*oligopistos*] ... ¿por qué tienen tanto miedo?". Los discípulos tienen fe, pero no está funcionando adecuadamente (ver comentarios sobre 6:30; 17:17, 20). Jesús los llama a comprender de un modo más claro quién es él y a actuar basándose en ello. La verdadera fe los capacitará para que confíen en el cuidado de Dios incluso cuando las circunstancias no parezcan prometedoras.

Para darles una visión más clara de quién es él en realidad, Jesús "se levantó y reprendió a los vientos y a las olas, y todo quedó completamente tranquilo". Como ser humano, Jesús estaba extremadamente fatigado después de un día agotador, pero, con poder divino, apacigua la tormenta con una mera orden. Es capaz de dominar incluso a las fuerzas de la naturaleza, del mismo modo que en el Antiguo Testamento Dios "reprendió" al mar, una demostración de su control soberano sobre toda la naturaleza (*cf.* 2S 22:16; Sal 18:15; 104:7; 106:9; Is 50:2; Nah 1:4). Es un milagro obvio, porque si una tormenta se detenía de repente, de forma natural, el viendo podía cesar, pero las olas seguirían molestando durante bastante tiempo.

La reacción de los discípulos dice mucho sobre la comprensión que están empezando a tener acerca de quién es Jesús: "Los discípulos no salían de su asombro y decían: ¿Qué clase de hombre es este, que hasta los vientos y las olas le obedecen?". El término para "asombro" es *thaumazō*, una palabra diferente a la que se utiliza para describir la reacción de las multitudes al SM (7:28). Pero es similar, por cuanto no indica que están entendiendo claramente la identidad de Jesús.[35] Tal vez Mateo señale esta deficiencia llamándolos sencillamente aquí "los hombres" (8:27) en lugar del usual "sus discípulos" (8:23).

Sigue siendo demasiado para que los discípulos lo capten del todo, porque lo que Jesús acaba de llevar a cabo es algo que solo Dios puede hacer. Cuando Jonás intentó escapar de su llamado a predicar a Nínive, Dios hizo que la tormenta se calmara y esto produjo una reacción similar en los marineros (Jon 1:16). En los Salmos se celebra a Yahvé como señor sobre la tormenta y el mar (Sal 65:7; 89:9; 104:6-7; 107:23-32).

En otras palabras, Jesús es mucho más de lo que los discípulos han supuesto hasta ese momento. Y es mucho más de lo que nosotros hemos comprendido también. Es un reto para todos nosotros mirar claramente a Jesús y verlo como el Mesías divino y humano, permitir que nos asombre y que nos lleve incluso más allá de la estupefacción, guiándonos a seguirle como verdaderos discípulos suyos. Haríamos bien en humillarnos y clamar a él en tiempo de necesidad, por muy autosuficientes que creamos ser.

35. El verbo indica verse impresionado o turbado de forma extraordinaria por algo y, por tanto, "asombrarse, maravillarse, sorprenderse". El contexto determina si este es un buen sentido o no; ver 8:10; 15:31; 22:22; 27:14 (*cf.* BDAG, 445-46).

Exorcismo a los endemoniados: autoridad sobre el mundo de los espíritus (8:28-34). Tras el milagro de calmar la tormenta, Jesús y los discípulos prosiguen su viaje a través del mar de Galilea. El siguiente incidente se centra enteramente en Jesús; no se menciona a los discípulos. Mateo atrae nuestra atención de nuevo a Jesús para ayudar a responder la pregunta exclamativa: "¿Qué clase de hombre es este?".

El grupo llega "al otro lado, a la región de los gadarenos". Jesús se encuentra ahora en la región predominantemente gentil de la Decápolis, lo que explica por qué se crían cerdos, un animal inmundo para los judíos (Lv 11:7; Dt 14:8). "Gadarenos" se refiere tanto a la aldea de Gadara, situada a unos ocho kilómetros al sureste del mar de Galilea, como a la región circundante, que probablemente incluía la pequeña aldea de Gerasa (la actual Khersa o Kursi), sobre la ribera oriental del mar de Galilea y enclave del exorcismo, según la tradición.[36]

Al llegar Jesús a la región de los gadarenos, "dos endemoniados le salieron al encuentro de entre los sepulcros". Marcos 5:1-20 y Lucas 8:26-39 solo recogen aquí a uno. Sin embargo, en lugar de suponer que Mateo ha añadido a un segundo poseso con un propósito teológico, como querer dos testigos del exorcismo por razones legales,[37] podemos deducir que Mateo tiene un conocimiento independiente del segundo hombre.[38] Mateo suele darnos tan solo los detalles generales de una narración, de manera que menciona simplemente a dos endemoniados, mientras que Marcos y Lucas destacan al portavoz y lo describen con mayor detalle, citando su nombre: "Legión", una expresión figurada para la cantidad de demonios que poseían a los hombres. Una legión del ejército romano contaba con seis mil hombres.

El contacto con los muertos hacía que un judío fuera ceremonialmente impuro,[39] y esto podría haber sido la razón por la cual los hombres endemoniados vinieron a abordar al contingente judío. Pero la mención de los sepulcros también cubre la escena con un siniestro manto maligno y de muerte. El peligro se intensifica indicando que estos dos hombres son "tan violentos que nadie se atrevía a pasar por aquel camino". Al parecer, son muy conocidos y temidos entre el pueblo.

Los demonios reconocen de inmediato la verdadera identidad de Jesús como "Hijo de Dios" (*cf.* Satanás en 4:3, 6). Es un título que finalmente usarán los discípulos (14:33; 16:16; *cf.* 27:54) a medida que vayan logrando una mayor claridad de su carácter único como aquel a quien el Padre ha revelado como su Hijo amado (3:17; 17:5). Pero, por parte de los demonios, el uso del título pregona a bombo y platillo que reconocen que otra fortaleza de Satanás, la esfera del mundo de los espíritus, está siendo invadida y vencida. Estos demonios parecen

---

36. Van Elderen, "Early Christianity in Transjordan", 100-102. Este es el mejor relato para las variantes en las lecturas de los sinópticos.
37. Hagner, *Matthew,* 1:225; *cf.* Dt 17:6; 19:15.
38. Carson, "Matthew", 217.
39. Nm 19:11, 14, 16; Ez 39:11-15.

conocer muy bien el tiempo designado para el juicio de las fuerzas de Satanás: "¿Has venido aquí a atormentarnos antes del tiempo señalado?". El autor de *1 Enoc* 16:1 dice gráficamente:

> Después de la muerte de los gigantes, cuando los espíritus han salido de su cuerpo, su carne será destruida antes del juicio. Serán así destruidos hasta el día de la gran consumación, del gran juicio en el cual el tiempo terminará para los Vigilantes e impíos y seréis totalmente consumados.[40]

En el ministerio de Jesús, el "tiempo" ya había comenzado con su ministerio de exorcismo. Indica la llegada del reino (4:17; 12:28), así como la invasión y la conquista de las fortalezas de Satanás, incluso cuando el tiempo del juicio final aguarda la venida de Jesús en gloria.

La súplica de los demonios de ser enviados a una piara de cerdos cercana no sería una mala idea para los judíos, quienes consideraban que estos animales y los demonios pertenecían al mismo orden. Jesús advierte a sus discípulos de que no echaran perlas a los cerdos (7:6). Pedro ve a los falsos maestros como personas que regresarán a su naturaleza pagana (porcina) (2P 2:22). Sin embargo, como la ribera oriental del mar de Galilea es una región gentil, no se trataba de una manada salvaje, sino que eran cerdos que se estaban criando para llevarlos al mercado y venderlos. Sus dueños se enojarían mucho ante la pérdida de este gran rebaño al que Marcos atribuye la cantidad de 2000 cabezas (Mr 5:13).

La petición de los demonios de entrar en los cerdos cuenta con un siniestro propósito añadido. En otros lugares se sabe que estos seres malignos causan lesiones y dolor a las criaturas de Dios (p. ej., 17:14-20), y hacen todo lo que pueden para estimular la oposición a Jesús y a su invasión del baluarte satánico. La destrucción de los cerdos conduce a los gentiles de la región a pedirle a Jesús que se marche de allí (8:34). Esta respuesta es un triste comentario sobre el punto de perversión en el que se encuentran los principios de ellos, porque lo que habría cabido esperar es que se alegraran de la victoria sobre los demonios de Satanás. Pero, como declara un comentarista: "A lo largo de todos los siglos, el mundo ha estado rechazando a Jesús, porque prefiere a los cerdos".[41] La oscuridad de la escena implica que la legión de demonios sale de los cerdos ahogados en busca de otros seres en los que morar, y este es un pensamiento inquietante para aquella gente que ha rechazado a Jesús. El Señor no ha destruido a los demonios, sino que les permite seguir su camino en este mundo hasta "aquel día" en que todo será puesto en orden.

Mateo no nos dice cuál fue el resultado del exorcismo, pero Marcos y Lucas mencionan que el endemoniado gadareno le suplica a Jesús que le permita

40. *Cf.* Jud 6; Ap 20:10; *Jub.* 10:8-9; *T. Levi* 18:12; 1QS 3:24-24; 4:18-20; los "Vigilantes" es una referencia a los ángeles caídos (ver Metzger, *1 Enoc,* 13 n.1).
41. Paul P. Levertoff, citado en Tasker, *Matthew,* 94.

acompañarlo. Pero este le dice que regrese a su casa y le cuente a su familia y sus amigos cuánto ha hecho Dios por él (M5:18-19; Lc 8:38-39). Aquel que un día estuvo poseído por multitud de demonios ve a los discípulos con Jesús y desea convertirse en uno como ellos. Pero él le dice que vuelva a su hogar natal para dar testimonio. Los doce serán pescadores de hombres en un sentido, pero este gentil que ahora se ha convertido en discípulo de Jesús pescará hombres de otro modo: entre su propio pueblo.

Sanación de un paralítico: autoridad sobre el pecado (9:1-8). Jesús había calmado la tormenta demostrando su autoridad sobre el reino de la naturaleza (8:23-27). Había exorcizado a endemoniados mostrando su autoridad sobre el mundo de los espíritus (9:28-34). Ahora sana a un paralítico, manifestando su autoridad sobre el dominio satánico de la enfermedad, la dolencia y, de manera sorprendente, del pecado. Lo hace una vez regresa de nuevo al lado judío del mar de Galilea, en "su propio pueblo", es decir, Capernaúm, el cuartel general de su ministerio en Galilea (*cf.* 4:17; 8:5; 11:23).

Estando allí, probablemente en casa de Pedro (ver 8:14-15), sucede que "Unos hombres le llevaron un paralítico, acostado en una camilla". Este es el relato paralelo de la famosa escena en la que cuatro hombres llevan a un paralítico y lo hacen bajar por el techo de paja (ver Mr 2:1-12; Lc 5:17-26). Jesús ya había curado la parálisis (Mt 4:24), de modo que es muy probable que los hombres hayan oído hablar de su habilidad sobrenatural para sanar y ahora llevan a su compañero para que sea restablecido. Jesús ve que tienen fe en que él puede curar a su compañero, y que esperan que lo haga.

Sin embargo, esta capacidad sobrenatural va más allá de la sanidad: "¡Ánimo, hijo; tus pecados quedan perdonados!". La relación entre el pecado y la enfermedad ya se ha sugerido antes (8:17), pero ahora Jesús declara de forma explícita que existe esa relación. La entrada del pecado al mundo acarreó la corrupción y la muerte, y la única manera de revertir este fenómeno generalizado consiste en que se corrija el problema del pecado. Dios ha prometido traer sanidad a Israel si se arrepiente de su pecado y busca el perdón (2Cr 7:14; *cf.* Sal 103:3). Aunque el pecado individual no suele ser la causa directa de la enfermedad de la persona (ver Jn 9:2-3), en el centro del problema de la humanidad se encuentra el pecado. En 4:23-25, la sanidad confirmaba la autoridad de Jesús para anunciar la llegada del reino de los cielos, y la curación corrobora ahora que el perdón de los pecados acompaña esa llegada. Una vez perdonado el pecado y realizada la redención, toda enfermedad y muerte serán por fin abolidas (*cf.* Is 25:8-9).

Pero no todos se regocijan por la venida de Jesús para inaugurar el día de salvación profetizado, porque "algunos de los maestros de la ley murmuraron entre ellos: "¡Este hombre blasfema!". Esta es la primera vez que los maestros de la ley aparecen y manifiestan su oposición explícita contra Jesús en Galilea. La blasfemia es un acto en el que un ser humano insulta el honor de Dios. Esto se extiende a usar en vano el nombre de Dios cuando se maldice o insulta en lugar de honrarlo, y el castigo es la muerte por lapidación (Lv 24:10-23; 1R 21:9-14). Los maestros de la ley acusan a Jesús de blasfemia, porque creen que está deshonrando a Dios al arrogarse la prerrogativa de perdonar pecados, algo que solo Dios puede hacer (*cf.* Mr 2:7; Lc 5:21).

Es posible que nos preguntemos por qué los maestros de la ley se oponen con tanta frecuencia a Jesús. Ellos eran los oficiales encargados de conservar la ley y sus tradiciones. Pero ahora Jesús afirma hablar y actuar por Dios. Desde el principio del ministerio público de Jesús, el pueblo ve que imparte con autoridad una enseñanza nueva, en contraste directo con ellos (*cf.* 7:28-29). Lo ven como una amenaza a su poder y su posición en varios sentidos:

- Jesús es un desafío para la interpretación de los escribas y la aplicación que hacen del Antiguo Testamento (5:17-47).
- Jesús amenaza la forma en que ellos entienden la forma de actuar de Dios, incluido sanar en día de reposo (12:1-14), y ahora perdonar los pecados (9:1-8).
- Jesús amenaza la seguridad profesional de ellos como guardianes de la ley, porque él contrasta su forma de justicia con la de ellos (5:20).
- Jesús es una amenaza para la popularidad de ellos, porque su ministerio está provocando que la gente lo siga (21:15).
- Los maestros de la ley ven a Jesús como una amenaza para la seguridad nacional, a causa del entusiasmo popular causado por su ministerio radical (21:12-13).

Los maestros de la ley entienden correctamente que Jesús está estableciendo una seria equivalencia entre él y Dios, ya que ofrece el perdón de los pecados, pero los pensamientos que tienen sobre él son malos. Suponen que no tiene razón y lo etiquetan con la acusación de blasfemo. Más tarde, el Sanedrín (que incluye a maestros de la ley) también actúa así y lo condena a muerte por decir la verdad sobre quién es en realidad (26:63-68), lo cual representa una amenaza para las autoridades religiosas (*cf.* Lc 19:47-48).

Jesús le da la vuelta a la ofensiva y los cuestiona: "¿Qué es más fácil, decir: Tus pecados quedan perdonados, o decir: Levántate y anda?". Esta pregunta retórica da por sentado que es más fácil decir "tus pecados quedan perdonados", porque no hay forma de confirmar si ha ocurrido o no. Resulta obvio que es mucho más fácil declarar sana a una persona, porque el que la persona sea capaz de volver a caminar queda corroborado de inmediato. Entonces Jesús, usando una vez más su título "Hijo de hombre" (ver comentarios sobre 8:20), revela otro aspecto de su identidad declarando que tiene autoridad para perdonar los pecados. Como ya han aseverado los maestros de la ley, esto equivale a una reivindicación explícita de ser divino.

La prueba de la autoridad de Jesús se demuestra cuando el hombre se levanta y se marcha a su casa. No solo fueron testigos los maestros de la ley de la milagrosa sanidad y de la autoritativa afirmación de perdonar los pecados, sino que las multitudes también lo ven: "La multitud se llenó de temor, y glorificó a Dios por haber dado tal autoridad a los mortales". Esto es similar a la reacción de la multitud ante la conclusión del SM (7:28-29), salvo que ahora, en lugar de asombro, están "llenos de temor [*phobeo*]", un término que normalmente connota un elemento de miedo. Las multitudes siguen sin captar la plena implicación de la identidad de Jesús, porque piensan que esa autoridad para perdonar pecados le ha sido dada "a los mortales" y no al Hijo del hombre. Sin embargo, los lectores de Mateo, incluidos nosotros, reconocemos que en Jesús ha amanecido una era totalmente nueva: la época del perdón de los pecados, razón por la que Jesús nació (1:21).

Construyendo Puentes

El Sermón del Monte y los dos capítulos posteriores se encuentran, a modo de sándwich, entre dos resúmenes casi idénticos del ministerio de predicación, enseñanza y sanidad de Jesús (*cf.* 4:23-25 y 9:35-36). Esos resúmenes forman una *inclusio* literaria, porque, igual que dos sujetalibros, sostienen el material que se encuentra entre ellos. Esto lleva a muchos a concluir que el SM y los capítulos de los milagros de Jesús forman un díptico literario, o un doble panel, del ministerio de Jesús.[42] Él no solo es el Mesías en palabras (caps. 5–7), sino también el Mesías en sus obras, en sus milagrosos hechos (caps. 8–9).

Autoridad. Un tema central que caracteriza a Jesús como Mesías de palabra y hecho es la "autoridad" (*exousia*). De las nueve veces que Mateo usa el término, cinco aparecen en esta sección. Las multitudes están asombradas ante la enseñanza de Jesús con autoridad (7:29), el centurión reconoce la inherente autoridad de Jesús para sanar (8:9), Jesús declara que el Hijo del hombre tiene autoridad para perdonar los pecados (9:6), ante lo cual las multitudes reaccionan con temor (9:8), y Jesús pronto delegará esta autoridad a los doce para que realicen hechos milagrosos que confirmen el mismo mensaje del reino de los cielos (10:1, 7).[43] A medida que Jesús establece su autoridad mesiánica de palabra y de obra en fase temprana de su ministerio terrenal, va colocando un fundamento autoritativo para el resto de su ministerio terrenal y para el posterior ministerio que se desarrollará por medio de sus discípulos (28:18-29).

42. Para una visión de conjunto sobre la perspectiva global de Mateo en cuanto a los milagros de Jesús, con referencia especial a Mateo 8–9, ver Graham H. Twelftree, *Jesus the Miracle Worker: A Historical and Theological Study* (Downers Grove, Ill.: InerVarsity Press, 1999), 102-24.

43. Los otros usos de *exousia* son 21:23, 24, 27; 28:18; un verbo relacionado, *katexousiazo,* "ejercer autoridad sobre", aparece en 20:25.

Se reconoce de forma generalizada que Mateo ha organizado los capítulos 8–9 en forma de colecciones de tres grupos de historias de milagros, cada una de las cuales va seguida por dichos de Jesús. Como es típico en el énfasis de Mateo, esta disposición resalta tanto la cristología autoritativa como el discipulado. Cada milagro destaca aspectos particulares de la persona y la misión de Jesús como figura central del relato y, a continuación, los dichos aclaran cómo el ser discípulo de Jesús exige lealtad a él y su llamado, que es notablemente diferente de las demás formas de discipulado en el mundo antiguo.[44] Son importantes preparaciones para el punto culminante del Evangelio de Mateo en la crucifixión y resurrección de Jesús y la Gran Comisión.

Las personas tienen autoridad en un ámbito cuando son capaces de respaldar sus reivindicaciones sobre algún área específica de conocimiento. Cuando examinamos los casos judiciales, se dice que alguien es un experto si tiene la credibilidad y la capacidad de respaldar sus afirmaciones. Las sanidades de Jesús en la narración galilea apuntan ciertamente a su compasión, pero resaltan de forma especial su autoridad con respecto al mensaje del reino que él proclama: sus discípulos pueden confiar en él y debería adoptar su visión para la vida. Jesús no presenta al SM como algo opcional ni culturalmente condicionado; más bien, era un cimiento necesario para la fe. Ahora, en estos capítulos, respalda su autoridad para hacer este tipo de reivindicación con sus poderosas acciones.

Los que se encuentran con Jesús son atraídos o amenazados por su autoridad. En esta sección vemos cuál debería ser la respuesta apropiada frente a su persona y su misión autoritativas. Una reacción consiste en venir confiadamente, reconocer con humildad que solo él es adecuado para gestionar las necesidades de todos los que vienen, independientemente de que la sociedad los considere dignos o no. Jesús tiene el poder de echar abajo las fronteras de la pureza, de manera que el leproso viene a Jesús, diciendo: "Señor, si quieres, puedes limpiarme" (8:2). Él puede derrumbar también las barreras étnicas, de manera que el centurión se acerque a él y le diga: "Señor, no merezco [...] Pero basta con que digas una palabra, y mi siervo quedará sano" (8:8). Esto resulta en un brillante elogio de Jesús sobre la fe de aquel hombre (8:10) y reprensión a su propio pueblo por la infidelidad de no haber confiado en él. Jesús tiene la autoridad de quebrantar las barreras del género, así que toma la iniciativa de tender la mano a la suegra de Pedro para sanarla (8:15).

Otra respuesta adecuada a la autoridad de Jesús es una lealtad incondicional a su persona y su misión. Debemos colocarlo en el centro de nuestro mundo. Su obra autoritativa en nuestra vida debería hacer que le sirviéramos (8:15), seguirle a él y solo a él (8:18-23), y acudir siempre a él en el momento de nuestros más profundos temores (8:26), porque él tiene autoridad sobre los estragos de la naturaleza (8:26), la opresión del mundo de los espíritus (8:29-32) y la más devastadora enfermedad de la humanidad: el pecado (9:2-6).

44. Para una interpretación similar, ver Blomberg, *Matthew,* 136-37.

Pero la tragedia es que no todos los que se encuentran con su autoridad responden confiando y siendo leales a su persona y su misión. Muchos ven la autoridad de Jesús como una amenaza a su cómodo estilo de vida (8:17-20). Otros vienen con dobles lealtades y descubren que el compromiso con Jesús amenaza su aceptación social y cultural (8:21-22). Otros más se vuelven tan obsesionados por las consecuencias del asalto de Jesús sobre los poderes de este mundo que se sienten amenazados por las consecuencias en su propia vida si permiten que se acomode en su mundo personal y cotidiano (8:34). Los hay que opinan que las afirmaciones de Jesús amenazan el núcleo central de su cosmovisión religiosa y se niegan rotundamente a aceptar el cambio de paradigma en la estructura de su pensamiento y creencias que le conceda el papel de autoridad que él merece y exige en la vida de ellos (9:3-4).[45]

Cuando se exponen a la realidad de la identidad y la capacidad de Jesús, la respuesta adecuada es la confianza y la lealtad incondicionales a su persona y su misión autoritativas. Merece nuestro asombro y nuestra reverencia, pero exige que le sigamos dondequiera que nos llame, independientemente del coste y de la amenaza que suponga para nuestro statu quo.

Significado Contemporáneo

Enfrentarse a los temores. He vivido la mayor parte de mi tiempo cerca del océano, y nunca me canso de su belleza ni de su inmensidad. Cada día trae un tamaño distinto de olas, una dirección de la marejada y una capa atmosférica marina diferentes. Un día, el agua salpica con una iridiscencia azul verdosa, pero al día siguiente, oscuras olas agitadas surgen con puntas blancas de espuma mientras pasa la tormenta. El océano puede proporcionar el ambiente más relajante al romper el oleaje suavemente contra la costa. Pero también puede ser un lugar sumamente temible cuando las olas gigantescas y monstruosas amenazan hasta a las almas más valientes. Una cosa que toda persona sabia aprende desde el principio, cuando se adapta al océano, es que debe un sano respeto y un temor adecuado a su imponencia.

Hace varios años, mis hijas me regalaron el *best seller* de Sebastian Junger, *La tormenta perfecta.* Me sentí atrapado por la magnitud de la tormenta y la inmensidad de las olas. Sobre todo, me sentí presa del terror que experimentaron los que se vieron sumergidos en ellas. No solo los navegantes, sino también la veterana, bien entrenada y equipada Guardia Costera y los experimentados marinos mercantes estaban traumatizados por la inmensidad de la tormenta y, en especial, los curtidos pescadores profesionales que perdieron su vida en el pesquero

45. Para una perspectiva académica sobre la visión que Mateo tiene del conflicto, ver Evert-Jan Vledder, *Conflict in the Miracle Stories: A Socio-Exegetical Study of Matthew 8 and 9* (JSNTSup 152; Sheffield: Sheffield Academic Press, 1997), 243-53.

comercial, el *Andrea Gail.* Habían salido a pescar pez espada en un día hermoso, con mar en calma, en el otoño de 1991, pero experimentaron fatalmente el pleno embate de la fuerza más poderosa de la naturaleza: el huracán. Junger describe la intensidad de este fenómeno de la naturaleza.

> Un huracán maduro es, de lejos, el acontecimiento más poderoso sobre la tierra; los arsenales nucleares combinados de Estados Unidos y la antigua Unión Soviética no contienen suficiente energía para impedir que un huracán azote un solo día. Un huracán típico abarca cuatro millones de kilómetros cúbicos de atmósfera y podría proporcionar todo el poder eléctrico que necesita Estados Unidos durante tres o cuatro años.[46]

El mar de Galilea es un microclima oceánico, donde los discípulos de Jesús también se enfrentan a toda la fuerza de la ira de la naturaleza. El hecho de que aquellos pescadores veteranos expresen su temor y supliquen ayuda a un *carpintero* indica que saben que él puede hacer lo que ellos no pueden. ¿Pero qué creen ellos que hará? Después de todo, cuando él calma la tormenta, ellos se preguntan unos a otros: "¿Qué clase de hombre es este?" (8:27). Tienen fe, porque depositan una confianza en Jesús que es proporcional a lo que ellos creen que él puede lograr. Pero esto es "poca fe", porque es deficiente para la tarea que tienen al alcance de la mano. Un conocimiento más completo sobre quién es él en realidad y lo que es capaz de realizar también les permitiría confiar en él plenamente y sin temor.

Frente a los temores del pecado. No son los únicos que se enfrentan a sus temores en esas escenas. La enfermedad, la opresión espiritual, el ostracismo social y, por supuesto, los estragos de las tormentas de la naturaleza, todo ello produce temor. Pero la escena final describe los desafíos más temibles de todos los de la vida: *el pecado.* Los otros retos temibles pueden resultar, en última instancia, en la muerte física; sin embargo, el pecado puede acabar en muerte para toda la eternidad. Enfrentarse a la muerte con la perspectiva de consecuencias eternas puede evocar el mayor de los miedos.

Sin embargo, así como la fe en la capacidad que Jesús tiene de cuidar de sus discípulos en las situaciones más temibles de la vida los sacará sanos y salvos de una tormenta de la naturaleza, también la fe en la capacidad de Jesús para perdonar nuestros pecados nos guiará con seguridad a través de las tormentas de la vida y nos llevará a nuestro destino eterno. Sabemos que el pecado, la mayor amenaza para nuestro bienestar y nuestra seguridad, ha sido vencido. Es importante mantener esta perspectiva, porque nos permite tomarnos con calma otros desafíos a los que nos enfrentamos y que inducen temor.

Piensa en el duro temor que una mujer experimenta cuando descubre un bulto en su pecho, o la aterradora paranoia que siente una persona cuando descubre

46. Sebastian Junger, *La tormenta perfecta* (Barcelona: Plaza y Janés, 1998), 127-29.

que han allanado su hogar. Considera el horror experimentado por un padre o una madre al enterarse de que su hijo o hija ha muerto en un accidente de tráfico, o el terror desgarrador que puede vencer a quien acaba de saber que ha sido despedido. O incluso la angustia que muchos novios y novias sienten justo antes de la boda, al considerar la posibilidad de su propia ineptitud o de infidelidad para su futuro cónyuge.

Todas estas son tormentas muy reales de la vida. Pero lo primero es lo primero. Tener la perspectiva correcta de nuestro destino eterno nos capacita para tener una visión diferente de nuestros desafíos diarios. Con nuestros pecados perdonados, sabemos que nuestra propia mortalidad nos llevará finalmente a una eternidad segura. El conocimiento de que los pecados de nuestros seres queridos están perdonados nos proporcionará una paz que sobrepasa todo entendimiento al poner sus preocupaciones en las manos del Salvador. Y, cuando experimentamos sufrimiento en esta vida, podemos estar seguros sabiendo que el Salvador que sufrió la muerte en la cruz por el perdón de nuestros pecados no solo nos espera en el lugar de nuestro reposo eterno, sino que también va con nosotros mientras sobrellevamos los afanes de esta vida.

Del mismo modo, si ignoramos la eternidad, cerramos los ojos a las consecuencias de las elecciones que hacemos en esta vida. Nuestras prioridades cambian cuando reconocemos que tendremos que rendir cuentas de todo lo que hacemos ahora. La persona que se da cuenta de que no habrá posibilidad futura para rectificar los errores cometidos hoy tendrá menor inclinación a rebelarse contra Dios y sus caminos.

Así, el autor Gary Thomas nos advierte con humor de que "los cristianos sabios acortan los obituarios",[47] no por una morbosa preocupación por la muerte, sino por una forma práctica de mantener una perspectiva correcta sobre la vida y la eternidad. Deberíamos recordar los logros de los cristianos que han vivido a la manera de Dios, y deberíamos seguir su ejemplo. Regocijémonos ante la perspectiva de la vida eterna para que no temamos los desafíos de las tormentas terrenales. La autoridad de Jesús sobre todos los retos de la vida nos capacita, con una perspectiva eterna, para confiar plenamente en él dondequiera que nos llame a seguirle.

47. Gary Thomas, "Wise Christians Clip Obituaries", *Knowing and Doing* (Spring 2002): 12-15, 23.

Mateo 9:9-38

Al irse de allí, Jesús vio a un hombre llamado Mateo, sentado a la mesa de recaudación de impuestos. «Sígueme», le dijo. Mateo se levantó y lo siguió.

10 Mientras Jesús estaba comiendo en casa de Mateo, muchos
recaudadores de impuestos y pecadores llegaron y comieron
con él y sus discípulos. 11 Cuando los fariseos vieron esto, les
preguntaron a sus discípulos:

—¿Por qué come su maestro con recaudadores de impuestos y con pecadores?

12 Al oír esto, Jesús les contestó:

—No son los sanos los que necesitan médico sino los enfer-
mos. 13 Pero vayan y aprendan lo que significa: "Lo que pido de
ustedes es misericordia y no sacrificios". Porque no he venido a
llamar a justos sino a pecadores.

14 Un día se le acercaron los discípulos de Juan y le preguntaron:

—¿Cómo es que nosotros y los fariseos ayunamos, pero no así tus discípulos?

Jesús les contestó:

15 —¿Acaso pueden estar de luto los invitados del novio mientras
él está con ellos? Llegará el día en que se les quitará el novio;
entonces sí ayunarán. 16 Nadie remienda un vestido viejo con un
retazo de tela nueva, porque el remiendo fruncirá el vestido y la
rotura se hará peor. 17 Ni tampoco se echa vino nuevo en odres
viejos. De hacerlo así, se reventarán los odres, se derramará el
vino y los odres se arruinarán. Más bien, el vino nuevo se echa en
odres nuevos, y así ambos se conservan.

18 Mientras él les decía esto, un dirigente judío llegó, se arrodilló delante de él y le dijo:

—Mi hija acaba de morir. Pero ven y pon tu mano sobre ella, y vivirá.

19 Jesús se levantó y fue con él, acompañado de sus discípulos. 20 En
esto, una mujer que hacía doce años padecía de hemorragias se le
acercó por detrás y le tocó el borde del manto. 21 Pensaba: «Si al
menos logro tocar su manto, quedaré sana». 22 Jesús se dio vuelta,
la vio y le dijo:

—¡Ánimo, hija! Tu fe te ha sanado.

Y la mujer quedó sana en aquel momento.

23 Cuando Jesús entró en la casa del dirigente y vio a los flautistas y el alboroto de la gente, 24 les dijo:

—Váyanse. La niña no está muerta sino dormida.

Entonces empezaron a burlarse de él. 25 Pero cuando se les hizo salir, entró él, tomó de la mano a la niña, y esta se levantó. 26 La noticia se divulgó por toda aquella región.

27 Al irse Jesús de allí, dos ciegos lo siguieron, gritándole:

—¡Ten compasión de nosotros, Hijo de David!

28 Cuando entró en la casa, se le acercaron los ciegos, y él les preguntó:

—¿Creen que puedo sanarlos?

—Sí, Señor —le respondieron.

29 Entonces les tocó los ojos y les dijo:

—Se hará con ustedes conforme a su fe.

30 Y recobraron la vista. Jesús les advirtió con firmeza:

—Asegúrense de que nadie se entere de esto.

31 Pero ellos salieron para divulgar por toda aquella región la noticia acerca de Jesús.

32 Mientras ellos salían, le llevaron un mudo endemoniado. 33 Así que Jesús expulsó al demonio, y el que había estado mudo habló. La multitud se maravillaba y decía: «Jamás se ha visto nada igual en Israel.»

34 Pero los fariseos afirmaban: «Este expulsa a los demonios por medio del príncipe de los demonios».

35 Jesús recorría todos los pueblos y aldeas enseñando en las sinagogas, anunciando las buenas nuevas del reino, y sanando toda enfermedad y toda dolencia. 36 Al ver a las multitudes, tuvo compasión de ellas, porque estaban agobiadas y desamparadas, como ovejas sin pastor. 37 «La cosecha es abundante, pero son pocos los obreros —les dijo a sus discípulos—. 38 Pídanle, por tanto, al Señor de la cosecha que envíe obreros a su campo».

Sentido Original

Las historias de milagro y dichos sobre el discipulado en 8:1–9:8 han enfatizado la autoridad mesiánica de la persona y de la misión de Jesús al demostrar el poder del reino de los cielos. Pero la misión mesiánica de Jesús no se ha desarrollado como muchos esperaban. Él no atendió ni satisfizo a la élite religiosa o social; en vez de ello, sanó a los marginados, rompió las barreras de la pureza, de la etnia y del género que se erigían para entrar al reino (8:1-17). Decepcionó las expectativas de discipulado de algunos que querían seguirle, indicando que su forma de discipulado no se basaba en el bienestar económico ni en las expectativas culturales (8:18-22). Demostró que la autoridad de su reino mesiánico no ha venido con poder militar o político, sino con la meta de vencer las fortalezas de Satanás en la naturaleza, en el mundo demoníaco, en la enfermedad y, lo más importante, en el pecado.

Lo inesperado de la misión de Jesús empieza ahora a suscitar la oposición. A las personas no les gusta que se desconcierte ni que se desafíe su cosmovisión. Jesús llama a tipos de personas inesperadas y no apreciadas para que lo sigan, y al hacerlo encuentra la resistencia de las autoridades religiosas (9:9-17). Cuando sana a unos tipos de personas sorprendentes, las multitudes reaccionan con asombro, pero los líderes religiosos insinúan que, en realidad, su misión no es de Dios, sino de Satanás (9:18-35). A pesar de todo, esto no disuade a Jesús. De hecho, su compasión por las multitudes está en firme contraste con los líderes religiosos que han hecho que la vida sea más cruel para el pueblo. De modo que Jesús expande su misión a Israel enviando a otros con su mensaje y su poder autoritativos (9:36-38).

Se revela un tipo de discipulado inesperado (9:9-17)

Llamamiento de Mateo (9:9). La forma de discipulado que Jesús instituye es inesperada y chocante, porque rompe las barreras entre las clases sociales, revoca los conceptos religiosos del bienestar y abole la adherencia servil a las tradiciones culturales religiosas. Empieza con el llamamiento de un recaudador de impuestos local, de nombre Mateo.

En la antigua Roma, el cobro de los impuestos se asignaba a quienes más ofrecían por un contrato de recaudación, pero, en Palestina, los publicanos eran empleados de Roma y eran los representantes de las autoridades gubernamentales romanas, que recogían las obligaciones prescritas y supervisaban de forma general el orden público. En su mayoría, procedían de la población nativa, de manera que conocían a los habitantes y las costumbres locales. Se les exigía que cobraran un cierto importe de dinero en impuestos para las autoridades romanas, y lo que recogieran de más constituía su propia comisión. La tendencia a una extorsión excesiva hacía que fueran menospreciados y odiados por su propio pueblo (*cf.* Lc 19:8), y se convirtieron en algo proverbial para designar a una persona con una actitud interesada (Mt 5:46).

El puesto de cobro de Mateo se encontraba, probablemente, en algún lugar donde la Via Maris transcurriese cerca de la orilla del río, en los alrededores de Capernaúm.[1] Es posible que recaudara peaje del tráfico comercial que pasaba por esta zona o sobre la pesca capturada en el mar de Galilea, ambas cosas bajo la responsabilidad de Herodes Antipas. Los esperados ingresos tributarios eran un gravoso peaje que se arrancaba al pueblo de Galilea, que ya tenía una vida difícil. Por tanto, es probable que Mateo no fuese muy respetado en la región. En

1. Pixner, *With Jesus Through Galilee,* 35.

realidad, es muy posible que la población lo considerase un traidor que vendía a su propio pueblo a la ocupación romana y sus normas.[2]

Entonces apareció Jesús. "Sígueme", le dijo. Mateo se levantó y lo siguió. Es posible que este fuera un dramático primer encuentro entre Jesús y Mateo, y que la autoridad de la persona de Jesús y su llamado exigieran una obediencia inmediata.[3] Sin embargo, lo más factible es que esta sea la culminación de una relación anterior, similar al llamamiento de los dos pares de hermanos, Pedro y Andrés, Jacobo y Juan (ver comentarios sobre 4:18-22).[4] La redacción del llamado de Mateo es un tanto diferente de la que se utiliza en el caso de las cuatro personas mencionadas,[5] aunque conlleva la misma connotación y las palabras usadas para describir su respuesta son idénticas: "y lo siguió".

Esto nos lleva a suponer que Mateo hubiera estado probablemente bajo la influencia de Jesús durante algún tiempo. Las sanidades, los exorcismos, la predicación y la enseñanza públicos se habían estado produciendo en Galilea y estaban teniendo lugar principalmente en la región de Capernaúm. Quizá Mateo había sido testigo de ellos y ahora está preparado para unirse a Jesús. Si el llamado precedente de los hermanos extiende el patrón más allá, tal vez pueda significar también que no se trate de una historia de conversión, ya que es un llamado a unirse a los cuatro en su formación para convertirse en pescadores de hombres, como miembros de los doce apóstoles. En su lista, este Evangelio lo define como "Mateo, el recaudador de impuestos" (10:3).

Para Jesús, Mateo es un converso notable. Para él, el discipulado tiene un coste inmediato, ya que la recaudación de impuestos no solo llenaba las arcas del gobernador, sino que también suponía un lucrativo ingreso para el publicano (*cf.* Zaqueo, Lc 19:1-10). Un pescador podía volver siempre a la pesca, pero era menos probable que un recaudador volviera a su puesto de cobro. Sin embargo, nuestro autor no se extiende en lo que entraña este sacrificio, tal vez una indicación sutil de la identidad del humilde Mateo como autor de su primer Evangelio.

Al contar cómo se produjo el llamado del publicano, este Evangelio se refiere a él como "Mateo" (9:9), aunque Marcos se refiere a él como "Leví hijo de Alfeo" (Mr 2:14) y Lucas, sencillamente como "Leví" (Lc 5:27). Algunos eruditos han intentado mostrar que Leví no fue uno de los doce y, por tanto, es distinto a Mateo, pero esto no es más que una especulación que no se puede justificar, ya que las circunstancias del llamamiento son las mismas en Mateo y Marcos/Lucas.[6]

---

2. Keener, *A Commentary on the Gospel of Matthew* (1999), 291-93.
3. Thomas Long, *Matthew* (Westminster Bible Companion; Louisville: Westminster John Knox, 1997), 103-4.
4. McKnight, *Turning to Jesus,* 40-43.
5. "Sígueme" frente a "Ven detrás de mí".
6. Para la prueba de que Mateo y Leví son una sola persona, ver France, *Matthew: Evangelist and Teacher,* 66-70.

La razón para la variación del nombre está rodeada de gran especulación. Algunos argumentan que este recaudador de impuestos tiene dos nombres, Mateo y Leví. Algunos especulan que "Leví" es su nombre de nacimiento judío y que "Mateo" es un nombre que se le da tras la conversión, como en el caso de Saulo/Pablo.[7] Otros sugieren que "Mateo Leví" es un nombre doble que recibe desde su nacimiento, ya que existe poca prueba de que "Mateo" sea un nombre cristiano.[8] El nombre "Leví" puede indicar que pertenece a la tribu de Leví y, por tanto, está familiarizado con las prácticas levíticas.[9] Marcos alude a él como "hijo de Alfeo", que algunos han interpretado como indicativo de que es el hermano de "Jacobo hijo de Alfeo" (*cf.* Mr 3:18). No obstante, en el caso de las otras parejas de hermanos se especifica que lo son y están vinculados como tales, así que no es probable que Mateo-Leví y Jacobo sean hermanos.

Poco más se sabe de Mateo-Leví, excepto en la tradición del siglo II que da amplio testimonio con respecto a que él escribió el Evangelio que ahora lleva su nombre. Como recaudador de impuestos habría sido entrenado en las técnicas laicas de escritura, y como cristiano judío galileo habría sido capaz de interpretar la vida de Jesús desde la perspectiva de las expectativas del Antiguo Testamento.[10] Eusebio dijo que Mateo predicó primero a los "hebreos" y después a los "demás", incluidos lugares como Persia, Partia y Siria.[11] En cuanto a la muerte de Mateo, las tradiciones se mezclan: algunos dicen que murió como mártir, y otros, que fue una muerte natural.[12]

Publicanos y pecadores (9:10-13). Mateo sigue de inmediato a Jesús y dispone un banquete para él y para los demás discípulos, en su propia casa (*cf.* Lc 5:29-30). Dado que los publicanos están mucho mejor económicamente y, a pesar de todo, son despreciados por el populacho local, por sus prácticas de extorsión, el llamado y la respuesta de Mateo están por completo fuera de lo ordinario y exigen, ni más ni menos, un giro radical milagroso en su vida. Al banquete se invita a "muchos publicanos y 'pecadores'", lo más probable es que fueran de sus compañeros más cercanos hasta el momento.

Tener comunión en la mesa era un importante convencionalismo social y religioso entre muchos grupos del antiguo mundo. Se habían establecido límites que designaban a quienes se incluían en una comida o se excluían de ella, y esto también servía para delinear las obligaciones religiosas y éticas hacia los participantes. En el judaísmo, los terapeutas, los esenios y los fariseos eran especialmente conocidos por el papel que jugaba la comunión en la mesa a la hora de

7. Hagner, *Matthew,* 1:237-38.
8. Carson, "Mateo", 224.
9. Albright y Mann, *Matthew,* clxxvii-clxxviii, clxxviii-clxxxiv.
10. *Cf.* France, *Matthew: Evangelist and Teacher,* 70-74; Gundry, *Matthew,* 609-22.
11. Eusebio, *Historia* 3.24.6.
12. Wilkins, *Following the Master,* 161-162.

definir sus grupos de identidad.[13] La comida compartida era una ocasión formal en la que los miembros del grupo consumían alimentos consagrados mediante diversas prácticas rituales, como los lavamientos ceremoniales o los diezmos. Se señalaba a los participantes mediante la exigencia de una iniciación previa, como la circuncisión o la inmersión.[14]

El desdén que muchos sentían por los recaudadores de impuestos en general se agravaba por considerarlos ceremonialmente impuros debido a su continuo contacto con los gentiles y a que trabajaban en el día de reposo.[15] Por tanto, los fariseos se horrorizan al ver que Jesús está comiendo con ellos y con "pecadores", de modo que preguntan: "¿Por qué come su maestro con recaudadores de impuestos y con pecadores?".

El término "pecador" (*hamartōlos*) es un término que los fariseos suelen utilizar para señalar a un segmento identificable del pueblo que se opone a la voluntad de Dios, tal como refleja su comprensión de la obediencia a la ley y sus interpretaciones (p. ej., Lc 7:36-50; *cf.* Mt 26:45).[16] Son personas que ignoran deliberadamente los límites legítimos de la conducta judía adecuada. Los compañeros de Mateo no solo son unos recaudadores traidores, sino también otros judíos que viven fuera de la ley. En la mente de los fariseos, que Jesús comparta una comida con estos tipos de personas indica que los incluye dentro de su propia camaradería; para ellos, esto sugiere asimismo que aprueba la conducta de esta clase de personas.[17]

Jesús debe aclarar ahora quién es y qué entraña su misión, utilizando la metáfora de un doctor: "Al oír esto, Jesús les contestó: No son los sanos los que necesitan médico sino los enfermos". Uno de los rasgos más distintivos del mensaje y del ministerio de Jesús es la promesa de salvación a los "pecadores".[18] Sin embargo, en un incisivo juego de palabras, Jesús muestra a los fariseos que tiene una opinión diferente de la de ellos sobre lo que significa ser un pecador. Para los fariseos, un pecador es una persona que ha violado la ley tal como ellos la interpretan. Pero, para Jesús, un pecador es cualquier persona que permanece en oposición a la voluntad de Dios. Los fariseos se consideran sanos delante de Dios por derecho propio, ya que definen la justicia por su observancia de la ley: su "sacrificio". Pero están ciegos ante su verdadera pecaminosidad delante de Dios.

---

13. Ver, p. ej., Filón, *Vida Cont.* 40-89; 1Qsa 2.
14. Dennis E. Smith, "Table Fellowship", *ABD,* 6:302-4; Neusner y Green, "Table Fellowship", *DJBP,* 613.
15. J. H. Harrop, "Tax Collector", *IBD,* 3:1520-21.
16. Para los antecedentes de los diversos usos de "pecador" en los Evangelios, ver Michael J. Wilkins, "Sinner", *DJG,* 757-60; Keener, *A Commentary on the Gospel of Matthew* (1999), 294-96.
17. I. Howard Marshall, "'Sins' and 'Sin'", *BibSac* 159 (enero-marzo 2002): 3-20.
18. E P. Sanders, *Jesus and Judaism* (Filadelfia: Fortres, 1985), 174.

Por consiguiente, Jesús prosigue: "Pero vayan y aprendan lo que significa: 'Lo que pido de ustedes es misericordia y no sacrificios'. Porque no he venido a llamar a justos sino a pecadores". La variopinta multitud congregada con Jesús no puede evitar su propia pecaminosidad. Mateo ha sido uno de ellos, pero ha experimentado el llamado misericordioso de Jesús para salvación, por lo que ahora le lleva a sus compañeros pecadores. Quiere que sus amigos encuentren la misma sanidad para su alma. A estos es a los que Jesús ha venido[19] para traerles su mensaje de misericordia. Su ofrecimiento de salvación a los pecadores, al margen de las observancias partidistas, amenaza el estilo de vida de los fariseos, aunque se encuentra en el núcleo central del evangelio que Jesús anuncia.[20]

El llamamiento de Mateo y el posterior banquete muestra, la gran misericordia de Jesús. Extiende su mano a flagrantes pecadores y marginados sociales, y hasta se queda con uno de ellos y lo llama para que sea un apóstol, uno de los líderes fundamentales de la iglesia que está por llegar (10:1-4; Hch 1:13). Los fariseos están tan absortos con su santurronería religiosa que no pueden ver la pecaminosidad de su propio corazón endurecido. El carácter clemente con que Jesús se acerca a ellos ratifica nuestro propio llamamiento a buscar a los que siguen enfermos en pecado, a invitarlos a experimentar la sanidad de su alma y a entrar en la comunión de nuestro discipulado con Jesús.

El discipulado y las tradiciones religiosas (9:14-17). El banquete de Jesús con publicanos y pecadores resulta ofensivo para los fariseos, pero también para los discípulos del precursor de Jesús, Juan el Bautista. Vienen a Jesús y le preguntan: "¿Cómo es que nosotros y los fariseos ayunamos, pero no así tus discípulos?". Estas personas se reunían en torno a Juan como profeta que introduciría la era mesiánica. Lo ayudaban a bautizar a los que acudían a él y estaban comprometidos con estrictas prácticas religiosas, como ayunar y orar (Lc 5:33; 11:1). Lo más probable es que los "discípulos de los fariseos" (ver Mr 2:18; *cf.* Mt 22:16) sean los que están siendo formados para llegar a ser un completo iniciado en su hermandad. Han estado inmersos en la ley oral y la rigurosa práctica de sus tradiciones.

El ayuno se prescribió tan solo en el Antiguo Testamento para el día de la expiación (*cf.* Lv 16:29, 31; 23:27, 32), aunque surgieron otras ocasiones para el ayuno voluntario (para más datos sobre el ayuno ver comentarios sobre Mt 6:16-18). Los discípulos de Juan no entienden por qué los discípulos de Jesús no ayunan con regularidad como señal de arrepentimiento o como indicación de su disciplina espiritual. En su respuesta, Jesús alude a sí mismo como el "esposo", que en el Antiguo Testamento es Yahvé (*cf.* Is 62:5; Os 2:19-20): "¿Acaso pueden estar de luto los invitados del novio mientras él está con ellos?". La llegada del reino de los cielos ha llevado a su cumplimiento las promesas de Israel, que

19. Ver Warren Carter, "Jesus' 'I have come' Statements in Matthew's Gospel", *CBQ* 60 (1998): 44-62.
20. Wilkins, "Sinner", *DJG,* 760.

es la causa de un tiempo de regocijo como el que se experimentaría durante las ceremonias de matrimonio (*cf.* Mt 25:12-13). No es un tiempo adecuado para ayunar. Sin embargo, el ayuno será adecuado cuando Jesús sea "quitado", sugiriendo quizá la violencia contra el Siervo Sufriente (Is 53:8b; Mt 7:17) que Jesús experimentará en la crucifixión.[21]

La respuesta de Jesús es una importante pauta para la perspectiva adecuada del crecimiento espiritual y las prácticas tradicionales. La observancia ritual de ciertas disciplinas espirituales no asegura de forma automática el crecimiento espiritual. En el SM, Jesús dijo que disciplinas como el ayuno, la oración o dar a los necesitados no valen de nada a menos que expresen un corazón que desea humildemente crecer a la semejanza del Padre (5:48–6:18). Además, dichas prácticas deben ser llevadas a cabo de la forma adecuada y no de manera legalista. Las tradiciones son lo que los seres humanos han diseñado para aplicar los principios bíblicos a la vida cotidiana, pero no son los mandamientos de Dios. Pueden resultar útiles si se practican de forma adecuada, pero pueden ser agobiantes si se vuelven más importantes que la revelación bíblica misma.

Jesús ilustra estas perspectivas sobre el crecimiento espiritual y las prácticas tradicionales mediante el uso de dos ejemplos de la vida cotidiana, que hoy se ha convertido en algo proverbial. Él no ha venido tan solo a apoyar las prácticas tradicionales de los judíos. Más bien, su propósito es ofrecer un planteamiento totalmente nuevo a Dios. La vida del reino de Jesús es una vestidura y un vino completamente nuevos, que deben corresponderse con unas prácticas de tradición adecuadas.

(1) Jesús usa un ejemplo tomado de la ropa: "Nadie remienda un vestido viejo con un retazo de tela nueva". Si una persona pone un parche nuevo, de tela sin lavar en un vestido viejo, el remiendo encogerá durante el lavado y desgarrará la tela vieja, dejando un agujero aún mayor. Jesús no ha venido a remendar las viejas tradiciones religiosas, sino a ofrecer una vestidura nueva. No especifica de qué tipo de vestido se trata, pero, si su declaración clave con respecto a entrar al reino en 5:20 está vinculada a la ropa de boda requerida en la parábola del banquete nupcial (22:11-13), podemos concluir que Jesús está apuntando a la justicia del reino de los cielos. Jesús no ha venido a remendar los actos tradicionales de justicia dentro del judaísmo religioso; ofrece un crecimiento real en la justicia verdadera, a través del discipulado en el reino de los cielos.

(2) A continuación, Jesús usa un ejemplo de odres comunes: "Ni tampoco se echa vino nuevo en odres viejos". Los odres se hacían de pellejo de animal desollado y curtido. Con el tiempo se ensanchaban hasta volverse quebradizos. El vino nuevo que todavía está fermentando se expande y hace que los odres viejos estallen si se llenan de él. En ese caso, tanto el vino nuevo como los odres viejos se perderán. El vino nuevo requiere nuevos odres. En otras palabras, Jesús

21. France, *Matthew: Evangelist and Teacher,* 169.

no ha venido a llenar de vida nueva el viejo sistema de tradiciones judías. Son inadecuadas para la nueva vida del reino. Se necesitan nuevas formas para su reino, y las nuevas prácticas deben acomodar la nueva vida del discipulado de Jesús. Esto no anula ni abole el Antiguo Testamento que Jesús ha venido a cumplir (5:17); en vez de ello, indica que el discipulado de Jesús reemplaza la rígida adhesión legalista a las prácticas tradicionales del judaísmo.

Los milagros inesperados demuestran una compasión extraordinaria (9:18-34)

La colección de historias de milagro y dichos de discipulado de Mateo, en los capítulos 8–9 autentifica la autoridad de Jesús como Mesías que está obrando. Pero la inesperada naturaleza de su misión mesiánica sigue asombrando a las multitudes (p. ej., 7:28; 8:8; 9:33) y provocan la oposición de las autoridades religiosas (9:3-4, 11, 14). En el primer ciclo de tres milagros, Jesús demostró que no ha venido a servir a la élite religiosa ni social, sino más bien a sanar a los marginados (ver comentarios sobre 8:1-17). En el segundo ciclo de tres milagros mostró que la autoridad del reino mesiánico no es el poder militar ni político, sino el espiritual para derrumbar las fortalezas de Satanás en la naturaleza, el mundo demoníaco y la enfermedad/pecado (ver comentarios sobre 8:23–9:8). En este tercer y último ciclo de tres historias de milagro, Jesús demuestra una compasión extraordinaria al realizar milagros inesperados, para que los muertos tengan vida (9:18-26), los ciegos reciban la vista (9:27-31) y los mudos recobren la voz (9:32-34).

La respuesta de las multitudes se hace cada vez más visible a medida que se extiende la fama de Jesús por toda la región (9:31), lo que contribuye a una mayor hostilidad en los líderes religiosos, ya que relacionan su poder milagroso con el príncipe de los demonios (9:34). No obstante, Jesús será para sus discípulos el modelo de cómo la compasión por los acosados y los indefensos debería compelerlos a ministrar a las multitudes con el evangelio y el poder del reino de los cielos (9:35-38).

Los muertos tienen vida (9:18-26). La primera historia de milagro de este ciclo incluye la sanidad de una mujer hemorrágica, pero culmina con la resurrección de la hija de un gobernante (9:18-25). Resulta en una respuesta positiva por toda la región (9:26).

Tras los encuentros con los líderes religiosos sobre las prácticas de Jesús, uno de los líderes de la comunidad judía se presenta con una necesidad acuciante. Mateo se refiere a él como un "dirigente" (*archon*), lo que denota un líder de la comunidad o el jefe del consejo de una sinagoga (Mr 5:22 y Lc 8:41 especifican esto último). Tal vez en una comunidad más pequeña este hombre (llamado Jairo en Marcos y Lucas) ejerza tanto como líder de la comunidad como de la sinagoga.[22] Al arrodillarse delante de Jesús, indica el extremado honor que le profesa, porque ponerse de rodillas es la postura adecuada que uno adopta delante de Dios (p. ej., Gn 22:5; Éx 4:31; Dt 26:10; Sal 5:7), un rey o un superior (p. ej., 1S 24:9; 1R 1:16, 23).

La petición del oficial es urgente: "Mi hija acaba de morir; pero ven y pon tu mano sobre ella, y vivirá". El dirigente tiene la misma confianza en la capacidad de sanar de Jesús que tuvieron el leproso (8:2-4), el centurión (8:5-13) y el paralítico y sus amigos (9:2-7), pero su confianza es lo bastante profunda para creer que Jesús puede levantar a su hija de los muertos. Jesús todavía no ha resucitado a nadie, pero se sabe que emisarios de Dios en el Antiguo Testamento, como Elías (1R 17:17-24) y Eliseo (2R 4:32-37), sí lo hicieron. Mateo condensa una vez más la narración. En su relato, la hija ya está muerta (9:18), mientras que en Marcos 5:23 y Lucas 8:42 está a punto de fallecer. La compasión de Jesús es inmediata, porque "levantándose [...] lo siguió y también sus discípulos."

El urgente viaje de Jesús a casa de Jairo se interrumpe brevemente por otra desesperada necesidad: "… una mujer que había estado sufriendo de flujo de sangre por doce años". Lo más probable es que la condición de esta mujer sea la menorragia, una enfermedad en la que el flujo menstrual se prolonga de forma anormal, lo que suele producir también una anemia.[23] Esta condición es de lo más perjudicial, porque se la consideraría ritualmente impura y la excluirían de las relaciones sociales y religiosas normales, ya que cualquiera que tuviera contacto con ella también sería inmundo (Lv 15:25-30).

Ha sufrido por su condición durante doce años y ha buscado ayuda en todos los tipos de cuidados médicos conocidos (*cf.* Mr 5:26; Lc 8:43). Nada le ha producido sanidad, por lo que se acerca a Jesús y toca "el borde [*kraspedon*] de su manto". El término *kraspedon* se traduce "borla" en 23:5, que puede ser también aquí su significado. Las cuatro esquinas de la vestidura que usaban los hombres llevaban unas "borlas" cosidas a un borde de cordón azul, según Números 15:37-42 y Deuteronomio 22:12. Estas borlas le recordaban a quien las llevaba que debía obedecer los mandamientos divinos y ser santo ante Dios.

Como Jairo y los demás que habían oído hablar de los poderes sanadores de Jesús, está mujer tiene una confianza inquebrantable en la capacidad de él para sanarla: "Pues decía para sí: Si tan sólo toco su manto, sanaré". Una vez más, Mateo tiene un relato abreviado. En Marcos y Lucas, se narra su curación afirmando que Jesús reconoce que de él ha salido poder y se detiene para investigar quién lo ha tocado (Mr 5:29-30; Lc 8:44-45). Mateo recoge sencillamente la declaración final de Jesús: "Hija, ten ánimo, tu fe te ha sanado".

La expresión de Jesús, "hija, ten ánimo", subraya de nuevo su compasión, mientras que su declaración "tu fe te ha sanado" apunta a la fuente de la curación.

22. Levine, *The Ancient Synagogue,* 402-3.
23. D. H. Trapnell, "Health, Disease and Healing", *IBD,* 2:619.

La fe en sí misma no sana; Dios, sí. La mujer tiene fe en la capacidad de Jesús para sanarla, y esto la ha llevado a este precario lugar público en busca de su sanidad. El centurión creyó que Jesús podía sanar a su siervo sin estar presente, y esta mujer cree que cualquier tipo de contacto con Jesús, incluso sin que él lo sepa, la sanará. De modo que la fe la lleva al lugar donde Dios puede curarla. Al hacer pública su curación con su anuncio, Jesús elimina el estigma público de la condición física de ella, facilitando así su regreso a la vida social y religiosa normales.

Pero Jesús también quiere que ella y cualquiera que esté observando, como sus discípulos, tengan claro que lo que la ha sanado no es un manto mágico, es Dios. El flujo de poder curativo llega a través de la soberanía de Dios y el ejercicio de la fe de ella. El poder sanador no se limita a salir continuamente de Jesús; es la actividad de Dios. Mateo puede indicar que un acontecimiento incluso más profundo ha ocurrido en la vida de esta mujer, porque tanto la afirmación de Jesús ("ha sanado") como la narración de Mateo ("fue sanada") usan el verbo *sozo,* que se usa normalmente en el sentido de "salvar". Es muy posible que su acto de fe al acudir a Jesús en busca de sanidad también es el momento en el que ejerce fe en Jesús como aquel que puede salvarla de sus pecados (*cf.* 1:21).

Ahora, Jesús prosigue su camino hasta la casa de Jairo, donde se encuentra con una escena de duelo típica: "los flautistas y el alboroto de la gente". En la casa de una persona destacada como este dirigente, muchas plañideras profesionales se habrían unido a la familia y a los amigos expresando su dolor. Sin embargo, Jesús indica que la muerte de la pequeña no es más que "sueño", ante lo cual los dolientes se ríen. Él echa de allí a todos los escépticos. Con el mismo toque compasivo que sanó a la suegra de Pedro (8:15), Jesús toma la mano de la niña y la saca de su sueño de muerte. Esta escena confirma para todos los creyentes que la muerte no es más que un estado de sueño del cuerpo mientras aguarda la resurrección final (1Co 11:30; 15:20-23, 51-55; 1Ts 4:13-18).

Este primer relato de resucitar a alguien de los muertos alimenta el furor contra Jesús cuando "esta noticia se difundió por toda aquella tierra". Más tarde, Jesús le enfatizará a Juan el Bautista que el que los muertos sean resucitados es otra señal de que él es el Mesías (11:2-5).

Los ciegos reciben la vista (9:27-31). La segunda historia de milagro recoge la sanidad de dos ciegos. La ceguera era una de las enfermedades más desalentadoras del mundo antiguo y se consideraba poco menos que estar muerto.[24] No obstante, era algo bastante común. Aquí, dos ciegos "siguen" (*akoloutheo*) a Jesús. En ocasiones, este verbo indica sencillamente un movimiento espacial (p. ej., 4:25), pero también puede señalar el seguimiento del discipulado de Jesús (4:20, 22; 9:9). En cada caso, el contexto determina el uso.[25] La comprensión

24. Twelftree, *Jesus the Miracle Worker,* 83-84 (ver también *b. Ned.* 64b).
25. Wilkins, *Discipleship in the Ancient World and Matthew's Gospel,* 137-41.

que estos ciegos tienen de la verdadera identidad de Jesús puede indicar lo segundo. Claman: "¡Hijo de David, ten misericordia de nosotros!". Ellos entienden que Jesús es el "Hijo de David", y es la primera vez que alguien llama a Jesús con ese título (*cf.* 1:1).

Esta expresión alude a la promesa del libertador mesiánico del linaje de David, cuyo reino no tendrá fin (2S 7:12-16; *cf. Salmos de Salomón* 17:23). La era mesiánica prometía curar a los ciegos (Is 29:18; 25:5; 42:7), algo que Jesús le indicó a Juan el Bautista como una de las señales de que él es en realidad el que había de venir (Mt 11:2-6). El Antiguo Testamento no recoge curación alguna de ceguera,[26] y tampoco se registra que alguno de sus seguidores diera jamás la vista a un ciego.[27] Sin embargo, la curación de ciegos es uno de los milagros más frecuentes de Jesús (9:27-31; 12:22-23; 15:30-31; 20:30-34; 21:14-15). Estos hombres han relacionado claramente a Jesús con las profecías del Hijo de David que curará la ceguera (*cf.* 12:22-23; 21:14-15), y piden ese don de la misericordia mesiánica.

Siguen a Jesús dentro, donde este provoca en ellos una declaración de su fe: "¿Creéis que puedo hacer esto? Ellos le respondieron: Sí, Señor". Como cada uno de los que aparecen en las escenas anteriores de sanidad, estos deben confiar en la capacidad de Jesús para sanarlos. Vinculado con la afirmación de ellos en cuanto a que Jesús es el "Hijo de David", llamarle "Señor" (*kyrios*) puede indicar que ven en Jesús más que un mero profeta. Una vez más (*cf.* 8:15; 9:25), su toque compasivo acompaña su palabra de mando para producir sanidad: "Entonces les tocó los ojos y les dijo: Se hará con ustedes conforme a su fe". Como le indicó a la mujer con hemorragia (9:22), Jesús les recalca a los ciegos que la fe de ellos en su capacidad y deseo de sanarlos los ha impulsado a acudir donde pueden recibir su don milagroso.

Recuperada la vista, Jesús les advierte: "Asegúrense de que nadie se entere de esto". La exigencia de secretismo es un aspecto regular del ministerio de Jesús (ver comentarios sobre 8:4; *cf.* 12:16; 16:20; 17:9) y puede ser la razón por la que espera a que estén en el interior para sanarlos. Evita cuidadosamente provocar en las multitudes un malentendido de su identidad mesiánica. Aunque los milagros darán testimonio de la autenticidad del mensaje de su evangelio sobre la llegada del reino de los cielos, Jesús no quiere que las multitudes aclamen solo los milagros o que se limiten a pensar en él sencillamente como un hacedor de prodigios mesiánico; él es el Salvador que ha venido a traer salvación del pecado.

---

26. En los apócrifos, Tobit es sanado de ceguera con la hiel de un pez por su hijo Tobías (*Tobit* 11:7-15).
27. Las "escamas" que cayeron de los ojos de Saúl cuando Ananías impuso sus manos sobre él podrían ser una excepción, aunque esto parece diferente, porque Ananías no oró pidiendo sanidad, sino que llegó como instrumento para que recibiera el Espíritu Santo (Hch 9:17-19).

Al mismo tiempo, la celebración pública del ministerio de milagros de Jesús pronto lleva a una oposición adicional por parte de los líderes religiosos (*cf.* 9:34). Sin embargo, el entusiasmo de los ciegos por su curación no puede refrenarlos, porque, contrariamente a la orden de Jesús, "en cuanto salieron, divulgaron su fama por toda aquella tierra". La obediencia a Jesús no es aún una característica establecida de la fe de ellos en él. No sospechan que la celebración de su sanidad contribuirá a que los líderes religiosos provoquen más oposición contra Jesús.

Los mudos reciben la voz (9:32-34). El milagro final en esta colección de historias de milagros implica tanto la sanidad como el exorcismo. "Y al salir ellos de allí, he aquí, le trajeron un mudo endemoniado". La posesión demoníaca adopta una variedad de formas externas. En el caso de los dos endemoniados de la región de los gadarenos, la manifestación produjo una conducta violenta que amenazaba a las personas (8:28). Aquí, el fenómeno prohíbe de alguna manera que el hombre hable (ver también 12:22). El exorcismo del demonio y la simultánea curación de la mudez es una demostración más poderosa de que el reino de los cielos ha llegado por fin.

Al cierre de las historias de milagros, la multitud está asombrada y exclama: "Jamás se ha visto nada igual en Israel". Jesús es el Mesías de Israel, pero un Mesías bastante distinto al que muchos esperaban. No vino con poder militar ni fanfarria real. Más bien vino con un mensaje poderoso y un ministerio único que asombró a las multitudes (*cf.* 7:28-29).

Pero si la singularidad de los milagros es una señal para las multitudes de la actividad de Dios en el ministerio de Jesús, también les confirma a las autoridades religiosas que él no obra de esta forma. Y si Dios no es la fuente de los poderes milagrosos de exorcismo de Jesús, debe de echar "a los demonios por medio del príncipe de los demonios" (9:34; *cf.* 9:3).[28] Sin los ojos de la fe, los fariseos no pueden ver, más allá de su experiencia de miras estrechas, que Dios está haciendo algo único en Israel en las palabras y la obra de Jesús. Por tanto, unen su oposición a Jesús para proteger su dominio religioso y piensan que están protegiendo al pueblo de él. Es un matiz inquietante que, con tono trágico, establece una trayectoria hacia la cruz que se aproxima inevitable.

El Mesías recluta obreros para la obra (9:35-38)

Mateo concluye su colección de historias milagrosas y dichos de discipulado con la misma expresión narrativa que utilizó para marcar el comienzo del ministerio de Jesús en Galilea: "Jesús recorría todos los pueblos y aldeas enseñando en las sinagogas, anunciando las buenas nuevas del reino, y sanando toda enfermedad y toda dolencia" (9:35; *cf.* 4:23). Estos versículos forman una *inclusio*, creando el efecto de dos sujetalibros que disponen el material de los

28. Reiteran esta acusación en 12:24, donde identifican al príncipe de los demonios como Beelzebú y donde Jesús responde a ese cargo.

capítulos entre ellos. En los capítulos 5–7 Jesús es el Mesías autoritativo que se expresa verbalmente en el Sermón del Monte, y en los capítulos 8–9 es el Mesías que está manos a la obra en los relatos de sus milagros.

Las multitudes siguen siendo el objetivo del ministerio de Jesús, y su fuerza motivadora es la compasión. "Cuando Jesús desembarcó y vio a tanta gente, tuvo compasión de ellos". El verbo "tener compasión" es *splanchnizomai* ("ser conmovido en lo más profundo del ser"), algo que por lo general indica afecto y sentimientos profundos del corazón. En otra parte, esta palabra describe la motivación de Jesús para sanar y alimentar a la multitud (14:14; 15:32) y sanar al ciego (20:34; *cf.* 18:27).[29]

En este caso, la necesidad que percibe Jesús es que las multitudes "estaban agobiadas y desamparadas, como ovejas sin pastor". La metáfora de la oveja y el pastor era bien conocida en la historia de Israel, desde el cordero expiatorio del día de la expiación y la Pascua (Éx 12:1-4; 29:35-42) hasta la relación que Dios, como pastor, tiene con Israel, su oveja (Is 49:10-11) y la dependencia absoluta del salmista de Dios como su pastor (Sal 23). El Mesías davídico establecerá el pacto eterno con Israel como pastor (Ez 37:24).

Los líderes de la historia de Israel también se han comparado con pastores. Josué fue el líder nombrado después de Moisés, "así el pueblo del SEÑOR no se quedará como rebaño sin pastor" (Nm 27:17).[30] Pero esto es lo que parece Israel en el tiempo de Jesús. Los líderes no han completado su responsabilidad de guiar y proteger al pueblo, y, por tanto, el pueblo está "agobiado" y "desamparado". Estas multitudes están experimentando dificultades angustiosas y son incapaces de cuidarse solas. El trabajo del pastor consiste en asegurarse de que las ovejas sean guiadas en paz junto a aguas tranquilas y no carezcan de nada, pero estos líderes están agobiando a las multitudes desamparadas. Están sufriendo bajo la opresión de las fuerzas de ocupación romanas, además de todas las preocupaciones cotidianas, los desengaños y las dificultades de la vida que los azota.

En las historias de milagros anteriores (cap. 8–9), Jesús sanó a los discapacitados y enfermos, resucitó a los muertos, calmó el tormentoso mar y expulsó demonios. Esas necesidades son enormemente importantes, pero, entretejido a lo largo de las escenas, vemos que Jesús reconoce una miseria subyacente que es mucho peor. En una palabra, el problema es el "pecado". Jesús es el Siervo Sufriente prometido que no solo llevará sobre sí mismo las debilidades de su pueblo, sino también sus pecados (8:17; *cf.* Is 53:4-5). La enfermedad más profunda del paralítico, el mal espiritual de los recaudadores de impuestos y también de los fariseos, es su pecado (9:2, 13). Por tanto, la verdadera perdición de los líderes de Israel es que no se están preocupando como deberían de las

29. BDAG, 938.
30. "Ovejas, Pastor", *DBI,* 782-85.

necesidades espirituales del pueblo. Jesús ve lo más profundo de la necesidad de las multitudes y produce sanidad tanto al cuerpo como al alma.

La metáfora cambia y ahora pasa de las ovejas angustiadas y desamparadas a la cosecha abundante que precisa obreros (9:37-38). Aunque la metáfora cambia, el significado sigue siendo el mismo. La "cosecha" representa a las multitudes de Israel que tienen unas necesidades tremendas, como manifiesta el Discurso de Misión que sigue (ver esp. 10:5-23). El tema de la cosecha era común en el judaísmo. En torno al 130 A.D., un rabino declaró: "El día es corto y la tarea grande; los trabajadores son perezosos, el salario abundante y el jefe de la casa es insistente" (*m. Abot* 2.15). Aunque la misión de Jesús sea llevar el evangelio del reino a los necesitados, quiere que sus discípulos se unan a él, porque "la cosecha es abundante, pero son pocos los obreros".

Aunque, por lo general, Mateo suele hacer hincapié en el pequeño grupo de discípulos que rodea a Jesús, no tiene por qué restringirse aquí a los doce. Discípulos son todos los que han respondido a su llamado al reino de los cielos. Jesús enviará a los doce en misión especial en el seno de Israel (10:1-15), pero, mientras haya multitudes necesitadas, llama a todos los discípulos a lo largo de los tiempos a ser obreros de la mies (10:16-23). Jesús expandirá más tarde la metáfora de la cosecha y la utilizará para denotar un tiempo de juicio (13:30, 39; *cf.* Is 17:11; Jl 3:13; Ap 14:14-20).

Los discípulos deben pedir "al Señor de la cosecha que envíe obreros a su campo". El "Señor de la cosecha" es Dios, quien responderá a sus peticiones de obreros para la cosecha. Pero, de forma extraordinaria, es Jesús quien se adelanta en la respuesta a sus oraciones, encargándoles a los doce que salgan y ministren. La misión de la cosecha incluye la asignación inmediata a los doce de llevar el mensaje del evangelio solo a Israel (10:1-15), pero también se encomienda a todos los discípulos la misión de gran alcance, a nivel mundial, hasta que el Hijo del hombre regrese (10:16-23).

Construyendo Puentes

Cristología y discipulado son dos de los temas más importantes del Evangelio de Mateo. Las escenas alternas de milagros y enseñanzas a lo largo de los capítulos 8 y 9 han acentuado estos temas. Nos llevan al corazón del ministerio de Jesús revelándonos su identidad y misión, y esto a su vez nos lleva a comprender de una forma mucho más clara las implicaciones de nuestro discipulado con él. Los temas que revelan su misión del reino son subyacentes a las fenomenales muestras externas de poder. El ministerio de milagros asombra a las multitudes y amenaza a las autoridades religiosas, pero los que ven con los ojos de la fe disciernen que el poder milagroso tiene implicaciones para el discipulado diario.

Sanidad para los pecadores. Desde el comienzo del ministerio de Jesús, la llegada del reino indica que el mayor milagro es, a menudo, el que pasa más desapercibido. Es el milagro del perdón. Cuando Jesús llamó a Mateo, uno de los recaudadores de impuestos más notorios, hizo un anuncio trascendental de su misión del reino (traer sanidad a un mundo enfermo de pecado). Su compasión se extiende a individuos inesperados que a menudo eran despreciados o ignorados por la élite religiosa.

La religión no cura el pecado. En el encuentro de Jesús con los fariseos que cuestionaban su práctica de comer con la escoria de la sociedad, vemos que el pecado es una enfermedad espiritual interna que debe reconocerse con sinceridad y que es incurable mediante los propios esfuerzos de la justicia religiosa. El Gran Médico es el único que cura el pecado. Es más, el pecado es el verdadero culpable del sufrimiento de la humanidad. El sufrimiento físico de la mujer hemorrágica y los ciegos era real, y Jesús suplió las necesidades de estas personas; sin embargo, al señalar la fe de ellos en él, indica que hay asuntos espirituales más profundos en juego. Las multitudes parecen querer la sanidad sin prestar atención a sus necesidades más profundas de salvación del pecado. Y, para acrecentar el problema, estaban agobiadas y desamparadas por los líderes religiosos, que las oprimían con la actividad religiosa que enmascaraba el problema del pecado.

Las preocupaciones que con frecuencia consideramos como nuestras mayores necesidades no deberían serlo. Cuando nos ponemos en las manos de Dios, él comprende nuestra vida mejor que nosotros mismos; y a veces se preocupa más del desarrollo de nuestro corazón que de la comodidad de nuestra vida. No cabe la menor duda de que Dios disfruta dando buenos regalos a sus hijos (7:11) y se compadece de nuestro sufrimiento (9:18-34). Pero, a veces, aquello que nos parece el mayor regalo no siempre aborda las necesidades más profundas de nuestra vida. Nuestro corazón ha sido severamente tentado con los efectos del pecado, y el pecado golpea el centro de nuestros afectos y nuestra capacidad de tener una relación con Dios. Él siempre se preocupa de lo que es mejor para nosotros; sin embargo, es posible que lo mejor no sea siempre lo que nosotros creemos o perseguimos para nuestro bienestar. La sanidad del sufrimiento físico no es más que mera cosmética si el corazón pecador no se entrega al cuidado del Gran Médico.

Guerra espiritual. El segundo tema subyacente a las muestras sobrenaturales del poder de Jesús es que existen indicadores de la guerra cósmica espiritual en la que está inmerso. El pueblo de Israel escuchó durante siglos que Dios tenía el control y que algún día enviaría al Mesías para liberarlos del mal, del odio y el dolor. Pero ahora están más oprimidos que nunca. ¿Dónde está la promesa de socorro de Dios? ¿Dónde está Dios?

Jesús llega hasta ese dolor y esa desesperación con su autoridad sobre los espíritus malignos, con su mensaje y con su ministerio de sanidad. Su expulsión de espíritus malvados y la curación de las dolencias y enfermedades son una validación externa de la realidad de la presencia del reino de los cielos, y las personas deberían ahora acudir a Jesús como el libertador mesiánico. Su misión autoritativa es una invasión del reino de Satanás. Este ya no es el gobernador indiscutible de este mundo. Recibió su merecido y más, con la llegada de Jesús. Y seguirá habiendo enfrentamiento con las fuerzas satánicas malignas mientras los emisarios de Jesús salgan con su autoridad para traer libertad a los agobiados y desamparados.

Pero la guerra espiritual es engañosa. No hace que las personas sean necesariamente más "religiosas". Al no conformarse Jesús a las expectativas religiosas de los fariseos ni conducir a los exorcizados a la vida religiosa por la que abogan los fariseos, estos lo consideran un fraude demoníaco (9:34). La liberación espiritual de Jesús pretende conducir a las personas a la justicia de la vida del reino que se ha fomentado en el SM y no a las expectativas de la institución religiosa. Los fariseos están tan consumidos por el escrupuloso cumplimiento de los actos externos de justicia, como la comunión en la mesa y el ayuno, que no son conscientes de la guerra espiritual que se libra por sus propios corazones.

Significado Contemporáneo

Siendo un niño que creció en la década de los cincuenta, ciertas palabras o expresiones evocaban en mí poderosas imágenes. Una era "Pearl Harbor", que no solo traía a la mente de inmediato el ataque sorpresa contra las fuerzas navales de Estados Unidos en Hawái, sino que también simbolizaba la entrada de nuestra nación a una guerra mundial sangrienta que duró cuatro años. Otra expresión era "guerra fría", que provocaba el temor casi histérico de la aniquilación nuclear, además de la amenaza insidiosa del comunismo mundial. A medida que pasaron los años, estas expresiones perdieron su impacto emocional, bien porque los recuerdos se habían desvanecido o porque la amenaza había desaparecido.

Pero, en los últimos años, otros términos han tomado un significado poderoso. "Columbine" es un nombre que evoca potentes imágenes, no por ser el nombre de una flor, sino por el horror de la matanza, el asesinato masivo y a sangre fría que perpetraron dos jóvenes estudiantes de secundaria y que muchos de nosotros vimos desarrollarse en directo en televisión. La cifra "9/11" solía traer a la memoria el teléfono de emergencias, pero ahora provoca el horror de la masacre y el asesinato a sangre fría llevado a cabo por terroristas que hicieron estrellarse unos aviones de pasajeros contra edificios ocupados, escenas estas que también muchos de nosotros vimos ocurrir en directo en la televisión. Estas dos expresiones nuevas han producido una conciencia trágica de que algo va terriblemente mal, de que existe una maldad real en este mundo. Parece que todos nuestros modernos avances tecnológicos solo han dado la oportunidad de que la maldad y el terror se extiendan aún más.

El antiguo Israel también tenía términos que evocaban imágenes concretas. "Egipto" traía a la mente imágenes de esclavitud y sufrimiento nacional. "Nabucodonosor" suscitaba recuerdos dolorosos del posterior sufrimiento nacional en la deportación babilónica y la destrucción del santo templo en Jerusalén. A nivel individual, expresiones como "¡inmundo!" evocaban el horror de una enfermedad para la que no había cura física y que significaba el espanto emocional del aislamiento ceremonial y social.

Pero Israel tenía también otras expresiones que traían esperanza. La "Pascua" rememoraba la ceremonia anual que celebraba la liberación de Israel, por parte de Dios, de la esclavitud egipcia. El "Día del Señor" era una expresión que ofrecía la esperanza de que los enemigos de Israel serían derrotados un día y la nación sería restablecida en Jerusalén (Jl 1:15; 2:1, 11, 31; 3:14-21). "Hijo de David" expresaba la esperanza de que el Ungido del linaje de David abriría la puerta a la era mesiánica que prometía sanidad y purificación (2S 2:11-16; Is 35:1-10; 42:1-7). Estas potentes y evocadoras expresiones de esperanza también tienen significado para nosotros cuando miramos este pasaje.

El mal es real. Columbine y el 9/11 son dolorosos recordatorios de que el mal es real. Este mundo se encuentra en las garras del pecado, y el maligno aún no ha sido vencido por completo. La muerte también es un fenómeno que nos mira fijamente a la cara. Ya sea que uno vea o experimente personalmente o no alguna vez un encuentro con un demonio (¡y no estoy sugiriendo que vayas a buscarlos!), este mundo es un campo de batalla espiritual.

Pero también hay tipos de males menos dramáticos. En nuestro pasaje encontramos el mal del elitismo religioso que los fariseos demostraban hacia los recaudadores de impuestos y los pecadores (9:10-13). Estaba el mal de la enfermedad que mantuvo a una mujer encarcelada en un sufrimiento físico y social, y en impureza religiosa (9:20); asimismo, el mal de las discapacidades como la ceguera y la posesión demoníaca, que encerraba al hombre en su silencio (9:27, 32). Y estaba también el mal de la opresión de la gente común por parte de los poderes militares y religiosos (9:36). Y, a modo de tragedia irónica, también estaba el mal de la oposición religiosa al plan libertador de salvación de Dios (9:34).

A diario vemos escenas de maldad. Ya sea sufriendo con los seres amados que están experimentando enfermedad y muerte, contemplando la tragedia de un joven idealista inconsciente atrapado por una secta, u observando la increíble crueldad de las bandas de la ciudad, el mal es real en este mundo. Debemos vivir con esa realidad. A pesar de la confianza ciega de algunos optimistas políticos y religiosos, el mundo no está mejorando espiritual, ética o moralmente mediante el progreso moderno.

Pero la misión mesiánica de Jesús viene a ofrecer esperanza en estas abrumadoras escenas del mal. La liberación de la esclavitud del pecado que simbolizaba la Pascua para Israel se logra plenamente en Jesús como el "Cordero de Dios, que quita el pecado del mundo" (Jn 1:29), y como el Gran Médico que "no ha venido a llamar a justos sino a pecadores" (Mt 9:13). Sanó a los enfermos, expulsó demonios, se enfrentó a la hipocresía religiosa del siglo I, y trajo la misma salvación a nuestro mundo enfermo de pecado. En el presente, este incluye a pecadores como tú, como yo y como el ruidoso vecino de la esquina. Vino con misericordia y gracia para salvarnos de nuestro estado de desamparo.

Tan solo un par de días después de la tragedia de Columbine, me hallaba en el supermercado cuando las letras destacadas en la portada de una revista nacional atraparon mi vista. Decían: "¡DIOS MÍO, DIOS MÍO!" y debajo se mostraban las fotografías de los padres de los estudiantes de la escuela secundaria. Aquellas palabras eran una exclamación de horror y también el grito de socorro del pueblo de Littleton, Colorado. No es gente diferente a la de nuestras comunidades que necesitan conocernos y que les digamos que solo en Jesús hallaremos la liberación del mal.

La oposición llegará. Un fenómeno bien conocido de la experiencia cristiana consiste en que, cuando estamos haciendo una buena obra para el Señor, podemos esperar oposición. Pero es más desgarrador cuando la oposición viene de dentro. Israel era con frecuencia su propio peor enemigo. La historia de la nación fue accidentada en varias ocasiones cuando el pueblo sufría opresión, por lo general debido a su propia afición a comprometerse en relaciones adúlteras con los ídolos de las naciones circundantes (p. ej., Jer 3:6-19). La invasión y destrucción de Jerusalén por parte de Nabucodonosor fue un doloroso juicio de Dios a la infidelidad de Israel (*cf.* Jer 21–22).

Cuando Jesús vino con su plan de libertad encontró oposición casi de inmediato, pero lo triste es que esta llegó principalmente de su propio pueblo, sobre todo de los líderes religiosos de Israel. Pusieron reparos a que se juntara con el pueblo pecador cuando llegó a ellos con su llamado al arrepentimiento del reino (9:11). Se opusieron a la supuesta falta de compromiso de sus discípulos con las disciplinas espirituales (9:14). Se opusieron a la forma de liberación espiritual de Jesús, porque no encajaba con su estrechez de mente religiosa (9:34). Estos líderes religiosos, en especial los fariseos, habían elevado sus tradiciones hasta el punto de no poder escuchar ni ver la verdad del mensaje del evangelio de Jesús. Sus tradiciones e interpretaciones humanas suplantaron la Palabra de Dios y distorsionaron el mensaje de Jesús. Él advertirá a los fariseos sobre esta tendencia peligrosa en sus "tradiciones de los ancianos" (15:1-9). Un día de juicio aguarda a aquellos que continúan por este camino (p. ej., cap. 23).

Nosotros también nos enfrentaremos a la oposición si hacemos la obra de Dios en el camino de Dios. No seremos populares en la cultura secular actual y a menudo hallaremos oposición si decimos la verdad sobre el pecado o si hacemos una evaluación bíblica de las actuales tendencias en películas o entretenimientos, o incluso en las filosofías educacionales. Deberíamos esperar oposición, pero lo triste será cuando llegue desde adentro. Tal vez sea cuando los miembros de tu familia se opongan a tu decisión de ir al campo de misión. La oposición podría venir cuando el pastor intente llevar la iglesia en una dirección que significará pedirle a un popular líder de música que dimita por tener una visión de alabanza distinta.

La lista podría ser interminable, pero también se debería añadir que puede no resultar fácil determinar quién está en lo cierto en cada situación. Un poco de tensión en las relaciones debería animarnos a abrir líneas de comunicación para escucharnos unos a otros e intentar establecer claramente los principios y el liderazgo del Señor en cada escenario. Estoy seguro de que los fariseos pensaban que tenían razón al oponerse a Jesús. Sentían que Jesús se oponía injustamente a su liderazgo entre el pueblo. Su dureza de corazón los prevenía de escuchar el mensaje de Jesús y de permitir que el Espíritu los guiara a la verdad. Deberíamos esperar la oposición si hacemos algo bien, pero nuestra propia humildad debe llevarnos a admitir que también podemos estar equivocados.

Jesús es compasivo. Podemos pensar que el mal y la oposición que Jesús encontró lo endurecerían, pero una de las imágenes más sorprendentes en estas escenas es su compasión. La compasión es una emoción que Jesús sintió por las multitudes a lo largo de su ministerio. Pero en él no se trata tan solo de algo "emocional". Se reúne con los pecadores para que estos puedan escuchar su mensaje (9:10). Extiende su mano y toca a los que están muertos y enfermos (9:25, 29). Va continuamente a las multitudes con su misión salvífica de predicar y sanar (9:36). Como "Hijo de David" toca de forma compasiva el ojo del ciego, como señal de que la misión mesiánica trae sanidad y purificación. La empatía de Jesús está guiada por una profunda comprensión de las necesidades reales del pueblo.

Esa compasión nos aporta una importante lección objetiva. Cuando vemos las necesidades de todas las personas que nos rodean, debemos permitir a nuestros corazones sentir profundamente con ellos. Pero no podemos detenernos ahí. Debemos acercarnos lo suficiente a ellos para ver cómo traer el toque sanador del evangelio del reino a sus necesidades más profundas. Para Jesús, el mensaje de poder salvífico del reino conlleva principalmente un ministerio de sanidad espiritual.

Pero esto no es una licencia para que la iglesia desatienda su papel de ministrar al conjunto de la persona. Deberíamos hacer todo lo posible para aliviar el sufrimiento. Preocuparse por las necesidades físicas, emocionales o psicológicas de un individuo puede ser vital para mostrar la compasión de Jesús por las personas, y a menudo es decisivo, llegando a crear una actitud sensible al mensaje del evangelio. Este es el enfoque de la misión que tiende su mano a los indigentes de la zona céntrica de la ciudad. El mensaje del evangelio caerá probablemente en oídos sordos si las necesidades físicas inmediatas no son atendidas. Es difícil convencer a una persona de que Dios se preocupa si está muriendo de sida o si está sufriendo abuso emocional o físico por parte de un esposo alcohólico.

Mantener una perspectiva eterna en nuestra compasión aporta un sentido adecuado de equilibrio. Nuestra responsabilidad de ser sal y luz en medio del mal de este mundo no resultará en su erradicación. Independientemente de cuánta sanidad física, emocional o psicológica aportemos, cada individuo tendrá que rendir cuentas un día, en el juicio eterno. Nuestra compasión por el mundo no será sincera a menos que mantengamos esta perspectiva eterna. La humanidad se está muriendo sin el Gran Médico, y somos nosotros quienes debemos llamar a la puerta del vecino o ir por todo el mundo llevando su toque sanador, porque o serán reunidos en esta cosecha de gracia o se enfrentarán a la próxima cosecha de juicio. Es un cargo importante y maravilloso que Jesús comisiona a los discípulos de todos los tiempos.

Mateo 10:1-42

Reunió a sus doce discípulos y les dio autoridad para expulsar
a los espíritus malignos y sanar toda enfermedad y toda
dolencia.

2 Estos son los nombres de los doce apóstoles: primero Simón,
llamado Pedro, y su hermano Andrés; Jacobo y su hermano
Juan, hijos de Zebedeo; 3 Felipe y Bartolomé; Tomás y Mateo, el
recaudador de impuestos; Jacobo, hijo de Alfeo, y Tadeo; 4 Simón
el Zelote y Judas Iscariote, el que lo traicionó.

5 Jesús envió a estos doce con las siguientes instrucciones: «No
vayan entre los gentiles ni entren en ningún pueblo de los sama-
ritanos. 6 Vayan más bien a las ovejas descarriadas del pueblo de
Israel. 7 Dondequiera que vayan, prediquen este mensaje: "El reino
de los cielos está cerca". 8 Sanen a los enfermos, resuciten a los
muertos, limpien de su enfermedad a los que tienen lepra, expul-
sen a los demonios. Lo que ustedes recibieron gratis, denlo gratui-
tamente. 9 No lleven oro ni plata ni cobre en el cinturón, 10 ni bolsa
para el camino, ni dos mudas de ropa, ni sandalias, ni bastón; por-
que el trabajador merece que se le dé su sustento.

11 »En cualquier pueblo o aldea donde entren, busquen a alguien
que merezca recibirlos, y quédense en su casa hasta que se vayan
de ese lugar. 12 Al entrar, digan: "Paz a esta casa". 13 Si el hogar se
lo merece, que la paz de ustedes reine en él; y si no, que la paz se
vaya con ustedes. 14 Si alguno no los recibe bien ni escucha sus
palabras, al salir de esa casa o de ese pueblo, sacúdanse el polvo
de los pies. 15 Les aseguro que en el día del juicio el castigo para
Sodoma y Gomorra será más tolerable que para ese pueblo. 16 Los
envío como ovejas en medio de lobos. Por tanto, sean astutos
como serpientes y sencillos como palomas.

17 »Tengan cuidado con la gente; los entregarán a los tribunales
y los azotarán en las sinagogas. 18 Por mi causa los llevarán
ante gobernadores y reyes para dar testimonio a ellos y a los
gentiles. 19 Pero cuando los arresten, no se preocupen por lo que
van a decir o cómo van a decirlo. En ese momento se les dará lo
que han de decir, 20 porque no serán ustedes los que hablen, sino
que el Espíritu de su Padre hablará por medio de ustedes.

21 »El hermano entregará a la muerte al hermano, y el padre al
hijo. Los hijos se rebelarán contra sus padres y harán que los
maten. 22 Por causa de mi nombre todo el mundo los odiará,
pero el que se mantenga firme hasta el fin será salvo. 23 Cuando
los persigan en una ciudad, huyan a otra. Les aseguro que no

**terminarán de recorrer las ciudades de Israel antes de que venga
el Hijo del hombre.**

**24 »El discípulo no es superior a su maestro, ni el siervo superior
a su amo. 25 Basta con que el discípulo sea como su maestro, y el
siervo como su amo. Si al jefe de la casa lo han llamado Beelzebú,
¡cuánto más a los de su familia!**

**26 »Así que no les tengan miedo; porque no hay nada encubierto
que no llegue a revelarse, ni nada escondido que no llegue a
conocerse. 27 Lo que les digo en la oscuridad, díganlo ustedes a
plena luz; lo que se les susurra al oído, proclámenlo desde las
azoteas. 28 No teman a los que matan el cuerpo pero no pueden
matar el alma. Teman más bien al que puede destruir alma y cuerpo
en el infierno. 29 ¿No se venden dos gorriones por una monedita?
Sin embargo, ni uno de ellos caerá a tierra sin que lo permita el
Padre; 30 y él les tiene contados a ustedes aun los cabellos de la
cabeza. 31 Así que no tengan miedo; ustedes valen más que muchos
gorriones.**

**32 »A cualquiera que me reconozca delante de los demás, yo también
lo reconoceré delante de mi Padre que está en el cielo. 33 Pero a
cualquiera que me desconozca delante de los demás, yo también
lo desconoceré delante de mi Padre que está en el cielo.**

**34 »No crean que he venido a traer paz a la tierra. No vine a traer paz
sino espada. 35 Porque he venido a poner en conflicto**

**"al hombre contra su padre,
a la hija contra su madre,
a la nuera contra su suegra;
36 los enemigos de cada cual serán los de su propia familia".**

**37 »El que quiere a su padre o a su madre más que a mí no es digno
de mí; el que quiere a su hijo o a su hija más que a mí no es digno
de mí; 38 y el que no toma su cruz y me sigue no es digno de mí. 39 El
que encuentre su vida, la perderá, y el que la pierda por mi causa,
la encontrará.**

**40 »Quien los recibe a ustedes, me recibe a mí; y quien me recibe
a mí, recibe al que me envió. 41 Cualquiera que recibe a un profeta
por tratarse de un profeta, recibirá recompensa de profeta; y el que
recibe a un justo por tratarse de un justo, recibirá recompensa de
justo. 42 Y quien dé siquiera un vaso de agua fresca a uno de estos
pequeños por tratarse de uno de mis discípulos, les aseguro que
no perderá su recompensa».**

Sentido Original

La misión de Jesús está ahora bien establecida. Ha anunciado su mensaje central (4:17), llamado a sus primeros compañeros (4:18-22), articulado su programático patrón de discipulado (caps. 5–7) y demostrado su poder autoritativo (caps. 8–9). Ahora es el momento de expandir su influencia enviando a sus discípulos con el mismo mensaje y poder, porque se está formando la oposición. Jesús les enviará primero a su pueblo, Israel, por su primacía en la historia de la salvación (10:5-15). Pero además los preparará para una misión mundial entre los gentiles (10:16-23). La formación de Jesús tratará directamente las características que sus discípulos tendrán que representar cuando lleven a cabo la misión (10:24-42).

El encargo de la misión a los doce (10:1-4)

Doce discípulos (10:1). En respuesta a la oración pidiendo que el Señor de la cosecha enviara obreros a su campo (9:38), Jesús llama a sus doce discípulos a venir a él, lo que señala el mayor de los indicios cristológicos de la identidad divina de Jesús.[1] Aunque es la primera vez que Mateo menciona de forma explícita a los doce, la manera informal en la que son presentados sugiere que se había convertido con anterioridad en un grupo reconocible.[2] Mateo es el único escritor del Nuevo Testamento que se refiere a los "doce discípulos" (11:1; 20:17), aunque el título "los doce" aparece de forma regular en otros lugares.[3] Hasta este punto del relato, Mateo solo ha presentado a cinco de los discípulos mencionados: Pedro, Andrés, Jacobo, Juan y Mateo (4:18-22; 9:9); aquí menciona a todo el grupo. Marcos y Lucas nombran a los doce en el contexto de su *llamado* (Mr 3:13-19; Lc 6:12-16), mientras que Mateo lo hace en el contexto de la *misión encomendada.*

El "doce" tiene un obvio significado en la historia de la salvación. El número corresponde a los doce patriarcas de Israel, los hijos de Jacob, de los que descienden las tribus de Israel. Los doce discípulos simbolizan la continuidad de la historia de la salvación en el programa de Dios, cuando Jesús los envía a proclamar a las ovejas descarriadas de la casa de Israel que el reino de los cielos ha llegado (*cf.* 10:5-6)[4]. Pero también hay discontinuidad, ya que los doce se

1. Eduard Schweizer, *The Good News According to Matthew,* trad. ing. David E. Green (Atlanta: John Knox, 1975), 235-36; Filson, *The Gospel According to St. Matthew,* 125.
2. Para exposiciones sobre la historicidad de los doce en el ministerio de Jesús, ver Scot McKnight, "Jesus and the Twelve", *BBR* 11 (2001): 203-31; John P. Meier, "The Circle of the Twelve: Did It Exist During Jesus' Public Ministry?", *JBL* 116 (1997): 635-72; ídem, *A Marginal Jew:* Volumen III: *Companions and Competitors* (Nueva York: Doubleday, 2001), 3:125-63; contra la opinión de la minoría en Robert W. Funk y el Seminario de Jesús, *The Acts of Jesus: The Search for the Authentic Deeds of Jesus* (San Francisco: HarperSanFrancisco: 1998), 71.
3. P. ej., 26:14, 20; Mr 4:10; 6:7; Lc 8:1; 9:1; Jn 6:67, 70; Hch 6:2; etc.
4. *Cf.* McKnight, "Jesus and the Twelve", 220-31; Karl H. Rengstorf, "δώδεκα", *TDNT,* 2:326.

sentarán en los doce tronos y juzgarán a la casa de Israel (*cf.* 19:28). En el ministerio de Jesús, la llegada del reino de los cielos exige una respuesta de su pueblo elegido, Israel. En la reunión de los doce discípulos hallamos el indicio de que Jesús es, en efecto, el rey mesiánico de Israel que ha venido a unificar el pueblo de Dios de todas las épocas.[5] La misma autoridad que caracterizó el ministerio de Jesús en los capítulos 8–9 se da ahora en los doce. Como en el caso de Jesús, esta autoridad los capacita para expulsar espíritus malignos y sanar todo tipo de dolencia y enfermedad (10:1; *cf.* 4:23; 9:35). Todo lo que los doce lleven a cabo se basará en la autoridad recibida de Jesús. Los discípulos de cada era solo hallarán su propia autoridad sometiéndose a Jesús. En su llamado, los discípulos fueron reclutados para el servicio del reino (4:18-22); en la instrucción que se les impartió en el Sermón del Monte, ellos aprendieron cómo vivir la vida del reino (caps. 5–7); ahora, cuando se les encomienda la comisión, los discípulos salen con el poder y el mensaje del reino (10:1-5; *cf.* 9:6, 8; 28:18-20).[6]

Solo en otra ocasión se menciona a los espíritus "malignos" o "impuros" en el Evangelio de Mateo (12:43), pero son los mismos seres espirituales malévolos que en otros lugares se denominan "demonios" (p. ej., 8:28-32). El progreso del reino de los cielos en el ministerio de Jesús encuentra, de un modo continuado, una batalla espiritual. Los espíritus impuros están en rebeldía contra Dios y son capaces de causar un daño mental, moral y físico en los humanos. Los endemoniados son al mismo tiempo sanados de otras enfermedades (p. ej., 4:25), y la expulsión de los demonios indica que ha comenzado el tiempo del juicio de Dios sobre el dominio del mal en este mundo (8:16, 17, 29).

Cuando los doce expulsan demonios y sanan enfermedades se valida la realidad de la presencia del reino de los cielos, por lo que las personas deberían volverse a Jesús como libertador mesiánico. Pero su misión autoritativa es, además, un ejercicio de control sobre el ámbito de dominio de Satanás en esta tierra. Ha dejado de ser el gobernador indiscutible de este mundo. Con la llegada de Jesús se ha encontrado con la horma de su zapato y más. Y las fuerzas malignas de Satanás son sometidas del mismo modo cuando los emisarios de Jesús salen con su autoridad para llevar libertad a los cautivos.

Doce apóstoles (10:2-4). Los discípulos también son "apóstoles" (10:2). El término *apóstol* tiene un significado considerablemente diferente del de *discípulo*. Este último designa a cualquiera que ha creído en Jesús, mientras que *apóstol* señala a aquel a quien se le ha encomendado ser su representante. Este es un indicio del papel a desempeñar por los doce. Como discípulos, son ejemplos de lo que Jesús realiza en los creyentes; como apóstoles, son apartados como líderes dentro del nuevo movimiento. Es más, esta es una señal de que los doce

5. *Cf.* Seán Freyne, *The Twelve: Disciples and Apostles. A Study in the Theology of the First Three Gospels* (Londres: Sheed & Ward, 1968), 23-48; A. B. Bruce, *The Training of the Twelve* (reimp.; Grand Rapids: Kregel, 1971), 32-33.
6. Hagner, *Matthew,* 1:265.

se convertirán en el ministerio terrenal histórico de Jesús, cuando sean enviados como discípulos a Israel (10:5-15), hasta el momento de su ministerio tras la ascensión, cuando se les envía como apóstoles a las naciones (10:16-23).

Mateo solo usa la palabra "apóstol" aquí, y es el único escritor del Evangelio que utiliza la expresión "los doce apóstoles" (*cf.* Ap 21:14). "Apóstol" tiene significados estrictos y amplios en el Nuevo Testamento. El sentido estricto, como aquí, es el habitual, y alude a los representantes autoritativos especiales elegidos por Jesús para desempeñar un papel fundacional en el establecimiento de la iglesia.[7] Por lo general, Pablo utiliza el término para referirse a los doce, pero se incluye entre ellos como apóstol especial para los gentiles (1Co 15:8-10). El sentido más amplio de "apóstol" deriva del verbo *apostello,* "enviar" (p. ej., 10:5) y, por tanto, puede significar simplemente "mensajero" (Jn 13:16), referido a Jesús como "apóstol y sumo sacerdote de la fe que profesamos (Heb 3:1), o designar a un individuo como Bernabé, Tito o Epafrodito dentro del grupo de misioneros más amplio que los doce y Pablo.[8]

"Los doce" son importantes en la cimentación de la iglesia primitiva. Aparecen en los días anteriores a Pentecostés, y funcionan como grupo en los primeros días después. Proporcionan liderazgo en la distribución de comida en vista de la disputa entre grupos de discípulos (Hch 6:2). Sin embargo, desde ese momento en adelante no volvemos a encontrar el título "los doce" en el relato de Hechos y tampoco aparece en las cartas del Nuevo Testamento. La lista de los doce figura cuatro veces en todo el Nuevo Testamento.

Lista de los doce

Mateo 10:2-4	*Marcos 3:16-19*	*Lucas 6:13-16*	*Hechos 1:13*
Primer grupo de cuatro			
1. primero, Simón (llamado Pedro)	Simón (a quien llamó Pedro)	Simón (a quien llamó Pedro)	Pedro
2. su hermano Andrés	Jacobo hijo de Zebedeo	Andrés	Juan
3. Jacobo hijo de Zebedeo	Juan	Jacobo	Jacobo
4. su hermano Juan	Andrés	Juan	Andrés

7. *Cf.* Gá 1:17, 19; 1Co 9:1-5; 15:7; Ef 2:19-22.

8. Bernabé en Hch 14:4, 14; Tito en 2Co 8:23; Epafrodito en Fil 2:25; probablemente, Timoteo y Silas también en 1Ts 1:1; 2:6; *cf.* Andrónico y Junías en Ro 16:7. Jacobo, el hermano de Jesús parece estar incluido entre los apóstoles de Jerusalén como "columnas [de la iglesia]" (Gá 1:17; 2:9).

Segundo grupo de cuatro			
5. Felipe	Felipe	Felipe	Felipe
6. Bartolomé	Bartolomé	Bartolomé	Tomás
7. Tomás	Mateo	Mateo	Bartolomé
8. Mateo el recaudador de impuestos	Tomás	Tomás	Mateo
Tercer grupo de cuatro			
9. Jacobo, hijo de Alfeo	Jacobo hijo de Alfeo	Jacobo hijo de Alfeo	Jacobo hijo de Alfeo
10. Tadeo	Tadeo	Simón el Zelote	Simón el Zelote
11. Simón el Zelote	Simón el Zelote	Judas hijo de Santiago	Judas hijo de Jacobo
12. Judas Iscariote, el que lo traicionó	Judas Iscariote, el que lo traicionó	Judas Iscariote, que llegó a ser el traidor	

La estructura de la lista de los doce es importante.[9]

1. Mateo organiza los nombres por parejas, algo especialmente reconocible en el texto griego, que corresponde a la declaración de Marcos con respecto a que Jesús envió a los doce de dos en dos (Mr 6:7).[10]
2. En el seno de los doce existe una división perceptible en tres grupos de cuatro. El primer nombre de cada grupo es el mismo en todas las listas (el primero, el quinto y el noveno lugar lo ocupan Pedro, Felipe y Jacobo hijo de Alfeo, respectivamente). El orden de los demás nombres varía. La secuencia de los grupos es la misma en cada lista. Esta agrupación sugiere que los doce se organizaron en unidades más pequeñas, cada una de ellas con un líder.[11]
3. El primer grupo se compone de las dos parejas de hermanos que fueron llamados primero, Pedro y Andrés, Jacobo y Juan (Mt 4:18-22), comúnmente llamado el "círculo interno". Sin embargo, en algunas

9. Ver la exposición en Wilkins, *Following the Master,* cap. 9; ídem., "Disciples", *DJG,* 179-81. Ver también Meier, *A Marginal Jew,* vol. 3, cap. 27. Para explicaciones de las tradiciones apócrifas sobre los doce, ver Hennecke, *New Testament Apocrypha,* 2 vols.
10. Las parejas de nombres salen una de otra y se relacionan mediante la simple conjunción "y" (*kai*): p. ej., "Felipe y Bartolomé; Tomás y Mateo"; ver Carson, "Matthew", 237.
11. Meier, *A Marginal Jew,* 3:130-31; Bruce, *The Training of the Twelve,* 36-40.

ocasiones importantes, como la sanación de la hija de Jairo (Mr 5:37-40) y la transfiguración (Mt 17:2), solo Pedro, Jacobo y Juan acompañaron a Jesús; fueron la audiencia en el Sermón del Monte (Mr 13:3; se incluye a Andrés) y estuvieron con Jesús durante su agonía en el huerto de Getsemaní (Mt 26:37).

4. Pedro encabeza las listas. Es habitualmente el portavoz de los doce,[12] y en los días de la iglesia primitiva cumple la predicción de Jesús de que desempeñaría un papel fundamental como roca de la iglesia y portador de las llaves del reino de los cielos.[13] A Pedro se le nombra el "primero" (p. ej., 10:2), en el sentido de que es el primero entre iguales como líder de los doce.[14]
5. En general se menciona a los doce como grupo, y solo ocasionalmente se les da un enfoque individual. No se sabe mucho de las vidas individuales de los doce, excepto lo que nos permiten los breves datos bíblicos y algunas declaraciones de los padres de la iglesia primitiva.
6. Los doce demuestran una destacada diversidad personal, que puede haber sido parte de la razón de su eficacia para llevar el mensaje a Israel (ver Significado Contemporáneo).[15] Pedro, Andrés, Jacobo y Juan eran socios en un exitoso negocio, en la industria de la pesca del mar de Galilea (ver 4:18-22). Mateo era un odiado recaudador de impuestos (ver comentarios en 9:9). Simón el Zelote había sido un ferviente revolucionario, dispuesto a morir por su causa: liberar a Israel de Roma mediante la lucha con tácticas de guerrilla. En cualquier otro momento, estos hombres habrían estado dispuestos a clavarse un cuchillo unos a otros, pero aquí todos forman parte de un grupo alrededor de Jesús.
7. Judas Iscariote, siempre nombrado el último, también destaca como "el que le traicionó". "Iscariote" denota probablemente su lugar de origen, ya que a su padre se le describe como "Simón Iscariote" (Jn 6:71). Judas era el tesorero de la banda apostólica (Jn 12:4-6); por tanto, podemos asumir que mostró unas características positivas reconocidas por los demás.

Instrucciones para la misión a corto plazo en Israel (10:5-15)

Las instrucciones para la misión de los discípulos/apóstoles es el segundo de los discursos principales del Evangelio de Mateo (ver Introducción). Este discurso se divide en tres secciones básicas: instrucciones misioneras para aquel

12. Mt 14:28; 15:15; 18:21; 26:35, 40; Mr 8:29; 9:5; 10:28; Jn 6:68.
13. Mt 16:17-19; *cf.* Hch 1:8; 2:14; 8:14; 10:34.
14. Ver Wilkins, *Disciples in the Ancient World and Matthew's Gospel,* 174.75; también Oscar Cullmann, *Peter: Disciple-Apostle-Martyr. A Historical and Theological Essay,* trad. ing. Floyd V. Filson, 2ª ed. (Filadelfia: Westminster, 1962), 19; Joseph Fitzmyer, *To Advance the Gospel* (Nueva York: Crossroad, 1981), 112-13.
15. Keener, *A Commentary on the Gospel of Matthew* (1999), 311.

contexto histórico particular (10:5-15), un anticipo del papel de los discípulos como misioneros en el futuro (10:16-42) y los principios del discipulado para los discípulos misioneros de cada era (10:24-42).

La prohibición (10:5-6). Jesús comienza con una prohibición sorprendente: "No vayan entre los gentiles ni entren en ningún pueblo de los samaritanos. Vayan más bien a las ovejas descarriadas del pueblo de Israel". La misión se limita, al parecer, a la Galilea judía que estaba rodeada por todas partes por el pueblo gentil, excepto al sur, donde se hallaba Samaria.[16] La expresión completa es "ovejas descarriadas del pueblo de Israel", que no denota una cierta parte de Israel que está perdida, sino más bien a todo Israel perdido y llamado a tomar una decisión en cuanto al evangelio del reino.

La clave de la prohibición se encuentra aquí. Se trata de una misión especial de los discípulos de Jesús, durante el ministerio de este, entre las multitudes de Israel, que son como ovejas acosadas, desamparadas y sin pastor (9:36). Jesús va primero a Israel (*cf.* 15:21-28) para cumplir la orden de la historia de salvación que Dios estableció, siendo Israel el instrumento que usará para llevar bendición al mundo.[17] A continuación le encargará a los once que prosigan con el desarrollo histórico, yendo a las naciones (28:19-20). Más tarde, Pablo consideró esto como la prioridad de los judíos en la salvación, porque el plan de Dios es "de los judíos primeramente, pero también de los gentiles" (Ro 1:16; 2:9-10).[18] La atención de Jesús para con Israel enfatiza la fidelidad de Dios a sus promesas del pacto, la continuidad de sus propósitos y su plan para Israel.

¿Por qué se molesta Jesús en hacer tal prohibición, dado que con toda probabilidad y en cualquier caso los doce no irían a los gentiles ni a los samaritanos (*cf.* la aversión de la iglesia primitiva en Hch 10; 11:1-4; 15)? Lo más posible es que Jesús esté disipando cualquier duda sobre su verdadera identidad como Mesías que cumple las promesas dadas a Israel y el programa de Dios en la historia de la salvación. Pero también existe aquí una advertencia. La cosecha escatológica está comenzando. Esta es la oportunidad de Israel y, de aquí en adelante, será plenamente responsable de su propia decisión.[19]

Mensaje y milagros (10:7-8a). El mensaje de los discípulos es el mismo que el de Juan el Bautista y el de Jesús: "El reino de los cielos está cerca" (ver comentarios en 3:2; 4:17). Van con la misma autoridad de Jesús (10:1) para

16. Hill, *Matthew,* 184-45; Morna D. Hooker, "Uncomfortable Words X: 'The Prohibition of Foreign Missions (Mt 10.5-6)'", *Exp Tim* 82 (1971): 364.
17. P. cj., Gn 12:2-3; 22:18.
18. Douglas J. Moo, *The Epistle to the Romans* (NICNT; Grand Rapids: Eerdmans, 1996), 69, 139; Wayne A. Brindle, "'To the Jew First': Rhetoric, Strategy, History, or Theology", *BibSac* 159 (abril-junio 2002): 221-33. Ver también J. Julius Scott, "Gentiles and the Ministry of Jesus: Further Observations on Mt 10:5-6; 15:21-28", *JETS* 33 (1990): 161-69.
19. Kingsbury, *Matthew: Structure, Christology, Kingdom,* 22.23; Broadus, *Matthew,* 219.

"sanar a los enfermos, resucit[ar] a los muertos, limpi[ar] de su enfermedad a los que tienen lepra, expuls[ar] a los demonios". El poder de los doce es claramente una extensión del propio poder de Jesús y se debe ejercer de la misma manera. El encargo de levantar a los muertos se remonta al estupendo milagro realizado por Jesús cuando resucitó a la hija de Jairo (9:25-26).

Preparación para la misión (10:8b-10). Los discípulos se han beneficiado del don del reino de los cielos: en el mensaje que han creído, en su autoridad sobre los espíritus inmundos, dolencias y enfermedades (10:1), y en la comisión que ahora reciben. Del mismo modo, han de dar este mensaje del evangelio de forma gratuita a las ovejas perdidas del pueblo de Israel: "Lo que ustedes recibieron gratis, denlo gratuitamente". No deben aceptar dinero de aquellos a los que ministren, porque de otro modo convertirían la misión en una aventura mercenaria. Jesús les da su poder autoritativo como regalo, por lo que no deben recibir ningún pago por realizar milagros.

Además, no deben llevar "oro ni plata ni cobre en el cinturón, ni bolsa para el camino, ni dos mudas de ropa, ni sandalias, ni bastón; porque el trabajador merece que se le dé su sustento". Jesús no les prohíbe que posean estas cosas, tan solo insiste en la urgencia y en los requisitos de la misión. Los doce no deben perder tiempo procurándose provisiones adicionales, como si fueran a estar por tierras extranjeras durante un largo período de tiempo.

Existen dos razones para esta prohibición. (1) Es una gira de predicación relativamente rápida por la campiña galilea. Es innecesario procurarse abundantes provisiones. (2) Jesús insiste en que "el trabajador merece que se le dé su sustento". En esta breve gira misionera, los doce aceptan la hospitalidad que se les ofrece como misioneros itinerantes, por lo que no necesitarán dinero ni ropa, ni equipamiento adicional. Apoyar su misión es responsabilidad de aquellos a los que ministran (10:10).[20] Aunque es posible que no cobren por su ministerio, los doce aceptan la hospitalidad que les brindan aquellos a quienes ministran (*cf.* 3Jn 5–8).

Merecedores de la misión (10:11-14). Mientras los doce se hallan en el viaje de la misión, deben buscar "a alguien que merezca recibirlos". La palabra "merezca" (*axios*; trad. "merecer" en 10:13) no señala a una persona que tiene una alta estatura moral o religiosa, sino a alguien que responde de forma positiva al mensaje proclamado por los discípulos.[21] Un individuo, una casa o una ciudad (10:11, 12, 14) que recibe el saludo —que, según nos dice Lucas, era "Paz a esta casa" (Lc 10:5)— reconoce que los doce son emisarios de Dios y, por tanto, acepta su mensaje. Si el amo de la casa no acoge el mensaje ni a los mensajeros de Dios, estos tendrán que sacudir el polvo de sus pies al marcharse.

20. Alfred Plummer, *Matthew: An Exegetical Commentary on the Gospel According to Matthew* (Londres: Stock, 1909), 149. Más tarde, el apóstol Pablo recurre a este principio como fundamento para el sostenimiento de los obreros cristianos a tiempo completo (1Co 9:14; 1Ti 5:18; *cf. Did.* 13:1-2).

21. Albright y Mann, *Matthew,* 212.

Era una señal usada por los judíos, cuando abandonaban las regiones gentiles, que daba a entender que se habían deshecho por completo de los elementos impuros (*b. Sanh.* 12a). Para los misioneros es una parábola de juicio sobre los que rechazan el mensaje de la misión.[22] Pablo practicaba este símbolo cuando salía de las regiones donde se rechazaba su mensaje (Hch 13:51).

Juicio por rechazar la misión (10:15). El elemento de juicio, hasta ahora solo insinuado, se hace ya explícito: "Les aseguro que en el día del juicio el castigo para Sodoma y Gomorra será más tolerable que para ese pueblo". La predicación del evangelio se convierte, para Israel, en una amenaza además de en una promesa. Una mayor luz de la revelación de Dios permite una mayor responsabilidad, y aquellos que han estado expuestos al ministerio de Jesús y el testimonio de los discípulos tienen una mayor responsabilidad por ese privilegio (ver también 11:20-24). La escena completa rebosa urgencia, porque el tiempo del ministerio terrenal de Jesús es breve, y tanto las bendiciones del reino como el castigo del juicio están esperando la decisión de Israel.

Instrucciones para la misión a largo plazo en el mundo (10:16-23)

Ovejas entre lobos (10:16a). El tema del juicio a Israel por rechazar la misión de los doce conduce a un sorprendente giro de la metáfora de la oveja: "Los envío como ovejas en medio de lobos". Hasta ahora, los discípulos deben ir hasta las ovejas, que son las multitudes atormentadas y desamparadas, el pueblo perdido de Israel (9:36; 16:6). Pero ahora ellos son las ovejas, enviadas entre los lobos (*cf.* también Lc 10:3). ¿Por qué este giro? Porque Jesús está tratando un tema diferente. En la primera parte de la comisión, les dio instrucciones a los discípulos sobre la misión a corto plazo en Israel, durante su ministerio terrenal. Ahora les da instrucciones sobre su misión a largo plazo, por todo el mundo, después de ese ministerio.[23]

¿Cómo lo sabemos? (1) Jesús pasa de hablar en tiempo presente al tiempo futuro. Delimita, de una forma muy particular, un ministerio futuro diferente. (2) Este ministerio implica un testimonio a los "gentiles" (10:18), a quienes los doce debían evitar, según se les había advertido (10:5). Esto sugiere la misión mundial de la Gran Comisión (28:18-20). (3) A lo largo de esta segunda sección, Jesús prepara a los discípulos para una intensa persecución, que no experimentaron durante el ministerio terrenal de Jesús. (4) La aparición de advertencias parecidas en 24:9-13 y Marcos 13:9-13, que recoge el mensaje de Jesús de los últimos tiempos, indica que aquí él está incluyendo advertencias sobre el trato que los discípulos misioneros soportarán hasta su venida al final de la era.

---

22. G. E. Ladd, *A Theology of the New Testament,* 2ª ed. (Grand Rapids: Eerdmans, 1993), 88.
23. Köstenberger y O'Brien, *Salvation to the Ends of the Earth,* 92-93.

Mateo no hace referencia alguna a que los doce salieran o regresaran de su misión. En este sentido, la comisión queda lo bastante abierta como para incluir ambas instrucciones para una misión inmediata en Israel y la misión que se está desarrollando a las naciones hasta el final de los tiempos. El entorno histórico cuando Jesús envía a los doce al pueblo de Israel le ha proporcionado la ocasión de dar instrucciones para las misiones cristianas a todas las naciones.

Astutas serpientes, sencillas palomas (10:16b). Junto con el giro de la metáfora de las ovejas, Jesús advierte a sus discípulos de que en la futura misión será necesario tener astucia, pero también candidez. Deben arriesgarse a salir como ovejas indefensas en medio de lobos hambrientos, pero lo que los mantendrá alerta frente a los peligros será precisamente el ser "astutos como serpientes y sencillos como palomas" (10:16). La serpiente era el emblema de la sabiduría, la astucia y la agudeza intelectual (Gn 3:1; Sal 58:5), mientras que la paloma representaba la inocencia simple (Os 7:11). Es un equilibrio difícil de mantener, pero muy necesario. Sin inocencia, la agudeza de la serpiente se convierte en astucia taimada, un sutil peligro; sin la agudeza, la inocencia de la paloma es ingenuidad, credulidad indefensa. Schweizer señala: "La prudencia de los discípulos no consiste en los movimientos diplomáticos inteligentes, sino en la pureza de una vida genuina que no lleva máscaras"[24] (*cf.* también Ro 16:19).

Azotes en la sinagoga judía (10:17). Ahora, la advertencia de Jesús se hace explícita: "Tengan cuidado con la gente; los entregarán a los tribunales y los azotarán en las sinagogas". Este lenguaje se hace eco de la declaración profética de Jesús en cuanto a la manera en que los líderes religiosos judíos maltratarán a los misioneros (*cf.* 23:33-34). La sinagoga no solo era un lugar de congregación para adorar, sino también una asamblea de justicia donde se ejercía la disciplina (*cf.* Jn 9:35). Obsérvese que no dice "nuestras" ni "de ustedes"; se trata de las sinagogas "de ellos". La sinagoga pertenece a aquellos que se oponen a los discípulos de Jesús.[25]

Un testimonio para los gentiles (10:18-20). La futura misión de los discípulos los llevará "ante gobernadores y reyes para dar testimonio a ellos y a los gentiles". Hechos refleja tiempos en que los líderes de la iglesia primitiva eran llamados por primera vez a comparecer ante los oficiales judíos del consejo nacional (Hch 4:1-22; 5:17; 7:12), más tarde ante las autoridades gobernantes de Israel (12:1-4; 21:27-23:11) y, finalmente, ante los gobernadores del mundo romano (14:5; 16:19-34; 17:1-9; 18:12-17; 23:24-26:32; 28:17-31). En el momento de su juicio, los discípulos de la misión testificarán a esas figuras gubernamentales de la veracidad del mensaje del evangelio que Jesús predicó.

En su futura misión, los discípulos deberán depender de que el Espíritu Santo hable por medio de ellos en el momento más complicado de oposición. El Espíritu es la fuerza creativa, poderosa, orientadora en la propia vida de Jesús

24. Schweizer, *Matthew,* 240.
25. Para saber más sobre la flagelación, ver Wilkins, "Matthew", 69.

(1:18, 20; 3:11, 16; 4:1; 12:18, 28). En este mismo Espíritu hallarán los discípulos su propia capacitación y dirección para dar su testimonio.

La oposición y la resistencia de los discípulos (10:21-23). La oposición no solo procederá de los gobernantes judíos y gentiles, sino también de los parientes cercanos de los discípulos: "El hermano entregará a la muerte al hermano, y el padre al hijo. Los hijos se rebelarán contra sus padres y harán que los maten". Moisés había advertido al pueblo de que incluso si el hermano o la hermana, la esposa o el amigo más cercano intentaban seducir a una persona para que cayera en la idolatría, debía morir apedreado (Dt 13:6-11). En el futuro, algunos podrán pensar que los discípulos están dirigiendo al pueblo a la idolatría en su llamamiento a adorar a Jesús; como resultado, los discípulos en misión serán entregados a la persecución y a la muerte.[26] Será una trágica percepción errónea de la identidad y el mensaje de Jesús.

Junto con la traición por parte de la familia por su compromiso con la exclusividad de Jesús, sus discípulos sentirán la ira y el odio de "todos [los hombres]... por causa de mi nombre" (*cf.* también 24:9). Se puede incluir un elemento de hipérbole, pero esta declaración indica una consecuencia inevitable que viene del apego a Jesús y a su mensaje. La frase "por causa de mí" es literalmente "por causa de mi nombre", y es una importante expresión cristológica (*cf.* 5:11; 24:9) que se remonta a la relevancia del nombre de Dios en el Antiguo Testamento como representación de su persona como único enfoque de la adoración y la lealtad de la adoración de Israel (p. ej., Éx 3:15; 6:3; 9:16; 20:7). Los discípulos de Jesús tendrán el privilegio de llevar su nombre, pero esto también acarrea sufrimiento por el odio dirigido hacia él que, de forma natural, también caerá sobre sus seguidores (*cf.* Jn 15:21; 2Ti 3:12; 1P 4:13-14).

Pero Jesús promete que "el que se mantenga firme hasta el fin será salvo" (ver también 24:13). Por esta declaración, Jesús transmite la gran tranquilidad de que a pesar de que aumente la persecución, el odio de la humanidad no vencerá a sus discípulos. Permanecer firmes puede incluir una resistencia activa, pero mucho más en mente se tiene la fortaleza de resistencia de ellos bajo cualquier circunstancia, incluso la más odiosa persecución. Los que aguanten hasta el fin de los tiempos, cuando vuelva el Hijo del hombre, o hasta el final de sus vidas, serán salvos.

"Salvos" no significa aquí rescatados de la muerte, porque muchos cristianos han sido mártires. En vez de ello, Jesús hace una promesa concreta y también hace un recordatorio aleccionador. Su *promesa* es que aquel que permanezca comprometido con su nombre hasta el final no será consumido por la persecución, sino que experimentará la bendición completa y la paz de la salvación del reino. El *recordatorio* es que la prueba del verdadero compromiso de un discípulo con Jesús está en si permanece constante hasta el final. A través de su

26. Ver D. Neale, "Was Jesus a *Mesith*? Public Response to Jesus and His Ministry", *TynBul* 44 (1993): 89-101, esp. 94-98.

Espíritu, Jesús proporcionará los recursos para resistir cualquier dificultad que pueda presentarse (10:19-20); en realidad, Jesús mismo estará con ellos hasta el fin de los siglos para ayudarlos (28:20).

Con la mención del "fin" (10:22), Jesús culmina el aspecto profético de la comisión con una declaración extraordinaria: "Les aseguro que no terminarán de recorrer las ciudades de Israel antes de que venga el Hijo del hombre". Este es uno de los versículos más problemáticos de la Biblia. ¿Qué quiere decir "antes de que venga el Hijo del hombre" en este contexto?[27] Algunos sugieren que Jesús les está prometiendo a los discípulos que serán testigos de la venida final del Hijo del hombre, durante su primera misión palestina, o en su resurrección, o en Pentecostés, o en la destrucción de Jerusalén en el 70 A.C.[28] Otros sostienen que esta promesa ha de asociarse con la venida del Hijo del hombre al final de los tiempos.

Esto último parece encajar aquí en el contexto más amplio. Aunque los judíos tienen prioridad de salvación (10:6) y de juicio (10:15), este no los excluirá permanentemente de las promesas escatológicas de Dios. La incesante misión a las naciones incluye a los judíos y a los gentiles (ver comentarios sobre 28:18-20). Al ofrecer Jesús consuelo a los discípulos en misión (10:22), les advierte de que no abandonen Israel. Cuando los persigan en una ciudad, deberían huir a la siguiente, porque la misión a Israel no concluirá antes de que regrese el Hijo del hombre.

En otras palabras, habrá una misión continua a Israel junto con la misión a los gentiles hasta la parusía.[29] A pesar de la dureza de corazón de Israel, Dios permanecerá fiel a las promesas del pacto con él. Los discípulos en misión deben permanecer fieles a su llamado a predicarles a todos, independientemente de la persecución, el alejamiento de la familia y el aislamiento. Existe una poderosa apologética para los judíos tanto en el ministerio de Jesús como en los que escuchan el Evangelio de Mateo: Dios no ha abandonado sus promesas pactuales. Es, asimismo, una llamada desafiante y seria a los discípulos en misión para que resistan hasta el final con el mensaje del evangelio a todos los pueblos, tanto judíos como gentiles.

Características de los discípulos misioneros (10:24-42)

El cargo de la misión de Jesús ha incluido instrucciones a sus discípulos durante su ministerio terrenal (10:5-15) e instrucciones a los apóstoles/discípulos en una misión a nivel mundial hasta que él regrese al final de los tiempos (10:16-23). Esta última sección proporciona características del discipulado que

---

27. Ben Witherington III, *Jesus, Paul, and the End of the World: A Comparative Study in New Testament Eschatology* (Downers Grove, Ill.: InterVarsity Press, 1992), 39-42.
28. Para una exposición sobre estas y otras opiniones, ver Carson; "Mateo", 250-53, que sostiene lo segundo.
29. Blomberg, *Matthew,* 176; Davies y Allison, *Matthew,* 2:189-90. Así también Gundry, *Matthew,* 194, aunque duda de la autenticidad del dicho.

deben guiar a todos los discípulos mientras lleven a cabo la misión de Jesús al mundo.

Los discípulos y el Maestro en misión (10:24-25). Esta sección se inicia con dichos de fundamental importancia: "Le basta al discípulo llegar a ser como su maestro, y al siervo como su señor". El término "discípulo" traduce a *mathetes*. La meta suprema de un discípulo es ser como el maestro, un principio general de las relaciones maestro-discípulos en el judaísmo y en el mundo grecorromano. Este principio general del discipulado también se aplica a las relaciones con Jesús como Maestro y Señor. Sus discípulos han recibido su autoridad, de modo que salen con su mensaje y poder (10:1, 7-8). El duro trato que está empezando a recibir ahora de los líderes religiosos también será la suerte de ellos en la misión en curso.

Los fariseos habían acusado a Jesús de expulsar demonios por el "príncipe de los demonios" (9:34), otro nombre para Satanás. Esta identidad resulta ser la de "Beelzebub"[30] o, mejor, "Beelzebul" (que significa "amo de la casa"), al jugar Jesús con las palabras "cabeza de la casa" (*oikodespotes*), indica: "Si al jefe de la casa lo han llamado Beelzebú, ¡cuánto más a los de su familia!". Lo más probable es que el término Beelzebub proceda de una identificación del jefe de los espíritus malignos con Baal Shamayim, cuya adoración instauró Antíoco Epífanes IV en el templo.[31] La acusación de que Jesús ha establecido alianza con Satanás para llevar a cabo su obra también se formulará contra sus discípulos.

Seguidores intrépidos (10:26-31). Dado que las acusaciones contra Jesús son falsas e infundadas, "no les tengan miedo". Jesús proporciona tres razones por las que sus seguidores no deberían temer. (1) La verdad sobre su ministerio se conocerá: "No hay nada encubierto que no llegue a revelarse, ni nada escondido que no llegue a conocerse". Al final, la subversiva oposición a su ministerio dirigida en el consejo oculto de los líderes religiosos se revelará como falsa.

Jesús sabe también que la revelación de su verdadera identidad y misión dará pie tanto a una euforia superficial como una cruel oposición, porque las multitudes lo malinterpretarán y se convertirá en una amenaza para las autoridades religiosas. Por ello, él ha estado llamando una y otra vez a guardar secreto (ver comentarios sobre 8:8; 9:30). Sin embargo, se está acercando el momento en que el mensaje secreto se emitirá universalmente, como si una persona se subiera a la azotea de su casa y gritara para que lo oyera toda la ciudad.

(2) La siguiente razón por la cual los discípulos en misión no debían tener miedo es porque su destino eterno está asegurado. La llamada formal a comprometerse con la misión hasta el fin de los tiempos incluía la cruda realidad de que la persecución podía acabar en perder la propia vida (10:21), por lo que Jesús tranquiliza a sus discípulos diciéndoles por qué no han de temer: "No teman a

30. Baal Zebub, que significa "señor de las moscas" en hebreo; *cf.* también 12:24, 27.
31. Neusner y Green, "Beelzebul", *DJBP,* 84.

los que matan el cuerpo pero no pueden matar el alma". Esto es un llamado a ser valiente frente a la persecución. Es posible que los discípulos de Jesús hubiesen abandonado su misión por miedo, de manera que la tarea encomendada debía tener prioridad sobre lo que les pudieran hacer a ellos. El infierno está cerca (10:28), y aquel que tiene miedo de confesar a Jesús como Mesías corre peligro de pasar por un juicio mucho mayor que la muerte física. Por consiguiente, seguir adelante con la misión es recibir las bendiciones del Padre (10:32). Los dichos de Jesús confortan y estimulan, porque existe un límite en lo que los seres humanos les puedan hacer. Si los discípulos perseveran, serán recompensados, pero si son desleales a la verdad del mensaje del evangelio se enfrentarán a la condenación suprema.

(3) Sus discípulos no deberían tener miedo de emprender su misión en este mundo, porque la incesante y soberana supervisión del Padre está sobre sus vidas, como se atestigua en 10:29-31. El "gorrión" es, proverbialmente, la más pequeña de las criaturas, y la monedita (*assarion*) es una de las monedas romanas de menor tamaño y valor (*cf. quadrans* en 5:26). Si el Padre celestial vigila de forma soberana y constante a tan insignificantes criaturas, con toda seguridad lo hará con esos discípulos en misión de quienes conoce hasta el más mínimo detalle, incluido el número de cabellos de su cabeza. A estos discípulos es a quienes el Padre ha enviado su amado Hijo (3:17); por tanto, con toda seguridad les proporcionará un cuidado soberano absoluto. No temas cuando llegue la persecución, porque Dios está al corriente y en control.

Reconocer la supremacía de Jesús en público (10:32-33). La prueba del compromiso de un discípulo con Jesús y su misión llega cuando surge la oposición. La forma más fácil de evitar la persecución consiste en negar que uno sea discípulo de Jesús. Sin embargo, al discípulo verdadero no le da miedo morir (10:28), así que reconocerá o confesará públicamente a Jesús como su Señor (10:24-25) y su Dios, el Hijo del Padre celestial (10:32). Este discipulado público de Jesús es eterno, porque él los reconocerá delante de su Padre, otra declaración de la exclusiva relación de la que disfruta con su Padre (*cf.* 7:21). Pero el discípulo que intente evitar la persecución negando a Jesús en público revela que no es un discípulo verdadero y que no lo ha confesado como Señor y Dios. Esta negación tiene como resultado el rechazo del Padre.

Lealtad a la supremacía de Jesús en el hogar (10:34-39). Aquí tenemos otra declaración de la explicación de Jesús sobre la razón por la que "he venido".[32] La naturaleza pública del discipulado pondrá a prueba la confesión del discípulo y la naturaleza privada del discipulado demostrará la lealtad absoluta a Jesús. La última prueba se produce en el hogar. En primer lugar, la confesión de Jesús dividirá a los miembros de la familia: "… el hombre contra su padre, a la hija contra su madre, a la nuera contra su suegra". Este es uno de los dichos

32. Carter, "Jesus' 'I have come' Statements in Matthew's Gospel", 44-62.

verdaderamente radicales de Jesús en el medio social del judaísmo del siglo I, que muestra que no ha venido simplemente a suavizar el orden establecido.

La "espada" de 10:34 es metafórica, como demuestra la reprensión de Jesús a quienes tomaron una espada real para defenderle en el huerto de Getsemaní (26:52). La espada puede ser una metáfora del juicio de Dios (Sal 7:12) o, como aquí, una metáfora de separación entre los que creen y los que no, aunque sea en el seno de la familia. Anteriormente, Jesús reveló que la oposición a su misión llegaría de las relaciones familiares más estrechas del discípulo (ver comentarios sobre 10:21-23). La afirmación de Jesús en cuanto a su identidad y su autoridad mesiánicas es un divisor entre las personas, incluyendo la familia de uno. Se cree en Jesús o se le rechaza; no hay término medio. Antes de que la propia familia de Jesús llegara a reconocer su verdadera identidad y misión, también se opusieron a él (13:53-58; Mr 3:21; Jn 7:3-5). Por tanto, como su Maestro, los discípulos de Jesús pueden esperar que en su familia se produzca la división cuando sus miembros intenten impedirles que sigan adelante con la misión encomendada.

Además, el discipulado de Jesús significa que él tiene una supremacía rotunda sobre la vida de los discípulos: "El que quiere a su padre o a su madre más que a mí no es digno de mí; el que quiere a su hijo o a su hija más que a mí no es digno de mí". Volviendo a la expresión "digno" (*axios*; ver comentarios sobre 10:11), Jesús indica que su forma de discipulado exige que se le dé a él la supremacía absoluta, más allá de padres o hijos, algo que ni siquiera el más estimado de los rabinos solicitaría. Esto es una declaración implícita de su deidad, porque solo Dios merece un lugar más alto de honor que el padre y la madre de uno. En el elogio que Moisés hace de la tribu de Leví hallamos un precedente de esto:

> Dijo de su padre y de su madre:
> "No los tomo en cuenta."
> No reconoció a sus hermanos,
> y hasta desconoció a sus hijos,
> pero tuvo en cuenta tu palabra
> y obedeció tu pacto. (Dt 33:9-10)

Atribuirle a la familia el lugar adecuado supone obedecer a Dios en primer lugar, y esto capacitará a la persona para que honre de la forma debida a su padre y su madre, a sus hijos e hijas. La fuerza del apego a la familia en Israel tuvo la tendencia, en ocasiones, de suplantar el compromiso de Dios (ver comentarios sobre 8:21-22). La declaración de Jesús aquí está en línea con el llamado que se hizo allí a dar prioridad a Jesús como Dios por encima de todo lo demás, incluso de nuestros seres más queridos.[33] Tomar la propia cruz es una metáfora que significa adoptar la voluntad divina para nuestra vida, del mismo modo que la cruz fue la voluntad del Padre para la vida del Hijo. Adoptar la voluntad divina para

33. Hellerman, *The Ancient Church As Family,* 20-21.

nuestra propia vida resultará en ganar la vida verdadera como discípulo de Jesús (ver comentarios sobre 16:24-26).

Recompensa por recibir a los discípulos de Jesús en misión (10:40-42). Jesús concluye este Discurso de Misión reiterando que la misión es suya, porque los misioneros salen con su mensaje y con su autoridad (10:1, 7). Habla directamente a los discípulos/apóstoles que han sido el sujeto de todo el discurso (*cf.* 10:1-2, 5): "Quien los recibe a ustedes, me recibe a mí; y quien me recibe a mí, recibe al que me envió". Los discípulos en misión incluyen a los doce originales (10:5-15) y a todos los discípulos futuros hasta el regreso del Hijo del hombre (10:16-23, 24-25). Van con la autoridad y con el mensaje de Jesús mismo, de modo que recibirlos a ellos es recibirle a él. Esto incluye al "profeta", al "justo" y al "pequeño".

Los "profetas" y los "justos" están vinculados en otros lugares (13.17; 23:29); aquí se refieren a los profetas cristianos (*cf.* 23:34) y las personas justas (*cf.* 13:43, 49; 25:37, 46). Estas distinciones no son mutuamente excluyentes. "Profeta" se refiere a aquel que habla en nombre de Dios (*cf.* 5:10-12; 7:15-23); "hombre justo" es una categoría genérica para alguien que tiene la justicia del reino que viene de obedecer a Jesús (*cf.* 5:20), incluida la gente justa de generaciones anteriores que, por fe, esperaron la llegada de la redención de Dios por gracia (*cf.* Ro 4:1-25). Recibir ambas cosas significa recibir el evangelio del reino y vivir bajo su autoridad, y así recibir la mayor recompensa de la vida: la salvación y la vida del reino. Los profetas y los hombres justos ya han sido bendecidos con esa recompensa cuando entren al reino de los cielos, y su gran privilegio es compartirla con otros (*cf.* 5:12).

El contexto de la recompensa por recibir a los discípulos misioneros que se han sacrificado y experimentado la persecución se mezcla con la recompensa por tratar bien a los "pequeños", un tema que volverá a surgir de manera relevante en el discurso escatológico (*cf.* 25.31-46). "Pequeños" apunta de manera explícita a los discípulos necesitados y enfatiza que, con frecuencia, son los que no reciben cuidado, ya que la atención se suele dar a los miembros destacados de la comunidad del discipulado. Esto está en línea con la amonestación de Jesús a los discípulos cuando estos discutían sobre cuál de ellos sería el mayor en el reino de los cielos (18:1). Entonces les aconsejó que se volvieran como niños, porque recibir a los tales en su nombre es como recibirlo a él (18:2-5).

Esto también está en línea con la reprensión de Santiago a su congregación por mostrar parcialidad con los ricos de la iglesia mientras que deshonran a los pobres (*cf.* Stg 2:1). De modo que Jesús afirma que los creyentes deben cuidar unos de otros, pero en especial a los inferiores y menos importantes entre ellos, en particular los que, siendo más necesitados, tienen un compromiso incondicional con la misión de Jesús.

Construyendo Puentes

En este segundo discurso de Jesús en su Evangelio, Mateo nos proporciona otra colección crucial de los mandamientos de Jesús en cuanto a que los discípulos han de ser enseñados a obedecer (28:20). En el Sermón del Monte (caps. 5–7), Jesús delineó los principios para sus seguidores que deben caracterizar su vida como discípulos de la "vida del reino" en nuestro mundo cotidiano. Este segundo discurso, el Discurso de Misión, desarrolla lo que significa ser "discípulos impulsados por la misión". Los discípulos de Jesús tienen que salir a compartir y vivir el mensaje del evangelio del reino de Dios a un mundo extraño y con frecuencia hostil. Aquí afloran cuatro temas primordiales.

Misión. El primero es la "misión".[34] Esto incluye varios rasgos importantes.

1. Jesús expone la misión de redención salvífica-histórica. Los discípulos van primero a Israel para cumplir las promesas pactuales de Dios (10:6), pero después tienen que ir a los gentiles (10:18). Seguirán con la doble misión a los judíos y a los gentiles a lo largo del tiempo hasta que Jesús regrese (10:23). Los discípulos en misión deben estar adecuadamente equipados en cada fase. La urgente misión a Israel durante el ministerio histórico de Jesús requería una preparación única para ese contexto (*cf.* 10:5-15), que deberíamos evaluar con sabiduría para no aplicarla imprudentemente a la posterior misión a nivel mundial (10:16-42).

2. Los discípulos tienen que ir con el mismo mensaje autoritativo y el poder que caracterizaba la misión de Jesús (10:1-8).

3. Dado que el encargo de la misión se dirige a los discípulos, la misión es responsabilidad de todos los creyentes (10:24-24, 40-42) y no de una simple categoría especial de personas. Se produce tanto en la confesión pública ante el mundo (10:32-33) como en los compromisos privados con la familia (10:34-39).

4. Como Jesús, los discípulos pueden esperar oposición y persecución (10:24-25) de los judíos y los gentiles por igual, así como de la propia familia más cercana y los compañeros (10:17-21). Jesús es la línea divisora entre todo el mundo y sus discípulos (10:22).

5. La fuente del poder y la dirección de los discípulos es el Espíritu (10:19-20) y la fuente de su cuidado y control es la voluntad soberana del Padre (10:28-33). Por tanto, los discípulos no deben temer (10:26-27).

34. *Cf.* Köstenberger y O'Brien, *Salvation to the Ends of the Earth,* 87-109; Donald Senior y Carroll Stuhlmueller, *The Biblical Foundations for Mission* (Maryknoll, N. Y.: Orbis, 1983), 250-51.

6. La misión es una cuestión de comunidad, ya que el que recibe comparte la recompensa de aquel que lleva el mensaje (10:40-42).
7. La misión no solo incluye la proclamación y manifiesta el poder de Dios, sino que también se preocupa de los necesitados en medio de ellos (10:42).
8. La misión incluye transformación espiritual. La centralidad de Jesús en la vida de los discípulos es la característica más vital de la misión, para que los discípulos crezcan cada vez más hasta ser como el Maestro (10:24).
9. Todos estos asuntos preparan y equipan a los discípulos de Jesús para que emprendan con valentía y efectividad la misión con la que Mateo concluye su Evangelio, la Gran Comisión (28:18-20), que es la clave para entender el propósito global de Mateo para escribir.

Particularismo y universalismo. Una de las dificultades más conocidas al estudiar el Evangelio de Mateo es intentar comprender la tensión existente entre el sentido particularista, donde Jesús enfatiza la misión tan solo a las ovejas perdidas de Israel (10:6; 15:24), y el sentido universalista, donde Jesús hace hincapié en una misión a todas las naciones (28:19). Jesús reservó una declaración no disimulada de la misión universal hasta después de la resurrección, pero a lo largo de Mateo hallamos insinuaciones de su llegada. Es parte de la propia gestión terrenal de la historia de la salvación, y Mateo la enfatiza para su propio mensaje apologético a sus congéneres judíos y a la comunidad judeocristiana (ver comentarios sobre 10:6).[35] El doble horizonte de la misión a Israel y después a las naciones instruye a todos los discípulos sobre sus responsabilidades universales presentes.

Hacer demasiado hincapié en los temas particularistas de Mateo podría conducirle a uno a acusarle de prejuicio étnico, pero hacer lo mismo con el tema universal podría llevarnos a acusarle de antisemitismo étnico. El equilibrio adecuado se encuentra reconociendo el plan divino de la historia de la salvación, a los judíos primero y después a las naciones. La advertencia de Jesús a los discípulos en cuanto a que presten una atención singular a Israel (10:6) recalca la fidelidad de Dios a las promesas de su pacto, pero, dando testimonio a los gentiles (10:18), la misión realiza sus propósitos salvíficos para toda la humanidad, mientras declara que su plan para Israel no acabará hasta que el Hijo del hombre regrese (10:23).

El discipulado. Otro énfasis del Discurso de Misión es el discipulado. Mateo ha enfatizado que existe una solidaridad indiscutible entre Jesús y sus discípulos, que incluye la autoridad (10:1), el mensaje (10:1), la actividad (10:8, 8), la misión (10:18), el sufrimiento (10:18, 24-25, 38), la confesión (10:32) y la acogida (10:40). Dado que los doce representan la relación de la que los discípulos

35. John P. Meier, "Salvation-History in Matthew: In Search of a Starting Point", *CBQ* 37 (1975): 203-15.

disfrutarán con Jesús a lo largo de los siglos (ver 28:16-20), la indefinida naturaleza histórica de este discurso plantea ejemplos específicos para nuestra propia misión.

Sin embargo, como hemos observado más arriba, la urgente misión de los doce a Israel durante el ministerio terrenal de Jesús (p. ej., 10:5-15) debe entenderse históricamente para que no saquemos una aplicación injustificada. Este discurso nos alienta a comprender que los discípulos de Jesús se dedicarán a la misión y serán transformados para suplir las exigencias de la vida siendo continuamente cambiados para ser como el Maestro. El discipulado empieza tomando la propia cruz, que simboliza la voluntad de Dios para la vida de una persona, y siguiendo a Jesús en toda situación, mientras estemos en la tierra. La extensa sección sobre las características de los discípulos en misión reúne estos dos temas. La forma de discipulado que Jesús ha instituido de forma explícita relaciona el discipulado con la misión: todos los creyentes son discípulos/misioneros, y cada papel afecta al otro conforme llevan a cabo la misión al mundo.

La persecución y el sufrimiento. La persecución y el sufrimiento serán una parte regular del discipulado y la misión, como lo fue en la vida de Jesús (10:24-25). Varios puntos pueden ayudarnos a ver la perspectiva de Jesús sobre la persecución y el sufrimiento.

1. La forma en que uno aguante bajo la persecución queda básicamente determinada por que uno sea o no un discípulo, algo que tiene implicaciones eternas (10:32-34).
2. La persecución puede incluir rechazo, aislamiento, ser objeto de odio y, en última instancia, el martirio (10:21-22, 28, 38-39).
3. La severidad de la persecución y el sufrimiento nos exige una lealtad rotunda a Jesús. Él nos advierte de que no demos prioridad a ninguna otra relación ni le neguemos nuestra lealtad por miedo a la persecución. El discípulo no debe temer a los que solo matan el cuerpo; más bien debemos temer a aquel que puede destruir tanto el cuerpo como el alma en el infierno (10:28). Negar a Jesús aquí en la tierra es ser negado por el Padre en el cielo (10:33).
4. Los discípulos de Jesús pueden esperar ser calumniados y que se difundan falsedades sobre su mensaje y su carácter, porque lo mismo le hicieron a Jesús (10:25). Sin embargo, no han de temer esta persecución subversiva, porque finalmente serán justificados (10:26).
5. Lo más importante es que, aunque experimentemos la persecución, el Espíritu nos dará poder y dirección para pronunciar las palabras correctas de testimonio en cada situación (10:19-20), y el Padre ejercerá un control soberano sobre todas las circunstancias, de modo que los discípulos en misión no deben temer que la persecución esté fuera del control de Dios (10:29-31).

Significado Contemporáneo

El presentador de los informativos televisivos Tom Brokaw escribió un tributo fascinante, con muchos ejemplares vendidos, a lo que él llama *The Greatest Generation* [La generación más grande].[36] Es una colección de historias sobre la generación que creció en la Gran Depresión, que tuvo que salir de su vida cotidiana para ayudar a salvar al mundo luchando en la Segunda Guerra Mundial en dos frentes, y que inmediatamente después emprendió la abrumadora tarea de reconstruir las instituciones económicas y políticas de su patria y de la de sus anteriores enemigos.

Uno de los temas más importantes que Brokaw quiso hacer entender es que todos estos eran gente común que se unieron para enfrentarse a estos desafíos. No fue tan solo un grupo de élite el que levantó esta generación estupenda. Eran hombres y mujeres corrientes que respondieron al llamado de servir a su país en cualquier capacidad en la que tuvieran talento y estuvieran equipados. Algunos fueron a las primeras líneas del frente, a luchar cuerpo a cuerpo con el enemigo, mientras otros estaban en la retaguardia atendiendo a los heridos y cuidándolos para que recuperaran la salud. Algunos héroes recibieron humildemente medallas de honor, mientras que otros héroes sirvieron con nobleza en la oscuridad o en una fábrica. La victoria de los aliados en la Segunda Guerra Mundial y la reconstrucción del mundo devastado por la guerra no pudieron haberse logrado de no ser por la completa movilización de toda una generación.

Cuando leemos la historia de la misión de Jesús para los doce, también podemos pensar en ellos como la generación más grande de la iglesia. Fueron llamados a salir de la dura ocupación del Imperio romano, pero fueron a pelear una batalla no con espadas ni carros, sino con las buenas nuevas de la llegada del reino de los cielos y el mensaje de la transformación. Pusieron el fundamento de la iglesia y la mayoría de ellos sufrió martirio por el nombre de su Señor Jesús.

Del mismo modo, las Escrituras hablan de nuestro propio discipulado usando el lenguaje de guerra, aunque no se trate de una guerra de carne y sangre (p. ej., Ef 6:10-20; *cf.* 1Ti 2:18). Los cristianos son personas corrientes llamadas a avanzar el reino de Dios en un mundo extraño y hostil. Somos la iglesia, el cuerpo de Jesucristo, y el servicio de algunos de nosotros resulta en un honor externo y público, mientras otros llevan a cabo su servicio en la humildad de la oscuridad. Sin embargo, cada individuo es vitalmente necesario para el funcionamiento adecuado de la iglesia en este mundo.

Martin y Gracia Burnham son gente corriente. Empezaron a servir como misioneros en New Tribes Mission en Filipinas, en 1986, donde criaron a sus tres hijos. Martin creció en Filipinas con sus padres misioneros y quiso ser piloto de aviación de la misión durante toda su vida. Él y Gracia fueron ejemplos de

36. Tom Brokaw, *The Greatest Generation* (Nueva York: Random House, 1998).

gracia y servicio tanto a otros misioneros como al pueblo filipino. Cuando celebraban su decimoctavo aniversario de boda en el Dos Palmas Resort, en la Isla Palawan, fueron secuestrados, el 27 de mayo del 2001, por el grupo Abu Sayyaf, unos terroristas rebeldes filipinos. Fueron retenidos como rehenes durante 366 días en las selvas de Basilan y Mindanao. Cuando un grupo militar filipino intentó rescatarlos, Gracia resultó herida y Martín murió. Durante su cautiverio compartieron con sus captores la comida que les enviaban, y también el evangelio, desafiando las creencias musulmanas de los rebeldes.

Después de reencontrarse con su familia y sus hijos en Rose Hill, Kansas, Gracia dijo: "Queremos que todos sepan que Dios fue bueno con nosotros cada uno de los días de nuestra cautividad. Martin fue también una fuente de fuerza para los demás rehenes. Fue un buen hombre, y murió bien". Dan Germann, ejecutivo de New Tribes Mission, dijo de Martin y Gracia: "Son personas que aman a Dios y no fueron con renuencia al campo misionero. Lo hicieron con alegría, porque sus ojos estaban fijos en él. En ese sentido, son nuestros héroes modernos".[37]

Martin y Gracia son ejemplo para todos nosotros en nuestros propios mundos cotidianos, porque el discurso misionero de Jesús está dirigido a todos los que tengan suficiente valor para llamarse discípulos suyos. Como dijo Martin en una ocasión: "Mi llamamiento no es para ir a Filipinas ni para ser misionero. Es para servir a Cristo". Y lo hizo; y nosotros también lo haremos por la gracia de Dios. En ese sentido, cada generación de la iglesia está llamada a ser la más grande, porque sin la movilización de todos los discípulos perderemos la guerra por el corazón y el alma de los hombres y mujeres perdidos.

El discipulado impulsado por la misión. *Cada discípulo es un misionero.* Algunos de nosotros tendemos a evitar pasajes como el Discurso de Misión, diciendo: "Bueno, ¿qué tiene esto que ver conmigo? Ellos eran los doce apóstoles. ¡Yo no soy como ellos!". Pero, aunque tenga una relevancia especial para los doce en su ministerio histórico, tiene una importancia inmediata para los discípulos en todos los ámbitos. Al llamar Jesús a los doce discípulos y darles autoridad (10:1), todos nosotros deberíamos identificarnos con ellos *como discípulos.* Si nos autodenominamos cristianos, somos discípulos de Jesús (*cf.* 5:1-2; 28:18-20), y este pasaje debería obligarnos a ver que la actividad de misión es una parte vital de nuestro discipulado con él. La autoridad y los propósitos de Dios no han cambiado y, por tanto, los principios bosquejados en este discurso son tan relevantes hoy como lo fueron para los discípulos originales.

Cada discípulo es un misionero, pero no todo misionero sale al extranjero. Igual de importante es que no todos los discípulos de Jesús son misioneros que

37. Ted Olsen, "Special Report", *Christianity Today* 46/8 (8 julio 2002): 18-22. La página web de New Tribes Mission (www.ntm.org/connect/burnham/update.shtml) nos proporciona información adicional y trasfondo.

salen de su hogar para hacer una gira misionera. Incluso en los días de Jesús, muchos de sus discípulos no le siguieron ni salieron fuera del país. Los gadarenos que habían sido poseídos por demonios le rogaron que los dejara ir con él, pero Jesús los envió de vuelta a su hogar para que contaran a sus conciudadanos lo que él había hecho por ellos (Lc 8:38-39). No tenemos prueba alguna de que José de Arimatea o Nicodemo abandonaran jamás Jerusalén ni sus ocupaciones; a pesar de ello, fueron discípulos de Jesús y fueron usados en un momento crítico para proporcionarle una sepultura (Mt 27:57-61; Jn 19:38-42). La mujer llamada Tabita no dejó su ciudad natal, pero fue una sierva de Dios que tuvo influencia en toda la región, tanto por sus actos como por el milagro de haber sido levantada de los muertos (Hch 9:36-43).

Aunque no todos lleguemos a ser misioneros a tiempo completo, queda claro que todos los discípulos son llamados a unirse en misión de alguna forma. Y ya sea que estemos implicados en la misión de una forma más directa o que desarrollemos un papel de apoyo, las recompensas son las mismas (10:41-42). Los detalles de cómo uno se implica en la misión deberían ser algo diseñado a la medida del talento y las capacidades de uno, pero el discípulo de Jesús verá que llevar el mensaje de salvación al mundo es una parte vital de nuestro discipulado.

Apoyar la misión a nivel mundial es responsabilidad de todos los discípulos. Gran parte del ministerio de evangelización y enseñanza de la iglesia primitiva fue llevada a cabo por misioneros itinerantes que sirvieron a las diversas iglesias y dependieron de la hospitalidad y los dones de los miembros de las congregaciones que visitaron. Un impresionante ejemplo es el de Gayo, quien fue especialmente fiel en el ejercicio de la hospitalidad (3 Jn 6); muchos misioneros itinerantes compartieron con la iglesia de Juan la generosidad que Gayo había tenido. Juan lo elogia por su hospitalidad y lo alienta a seguir, porque estos misioneros no aceptarían nunca la ayuda de los inconversos. Recibir ayuda de semejantes personas podría dar la apariencia de vender el evangelio, reduciendo a los misioneros al nivel de los diversos filósofos populares y los predicadores religiosos que procuraban el pago de sus servicios.

Esto habla de nuestra propia responsabilidad para respaldar la obra misionera de la iglesia más allá de nuestra propia obra misionera personal. Cuando nos quedamos en casa y sostenemos a los que van, somos sus colaboradores (3Jn 8). Y debemos respaldar a los misioneros "como es digno de Dios" (3Jn 6). Dios nos da con generosidad a nosotros, sus discípulos, por lo que nosotros también deberíamos dar generosamente a los discípulos de misión implicados en la misión a tiempo completo. Como declara Howard Marshall: "Los ministros y los misioneros cristianos viven en la fe de que Dios alentará a su pueblo y este proveerá para sus necesidades; es mejor que dicha provisión peque de generosidad y no de tacañería".[38]

38. I. Howard Marshall, *The Epistles of John* (NICNT; Grand Rapids: Eerdmans, 1978), 86.

Discipulado transformacional. Al hablar de discipulado hablamos del proceso de cómo los cristianos son equipados y transformados para esta vida y esta batalla, para ser luz en un mundo oscuro a los que siguen todavía en las garras del príncipe de la potestad del aire. Aquellos primeros doce discípulos/apóstoles son mucho más parecidos a nosotros de lo que solemos imaginar. Cada uno de nosotros miramos a esos hombres y a los otros muchos hombres y mujeres que fueron discípulos de Jesús y descubrimos que no somos muy distintos a ellos. Considera la breve descripción de cada uno y ve si puedes identificarte con uno o más de ellos:

- Pedro: hombre de negocios, por lo general en posición de liderazgo
- Andrés, su hermano: persona de alta sensibilidad a la dirección de Dios, aunque su hermano Pedro le hacía sombra
- Jacobo, hijo de Zebedeo: abandonó el exitoso negocio familiar para seguir a Jesús, pero fue el primer apóstol en morir como mártir
- Juan, su hermano: de ardiente temperamento, pero que también sentía un profundo amor por Dios
- Felipe: nunca fue exactamente alguien perteneciente al círculo interno, aunque adoptó un papel de liderazgo entre los apóstoles menos conocidos
- Bartolomé: conocido por su abierta sinceridad (probablemente es aquel a quien se llama Natanael en Jn 1:43-51)
- Tomás: un racionalista escéptico que llegó a tener una de las comprensiones teológicas más profundas de la identidad de Jesús como Dios y hombre
- Mateo, el recaudador de impuestos: anteriormente traidor de su propio pueblo para mantenerse a sí mismo y a su familia, pero que se convirtió en misionero para ellos escribiendo su Evangelio
- Jacobo, hijo de Alfeo: más joven, de menor posición o renombre que el otro Jacobo, fiel a lo largo de su vida, pero que nunca recibió gran reconocimiento por ello
- Tadeo (o Lebeo): también llamado Judas hijo de Jacobo, que a menudo se confunde con Judas Iscariote. No se desarrolla mucho su reputación
- Simón el Zelote: antes de aceptar a Jesús como Mesías fue un guerrillero que quería introducir el reino de Dios por la fuerza
- Judas Iscariote, el que lo traicionó: el amor al dinero y al poder podría haberlo arrastrado a abandonar y traicionar hasta a sus mejores amigos.

No debemos idealizar a los doce. Podemos considerar a cada uno de ellos y descubrir que no son tan diferentes de ti o de mí. No quiero decir que hay que intentar rebajarlos a nuestro nivel, sino más bien que enfaticemos que somos más parecidos a él de lo que podamos pensar. Intenta identificarte de una forma realista aunque que sea con uno solo de los doce, con sus fortalezas individuales, pero también con sus debilidades y sus defectos. ¿A cuál de ellos te pareces más? ¿Puedes ver los mismos defectos en ti que en alguno de ellos? ¿Puedes ver el mismo potencial para tu propio ministerio? Si Dios pudo transformar sus vidas, también puede hacer lo mismo con la nuestra. Esta es la abrumadora y apasionada historia del ministerio de Jesús. Nuestro llamado es a ser aquello que Jesús quiere hacer de nosotros, dondequiera que podamos estar.

Es posible que tú y yo no estemos involucrados en un ataque global contra el mal de este mundo, pero la transformación de aquellos que respondamos al mensaje del evangelio empieza por nosotros, en nuestro propio mundo. Los doce tuvieron que empezar por un claro entendimiento de que cada uno de nosotros necesita transformación. El apóstol Juan, por ejemplo, fue uno de los Hijos del Trueno, muy probablemente por su ardiente carácter. En una ocasión, él y su hermano Jacobo quisieron que Jesús hiciera descender fuego del cielo y consumiera un pueblo samaritano que menospreció a Jesús (Lc 9:51-55). Sin embargo, conforme su propio corazón fue transformado para aprender a amar con el amor de Dios, más tarde acabó yendo a aquellos mismos samaritanos con el evangelio (Hch 8:14-17). Es una transformación real que todos podemos comprender. Es la transformación del corazón que, en última instancia, afecta a cada aspecto de nuestro ser.

La persecución y el sufrimiento del discipulado. La persecución es otra cuestión en este Discurso de Misión que a muchos puede no parecerles relevante para nuestra vida diaria. Muchos de nosotros vivimos en una cultura y en una sociedad que no experimenta el mismo grado de persecución al que se enfrentaron los primeros cristianos. Pero existen principios más amplios aquí que se aplican a nosotros. Independientemente de la vida tan cómoda que podamos vivir, siempre hay elecciones cotidianas que demuestran nuestra lealtad y sumisión al Señor. Y, de forma invariable, la oposición y la persecución vendrán detrás.

La persecución está más cerca de lo que creemos. Los creyentes que representan el nombre de Jesús en estos primeros años del tercer milenio se enfrentan cada vez más a una persecución similar a la que experimentaron en los primeros siglos de la existencia de la iglesia. Dondequiera que el comunismo, el islam o el nacionalismo luchan por tener el dominio hay un nuevo comienzo de violencia y opresión anticristianos. El resultado no solo ha sido el arresto y el encarcelamiento de cristianos, sino también su tortura y su ejecución.[39] En Arabia Saudita, por ejemplo, a pesar de sus fuertes lazos con Estados Unidos y otros países occidentales, la persecución y la ejecución de cristianos son algo común. Como teocracia islámica, el gobierno cree que debe conservar una estrecha

39. Kim A. Lawton, "The Suffering Church", *Christianity Today* 40 (15 julio 1996): 54-61, 64. Ver también Susan Bergman, ed., *Martyrs: Contemporary Writers on Modern Lives of Faith* (San Francisco: HarperSanFrancisco, 1996).

pureza coránica y los santuarios de La Meca y Medina, lo que significa que la negación de la libertad religiosa es parte integral de su identidad.

Oswaldo (Wally) Magdangal, un pastor filipino cuya iglesia doméstica en Riyad, Arabia Saudita, creció hasta llamar la atención de las autoridades y fue arrestado por blasfemar contra el islam. La ley de la sharía requiere que se decapite a los "apóstatas", los que renuncian al islam. La policía religiosa torturó cada parte del cuerpo de Magdangal, intentando forzarlo a renunciar a su fe, y fue golpeado durante 210 minutos de interrogatorio lleno de burlas. Durante ese tiempo, no pasó un solo viernes sin que hubiera al menos una ejecución en la plaza pública, y el pastor Wally fue sentenciado a ser ejecutado el viernes 25 de diciembre de 1992. Sin embargo, a través de los esfuerzos combinados de las organizaciones occidentales defensoras de los derechos humanos y sus amigos cercanos en el gobierno saudita, Dios intervino de forma milagrosa y el pastor Wally fue deportado; en la actualidad es el presidente de Christians in Crisis, un grupo de apoyo activo con base en Sacramento, California.[40] Su objetivo consiste en despertar a la iglesia a la realidad de la persecución que experimentan a diario los cristianos alrededor del mundo.

Además, la creciente secularización de la cultura occidental no es un buen augurio para nosotros. Los cristianos no se sienten motivados para denunciar prácticas condenadas en las Escrituras, como la obscenidad, la pornografía y la homosexualidad. En nombre de la "libertad de la religión" muchas de las prácticas normales de la fe que una vez disfrutaron —como las oraciones en público o incluso la representación de la escena del pesebre en Navidad— han sido eliminadas. El programa de gran parte de la política pública se parece más a *librarse de la* religión, y las consecuencias para los que censuran esta política pública secularista serán cada vez más duras.

Jesús sufrió cuando hizo lo correcto y lo bueno, la persecución marcó el destino de la iglesia desde sus primeros tiempos. A pesar de ello, no atenuó la pasión por seguir a Jesús, cualquiera que fuera el precio. Pablo le dice al joven pastor Timoteo que "serán perseguidos todos los que quieran llevar una vida piadosa en Cristo Jesús" (2Ti 3:12). Pero nuestro consuelo es que nuestro sufrimiento nos une a Cristo y descubriremos una especial comunión con él cuando nos identifiquemos con el sufrimiento soportado, ya sea en la vida o en la muerte (Fil 3:10). El apóstol Pedro reitera el mismo tema que había escuchado de Jesús en el Discurso de Misión, que será cada vez más relevante para nosotros en el tercer milenio:

---

40. La historia del pastor Magdangal está contada por Jeff M. Sellers, "How to Confront a Theocracy", *Christianity Today* 46 (8 julio 2002): 34-40. La página web de Christians in Crisis (www.christiansincrisis.net) nos proporciona detalles adicionales y describe la misión de la organización: "CIC existe para ayudar a la expansión del Evangelio y sirve como intercesora y como voz para el pueblo de Dios que se enfrenta con la crisis y es perseguido por su fe en el Señor Jesucristo".

> Queridos hermanos, no se extrañen del fuego de la prueba que están soportando, como si fuera algo insólito. Al contrario, alégrense de tener parte en los sufrimientos de Cristo, para que también sea inmensa su alegría cuando se revele la gloria de Cristo. Dichosos ustedes si los insultan por causa del nombre de Cristo, porque el glorioso Espíritu de Dios reposa sobre ustedes. Que ninguno tenga que sufrir por asesino, ladrón o delincuente, ni siquiera por entrometido. Pero si alguien sufre por ser cristiano, que no se avergüence, sino que alabe a Dios por llevar el nombre de Cristo. Porque es tiempo de que el juicio comience por la familia de Dios; y si comienza por nosotros, ¡cuál no será el fin de los que se rebelan contra el evangelio de Dios! (1P 4:12-17)

Para el cristiano, el sufrimiento *no* es algo que se deba evitar a toda costa. Cuando llega el sufrimiento puede ser un medio de fomentar nuestra unión con Cristo, que promete estar unido a nosotros en nuestra hora más profunda de necesidad.[41]

Guardar nuestro corazón en el mundo real. Uno de los principales avisos de Jesús en este Discurso de Misión es que, a medida que vivimos nuestra vida con él en el mundo, nuestro corazón se hace vulnerable al dolor, la tentación y los ataques espirituales. Proverbios nos dice: "Por sobre todas las cosas cuida tu corazón, porque de él mana la vida" (Pr 4:23). Al vestir la armadura de Dios en la guerra espiritual, la coraza de justicia protegerá nuestro corazón (Ef 6:14). Pero Jesús nos advierte de que se debe mantener un delicado equilibrio al caminar en este mundo como discípulos de misión: debemos guardar nuestros corazones del daño, aunque al mismo tiempo no debemos desarrollar un corazón tan protegido que se endurezca. Al dar Jesús su visión profética a sus discípulos que está enviando al mundo, les dice: "Los envío como ovejas en medio de lobos. Por tanto, sean astutos como serpientes y sencillos como palomas" (Mt 10:16).

Jesús no nos sacó del mundo para llevarnos a un refugio seguro de reposo. Debemos aventurarnos a salir, como ovejas indefensas, en medio de lobos voraces, de modo que debemos guardar nuestro corazón. Hacerlo significa ser sabios como serpientes. Debemos conocer los caminos del mundo, sobre todo las trampas que nos aguardan. Hemos de entender con claridad cómo pueden herirnos y maltratarnos. Hay personas en este mundo que quieren dominarnos para perpetuar su propio programa de servicio a sí mismos. Debemos guardaros a nosotros y a aquellos de los que somos responsables. Hemos de ser sabios en cuanto a las tentaciones que se interpondrán en nuestro camino y saber cómo escapar.

Al mismo tiempo, debemos ser cándidos como palomas. No debemos permitir que nuestro corazón se vuelva tan protector y receloso de los lobos del mundo

41. Para una exposición adicional, ver Wilkins, *In His Image,* 192-93.

que lo endurezcamos. No deberíamos aprender las astucias de la serpiente de tal manera que adquiramos el corazón de una serpiente. He dicho muchas veces en el pasado: "No confíes en nadie". Esta declaración procede de un corazón herido por las personas. Aunque es cierto que muchas personas no son dignas de confianza, yo lo llevé demasiado lejos. Me volví tan desconfiado que llegué a herir a algunos con mis acusaciones de falsos motivos o infidelidad. Una paloma no les hace daño a los demás. Una paloma aporta gracia y belleza. La paloma es el símbolo de la paz.[42]

Guardar nuestro corazón en este mundo es un equilibrio difícil, aunque necesario, cuando nosotros, los discípulos en misión, llevamos el mensaje del evangelio del reino a un mundo que está muriendo, eternamente, sin su mensaje de gracia y salvación. No me imagino como parte de una "generación magnífica", pero sí sé que he sido llamado al compromiso inquebrantable de llevar el evangelio del reino a mi generación y a las que vengan después. Este es el toque de clarín del Discurso de Misión de Jesús a cada generación de la iglesia.

42. Ver Wilkins, *In His Image,* 179-80.

Mateo 11:1-30

Cuando Jesús terminó de dar instrucciones a sus doce
discípulos, se fue de allí a enseñar y a predicar en otros
pueblos.

2 Juan estaba en la cárcel, y al enterarse de lo que Cristo estaba
haciendo, envió a sus discípulos a que le preguntaran:
3 —¿Eres tú el que ha de venir, o debemos esperar a otro?
4 Les respondió Jesús:
—Vayan y cuéntenle a Juan lo que están viendo y oyendo: 5 Los
ciegos ven, los cojos andan, los que tienen lepra son sanados, los
sordos oyen, los muertos resucitan y a los pobres se les anuncian
las buenas nuevas. 6 Dichoso el que no tropieza por causa mía.

7 Mientras se iban los discípulos de Juan, Jesús comenzó a hablarle
a la multitud acerca de Juan: «¿Qué salieron a ver al desierto?
¿Una caña sacudida por el viento? 8 Si no, ¿qué salieron a ver? ¿A
un hombre vestido con ropa fina? Claro que no, pues los que usan
ropa de lujo están en los palacios de los reyes. 9 Entonces, ¿qué
salieron a ver? ¿A un profeta? Sí, les digo, y más que profeta. 10 Este
es de quien está escrito:

»“Yo estoy por enviar a mi mensajero delante de ti,
el cual preparará tu camino”.

11 Les aseguro que entre los mortales no se ha levantado nadie
más grande que Juan el Bautista; sin embargo, el más pequeño
en el reino de los cielos es más grande que él. 12 Desde los días
de Juan el Bautista hasta ahora, el reino de los cielos ha venido
avanzando contra viento y marea, y los que se esfuerzan logran
aferrarse a él. 13 Porque todos los profetas y la ley profetizaron
hasta Juan. 14 Y si quieren aceptar mi palabra, Juan es el Elías que
había de venir. 15 El que tenga oídos, que oiga.

16 »¿Con qué puedo comparar a esta generación? Se parece a los
niños sentados en la plaza que gritan a los demás:

17 »“Tocamos la flauta,
y ustedes no bailaron;
Cantamos por los muertos,
y ustedes no lloraron”.

18 »Porque vino Juan, que no comía ni bebía, y ellos dicen: “Tiene
un demonio.” 19 Vino el Hijo del hombre, que come y bebe, y
dicen: “Este es un glotón y un borracho, amigo de recaudadores
pecadores”.

**20 Entonces comenzó Jesús a denunciar a las ciudades en que
había hecho la mayor parte de sus milagros, porque no se habían
arrepentido. 21 «¡Ay de ti, Corazín! ¡Ay de ti, Betsaida! Si se
hubieran hecho en Tiro y en Sidón los milagros que se hicieron
en medio de ustedes, ya hace tiempo que se habrían arrepentido
con muchos lamentos. 22 Pero les digo que en el día del juicio será
más tolerable el castigo para Tiro y Sidón que para ustedes. 23 Y tú,
Capernaúm, ¿acaso serás levantada hasta el cielo? No, sino que
descenderás hasta el abismo. Si los milagros que se hicieron en ti
se hubieran hecho en Sodoma, esta habría permanecido hasta el
día de hoy. 24 Pero te digo que en el día del juicio será más tolerable
el castigo para Sodoma que para ti».**

**25 En aquel tiempo Jesús dijo: «Te alabo, Padre, Señor del cielo y
de la tierra, porque habiendo escondido estas cosas de los sabios
e instruidos, se las has revelado a los que son como niños. 26 Sí,
Padre, porque esa fue tu buena voluntad.**

**27 »Mi Padre me ha entregado todas las cosas. Nadie conoce al Hijo
sino el Padre, y nadie conoce al Padre sino el Hijo y aquel a quien
el Hijo quiera revelarlo.**

**28 »Vengan a mí todos ustedes que están cansados y agobiados,
y yo les daré descanso. 29 Carguen con mi yugo y aprendan de
mí, pues yo soy apacible y humilde de corazón, y encontrarán
descanso para su alma. 30 Porque mi yugo es suave y mi carga es
liviana».**

Sentido Original

Aunque Jesús les dio autoridad a sus discípulos para que fueran a Israel (10:1-7) y más tarde a todas las naciones (10:16-23; 28:18 20), todavía no les había transferido su obra por completo. Ahora él mismo va a Israel a enseñar y predicar. Sigue confinando su ministerio a "las ciudades de ellos [Galilea]" (11:1 RVR1960], pero muy pronto la población habrá tenido su oportunidad de escuchar el mensaje del evangelio (*cf.* 4:13-17; 11:20-24). A continuación, Jesús expandió su ministerio por todas las ciudades circundantes de Israel y las regiones gentiles (15:21-34). La resistencia limitada al ministerio de Jesús había aparecido de forma ocasional (9:3-4), pero ahora se inicia una oposición abierta. El altercado empieza de manera inocente, mediante preguntas de Juan el Bautista (11:2-19), pero escala con rapidez hasta convertirse en hostilidad de los líderes religiosos judíos (12:1-45).

Juan el Bautista plantea cuestiones a Jesús (11:1-6)

Transición (11:1). La conclusión del Discurso de Misión se señala mediante la fórmula elaborada "Cuando Jesús terminó" (11:1; *cf.* 7:28; 13:53; 19:1;

26:1). Esta fórmula también sirve de transición a la siguiente sección del relato (caps. 11–12). Mateo no dice nada sobre la misión real de los doce (*cf.*, por contraste, Mr 6:30; Lc 9:10). La siguiente vez que aparecen los discípulos en este Evangelio, están acompañando a Jesús en su breve viaje.

Juan pregunta a Jesús por medio de sus discípulos (11:2-3). Anteriormente en la narración, Mateo consideró el arresto de Juan el Bautista como el impulso de Jesús para empezar su ministerio galileo (4:12). Juan había sido encarcelado por Herodes Antipas en la fortaleza de Maqueronte,[1] donde finalmente fue ejecutado (ver 14:1-14). Mientras aguardaba su destino, Juan oyó hablar "de lo que Cristo estaba haciendo" (11:2; en alguna versión "lo que el Mesías estaba haciendo"), es de suponer que esto se refiere a la enseñanza (caps. 5–7), los milagros (caps. 8–9) y la misión (cap. 10) en Galilea. Mateo usa el título "el Cristo" o "el Mesías" (*ho Christos*) por primera vez desde sus primeros capítulos (ver 1:1, 16, 17, 18, 2:4), dejando explícito que Juan quería que Jesús aclarara su identidad y su ministerio como Mesías.

Juan envía a algunos de sus discípulos a Jesús. Estos hombres eran seguidores comprometidos que se habían reunido en torno a él para ayudarle en su ministerio como el profeta que preparaba el camino para el Mesías, que introduciría la era mesiánica (Jn 1:35-42; 3:22–4:3; ver comentarios sobre Mt 9:14). Al parecer, permanecían tan cerca de Juan como podían, incluso estando este en la cárcel, y es evidente que Juan podía comunicarse con ellos.

Junto con Juan, se estaban alarmando cada vez más por el futuro del programa mesiánico. Anteriormente le habían preguntado a Jesús sobre la incongruencia de que ellos ayunaran y los discípulos de Jesús, no (ver comentarios sobre 9:14-17). Armados con la pregunta de Juan, viajan desde la fortaleza de Maqueronte hacia el norte, cruzando Perea a lo largo del río Jordán, hasta llegar a Galilea, cerca de Capernaúm (donde Jesús ministraba), un trayecto de casi 160 kilómetros a pie.

Juan dio instrucciones a sus discípulos para que le preguntaran a Jesús: "¿Eres tú el que ha de venir, o debemos esperar a otro?". La expresión "el que ha de venir" es una alusión al Mesías, el que viene, expresión que Juan utilizó para referirse a Jesús al principio del ministerio público (3:11). Esta frase se apoya en expresiones como "Bendito el que viene en el nombre del Señor" en Salmos 118:26 y recuerda la profecía de Zacarías: "Mira, tu rey viene hacia ti, justo, salvador y humilde. Viene montado en un asno, en un pollino, cría de asna" (Zac 9:9), profecía cumplida por Jesús en su entrada a Jerusalén (Mt 21:4).

La pregunta de Juan parece fuera de lugar con su anterior declaración valiente y atrevida de Jesús como el que había de venir (*cf.* 3:1-14). Algunos comentaristas han explicado que la intención de la pregunta no es para sí mismo, sino para que sus discípulos lo tengan claro. Pero implica más preocupación por la llegada del Mesías que por su propia condición. Lo más probable es que a Juan le inquietara,

1. Ver Josefo, *Ant.* 18.112, 119.

porque su experiencia presente no encaja con el mensaje que dio sobre la llegada del que había de venir, que prometía bendición sobre los que se arrepienten y el juicio sobre los que no.

Es natural que Juan experimente perplejidad mientras languidece en prisión, como había ocurrido con anterioridad con profetas como Elías (p. ej., 1R 19:1-18) cuando su experiencia humana no correspondía plenamente con el mensaje de Dios a través de ellos. Juan esperaba, con razón, que el Mesías fuera una figura que juzgara, de modo que los acontecimientos no se estaban desarrollando como él esperaba. El juicio divino y el tiempo de la bendición mesiánica no parecen haber llegado como él preveía. Jesús no está llevando a cabo juicio alguno; más bien parece concentrarse en curar y ayudar. Juan necesita que se le reconfirme su comprensión del programa mesiánico.[2]

Jesús responde a las preguntas de Juan (11:4-6). Jesús les reitera a los discípulos de Juan que la manera en que se ha desarrollado su ministerio (caps. 8–9) está en línea con las promesas proféticas. En el ministerio de Jesús se cumplen las profecías de Isaías que describen la venida del ministerio mesiánico en estos mismos términos: los ciegos reciben la vista (9:27-32; Is 29:18; 35:5), los cojos andan (Mt 15:30-31; *cf.* Is 35:6), los que padecen lepra son curados (Mt 8:1-4; *cf.* Is 53:4), los sordos oyen (Mr 7:32-37; *cf.* Is 29:18-19; 35:5), los muertos resucitan (Mt 10:8; *cf.* Is 26:18-19) y las buenas nuevas son predicadas a los pobres (Mt 5:3; *cf.* Is 61:1).[3]

> Por tanto, Jesús confirma explícitamente que la era mesiánica de bendición ha llegado en su ministerio. Pero las implicaciones son incluso más profundas, porque los milagros realizados por Jesús cumplen las expectativas anteriormente asociadas con Dios y el Día del Señor escatológico. Jesús indica que él ha venido en el lugar de Dios y que lleva a cabo la obra divina.[4]

De modo que Jesús confirma para Juan que las bendiciones de la era mesiánica han llegado con su ministerio. Pero, del mismo modo, reprende a Juan y a sus discípulos llamándolos a ver la imagen panorámica de su ministerio: "Dichoso el que no tropieza por causa mía". Esta bienaventuranza (ver comentarios sobre 5:3) funciona tanto a modo de advertencia como de desafío. Es una advertencia a aquellos que no entienden correctamente la identidad y el ministerio de Jesús y, por tanto, se apartan de la fe en su actividad salvífica. Es un reto para quienes, con los ojos de la fe, permanecen firmes en lo que Dios ha revelado sobre Jesús en el propio mensaje de Juan y en el ministerio de Jesús.

---

2. Witherington, *The Christology of Jesus,* 43.
3. Existe un estrecho paralelismo con el Qumrán en 1Q Apocalipsis Mesiánico (4Q521) 1, 6-8, 11-13, que enumera estas actividades como características del ministerio del Mesías que viene; ver John J. Collins, "The Works of the Messiah", *DSD* 1 (1994): 71-97; Flusser, *Jesus,* 260.
4. Edward Meadors, "The 'Messianic' Implications of the Q Material", *JBL* 118 (1999): 259.

Es necesario que Juan y sus discípulos vean la imagen panorámica de la sincronización de Dios y de la manifestación de bendición y juicio en el ministerio mesiánico de Jesús. Por otra parte, los profetas del Antiguo Testamento comprimieron con frecuencia acontecimientos cercanos y lejanos del programa de Dios, de manera que los sucesos futuros aparecen junto a los presentes. Juan y sus discípulos deberían buscar el tiempo de Dios con respecto al cumplimiento total de la bendición y del juicio en el ministerio presente y futuro de Jesús (*cf.* 24:36-42). Por otro lado, cada una de las profecías a las que Jesús alude como cumplidas en su ministerio incluye, en su contexto inmediato, referencias tanto a la bendición como al juicio (Is 35:4-6; 61:1-2). Juan y sus discípulos deben usar los ojos de la fe para reconocer tanto la bendición como el juicio. Jesús ha traído la bendición de la sanidad y buenas nuevas a los pobres y los oprimidos (11:4-5), aunque todos los que rechacen su ministerio y su mensaje se enfrentan al juicio cierto que, incluso ahora, pronuncia Jesús (11:20-24; *cf.* Jn 3:31-35; 5:25-35).[5]

El tributo de Jesús a Juan el Bautista (11:7-19)

Tras reprender suavemente a Juan por no ver la imagen completa de su programa mesiánico con los ojos de la fe, Jesús habla a las multitudes sobre Juan, rindiendo un brillante tributo a este "más grande" de los nacidos de mujer (11:11-15). A continuación reprende a las multitudes y a los líderes religiosos por no responder al ministerio de Juan, así como al suyo propio (11:16-19).

Juan es más que un profeta (11:7-10). Juan tenía una inmensa influencia entre el pueblo de Israel (3:1-6). Es posible que las multitudes escucharan hablar de sus preguntas sobre la identidad mesiánica de Jesús, y, si Juan experimentaba dudas, quizá ellos estén siguiendo su ejemplo y tengan las mismas dudas. Así que Jesús los obliga a recordar el tremendo impacto que el ministerio de Juan tuvo originalmente entre ellos.

Inicia su tributo induciendo a las multitudes a especificar correctamente la identidad y la misión de Juan, y esto los llevará a su vez a un entendimiento preciso de la propia identidad y misión de Jesús. Formula la siguiente pregunta: "¿Qué salieron a ver al desierto?". La llamada de Juan al arrepentimiento fue extraordinaria, ya que multitudes de personas acudían continuamente hasta él (3:5). A través de tres preguntas retóricas, Jesús les proporciona a las multitudes opciones opuestas sobre Juan, lo que las obligará a reconocer su verdadera identidad y misión.

(1) ¿Acaso era Juan una "caña sacudida por el viento?". La metáfora de altas cañas o juncos creciendo a lo largo de las orillas del Jordán sugiere debilidad y vacilación con cada cambio del viento de la oportunidad o del desafío. Por el contrario, Juan languidece en prisión a causa de la fuerza de su resolución por enfrentarse a cada desafío y proclamar la verdad.

5. Yamasaki, *John the Baptist in Life and Death,* 106-10; Robert L. Webb, "Jesus' Baptism: Its Historicity and Implications", *BBR* 10 (2000): 305-307.

(2) ¿Era Juan "un hombre vestido con ropa fina"? La esperada respuesta es "¡Por supuesto que no!". Juan vivía sistemáticamente un estilo de vida ascético de acuerdo con su llamada al arrepentimiento. La pregunta que Juan hizo sobre Jesús no procedía de un oportunismo materialista.

(3) Las multitudes deberían recordar que fueron al desierto a ver al primer profeta enviado por Dios en cuatro siglos. Juan era como los profetas del Antiguo Testamento, porque era el portavoz de Dios que llamó a la nación al arrepentimiento y declaró el programa divino de salvación.

Pero Juan fue más que cualquier profeta del Antiguo Testamento, porque fue el único sobre el que se había dado una profecía: el profeta que anunciaría la llegada del Mesías y la irrupción del reino de los cielos. Dado que Malaquías 3:1 se refiere a preparar el camino *de Dios,* Jesús da a entender de un modo extraordinario su propio estatus divino, aunque dudamos mucho que las multitudes o incluso los discípulos de Jesús entendieran esa distinción en ese punto de su ministerio.[6]

La grandeza de Juan y la grandeza del reino mesiánico (11:11). Jesús sigue defendiendo a Juan y subraya la grandeza de su ministerio, aunque le da un sorprendente giro señalando la grandeza de los que están en el reino de los cielos: "Les aseguro que entre los mortales no se ha levantado nadie más grande que Juan el Bautista; sin embargo, el más pequeño en el reino de los cielos es más grande que él". La expresión "entre los mortales" contrasta el nacimiento humano corriente (Job 14:1; 15:14; 25:4) con el nacimiento de los que nacen de nuevo en el reino de los cielos. No se trata de un contraste entre distintos logros humanos, sino entre eras. La llegada del reino de los cielos introduce una era incomparablemente mayor que su precedente.

Juan es una figura de transición que ha preparado el camino para el que había de venir, pero Jesús da aquí a entender que Juan no vivirá para contemplar la plena venida del reino.[7] La institución de Jesús del nuevo pacto en su sangre es una línea divisoria. El conjunto de sucesos, incluidas la cruz, la resurrección, la ascensión y el envío del Espíritu en Pentecostés, trae la llegada de la vida redentora del reino, en torno al tiempo en que Juan fue ejecutado. Juan es el mayor de todos los nacidos durante la era del Antiguo Testamento, por su papel fundamental en la preparación del camino para el Mesías y su reino. Su misión fue grande por la grandeza de aquel al que presentó. Pero los que están en el reino son aún mayores, por el privilegio real de haber entrado en él.

---

6. Gundry, *Matthew,* 214; Keener, *A Commentary on the Gospel of Matthew* (1999), 338. Sustituyendo "tu/tuyo" por la primera persona ("yo/[el]) en su cita de Malaquías, Jesús deja claro que personifica la venida de Yahvé y el escatológico Día de Yahvé.

7. La mayoría de intérpretes sigue este razonamiento, como Blomberg, *Matthew,* 187; Carson, "Matthew", 264-65; France, *Matthew,* 194-95; Hagner, *Matthew,* 1:305-6; Morris, *Matthew,* 280-81. Una minoría, está representada por Witherington, *The Christology of Jesus,* 46-47, intenta incluir a Juan en el reino de los cielos sugiriendo que se trata de una comparación entre dos formas de evaluar la condición humana. Pero esto pasa por alto la comparación deliberada de las etapas de la historia redentora; *cf.* Flusser, *Jesus,* 261-64.

La violencia y el reino de los cielos (11:12). Jesús prosigue con su tributo a Juan, remontándose a las primeras etapas cuando anunció que el reino de los cielos llegaría pronto en el ministerio del que viene: "Desde los días de Juan el Bautista hasta ahora, el reino de los cielos ha venido avanzando contra viento y marea, y los que se esfuerzan logran aferrarse a él". Este dicho de Jesús se ha debatido con amplitud con una dificultad que surge principalmente porque el verbo *biazo* ("avanzando contra viento y marea") y el nombre *biastes* ("los que se esfuerzan") pueden tomarse de forma positiva o negativa.[8]

Las interpretaciones vienen a depender de que las dos cláusulas deban entenderse de forma positiva, negativa o una combinación de ambas. (1) En la parte positiva, algunos sugieren que Jesús está señalando el poderoso avance del reino, el celo y el valor de los que se atreven a aceptar la invitación a entrar.[9] (2) En la parte negativa, otros discuten que Jesús está indicando la violencia que el reino de los cielos ha sufrido a manos de hombres malos y violentos.[10] (3) Otros más sugieren que Jesús está mostrando una combinación de rasgos positivos y negativos: el reino está avanzando poderosamente, pero los hombres malos lo están atacando con violencia.[11]

La opinión (2) está respaldada por la traducción del nombre *biastes*, que por lo general (por no decir siempre) suele ser negativa para designar a "hombres violentos". Dado que el verbo *biazo* y el sustantivo *biastes* están relacionados, Mateo pretende que reflejen una expresión paralela en boca de Jesús, lo que indica que ambas cláusulas deberían interpretarse de manera más natural con la misma energía. A la luz de las circunstancias negativas de Juan el Bautista y la creciente oposición a su propio ministerio, Jesús señala, pues, la constante oposición con la que el reino de los cielos se ha encontrado desde los días de Juan el Bautista. Es probable que la primera cláusula indique oposición por parte de las autoridades religiosas en general, aunque la segunda cláusula apunta posiblemente a las fuerzas de gente mala específica, como Herodes Antipas, que incluso ha encarcelado a Juan. El dicho presagia la creciente oposición contra Jesús, que llegará a su apogeo cuando sea arrestado, juzgado y ejecutado por el sumo sacerdote judío Caifás y el gobernador romano Poncio Pilato.

Juan y Elías (11:13-15). El tributo de Jesús a Juan alcanza su nivel máximo con un poderoso testimonio del papel que Juan ha desempeñado. Jesús usó la

---

8. Davies y Allison, *Matthew,* 2:254-55, enumera no menos de siete interpretaciones diferentes. Para la historia de la interpretación, ver P. S. Cameron, *Violence and the Kingdom: The Interpretation of Matthew 11:12* (Frankfurt: Peter Lang, 1984).
9. La traducción de la NVI sugiere esta opinión; también Hendriksen, *Matthew,* 489-90; Brad H. Young, *Jesus the Jewish Theologian* (Peabody, Mass.: Hendrickson, 1995), cap. 6.
10. Blomberg, *Matthew* 187-88; Davies y Allison, *Matthew,* 2:256; France, *Matthew,* 195-196; Hagner, *Matthew,* 1:306-7, Morris, *Matthew,* 281.32; Witherington, *The Christology of Jesus,* 46-49.
11. Carson, "Matthew", 266-68.

expresión "ley y los profetas" para referirse a toda la revelación del Antiguo Testamento (5:17); ahora invierte el orden, enfatizando quizá el papel profético tanto del Antiguo Testamento como de Juan mismo: "Porque todos los profetas y la ley profetizaron hasta Juan". Juan es la culminación de una larga historia de profecía que esperaba la llegada del reino mesiánico. Esa esperanza profética se ha visto realizada en la preparación de Juan para la inauguración del reino de los cielos por parte de Jesús.

De este modo, Jesús se vuelve a las multitudes y anuncia: "Y si quieren aceptar mi palabra, Juan es el Elías que había de venir". Malaquías profetizó que Elías prepararía el camino del Mesías (Mal 3:1; 4:5). El profeta no insinuó una reencarnación de Elías ni que este regresara a la vida en un torbellino, de la misma manera que se fue. Tal vez sea porque, con anterioridad, Juan había negado ser Elías (Jn 1:21). Él cumplió la profecía de Malaquías en que, cuando fue concebido, se le designó como aquel que ministraría en el "espíritu y el poder de Elías" (Lc 1:17). Para los que reciben el ministerio de Juan, él es el cumplimiento de la profecía de Malaquías (ver Mt 17:10-13).

Por consiguiente, Jesús invita a las multitudes a ejercer fe tanto en el mensaje preparatorio de Juan como en la identidad de Jesús como libertador mesiánico: "El que tenga oídos, que oiga". Esta frase exige una respuesta de la multitud y, al mismo tiempo, da lugar a la reprensión que Jesús le hace a Israel de forma general por rechazar el papel de preparación de Juan para la llegada de Jesús el Mesías y para el establecimiento del reino de los cielos. Este llamado a reconocer a Juan como cumplimiento de la profecía de Malaquías es aún más dramático cuando recordamos que Elías prepararía para la venida del Señor mismo en el gran y terrible día del Señor (*cf.* Mal 3:1; 4:5-6). Jesús equipara su ministerio como Mesías con la propia venida de Dios, otra imponente revelación de su identidad divina.[12]

La generación descontenta (11:16-19). Jesús reprende ahora a la generación presente. La expresión "esta generación" aparece varias veces en el Evangelio de Mateo, de forma peyorativa, para designar a la generación de aquel momento del pueblo de Israel —incluidas las multitudes y los líderes religiosos— que han rechazado el ministerio de Juan y el de Jesús (*cf.* expresiones relacionadas, como "una generación perversa y adúltera").[13] No es una condenación general de Israel, porque los propios discípulos de Jesús son judíos y grandes multitudes judías todavía le siguen por todas partes (*cf.* 14:13-21), pero apunta tristemente a que solo una pequeña minoría de la generación de aquel momento entrará por la puerta estrecha al reino de los cielos, aceptando la invitación de Juan y de Jesús (7:13-14).

12. *Cf.* 11:10; France, *Matthew,* 194, 196; ídem., *Jesus and the Old Testament* (Downers Grove, Ill.: InterVarsity Press, 1971), 91-92, 155.
13. *Cf.* 12:39, 41-42, 45; 16:4; 17:17; 23:36; 24:34.

Jesús se vale del entorno cultural de su tiempo y menciona los juegos que los niños practicaban en la plaza del mercado. En muchas aldeas, la plaza era el lugar de juego para los niños, mientras sus padres hacían las compras, practicaban el trueque e intercambiaban noticias locales. Pero, curiosamente, compara la inocencia del juego infantil con las taimadas argucias de esta generación de adultos que juegan a un juego malvado. La diferencia está entre *como niños,* algo positivo (*cf.* 18:1-5), e *infantil*, que es básicamente egoísta, mezquino y empeñado en hacer las cosas a su modo.

Cuando los niños invitan a otros niños a que se unan a ellos en los juegos, los más pueriles insisten en hacer las cosas como ellos quieren. La generación de ese momento es como esos niños que quieren programar continuamente los juegos. Son como niños caprichosos, que critican a otros porque no quieren hacer lo que ellos dicen. Cuando les anuncian a todos, tocando la flauta, que el juego al que quieren jugar es a "las bodas", se enfadan cuando los demás niños no los acompañan en las danzas. Luego, cuando cambian de juego y declaran que van a jugar a los funerales, entonando un "canto fúnebre", les incomoda que otros niños no se pongan en fila con cara de luto. La puerilidad egoísta insiste en hacer lo que se quiere.

Del mismo modo, esta generación rechaza la invitación al reino de los cielos, porque Juan y Jesús no juegan al juego que ellos quieren. Rechazan a Juan porque no bailó con ellos cuando les apetecía sentirse alegres, y rechazan a Jesús porque no hace duelo cuando ellos quieren ayunar (p. ej., 9:14-17). Como pecadores de corazón endurecido, la generación del tiempo de Jesús esperaba que Juan y Jesús se conformaran a sus expectativas y se negaban a permitir que el programa de Dios alterara el de ellos.

"Porque vino Juan, que no comía ni bebía, y ellos dicen: 'Tiene un demonio'". La expresión "no comía ni bebía" contrasta la liberada satisfacción cotidiana con la rigurosa personalización que Juan hace de su mensaje de arrepentimiento a la luz del reino de los cielos que pronto llegará (ver comentarios sobre 3:1-11). Los que rechazaron el mensaje de Juan interpretaron su áspero aspecto y sus hábitos de asceta del desierto como prueba de que estaba poseído por los demonios, como los endemoniados que escogían vivir en tumbas o en el desierto (8:28; 12:43). Las mismas personas también acusaron a Jesús de estar endemoniado cuando expulsó a un demonio en día de reposo, algo que provocaba un conflicto con las normas de ellos para el sabbat (12:24). Es el camino de los que, con un corazón endurecido, intentan razonar su decisión de rechazar el mensaje acusando falsamente al mensajero.

Dándole la vuelta a la acusación, cuando Jesús vino comiendo y bebiendo, ellos lo acusaron de ser "un glotón y un borracho, amigo de recaudadores pecadores" (11:19). Refiriéndose a sí mismo una vez más como el "Hijo del hombre", Jesús hace otra alusión a su identidad mesiánica única como el gran médico que buscaba a aquellos que necesitaban su toque sanador de salvación del pecado (ver comentarios sobre 8:20). Es una generación de corazón duro que distorsiona la relación salvífica de Jesús con los que precisan curación espiritual (ver comentarios sobre 5:46; 9:9-13) y la convierte en la acusación de ser un juerguista empedernido y borracho.

Sin embargo, como dice Jesús, "la sabiduría es justificada por sus hijos". La sabiduría (*sophia*) solía personificarse en el judaísmo como una mujer que da a sus hijos prácticas directrices en los asuntos cotidianos (Pr 8; *cf. Sab. Sal.* 7-8; *Eclo.* 51:13-30). La personificación ejemplificaba la forma en que aquellos que se dejan guiar por el planteamiento práctico que Dios hace de la vida toman las decisiones correctas. Este dicho parece ser proverbial. Algunos lo interpretan de forma cristológica, y a Jesús como la Sabiduría encarnada.[14] En otro lugar del Nuevo Testamento se alude a Jesús como la "sabiduría de Dios" (1Co 1:24, 30), y el mensaje del evangelio es "sabiduría de Dios" (1Co 2:7), que se ha convertido en realidad por medio de la muerte de Jesús en la cruz (1Co 2:8).[15] En esta opinión, como Sabiduría encarnada, los hechos de Jesús, incluidos los que sus oponentes criticaban, lo reivindicarán en última instancia.

Sin embargo, dado que el énfasis del pasaje no es principalmente cristológico, sino que está adaptado a la historia de la salvación y en armonía con los ministerios en desarrollo de Juan y Jesús, resulta mejor entender aquí "sabiduría" en su sentido más habitual en asociación con la sabiduría de Dios. Esta será "justificada" (o "reivindicada") por sus actos en los ministerios y el estilo de vida de Juan y Jesús. La sabiduría es la aplicación del conocimiento de la vida de tal manera que las actividades de una persona son un ejemplo concreto de la vida que se vive bien en la presencia de Dios. Si esta generación hubiera tomado a Juan el Bautista y a Jesús por quienes ellos decían ser, habrían visto que sus acciones, pese a cuán diferentes eran sus estilos de vida, demostraban que eran el precursor y el Mesías respectivamente. Esta interpretación parece explicar mejor que aparezca en este contexto.[16]

Juicio e invitación (11:20-30)

Una vez reprendidas las multitudes y los líderes religiosos por no responder a su ministerio ni al de Juan, Jesús pronuncia palabras de juicio sobre los que no se arrepienten (11:20-24). Prosigue, sin embargo, haciendo una de las más cálidas invitaciones a las multitudes para que se conviertan en discípulos suyos y hallen reposo en la relación con él (11:25-30).

14. Ver M. Jack Suggs, *Wisdom Christology, and Law in Mattew's Gospel* (Cambridge, Mass.: Harvard Univ. Press, 1970), 36-58; seguido por Boring, "Matthew", *NIB,* 8:269; Davies y Allison, *Matthew,* 2:264-65; Hagner, *Matthew,* 1:311; Keener, *A Commentary on the Gospel of Matthew* (1999), 343.
15. Para una breve exposición sobre el tema de la sabiduría, ver Eckhard J. Schnabel, "Wisdom", *NDBT,* 843-48.
16. *Cf.* Carson, "Matthew", 270-71; France, *Matthew,* 197.

Las ciudades privilegiadas e impenitentes (11:20-24). Jesús empieza a ejercer presión "denunciando" a las ciudades que han rechazado su mensaje del evangelio. Capernaúm, Corazín y Betsaida —lo que algunos llaman el "Triángulo Evangélico"— eran las ciudades donde se habían realizado la mayoría de los milagros de Jesús (11:20).[17] Han rechazado la misión de Jesús, de manera que sobre cada una de ellas se pronuncia una serie de "ayes" (ver comentarios sobre 23:13). Tiro y Sidón eran ciudades gentiles al noroeste de Filistea/ Fenicia. En el Antiguo Testamento llegaron a ser proverbiales para los pueblos paganos, relacionándolas con frecuencia como el objeto de las condenas de los profetas del Antiguo Testamento por su adoración a Baal y su arrogante orgullo por su poder y su riqueza.[18]

El privilegio de presenciar el milagroso ministerio de Jesús debería haber movido a las personas dentro del Triángulo Evangélico a arrepentirse y aceptar la invitación al reino de los cielos. El arrepentimiento era la respuesta adecuada a los milagros de Jesús, que validaban su mensaje del reino (*cf.* 4:23; 9:35). "Cilicio y cenizas" eran símbolos familiares de arrepentimiento (*cf.* Est 4:1-3; Jon 3:5-8).

El contraste se resalta cuando Jesús alude a Capernaúm, su propia ciudad (9:1, 9; *cf.* 4:13), que tuvo el privilegio de ser la base de operaciones de su ministerio galileo. Su orgullosa autoexaltación resultará en ser condenada al Hades (NVI, "abismo"; *cf.* Is 14:12-15).

Sodoma era proverbialmente la ciudad del pecado por excelencia.[19] Pero también ella, de haber tenido el privilegio de recibir la revelación de los milagros de Jesús, habría sido cautivada por la realidad del evangelio del reino y se habría arrepentido. En comparación con Capernaúm, el grado de castigo para Sodoma indica que la punición recibida será proporcional a la luz de la revelación concedida (*cf.* 11:22, 24).

Una oración de alabanza al Padre (11:25-26). La intimidad de la relación de Jesús con Dios se revela de nuevo cuando se dirige a él como "Padre" (6:9; *cf. Eclo.* 51:10). En el contexto de la pregunta, del rechazo y del juicio (*cf.* "en ese tiempo"), Jesús alaba al Padre por su sabio plan de redención. La expresión "Señor del cielo y de la tierra" es un título de soberanía que produce consuelo y seguridad, como se expresa en la literatura judía: "¡Ánimo, hija mía! ¡Que el Señor del cielo cambie tu pena en alegría!" (*Tobit* 7:16).

Jesús alaba a su Padre: "Te alabo, Padre, Señor del cielo y de la tierra, porque habiendo escondido estas cosas de los sabios e instruidos, se las has revelado a los que son como niños". Las cosas que están escondidas y ha revelado son, presumiblemente, las actividades de las buenas nuevas de la presencia del reino de los cielos que requieren los humildes ojos de la fe para ver la mano de Dios

17. Para más información sobre estas ciudades, ver Wilkins, "Matthew", 74.
18. P. ej., Is 23:1-17; Jer 25:22; 27:3-7; Ez 26:2-9; Jl 3:4-8; Zac 9:2-4.
19. Gn 18:16–19:29; Ez 16:48; *cf. m. Sanh.* 10:3.

en ellas. Estas cosas son "lo que Cristo estaba haciendo" (11:2) y que Juan y sus discípulos deberían haber reconocido como señales de la identidad de Jesús como "aquel que ha de venir" (11:3-5), cosas por las que la generación presente está siendo juzgada (11:16-24). Los "sabios e instruidos" no son especialistas académicos, sino aquellos que se niegan obcecadamente a arrepentirse y aprender de Jesús el verdadero camino a Dios (es decir, la generación de aquel momento en Capernaúm, Corazín y Betsaida; *cf.* también 23:25-28). "Niños" son aquellos que reciben con inocencia (no con ingenuidad) la revelación de Jesús que viene del Padre (*cf.* 18:1-5). La divina soberanía del Padre y la responsabilidad de quienes responden se mantienen, pues, en perfecto equilibrio.

El contraste está entre aquellos cuyo orgullo y autosuficiencia han causado que rechacen el mensaje de Jesús y aquellos cuya humildad y reconocimiento de su propia necesidad les permiten estar abiertos al cuidado incondicional de Dios a través del anuncio de la llegada del reino por parte de Jesús. Él usará su enseñanza mediante parábolas como forma de probar el corazón de las personas, así que los que responden espiritualmente aprenderán más, mientras que los que se niegan a arrepentirse tendrán el corazón y los oídos cerrados (*cf.* 13:10-16). Jesús alaba la soberanía del Padre y su sabio plan de redención, pero también su motivación subyacente: su "buena voluntad" (11:26). La voluntad del Padre es que todos reciban su cuidado del mismo modo, como niños humildes y arrepentidos.

La relación única entre el Padre y el Hijo (11:27). Jesús prosigue con su breve oración con una asombrosa declaración de su relación con el Padre, una declaración que ha llegado a conocerse como "el pasaje más importante del estudio de cristología sinóptica".[20] Dice: "Mi Padre me ha entregado todas las cosas. Nadie conoce al Hijo sino el Padre, y nadie conoce al Padre sino el Hijo y aquel a quien el Hijo quiera revelarlo". Jesús tiene una profunda conciencia de sí mismo como divino. Fue validado como Hijo en el bautismo (3:17), probado como el Hijo del Dios (4:2-10), adorado como el Hijo de Dios (14:33), confesado como Hijo del Dios vivo (16:16), validado en la transfiguración como el Hijo (17:5), alude a sí mismo como el Hijo en las parábolas del hacendado y en la del banquete de bodas (21:23-46; 22:1-14), se refiere a sí mismo como el Hijo del Padre (24:36), enfatizado firmemente como el Hijo de Dios en el juicio y en la crucifixión (*cf.* 26:39, 63; 27:42, 54), y asociado con el Padre y el Espíritu Santo en el bautismo de los nuevos discípulos (28:18-20). El tema del Hijo es uno de los puntos altos de la cristología de Mateo, así como la cristología sinóptica en general.[21]

Tanto en su estado encarnado y eterno como en su estado como Hijo, Jesús y el Padre se conocen entre sí de una forma única, que en el lenguaje bíblico significa que disfrutan de una relación exclusiva. Para Jesús, como Hijo, el Padre es "mi

20. Ladd, *A Theology of the New Testament,* 164.
21. Stein, *The Method and Message of Jesus' Teachings,* 131-35.

Padre".[22] Disfrutan de un conocimiento directo, intuitivo e inmediato basado en su relación divina como Padre e Hijo. Lo que comparten y se comunican el Padre y el Hijo está muy lejos de todas las relaciones y del conocimiento del hombre.[23] La filiación de Jesús implica, pues, más que una consciencia filial única; supone también una relación esencial exclusiva entre el Padre y el Hijo.[24]

En su estado encarnado, Jesús recibió del Padre la autoridad exclusiva para revelar al Padre, lo que no implica inferioridad del Hijo con respecto al Padre, sino el proceso de la revelación.[25] Los seres humanos solo pueden conocer al Padre a través de la voluntad soberana de la revelación del Hijo. Por tanto, un elemento crucial de la misión mesiánica de Jesús consiste en impartir a las personas un conocimiento mediado de Dios, que indica que la calidad de Hijo y la de Mesías no son lo mismo. La condición de Hijo precede a la de Mesías y es la base para toda la misión mesiánica. El programa de la historia de la salvación de Dios deriva de la relación exclusiva y divina del Padre y el Hijo.

Una invitación a los trabajados y cansados (11:28-30). Con una invitación que solo se encuentra en el Evangelio de Mateo, Jesús, el único que revela al Padre y el plan divino de la redención, llama: "Vengan a mí todos ustedes que están cansados y agobiados, y yo les daré descanso". Jesús había llamado a Pedro y Andrés con una expresión similar (4:19), pero allí fue (lit.) "Vengan, síganme", mientras que aquí es "Vengan a mí", una tierna llamada a la intimidad con él para todos los que están cansados y agobiados. "Cansados" evoca la imagen de personas exhaustas por su trabajo, o su viaje, mientras que "agobiados" indica a personas abatidas por pesadas cargas. Son como las multitudes a las que Jesús les dijo anteriormente que están cansados, agotados e indefensos, como ovejas sin pastor (9:36).

A la luz de las siguientes declaraciones, los escribas y fariseos parecen ser, una vez más, el objetivo de la crítica de Jesús (*cf.* 5:20; 6:1-18). Más tarde, Jesús condenará sin ambages a los líderes judíos por la carga que sus tradiciones legalistas han impuesto sobre el pueblo (23:4), de modo que esta es una invitación a las multitudes para que se conviertan en sus discípulos y hallen en él un descanso que no puede encontrarse en la casuística legal de los fariseos.

Extiende la invitación, diciendo: "Carguen con mi yugo y aprendan de mí, pues yo soy apacible y humilde de corazón, y encontrarán descanso para su alma". El "yugo" (*zygos*) era el apero de madera que unía a dos animales (por lo general bueyes) para tirar de cargas pesadas; esta imagen se usó de forma metafórica para describir la sujeción de un individuo a otro. En este último sentido, el yugo es una metáfora común en el judaísmo para la ley: "El que tome sobre sí

22. No "el Padre"; *cf.* también, 7:21; 10:32, 33; 12:50; 16:17; 18:10, 19; 20:23; 25:34; 26:39, 42, 53.
23. Ladd, *A Theology of the New Testament,* 165-66.
24. *Ibíd.,* 166.
25. Guthrie, *New Testament Theology,* 307.

el yugo de la ley, a él se le retirará el yugo del reino [problemas por parte de los que ostentan el poder] y el yugo de la preocupación mundana; pero aquel que se libre del yugo de la ley, sobre él se pondrá el yugo del reino y el yugo de la preocupación mundana".[26]

Sirac invitó a las personas al yugo de estudiar la Torá a través de la sabiduría personificada: "... adquiéranla [la sabiduría] sin dinero; pongan el cuello bajo su yugo, y que sus almas reciban la instrucción: ella está tan cerca que se la puede alcanzar" (*Eclo*. 51:25-26; *cf.* 6:23-31). El pasaje de Eclesiástico se suele citar como telón de fondo para la declaración de Jesús y ha generado, recientemente, gran debate sobre la afirmación de Jesús en cuanto a ser la Sabiduría encarnada.[27] Pero el contraste entre Eclesiástico y el dicho de Jesús es claro. Sirac invita a sus lectores a la "casa de la instrucción" para estudiar la Torá (*Eclo* 51:23). La tradición rabínica que se está desarrollando interpretaba que el discipulado entraña aprender de las autoridades farisaicas y cumplir con una escrupulosa observancia de la ley oral.[28] Dado que la ley oral se consideraba de origen divino, sus ingentes obligaciones se volvieron mucho más agobiantes que las Escrituras mismas, y, con el paso de los años y el añadido de más y más prescripciones, los rabinos no pudieron rebajar la carga sin echar abajo la totalidad del sistema.

Además, el yugo es también una metáfora familiar en el Antiguo Testamento para describir la sujeción de Israel a la opresión extranjera: "Nos han puesto un yugo en el cuello; nos cansamos, y no nos dejan descansar" (Lm 5:5 DHH). El regreso de Israel del cautiverio egipcio se describe como una liberación del pesado yugo de servidumbre: "Yo soy el Señor su Dios, que los saqué de Egipto para que dejaran de ser esclavos. Yo rompí las coyundas de su yugo y los hice caminar con la cabeza erguida" (Lv 26:13; *cf.* Éx 6:6-8). Y los profetas prometieron un tiempo en el que Dios quebrantaría el yugo de la opresión extranjera y daría reposo al pueblo de Israel cuando se arrepintieran y fueran restaurados a la tierra (p. ej., Is 14:25; Jer 2:20; 5:5; 30:8; Ez 34:27).[29]

La invitación de Jesús está en fuerte contraste con la carga religiosa del fariseísmo o el yugo militar de los opresores extranjeros. Su yugo —una metáfora para el discipulado con él— promete descanso del cansancio y del agobio de la normativa religiosa y de la opresión humana, porque no es más que compromiso con él. Sus discípulos aprenden directamente de él. Como inaugurador mesiánico del reino de los cielos, Jesús ofrece descanso en sí mismo para sus almas a través de su autoritativo entendimiento de la verdad de Dios. Su yugo aportará el verdadero aprendizaje, que nos lleva de regreso al Sermón del Monte, donde

26. *M. Abot* 3:5; *cf. m. Ber.* 2:2.
27. Suggs, *Wisdom, Christology and Law in Matthew's gospel,* 107; Celia Deutsch, *Hidden Wisdom and the Easy Yoke* (JSNT 18; Sheffield: JSOT Press, 1987), 130.
28. En otro lugar del Nuevo Testamento se alude al yugo del legalismo (Hch 15:10; Gá 5:1).
29. B. Charette, "To Proclaim Liberty to the Captive's: Matthew 11:28-30 in the Light of OT Prophetic Expectation", *NTS* 38 (1992): 290-97.

declara que ha venido a cumplir la ley. Aprender de Jesús es aprender de su revelación de lo que la ley pretende de verdad (*cf.* 5:17-48).

El yugo del discipulado acarrea descanso, porque (*hoti;* NVI, "pues") Jesús es "apacible y humilde de corazón" (11:29). Jesús ejemplifica las características mismas que sus discípulos manifestarán como miembros del reino de los cielos: la mansedumbre (5:5 RVR1960) y la humildad (Stg 4:6; 1P 5:5). Ha censurado a los escribas y los fariseos por su engreimiento religioso hipócrita (5:20; 6:1-18) y los condenará por sus orgullosos atavíos religiosos, sus lugares de privilegio y sus títulos elitistas (23:5-7). Pero Jesús no necesita alardear de autoridad. Ha venido con mansedumbre, predicando y enseñando las buenas nuevas de la llegada del reino de los cielos, y en forma humana humilde ha traído sanidad a una humanidad enferma de pecado. Este es el verdadero descanso escatológico que Israel ha esperado durante tanto tiempo, "la realización de un profunda paz existencial, un *shalom* o sensación de bienestar supremo con respecto a la relación de uno con Dios y sus mandamientos".[30] La enseñanza de Jesús es el verdadero cumplimiento de la ley, y los que vienen a él entrarán en un discipulado que produce reposo para el alma (*cf.* Jer 6:16).

Aunque el discipulado de Jesús trae alivio de la carga de normativas farisaicas, no es anarquía. Prosigue diciendo: "Porque mi yugo es suave y mi carga es liviana". Estas dos cláusulas son un paralelismo sinónimo para enfatizar el tipo de discipulado de Jesús. Es un yugo fácil o útil, porque su enseñanza nos prepara de la forma más eficaz para vivir la voluntad de Dios en la forma en que la vida fue diseñada para que la viviésemos. Además, su discipulado no es la carga opresiva del legalismo farisaico (23:4), sino que convierte la carga de la vida en algo manejable (*cf.* Gá 6:5). Jesús no libera a sus discípulos de las cargas, como tampoco él escapó a las cargas de la vida humana en su encarnación. La enfermedad, la calamidad y la tragedia siguen siendo parte de su mundo caído hasta la renovación final, pero para aquellos que estamos en el reino de los cielos existe la promesa de la ayuda sustentadora mientras llevamos su yugo de discipulado.

En realidad, en la interpretación que Jesús hace de la ley, el desafío de seguirle puede parecer más exigente que el de los fariseos, porque él nos llama a cumplir la ley desde la obediencia del corazón y no solo a través de la obediencia externa (5:21-47), y llama a sus discípulos a ser perfectos, así como su Padre celestial es perfecto (5:48). Pero las exigencias de Jesús siguen siendo un yugo fácil de soportar y una carga ligera de llevar, porque, en la venida del reino y en la inauguración del nuevo pacto, su Espíritu proporciona la misma fuerza para llevar la carga en la que Jesús mismo se apoyó para llevar su propia carga de servicio redentor a la humanidad.[31]

30. Hagner, *Matthew,* 1:324.
31. Hafemann, *The God of Promise and the Life of Faith,* 203.

Sin embargo, en la búsqueda de aprender de Jesús cómo vivir la verdad de Dios, es crucial recordar que los discípulos de Jesús también pueden convertir su yugo en una carga insoportable, a menos que reconozcan de forma consciente que el discipulado de Jesús no es fundamentalmente una obligación religiosa. Más bien, la nuestra es una relación íntima con aquel que llama: "Vengan a mí" y "aprendan de mí". Por complicada que pueda llegar a ser la vida, el discipulado es en esencia algo tan sencillo como caminar con Jesús en el mundo real y que él nos enseñe momento a momento cómo vivir la vida de este modo.

Construyendo Puentes

Una vez establecido el mensaje mesiánico de Jesús (caps. 5–7) y el ministerio milagroso (caps. 8–9), y ya encomendada a los discípulos la misión entre los israelitas (cap. 10), Mateo registra un cambio. Las multitudes continúan siguiéndole, pero el ánimo es diferente. Existe un principio de insatisfacción con Jesús, el siniestro presagio de un movimiento de rechazo contra Jesús como Mesías de Israel. En el capítulo 11 descubrimos varias preguntas suscitadas sobre la identidad de Jesús y su misión, aunque en el capítulo 12 hallamos la rotunda oposición. Israel ha tenido el privilegio de recibir la primera oportunidad en la historia de la salvación para dar la bienvenida al Mesías, y Jesús seguirá dándoles la oportunidad adicional de reconocerle como su Mesías, pero se acerca el tiempo de rendir cuentas por su decisión a favor o en contra de él. El privilegio y la responsabilidad son dos temas de suma importancia a lo largo del capítulo 11.

El incomparable privilegio de dar testimonio de Jesús el Mesías. La culminación de la historia de salvación divina ha ocurrido en los hechos del Mesías, siendo la generación de aquel tiempo una de las más, si no *la* más, privilegiadas de toda la historia. (1) Tuvieron el privilegio de presenciar el desarrollo de estos acontecimientos. Jesús señala sus actividades de sanidad y predicación como la explícita confirmación de que en verdad él es el Mesías (11:4-5). Tanto las multitudes como los líderes religiosos de las ciudades que fueron testigos oculares de estos milagrosos hechos mesiánicos estaban entre los más privilegiados (11:20-23).

(2) Aquella generación fue la más privilegiada, porque tuvieron el honor de ser testigos del ministerio de Juan el Bautista. Se debería reconocer a Juan como un gran hombre de pleno derecho (11:11). Fue el primer profeta que habló en Israel en cientos de años. Fue una figura histórica inmensamente importante, porque fue el enlace entre la actividad salvífica de Dios en el Antiguo Testamento y su actividad salvífica en el ministerio de Jesús el Mesías. El pueblo tuvo el privilegio de ser testigo de aquel que fue más que un profeta, el privilegio que cumplió la profecía de Malaquías sobre Elías de preparar el camino para la llegada de Dios.

(3) El honor que Juan tuvo casi quedó en nada en comparación con aquellos que con fe y valor respondieron al ministerio mesiánico de Jesús y entraron en el reino de los cielos (11:11). Fue un gran privilegio pertenecer a esta era de la historia divina de la salvación. Sin embargo, más allá de este privilegio había otro mayor: el de tener una relación con Jesús, haber experimentado el perdón de los pecados y la transformación de la regeneración por el Espíritu (26:26-29), pertenecer a la iglesia, el cuerpo de Cristo (16:18-19), y estar implicado en la Gran Comisión de llevar las naciones a Jesús como nuevos discípulos (28:18-20). Según Jesús, la grandeza no está relacionada principalmente con el logro, que es el baremo que prevalece en el mundo. Jesús mide la grandeza sencillamente en la apropiación de su obra redentora y en el servicio personal a los demás para hacer avanzar la causa del reino (*cf.* 18:1-4; 20:20-28). El privilegio en el reino de los cielos no procede de maniobras por conseguir posiciones de grandeza, sino de ser un miembro del nuevo orden que Jesús trae y de dar testimonio de él. Jesús ofrece el privilegio a *todos* los que lo reciban.

(4) Esta generación tuvo el honor de ser los primeros testigos de la asombrosa revelación de la relación entre el Padre y el Hijo y, ahora, de ser incluidos en esa relación. Desde la eternidad, el Padre y el Hijo tuvieron un conocimiento transparente exclusivo el uno del otro (11:27). Conocían el uno el ser esencial del otro con intensidad y de forma intuitiva, y compartían mutuamente los pensamientos, las emociones y la voluntad. Con la encarnación, la misión de Jesús debía revelar esa relación a la humanidad e incluye en él a aquellos que se atreven a responder a una revelación asombrosa. Y, milagro de milagros, los que entran en esta relación hallarán descanso de la tarea humana de intentar descifrar todo esto por sí solos. Ingresamos en un discipulado con Jesús en el que aprendemos de él directamente. Jeremías había profetizado sobre esta clase de vida del nuevo pacto:

> Yo seré su Dios,
>   y ellos serán mi pueblo.
> Ya no tendrá nadie que enseñar a su prójimo,
>   ni dirá nadie a su hermano: “¡Conoce al Señor!”,
> porque todos, desde el más pequeño hasta el más grande,
>   me conocerán. (Jer 31:33-34)

Isaías también profetizó sobre un día venidero para Israel en que experimentaría una relación con Dios en la que él dará orientación directa a sus vidas cotidianas:

> Aunque el Señor te dé pan de adversidad y agua de aflicción, tu maestro no se esconderá más; con tus propios ojos lo verás. Ya sea que te desvíes a la derecha o a la izquierda, tus oídos percibirán a tus espaldas una voz que te dirá: “Este es el camino; síguelo”. (Is 30:20-21)

El tema veterotestamentario de Dios con su pueblo encuentra un cumplimiento explícito en la relación de Jesús con aquellos privilegiados que asumen el yugo fácil y la carga ligera del discipulado con él.[32]

¿Es esta nuestra opinión del discipulado con Jesús? ¿Comprendemos qué gran privilegio es formar parte del reino de los cielos? Sospecho que con demasiada frecuencia damos por sentada nuestra relación con Jesús, nuestra paz con el Padre y la realidad de la iglesia como cuerpo de Cristo. Incluso podemos olvidar que nuestra existencia espiritual presente es posible solo por el gran amor y el sacrificio voluntario de Dios, y que la naturaleza de esta existencia es mayor que cualquiera de las que fueron antes de Jesús.

Esta información debería estimularnos a sacar el mayor provecho de los beneficios del discipulado del reino con Jesús, tomando plena conciencia de quiénes se pretendía que fuéramos como seres humanos, aquellos que aman y sirven a Dios y a los demás llevados por un espíritu renovado y amante, y no por obligación (*cf.* caps. 5–7). Esto debería darnos también la energía de procurar deliberadamente nuestro desarrollo espiritual.

La inevitable responsabilidad que acompaña al privilegio. El segundo tema importante de este capítulo es que con el privilegio y la oportunidad llega también la responsabilidad inevitable. Cuando somos testigos de los actos del Mesías, nuestra responsabilidad consiste en responder creyendo y con humildad. Juan y sus discípulos tuvieron el privilegio de preparar el camino para Jesús, pero ese privilegio acarreó la responsabilidad personal de seguir creyendo con humildad en la misión de Jesús el Mesías, incluso cuando las cosas no salieran como esperaban. No obstante, también les supuso una responsabilidad más amplia, porque si no seguían aclamando a Jesús el Mesías, por fe, harían que otros se desviaran.

Con la ventaja de ser testigos de los ministerios de Juan y Jesús también llegó la inevitable responsabilidad de ejercer la voluntad propia (11:14), de abrir los oídos para escuchar (11:15) y de responder al mensaje de que Juan cumplió la profecía sobre Elías que vendría a preparar la llegada de Dios y del día del Señor (*cf.* 11:10; Mal 3:1; 4:5-6). Pero, en vez de ello, aquella generación pueril exigió su propio programa, rechazando tanto el mensaje de Juan como el de Jesús y condenando de manera difamatoria a ambos mensajeros (11:16-19). Pero la sabiduría de Dios en la historia de la salvación demostrará que esta perversa generación está equivocada, y que sobre ella caerá la plena responsabilidad de haber rechazado a los mensajeros de Dios.

El privilegio del pueblo de las ciudades de Corazín, Betsaida y Capernaúm de haber sido testigos de los hechos mesiánicos de Jesús iba acompañado de la responsabilidad de arrepentirse y reconocer a Jesús como el Mesías. En vez de

32. Ver más sobe el cumplimiento de este tema en Wilkins, *Following the Master,* 51-69.

ello, el privilegio los llevó a la autoexaltación hasta el punto de que rechazaron a Jesús. Su privilegio, y el abandono de la responsabilidad que conlleva, conduce ahora a una culpabilidad mayor, y su juicio será más duro que el de las ciudades más infames y pecadoras del mundo antiguo (11:20-24).

Y con el beneficio de recibir la revelación del conocimiento de la relación entre el Padre y el Hijo (11:25-27) viene la responsabilidad de no honrar lo sagrado de esa relación. Rechazar ese conocimiento es cometer blasfemia contra Dios, pero recibirlo de Jesús es recibir con humildad el yugo del discipulado con él y llevar con dignidad el honor de servirle. Con las palabras de Jesús tan accesibles para nosotros, al aprender ahora a diario de él (11:29), tenemos mayor responsabilidad de saber con exactitud lo que significa ser su discípulo, lo que él nos llama a hacer y lo que nos llama a ser. Descuidar esta responsabilidad es no ser un fiel seguidor.

Como discípulos de Jesús, para nosotros el privilegio queda, pues, equilibrado con la responsabilidad. Cuanto más sepamos, más responsables somos tanto de ser obedientes a ese conocimiento como de compartir ese conocimiento con los demás. Sin embargo, en todo nuestro privilegio y responsabilidad, no deberíamos olvidar nunca que Jesús dice que nuestro yugo es fácil y nuestra carga ligera. ¿Por qué? Principalmente, porque Jesús comparte el yugo y la carga con nosotros. Doug Webster comenta sobre el desafío y también sobre la promesa del yugo fácil y de la carga ligera que Jesús nos ofrece:

> Su yugo fácil no es barato ni conveniente. La sorprendente promesa del yugo fácil estaba destinada a liberarnos de una religión que se sirve a sí misma, meritoria y basada en el rendimiento. Es fácil por cuanto nos libera de la carga o del egocentrismo; y nos libera para vivir del modo en que Dios pretendía que viviéramos [...]. El yugo fácil suena a oxímoron. ¡Arar un campo o tirar de una carga es trabajo duro! Y en ningún lugar promete Jesús un terreno suave para labrar o sendas llanas para soportar la carga. Lo que él promete es una relación con él mismo. Las exigencias son grandes, pero la relación con Jesús aligera la carga.[33]

Significado Contemporáneo

Reposo. De los muchos tipos distintos de personas que se reúnen en la adoración cristiana cada semana, un grupo merece una atención especial: los que vienen al Señor con un corazón cargado de preguntas y necesitado de descanso. Puede tratarse de una persona que sufre trabajando bajo las órdenes de un jefe sin escrúpulos; podrá tratarse de un padre fiel con un hijo espiritualmente obstinado; o tal vez una persona joven que ha perdido a un amigo en una muerte trágica. Muchas veces, estos tipos de personas

33. Doug Webster, *The Easy Yoke* (Colorado Springs: NavPress, 1995), 8, 14.

entrarán en una adoración que cuestiona —unas veces de manera respetuosa y otras no— el control que el Señor tiene sobre la vida. Están buscando alguna clase de determinación en su corazón ante una gran pregunta en su vida, para la cual no tienen respuesta alguna y pueden llegar a dudar que Dios mismo la tenga. Lo que necesitan es descansar.

Es el pastor u obrero juvenil, o maestro de escuela dominical, sabio el que reconoce cuánta gente acude a la iglesia con esta necesidad de descansar. Jesús extiende a cada una de ellas la misma invitación a reposar, aunque no todos le responderán del mismo modo.

(1) *Experiencia y expectativas.* Algunos vienen con preguntas, porque su experiencia no concuerda con la forma en que ellos esperan que se lleve a cabo la voluntad divina. Como profeta de Dios que prepara el camino para el Mesías, Juan el Bautista tuvo una revelación especial sobre la identidad mesiánica de Jesús. Sin embargo, esta experiencia presente de estar en prisión aguardando ser ejecutado no coincidía con sus expectativas del juicio que la venida del Mesías acarrearía. La respuesta de Jesús obligó a Juan a considerar los hechos de su ministerio y ajustar sus expectativas para que encajaran en la actividad de Dios (11:1-6).

Muchas personas pueden relacionarse con la situación de Juan. La joven madre de tres hijos a cuyo marido le diagnostican un cáncer terminal puede suplicarle a Dios que entienda que él no puede dejarla con esta carga inesperada y solitaria. El pastor juvenil que se ve obligado a salir de la iglesia de forma inesperada porque el nuevo pastor titular puede cuestionar lo que significa seguir el liderazgo de Dios. La pareja misionera veterana que ha sacrificado toda su vida para difundir el mensaje de Dios para acabar descubriendo que su fondo de pensiones denominacional se ha disuelto de improviso puede cuestionar su propia sabiduría y la provisión de Dios. De la respuesta de Jesús a la pregunta de Juan podemos deducir tres directrices para tales preguntas.

(a) La respuesta de Jesús manifiesta compasión por las circunstancias y el sufrimiento de Juan, que siempre es un elemento necesario a incluir en cualquiera de nuestras respuestas a aquellos cuyas preguntas derivan del sufrimiento. La joven esposa y madre cuyo marido murió de cáncer necesitó años de cuidado compasivo de nuestra comunidad de fe, y esto le proporcionó la fuerza de confiar en la sabiduría divina incluso en las circunstancias más difíciles.

(b) Jesús no permitió que el clima inquisitivo de Juan en aquellos momentos anulara el valiente ministerio que el Bautista había llevado a cabo durante toda su vida. Su tributo a Juan podría haber sido el recordatorio que este necesitaba para volver al mensaje que había predicado durante tanto tiempo. El pastor de jóvenes al que hicieron abandonar su anterior posición necesitaba que se le recordara que, aunque una persona no lo aprecie, eso no anula los millares de vidas que ha tocado a lo largo de sus años de ministerio. Necesita aprender de esta difícil experiencia, pero no permite que se borre el recuerdo de la efectividad de su ministerio pasado ni que se le impida un ministerio futuro.

(c) Tal vez lo más importante sea que Jesús apuntó al cumplimiento de las Escrituras en su ministerio de sanidad y predicación. Las expectativas de Juan deben ser continuamente guiadas por la realidad de la Palabra de Dios. La pareja de misioneros jubilados se había apoyado en la Palabra de Dios a lo largo de su carrera, y esto es lo que los hizo regresar a una interpretación realista de los propósitos de Dios en su vida. Aunque los seres humanos les fallen, la Palabra de Dios promete que él les será fiel y que hallarán una paz extraordinaria en medio de su dilema. Como resultado, la comunidad cristiana respondió con un derramamiento de amor y apoyo para ellos, por medio del cual Dios demostró una vez más que era fiel en la vida de la pareja.

Debería añadir un elemento adicional que me sacude cuando leo este pasaje. Por una parte, la pregunta de Juan nos tranquiliza, porque si este gran profeta tiene preguntas, nosotros podemos tenerlas también. Tengo que ser sincero cuando me encuentre con situaciones que prueban mi fe o mi comprensión, y ser capaz de expresarme cuando mi experiencia desconcierte mis expectativas. Aquí es donde resulta especialmente importante tener colegas y confidentes que entiendan y puedan ayudarnos a atravesar situaciones con las que nunca antes nos habíamos encontrado y que nos sorprenden repentinamente con la guardia bajada. Jesús actuó como un amigo incondicional para Juan en esta situación.

Sin embargo, por otra parte, es posible que tengamos el potencial de hacer que otros se desvíen por nuestras preguntas. Jesús reprende suavemente a Juan por no ver con claridad el cumplimiento de las Escrituras en su ministerio (11:6). Si Juan sigue permitiendo que sus circunstancias le hagan apartar la mirada de la realidad de la actividad de Dios en el ministerio de Jesús, no será el único en tropezar, sino que casi con toda seguridad proseguirá guiando a sus propios discípulos por el camino equivocado y también a las multitudes que lo veneraban como profeta de Dios. Hay momentos en los que puede ser necesario que soportemos nuestras circunstancias en silencio y que confiemos en la dirección de Dios. He visto cómo líderes cristianos destruían prácticamente su ministerio por llevarse a casa todos los detalles del mismo y contárselos a su cónyuge, por la necesidad de hallar un oído compasivo para desahogarse de sus luchas. Un amigo mío lo hacía con regularidad hasta el punto de que él y su esposa llegaron a menospreciar a las personas a las que ministraban, porque solo hablaban de lo malo, sin compartir casi nunca lo bueno. Repitieron esto en sus dos últimos destinos y ahora están fuera de ese ministerio.

Nuestras experiencias presentes ejercen una poderosa influencia en la forma en que consideramos las actividades de Dios en nuestra vida y en la de los demás. Hallaremos la fortaleza de soportar cuando experimentamos la compasión, el respeto y un claro entendimiento de la voluntad de Dios, según su Palabra.

(2) *Programas y motivos.* También están aquellos cuya agenda personal para la obra de Dios les hace cuestionar y distorsionar los motivos de los mensajeros de Dios. Jesús compara a la generación de ese tiempo con los niños que exigen obcecadamente que otros niños jueguen a lo que ellos quieren, y, si estos no acceden, los difaman. No había forma alguna de complacer a aquella generación, porque en última instancia no querían someter sus agendas religiosas personales al plan de salvación de Dios. Juan era demasiado ascéticamente religioso, y Jesús no era bastante piadoso.

La respuesta de esta generación sugiere un par de puntos. (a) Por convencidos que podamos estar de nuestro propio programa para lo que a nosotros nos parece la forma correcta de llevar a cabo la obra de Dios, tener una humildad personal saludable deja espacio para que Dios ajuste nuestro programa. Los líderes religiosos y hasta las multitudes no captaron, e incluso distorsionaron, el mensaje de Juan y también el de Jesús por su obcecada negativa a escuchar la voz de Dios en sus mensajes.

Uno de mis colegas ha sido un líder en el mundo académico y de la erudición por más de cuarenta años; es firme en su doctrina y en su comprensión de la forma en que deberían dirigirse el ministerio y el mundo académico. Se enfrentaría a una empresa bastante difícil quien intentara cambiarle sus opiniones sobre el reino o sobre cómo debería ejercerse el liderazgo en el seno de la iglesia y de la escuela. Con todo, lo que lo mantiene continuamente alerta para crecer en su comprensión de la Palabra y la obra de Dios es su profunda humildad. Preferiría pedir mi opinión sobre un asunto antes de exigir que yo escuchara la suya. Con esto no quiero decir que no podamos tener un escepticismo saludable sobre las sugerencias o una sana confianza en lo que Dios nos ha enseñado. Lo que sí sugiere es la necesidad de que tengamos un corazón lo suficientemente tierno para que sea receptivo a Jesús y a la ministración que nos aporta por medio de otros.

(b) En palabras de Jesús: "Pero a la sabiduría la reivindican sus hijos" (11:19), proporciona la consoladora tranquilidad de ser justificado en medio del rechazo. Jesús y Juan fueron rechazados, y los que siguen ahora a Jesús pueden experimentar el rechazo. Jesús expuso continuamente los problemas que atravesarán los que le sigan. Sin embargo, existe un nivel de justificación patente en los hechos del individuo y, en última instancia, en las manos de un Dios justo que debería darnos fuerza y confianza. Cuando confiamos en la verdad de la Palabra de Dios y seguimos esa verdad, ella misma justificará nuestras acciones. Es obvio que esto ha de ser atenuado con los puntos indicados más arriba, que debemos tener cuidado con el orgulloso apego a nuestra propia agenda. Pero cuando la vivimos con sana humildad podernos hallar confianza en luchar por la verdad de la Palabra de Dios.

(3) *El engreimiento y un corazón endurecido.* La agenda interesada de aquellos que cuestionan los motivos de los mensajeros acaba llevándolos a rechazar a Jesús, y el engreimiento de su corazón endurecido los lleva al inminente juicio

eterno. Este fue el destino de los habitantes de Corazín, Betsaida y Capernaúm, (11:20-24), y también el de aquellos cuya posición privilegiada los conduce hoy a cuestionar la identidad y el mensaje de Jesús. Esta es la triste historia que se suele encontrar dentro del mundo académico cristiano liberal, donde los eruditos pueden haberse criado en iglesias en las que confesaron a Jesús como Salvador, pero cuyo creciente secularismo los lleva a un profundo escepticismo con respecto a él.

Robert Funk, erudito en Nuevo Testamento, fundador del infame Seminario de Jesús, habla de su propia trayectoria desde una juventud en la que confesó a Jesús como su Salvador personal al punto en el que en su temprana adultez rechazó la vida de ministro y, más tarde, acabó rechazando a Jesús como cualquier tipo de Salvador divino. En vez de ello prefiere crear una imagen de él que se conforme de manera más cómoda a su propia agenda modernista, afirmando con engreimiento que los que siguen creyendo en el Jesús del Nuevo Testamento y los credos de la iglesia son "adeptos sumisos y tontos de la tradición recibida".[34] Su comentario es realmente triste.

Dale Bruner, un erudito en Nuevo Testamento muy diferente, advierte a todos los que han tenido el privilegio de experimentar la milagrosa presencia del Cristo resucitado para que vean si le han dado el lugar legítimo en su vida. Capernaúm parece haber tenido una especie de lema de ciudad basado en Isaías 14:13, "levantada hasta el cielo" (11:23), indicando quizá una sensación de orgullo patriótico porque el ministerio de Jesús se basara en su ciudad, pero lo rechazaron orgullosos como su Mesías. Del mismo modo, los países modernos que han tenido el privilegio de experimentar la milagrosa presencia de Jesús por medio de la obra de la iglesia y de la Palabra, y que hasta pueden jactarse con las palabras "Confiamos en Dios", como lo hace Estados Unidos, son llamados a rendir cuentas de lo que han hecho con Jesús. Bruner escribe:

> Los países *cristianos* van a tener un problema especial en el día del juicio, no porque Jesús no haya estado realmente en sus comunidades, sino por todo lo contrario. La presencia de Jesús, sin cambio, puede conducir a una condenación más profunda que la de Sodoma [...]. Capernaúm representa a todo el cristianismo interesado, porque todo el cristianismo engreído en su posesión de Jesús, en ser el centro de la obra de Jesús [...] no siempre impresiona favorablemente a Jesús. Mejor les irá en el día del juicio a célebres paganos que a los santos satisfechos de sí mismos. El resumen del asunto es este: los *cristianos* deben tomar en serio a Jesús. Si lo hacen escaparán al juicio; de no hacerlo, lo atraerán.[35]

34. Robert W. Funk, *Honest to Jesus: Jesus for a New Millennium* (San Francisco: HarperSanFrancisco, 1999), 12. Gran parte de su viaje se narra en el cap. 1 (pp. 1-14) y se articula en el capítulo "Jesús para una Nueva Era", 297-314.
35. Bruner, *Christbook: Matthew 1–12,* 425, 28.

Son palabras graves, pero no menos que la advertencia de Jesús a las ciudades que habían tenido el privilegio de ser testigos de su ministerio, pero que acabaron rechazándolo por su propio engreimiento y su corazón endurecido.

(4) *El cansancio y el descanso.* Finalmente están los que han deseado con entusiasmo una relación íntima con Dios, pero que, al seguir las prácticas de los líderes religiosos santurrones, solo han conseguido cansarse y sentirse cada vez más cargados. Jesús los invita a conocer el verdadero descanso, porque su cansancio y sus cargas solo pueden soltarse con el descanso en el yugo fácil y la carga ligera del discipulado (11:28-30). Curiosamente, hallamos el descanso supremo en el yugo fácil y la carga ligera del discipulado. Parece haber algo contrario a la intuición en hallar descanso en una forma de discipulado que exige el mayor compromiso imaginable, donde hay que anteponer la búsqueda del reino de los cielos a cualquier comodidad personal y donde se nos garantiza el rechazo por parte de aquellos cuyo corazón está endurecido al mensaje del reino. Sin embargo, este yugo es lo que Jesús nos ofrece como el mayor privilegio que se pueda imaginar.

¿Por qué? Resulta fácil hallar comodidad en lugares distintos a Jesús mismo, ya sea la televisión, el alcohol, unas vacaciones escapistas, la pornografía o un millar de cosas más que nos amortiguan el dolor de la vida. Podemos encontrar paz en esta realidad, no en otras cosas que se disfrazan de vida real. Gran parte de lo que usamos para atenuar el dolor de la vida, en realidad tiene el efecto exactamente opuesto, nos proporciona un placer momentáneo y al final nos deja vacíos. Sin embargo, esto es exactamente lo que Jesús nos ofrece: la vida verdadera (Jn 10:10), una que nos forma desde adentro hacia fuera (ver comentarios sobre Mt 5:20) y nos convierte en la clase de persona que ama y sirve a Dios desde una naturaleza renovada bajo el yugo fácil del discipulado. Webster concluye su estudio del yugo fácil con estas palabras penetrantes:

> Aparte de la gracia de Cristo y de la obra salvífica de la cruz, sería imposible convencer a las personas de que el yugo ligero es factible, por no decir fácil. Pero para los que viven bajo el yugo no existe absolutamente ninguna otra forma de vivir. ¿Quién en su sano juicio volvería a los dioses del yo, del dinero, de la lujuria y del poder? ¿Quién regresaría de rodillas a los santuarios del desempeño religioso y la actitud de juicio? ¿Acaso no es mejor el amor que el odio, la pureza que la lujuria, la reconciliación que las represalias? ¿Y no es realmente "más fácil" lo "mejor" cuando se mide en carácter y no en conveniencia, en descanso del alma en vez de en orgullo egoísta?[36]

Así es el descanso que viene con el yugo fácil del discipulado de Jesús.

---

36. Webster, *The Easy Yoke,* 201.

Mateo 12:1-50

Por aquel tiempo pasaba Jesús por los sembrados en sábado.
Sus discípulos tenían hambre, así que comenzaron a arrancar
algunas espigas de trigo y comérselas. 2 Al ver esto, los
fariseos le dijeron:

—¡Mira! Tus discípulos están haciendo lo que está prohibido en sábado.

3 Él les contestó:

—¿No han leído lo que hizo David en aquella ocasión en que él y
sus compañeros tuvieron hambre? 4 Entró en la casa de Dios, y él y
sus compañeros comieron los panes consagrados a Dios, lo que no
se les permitía a ellos sino sólo a los sacerdotes. 5 ¿O no han leído
en la ley que los sacerdotes en el templo profanan el sábado sin
incurrir en culpa? 6 Pues yo les digo que aquí está uno más grande
que el templo. 7 Si ustedes supieran lo que significa: "Lo que pido
de ustedes es misericordia y no sacrificios", no condenarían a los
que no son culpables. 8 Sepan que el Hijo del hombre es Señor del
sábado.

9 Pasando de allí, entró en la sinagoga, 10 donde había un hombre
que tenía una mano paralizada. Como buscaban un motivo para
acusar a Jesús, le preguntaron:

—¿Está permitido sanar en sábado?

11 Él les contestó:

—Si alguno de ustedes tiene una oveja y en sábado se le cae en un
hoyo, ¿no la agarra y la saca? 12 ¡Cuánto más vale un hombre que
una oveja! Por lo tanto, está permitido hacer el bien en sábado.

13 Entonces le dijo al hombre:

—Extiende la mano.

Así que la extendió y le quedó restablecida, tan sana como la
otra. 14 Pero los fariseos salieron y tramaban cómo matar a Jesús.

15 Consciente de esto, Jesús se retiró de aquel lugar. Muchos lo
siguieron, y él sanó a todos los enfermos, 16 pero les ordenó que no
dijeran quién era él. 17 Esto fue para que se cumpliera lo dicho por
el profeta Isaías:

> 18 «Este es mi siervo, a quien he escogido,
> mi amado, en quien estoy muy complacido;
> sobre él pondré mi Espíritu,
> y proclamará justicia a las naciones.
> 19 No disputará ni gritará;
> nadie oirá su voz en las calles.

20 No acabará de romper la caña quebrada
ni apagará la mecha que apenas arde,
hasta que haga triunfar la justicia.
21 Y en su nombre pondrán las naciones su esperanza».

22 Un día le llevaron un endemoniado que estaba ciego y mudo, y
Jesús lo sanó, de modo que pudo ver y hablar. 23 Toda la gente se
quedó asombrada y decía: «¿No será este el Hijo de David?».

24 Pero al oírlo los fariseos, dijeron: «Este no expulsa a los demonios
sino por medio de Beelzebú, príncipe de los demonios.»

25 Jesús conocía sus pensamientos, y les dijo: «Todo reino dividido
contra sí mismo quedará asolado, y toda ciudad o familia dividida
contra sí misma no se mantendrá en pie. 26 Si Satanás expulsa a
Satanás, está dividido contra sí mismo. ¿Cómo puede, entonces,
mantenerse en pie su reino? 27 Ahora bien, si yo expulso a los
demonios por medio de Beelzebú, ¿los seguidores de ustedes por
medio de quién los expulsan? Por eso ellos mismos los juzgarán
a ustedes. 28 En cambio, si expulso a los demonios por medio del
Espíritu de Dios, eso significa que el reino de Dios ha llegado a
ustedes.

29 »¿O cómo puede entrar alguien en la casa de un hombre fuerte y
arrebatarle sus bienes, a menos que primero lo ate? Sólo entonces
podrá robar su casa.

30 »El que no está de mi parte, está contra mí; y el que conmigo
no recoge, esparce. 31 Por eso les digo que a todos se les podrá
perdonar todo pecado y toda blasfemia, pero la blasfemia contra el
Espíritu no se le perdonará a nadie. 32 A cualquiera que pronuncie
alguna palabra contra el Hijo del hombre se le perdonará, pero
el que hable contra el Espíritu Santo no tendrá perdón ni en este
mundo ni en el venidero.

33 »Si tienen un buen árbol, su fruto es bueno; si tienen un mal árbol,
su fruto es malo. Al árbol se le reconoce por su fruto. 34 Camada de
víboras, ¿cómo pueden ustedes que son malos decir algo bueno?
De la abundancia del corazón habla la boca. 35 El que es bueno, de
la bondad que atesora en el corazón saca el bien, pero el que es
malo, de su maldad saca el mal. 36 Pero yo les digo que en el día
del juicio todos tendrán que dar cuenta de toda palabra ociosa que
hayan pronunciado. 37 Porque por tus palabras se te absolverá, y
por tus palabras se te condenará».

38 Algunos de los fariseos y de los maestros de la ley le dijeron:

—Maestro, queremos ver alguna señal milagrosa de parte tuya.

39 Jesús les contestó:

**—¡Esta generación malvada y adúltera pide una señal milagrosa!
Pero no se le dará más señal que la del profeta Jonás. 40 Porque así
como tres días y tres noches estuvo Jonás en el vientre de un gran
pez, también tres días y tres noches estará el Hijo del hombre en
las entrañas de la tierra. 41 Los habitantes de Nínive se levantarán
en el juicio contra esta generación y la condenarán; porque ellos
se arrepintieron al escuchar la predicación de Jonás, y aquí
tienen ustedes a uno más grande que Jonás. 42 La reina del Sur se
levantará en el día del juicio y condenará a esta generación; porque
ella vino desde los confines de la tierra para escuchar la sabiduría
de Salomón, y aquí tienen ustedes a uno más grande que Salomón.**

**43 »Cuando un espíritu maligno sale de una persona, va por lugares
áridos, buscando descanso sin encontrarlo. 44 Entonces dice:
"Volveré a la casa de donde salí". Cuando llega, la encuentra
desocupada, barrida y arreglada. 45 Luego va y trae a otros siete
espíritus más malvados que él, y entran a vivir allí. Así que el
estado postrero de aquella persona resulta peor que el primero.
Así le pasará también a esta generación malvada.**

**46 Mientras Jesús le hablaba a la multitud, se presentaron su madre
y sus hermanos. Se quedaron afuera, y deseaban hablar con
él. 47 Alguien le dijo:**

—Tu madre y tus hermanos están afuera y quieren hablar contigo.

**48 —¿Quién es mi madre, y quiénes son mis hermanos? —replicó
Jesús.**

49 Señalando a sus discípulos, añadió:

**—Aquí tienen a mi madre y a mis hermanos. 50 Pues mi hermano,
mi hermana y mi madre son los que hacen la voluntad de mi Padre
que está en el cielo.**

Sentido Original

El avance del ministerio de Jesús ha experimentado una oposición subyacente por parte de las autoridades religiosas de Israel, en especial de los maestros de la ley y de los fariseos. Ahora, esa oposición sale a flote. Estos líderes religiosos están convencidos de que el ministerio de Jesús no es de Dios. De modo que, engañándose a sí mismos y guiados por un presunto sentido del deber de proteger a las personas y fomentar la causa de Dios, se proponen atrapar a Jesús para que sea condenado por rotundas y flagrantes violaciones de la ley de Dios. Se centran en las violaciones del sabbat (12:1-14), y después pasan a acusarlo de estar aliado con Satanás (12:22-37).

Pero Jesús se justifica a sí mismo como el verdadero Señor del sábado de Dios (12:8), el verdadero Siervo de justicia de Dios (12:18), el inaugurador del reino de Dios facultado por el Espíritu (12:28). Como tal, pronuncia juicio de condenación sobre esos líderes religiosos por la blasfemia del duro corazón de ellos (12:30-45). A pesar de todo, él es la esperanza de justicia para las naciones oprimidas (12:18-21), que ahora son invitadas a obedecer la voluntad del Padre y convertirse así en discípulos de Jesús, su familia más cercana (12:46-50).

Confrontaciones con los fariseos por el sabbat (12:1-14)

La ronda de confrontaciones entre Jesús y los fariseos empieza con dos acusaciones contra sus discípulos y contra él mismo por violar el sabbat. Dios dio el sabbat como día de descanso y santidad. El cuarto mandamiento especificó que no se debía realizar ningún trabajo en el día de reposo, de manera que el día se mantuviera santo para Dios (Éx 20:8-10). Con el tiempo, el sabbat se convirtió en una de las características más distintivas de pueblo judío, junto con la circuncisión y las leyes alimenticias. Pero la orden de no trabajar se entendió de forma distinta por los grupos sectarios de Israel, de manera que tuvo que ser interpretada por el pueblo. Con su tradición oral emergente, los fariseos desarrollaron un extenso conjunto de leyes para guiar al pueblo, de manera que no violaran el sabbat.

Los dos incidentes siguientes se registran en cada uno de los Evangelios sinópticos (*cf.* Mr 2:23–3:6; Lc 6:1-11) y proporcionan un profundo principio para el lugar que el sabbat tiene para los discípulos de Jesús. Así como Jesús hace su propia interpretación de la ley y de los profetas en el Sermón del Monte (*cf.* 5:17-47), también pronuncia una asombrosa declaración con autoridad sobre el sabbat que nos lleva directamente al corazón de la intención y el motivo de Dios cuando da ese mandamiento.[1] Este pasaje debería interpretarse, por tanto, a la luz del capítulo anterior, donde Jesús condena a la generación de su tiempo cuyos líderes religiosos, y en especial los fariseos, habían cansado y agotado al pueblo con las obligaciones legales de sus tradiciones. Jesús ha venido a traer reposo a los que tomen su yugo de discipulado (*cf.* 11:28-30), el tipo de descanso verdadero para el cual fue diseñado el sabbat.

Las acusaciones de los fariseos contra los discípulos de Jesús (12:1-2). La primera controversia surge cuando los fariseos se enfrentan a Jesús, porque sus discípulos "trabajan" en sabbat. Jesús asistía con regularidad a los cultos de la sinagoga en el día de reposo (*cf.* Mr 1:21), tras lo cual él y los discípulos se reunían, al parecer con asiduidad, en casa de Pedro y Andrés, en Capernaúm (Mr 1:29; *cf.* Mt 8:14). En ocasiones, durante el día y acompañado por sus discípulos, Jesús daba una vuelta teniendo en cuenta las restricciones[2] permitidas por

1. Para una relevancia teológica, ver Yong-Eui Yang, *Jesus and the Sabbath in Matthew's Gospel* (JSNTSup 139; Sheffield: Sheffield Academic Press, 1997) 305-306.
2. La comunidad de Qumrán solo permitía desplazarse hasta menos de 400 metros (CD 10.21), los rabinos, un poco más de 800 metros (*m. Soṭah* 5:3). La única referencia del Nuevo Testamento a esta restricción para el viaje se encuentra en Hechos 1:12.

el día de reposo (Mt 12:1). Los senderos formaban los márgenes de los campos familiares (p. ej., 13:4), y permitían desplazarse de una aldea a otra.

Mientras caminaban, "sus discípulos tenían hambre, así que comenzaron a arrancar algunas espigas de trigo y comérselas". Sin duda, no habrían tenido problema para inclinarse y arrancar unas cuantas espigas de trigo para aplacar el hambre de la tarde, mientras caminaban por los senderos que bordeaban los campos agrícolas. La ley preveía que las personas que tuvieran hambre comieran del campo de un vecino (Dt 23:24-25). De manera similar, las orillas de los campos no se solían cosechar, para que los pobres y los hambrientos, los viajeros extranjeros, los huérfanos y las viudas pudieran disponer de grano. Esto también incluía las olivas y la uva que quedaba tras la primera cosecha (24:19-22; *cf.* Rt 2:2-3).

Aunque cueste creer que los fariseos patrullaran con regularidad los campos para ver si alguien violaba el sabbat, con la creciente oposición al ministerio de Jesús es muy probable que en aquellos momentos no desperdiciaran una oportunidad para acusarlos a él y a sus discípulos de crímenes contra la ley.[3] "Al ver esto, los fariseos le dijeron: ¡Mira! Tus discípulos están haciendo lo que está prohibido en sábado". La expresión "lo que está prohibido" puede referirse a una directriz explícita del Antiguo Testamento (p. ej., 12:4; 14:4) o a la interpretación de algún mandamiento explícito del mismo (p. ej., 12:10; 19:3; 27:6). Los discípulos podrían haber sido culpables según varias normas rabínicas al arrancar espigas, separar la paja del grano y restregar el grano en sus manos para prepararlo y comérselo. Pero no todos compartían el criterio que los fariseos tenían sobre el sabbat, y esto eleva nuestra conciencia de la tensión que está creciendo entre Jesús y los fariseos.[4]

Jesús defiende a sus discípulos (12:3-7). La respuesta de Jesús pone a los fariseos a la defensiva, porque usa el Antiguo Testamento mismo, del que ellos se enorgullecían de ser expertos, para combatir las acusaciones de ellos contra sus discípulos. En lugar de reprenderlos, cita dos ejemplos del Antiguo Testamento que dejaban sin valor la acusación de los fariseos y, a continuación, pasa a dar una tercera respuesta que aclara su uso de estos ejemplos. No está entrando en el debate rabínico de ellos, sino que, como en el SM, demostrará cómo su llegada autoritativa y su enseñanza han cumplido la ley.

(1) El primer ejemplo es el incidente de cuando David huía del rey Saúl, que intentaba matarlo (1S 21:1-7; 22:9-23). El "pan de la propiciación" alude a los doce panes estipulados que debían cocerse y colocarse en el tabernáculo cada sabbat como ofrenda que representaba el pacto hecho por Dios con las doce tribus de Israel. Solo podían comerlo los sacerdotes (Lv 24:5-9). Jesús indica que, técnicamente, David y sus hombres hicieron algo ilícito; sin embargo, lo

3. M. Casey, "Culture and Historicity: The Plucking of the Grain (Mr 2:23-28)", *TS* 34 (1988): 1-23, esp. 4-5.
4. Keener, *A Commentary on the Gospel of Matthew* (1999), 351-54.

importante es notar que las Escrituras no los condenan a ellos por comerse el pan ni tampoco al sacerdote Ahimelec por permitirlo.

Lo que Jesús pretende hacer en su apelación a este incidente del Antiguo Testamento y en la relación que tiene con la acusación formulada contra sus discípulos se ha interpretado de diversas maneras.[5] Al parecer, Ahimelec entendió que David era el ungido de Dios y que le estaba sirviendo; por tanto, tenía derecho al pan en ese momento de necesidad. La relevancia de la acción del sacerdote al darle el pan a David queda clara más adelante, cuando Saúl ordenó que Ahimelec y los demás de la familia de los sacerdotes fueran ejecutados por haber ayudado a David, el futuro rey, y sus hombres (*cf.* 1S 22:9-23). Ahimelec sirvió a los propósitos divinos alimentando al fugitivo David. La intención de la ley es servir al pueblo de Dios y no que este sirva a la ley. Las dos respuestas siguientes clarifican este punto.

(2) El siguiente incidente del Antiguo Testamento al que Jesús se refiere alude a la directiva del Pentateuco que requería a los sacerdotes hacer ofrendas sacrificiales en el sabbat (p. ej., Nm 28:9-10): "¿O no han leído en la ley que los sacerdotes en el templo profanan el sábado sin incurrir en culpa?". Dado que la ley divina les exigía, en el cumplimiento de sus deberes, trabajar en día de reposo, Dios lo tiene en cuenta en ella. Como el incidente de David y sus hombres, la ley tenía previsto que la pudieran quebrantar cuando Dios llamaba a las personas a una tarea que supusiera un conflicto al interpretarla de forma estricta.

Jesús insiste explicando su forma de razonar: "Pues yo les digo que aquí está uno más grande que el templo". Haciendo uso de la lógica típica rabínica, Jesús enfatiza que, si a los guardas del templo se les permitía violar el sabbat por el bien mayor de dirigir los rituales sacerdotales, cuanto más deberían Jesús y sus discípulos considerarse inocentes cuando hacían la obra de Dios que se les había encomendado. Después de todo, él es alguien más grande que el templo. Esta debió de ser una observación apabullante para los fariseos. ¿Qué podría ser más grande que el templo? ¿Y qué era aquello "más grande" que ahora estaba aquí? Este término apunta al ministerio de Jesús y sus discípulos en la proclamación de la llegada del reino de los cielos, a Jesús mismo o a la combinación de ambas cosas. Los mandamientos siguientes que se centran en el estatus cristológico de Jesús parecen indicar que "más grande" se refiere a él mismo, pero que se centra en la calidad de grandeza superior en su ministerio más que en su identidad personal.[6]

---

5. Davies y Allison (*Matthew,* 2:310-11) enumeran ocho interpretaciones diferentes. Las más influyentes sugieren que Jesús indica (1) que las necesidades de los seres humanos están antes que los tecnicismos legales, (2) que Jesús ataca la tradición oral y no la Torá escrita, (3) que hacer el bien puede condonar el quebrantamiento de un mandamiento, o (4) que David, como representante ungido, ilustra la autoridad mesiánica de Jesús. La interpretación aquí ofrecida combina parte de la verdad de cada una de estas perspectivas.
6. Gundry, *Matthew,* 223; Davies y Allison, *Matthew,* 2:314.

(3) La tercera respuesta de Jesús lleva el argumento un paso más allá citando por segunda vez Oseas 6:6 (*cf.* 9:13): "Si ustedes supieran lo que significa: 'Lo que pido de ustedes es misericordia y no sacrificios', no condenarían a los que no son culpables". Los discípulos de Jesús son los inocentes que merecían la compasión de los fariseos, no su condenación. En su gran misericordia, Dios ha dado el sabbat para que sus criaturas tengan alivio de su carga diaria, no para que les suponga un sacrificio semanal. Los discípulos no eran culpables según la ley veterotestamentaria, sino solamente según la interpretación farisaica de la misma. Si no se hubieran limitado a leer al profeta, sino que además lo hubieran entendido, habrían sabido que en su adjudicación del sabbat deberían haber extendido misericordia y no exigir más sacrificio. Jesús ataca el núcleo central mismo de la tendencia de los fariseos a añadir cargas a la vida cotidiana del pueblo acumulando tradiciones orales.[7]

El Señor del sábado (12:8). Jesús concluye el argumento con otra aclaración extraordinaria de su identidad y autoridad: "Sepan que el Hijo del hombre es Señor del sábado". La llegada de la mayor obra del evangelio del reino se centraliza en Jesús como Señor del sabbat, que aporta más claridad sobre su identidad gracias a este dicho del Hijo del hombre (ver 8:19). Jesús se ha revelado a Israel como su Mesías tan esperado, aquel que ha venido a cumplir la ley del Antiguo Testamento (5:17-20). De manera similar a la forma en que Jesús señala en el SM, la ley del día de reposo se ha cumplido en el resto, traídos por el yugo de su discipulado (11:25-30). El mesiánico Hijo del hombre tiene la autoridad de impartir la verdadera interpretación de la ley (5:17-48), incluido el papel del sabbat.

En otras palabras, Jesús no desafía la ley del día de reposo, sino la interpretación predominante de la misma. Aunque David le hubiera mentido al sacerdote Ahimelec sobre su misión, y él y sus hombres hubieran comido en el tabernáculo un pan que no estaba designado para ellos, fue la misericordia de Dios la que no los condenó. La misericordia de Dios es la que hace que no caigan muertos los sacerdotes que ministran en el templo, en el sabbat, porque su misericordia es la base que subyace a todo el sistema sacrificial.[8]

De manera que Jesús responde a la acusación contra sus discípulos mostrando, a partir del Antiguo Testamento mismo, que el día de reposo no se cumple en la escrupulosa observancia de los fariseos, sino viviendo la intención y el motivo del sabbat, que fue diseñado para traer descanso.[9] El sacrificio aumentado produjo una carga mayor. Como Señor del sabbat, Jesús proporciona la verdadera interpretación de su intención, poniendo el descanso bajo su yugo fácil y su carga ligera de discipulado (*cf.* 11:28-30).

---

7. *Cf.* Yang, *Jesus and the Sabbath in Matthew's Gospel,* 187-88.
8. Una declaración clásica de esta apelación a la misericordia se encuentra en el salmo de contrición de David (Sal 51:16-17).
9. Keener, *A Commentary on the Gospel of Matthew* (1999), 357.

Sanidad en el día de reposo (12:9-13). Mateo pasa con rapidez a otra controversia en sabbat, que al parecer tiene lugar otro sábado (*cf.* Lc 6:6): "Pasando de allí, entró en la sinagoga, donde había un hombre que tenía una mano paralizada. Como buscaban un motivo para acusar a Jesús, le preguntaron: '¿Está permitido sanar en sábado?'". No se especifica la causa de la deformidad de la mano de aquel hombre, pero podría haberse tratado de alguna forma de parálisis.

La identidad de los acusadores de Jesús no se especifica, pero es muy probable que se trate de los fariseos de la polémica anterior (12:2), que conspiran para acabar con Jesús al final de este enfrentamiento (12:14). Han visto cómo Jesús sanaba y declaraba perdón de los pecados (9:1-7), algo que ellos consideraban blasfemia (9:3). Acaban de ser testigos de su pronunciamiento sobre su autoridad sobre el sabbat y la preferencia de la misericordia por encima del sacrificio (12:7-8). Por ello, provocan la controversia en un intento de hacerlo caer en una trampa. La enseñanza rabínica permitía, solo en casos extremos de vida o muerte, que se pudiera violar el día de reposo.[10] El hombre de la mano seca habría estado en esas condiciones durante algún tiempo, y desde luego su vida no corría peligro; por tanto, habría podido esperar al día siguiente. Según los fariseos, no es el candidato adecuado para ser sanado.

Jesús hace frente con una pregunta: "Si alguno de ustedes tiene una oveja y en sábado se le cae en un hoyo, ¿no la agarra y la saca? ¡Cuánto más vale un hombre que una oveja! Por lo tanto, está permitido hacer el bien en sábado". La pregunta no es simplemente retórica. En ese tiempo, en el judaísmo existía un debate activo exactamente sobre este punto. En muchos sentidos, el debate se centraba en cuánto estaba una persona dispuesta a sacrificar para rendir honor a Dios y su santo día. La comunidad del Qumran era mucho más rigurosa que la mayoría sobre este asunto: "Nadie debería ayudar a un animal a dar a luz en el día de reposo. Y si cayera en un pozo o en un hoyo, no debería sacarlo en sabbat" (CD 11:13-14). En el mismo documento, afirman que, incluso si un hombre cae al agua, no debían sacarlo usando una escalera, una cuerda ni un utensilio (CD 11:16-17).

Jesús insiste aún más en el argumento, porque la mayoría de los fariseos y otros intérpretes judíos habrían estado de acuerdo con su ejemplo de rescatar a un animal en día de reposo. Usando otro típico método rabínico de argumentación, Jesús afirma que el más alto principio no consiste sencillamente en abstenerse de actividad en sabbat, sino en hacer el bien en ese día (12:12). Esta línea de razonamiento también deriva del ejemplo precedente de los sacerdotes que llevan a cabo su buena obra en el servicio del templo en el día de reposo y son considerados inocentes (12:5).

Con el fin de hacer una confirmación inmediata de su afirmación, Jesús le dice al hombre: "'Extiende la mano'. Así que la extendió y le quedó restablecida, tan

10. P. ej., "Si un hombre tiene dolor en la garganta, pueden verter unas gotas de medicamento en su boca, en sabbat, ya que existe la duda de que la vida pueda estar en peligro, y cuando cabe una duda al respecto, esto invalida el día de reposo" (*m. Yoma* 8:6).

sana como la otra". El milagro confirma la autoridad de Jesús para hacer estos pronunciamientos sobre el sabbat, validando una vez más su reivindicación de ser el mesiánico Hijo del hombre (*cf.* 9:1-8; 12:8).[11] Sin proferir una orden de sanidad ni tan siquiera tocar la extremidad seca, Jesús sana por completo la mano del hombre. Es similar a la forma en que Yahvé controló la mano enferma de Moisés (Éx 4:6-7).

Conspiración de los fariseos (12:14). La gravedad de estas cuestiones se revela ahora, porque en reacción a las acciones y las declaraciones de Jesús sobre el sabbat, los fariseos conspiran para matar a Jesús (12:14). Por mucho que debatieran las normativas legales, nunca considerarían matar a otra persona por una diferencia de interpretación. Este versículo muestra, pues, que entienden claramente que la afirmación de autoridad mesiánica de Jesús para interpretar la ley es, a los ojos de ellos, una declaración hereje que merece la muerte. Ahora están convencidos de que Jesús no es agente de Dios.

La ley prescribía la pena de muerte para casos extremos de profanación del día de reposo (Éx 31:14; 35:2); sin embargo, bajo la ocupación romana de los judíos no tenían poder arbitrario para imponer o llevar a cabo una pena de muerte (*cf.* Jn 18:31). Pero, como revelará el relato, la colaboración y la conspiración de los fariseos con Caifás, los principales sacerdotes y el resto del Sanedrín son finalmente suficientes para convencer a los romanos de ejecutar a Jesús en lugar de ellos (*cf.* 27:1-2).

El Siervo ungido por el Espíritu de Dios (12:15-21)

Una vez más, en respuesta a la amenaza, Jesús se retira (*cf.* 2:14, 22; 4:12; 14:13). No está intentando escapar a la oposición, sino mantenerla a raya hasta el momento predicho en que ha de ser traicionado, arrestado y ejecutado (*cf.* 16:21; 17:22-23; 20:17-19; 26:45). Sigue a plena vista pública, porque "Muchos lo siguieron, y él sanó a todos los enfermos" (12:15). Desde el principio de su ministerio público, la gente venía a Jesús en busca de sanidad desde la campiña circundante (*cf.* 4:24-25; 9:35), que ahora incluye a personas de lugares tan remotos como Idumea, a más de 160 kilómetros de allí (ver Mr 3:7-8).

Jesús no solo sana a todo el que viene, sino que les advierte de "que no dijeran quién era él". Ya hemos visto que un aspecto regular del ministerio de Jesús consiste en exigir secretismo sobre su identidad y su actividad (8:4; *cf.* 12:16; 16:20; 17:9). Jesús evita cuidadosamente agitar un malentendido en las multitudes sobre su identidad mesiánica. La persona típica de Israel esperaba la liberación de la opresión por la opresión romana y el cumplimiento de la promesa de un Mesías que restauraría la dignidad del reino davídico a Israel. Jesús quiere que las personas vean que su propósito al venir no siempre encajará con las expectativas de ellas. Como aclara ahora Mateo, Jesús es realmente el Mesías,

11. Yang, *Jesus and the Sabbath in Matthew's Gospel,* 209.

pero ha venido con mansedumbre a traer justicia a los gentiles. Aunque los milagros darán testimonio de la autenticidad de su mensaje sobre la llegada del reino, Jesús no quiere que las muchedumbres clamen solo pidiendo milagros. Se podría malinterpretar su mensaje y creer que él solo ha venido para efectuar la liberación nacional y militar.

Mateo usa su típica fórmula de cumplimiento (*cf.* 1:22; 2:15) para presentar la cita más larga del Antiguo Testamento en su Evangelio, que identifica a Jesús con el Siervo mesiánico de Isaías 42:1-4: "Este es mi siervo, a quien he escogido, mi amado, en quien estoy muy complacido; sobre él pondré mi Espíritu, y proclamará justicia a las naciones". El contexto de la profecía de Isaías es la sección que se suele denominar Cánticos del Siervo (Is 40–52). La identidad del Siervo es desconcertante, porque oscila entre la nación de Israel como el Siervo (Is 41:8-10; 44:1-3, 21; 45:4 [49:3¿?]) y un individuo que conduce a la nación (42:1-4; 49:5-7). Ese individuo emerge como el Siervo Mesías que tiene un ministerio y una misión tanto para con Israel como con las naciones.[12] La frase "mi Hijo amado; estoy muy complacido con él" lleva al lector de vuelta al bautismo de Jesús y hacia adelante a su transfiguración, donde el Padre expresa la misma complacencia en su amado Hijo (3:17; 17:5).

En esta cita de cumplimiento, Mateo proporciona una de las declaraciones más claras de la intención de Jesús como Mesías: él es el Siervo Sufriente amable, lleno del poder del Espíritu, que avanza una misión de justicia a las naciones.[13] Más tarde, Pedro proclamará que Dios ha ungido a Jesús con el Espíritu Santo con el fin de hacer el bien y sanar (Hch 10:37-38). En última instancia, el mismo Espíritu impulsó a Pedro para ir al centurión gentil, Cornelio, con el mensaje del evangelio (10:44-48). La era que Jesús inauguró con la llegada del reino es la era del Espíritu. Así, hablar contra la obra del Espíritu es blasfemia, el pecado que no se puede perdonar (ver comentarios sobre Mt 12:28, 31-32). La "justicia" que Jesús trae a las "naciones" combina el sentido de gracia y juicio que ha caracterizado el tema de justicia interior que acompaña la llegada del reino de los cielos (p. ej., 5:20). El Siervo declarará la llegada del reino, que es una invitación a la vida del reino, pero que también es una sentencia de juicio sobre los gobernantes de este mundo.

Este Siervo tiene una conducta inesperada. Lejos de pintar la imagen de una imponente figura de conquista, Mateo sigue con su cita del tema del Siervo Sufriente de Isaías:

> No disputará ni gritará;
> nadie oirá su voz en las calles.

12. Para conocer unas breves visiones de conjunto sobre este complejo tema, ver Kaiser, *The Messiah in the Old Testament,* 173-81; Van Groningen, *Messianic Revelation in the Old Testament,* 575-618.
13. Richard Beaton, "Messiah and Justice: A Key to Matthew's Use of Isaiah 42.1-4?" *JSNT* 75 (septiembre 1999): 5-23.

No acabará de romper la caña quebrada
ni apagará la mecha que apenas arde,
hasta que haga triunfar la justicia.
Y en su nombre pondrán las naciones su esperanza.

Es el retrato de un amable Siervo Mesías, que no exigirá descaradamente lealtad a su proclamación de justicia, sino que invitará amable y humildemente a los que están en mayor necesidad (11:28-30). La doble metáfora de una caña quebrada y una mecha que apenas arde enfatiza que el Siervo cuidará compasivamente a los que han sido maltratados y están a punto de expirar por culpa del abuso; son imágenes que tienen relevancia en los acosados e indefensos (9:36) y los agotados y cargados (12:28), que no solo están oprimidos por las fuerzas invasoras extranjeras de Roma, sino también por las cargas legalistas de las autoridades religiosas de Israel.

El progreso de la justicia del Siervo Sufriente no quebrantará a los que son maltratados ni asfixiará a los que están prácticamente sin recursos; en su lugar, proporcionará la victoria suprema para los que respondan a la invitación para entrar al reino. Los fuertes y los poderosos son a menudo victoriosos en esta vida, porque avanzan sus propias causas maltratando a los demás y reteniendo el cuidado de las necesidades. Sin embargo, así como Isaías sabía que el mal no tendría la victoria suprema, Mateo también apunta a Jesús y declara que la victoria está cerca para los que buscan la justicia de Dios.

Pero no solo es para Israel. Todas "las naciones" depositarán su esperanza en el nombre de su Siervo, aquel que, según declara Mateo, no es otro que Jesús de Nazaret (*cf.* 2:23; 12:21). El "nombre" en 12:21 representa a la totalidad de la persona, incluida su identidad y su misión. El Mesías de Jesús es un Siervo Sufriente facultado por el Espíritu y que ofrece esperanza, porque el progreso del reino de los cielos promete victoria para todas las naciones del mundo.

Los enfrentamientos con los fariseos sobre la fuente del poder milagroso de Jesús (12:22-37)

Los fariseos acusan a Jesús de demonismo (12:22-24). El conector "entonces" en 12:22 (que no traduce la NVI) vincula temáticamente las acusaciones de los fariseos sobre las actividades de Jesús y sus discípulos en el día de reposo con acusaciones sobre la sanidad y los exorcismos de Jesús. Las controversias alcanzan un punto crítico cuando un endemoniado ciego y mudo es traído ante Jesús. Él sana al hombre exorcizando al demonio "de modo que pudo ver y hablar" (*cf.* 17:18, donde Jesús cura a un epiléptico expulsando a un demonio). Como observamos con anterioridad (*cf.* 9:27-31), sanar al ciego es uno de los milagros más comunes de Jesús y la firma de su identidad mesiánica.[14]

14. Ver también 9:27-31; 15:30-31; 20:30-34; 21:14-15; Twelftree, *Jesus the Miracle Worker,* 127.

La gente está asombrada ante la curación de este endemoniado ciego y mudo, de manera que exclama: "¿No será este el Hijo de David?" (12:23). A los diferentes grupos judíos les resultaba difícil reunir todas las diversas promesas mesiánicas del Antiguo Testamento (p. ej., profeta, sacerdote, rey). La gente corriente, en especial, parecía centrarse en David como guerrero y rey de modo que el hijo mesiánico de David sería un libertador. Por tanto, aquí los vemos perplejos y preguntando: "¿Podría ser el Mesías venidero libertador y exorcista al mismo tiempo?". Aunque no se consideró a David como hacedor de milagros, es la única persona del Antiguo Testamento de quien se dice que exorcizó a un demonio (1S 16:14-23). Tal vez sea estirar la comprensión de la multitud para que entienda que aquella persona amable que sana (8:17; 12:18-21) es, en realidad, el Hijo de David que pastoreará a su pueblo e instaurará el tiempo de la paz pactual (Ez 34:23-31; 37:24-28).

El foco de la narración está, sin embargo, en el enfrentamiento continuo entre los fariseos y Jesús. En contraste con la reacción de las multitudes, los fariseos ven el exorcismo como combustible añadido a sus acusaciones contra Jesús (ver 9:3, 11, 34; 12:14). Hace que lo condenen por estar confabulado con Satanás (12:24). En el mundo antiguo, los exorcistas usaban una variedad de conjuros y hechizos, pociones y hierbas, anillos y zarcillos como cosas mágicas en su intento por manipular el mundo de los espíritus.[15] Pero la forma de exorcismo de Jesús ha sido muy distinta. Ordena a los demonios desde su propia autoridad y estos se someten de inmediato. Los exorcismos pretenden confirmar la irrupción del reino de Dios en sus obras y sus hechos.

Aun así, los fariseos acusan a Jesús de recurrir al poder de "Beelzebú" (o, mejor, "Beelzebub", gobernante de los demonios; ver comentarios sobre 10:24-25) para expulsar al demonio del hombre ciego y mudo. Los fariseos no niegan el milagro, sino que atribuyen el poder de Jesús a Satanás.[16] Esta acusación es más grave, porque practicar la magia bajo la influencia de Satanás era una ofensa capital, castigada con el apedreamiento.

La defensa de Jesús (12:25-29). Jesús defiende primero su ministerio de exorcismos con dos breves parábolas; a continuación prosigue con dos denuncias mordaces contra los fariseos (12:30-37). (1) El poder detrás de un exorcismo podría venir de Dios o de Satanás. Dado que los fariseos ya habían concluido que Jesús no es agente de Dios (*cf.* 12:14), citan a Satanás como fuente de su

---

15. Para un breve antecedente ver Mark Strauss, "Demonization and Exorcism in the First Century", en "Luke", *ZIBBC* (Grand Rapids: Zondervan, 2002), 397. Ver Hans Dieter Betz, ed., *The Greek Magical Papyri in Translation* (Chicago: University of Chicago, 1986). El paralelismo helenista más cercano a la forma de exorcismo de Jesús aparece en Filóstrato, *Vida de Apolonio de Tiana,* 4:20 (LCL), un documento del siglo III A.D.
16. El judaísmo tardío siguió con esta acusación en los primeros siglos de la era de la iglesia, etiquetándolo de brujo (p. ej., *b. Sanh.* 43b: "Él [Yeshu] se encamina a la lapidación, porque ha practicado la hechicería y ha incitado a Israel a la apostasía").

poder. Dan por sentado que, como ha sido un demonio el que ha salido del hombre, esto debe de ser la prueba de que el demonio le está obedeciendo a Satanás, como soberano de todos los demonios. Pero Jesús demuestra la naturaleza ilógica del pensamiento de ellos (12:25-26). Si Satanás quiere mantener su autoridad sobre este mundo, no actuará contra sí mismo exorcizando al demonio que tenía el control sobre una persona. Esto sería contrarrestar su propio intento de mantener el control de este mundo. La única conclusión lógica es que, si el hombre ha sido liberado de un demonio, sanado de su ceguera y capacitado para hablar, esto indica que la fuente del poder de Jesús es Dios en su batalla contra el reino de Satanás.

Como el reino de Satanás está siendo vencido por los exorcismos de Jesús, son la evidencia concreta de que "el reino de Dios" ha llegado (12:28). El poder que subyace a los exorcismos de Jesús es el Espíritu de Dios, no de Beelzebú. Como en sus sanidades, los exorcismos de Jesús validan el mensaje de que está inaugurando las bendiciones de la era escatológica. Esta es una de las declaraciones más claras del Evangelio de Mateo sobre la realidad presente del reino de Dios. La expresión "reino de Dios" aparece tan solo en contadas ocasiones en Mateo (19:24; 21:31, 43), que prefiere habitualmente la expresión "reino de los cielos". Son expresiones equivalentes (ver comentarios sobre 3:2), pero aquí puede enfatizar la oposición entre Dios y Satanás. El poder del Espíritu de Dios que opera a través de Jesús al exorcizar a los demonios de Satanás es la confirmación tangible de que el reino de Dios ha llegado.[17]

Al mismo tiempo, los milagros no son pruebas convincentes. Las ciudades de Corazín, Betsaida y Capernaúm no se arrepintieron incluso habiendo sido testigos de la mayoría de los hechos milagrosos de Jesús (11:20-24), y estos fariseos que son testigos presenciales tampoco creen. La verdadera relevancia de los milagros solo se reconoce mediante la fe en la persona de Jesús el Mesías. Los exorcismos son, por así decirlo, "rendijas en la cortina de lo escondido del Hijo de Dios".[18] Los exorcismos sí revelan la realidad de la llegada del reino de Dios, pero los corazones que están endurecidos contra la identidad mesiánica están más ciegos aún que el hombre de quien Jesús acaba de expulsar un demonio.

(2) Jesús prosigue con su respuesta a la acusación de los fariseos con respecto a que expulsa demonios por Beelzebú, con una segunda parábola breve: "¿O cómo puede entrar alguien en la casa de un hombre fuerte y arrebatarle sus bienes, a menos que primero lo ate? Sólo entonces podrá robar su casa". Jesús alude a este papel de inaugurar el reino como entrar en una casa bien vigilada (la fortaleza de Satanás y sus compinches) y saquear las posesiones del propietario. Antes de que Jesús pueda liberar a los que son retenidos cautivos mediante el

---

17. John P. Meier, *Matthew* (New Testament Message 3; Wilmington, Del.: Michael Glazier, 1980), 135.
18. C. E. B. Cranfield, *The Gospel According to Saint Mark,* 2ª ed. (CGTC; Cambridge: Cambridge Univ. Press, 1972), 83.

exorcismo, debe "atar" a Satanás. Jesús declara aquí que los poderes de Satanás están ahora limitados, por la llegada del reino de Dios.

La ofensa de Jesús (12:30-37). Jesús pasa ahora a la ofensiva y declara, con dos denuncias mordaces contra los fariseos, las consecuencias de los que se oponen a su ministerio mesiánico. (1) Comienza tirando el guante: "El que no está de mi parte, está contra mí; y el que conmigo no recoge, esparce". Con Jesús no hay término medio. O es el Mesías o no lo es. Los fariseos ya han determinado que no lo es, de manera que se opondrán a él, como ya han demostrado. Pero este dicho tiene gran relevancia para todos los que están al alcance del oído. A las multitudes se les ha ofrecido muchas oportunidades de arrepentirse y entrar en el reino, pero su día de oportunidad no durará ya mucho más. "Negarse a decidirse positivamente por Jesús ya es haber decidido en contra".[19] La tragedia es que muchos de los que forman las muchedumbres seguirán en última instancia la persuasión de los líderes religiosos y se unirán a ellos pidiendo la ejecución de Jesús (27:20-25).

Los fariseos han estado elaborando las acusaciones de blasfemia contra Jesús, pero ahora él muestra que todas ellas son en realidad blasfemia en sí mismas: "Por eso les digo que a todos se les podrá perdonar todo pecado y toda blasfemia, pero la blasfemia contra el Espíritu no se le perdonará a nadie". El Antiguo Testamento consideraba el pecado deliberado y desafiante contra Dios y sus ordenanzas como blasfemia, y su culpa permanecía (Nm 15:30-31). Los judíos consideraban que este pecado desafiante era imperdonable (ver, p. ej., *Jub* 15:34). El rechazo al ministerio de Jesús como validado por el Espíritu es del mismo tipo de pecado desafiante y deliberado. Atribuyendo la obra y el poder del Espíritu a Satanás, los fariseos están deshonrando a Dios de la peor manera. Rechazar la evidencia de los exorcismos, las sanidades y los milagros es rechazar el ofrecimiento del reino de perdonar los pecados. Mientras los fariseos siguen rechazando esa prueba, no podrán entrar en el reino y recibir el perdón.

Esto concuerda además con el papel del Espíritu de convencer a los individuos de pecado, de justicia y de juicio (Jn 16:8). Mientras uno rechace al Espíritu no podrá hallar jamás el perdón de los pecados. Al parecer, Jesús conoce el estado del corazón de estos fariseos y sabe que ahora han llegado al punto de endurecer su corazón más allá del punto de retorno.

Este pasaje ha causado que muchos creyentes con poco conocimiento se angustien pensando que, de algún modo, han podido cometer este pecado por medio de un ataque verbal contra el Espíritu Santo, resultando en condenación eterna. Pero este es más bien un pecado del corazón, el rechazo implacable con el que los líderes judíos negaron el ministerio del Espíritu Santo en su vida. Ralph Martin comenta:

19. Meier, *Matthew,* 135.

> Este versículo es una solemne advertencia contra el rechazo persistente y deliberado a la llamada del Espíritu a la salvación en Cristo. La falta de respuesta humana conduce inevitablemente a la insensibilidad moral y a la confusión de las cuestiones morales en las que se acepta el mal como si fuera bueno [...]. En semejante estado de mente, el arrepentimiento no es posible para el corazón endurecido, porque ya no es posible reconocer el pecado, y la oferta de misericordia de Dios es rechazada de forma perentoria.[20]

Solo los incrédulos pueden cometer hoy este pecado, porque rechazan el ministerio del Espíritu Santo que los conduce a la salvación. Para el creyente que teme haber cometido este pecado, Cranfield dice sabiamente: "Es una cuestión de gran importancia pastoral que podamos decir, con absoluta confianza, a cualquiera que se sienta abrumado por el temor de haber cometido este pecado, que el hecho en sí de que se sienta tan turbado es una prueba segura de que no lo ha cometido".[21]

Jesús sigue con la ofensiva distinguiendo entre el rechazo hacia él y el rechazo a la obra del Espíritu Santo: "A cualquiera que pronuncie alguna palabra contra el Hijo del hombre se le perdonará, pero el que hable contra el Espíritu Santo no tendrá perdón ni en este mundo ni en el venidero". Hablar contra el Hijo del hombre implica que la persona no conoce la plena identidad de Jesús. A través de una mayor revelación y entendimiento se puede subsanar esta deficiencia, la persona puede arrepentirse y hallar el perdón de los pecados. Sometiéndose a la obra evidente y convincente del Espíritu, la persona puede ser llevada a este punto concreto. Sin embargo, rechazar continuamente la obra del Espíritu resultará en que la persona no será jamás capaz de alcanzar ese punto.

En última instancia, una vez que la persona ha endurecido su corazón hasta un extremo irreparable en esta vida (ver comentarios sobre 13:14-15) o que ha muerto sin arrepentirse, la oportunidad para el perdón ha pasado. Solo lo que uno hace en esta vida cuenta para la eternidad. El único "pecado imperdonable" es, pues, cuando la persona rechaza consciente y deliberadamente la operación del Espíritu que da testimonio de la realidad de Jesús como Salvador. La persona que no recibe esta obra del Espíritu no puede venir a Jesús y, por tanto, no puede recibir el perdón.

(2) El segundo golpe ofensivo de Jesús obliga a los fariseos a reconocer que sus acusaciones contra él proceden de la propia naturaleza malvada de ellos. Como en el desafío que dirigió a los discípulos y a las multitudes en el Sermón del Monte (7:15-20), Jesús les dice a los fariseos que examinen el fruto de sus propias vidas: los árboles buenos producen buen fruto y los árboles malos dan fruto malo, a causa de la naturaleza del árbol (12:33; *cf.* 3:8). Con la misma

20. Ralph P. Martin, "Blasphemy of the Spirit", *IBD*, 1:201.
21. Cranfield, *Mark,* 142.

invectiva mordaz que usaba Juan el Bautista para dirigirse a los fariseos y saduceos, Jesús declara: "Camada de víboras, ¿cómo pueden ustedes que son malos decir algo bueno? De la abundancia del corazón habla la boca. El que es bueno, de la bondad que atesora en el corazón saca el bien, pero el que es malo, de su maldad saca el mal".

La expresión "camada de víboras" (*cf.* 3:7; 23:33) alude a la docena o más de pequeñas serpientes peligrosas que pueden nacer de una serpiente madre. Las víboras son proverbiales por su acercamiento sutil y su ataque, como ocurrió con la serpiente original (Gn 3). Los fariseos intentan ocultar su propia blasfemia perversa llamando a Jesús blasfemo. Sin embargo, él revela el quid del problema de los fariseos: tienen un corazón malo. Como con los falsos profetas que desvían a las personas con falsas palabras de profecía, el juicio eterno aguarda a los fariseos y los maestros de la ley que han intentado disuadir a las multitudes de seguir a Jesús, mediante calumnias y acusaciones de blasfemia. Pero su difamación es, en realidad, blasfemia del Espíritu de Dios. Como se niegan a arrepentirse, tendrán que rendir cuenta en el juicio por cada palabra pronunciada.

Enfrentamientos con los fariseos por su petición de una señal (12:38-42)

Los enfrentamientos entre Jesús y los fariseos sobre el día de reposo (12:1-14) y la fuente de sus poderes milagrosos (12:22-37) llevan a otro intento de hacer caer a Jesús en una trampa. Le piden que les muestre "una señal milagrosa" (12:38). Una "señal" es algún tipo de marca o acción visible que transmita un mensaje inequívoco, como la marca de Caín que advertía a las personas que no lo mataran (Gn 4:15) o la forma en que el acto de hablar en lenguas es una señal para los incrédulos de la realidad del mensaje del evangelio (1Co 14:22). El regreso de Jesús como el glorioso Hijo del hombre es la señal que anuncia la consumación escatológica de la era (ver Mt 24:29; *cf.* 16:27; 26:64).

El problema con una señal es que se puede interpretar de diferentes maneras.[22] Los fariseos le piden aquí a Jesús que realice algún tipo de manifestación espectacular de poder a petición suya que los convenza de manera irrefutable de que su poder viene de Dios y no de Satanás. Sin embargo, aunque la petición parece bastante inocente, no lo están pidiendo de buena fe. Están pidiendo una señal que puedan usar contra él. Jesús ya ha realizado muchos milagros en público, algunos de los cuales los fariseos los han presenciado en primera fila (*cf.* 12:9-14). Si ellos hubieran estado abiertos al mensaje de Dios, habrían aceptado que Jesús es verdaderamente el Mesías. En vez de ello, sus duros corazones han rechazado el poder que autentifica los milagros y han utilizado esos mismos milagros como base para acusarlo de ser una herramienta satánica (12:24). Jesús reconoce sus motivos malvados y se niega a caer en su trampa, con lo que les proporciona munición adicional para sus acusaciones contra él.

---

22. James D. G. Dunn, "Sign", *IBD* 3:1450.

Entonces Jesús da la vuelta al intento engañoso de los fariseos para atraparlo y se enfrenta a ellos por su tramposa motivación y su inminente condena: "¡Esta generación malvada y adúltera pide una señal milagrosa! Pero no se le dará más señal que la del profeta Jonás".[23] Cuando Jonás apareció entre el pueblo de Nínive, fue la señal para ellos de que su mensaje era del Dios que lo había rescatado de la muerte (Jon 3:1-5). La generación que ha escuchado el mensaje de Jesús y visto su ministerio tiene suficiente prueba validadora en sus milagros de que él es el Mesías. En lugar de arrepentirse al ver sus milagros, han intentado usarlos como base de la acusación de que está confabulado con Satanás (12:24). Por la mala intención de ellos, la otra única señal que Jesús les dará es la del juicio venidero de Dios sobre ellos, como lo fue Jonás para el pueblo de Nínive.[24]

"Porque así como tres días y tres noches estuvo Jonás en el vientre de un gran pez, también tres días y tres noches estará el Hijo del hombre en las entrañas de la tierra". La expresión "tres días y tres noches" no es incompatible con la imagen sinóptica de que Jesús fue sepultado al final del viernes por la tarde y que resucitó el domingo por la mañana. Él dijo una y otra vez que sería levantado de los muerto "al tercer día" (16:21; 17:23; 20:19). Si estuvo tres días y tres noches literales en la tumba, habría resucitado al cuarto día. Pero el Antiguo Testamento suele considerar parte de un día como un día completo,[25] y en el pensamiento rabínico, también.[26] Tres días y tres noches es casi una expresión proverbial y no significa más que la combinación de cualquier parte de los tres días por separado.

La culpabilidad de los fariseos y maestros de la ley por no arrepentirse al llegar Jesús se extiende a toda la generación que siguió su liderazgo equivocado. Han tenido el inmenso privilegio (11:20-24), pero los que indicarán la figura de condenación son los que tuvieron un privilegio mucho menor —los paganos de Nínive— que se arrepintieron cuando llegó Jonás, el mensajero de Dios (12:41). "Aquí tienen ustedes a uno más grande que Jonás".

Existe una segunda figura de condenación contra los fariseos, y es otra pagana: "la Reina del Sur" (12:42), es decir, la reina de Sabá (1R 10:1-29). Ella también permitió que la revelación de Dios penetrara en su pagano corazón. En su comparación con Salomón, Jesús hace una vez más la afirmación de ser "mayor" que este rey. "Afirmar que Jesús es mayor que [Salomón] es declarar que es el

---

23. Nótese que "la señal de Jonás" no es un tipo de señal que Jonás traiga. Más bien, Jonás es en sí mismo la señal.
24. Hans F. Bayer, *Jesus' Predictions of Vindication and Resurrection: The Provenance, Meaning and Correlation of the Synoptic Predictions* (WUNT 2/20; Tübingen: J.C.B. Mohr [Paul Siebeck], 1986), 141-45, 182.
25. *Cf.* Gn 42:17-18; 1S 30:12-13; 1R 20:29; 2Cr 10:5, 12; Est 4:16; 5:1.
26. Ver *y. Šabb.*, 12a, 15, 17 (*cf. b. Naz.* 5b; *b. Pesaḥ* 4.2); citado en Gerhard Delling, "ἡμέρα", *TDNT,* 2:949-50.

verdadero Mesías; que edificará el templo escatológico; que por medio de él será restaurado el reino davídico".[27]

En resumen, las tres formas en que Jesús es mayor que el templo, el profeta Jonás y el sabio rey Salomón (12:6, 41, 42) elevan la persona de Jesús, su proclamación y su inauguración del reino como algo mayor que, y por tanto el cumplimiento de, las tres mayores instituciones de Israel: sacerdote, profeta, rey. La llegada de Jesús con el reino de Dios ha excedido todo lo que Israel ha presenciado en su historia. Pero, de forma trágica e irónica, los gentiles ven aquello que los fariseos y aquella fatídica generación no ven.[28]

Esta perversa generación y el regreso del espíritu maligno (12:43-45)

Tras la escena de juicio por rechazar la inauguración del reino de los cielos por parte de Jesús el Mesías, Jesús proporciona una revelación parabólica de la guerra en el seno de aquella generación adúltera. El incidente del endemoniado ciego y mudo ha instigado todo el intercambio con los fariseos (12:22-37), de modo que Jesús regresa al tópico del exorcismo para expresar una idea final. Los fariseos lo han acusado de expulsar demonios con el poder de Satanás, pero, en un giro irónico, Jesús demuestra que estos líderes religiosos y los de aquella generación que siguen su dirección están, ellas mismas, bajo la influencia de los espíritus malignos de Satanás.

Jesús empieza con una declaración general de cómo operan los demonios: "Cuando un espíritu maligno sale de una persona, va por lugares áridos, buscando descanso sin encontrarlo". El verbo "sale" implica que el demonio ha salido mediante un exorcismo. Se suele asociar a los demonios con lugares desérticos (sin agua) como su morada (Is 13:21; 34:14; *Tobit* 8:3; *1 En.* 10:4). El "resto" implica que, aunque pueda existir un demonio en un estado incorpóreo, su propósito maligno se realiza mejor en un estado corpóreo.

El demonio busca volver a poseer todo el ser inmaterial/material de la persona: "Volveré a la casa de donde salí" (lit., "*mi* casa", por eso se le llama *posesión* demoníaca). Los demonios tienden a ser persistentes en querer mantener su propiedad de la persona. De modo que "va y trae a otros siete espíritus más malvados que él, y entran a vivir allí". El número siete está vinculado en las Escrituras con la completitud, el cumplimiento y la perfección.[29] Aquí podría indicar el carácter completo de una posesión demoníaca una vez que el demonio regresa.

La generación malvada a la que Jesús se dirige ha experimentado su poderoso ministerio, en especial a través de sus exorcismos. Ha sido algo bueno para

27. Wright, *Jesus and the Victory of God,* 535.
28. Hagner, *Matthew,* 1:355.
29. Desde los tiempos más primitivos, el siete también tiene connotaciones sagradas; Gn 2:2; 4:24; 21:28; Éx 20:10; Lv 25:2-8.

Israel. Pero no se ha arrepentido ni ha acudido al reino de los cielos. Por consiguiente, esa generación es más susceptible que antes al poder del maligno. El punto trágico de la parábola está en la declaración: "Así que el estado postrero de aquella persona resulta peor que el primero". Si la presente generación rechaza continuamente a Jesús, ella también será como alguien que ha vuelto a ser poseído por demonios: su condición de juicio final será peor que antes de que Jesús viniera a ella (*cf.* 12:32, 36).

El pasaje es parabólico, inspirado en situaciones de la vida real para contar una historia que explica una idea. Tiene relevancia para la generación en conjunto, pero es instructiva también para los individuos. Es decir, la parábola apunta a un incrédulo que ha sido exorcizado, pero no viene a Jesús ni entra en el reino (*cf.* 12:28). La persona exorcizada debe responder a la invitación de Jesús de creer en él como Mesías, entrar al reino de Dios y experimentar nueva vida a través de su Espíritu. Aquí, la implicación es que su persona no ha entrado en el reino. Sin la transformación del reino, una persona "limpiada" es más vulnerable al ataque renovado y persistente del demonio y siete perversos compinches más. Sin embargo, si esta persona sí recibe a Jesús y el reino, Satanás huirá de la presencia de Dios en la vida de este discípulo (Stg 4:7; 1Jn 4:4).

Los discípulos de Jesús son su verdadera familia (12:46-50)

Las confrontaciones con las autoridades religiosas han sacado a flote las incontrovertibles diferencias entre la proclamación del evangelio del reino por parte de Jesús y las expectativas de las multitudes y dichas autoridades religiosas de Israel. Al llevar la ley a su cumplimiento como Señor del día de reposo (12:8), a los que le responden los libera de la esclavitud opresora de las cargas del legalismo farisaico y de la opresión del reino demoníaco de Satanás. Pero hay otras fuerzas en funcionamiento que pueden intentar disuadir a Jesús y sus seguidores. Este pasaje prepara para una de las transiciones más significativas en el ministerio de Jesús (ver comentarios sobre 13:1-17), declarando con claridad la firma distintiva de la propia vida y ministerio de Jesús, así como de sus seguidores: la obediencia a la voluntad del Padre (12:50).

La expresión "mientras Jesús le hablaba a la multitud" efectúa la transición del relato de la sección precedente que se centra en los de afuera (es decir, las multitudes y los fariseos) a los de dentro (es decir, los discípulos). El relato de Mateo ha mantenido un impresionante contraste entre tres grupos: los discípulos, las multitudes y la autoridades religiosas de Israel (ver comentarios sobre 5:1-2). Los discípulos son los que han respondido de forma positiva a la invitación de Jesús al evangelio del reino. Las multitudes son aquellos interesados en el mensaje y el ministerio de Jesús, pero que todavía no han tomado la decisión de entrar al reino y convertirse en discípulos de Jesús. Los líderes religiosos son los que sistemáticamente se oponen al mensaje y el ministerio de Jesús.

Mateo 12:9-45 no incluía referencia alguna a los discípulos. Esto es una clave de que los temas aquí explicados fueron sobre la entrada al reino, y no la instrucción sobre la vida dentro del mismo. Ahora, sin embargo, al seguir Jesús dirigiéndose a la multitud (12:46), "se presentaron su madre y sus hermanos. Se quedaron afuera, y deseaban hablar con él". Jesús se ha centrado en proclamar el evangelio del reino a todos con una invitación sin plazo definido. Esa invitación continúa, pero ahora él empieza a pedir cuentas de aquellos a quienes se ha extendido la invitación.

La omisión de "padre" puede indicar que José ya había muerto por aquel entonces. Mateo no da razón alguna de por qué su familia desea hablar con él, pero Marcos indica que, con anterioridad, su familia había salido de Nazaret para ir a Capernaúm porque, al parecer, habían escuchado hablar de la conmoción que el ministerio de Jesús estaba causando. Querían controlarlo a él y alterar su ministerio, porque pensaban que había perdido la cabeza, considerando las afirmaciones que estaba haciendo y la perturbación que estaba causando al statu quo religioso (Mr 3:21; *cf.* Jn 7:5).[30] Junto con esto, podría ser que pretendieran hacer que Jesús recapacitara, como hijo mayor y responsable de cuidar a su madre y sus hermanos y hermanas menores tras la muerte de José.

Los que han sostenido la virginidad perpetua de María han intentado interpretar aquí que "hermanos" indica hijos de un matrimonio anterior de José o primos de Jesús, los hijos de la hermana de María. No existe prueba histórica de un casamiento y paternidad anteriores de José. De ser así, aquel hijo primogénito, y no Jesús, habría sido el heredero legal al trono de David por medio de José.[31] Y aunque "hermano" pueda tener un significado más amplio que incluye el de primo, no existe justificante contextual para interpretar dicho sentido aquí.[32] La interpretación más natural de este pasaje, sobre todo a la luz del relato de la infancia (ver comentarios sobre 1:24-25) y la posterior mención a los hermanos y hermanas de Jesús (13:55-56) es que, una vez nacido Jesús, José y María mantuvieron relaciones sexuales normales y engendraron otros hijos, que son medio hermanos de Jesús.

Con este contexto en mente, María y los hermanos de Jesús llegan al lugar donde Jesús está hablando con el fin de escoltarlo de regreso a Nazaret. Alguien le dice: "Tu madre y tus hermanos están afuera y quieren hablar contigo". Pero

30. Ver R. T. France, *The Gospel of Mark* (NIGTC; Grand Rapids: Eerdmans, 2002), 164-65; Guelich, *Mark 1–8,* 172-73; Goege Aichele, "Jesus's Uncanny 'Family Scene'", *JSNT* 74 (junio 1999): 29-49.
31. Carson, "Matthew", 299.
32. Destacados eruditos mateanos de la Iglesia Católica Romana reconocen hoy la dificultad de leer "hermanos" como cualquier otra cosa que no sea hijos de María; p. ej., Harrington comenta: "Es dudoso que Mateo conociera la tradición sobre la virginidad perpetua de María"; Daniel J. Harrington, S. J., *The Gospel of Matthew* (Sacra pagina 1; Collegeville, MInn.: Liturgical, 1991), 191. Para una visión de conjunto de toda esta cuestión, ver Richard J. Bauckham, "Relatives of Jesus", *DLNTD,* 1004-6.

Jesús no será disuadido de su misión mesiánica, aunque esto signifique interrumpir las lealtades biológicas. "¿Quién es mi madre, y quiénes son mis hermanos?". Señalando a sus discípulos, dijo: "Aquí tienen a mi madre y a mis hermanos". Jesús ya ha subrayado a sus discípulos la separación inevitable que se producirá entre los miembros de la familia por causa del compromiso con él (10:34-39; *cf.* 8:21-22). Él no ha venido a abolir la familia, porque más adelante defiende la ley que exige que los hijos honren a sus padres y reprende a quienes desarrollan tradiciones que les permiten evitar esos cuidados (15:3-9). Y veremos que, tras el discurso de las parábolas, Jesús regresa a Nazaret, donde su familia sigue viviendo, para predicar en la sinagoga (13:54-58). Pero Jesús está aquí demostrando la preeminencia del compromiso con él y el reino de los cielos, que sitúa a las personas en una nueva familia espiritual.

Jesús especifica el rasgo central que crea y caracteriza esta familia espiritual: "Pues mi hermano, mi hermana y mi madre son los que hacen la voluntad de mi Padre que está en el cielo". El tema de hacer la voluntad del Padre celestial es un motivo que recorre el Evangelio de Mateo y refleja profundas raíces judías (*cf.* 6:10; 7:21; 18:14; 21:31; 26:42).[33] La voluntad del Padre significa obedecer al llamado al reino de los cielos que resultará en la verdadera justicia. La relación genealógica de una persona con Israel no garantiza un lugar en el reino de los cielos, como tampoco lo hace la relación familiar de la persona. Cada individuo debe responder a la voluntad del Padre y obedecer el llamado de Jesús al reino y convertirse en su discípulo. Jesús es el ejemplo supremo de la voluntad del Padre revelada y obedecida (11:27; 26:42), de modo que seguir su ejemplo en el discipulado y llegar a ser como él facultará a sus discípulos para hacer la voluntad del Padre a diario.

Jesús amplía intencionadamente el género de las referencias para incluir a las mujeres como discípulos suyos, no aludiendo solamente a madre y hermano, sino introduciendo también "hermana".[34] Su mensaje y su ministerio inician una forma única de discipulado. Dentro del judaísmo de aquel tiempo, sobre todo entre los rabinos, solo los hombres podían convertirse en discípulos de un rabino y estudiar la Torá. Sin embargo, con Jesús, cualquier persona —mujer u hombre, joven o viejo, gentil o judío— que responda al evangelio del reino y crea en él para vida eterna es su discípulo. En otras palabras, el discipulado de Jesús no se define por modelos rabínicos, sino por la relación con él, que significa obediencia a la voluntad del Padre.[35] El Antiguo Testamento nos preparaba para este concepto haciendo hincapié en la importancia de que tanto la nación como el individuo anden en los caminos de Dios, lo que se cumple ahora en un discipulado con Jesús que crea una nueva familia de Dios.[36]

---

33. Senior, *Matthew,* 145.
34. Hagner, *Matthew,* 1:360.
35. Ver Wilkins, "Women in the Teaching and Example of Jesus", 91-112.
36. Wilkins, *Following the Master,* 66-68; Hellerman, *The Ancient Church As Family,* 64-70.

Esta forma de discipulado culmina en la Gran Comisión final de Jesús, donde el imperativo central es "hagan discípulos de todas las naciones" (28:19). Esto incluye a hombres y mujeres, algo que confirma el libro de Hechos. En los primeros días de la iglesia, "discípulo" se refiere a hombres y mujeres (Hch 6:1-7; 9:10, 36; 16:1), llamados "creyentes" (5:14) o la "iglesia" (8:3).[37] Todos los discípulos deben ser enseñados a obedecer todo lo que Jesús ordena (*cf.* Mt 28:19-20), algo que en última instancia conduce a obedecer la voluntad del Padre momento a momento y día a día.

Construyendo Puentes

Mateo ha organizado su Evangelio en torno a grandes cantidades de material que revelan claramente la verdadera identidad y ministerio de Jesús. Ha revelado cuidadosamente el origen divino (caps. 3–4), su mensaje mesiánico autoritativo (caps. 5–7), el ministerio milagroso (caps. 8–9) y la misión de sus mensajeros de proclamar su propio mensaje mesiánico (cap. 10). Con la misión de Jesús plenamente establecida, Mateo dedica dos capítulos completos a revelar la oposición que se está formando en Israel contra Jesús. Juan el Bautista, su propio precursor profético, cuestiona la realidad de su misión (11:1-6), pero los que han tenido la mayor oportunidad de ser testigos de su enseñanza y sus milagros lo han rechazado, para su propia condenación (11:7-24). Y ahora vemos que los líderes religiosos, los que mayor responsabilidad tienen de reconocer a Jesús y de orientar Israel a él, se están convirtiendo en sus principales oponentes.

Estas escenas de controversia ilustran el conflicto que Jesús soportó en su ministerio terrenal, de manera que cada palabra es valiosa para nuestra interpretación de con qué se encontraron él y la llegada del reino de los cielos. Sin embargo, existen varios temas valiosos que Mateo ha enfatizado en este capítulo. ¿Por qué desafían los fariseos y los maestros de la ley a Jesús y se oponen a él? ¿Por qué no podían reconocer la mano de Dios en el ministerio de Jesús? Ha venido como iniciador mesiánico del reino de los cielos, y los que eran más responsables de reconocerle son los más ciegos. Esto debería hacer que nos detuviéramos un momento. Cuando desafiamos el papel de Jesús en nuestra vida podemos ser más parecidos a los fariseos de lo que nos gustaría admitir. Una cuidadosa mirada a las fuerzas motivadoras tras las confrontaciones proporcionará, pues, algunas lecciones inestimables.

Los oponentes de Jesús parecen tener motivos sinceros. El avance del ministerio de Jesús ha experimentado la oposición subyacente de las autoridades religiosas de Israel, sobre todo de los fariseos y los maestros de la ley. Pero ahora esa oposición es pública y notoria. Estos líderes están ya convencidos de

37. Ver Wilkins, *Following the Master,* cap. 13.

que el ministerio de Jesús no es de Dios. Sus sospechas surgen porque creen que blasfema atribuyéndose prerrogativas para actuar de maneras en que solo Dios puede hacerlo (p. ej., perdonar pecados, 9:3), porque se junta con personas pecaminosas (9:11) y porque tiene control sobre los espíritus malignos (9:34).

Con toda seguridad, no ha habido persona —ya sea profeta, sacerdote o rey— que haya actuado de ese modo en la historia de Israel. Según la forma de pensar de ellos, Jesús no debe de ser el emisario de Dios, y mucho menos su Mesías. Creen que está liderando al pueblo en la dirección equivocada, apartándolo de Dios y no acercándolo a él. Por tanto, hay que detenerlo. No es tan solo un tipo distinto de maestro de la ley de Dios. Más bien, Jesús es un transgresor de la ley cuyos crímenes merecen la muerte (12:14).

Tampoco es un mero profeta radical de Dios, como Juan el Bautista. Es un emisario demoníaco de Satanás, y sus actividades justifican la pena de muerte. De manera que intentan hacer que Jesús caiga en una trampa y se enfrentan a él con dos cargos básicos: la violación del día de reposo (12:1-14) y hacer milagros con el poder de Satanás (12:22-37). Los líderes religiosos creen que están actuando en buena conciencia protegiendo al pueblo, la ley y a Dios del mal que ellos perciben en el ministerio de Jesús.

Los oponentes de Jesús están sinceramente equivocados. Sin embargo, hay que contar la historia. A pesar de sus motivos y sus esfuerzos aparentemente sinceros, los fariseos están equivocados. Y no solo se trata de que se hayan equivocado; tienen una condición mortal más grave. Están tan cegados y su corazón está tan endurecido que no pueden ver que las actividades mismas de las que han acusado a Jesús son, en realidad, validaciones de la procedencia divina de su ministerio de enseñanza (12:8) y sanidad (12:12), y de su identidad (12:15-21).

Jesús también le da la vuelta a cada enfrentamiento para responder a los fariseos señalando los desastrosos efectos de su propio ministerio. No solo hacen que sus tradiciones distorsionen la bendición de la ley de Dios para convertirla en una carga agotadora y pesada de culpa sobre las personas (11:28-29; 12:7), sino que el mal que están intentando perpetrar condenando a Jesús procede de sus propios corazones perversos (12:34-37). Como Hijo del hombre dotado del Espíritu, Jesús pronuncia el juicio sobre estos líderes religiosos por la blasfemia de ellos y la pecaminosa dureza de corazón que no puede perdonarse (12:31, 37, 41, 45).

Jesús es el cumplimiento de las principales instituciones de Israel. Como Jesús hace frente a la insensible oposición, se justifica a sí mismo como verdadero Señor del día de reposo de Dios (12:8), revelando que la intención divina al dar su ley no fue el mero cumplimiento, sino llevar el bien a los que están en necesidad (12:3-7, 11-13). También es el verdadero Siervo de Dios (12:18), el inaugurador del reino de Dios dotado del Espíritu (12:28), que ha venido a traer justicia a los que están atrapados en la trampa legalista de los líderes religiosos

(12:18-21). Y Jesús es también mayor que el templo (12:6), mayor que el profeta Jonás (12:41) y mayor que el sabio rey Salomón (12:42). Su persona, su proclamación y su inauguración del reino son mayores que las tres instituciones más grandes de Israel: sacerdote, profeta y rey. La llegada de Jesús con el reino de Dios ha excedido todo aquello de lo que Israel fue testigo en su historia y debería haber sido un día de gran regocijo. Pero, trágicamente, los fariseos y esa generación fatídica endurecieron su corazón contra él.

Las sorprendentes víctimas de la actividad demoníaca. El irónico dilema que aflora de estas confrontaciones es la presencia real misma de la actividad demoníaca y sus sorprendentes víctimas. El poder de Jesús sobre los trastornos generados por los demonios dio pie a las acusaciones de que él estaba confabulado con el príncipe de los demonios, algo que Jesús refuta al instante (12:25-37). Pero Jesús usa la analogía de un hombre exorcizado para ilustrar que los fariseos y todos los de esa generación que sigue su dirección oponiéndose a Jesús son víctimas voluntarias de la dominación demoníaca (12:43-45). Los compara con el hombre exorcizado que intenta "limpiar" su casa, pero que, al no haber experimentado la transformación que acompaña a los que responden al evangelio del reino, sufrirá multiplicada por más de siete la posesión demoníaca original. Los que creían ser expertos en diagnosticar la actividad demoníaca son las víctimas de sus propias acusaciones.

Los inesperados receptores de la justicia. Pero, en medio de la confrontación entre Jesús y los fariseos y los maestros de la ley, resuena otro tema. Jesús no solo es el autoritativo Señor del día de reposo (12:8); es el Siervo facultado por el Espíritu que trae justicia a las naciones (12:18). No ha venido con descaro a exigir para sí la oportunidad de hablar, sino que ha venido con amabilidad y mansedumbre, y con la esperanza de justicia para las naciones oprimidas (12:15-21). Los que tienen una relación más cercana con Jesús el Mesías no son los de su propia familia biológica (12:46-49) ni tampoco los que han ejercido autoridad en la familia religiosa. Más bien, conforme Jesús revela la voluntad de su Padre, todos los que se atreven a obedecer se convertirán en sus discípulos, los miembros más cercano de su familia (12:50).

A diferencia de los líderes religiosos, cuyos corazones perversos son la fuente de sus acusaciones contra Jesús (12:33-37), los discípulos de Jesús experimentarán una transformación del corazón que los capacitará para entender y llevar a cabo la intención de la ley (12:1-6), seguir a Jesús y convertirse en sus emisarios de esperanza a las naciones mientras conduce la justicia a la victoria (12:20-21), pronuncia buenas palabras que tipifican al pueblo del reino (12:35) y obedecen la voluntad de su Padre celestial (12:49-50).

La batalla entre Jesús y los líderes religiosos no es un simple debate entre los líderes judíos, sino un síntoma de la guerra espiritual cósmica que se está librando desde la primera venida de Jesús. Había sido una amenaza para el rey Herodes, el falso pretendiente al trono de Israel, y para las autoridades religiosas de Jerusalén que intentaron hacer que lo mataran. Tras esa oposición merodea Satanás, que sabe que su dominio de este mundo se está viendo desafiado. A través de las tentaciones, Satanás intentó impedir que Jesús reclamara este mundo enfermo de pecado (4:1-11). En el capítulo 12 vemos tristemente que Satanás ha engañado a los líderes religiosos para que se opongan a Jesús, para su propia condenación. Los que son más responsables de reconocerle son los más ciegos y los más gravemente influenciados por todas las fuerzas demoníacas de Satanás. Pero, para aquellos que lo reciben con humildad como mensajero de justicia de Dios, la victoria sobre esas fuerzas del mal es una esperanza más real.

Significado Contemporáneo

Las controversias entre Jesús y los fariseos y los maestros de la ley acaban con una nota un tanto inesperada. Jesús se aparta de su propia familia biológica, señala a sus discípulos y dice: "Mi hermano, mi hermana y mi madre son los que hacen la voluntad de mi Padre que está en el cielo" (12:50). Con esta declaración, Jesús pone en perspectiva toda la serie de confrontaciones. Él ha venido a hacer la voluntad de su Padre (11:27; 26:42), y los que reciben su mensaje y su ministerio obedecen al Padre. Aquellos que lo niegan —o peor, los que se oponen a él— niegan y se oponen al Padre. Los líderes religiosos de Israel tenían la mayor oportunidad de conocer las Escrituras que profetizaban la venida del Mesías, y con los ojos de la fe deberían haber reconocido a Jesús e indicado al pueblo que él era el cumplimiento de aquellas esperanzas proféticas. Pero, en lugar de obedecer el liderazgo del Espíritu, endurecieron sus corazones contra el Espíritu y siguieron la dirección de las fuerzas demoníacas.

La obediencia a la voluntad del padre. Existen varios puntos de aplicación para nosotros como lectores modernos de este relato, pero la obediencia a la voluntad del Padre se halla en el centro. Aplicar correctamente el Antiguo Testamento imitando el ejemplo de Jesús,[38] encontrándose con la persecución conforme se entra en la guerra espiritual, y desarrollar el discipulado de la comunidad son todos ellos temas de este capítulo. Y todo gira en torno a obedecer correctamente la voluntad del Padre tal como ahora revela Jesús el Mesías.

Este ha sido el sistemático grito de guerra de los discípulos perseguidos de Jesús a lo largo de la historia de la iglesia. El grupo de música cristiana contemporánea dc Talk se asoció con el ministerio cristiano *La voz de los mártires* para escribir el apasionante libro llamado *Locos por Jesús: Las historias de aquellos que se mantuvieron firmes por Jesús.* Es una colección de testimonios de todo el mundo que tienen por objetivo a los adolescentes de todos Estados Unidos, con el mensaje de la iglesia perseguida que no se rinde: "En un mundo edificado

38. Para principios de aplicación del Antiguo Testamento hoy, ver la sección Significado Contemporáneo de 5:17-20.

sobre el libre albedrío y no sobre la voluntad de Dios, debemos ser los Locos. Aunque no seamos llamados al martirio, hemos de martirizar nuestro estilo de vida. Debemos matar nuestros caminos egoístas y marchar siguiendo un compás diferente. Entonces el mundo verá a Jesús".[39] El libro está lleno de testimonios y citas, unos 150 aproximadamente, de todas partes del mundo y a lo largo de la historia de personas de la iglesia que obedecieron la voluntad de Dios, la mayoría de ellos hasta la muerte. Tiene un mensaje poderoso para todo cristiano mientras sigamos a un Salvador vencedor capaz de llevarnos por cualquier situación de la vida.

El libro narra la historia de Geleazium, martirizado en San Angelo, Italia, en la Edad Media. Se le cita diciendo: "La muerte es mucho más dulce para mí con el testimonio de la verdad que la vida con la menor negación".[40] Es un imponente compromiso con la obediencia a la voluntad del Padre. En nuestros días no es menos imperativo aferrarse a la verdad de la Palabra de Dios y atesorarla aun a riesgo de nuestro bienestar.

Tom White, director de La voz de los mártires, que fue encarcelado en Cuba durante diecisiete meses por distribuir literatura evangelizadora, entiende claramente la necesidad de obediencia que él mismo vio ejemplificada en el sufrimiento soportado por los cristianos de Vietnam. Escribe: "Me encontraba en los altiplanos centrales de Vietnam cuando alguien hizo la observación de cuánto sufren los cristianos allí. Un cristiano vietnamita comentó: 'El sufrimiento no es lo peor que nos puede pasar. No hay nada peor que desobedecer a Dios'".[41]

Evaluar la oposición que vendrá. La oposición a la obra del reino de Dios es real. Los líderes religiosos de su tiempo se opusieron a Jesús. En nuestra obediencia a la voluntad del Padre para nuestras vidas, también podemos experimentar oposición. Cuando él envió a los doce en la primera misión, Jesús les hizo una sombría predicción: "Basta con que el discípulo sea como su maestro, y el siervo como su amo. Si al jefe de la casa lo han llamado Beelzebú, ¡cuánto más a los de su familia!" (10:25). El duro trato que Jesús recibió de los líderes religiosos será la suerte que corran sus discípulos hasta el final de esta era.

La oposición con la que nos encontremos será de toda una diversidad de tipos. En la cada vez más secularizada sociedad del siglo XXI encontramos oposición a nuestra fe por parte de la cultura general. La comunidad cristiana de Estados Unidos se vio sacudida durante el verano del 2002 cuando el jurado del Noveno Tribunal Superior de Justicia de Estados Unidos derogó una ley de 1954 ratificada por el Congreso que añadía la referencia "bajo Dios" a la Promesa de Lealtad. El tribunal dijo que esas palabras violaban la cláusula de establecimiento de la Primera Enmienda, que requiere la separación entre iglesia y estado. El caso fue

39. Dc Talk y The Voice of the Martyrs, *Locos por Jesús: Las historias de aquellos que se mantuvieron firmes por Jesús* (Tulsa: Albury Pub, 2001) p. 8 del original en inglés.
40. *Ibíd.*, 135.
41. *Ibíd.*, 40.

presentado por un doctor ateo con una licenciatura en Derecho que argumentó que los derechos de la Primera Enmienda de su hija en edad escolar se violaron cuando la obligaron a escuchar cómo su maestro dirigía a sus compañeros de clase en la promesa que proclamaba que la nuestra es "una nación bajo Dios".[42] En el momento de escribir este libro, las apelaciones legales no han concluido todavía, pero este incidente indica con claridad que nuestra cultura se opone cada vez más a la manifestación pública de cualquier reconocimiento de la realidad de Dios y de su voluntad para nosotros.

Como en el caso de Jesús, podemos encontrarnos con la oposición de nuestra familia si no entienden la forma en que queremos servir a Dios. Recuerdo a un joven que le anunció a su familia que iba a abandonar la universidad estatal a la que asistía con una beca completa con el fin de ir a una facultad cristiana y prepararse para el ministerio: "Será un desperdicio terrible, una mente tan brillante para tirarla por la borda con esos estudios cristianos". Y a lo largo de sus estudios tuvo resistencia por parte de su familia en lugar de respaldo.

A nivel más drástico, los cristianos podemos esperar oposición cuando proclamamos el mensaje del evangelio. Una reciente e inolvidable fotografía en color desde África ilustraba un informe especial titulado: "La persecución global de los fieles". Era la foto de un hombre sudanés sobre un asno, con un subtítulo que decía: "Predicando todavía". Le habían cortado los pies para impedir que evangelizara de aldea en aldea. Pero aquel acto horrendo no lo detuvo. Ahora monta en burro para difundir el evangelio de Jesucristo. El artículo incluía una publicación del *Washington Times* que seguía documentando el incremento de la persecución alrededor el mundo con esta sorprendente declaración: "En el siglo XX fueron asesinados más cristianos que en los diecinueve siglos anteriores juntos".[43]

Emular la respuesta de Jesús a la oposición: consejos para los discípulos heridos. En la predicción de Jesús sobre lo inevitable de la oposición, también deberíamos buscar su ejemplo al tratar con ella. Mateo desarrolla su narración de tal manera que, cuando uno contempla la vida de Jesús, no solo aprende lo que significa ser el Mesías para él, sino también lo que es ser sus discípulos imitando la vida que él vivió. Jesús fue profundamente herido de todas las formas posibles, cuando aquellos a los que vino a rescatar lo rechazaron (11:20-24), cuando su precursor lo cuestionó (11:1-6), cuando los miembros de su familia intentaron estorbarle (12:46) y, en última instancia, cuando su propia gente, incluidas las multitudes y los líderes religiosos, buscaron excusas para que lo arrestaran y ejecutaran (27:17-25). Pero Jesús no permitió que su inmenso dolor lo desviara de su misión. Permaneció siempre obediente a la voluntad del Padre para su vida, siempre fiel como Siervo dotado por el Espíritu, que trae justicia a las naciones

42. Evelyn Nievese, "Judges Ban Pledge of Allegiance from Schools, Citing 'Under God'", *New York Times* (27 junio 2002), National Desk, 1.
43. "The Global Persecution of the Faithful", *World & I* (diciembre 2000), 18.

(12:18). En el Sermón del Monte, Jesús había declarado que sus discípulos debían amar a sus enemigos y orar por aquellos que lo perseguían (5:44). En cada una de sus respuestas a la oposición podemos suponer, sin equivocarnos, que él amaba a sus enemigos.

Cada persona que lea estas palabras, cada persona a la que ministremos, ha sido herida. No con tanta profundidad como vemos en Jesús, pero todas han recibido daño de personas que parecían bien intencionadas, que, en su propia sinceridad desacertada, nos han atacado y han cuestionado nuestros motivos, o quizás hasta nos han difamado. ¿Cómo deberíamos responder? ¿Cómo mantenemos nuestro compromiso con la voluntad del Padre, mientras amamos a los que se oponen a nosotros y nos han hecho daño?

Anteriormente sugerí una definición de amor que llega al núcleo de la forma en que Jesús amó: *el amor es un compromiso incondicional con una persona imperfecta en el que nos entregamos a llevar la relación al propósito que Dios pretendía.*[44] Al encontrarnos con la oposición, o al menos con dificultades, en nuestras relaciones debemos amar como Jesús amó. Aquí hay algunos "consejos para discípulos heridos", con sugerencias para aprender cómo amar y servir a los que nos han herido. Excepto en el caso de los tres primeros, no existe ningún orden particular.

(1) *Entrégate a los demás, no solo a tus deberes y responsabilidades.* En última instancia, fue la persona de Jesús la que llevó a cabo la obra de Dios. Fue su amor, su carácter, su encarnación de la gracia lo que impregnó este mundo. Dios dio a su Hijo para salvar a este mundo, y el Hijo se entregó libremente a aquellos que no lo merecían (Jn 10:14-18). El mundo necesita ver en nosotros la encarnación del amor, la compasión y el carácter de Jesús no solo como la realización superficial de nuestro trabajo. Las relaciones se vuelven frías y sin vida si solo las basamos en el deber. Cuando entregamos a los demás no solo nuestros deberes y responsabilidades, sino a nosotros mismos, establecemos relaciones reales.

Un patrón cristiano para el que mi esposa trabajó hace varios años tenía continuos problemas de personal. Era un hombre mayor más bien huraño y mantenía distancia con sus empleados. Un día, mi esposa intentó hablar con él de los problemas que estaba creando con un gran volumen de trabajo y una baja moral entre su personal. Se defendió diciendo: "Estoy pagando su salario; no tengo por qué ser su amigo también". Este puede ser un caso muy extremo, pero ilustra la idea. Cada uno de nosotros puede crear sus propios problemas relacionales cuando pensamos que con llevar adelante nuestras responsabilidades sin entregarnos ya es suficiente.

Jesús ejemplifica el tipo de liderazgo de siervo en el que entró en relaciones personales con sus discípulos, no limitándose a tener la relación académica formal tan típica entre los rabinos. Desarrollar un papel adecuado como líder o

44. Ver en la sección Significado Contemporáneo de 5:43-47.

patrón puede resultar difícil, pero hasta las formas más pequeñas de entregarnos para crear una relación adecuada con aquellos que trabajan para nosotros es fundamental. Del mismo modo, maridos y padres podemos haber cumplido nuestros deberes para con nuestras esposas o hijos llevando a casa el cheque del salario, ¿pero nos hemos entregado a nosotros mismos? He mantenido muchas conversaciones con muchachos adultos que lamentan que su madre o su padre estuvieran tan consumidos con proveer para la familia en lo económico que nunca se entregaron de forma relacional a sus hijos.

(2) *Revierte la dinámica de la relación de tomar y dar.* Cuando seguimos el ejemplo de ministerio de Jesús, descubrimos que vino a dar, no a tomar, como era el propósito total del Padre al enviar a su Hijo (Jn 3:16; Ro 5:8). No vino a ser servido, sino a servir y a dar su vida como rescate por su pueblo (Mt 20:28; *cf.* Mr 10:45). Esta actitud de dar debería caracterizar también nuestras relaciones más cercanas.

Pregunta a la mayoría de las personas por qué quieren casarse y, por lo general, describirán sus razones en términos de *obtener*: "En el matrimonio me sentiré más realizado/a"; "siempre he querido tener un cónyuge e hijos y un hogar propio". Estas motivaciones no son necesariamente malas, pero el matrimonio tal como Dios pretendió que fuese es una relación de entrega a otra persona para su enriquecimiento. Los cónyuges tan consumidos por ver sus necesidades suplidas por su pareja no pueden, con frecuencia, apartar los ojos de sus propias necesidades el suficiente tiempo como para ocuparse de las necesidades del otro, y la relación se vuelve parasitaria. El tira y afloja de las necesidades entre las personas exige que recibamos continuamente con el fin de que nuestras necesidades estén satisfechas.

Incluso en las relaciones que nos causan mayor dolor, lo que suele cambiar el talante es cuando damos. Cuando Jesús entró a Jerusalén en su última semana para presentarse como Salvador de Israel, lloró sobre la ciudad porque sabía que la nación lo negaría y sería juzgada (Lc 19.41). En la vida que ofreció como sacrificio vivo por los pecados de su pueblo, pidió perdón para los que lo crucificaron (Lc 23:34). La entrega de Jesús es el modelo para nuestro propio discipulado: "El que quiera hacerse grande entre ustedes deberá ser su servidor, y el que quiera ser el primero deberá ser esclavo de los demás" (Mt 20:26-27). Esto nos abre, ciertamente, a ser más vulnerables a que los que quieren herirnos se aprovechen de nosotros, por lo que debemos tener un discernimiento sabio como la serpiente, pero ser cándidos como la paloma (10:16). Sin embargo, la maravillosa promesa es que Dios, que es amor, seguirá derramando su amor sobre nuestra vida. Y, a medida que recibimos el amor de Dios, podemos a su vez darlo a otros, incluso a un hermano o hermana que nos haya herido (1Jn 3:11-16; 4:7-21).

(3) *Entrégate a las expectativas de Dios para la relación.* Jesús mantuvo una clara perspectiva de la voluntad de su Padre para su vida y ministerio, y no lo

disuadió lo que otros esperaban de él. Él era el Mesías de Israel que ofrecía perdón para los pecados de las personas y permaneció centrado en ese llamado. Nuestra vida y ministerio se mantendrán correctamente enfocados cuando nos esforcemos por someter cualquiera de nuestras relaciones a lo que Dios desea, no necesariamente a lo que nosotros podamos querer ni lo que otros deseen. Los demás pueden intentar manipularnos, o también pueden pensar sinceramente que saben lo que es mejor para nosotros. Deberíamos mantener una actitud de escucha y una humildad genuina abierta a la voz de Dios por medio de otros, pero debemos ser lo suficientemente sabios para saber qué quiere Dios y no dejarnos llevar por la presión de los políticos ni las personalidades de mano dura.

(4) *Entra en las experiencias que otros tienen de la vida.* Dos palabras son aquí inmensamente importantes: "Yo entiendo". Jesús entendía claramente el ambiente religioso y emocional de su tiempo. Sentía con las multitudes y su sufrimiento bajo Roma y los líderes religiosos. Comprendía que los fariseos deseaban una pureza escrupulosa delante de Dios. Esto le permitía llevar su ministerio mesiánico a las necesidades más profundas. Al entenderlas, era capaz de tratar a las personas como individuos y aceptar incluso a los que más se oponían a él.

Intenta ponerte en el lugar de personas contrarias a ti para entender qué las hace pensar como lo hacen. Ponte en el lugar de tu hijo o hija adolescente rebelde e intenta comprenderlo. Intenta comprender lo difícil que les resulta a tus ancianos padres perder el control sobre su salud y su independencia, y date cuenta de por qué pueden llegar a ser tan difíciles en la convivencia. Tal vez cambie tu forma de tratar con ellos.

(5) *Dale a los demás una visión de Jesús en cada ámbito de tu vida y de tus actos.* En medio de la narración sobre las controversias, Mateo inserta una poderosa visión de Jesús como Siervo capacitado por el Espíritu, que no riñe ni grita, que trata con amabilidad a los que sufren y a los oprimidos, pero que no vacila en conducir la justicia a la victoria (12:18-21). Este es un impresionante ejemplo de equilibrio de fuerza y amabilidad, de convicción y compasión, de compromiso inquebrantable para hacer lo que es correcto, pero a la vez de servicio humilde que no tiene que derribar a los demás. Los que nos han herido necesitan ver a Jesús en nuestra vida. Siempre encontramos oposición o dificultades en nuestras relaciones, nuestra transformación a la imagen de Cristo se hace más tangible (*cf.* 2Co 3:18). Es así cuando queremos actuar como Jesús, pensar como él, hablar como él y llevar el fruto del Espíritu como hizo él en cada encuentro.

Mi tío León es pastor jubilado. Él y mi tía Mary vienen a nuestra ciudad en Carolina del Sur cada invierno y pasan allí más o menos dos meses para escapar a las nieves de su hogar en las montañas del Colorado rural. Una mañana, durante nuestra caminata semanal con desayuno estábamos reflexionando sobre nuestros años de servicio pastoral. Resumió gran parte de su filosofía del ministerio recordando un trocito de la tradición ministerial: "El viejo pastor le dijo una vez al joven pastor: 'No tienes que decirles a las personas que deberían ser buenas. Ellos ya lo saben. Tienes que mostrarles *cómo* serlo'". Dale a los demás una visión de Jesús en cada ámbito de tu vida y tus actos.

(6) *Escoge cuidadosamente las "colinas" sobre las que "plantar tu bandera y morir".* Jesús sabía con claridad que su misión de establecer el reino de los cielos lo conduciría a la cruz para la redención de la humanidad. No se dejó enredar en insignificantes pleitos rabínicos sobre la ley. Usando el lenguaje moderno, estaba especializado en lo más importante y no en lo de menor importancia. Escogió cuidadosamente cómo llevar a cabo la misión de su vida dirigiendo su rostro hacia la colina llamada Gólgota. Existen muchas cuestiones que enfrentar cada día, y gastar energía peleando con cada una de ellas es agotador y puede hacer que perdamos de vista la imagen panorámica. La sabiduría distingue lo más crucial. No siempre merece la pena luchar contra todos los montes de oposición o controversia. Cuanto mayor me hago, más cuenta me doy de que pocas cuestiones merecen la pena que se muera por ellas; antes, parecía que estaba dispuesto a luchar con cualquier pretexto teológico. Escoge con esmero los montes donde quieres plantar tu bandera y morir.

(7) *Distingue entre* "quiero" *a las personas y* "amo" *a las personas.* Imagino que Jesús se encontraría con muchas personas desagradables. Algunos de los fariseos me parecen unos sabelotodo insoportablemente intolerantes y fanáticos. Sin embargo, Jesús vino a amarlos a todos y a ofrecerles la invitación al reino de los cielos. Es muy probable que haya alguna gente poco agradable en tu iglesia, incluso tal vez en tu propia familia. No tiene por qué gustarnos necesariamente su personalidad o sus gustos. Con algunos tendremos roces tremendos. Hay personas con las que no conectaremos en lo personal. Es importante distinguir entre querer a las personas desagradables y amarlas con el amor de Dios.

Ha habido momentos en los que he sido insoportable con mi esposa, cuando he sido insensible, descortés o egoísta. Ella decía con los dientes apretados: "No me gusta cómo eres ahora. Pero te amo y tendré paciencia contigo". No siempre nos gustará cómo actúan algunos, pero nuestro llamamiento es a amarlos, es decir, a entregarnos a ellos para lo que Dios desea llevar a cabo.

(8) *Amplía tu visión para tener la perspectiva de Dios sobre tus relaciones con los demás.* Además de entregarnos a las expectativas divinas para nuestras relaciones (# 3), es necesario que mantengamos la perspectiva de Dios acerca de tus relaciones. En todo momento, Jesús sabía quién era y qué había venido a hacer en su vida de misión. Otros cuestionaron su identidad y su propósito, pero no permitió que la oposición de estos lo disuadiera de la voluntad del Padre para su vida. Dios tiene una visión para nuestras relaciones que, probablemente, es mayor de lo que nosotros entendemos.

Como pastor llegué a entender que no era un mero empleado de la iglesia o solo un predicador. Ciertamente, algunas personas me veían casi de forma exclusiva en estos términos. Sin embargo, en mi creciente comprensión de la visión divina para mis relaciones con otros, incluso con los más desagradables, tomé conciencia de que había una imagen panorámica. Yo había sido llamado a ser el agente divino de amor y estímulo en el proceso de transformar la vida de las personas. Resulta consolador ampliar nuestra visión para tener la perspectiva de Dios sobre nuestras relaciones con otros, en especial cuando estos tienen una visión más estrecha de lo que quieren de nosotros.

(9) *Evita las sesiones de chismorreo sobre tus relaciones.* Chismorrear es pecado (p. ej., 2Co 12:20), por lo que podemos concluir sin temor a equivocarnos que Jesús, el Salvador sin pecado, jamás chismorreó sobre aquellos que se oponían a él. No obstante, es el pasatiempo favorito de muchos. Tanto los vestuarios de los hombres como los salones de té de las mujeres albergan con frecuencia conversaciones que degeneran en quejas sobre esposas gruñonas o maridos perezosos, y a menudo cosas mucho peores. El hiriente altercado más reciente se airea para que uno de los cónyuges encuentre consuelo en otros que se puedan compadecer de su dolor. Pero la reputación del otro cónyuge acaba de ser saboteada.

Lamentablemente, también he asistido a muchas conferencias de pastores en las que el tema favorito es lanzar denuestos contra los feligreses y diáconos que están soportando. Hay muchos pastores que han sido heridos injustamente, pero crear un ambiente de dolor rara vez produce sanidad. En lugar de esto, refuerza una mentalidad de "nosotros contra ellos" en la que los asistentes a la iglesia se convierten en los chicos malos. Aconsejo a las jóvenes parejas y a los jóvenes pastores que desarrollen un modelo de vida en el que nunca digan nada negativo a otros sobre su cónyuge o feligreses. Si se precisa buscar consejo, acude a una persona cualificada y no a quienes solo reforzarán tus actitudes negativas.

(10) *Protege tus relaciones más cercanas de las influencias negativas del exterior.* Cuando Jesús dejó a los fariseos, fue a la casa donde estaban reunidos sus discípulos. Tal vez los apartó de sus conflictos con los fariseos. Sabemos que más adelante sí los tuvo claramente en su pensamiento, en su gran oración sumosacerdotal. Aunque los iba a enviar al mundo, le pidió al Padre que los protegiera, los mantuviera a salvo del maligno y los santificara con la verdad (Jn 17:11-17). En nuestras relaciones más estrechas debemos aferrarnos a la verdad como forma de protegerlos del mal.

Tengo un amigo que era administrador de un conocido seminario. Experimentó luchas con otros colegas, algo más común de lo que se cree y que no tiene por qué ser malo. Sin embargo, cada noche, cuando regresaba a casa, compartía estas luchas con su esposa. En su opinión, era la forma de airear sus problemas. Lamentablemente, no enfatizaba las numerosas cosas positivas que ocurrían en el campus. Daba por sentado que ella estaba ya al tanto de ellas. Lo que no tardó en suceder fue que ella se endureció y se amargó tanto que dejó de tener buenos pensamientos sobre la escuela. La mayor parte de lo que sentía no estaba justificado. Finalmente, él presentó su dimisión para ir a otro lugar. Hasta el día de hoy su esposa sigue sintiendo amargura hacia la anterior escuela, y, a decir verdad, hacia los seminarios en general.

He visto repetirse el mismo error en muchos cónyuges cuando regresan a su hogar y se desahogan sobre la situación de su trabajo o de su iglesia. Existen muchas experiencias negativas que he tenido en el ministerio que nunca le he comentado a mi esposa. Es posible que me sienta temporalmente mejor desahogándome, pero ella no puede conocer el contenido completo de lo bueno y lo malo que he experimentado ese día. Quiero protegerla de que se vuelva injustamente endurecida o amargada por mis experiencias negativas. Una vez más, esto requiere discernimiento para saber cuándo compartir y cuándo no, pero creo que una buena directriz para mí es preguntar si el desahogo temporal de mis problemas la ayudará a ella a ayudarme, o si tan solo servirá para imponerle una carga injustificada.

(11) *Diferencia entre la crítica del problema y la crítica personal tuya.* Jesús hace gala de una objetividad saludable hasta cuando es atacado y calumniado. Cuando lo acusan de realizar exorcismos por el poder de Satanás, desmantela el ataque con una lógica tranquila y no se deja atrapar en una enojada defensa personal. Reconoce las cuestiones espirituales más profundas. La difamación contra él como Hijo del hombre es, en realidad, resistencia contra el Espíritu Santo (12:32). Jesús mantuvo sus ojos fijados en las cuestiones reales y no cayó en limitarse a defenderse.

Hay momentos en que podemos llegar a ser demasiado susceptibles y perder esa distinción. Algunas veces, las personas son intencionadamente hirientes, pero en muchas ocasiones nos tomamos la crítica de nuestro ministerio o de nuestro trabajo, o nuestros esfuerzos como padres, de una forma demasiado personal. Siempre resulta útil dar marcha atrás por un instante e intentar separar el problema de nuestros sentimientos. Podemos vencer la oposición si tratamos las cuestiones de un modo objetivo, y no permitimos que nuestros sentimientos sean heridos. Pero incluso si no somos capaces de sobreponernos a ellos, manteniendo nuestra objetividad no deberíamos caer en los insultos *ad hominen* infantiles que pueden hacernos perder de vista los objetivos de Dios. Es necesario que aprendamos a diferenciar entre la crítica de los problemas y la crítica personal hacia nosotros.

Todos hemos encontrado oposición. Todos hemos sido heridos. La oposición a la que se enfrentó Jesús y el dolor que experimentó en su vida terrenal van más allá de lo que podemos entender. No obstante, para aquellos de nosotros que podamos ser sus discípulos heridos, su ejemplo es necesario para guiarnos en nuestra respuesta a la oposición y a quienes nos han hecho daño. Su ejemplo es la manifestación más profunda de amor imaginable, de entregarse para llevar a otros al propósito de Dios para sus vidas.

Mateo 13:1-52

Ese mismo día salió Jesús de la casa y se sentó junto al lago.
2 Era tal la multitud que se reunió para verlo que él tuvo que
subir a una barca donde se sentó mientras toda la gente
estaba de pie en la orilla. 3 Y les dijo en parábolas muchas cosas
como éstas:

«Un sembrador salió a sembrar. 4 Mientras iba esparciendo la
semilla, una parte cayó junto al camino, y llegaron los pájaros y
se la comieron. 5 Otra parte cayó en terreno pedregoso, sin mucha
tierra. Esa semilla brotó pronto porque la tierra no era profunda;
6 pero cuando salió el sol, las plantas se marchitaron y, por no tener
raíz, se secaron. 7 Otra parte de la semilla cayó entre espinos que,
al crecer, la ahogaron. 8 Pero las otras semillas cayeron en buen
terreno, en el que se dio una cosecha que rindió treinta, sesenta y
hasta cien veces más de lo que se había sembrado. 9 El que tenga
oídos, que oiga.»

10 Los discípulos se acercaron y le preguntaron:

—¿Por qué le hablas a la gente en parábolas?

11 —A ustedes se les ha concedido conocer los secretos del reino
de los cielos; pero a ellos no. 12 Al que tiene, se le dará más, y
tendrá en abundancia. Al que no tiene, hasta lo poco que tiene se
le quitará. 13 Por eso les hablo a ellos en parábolas:

»Aunque miran, no ven;
aunque oyen, no escuchan ni entienden.

14 En ellos se cumple la profecía de Isaías:

»"Por mucho que oigan, no entenderán;
por mucho que vean, no percibirán.
15 Porque el corazón de este pueblo se ha vuelto insensible;
se les han embotado los oídos,
y se les han cerrado los ojos.
De lo contrario, verían con los ojos,
oirían con los oídos,
entenderían con el corazón
y se convertirían, y yo los sanaría."

16 Pero dichosos los ojos de ustedes porque ven, y sus oídos
porque oyen. 17 Porque les aseguro que muchos profetas y otros
justos anhelaron ver lo que ustedes ven, pero no lo vieron; y oír lo
que ustedes oyen, pero no lo oyeron.

18 »Escuchen lo que significa la parábola del sembrador: 19 Cuando
alguien oye la palabra acerca del reino y no la entiende, viene el
maligno y arrebata lo que se sembró en su corazón. Esta es la semilla

**sembrada junto al camino. [20] El que recibió la semilla que cayó en
terreno pedregoso es el que oye la palabra e inmediatamente la
recibe con alegría; [21] pero como no tiene raíz, dura poco tiempo.
Cuando surgen problemas o persecución a causa de la palabra, en
seguida se aparta de ella. [22] El que recibió la semilla que cayó entre
espinos es el que oye la palabra, pero las preocupaciones de esta
vida y el engaño de las riquezas la ahogan, de modo que esta no
llega a dar fruto. [23] Pero el que recibió la semilla que cayó en buen
terreno es el que oye la palabra y la entiende. Este sí produce una
cosecha al treinta, al sesenta y hasta al ciento por uno.**

**[24] Jesús les contó otra parábola: «El reino de los cielos es como un
hombre que sembró buena semilla en su campo. [25] Pero mientras
todos dormían, llegó su enemigo y sembró mala hierba entre
el trigo, y se fue. [26] Cuando brotó el trigo y se formó la espiga,
apareció también la mala hierba. [27] Los siervos fueron al dueño y
le dijeron: "Señor, ¿no sembró usted semilla buena en su campo?
Entonces, ¿de dónde salió la mala hierba?" [28] "Esto es obra de
un enemigo", les respondió. Le preguntaron los siervos: "¿Quiere
usted que vayamos a arrancarla?" [29] "¡No! —les contestó—, no
sea que, al arrancar la mala hierba, arranquen con ella el trigo.
[30] Dejen que crezcan juntos hasta la cosecha. Entonces les diré
a los segadores: Recojan primero la mala hierba, y átenla en
manojos para quemarla; después recojan el trigo y guárdenlo en
mi granero."»**

**[31] Les contó otra parábola: «El reino de los cielos es como un grano
de mostaza que un hombre sembró en su campo. [32] Aunque es la
más pequeña de todas las semillas, cuando crece es la más grande
de las hortalizas y se convierte en árbol, de modo que vienen las
aves y anidan en sus ramas.»**

[33] Les contó otra parábola más: «El reino de los cielos es como la levadura que una mujer tomó y mezcló en una gran cantidad de harina, hasta que fermentó toda la masa.»

**[34] Jesús le dijo a la multitud todas estas cosas en parábolas. Sin
emplear parábolas no les decía nada. [35] Así se cumplió lo dicho por
el profeta:**

> **«Hablaré por medio de parábolas;**
> **revelaré cosas que han estado ocultas desde la creación del mundo.»**

[36] Una vez que se despidió de la multitud, entró en la casa. Se le acercaron sus discípulos y le pidieron:

—Explícanos la parábola de la mala hierba del campo.

**[37] —El que sembró la buena semilla es el Hijo del hombre —les
respondió Jesús—. [38] El campo es el mundo, y la buena semilla
representa a los hijos del reino. La mala hierba son los hijos del**

**maligno, 39 y el enemigo que la siembra es el diablo. La cosecha es
el fin del mundo, y los segadores son los ángeles.**

**40 »Así como se recoge la mala hierba y se quema en el fuego,
ocurrirá también al fin del mundo. 41 El Hijo del hombre enviará
a sus ángeles, y arrancarán de su reino a todos los que pecan y
hacen pecar. 42 Los arrojarán al horno encendido, donde habrá
llanto y rechinar de dientes. 43 Entonces los justos brillarán en el
reino de su Padre como el sol. El que tenga oídos, que oiga.**

**44 »El reino de los cielos es como un tesoro escondido en un campo.
Cuando un hombre lo descubrió, lo volvió a esconder, y lleno de
alegría fue y vendió todo lo que tenía y compró ese campo.**

**45 »También se parece el reino de los cielos a un comerciante que
andaba buscando perlas finas. 46 Cuando encontró una de gran
valor, fue y vendió todo lo que tenía y la compró.**

**47 »También se parece el reino de los cielos a una red echada
al lago, que recoge peces de toda clase. 48 Cuando se llena, los
pescadores la sacan a la orilla, se sientan y recogen en canastas los
peces buenos, y desechan los malos. 49 Así será al fin del mundo.
Vendrán los ángeles y apartarán de los justos a los malvados, 50 y
los arrojarán al horno encendido, donde habrá llanto y rechinar de
dientes.**

51 —¿Han entendido todo esto? —les preguntó Jesús.

—Sí —respondieron ellos.

Entonces concluyó Jesús:

**52 —Todo maestro de la ley que ha sido instruido acerca del reino
de los cielos es como el dueño de una casa, que de lo que tiene
guardado saca tesoros nuevos y viejos.**

**53 Cuando Jesús terminó de contar estas parábolas, se fue de allí.
54 Al llegar a su tierra, comenzó a enseñar a la gente en la sinagoga.**

**—¿De dónde sacó este tal sabiduría y tales poderes milagrosos?
—decían maravillados—. 55 ¿No es acaso el hijo del carpintero?
¿No se llama su madre María; y no son sus hermanos Jacobo, José,
Simón y Judas? 56 ¿No están con nosotros todas sus hermanas?
¿Así que de dónde sacó todas estas cosas?**

57 Y se escandalizaban a causa de él. Pero Jesús les dijo:

**—En todas partes se honra a un profeta, menos en su tierra y en
su propia casa.**

58 Y por la incredulidad de ellos, no hizo allí muchos milagros.

Sentido Original

Los enfrentamientos entre Jesús y los líderes religiosos, en los capítulos 11 y 12, culminaron con la escena donde Jesús señaló a los discípulos como su familia más cercana y declaró: "Pues mi hermano, mi hermana y mi madre son los que hacen la voluntad de mi Padre que está en el cielo" (12:50). Jesús viene para hacer la voluntad de su Padre (11:27; 26:42), y los que reciben su mensaje y ministerio obedecen al Padre. Los que lo niegan, o peor aún, los que están en su contra, niegan y se oponen al Padre. El contraste entre los discípulos de Jesús y los líderes religiosos está ahora explícitamente establecido. Los discípulos obedecen la voluntad del Padre; los líderes religiosos, no. Han rechazado su invitación a entrar en el reino de los cielos.

¿Pero qué ocurre con las multitudes? Habían seguido a Jesús a todas partes, recibieron su invitación al reino, escucharon sus mensajes y fueron testigos de sus milagros. ¿Pero seguirán el liderazgo de los discípulos de Jesús y obedecerán la voluntad del Padre para entrar al reino y convertirse en discípulos? ¿O más bien seguirán la dirección de los líderes religiosos y rechazarán a Jesús? Han tenido oportunidad suficiente, por lo que ahora Jesús pone a prueba su capacidad de respuesta.

Al mismo tiempo, Jesús también instruye a sus discípulos sobre la manifestación del reino de los cielos. Desde el principio, muchos esperaban que Jesús estableciera el trono de David en Israel, pero él los orienta continuamente a que presten primero atención a sus corazones. La entrada al reino sucede con el establecimiento de la justicia de Dios en el corazón del creyente, y el resultado es convertirse en discípulo de Jesús (ver comentarios en 5:20). Es una manifestación del reino notablemente distinta a la que muchos habían esperado, incluidos sus discípulos; por tanto, llegados a este punto en el programa divino de la historia de la salvación, Jesús aclara cómo es en realidad el reino.

El medio específico de poner a prueba a las multitudes, a la vez que sirve de instrucción para los discípulos, es el uso de las parábolas. Así pues, en este discurso, conocido como Discurso de las Parábolas, Jesús vuelve a esta forma de enseñanza.

El entorno para el Discurso de las Parábolas (13:1-3a)

Durante la mayor parte del capítulo 12, Jesús ha estado en "la casa" (13:1), probablemente el hogar de Pedro y Andrés en Capernaúm (ver 8:14). Ahora deja la casa para ir a sentarse "junto al lago", es decir, el mar de Galilea. Los maestros tenían por costumbre enseñar sentados (*cf.* 5:1-2). Al parecer, las multitudes entienden que está listo para proseguir con su ministerio de enseñanza, de modo que se acercan en gran número para escucharlo. Tan grandes muchedumbres alimentan la animosidad de los fariseos, que hasta aquel momento habían sido populares entre el pueblo y ahora ven cómo cada vez van teniendo menos influencia, y Jesús, más.

En otra ocasión, las grandes multitudes también apretujaron a Jesús para escucharle, así que subió a una barca y empezó a enseñar (Lc 5:1-3). En aquella ocasión, la embarcación era de Pedro, por lo que es muy posible que Jesús lo usara aquí de nuevo. La tradición local ubica este discurso en una cala o bahía peculiar, denominada "Ensenada de las Parábolas". La tierra que rodeaba la cala contaba con una pendiente parecida a la de un anfiteatro en forma de herradura, que proporcionaba una acústica natural adecuada para que la voz de Jesús llegara a unos cien metros de la barca, hasta donde estaba reunida la multitud, formada por varios centenares de personas, en la orilla. Los científicos israelíes han probado la acústica en la actualidad descubriendo que era viable que las parábolas de Jesús se escucharan desde la orilla.[1]

Al principio del Sermón del Monte, Jesús abandonó las multitudes para sentarse y enseñar a sus discípulos, pero en esta ocasión habla a la multitud mediante parábolas.[2] Más tarde, Jesús explicará las parábolas a sus discípulos (13:10-23; 36-52). Estas alegorías tienen propósitos diferentes para la multitud y para los discípulos. Con anterioridad, Jesús había pronunciado algunas parábolas individuales,[3] pero esta es la primera vez que Mateo usa el término "parábola". Subyacente a este término está el hebreo *mašal,* que se refiere a un amplio espectro de ideas basadas en la comparación o la analogía.[4] Del modo en que Jesús utiliza la parábola, es una forma de comunicar la verdad a través de una analogía narrativa al servicio de un argumento moral o espiritual.

Entre los tipos de parábolas usados por Jesús hay proverbios (6:22-23), comparaciones (10:16), similitudes (13:33), historias (20:1-16) y alegorías (21:28-32).[5] Mediante el uso de vigorosas figuras retóricas, despierta el interés y la curiosidad, y mantiene la atención de la audiencia inspirándose en la experiencia común, algo que desarma al oyente y aborda las necesidades particulares.[6] Aunque las analogías o las comparaciones que Jesús utiliza para exponer su idea proceden de las experiencias cotidianas, estimulan al oyente a indagar cuál es el significado

1. Charles R. Page II, *Jesus and the Land* (Nashville: Abingdon, 1995), 85; Pixner, *With Jesus Through Galilee According to the Fifth Gospel,* 40.
2. El término *ochlos* de 13:2b se traduce mejor "multitud", no "gente" como en la NVI (*cf.* 4:16; 26:24-25).
3. P. ej., 5:14-15; 7:24-27; 9:16, 17; 11:16-19; 12:27-29, 43-45.
4. Incluye lemas, proverbios, dichos de sabiduría, historias y alegorías. Para una visión de conjunto de la relación con el uso judío, ver Vermes, *The Religion of Jesus the Jew,* 90-97. Para un debate extenso sobre las parábolas dentro de la literatura rabínica judía, ver David Stern, *Parables in Midrash: Narrative and Exegesis in Rabbinic Literature* (Cambridge, Mass.: Harvard Univ. Press, 1991).
5. Robert H. Stein, "The Genre of the Parables", *The Challenge of Jesus' Parables,* ed. Richard N. Longenecker (Grand Rapids: Eerdmans, 2000), 30-50.
6. Mark L. Bailey, "Guidelines for Interpreting Jesus' Parables", *BibSac* 155 (enero–marzo 1998): 29-38.

espiritual que se pretende. Por esta razón, en la predicación popular, se hace frecuente referencia a las parábolas de Jesús como "una historia terrenal con un significado celestial". Sin embargo, estas suelen ser profundas, incluso frustrantes, desconcertantes, porque la historia puede tomar un giro inesperado y causar una ofensa a la audiencia en cuanto se hace una aplicación personal.[7] Como aclarará Jesús, sus parábolas pueden funcionar de formas distintas para personas diferentes, y los resultados pueden ser dramáticamente desemejantes. Para la multitud, esconden la verdad, mientras que para los discípulos comunican la verdad.

La historia de la interpretación de las parábolas de Jesús ha oscilado de un extremo a otro. La interpretación primitiva era alegórica, y en ella se entendía que el más mínimo elemento de la parábola enseñaba algo. En tiempo más reciente, se decía que las parábolas tenían un objetivo, y que los detalles que la rodeaban eran un simple escenario puntual.[8] La mayoría de los intérpretes se han inclinado parcialmente a sugerir que la parábola puede cumplir la analogía pretendida por Jesús, mediante ideas asociadas con cada personaje o grupos de personajes principales.[9] Veremos desde la primera parábola que hay un sembrador con una semilla y cuatro tipos particulares de terreno, teniendo cada una resultados radicalmente diferentes de su siembra. Esto nos lleva a preguntar cuál es el significado de todas.[10]

La parábola del sembrador y las semillas (13:3b-9)

El esplendor de las parábolas de Jesús consiste en que provienen de forma directa de las experiencias cotidianas de sus oyentes. Esta primera parábola usa la historia de un agricultor que salió a sembrar su semilla (13:3). Los oyentes de Jesús están bien al tanto de las técnicas agrícolas, ya que la mayoría de estos oyentes cuidan sus propios campos y jardines, o trabajan los de sus señores.

Muchos comentaristas ponen el énfasis principal en el sembrador de esta parábola. De este modo, la interpretan como una parábola cristológica, centrándose en la obra de proclamación del evangelio del reino de Dios[11] por parte de Jesús.

---

7. John W. Sider, *Interpreting the Parables: A Hermeneutical Guide to Their Meaning* (Grand Rapids: Zondervan, 1995), 88-89.
8. P. ej., Joachim Jeremias, *Las parábolas de Jesús* (Estella: Verbo Divino, 1974). Un enfoque literario reciente que tiende hacia este criterio es la obra de Warren Carter y John Paul Heil, *Matthew's Parables: Audience-Oriental Perspectives* (CBQMS 30; Washington, D. C.: Catholic Biblical Association of America, 1998), 1-22.
9. *Cf.* Klyne R. Snodgrass, "From Allegorizing to Allegorizing: A History of the Interpretation of the Parables of Jesus", *The Challenge of Jesus's Parables,* ed. Richard N. Longenecker (Grand Rapids: Eerdmans, 2000), 3-29. Quien ha llegado más lejos hasta sugerir que las parábolas son alegorías es Craig L. Blomberg, *Interpreting the Parables* (Downers Grove, Ill.: InterVarsity Press, 1990), 29-69.
10. P. ej., David Wenham, *The Parables of Jesus* (Downers Grove, Ill.: Intervarsity Press, 1989), 41-48.
11. *Ibíd.*

Sin embargo, el sembrador solo aparece al principio de la parábola. Esta figura pone en marcha la parábola, pero a continuación el foco pasa a las tierras. Acentúa la llegada de Jesús con el mensaje del evangelio, pero también recalca de manera significativa el contraste entre las tierras buenas y las malas, y su respuesta a la semilla.[12]

(1) La semilla en el camino (13:4). La semilla fue sembrada aleatoriamente, esparciéndola en todas las direcciones, mientras el sembrador caminaba de arriba para abajo por el campo. Al parecer, las tierras se araban antes y después de sembrar la semilla, arando en sentido horizontal los surcos originales para cubrir las semillas con tierra. La profundidad deseada para hundir la semilla de trigo era, por lo general, de dos centímetros y medio a cinco centímetros, aunque podía ser menos donde la capa superior del suelo era poco profunda. Era común que las semillas se dispersaran de forma accidental por los toscos caminos que rodeaban los campos. Los pájaros bajaban en picado y se las comían.

(2) La semilla en terreno pedregoso (13:5-6). Las condiciones para la agricultura en muchas áreas de Israel no eran favorables. En muchos lugares, el terreno era desigual y rocoso, y solo unas finas capas de tierra cubrían la roca. La semilla que aterrizaba en esta tierra poco profunda comenzaba a germinar con mayor rapidez que la que se sembraba en terreno profundo, pero no podía echar raíces profundas y tenía que aprovechar la más mínima humedad que hubiera en aquella delgada capa reseca de tierra.[13] La semilla fructificada pronto se marchitaba y moría bajo el cálido sol (13:6; Stg 1:11).

(3) La semilla entre los espinos (13:7). En la tercera escena, la semilla cae entre espinos. Las plantas lucharon por los nutrientes de la tierra, y las plantas espinosas silvestres estaban bien adaptadas para robar todo lo que necesitaban de la tierra. Cuando las plantas espinosas crecían con otras plantas, ahogaban las plantas agrícolas menos resistentes.

(4) La semilla en buen terreno (13:8). En el cuarto ejemplo, la semilla cayó en el "buen terreno". Cuando las semillas germinaban y maduraban, continuaban produciendo cien, sesenta o treinta veces lo que se había sembrado. El significado directo de la parábola es que solo la semilla sembrada en la buena tierra produce una cosecha. Pero la implicación del rendimiento se ha entendido de forma diversa. Algunos entienden que da a entender una cosecha extraordinaria, sobreabundante, tal vez milagrosa, que sugiere que las cosechas palestinas típicas solo rendían cinco o diez veces la cantidad sembrada.[14] Otros entienden que la producción de treinta, sesenta y cien veces significa una cosecha sumamente

12. Blomberg, *Interpreting the Parables,* 226-29; *cf.* Guelich, *Mark 1–8:26,* 192.
13. Oded Borowski, "Agriculture", *ABD,* 1:97-98; ídem, *Agriculture in Ancient Israel* (Winona Lake, Ind.: Eisenbrauns, 1987).
14. Joachim Jeremias, *Las parábolas de Jesús,* 149-51 de la traducción inglesa (1972); Rousseau y Arav, "Agriculture, Cereals", *Jesus and His World,* 8-12; Keener, *A Commentary on the Gospel of Matthew* (1999), 377-78.

buena, algo típico en una cosecha bendecida por Dios, aunque no sobrenatural.[15] Informes como los de la cosecha de Isaac respaldan este último punto de vista: "Isaac sembró en aquella región, y ese año cosechó al ciento por uno, porque el Señor lo había bendecido" (Gn 26:12). Por tanto, la semilla sembrada en buena tierra producía el máximo para el cual había sido creada, con cantidades diversas que reflejaban el potencial individual.

Oídos espirituales (13:9). Puede parecer que Jesús está impartiendo sencillamente un seminario de agricultura, hasta que pronuncia el lema: "El que tenga oídos, que oiga" (13:9; *cf.* 11:15; 13:43). Esto alerta a la audiencia de que se pretende un significado más profundo; las parábolas tienen un propósito teológico en el plan de Dios. El siguiente relato explicativo aclarará quién tiene oídos (13:10-11), quién oirá y entenderá (13:12-17), y qué verdad se comunica (132:18-23). Esta llamada a oír significa que (1) no todo el que tiene oídos oye o tiene la capacidad de oír, o (2) que aquellos que los tienen no siempre los usan para oír. Cuando vemos las declaraciones en 13:10-7, el énfasis recae en lo primero: la parábola no solo es para escucharla, sino que es para aquellos que tengan oídos espirituales y la capacidad de oír el mensaje espiritual integrado en la parábola.

El propósito de Jesús de hablar en parábolas (13:10-17)

Jesús ya ha dado dos discursos principales en el Evangelio de Mateo: el Sermón del Monte (caps. 5–7) y el Discurso de Misión (cap. 10). Más tarde dará el Discurso de la Comunidad (cap. 18) y el escatológico Discurso del monte de los Olivos (caps. 24–25). Cada uno de esos otros discursos está dirigido principalmente a los discípulos de Jesús. No obstante, aquí Jesús está sentado en una barca, hablando en parábolas a "las multitudes" que permanecían en la orilla (13:2). Como, en cierto modo, dirigirse a la multitud por separado de los discípulos era algo fuera de lo común, estos se acercan a Jesús y le preguntan por qué ha estado hablando a las multitudes en parábolas (13:10). La distinción entre los discípulos y la multitud es fundamental para entender el propósito de Jesús de hablar en parábolas. Las utiliza para hacer que el oyente tome una decisión acerca del reino de Dios.

Los secretos del reino de los cielos (13:11). La razón por la que Jesús habla a la multitud en parábolas es porque[16] Dios ha dado (*cf.* el uso de la pasiva divina "ha sido dado") a conocer "los secretos del reino de los cielos" a los discípulos, no a la multitud. "Secretos" es el *mysteria* ("misterios") griego, que se inspira

15. Philip Barton Payne, "The Authenticity of the Parable of the Sower and Its Interpretation", *Gospel Perspectives,* ed. R. T. France y D. Wenham (Sheffield: JSOT Press, 1980), 1:181-86; Carson, "Matthew", 305; Bailey, "The Parable of the Sower and the Soils", 183-84.

16. Jesús inicia su respuesta a los discípulos con la conjunción casual "porque" (*hoti*; no reflejado en NVI), indicando la razón por la que habla en parábolas a la multitud.

en un trasfondo semítico que habla de un secreto escatológico (aram. *raz*) transmitido a los escogidos de Dios mediante un discurso velado. El término se halla de forma explícita en Daniel 2:18-19: "Durante la noche, Daniel recibió en una visión la respuesta al misterio" (*cf.* también Job 15:8; Sal 25:14; Pr 3:32; Am 3:7). El mensaje de Jesús ha declarado desde el principio que el reino de los cielos ha llegado, pero no siempre ha sido evidente para los que observan. Jesús proporciona a sus discípulos una comprensión de ese reino tal como está ahora, y como estará, operando en el mundo. El reino está presente, pero su poder no se ha mostrado aún de una forma plena. George Ladd señala:

> El misterio es una nueva revelación del propósito de Dios con respecto a establecer su reino. La nueva verdad, ahora dada a los hombres y las mujeres mediante la revelación en la persona y la misión de Jesús, es que el reino que ha de venir finalmente con poder apocalíptico, tal como predice Daniel, en realidad ha entrado en el mundo de forma oculta con antelación, para obrar de forma secreta dentro de los seres humanos y en medio de ellos.[17]

Los misterios no consisten en que Dios establecerá su reino —que era una esperanza profética bien conocida dentro de Israel—, sino en que ha llegado de una forma diferente a la esperada. Este es un secreto que se ha revelado ahora a los elegidos de Dios, los discípulos de Jesús, en el discurso velado. Por tanto, las parábolas revelan por una parte a los discípulos cómo operará el reino de Dios en este mundo antes de su final, una manifestación poderosa (que Jesús revelará en los caps. 24–25). Por otra parte, la verdad que se revela a los discípulos está escondida de la multitud por su indiferencia (ver 13:12-13). La comprensión inicial, proporcionada por Dios a través de Jesús, de la que ahora disponen los discípulos con respecto a los secretos del reino de los cielos será aumentada, por lo que llegarán a un entendimiento pleno. Sin embargo, cualquier comprensión que tenga la multitud, hasta esa le será quitada. En otras palabras, las parábolas no solo *no* revelan la verdad a la multitud, sino que incluso le quitan lo que ya tienen.

Soberanía y responsabilidad (13:12-13). La oración vertida "porque viendo no ven" se introduce mediante la conjunción subordinada *hoti* (no trad. en la NVI), que suele ser causal; esto indica que la fuerza cegadora de las parábolas es resultado de la propia dureza de corazón espiritual de la multitud. Sin embargo, Marcos usa aquí la conjunción subordinada *hina*, que a menudo introduce una cláusula de finalidad, como por ejemplo "a fin de" (Mr 4:12); esto indica que Jesús utiliza parábolas con el propósito de cegar a la multitud. Aunque algunos comentaristas prefieren enfatizar el resultado o el propósito, es preferible tomar ambas explicaciones juntas para transmitir una perspectiva más amplia de la actividad espiritual de las parábolas en la vida de la multitud.

17. Ladd, *Theology of the New Testament,* 92.

La muchedumbre reacciona con una mezcla de actitudes hacia Jesús. Algunos se decantan por convertirse en sus discípulos, mientras que otros deciden seguir a los fariseos y oponerse a Jesús. Y los hay que nadan entre dos aguas, bordeando el compromiso. Pero Jesús insiste en que no hay término medio (p. ej., 12:30). La multitud debe tomar una decisión y las parábolas fuerzan la mano. Dios conoce a los que endurecerán sus corazones contra el mensaje de Jesús, por lo que las parábolas se utilizan para endurecer de forma soberana el corazón de la persona hasta el punto de ser finalmente incapaz de responder (13:15). Dios sabe también quiénes responderán al mensaje del evangelio, por lo que las parábolas suscitan una respuesta positiva para venir a Jesús, convertirse en su discípulo y pedir la explicación (*cf.* 13:10). Por tanto, ambos dichos equilibran la divina soberanía de Dios con la responsabilidad humana de cada individuo.[18]

Multitudes con el corazón endurecido (13:14-15). Jesús cita Isaías 6:9-10 para indicar que, así como Israel tuvo un gran trasfondo de incredulidad y rechazo hacia los primeros profetas de Dios, la multitud está igual de endurecida contra él. La muchedumbre refleja al pueblo de Israel a quien el profeta Isaías ministró. Rechazaron el mensaje, porque estaban espiritualmente aletargados. La conjunción subordinada *metope*, "no sea que" o "de lo contrario" (NVI en 13:15), denota el propósito del endurecimiento divino y va en paralelo con la reflexión de Marcos 4:12.[19] Las parábolas estimulan un endurecimiento en aquellos que han rechazado a Jesús, y les impiden acudir a Dios en busca de sanidad. Los incrédulos de entre la multitud son como los fariseos que han cometido el pecado imperdonable (12:31-32) y, por su transgresión, han desperdiciado su oportunidad.

Observa cómo se dan las parábolas después de la sección sobre el creciente rechazo y la oposición de Israel. Dios no obliga a nadie a aceptar el mensaje del reino, por lo que la respuesta de la multitud a las parábolas procede de la naturaleza de su corazón. Si una persona de la multitud no tiene oídos espirituales, su corazón se endurecerá cada vez más y se alejará de Jesús y de la sanidad que acompaña al reino de los cielos (13:15).

Los discípulos, dichosos (13:16-17). Los discípulos de Jesús, por el contrario, están vivos espiritualmente, con ojos y oídos espirituales que ven y oyen la realidad del reino de los cielos (13:16). El significado del lema que concluye la parábola de las semillas (13:9) queda ahora revelado. Las parábolas de Jesús están concebidas para probar los "oídos" o la vida espirituales de su audiencia. Los discípulos, espiritualmente vivos, acudirán a Jesús para ampliar su comprensión, logrando así que su vida y su entendimiento mejoren. Los discípulos de Jesús tienen el privilegio de formar parte de todo lo que los profetas y los justos del Antiguo Testamento habían anhelado ver. "Los profetas" son aquellos que hablaron por Dios, y "los justos" son los que aguardaron con entusiasmo la llegada

18. Para más explicación, ver Carson, "Matthew", 308-10.
19. BDAG, 648.

de la redención y del reino, por la gracia de Dios, pero que murieron antes de su llegada (*cf.* Ro 4:1-25). De esta forma, la multitud sorda iguala la ceguera y la ignorancia espiritual de los días de Isaías (Mt 13:14-15), mientras que los discípulos van en paralelo con los profetas y los justos del Antiguo Testamento que responden fielmente a la revelación de Dios.

Por tanto, podemos decir de forma general que Jesús consigue dos importantes propósitos con sus parábolas. (1) Las parábolas ponen a prueba el corazón del que escucha. Actúan como un examen espiritual, suscitando una respuesta que indicará si el corazón de la persona está abierto al mensaje de Jesús o si se ha endurecido. En este último caso, la parábola provoca confusión o un rechazo absoluto y hace que el oyente se aparte de Jesús y de la verdad (13:11-15). Sin embargo, si el corazón de una persona está abierto al mensaje de Jesús, esta vendrá a él en busca de una aclaración adicional de su significado, como hacen los discípulos (13:10). La revelación de la verdad de Jesús y la obediente receptividad de los discípulos marcan la diferencia necesaria entre comprender y no comprender. (2) Las parábolas proporcionan instrucción a los que están receptivos. Enseñan a los discípulos de Jesús sobre la naturaleza del reino de los cielos, aclarando misterios que muestran, pues, cómo el reino opera en este mundo de una forma muy diferente a lo que esperaban los líderes religiosos y las multitudes. Jesús da indicaciones del desarrollo del reino mediante este Discurso de las Parábolas (el sembrador: 13:18-23, 36-43; la maleza: 13:24-30; la semilla de mostaza: 13:31-32; levadura: 13:33), el incomparable valor del reino (la red: 13:47-50), y el servicio en el reino (el maestro de la ley: 13:51-52).

Aunque con esto no se idealiza a los discípulos, sí se da a entender su sensibilidad espiritual. La respuesta positiva de ellos los impulsa a pedir una explicación más amplia (13:10, 36), y su petición se ve recompensada (13:18-23, 27-43) con verdades adicionales sobre los misterios del reino (13:44-52). Aunque el entendimiento de los discípulos no es perfecto, poseen el potencial y el deseo de progresar. Finalmente, *entenderán*, porque han sido obedientes para escuchar y oír (13:51).

Interpretación de la parábola del sembrador y los terrenos (13:18-23)

Jesús sigue dirigiendo a los discípulos y les explica la parábola. Son privilegiados por recibir esta aclaración del programa divino de la historia de salvación, y así son bendecidos más allá de lo que los santos del Antiguo Testamento han testificado (13:16-17). Tienen oídos espirituales que los capacitan para oír las verdades sobre los secretos del reino. Cualquier comprensión que los discípulos tuvieran anteriormente se ha incrementado, porque son espiritualmente receptivos.

Corazones duros (13:19). La proclamación que Jesús hace del reino de Dios es el escenario de cada uno de los cuatro tipos de terreno. En su explicación de esta parábola, Jesús indica que es el Hijo del hombre quien siembra la buena semilla

(13:37). Es como el agricultor que siembra la semilla en los corazones del pueblo de Israel.[20] La semilla representa "la palabra acerca del reino" (13:19), una frase equivalente a una de las expresiones preferidas de Mateo, "las buenas nuevas del reino" (*cf.* 4:23; 9:35; 24:14).[21] Por tanto, todas las semillas de Jesús son buenas, por lo que el énfasis recae en el tipo de semilla, si es buena o mala.[22] En contraste con los discípulos, algunos de la multitud han endurecido sus corazones contra el mensaje de Jesús. Esa dureza de corazón evita que la semilla del evangelio eche raíz, por lo que ellos no pueden comprender su verdad. Los hace vulnerables ante Satanás, el "maligno", quien los arrebata. En otras palabras, la predicación del evangelio del reino no impactó en este tipo de persona. Son como los maestros de la ley y los fariseos que estaban en contra de Jesús desde el principio.

Corazones superficiales (13:20-21). La semilla sembrada en lugares rocosos, con tierra superficial, significa el tipo de corazón que tiene la receptividad suficiente para permitir que la semilla brote, pero no es lo suficientemente profunda para que se expanda ninguna raíz. Es importante reconocer que la vida está en la semilla, no en la tierra. Cuando el entorno es adecuado, la vida comenzará a germinar en la semilla. Hay potencial en el terreno para que la semilla emita vida, pero solo es superficial. Este tipo de corazón muestra una recepción superficial del evangelio ("inmediatamente la recibe con alegría"), pero no echa raíz. Es como aquellos de la multitud que no han tomado el compromiso para ser discípulos de Jesús. La semilla del mensaje del evangelio no era capaz de penetrar para producir el cambio regenerador en el corazón de la persona.

Jesús predijo que vendrían tiempos difíciles para quienes lo siguieran al reino de los cielos (5:11-12; 10:16-25), por lo que estos discípulos confesos deberían esperarlo. Sin embargo, bajo el ardiente calor de los problemas y la persecución (*cf.* 13:6, 21), se revela la verdadera naturaleza de ellos, mientras que otros tropiezan o decaen. Este es como el falso profeta que no lleva el fruto del reino y sobre el cual caerá el juicio (7:15-20; *cf.* 12:33-37).

Corazones espinosos (13:22). El tercer tipo de semilla está llena de espinos. Esta clase de corazón recibe el evangelio, pero el mundo le hace competencia. Igual que en el caso del segundo terreno, este tipo de corazón tiene el potencial de productividad suficiente para que la vida de la semilla comience a germinar. Pero la rivalidad de los espinos es demasiada y ahoga al tierno plantón. El mensaje del evangelio no puede transformar a la persona en un discípulo verdadero, por culpa de las prioridades que compiten en su vida. Las "preocupaciones de esta vida" indican que la persona no ha colocado aún el reino de los cielos por encima de todo lo demás y, por tanto, intenta gestionar su propia vida. Jesús ya

20. Bailey, "The Parable of the Sower and the Soils", 179.
21. Donald A. Hagner, "Matthew's Parables of the Kingdom (Matthew 13:1-52", *The Challenge of Jesus' Parables,* 106.
22. Brad H. Young, *The Parables: Jewish Tradition and Christian Interpretation* (Peabody, Mass.: Hendrikson, 1998), 251–76.

advirtió sobre tales desvelos en el SM (*cf.* 6:25-34), pero aquí la preocupación ahoga de forma trágica la vida de la semilla.

El "engaño de las riquezas" combina con el afán para ahogar la vida de la semilla en la persona que está intentando manejar su propia vida al margen de Dios, y siente la tentación de hallar la solución en los recursos terrenales.[23] El sustantivo subyacente a "engaño" (*apate*) se puede utilizar tanto para expresar "placer" (2P 2:13) como "decepción" (Col 2:8; 2Ts 2:10), que se pueden combinar aquí para advertir cómo la riqueza puede ser un placer engañoso (*cf.* la advertencia de Pablo en 1Ti 6:9). Fíjate cómo, además de las advertencias sobre la preocupación, Jesús advirtió en el SM sobre el poder del placer engañoso de la riqueza (*cf.* 6:19-24). Las prioridades combinadas de la preocupación y la riqueza ahogan la vida del mensaje del reino de los cielos, por lo que es incapaz de dar fruto.

Corazones receptivos (13:23). Solo se denomina "bueno" el cuarto terreno. Representa a la persona que no solo escucha el mensaje del evangelio, sino que lo entiende y le permite echar raíces de forma plena en su corazón, a fin de poder fructificar. Este terreno representa al verdadero discípulo creyente. Solo aquellos cuyo corazón ha sido receptivo a la obra del mensaje de Jesús producirán el fruto de la vida del reino, la prueba de que son verdaderos hijos del reino. Jesús ya ha dicho que el fruto revela el carácter del árbol (7:15-20; *cf.* 12:33-37), de modo que ahora declara que, si el mensaje de la semilla del evangelio no produce la cosecha del reino, no hay vida en la persona. Puede ser que cada persona tenga una cantidad de rendimiento distinta, pero tiene que haber productividad.

Obsérvese que ni aquí ni cuando se pronuncia la parábola se identifica fruto alguno. Muchos creen que alude a los conversos ganados para Cristo a través del creyente. Sin duda, esto es parcialmente correcto, pero en este contexto se refiere a algo más fundamental: la transformación de la persona que ha encontrado el reino de los cielos. En la cuarta tierra, el fruto representa el resultado de la vida de la semilla (*cf.* 1Jn 3:9), con referencia especial a la producción del fruto del Espíritu (*cf.* Gá 5:22-23). Esto resulta en la creación del fruto de la justicia que produce el Espíritu y en las buenas obras (p. ej., Col 1:10) y, de hecho, nuevos conversos ganados por medio del testimonio de los creyentes (p. ej., Ro 1:13). El fruto producido es la evidencia externa de la realidad de la vida interna del reino.

Como hemos señalado más arriba (ver comentarios en 13:8), la implicación de la cantidad de cosecha no indica cantidades sobrenaturales, sino que reseña una cosecha bendecida por Dios. La semilla sembrada en buena tierra producirá el potencial máximo para el que ha sido creada, con diversas cantidades que reflejan la capacidad individual.[24]

23. Las dos expresiones "preocupaciones de esta vida" y "engaño de las riquezas" son el doble sujeto del verbo "ahogar", indicando una amenaza espinosa para la vida del reino.
24. Payne, "The Authenticity of the Parable of the Sower and Its Interpretation", 181-86; Bailey, "The Parable of the Sower and the Soils", 183-84.

Más parábolas dirigidas a la multitud (13:24-35)

Jesús pasa ahora a hablar de nuevo en parábolas a la multitud (*cf.* 13:34-36). Narra tres parábolas que ponen el foco en la naturaleza del reino de los cielos, describiendo lo que debió de ser una idea perpleja para las multitudes. No se puede distinguir de la mala hierba (13:24-30), comienza de forma insignificante para después convertirse en un árbol enorme donde anidan los pájaros (13:31-32) y se propaga como la levadura (13:33). Desde luego esto no es lo que muchos estaban esperando con la llegada del reino, de modo que estas parábolas son de las que requieren explicación sobre su carácter secreto (13:11). Después de estas parábolas, Jesús abandona la multitud y pasa el resto del discurso con sus discípulos (13:36-52).

La parábola del trigo y la mala hierba (13:24-30). Jesús presenta cada una de las tres parábolas con una expresión característica: "El reino de los cielos es como…". El tema del reino de los cielos impregna el ministerio de Jesús,[25] pero esta introducción implica que comparará la actividad del reino con las experiencias cotidianas. Su primer ejemplo es el de "un hombre que sembró buena semilla en su campo". Como en la parábola del sembrador y los terrenos, Jesús comienza con un hombre sembrando semillas. Sin embargo, ahora se indica que la semilla es buena y contrasta con el enemigo del agricultor, que intenta perturbar el crecimiento del buen trigo sembrando entre medio *zizanion*, un tipo de maleza a la que se refiere como "cizaña" o "mala hierba". Se trata del ballico, una planta herbácea con semillas venenosas que en las primeras fases de crecimiento parece trigo, pero que en el tiempo de la cosecha se puede distinguir con facilidad.

Cuando los siervos informan del crecimiento del trigo, el "dueño" (lit., "el amo de la casa") reconoce de forma inmediata que fue obra del enemigo. Pero la destrucción de la mala hierba debe esperar hasta el tiempo de la cosecha. Si intentaran arrancar la cizaña, pondrían en peligro el trigo, porque la maleza crece tan estrechamente entrelazada con el trigo que ambas crecen parejas.[26] La culpa no se atribuye a los siervos por no haber impedido el delito, sino al enemigo por su tortuosidad. Al final de los tiempos, la tarea de los siervos consistirá en distinguir entre lo bueno y lo que es inútil, y posteriormente quemar la mala hierba.

Jesús hace sonar una nota escatológica con esta parábola que resuena a lo largo del resto del discurso. El reino de los cielos ciertamente viene a este mundo, pero su avance no significa que el enemigo será destruido por completo en este siglo. Aguarda al juicio final, que se retrasa de forma sorprendente.[27] Jesús explicará más tarde el significado de la parábola a sus discípulos ante la petición de estos (ver 13:36-43).

---

25. P. ej., ver comentarios sobre 3:2; 4:17; 5:3-20; 10:7; 11:11-15, 13:11.
26. Keener, *A Commentary on the Gospel of Matthew* (1999), 387.
27. Hagner, "Matthew's Parables of the Kingdom", 110, Vermes, *The Religion of Jesus the Jew,* 100.

La parábola del grano de mostaza (13:31-32). La siguiente parábola también comienza con "el reino de los cielos es como..." (*cf.* 13:24). Una vez más, Jesús utiliza un fenómeno común para ilustrar la actividad del reino de los cielos; es como "un grano de mostaza que un hombre sembró en su campo". El grano de mostaza era la semilla más pequeña conocida en Palestina en aquel tiempo. Al parecer, el notable contraste de la minúscula semilla de la planta de mostaza con su gran resultado final adquiere el estatus de proverbial en el judaísmo (*cf.* 17:20). Aunque la parábola del sembrador y los terrenos, así como la del trigo y la mala hierba, reciben la interpretación de Jesús, las parábolas del grano de mostaza o la de la levadura, no. Sin embargo, los discípulos esperan comprender el significado, porque las parábolas revelan la verdad a sus oídos sensibles y sus corazones espirituales (*cf.* 13:10-11, 16-17).

La proverbial pequeñez del grano de mostaza, como metáfora que describe el reino de Dios, habría dejado perpleja a la multitud. Israel siempre creyó que cuando se estableciera el reino de Dios en la tierra sería algo grandioso; no estaban preparados para un comienzo insignificante. Pero Jesús declara a través de esta parábola que el reino ya está presente, aunque solo como una minúscula manifestación. Semejante comienzo puede provocar que algunos de los oponentes de Jesús y la multitud desprecien esta exposición del reino. Sin embargo, la multitud no debería dejar que esto desmintiera la grandeza suprema del reino.[28] "Lo que el mundo no considera gran cosa cumplirá, en realidad, todas las promesas de Dios".[29] La imagen de un gran árbol, con pájaros anidando en sus ramas, recuerda varias referencias al gran reino en el Antiguo Testamento (*cf.* Ez 17:22-24; 31:2-18; Dn 4:9-27).

La parábola de la levadura (13:33). En la cuarta y última parábola que Jesús comparte con la multitud, prosigue con el pensamiento de la parábola del grano de mostaza. Con otro giro inesperado con respecto a lo que Israel había esperado con la llegada del reino, Jesús declara que "el reino de los cielos es como la levadura que una mujer tomó y mezcló en una gran cantidad de harina, hasta que fermentó toda la masa". Jesús revierte la mala connotación comúnmente asociada a la levadura, con el propósito de provocar una vez más que la multitud intente comprender la presencia del reino.

La levadura está formada por distintas formas de hongos que se multiplican con rapidez por la fermentación. El pan requería levadura de panadero para subir (o "leudar"). Por tanto, un trocito de masa fermentada y ácida, apartada de un amasado anterior, se "mezclaba" o "escondía" en la harina y se amasaba. Las Escrituras usan la levadura casi exclusivamente como metáfora negativa, probablemente porque la fermentación implicaba desintegración y corrupción (Éx 12:8, 15-20). Pero Jesús la utiliza para simbolizar lo positivo, la influencia escondida del reino de los cielos en este mundo.

---

28. Ladd, *Theology of the New Testament,* 96.
29. Blomberg, *Matthew,* 220.

Los judíos comprendieron, con razón, que la llegada del reino significaría la transformación del orden de las cosas en este mundo. Pero la llegada de Jesús no trajo el esperado cambio inmediato, externo y extraordinario. De manera que su parábola enseña a la multitud que no deben dejar que la forma presente e inadvertida del reino los engañe impidiendo que entiendan lo que será el resultado final. El reino de los cielos está ciertamente activo, aunque no se aprecie del todo en ese momento, porque comienza con una transformación del corazón.

Las parábolas de la semilla de mostaza y de la levadura se unen para revelar la naturaleza del reino de los cielos en el ministerio de Jesús. La semilla de mostaza enfatiza su comienzo discreto, con su crecimiento en una grandeza externa, mientras que la levadura sugiere su influencia y su transformación desapercibidas. A pesar de su pequeño comienzo inadvertido, el reino de los cielos penetrará en el mundo y producirá finalmente la grandeza profetizada.

Parábolas que revelan cosas escondidas (13:34-35). Mateo concluye los mensajes parabólicos de Jesús a la multitud declarando: "Sin emplear parábolas no les decía nada". Esto enfatiza su relación con la multitud, algo que él ya les había aclarado previamente a los discípulos (ver 13:10-17). La muchedumbre ha tenido la oportunidad de escuchar la proclamación del evangelio del reino en boca de Jesús. Ahora debe responder. Las parábolas son uno de los medios para poner a prueba los corazones de los que forman la multitud, instándoles a estar con él o en contra de él (12:30). Su oportunidad casi ha acabado. No pueden estar entre dos aguas para siempre.

Mateo se inspira en un precedente del Antiguo Testamento para la relación de Jesús con la multitud: "Jesús le dijo a la multitud todas estas cosas en parábolas. Sin emplear parábolas no les decía nada. Así se cumplió lo dicho por el profeta: 'Hablaré por medio de parábolas; revelaré cosas que han estado ocultas desde la creación del mundo'". El salmista Asaf reflejó la historia de Israel y aclaró, mediante parábolas, el significado de los acontecimientos históricos salvíficos para que el pueblo aprendiera de su historia y no fuesen obstinados y rebeldes, de corazones duros, ante la obra salvadora de Dios (Sal 78:2, 8). La fórmula estándar de cumplimiento de Mateo (ver comentarios en 1:22; 2:15) declara que Jesús está haciendo un servicio similar a Israel en su tiempo, revelando en sus parábolas los secretos del reino de los cielos que han sido escondidos desde el principio.[30] Todo el Antiguo Testamento ha esperado la inauguración del reino de los cielos, y en el ministerio de Jesús ha agrupado los muchos hilos de la esperanza profética que parecía disparatada para algunos.[31] Su revelación de los secretos del reino de los cielos en parábolas ha llevado a la luz el programa de salvación y redención de Dios. El significado para la multitud es su respuesta. Los que están espiritualmente vivos vendrán a Jesús para aclarar y entender, y se convertirán en discípulos; los que están espiritualmente muertos se alejarán.

30. Morris, *Matthew,* 354-55.
31. Ito, "Matthew and the Community of the Dead Sea Scrolls", 29-30.

Las explicaciones y las parábolas contadas a los discípulos (13:36-50)

La "casa", que es un refugio seguro para apartarse de la insistente multitud, es probablemente una vez más la casa de Pedro y Andrés en Capernaúm (ver comentarios en 8:14; 13:1), donde sus discípulos piden de nuevo una aclaración de la parábola, esta vez sobre la que está relacionada con la mala hierba (*cf.* 13:10). Después de que Jesús dé la explicación, cuenta tres parábolas finales, esta vez no a la multitud, sino a los propios discípulos (13:44-50). Demuestran su sensibilidad a la verdad espiritual reconociendo que entienden el significado de las parábolas (*cf.* 13:10-15, 51). Aunque el número de discípulos ha crecido a estas alturas, Mateo enfatiza de forma sistemática el grupo más reducido de doce, no solo como ejemplo de crecimiento en el discipulado para sus lectores, sino también como modelo de la forma en que Jesús los prepara para el liderazgo de la iglesia que está por venir.[32]

Interpretación de la parábola del trigo y la mala hierba (13:36-43). La explicación de la parábola del trigo y la mala hierba es única por la forma en la que Jesús identifica los elementos principales de la historia, dirigiéndolos a una conclusión escatológica. Cada uno de estos elementos es de ayuda para interpretar las demás parábolas. Hay varios elementos que no se identifican (p. ej. los siervos y su sueño; 13:25), lo que nos recuerda que no todos los elementos tienen importancia en la metáfora.

- El *sembrador* de la buena semilla es Jesús, el Hijo del hombre (ver 8:20). Podemos suponer que, por extensión, el sembrador puede ser cualquiera de los discípulos de Jesús que proclame la palabra de Dios.
- El *campo* es el mundo. El reino de los cielos se expandirá más allá de Israel a lo largo de todo el mundo. El secreto del reino es su obra presente, pero oculta, en el mundo.[33] Es importante destacar que Jesús no da lecciones de las actividades de la iglesia en esta parábola. La iglesia será una institución visible a lo largo de esta era, al servicio del reino, pero Jesús no equipara iglesia y reino (ver comentarios en 16:18-19; 18:15-20). Sus parábolas describen la actividad del reino durante este siglo. Interpretarlas como características de la actividad de la iglesia produce numerosas ideas equivocadas y aplicaciones erróneas. Por ejemplo, muchos han comparado esta parábola, de forma errada, con la circunstancia de que en la iglesia haya creyentes verdaderos y falsos. Aunque tal vez sea cierto que en las iglesias podemos encontrar creyentes falsos y verdaderos, resulta derrotista sugerir que Jesús declara que esta sea la norma. En cambio, sí muestra cómo el reino de los cielos existirá junto a los hijos del diablo

32. Wilkins, *Following the Master,* 176-93.
33. Ladd, *Theology of the New Testament,* 94-95.

durante este siglo. "La parábola trata de la expectación escatológica, no del deterioro eclesiástico".[34]

- La *buena semilla* representa a las personas del reino. Son los que han sido receptivos a la predicación del mensaje del reino y se han convertido en discípulos de Jesús. Son el "buen terreno" de la parábola del sembrador y los terrenos y el trigo de esta parábola.
- La *mala hierba* son las personas que pertenecen al maligno. Son los incrédulos del tiempo de Jesús y todos aquellos, de este siglo, que rechazan el mensaje del evangelio.
- El *enemigo* que se coló y plantó mala hierba entre el trigo se llama "diablo", el mismo término empleado para Satanás en las tentaciones de Jesús (ver comentarios en 4:5, 8). El diablo obra en este mundo como un pájaro que se abalanza sobre la semilla (13:19) y (aquí) como un agricultor enemigo que intenta perturbar el crecimiento del buen trigo (los discípulos).
- La *cosecha* es el fin de la era, una referencia al juicio que acompañará la venida del Hijo del hombre para consumar el establecimiento del reino (24:3).
- Los *segadores* son los ángeles de Jesús (13:39), que lo acompañarán para establecer su reino y traer juicio (24:31).

Una vez identificados los principales protagonistas de la parábola, Jesús proporciona una explicación adicional a los acontecimientos que ocurrirán al final de los tiempos. Cuando consume su reino en la tierra, Jesús enviará a sus ángeles para eliminar todo pecado y todo pecador de este mundo, que ahora denomina por primera vez "su reino" (13:41). En ese momento quedará visiblemente establecida su divina soberanía sobre todas las criaturas de este mundo. El juicio de los hijos del maligno comenzará en el horno de fuego (*cf.* 3:11; 5:22), donde habrá "llanto y rechinar de dientes" (13:42; *cf.* 8:12). Estas son expresiones típicas de Jesús con respecto al juicio eterno.

En ese momento, "los justos" (13:43), los discípulos de Jesús que han experimentado una transformación interna y son el trigo que ha crecido durante este tiempo, experimentarán la plena manifestación de la gloria del reino y "brillarán como el sol". Los discípulos de Jesús son la luz del mundo durante esta época, mientras aguardan su consumación (6:14-16), pero en ese momento brillarán con un esplendor sin obstáculos. La expresión "el reino de su Padre" no sugiere que se haga una distinción entre el reino del Hijo y otro reino del Padre, sino que la voluntad de este último se ha llevado a cabo de una forma completa por medio de la actividad del Hijo. Hay una congruencia total entre la voluntad y la actividad del Padre y las del Hijo. La instrucción de Jesús sobre el Padrenuestro, indicando que se ore al Padre por la venida del reino y para que se haga su

34. Carson, "Matthew", 317; Morris, *Matthew,* 350. Ver más abajo, en 13:36.

voluntad en la tierra (6:10), es respondida ahora por completo. Por tanto, Jesús concluye su explicación de esta parábola con el estribillo familiar de rendirse a la voluntad del Padre como él ha venido proclamando: ¡todo el que esté dispuesto a oír debería escuchar y comprender!

La parábola del tesoro escondido (13:44). Por primera vez, Jesús les habla a sus discípulos en parábolas. Todavía están en la casa, apartados de la multitud (13:36), de modo que la intención de las parábolas no es esconder, sino revelar más secretos sobre el reino (ver comentarios en 13:10-17). Las parábolas del tesoro y la perla exponen una idea similar. Al contrario que la parábola del trigo y la mala hierba, que espera la parusía y la consumación del reino, estas dos alegorías enfatizan el valor presente de la inauguración parcial del reino.

El reino de los cielos es como "un tesoro escondido en un campo. Cuando un hombre lo descubrió, lo volvió a esconder, y lleno de alegría fue y vendió todo lo que tenía y compró ese campo". Los tesoros se solían esconder en los campos, ya que no había bancos oficiales como los que conocemos en la actualidad (*cf.* 25:25).[35] No era raro que las personas escondieran enseres de valor cuando se acercaba un ejército saqueador. Si el dueño de la casa no sobrevivía a la invasión, el tesoro se olvidaba y no se reclamaba. La tierra podía cambiar de manos varias veces sin que nadie supiera del tesoro escondido.

El reino de los cielos es, pues, como un tesoro que permanece desapercibido debido a su naturaleza oculta. Sin embargo, Jesús enfatiza que el hombre no está buscando el tesoro. Se topa con él y, de inmediato, reconoce su valor. Vendiendo todo lo que tiene para comprar el campo, está ganando algo mucho más valioso que cualquiera de sus posesiones y mucho más valioso que el terreno mismo.[36] Como ocurre con las cuestiones éticas en otras parábolas, no es tolerable comprar subrepticiamente un campo en el que se sabe que hay un tesoro, y no es esa la idea aquí. El sorprendente hallazgo no hace más que intensificar el dramatismo.[37] El énfasis está en el valor supremo del tesoro que otros no ven; es más valioso que cualquier sacrificio que uno pudiera hacer para conseguirlo.

Aunque los líderes religiosos y la multitud están ciegos e ignoran la presencia del reino (11:25; 13:13-15), las parábolas de Jesús revelan a los discípulos su incomparable valor (13:11-12, 16-17). Ningún sacrificio es demasiado grande para vivir en la voluntad de Dios y experimentar una relación de discipulado con Jesús como Maestro.[38] El contraste se expondrá tristemente en el joven noble rico, que no abandonaría todo lo que tenía para seguir a Jesús (19:16-22). El apóstol Pablo entendió claramente el valor incomparable de una relación de

35. El enigmático Rollo de Cobre descubierto en Qumrán enumera sesenta y cuatro lugares de Palestina donde, al parecer, fueron escondidos tesoros.
36. La Mishná exigía una declaración contractual que especificara que la venta del terreno incluía su contenido (*m. B. Bat.* 4.9); *cf.* Vermes, *The Religion of Jesus the Jew,* 107.
37. Hagner, "Matthew's Parables of the Kingdom", 117.
38. Ver Young, *The Parables,* 199-221.

discipulado con Jesús: "Todo lo considero pérdida por razón del incomparable valor de conocer a Cristo Jesús, mi Señor. Por él lo he perdido todo, y lo tengo por estiércol, a fin de ganar a Cristo" (Fil 3:8). En esta parábola, Jesús no se refiere tanto a la negación de uno mismo, sino al alegre abandono por obtener el reino de Dios.[39]

La parábola de la perla fina (13:45-46). Jesús expresa continuidad con el pensamiento de la anterior parábola relacionada con el valor del reino de Dios. En esta, sin embargo, en vez de tropezarse de forma inesperada con un tesoro escondido, tenemos a un mercader que sale de forma deliberada a buscar algo. Al parecer, es un mayorista de perlas que viaja en busca de perlas finas para su negocio. "Cuando encontró una de gran valor, fue y vendió todo lo que tenía y la compró".

Como en el caso de la parábola del tesoro, esta hace hincapié en la calidad incomparable del reino de Dios. Sin embargo, el contraste entre las dos figuras principales ilustra que, en lugar de encontrar accidentalmente un tesoro escondido, la búsqueda diligente de alguien más que cualificado para saber su valor conducirá en última instancia al reino. Es más, como experto, el mercader sabe que, incluso vendiendo todo lo que tiene, la perla que posee supera toda su anterior riqueza acumulada.

La idea no consiste en comprar la entrada propia al reino, sino en reconocer su valor supremo.[40] Anteriormente, Jesús utilizó una perla para ilustrar la preciosa naturaleza del evangelio que los cerdos no pudieron apreciar (7:6). Los líderes religiosos del tiempo de Jesús eran, sin lugar a duda, aquellos cualificados por la experiencia para comprender la magnitud del reino de Dios que Jesús anunciaba; sin embargo, los cegaban su hipocresía, el deseo de tener reputación de piadosos y el ser honrados por el pueblo (6:1-3). Los discípulos de Jesús debían entender que no hay nada más valioso en todo el mundo que poseer el reino de Dios.[41]

La parábola de la red (13:47-48). Jesús concluye con una breve parábola sobre una red y prosigue de forma inmediata con una breve explicación de su significado. La parábola pone el foco como clímax en las consecuencias escatológicas de la elección que uno toma en relación con el reino de Dios. La red es la jábega de arrastre o traína (*sagene*), el tipo de red más antiguo que se usaba en el lago y, prácticamente hasta ahora, el método predominante de pesca. Tenía la forma de un muro de entre 225 y 300 metros, aproximadamente, de largo, por 7,5 de alto por el centro y un 1,5 de altura en los extremos. La soga de abajo se hundía con lastres, mientras que la soga de arriba flotaba con corchos atados, permitiendo así que se arrastrara la valla de red hasta la orilla por ambos extremos, y atrapando así los peces en su interior (ver también

39. Ver Wenham, *The Parables of Jesus,* 206-7.
40. Young, *The Parables,* 199-221.
41. Hagner, "Matthew's, Parables of the Kingdom", 118.

comentarios acerca de la pesca antigua en 4:18-22).[42] Separar el buen pescado del malo era una tradición antigua en Israel. Entre los considerados "pescados malos" se incluía aquellos sin aletas o escamas, que eran impuros (Lv 11:9-12).

Jesús utiliza esta metáfora para describir el juicio del fin de los tiempos, cuando lo bueno se separará de lo malo, de una forma parecida a la de la parábola del trigo y la mala hierba, representando la separación del final de los tiempos (13:24-30, 36-43). Cuando venga en poder, consumará el establecimiento de su reino en la tierra. Enviará a sus ángeles para iniciar el juicio, apartando a los impíos (aquellos que han negado el mensaje del evangelio) de los justos (los que han respondido al evangelio y entrado al reino de los cielos; *cf.* 5:20). La declaración del juicio de los impíos reitera las palabras literales de 13:42. Cuando por fin llegue definitivamente el reino de los cielos extenderá su red a lo largo del mundo, y "ninguna raza o categoría de persona escapará del juicio final. Todos serán distribuidos en uno de los dos grupos, los que son aceptados por Dios y aquellos a los que rechaza.[43]

La parábola del dueño de una casa que tiene un tesoro (13:51-52)

Después de pronunciar la última parábola de los secretos del reino de los cielos a los discípulos de la casa, Jesús les pregunta: "¿Han entendido todo esto?". Como punto culminante de todo el discurso, Jesús tiene en mente la comprensión de ellos, tanto de las parábolas explicadas como de las no explicadas, lo que implica que han entendido los secretos del reino. Antes, cuando solicitaron una explicación por parte de Jesús, no tenían un entendimiento pleno (13:10, 36), pero ahora su respuesta narrativa es rápida y confiada: "Sí". Al contrario que la multitud, los discípulos comprenden las parábolas de Jesús, como él anunció que harían (13:10-17). Están creciendo en su entendimiento como discípulos verdaderos. No obstante, a menos que presten una atención firme y obedezcan a la enseñanza de Jesús, estarán mostrando una obcecación parecida a la de la multitud (p. ej., 15:16). Su confianza puede ser más que adecuada, dada su vacilación posterior, pero ciertamente están creciendo en entendimiento.

Ante la respuesta afirmativa de ellos, Jesús responde con una parábola sobre el presente estatus privilegiado que tienen y el futuro papel que les espera. "Todo maestro de la ley que ha sido instruido [*matheteuo*] acerca del reino de los cielos es como el dueño de una casa, que de lo que tiene guardado saca tesoros nuevos y viejos". Ante el uso de *matheteuo* en otros lugares, la interpretación preferible sería "se ha convertido en discípulo [*mathetes*]" o "ha sido hecho discípulo".[44] Dado que Jesús habla aquí a los discípulos sobre la consecuencia de su entendimiento, los compara con los maestros de la ley, a quienes asemeja a su vez a los

42. Nun, *Sea of Galilee and Its Fishermen,* 16-44.
43. Blomberg, *Interpreting the Parables,* 202.
44. Hagner, *Matthew,* 1:401-2; ver Wilkins, *Discipleship in the Ancient World and Matthew's Gospel,* 160-63.

"dueños de una casa" (*oikodespotes*). Se utiliza *oikodespotes* en la parábola de Jesús en referencia a Dios (21:33), Jesús (10:25; 13:27) o los discípulos (24:43) y, en ocasiones, se describe repartiendo su riqueza, ya sea como salario a sus trabajadores (20:1-16) o como renta de la propiedad de los agricultores (21:33-43).[45] Jesús amplía aquí la metáfora para indicar que el dueño de la casa trae de su caja de tesoros cosas nuevas y viejas. No lo hace simplemente para contemplar su riqueza con deleite, sino para repartirla en beneficio de otros.[46]

El contraste se establece, por tanto, entre los maestros de la ley dentro del judaísmo y los discípulos de Jesús. Los primeros, instruidos en la Torá, estudiaban con grandes rabinos y legaban sus tradiciones e interpretaciones. Pero todos los que se habían convertido en discípulos del reino de los cielos solo tienen a Jesús como su maestro, y transmitirán con fidelidad a otros lo que *él* les ha enseñado. No solo entienden cómo extraer correctamente las verdades espirituales de las parábolas (13:51), sino que comprenden *cómo la llegada de Jesús ha cumplido las promesas de la venida del Mesías y* del reino mesiánico (P. ej., 1:22; 2:5, 15, 17, 23; 3:15; 4:14-17) y cómo Jesús consuma verdaderamente la Ley y los Profetas (5:17-20).[47]

Esto marca un importante desarrollo en la formación de los discípulos para su futura labor a lo largo de los tiempos. Del mismo modo que Jesús los ha transformado, ellos deben hacer discípulos de todas las naciones y enseñarles todo lo que han aprendido de él (28:19-20). Jesús no está describiendo sencillamente a los discípulos, "sino que los está retando, como siempre, en parábolas, a que cumplan una labor: han recibido el 'tesoro' a través de su instrucción; ahora deben 'revelarlo' para enseñar a otros".[48] Los discípulos de Jesús deben prestar mucha atención a la prioridad del reino en sus vidas con el fin de poder seguir siendo el tesoro de la revelación de Jesús ante un mundo que los observa.

Construyendo Puentes

El Discurso de las Parábolas ocupa una posición fundamental en la presentación mateana de Jesús el Mesías y su evangelio del reino de los cielos. Este es el tercero de los discursos principales de Jesús que Mateo ha conservado para sus lectores, y recopila las parábolas que ponían a prueba los corazones de la multitud a la vez que daban instrucción a los discípulos de Jesús. Pero estas parábolas probarán e instruirán del mismo modo a los lectores a lo largo de este siglo, porque en los cinco discursos que recopila Mateo nos ha proporcionado la mayor colección de las instrucciones de Jesús, que es la

45. BDAG, 695.
46. Carson, "Matthew", 332.
47. David E. Orton, *The Understanding Scribe: Matthew and the Apocalyptic Ideal* (JSNTSup 25; Sheffield: JSOT Press, 1989), esp. 140-53.
48. France, *Matthew,* 231.

base de lo que los discípulos han aprendido a obedecer en el desarrollo de su discipulado con Jesús a lo largo de sus vidas (28:20).

Discursos y discipulado. Una breve visión de conjunto del tipo de discípulo descrito en cada uno de los discursos nos proporcionará el contexto que nos ayude a entender el lugar del Discurso de las Parábolas en el desarrollo intencionado que Jesús hace de nuestro discipulado con respecto a él.

(1) En el primer discurso, el Sermón del Monte (caps. 5-7), Jesús desarrolla lo que significa ser *discípulos de la vida del reino.* Expone la realidad del discipulado radical de cada día, vivido en la presencia y el poder del reino de Dios. Este tipo de discipulado implica una transformación de dentro hacia fuera, en la justicia del reino (5:20). El ejemplo supremo de esta justicia es Jesús mismo, que ha venido a cumplir la revelación veterotestamentaria de la voluntad de Dios para su pueblo (5:17, 21-47), de manera que los discípulos de Jesús puedan perseguir la meta, de forma clara, para ser tan perfectos como el Padre celestial (5:48). Por tanto, la vida del reino aborda todos los aspectos de lo que significa el discipulado de Jesús durante este tiempo, incluidas las cuestiones éticas, religiosas, conyugales, emocionales y económicas.

(2) El Encargo de la Misión desarrolla lo que significa ser *discípulos guiados por la misión* (cap.10). Jesús encarga a todos los discípulos que salgan a vivir y a compartir el evangelio del reino con un mundo extranjero, y a menudo hostil, hasta su regreso. La misión, en este siglo, es responsabilidad de todos los creyentes (10:24-25, 40-42), y no de una sola categoría especial de personas. Se produce tanto en la confesión pública al mundo (10:32-33) como en los compromisos privados con la familia (10:34-39). Como Jesús mismo, los discípulos pueden esperar oposición y persecución (10:24-25) por parte de los judíos y de los gentiles, del mundo religioso y político, y por parte de la propia familia cercana y de los compañeros (10:17-21). Aun así no tienen por qué temer, porque el Espíritu proveerá poder y guía (10:19-20) y el Padre ejercerá cuidado y control soberano (10:28-33). La centralidad de la presencia de Jesús en la vida de los discípulos es la característica más vital de la misión, por lo que los discípulos crecen cada vez más para ser como el Maestro (10:24).

(3) El discurso central, la Revelación de las Parábolas (cap. 13), desarrolla lo que significa ser *discípulos del reino clandestino.* Este discurso actúa como transición de la simple presentación del evangelio del reino en el momento de examinar a las multitudes que siguen a Jesús, y también cuando instruye a sus discípulos en la naturaleza incomparable del reino. Consideraremos esto con mayor atención más abajo.

(4) En el cuarto discurso, las Prescripciones de la Comunidad (cap. 18), Jesús desarrollará lo que significa ser *discípulos basados en la comunidad.* Declarará cómo debe expresarse la vida del reino a través de la iglesia que *él* establecerá en la tierra por medio de sus discípulos. La iglesia debe caracterizarse por

la humildad, la pureza, la responsabilidad, el perdón, la reconciliación y la restauración.

(5) El último discurso principal es el Discurso del monte de los Olivos (caps. 24–25), que revela lo que significa ser *discípulos de paso y expectantes.* Jesús contempla el largo corredor del tiempo y profetiza a sus discípulos sobre su regreso, el fin de los tiempos y el establecimiento de su trono mesiánico. Este discurso culmina su enseñanza sobre el discipulado con la descripción de cómo deben vivir sus discípulos cada día de esta era de la consumación del reino de Dios, que se encuentra en un "ya, pero aún no", en expectante preparación para su regreso con poder.

Discípulos de un reino clandestino. En el capítulo 13, Jesús indica que sus discípulos vivirán su discipulado, durante el resto de sus vidas, manifestando el reino que es clandestino. Muchos de entre la multitud que lo seguía esperaban la llegada del reino con una manifestación pública de poder político y militar. Su atracción por Jesús no se basaba tanto en lo que Jesús pretendía anunciando la llegada del reino, sino más bien en lo que ellos esperaban obtener de él: las bendiciones de la era mesiánica.

No es malo esperar las bendiciones, pero esto los lleva a pasar por alto el verdadero mensaje que Jesús está anunciando. De hecho, la esperanza de las bendiciones físicas y materiales los endurece, impidiendo que reconozcan su propia condición espiritual. Están cada vez más influenciados por los líderes religiosos, sobre todo por los fariseos, que se enorgullecían de sus propios logros e ignoraban su miseria espiritual. Por culpa de la influencia de los líderes religiosos, la multitud acaba endureciéndose tanto con respecto al tipo de reino de Jesús que pide a gritos su ejecución y la liberación del líder rebelde Barrabás, un hombre involucrado en la conspiración para acabar con Roma y establecer el reino físico de Israel (ver comentarios en 27:20).

Los mismos seguidores de Jesús aún no entienden por completo la singularidad de la manifestación del reino de Dios que él está instituyendo. Cuando Juan el Bautista, su privilegiado precursor profético, estaba encarcelado había cuestionado la identidad mesiánica de Jesús, porque su programa del reino no coincidía con lo que Juan había aguardado (*cf.* 11:2-6). Y cuando ya es evidente que Jesús va a ser crucificado en vez de reclamar su trono, hasta sus discípulos más cercanos lo abandonan.

Por tanto, en este tercer discurso principal, Jesús desarrolla lo que significa ser "discípulos de un reino clandestino". A través de sus parábolas, pone a prueba los corazones de la multitud para revelar si el mensaje del reino ha echado raíz y está produciendo fruto o si ha sido improductivo (13:18-23). Deben decidir si están con él o contra él. Además, a través de estas parábolas, Jesús les revela a los discípulos los secretos del reino de Dios, y les hace saber que ese reino existirá de forma oculta durante este siglo. Será un reino encubierto y no la abrumadora manifestación política, cultural y militarista del gobierno de Dios que muchos esperaban (13:31-33). Las parábolas revelan, pues, lo que significa que los discípulos de Jesús vivan como sujetos del reino en un mundo que aún no ha experimentado la consumación plena del reino de Dios.

Las parábolas revelan, además, que los discípulos de Jesús deben ser demostrablemente diferentes del resto de las personas de este mundo. La transformación de dentro a fuera que articuló en el Sermón del Monte producirá un fruto en ellos que los señalará externamente con toda claridad como sus discípulos. Pero no será hasta el final de este siglo cuando la separación final dará a conocer quiénes son los que pertenecen al reino y los que no (13:41-43, 49-50). La incongruencia de su ocultamiento y discreción hace que muchos ignoren, y hasta rechacen, el reino de Dios; sin embargo, para los que descubren su presencia, es la realidad más preciosa de este siglo (13:44-46). Por tanto, los discípulos de Jesús deben prestar la máxima atención a la prioridad del reino en su vida y, de este modo, seguir siendo el tesoro de la revelación para un mundo que observa (13:51-52).

¿Quién es el responsable de un corazón endurecido? Con esta revelación mediante parábolas de los secretos del reino de los cielos, el lector podría pensar que las multitudes deberían ser excusadas si no entendían estos mensajes encubiertos. No obstante, hemos visto más arriba que, cuando Jesús explicó cuál era su propósito al hablar en parábolas, culpó directamente a los que se endurecieron contra su mensaje y ministerio: "Aunque [o 'porque'] miran, no ven; aunque oyen, no escuchan ni entienden" (ver comentarios en 13:13). Cuando tomamos esto, con el énfasis que Marcos pone en esta cita, como el propósito para hablar en parábolas (Mr 4:11-12), vemos que estos dos relatos juntos proporcionan una perspectiva más amplia de la actividad espiritual de las parábolas en la vida de la multitud.

Con la mezcla de actitudes hacia Jesús en el seno de la multitud (algunos se decantan por convertirse en discípulos de Jesús y otros, sin embargo, se quitan de encima la barrera del compromiso); él utiliza las parábolas para forzar una decisión. Dios sabe quiénes endurecerán su corazón contra el mensaje de Jesús, así que usa las parábolas para endurecer soberanamente el corazón de la persona hasta el punto de que sea incapaz de responder (13:15). Dios también conoce a los que responderán al mensaje del evangelio, por lo que las parábolas obtienen la respuesta positiva de conducirlos a venir a Jesús, convertirlos en sus discípulos y hacer que soliciten la explicación (*cf.* 13:10). Por tanto, el uso de la expresión en Mateo y Marcos equilibra la soberanía divina de Dios con cada responsabilidad humana individual.

Pensamiento y vida cristiana equilibrados. Esto nos lleva de nuevo al concepto de "equilibrio" que Mateo tiende a mantener con verdades aparentemente contradictorias.[49] Por ejemplo, vemos que Jesús exhortó a sus discípulos: "Hagan brillar su luz delante de todos, para que ellos puedan ver las buenas obras de ustedes y alaben al Padre que está en el cielo" (5:16); sin embargo, más tarde reprende: "Cuídense de no hacer sus obras de justicia delante de la gente para llamar la atención" (6:1).Uno podría apresurarse a enfatizar solo una verdad, descuidando lamentablemente la otra. El equilibrio de ambas nos advierte que evitemos la tentación tanto de la cobardía personal como de la vanidad religiosa (*cf.* 6:1-2).

Son tantos los asuntos en el Evangelio de Mateo y, de forma general, en las Escrituras que exigir al pie de la letra una nivelación de los extremos parece contradictorio. Desafortunadamente, el ser humano tiende a aliviar la disonancia adoptando un lado del asunto, ignorando o reinterpretando con frecuencia el otro corpus de evidencias bíblicas para respaldar la postura. La correcta clase de equilibrio significa tomar dos verdades que parecen opuestas y vivir con ambas a la vez, aunque no seamos capaces de entender por completo cómo encajan juntas.

Las verdades de esta sección —la soberanía de Dios y la responsabilidad humana— requieren un cuidadoso equilibrio. Animo al siguiente proceso cuando encontremos dos verdades aparentemente opuestas:

(1) ¡Pensar de forma sensible! No ser arrastrados por las reacciones emocionales. Ante las aparentes contradicciones, la reacción emocional puede provocar que nos quedemos inmóviles o que nos dejemos arrastrar hacia un extremo.

(2) Ábrete sinceramente a ambas verdades, independientemente de la experiencia pasada o del trasfondo. Nuestro bagaje confesional o nuestra experiencia de iglesia pueden hacer que rechacemos del todo la verdad menos enfatizada en nuestra tradición teológica. Debemos estar abiertos a la verdad de la Palabra de Dios.

(3) Mantener al mismo tiempo aquellas verdades que parecen opuestas. Si son verdades bíblicas y no simples opiniones de alguien, ambas tendrán valor en el proceso de tomar la decisión y, finalmente, se revelarán como complementarias y no contradictorias.

(4) Aplicar a la vida ambos lados de la cuestión al mismo tiempo. Dado que las Escrituras son una guía de la vida, ambos principios pueden vivirse con mayor facilidad que comprenderse del todo. Aunque puede que no seamos capaces de entender por completo cómo coexiste la soberanía de Dios y nuestra responsabilidad, todos tenemos la experiencia de ver ambos principios ejercitados en las experiencias cotidianas de la vida. Debemos reconocer que Dios ostenta, de forma absoluta, el control de todo lo que ocurre en esta vida, aunque cada uno sea responsable de forma individual de sus propias acciones, y lo será eternamente.[50]

49. Ver la sección Significado Contemporáneo de 7:1-12.

50. Para una exposición más completa, ver Wilkins, "Balance as a Key to Discipleship", 45-64.

Las parábolas de Jesús son una demostración extraordinaria de la forma en que se equilibran esas verdades. La soberanía de Dios no elimina la responsabilidad personal como factor para entrar al reino. Su control sobre cada destino humano está correctamente equilibrado con la responsabilidad moral de cada persona para responder de forma adecuada ante Dios.[51] Una posición equilibrada afirma ambas realidades.

La ley de la atrofia espiritual progresiva o de la asimilación espiritual consecutiva. Cuando la multitud escucha las parábolas de Jesús, sus corazones son probados y se les da la oportunidad de recibir la revelación divina de Dios. Pero impactará de forma diferente en cada persona. Uno puede oír la parábola, endurecer su corazón de inmediato contra la verdad que enseña y alejarse de Jesús. Cada vez que escucha y rechaza la verdad de una parábola, su corazón se endurece más. Otro escuchará la parábola y rápidamente responderá a su verdad, se volverá a Jesús, se convertirá en su discípulo y aprenderá de él. Cada vez que escucha y responde de forma positiva a la verdad de una parábola, su corazón se conforma más a la semejanza de Cristo. Un comentarista lo llama ley de la "atrofia espiritual progresiva" o "asimilación espiritual consecutiva". Lo describe de esta forma:

> El juicio está escrito con claridad para aquellos que oyen y no se lo apropian: su capacidad para comprender y hacerse dueños de la verdad espiritual mengua hasta desaparecer. Por el contrario, cuanta más verdad revelada de Dios absorbamos, más crecerá nuestra capacidad para digerir la verdad, en un tipo de progresión geométrica espiritual.[52]

Concluye declarando que "la percepción espiritual de la verdad de Dios es peligrosa: nos condena si no actuamos. Ver aumentado el conocimiento acarrea sencillamente un aumento de responsabilidad (Lc xxii. 48)".[53]

Esta es la temible situación de los incrédulos de entre la multitud. Las parábolas de Jesús los enfrentan a verdades sobre el reino de los cielos. Rechazarlas supone iniciar el largo camino de la negación de la realidad y de un corazón que acabará endureciéndose hasta alcanzar el punto de no retorno. Esta llega a ser la situación de los fariseos, que ya han negado la obra del Espíritu que los conduce a la verdad del evangelio y finalmente son endurecidos más allá de cualquier posibilidad de restauración (*cf.* 12:30-32). Su rechazo hacia el mensaje de Jesús es el epítome del autoengaño, ya que racionalizan su juicio sobre Jesús como si ellos fueran los dispensadores autorizados por Dios para emitir los veredictos religiosos.

---

51. Hagner, *Matthew,* 1:373.
52. Alan Cole, *The Gospel According to St. Mark: An Introduction and Commentary* (TNTC; Grand Rapids: Eerdmans, 1961), 91.
53. *Ibíd.*

Sin embargo, esta es la situación de cada persona que rechaza el mensaje de Jesús. En última instancia ponen su propia opinión por encima de la de Dios. Cada vez que una persona endurece su corazón contra el evangelio, se engaña a sí mismo creyendo conocer la verdad sobre la realidad y racionalizando su conclusión acerca de Jesús. Es lo que hacen quienes creen que el evangelio es demasiado exclusivo para la tolerancia pluralista moderna. ¡Y es que parece tan estrecho de miras hablar de "un único camino" para llegar a Dios! O es también lo que hacen aquellos que creen que el mensaje de Jesús sobre la justicia del evangelio es demasiado arcaico y mojigato para la gente moderna progresista y liberada. Suena demasiado legalista sugerir que una persona se niegue a sí misma para tomar su cruz y seguir a Jesús. No obstante, esto es lo que significa querer de verdad que Dios sea el Dios de nuestra vida. Dallas Willard escribe con tono pesimista:

> *La persona definitivamente perdida es aquella que no puede querer a Dios.* Que no puede querer que Dios sea Dios. Multitudes de personas así pasan cada día de esta vida y entran a la eternidad. La razón por la que no hallan a Dios es que no lo quieren o, al menos, no quieren que *él* sea Dios. Querer que Dios sea Dios es muy diferente a querer que Dios me ayude.[54]

Es exactamente el caso del incrédulo. ¿Pero qué pasa con el creyente? Los creyentes también deben ser precavidos, porque rechazar la verdad del evangelio puede conducir a tener un corazón endurecido contra Dios. La interpretación principal de las parábolas se ocupa de la respuesta inicial del oyente ante el mensaje del reino, pero la interacción de Jesús con sus discípulos nos permite ver que también deben mantenerse abiertos a la verdad plasmada en las parábolas para que sigan entendiendo y obedeciendo.

Todos somos conscientes de que existen líderes cristianos públicos que han mantenido relaciones sexuales ilícitas durante largo tiempo, mientras seguían sirviendo en una posición de liderazgo hasta que todo ha salido a relucir. Han negado continuamente la convicción del Espíritu y de la verdad de la Palabra de Dios sobre su pecado, y así han endurecido sus corazones contra Dios. Es el caso de cualquier creyente que vive con un pecado como el cotilleo, la intolerancia, la glotonería o el orgullo, y racionaliza su idoneidad. Estos son pecados menos visibles pero, a pesar de ello, pueden indicar un corazón endurecido contra el liderazgo de Dios.

No creo que esto implique que un creyente haya perdido su salvación. Un corazón regenerado no puede dejar de estarlo. Sin embargo, debemos considerar la posibilidad de que una persona que sigue endureciendo su corazón contra la verdad de la Palabra de Dios nunca antes fue regenerada. O tal vez ocurra

54. Willard, *Renueva tu corazón: sé como Cristo,* p. 58 del original en inglés; el énfasis es suyo.

como en el caso de los creyentes corintios que pecaron descaradamente dentro de la comunidad de creyentes y, por tanto, fueron disciplinados por Dios con enfermedades e incluso la muerte, para que se mantuviera la pureza dentro de la comunidad. Los enfermos y los muertos no son amenazados con la perdición eterna, sino que la disciplina divina se entiende como aquello en lo que un Dios amoroso está corrigiendo a sus hijos.[55] Un corazón sensible a Dios mostrará un arrepentimiento genuino por el pecado cometido. Sin esto no hay posibilidad de crecer a semejanza de Cristo. Willard continúa:

> ... *sin esta comprensión de nuestra ruina total* y sin la corrección y reorientación de nuestra vida, que surge de forma natural de tan amargo entendimiento, *no se puede hallar un camino claro para la transformación interior.* Es física y espiritualmente imposible. En lo que nos concierne, permaneceremos firmemente en el trono de nuestro universo, intentan quizás "usar un poco de Dios" aquí y allá.[56]

Jesús advierte: "El que tenga oídos, que oiga" (13:9), porque solo oyendo y obedeciendo la verdad es como el corazón de una persona se entrega al gobierno del reino de Dios y a la posibilidad de un crecimiento personal a semejanza a Cristo.

Significado Contemporáneo

Escondido pero poderoso. Durante la ocupación de Europa por la Alemania nazi durante la Segunda Guerra Mundial, millones de personas experimentaron un horror atroz. Los campos de concentración se esparcían por toda Europa donde los grupos minoritarios, principalmente judíos, pero también gitanos, homosexuales y civiles antinazis eran primero confinados y más tarde ejecutados. El temor al arresto que sentían las personas se convirtió en un terror paralizante. La vida cotidiana estaba dominada por la presencia de los militares alemanes y las temidas fuerzas de las SS (*Schutzstaffel,* término alemán para "Escuadra de Protección").

Sin embargo, en medio del terror, surgió otra respuesta —la "resistencia" subterránea—, formada por varios grupos secretos y clandestinos que se oponían al gobierno nazi. Desde el sur de Francia hasta el sur de Escandinavia, y hasta la remota Unión Soviética, grupos ampliamente diferentes de civiles, así como bandas armadas de partisanos o guerrilleros trabajaban en secreto contra la ocupación. Sus actividades iban desde la publicación de periódicos clandestinos hasta prestar ayuda en la huida de los judíos y aviadores aliados derribados en territorio enemigo, cometiendo contra las patrullas alemanas actos de sabotaje

55. Gordon D. Fee, *The first Epistle to the Corinthians* (NICNT; Grand Rapids: Eerdmans, 1987), 566.
56. Willard, *Renueva tu corazón: sé como Cristo,* p. 60 del original en inglés; énfasis suyo.

y violencia. Eran hombres y mujeres valientes, que no podían resistirse abiertamente a las poderosas fuerzas alemanas, pero que operaban de forma encubierta para llevar la libertad a su pueblo.

Pero la voluntad y la capacidad para luchar en secreto se mantuvieron vivas, en gran medida, por una esperanza permanente, el rumor de que venía la invasión aliada. Millones de personas fueron oprimidas durante años, desde la primera *Blitzkrieg* [guerra relámpago] alemana contra Polonia en 1939 hasta sus exitosas invasiones de Bélgica, Holanda y Francia en 1940. Sin duda, el esfuerzo, la capacidad y los recursos de la resistencia habrían menguado, a no ser por aquella esperanza de la venida de la liberación. Aunque los meses y los años se hacían eternos, uno de los esfuerzos más importantes de la resistencia fue prepararse para la invasión y coordinarse con ella, transmitiendo información a los aliados. Finalmente, el 6 de junio de 1944, el día D, también denominado la Batalla de Normandía, comenzó la invasión aliada de la Europa occidental.

En la superficie de la Europa ocupada por Alemania todo parecía horriblemente indefenso y sin esperanza. Pero escondidas entre el terror se hallaban esas personas que se atrevían a resistir, en gran parte porque estaban unidas a las poderosas fuerzas aliadas que prometían liberación. No deberíamos idealizarlos, ya que algunos de ellos, como muchos de los que habían apoyado a José Stalin en la Unión Soviética, tenían agendas ideológicas que más tarde usaron para subyugar a su propio pueblo. Pero la resistencia aporta una ilustración moderna de la *efectividad del poder oculto.* Demostró ser extraordinariamente eficaz para mantener en desequilibrio la maquinaria de guerra nazi, proporcionó inspiración a la gente corriente por toda Europa y, a pesar de su aparente indefensión, la resistencia se inspiró en la esperanza de la prometida invasión aliada para coordinar sus esfuerzos de liberación.[57]

El poder que trajo Jesús con el anuncio de la llegada del reino de los cielos no tenía la percepción de poder que muchos esperaban. De hecho, Jesús podía realizar poderosos milagros, pero eran efímeros y selectivos. La regeneración completa del mundo, que muchos asociaban con la era mesiánica de bendición, no había llegado. Roma dominaba aún la tierra, y los despiadados líderes seguían provocando temor mediante el encarcelamiento y las ejecuciones. Las personas continuaban muriendo. El hambre y la enfermedad eran aún experiencias cotidianas.

De modo que, mediante sus parábolas, Jesús aclaró que el reino de los cielos conlleva secretos asociados. Está oculto, pero es poderoso en su obra transformadora espiritual. Es pequeño al principio, pero traerá la realidad de la salvación del pecado a todos lo que se atrevan a venir a él con ojos de fe y un corazón abierto. El juicio divino sobre el maligno y sus seguidores es indiscutible;

---

57. "Resistance", *Encyclopaedia Britannica,* http://www.britannica.com/eb(article?eu=64876 [consultado 12 agosto 2002].

vendrá con poder, pero puede que no siempre aparezca así en el siglo siguiente. El regreso de Jesús con glorioso poder para liberar a este mundo enfermo de pecado es una promesa concreta que nos estimula y nos da un propósito para nuestra propia vida. Estas son las verdades que revelan los secretos del reino de los cielos y que han aportado dirección, esperanza y revelación de la poderosa, aunque oculta, operación de Dios durante esta era.

Antes de considerar brevemente la relevancia contemporánea de las parábolas en este gran discurso, deberíamos buscar una perspectiva de los principios de su interpretación para que podamos oír con claridad el mensaje que Jesús pretendió comunicar en cada una de ellas.

Interpretación de las parábolas de los secretos del reino de los cielos. Todo buen maestro o predicador comprende la importancia de ilustrar una enseñanza con ejemplos de la vida cotidiana. Sirve para que un concepto abstracto se vuelva relevante y concreto para la audiencia. Sin embargo, las ilustraciones no pretenden entretener sencillamente, porque, de ser así, el maestro o el predicador no sería más que un contador de historias. Como advierte Sidney Greidanus, "no se deberían escoger las ilustraciones con el único propósito de crear interés, sino de aclarar la verdad o de concretar la aplicación de un pasaje en particular".[58]

Jesús era un contador de historias magistral, pero fue mucho más que eso. Sus parábolas no solo despertaban interés, sino que producían convicción y demandaban una respuesta. Esto sigue siendo así por el impacto que producen en los lectores modernos. El estribillo repetido por Jesús: "El que tenga oídos, que oiga" (13:9), así como otras expresiones relacionadas con la bendición que reciben los que oyen y las nefastas consecuencias de quienes no lo hacen (p. ej., 13:13-17), nos llaman a una cuidadosa recepción de la verdad que está comunicando en sus parábolas.

Jesús utilizó las parábolas al principio y en otros momentos de su ministerio, pero la colección de parábolas de Mateo 13 tuvo un propósito único en su ministerio histórico. Con estas parábolas intentaba probar los corazones de las multitudes y forzarlos a comprometerse a estar con él o contra él. Al mismo tiempo, se sirvió de ellas para desvelar los secretos del reino a sus discípulos y para comunicarles la verdad sobre su funcionamiento en este mundo, hasta su regreso en gloria. Aunque existe variedad de opiniones entre los eruditos en cuanto a los detalles en la interpretación de las parábolas de Jesús, los principios básicos siguientes son ampliamente reconocidos como cruciales para entender sus propósitos.[59]

---

58. Sidney Greidanus, *The Modern Preacher and the Ancient Text: Interpreting and Preaching Biblical Literature* (Grand Rapids: Eerdmans, 1988), 340-41.

59. *Cf.* p. ej., Bailey, "Guidelines for Interpreting Jesus' Parables", 29-38; Blomberg, *Interpreting the Parables,* 29-69; Sider, *Interpreting the Parables,* 13-26, 171-246; Klyne R. Snodgrass, "Parable", *DJG,* 591-601; ídem., "From Allegorizing to Allegorizing",

(1) Deberíamos intentar comprender el marco histórico, cultural y religioso del ministerio de Jesús, en el primer siglo. Esto incluye entender las circunstancias que provocaban la parábola y el significado de las cuestiones abordadas. Este paso es necesario, ya que muchas de las parábolas de Jesús procedían de las experiencias comunes de los oyentes del primer siglo, pero resultan extrañas para los lectores modernos. Por ejemplo, el estatus social de los terratenientes y los arrendatarios, el trasfondo del Antiguo Testamento relacionado con la proximidad del reino de Dios o la orientación religiosa de los fariseos dentro del judaísmo, son vitales para comprender con claridad el mensaje de Jesús en su entorno original.

(2) Deberíamos intentar comprender el escenario literal y teológico de estas parábolas dentro del ministerio de Jesús, en cada Evangelio en particular, y dentro del conjunto del Nuevo Testamento. Habríamos de buscar el contexto del ministerio de Jesús en general y de sus enseñanzas en otros lugares para tener los indicios necesarios a fin de interpretar las parábolas, porque Jesús interpretó algunas de ellas para los discípulos (p. ej., 13:18-23, 37-43, 49-50).

Es más, cada escritor de los Evangelios tiene una perspectiva única de las parábolas. En el caso de Mateo, por ejemplo, es importante que comprendamos su propósito para el Discurso de las Parábolas dentro de la estructura de su registro global. Deberíamos dejarnos guiar por el contexto y otras indicaciones interpretativas aportadas por los evangelistas, que son algunas de las primeras pistas para la interpretación de las parábolas. Tampoco deberíamos olvidar el contexto más amplio de otras enseñanzas del Nuevo Testamento, porque la enseñanza de Jesús fue fundamental para el pensamiento y la enseñanza de la iglesia primitiva.

(3) Deberíamos intentar determinar la verdad central que la parábola pretende enseñar. Cuando se proporciona una ilustración que resalta de forma adecuada un sermón o una enseñanza, por lo general el orador intenta exponer una idea principal y dominante. Sin embargo, los detalles de apoyo añaden objetivos secundarios cruciales para la enseñanza pretendida. Este parece haber sido el método de Jesús. La mayoría de los intérpretes reconocen ahora que las parábolas cumplen la analogía que Jesús pretendía transmitir a través de un punto central, pero que cada personaje principal o grupos de personajes aportan ideas o ideas secundarias.[60] No deberíamos exagerar a la hora de interpretar, aportando un significado injustificado a los pequeños detalles, pero tampoco deberíamos quedarnos cortos en la interpretación perdiendo el significado deseado de los elementos de apoyo. Deberíamos tratar de evaluar los detalles en relación con un conjunto.

(4) Deberíamos intentar aislar el objetivo que Jesús está marcando sobre el reino de los cielos. La repetida introducción: "El reino de los cielos es como"

3-29; Robert H. Stein, *An Instruction to the Parables of Jesus* (Filadelfia: Westminster, 1981), 15-41; Wenham, *The Parables of Jesus,* 11-25, 225-38.

60. *Cf.* Snodgrass, "From Allegorizing to Allegorizing", 3-29; Blomberg, *Interpreting the Parables,* 29-69.

(p. ej., 13:24, 31, 33, 44, 45) nos alerta sobre el lugar central que mantiene en este discurso la instrucción sobre el reino. Más abajo veremos que esto significa entender el poder transformador del reino, su juicio inminente, su sorprendente aparición, su valor incalculable y la responsabilidad que los discípulos tienen en cuanto a su difusión.

(5) Deberíamos intentar determinar cómo se aplican a la vida del individuo, creyente o no creyente, las verdades centrales de las parábolas. La aplicación espiritual siempre fue relevante para las necesidades de los oyentes; por tanto, es importante desvelar qué era lo que daba pie a las parábolas. Podían ser carencias profundas, incluso frustrantes, desconcertantes, porque la historia puede tomar un giro inesperado y causar ofensa a la audiencia cuando se hace una aplicación personal. Las parábolas tenían el propósito de revelar los secretos del reino de los cielos a los discípulos de Jesús (*cf.* 13:10-17). Aportan ilustraciones concretas de la forma en la que podemos aplicar las verdades del reino de los cielos a nuestro propio discipulado con Jesús, mientras vivimos en este mundo que está bajo la influencia del maligno.

(6) Deberíamos intentar establecer cómo se puede aplicar a la vida de la iglesia la verdad de la parábola, tanto a lo largo de los tiempos como hoy día. El reflejo del mensaje contemporáneo de la parábola se debería basar en el significado histórico de las mismas,[61] que incluye reconocer que uno de los secretos de reino es su obra presente, pero oculta, en el mundo (*cf.* 13:37-43). En estas parábolas estamos en sintonía con la intención original de Jesús de mostrar cómo el reino de los cielos existirá a lo largo de esta era. No está dando lecciones de forma directa de las actividades de la iglesia. Será una institución visible durante este siglo, al servicio del reino de Dios, pero Jesús no identifica el reino con la iglesia (ver comentarios en 3:2; 4:17: 16:18-19; 18:15-20). Sin embargo, de las parábolas se puede derivar una aplicación adecuada para la iglesia.

Con estas directrices para interpretar el Discurso de las Parábolas de Mateo, podemos centrarnos ahora en la verdad específica que Jesús intentaba comunicar en cada parábola y, brevemente, la forma de aplicarla a nuestro discipulado cristiano contemporáneo. Dado que algunas de las siete parábolas principales sobre los secretos del reino coinciden en este discurso con las verdades que comunican, podemos resumirlas en cuatro títulos principales: (1) el poder transformador del reino, (2) su juicio inminente, (3) su sorprendente aparición y (4) su valor incalculable.

El poder transformador del reino de los cielos, la parábola del sembrador y los terrenos (13:1-9, 18-23). La parábola del sembrador y los terrenos es, en muchos sentidos, una parábola sobre parábolas. Ilustra cómo la verdad que se plasma en este tipo de alegorías impactará la vida de aquellos que escuchan su mensaje. Aunque el evangelio del reino de los cielos se predicará y se enseñará

---

61. Wenham, *The Parables of Jesus,* 237-38.

de forma indiscriminada en este mundo (4:23-258; 9:35-38), las respuestas son diversas. La respuesta externa de la persona indica la condición espiritual interna de su vida. La fuerza que da vida está en la semilla, no en el terreno, así que la respuesta de la tierra a la semilla indica el impacto de la vida del reino en el corazón de una persona. Esto incluye que pueda ser totalmente rechazada por un corazón duro, aceptarla de una forma superficial, pero sin echar raíces, o ahogarla con prioridades rivales. Solo la persona que recibe el mensaje dentro de su corazón permite que el evangelio vivificador del reino eche raíces y produzca fruto.

El foco principal no está en el sembrador; está en los terrenos, por lo que podemos asumir de forma segura que el que siembra el mensaje del evangelio en este mundo no se aplica solo a Jesús en su ministerio histórico, sino también a los doce cuando salieron en su corto viaje de misión (10:5-15), y a los discípulos que, a lo largo de este tiempo, han llevado este mensaje (10:16-42; 28:16-20). Nos enseña que, así como Jesús tuvo varias respuestas ante su mensaje, nosotros también las tendremos. Lo primordial es la fidelidad al sembrar el mensaje del evangelio, no el número de respuestas.

Del mismo modo, deberíamos reconocer que la respuesta desproporcionada de aquellos que no responden plenamente al evangelio, en comparación con los que dan fruto, está en consonancia con la declaración de Jesús; en ella indicaba que muchos entran por la puerta ancha, que es el camino a la destrucción, mientras que solo unos pocos entran por la puerta estrecha, que es el camino a la vida (7:13-14). Los resultados están, finalmente, en las manos de Dios, así como en la elección del individuo. Nuestra responsabilidad consisten sembrar la semilla, como hizo Jesús, confiar en Dios y comprender que, inevitablemente, habrá respuestas distintas. No hay nada comparable con el mensaje del evangelio en sí. En sí mismo tiene el potencial de producir vida en terreno muerto. Hay muchas historias de misioneros que trabajaron durante años en países extranjeros antes de ver siquiera una sola conversión. El contentamiento viene a través de la obediencia y de confiar en Dios con los resultados.

Existe una diferencia clara e inconfundible entre los que están totalmente endurecidos contra el mensaje del evangelio en el primer terreno y los que producen fruto en el cuarto terreno. Pero hay un desconcertante punto intermedio en aquellos que reciben la palabra en un inicio, pero luego desaparecen por las pruebas y las adversidades de la vida (13:20-21); otros más se sumergen en las prioridades del mundo, por encima de los valores del reino (13:22). Esto es una advertencia a los que responden al reino para que eviten las cosas que les impidan producir fruto y que estén preparados contra ellas. En última instancia, es una producción constante de fruto que diferencia entre los que han respondido verdaderamente al reino y los que no lo han hecho.

Y es ese mismo fruto el que nos da la esperanza de la transformación personal. La persona que recibe el evangelio del reino en su corazón experimentará la transformación de la vida del reino, la misma vida que Jesús describió en el

Sermón del Monte (p. ej., 5:3-16, 21-48). Así que no solo deberíamos esperar la transformación, sino que deberíamos hacerlo como resultado del poder vivificador del evangelio del reino, motivados por el Espíritu de Dios. Los que hereden el reino experimentarán la transformación de las primeras prácticas de la carne en características personales producidas por el Espíritu (Gá 5:16-23) y experimentarán los dones de este en sus vidas (1Co 12:1-31). La transformación se extenderá a la creación del fruto producido por la justicia del Espíritu y las buenas obras (p. ej., Col 1:10) y la participación en el alcance del evangelio produce el fruto de nuevos conversos ganados por medio del testimonio de creyente (p. ej., Ro 1:13). La semilla sembrada en buena tierra resultará en el rendimiento máximo según el potencial individual.

Quizás deberíamos extender la analogía un paso más allá para notar que la responsabilidad de la producción del fruto se encuentra en la obra vivificadora del evangelio facultado con el poder del Espíritu, pero eso no elimina la propia responsabilidad del discípulo. Debemos tener la precaución de suplir los nutrientes y el cuidado apropiados para nuestro bienestar, siendo continuamente regados por la Palabra de Dios y envueltos en la comunidad protectora de otros creyentes. Del mismo modo, debemos ser cuidadosos y no permitir que las malas hierbas de este mundo nos ahoguen, como indica la parábola siguiente.

El inminente juicio del reino de los cielos, las parábolas del trigo y la mala hierba (13:24-30, 36-43) y la red (13:47-50). Aunque el reino de los cielos ha sido inaugurado en este mundo a través de la siembra del evangelio, y muchos se han convertido en discípulos de Jesús, la llegada del reino no ha derrotado al enemigo ni ha evitado la supervivencia de los impíos en este mundo. A nivel superficial, los discípulos de Jesús no pueden verse diferentes a los demás seres humanos, pero existe una diferencia heredada como resultado de la transformación que se produce por el impacto del reino en la vida de la persona. El trigo y el pescado del reino de los cielos son "buenos" (13:38, 48) y "justos" (13:43,49). Esta es la justicia del reino que produce una transformación personal (*cf.* 5:20).

Pero estas parábolas señalan otro punto importante. No veremos el desarraigo ni la eliminación del mal hasta el fin de esta era. Habrá una naturaleza mixta en el mundo y este continuará de un modo que parecerá ilógico para las nociones contemporáneas sobre cómo gobierna el reino de Dios. Jesús no proporciona una teodicea completa con la parábola, sino solo una base sólida como roca para la esperanza. El mal proviene del maligno, no de Dios. Deberíamos esperar una guerra espiritual a lo largo de este siglo, ya que vivimos en un entorno contaminado por el mal. No obstante, en el horizonte de la historia se cierne el rescate seguro para los discípulos de Jesús y el juicio ineludible para los que estén del lado del maligno. A los primeros no los ha llamado a salir del mundo durante esta era, sino que se nos ha prometido contar con la oración continua de Jesús para que la mano protectora del Padre esté sobre nosotros (*cf.* Jn 17:15-19).

Aunque las parábolas hablan de la coexistencia en este mundo de los hijos del maligno y los hijos del reino, existe una aplicación secundaria para la iglesia. La parábola del trigo y la mala hierba nos permite estar advertidos de los planes del enemigo (Satanás intentará infiltrarse en la iglesia). Debemos estar prevenidos de cómo mantenernos en guardia, y esto debería animarnos a orar contra los planes de Satanás. Aunque obrará en este mundo hasta el juicio, podemos reducir su influencia no permitiendo las actividades pecaminosas que le conceden un asidero en nuestras comunidades (Ef 4:27) y ocupándonos de forma eficaz y rápida del pecado en el seno de la comunidad (18:15-20). Es más, como una gran red de arrastre, el reino de los cielos tendrá todo tipo de respuestas en el mensaje de los "pescadores de hombres" (4:19). La verdadera naturaleza de los reunidos no siempre será fácil de ver, como ejemplifica tristemente Judas Iscariote. Solo en el juicio se conocerá la plena implicación.[62]

La aparición por sorpresa del reino de los cielos, las parábolas del grano de mostaza y la levadura (13:31-32, 33). Estas dos parábolas se combinan para enfatizar uno de los principales secretos de reino de los cielos (ha venido de una forma sorprendentemente oculta). Jesús no niega la grandeza y la gloria que el reino manifestará finalmente, pero enfatiza que durante este tiempo existirá de forma oculta y desapercibida. Esto contrasta la inauguración parcial del reino con su consumación final. Durante esta era, la presencia inicial del reino pasará inadvertida, aunque impregnará este mundo y obrará mediante una transformación oculta en los corazones de los hijos e hijas del reino.

Estas parábolas deberían advertirnos de la popularidad de nuestra fe. En siglos pasados, se entendía que estas parábolas estaban referidas a la iglesia como manifestación del reino. La iglesia ha experimentado un crecimiento extraordinario en diversos periodos de tiempo en la historia, con frecuencia a costa de la contaminación del mundo. Esto debería de nuevo servirnos de advertencia para no identificar el reino de Dios con la iglesia. Solo con la llegada del Hijo del hombre se establecerá el reino con poder y gloria visibles.

Vivimos en un tiempo en el que la popularidad de la iglesia ha decaído en gran parte del mundo occidental, pero está dinámicamente viva en la mayoría del tercer mundo. Las parábolas del grano de mostaza y de la levadura nos advierten para que no esperemos la popularidad del reino de los cielos durante esta era. Permanecerá desapercibido y oculto excepto a los ojos de la fe, que aguardan su manifestación final. Como ciudadanos del reino, somos la sal de la tierra y la luz del mundo (5:13-16), y procuramos traer a las personas a una comunidad de amor dentro de la iglesia; sin embargo, nuestra popularidad nunca debe ser el indicador final de la influencia real del reino.

El valor incalculable del reino de los cielos, las parábolas del tesoro escondido (13:44) y la perla fina (13:45-46). Estas parábolas ponen el foco en el

62. *Cf.* Keener, *A Commentary on the Gospel of Matthew* (1999), 393.

valor incalculable del reino de los cielos. Continuando con el pensamiento de la discreción de la semilla de mostaza y la levadura (13:31-32, 33), la parábola del tesoro escondido enfatiza que el reino tiene un valor que supera lo que pudiera esperar cualquiera que busque en un campo. La parábola de la perla fina enfatiza que el experto bien entrenado descubrirá, al encontrarse con la realidad del reino, que no hay nada comparable en valor. Cualquier precio que uno pague no es nada en comparación con el beneficio de pertenecer a él. La salvación y la justicia del reino son un tesoro mayor que todo lo que el mundo pueda ofrecer, y son la fuente del mayor gozo (13:44). Cuando reconocemos por completo el valor de la vida hoy en la presencia del Salvador, y la vida eterna, cualquier sacrificio que hagamos será como nada frente al gozo de experimentar su realidad presente.

Desafortunadamente, es demasiado fácil perder de vista este valor y, por tanto, perder el gozo. Este es el peligro que corren los que crecen en buenos hogares cristianos y buenas iglesias, porque dan esto por sentado. Si una persona ha conocido siempre el mensaje, es posible que no comprenda realmente el valor del evangelio y la realidad de la presencia del reino de Dios. Sin embargo, si desde el principio de la vida se hace una clara distinción sobre las realidades espirituales, se puede aprender una gratitud humilde por el precioso don del evangelio y vivir con una compasión igualmente profunda y humilde por aquellos que no tienen el don de reino de Dios.

Esto es también un peligro para aquellos que estamos en el ministerio, a los que nos pagan por estudiar la Biblia, por enseñar sobre Jesús y para orar por nuestros estudiantes y las personas de nuestras iglesias. Podemos llegar a estar tan familiarizados con las cosas de Dios que perdemos de vista el increíble valor de lo que enseñamos. Uno de los mayores privilegios de la vida es ocupar el puesto que tenemos en el ministerio. Hablar de Jesús, orar con otros creyentes, intentar ser un siervo de Cristo en nuestras tareas diarias, realizar la exégesis de pasajes difíciles de las Escrituras, defendiendo la fe contra los enemigos de la cruz, todas estas son nuestras actividades habituales.

No obstante, cada una de estas actividades puede convertirse en un trabajo pesado cuando estamos sobrecargados, cuando no nos aprecian o cuando afrontamos oposición. Cada día que cargamos con nuestras responsabilidades, es importante recordar qué privilegio tenemos al poder ayudar a los demás a escuchar hablar de Jesús con mayor claridad, a caminar con él más de cerca y servirle con mayor alegría. Somos embajadores del reino de los cielos, el mayor tesoro de este mundo, y deberíamos dar las gracias cada día, una y otra vez, por el increíble valor de este regalo que tenemos. Ahí se encuentra nuestro verdadero gozo.

Mateo 13:53–14:36

Cuando Jesús terminó de contar estas parábolas, se fue de allí. 54 Al llegar a su tierra, comenzó a enseñar a la gente en la sinagoga.

—¿De dónde sacó este tal sabiduría y tales poderes milagrosos? —decían maravillados—. 55 ¿No es acaso el hijo del carpintero? ¿No se llama su madre María; y no son sus hermanos Jacobo, José, Simón y Judas? 56 ¿No están con nosotros todas sus hermanas? ¿Así que de dónde sacó todas estas cosas?

57 Y se escandalizaban a causa de él. Pero Jesús les dijo:

—En todas partes se honra a un profeta, menos en su tierra y en su propia casa.

58 Y por la incredulidad de ellos, no hizo allí muchos milagros.

En aquel tiempo Herodes el tetrarca se enteró de lo que decían de Jesús, 2 y comentó a sus sirvientes: «¡Ése es Juan el Bautista; ha resucitado! Por eso tiene poder para realizar milagros».

3 En efecto, Herodes había arrestado a Juan. Lo había encadenado y metido en la cárcel por causa de Herodías, esposa de su hermano Felipe. 4 Es que Juan había estado diciéndole: «La ley te prohíbe tenerla por esposa». 5 Herodes quería matarlo, pero le tenía miedo a la gente, porque consideraban a Juan como un profeta.

6 En el cumpleaños de Herodes, la hija de Herodías bailó delante de todos; y tanto le agradó a Herodes 7 que le prometió bajo juramento darle cualquier cosa que pidiera. 8 Instigada por su madre, le pidió: «Dame en una bandeja la cabeza de Juan el Bautista».

9 El rey se entristeció, pero a causa de sus juramentos y en atención a los invitados, ordenó que se le concediera la petición, 10 y mandó decapitar a Juan en la cárcel. 11 Llevaron la cabeza en una bandeja y se la dieron a la muchacha, quien se la entregó a su madre. 12 Luego llegaron los discípulos de Juan, recogieron el cuerpo y le dieron sepultura. Después fueron y avisaron a Jesús.

13 Cuando Jesús recibió la noticia, se retiró él solo en una barca a un lugar solitario. Las multitudes se enteraron y lo siguieron a pie desde los poblados. 14 Cuando Jesús desembarcó y vio a tanta gente, tuvo compasión de ellos y sanó a los que estaban enfermos.

15 Al atardecer se le acercaron sus discípulos y le dijeron:

—Este es un lugar apartado y ya se hace tarde. Despide a la gente, para que vayan a los pueblos y se compren algo de comer.

16 —No tienen que irse —contestó Jesús—. Denles ustedes mismos de comer.

17 Ellos objetaron:

—No tenemos aquí más que cinco panes y dos pescados.

18 —Tráiganmelos acá —les dijo Jesús.

19 Y mandó a la gente que se sentara sobre la hierba. Tomó los
cinco panes y los dos pescados y, mirando al cielo, los bendijo.
Luego partió los panes y se los dio a los discípulos, quienes los
repartieron a la gente. 20 Todos comieron hasta quedar satisfechos,
y los discípulos recogieron doce canastas llenas de pedazos que
sobraron. 21 Los que comieron fueron unos cinco mil hombres, sin
contar a las mujeres y a los niños.

22 En seguida Jesús hizo que los discípulos subieran a la
barca y se le adelantaran al otro lado mientras él despedía a la
multitud. 23 Después de despedir a la gente, subió a la montaña
para orar a solas. Al anochecer, estaba allí él solo, 24 y la barca ya
estaba bastante lejos de la tierra, zarandeada por las olas, porque
el viento le era contrario.

25 En la madrugada, Jesús se acercó a ellos caminando sobre el
lago. 26 Cuando los discípulos lo vieron caminando sobre el agua,
quedaron aterrados.

—¡Es un fantasma! —gritaron de miedo.

27 Pero Jesús les dijo en seguida:

—¡Cálmense! Soy yo. No tengan miedo.

28 —Señor, si eres tú —respondió Pedro—, mándame que vaya a ti sobre el agua.

29 —Ven —dijo Jesús.

Pedro bajó de la barca y caminó sobre el agua en dirección a
Jesús. 30 Pero al sentir el viento fuerte, tuvo miedo y comenzó a
hundirse. Entonces gritó:

—¡Señor, sálvame!

31 En seguida Jesús le tendió la mano y, sujetándolo, lo reprendió:

—¡Hombre de poca fe! ¿Por qué dudaste?

32 Cuando subieron a la barca, se calmó el viento. 33 Y los que
estaban en la barca lo adoraron diciendo:

—Verdaderamente tú eres el Hijo de Dios.

34 Después de cruzar el lago, desembarcaron en Genesaret. 35 Los
habitantes de aquel lugar reconocieron a Jesús y divulgaron
la noticia por todos los alrededores. Le llevaban todos los
enfermos, 36 suplicándole que les permitiera tocar siquiera el borde
de su manto, y quienes lo tocaban quedaban sanos.

Sentido Original

Para señalar la conclusión del Discurso de las Parábolas y la transición a la descripción narrativa del ministerio de Jesús que sigue, Mateo usa la fórmula que concluye cada uno de los discursos en su Evangelio ("cuando Jesús terminó", 13:53; *cf.* 7:28; 11:1; 19:1; 26:1). Desde la conclusión del Discurso de las Parábolas del capítulo 13 hasta el Discurso de Comunidad en el capítulo 18, Mateo narra un nuevo énfasis más importante en el ministerio terrenal de Jesús. Proporciona una creciente aclaración a sus discípulos en cuanto a su identidad como Mesías, que culmina en la confesión de Pedro (16:15-19 y la transfiguración (17:1-8). Pero también empieza a profetizar sobre su inminente sacrificio de sufrimiento (16.21-28; 17:22-23; 20:17-19).

La asombrosa popularidad del ministerio galileo de Jesús prosigue con la alimentación de los cinco mil (14:13-21), pero el ánimo se va ensombreciendo cuando Jesús parte con determinación hacia Jerusalén y a su fatídico encuentro final en la cruz. Este ensombrecimiento comienza con dos incidentes de profetas de Dios a los que su pueblo no da honor alguno: Jesús en su aldea natal de Nazaret (13.54-58) y Juan el Bautista en la fortaleza de Maqueronte (14.1-12). A pesar de ello, de una forma extraordinariamente diferente, Jesús recibe el honor que le corresponde cuando sus discípulos caen sobre su rostro para adorarlo como el Hijo de Dios, después de que calme la tormenta (14:33).

Jesús es rechazado en Nazaret (13:54-58)

Jesús regresa a su pueblo natal, Nazaret, la aldea de su familia y el lugar donde transcurrió su infancia (ver comentarios sobre 2:23). Mateo no proporciona la razón para este regreso, excepto para decir que "comenzó a enseñar a la gente en la sinagoga". Lucas recoge una escena de predicación en la sinagoga de Nazaret al principio del ministerio público de Jesús, momento en que la gente del pueblo estaba furiosa, porque él había incluido a los gentiles en el programa de extensión de la salvación de Dios e intentaron matarlo (Lc 4:16-30).

Muchos eruditos consideran el relato de Mateo como el compendio temático del que recoge Lucas.[1] Sin embargo, es posible que este sea un regreso posterior a Galilea en una segunda visita (ver también Mr 6:1-6). Nótese la referencia a la "sabiduría [...] poderes milagrosos", que no fueron una parte relevante del ministerio de Jesús hasta después de la visita a Nazaret, tal como narra Lucas. De ser así, el antagonismo de la visita anterior está ahora un tanto mitigada por la creciente popularidad de Jesús por toda Galilea como resultado de su enseñanza, su predicación y su ministerio de realizar milagros. La alusión a "partió de Nazaret" en Mateo 4:13 tiene muy probablemente su paralelo en los sucesos de Lucas.[2]

1. P. ej., Blomberg, *Matthew,* 227; Davies y Allison, *Matthew,* 2:452-54; France, *Matthew,* 232.
2. P. ej., Carson, "Matthew", 335; Morris, *Matthew,* 364.

El regreso a Nazaret es un tanto sorprendente, porque, antes del comienzo del Discurso de las Parábolas, la madre y los hermanos de Jesús intentaron contactar con él y, al parecer, él no los recibe en su visita (ver comentarios sobre 12:46-50). Tal vez al regresar a Nazaret está accediendo a la petición de su madre y sus hermanos de que regrese a casa. En el comentario que María hizo en una boda en Caná se puede discernir un patrón similar en la reacción de Jesús, cuando ella notó que el vino se había acabado y, al señalárselo, él parece desairarla, aunque acaba accediendo a su petición (*cf.* Jn 2:1-10). Jesús no se permitirá ser disuadido de su ministerio, pero no llega a rechazar a su familia.

Los cuatro hermanos (Jacobo, José, Simón y Judas) parecían no aceptar la autoridad de Jesús antes de la resurrección (*cf.* Mr 3:21; Jn 7:5). El Jesús resucitado se aparece a Jacobo (1Co 15:7) y, tres años después de la conversión de Pablo, se sabe que era conocido como una de las columnas de la iglesia de Jerusalén (Gá 1:19; 2:9). Después de que el rey Herodes Agripa I de Judea decapitara al apóstol Jacobo, hijo de Zebedeo, y que Pedro escapara de Jerusalén (Hch 12:1-18; 44 A.C. aprox.), Jacobo asumió un papel de liderazgo aún más relevante. Fue el portavoz principal de la iglesia de Jerusalén en el fundamental Concilio de Jerusalén con respecto a la misión de Pablo a los gentiles (Hch 15:13) y durante la visita final de Pablo a Jerusalén (Hch 21:18). La tradición posterior señala su conducta moral y piadosa. Es muy probable que sea el autor del libro que lleva el nombre de Santiago.

Otro hermano de Jesús, Judas, es, según la tradición, el autor de la carta que lleva su nombre. No se sabe nada sobre sus restantes hermanos o hermanas que tenga un valor histórico sustancial. Sobre las teorías de cómo se relacionan esos "hermanos" y "hermanas" con él, ver comentarios sobre 12:46-50.

Cuando Jesús empieza a enseñar en la sinagoga, los habitantes de su aldea natal están asombrados y preguntan: "¿De dónde sacó este tal sabiduría y tales poderes milagrosos?". Al inicio de su ministerio (Lc 4:16-30), la gente del pueblo se enfureció porque él había incluido a los gentiles en el plan de salvación de Dios, pero ahora no pueden creer los informes sobre la sabiduría y los milagros que ha demostrado por toda Galilea. Como los fariseos en Capernaúm (12:24), cuestionan la fuente de sus grandísimos poderes. ¿Opera con la autoridad de Dios o existe otra fuente?

Ya tienen sus respuestas en mente cuando formulan varias preguntas. Como conocen sus raíces, saben que su padre es el carpintero del lugar y su madre, María, a quien conocen, así como a sus hermanos y hermanas, obviamente no puede haber nada especial en él. Es un hijo de la localidad que intenta ser más de lo que posiblemente pueda afirmar. Los habitantes del pueblo concluyen que, al no haber tenido Jesús ninguna otra formación aparte de la de un carpintero,[3]

3. Marcos 6:3 llama a Jesús carpintero.

no puede ser una fuente adecuada de sabiduría ni tampoco puede reivindicar poderes sobrenaturales.

De modo que, en lugar de permitir que la sabiduría y los milagros de Jesús testifiquen de su origen divino, los habitantes del lugar "se escandalizaban a causa de él" (*skandalizo*; 13:57), una expresión de Mateo que indica un obstáculo a la fe (5:29; 11:6). Como la multitud de Capernaúm que había rechazado su verdadera identidad y su misión mesiánica (13:10-17), la gente de su propia aldea natal no puede sobreponerse a la mentalidad localista. Jesús responde: "En todas partes se honra a un profeta, menos en su tierra y en su propia casa". En lo que era como un dicho proverbial, Jesús usa el título de profeta para referirse a sí mismo.

En otras palabras, Jesús se alinea con los profetas veterotestamentarios que revelaron la voluntad de Dios a la nación, algo que no siempre fue agradable.[4] Aquellos mensajeros habían sido rechazados sistemáticamente por el pueblo de Israel. También repudian a Jesús. Ningún profeta había hablado en Israel durante 400 años, pero incluso ahora, en su ciudad natal, las personas se endurecen contra su ministerio de declarar la verdad de Dios. Además, el gobierno títere de Israel, representado por Herodes Antipas, ejecutará a Juan el Bautista, el otro profeta. En un día triste en Israel.

Por la dureza de sus corazones, no están abiertos al ministerio de Jesús. "Y por la incredulidad de ellos, no hizo allí muchos milagros". Aunque, al parecer, Jesús podía sanar a las personas en otros lugares, por mucho que la fe de ellos no fuera un factor relevante en el milagro,[5] la dureza de corazón y el rechazo impiden el ministerio de sanidad del Espíritu, así como imposibilitan el perdón de los pecados (12:31-32).

Juan el Bautista, decapitado por Herodes Antipas (14:1-12)

Mateo proporciona ahora un relato de la ejecución de Juan por orden de Herodes Antipas que encaja en el desarrollo del argumento. Jesús el Mesías no solo es un profeta sin honra en su pueblo natal (13:57), sino que pisotean el honor del profeta Juan el Bautista mediante su ejecución. Lo habían encarcelado alrededor de un año y medio antes, y había oído informes acerca de las actividades de Jesús. Él le respondió a través de sus discípulos con un relato completo de lo que había llevado a cabo (*cf.* comentarios sobre 11:2-6). Es posible que Juan fuera ejecutado unos meses antes de los acontecimientos del capítulo 14. El relato de Mateo sobre la ejecución es, probablemente, una retrospectiva histórica.

Casi al final de su ministerio de aproximadamente dos años, en Galilea, los rumores sobre la predicación y los poderes de Jesús para realizar milagros han llegado a oídos del gobernador de más alto nivel de la región, Herodes Antipas

---

4. Morris, *Matthew,* 366.
5. P. ej., los endemoniados gadarenos (8:28-34) y el paralítico de Juan 5.

(14:1). Después de la muerte de su padre, Herodes el Grande (ver comentarios sobre el cap. 2), el reino se dividió en tres partes, sobre las que reinaron tres de sus hijos. Herodes Antipas se convirtió en el tetrarca de Galilea y Perea por muchos años (4 A.C.–30 A.D.) Su principal infamia en el Nuevo Testamento procede de haber ejecutado a Juan el Bautista y de su entrevista con Jesús antes de su crucifixión (*cf.* Lc 23:6-12).

La capital de Herodes Antipas, Tiberias, se encontraba a tan solo trece kilómetros de Capernaúm, base del ministerio de Jesús, en la costa del mar de Galilea. De alguna manera, la extensa popularidad de Jesús entre las masas por todo Israel, Perea y la Decápolis llega a oídos de Herodes. Su reacción revela una curiosa mezcla de emoción, teología y superstición: "¡Ése es Juan el Bautista; ha resucitado! Por eso tiene poder para realizar milagros". El temor culpable del tetrarca por haber ejecutado a Juan combina con una confusa noción de resurrección, probablemente basada en parte en las creencias farisaicas y en parte en ideas supersticiosas semipaganas acerca de espíritus que regresaban.

Herodes Antipas se había casado con la hija del rey Aretas IV de Nabatea; lo más probable es que fuera un matrimonio político dispuesto por el emperador Augusto para mantener la paz en la región. El matrimonio duró más de quince años, hasta que Antipas se enamoró de Herodías,[6] esposa de su hermanastro Herodes Felipe I. Este hombre era un ciudadano privado que vivía en Roma con su esposa. En un viaje a dicha ciudad, Antipas se alojó en casa de ellos y se enamoró de Herodías. Decidieron casarse, pero ella le exigió al tetrarca que se divorciara de su mujer.[7] Unos años más tarde (36 A.D.), el rey Aretas IV atacó y venció a las fuerzas militares de Antipas, buscando, entre otras cosas, vengar que este hubiera repudiado a su hija.[8]

Cuando Antipas se casó con Herodías, el sumamente popular Juan el Bautista lo condenó en público por haberse desposado con la mujer de su hermanastro, que también era su medio sobrina. Juan declaró categóricamente: "La ley te prohíbe tenerla por esposa" (14:4). Semejante matrimonio se habría considerado una afrenta incestuosa para la ley de Dios (Lv 18:16; 20:21). Tanto Josefo como los escritores de los Evangelios concuerdan en que Herodes Antipas había arrestado y ejecutado a Juan por la influencia que tenía sobre el pueblo. Aparte de esto, proporcionan diferentes perspectivas útiles sobre la motivación subyacente para arrestar a Juan. Según Mateo: "Herodes quería matarlo, pero le tenía miedo

6. Herodías era hija de Aristóbulo (hijo de Herodes el Grande) y Berenice (hija de la hermana de Herodes el Grande, Salomé), lo que la convertía en medio sobrina de su esposo Herodes Felipe I y Herodes Antipas.
7. Josefo, *Ant.* 18.5.1 §§109-15.
8. Para una breve visión de conjunto, ver Harold W. Hoehner, "Herodian Dynasty, *DJG,* 332-25. Para un tratamiento más extenso de la época, ver ídem, *Herod Antipas: A Contemporary of Jesus* (Grand Rapids: Zondervan, 1980).

a la gente, porque consideraban a Juan como un profeta". Josefo conjetura que Dios juzgó a Herodes por el trato que le dio a Juan.[9]

El día del cumpleaños de Herodes se organizó una gran celebración en su honor en el palacio de Maqueronte, donde Juan estaba encarcelado.[10] En esta fatídica ocasión, la hija de Herodías (llamada Salomé, según Josefo) bailó para Antipas. La muchacha tiene probablemente tan solo doce o catorce años, pero en ese entorno de apariencias y degradación interpreta lo que sin duda era una danza muy sensual, porque "tanto le agradó a Herodes que le prometió bajo juramento darle cualquier cosa que pidiera".

Herodías mete baza de inmediato para orquestar la eliminación de otra amenaza para el reinado de su esposo. Insta a Salomé a pedir la cabeza de Juan el Bautista sobre una bandeja, porque quiere deshacerse de su voz acusadora. Esta era una práctica relativamente común entre los líderes crueles. Herodes el Grande, por ejemplo, hizo matar a sus propias esposas e hijos por su temor paranoico a que alguien le usurpara el trono. Herodes Antipas sabe que Juan es un profeta popular entre el pueblo y no quiere ejecutarlo. Sin embargo, no quiere quedar mal delante de sus invitados, de modo que "ordenó que se le concediera la petición, y mandó decapitar a Juan en la cárcel. Llevaron la cabeza en una bandeja y se la dieron a la muchacha, quien se la entregó a su madre".

Los discípulos de Juan han permanecido leales al profeta durante su encarcelamiento, y ahora realizan los deberes de seguidores leales, ya que la familia de Juan ya habría fallecido en ese tiempo. Toman su cuerpo y le dan adecuada sepultura. Luego, vuelven junto a Jesús en Galilea, llevando la trágica noticia de la muerte de Juan (14:12). Oímos hablar de otros discípulos de Juan a lo largo de unas cuantas décadas después de esto, aunque cada vez están más apartados de su verdadero mensaje (Hch 19:1-7). La transición natural debería haber sido que siguieran a Jesús.[11]

Sanador compasivo y Proveedor (14:13-21)

Por ese tiempo, Jesús ha regresado a Capernaúm desde Nazaret. El rechazo de Jesús por parte de la gente de su pueblo natal (13:53-58) y la ejecución de Juan el Bautista por parte de Herodes Antipas (14:1-12) señala una escalada de la oposición del establecimiento del reino de Dios. Pero, a pesar de esta tormenta que se está preparando, Jesús sigue adelante resueltamente con su propia agenda.

Empieza la retirada de Galilea (14:13-14). El comentario de la narración de Mateo pulsa una nota de melancolía: "Cuando Jesús recibió la noticia, se retiró él solo en una barca a un lugar solitario". La implicación puede ser que Jesús se entera de la muerte de Juan y se retira durante un periodo de contemplación

9. Ver "John the Baptist's Execution by Herod Antipas as Recorded by Josephus", en Wilkins, "Matthew", 90.

10. Sobre el encarcelamiento de Juan en Maqueronte, ver Josefo, *Ant.* 18.112, 119.

11. Wilkins, *Following the Master,* 86-88, 253-56.

personal y duelo.[12] Sin embargo, como Juan había sido ejecutado probablemente unos meses antes de esto, otros sugieren que el retiro de Jesús está relacionado con la reacción de Herodes Antipas al ministerio de Jesús (14:1-2).[13]

Pero tal vez Mateo pretenda vincular estos dos factores. El principio del ministerio de Jesús fue impulsado por una retirada a Galilea, cuando supo que Juan había sido encarcelado por Herodes Antipas (4:12). No era una huida por temor a Herodes, sino la iniciación intencionada de su ministerio tras ver el momentáneo giro de acontecimientos. Del mismo modo, tampoco está huyendo aquí de Herodes, sino que, al ver la creciente oposición que empezó con la muerte de Juan y la paranoica respuesta de Antipas, Jesús comienza su retiro. Galilea ha sido el principal lugar de su ministerio (ver comentarios sobre 4:12-17). No obstante, la oposición de Herodes Antipas, el desacertado entusiasmo de la multitud, la creciente hostilidad de los líderes religiosos, el enfoque cada vez mayor en formar a los doce para su papel apostólico en la era venidera y la decidida voluntad de Jesús de enfrentarse a la cruz en Jerusalén requieren que se retire de Galilea.

Dos veces en este relato Jesús se aparta en solitario (14:13, 23), algo que solía hacer en un tiempo trascendental de su ministerio. Usaba esas ocasiones a fin de prepararse para los próximos sucesos relevantes, en los que necesitaría tener toda la fuerza espiritual posible procedente del tiempo que pasaba a solas con su Padre celestial (*cf.* Mt 4:1-2; 26:36-46; Mr 1:35; Lc 5:16; 6:12). Una clave para su ministerio era la forma en que escuchaba a su Padre y obedecía su voluntad, algo que con frecuencia se producía por miedo de la disciplina de la soledad. Con su inminente retirada de Galilea para hacer el destinado viaje final a Jerusalén y a la cruz, Jesús busca la comunión, el consuelo y la dirección de su Padre.

Jesús cruza, pues, el mar de Galilea para ir "a un lugar solitario". Sin embargo, su popularidad con las personas no ha disminuido. Se corre la voz de que se está desplazando y muchos de las ciudades circundantes lo siguen a pie por toda la orilla. Cuando él alcanza la otra orilla, una gran multitud lo espera. Aunque la muchedumbre esté formada por un montón de personas volubles (*cf.* 13:10-17), Jesús siente compasión por ellas. Le han llevado a los enfermos desde todas las ciudades, así que Jesús los sana (14:13-14).

Alimentación de los cinco mil (14:15-21). Este lugar aislado con la multitud reunida se convierte en el escenario de la culminante alimentación de los cinco mil, el único milagro del ministerio terrenal de Jesús recogido en los cuatro Evangelios.[14] El registro de Mateo es el relato más escaso. El enclave tradicional

12. France, *Matthew,* 236; Hagner, *Matthew,* 2:417.
13. Carson, "Matthew", 340-41; Morris, *Matthew,* 417.
14. Ver Mc 6:32-44; Lc 9:10-17; Jn 6:1-15.

del milagro es al oeste de Capernaúm, a un kilómetro y medio más o menos de la "Ensenada de las Parábolas" (*cf.* 13:1-3).[15]

Tras el día de viaje y sanidades, los discípulos de Jesús se acercan a él con un problema logístico. La remota región no ofrece comida para tantas personas, de modo que le sugieren a Jesús que las despida "para que puedan ir a las aldeas y comprarse algo de comer". Semejante tamaño de multitud habría causado problemas a cualquier aldea circundante, ya que no solían tener a mano[16] abundantes artículos de primera necesidad. Jesús devuelve el problema a los discípulos y les dice que le den algo de comer a la multitud, mostrándoles la importancia de la compasión con respecto a las necesidades de las personas.

La muchedumbre ya se ha comido su alimento para ese día o, quizás, en su premura por seguir a Jesús y llevarle a sus enfermos, no trajeron nada que comer. Al parecer, a los discípulos tampoco les queda comida, pero van preguntando y consiguen cinco panes y dos peces (14:17). El pan y el pescado seco o escabechado era comida de primera necesidad adecuada para llevarla en un breve viaje a los montes. Es primavera, la estación en que la hierba es exuberante y los arroyos bajan caudalosos, de modo que Jesús indica a la multitud que se sienten sobre la hierba. Él toma los panes (más o menos del tamaño de un bollo) y el pescado y levanta la mirada al cielo, postura típica para la oración (*cf.* Jn 17:1). Da gracias u ofrece una bendición y parte los panes (14:19). Jesús no bendice el pan, sino a Dios por lo que será la milagrosa provisión de pan.

Ahora, los discípulos son capaces de hacer lo que él les pidió: darles algo que comer a las multitudes. Jesús les iba dando el pan milagrosamente multiplicado y ellos, a su vez, lo pasaban entre la multitud y repartían los trozos entre las personas. Mateo narra casi sin darle importancia que la multitud come hasta saciarse, y que "los discípulos recogieron doce canastas llenas de pedazos que sobraron". El número doce es obviamente relevante tanto por las doce tribus de Israel y los doce discípulos/apóstoles, pero aquí su importancia no es clara. Tal vez sea otra indicación del cumplimiento del ministerio mesiánico de Jesús (*cf.* 10:1-6; 19:28). Las multitudes de esta región no experimentan esta milagrosa provisión de nuevo, de forma que la recogida de las sobras demuestra que no deberían descuidar lo que Dios ya ha provisto.

Mateo es el único evangelista que observa que el número de cinco mil asociado con la alimentación solo cuenta a los hombres, y no a las mujeres y niños. El número total podría haber alcanzado los diez mil o más, cifra que supera de lejos las poblaciones de la mayoría de los pueblos que rodeaban el mar de Galilea. Muchos judíos esperaban que el Mesías apareciera en primavera, la estación de

15. Existen dificultades de armonización en relación con la referencia de Marcos a Betsaida como localidad hacia la que se dirigen los discípulos después de este milagro (Mr 6:45) y la referencia de Lucas a los milagros de la alimentación como sucedidos en Betsaida (Lc 9:10); resolverlas se sale del alcance de este comentario.
16. Keener, *A Commentary on the Gospel of Matthew* (1999), 493-4.

la Pascua, cuando repetiría el milagro de alimentar Israel con maná como había sucedido a través de Moisés.[17] En relación con esto, Juan señala que la multitud se adelantó para proclamar rey a Jesús, pero él vuelve a retirarse de ellos (Jn 6:14-15). Al parecer, la multitud cree que Jesús restaurará ahora el trono a Israel. No pueden apartar sus ojos de sus necesidades físicas el tiempo suficiente para escuchar su mensaje. Así que Jesús se marcha para centrarse en aquellos que aceptarán su ofrecimiento de salvación.

Pero el milagro también tiene una lección para los discípulos. Ven el tamaño de la necesidad y la pequeñez de los recursos humanos disponibles. Deben aprender a ver como ve Jesús, que "reconoce lo grande que es la necesidad y la magnitud de los recursos disponibles de Dios".[18]

El Hijo de Dios recibe adoración (14:22-36)

Tras la extraordinaria alimentación de los cinco mil, que autentifica el poder autoritativo de sanar y suplir las necesidades de las multitudes, Jesús se revela como el verdadero Hijo de Dios que tiene poder y autoridad sobre los elementos de la naturaleza y, por tanto, merece la adoración debida solo a Dios.

Jesús camina sobre el agua (14:22-27). Había sido un día agotador para Jesús y sus discípulos. Pretendía irse a un lugar solitario para reflexionar sobre la potencial amenaza de Herodes Antipas y la muerte de Juan el Bautista, pero acaba predicando y sanando a una inmensa multitud de personas. Jesús y sus discípulos no se habían preparado para pasar la noche fuera de casa, y desde luego no hay lugar para que tan grande multitud duerma, así que les encarga a los discípulos que vayan en la barca al otro lado para hallar refugio, mientras él le indica a la multitud que regrese a sus hogares.

Después de que se fueran la multitud y los discípulos, Jesús está por fin solo. Pasa algún tiempo concentrado en oración con su Padre celestial, en la ladera de un monte, durante la tarde y hasta la noche (ver comentarios sobre 14:13-14). En este relevante punto de inflexión de su ministerio, Jesús se está preparando para el viaje a las regiones gentiles, con la cruz de Jerusalén cerniéndose delante de él.

Aunque Jesús está solo en la montaña, orando, los discípulos están pasándolo muy mal intentando cruzar el mar de Galilea. Probablemente se encontraban en uno de los barcos de pesca equipados para enfrentarse a las tormentas repentinas que soplaban sobre el lago (ver comentarios sobre 8:23-27). Los discípulos debían de haber estado navegando y remando, porque están bien adentrados en el agua.

Mateo narra de forma portentosa que la nave está siendo "zarandeada por las olas, porque el viento le era contrario". Los vientos contra la barca pueden indicar que se dirigían de oeste a este, porque las tormentas más graves descendían

17. Hagner, *Matthew,* 2:418.
18. Keener, *A Commentary on the Gospel of Matthew* (1999), 405.

de los montes orientales. "Bastante lejos de la tierra", en el lago, es literalmente en griego "muchos estadios" (un *estadio* es alrededor de 180 metros, lo que significa probablemente que se encontraban tres o cinco kilómetros mar adentro. Luchan contra la tormenta durante más de nueve horas, desde antes de la puesta del sol hasta la "cuarta vigilia" (entre las tres y la seis de la mañana). En el incidente anterior en que se calmó la tormenta, Jesús estaba con los discípulos, aunque dormía en la popa de la embarcación (8:24). Ahora viene a ellos caminando sobre el mar.

En la primera tormenta, los discípulos tuvieron miedo ante la muerte (8:25), pero esta vez están aterrorizados por ver a Jesús caminando sobre el agua, pensando que es un "fantasma" (*phantasma*; 14:26). En la literatura griega este término se usa para las apariciones en sueños o las apariciones de espíritus, pero en el Antiguo Testamento significa un "engaño" (Is 28:7; Job 20:8 LXX; *cf. Sab. Salomón* 17:14).[19] Los discípulos podrían estar pensando que algún espíritu maligno intenta engañarlos. Jesús los tranquiliza de inmediato diciéndoles que no es nada de eso, sino verdaderamente su Maestro: "¡Cálmense! Soy yo. No tengan miedo". La expresión "Soy yo" (lit., "Yo soy") puede aludir a la voz de Yahvé desde la zarza ardiente (Éx 3:14) y la voz que tranquiliza a Israel con respecto a la identidad y la presencia del Señor como su Salvador (Is 43:10-13). A lo largo de esta sección, Jesús continúa revelando su verdadera naturaleza a los discípulos, y esta poderosa declaración concuerda con la forma milagrosa en que calma la tormenta.

Jesús camina sobre el agua hacia los discípulos en la tormenta y con esto pretende suscitar la fe en su verdadera identidad y en su misión como el Hijo de Dios. Ha llegado la hora de que los discípulos den un paso al frente para afirmar su responsabilidad como líderes en el movimiento de Jesús, algo que Pedro intentará ejemplificar con paso vacilante.

Pedro camina sobre las aguas (14:28-32). Sorprendentemente, al oír Pedro la voz de Jesús, grita por encima de la tormenta: "Señor, si eres tú [...] mándame que vaya a ti sobre el agua". La expresión "Señor" (*kyrios*) se usa en otros lugares para dirigirse a Jesús con un título de respeto (p. ej., 8:21) o como falsa declaración de fe (p. ej., 7:21), pero aquí significa mucho más. Jesús está caminando sobre el agua en medio de una tormenta furiosa, algo que lo eleva por encima de cualquier otra figura que Pedro haya conocido jamás. Pero, de igual manera, si Jesús es verdaderamente el Señor y no una aparición, no hay necesidad de temer. La fe de Pedro, enfocada en la verdadera identidad de Jesús, lo capacita para vencer su miedo, clamar a él y reconocer que también puede facultarlo para ir a él sobre las aguas. Pedro no dice "camine" sobre el agua, sino "venga a ti", que era el requisito adecuado para la petición, ya que, hasta donde él sabía, aquello no iba a ser un simple paseo sobre el lago.

---

19. R. Bultmann/D. Lührmann, "φάντασμα", *TDNT,* 9:6. El término solo aparece aquí y en Marcos 6:49.

En respuesta a la solicitud de Pedro, Jesús responde con autoridad: "Ven". Pedro obedece bajándose de la barca y, milagrosamente, camina sobre el agua hacia Jesús. No se nos dice hasta dónde llega ni durante cuánto tiempo anda sobre el mar, pero, de repente, la realidad lo golpea. Ve el viento, es decir, los efectos del viento que produce grandes olas coronadas de espuma blanca, se da cuenta de dónde está y se aterra. Como experimentado pescador, conoce el peligro. Pedro demuestra un valor tremendo en este incidente, pero al mismo tiempo esa valentía de ir a Jesús sobre las aguas se convierte en la ocasión del fracaso. Pierde su fe centrada en la identidad divina de Jesús y empieza a hundirse bajo el mar. Pero, entonces, lo más importante es que grita: "¡Señor, sálvame!". El mismo Señor que pudo caminar sobre el agua y facultar a Pedro para que fuese a él es más que capaz de salvarlo de hundirse.

Jesús toma a Pedro inmediatamente de la mano para rescatarlo y lo reprende: "¡Hombre de poca fe! ¿Por qué dudaste?". "Poca fe" (*oligopistos*) no es lo mismo que "ninguna fe" como en el caso de los ciudadanos de Nazaret de corazón endurecido (13:58). Una persona que no tiene fe no reconocería a Jesús ni clamaría a él. Pedro tenía fe; solo que no funcionaba de forma adecuada. Es una "fe ineficaz" (*cf.* 17:20). La fe de Pedro lo capacita para reconocer la verdadera identidad de Jesús y pedirle ir a él sobre las aguas, pero es como una explosión de energía emocional. Es bastante eficaz para motivarlo, pero no lo suficiente como para sostenerlo. El elemento clave es mantener sus ojos firmemente enfocados en Jesús y no en el peligro del mar barrido por el viento. Jesús dirige, pues, a Pedro para que entienda con mayor claridad quién es él y actúe en consecuencia. La fe no es como un producto del que Pedro necesita más, sino que es la confianza sistemática en Jesús para llevar a cabo lo que Pedro está llamado a hacer.

El énfasis en esta historia está sobre la gracia y el poder de Jesús. Una vez que Jesús y Pedro suben a la barca con los demás discípulos, el viento se detiene. Es la segunda vez que los discípulos han sido testigos de la forma tan milagrosa en que ha calmado el mar durante la tormenta (ver 8:26). Mateo no recoge las palabras ni los hechos de Jesús aquí, sino que se limita a indicar que los vientos cesan. El viento que tanto ha asustado a Pedro (14:30) está ahora bajo su control.

Se adora a Jesús como Hijo de Dios (14:33). Todos estos sucesos fascinantes —Jesús caminando sobre el agua en la tormenta, capacitando a Pedro para ir hasta él, salvando a Pedro y ahora calmando los vientos— abruman a los discípulos y Mateo narra de forma inequívoca: "Y los que estaban en la barca lo adoraron diciendo: —Verdaderamente tú eres el Hijo de Dios". La adoración es un acto que en las Escrituras se reserva a Dios. Uno se puede postrar delante de otros personajes estimados como símbolo de respeto, como hizo David ante el rey Saúl (1S 24:8) o Abigail ante David (25:23). Pero en el contexto de estas obras de relevancia divina, los discípulos quedan cautivados por la realidad de que Jesús es mucho, mucho más; es el Hijo de Dios y por ello lo adoran.

Es la primera vez que los discípulos usan el título "Hijo de Dios" para dirigirse a Jesús. Hasta dónde llega su comprensión, lo desconocemos (*cf.* Mr 6:51-62), porque solo en la resurrección entienden por completo la verdad radical de la identidad divina de Jesús. Pero cada vez van comprendiendo más, porque lo adoran, un acto de reverencia reservado solo para Dios. Reconocer a Jesús como Hijo de Dios formará parte de la revelación continua expresada con posterioridad en la confesión culminante de Pedro: "Tú eres el Cristo, el Hijo del Dios viviente" (16:16). Están captando con mayor claridad que Jesús está relacionado con Dios Padre de una forma única. En conexión con la confesión, adoran a Jesús de una forma similar a la reacción espontánea del pueblo en el Antiguo Testamento a las revelaciones divinas (p. ej., Gn 24:26-27a; Éx 34:8). Desconcertados como deben de estar en cuanto a quién es Jesús en realidad, le rinden honor de una forma que solo se le tributa con razón a Dios.[20]

El Hijo de Dios sana en Genesaret (14:34-36). Después de la tormenta, Jesús y los discípulos desembarcan en Genesaret. Este lugar es, probablemente, una llanura de unos 5,5 por 2,5 kilómetros, a lo largo de la ribera noroccidental del mar de Galilea. Este llano es la única tierra fácilmente cultivable que lo bordea y era conocido por su tierra fértil que permitía el crecimiento de nogales, palmeras, higueras y olivos. Fue una zona muy poblada en la época de Jesús y se hallaba cerca de los centros urbanos de Tiberias, la sofisticada y animada capital de Herodes Antipas, y Magdala, ciudad natal de María Magdalena.[21]

La región de Genesaret no figuró de forma destacada en el ministerio de Jesús, como se recoge en los Evangelios. No tenemos constancia de ningún ministerio anterior aquí, pero sin duda su reputación debió de haber sido muy conocida. Cuando la gente reconoce quién es él, la voz corre por todos aquellos alrededores, y la respuesta es extraordinaria. Le llevan a sus enfermos creyendo que con solo tocar el borde de su manto serán sanados. Detrás de la expresión "borde de su manto" se encuentra el término *kraspedon* (ver comentarios sobre 9:20). Tocar los flecos o borlas no implica que los habitantes de Genesaret tuvieran una creencia supersticiosa en el poder sanador de la vestidura de Jesús; más bien, entienden que su poder es tan grande que con este contacto derivado basta para que se produzca la curación. Como en la ocasión de la mujer con hemorragia (9:20-22), "todos los que le tocaron fueron sanados". Es un extraordinario despliegue de fe, en fuerte contraste con los fariseos y los maestros de la ley, en los pocos incidentes que ocurrieron a continuación, cuya religiosidad legalista no tardó en cegarlos a su necesidad de ser purificados por Jesús (15:1-20).

---

20. Peterson, *Engaging with God,* 85-86.
21. Douglas R. Edwards, "Genesaret", *ABD,* 2:963.

Construyendo Puentes

La escena transicional de Mateo desde el Discurso de las Parábolas muestra a Jesús de regreso a su aldea natal de Nazaret. Explicó en el discurso que sus palabras pondrán a prueba el corazón de los que escucharon su mensaje, endureciendo a aquellos que los rechazan, pero dando a entender el funcionamiento del reino de los cielos a quienes sean receptivos a él. Estos temas duales de rechazo y recepción siguen marcando la narración de Mateo a lo largo del resto de su Evangelio.

El rechazo. La mayoría de Israel, incluidas las multitudes y los líderes religiosos, rechazará en última instancia a Jesús como su Mesías. Incluso ahora se están apartando de él. Esta trágica escena se llevará a cabo, pero es fundamental observar que él sigue intentando ministrar a aquellos que lo rechazan. Como enfatizó Mateo en su registro de la explicación de Jesús para hablar a la multitud mediante parábolas, la responsabilidad por tener un corazón duro es de cada individuo (13:10-17). Sin embargo, a pesar del rechazo de ellos hacia él, Jesús presenta insistentemente la invitación al reino de los cielos y ejerce su cuidado en las necesidades de ellos.

Mateo enfatiza este tema del rechazo mediante dos escenas en las que los profetas de Dios son rechazados por aquellos que han tenido el mayor privilegio. (1) Jesús es el profeta supremo, el mensaje de Dios encarnado. Cuando regresa a Nazaret a predicar en la sinagoga, él y su mensaje son rechazados por sus conciudadanos que no pueden superar su mentalidad localista y endurecida de corazón. No pueden creer que Dios haya traído al Mesías a través de una humilde familia local. Como María, José, sus hermanos y hermanas no son nada especial, Jesús tampoco puede ser sino un hombre corriente. No tienen explicación para la sabiduría con la que él habla ni para los milagros tan grandes que realiza, pero sus duros corazones lo rechazan a él y a los prodigios en sus propias vidas. Tienen el mayor privilegio de la historia humana de compartir ciudad natal con el Mesías, pero ese privilegio es también su fatídica perdición.

(2) Mateo reconoce también el rechazo del profeta Juan el Bautista. Pero aquel que lo rechaza es Herodes Antipas. Había tenido el privilegio de estar en una posición de liderazgo político en Galilea, y de tener su capital justo a unos trece kilómetros, descendiendo por la costa del mar de Galilea. De haber considerado su privilegio se habría sentido impulsado a escuchar cuidadosamente la voz profética de Juan y habría intentado gobernar con sensibilidad a los principios éticos y morales de Israel. Sin embargo, se deja llevar por sus propias pasiones y manipular por su oportunista y cruel esposa. De modo que capitula aun sabiendo que está equivocado, rechaza el mensaje de Juan y ordena que lo ejecuten.

Rechazar el mensaje del evangelio que Dios comunica por medio de sus profetas sigue estando a la orden del día. Gran parte de mundo occidental secular también está familiarizado con Jesús. Se enorgullecen de ser ultramodernos o postmodernos, y no pueden concebir cómo un mensaje tan antiguo puede ser relevante para nuestro mundo. Jesús es como un cómodo zapato viejo que uno se pone para ir por ahí cantando en Navidad, pero no sirve para todos los días. Lo rechazan, pues, como si no tuviera valor para entender la realidad de la vida en el siglo XXI. Se necesita algo nuevo que explicarle a nuestro mundo, como las doctrinas más pluralistas que incluyen muchos caminos hacia Dios o una explicación para los orígenes y el significado de la vida que refuta la existencia de Dios.

Luego están aquellos cuya familiaridad con Jesús procede de su propia iglesia personal y trasfondo familiar. En algún lugar de su exposición diaria y semanal a Jesús han perdido la perspectiva de él como el Dios de sus vidas. Siguen llamándose cristianos, porque no son budistas ni ateos, pero no tienen una cosmovisión que sitúe a Jesús como prioridad central y gozo de sus vidas. No es una pauta urgente y absoluta para sus actividades cotidianas ni tampoco un compañero presente en sus pensamientos y valores. Por tanto, cada vez rechazan más a Jesús y su mensaje.

También lo rechazan quienes opinan que el mensaje del reino pone demasiadas exigencias éticas y morales manifiestamente rigurosas en sus vidas. Jesús y Juan predicaron un mensaje de justicia sobre una transformación interior que impacta la conducta externa. Ese mensaje es igual de ofensivo hoy para quienes se mueven impulsados por sus pasiones, que manipulan las pasiones de los demás o que están demasiado absortos reclamando sus "derechos". Muchos prefieren un mensaje tolerante que acepte los estilos de vida pervertidos y, por tanto, repudian los estándares del reino de Jesús.

Sin embargo, la compasiva misericordia de Jesús sigue extendiéndose a aquellos que todavía no se han comprometido con él. Intenta sanar al pueblo de Nazaret aun después de que lo rechazara, aunque la dureza del corazón de ellos obstaculice su eficacia (13:58). Más tarde, la multitud de los cinco mil muestra características de rechazar cada vez más su mensaje, aunque él sigue sanándolos y preocupándose por sus necesidades físicas (14:13-21).

Esta misericordia suya se extiende hasta hoy y es más evidente en nuestros propios actos hacia los que le han rechazado a él y al mensaje transmitido a través de nosotros. Debemos ser sabios y no echar las perlas del mensaje del evangelio a aquellos que nos quieran hacer daño o difamar el reino (7:6). Pero no siempre podemos tener la certeza de quién ha rechazado el evangelio y quién sigue abierto a él. De manera que nuestro reto consiste en procurar seguir el ejemplo de sabiduría de Jesús y reconocer los corazones duros (12:30-32), pero también su compasión al ofrecer una llamada franca y continua al reino de Dios.

Recepción. Para los que son valientes receptores de su evangelio del reino y se han convertido en discípulos suyos, Jesús seguirá llevando a cabo su programa de transformación. El poder del reino cambia a los hombres y mujeres corrientes a la semejanza de su Maestro, Jesús. Mateo recibió ese poder transformador, y proporciona un profundo conocimiento de ese proceso. Llegados a este punto, ninguno de los discípulos ha figurado de una forma destacada como actor individual sobre el escenario de la narrativa de Mateo. Poco sabemos sobre las dos parejas de hermanos —Pedro y Andrés, Jacobo y Juan (4.18-22)— y Mateo mismo (9:9); todos ellos han respondido a Jesús. Más allá de esto, los discípulos han funcionado como un grupo relativamente anónimo y sin rostro.[22] Pero justo aquí, en esta coyuntura, Pedro empieza a jugar un papel cada vez más importante. En los cinco capítulos siguientes, Mateo narra cinco incidentes en los que Pedro destaca.[23]

Aquí, su enfoque es doble. (1) Se centra en la vida personal y en las características de Pedro como ejemplo de la forma en que Jesús transforma a sus discípulos. Pedro se convierte en un ejemplo para todos los discípulos del proceso de desarrollo del discipulado con Jesús.

(2) Mateo se centra en el papel de liderazgo de Pedro y en la forma en que Jesús lo desarrolla hasta ser el tipo de líder que resultará útil en la iglesia venidera. Pedro se convierte en un ejemplo para los demás del proceso de desarrollo del liderazgo bajo Jesús. Es significativo que, en la lista de los doce del discurso de misión, a Pedro se le designa "primero", una indicación de su papel de líder y portavoz de los discípulos (ver comentarios en 10:2). Más tarde, Jesús profetizará sobre el papel fundamental de Pedro en la iglesia que está por llegar (16:17-19), que ofrecerá un ejemplo para los líderes a lo largo de los siglos (*cf.* 18:18; Jn 20:23; 215-19).

A través de estos dos enfoques, Mateo enfatiza la creciente importancia de Pedro, pero también muestra cómo es un discípulo imperfecto y, a la vez, un líder en proceso de desarrollo. La diferencia entre crecimiento y fracaso radica en si Pedro sigue siendo receptivo a la revelación y la voluntad de Dios. Cuando sigue abierto a las cosas de Dios, crece en su discipulado personal y en su responsabilidad de líder. Cuando no permanece receptivo a las cosas de Dios, fracasa en ambas. Estas historias funcionan a modo de advertencias para discípulos y líderes en la iglesia a lo largo de los siglos. Como Pedro, la diferencia está en el tipo de fe en Jesús que manifestemos.

Myron Augsburger establece el escenario para entender los acontecimientos de esta sección con las perspectivas siguientes:

> Nuestra incredulidad limita la obra de Cristo. Sin lugar a duda, Dios preferiría hacer mucho por nosotros y por la sociedad, pero limita su acción a funcionar donde y cuando sus resultados se reconozcan como procedentes de él y no de nuestros propios logros.

22. *Cf.* Wilkins, *Discipleship in the Ancient World,* 163-72.
23. Ver 14:28-31; 15:15; 16:17-19; 17:24-27; 18:21.

> Afirmar que Dios se mueve allí donde se brinda gloria a sí mismo es reconocer la integridad de su gracia.[24]

El rechazo, por su dureza de corazón, de los habitantes de Nazaret a Jesús y el malvado asesinato de Juan el Bautista a manos de Herodes Antipas demuestran el epítome de la incredulidad que impide que Dios obre en sus vidas. La continua curiosidad y la desesperada necesidad de la multitud los impulsa a seguir a Jesús, buscando su toque sanador y experimentando su don milagroso de provisión, pero todavía no han respondido a su gracia y su misericordia con la clase de fe eficaz en Jesús que los llevará a convertirse en discípulos. La fe de los discípulos de Jesús está, sin embargo, en progresión. Cada vez reconocen más su identidad y su poder divinos, cuando la alimentación de los cinco mil les enseña que Jesús puede suplir cualquier necesidad, por imposibles que sean las circunstancias. El reconocimiento de su identidad divina obliga a uno de ellos a caminar por fe hacia Jesús en un mar tempestuoso y a pedir ayuda cuando sus fuerzas le fallan. La experiencia que tuvieron de su maravilloso poder de calmar aquellas aguas los lleva a ponerse de rodillas y adorarlo como el Hijo de Dios. Esta forma de rechazarlo o recibirlo proporciona hoy advertencias y estímulos para nosotros.

Significado Contemporáneo

La amplia gama de reacciones al evangelio del reino de Jesús que encontramos en esta narración gira en torno a un elemento común: un ejercicio de fe en la identidad y el mensaje de Jesús. El pueblo de Nazaret rechazó a un muchacho oriundo de allí que, sencillamente, no puede ser quien dice ser, mientras que Juan el Bautista se aferró con valentía a su mensaje que anunciaba la venida de Jesús, aunque él mismo experimentó dudas personales y persecución hasta el punto de perder la vida. En la alimentación de los cinco mil y la alucinante experiencia de ver a Jesús caminar sobre las aguas, la fe de los discípulos se amplía para ver en él algo que nadie ha considerado nunca antes posible: la naturaleza divina en forma humana. La fe de las personas se extiende hoy desde los mismos extremos y con resultados similares. Estas narraciones nos ayudan en el crecimiento de nuestra propia fe en la identidad de Jesús y en su mensaje.

El carácter ofensivo del mensaje y del mensajero. Con anterioridad hemos observado la respuesta de Jesús y la nuestra a la oposición (caps. 10–12). La oposición puede venir de la familia (10:21, 34-39) o del enemigo (10:24-25), de los líderes religiosos (10:17) o seculares (10:18). Sin embargo, toda oposición no es simplemente un rechazo del mensaje que llevamos; puede ser un rechazo hacia nosotros personalmente. Tanto Jesús como Juan el Bautista llaman nuestra

---

24. Myron S. Augsburger, *Matthew* (The Communicator's Commentary; Waco, Tex.: Word, 1982), 182.

atención a que, además de la insolencia del mensaje de ellos, su persona también les resulta ofensiva a quienes los rechazan.

Demasiado familiarizados con el trasfondo de Jesús. Jesús resulta ofensivo, porque su trasfondo no es muy distinto del de su propia ciudad natal, Nazaret. Los habitantes de allí lo han conocido bien a él y a su familia y, como no manifestó características que lo distinguieran ni poderes milagrosos cuando era un niño o un adolescente, siguen confinándolo a esta caja. No pueden ver, más allá de su provincianismo, a la persona en la que se ha convertido.[25]

A la gente no le gusta olvidar el pasado de los demás. Si una persona no es particularmente impresionante o talentosa en un momento de su vida, con frecuencia la familia, los amigos y los vecinos no le permitirán desarrollarse para ser alguien más relevante. Por lo general suele ser una cuestión de ego. Si Jeff puede recordar cuando Mitchell no era más que el chico del otro extremo de la calle, todo el bombo que se le dé por sus logros han de ser un fraude evidente o un engaño. Si fuera de otro modo, Jeff empezaría a dudar de sus propios éxitos. O intentaría subirse al carro de Mitchell y enorgullecerse de ser el factor contribuyente real de cualquier cosa buena que él haya llevado a cabo. Orgullo y ego, las torres gemelas que definen el pecado, son la fuente del cáncer de la comparación. Y, en la batalla, las comparaciones pecaminosas siempre hacen que alguien pierda de forma inadecuada, porque hay que alimentar el orgullo y el ego.

Es un asunto con el que casi todas las iglesias han luchado en un momento u otro. Los que pertenecen a la generación de más edad deberían ser sabios y tener presente que la generación siguiente es, con frecuencia, una amenaza a su propia identidad. En ocasiones, a las personas mayores —incluso a los pastores de más edad— les resulta difícil resistirse a la influencia que la gente joven crecida en la iglesia empieza a ejercer. Se resisten a los nuevos estilos, no solo en el vestir y en los autos, sino también en las formas de enseñar o en las innovaciones en la adoración. Cierto es que, a veces, estas nuevas maneras no son más que modas que acaban perjudicando en vez de ser un beneficio. ¿Pero concede esta generación mayor la oportunidad a los jóvenes de ganarse su respeto y les da la ocasión de demostrar sus talentos y que tienen un llamamiento de Dios? ¿O tal vez los rechazan de plano, sencillamente por estar demasiado familiarizados con ellos?

Demasiado amenazados por el mensaje de Juan. El retorcido rechazo y la ejecución de Juan el Bautista presagian la propia traición que sufrió Jesús y su ejecución, pero también deberíamos considerar las implicaciones para cualquiera que lleve el mensaje de Dios. Juan no solo provocó la ira de Herodes Antipas por cuestionar su matrimonio ilícito con la mujer de su hermano, sino que fue una amenaza personal para las aspiraciones políticas de Herodías, y la única

25. Hagner, *Matthew,* 1:406: "La principal equivocación del pueblo de Nazaret fue limitar automáticamente a Jesús al marco familiar en el que lo habían conocido antes. Esto los incapacitó para evaluar a Jesús en términos de su mensaje y hechos".

forma de deshacerse de esta amenaza era quitando a Juan de la circulación. En los círculos no cristianos en los que nos movemos, también seremos la encarnación de la evaluación moral. En el menor de los casos, dejarán de decir groserías cuando entremos en una habitación, o se refrenarán de contar un chiste subido de tono. Más ofensivo será el efecto de nuestra presencia cuando asistamos a una reunión familiar en la que un miembro de la familia esté teniendo una aventura o esté conviviendo con su pareja antes de casarse.

Sin embargo, la crueldad de atacar al mensajero se desata de forma especial cuando nuestro mensaje se interpone en el camino de la ambición de otro. Cuestionar la motivación de un colega, señalar una mentira o revelar el encubrimiento de una práctica de negocio poco ética amenaza la senda de poder que lleva al éxito, y puede ser que tengas que enfrentarte no solo al enojo, sino también a un peligro corporal o emocional. Tal es, en ocasiones, la responsabilidad de los discípulos que han de ser la sal y la luz de un mundo oscuro (ver comentarios sobre 5:14-16).

Dos salvedades. Debo hacer dos salvedades en cuanto a estas lecciones de las experiencias de rechazo de Jesús y Juan. (1) Tenemos que aprender a vivir con las consecuencias si intentamos ministrar a personas que están demasiado familiarizadas con nosotros. No podemos exigir el respeto; hemos de ganarlo. Si no conseguirnos el respeto de los demás, tenemos que aceptar las consecuencias del rechazo, pero deberíamos seguir amando a quienes nos repudian. Resulta difícil amar a quienes nos desechan, pero Jesús es nuestro ejemplo. Ámalos y después dirígete por gracia hasta donde el mensaje sea recibido con gratitud.

O, si entramos en un entorno donde creemos que se nos ha llamado a establecer un juicio ético o moral, debemos reconocer que pueden existir consecuencias personales. Tal vez no sea algo tan drástico como nuestra propia muerte, como en el caso de Jesús y Juan, pero también puede significar la separación de los miembros de nuestra familia o, quizás, la pérdida de un ascenso por enfrentarse a un superior, o también podría ser el acoso por parte de los vecinos por no permitir que nuestros hijos asistan a las fiestas del barrio que son una mala influencia. Podemos resultar personalmente ofensivos por causa del mensaje que encarnamos. Jesús y Juan lucharon por el mensaje, pero aceptaron las consecuencias con valor.

(2) Debemos reconocer que, a veces, la insolencia *inadecuada* del mensajero es la causa de que se rechace el mensaje. Hay cristianos por ahí que son unos patanes. Tienen pocas aptitudes sociales y maneras que dejan mucho que desear. Se relacionan con las personas sin respeto, sean cristianas o inconversas. Tratan a los demás a patadas en nombre de su propia cruzada. Algunos cristianos son tan legalistamente estrechos de miras que nadie tiene razón sobre nada, excepto ellos.

He conocido a muchos líderes cristianos tan arrogantes y pomposos como cualquier líder pagano. Estos individuos suelen estar completamente ciegos a su propia insolencia *inadecuada*. En realidad son un estorbo para el mensaje del evangelio, y otros no pueden ver el mensaje de gracia que afirman llevar por culpa de su manera de ofender. Por esta razón es importante que nos rodeen personas que no teman decirnos la verdad sobre nosotros y que nos pidan cuentas si nuestra personalidad se está volviendo desagradable, si necesitamos ser más amables y bondadosos, o si estamos empezando a creernos más de la cuenta. Jesús y Juan encarnaron un mensaje poderosamente veraz que llamó a la nación a rendir cuentas, pero lo hicieron con una insolencia adecuada, no fuera de lugar.

Cómo suscitar el discipulado y el liderazgo por medio de la fe y la adoración. Tras el largo día de ministerio, a Pedro le habría encantado despedir a la multitud y que se las apañaran para conseguir su propia comida (14:15). Pero la alimentación de los cinco mil le enseña que Jesús es la fuente de ayuda para los problemas. Aprende del incidente de su propio caminar sobre el agua, que Jesús es también la solución para los desastres. Pedro está aprendiendo a crecer en el liderazgo, porque él y los demás discípulos están descubriendo lo que necesitan manifestar como futuros líderes de la iglesia. Estos acontecimientos nos enseñan que tanto el discipulado como el liderazgo bajo Jesús exigen una fe eficaz en su poder divino y que adoremos con humildad su identidad divina.

Fe eficaz en el divino poder de Jesús. Pedro surgió como líder de los doce discípulos/apóstoles. En el listado de los doce, Mateo lo describe como "primero", y se convierte sistemáticamente en el portavoz de los demás (p. ej., 15:15; 16:16; 17:4, 24).[26] También parece sumamente humano, porque en su historia se repiten los éxitos y los fracasos. Es impulsivo, descarado y orgulloso, pero también entusiasta, devoto y arrepentido. Esto contribuye a una de las cualidades más ampliamente reconocidas del carácter de Pedro: oscila desde los altos más extremos de fe en Jesús a los más bajos de la falta de fe y hasta llega a negarlo.

- Pedro oscila desde una fe extraordinaria cuando aceptar la invitación de Jesús a caminar sobre el agua a una fe ineficaz cuando aparta sus ojos de Jesús.
- Pasa de hacer la mayor confesión de la identidad de Jesús a, en nada de tiempo, cambiar y convertirse en una herramienta del diablo (16:16-19, 22-23).
- Recibe el privilegio de estar con los tres más íntimos de Jesús en el monte de la transfiguración, pero después suelta una torpe propuesta de levantar tres cabañas (17.1, 4).
- Ejerce fe para capturar un pez con un siclo en la boca, pero después negocia cuántas veces debería perdonar a un hermano (17:24-27; 18:21).

26. Pheme Perkins, *Peter: Apostle for the Whole Church* (Studies on Personalities of the New Testament, ed. gen. D. Moody Smith; Columbia, S.C.: Univ. of South Carolina Press, 1994), 18-21.

- Forma parte de los tres que tienen una relación más cercana con Jesús en sus horas finales en Getsemaní, aunque se le destaca por no permanecer despierto, ni velar y orar con Jesús (26:37, 40-41).
- Se jacta de que su fe en Jesús permanecerá aun cuando todos los demás lo abandonen, y lo sigue hasta el patio de la casa donde el Sanedrín lo juzga, pero desaparece, en el Evangelio de Mateo, después de que se prediga su triple y trágica negación de Jesús (26:33-41, 58, 69-75).[27]

Mateo resalta, más que cualquier otro escritor de los Evangelios, el liderazgo de Pedro, aunque no pinta un retrato idealista de él como líder infalible. En lugar de eso, se centra en cómo está preparando Jesús a Pedro para un papel de liderazgo en los primeros días de la iglesia, incluida la forma en que tiene que aprender a vencer unas cualidades de carácter gravemente deficientes.[28]

De manera específica vemos que el liderazgo bajo Jesús exige una fe eficaz en su divino poder. Los predicadores modernos critican a menudo a Pedro por ser presuntuoso cuando pidió caminar sobre el lago. Pero Jesús no lo reprende por salir de la barca; solo le regaña suavemente por fracasar, una vez que se apeó de ella. Requería mucho valor seguir a Jesús sobre las aguas, probablemente más del que la mayoría de nosotros habría tenido. Pedro se mantiene bien sobre el mar hasta que considera sus circunstancias ("al sentir el viento", 14:30). Tan pronto como aparta sus ojos de Jesús, siente temor y descubre que está en dificultad.

Sin embargo, a través de este fracaso momentáneo, Pedro aprende algo que solo puede enseñarle su valentía para salir de la barca para obedecer la llamada de Jesús. Podemos centrarnos en el fracaso, pero su obediencia se convirtió en el campo de entrenamiento para su crecimiento futuro en la fe en el poder sustentador de Jesús. Como escribe John Ortberg:

> ... solo Pedro sabía que, al hundirse, Jesús estaría allí y que era totalmente capaz de salvarlo. Los demás discípulos no pudieron saberlo, porque en ningún momento bajaron de la embarcación. Esta es la verdad fundamental: si quieres caminar sobre el agua, tienes que salir de la barca; si quieres experimentar el poder de Dios en tu vida, tienes que dar un paso de fe. Implica una obediencia arriesgada.[29]

---

27. Ver el gráfico en la introducción que traza las acciones de Pedro en el Evangelio de Mateo, e ilustra de una forma extraordinaria las oscilaciones de su fe.
28. Para el retrato que Mateo hace de Pedro y del desarrollo de su papel de liderazgo, ver Wilkins, *Discipleship in the Ancient World and Matthew's Gospel,* 173-216, 264.
29. John Ortberg, "If You Want to Walk on Water, You've Got to Get Out of the Boat", *Pathways* 1/1 (otoño–invierno 2001), 11. Este es un extracto del libro que lleva este mismo título (Grand Rapids: Zondervan, 2001).

Todos nos enfrentamos a muchas circunstancias para las que no estamos preparados. Las dificultades que afrontamos cambian de un día para otro. Sin embargo, la única constancia que tenemos en esta vida es Jesús. Cuando pasamos por la vida centrados en un caminar íntimo con él, y atravesamos todas y cada una de las circunstancias, aprendemos a aplicar su coherencia con nuestras situaciones. Tal vez no nos veamos nunca en una posición como la de Pedro, pero podemos aprender de él. Cuando el Señor lo llamó, ya fuera a salir de la barca o, más adelante, para ser líder de la iglesia primitiva, Jesús siempre estuvo allí para ayudarlo.

Unos treinta años después, vemos a Pedro ya anciano, tal vez con sesenta y tantos años, ejemplificando este cambio. Cuando habla del gran día de la salvación que llegará con el regreso de Cristo, proporciona una conmovedora expresión de perseverancia en la fe:

> Esto es para ustedes motivo de gran alegría, a pesar de que hasta ahora han tenido que sufrir diversas pruebas por un tiempo. El oro, aunque perecedero, se acrisola al fuego. Así también la fe de ustedes, que vale mucho más que el oro, al ser acrisolada por las pruebas demostrará que es digna de aprobación, gloria y honor cuando Jesucristo se revele. Ustedes lo aman a pesar de no haberlo visto; y aunque no lo ven ahora, creen en él y se alegran con un gozo indescriptible y glorioso, pues están obteniendo la meta de su fe, que es su salvación. (1 Pedro 1:6-9)

La fanfarronería ha desaparecido. Pero también se ha desvanecido la fe ineficaz. Aunque Pedro y sus lectores no puedan ver ahora a Jesús, han aprendido la lección de no apartar jamás de él los ojos de la fe. Independientemente de aquello para lo que su Señor lo haya llamado, la fe significa sencillamente responder que sí a esa llamada. Como líder de la iglesia primitiva, Pedro ejemplifica ese tipo de fe, y las personas que forman la iglesia siguieron cuidadosamente su ejemplo.

La historia de toda la vida de Pedro enfatiza para nosotros la asombrosa gracia y el dulce poder restaurador disponible en Jesús. Ninguno de nosotros ha fracasado tantas veces que Dios no pueda usarnos para sus propósitos. Pero debemos seguir centrándonos en Jesús en lugar de permitir que nos intranquilicen circunstancias con las que nunca nos hemos encontrado. Esta es la clave para tener un estilo de vida cristiano consecuente y para tener coherencia en cualquier papel de liderazgo que se nos llegue a dar. Podemos contar con su presencia en nuestra vida. Estará ahí con nosotros para ayudarnos a tomar las decisiones correctas, para darnos valor frente a la temible oposición o para consolarnos en situaciones dolorosas. Esto es un ingrediente vital para vivir una vida como la de Cristo en este mundo. Permíteme sugerir tres formas en que podemos vivir todo esto.

(1) Aprende a practicar la presencia de Jesús. Aprende a abrir tu atención consciente a él dondequiera que vayas y a desarrollar una línea de comunicación con él en todas tus circunstancias. Yo hablo con Jesús como si estuviera sentado a mi lado en el auto cuando me dirijo a una reunión importante o a un previsible enfrentamiento. Le pido consejo (¡en silencio!) cuando estoy aconsejando a una persona, porque solo Jesús sabe con precisión cuál es el consejo que necesita. Evalúo mi salud espiritual, al menos en parte, en la medida que permito que su presencia invada cada momento de mi día.

(2) Entiende que tus circunstancias no son la medida del amor de Jesús para ti. Nunca te abandonará, y nunca te amará menos, aunque tus condiciones hagan que dudes de él. En este mundo, la vida es dura en algunos momentos. Algunos mensajes de la doctrina de la salud y prosperidad de años recientes sugieren que solo aquellos que tienen éxito en lo físico o en lo material poseen una fe verdadera y que esas bendiciones son una indicación del amor de Dios. Pero, así como el propósito de Jesús en la vida fue sufrir en la cruz por nosotros, también nosotros estamos llamados a sufrir por su causa (Fil 1:29), ya sea que el padecimiento llegue directamente de la persecución por nuestra fe, de entrar en la guerra espiritual de esta vida o de vivir en un mundo que sigue bajo la maldición del pecado y de la muerte. Jesús no nos ama menos, por mucho que podamos sentirle lejos de nosotros.

(3) Ábrete de forma consciente al poder, a la presencia y al amor de Jesús en los momentos más difíciles. Esto es la consecuencia lógica de que nuestras circunstancias no son la medida del amor de Jesús por nosotros. Cuando sabemos que está cerca, podemos y debemos clamar a él. Este fue el ejercicio de fe de Pedro cuando imploró la ayuda salvadora de Jesús incluso en el momento en que estaba fracasando.

Mi esposa y yo aprendimos esta lección desde el principio, en la educación de nuestros hijos. Nuestra hija mayor cayó en un coma febril debido a una meningitis espinal, con solo cuatro años. En la sala de urgencias los doctores nos informaron de que no pasaría de aquella noche. Una ola de pánico nos inundó al escuchar aquellas palabras y empezamos a hundirnos en un pozo de desesperación. Pero en medio de aquella impotencia, nos abrazamos y clamamos a Dios. Con plena conciencia, entregamos a nuestra pequeña Michelle de regreso a su Padre celestial, sabiendo que él la amaba mucho más que nosotros. Pero también pedimos el toque sanador de Jesús en su vida. Sentimos cómo la calidez de la paz divina se desbordaba en nuestras almas aquella noche. Pero también experimentamos la milagrosa sanidad de nuestra hija.[30]

Desde entonces hemos vivido otras muchas situaciones difíciles, y no todas acabaron de una forma tan positiva. Pero aquella noche aprendimos la realidad de que el resultado no es lo que importa en realidad. Tuvimos la bendición de

30. Narro esta historia de una forma más completa en Wilkins, *In His Image,* 157-59.

que Dios la sanara, pero si él la hubiera llevado consigo a casa, sabemos que de algún modo nos habría sustentado en aquella crisis. Lo que importa es que invoquemos continuamente el poder, la presencia y el amor de Jesús en todas nuestras circunstancias.

El apóstol Pedro y nosotros hemos aprendido que Jesús está con nosotros todo el tiempo, que tiene poder sobre todas las circunstancias y que no cesa de amarnos, aunque a veces no parezca hacerlo en medio de esos momentos de prueba. Centrarnos en la intimidad con Jesús en lugar de en las circunstancias nos capacita para confiar en él independientemente de lo que se cruce en nuestro camino y de cuál sea el resultado. El discipulado y el liderazgo bajo Jesús exigen una fe eficaz en su divino poder.

Humilde adoración de la identidad divina de Jesús. Los acontecimientos de esta narración también nos enseñan que el discipulado y el liderazgo bajo Jesús exigen que adoremos con humildad su identidad divina. Los habitantes de la ciudad natal de Jesús, Nazaret, tenían una comprensión defectuosa sobre Jesús y esto hizo que lo rechazaran. Sin embargo, cuando los discípulos vieron cómo Jesús sanaba y alimentaba a la multitud, cómo caminó hacia ellos sobre el agua, capacitó a Pedro para que también anduviera sobre el mar, lo salvó y después calmó la tempestad, lo entendieron de una forma muy distinta.

Este pasaje está ligado a una interpretación más desarrollada de la identidad de Jesús que se revela progresivamente a lo largo de Mateo 14–17. Estos sucesos ayudan a responder la pregunta: ¿Quién es Jesús? Vemos que él es *compasivo,* porque se expresa tanto en su sanación como en la provisión de alimento para los hambrientos. Asimismo, como resultado de esta compasión, no solo *provee* para obrar una sanidad integral (14:14, 15) y sustento físico (14:19-21), sino también para llevar la seguridad de su presencia a sus necesitados discípulos (14:22-33). El última instancia, él *tiene autoridad sobre toda la creación* y lo demuestra calmando el mar (14:32-33). Todos estos factores apuntan firmemente a su identidad, y el relato se redondea con los discípulos adorándolo mientras proclaman su identidad: "Verdaderamente tú eres el Hijo de Dios" (14:33). Los acontecimientos se desarrollan, pues, en dos niveles: apuntan a su identidad como el Hijo de Dios para mostrar qué tipo de Mesías es para su pueblo.

Es de vital importancia que desarrollemos una clara visión de Jesús. La forma en que muchos entienden a Jesús está atestada de fragmentos o de imágenes distorsionadas. Con frecuencia estamos más familiarizados con los trocitos de la imagen de Jesús que nuestra cultura, denominación, iglesia o grupo de comunión ha sacado para nosotros que con la imagen bíblica completa.

Las iglesias locales, las denominaciones y las organizaciones paraeclesiales tienden a centrarse en ciertas características de Jesús, sobre todo en las que apoyan una comprensión de su teología o misión. Estos estereotipos proporcionan una porción de verdad sobre Jesús, pero no suelen contar toda la historia. Se centran, quizás, en Jesús como Salvador, pastor, maestro, Señor, amigo, líder revolucionario o proveedor. Una imagen parcial de Jesús nunca puede ofrecer un entendimiento completo de quién es él, de lo que significa para nuestra vida cristiana y de lo que quiere llevar a cabo en nosotros. Si no es más que un amigo para nosotros, tal vez no comprendamos que también es el poderoso Señor del universo, que puede suministrarnos el poder necesario para realizar lo que Dios nos llame a hacer en la vida. Si solo es nuestro buen pastor, es posible que no lo reconozcamos como el revolucionario religioso que despreció la hipocresía de la religión.

Jesús es todo esto y mucho más. Para lograr entender a Jesús de una forma equilibrada y completa es necesario incorporar todos los aspectos de su carácter y su naturaleza. Una visión defectuosa de Jesús hará que lo rechacemos o que basemos nuestra existencia en una comprensión parcial de lo que él ha venido a hacer en nuestra vida. Sin embargo, verlo de una forma clara y precisa nos impulsará a adorarlo, y esto significa en última instancia entregar nuestra vida por completo a él como Dios nuestro. En el primer incidente de calmar la tormenta, los discípulos estaban asombrados (8:27), pero ahora que han alcanzado un entendimiento más completo de quién es él, lo adoran (14:33). La apreciación adecuada del poder de Jesús debería producir adoración y no solo asombro.

La adoración implica honrar, servir y respetar a Dios, así como abandonar cualquier lealtad o devoción que obstaculice una relación exclusiva con él. Es la expresión de una comunión personal y moral con Dios, relevante en cada ámbito de la vida. El punto de partida de la adoración en el Nuevo Testamento es la convicción de que Dios se ha manifestado plena y definitivamente en la persona de su Hijo. Jesucristo es el punto de encuentro por excelencia entre el cielo y la tierra, y el medio decisivo de reconciliación entre Dios y la humanidad.[31]

Al venir y ver quién es Jesús en realidad, nos afectan su compasión, su provisión y su protección, basadas en nuestras circunstancias presentes. Él proveerá para nosotros, llevado por su compasión. Cuando nos aventuramos a dar un paso de fe, podemos confiar en que Jesús estará con nosotros. Al caminar por este mundo no tenemos que temer, porque él va a nuestro lado. Todos empezamos con un nivel de fe ineficaz como el de Pedro, pero va creciendo a medida que Jesús muestra su fidelidad hacia nosotros a lo largo del tiempo. Jesús tiene autoridad sobre toda la creación y por esta razón podemos confiar en él. ¿Qué puede dañarnos sin que él lo permita?

Max Lucado imaginó cómo habría sido el diario en el que uno de los discípulos hubiera anotado lo sucedido aquella mañana, después de que Jesús calmara la tormenta. Las reflexiones imaginarias pulsan una nota realista de lo que experimentaría aquel discípulo. Escribe:

31. Peterson, *Engaging with God,* 283-285.

> Nunca había visto a Jesús como lo vi anoche. Lo había visto como poderoso. Lo había visto como sabio. Había sido testigo de su autoridad y me había maravillado con sus habilidades. Pero lo que vi anoche, sé que jamás lo olvidaré.
>
> Vi a Dios. El Dios que no puede sentarse tranquilo cuando la tormenta es demasiado fuerte. El Dios que deja que me asuste lo suficiente como para sentir que lo necesito y luego se acerca lo suficiente para que lo vea. El Dios que usa mis tormentas como un sendero para venir a mí.
>
> Vi a Dios. Se necesitó una tormenta para que lo viera. Pero lo vi. Y nunca volveré a ser el mismo.[32]

A la historia de Pedro y del otro discípulo en las aguas tempestuosas solo la supera el perfecto caminar de nuestro Señor Jesús sobre el mar. En ese caminar vemos a Dios. Y cuando lo vemos claramente y obedecemos su llamada sobre nuestra vida, nosotros tampoco volvemos a ser los mismos.

32. Lucado, *En el ojo de la tormenta,* 176.

Mateo 15:1-39

Se acercaron a Jesús algunos fariseos y maestros de la ley
que habían llegado de Jerusalén, y le preguntaron:
2 —¿Por qué quebrantan tus discípulos la tradición de los
ancianos? ¡Comen sin cumplir primero el rito de lavarse las manos!

3 Jesús les contestó:

—¿Y por qué ustedes quebrantan el mandamiento de Dios a causa
de la tradición? 4 Dios dijo: "Honra a tu padre y a tu madre", y
también: "El que maldiga a su padre o a su madre será condenado
a muerte". 5 Ustedes, en cambio, enseñan que un hijo puede decir
a su padre o a su madre: "Cualquier ayuda que pudiera darte ya
la he dedicado como ofrenda a Dios". 6 En ese caso, el tal hijo no
tiene que honrar a su padre. Así por causa de la tradición anulan
ustedes la palabra de Dios. 7 ¡Hipócritas! Tenía razón Isaías cuando
profetizó de ustedes:

8 »"Este pueblo me honra con los labios,
pero su corazón está lejos de mí.
9 En vano me adoran;
sus enseñanzas no son más que reglas humanas"

10 Jesús llamó a la multitud y dijo:

—Escuchen y entiendan. 11 Lo que contamina a una persona no es
lo que entra en la boca sino lo que sale de ella.

12 Entonces se le acercaron los discípulos y le dijeron:

—¿Sabes que los fariseos se escandalizaron al oír eso?

13 —Toda planta que mi Padre celestial no haya plantado será
arrancada de raíz —les respondió—. 14 Déjenlos; son guías ciegos.
Y si un ciego guía a otro ciego, ambos caerán en un hoyo.

15 —Explícanos la comparación —le pidió Pedro.

16 —¿También ustedes son todavía tan torpes? —les dijo
Jesús—. 17 ¿No se dan cuenta de que todo lo que entra en la boca
va al estómago y después se echa en la letrina? 18 Pero lo que sale
de la boca viene del corazón y contamina a la persona. 19 Porque
del corazón salen los malos pensamientos, los homicidios, los
adulterios, la inmoralidad sexual, los robos, los falsos testimonios
y las calumnias. 20 Estas son las cosas que contaminan a la persona,
y no el comer sin lavarse las manos.

21 Partiendo de allí, Jesús se retiró a la región de Tiro y Sidón. 22 Una
mujer cananea de las inmediaciones salió a su encuentro, gritando:

—¡Señor, Hijo de David, ten compasión de mí! Mi hija sufre terrible-
mente por estar endemoniada.

**23 Jesús no le respondió palabra. Así que sus discípulos se
acercaron a él y le rogaron:**

—Despídela, porque viene detrás de nosotros gritando.

**24 —No fui enviado sino a las ovejas perdidas del pueblo de Israel
—contestó Jesús.**

25 La mujer se acercó y, arrodillándose delante de él, le suplicó:

—¡Señor, ayúdame!

26 Él le respondió:

—No está bien quitarles el pan a los hijos y echárselo a los perros.

**27 —Sí, Señor; pero hasta los perros comen las migajas que caen de
la mesa de sus amos.**

**28 —¡Mujer, qué grande es tu fe! —contestó Jesús—. Que se cumpla
lo que quieres.**

Y desde ese mismo momento quedó sana su hija.

**29 Salió Jesús de allí y llegó a orillas del mar de Galilea. Luego subió
a la montaña y se sentó. 30 Se le acercaron grandes multitudes que
llevaban cojos, ciegos, lisiados, mudos y muchos enfermos más, y
los pusieron a sus pies; y él los sanó. 31 La gente se asombraba al
ver a los mudos hablar, a los lisiados recobrar la salud, a los cojos
andar y a los ciegos ver. Y alababan al Dios de Israel.**

32 Jesús llamó a sus discípulos y les dijo:

—Siento compasión de esta gente porque ya llevan tres días conmigo y no tienen nada que comer. No quiero despedirlos sin comer, no sea que se desmayen por el camino.

33 Los discípulos objetaron:

—¿Dónde podríamos conseguir en este lugar despoblado suficiente pan para dar de comer a toda esta multitud?

34 —¿Cuántos panes tienen? —les preguntó Jesús.

—Siete, y unos pocos pescaditos.

**35 Luego mandó que la gente se sentara en el suelo. 36 Tomando
los siete panes y los pescados, dio gracias, los partió y se los
fue dando a los discípulos. Estos, a su vez, los distribuyeron a
la gente. 37 Todos comieron hasta quedar satisfechos. Después
los discípulos recogieron siete cestas llenas de pedazos que
sobraron. 38 Los que comieron eran cuatro mil hombres, sin contar
a las mujeres y a los niños. 39 Después de despedir a la gente, subió
Jesús a la barca y se fue a la región de Magadán.**

Sentido Original

Muchos fariseos y maestros de la ley estaban tan concentrados en los actos externos relacionados con la pureza que regulaban aun las actividades más prosaicas de su vida para vivir puros ante Dios. Pero Jesús hace explícito lo que ha venido apuntando a lo largo de toda su enseñanza, y es que la verdadera pureza procede de un corazón que Dios ha transformado y hecho justo (*cf.* 5:20).

Las tradiciones de los ancianos judíos (15:1-9)

La acusación contra los discípulos de Jesús (15:1-2). Puesto que el ministerio de Jesús ha perturbado a los fariseos de la zona (12:1-14), al parecer estos informan a sus más altos dirigentes de Jerusalén, que llegan a Galilea para confrontar a Jesús por las prácticas de sus discípulos.[1] El principal punto de controversia es que Jesús no reconoce la autoridad vinculante de la ley oral, a la que aquí se llama "tradición [*paradosis*] de los ancianos". Esta frase se convirtió en una expresión técnica para aludir a las interpretaciones de la Escritura hechas por respetados rabinos del pasado y transmitidas oralmente a posteriores generaciones. Más adelante estas tradiciones se conectaron con la *halakah* de la Mishná, que presenta leyes para guiar a los fieles en su caminar y vivir en coherencia con la Escritura.[2] Según la tradición judía, "Moisés recibió la ley [oral] en el Sinaí y se la encomendó a Josué, y Josué a los ancianos, y los ancianos a los profetas; y los profetas se la encomendaron a los hombres de la Gran Sinagoga [supuestamente un grupo de dirigentes iniciado por Esdras]" (*m. Abot* 1.1).

La anterior acusación de los fariseos contra los discípulos de Jesús había sido que estos corrompían el sábado (12:1-7). Ahora los fariseos y los maestros de la ley de Jerusalén les imputan el hecho de comer "sin cumplir primero el rito de lavarse las manos". La limpieza corporal era muy valorada en el mundo antiguo. El calor y el polvo hacían necesarios frecuentes lavados por cuestiones de salud y para refresco. En el antiguo Israel, los anfitriones proporcionaban agua para los pies a los viajeros a fin de que se refrescaran y estuvieran limpios para la comida (Gn 18:4; 19:2; 1S 25:41; *cf.* Jn 13:1-10). Las manos eran objeto especial de atención y limpieza, puesto que, por medio de ellas, uno podía contaminarse y contaminar a otros, por lo que los sacerdotes tenían que lavarse las manos y los pies antes de llevar a cabo su servicio (Éx 30:18-21). Los fariseos trasladaron su preocupación por la limpieza higiénica al ámbito de la pureza ceremonial y la aplicaron a los israelitas de a pie.

Réplica de Jesús (15:3-9). Jesús rebate la acusación de los fariseos contra sus discípulos preguntándoles por qué ellos y los maestros de la ley transgreden el mandamiento de Dios para cumplir con su "tradición" (15:3). Con esta pregunta, Jesús aborda la esencia del problema, que es la relación entre la ley oral en desarrollo y la ley escrita. La tradición de los ancianos no era un mero camino de vida sugerido como ideal, sino que se había convertido en un código con la misma autoridad que la ley escrita. Jesús les deja claro que el Antiguo Testamento

1. Sobre los fariseos y maestros de la ley, ver 3:7; 5:20; 8:19. Ver también D. R. de Lacey, "In Search of a Pharisee", *TynBul* 43.2 (1992): 353-72.
2. Samuel Sandmel, *Judaism and Christian Beginnings* (Nueva York: Oxford, 1978), 103.

procede de Dios, mientras que sus tradiciones son simples pronunciamientos de los ancianos humanos.

El específico ejemplo al que Jesús alude tiene que ver con la tradición de los fariseos sobre los votos hechos a Dios que les ha llevado a violar de facto las directrices del Antiguo Testamento sobre honrar a los padres. Dios dijo con claridad que los israelitas tenían que honrar plenamente a sus padres: "Dios dijo: 'Honra a tu padre y a tu madre', y también: 'El que maldiga a su padre o a su madre será condenado a muerte'". Pero el compromiso de los fariseos con las tradiciones humanas sobre las ofrendas comprometidas a Dios les había llevado a violar su ley: "Ustedes, en cambio, enseñan que un hijo puede decir a su padre o a su madre: 'Cualquier ayuda que pudiera darte ya la he dedicado como ofrenda a Dios'".

La expresión "dedicado como ofrenda a Dios" traduce la palabra hebrea *qorban* (*cf.* "corbán" en Mr 7:11), una palabra técnica que alude a un voto formal hecho a Dios, que en este caso se refiere a una ofrenda para el sostenimiento del templo. Los fariseos desarrollaron una complicada serie de normativas sobre los votos y los juramentos. Por ejemplo, una persona podía hacer un voto de dedicación, que convertía algo en un objeto prohibido en el futuro para uso común (como en 15:5). Este voto formal eximía a quienes lo hacían de sus responsabilidades, como por ejemplo el apoyo o sostenimiento de los propios padres cuando estos envejecían.

Jesús explica que, en este caso, su tradición les ha llevado a violar la ley, anulando "la palabra de Dios" en su celo por practicar una tradición humana (15:7). Los fariseos, como la mayoría de los judíos, requerían que se honrase a los padres y habrían considerado, acertadamente, que esta honra incluía apoyarles y sostenerles en su vejez. Pero Jesús entiende que, permitiendo este tipo de votos, sus tradiciones humanas sustituían en realidad a la Escritura. Han llegado a considerar que cualquiera que incumple un voto (i.e., una ley humana) para ayudar a los padres necesitados (i.e., la ley de Dios) ha cometido un grave pecado. Jesús, pues, arroja el guante: la Palabra escrita de Dios es una autoridad más elevada que las tradiciones de los hombres y, cuando estos convierten estas tradiciones en normas legalmente vinculantes, despojan a la Palabra de Dios de su verdadera autoridad.

Antes Jesús condenó como "hipócritas" a los líderes religiosos que llevaban a cabo obras de justicia para ser honrados por las personas (6:1-18). Aquí se dirige explícitamente a ellos como "¡Hipócritas!" (15:7). Jesús prosigue usando la parecida situación de la experiencia de Isaías para condenar la motivación de los fariseos en el desarrollo de sus tradiciones. Isaías había condenado a los líderes religiosos de Jerusalén, que habían desarrollado rituales y enseñanzas, como si la práctica de estas cosas fuera algo meritorio delante de Dios. Esta palabra profética de Dios representa un juicio contra todas las generaciones del pueblo de Dios. Los fariseos y maestros de la ley llevan a cabo rituales religiosos externos, pero su principal motivación no ha sido consagrar todo su ser interior. Por tanto, no es solo que su tradición y enseñanza humanas anulen la Palabra de Dios (15:6, 9), sino que su adoración está vacía de cualquier significado verdadero (15:9). Esta es una perturbadora acusación general que Jesús dirige a los dirigentes religiosos de Israel.

Pureza e impureza de corazón (15:10-20)

Una advertencia a la multitud (15:10-11). Puesto que los fariseos y maestros de la ley son muy influyentes entre el pueblo, Jesús se dirige a la multitud para advertirles del peligro de caer en la misma trampa. Esta advertencia responde también a la acusación de estos dirigentes judíos identificando la fuente de la pureza y la impureza. En 15:15, los discípulos llaman a esta advertencia una "comparación (lit. una 'parábola')", lo cual está en línea con el propósito de las parábolas que Jesús ha expresado antes (13:10-17). Estas pondrán a prueba la receptividad espiritual de los oyentes, llamándolos a responder a la enseñanza de Jesús para poder entender la voluntad de Dios. Aquellos de la multitud que no son receptivos se apartarán de este dicho para seguir a los fariseos y maestros de la ley, mientras que quienes sí lo son responderán haciéndose discípulos suyos y procurando entender mejor su enseñanza (15:15-20).

Jesús afirma de manera categórica que la impureza espiritual no se contrae comiendo alimentos ceremonialmente impuros: "Lo que contamina a una persona no es lo que entra en la boca". Con estas palabras, Jesús renuncia públicamente a la tradición de los fariseos que requería una purificación ritual antes de comer. No está hablando de higiene, sino de pureza espiritual. La purificación ceremonial no es el elemento clave en el desarrollo de la espiritualidad. Una afectada escenificación de devoción a Dios puede ocultar un corazón más decidido a ganarse una reputación religiosa que a esforzarse en hacer su voluntad revelada en el Antiguo Testamento (*cf.* 6:1-18).

Al impugnar la falta de conformidad de Jesús en relación con la tradición de los ancianos, los fariseos ponen de relieve que su vida interior es impura. No se han arrepentido con la llegada del reino de los cielos ni han recibido la justicia que produce el Espíritu. Siguen dependiendo de su práctica de justicia externa, lo cual no les permite entrar al reino (ver comentarios sobre 5:20). Jesús advierte, pues, a la multitud de que no solo se han engañado a sí mismos, sino que han descarriado al pueblo con sus tradiciones.

Una advertencia de los discípulos (15:12-14). Una cosa era que Jesús reprendiera a los fariseos en privado, pero otra muy distinta que advirtiera en público a la multitud de su erróneo acercamiento a la pureza espiritual, de modo que los fariseos se ofenden (*skandalizo*), porque su reputación se ve mancillada delante del pueblo. Los discípulos se enteran de la reacción de los fariseos, y cuando se reúnen de nuevo con Jesús (posiblemente en casa de Pedro; *cf.* 8:14), le informan al respecto. Posiblemente están preocupados porque Jesús no solo está en conflicto con estos líderes religiosos, sino también con aquellos que han sido influenciados por ellos. Y probablemente están también preocupados por su propia reputación. A diferencia de los saduceos, los fariseos (ver comentarios sobre 3:7), eran un colectivo cada vez más influyente en Israel como fieles intérpretes de la Escritura y modelos de rectitud en su conducta diaria.[3] Estos entienden correctamente que Jesús es sumamente crítico con toda su tradición religiosa, y que ello acabará menoscabando su influencia sobre el pueblo.

Jesús replica a la advertencia de los discípulos con dos parábolas. (1) Compara el destino de los fariseos con el de una planta: "Toda planta que mi Padre celestial no haya plantado será arrancada de raíz". Este dicho, que recuerda a la parábola del trigo y la cizaña, declara que los fariseos no han sido sembrados por el Padre. Jesús eleva sus pronunciamientos sobre el verdadero propósito del Antiguo Testamento sobre las tradiciones de los fariseos y señala su futuro juicio, cuando estos serán arrancados (*cf.* 13:29). Como en la parábola de la cizaña, la consecuencia implícita del desarraigo es la de ser echado en el horno del juicio de Dios (13:42).

(2) Jesús compara también a los fariseos con guías ciegos: "Déjenlos; son guías ciegos. Y si un ciego guía a otro ciego, ambos caerán en un hoyo". La hipocresía de los fariseos no solo los hace ciegos a su propia impureza interior, sino que, en su ceguera, guían mal al pueblo, puesto que no ven la verdad de la voluntad de Dios en el Antiguo Testamento (*cf.* 23:16-22).

Una pregunta de Pedro (15:15-16). Como portavoz de los discípulos (ver comentarios sobre 10:2; 14:28-31), Pedro pregunta por la interpretación de las parábolas. En el Evangelio de Marcos se pone de relieve que Pedro no está solo cuando plantea esta cuestión presentándola como una pregunta de todos los discípulos (Mr 7:18; obsérvese que, en su respuesta en Mt 15:16, Jesús utiliza el plural "ustedes"). Entender las parábolas y enseñanza de Jesús es un elemento clave del discipulado, puesto que los verdaderos discípulos tienen oídos espirituales para escuchar y ojos espirituales para ver la verdad de la enseñanza de Jesús, algo de lo que carece la multitud (*cf.* 13:10-17, 51). Aquí, sin embargo, Jesús reprende a los discípulos por no ser todo lo espiritualmente sensibles que debieran. Como en otros lugares, la verdadera clave para entender es la enseñanza de Jesús, de manera que sigue con una explicación de la parábola.

La explicación de Jesús sobre el papel del corazón en la pureza espiritual (15:17-20). En su explicación, Jesús perfila para los discípulos el papel fundamental que desempeña el corazón en la pureza espiritual. La comida que entra por la boca no afecta al corazón espiritual; se limita a recorrer el aparato

3. Comparando a los saduceos con los fariseos, Josefo dijo que había importantes diferencias entre ellos, "los saduceos, que solo contaban con la confianza de los ricos, no tenían seguidores entre el pueblo, mientras que los fariseos tenían su apoyo" (Josefo, *Ant.* 13.10.6§298).

digestivo y es finalmente excretada (15:17). La comida o los ritos de purificación ceremonial relacionados con ella no afectan a la pureza del ser interior. Jesús convierte así en algo superfluo la puntillosa y obsesiva preocupación farisaica con las leyes de la pureza de los alimentos; aquí especialmente con el lavamiento de las manos. Estas tradiciones de los ancianos no tienen nada que ver con la verdadera limpieza espiritual, puesto que solo prestan atención a los actos físicos y externos. Estas cosas no hacen que una persona sea impura delante de Dios. El juicio de Dios tiene que ver con la conducta que se origina en el corazón de las personas.

La implicación es que el corazón espiritual es malo por naturaleza (*cf.* 7:11) y requiere la justicia que Jesús ha iniciado con la llegada del reino de Dios. La acusación de los fariseos sobre la violación de las tradiciones sobre la purificación ritual antes de comer (15:2) conduce a las declaraciones generales de Jesús sobre todas las actividades humanas, a saber, que la contaminación interior y espiritual es más letal que la externa y ceremonial. El corazón espiritual es malo y ha de ser primero limpiado, lo cual producirá, acto seguido, vidas caracterizadas por la pureza y rectitud de las palabras, pensamientos, motivaciones, actos y relaciones personales.

Se trata de una afirmación explícita sobre el corazón, ya implícita en la enseñanza de Jesús en el Sermón del Monte. Jesús vino a cumplir la revelación del Antiguo Testamento sobre la voluntad de Dios para su pueblo y a traer la justicia del reino de los cielos en aquellos que responden a su mensaje. Esta justicia es una transformación de dentro a fuera que comienza con el corazón y opera en todo el proceso vital del discípulo para producir una justicia externa que persigue la perfección del Padre (*cf.* 5:17-48).

Sanador y proveedor de los gentiles (15:21-39)

Jesús se retira a las regiones gentiles (15:21). Es posible que Jesús se hubiera quedado por algún tiempo en la región judía de Genesaret, en la costa noroeste del mar de Galilea (14:34), pero ahora se retira deliberadamente a territorio gentil, a las perversas ciudades de Tiro y Sidón (acerca de estas ciudades, ver comentarios sobre 11:20-24). Los judíos de Galilea han tenido el privilegio de escuchar el mensaje de Jesús y ver sus milagros que daban autenticidad a su anuncio de la llegada del reino de los cielos (4:12-17), pero su falta de arrepentimiento los condena (11:20-24). El rechazo de Jesús por parte de sus conciudadanos de Nazaret (13:53-58), el arresto y ejecución de Juan el Bautista y las amenazas públicas de Herodes Antipas (14:1-2) se combinan para señalar el final de su ministerio en Galilea, por lo que Jesús "se retiró" (ver comentarios sobre 4:17; 14:13). Él y sus discípulos se adentran en las regiones gentiles antes de dirigirse a Judea y a su destino final, Jerusalén.

Una mujer gentil reconoce a Jesús como Hijo de David (15:22-28). Su primer encuentro en esta región gentil es con una mujer cananea que se le acerca clamando: "¡Señor, Hijo de David, ten compasión de mí!". Esta mujer, que es "cananea" (i.e., pagana, no judía) demuestra estar familiarizada con la tradición judía mesiánica llamando a Jesús "Hijo de David" (ver comentarios sobre 1:1; 9:27), y suplica su compasiva y milagrosa intervención en un exorcismo para su hija. A unos cinco kilómetros al noroeste de Sidón había un templo dedicado a Eshmún, un dios sanador.[4] Esta mujer conocía con toda probabilidad esta deidad pagana, pero la reputación de Jesús le ha precedido, y ella prefiere acudir a Jesús para pedirle la curación de su hija. Su triple utilización del título "Señor" (15:22, 25, 27) es posiblemente una forma de expresar su gran respeto, sin embargo con este tratamiento está diciendo mucho más de lo que ella misma es consciente.

Jesús no responde a la angustiada petición de la mujer, algo que los discípulos entienden, al parecer, como una forma de rechazar su ruego. Por ello le instan: "Despídela, porque viene detrás de nosotros gritando". Los discípulos recuerdan quizá la comisión de Jesús con su directriz de no ir a los gentiles, sino solo a las ovejas perdidas del pueblo de Israel (*cf.* 10:5-6). Ciertamente, en esta región gentil Jesús mantiene su compromiso de cumplir la misión para la que fue enviado cuando dice: "No fui enviado sino a las ovejas perdidas del pueblo de Israel" (15:24). El sentido de la expresión: "las ovejas perdidas del pueblo de Israel" no es: "las ovejas perdidas que pueda haber *en* Israel", como si algunos estuvieran perdidos y otros no, sino a las ovejas perdidas *que son* el pueblo de Israel. Jesús viene como Siervo Sufriente para salvar a todo Israel. Jesús debe primero ir a Israel en cumplimiento de las promesas hechas a la nación (*cf.* Is 53:6-8), para que los propios gentiles glorifiquen a Dios por tales promesas (*cf.* Ro 15:8-9).

Pero la gran necesidad de esta mujer de que su hija sea liberada la lleva a ser persistente, mostrando su convicción de que, ciertamente, Jesús puede ayudarla. Ella se arrodilla en humilde reverencia ante Jesús y le llama "Señor" por segunda vez buscando su ayuda (15:25). Pero Jesús mantiene el compromiso con su misión a Israel cuando replica: "No está bien quitarles el pan a los hijos y echárselo a los perros". La expresión "el pan de los hijos" subraya el cuidado que Dios promete dispensar a los hijos de su pacto, Israel (ver Dt 14:1-2; Os 11:1). Como metáfora, "perros" es una humillante etiqueta para quienes están aparte o son enemigos de la comunidad del pacto de Israel (1S 17:43; Sal 22:16; Pr 26:11).[5] En el Sermón del Monte, Jesús utilizó esta metáfora de manera similar para indicar que el santo mensaje del evangelio del reino no debe ser contaminado por quienes no están abiertos o rechazan la invitación de Jesús (7:6).

La mujer sigue con la metáfora, pero la utiliza para subrayar que también los perros tienen una afable relación con "su dueño". En aquel tiempo, la mayoría de los perros no estaban domesticados y vivían en la miseria, vagando por las calles en busca de comida (Sal 59:14-15). A algunos perros se les adiestraba para guardar los rebaños (Job 30:1) y a las personas (Is 56:10; *Tobit* 6:2; 11:4),

4. *Cf.* Rousseau y Arav, "Tyre and Sidon", *Jesus and His World*, 327-28.
5. Ver "Dog", *DJBP*, 172; "Animals", "Dogs", *DBI*, 29, 213-14.

pero normalmente no se les dejaba entrar en las casas. No obstante, a algunos se los domesticaba para que guardaran las residencias y se los alimentaba en casa (*cf. Jos. Asen.* 10:13). Esta perspicaz mujer, que ha confesado ya a Jesús como mesiánico Hijo de David, lo apremia ahora invocando las agregadas bendiciones prometidas a los gentiles. Aunque Israel es el principal receptor de las bendiciones del pacto, es también el medio por el que los gentiles serían bendecidos (ver Gn 12:3; ver comentarios sobre Mt 1:1; 8:5-13).[6] La mujer se basa en esta promesa para solicitar la ayuda de Jesús el Mesías.

Aunque entiende que el programa de Dios se dirige primero a Israel, ella persiste. En un sentido, Jesús la está poniendo a prueba. ¿Discernirá las distinciones histórico-salvíficas entre Israel y los gentiles y entenderá que Dios desea llevar, en última instancia, su salvación a todas las personas? Esta mujer pasa el examen con nota reconociendo que, como Mesías de Israel, Jesús es Señor de todas las personas y se ocupará de sus necesidades, sean judíos ("hijos") o gentiles ("perros"). Jesús llama a su respuesta un ejercicio de "gran fe", que será recompensada con la liberación de su hija en aquella misma hora (15:28).

Aunque Dios tiene su programa, él responde a la verdadera fe.[7] El privilegiado pueblo de Nazaret no respondió en fe y por ello no podía recibir el ministerio sanador de Jesús (13:58). Pero la actitud abierta de esta mujer gentil hacia Jesús permite la operación de su ministerio sanador. Aquí entendemos que fe es esencialmente aceptar la revelación y voluntad de Dios como la propia realidad y propósito para la vida. Esta "grandeza" de la fe apunta al hecho de que una persona tan inverosímil —mujer gentil que vive fuera de Israel— demuestra tener una de las percepciones más claras del programa histórico-salvífico de Dios y del papel que Jesús desempeña en él. Este es otro incidente en el que a un exorcismo se le llama "sanación" (*cf.* 12:22-23) y es una continuación de la confirmación del ministerio mesiánico de Jesús. Al curar a la hija de esta mujer gentil, Jesús demuestra que él también está interesado en la decisiva integración de todas las personas (8:5-13).[8]

Muchos gentiles glorifican al Dios de Israel (15:29-31). Jesús regresa a la región de Galilea, pero Marcos especifica que se dirige a la Decápolis (Mr 7:31), la región principalmente gentil de la costa sudoriental del mar de Galilea. Aquí Jesús lleva a cabo muchos milagros entre las multitudes que autentican su mensaje de que el reino de Dios ha llegado. Cuando se yuxtapone con el relato anterior que subrayaba la prioridad histórico-salvífica de Israel y el lugar secundario

---

6. Ver F. Gerald Downing, "The Woman from Syrophoenicia, and Her Doggedness: Mark 7:24-31 (Matthew 15:21-28)", *Women in the Biblical Tradition*, ed. George J. Brooke (Studies in Women and Religion 31; Lewiston N.Y.: Edwin Mellen, 1992), 129-49.
7. Smillie, "'Even the Dogs': Gentiles in the Gospel of Matthew", 73-97; esp. 93-95; T. W. Manson, "Only to the House of Israel?" en *Facet Books Biblical Series* 9 (Filadelfia: Fortress, 1964), 22-23.
8. Scott, "Gentiles and the Ministry of Jesus", 161-69.

de los gentiles, las "migajas" entregadas a esta madre e hija gentiles nos preparan para una vuelta a los gentiles en general con la milagrosa alimentación de los cuatro mil.

Los gentiles devienen cada vez más el foco del ministerio de Jesús ahora que los dirigentes religiosos trabajan para alejar de él al pueblo.[9] Puesto que Israel rechaza el reino, los gentiles aparecen frecuentemente como receptores de su mensaje y curaciones. Como la multitud de Israel, estas gentes quedan asombradas cuando ven su ministerio milagroso, y "glorifican al Dios de Israel" (15:31; *cf.* 9:33). Pero, como en el caso de la multitud de Israel, no basta con asombrarse. Han de creer en él como Mesías de Israel y hacerse sus discípulos.

Alimentación de los cuatro mil (15:32-38). Esta es la segunda vez que Jesús alimenta milagrosamente a una multitud de miles de personas después de curar a quienes le son llevados, aunque en esta ocasión se encuentra en la región gentil de Decápolis.[10] Como en la anterior alimentación, Jesús tiene compasión de la multitud que se ha reunido para recibir su ministerio sanador. Han estado con él durante tres días (15:32) y sus recursos y su fuerza se han agotado; por su cuenta no podrán conseguir provisiones antes de desfallecer (15:32). Jesús interpela a los discípulos sobre las necesidades de la multitud y les desafía a recordar la anterior provisión milagrosa para los cinco mil. Sin embargo, los discípulos no han entendido todavía plenamente el alcance de la identidad de Jesús, porque preguntan dónde podrán encontrar provisiones para alimentar a un grupo tan enorme. Una vez más, Jesús les enseñará mediante una ilustración milagrosa.

En este caso, el número de panecillos es siete, y son siete también los canastos de sobras. Si en la alimentación de los cinco mil los doce canastos de sobras simbolizan a Israel, como supone la mayoría, entonces, teniendo en cuenta que el siete simboliza normalmente la perfección o consumación, puede que estos siete canastos aludan a la perfección o plenitud de la provisión de Dios para las necesidades de todas las gentes, incluyendo ahora a los gentiles.[11] Como en el caso de los cinco mil, solo Mateo especifica que los cuatro mil alimentados son hombres, además de las mujeres y niños. Una vez más, esto indica un número cercano, probablemente, a los diez mil.

Un breve regreso al territorio judío (15:39). Terminada la milagrosa alimentación, Jesús despide a la multitud y cruza de nuevo el mar de Galilea por barca, lo cual significa que regresa nuevamente a territorio judío. Este es el único lugar del Nuevo Testamento en que aparece el nombre de "Magadán" (en Mr 8:10 leemos Dalmanuta). Se trata de un topónimo enigmático, por cuanto no existen registros históricos o arqueológicos que lo confirmen. La propuesta más

9. Carson, "Matthew", 356-57.
10. Para un tratamiento más amplio, ver la alimentación de los cinco mil en 14:13-21.
11. *Cf.* Hagner, *Matthew*, 451-52; menos convencido está Carson, "Matthew", 359.

prometedora es que Magadán es una variante ortográfica de Magdala, la localidad natal de María Magdalena (27:55; *cf.* Lc 8:2).[12]

Magdala se identifica generalmente con la Migdal Nunya ("torre de pescado") de la época talmúdica, a unos cinco kilómetros al norte de Tiberias en la llanura de Genesaret.[13] Este nombre sugiere que el pueblo en cuestión era el centro de la industria procesadora de pescado galilea, haciendo de esta localidad uno de los focos pesqueros más importantes del mar de Galilea y sede administrativa de la región adyacente.[14] Los arqueólogos encontraron en Magdala, en las ruinas de una casa del siglo primero, un decorativo mosaico que representa una barca con un mástil para la navegación y remos.[15]

Construyendo Puentes

En este precioso capítulo que señala una transición en el ministerio galileo de Jesús, Mateo subraya explícitamente tres temas que caracterizan la inauguración del reino de Dios por parte de Jesús y su forma de discipulado: la supremacía de la Palabra de Dios, la importancia esencial del corazón y la necesidad de la fe para todas las personas. Estos temas han venido aflorando de manera implícita, pero ahora surgen explícitamente a medida que la confrontación entre Jesús y los dirigentes religiosos sube de temperatura. El camino de la vida del reino que Jesús presenta a sus discípulos demanda un alejamiento del camino de los esfuerzos religiosos humanos. Mateo muestra que el endurecimiento del corazón de Israel contra Jesús y su preferencia por las prácticas religiosas tradicionales provoca su creciente alejamiento de ellos y la preparación de una puerta que se abrirá para todas las personas que tengan una verdadera fe en él.

La supremacía de la Palabra de Dios. La confrontación entre Jesús y los líderes religiosos de Jerusalén pone de relieve una de las principales líneas divisorias entre ellos, a saber, la supremacía de la Palabra de Dios sobre cualquier otra autoridad. Mateo presupone que sus receptores conocen bien las tradiciones de los fariseos.[16] Tanto estos como los maestros de la ley procedían de una larga

12. Gundry, *Matthew*, 322; Keener, *A Commentary on the Gospel of Matthew* (1999), 420; Rousseau y Arav, "Magdala", *Jesus and His World*, 189-90.
13. Algunos conjeturan que quitar la primera sílaba de *Migdal Nunya* podría dar lugar a la forma Dalnunya, parecida a Dalmanuta (Mr 8:10); 4. *cf.* Gundry, *Matthew*, 322; Blomberg, *Matthew*, 247 n. 87.
14. James F. Strange, "Magdala", *ABD*, 4:463-64.
15. Dodo Joseph Shenhav, "Loaves and Fishes Mosaic Near Sea of Galilee Restored", *BAR* 10 (1984): 22-31. Solo a unos dos kilómetros de aquí se encontró la famosa barca de pesca del siglo I (ver comentarios sobre 4:21).
16. El relato de Marcos es distinto, describiendo extensamente las prácticas farisaicas y explicando a sus oyentes lo que subyace tras esta controversia (Mr 7:3-4).

historia de maestros e intérpretes que pretendían hacer del Antiguo Testamento un texto práctico y relevante para la vida contemporánea. Durante la cautividad de los judíos tras la destrucción del templo, las prescripciones veterotestamentarias de sacrificios y ofrendas por el pecado parecían irrelevantes. Por ello se desarrollaron enseñanzas e interpretaciones que aplicaban estas prescripciones a la vida diaria, de tal manera que los intérpretes judíos creían haber cumplido el deseo de pureza de Dios. Los rabinos debatían cuáles eran las interpretaciones con autoridad hasta alcanzar un consenso al respecto.[17]

Jesús veía el desarrollo de esta posición autoritaria de las tradiciones de los ancianos y confrontó a los fariseos y maestros de la ley, mostrándoles el conflicto de tales tradiciones con la palabra escrita de Dios. Algunas de sus tradiciones chocaban con los mandamientos veterotestamentarios y debían abandonarlas. Trágicamente, no obstante, estas tradiciones se habían arraigado tanto en sus pronunciamientos sobre cómo relacionarnos correctamente con Dios que estaban ciegos al problema, y se endurecieron contra la verdad de su Palabra. Pero la declaración de Jesús es clara: solo la Palabra de Dios es la suprema declaración de la verdad sobre cualquier esfera de la realidad, sea religiosa, social, relacional, ética, política o de cualquier otro tipo. Cualquier tradición, enseñanza, interpretación o razonamiento humano debe inclinarse ante la palabra escrita de Dios.

Pero Jesús no está diciendo que todos los fariseos estuvieran necesariamente practicando sus tradiciones o adorando con motivos ulteriores perversos.[18] Muchos fariseos hacían sus votos con buena fe, no con la deliberada intención de evitar sus obligaciones con sus padres, pero sin darse cuenta de que el compromiso contraído acabaría impidiendo su cumplimiento. Pero su celo por la observancia de sus tradiciones suplantaba el verdadero compromiso de corazón con el propósito de Dios en el Antiguo Testamento. A medida que disienten de Jesús y sus discípulos sobre alguna de sus leyes de pureza, sus acciones revelan corazones que se endurecen contra los propósitos de Dios.

Algunos de quienes oían las declaraciones de Jesús reconocían el conflicto. Ciertos fariseos, como Nicodemo, comprendieron que Jesús poseía la verdadera manera de entender del Antiguo Testamento y se hicieron sus discípulos (Jn 3:1-9; 7:50-51; 19:38-39). Más adelante Saulo, un destacado miembro de los fariseos, cuando se vio confrontado por el Cristo resucitado, experimentó una

17. Obsérvese que tras la destrucción de Jerusalén y el templo en el año 70 A.D. y la dispersión de los judíos, la necesidad de aplicar el Antiguo Testamento a la vida diaria de un modo relevante y autoritativo se hizo aún más pronunciada, y finalmente se codificaron y pusieron por escrito las tradiciones vinculantes de los ancianos, dando lugar a la Mishná.
18. Un mal motivo sería el de un hijo que deliberadamente quisiera eludir la obligación de dar alguna de sus posesiones a sus necesitados padres. Lo que hacía era dedicar la pertenencia en cuestión a Dios como una futura ofrenda, y con ello se ponía bajo la prohibición de dársela a nadie. Hasta el tiempo en que se hacía efectiva la ofrenda, el hijo conservaba la posesión y la usaba para sí, con lo cual eludía deliberadamente su obligación con sus padres y los deshonraba.

dramática conversión y reconoció que todas las tradiciones humanas deben inclinarse ante el evangelio de Jesucristo (*cf.* Gá 1:13-16). Convertido ya en apóstol, Pablo advierte: "Cuídense de que nadie los cautive con la vana y engañosa filosofía que sigue tradiciones humanas, la que va de acuerdo con los principios de este mundo y no conforme a Cristo" (Col 2:8).

Con esto no pretendo asumir que toda tradición sea errónea en sí. Pablo utiliza el mismo término "tradición" (*paradosis*) para aludir a las verdades del evangelio que transmitía a las iglesias (1Co 11:2; 2Ts 2:15; 3:6), y el verbo relacionado (*paradidomi*) para referirse a las verdades fundamentales de la cruz y la resurrección que había recibido y transmitido a la iglesia (1Co 15:1). La tradición representa también una útil manera de transmitir la enseñanza, para que cada nueva generación no se vea en la necesidad de reinventar la proverbial rueda de la verdad doctrinal. La diferencia esencial entre estas formas de tradición y las que se desarrollaron dentro del judaísmo radica en el hecho de la encarnación de Jesús. Puesto que Jesús es la revelación encarnada de Dios, Pablo declara que las tradiciones que él recibió y transmitió a la iglesia procedían de Dios mismo por medio de la revelación del Mesías. Esta es una diferencia crucial.

El rasgo determinante es la supremacía de la Palabra de Dios tal como se declara en el Antiguo Testamento, se cumple en el ministerio de Jesús y se revela a través de sus mensajeros apostólicos. Por ejemplo, la reiteración por parte de Jesús de la verdad divina sobre la familia en esta confrontación con los fariseos debería compararse con la contraria inversión de prioridades que trata en otros pasajes. La obligación tradicional para con la familia era tan valorada entre los judíos que Jesús advirtió a sus discípulos y a quienes aspiraban a serlo que tuvieran cuidado de que este deber para con los padres no les llevara a dejar de seguirle y honrarlo como su Señor (*cf.* 8:21-22; 10:34-39; *cf.* 9:33). Jesús subraya de nuevo el papel de la familia biológica como principal terreno de entrenamiento para la fe; no obstante, su clarificación de la voluntad del Padre crea una familia espiritual complementaria, que no debe ser suplantada por la familia biológica (ver comentarios sobre 12:46-50).

El principal énfasis de Jesús es que todas las tradiciones deben supeditarse a la supremacía de la Palabra de Dios. Cuando la tradición se pone por encima de la palabra escrita de Dios o la suplanta, esta es defectuosa.

La importancia esencial del corazón. Jesús ha contrastado repetidamente lo externo y lo interno en sus enseñanzas sobre el papel del corazón en la vida de las personas. Los puros de corazón verán a Dios (5:8), pero la hipócrita justicia propia de los fariseos y maestros de la ley no recibirá su recompensa (*cf.* 5:20; 6:1-18). La pureza y justicia de corazón que sobrepasa la de los dirigentes judíos se hace realidad respondiendo al llamamiento de Jesús a arrepentirse y entrar en el reino de los cielos (ver comentarios sobre 5:20). La justicia de la vida del reino está en la obediencia de corazón al cumplimiento de la ley y los profetas por parte de Jesús (*cf.* 5:17, 28; *cf.* 5:21-48). Nuestros tesoros externos revelan las prioridades y valores de nuestro corazón interior (6:21).

El cansancio externo y las cargas vinculadas a la actividad religiosa legalista no pueden nunca producir el descanso para el alma que esta encuentra unida al yugo del manso y benevolente corazón de Jesús (11:28-30). Las palabras que pronunciamos son la evidencia externa de nuestro corazón, bueno o malo (12:34-35). En última instancia, la semilla de la Palabra de Dios sembrada en el corazón pondrá de relieve si se ha recibido o no el mensaje del reino de Jesús o se ha endurecido el corazón contra ella (13:10-23).

En su persuasiva reprensión a los fariseos por elevar sus tradiciones por encima de la Palabra de Dios buscando la pureza, Jesús expresa el problema fundamental: su corazón. La maldad del corazón natural era bien conocida. El profeta Jeremías declaró abiertamente: "Nada hay tan engañoso como el corazón. No tiene remedio. ¿Quién puede comprenderlo?" (Jer 17:9). El deseo de tener un nuevo corazón debería ser la aspiración de los impíos (Ez 18:31). Los fariseos saben que este es el deseo de Dios, pero se equivocan en el orden que hay que seguir para que se haga realidad. Algún día, la ley de Dios será escrita en el corazón (Jer 31:33), pero los fariseos confían en leyes externas de ritos de purificación ceremonial para purificar sus corazones. Por ello, Jesús declara que ha de entenderse que la prioridad es tener en cuenta el corazón impío, no las observancias externas, ya que todos los malos pensamientos, acciones y palabras proceden del corazón (Mt 15:18-19).

Esto se convierte en la marca distintiva de nuestra vida como discípulos de Jesús. Con la institución del nuevo pacto en su sangre (26:26-29), Jesús trae el nuevo corazón que anhelan Israel y toda la humanidad. Esta transformación interior será facultada por el poder del Espíritu de Dios, no por leyes humanas, y producirá verdadera obediencia de corazón, no legalismo hipócrita, como profetizó Ezequiel: "Les daré un nuevo corazón, y les infundiré un espíritu nuevo; les quitaré ese corazón de piedra que ahora tienen, y les pondré un corazón de carne. Infundiré mi Espíritu en ustedes, y haré que sigan mis preceptos y obedezcan mis leyes" (Ez 36:26-27).

Falta ahora que Jesús y la nueva comunidad de la fe expresen cómo se lleva a cabo esta transformación interna/externa desde el corazón hasta toda la persona. Hay un par de indicios de ello en las próximas narraciones, donde Jesús declara que el perdón entre creyentes procede del corazón (18:35), y que el amor a Dios y al prójimo se inicia también en él (22:37-40). Esto es un sustancioso presagio de lo que será nuestra vida como discípulos de Jesús en la comunidad de creyentes.

La necesidad de la fe para todas las personas. En este capítulo, Mateo subraya que, para entrar en el reino de Dios, todas las personas, sea cuál sea su raza, nacionalidad o género, han de tener verdadera fe en Jesús como el Mesías que inaugura dicho reino. Aunque las gentes de la Galilea judía tuvieron el privilegio de ser los primeros de escuchar y recibir la invitación de Jesús al reino, el veredicto es claro. Como los habitantes de Nazaret, convecinos de Jesús, también ellos han endurecido su corazón en contra de su mensaje.

En contraste, los discípulos seguirán caracterizándose como personas de fe, aunque estén en un proceso de desarrollo. En ocasiones su fe es eficaz, otras veces, no. Pedro fue recompensado por su fe en la verdadera identidad de Jesús con un llamamiento a andar sobre un mar agitado, pero su "poca (o ineficaz)" fe le llevó a hundirse (14:27-31). La fe de los discípulos les llevó a adorar a Jesús cuando calmó los mares (14:32-33), sin embargo, no les permitió entender plenamente su capacidad para suplir las necesidades de las personas. No habían aprendido la lección sobre la capacidad de Jesús para alimentar a cinco mil personas, puesto que pronto le preguntan dónde podrán encontrar recursos para alimentar a cuatro mil (*cf.* 14:15-21; 15:33).

La fe de la mujer cananea, no obstante, es "grande" y ello le permite a Jesús recompensarla concediéndole la curación de su hija (15:28). Hablar de una fe grande no alude a una gran cantidad, sino más bien a una inamovible firmeza y confianza en la Palabra de Dios y ante cualquier adversidad y circunstancia. Esta persistente fe de una madre gentil indica que, aunque hay muy pocas posibilidades de encontrar a alguien que de verdad entienda la palabra y voluntad de Dios para la humanidad en una tierra pagana, ella es precisamente esta clase de persona decidida a encontrar en Jesús la curación de su hija. Su actitud abierta hacia la verdadera identidad y misión de Jesús le permite ejercer en ella su ministerio sanador. Esta mujer cananea acepta la revelación y voluntad de Dios como su realidad y propósito para la vida, que es el elemento definitorio esencial de la fe. Mateo pone de relieve la necesidad de verdadera fe en una persona y lugar tan improbables, lo cual brinda esperanza a personas de cualquier generación. El compasivo cuidado de Jesús está a disposición de cualquier persona que se comprometa con su Palabra y voluntad como realidad y propósito para la vida.

Significado Contemporáneo

Las tres áreas de que hemos hablado en la sección Construyendo Puentes nos desafían a no permitir que ninguna tradición o autoridad suplante la Palabra de Dios, a entender que la obra de Dios en la transformación de vidas comienza en el corazón y se extiende hacia el exterior, y a darnos cuenta de que la fe es el conducto por medio del que Dios trae a nuestra vida su toque salvífico y sanador. En la Reforma, estas tres alertas se expresaron en las doctrinas fundamentales de las *solas*: *sola scriptura*, *sola gratia* y *sola fide*. La *Escritura* es la única autoridad, no la iglesia y sus concilios. La salvación es una obra de Dios en el corazón de la persona que se lleva a cabo por la sola *gracia*. Recibimos esta salvación solo por la *fe*, no por medio de las obras, la iglesia o los sacramentos.

La decisiva autoridad de la Palabra de Dios. A lo largo de los siglos hombres y mujeres han intentado descubrir la voluntad de Dios para sus vidas. Esta búsqueda se lleva a cabo en el plano personal y colectivo y, en última instancia, debe hallar respuesta en el papel diario de las Escrituras como decisiva autoridad para nuestra vida.

No obstante, en nuestro tiempo, algunas personas intentan descubrir la voluntad de Dios por medio de experiencias espirituales humanas. Aunque conceden una cierta importancia a la Escritura, a menudo el conocimiento humano, la razón o la experiencia son el juez que acaba determinando su respuesta. Quienes rechazan la plena inspiración de la Escritura presentan frecuentemente pasajes que consideran contradictorios según su propia comprensión.

Otros que sostienen una elevada idea de la inspiración divina de la Escritura rechazan las enseñanzas que reflejan en apariencia antiguos valores culturales, irrelevantes en nuestro mundo de hoy. Un ejemplo que provoca discusiones entre algunos grupos es el de la práctica de la homosexualidad. En muchos ámbitos de la cultura occidental, la actividad homosexual se acepta, consiente y protege. Algunas denominaciones tradicionales tienen grupos dentro de ellas que declaran la homosexualidad como un estilo de vida aceptable para sus ministros ordenados.[19] Los proponentes de este tipo de causas sostienen a menudo que su razonamiento y experiencia les han forzado a negar la enseñanza de la Biblia. En estos casos se concede más autoridad a los razonamientos y experiencias humanas que a la propia Biblia.

Otros intentan expresar la voluntad de Dios mediante varias tradiciones eclesiásticas. Las luchas de la Reforma pivotaron alrededor de este asunto, en que la autoridad para enseñar de la Iglesia Católica se elevó al mismo nivel de la revelación. Recientemente, el *Catecismo Católico*, iniciado por el papa Juan Pablo II, reafirmaba que la divina revelación del evangelio se transmite de dos formas: la Sagrada Escritura y el Magisterio de la Iglesia.[20] También en la Iglesia Ortodoxa se ha producido una elevación de la autoridad de la tradición, por la cual las definiciones doctrinales de los Concilios Ecuménicos de la Iglesia se

19. Por ejemplo, un grupo dentro de la Iglesia Presbiteriana (EEUU) ha intentado durante varios años hacer que se adopte una enmienda que eliminaría de la constitución de esta iglesia norteamericana una cláusula que requiere que los candidatos a la ordenación "vivan en fidelidad dentro del pacto del matrimonio entre un hombre y una mujer, o en casto celibato". Los proponentes de esta enmienda esperaban abrir el camino para la ordenación de los homosexuales y lesbianas presbiterianos. Los presbiterios han votado varias veces esta cuestión, pero este sigue siendo, al parecer, un asunto controvertido dentro de la denominación. Quienes estén interesados en un informe reciente sobre este asunto ver http://www.pcusa.org/pcnews/02389.htm.

20. *Catechism of the Catholic Church* (Mahwah, N.J.: Paulist, 1994), par. 81.

consideran infalibles y se sitúan junto a la Escritura con igual autoridad que ella.[21]

Los enfrentamientos de Jesús con los líderes religiosos de su tiempo, especialmente con el racionalismo político de los saduceos y el autoritarismo religioso de los fariseos, nos dan la guía correcta para entender la voluntad de Dios en nuestros días. La Palabra de Dios revelada en la Escritura ha de entenderse como la única autoridad, un texto que contiene todo lo necesario para la salvación y la vida espiritual. Esta palabra ha de elevarse por encima de cualquier tradición humana (15:2- 9). En la Palabra de Dios tenemos el entendimiento más claro de la voluntad de Dios para nuestra vida diaria personal y la de nuestras comunidades de fe. Aunque maestros, predicadores y formulaciones doctrinales son una provechosa guía para las personas y las comunidades, la Escritura ha de mantenerse constantemente como la autoridad final.[22]

En la práctica, conseguimos esto comparando las palabras del mundo con la Palabra de Dios y entregándonos constantemente a lo que Dios dice sobre nuestras decisiones, prioridades diarias y normas para la vida. Esta es precisamente la orden de Jesús en la Gran Comisión, donde a los nuevos discípulos se les enseña a obedecer todo lo que Jesús ordenó como medios para el crecimiento (28:20). Hemos de desarrollar el hábito de adquirir y obedecer las enseñanzas de la Palabra de Dios.

No se trata de un mero ejercicio académico, puesto que interactuar con la Palabra de Dios es una actividad espiritual. Observemos las palabras de Hebreos 4:12: "Ciertamente, la palabra de Dios es viva y poderosa, y más cortante que cualquier espada de dos filos. Penetra hasta lo más profundo del alma y del espíritu, hasta la médula de los huesos, y juzga los pensamientos y las intenciones del corazón". A medida que vamos adquiriendo las enseñanzas de Dios sobre cualquier tema, alteran nuestros valores, motivos y metas en la vida. Somos liberados de hábitos pecaminosos para vivir la voluntad de Dios. Todo nuestro ser —físico, mental, emocional/social, espiritual— se conforma entonces a la voluntad y personalidad de Dios.

El compromiso de Martín Lutero con la Palabra de Dios no era solo la fuerza impulsora que dirigía su compromiso con la Reforma, sino también la de su propia transformación:

> Puesto que estas promesas de Dios son santas, verdaderas, justas, palabras de paz, de libertad y rebosantes de bondad, quien se agarre a ellas con fe verdadera verá cómo su alma se une también a ellas tan perfectamente que no solo participará de todo su poder, sino que se saturará y embriagará con ellas. Si un solo toque de Cristo es

---

21. P. ej., Timothy Ware, *The Orthodox Church* (Londres: Penguin, 1993), 202.
22. Hay una provechosa aproximación a estas cuestiones en, Robert L. Saucy, *Scripture: Its Power, Authority, and Relevance* (Nashville: Word, 2001), 230-40.

> sanador, cuánto más este tierno contacto, esta cautivadora Palabra de Dios, comunicará al alma todas las cosas que pertenecen a la Palabra.[23]

Su descripción del poder y papel de la Palabra de Dios en la vida diaria son instructivos para quienes esperamos también su tierno toque.

Transformación desde el corazón. La condenación que Jesús hace de los fariseos por elevar las tradiciones humanas por encima de la Palabra de Dios trajo a la luz un urgente problema: el mal del propio corazón no puede ser limpiado por la actividad religiosa. Igual que los profetas del Antiguo Testamento, los fariseos sabían que las malas inclinaciones del corazón humano eran inherentes a toda alma viviente después de la caída, pero sus intentos de resolver el problema por medio de rituales religiosos eran del todo inútiles.

Aunque Jesús no nos da aquí la receta completa, sí prepara el camino para su enseñanza posterior y la de sus apóstoles sobre el papel del Espíritu para producir el corazón regenerado del Nuevo Pacto (p. ej., 26:27-29; Jn 13-16; Tit 3:4-7; 1Jn 4:21). Solo por medio de esta actividad, el corazón que se ha endurecido contra Dios puede ser transformado para que funcione como debe hacerlo nuestro corazón espiritual. Esto se aplica en primer lugar a los no creyentes, que necesitan la obra regeneradora de Dios, pero también a los creyentes que experimentan su continua obra santificadora.

Los corazones espirituales se endurecen básicamente de dos maneras. (1) Cuando desde dentro decimos no a lo que Dios quiere de nosotros. Dicho sencillamente, nuestros corazones se endurecen cuando pecamos, cuando nos resistimos al Espíritu, que intenta convencernos. Mientras vivimos diciendo no a Dios con nuestro pecado, endurecemos cada vez más nuestro corazón.

(2) Pero nuestros corazones se endurecen también contra lo que nos llega de fuera cuando nos protegemos para no ser dañados. Todos hemos sido heridos por otras personas, y a menudo intentamos protegernos de nuevas desilusiones endureciéndonos y distanciándonos de quienes pueden hacernos daño. Esta clase de endurecimiento del corazón puede generar temor, arrogancia o amargura como medio de protección.

Hemos de ser completamente honestos con nosotros mismos porque podemos ocultar un corazón endurecido. La forma básica de encubrir un corazón endurecido son los actos religiosos externos. En las iglesias de nuestro tiempo hay muchas personas con el corazón endurecido, que asisten habitualmente a los servicios y parecen religiosas, pero sus corazones están endurecidos hacia Dios y hacia su pueblo. Este endurecimiento puede también ocultarse tras deslumbrantes actuaciones en el ámbito de la predicación, la música, el canto o la oración. Aquellos que padecen la enfermedad de un corazón religioso, a menudo no se

23. Martín Lutero, "La libertad del cristiano", *Luther's Works*, 31:349; citado en Saucy,

dan cuenta de ello, pero estas dolencias corroen la salud espiritual de la persona y, por regla general, se ocultan tras actividades religiosas que, lejos de curar a la persona, alimentan el problema. Como ya hemos observado, Jesús reserva sus críticas más duras para las figuras religiosas de su tiempo que, tras su hipocresía, ocultaban un corazón endurecido.

La única cura para la enfermedad del corazón espiritual es la penetrante y transformadora obra del reino de Dios en la vida de la persona. Cuando permitamos que Jesús libere el poder del Espíritu en nuestro corazón, experimentaremos una transformación interior que comenzará a influenciar nuestros pensamientos, acciones, emociones y relaciones personales.

Jesús no desestima la importancia de la obediencia. Sin embargo, las buenas obras como un fin en sí mismas, desconectadas de un corazón regenerado por el poder del amor del reino, pierden todo su valor moral. Como pregunta hábilmente John Piper, ¿cuál sería, desde una óptica moral, la mejor acción y la más apreciada por una esposa? ¿Que su marido le comprara unas rosas por su aniversario porque es su deber, o porque disfruta llevándole esta pequeña muestra de devoción?[24] Esto es lo que sucede con nuestra vida con Dios y con nuestra adoración. Como afirma Piper:

> Si la realidad de Dios se nos revela en su Palabra o en su mundo y no sentimos en nuestro corazón tristeza, anhelo, esperanza, temor, respeto, gozo, gratitud o confianza, entonces es inútil que cantemos, oremos, recitemos o hagamos todos los gestos que queramos; no será verdadera adoración. No podemos honrar a Dios si nuestro corazón está lejos de él.[25]

La obediencia religiosa, la demanden los fariseos del primer siglo o los legalistas del veintiuno, solo es digna en la medida en que lo sea el impulso del corazón.

Gran fe e ingrato privilegio. Choca en un primer momento que Jesús parezca dispuesto a ignorar la petición de esta mujer por el mero hecho de no ser israelita y algunos comentaristas han sido un tanto mordaces en su crítica a Jesús por su falta de sensibilidad étnica.[26] Pero, como he dicho anteriormente, las palabras de Jesús no reflejan un fanatismo étnico contra los gentiles, sino el privilegio histórico-salvífico de Israel. Aunque su misión se dirige inicialmente a Israel, al final todo el mundo será bendecido por medio de él. Aunque Jesús irá desarrollando este plan de manera progresiva, aquí tenemos un atisbo del plan general cuyo alcance es todo el mundo (28:19) y todos los grupos (21:43).

---

24. John Piper, *Sed de Dios* (Barcelona: Andamio, 2001), 87.
25. *Ibíd.*, 87.
26. P. ej., Beare, *Matthew*, 341-42.

Aunque no hay ninguna prueba fehaciente de que Jesús abandonara su particularista prioridad de Israel durante su ministerio terrenal,[27] podemos ver un indicio de su deseo de llevar el evangelio más allá de los límites étnicos de Israel para ayudar a esta mujer cananea (*cf.* también el hijo del centurión, 8:5). Esto muestra su corazón. Igual que tenía compasión del oprimido e impotente pueblo de Israel, que era como un rebaño sin pastor (9:36), la tenía también de una niña y de su madre, que eran como perrillos privados de cualquier esperanza, y responde. En cualquier caso, Jesús responde a quienes tienen abiertos los ojos de la fe para ver la realidad y responder a él. La inmensa mayoría de quienes, dentro de Israel, tienen el privilegio de verle y oírle primero, finalmente le rechazan. Esta mujer de gran fe nos advierte e instruye debidamente.

Los privilegios conllevan la responsabilidad de rendir cuentas, y la fe en la identidad y misión de Jesús conlleva el toque de la bendición del reino. No se trata de una bendición material —es bastante posible que esta mujer no tuviera necesidades de este tipo— o de salud, porque la madre no recibe nada, y algún día la niña acabaría muriendo físicamente. Como el centurión, esta mujer gentil de gran fe es un anticipo de la prometida fiesta escatológica de la salvación que disfrutarán aquellos, de todos los puntos cardinales, que respondan al llamamiento de Jesús al reino (8:10-12).

Personalmente soy muy privilegiado tanto desde un punto de vista material como físico. También he sido bendecido al crecer en una cultura en la que el evangelio se ha proclamado libremente. Pero los privilegios pueden ser también un obstáculo para las realidades espirituales. La bendición del reino pone patas arriba muchos de los típicos conceptos de privilegio. He sido sorprendentemente tocado por un tipo distinto de ventajas que he visto en hombres y mujeres de gran fe por todo el mundo. El puro deleite de los pobres que asisten a las iglesias de los suburbios de Manila está en entender su privilegio de experimentar la vida eterna en Cristo que acaban de encontrar. La firme valentía de un grupo de pastores de ciertos países musulmanes de Asia central está en su gozo por el "don" que se les ha concedido de sufrir por el nombre de Jesús. La incomprensible paz de ciertos pacientes en unidades de cuidados intensivos en hospitales de todo el mundo surge de su confianza de que son amados por aquel que tiene la salud de sus almas en sus manos de ternura.

Esta maravillosa historia de la madre persistente constituye una advertencia y una enseñanza: Jesús responde siempre a quienes tienen el valor de acercarse a él con su desesperada necesidad, porque el verdadero privilegio es fruto de la fe que se abre confiadamente a él.

27. Frederick W. Schmidt, "Jesus and the Salvation of the Gentiles", en *Through No Fault of Their Own? The Fate of Those Who Have Never Heard*, ed. William V. Crockett y James G. Sigountos (Grand Rapids: Baker, 1991), 97-105.

Mateo 16:1-28

Los fariseos y los saduceos se acercaron a Jesús y, para
ponerlo a prueba, le pidieron que les mostrara una señal del
cielo.

2 Él les contestó: «Al atardecer, ustedes dicen que hará buen
tiempo porque el cielo está rojizo, 3 y por la mañana, que habrá
tempestad porque el cielo está nublado y amenazante. Ustedes
saben discernir el aspecto del cielo, pero no las señales de los
tiempos. 4 Esta generación malvada y adúltera busca una señal
milagrosa, pero no se le dará más señal que la de Jonás.» Entonces
Jesús los dejó y se fue.

5 Cruzaron el lago, pero a los discípulos se les había olvidado llevar
pan.

6 —Tengan cuidado —les advirtió Jesús—; eviten la levadura de los
fariseos y de los saduceos.

7 Ellos comentaban entre sí: «Lo dice porque no trajimos pan.» 8 Al
darse cuenta de esto, Jesús les recriminó:

—Hombres de poca fe, ¿por qué están hablando de que no tienen
pan? 9 ¿Todavía no entienden? ¿No recuerdan los cinco panes
para los cinco mil, y el número de canastas que recogieron? 10 ¿Ni
los siete panes para los cuatro mil, y el número de cestas que
recogieron? 11 ¿Cómo es que no entienden que no hablaba yo del
pan sino de tener cuidado de la levadura de fariseos y saduceos?

12 Entonces comprendieron que no les decía que se cuidaran de
la levadura del pan sino de la enseñanza de los fariseos y de los
saduceos.

13 Cuando llegó a la región de Cesarea de Filipo, Jesús preguntó a
sus discípulos:

—¿Quién dice la gente que es el Hijo del hombre?

Le respondieron:

14 —Unos dicen que es Juan el Bautista, otros que Elías, y otros que
Jeremías o uno de los profetas.

15 —Y ustedes, ¿quién dicen que soy yo?

16 —Tú eres el Cristo, el Hijo del Dios viviente —afirmó Simón Pedro.

17 —Dichoso tú, Simón, hijo de Jonás —le dijo Jesús—, porque
eso no te lo reveló ningún mortal, sino mi Padre que está en el
cielo. 18 Yo te digo que tú eres Pedro, y sobre esta piedra edificaré
mi iglesia, y las puertas del reino de la muerte no prevalecerán
contra ella. 19 Te daré las llaves del reino de los cielos; todo lo que

ates en la tierra quedará atado en el cielo, y todo lo que desates en la tierra quedará desatado en el cielo.

20 Luego les ordenó a sus discípulos que no dijeran a nadie que él era el Cristo.

**21 Desde entonces comenzó Jesús a advertir a sus discípulos
que tenía que ir a Jerusalén y sufrir muchas cosas a manos de
los ancianos, de los jefes de los sacerdotes y de los maestros
de la ley, y que era necesario que lo mataran y que al tercer día
resucitara. 22 Pedro lo llevó aparte y comenzó a reprenderlo:**

—¡De ninguna manera, Señor! ¡Esto no te sucederá jamás!

23 Jesús se volvió y le dijo a Pedro:

—¡Aléjate de mí, Satanás! Quieres hacerme tropezar; no piensas en las cosas de Dios sino en las de los hombres.

24 Luego dijo Jesús a sus discípulos:

**—Si alguien quiere ser mi discípulo, tiene que negarse a sí
mismo, tomar su cruz y seguirme. 25 Porque el que quiera salvar
su vida, la perderá; pero el que pierda su vida por mi causa, la
encontrará. 26 ¿De qué sirve ganar el mundo entero si se pierde
la vida? ¿O qué se puede dar a cambio de la vida? 27 Porque el
Hijo del hombre ha de venir en la gloria de su Padre con sus
ángeles, y entonces recompensará a cada persona según lo que
haya hecho. 28 Les aseguro que algunos de los aquí presentes no
sufrirán la muerte sin antes haber visto al Hijo del hombre llegar
en su reino.**

Sentido Original

El capítulo 16 es un pasaje fundamental de Mateo. Tras la creciente oposición a su ministerio mesiánico por parte de los líderes religiosos judíos (12:9-14, 22- 37) y la progresiva amenaza de la maquinaria política local (14:1-13), Jesús se ha dirigido a sus discípulos para ayudarles a entender más claramente su identidad y misión únicas. Es un profeta, aunque sin honra entre los suyos (13:53-58). Es el compasivo sanador y proveedor de las necesidades de Israel, aunque estos perciben erróneamente su misión terrenal (14:13-21). Es el Hijo de Dios capaz de andar sobre el agua, calmar agitados mares y digno de ser adorado, aunque sus propios discípulos vacilan en aferrarse a él (14:22-36). Es el verdadero maestro de la Palabra de Dios, aunque esto pueda amenazar la seguridad de sus discípulos (15:1-20). Es también el compasivo sanador y proveedor de las necesidades de los gentiles, aunque algunas veces sus discípulos se olvidan de ello (15:21-31).

Jesús ha guiado lentamente a sus discípulos para que puedan intentar entender la magnitud de su verdadera identidad. Los líderes religiosos y las multitudes han tenido ocasión de reconocerle como Mesías, pero su dureza de corazón les ha impedido percibirle con claridad (*cf.* 13:10-17). Estos no recibirán más señales. Pero los discípulos, que se han abierto a su identidad y misión, reciben ahora del Padre la revelación más penetrante sobre la identidad de Jesús (16:13-20). Esta revelación conduce a su vez a una revelación más completa de Jesús sobre la misión de su vida: será ejecutado y resucitado (16:21). Estas no son revelaciones que los discípulos puedan encajar fácilmente, como veremos. Los discípulos, especialmente Pedro, siguen experimentando la perplejidad de entender y no entender al mismo tiempo. Andan hacia adelante con fe cuando prestan atención a la revelación de Dios, aunque todavía vacilan cuando dependen de su propio entendimiento (16:22-23).

Jesús no da más señales de su identidad y misión (16:1-4)

De vuelta al territorio judío tras desembarcar en Magadán (15:39), Jesús y su discípulos son de nuevo atacados por los líderes religiosos, posiblemente el mismo grupo anterior de funcionarios principales de Jerusalén (15:1). Pero, en esta ocasión, a los fariseos se les han unido los saduceos. Aunque fariseos y saduceos eran muchas veces oponentes acérrimos, cuando ven una amenaza para sus dirigentes unen fuerzas, como había sucedido cuando Juan el Bautista entró en escena (*cf.* 3:7).

Los fariseos y los saduceos se dirigen a Jesús para ponerle a prueba pidiéndole que les muestre una señal del cielo (16:1). Una "señal" (*semeion*) es una marca o acción visible que transmite un mensaje inequívoco, como cuando Ezequías le pidió a Isaías una señal de Dios para confirmar su curación (2R 20:8-11; Is 38:7-8). Los fariseos habían pedido una señal como prueba irrefutable de que el poder de Jesús era de Dios, no de Satanás (ver comentarios sobre 12:38-42).

Pero las señales pueden interpretarse de formas distintas.[1] Muy probablemente, los fariseos y saduceos quieren una señal de Dios que se muestre en los cielos. Aunque su petición parece inocente, Mateo subraya que no piden con buena fe, sino para "probarle" o "tentarle" (*peirazo*), la misma palabra utilizada para aludir a las tentaciones de Satanás a Jesús (4:1). Quieren una señal que puedan usar contra él.

Jesús percibe su artimaña y les pide que sean responsables de las señales de su identidad y misión mesiánicas que ya ha expuesto (*cf.* 11:2-6): "Ustedes saben interpretar la apariencia de la tierra y del cielo. ¿Cómo es que no saben interpretar el tiempo actual?". Las personas que viven cerca de la naturaleza perciben patrones e irregularidades diarios en aquellos modelos que podrían presagiar fenómenos naturales futuros. Hay numerosas máximas o expresiones proverbiales que captan este tipo de señales de la naturaleza. Los marineros, por ejemplo, son famosos por sus máximas predictivas de patrones meteorológicos, que han de

1. James D. G. Dunn, "Sign", *IBD*, 3:1450.

tener en cuenta cada día, o cada hora, para navegar con seguridad, como los conocidos dichos: "Cielo rojo al amanecer, el mar se ha de mover", o "Sol poniente en cielo grana, buen tiempo por la mañana".

Jesús se sirve de una máxima similar de su entorno cultural para contrastar la familiaridad de los líderes religiosos con los fenómenos naturales del "cielo" (*ouranos*, 16:3) con los sobrenaturales, también del cielo (*ouranos*, 16:1). Unas señales que ellos demandan, pero que son incapaces de reconocer por su ceguera espiritual. Puesto que los líderes religiosos judíos no buscan con honestidad, la única señal que Jesús les dará de su autoridad mesiánica será su resurrección, que será como la aparición de Jonás a los ninivitas (ver 12:40-41).

"La señal de Jonás" no es alguna forma de señal que hace el profeta, sino él mismo. Su aparición fue la señal al pueblo de Nínive de que su mensaje era del Dios que le había rescatado de la muerte (Jon 3:1-5). La resurrección de Jesús será la señal del juicio a la generación que oye su mensaje.[2] Las acciones del pueblo pagano de Nínive que se arrepintió con la predicación de Jonás representan el juicio sobre todos los que no se arrepienten con el anuncio de la llegada del reino de Dios, incluidos los líderes religiosos que lo rechazan obstinadamente (Jon 3:1-5; *cf.* Lc 11:29). En su dramático sermón del día de Pentecostés, el apóstol Pedro señala la resurrección de Jesús como la conquista del Hades, lo cual sella la culpa de la casa de Israel por crucificar a Jesús (*cf.* Hch 2:22-36).

Jesús ha llevado ya a cabo muchos milagros en público, algunos de los cuales fueron presenciados directamente por los líderes religiosos (*cf.* 12:9-14, 22). Para quienes tienen ojos espirituales, sus milagros validan su identidad como Mesías. Si los líderes religiosos estuvieran abiertos al mensaje de Dios, tendrían suficientes señales de que Jesús es verdaderamente el Mesías. Pero en sus corazones obstinados y endurecidos han rechazado el poder certificador de los milagros y los usan como base para acusarle de ser una herramienta satánica (12:24). Jesús discierne sus perversos motivos y evita la trampa de darles más munición. En este punto, Mateo escribe como un presagio: "… entonces Jesús los dejó y se fue".

La levadura espiritual de los fariseos y los saduceos (16:5-12)

Jesús y los discípulos cruzan una vez más el mar de Galilea, y lo hacen, según parece, desde el sector judío de la costa noroeste a la ribera nororiental gentil, para dirigirse al distrito de Cesarea de Filipo (*cf.* 16:13). Jesús ha dado prácticamente por concluido su ministerio en Galilea y solo volverá a la Galilea judía (17:22, 24) para preparar su viaje a Judea (*cf.* 19:1).

Puesto que los discípulos han olvidado avituallarse para lo que ahora parece un largo viaje (16:5-17:20), Jesús aprovecha la ocasión para enseñarles sobre

2. Bayer, *Jesus' Predictions of Vindication and Resurrection*, 141-45, 182.

los fariseos y los saduceos que acaban de tenderle una trampa: "Tengan cuidado [...] eviten la levadura de los fariseos y de los saduceos". Jesús ha usado antes la levadura como una metáfora positiva para representar la penetrante naturaleza del reino de los cielos (ver comentarios sobre 13:33). Ahora la utiliza como una metáfora negativa para indicar que el mal de la desintegración y la corrupción puede impregnar lo que es bueno (p. ej., Éx 12:8, 15-20).

Aunque su uso anterior de la levadura en la parábola de los misterios del reino de los cielos debería haber preparado a los discípulos para entender que Jesús estaba haciendo, de nuevo, un uso metafórico de ella, están tan absortos en sus necesidades físicas que pasan por alto el sentido espiritual de su enseñanza. Ser discípulos de Jesús implica tener una sensibilidad espiritual hacia su enseñanza, puesto que han recibido ojos y oídos espirituales para poder entenderla (13:10-17). Este malentendido implica que no están actuando como verdaderos discípulos; son como las multitudes, o peor todavía, como los fariseos y los saduceos, que demandan señales espectaculares. Los discípulos no han recordado los milagros, que desde el principio han venido confirmando su identidad y que pretenden suscitar fe en quienes tienen corazones y oídos receptivos.

Pero Jesús lleva con paciencia a estos torpes discípulos al verdadero significado de sus palabras. "Entonces comprendieron que no les decía que se cuidaran de la levadura del pan, sino de la enseñanza de los fariseos y de los saduceos". La apertura de los discípulos a la enseñanza de Jesús sobre la levadura de los fariseos y los saduceos les permite entender la amenaza que suponen estos líderes religiosos para Jesús y su misión.[3]

La forma en que Mateo alude a "la enseñanza [levadura] de los fariseos y de los saduceos" implica una enseñanza que estos dos grupos tienen en común. Jesús sabe perfectamente que hay grandes diferencias entre las enseñanzas de fariseos y saduceos (ver comentarios sobre 22:23-33; ver también Hch 23:6- 10); no está aquí sugiriendo que estos dos grupos compartan una misma perspectiva teológica general, pero sabe que ambos tienen una misma convicción sobre él que es perversa. Fariseos y saduceos cooperan en su oposición a él. Jesús no puede ser el cumplimiento de sus expectativas mesiánicas, porque no cumple sus perspectivas nacionalistas. A su manera, fariseos y saduceos esperaban ver a Israel adquiriendo una preeminencia universal entre las naciones en un cumplimiento político-militar de las profecías. Puesto que Jesús no cumplía con sus expectativas, estos grupos procuraban disuadir a las multitudes y hasta a los discípulos, de que le siguieran.

¿Quién es el Hijo del hombre? (16:13-14)

Jesús sigue alejándose de Galilea y se dirige a la zona nororiental y predominantemente gentil del mar de Galilea llamada Cesarea de Filipo. Esta región

3. He explorado esta perspectiva de un modo más completo en Wilkins, *The Concept of Disciple in Matthew's Gospel*, 134, 165-66, 230-31.

estaba gobernada por Felipe el tetrarca, uno de los tres hijos de Herodes el Grande.[4] Felipe tenía dieciséis años cuando se le dio el cargo de esta región y la gobernó durante treinta y siete años. Se casó con Salomé, la hija de Herodías, la muchacha que había bailado en la infame escena en que Herodes Antipas mandó decapitar a Juan el Bautista (*cf.* 14:6-11; Josefo, *Ant.* 18.5.4 §§136-37).

En el tiempo en que Jesús y sus discípulos la visitaron, Cesarea de Filipo era una importante ciudad grecorromana, cuya población era principalmente siria y griega. Esta región, que por mucho tiempo había sido un bastión de la adoración pagana de Baal, después del dios griego Pan, y más adelante de César, se convierte en el enclave donde Jesús demanda una decisión sobre su identidad. Es aquí donde el Padre revela a Pedro que Jesús es verdaderamente el Mesías profetizado (16:13-20).

Hasta este momento de su ministerio, Jesús ha utilizado la expresión relativamente enigmática "Hijo del hombre" como un título para revelar su verdadera identidad y misión (ver comentarios sobre 8:20; hasta aquí, este título ha aparecido en 9:6; 10:23; 11:19; 12:8; 13:37-43). Jesús habría podido reclamar legítimamente otros títulos, como Mesías o Hijo de David, pero estos evocaban populares imágenes militares y políticas entre el pueblo que habrían llevado a pasar por alto su singularidad y el mensaje de la salvación y liberación espiritual. Jesús seguirá utilizando la expresión Hijo del hombre para clarificar su identidad y misión (ver 16:27- 28; 17:9-12; 19:28; 20:18, 28; 24:27, 30, 37, 39, 44; 25:31; 26:2, 24, 45, 64); sin embargo, en este momento esencial, concluida prácticamente su misión en Galilea, quiere que sus discípulos expresen no solo las ideas que el pueblo tiene sobre él, sino también lo que ellos mismos han llegado a entender.

Jesús pregunta, por tanto: "¿Quién dice la gente que es el Hijo del hombre?" (16:13). La respuesta de los discípulos llama la atención. Han oído diferentes opiniones sobre la identidad del Hijo del hombre: para algunos, Jesús es Juan el Bautista; para otros, Elías, Jeremías o alguno de los profetas (16:14). Todas las respuestas apuntan a un profeta, en línea con una de las expectativas mesiánicas populares de Israel, que se remonta a la corriente profética sobre el levantamiento de un gran profeta. En esta corriente encontramos al profeta escatológico de la profecía de Moisés (Dt 18:15-18),[5] el regreso de Elías (Mal 4:5; ver comentarios sobre Mt 17:12-13) y el anticipado regreso de personajes proféticos veterotestamentarios como Isaías y Jeremías (*4 Esd* 2:18).[6]

En consonancia con la reacción anterior de Herodes Antipas (14:2), algunos piensan que Jesús es Juan el Bautista que ha resucitado de entre los muertos, revelando quizá una curiosa corriente de supersticiones sobre la reencarnación.

4. Ver Wilkins, "Matthew", 102.
5. *Cf.* Jn 6:14; 7:40, 52; Hch 3:17-22; 7:37.
6. Flusser, "Son of Man", *Jesus*, 124-25.

Algunos judíos como Filón, fueron influenciados por Platón y otros autores y aceptaron la reencarnación como parte de su cosmovisión. Sin embargo, la mayoría de los judíos palestinos creían en la resurrección corporal anticipada al final de la era (Dn 12:2).

Quienes pensaban que el Hijo del hombre era Jesús como Juan el Bautista resucitado, pensaban posiblemente en las resucitaciones temporales que Elías y Eliseo llevaron a cabo en el Antiguo Testamento (1R 17:22; 2R 4:34-35). Mateo es el único sinóptico que menciona a Jeremías como uno de los profetas que el pueblo relacionaba con Jesús como Hijo del hombre. Jeremías es una recurrente voz profética dentro de este Evangelio,[7] lo cual evoca quizá a este profeta veterotestamentario como uno de aquellos cuyo mensaje y ministerio fueron rechazados por Israel, igual que lo serán los de Jesús.[8] Pero incluso aquellos que le han identificado con Jeremías carecen de una clara idea sobre la verdadera identidad de Jesús.

Confesión de la identidad de Jesús por parte de Pedro (16:15-16)

Jesús no solo quiere relacionar al Hijo del hombre con las expectativas proféticas del pueblo en general. Ahora son sus discípulos quienes, teniendo en cuenta la instrucción que él les ha dado sobre su identidad y misión al utilizar este título, han de decir quién entienden que es. Jesús les pregunta por tanto: "Y ustedes, ¿quién dicen que soy yo?"

Pedro, tomando de nuevo la iniciativa como líder y portavoz de los demás (*cf.* comentarios sobre 10:2),[9] declara: "Tú eres el Cristo, el Hijo del Dios viviente" (16:16). Hasta ahora, la expresión "Cristo" ha aparecido únicamente en las porciones narrativas de Mateo; ahora está, por primera vez, en boca de una persona que habla directamente con Jesús. El término "Cristo" es un título, la transliteración de la palabra griega *Christos*, que es una traducción de la hebrea traducida "ungido" (*mašiaḥ*). Esta aparece treinta y nueve veces en el Antiguo Testamento para aludir a reyes (p. ej., 2S 1:14, 16; *cf.* 1QSa 2:14, 20), sacerdotes (p. ej., Éx 28:41; *cf.* 1QS 9:11) y profetas (p. ej., Sal 105:15; *cf.* CD 2:12; 5:21-6:1).

En la idea judía, la palabra "ungido" llegó a vincularse con David como rey ungido de Israel, con la promesa de un "Ungido" que sería luz de la esperanza para la nación. Por medio del profeta Natán, Dios había prometido a David,

---

7. El Evangelio de Mateo es el único libro del Nuevo Testamento que menciona (tres veces) al profeta Jeremías; ver comentarios sobre 2:17 y 27:9.
8. Knowles, *Jeremiah in Matthew's Gospel*, 81-94.
9. Puesto que Jesús planteó esta cuestión al grupo de los discípulos (obsérvese que en 16:15 habla en plural), Pedro funciona al menos en parte como portavoz de los doce. Este es el tercero de cinco incidentes que solo consigna Mateo en los que Pedro ocupa un lugar destacado (14:28-31; 15:15; 16:17-19; 17:24- 27; 18:21).

a pesar de sus yerros, que su casa y su trono serían establecidos para siempre (2S 7:11b-16).[10] Esta promesa se convirtió en un elemento permanente de la esperanza de un futuro periodo de bendición para la nación (p. ej., Is 26-29, 40), inaugurado por un personaje que llevaría a cabo el mandato escatológico del linaje de David (*cf.* Sal 2:2; Dn 9:25-26). Hacia el siglo I, el término "Mesías" o "Cristo" aludía a un personaje de la realeza que, igual que David, triunfaría en los últimos días sobre los enemigos de Israel.[11]

Pedro declara además la identidad de Jesús como "el Hijo del Dios vivo", expresión que tiene una relevancia especial en la zona de Cesarea de Filipo con su historia de adoración al antiguo Baal, al dios Pan y al emperador romano. A diferencia de aquellas figuras grabadas en piedra de los mitos y supersticiones, Jesús es el Hijo del Dios viviente. Más importante todavía, esta expresión da testimonio de una relación que ha caracterizado a Jesús y a Dios a lo largo del Evangelio de Mateo. Jesús es el Hijo de Dios de un modo único: declarado como tal en su concepción (1:21-23), a su regreso de Egipto (2:15), en su bautismo (3:17), en sus tentaciones (4:2, 5) y durante algunos exorcismos (8:29). A lo largo de este Evangelio, Jesús reivindica constantemente una singular relación con su Padre celestial.[12]

Esto también señala hacia la profunda profecía sobre la línea de David: "Yo seré su padre, y él será mi hijo" (2S 7:14), que hablaba en primer término de Salomón, pero que aludía también a la futura línea mesiánica. El sucesor de la línea iba a ser Hijo de Dios, como revelan tanto el Antiguo Testamento como posteriores escritos judíos. Salmos 2, uno de los magnificentes salmos regios que alude a la consagración y coronación del Ungido del Señor, el rey de la descendencia davídica, declara: "Yo proclamaré el decreto del Señor: 'Tú eres mi hijo', me ha dicho; 'hoy mismo te he engendrado'" (Sal 2:7; *cf.* 89:27). En los Salmos de Salomón del siglo I A.C. se expresa una combinada esperanza de hijo y rey: "Mira, oh Señor, y levántales su rey, el hijo de David, en el momento que has previsto, oh Dios, para gobernar a Israel tu siervo" (*Salmos de Salomón* 17:21).[13]

---

10. Para un análisis general de las profecías de los libros de Samuel, ver Ronald F. Youngblood, "1, 2 Samuel", *EBC*, 3:879-96. Para un enfoque algo distinto, ver Philip E. Satterthwaite, "David in the Books of Samuel: A Messianic Hope?" en *The Lord's Anointed*, 41-65.
11. Ver, p. ej., Lawrence H. Schiffman, *The Eschatological Community of the Dead Sea Scrolls: A Study of the Rule of the Congregation* (SBLMS 38; Atlanta: Scholars Press, 1989).
12. Ver 7:21; 10:32-33; 11:25-27; 12:50; 15:13; 18:35; 20:23; 24:36; 25:34; 26:39, 42; 26:53; 28:19.
13. Para una perspectiva general, ver Marinus de Jonge, "Messiah", *ABD*, 4:777-88; quienes deseen considerar una evaluación de este concepto, así como una terminología explícita pueden ver Edward Meadors, "The 'Messianic' Implications of the Q Material", *JBL* 118 (1999): 253-77.

La confesión de Pedro no es el primer reconocimiento de Jesús como Mesías, pero sí el más completo hasta este momento.[14] El sentido correcto de Jesús como "Cristo" solo puede entenderse conjuntamente con la otra afirmación de Pedro en el sentido de que él es el "Hijo del Dios vivo". Él tiene una relación especial con Dios que le distingue de cualquier otra clase de figura mesiánica. Jesús es Mesías con un estatus único como Hijo de Dios (ver la confirmación de esto en 16:17).[15]

Pero Pedro confiesa más de lo que realmente entiende sobre la identidad de Jesús, y todavía no comprende plenamente su misión, puesto que muy pronto va a intentar disuadirle de su objetivo redentor (*cf.* 16:22). Pero su comprensión es sin duda creciente, como lo es también la del resto de los doce, que poco a poco van prestando atención a la divina revelación de la identidad y misión de Jesús por parte de Dios.

Pronunciamientos de Jesús sobre Pedro (16:17-20)

Tras la grandiosa confesión de Pedro sobre Jesús, él hace a su vez una grandiosa declaración sobre Pedro. Estos versículos guardan un evidente paralelismo que ayuda a entender las palabras de Jesús. Hay tres grupos paralelos de tres cláusulas (trísticos), en los que la primera línea de cada sección establece el tema o hace una declaración sobre Pedro, y la segunda y tercera (redactadas en paralelismo antitético) forman una explicación o consecuencia de cada primera línea.[16]

(1) Dichoso tú, Simón, hijo de Jonás,
porque eso no te lo reveló ningún mortal,
sino mi Padre que está en el cielo. (16:17)

(2) Yo te digo que tú eres Pedro,
y sobre esta piedra edificaré mi iglesia,
y las puertas del reino de la muerte no prevalecerán contra ella. (16:18)

(3) Te daré las llaves del reino de los cielos;
todo lo que ates en la tierra quedará atado en el cielo, y todo lo que desates en la tierra quedará desatado en el cielo (16:19)

(1) Pedro es el receptor de la bendita revelación (16:17). La primera afirmación de Jesús alude a la bendición que Pedro ha recibido. La palabra griega que se traduce "dichoso" (*makarios*) es la misma que la que encontramos en las Bienaventuranzas del SM (ver comentarios sobre 5:3). Como allí, no se trata de la *adjudicación* de una bendición, sino del *reconocimiento* de que Pedro ha sido bendecido de un modo personal por una revelación de Dios, el Padre de Jesús (*cf.* 5:3-11; 11:6; 13:16; 24:46). Pedro es dichoso por el privilegio de recibir

14. Ver la perspectiva del Evangelio de Juan en Jn 1:41; 3:28; 4:25- 26, 29.
15. Keener, *A Commentary on the Gospel of Matthew* (1999), 424-25, n. 72.
16. Ver Wilkins, *The Concept of Disciple in Matthew's Gospel*, 186-87.

revelación del Padre de Jesús.[17] Jesús contrasta lo que el pueblo ha percibido sobre él ("¿Quién dice la gente que es el Hijo del hombre?") con la idea que se han hecho sus discípulos por medio de su instrucción y de la revelación del Padre.

Aunque, al parecer, Pedro actúa como portavoz del grupo, la respuesta de Jesús se dirige directamente a él. Todos sus pronunciamientos sobre Pedro están en segunda persona del singular: Pedro es el receptor *personal* de la revelación del Padre, lo cual es una bendición para él, *personalmente*. No obstante, lo que Pedro confiesa aquí lo han confesado ya todos los discípulos (*cf.* 14:33),[18] y la expresión de bendición es similar a la que ya se atribuye a todos los discípulos, quienes han recibido una revelación de los misterios del reino de los cielos (*cf.* 13:11, 16).[19]

Es evidente que a Pedro se le distingue de los demás discípulos, aunque sigue dentro de su círculo, sin apartársele o ponérsele por encima del resto.[20] Ciertamente, como portavoz, el apóstol representa la perspectiva común del grupo y la bendición y revelación pueden también dirigirse indirectamente a él. Su confesión es una respuesta *para* los discípulos (16:15-16) y suscita una comisión *para* todos ellos (16:20). Puede que sea más exacto decir que Jesús distingue individualmente a Pedro por su acto de liderazgo al hacer la confesión, aunque su rol como líder procede de *dentro* del círculo de los discípulos. La declaración sobre el especial papel de Pedro no es óbice para que el resto de los discípulos participen también en roles parecidos (p. ej., 18:18-20).

Pedro es "Simón hijo de Jonás", lo cual rememora su nombre judío original (4:18; 10:2; *cf.* Jn 1:42, que da una alternativa aramea en el original: "hijo de Juan"). Pronunciando su nombre completo, es posible que Jesús esté subrayando la "humanidad" de Simón y de su padre natural en contraste con "el carácter sobrenatural" de la confesión inspirada y revelada por el divino Padre de Jesús.

(2) Pedro, la roca y la iglesia eterna (16:18). El segundo trístico comienza con "yo te digo", una expresión que transmite un tono de consecuencia derivada de la afirmación de Pedro en 16:16. Aquí, Jesús llama a Pedro por el nombre que le dio cuando le llamó en un principio y que en Juan 1:42 se translitera en arameo como *Cefas*. Como especifica Juan, el nombre de Pedro (*Petros*) es el equivalente griego de *Cefas*. La anterior afirmación de Jesús era profecía, ahora

17. *Cf.* P. Bonnard, *L'Evangile selon Saint Matthieu*, 2ª ed. (CNT; Neuchâtel: Delachaux et Niestlé, 1970), 244.
18. La mayoría de los comentaristas concuerdan en que el rasgo importante de la declaración cristológica tiene que ver con la confesión de Jesús como "Hijo de Dios", que es similar a las palabras de 14:33; *cf.* Jack Dean Kingsbury, "The Figure of Peter in Matthew's Gospel as a Theological Problem", *JBL* 98 (1979): 74 n. 25; ídem, *Matthew*, 78-83; Carson, "Matthew", 367; Gundry, *Matthew*, 330; Schweizer, *Matthew*, 340; Hill, *Matthew*, 260; Tasker, *Matthew*, 159.
19. M. D. Goulder, *Midrash and Lection in Matthew* (Londres: SPCK, 1974), 387.
20. Contra Beare, *Matthew*, 354; T. W. Manson, *The Sayings of Jesus*, 2ª ed. (Londres: SCM, 1999), 204.

es un hecho. Algunos entienden que esta es la ocasión en que se le imparte este nombre,[21] pero lo más probable es que se trate de una declaración suscitada por la confesión de Pedro que ya lleva este nombre.[22]

Este es uno de los versículos más debatidos, controvertidos e investigados de la Escritura,[23] y contiene tres rasgos significativos que deben interpretarse para poder entender claramente la intención de Jesús para con Pedro y la iglesia futura: la relación de Pedro con la expresión "esta piedra", la naturaleza de la "iglesia" y el significado de las "puertas del Hades" en relación con la iglesia.

(a) Pedro y la roca. El primer rasgo que hemos de considerar es un conocido juego de palabras en griego: "Tú eres Pedro [*Petros*], y sobre esta piedra [*petra*] edificaré mi iglesia". En arameo, el idioma que, casi con toda seguridad, usó Jesús en esta ocasión, las palabras "Pedro" y "piedra" habrían sido la misma (*cefa*). Al traducirla al griego, Mateo habría usado de manera natural el sustantivo femenino *petra* para "piedra" puesto que es el equivalente más común y más cercano de *cefa*.[24] Pero cuando hubo de expresar el juego de palabras en griego, Mateo se vio en la necesidad de utilizar el nombre masculino menos común (*petros*) en la primera mitad del juego de palabras, porque no podía referirse a Pedro con un nombre femenino.[25] No obstante, el uso de dos palabras griegas distintas no cambia el significado esencial del juego de palabras, puesto que en ocasiones *petros* y *petra* se utilizaban indistintamente.[26] En esencia, Jesús está diciendo: "Tú eres Piedra y sobre esta piedra edificaré mi iglesia".

Esto ayuda a interpretar el sentido del juego de palabras, que se ha entendido principalmente de tres formas. (i) Siguiendo la estrecha relación de estos términos tanto en arameo como en griego y la preeminencia sintáctica de la persona que hace la confesión, uno de los puntos de vista subraya que la intención más evidente del juego de palabras es aludir a Pedro. Pedro desempeñará un papel fundamental en el establecimiento de la iglesia de Jesús.[27]

---

21. P. ej., Schweizer (*Matthew*, 341) llama a esto la presentación del nombre por parte de Mateo.
22. *Cf.* W. Mundle, "πέτρα", *NIDNTT*, 3:383; Josef Blank, "The Person and Office of Peter in the New Testament", trad. ing. Erika Young, en *Truth and Certainty*, ed. Edward Schillebeeckx y Bas van Iersel (Concilium 83; Nueva York: Herder & Herder, 1973), 50.
23. Quienes deseen considerar un resumen de la historia de este debate pueden ver Oscar Cullmann, *Peter: Disciple-Apostle-Martyr. A Historical and Theological Essay*, 2ª ed. (Filadelfia: Westminster, 1962), 155-70; J. A. Burgess, *A History of the Exegesis of Matthew 16:17-19 from 1781 to 1965* (Ann Arbor: Edwards Brothers, 1976); y Raymond E. Brown, Karl P. Donfried, y John Reumann, eds., *Peter in the New Testament* (Minneapolis/Nueva York: Augsburg/Paulist, 1973).
24. Fitzmyer, "Aramaic *Kepha*, and Peter's Name in the New Testament", en *To Advance the Gospel,* 115.
25. Cullmann, *Peter*, 18-19; Mundle, "πέτρα", 3:383.
26. Colin Brown, "πέτρα", *NIDNTT*, 3:386.
27. Esta fue la interpretación de la mayoría de los padres de la iglesia, aunque pronto fueron muchos los que se opusieron a que se usara para el establecimiento de alguna forma

(ii) El segundo punto de vista rechaza cualquier noción de que la iglesia pueda construirse sobre un ser humano y basa su argumento en la distinción entre *Petros* y *petra*. El demostrativo "esta" aparta la atención de Pedro como persona y especifica un *aspecto* de él.[28] Desde este punto de vista, la roca sobre la que se construirá la iglesia es la verdad de la confesión de Pedro[29] o su fe[30] expresada en su confesión.

(iii) La última perspectiva afirma también que Jesús pretende contrastar *Petros* y *petra*, pero difiere al observar que otros pasajes del Nuevo Testamento aluden a Cristo como la "roca"[31] y el "fundamento"[32] y que Jesús alude *a sí mismo* como la roca sobre la cual se construirá la iglesia. Este punto de vista sostiene también que el demostrativo "esta" aparta la atención de Pedro y apunta a Jesús.[33]

Cada una de estas perspectivas tiene sus puntos fuertes, pero varias consideraciones combinadas apuntan al primer punto de vista, a saber, que Jesús pone a Pedro como antecedente de "esta roca" sobre la cual edificará su iglesia. (i) La declaración de Jesús se dirige a Pedro personalmente, tanto antes como después del juego de palabras, y es improbable que hubiera llevado a cabo un cambio de referencia sin alguna clara indicación. (ii) Es más natural que la conjunción copulativa "y" (*kai*) indique una *identificación* de ambas mitades del juego de palabras que un *contraste*: "Tú eres Pedro *y* sobre esta piedra [...]". El contraste es necesario si este dicho apunta a la confesión de Pedro o a Cristo. (iii) "Pedro" es el antecedente explícito más cercano de "roca" y, en general, el antecedente más cercano tiene preferencia sobre un antecedente implícito o más distante a no

---

de papado (p. ej., Ignacio, Justino, Orígenes, Tertuliano, Cipriano, Firmiliano; ver Cullmann, *Peter*, 159-62). Esta llegó a ser la posición de la Iglesia Católica y en nuestro tiempo la sostienen eruditos como Brown, Donfried y Reumann, *Peter*, 92-93 y otros que siguen su posicionamiento. No obstante, es la idea dominante de aquellos que tienen un trasfondo confesional más amplio, como Albright y Mann, *Matthew*, 647; Carson, "Matthew", 367-69; France, *Matthew*, 254-55; Morris, *Matthew*, 422-24; Stendahl, "Matthew", 787.

28. Al comienzo de la historia de la iglesia, este punto de vista lo sostenía Juan Crisóstomo y estaba atestiguado por Orígenes, Eusebio, Ambrosio y Teodoro de Mopsuestia (*cf.* Cullmann, *Peter*, 162; Brown, Donfried, y Reumann, *Peter*, 93). En días más recientes lo han propuesto Allen, *Matthew*, 176; Alan McNeile, *The Gospel According to St. Matthew* (Londres: Macmillan, 1915), 241; Mundle, "πέτρα", 384-85, y Chrys C. Caragounis, *Peter and the Rock* 58 (BZNW 58; Berlin: de Gruyter, 1990).
29. Caragounis, *Peter and the Rock*, esp. 88-119.
30. Esta es la idea que sostenía Lutero (citado en Cullmann, *Peter*, 162) y a comienzos de este siglo A. B. Bruce, "The Gospel According to Matthew", *The Expositor's Greek Testament*, vol. 1 (Grand Rapids: Eerdmans, reimpr. 1976), 224; *cf.* también Tasker, *Matthew*, 162.
31. P. ej., 21:42, aunque el término utilizado es *lithos*; 1Co 10:4, donde aparece *petra.*
32. P. ej., 1Co 3:11; 1P 2:4-8.
33. Este punto de vista lo sostenían ya Orígenes y Agustín (*cf.* Cullmann, *Peter*, 162; Brown, Donfried y Reumann, *Peter*, 93 n. 216). Esta era también la principal idea de Lutero, Calvino y muchos de los reformadores (*cf.* Cullmann, *Peter*, 162-63).

ser que algo en el contexto especifique otro referente. (iv) El substrato arameo identifica casi con toda seguridad a Pedro como antecedente (como también el carácter intercambiable de los términos *petros* y *petra*). Es más probable que en esta ocasión Jesús se hubiera expresado en arameo que en griego.[34]

Por ello, la lectura más natural del juego de palabras es que Jesús apunta a Pedro como alguien que desempeñará un papel fundamental en el establecimiento de su iglesia. Esta noción concuerda con el hecho de que Pedro ha sido portavoz y líder de los doce desde el principio. Jesús reconoce el liderazgo que Pedro está comenzando a asumir por este tiempo y promete prolongarlo durante el periodo fundacional de la iglesia.

Esta faceta se confirma en el registro histórico. Jesús se aparece a Pedro después de la resurrección (Lc 24:34) y le imparte un ánimo especial para que alimente a sus ovejas (Jn 21). Pedro ejerce una posición de liderazgo entre los discípulos antes de Pentecostés (Hch 1:15-26), el día de Pentecostés (2:14, 37-38) y después de Pentecostés (p. ej., 3:4, 6, 12; 4:8; 8:14-25; 10:9-11:18). Pedro tiene una función y posición singulares en la cimentación de la iglesia. Esto no significa que sea él quien construye la iglesia (Jesús dice: "yo edificaré mi iglesia"), pero sí desempeña un papel importante en los primeros días de su formación. Obsérvese que Pedro desaparece de la narración de Hechos una vez que el fundamento se ha establecido (desde Hechos 16 en adelante).[35]

Aunque posteriormente la Iglesia Católica llevó a un extremo el papel fundacional de Pedro invistiéndolo de una autoridad impropia y estableciendo una sucesión de dirigentes,[36] no deberíamos irnos al otro extremo y negar la lectura natural de este juego de palabras. Como observa D. A. Carson: "Si no fuera por las reacciones protestantes al extremismo de la interpretación católica romana, es dudoso que muchos hubieran entendido que el término 'piedra' aludiera a nada o a nadie que no fuera Pedro".[37]

(b) Pedro, Jesús y la iglesia. La segunda frase de este primer dicho a Pedro es una predicción sobre la nueva comunidad de Jesús, la iglesia. Mateo es el único evangelista que utiliza el término "iglesia" (*ekklesia*; *cf.* 18:18), que evoca a la "comunidad/congregación [*qahal*] del Señor" (Dt 23:3; *cf.* 5:22). En su selección de los doce discípulos/apóstoles para que lleven su mensaje de cumplimiento a Israel (Mt 10:1-6), Jesús apunta aquí a un momento futuro en que sus discípulos, su familia de la fe (12:48-50), serán llamados "mi iglesia". Esta será la comunión de discípulos que, a diferencia del Israel nacional, creerán en

34. Ver Carson, "Matthew", 367-69, para ver otros valiosos apoyos.
35. *Cf.* Oscar Cullmann, "πέτρος", *TDNT*, 6:108.
36. Algunos aluden a esto como un perfecto ejemplo de exégesis del texto bíblico absorbida por una eiségesis teológica; *cf.* Cullmann, *Peter*, 214 y ss.; Colin Brown, "The Teaching Office of the Church", *Churchman* 83 (1969), 187 y ss.
37. Carson, "Matthew", 368.

la identidad de Jesús como Mesías, el Hijo del Dios viviente (16:16), y dejarán atrás cualquier otra alianza cuando reciban misericordia y perdón de pecados y se demuestren asimismo estas cosas entre ellos mismos (ver comentarios sobre 18:15-35).

Aunque Jesús edificará su "iglesia", esto se producirá mediante la actividad fundamental de los apóstoles y los profetas (Ef 2:20). Pedro será el líder entre los apóstoles, pero una vez haya cumplido este papel, saldrá de la escena. Su posición no pasará a otros. Y se hará pronto evidente que, si no sigue abierto a la guía del Padre de Jesús, Pedro comprometerá su papel como dirigente (Mt 16:22-23).

Sin embargo, aunque Pedro parece ser el antecedente de "esta roca" la referencia no debe entenderse con un sentido excesivamente estrecho. "Pedro" denota más que solo la persona. El juego de palabras consiste en aludir a las características que hacen de Simón un "saliente rocoso". Obsérvese el demostrativo "esta". *Esta piedra* representa todo lo que es Pedro en aquel momento. Alude a él como el valiente confesor que da un paso al frente, como portavoz de los discípulos, como el dichoso receptor de revelación, como la primera persona que hace una confesión pública de Cristo y como aquel que lleva a los discípulos hacia adelante, a nuevas esferas de expresión de la fe. Sobre *este Pedro* Jesús edificará su iglesia. Si Simón funciona de esta manera, será la piedra fundacional, pero si no lo hace se convertirá en piedra de tropiezo (16:23).

Por otra parte, la declaración de Jesús no es la adjudicación de una singular supremacía individual. Aunque a Pedro se le da un especial reconocimiento de todo lo que es y ha de ser, nunca se le pone por encima o aparte de los discípulos. Esto se confirma también en la historia neotestamentaria de la iglesia. Pedro está casi siempre junto a otros discípulos. Al comienzo del libro de los Hechos, Pedro aparece como dirigente reconocido, pero en el Concilio de Jerusalén Jacobo comparte el liderazgo con él (*cf.* Hch 15:13-21). Después, Pedro desaparece de la narración y Pablo pasa a un primer plano por su continuación de la obra de la iglesia. Aunque Pedro es crucial por su papel en la fundación de la iglesia, él no es el único que forma parte de dicho fundamento (*cf.* Ef 2:19; Ap 21:14).

(c) Jesús y su iglesia eterna (16:18). Mirando el largo corredor de la historia e incluso el que le lleva a la cruz, Jesús imparte una promesa absoluta de que su iglesia perseverará hasta el fin de la era: "[Yo] edificaré mi iglesia, y las puertas del reino de la muerte [lit. Hades] no prevalecerán contra ella" (18:18). El Hades, o Seol, es el reino de los muertos, y la palabra "puertas", que alude a un elemento esencial de la seguridad y fortaleza de una ciudad, indica poder. Por tanto, en el Antiguo Testamento y la literatura judía posterior,[38] la expresión "puertas del Hades", que es básicamente lo mismo que decir "puertas de la muerte",[39] aludía

38. Is 38:10; *Sab. de Salomón*. 16:13; *3 Mac.* 5:51; *Salmos de Salomón* 16.2.

39. Job 38:17; Sal. 9:13; 107:18; *cf.* 1QH 6:24-26.

a la esfera y poder de la muerte. Jesús promete, pues, que la muerte no derrotará a la iglesia, su familia de la fe (*cf.* Mt 12:48-50).

Jesús dará en breve la primera de cuatro predicciones de su próxima muerte. Esto será difícil de manejar para sus discípulos, por lo que, en este versículo, Jesús no solo hace una enigmática alusión a su cercana muerte, sino también a su poder sobre ella. Aunque sus enemigos le matarán, la muerte no prevalecerá sobre él.[40] Obsérvese el primer sermón de Pedro el día de Pentecostés, cuando declaró que con la resurrección de Jesús se hizo realidad la esperanza profética de la conquista del Hades ("muerte" en la NVI. Hch 2:31). Y aunque la nueva comunidad tendrá que afrontar el martirio y la persecución, la iglesia no morirá nunca. La victoria de Jesús sobre la muerte es una prueba viva de que él seguirá edificando su iglesia contra todas las fuerzas de la muerte.[41]

(3) Pedro, las llaves y la acción de atar y desatar (16:19). La metáfora de la declaración anterior lleva de manera natural a una exposición sobre las "llaves" en este último pronunciamiento sobre Pedro. En todo este pasaje, los pronombres utilizados o implícitos están en segunda persona del singular.

(a) Las llaves del reino de los cielos. La metáfora de las "llaves" podría apuntar a un "poder genérico" impartido solo a Pedro,[42] o a su "autoridad" sobre la casa de Dios.[43] Pero la metáfora del edificio del dicho anterior prepara el camino para que Jesús declare el papel de Pedro en el asunto de abrir o cerrar las puertas del reino de los cielos.[44] Aunque este dicho imparte una declaración sobre la entrada al reino, el asunto de la autoridad no está demasiado lejos: a Pedro se le da la autoridad para admitir a quienes entran al reino de los cielos.

Pedro contrasta, pues, con los escribas y fariseos, que cerraban la entrada al reino (23:13).[45] La misión de Pedro ha de abrir el acceso al reino, y esta misión alude especialmente a su predicación del evangelio.[46] Pedro, el discípulo que hace la primera declaración personal de la identidad del Mesías, es quien, en el libro de los Hechos, abre la puerta del reino a los judíos en Pentecostés (Hch 2), a los samaritanos (Hch 8) y finalmente a los gentiles (Hch 10). Mateo tiene en mente sobre todo la imagen de la entrada, y por tanto "las llaves aluden al hecho

---

40. McNeile, *Matthew*, 242.
41. Quienes deseen considerar una aproximación histórica a este dicho, ver Jack P. Lewis, "'The Gates of Hell Shall Not Prevail Against It' (Matt 16:18): A Study of the History of Interpretation", *JETS* 38.3 (1995): 349-67.
42. Brown, Donfried, y Reumann, *Peter*, 96, 100-101.
43. Blank, "Peter", 51; Manson, *Sayings*, 205; Stendahl, "Matthew", 787.
44. Bonnard, *Matthieu*, p. 246; Kingsbury, "Peter", 76 n. 27.
45. *Cf.* un dicho parecido en Lc 11:52, donde Jesús acusa a los escribas y fariseos de adueñarse de "la llave del conocimiento". Ver Dietrich Müller, Colin Brown, "κλείς", *NIDNTT*, 2:732; Donald Guthrie, *New Testament Theology* (Downers Grove, Ill.: InterVarsity Press, 1981), 714.
46. Müller, Brown, "κλείς", 732.

de que, cronológicamente, Pedro, como representante de Jesús, fue el primero en anunciar el mensaje".[47] Obsérvese que, aunque los samaritanos habían "creído" por la predicación de Felipe (8:4-13), Pedro hubo de ir a este territorio para que este grupo recibiera el Espíritu Santo como confirmación a la iglesia primitiva de que Dios los había ahora incluido (8:14-17).[48] Una vez que ha hecho uso de las llaves para abrir la puerta del reino de Dios, Pedro abandona la escena. La puerta del reino permanece ahora abierta a lo largo de los tiempos y por ello las llaves no son ya necesarias.

(b) Atar y desatar. En la literatura rabínica, "atar y desatar" describe la autoridad de los rabinos en la enseñanza y la disciplina para declarar lo que está prohibido o permitido y de este modo imponer una obligación o eximir de ella mediante una decisión doctrinal.[49] Algunos sugieren, pues, que a Pedro se le da autoridad como "rabino supremo" que aplica interpretaciones vinculantes a la vida de la iglesia.[50] No obstante, puesto que la metáfora de las llaves sugiere que a Pedro se le otorga autoridad para abrir la puerta al reino de los cielos, la metáfora de atar y desatar sigue con este tema al indicar que Pedro es aquel a quien se le da autoridad para declarar los términos bajo los que Dios da entrada a su reino y excluye de él.

La autoridad de Pedro está directamente vinculada a su confesión. Mediante la revelación del Padre y la confesión personal de Jesús como Mesías, el Hijo del Dios viviente, Pedro recibe una bendición y se convierte en fundamento de la iglesia. Su confesión es una condensación del evangelio, y, por medio de esta predicación de Pedro y de otros que le siguen, se perdonan pecados y se abre la entrada al reino.

Dos pasajes que ayudan a clarificar el significado de este texto son Mateo 18:18 y Juan 20:22b-23. (i) El primer pasaje trata de perdón o retención de pecados dentro de la comunidad cristiana, e ilustra que los discípulos como colcctivo tienen la responsabilidad de declarar los términos bajo los que los pecados son perdonados o un hermano es excomulgado de la comunión de la iglesia local. Como afirmaciones paralelas, estos dichos de Jesús son la base para la entrada o exclusión del reino (16:19) y de la iglesia local (18:18).[51] Ambos dichos se relacionan con el perdón del pecado.

47. Guthrie, *Theology*, 714.
48. Müller, Brown, "κλείς", 732; Guthrie, *Theology*, 714.
49. Ver Friedrich Buchsel, "δέω (λύω)", *TDNT*, 2:60; quien cita Str.-B., 1:739, *b. Mo'ed Qat.* 16a; *b. Menaḥ* 34b.
50. P. ej., Stendahl, "Matthew", 787; Beare, *Matthew*, 355.
51. El dicho de 16:18-19 establece una distinción entre la "iglesia" (16:18) y el "reino de los cielos" (16:19); sin embargo, con la inclusión del dicho paralelo sobre atar y desatar en un pasaje sobre la disciplina en la iglesia (18:16-18), el requisito para entrar es el mismo para ambas cosas: el perdón de pecados.

(ii) Jn 20:22b-23 también tiene que ver con el perdón de pecados. La recepción del Espíritu Santo por parte de todos los discípulos les capacitará para declarar los términos bajo los que Dios ha perdonado o retenido pecados. El futuro perifrástico en Mateo 16:19 (lit., "habrá sido atado [...] habrá sido desatado") tiene el mismo sabor. La voz pasiva de estos verbos y la expresión "en el cielo" son circunloquios semíticos para describir la acción de Dios.[52] En otras palabras, lo que Pedro y los discípulos hacen en esta era, Dios ya lo ha decidido.[53] Pedro es un mero instrumento en manos de Dios, puesto que solo él puede conceder el perdón de pecados y la entrada en el reino. A Pedro se le da autoridad para declarar los términos bajo los que Dios perdona o retiene pecados.[54]

Esta tercera declaración aísla tanto el papel único de Pedro como su papel representativo. Solo Pedro recibe las llaves porque se hacen innecesarias cuando la puerta del reino queda abierta. Una vez que Pedro abre las puertas a judíos, samaritanos y gentiles, todos los discípulos seguirán proclamando el evangelio, porque todos ellos comparten la autoridad de "atar" y "desatar" (*cf.* 18:18; Jn 20:22b-23). Quienes reciben el evangelio son desatados de sus pecados para poder entrar por la puerta abierta del reino, mientras que quienes lo rechazan siguen atados en ellos, lo cual les impedirá entrar a él.

Jesús pide a sus discípulos que no lo identifiquen públicamente como el Cristo (16:20). Esta demanda de discreción sobre su identidad y misión es un rasgo característico del ministerio de Jesús (ver comentarios sobre 8:4; *cf.* 9:30; 12:16; 16:20; 17:9), que evitó cuidadosamente fomentar en las multitudes una idea errónea de su identidad mesiánica. Para el pueblo, el título "Cristo/Mesías" tenía connotaciones de liberación político-militar, y era muy fácil que pudieran pensar equivocadamente que Jesús había venido a comenzar la revolución. Aunque, con su confesión, Pedro ha dado a conocer la identidad de Jesús como Mesías/Cristo, esto no significa que este asunto no vaya a seguir siendo objeto de confusión entre las multitudes y sus discípulos, como el propio Pedro pondrá pronto de relieve. Por ello, Jesús advierte a sus discípulos de que no sigan diciendo a las multitudes que él es el Mesías. Ha de entenderse que el centro de su mensaje es la entrada al reino de los cielos, la cual se produce a medida que las personas son desatadas de sus pecados.

---

52. Brown, Donfried y Reumann (*Peter*, p. 96 n. 220) citan C. H. Dodd, *Historical Tradition in the Fourth Gospel* (Cambridge: Cambridge Univ. Press, 1963), 347-49. Obsérvese que también Juan utiliza pasiva divina en Juan 20:23.
53. Gundry, *Matthew*, 335; ver la excelente exposición en Carson, "Matthew", 370-74.
54. *Cf.* Bonnard, *Matthieu*, 246; Carson, "Matthew", 370-74; Cullmann, *Peter*, 205; Müller, Brown, "κλείς", 733; Nickelsburg, "Enoch, Levi and Peter", *JBL* 100 (1981): 594-95. Guthrie (*Theology*, 714) señala que, desde un punto de vista histórico, Pedro es el primero en proclamar una remisión (Hch 2:38) y una retención de pecados (5:3).

Jesús el Mesías predice su sufrimiento y resurrección (16:21-23)

Mateo observa la naturaleza transicional de esta escena que se produce en Cesarea de Filipo con la frase "Desde entonces" (16:21). Esta es la segunda vez que aparece esta expresión; la primera fue en 4:17, donde señalaba el comienzo de la misión de Jesús a Israel en Galilea. Aquí marca la conclusión de su misión en Galilea y el comienzo de su viaje a Jerusalén y la misión de la cruz. La revelación a Pedro de la verdadera identidad de Jesús por parte de su Padre celestial coincide ahora con la de Jesús a los discípulos sobre su verdadera misión. No se trata de una misión opcional. Los mismos líderes religiosos que habían venido de Jerusalén con el propósito de sorprenderle a él y a sus discípulos en una transgresión de la ley, estaban ahora reunidos y tramando una estrategia contra él. Jesús ha de "ir a Jerusalén" y hacer frente a su sufrimiento a manos de ellos.

Es evidente que la conciencia de la cruz no es una idea nueva para Jesús. No sabemos cuándo comenzó a comprender que este iba a ser el desenlace de su misión terrenal, como tampoco sabemos cuándo entendió su identidad mesiánica. Sabemos que cuando tenía doce años entendía, al menos de forma básica, su singularidad, cuando "la casa de mi Padre" tenía una relevancia especial en su identidad personal (Lc 2:49). Ahora pone de relieve que su misión terrenal implicará sufrimiento, y más.

El Mesías sufriente y resucitado (16:21). Esta es la primera de cuatro veces en que Jesús predice su arresto y crucifixión (16:21; 17:22-23; 20:17- 19; 26:2), sin embargo, aunque se esfuerza por hacer entender a sus discípulos la necesidad de esta misión, ellos malinterpretan constantemente su significado. Jesús no es un liberador revolucionario, sino un Mesías sufriente, algo que incluso a sus discípulos, no digamos a las multitudes, les va a ser muy difícil comprender. Al reivindicar la necesidad de sufrir la muerte a manos de los dirigentes religiosos de Jerusalén, Jesús comienza a revelar el destino y propósito final de su vida y ministerio. Nada debe detenerle de su misión. Aunque esto es, en cierto sentido, un martirio (el acto de escoger la muerte antes de renunciar a los propios principios religiosos), no lo es en el sentido tradicional de la palabra.[55] A lo largo de la historia del pueblo judío, otras personas habían experimentado el martirio, pero había sido una *consecuencia* de sus convicciones, mientras que para Jesús es el *propósito* de su entrada a la historia (*cf.* 20:28).

El que haya un único artículo (en el original griego) precediendo a los tres grupos responsables del sufrimiento de Jesús ("los ancianos, jefes de los sacerdotes y maestros de la ley") indica el liderazgo conjunto de Jerusalén. La palabra "ancianos" es un título genérico para aquellos que por edad, experiencia y carácter

55. Ver James D. Tabor, "Martyr, Martyrdom", *ABD*, 4:574-79; Arthur J. Droge y James D. Tabor, *A Noble Death: Suicide and Martyrdom Among Greeks and Romans, Jews and Christians in the Ancient World* (San Francisco: HarperSanFrancisco, 1992).

están en una posición de liderazgo dentro de grupos como los fariseos y los saduceos. Los "jefes de los sacerdotes" forman parte de la aristocracia gobernante, principalmente de Judea, durante los reinados de los asmoneos, Herodes y los gobernadores romanos. Estos procedían de cuatro destacadas familias de sumos sacerdotes que dominaban los asuntos judíos de Jerusalén en el tiempo de Jesús y hasta el año 70 A.D. Desarrollaban alternativamente los oficios de sumo sacerdote, jefe y tesorero del templo.[56] Los "maestros de la ley" o "escribas" eran intérpretes profesionales de la ley, relacionados especialmente con los fariseos en los Evangelios (ver comentarios sobre 8:19; *cf.* 12:38; 21:15).[57]

Pero en este texto Jesús no solo imparte la primera predicción de su inminente sufrimiento y muerte a manos de los dirigentes oficiales de Jerusalén, sino que pronuncia también la primera predicción de su resurrección: "y que era necesario [...] que al tercer día resucitara [lit. 'fuera resucitado']" (16:21). La voz pasiva de este versículo alude a la actividad del Padre protegiendo a su Hijo de "las puertas del Hades" (16:18). La anterior alusión de Jesús a estar en las entrañas de la tierra tres días y tres noches se relaciona ahora directamente con su muerte, sepultura y resurrección.[58] La expresión "al tercer día" es la forma típica de hacer referencia a un periodo formado por algunas porciones de días y noches (ver comentarios sobre 12:40). La resurrección de Jesús será el acontecimiento que transformará a sus discípulos en fundamento de la iglesia (ver comentarios sobre 28:1-20), aunque por ahora no puedan entender el significado de lo que Jesús predice.

Presunción de Pedro (16:22-23). Con audaz presunción, Pedro toma la iniciativa, probablemente como portavoz, una vez más, del resto de los estupefactos discípulos, para salvar a su Maestro de su anunciado desenlace. En el ámbito de las relaciones maestro-discípulo era impensable que un discípulo corrigiera a su maestro, y no digamos que le "reprendiera",[59] como hace Pedro en este pasaje. Al dirigirse a él como "Señor", Pedro no piensa en Jesús como su divino Dueño, sino que más bien procura, de nuevo, acomodarlo dentro de su idea humana; este título representa, pues, una mera fórmula de respeto. En su amonestación a Jesús, Pedro se hunde en nuevas profundidades de confusión y malinterpretación humanas. La construcción gramatical de este versículo (*ou me* más un verbo en futuro) es una de las negaciones más categóricas del idioma griego, e implica que el propio Pedro va a intervenir para impedir que su Maestro sufra y muera a manos de los dirigentes religiosos de Jerusalén.

56. Anás el sumo sacerdote, cuya hija se casó con Caifás, sumo sacerdote cuando Jesús fue arrestado y crucificado (26:3), era cabeza de una de esas poderosas familias sacerdotales.
57. Quienes deseen considerar una aproximación a estos grupos pueden ver Brown, *The Death of the Messiah*, 1425-29.
58. Bayer, *Jesus' Predictions of Vindication and Resurrection*, 182-88.
59. Wilkins, *Discipleship in the Ancient World*, 116-24.

Aunque esto puede parecer el reflejo de una apropiada preocupación, Jesús entiende la fuente de la amonestación de Pedro: "¡Aléjate de mí, Satanás! Quieres hacerme tropezar; no piensas en las cosas de Dios sino en las de los hombres". Al comienzo de su ministerio terrenal, Satanás intentó tentar a Jesús para apartarlo de la voluntad del Padre (ver comentarios sobre 4:1-11). Ahora se sirve de una estrategia distinta e intenta obstaculizar la misión de Jesús por medio de Pedro, uno de los discípulos de Jesús, el mismo que acaba de ser receptor de una revelación de Dios Padre (16:17). La palabra "tropiezo" alude a un obstáculo en medio del camino, pero se convierte en una metáfora que indica algo que lleva a una persona a pecar o a vacilar en su fe (*cf.* 13:41; 18:7; el cognado verbal aparece en 11:6).[60] Pedro tiene sus propias ideas sobre el camino del Mesías, pero debe conocer los planes de Dios. Solo hay dos elecciones: el camino de Dios o el de Satanás. Los caminos de Dios son a menudo muy distintos de los humanos.

Pedro pone aquí su mente en los caminos humanos, no en los de Dios. Es posible que fuera arrastrado por un sentimiento de su importancia por entender la identidad y misión de Jesús, lo cual le hizo vulnerable a la tentación de Satanás. Pedro piensa, sin duda, que está protegiendo a Jesús. Pero, como observa un comentarista: "Jesús reconoce aquí a su antiguo enemigo, que adopta una forma nueva y hasta más peligrosa. Porque no hay instrumentos de tentación más formidables que un bienintencionado amigo, que se preocupa más de nuestra comodidad que de nuestro carácter".[61] Jesús le mostrará ahora a Pedro que el camino de Dios, tanto para él como para todos los discípulos, es el de la cruz.

El coste del discipulado (16:24-28)

Jesús se dirige ahora a todos los discípulos para revelarles uno de los principios fundamentales del discipulado: los discípulos han de tomar su cruz y seguir a Jesús.

Tomando nuestra cruz (16:24). En el siglo I, la crucifixión era una de las formas más temidas de ejecución, que los romanos utilizaban eficazmente como elemento disuasorio contra las insurrecciones o agitaciones en las provincias imperiales. Era una atroz forma de ejecución. A los condenados se les forzaba muchas veces a llevar el travesaño al escenario de la crucifixión (ver comentarios sobre 27:26, 35). Allí se les clavaba a esta vigueta transversal, que a su vez se fijaba al poste vertical, para luego alzar toda la cruz en el lugar de su ubicación.

El horror de la cruz será el trágico desenlace de Jesús. Entre los judíos, la crucifixión se consideraba una muerte terrible y vergonzosa,[62] pero también se

60. En otras palabras, Pedro "la piedra de fundamento" llega a ser Pedro "la piedra de tropiezo".
61. A. B. Bruce, "The Gospel According to Matthew", 226.
62. E.g., 4Q Pesher de Nahum, frag. 3-4, col. 1.6-8 y Rollo del Templo (11QTemple) 64:7-13.

la relacionaba con víctimas inocentes o mártires condenados injustamente.[63] Jesús sigue esta última idea. Pero, en lo que para los discípulos debió de ser un chocante cambio de acento, Jesús se sirve de la cruz y la crucifixión como una imagen del discipulado.

Aunque en nuestra moderna sociedad esta imagen se entiende a menudo como el sufrimiento de una cierta dificultad personal o el cruel desenlace de la vida, en este contexto Jesús habla de la cruz en un sentido mucho más profundo: hemos de morir a nuestra voluntad y adoptar la voluntad de Dios (*cf.* 16:25-26).

El camino de sufrimiento de Jesús y su muerte en la cruz son el ejemplo concluyente de obediencia a la voluntad del Padre.[64] De hecho, la cruz simboliza el propósito fundamental de la vida de Jesús, puesto que, en Getsemaní, inmediatamente antes de su traición y crucifixión, clamará al Padre: "Pero no sea lo que yo quiero, sino lo que quieres tú" (26:39). Para Jesús y aquellos que le siguen, la cruz es una metáfora de la voluntad del Padre para la vida del discípulo. Comporta el aspecto negativo, "negarse a uno mismo" (la voluntad de la persona para su vida), y el positivo, "tomar su cruz" (aceptar la voluntad de Dios) y "seguir a Jesús" (ponerla en práctica).

El apóstol Pablo apunta a la cruz como el acontecimiento histórico en que la muerte de Jesús se vincula estrechamente con todos los elementos de la salvación y el desarrollo de la vida cristiana: la justificación (Ro 3:21-26), la reconciliación (Col 2:11-14) y la regeneración (Gá 2:19-20). Esto hace de la cruz no solo un horrible recordatorio de la muerte del Hijo de Dios, sino también un símbolo insustituible de la gracia y una imagen absoluta e impecable de la vida cristiana de discipulado.

Razones para tomar la cruz (16:25-28). Los versículos 25-27, que comienzan con la partícula "porque" (*gar*; la NVI no traduce este *gar* en el v. 26), presentan tres razones relacionadas entre sí para la necesidad de tomar la cruz del discipulado.[65] Las dos primeras razones, planteadas en paradójico paralelismo retórico, subrayan la urgencia de la preeminencia de la voluntad de Dios para la vida de la persona por la respuesta y permanencia de esta al llamado de Jesús a experimentar la vida en el reino de Dios. La palabra griega *psique* se traduce como "vida" en 16:25 y 16:26; el acento es el mismo en ambos versículos, porque esta palabra indica una existencia más allá de la supervivencia y el éxito físicos.

(1) *Salvar y perder la vida (16:25).* La persona que pretende seguir en su voluntad y rechazar lo que Dios desea para ella acabará perdiendo eternamente todo lo que está intentando proteger en esta vida. Paradójicamente, puede llegar

---

63. David W. Chapman, "Perceptions of Crucifixion Among Jews and Christians in the Ancient World" *TynBul* 51 (2000): 313-16.
64. "Cross", *DBI*, 184.
65. Hagner, *Matthew*, 1:27.

a verdaderos extremos para preservar la existencia física o intentar descubrir la esencia de su vida, pero, en última instancia, si no está en el centro de la voluntad de Dios, no hay nada sino muerte para su alma. Por otra parte, la persona que se desprende de sus deseos egocéntricos y acepta la voluntad de Dios para ella descubre la verdadera vida, es decir, salvación y justicia y la satisfacción que adquiere al experimentar la realidad de la vida en el reino de los cielos.

Perder la vida dejándola en manos de Jesús significa abandonar la propia voluntad, para seguirle solo a él en el descubrimiento de la voluntad de Dios como fuerza impulsora fundamental de la vida. Este concepto resuena en la posterior declaración de Pablo: "Por lo tanto, si alguno está en Cristo, es una nueva creación. ¡Lo viejo ha pasado, ha llegado ya lo nuevo!" (2Co 5:17). La nueva vida del reino de Dios solo se descubre entregándole a Jesús la antigua vida y encontrando la nueva en su seguimiento.

(2) *El valor de un alma del reino (16:26).* En última instancia, todas las riquezas, placeres y poderes físicos de este mundo no le harán a nadie ningún bien si "pierde" su existencia espiritual. El término "cambio" (*antallagma*), que en todo el Nuevo Testamento solo aparece aquí y en el pasaje paralelo de Marcos 8:37, aparece dos veces en Sirac, expresando algo que trasciende a cualquier valor comparativo: los amigos fieles y una esposa amorosa (*Eclo.* 6:15; 26:13-14). Este término subraya aquí el valor incomparable de descubrir la verdadera restauración de la vida y la salvación para el alma dentro del llamamiento de Jesús al reino de los cielos. Llegamos a esta vida con las manos vacías y nos vamos de la misma manera. La adquisición de todo lo que ofrece este mundo no puede compararse con las benditas riquezas de la verdadera vida que encontramos obedeciendo la voluntad de Dios en el llamado de Jesús al reino de Dios. Al final de esta vida, a todos se nos medirá por la salud de nuestra alma, no por nuestro patrimonio. El apóstol Pablo entendía claramente el valor comparativo de su antigua vida en el sistema religioso de Israel frente a la vida que había encontrado siendo discípulo de Jesús:

> Sin embargo, todo aquello que para mí era ganancia, ahora lo considero pérdida por causa de Cristo. Es más, todo lo considero pérdida por razón del incomparable valor de conocer a Cristo Jesús, mi Señor. Por él lo he perdido todo, y lo tengo por estiércol, a fin de ganar a Cristo y encontrarme unido a él. No quiero mi propia justicia que procede de la ley, sino la que se obtiene mediante la fe en Cristo, la justicia que procede de Dios, basada en la fe. (Fil 3:7-9)

(3) *La recompensa de ganar vida del reino para el alma (16:27-28).* En el discipulado es urgentemente necesario tomar la cruz, porque la venida del Hijo del hombre traerá un abrupto cómputo sobre la búsqueda de la voluntad de Dios en respuesta al llamamiento de Jesús a la vida del reino por parte de cada persona (16:27). Sea al final de nuestra vida o en el inesperado momento del

regreso del Hijo del hombre en gloria, todos tendremos que dar cuenta de nuestras decisiones.

Aunque el Hijo del hombre va a morir (16:21), también volverá en gloria, una alusión a la profecía de Daniel 7:13-14 (ver otros comentarios de Jesús en Mt 19:28; 24:30-31; 25:31). La idea de que coincidieran la muerte de Jesús y su venida en gloria confundió al menos a algunos de sus primeros discípulos (*cf.* 20:17-22), y también suscita debates sobre el sentido de las palabras de Jesús entre los intérpretes modernos. Tras la expresión "el Hijo del hombre ha de venir" está el verbo *mello* (lit., "estar próximo a"), que es ambiguo. Este puede utilizarse para indicar que se va a hacer algo en el futuro inmediato. Se utiliza, por ejemplo, en las predicciones de la próxima crucifixión de Jesús (17:12, 22; 20:22; *cf.* también su uso en 2:13 para aludir a la inminente búsqueda de Jesús por parte de Herodes). Pero este verbo también se refiere al indeterminado tiempo de juicio que Juan el Bautista describió como "el castigo que se acerca" (3:7); Este verbo hace también referencia al "mundo venidero" (12:32) y a las guerras y rumores de guerras de las cuales los discípulos oirán a lo largo de toda esta era y hasta el fin (24:6).

¿Qué, pues, quiere decir Jesús cuando afirma que el Hijo del hombre "ha de venir" en su gloria? Como principio general, la llegada del Hijo del hombre en gloria con sus ángeles significará juicio para aquellos que no han tomado la cruz y recompensa para quienes sí lo han hecho. Este es un principio que se extiende a lo largo de las eras a todos aquellos que han escuchado la invitación del evangelio.

Pero, después, Jesús hace una aplicación específica a los doce que están allí con él: "Les aseguro que algunos de los aquí presentes no sufrirán la muerte sin antes haber visto al Hijo del hombre llegar en su reino". Generalmente, la expresión "les aseguro" introduce una importante declaración. Aquí indica una clarificación final de la recompensa que recibirán aquellos que hayan seguido la forma de discipulado de Jesús adoptando la voluntad de Dios tal y como se simboliza en la cruz. La expresión "sufrirán [lit. 'gustarán'] la muerte" es un modismo que significa "morir". Algunos de los doce que están con Jesús en Cesarea de Filipo verán la venida del Hijo del hombre en su reino antes de morir.

El marco temporal de juicio y recompensa se estrecha, pues, a un acontecimiento que se producirá en el futuro inmediato para los doce, pero esta interpretación es también objeto de debate. ¿Está Jesús aludiendo a su transfiguración, que tendrá lugar en el futuro inmediato (17:1-8),[66] a su resurrección,[67] a la venida del Espíritu en el día de Pentecostés, a la propagación del reino en la

66. Blomberg, *Matthew*, 261.
67. Davies y Allison, *Matthew* 2:679.

predicación de la iglesia primitiva,[68] a la destrucción del templo y la ciudad de Jerusalén en el año 70 A.D.,[69] o a la *parousia*, con la segunda venida y el juicio y establecimiento final del reino?[70]

Sin otros indicios en el pasaje, el contexto inmediato sugiere que el acontecimiento que Jesús tiene en mente para señalizar su venida como Hijo del hombre en su reino es la transfiguración, que se producirá de manera inmediata (ver también, Mr 9:2-10; Lc 9:28-36). La frase "algunos de los aquí presentes no sufrirán la muerte" como referencia a tres discípulos que darán testimonio de la transfiguración dentro de solo seis días, puede parecernos extraña.[71] Pero cabe recordar que Jesús sigue demandando una respuesta urgente para la misión de su reino que ahora se dirige a la cruz. Aun entre sus seguidores más cercanos, Pedro ha intentado detenerle bajo la influencia de Satanás (16:23), y Judas, poseído por él le traicionará pronto (26:21-25, 47-50; *cf.* Jn 13:27). El tiempo se acaba para que quienes le siguen en su ministerio público respondan a su invitación de entrar al reino de Dios. En el discipulado, la decisión de tomar la cruz no es algo que pueda aplazarse, puesto que la propia muerte o la venida del Hijo del hombre conllevarán una rendición de cuentas y un juicio.

En otras palabras, Jesús está diciendo a los doce que deben sopesar con cuidado si, verdaderamente, han tomado o no su cruz, porque el juicio llegará antes de lo que piensan. Aunque crean que tienen mucho tiempo para considerar las opciones, el juicio se producirá pronto, como descubre Judas. Pedro, que acaba de experimentar los altibajos de su compromiso con llevar la cruz de la obediencia del reino, conectará más adelante la transfiguración con la venida de Jesús en poder, algo que puede haberle afectado como su propia toma de contacto con el juicio.[72] En su segunda carta (1:16-18) Pedro escribe:

> Cuando les dimos a conocer la venida de nuestro Señor Jesucristo en todo su poder, no estábamos siguiendo sutiles cuentos supersticiosos sino dando testimonio de su grandeza, que vimos con nuestros propios ojos. Él recibió honor y gloria de parte de Dios el Padre, cuando desde la majestuosa gloria se le dirigió aquella voz

68. France, *Matthew*, 261; Carson, "Matthew", 382; estos combinan en cierto modo esto con una alusión a la resurrección.
69. Hagner, *Matthew*, 2:487.
70. Quienes sostienen este punto de vista sugieren, una de dos, o que la profecía se equivoca sobre la venida de Jesús durante la vida de quienes están con Jesús o que se trata de una redacción de Mateo; *cf.* Davies y Allison, *Matthew* 2:679-81.
71. P. ej., Carson, "Matthew", 380; Hagner, *Matthew*, 2:486.
72. El posterior comentario de Pedro trae coherencia entre la predicción de Jesús en Mateo y la de Marcos, quien consigna que Jesús dijo que "algunos de los aquí presentes no sufrirán la muerte sin antes haber visto el reino de Dios *llegar con poder*" (Mr 9:1). la transfiguración de Jesús es una demostración del establecimiento del reino de Dios con todo su poder y autoridad, lo cual demanda una inmediata obediencia a su llamamiento sobre sus vidas (*cf.* France, *Mark*, 344-46).

> que dijo: 'Este es mi Hijo amado; estoy muy complacido con él'. Nosotros mismos oímos esa voz que vino del cielo cuando estábamos con él en el monte santo.

En este contexto, el dicho de Jesús apunta a la urgencia de que sus discípulos tomen su cruz. Como verán, Jesús será transfigurado en gloria del reino dentro de unos días. No deben retrasarse en tomar su cruz y adoptar la voluntad de Dios para sus vidas, puesto que, en cierto sentido, cada día trae consigo la posibilidad de inminente recompensa o de juicio.

Construyendo Puentes

El Evangelio de Mateo, como los otros Evangelios, es un relato sobre la venida de Jesús el Mesías y su anuncio del reino de Dios. Los demás personajes y asuntos van entrando y saliendo del escenario y ocupan nuestra atención. Cuando llegamos al capítulo 16, vemos el foco fijo en Jesús. Mateo apela a sus lectores a considerar a Jesús y su misión en sus propios términos.

La identidad de Jesús. A lo largo del capítulo 16, se llama constantemente a los lectores de Mateo a mirar a Jesús desde la perspectiva de Dios, no desde una óptica humana. Los líderes religiosos quieren señales de la identidad mesiánica de Jesús en sus propios términos, no en los de él, lo cual lleva a una declaración de juicio que se sellará con la resurrección de Jesús. Como grupo, los discípulos de Jesús podrán discernir las malas intenciones de los líderes religiosos solo cuando presten atención a la revelación de la identidad de Jesús que presenta el Padre. La opinión humana sobre la identidad de Jesús no es adecuada, porque solo entiende parcialmente las esperanzas proféticas del Antiguo Testamento. Incluso la confesión de Pedro, inspirada como está por una revelación de Dios, está sujeta a ciertas limitaciones cuando la influencia satánica le tienta a acomodarlo todo dentro de su comprensión humana. Aquellos que quieran entender a Jesús con más claridad deben ser dirigidos por la revelación de Dios Padre, en consonancia con la propia enseñanza de Jesús sobre su identidad y misión.

Mateo conoce por propia experiencia el peligro de basarse solo en una comprensión humana. Durante su tiempo con Jesús observó a Judas, que estaba al corriente de todo lo que se revelaba sobre la identidad y misión de Jesús. Pero al final Judas se negó a aceptar esta revelación y tomó su camino traicionando a Jesús por ambición (26:14-16). Mateo observó también a Pedro, confesando la identidad de Jesús y luego, casi inmediatamente, intentando disuadirle de cumplir la voluntad de Dios de que fuera a la cruz (16:22-23). Más adelante, Mateo observará también a Pedro negando incluso conocer a Jesús (26:69-75), una segura señal de que sigue actuando con su lógica humana.

Mateo nos permite ver que la lógica humana, aunque sea solo parcial, es en última instancia catastrófica. Él llama a sus lectores a aceptar la identidad y misión de Jesús en los términos de Dios, no en los suyos. La confesión de Pedro sobre Jesús como el Cristo/Mesías e Hijo del Dios vivo es sin duda el credo esencial de Mateo y su iglesia,[73] pero es mucho más de lo que los humanos pueden comprender por sí mismos. Como Mesías, Jesús es más de lo que incluso Pedro entiende en esta ocasión, y más que el libertador que esperan muchos de entre las oprimidas multitudes de Israel. Jesús es el Mesías que librará a su pueblo de sus pecados. Su ruta a Jerusalén no será un recorrido de conquista política y militar, sino de sufrimiento, muerte y resurrección (16:21). A través de su ministerio de milagros, Jesús ha estado revelando su papel como predicho Siervo Sufriente (*cf.* 8:17), pero ahora revela explícitamente que este es el propósito del Padre para su vida.

Por tanto, para descubrir la identidad y misión de Jesús, los lectores de Mateo, también los modernos, deben resistirse a descifrar estas cosas según su propia comprensión, y entregar su mente y corazón a la revelación de Dios. Solo así encontraremos la verdadera vida que procede, paradójicamente, de la cruz de Jesús, y de la que hemos de tomar todos los que queremos seguirle (16:24-27).

La iglesia de Jesús y el reino de los cielos. Con la percepción de la identidad y misión de Jesús revelada por Dios surge una clarificación de los propósitos divinos a lo largo de la historia. El anuncio del reino por parte de Jesús pone de relieve los propósitos de Dios de un modo que muchas personas no comprenden plenamente. Las declaraciones de Jesús a Pedro sobre su papel en la fundación de la iglesia y la entrada al reino revelan algunos importantes indicadores de los propósitos de Dios en esta era.

(1) Una marca de los propósitos de Dios en esta era es la relación de Jesús con Israel. Jesús vino como un judío al pueblo judío con la oferta del reino de Dios. Pero, en términos generales, Israel rechazó a Jesús y su mensaje sobre el reino. No obstante, un grupo considerable dentro de Israel respondió con fe. Hacerse discípulo de Jesús era adquirir un compromiso con él, lo cual significaba que un nuevo miembro podía entrar al reino de Dios en la persona de Jesús.

El reino, pues, ha entrado en la historia en la persona de Jesús y sus bendiciones se evidencian en la vida de sus discípulos.[74] Aunque algunos proponen que, como receptores de la salvación mesiánica, los discípulos sustituyen a Israel,[75] varios pasajes nos llevan a concluir que Israel tendrá todavía un papel en el futuro. Más adelante veremos que, en este tiempo, la nación de Israel no tiene

73. Ver Gerhardsson, "The Christology of Matthew", en *Who Do You Say That I Am?* 20.
74. *Cf.* Ladd, *Theology of the New Testament*, 104-106.
75. Ladd representa este punto de vista: "Los discípulos de Jesús son los receptores de la salvación mesiánica, el pueblo del reino, el verdadero Israel" (*Theology of the New Testament*, 106).

ya el papel de llevar adelante los propósitos de Dios por medio de su reino, y que los discípulos de Jesús disfrutan las bendiciones del reino y tienen el papel de llevar adelante el mensaje del evangelio (21:43). Pero Israel sigue reservado como futuro receptor de las promesas escatológicas del reino de Jesús (Mt 10:23; 23:37-39; *cf.* Ro 11:25-32; 15:7-13; Ap 7:1-8).[76] Aunque los doce representan el cumplimiento parcial de las promesas hechas a Israel, no lo sustituyen ni encarnan.

(2) Por otra parte, la yuxtaposición de dichos sobre la iglesia (16:18) y el reino de los cielos (16:19) nos aclara más los propósitos de Dios durante el periodo presente. Como hemos observado antes en el ministerio de Jesús, aunque el reino ha sido ya inaugurado, su pleno establecimiento aguarda una futura venida del Rey en gloria. Por tanto, este pasaje nos ayuda a entender cuatro ideas sobre la relación entre el reino y la iglesia. (a) El reino de Dios no es sinónimo de la iglesia. El reino es la presencia del rey que ha venido a inaugurar el cumplimiento del plan redentor de Dios en la historia estableciendo las bendiciones del nuevo pacto impartidas por el Espíritu. Lo que nos permite entrar en él es la confesión y perdón de pecados otorgada por Dios.

(b) La llegada del reino con su cumplimiento histórico-salvífico del plan redentor de Dios crea la iglesia. Jesús desafió a hombres y mujeres a que respondieran a él y entraran en el reino (5:20), lo cual les introducía a una nueva comunión de discípulos en Jesús (12:46-50). La comunidad que creó y que construirá a lo largo de esta era es la iglesia, que está formada por personas que han respondido a su invitación y han entrado en el reino en el nombre del rey, y que ahora disfrutan las bendiciones del nuevo pacto. Aquellos que en esta era responden a esta invitación y reciben la obra regeneradora y santificadora del Espíritu en sus vidas son los que forman el cuerpo de Cristo, la iglesia.

(c) La iglesia tiene como misión fundamental proclamar la realidad de la presencia del reino de Dios. En esta era de maldad, la iglesia debe evidenciar la vida y comunión de la realidad del reino de Dios como testimonio del pleno establecimiento del reino en poder en la era venidera. Este testimonio es especialmente evidente en la humildad que los discípulos demuestran cuando sirven a los demás en lugar de a sí mismos (20:20-28), y en el perdón que evidencian quienes han sido perdonados al perdonar a otros (18:23-35).

(d) La iglesia es guardiana e instrumento del reino. La declaración de Jesús a Pedro en el sentido de que le daría las llaves del reino de los cielos indica que Pedro es aquel que presenta el mensaje que permite la entrada al reino. Pedro utilizó las llaves para abrir las puertas del reino a todos los pueblos (16:18), en una serie de actos únicos en la historia. No obstante, todos los discípulos siguen el mismo principio cuando llevan a cabo la Gran Comisión (28:18-20), declarando

76. P. ej., Scott Hafemann, "Eschatology and Ethics: The Future of Israel and the Nations in Romans 15:1-13", *TynBul* 51 (2000): 161-92.

los términos bajo los que Dios perdona el pecado y permite la entrada al reino (*cf.* 18:15-20; Jn 20:22-23). Durante este periodo, la iglesia es el instrumento por el que se da a conocer la presencia del reino mediante la obra del Espíritu.[77] Y, con la resurrección de Jesús, el poder de la muerte es quebrantado, una segura promesa de que las puertas del Hades no prevalecerán contra la iglesia (Mt 16:18).

(3) La selección de doce discípulos/apóstoles muestra tanto continuidad como discontinuidad con Israel. La iglesia, ya no Israel, es la principal testigo y guardiana del mensaje del evangelio en este periodo. Sin embargo, esto no niega a Israel su futuro papel como testigo (p. ej., Ap 7:1-8), ni sustituye la promesa de ser receptores del mensaje del evangelio como nación (Mt 10:23; 23:37-39; Ro 11:25-33; 15:7-13). En cierto momento del futuro, el Israel arrepentido[78] desempeñará de nuevo un papel fundamental; pero, en esta era, la iglesia como cuerpo de Cristo es la manifestación visible de la realidad de la vida del reino.

El papel de Pedro. Este es sin lugar a dudas el pasaje más importante de Mateo con respecto al papel de Pedro. La declaración de Jesús revela al menos seis importantes cuestiones.[79]

(1) Pedro recibe personalmente la revelación del Padre, lo cual le hace bendito. Al actuar como portavoz de los doce en su confesión, Pedro procede como líder, y Jesús le designa para que tenga un papel de liderazgo personal en la fundación de la iglesia y en el uso de las llaves del reino.

(2) Pedro actúa como portavoz de los discípulos. Al declarar la identidad de Jesús, la confesión de Pedro representa la confesión de todos los discípulos. Por tanto, al recibir bendición y honor, Pedro representa la bendición y la honra que reciben todos los discípulos.

(3) Pedro actúa al menos de dos formas importantes en los primeros días de la iglesia. Por una parte, la guía como declarante. Su revelación del Padre y su audacia al pronunciar su confesión llevan a todos los discípulos a una comprensión más clara de la identidad y misión de Jesús. Esto desempeña un papel fundamental y establece una trayectoria en la constante confesión de la iglesia y su futuro crecimiento. Por otra parte, Pedro conduce a la joven iglesia a aceptar a todos los pueblos como receptores de las bendiciones del reino de Dios. Su presencia en tres ocasiones cruciales (Hch 2, 8, 10) significó que Dios había otorgado su Espíritu a todos los pueblos: judíos, samaritanos y gentiles. Como encargado de las llaves del reino de los cielos, Pedro indica que Dios ha abierto a todos los pueblos la puerta de la bendición histórico-salvífica.

77. *Cf.* Ladd, *Theology of the New Testament*, 106-14.
78. P. ej., Zac 12:10-14.
79. Para una extensa exposición de este asunto, ver Wilkins, *The Concept of Disciple in Matthew's Gospel,* 208-16.

(4) Pedro goza de un especial reconocimiento por todo lo que dice y hace entre los discípulos, pero nunca se dice que esté por encima de ellos. El suyo es un liderazgo desde dentro; es un *primus inter pares* ("primero entre iguales"). Es cierto que Pedro desempeñará un papel fundacional en la iglesia, pero los otros apóstoles también lo tendrán (Ef 2:20). Aunque solo Pedro recibe las llaves del reino, comparte con los demás discípulos la función de atar y desatar pecados para exclusión o entrada al reino una vez que las puertas se han abierto (Mt 18:18; Jn 20:23).

(5) Por la naturaleza personal de este pasaje, todo lo que se dirige a Pedro se limita al periodo de su vida. Es, pues, apropiado que demos debida consideración a este bendito apóstol como a alguien utilizado de un modo especial en la apertura de las puertas del reino de Dios y en el establecimiento de la iglesia. Pero Jesús no indica en ninguna parte que Pedro vaya a desempeñar un papel perpetuo por medio de sus sucesores.

(6) Puesto que Pedro representa a todos los discípulos y en Mateo estos constituyen un ejemplo para todos los creyentes,[80] Pedro sirve, entonces, de ejemplo personal para todos los creyentes. Su confesión es un modelo para todos los creyentes. Su valor al dar un paso adelante ejemplifica un audaz posicionamiento ante las diversas opiniones sobre Jesús. Su proceder como portavoz tipifica la audacia. Pedro es también un ejemplo de cómo se entra al reino, a saber, por medio de la confesión y el perdón de pecados. Por otra parte, con su singular papel como dirigente entre los doce, Pedro representa un ejemplo para todos los dirigentes de la iglesia. Pero, como hemos visto, Pedro es también un ejemplo negativo, como cuando, dejándose llevar por su lógica, intenta impedir que Jesús tome el camino a la cruz.

Significado Contemporáneo

Consistencia. Mi esposa y yo hemos criado a nuestras hijas en una hermosa localidad costera del sur de California donde todavía vivimos. El pueblo está ubicado entre las dos metrópolis de Los Ángeles y San Diego. Dos calles más abajo de nuestra casa se encuentra uno de mis lugares preferidos para la práctica del surf. El oleaje que llega a la playa se topa con un arrecife sumergido a unos cien metros de la costa, haciendo que se formen y rompan olas en aguas profundas. Las olas adoptan la forma de una gran A con una punta central a partir de la cual es posible deslizarse hacia la derecha o hacia la izquierda. Arrancando con una de estas olas, el surfista puede ir remontándola de frente y girando durante todo su recorrido de entrada, hasta

80. Este aspecto del discipulado es fundamental para los propósitos teológicos de Mateo y un marco fundamental de todo el ministerio terrenal de Jesús; *cf.* Wilkins, *Following the Master*, 174-93.

que en el rompiente de la playa la ola cambia de forma y permite cabalgarla en un hermoso cilindro.

Sin embargo, aunque estas olas son realmente buenas, durante todo el año pasado solo he ido dos o tres veces a esta playa. Esto puede sorprender. Si este lugar es tan bueno, ¿por qué no voy con más frecuencia? ¿Es que no tengo tiempo libre? No, de hecho, intento surfear en otros lugares al menos una vez a la semana. ¿Es peligroso? No, las aguas son suficientemente profundas y el peligro de chocar con el arrecife es muy bajo. ¿Hay demasiada gente? No, casi nunca hay nadie surfeando en este lugar. ¿Hay, acaso, tiburones? No, tampoco es eso.

¿Por qué, entonces, no voy con más frecuencia? Respondo con una palabra: *consistencia*. En un buen día, cuando todas las circunstancias son las adecuadas (olas de buen tamaño, una corriente de buena intensidad y demás condiciones apropiadas), es un lugar fantástico. Pero en los días malos, no hay ni una sola ola. Este rompiente no tiene, pues, fama de ser un gran lugar para el surf, porque las circunstancias determinan las olas. Y la adecuada convergencia de circunstancias solo se produce, como mucho, una o dos veces al año.

Puede que te preguntes adónde quiero ir a parar con esto, pero lo entenderemos fácilmente si consideramos a los personajes de este capítulo. Uno de los elementos clave para Pedro y el resto de discípulos es aprender *consistencia* en su discipulado con Jesús. Esto significa especialmente no permitir que las circunstancias determinen su fidelidad.

Toda la vida de los discípulos subraya la gracia extraordinaria y el tierno poder restaurador que ofrece Jesús. Ninguno de nosotros ha fracasado tantas veces que Dios no pueda usarlo en sus victoriosos propósitos. Pero hemos de aprender a seguir mirando a Jesús de manera consistente en lugar de sentirnos perturbados por circunstancias que no hemos experimentado hasta ahora. Esta es una importante clave para un discipulado consistente. Podemos depender de su presencia en nuestra vida sean cuales sean las circunstancias. Él estará ahí para ayudarnos a tomar las mejores decisiones, para darnos valor ante la tentación o la oposición, o para consolarnos en situaciones adversas. Este es un elemento vital de una vida semejante a Cristo en este mundo.

El apóstol Pedro se destaca a lo largo de la historia como un significativo ejemplo de este principio. Su potencial personal como próspero pescador en la principal industria galilea era notorio. Era socio de un negocio floreciente y propietario de una casa en una zona muy pobre. Era un judío comprometido con aceptar la creciente revelación y establecimiento del programa histórico salvífico de Dios en la historia. Pedro mostró un gran valor, sensibilidad espiritual, apertura hacia la revelación de Dios y una disposición a dejarse utilizar en el establecimiento de los propósitos de Dios en este mundo. Pero fue también influenciado por el temor personal, la opinión pública, las tendencias políticas y el legalismo religioso.

Para nosotros es fácil juzgar a Pedro. Sin embargo, haciendo un ejercicio de honestidad, he de decir que veo en mí esta misma tendencia a ser influenciado por el cambio de mis circunstancias. He de valorar profundamente la firme y valiente posición que adoptó Pedro y el importante papel que desempeñó en el desarrollo de la historia de la salvación. Pero he de aprender también de sus fallos. Una vez más, la clave es la consistencia. Si queremos formar parte significativa en el desarrollo del plan de Dios, hemos de entregarnos consistentemente a su guía en nuestras vidas.

La grandeza del papel de Pedro en la iglesia primitiva no fue fruto de sus capacidades o talentos personales. Lo que determinó el gran papel de Pedro en la historia de la iglesia se reduce, en última instancia, al desarrollo de consistencia en su compromiso con Jesús en todas las esferas de su vida. Independientemente de las circunstancias, Pedro se entregó sistemáticamente a los caminos, obra y voluntad de Dios, no a los suyos. Por ello Pedro se convierte en un importante ejemplo de cómo pueden nuestras vidas contar para Dios en su llamamiento —en el trabajo, familia, iglesia y barrio— cuando desarrollamos consistencia en nuestro compromiso con Jesús como Señor.

Por ello, Mateo 16 nos muestra al menos tres áreas en las que hemos de desarrollar consistencia en nuestro andar diario con Jesús, al margen de nuestras circunstancias: en nuestra percepción y receptividad espiritual, en nuestra motivación de conocer a Jesús en sus términos, no en los nuestros, y en nuestra disposición a vivir con la cruz.

(1) *Consistencia en la percepción y receptividad espiritual.* La capacidad perceptiva de nuestros corazones es distinta de la de nuestro intelecto o mente. Es posible ser personas muy agudas intelectualmente por lo que respecta al mundo material, pero ciegos a las realidades que deberían guiar nuestro desarrollo espiritual. A menudo, el problema fundamental es de receptividad espiritual. Un corazón abierto a las indicaciones espirituales oirá la voz de Dios, mientras que si está endurecido no podrá oírle ni verle.[81] Mateo establece un constante contraste entre una forma mala y otra buena de receptividad a Jesús. Los líderes religiosos le rechazan y su ceguera espiritual se mantiene con su deseo de que les muestre una "señal", mientras que los discípulos de Jesús están aprendiendo a abrirse a él. Jesús niega cualquier señal a los líderes religiosos porque sabe que ninguna los convencerá. Pero una indicación de discipulado fiel es la receptividad a la revelación del Padre sobre la identidad de Jesús, aunque los discípulos vacilen.

También para nosotros, estar abiertos a Dios como discípulos suyos se relaciona con la percepción espiritual. Jesús sigue buscando discípulos obedientes con corazones lo suficientemente sensibles para escuchar a Dios y responder a su dirección. Como escribe Dallas Willard: "Escuchar a Dios —como realidad confiable y diaria para personas con sentido común— es para quienes están

81. Hagner, *Matthew*, 2:456.

dedicados a la gloria de Dios y al avance de su reino. Es para aquel discípulo de Jesucristo que no tiene preferencia más elevada que ser como él".[82]

La voz de Dios se oye primeramente en la Palabra de Dios, pero también en la sabiduría del consejo piadoso, en la ordenación diaria de nuestro camino, y en su providencial cuidado de nuestra vida diaria. Willard sigue hablando de quienes dicen sistemáticamente que no escuchan la voz de Dios y no son, por tanto, obedientes a él: "Quizá no oímos la voz porque no esperamos escucharla. Y, por otra parte, quizá no lo esperamos porque sabemos que nuestra intención es vivir nuestra vida a nuestra manera y nunca hemos considerado en serio ninguna otra cosa".[83] Un discipulado obediente significa ser receptivos a la voz de Dios.

Un asunto específico de este pasaje ilustra que la sensibilidad a la enseñanza de Jesús y la confianza en él abren la puerta al crecimiento espiritual. La falta de confianza demasiado centrada en cuestiones triviales nos impide comprender o incluso escuchar el mensaje de Jesús. Esta cuestión se pone de relieve en lo que puede parecernos una insignificante digresión narrativa: "Cruzaron el lago, pero a los discípulos se les había olvidado llevar pan" (16:5). Esta pequeña anotación indica algo más profundo, porque inmediatamente se produce un intrigante diálogo entre Jesús y los discípulos. Ellos se hacen un lío con su olvido de provisiones para el viaje y lo que escuchan en la enseñanza de Jesús sobre la levadura de los fariseos y saduceos. Esta distracción sobre su incompetencia les impide escuchar la verdadera enseñanza de Jesús. Solo acaban entendiendo el sentido de sus palabras porque Jesús investiga la raíz de la confusión y les explica lo que realmente quiere decir. No han aprendido a confiar apropiadamente que Jesús suplirá sus necesidades.

Los discípulos deberían tener esta cuestión asumida. Puesto que acababan de presenciar la alimentación de los cinco mil y los cuatro mil (14:15-21; 15:32- 38), deberían haber entendido que Jesús cuidaría de sus necesidades materiales, aunque su olvido les ocasionara problemas. Y deberían haber recordado la anterior enseñanza de Jesús en el Sermón del Monte, donde les enseñó a orar: "Danos hoy nuestro pan cotidiano" (6:11), y les amonestó a no preocuparse por lo que comerían, beberían o vestirían (6:31). Cuando los discípulos de Jesús buscan primero el reino, su Padre les provee lo que necesitan (6:32-33).

Este es un ejemplo tangible de lo que significa buscar primero el reino de Dios, poniéndonos en una posición en la que podemos aprender de Jesús sobre realidades espirituales y recibir después lo que él desea darnos. Todos estamos llamados a hacerlo. Los discípulos suben a la barca, de modo que están en una proximidad física para aprender. Pero el estado de su corazón espiritual no les permite recibir sus enseñanzas. El olvido de su responsabilidad de comprar pan

82. Dallas Willard, *Hearing God: Developing a Conversational Relationship with God* (Downers Grove, Ill.: InterVarsity Press, 1999), 70.

83. *Ibíd.*, 71.

les trastorna y no pueden afinar sus "oídos espirituales" para oír realmente el mensaje de Jesús. Por otra parte, el olvido del providencial cuidado de Jesús en el pasado les lleva a pasar por alto su provisión en el presente.

Este es un importante equilibrio. En un lado está nuestra responsabilidad. Una apropiada atención a nuestras responsabilidades diarias —ganar un sueldo, pasar tiempo con nuestros hijos, hacer los deberes, ocuparse del vecino anciano— reduce nuestras distracciones emocionales que nos impiden escuchar la voz de Dios. A veces podemos estar tan angustiados por nuestros fallos que dejamos a Dios fuera. Recordemos que, cuando caemos, el diablo quiere desalentarnos y hacernos pensar que Dios ya no se preocupa por nosotros.

En el otro lado del equilibrio está el cuidado providencial de Dios. Aunque pensemos que hemos encontrado un buen trabajo por nuestro brillante currículo académico, que hemos podido pagar los estudios superiores de nuestros hijos por nuestra impecable y cuidadosa administración doméstica, o que por nuestra diligencia hemos sido promocionados en nuestro trabajo y que esto nos ha permitido hacer una generosa ofrenda a la iglesia, es Dios quien provee todo lo que tenemos. La diferencia entre nosotros y los paganos es que nosotros conocemos y experimentamos la mano de Dios en cada esfera de nuestra vida. Pero ver su mano requiere una atenta sensibilidad espiritual. Cada vez que vemos su mano en nuestra vida se fortalece nuestra confianza y dependencia para el futuro.

Entre ambas verdades se genera un saludable equilibrio diario, momento a momento. Una de las experiencias más maravillosas de nuestra vida familiar ha sido aprender, a menudo con grandes dificultades, a vivir este equilibrio. Durante la mayor parte de nuestra vida matrimonial, mi esposa y yo, y más adelante también nuestros hijos, hemos vivido mes a mes. Nos hemos ceñido cuidadosamente a nuestro presupuesto y no hemos contraído deudas. Pero en varias situaciones cruciales Dios nos ha llamado a hacer determinados sacrificios. Para una persona con tendencia a tenerlo todo controlado como yo, era muy difícil no saber con seguridad cómo afrontaríamos los gastos aquel mes. Pero cada vez que nos ha pedido un sacrificio, él mismo ha provisto después de manera milagrosa para nuestras necesidades: ir al seminario, participar en una obra pionera, comenzar un programa de doctorado y renunciar a importantes ingresos para enseñar en una universidad y seminario cristianos.

En cada una de estas situaciones, seguimos ciñéndonos a nuestro presupuesto y nunca incurrimos en deudas, pero cuando oímos la voz de Dios llamándonos a un tiempo de servicio sacrificado, sabíamos que no nos llamaría a nada para lo que él no fuera a suplir nuestras necesidades. Cuando empezaba el mes, miraba el presupuesto y, literalmente, gemía, suspiraba y me tiraba de los pelos. Habíamos sido muy estrictos con los gastos en comida y ropa para nuestras hijas, pero, aun así, el mes que teníamos por delante parecía sombrío. Sin embargo, durante el mes en cuestión me salía algún trabajo inesperado y extraño. O los vecinos de enfrente nos traían un montón de alimentos de la reunión familiar que había tenido que suspenderse. O los padres de mi esposa nos decían que les había llegado un dinero extra inesperado y querían dárnoslo. Yo soy una persona muy orgullosa y a menudo me resistía a recibir estas ayudas; me sentía como si fueran insinuaciones sobre mi ineptitud. Pero mi esposa, que a menudo está mucho más en sintonía espiritual con la gracia y bondad de Dios, me hacía ver que era Dios quien estaba proveyéndonos. Cada vez que experimentábamos su cuidado providencial, estábamos mejor preparados para confiar en él en la siguiente etapa de necesidad.

Esto refuerza la importancia de acercarnos a lugares donde podamos aprender, como una iglesia local o un estudio bíblico individual o colectivo. Pero la mera proximidad no garantiza una adecuada recepción. Nuestra receptividad a la guía y enseñanza de Dios debe equilibrar una apropiada responsabilidad personal con la adecuada dependencia de la provisión de Dios.

(2) *Consistencia en conocer a Jesús en sus propios términos, no en los nuestros*. Como ya hemos visto cíclicamente a lo largo del Evangelio de Mateo, la consistencia era una urgente necesidad para el desarrollo de Pedro. Él tenía sus propias ideas sobre cuál había de ser el camino del Mesías, pero necesitaba conocer los planes Dios. Los caminos de Dios son con frecuencia distintos de los nuestros. Pedro entendía parcialmente el carácter mesiánico de Jesús, pero cuando llegó a un aspecto del programa que no entendía (i.e., que Jesús debía ir a la cruz), intentó ajustarlo para que encajara dentro de su manera de entenderlo. Entonces, Jesús se refirió a él literalmente como “piedra de tropiezo”. Una inquietante declaración que muestra que, sin una persistente sensibilidad a la voluntad de Dios, Pedro, “la piedra de fundamento”, se convierte en Pedro, “la piedra de tropiezo”. Pedro ha puesto su mente en los intereses humanos, no en los de Dios (*cf.* 16:21-23).

A menudo describimos a este apóstol como una persona con “altibajos” en su desarrollo espiritual, que hemos expresado gráficamente en la página 31 de la Introducción. En este pasaje, Pedro va de lo más alto a lo más bajo. Dudo que haya algún cristiano que no se haya estremecido al pensar en las potenciales consecuencias para Pedro, pero también para todos nosotros como seguidores de Jesús, y especialmente para los dirigentes cristianos. Hemos de aferrarnos a la restauradora gracia de Dios, porque en el siguiente capítulo Pedro será llamado, junto a los demás miembros del círculo íntimo, a presenciar la transfiguración de Jesús (17:1). Pedro continuará con sus altibajos hasta su desdichada negación de Jesús. Con la venida del Espíritu, el día de Pentecostés podemos ver un impresionante derramamiento de poder en su vida, aunque Pedro seguirá experimentando ciertos cambios y dificultades en su desarrollo espiritual.

La principal lección que extraigo de las experiencias de Pedro es que no debo forzar a Jesús para que quepa en mi entendimiento, sino permitir que sea su presencia en mi vida la que me transforme a su imagen. Esto significa que tanto en mi vida personal como en mi ministerio como dirigente cristiano he de conocer el potencial que Dios me ha dado y centrarme después en maximizar todo aquello a lo que él nos ha llamado. Es probable que Pedro se dejara llevar por su importancia como "piedra fundamental" y se extralimitara en sus responsabilidades. En ocasiones, su pasión vital rayaba en la arrogancia. En el siglo I, ningún discípulo serio de un rabino se habría atrevido a reprender a su maestro. No obstante, Pedro, que acaba de declarar la superioridad de Jesús sobre cualquier rabino, intenta enmendarle la plana. Las palabras de Pedro responden a una tentación inducida satánicamente para determinar el destino de Jesús.

La arrogancia, el engreimiento y la autosuficiencia son falsificaciones de la confianza. Confianza es simplemente reconocer lo que Dios nos ha pedido que hagamos y que podemos hacerlo en su fuerza. Comportarnos de manera apropiada como discípulos de Jesús es entender que no podemos hacer nada de valor eterno si no conocemos claramente su voluntad y experimentamos profundamente su capacitación. Todos podemos mostrar una consistencia pétrea en nuestra vida si sabemos que somos personas creadas, dotadas y llamadas por Dios (¡simplemente!), y si nos consagramos para maximizar todo lo que Dios quiere hacer por medio de nosotros como sus instrumentos singularmente dotados. Hacer esto es estar motivado a conocer a Jesús en sus propios términos, no en los nuestros, y tomarnos su llamamiento con enorme seriedad (aunque sin darse demasiada importancia a uno mismo durante el proceso).

(3) *Consistencia en vivir con la cruz como invitación e instrucción.* La metáfora de la cruz ilustra otra forma de aprender consistencia en nuestra vida como discípulos de Jesús. No es solo el cruel instrumento de la muerte de Jesús y símbolo del propósito de su encarnación, sino emblema también de nuestro seguimiento. La consistencia de nuestro discipulado conlleva una constante disposición a vivir con la cruz, porque tomarla para seguir a Jesús representa tanto el inicio de la vida cristiana como el modelo continuo del discipulado.

Esto queda claro cuando comparamos este texto con el pasaje paralelo del Evangelio de Marcos (8:34). Este texto nos dice que, además de dirigir este dicho a los discípulos, Jesús llama a las multitudes y les dirige también las mismas palabras. Esto está en consonancia con un patrón habitual de los Evangelios. Cuando Jesús se dirige a las multitudes, las *invita* a entrar al reino de Dios para encontrar salvación en el discipulado: evangelización. Cuando se dirige a los discípulos, los *instruye* en el desarrollo de la vida de discipulado: edificación (ver comentarios sobre 5:1-2). Por tanto, este dicho no solo caracteriza el modo en que entramos a la vida cristiana de discipulado, sino también la forma en que se desarrolla nuestra devoción a Jesús.

Esta incesante clase de negación, incorporación de la cruz a nuestra vida y seguimiento a Jesús no es solo para determinados periodos solitarios de aislamiento de la vida habitual, por útiles que algunos puedan encontrar estos periodos. Jesús muestra cómo hemos de conducirnos en las cotidianas rutinas de la vida. Hemos de aprender a vivir de manera consistente con la cruz. Negarnos a nosotros mismos y tomar la cruz apunta al primordial principio de adoptar la voluntad de Dios para la propia vida por encima de la nuestra. Con esto se inicia nuestro discipulado cuando descubrimos la graciosa salvación de Dios mediante el sacrificio de Jesús que renuncia a su voluntad para llevar a cabo nuestra redención en la cruz.

Pero también debería caracterizar nuestro discipulado la negación de nuestra propia voluntad para nuestra vida en favor de la de Dios. ¿Vamos analizando de manera habitual, día tras día, momento a momento, lo que queremos en vista de lo que quiere Dios para nosotros? Cuanto más avanzamos en esta clase de intercambio, más transformados serán nuestros corazones para amar como ama Jesús (Jn 13:34-35; 15:12) y más lo será nuestra mente para pensar como él (Ro 12:1-2; Fil 2:5). Entonces experimentaremos la clase de vida en que nuestras acciones diarias le reflejan (2Co 3:16), y la clase de oraciones en que podemos pedir cualquier cosa en el nombre de Jesús y obtener respuesta (Jn 15:7).[84]

Cabe observar también que, al dirigir esta enseñanza a los discípulos, Jesús los llama a evaluarse incluso después de haber asumido un compromiso. Probablemente, Jesús dirige estas palabras, al menos en parte, a Judas, quien no se ha negado verdaderamente a sí mismo ni ha tomado su cruz para seguirle. Es un falso discípulo que no se ha entregado verdaderamente a Jesús; sigue siendo su propio dueño, con el eterno y oscuro destino de juicio que ello trae consigo. No deberíamos insistir en un autoexamen tan intenso que afecte a la confianza que hemos de tener cuando creemos en Jesús como verdadero Hijo de Dios para vida eterna (*cf.* 1Jn 5:13-15). Sin embargo, aquellos que verdaderamente se han negado a sí mismos y han tomado la cruz sobresaldrán en este mundo siguiendo a Jesús y viviendo los valores de su reino en vidas transformadas.

84. Mateo deja entrever esto en la construcción de este dicho. Pasa del imperativo aoristo "niéguese a sí mismo" y "tome su cruz" al imperativo presente "sígame", que sugiere la constante vida de seguimiento (*cf.* Turner, *Syntax*, 76).

Mateo 17:1-27

Seis días después, Jesús tomó consigo a Pedro, a Jacobo
y a Juan, el hermano de Jacobo, y los llevó aparte, a una
montaña alta. [2] Allí se transfiguró en presencia de ellos; su
rostro resplandeció como el sol, y su ropa se volvió blanca como
la luz. [3] En esto, se les aparecieron Moisés y Elías conversando con
Jesús. [4] Pedro le dijo a Jesús:

—Señor, ¡qué bien que estemos aquí! Si quieres, levantaré tres albergues: uno para ti, otro para Moisés y otro para Elías.

[5] Mientras estaba aún hablando, apareció una nube luminosa que los envolvió, de la cual salió una voz que dijo: «Este es mi Hijo amado; estoy muy complacido con él. ¡Escúchenlo!»

[6] Al oír esto, los discípulos se postraron sobre su rostro,
aterrorizados. [7] Pero Jesús se acercó a ellos y los tocó.

—Levántense —les dijo—. No tengan miedo.

[8] Cuando alzaron la vista, no vieron a nadie más que a Jesús.

[9] Mientras bajaban de la montaña, Jesús les encargó:

—No le cuenten a nadie lo que han visto hasta que el Hijo del hombre resucite.

[10] Entonces los discípulos le preguntaron a Jesús:

—¿Por qué dicen los maestros de la ley que Elías tiene que venir primero?

[11] —Sin duda Elías viene, y restaurará todas las cosas —respondió
Jesús—. [12] Pero les digo que Elías ya vino, y no lo reconocieron
sino que hicieron con él todo lo que quisieron. De la misma manera
va a sufrir el Hijo del hombre a manos de ellos.

[13] Entonces entendieron los discípulos que les estaba hablando de Juan el Bautista.

[14] Cuando llegaron a la multitud, un hombre se acercó a Jesús y se arrodilló delante de él.

[15] —Señor, ten compasión de mi hijo. Le dan ataques y sufre
terriblemente. Muchas veces cae en el fuego o en el agua. [16] Se lo
traje a tus discípulos, pero no pudieron sanarlo.

[17] —¡Ah, generación incrédula y perversa! —respondió Jesús—. ¿Hasta cuándo tendré que estar con ustedes? ¿Hasta cuándo tendré que soportarlos? Tráiganme acá al muchacho.

[18] Jesús reprendió al demonio, el cual salió del muchacho, y este quedó sano desde aquel momento.

19 Después los discípulos se acercaron a Jesús y, en privado, le
preguntaron:
—¿Por qué nosotros no pudimos expulsarlo?
20 —Porque ustedes tienen tan poca fe —les respondió—. Les
aseguro que si tienen fe tan pequeña como un grano de mostaza,
podrán decirle a esta montaña: "Trasládate de aquí para allá", y se
trasladará. Para ustedes nada será imposible.
22 Estando reunidos en Galilea, Jesús les dijo: «El Hijo del hombre
va a ser entregado en manos de los hombres. 23 Lo matarán, pero
al tercer día resucitará.» Y los discípulos se entristecieron mucho.
24 Cuando Jesús y sus discípulos llegaron a Capernaúm, los
que cobraban el impuesto del templo se acercaron a Pedro y le
preguntaron:
—¿Su maestro no paga el impuesto del templo?
25 —Sí, lo paga —respondió Pedro.
Al entrar Pedro en la casa, se adelantó Jesús a preguntarle:
—¿Tú qué opinas, Simón? Los reyes de la tierra, ¿a quiénes cobran
tributos e impuestos: a los suyos o a los demás?
26 —A los demás —contestó Pedro.
—Entonces los suyos están exentos —le dijo Jesús—. 27 Pero, para
no escandalizar a esta gente, vete al lago y echa el anzuelo. Saca
el primer pez que pique; ábrele la boca y encontrarás una moneda.
Tómala y dásela a ellos por mi impuesto y por el tuyo.

Sentido Original

Después de aceptar la confesión de Pedro sobre su identidad como Mesías e Hijo del Dios vivo, y tras la primera predicción de su sufrimiento y resurrección, Jesús dirige su ministerio terrenal hacia la preparación final de sus discípulos para los inminentes acontecimientos de la semana de la pasión. En el capítulo 17, Jesús revela su divina gloria en la transfiguración (17:1-8), y Mateo nos muestra (1) que el ministerio de Juan el Bautista cumple, pero no completamente, la profetizada venida del profeta Elías (17:9-13), (2) que la incredulidad y la creencia superficial pueden frustrar la voluntad de Dios (17:14-22), (3) que la inminente muerte de Jesús se producirá por medio de una traición (17:22-23) y (4) que las reglas de las instituciones religiosas no se aplican a él ni a sus discípulos (17:24-27).

La transfiguración de Jesús (17:1-8)

Una montaña alta (17:1). Siete días después de los cruciales acontecimientos de la confesión de Pedro y la primera predicción de su sufrimiento y muerte por parte de Jesús, se produce el suceso más impresionante incluso de la transfiguración. Al parecer, Jesús permanece una semana con los discípulos, posiblemente los doce y algunos otros (*cf.* 16:13), en las inmediaciones de Cesarea de Filipo.[1] Jesús toma consigo a Pedro, Jacobo y Juan, su círculo más íntimo, y los lleva a "una montaña alta", Lucas nos dice que con el propósito de orar (Lc 9:28). Sin embargo, es también posible que Jesús lleve a estos futuros líderes de la iglesia para que adquieran más experiencia en sus futuros papeles de liderazgo.

No se identifica el monte en cuestión. Una buena parte de la tradición de la iglesia se ha pronunciado a favor del monte Tabor. Este se encuentra a escasos diez kilómetros de Nazaret y a unos veinte del mar de Galilea, pero en nuestro tiempo pocos sostienen que se trate del enclave, principalmente porque hoy sabemos que, en el tiempo de Jesús, este monte estaba ocupado por una guarnición romana. Por otra parte, puesto que Mateo parece implicar que la montaña en cuestión está fuera de Galilea (*cf.* 17:22), la mayoría de los eruditos están a favor del monte Hermón. Jesús y los discípulos han estado en la región de Cesarea de Filipo, y este monte se encuentra muy cerca de la zona. Es la cima más majestuosa de la región, y se eleva casi 2.900 metros sobre el nivel del mar. El pico principal está coronado de nieve durante buena parte del año y flanqueado por otras dos cimas de menor altitud. Si esta es la ubicación, Jesús y los discípulos no habrían, posiblemente, ascendido hasta la cima, sino que se habrían dirigido a algún rincón apartado.

La principal dificultad de identificar el monte Hermón con la escena de la transfiguración es que, cuando Jesús y los demás descienden del monte, se encuentran a una multitud de personas, entre las cuales hay un grupo de "maestros de la ley" (Mr 9:14) y un hombre que busca a Jesús para que sane a su hijo. Esta es una escena improbable en una región pagana. Sin embargo, aunque es objeto de debate, el monte Hermón sigue siendo la ubicación más probable.[2]

Jesús se transfigura (17:2). La urgente petición anterior a los discípulos de que tomen su cruz en vista de la próxima venida de Jesús en gloria (*cf.* 16:24-28) se entiende ahora rápidamente, por cuanto tres de ellos reciben una inequívoca revelación de la identidad de Jesús. No debe haber indecisión o dilación en seguir a Jesús con todo el corazón y el alma, porque a quienes han presenciado su gloria se les pide un compromiso incondicional con Jesús el Mesías.

Los Evangelios sinópticos indican que, mientras está en el monte con Pedro, Jacobo y Juan, Jesús se "transfigura" (Mr 9:2-10; Lc 9:28-36). Mateo utiliza la voz pasiva del verbo *metamorphoo*, indicando que Dios es quien efectúa esta transformación. Pablo utiliza este mismo verbo para referirse a la transformación

---

1. Otra posibilidad es que la referencia "después de seis días" (17:1) aluda al tiempo que tardaron en desplazarse al lugar en que Jesús se transfiguró.
2. Para más exposición ver Wilkins, "Matthew", 106 ("The 'High Mountain' of Jesus' Transfiguration").

espiritual que se opera en los creyentes como consecuencia de la regeneración (Ro 12:2; 2Co 3:18). Pero aquí Jesús experimenta una transformación física, visible para los discípulos. Es un recordatorio de la divina gloria del Jesús preencarnado (Jn 1:14, 18; 17:5; Fil 2:6-7) y un avance de su próxima exaltación (2P 1:16-18; Ap 1:16). Esta gloria designa la presencia real, porque en su persona el reino de Dios está con su pueblo. El círculo interior de discípulos es testigo de esta profunda revelación de la identidad y misión de Jesús.

Aparecen Moisés y Elías (17:3). Durante esta transfiguración, aparecen Moisés y Elías: dos de los personajes más importantes del Antiguo Testamento. Su presencia representa la Ley y los Profetas como testigos de Jesús el Mesías, quien cumple el Antiguo Testamento (*cf.* 5:17). Moisés es el elegido por Dios para impartir la ley y Elías es quien conecta la primera profecía carismática de los días de Samuel con los posteriores profetas que escribieron. A Moisés se le considera también el profeta ejemplar (Dt 18:18) y a Elías el precursor del Mesías (Mal 4:5-6; *cf.* Mt 3:1-3; 11:7-10).

Tanto Moisés como Elías tuvieron visiones de la gloria de Dios en un monte: Moisés en el Sinaí (Éx 24:15) y Elías en Horeb (1R 19:8-16). Tanto el uno como el otro tuvieron un final singular: Elías fue llevado directamente al cielo (2R 2:11-12), y sobre Moisés, cuya tumba nunca fue encontrada (Dt 34:6), la tradición rabínica afirma lo mismo (*cf. Asc. Mos.; b. Soṭah* 13b). A ambos se les menciona juntos en Malaquías 4:4-6, donde el profeta habla de la entrega de la ley por medio de Moisés, siervo de Dios, y del envío del profeta Elías antes del futuro día del Señor. La aparición de estos personajes en el monte con Jesús indica su grandeza, que los trasciende como aquel que será declarado Hijo de Dios.

Respuesta de Pedro (17:4). Pedro "responde",[3] lo cual indica que, una vez más, da un paso al frente como líder y portavoz de los demás intentando dar una respuesta a estas espectaculares apariciones. Este es el cuarto de cinco incidentes en que Mateo subraya el destacado papel de Pedro (14:28-31; 15:15; 16:17-19; 17:24-27; 18:21). Cada uno de estos incidentes pone de relieve una energía de carácter que Pedro utilizará para su papel de liderazgo, pero subraya también que es un líder imperfecto en proceso de crecimiento.

Es difícil entender el comentario y sugerencia del apóstol: "Señor, ¡qué bien que estemos aquí! Si quieres, levantaré tres albergues: uno para ti, otro para Moisés y otro para Elías". Es posible que quiera indicar el privilegio que supone para los tres discípulos ser testigos de aquel acontecimiento, aunque la expresión "¡qué bien...!" parece más bien débil. Otra opción es que Pedro esté planteando una pregunta: "¿Es bueno que estemos aquí?", expresando el temor que pueden estar

3. Lit., "Y, respondiendo, Pedro dijo"; esta expresión es una característica estilística de Mateo en su narración (p. ej., 3:15; 4:4; 8:8; 11:4; 16:16, 17); la NVI no refleja que se trata de una "respuesta".

experimentando en este aterrador acontecimiento.[4] La idea de construir tres "albergues" puede ser una alusión al tabernáculo veterotestamentario, puesto que la palabra "tienda" es la misma que se utiliza en la Septuaginta para referirse al tabernáculo (Éx 25:9). Pero es también la palabra que se utiliza para describir las chozas construidas para la fiesta veterotestamentaria de los tabernáculos (Lv 23:42).

Quizá la mejor explicación de la sugerencia de Pedro es que, en su intento de explicar la sobrecogedora transfiguración de Jesús y la aparición de estos grandes personajes, desea levantar alguna forma de monumento conmemorativo adecuado a la magnitud del acontecimiento. Como indica, no obstante, el versículo siguiente, Pedro no entiende la verdadera dimensión de Jesús, puesto que no es simplemente otro personaje veterotestamentario como Moisés y Elías. Jesús es superior en todos los sentidos, y su transfiguración confirma la inauguración escatológica del reino de Dios.

La declaración del Padre (17:5). La gloriosa escena continúa con la interrupción de Pedro en su débil intento de comprender la situación. Apareció "una nube luminosa", que evoca la forma en que Dios se apareció en diversas ocasiones en el Antiguo Testamento. La nube de la presencia de Dios se le apareció a Moisés en Sinaí (Éx 34:5-7, 29-35), su Shekiná llenó el tabernáculo (40:34-35), la nube de la presencia de Dios dirigida a los israelitas durante su deambular por el desierto (13:21-22; 40:36-38), y la nube de la gloria del Señor llenó el templo de Salomón (1R 8:10-13). Isaías mira hacia delante al día en que el Vástago del Señor traerá la restauración de Jerusalén, cuando la nube de la gloria del Señor cubrirá Sión (Is 4:1-6). En la literatura judía, esta nube de la gloria del Señor se reconocía como el tiempo en que el Mesías reuniría a su pueblo y revelaría la ubicación del arca del pacto (*2 Mac*. 2:7-8).

La voz de Dios Padre desde la nube expresa el mismo respaldo público que Jesús recibió en su bautismo (ver comentarios sobre 3:17), combinando elementos profetizados en Salmos 2:7 ("este es mi Hijo") e Isaías 42:1 ("en quien me deleito"), lo cual indica que Jesús es tanto Hijo como Siervo Sufriente. Jesús ha cumplido la Ley y los Profetas (*cf.* 5:17), algo que ahora queda claro en el sentido de que es superior a Moisés y Elías, cuyas revelaciones señalan en última instancia a Jesús. Jesús es el Hijo encarnado de Dios, el Profeta definitivo que cumple las expectativas proféticas de Moisés (Dt 18:15-22), y por ello los discípulos deben escucharle para entender su misión mesiánica. El glorioso y transfigurado Jesús será el divino sacrificio en la cruz (17:12), pero resucitará de entre los muertos (17:9) para vivir eternamente como mesiánico libertador de su pueblo.

Al oír la voz del Padre procedente de la nube de su presencia, los discípulos "se postraron sobre su rostro, aterrorizados" (17:6). Normalmente, las experiencias de la presencia de Dios producían temor en el pueblo del Antiguo Testamento

4. Randall E. Otto, "The Fear Motivation in Peter's Offer to Build τρεῖς σκηνάς", *WTJ* 59 (1997): 101-12 (esp. 105).

tanto cuando la observaban en una nube como cuando oían la divina voz.[5] Pero Jesús toca tiernamente a sus asustados discípulos y les dice que no tengan miedo (17:7). Esto les da la reconfortante confirmación de que es el mismo Maestro que han conocido, aunque acaben de experimentar una asombrosa revelación de su naturaleza divina.

Cuando los discípulos alzan los ojos, no ven a nadie sino a Jesús (17:8). Su foco está ahora exclusivamente en él, algo que Moisés y Elías habrían deseado, pues su misión esencial era preparar el camino para el Mesías, el Hijo de Dios y su misión redentora.[6] Aunque los discípulos han recibido la revelación más explícita de la identidad de Jesús, todavía no comprenden plenamente lo que han experimentado.[7]

Juan el Bautista y el Elías que ha de venir (17:9-13)

La necesidad de silencio (17:9). Durante el descenso del monte, Jesús pide a los discípulos por última vez que no digan a nadie lo que han visto (*cf.* 8:4; 9:30; 12:16; 16:20). Solo podrán contar a los demás los extraordinarios acontecimientos de la transfiguración cuando Jesús haya resucitado de los muertos. De otro modo, los discípulos y la multitud podrían pensar que la transfiguración de Jesús y su reunión con Moisés y Elías indican que ha llegado el momento de la liberación nacional y militar, entendiendo así erróneamente su misión. Debe entenderse que el mensaje de Jesús se centra en el perdón de pecados mediante su muerte en la cruz. Jesús será declarado Hijo de Dios con poder por el Espíritu de santidad, mediante la resurrección de entre los muertos (*cf.* Ro 1:3); entonces todos comprenderán quién es y qué ha venido a hacer. (Sobre la expresión "Hijo del hombre" ver comentarios en 8:20.)

Elías y Juan el Bautista (19:10-12). La pregunta de los discípulos ilustra inmediatamente la necesidad de silencio: "¿Por qué dicen los maestros de la ley que Elías tiene que venir primero?". Tras presenciar la transfiguración de Jesús y la presencia de Elías en dicho acontecimiento, sus discípulos no entienden que la profecía de Malaquías sobre Elías como precursor pueda cumplirse en Jesús si él es verdaderamente el Mesías. Jesús está allí con ellos y Elías acaba de aparecer en el monte. No ha precedido a Jesús, ¿cómo, pues, puede este ser el cumplimiento de la profecía de Malaquías? Oír que Jesús ha de resucitar de los muertos los confunde aún más.

Congruente con la profecía de que Elías vendría antes del día del Señor, Malaquías profetizó que en aquel tiempo todas las cosas serán restauradas,

---

5. Ver, p. ej., Éx 19:16; 20:18; 34:30; Dt 4:33; 5:5, 23-27; Hab 3:2-6, 16.
6. *Cf.* Markus Öhler, "The Expectation of Elijah and the Presence of the Kingdom of God", *JBL* 118 (1999): 461-76.
7. Ver James A. Penner, "Revelation and Discipleship in Matthew's Transfiguration Account", *BibSac* 152 (abril-junio 1995): 201-10.

especialmente los corazones de los padres para con sus hijos y los de los hijos para con sus padres (Mal 4:5-6). Jesús confirma que todas las cosas serán restauradas con la venida de Elías (17:11), pero aclara que no es Elías quien llevará a cabo tal restauración de todas las cosas, puesto que, de ser así, él sería el Mesías. La aparición de Juan indicaba, más bien, el comienzo de estos acontecimientos, y la próxima venida del Mesías para llevarlos a cabo.

Jesús clarifica, pues, la profecía de Malaquías en vista del ministerio de Juan el Bautista, su propia venida y la respuesta del pueblo de Israel a los anuncios del reino de Dios por parte de Juan y de Jesús: el ministerio de Juan fue un cumplimiento parcial de la profecía de Malaquías. "Pero les digo que Elías ya vino, y no lo reconocieron, sino que hicieron con él todo lo que quisieron. De la misma manera va a sufrir el Hijo del hombre a manos de ellos". La profecía de Malaquías se inspiraba en la memoria de Elías como ardiente voz profética que apuntaba hacia adelante, al periodo en que otra voz inspirada como la suya anunciaría la restauración y el juicio de Dios por medio del Mesías. Al parecer, algunos líderes religiosos entendieron mal la profecía de Malaquías y explicaban que Elías regresaría personalmente. Su esperanza se centraba principalmente en un Elías político y militar que prepararía el camino para un Mesías igual. Pero Juan el Bautista clarificó que no era un Elías reencarnado (Jn 1:19- 27).[8] La reencarnación era una supersticiosa creencia pagana.

La correcta comprensión de la profecía es que Juan había venido "en el espíritu y el poder de Elías" (Lc 1:17). Como profeta enviado por Dios para preparar el camino de Jesús como Mesías (Mt 3:1-3; 17:12-13), Juan era el cumplimiento del Elías esperado. Si el pueblo y los dirigentes religiosos se hubieran arrepentido y aceptado completamente el mensaje del evangelio del reino que predicaron Juan y Jesús, Juan habría sido el completo cumplimiento de la profecía de Malaquías (11:14). Pero ni el ministerio de Juan ni el de Jesús fueron plenamente aceptados. De hecho, Juan fue ejecutado, como más adelante lo sería Jesús. Por ello, el pleno cumplimiento de la promesa de restauración y juicio de Malaquías no puede ahora llevarse a cabo. En el futuro tendrá que venir otra figura de este tipo (17:11), preparando de nuevo el camino, pero entonces vendrá para la consumación final del día del Señor profetizado en Malaquías, preparando el camino para la venida del Hijo del hombre que restaurará todas las cosas y traerá la ira de Dios sobre los impenitentes.[9]

Los discípulos entienden (17:13). La clarificación por parte de Jesús del papel que desempeñará el profetizado Elías refresca la memoria de los discípulos. Puesto que anteriormente Jesús había vinculado a Juan el Bautista con la

---

8. Comentando la vehemente negación de ser Elías por parte de Juan, B. F. Westcott (*The Gospel According to St. John*, 2 vols. [Londres: John Murray, 1908], 18) comenta: "La negación del Bautista alude a la expectativa judía del regreso corporal de Elías".

9. Algunos comentaristas identifican a los "dos testigos" de Apocalipsis 11:3 con Moisés y Elías.

profecía de Malaquías (11:14), ahora sus discípulos entienden la conexión. En Mateo, el entendimiento es un ingrediente clave de los discípulos de Jesús. Pero, como hemos visto en el discurso de las parábolas, este entendimiento no es una cierta capacidad especial con que han sido dotados, sino un fruto de la enseñanza de Jesús (ver 13:10-17, 51).

Podemos observar esta crucial distinción comparando la narración de Marcos y Mateo. En varias importantes ocasiones, Marcos observa que los discípulos no entienden la identidad de Jesús o el sentido de sus palabras (Mr 6:52; 8:21; 9:10, 32), mientras que, en otros pasajes relacionados, Mateo afirma que los discípulos llegan a entender las implicaciones de lo que Jesús ha dicho (Mt 14:33; 16:12; 17:13, 23; *cf.* 13:51). Igual que a Marcos le era útil para su propósito subrayar las profundas dificultades históricas y teológicas que había para comprender la identidad y enseñanza de Jesús, así Mateo va un paso más allá y clarifica que, en medio de la confusión y malentendidos que se suscitaron en todos estos incidentes, Jesús sigue impartiendo la enseñanza o revelación que finalmente harán que los discípulos comprendan. Mateo subraya que Jesús y su enseñanza iluminan el camino del discipulado.[10]

Curación y exorcismo de un muchacho epiléptico (17:14-20)

Jesús y el círculo íntimo de tres discípulos descienden del monte de la transfiguración para reencontrarse con el resto de discípulos. La escena siguiente parece desarrollarse en un contexto judío, puesto que Marcos nos dice que los maestros de la ley discuten con los discípulos (*cf.* Mr 9:14). Esto puede indicar o bien que han abandonado la zona del monte Hermón y la región de Cesarea de Filipo y han entrado en Galilea o bien que este monte se encuentra en una región judía. No obstante, puede indicar también que los maestros de la ley han estado siguiendo a Jesús y sus discípulos dondequiera que van, buscando más pruebas contra ellos de violar la ley (*cf.* 12:2; 15:1).

El muchacho epiléptico no sanado por los discípulos de Jesús (17:14-16). Al bajar de la montaña, una multitud se ha reunido alrededor de un debate sobre el intento fallido de curar a un muchacho epiléptico. El padre del muchacho se acerca a Jesús con gran reverencia y le dice: "Señor, ten compasión de mi hijo. Le dan ataques y sufre terriblemente. Muchas veces cae en el fuego o en el agua". Este hombre expresa su respeto por Jesús como admirado y piadoso maestro llamándole "Señor", pero va más allá de esto y anticipa que Jesús puede extender su misericordia para sanar a su hijo. Al parecer, ha oído la reputación de Jesús como obrador de milagros y le pide ayuda para su atribulado hijo. La falta de control del muchacho sobre sus capacidades motrices le hace sufrir mucho.

Mientras Jesús estaba en el monte con los tres discípulos más íntimos, el padre había solicitado ayuda de los discípulos restantes. Este padre tenía tanta

10. *Cf.* Wilkins, *Discipleship in the Ancient World*, 164-66.

confianza en la capacidad de Jesús para sanar que asume que sus discípulos la tienen también. Pero su confianza se ve defraudada: "Se lo traje a tus discípulos, pero no pudieron sanarlo".

La generación "sin fe" (17:17-18). La respuesta de Jesús es notable, puesto que va más allá de la incapacidad de sus discípulos para sanar al muchacho y condena a toda la generación. "'¡Ah, generación incrédula y perversa! —respondió Jesús—. ¿Hasta cuándo tendré que estar con ustedes? ¿Hasta cuándo tendré que soportarlos?'". En este pasaje, Jesús apunta a todos los que han presenciado sus milagros que dan fe de su identidad como el esperado Mesías y los llama "incrédulos y perversos". La palabra "incrédula" (*apistos*) indica que aquella generación en su conjunto no ha puesto su fe en Jesús como el Mesías; el término "perversa" (*diestrammenos*) indica que se han desvirtuado en su evaluación de Jesús, algo que probablemente es resultado de la propia obstinación en el rechazo de su demanda de arrepentimiento y de la influencia de los líderes religiosos sobre ellos.

Jesús entiende claramente que este mundo no es su verdadero hogar ("¿Hasta cuándo tendré que estar con ustedes?") y que su partida se basa, al menos en parte, en el reconocimiento de que no se volverán completamente a él ("¿Hasta cuándo tendré que soportarlos?"). Jesús pone de relieve que es consciente, no solo del contraste entre la gloria de su transfiguración y las realidades de este mundo, sino de su origen celestial con su Padre. Jesús solo volverá a su gloria celestial tras atravesar este mundo de actividad diabólica y falta de fe y pasar finalmente por la cruz. Demostrando que posee absoluta autoridad sobre la fuente satánica de esta enfermedad, pide al padre que le traiga al muchacho. Jesús reprende, entonces, al demonio, que sale del muchacho y este es inmediatamente sanado.

Este es otro de los incidentes en que la expulsión de un espíritu maligno produce la sanación de una dolencia física (*cf.* 9:32-33). Ello pone de relieve una comprensión integral de la interacción en este mundo de fuerzas espirituales y naturales. Aunque no todas las enfermedades o dolencias son un resultado directo de la actividad diabólica, el estado caído de este mundo impacta ciertamente todo nuestro ser. La verdadera curación afecta a toda la persona: física, emocional y espiritual. En nuestro mundo moderno, la tendencia de muchos de nosotros es fragmentar a las personas, no reconociendo que nuestra condición humana está profundamente entretejida.[11]

La "poca fe" de los discípulos (17:19-20). Cuando sus discípulos oyen que Jesús condena a aquella generación por su incredulidad, se dirigen a él en privado

---

11. Hay un reciente ejemplo de esta fragmentación en un artículo editorial sobre las causas de la esquizofrenia en el prestigioso *New England Journal of Medicine*. Aunque la autora reconocía las complejidades que rodean las causas de esta enfermedad, se centraba casi exclusivamente en encontrar causas neurológicas, sin mencionar otras posibles causas, entre ellas de orden espiritual o emocional. Ver Nancy C. Andreasen, "Understanding the Causes of Schizophrenia", *New England Journal of Medicine* 340 (1999): 645-47.

y le preguntan por su incapacidad de expulsar al demonio para sanar al muchacho. Jesús dice que fue por su "poca fe". Aquella generación de Israel es "incrédula" (lit., "sin fe", 17:17), porque en su conjunto no se ha arrepentido ni creído en Jesús como su Mesías. Aunque los discípulos tienen fe en Jesús y su misión, aquí no está funcionando debidamente; es "poca" o defectuosa (17:20; ver también comentarios sobre 13:58; 14:31). En este incidente, los discípulos estaban, al parecer, basándose en sus propias capacidades para realizar el exorcismo, o quizá pretendían hacer algo que Dios no les había llamado a hacer; puede que quisieran montar un espectáculo para conseguir elogios y reconocimientos.

Los logros de la "fe efectiva" (17:20). En lugar de la fe ineficaz que los discípulos han mostrado, Jesús presenta un memorable contraste para mostrar lo que puede conseguir la fe efectiva: "Les aseguro que si tienen fe tan pequeña como un grano de mostaza, podrán decirle a esta montaña: 'Trasládate de aquí para allá', y se trasladará. Para ustedes nada será imposible". Jesús no está apuntando a la cantidad de la fe, sino más bien a su efectividad. Al utilizar el contraste con la semilla de mostaza, la más pequeña de las semillas conocidas en Palestina, declara que incluso la más pequeña cantidad de fe puede conseguir tremendos logros. Los propios discípulos dirían que tienen una mayor cantidad de fe que la de una semilla de mostaza. Jesús les lleva, pues, a fijarse en la verdadera naturaleza de la fe. La cuestión no está en la *cantidad* de fe que tenemos, sino más bien en su *objeto*.

La fe no es una determinada sustancia que puede llevar a los discípulos a conseguir grandes cosas dependiendo de la cantidad de ella que posean. No es un don mágico que pueda ser manipulado a voluntad, sino la confianza de que podemos hacer aquello que Dios nos pide que hagamos; es "tomar en serio lo que Dios ha dicho". Los discípulos no deben, por tanto, poner su confianza en lo que tienen, sino tener confianza en que, si Dios les llama a hacer algo, lo pueden hacer en su fuerza.

La idea de mover un monte es proverbial en la literatura judía y alude a realizar algo que es prácticamente imposible (Is 40:4; 49:11; 54:10; *b. Sanh.* 24a; *cf.* Mt 21:21-22).[12] Tener fe significa sencillamente que, si Dios llama a una persona a hacer algo, ello se llevará a cabo por medio de su poder y la obediencia de la persona. Si Dios nos llama hacer algo, por absurdo que parezca desde el punto de vista del mundo, podremos conseguirlo.

Toda esta sección se centra en la "fe". La fe puede estar presente (como en el caso de los discípulos) o ausente (como en el de aquella generación), pero puede también funcionar de manera efectiva o anómala. Lo que hace Jesús no es tanto condenar la escasez de la fe como señalar que, si esta se deposita en la voluntad y poder de Dios, aunque sea "poca", todas las cosas son posibles. Incluso la

12. Keener, *A Commentary on the Gospel of Matthew* (1999), 442.

cantidad más pequeña de fe efectiva puede mover montañas; la fe mal encauzada, aunque sea abundante, no conseguirá nada.

La segunda predicción de la pasión (17:22-23)

Jesús y los discípulos vuelven ahora a Galilea. Esta es la última visita a aquella región antes del viaje final a Jerusalén. Jesús pronuncia su segunda predicción del destino que le aguarda: "El Hijo del hombre va a ser entregado en manos de los hombres. Lo matarán, pero al tercer día resucitará". Jesús hizo su primera predicción de estos inminentes acontecimientos tras la penetrante confesión de la identidad de Jesús por parte de Pedro (*cf.* 16:16-17). Ahora, tras la profunda revelación de su naturaleza divina manifestada en su transfiguración y la voz del Padre (17:1-9), Jesús declara de nuevo que será muerto pero resucitará (17:22-23). Esta es la voluntad del Padre para su misión y vida, que se irá revelando paso a paso a lo largo del resto de la narración de Mateo. Por tanto, como siervo obediente y sufriente, Jesús se entrega resueltamente al sacrificio redentor que subyace tras la predicción y que tiene por delante como su tarea final.

En esta segunda predicción, Jesús añade un elemento siniestro: no solo va a ser arrestado por los líderes religiosos, sino traicionado. Además de impartir una comprensión cada vez mayor de la tragedia que está por delante, el conocimiento de que se va a producir una engañosa y perversa traición hace que los discípulos se entristezcan "mucho". Poco se imaginan que van a experimentar una aflicción aún mayor cuando descubran que el pérfido traidor es uno de los suyos (*cf.* 26:21-25, 47-50; 27:3-5) y que ellos mismos abandonarán a Jesús en el momento de su mayor necesidad humana (*cf.* 26:56).

Pago del impuesto del templo (17:24-27)

Jesús y los discípulos llegan a Capernaúm y los recaudadores del impuesto del templo se les acercan con una pregunta: "¿Su maestro no paga el impuesto del templo?". El Antiguo Testamento prescribía que, en el censo anual, todas las personas de más de veinte años tenían que dar al Señor la ofrenda de medio siclo para el sostenimiento del tabernáculo (Éx 30:11-16), que más adelante se aplicó al mantenimiento del templo. Este impuesto de medio siclo equivalía al *didrachma* de plata griego, una moneda de "dos dracmas". Pero la moneda más común que se usaba entre el pueblo era el denario, equivalente al salario de un día. Por ello, quienes recaudaban este impuesto solían recibir dos denarios, puesto que se acuñaban muy pocos didracmas. Otra posibilidad es que, cuando se trataba de dos personas, estas pagaran el impuesto del templo con un *estatero* tirio o un *tetradrachma* griego (*cf.* 17:28).[13] Estos recaudadores del impuesto del templo no son funcionarios del mismo tipo que Mateo antes de su llamamiento, quien trabajaba para las fuerzas romanas de ocupación (*cf.* 9:9), sino

13. Hay una tabla de equivalencias de pesos y del sistema monetario en el tiempo de Jesús en Wilkins, "Matthew", 116.

representantes del sistema religioso judío de Jerusalén encargados del mantenimiento del templo. El sumo sacerdote se encargaba de recaudar la ofrenda del templo. En la diáspora, en el decimoquinto día del mes de Adar,[14] los dirigentes de la comunidad recaudaban el impuesto de medio siclo, instalando en lugares comunitarios visibles cajas con forma de trompeta parecidas a las que había en el templo, donde se depositaba el impuesto del templo.[15] En Palestina, se designaba a un grupo de representantes de los sacerdotes de Jerusalén que recorrían el territorio recaudando esta tasa.[16]

En lugar de hablar con el propio Jesús, estos recaudadores se acercan a Pedro, el líder entre sus discípulos, lo cual podía ser una práctica en deferencia a la estima de un maestro popular (*cf.* 9:11).[17] La estructura gramatical de la pregunta indica que estos cobradores del templo intentan suscitar una respuesta afirmativa: "¿Su maestro no paga el impuesto del templo?". Estas palabras podrían ocultar la intención de enredar a Jesús en un debate entre los líderes religiosos sobre quiénes deberían o no pagar este impuesto.[18] Es posible que estos representantes del templo pretendan, con doblez, confirmar las acusaciones a Jesús de deslealtad al templo.

Pedro sabe que Jesús es fiel a la ley (5:17-19) y responde, por tanto, de manera afirmativa. Y tiene razón en un sentido, aunque, a solas con él en casa, Jesús imparte a Pedro una reflexión más profunda sobre este asunto. Al parecer, Jesús ha oído casualmente el diálogo y llama a Pedro por su nombre de pila, "Simón", que es la forma habitual de referirse a él en este libro (a excepción de 16:18-19). Jesús plantea la cuestión de los "tributos e impuestos", es decir, de las cuotas e impuestos por cabeza que los gobernantes imponen a sus súbditos (ver comentarios sobre 22:17). Su pregunta es: "Los reyes de la tierra, ¿a quiénes cobran tributos e impuestos: a los suyos o a los demás?".

La respuesta de Pedro es la esperada: los gobernantes no recaudan impuestos de sus hijos, sino de sus súbditos. Con esto se completa la analogía, cuando

---

14. Con una variación anual, cae aproximadamente a mediados de marzo.
15. Ver *m. Šeqal.* 1.3; 2.1; *y. Šeqal.* 6:1, 5; Josefo, *Guerras* 5.5.2 §200; *Antigüedades de los judíos* 18.9.1 §§312-13.
16. *Cf.* Josefo, *Vida* 12 §§62-63. Powell, "Weights and Measures", pp. 905-908; Rousseau y Arav, "Temple, Treasury", *Jesus and His World*, 309-11; "Tax Collectors" y "Taxes", *DJBP*, 618-19.
17. Estos le llaman *didaskalos*, un título utilizado comúnmente en Mateo para dirigirse a Jesús por parte de aquellos que no son sus discípulos; *cf.* 9:11; 12:38; 19:16; 22:16, 24, 36.
18. La evidencia para este debate se encuentra en Qumrán, donde algunos aseveraban que el impuesto del censo solo debía pagarse una vez en la vida (4QOrdenanzas 1.6-7) y en *m. Šeqal.* 1.3-7. Hay perspectivas generales del debate dentro del judaísmo en W. Horbury, "The Temple Tax", *Jesus and the Politics of His Day*, ed. E. Bammel y C. F. D. Moule (Cambridge: Cambridge Univ. Press, 1984), 265-86; David E. Garland, "Matthew's Understanding of the Temple Tax (Matt. 17.24-7)", *SBLSP* 1987, ed. Kent H. Richards (Atlanta: Scholars Press, 1987), 190-209.

Jesús concluye: "Entonces los suyos están exentos". El templo es la casa de su Padre y, por tanto, siendo Hijo de Dios, Jesús está exento del impuesto del templo. Y sus discípulos, que ahora son parte de la familia del Padre (12:48-50), lo están también. Esta es una profunda afirmación cristológica, que no solo indica, mediante una analogía, la relación de Jesús con su Padre, el Rey absoluto, sino también la forma en que cumple la ley. No va a haber ya necesidad de sacrificios en el templo, porque su cruz será el último sacrificio (*cf.* Heb 7:26-28). No habrá, por tanto, impuestos del templo para los discípulos de Jesús.

Ni Jesús ni, por extensión, sus discípulos están bajo la obligación de pagar el impuesto. Sin embargo, para no ofender la conciencia de aquellos judíos que todavía no han experimentado la liberación por medio de Jesús y la finalización del templo, ambos pagarán el impuesto. Si los judíos actuaran en contra de su conciencia por el ejemplo de Jesús estarían pecando. En este pasaje, Jesús enuncia el principio de no ofender a las autoridades de Jerusalén ni ser innecesariamente causa de "escandalo" (*skandalizo*; *cf.* 1Co 8:13). Este mismo principio guiará más adelante al apóstol Pablo en la resolución de problemas para la vida entre los paganos (*cf.* Ro 14:13- 23; 1Co 8:13-9:1, 12, 22).

Para producir una honda impresión, que sus discípulos recordarán por mucho tiempo, Jesús le pide a Pedro que eche un anzuelo, donde encontrará la moneda para pagar este impuesto. Aunque en el mar de Galilea se utilizaban habitualmente hilos y anzuelos para pescar, las redes eran el medio más efectivo para la pesca comercial (ver 4:18-22). Todas las demás alusiones a la pesca en el Nuevo Testamento indican el uso de redes. El pez que se conoce popularmente, aunque posiblemente de forma incorrecta (ya que solo se alimenta de plancton), como "pez de san Pedro" en conmemoración de este suceso, es el *musht*. Lo más probable es que Pedro capturara un barbo, que es un voraz depredador de la familia de las carpas. La moneda que Pedro encontró en la boca del pez fue un estatero, el equivalente a dos didracmas, y por tanto, un siclo.[19]

Se trata de un milagro de presciencia (*cf.* 21:2) y de provisión divina. Es posible que Dios dispusiera en su providencia que un pez se tragara una brillante moneda del fondo del lago, lo cual no es un fenómeno desconocido, o puede que este fuera un milagro singularmente dispuesto. En cualquier caso, es una señal para los discípulos, como lo sería también la maldición de la higuera (21:19), pero en este contexto indica la superioridad de Jesús sobre el templo (*cf.* 12:6). La era del reino de Dios ha despuntado. El templo, que ha representado la esperanza fundamental de la futura redención y perdón de pecados por parte de Dios cumple ahora sus esperanzas en el paso firme de Jesús hacia la cruz.

19. Para un tratamiento más amplio y una tabla de equivalencias de pesos y monedas del tiempo de Jesús, ver Wilkins, "Matthew", 116.

Construyendo Puentes

Los acontecimientos narrados en el capítulo 17 clarifican más las revelaciones del capítulo 16. La transfiguración, la curación del muchacho epiléptico y la milagrosa provisión del impuesto del templo confirman la realidad de la verdadera identidad de Jesús como mesiánico Hijo de Dios (*cf.* 16:16-17), cuya misión, completamente extraña a la expectativa común, es morir y resucitar. Mateo subraya especialmente que hay que escuchar las palabras de Jesús sobre sí mismo y seguir su modelo de obediencia al Padre, en la que se encuentra la verdadera vida. La conexión son las palabras de Jesús sobre quienes quieren seguirle de verdad, los cuales han de tomar su cruz y perder su vida para encontrar la verdadera (16:24-28). Solo si se sujetan a la voluntad de Dios para ellos encontrarán la verdadera vida. Debemos hacerlo, ya que someterse o no al plan de Dios tiene consecuencias eternas.

Sin embargo, las enseñanzas de Jesús cayeron a menudo en oídos reacios o sordos. De modo que, en su transfiguración, sus discípulos ven la prueba de su misión con poder y gloria, arraigada en la directa confirmación de la misión de Jesús por parte del Padre: "Este es mi Hijo amado [...] ¡Escúchenlo!". Si antes no han tomado en serio las palabras de Jesús, ¡ahora sí deben hacerlo! Los acontecimientos del monte tuvieron un efecto tan impresionante en Pedro que más adelante los menciona como una de las profundas pruebas confirmatorias de la identidad de Jesús (2P 1:16). Tales eventos no sirvieron solo para confirmar las palabras de Jesús sobre su presente misión (evidenciada por la presencia de Moisés y Elías como precursores del Mesías), sino que prefiguraban también su glorioso estado tras su resurrección. La transfiguración cimienta y confirma poderosamente la identidad y misión de Jesús.

La proximidad a Jesús puede dificultar una clara visión de él. Quienes tuvieron el privilegio de vivir en estrecha proximidad a Jesús experimentaron a menudo dificultades para asimilar plenamente su identidad y misión por sus propias ideas preconcebidas. Aunque Pedro y los otros discípulos tuvieron el honor de vivir en una intensa proximidad física a Jesús, esta misma intimidad les impidió asimilar la magnitud de su persona y misión. Las concepciones previas de lo que iba a ser el Mesías eran un obstáculo para ver con claridad quién era Jesús de hecho. Estaban tan cerca de Jesús físicamente que no podían entender la inmensidad de su encarnación. Jesús era el hombre con quien habían andado, hablado y compartido comidas. Creían que era el Mesías de Dios, el libertador de Israel facultado por Dios. Pero fue necesaria la transfiguración para que entendieran que no era solo alguien dotado por Dios, sino que de hecho era divino.

Nuestra cercanía a Jesús puede también ser un obstáculo que nos impide ver quién es realmente. Tenemos el privilegio de una gran cercanía a Jesús por medio de la predicación y escritos de los primeros discípulos, además de dos mil años de reflexión teológica. Mediante las cuidadosas formulaciones de la historia de la iglesia, tenemos una exacta comprensión de las relaciones trinitarias entre Padre, Hijo y Espíritu Santo. Tenemos una ortodoxa comprensión de la unión hipostática de las dos naturalezas, humana y divina, que constituyen la persona de Jesucristo. Tenemos una idea de Jesús mejor formulada que la de aquellos primeros seguidores. No obstante, nuestra familiaridad con Jesús puede impedir que entendamos la absoluta grandeza de su encarnación. Podemos sentirnos tan cómodos con nuestras formulaciones teológicas que no percibamos el impacto del carácter único de su persona y obra.

Pero Dios no quiere que nos sintamos excesivamente cómodos, ni nos dejará a merced de nuestra tendencia a la ceguera. Igual que siguió llevando a Pedro y a los demás discípulos hacia una comprensión cada vez más completa, sigue también revelándose a nosotros pacientemente por medio de su Palabra, para que podamos ajustar nuestra percepción y expectativa de la identidad y misión de Jesús con sus propósitos. Las barreras sociales, religiosas y filosóficas para una clara comprensión de la identidad y misión de Jesús en el siglo I fueron superadas por la intencionada revelación del Padre y, en nuestro mundo de hoy, estas mismas barreras pueden salvarse prestando cuidadosa atención al mensaje que Mateo ha consignado para nuestra guía.

El monte de la transfiguración altera nuestra cosmovisión. En 16:16-17, Pedro pronunció palabras que iban incluso más allá de lo que entendía. De igual manera, en esta escena del monte, Dios sigue estimulándole a él y a los demás discípulos para que comprendan más plenamente la singularidad de Jesús. Los discípulos deben entender que Jesús no se limita a entregar otra ley, aunque para Moisés este fue un enorme privilegio. Tampoco es un mero profeta más, aunque Elías desempeñó un poderoso papel profético. Jesús no es siquiera un mero libertador mesiánico divinamente equipado para su misión, a pesar de la importancia que ello tenía para las esperanzas y sueños de Israel. Jesús es aquel a quien los grandes personajes del Antiguo Testamento, Moisés y Elías, se sujetan. No es un simple hombre a quien Dios ha capacitado, sino que es esencialmente divino.

Esta es la asombrosa verdad que resuena desde el monte de la transfiguración de Jesús. El Padre no solo revela la divina gloria de la preexistente forma de Jesús (Fil 2:5-7) y la forma que adoptará en el tiempo del fin (Dn 7:13-14; Mt 24:30), sino también la gloria de Jesús como Hijo de Dios en aquel mismo momento. La divina gloria que él conservó como Hijo de Dios, pero que estaba oculta en su encarnación, se transfigura ahora al mundo exterior. Dale Bruner comenta que "lo que Jesús era *en su interior* se hizo una vez visible exteriormente".[20] La función teológica de la transfiguración era demostrar a los discípulos que, tras su historia, en apariencia poco prometedora, Jesús fue siempre el divino Hijo de Dios.[21]

20. Bruner, *Matthew*, 2:602.
21. *Ibíd.*

El monte de la transfiguración demanda, pues, un radical cambio en la concepción del mundo de los discípulos. No pueden seguir siendo los mismos, puesto que nunca antes se había siquiera considerado una realidad tan impensable, no digamos ya que tal realidad se hubiera producido. Como ontológico Hijo de Dios en forma humana, Jesús no encaja en ninguna de sus categorías filosóficas, religiosas o teológicas. Deben, por tanto, cambiar. Y este cambio afectará a todo: todo pensamiento sobre la realidad, toda actividad de su conducta religiosa, todo sueño y ambición de su vida personal.

Este cambio de cosmovisión se producirá lentamente, ya que es demasiado inmenso para poder llevarse a cabo enseguida. Pedro muestra que no acaba de entender esta verdad cuando pretende gestionarla mediante un monumento. Son necesarios los acontecimientos de la cruz, la resurrección y la venida del Espíritu regenerador e iluminador en Pentecostés para que los discípulos la entiendan finalmente. Y sin duda la entendieron, puesto que su idea del mundo nunca fue la misma después de ello. Su comprensible temor en el monte dio paso a un impensable valor cuando salieron por todo el mundo proclamando el mensaje de Jesús como Salvador y Dios, que finalmente puso en jaque a todo poder religioso, filosófico y político.

La transfiguración de Jesús demanda también la transformación de nuestra propia cosmovisión. Verlo en su verdadera identidad como ontológico Hijo de Dios encarnado, nos asegura una forma totalmente nueva de ver la realidad. Jesús es, como escribe Juan, *el* camino, *la* verdad y *la* vida (Jn 14:6). Jesús no es solo el único camino al Padre, aunque esto es vitalmente importante para la vida eterna, sino también la exclusiva verdad que pone de relieve toda la realidad y el exclusivo acceso en este mundo a la clase de vida que nos permite vivir como Dios pretende. Si Jesús es verdaderamente el Hijo de Dios, como lo declaran los acontecimientos de su transfiguración, ello demanda que lo veamos todo mediante su ordenamiento de este mundo.

Nuestra idea de la realidad (sea en el ámbito religioso, científico, económico, político, social o cualquier otro) nunca será la misma una vez que hayamos permitido que Jesús transforme nuestra cosmovisión. Todas las ideologías del mundo han de examinarse en vista de la revelación de Jesús que vemos en este monte. No puede haber un pluralismo religioso que haga todos los caminos a Dios igualmente válidos. No puede haber un materialismo científico que esclarezca el origen de la vida o explique la realidad aparte de Dios. No puede haber un materialismo marxista dialéctico o histórico que explique el progreso de la historia a través de la lucha de clases. No puede haber un objetivismo social que eleve al individuo cuyo egoísmo y genio prevalezcan sobre la adaptación, el conformismo social y el sacrificio por los demás.[22] Con Jesús en el centro de nuestra cosmovisión, todas estas ideologías necesitan ser ajustadas.

---

22. Como lo expresa Ayn Rand en sus novelas *El Manantial* (1943), *La rebelión del Atlas* (1957) y *La virtud del egoísmo* (1965).

Nuestra idea de este mundo será transformada cuando pongamos a Jesús, el Hijo de Dios, en el centro de nuestra realidad. Pero las ideologías no son la única cosa que ha de ser evaluada en vista de la revelación de Jesús, también han de serlo nuestras prioridades y valores de cada día. No olvidemos que el Padre dice: "¡Escúchenlo!". Hemos de escucharlo y dejar que él nos guíe en la forma en que vivimos nuestra vida: cuánta televisión y qué clase de películas vemos, de qué forma administramos nuestros ingresos, hasta qué punto mostramos respeto a nuestros cónyuges e hijos, qué clase de vehículo conducimos, cómo nos vestimos o qué clase de lenguaje usamos. La centralidad de Jesús impacta todo lo que somos y se expresa en el modo en que vemos el mundo y vivimos en él como discípulos suyos.

Significado Contemporáneo

El presentador de un canal local de noticias ridiculizaba un reciente anuncio comercial. El anuncio en cuestión se titulaba "¿Qué conduciría Jesús?". El presentador se divertía parodiando a los cristianos que habían creado el anuncio, para convencer a los telespectadores de que posiblemente a Jesús no le importaría en absoluto este asunto y que, en cualquier caso, posiblemente montaría un asno. En un principio me sentí un poco incómodo, pensando que se trataba del reclamo de algún vendedor de coches cristiano que pretendía vender sus vehículos. Pero escuché un poco más atentamente y entendí el asunto. En un reciente número de *Christianity Today* había un anuncio a toda página con este mismo título: "¿Qué conduciría Jesús?", puesto por la Evangelical Environmental Network [Red Medioambiental Evangélica]. En el anuncio se afirma lo siguiente:

> De todas las decisiones que tomamos como consumidores, los autos que conducimos es la que tiene un impacto más importante sobre la creación de Dios. La contaminación ocasionada por los automóviles produce enfermedad y muerte, y afecta especialmente a los ancianos, pobres, enfermos y jóvenes. Contribuye también al calentamiento global, poniendo a millones de personas en riesgo de padecer sequías, inundaciones, hambre y falta de vivienda [...]. El transporte es ahora una elección de orden moral y un asunto para la reflexión cristiana. No es solo una cuestión tecnológica, sino ética. Tiene que ver con la obediencia. Con amar al prójimo. ¿Qué vehículo, pues, *conduciría* Jesús?[23]

Puede que no estés de acuerdo con este argumento, pero el anuncio desafía correctamente a los cristianos a poner los valores de Jesús en el centro de

23. *Christianity Today* 47/1 (enero 2003): 17. Ver también la web www.WhatWouldJesusDrive.org.

nuestra cosmovisión. No todos los cristianos se plantean qué vehículo van a conducir desde la perspectiva de los valores de Jesús. Pero deberíamos hacerlo. Podríamos decir lo mismo de todas nuestras acciones, palabras, pensamientos y decisiones. Este es el impacto que Jesús debería tener en nosotros. Su presencia en nuestra vida desafía radicalmente todo lo que somos.

El cuadro de Jesús que se traza en este capítulo es impresionante. Se transfigura para mostrar el vínculo divino que tiene con su Padre celestial, que ahora plantea un radical desafío a nuestra concepción del mundo y a su vez afecta a todo lo que hacemos, decimos y pensamos. Este es su impacto sobre aquellos que le acompañan en estos incidentes. Mateo presenta tres escenas principales —el monte de la transfiguración, la aldea con fe deficiente y el mar del milagro de la moneda— para demostrar la centralidad de Jesús el Mesías en el programa divino de la historia de la salvación y persuadir a sus seguidores para que le den una centralidad decisiva dentro de su cosmovisión. Esto afecta, a su vez, a todas nuestras relaciones personales, ministerios y prioridades.

Obedecer significa escuchar a Jesús. La asombrosa revelación de Jesús como Hijo de Dios, sobre el monte de la transfiguración, suscitó una pregunta casi cómica de Pedro sobre la conveniencia de levantar tres tiendas. Antes he sugerido que, posiblemente, Pedro está haciendo todo lo que puede por asimilar esta revelación extraordinaria, y por ello, en una torpe intervención, sugiere construir un monumento conmemorativo. En este punto, procedente de la nube de gloria que les envuelve, la voz de Dios Padre declara de nuevo su relación con Jesús su Hijo y demanda con autoridad: "¡Escúchenle!". Este es un mandamiento general que demuestra que el ministerio de Jesús cumple la ley representada por Moisés y los profetas simbolizados por Elías.

Jesús es la incomparable y fidedigna revelación de Dios, y "los mortales han de prestar atención a todo lo que él dice".[24] Esto va especialmente por Pedro, cuyo entusiasmo le lleva a cometer constantes errores. Es como si el Padre estuviera diciendo: "Pedro, si quieres entender realmente quién es Jesús y lo que ha venido a hacer, guarda silencio, deja de intentar comprenderlo por ti mismo y escucha lo que él te revela". En el resto del capítulo, y de hecho en el resto de su ministerio, Jesús llevará a Pedro y a los demás a una comprensión más clara, y lo único necesario es que dejen de hablar lo suficiente para escucharlo.

Como humanos racionales, capaces de reflexionar, podemos llegar muy lejos en la comprensión de nuestro mundo, pero la revelación de Dios por medio de Jesús es la palabra final y decisiva. Por tanto, hemos de aprender a someternos a la autoridad de Jesús, lo cual significa evaluar nuestra vida en vista de su revelación, ser obedientes a lo que él nos llama a ser y hacer. Una vez oímos sus palabras, no podemos escoger las que nos gustan y dejar las demás. Es posible

24. Morris, *Matthew*, 441.

que ser discípulos de Jesús signifique experimentar dificultades, pero si queremos encontrar la verdadera vida hemos de aceptar aquello a lo que él nos llama.

Tener fe significa permanecer centrado en Jesús. El segundo incidente tuvo lugar en la aldea donde los otros discípulos no pudieron sanar al muchacho epiléptico. Esta es una de las demostraciones más sorprendentes de la función de la fe en nuestra vida personal y en nuestro ministerio. Jesús describe aquella generación como "incrédula" (17:17), mientras que de los discípulos dice que tenían "poca fe" (17:20). La analogía de la semilla de mostaza, la más pequeña de las semillas, indica que Jesús no se refería a la *cantidad* de fe que tenían los discípulos, sino a su *efectividad.* La fe más pequeña puede conseguir las obras más poderosas, como mover un monte, si está debidamente enfocada. Por nosotros mismos no vamos a conseguir nada. Es Dios quien obra por medio de nosotros, y nuestro papel es rendirnos a él para que pueda llevar a cabo su propósito. Por ello, lo importante es, una vez más, escuchar a Jesús, oír lo que nos pide que hagamos y después decir simplemente sí a su voluntad para nuestra vida.

Me di cuenta de esto muy vívidamente en el primer pastorado que asumimos mi esposa y yo. La esposa de uno de nuestros ancianos estaba hospitalizada con una grave enfermedad. Los médicos le dieron pocos días de vida. Su marido me llamó una noche y me preguntó si podía reunirme con los otros ancianos para orar por ella. Aunque en aquel tiempo yo era un pastor joven y totalmente inexperto, se dirigieron a mí en busca de esperanza. Nos reunimos en la habitación del hospital, oramos por ella y la ungimos. Aquella noche regresé a casa exhausto, pensando en el dolor de su estado, pero con paz porque la habíamos dejado en las manos de Dios. Al día siguiente, su marido llamó temprano con un intenso entusiasmo en su voz. ¡Su esposa estaba mejorando! Los médicos estaban asombrados por su recuperación, y al cabo de dos o tres semanas salió del hospital. Aunque tenía más de setenta años y padeció ciertas complicaciones de su enfermedad, vivió otros cuatro años más.

Fue una sanación milagrosa que afectó profundamente a toda la iglesia. La esposa de otro de los ancianos de la iglesia estaba también postrada en cama con una severa lesión en la médula espinal. Esta hermana también nos pidió que oráramos por ella. ¡Tenía la sensación de que se estaba iniciando un nuevo ministerio! Cuando nos reunimos alrededor de su cama, hicimos las mismas oraciones, usamos la misma unción y sentíamos la misma esperanza. Pero aquella hermana no fue sanada. De hecho, lo que sucedió es que empeoró.

¿Teníamos acaso más fe cuando oramos en el primer caso que en el segundo? No, creo que no. Creo que actuamos esencialmente por el mismo motivo: buscábamos la voluntad de Dios para cada mujer. En el primer caso fue la voluntad de Dios que sanara, pero no en el segundo. Fuimos instrumentos de Dios por los que él demostró su voluntad. La segunda mujer dijo más adelante que no haber sido sanada fue lo mejor que le sucedió, porque aprendió a depender de Dios en medio de su sufrimiento. Con el tiempo, esto la llevó a desarrollar un ministerio a otras personas en circunstancias parecidas.

Lo que obra milagros no es la cantidad de nuestra fe, sino el hecho de que pongamos los ojos en Jesús para que él actúe según su voluntad. Lo que Jesús está diciendo es que cualquiera con cualquier cantidad de fe puede hacer las cosas más impensables, si es lo que Dios quiere que hagamos. No hemos, pues, de poner nuestra confianza en lo que tenemos, sino confiar más bien en que, si Dios nos llama a hacer algo, lo podemos hacer en su fuerza, aun aquellas cosas que para el mundo suenan más absurdas desde su punto de vista. Esta es la esencia de la afirmación del apóstol Juan: "Esta es la confianza que tenemos al acercarnos a Dios: que si pedimos conforme a su voluntad, él nos oye. Y si sabemos que Dios oye todas nuestras oraciones, podemos estar seguros de que ya tenemos lo que le hemos pedido" (1Jn 5:14-15).

Libertad significa tener la capacidad no para exigir nuestros derechos, sino para hacer lo correcto. El incidente del mar de Galilea en el que Jesús le dijo a Pedro que encontraría en la boca del pez la moneda para pagar el impuesto del templo tiene dos importantes implicaciones para nosotros. (1) Tenemos un anticipo del efecto de la obra expiatoria de Jesús en la cruz. Con el sacrificio de Jesús se cumplirá el ritual del templo y el sistema de sacrificios, liberando a sus discípulos de la servidumbre del pecado. El reconocimiento de lo que Jesús llevará a cabo en la cruz nos hace entender profundamente la aplicabilidad de su muerte expiatoria, por la que él ha pagado el precio de nuestros pecados. Jesús pagará con su propia vida el rescate de nuestro pecado (20:28).

(2) Vemos en este incidente que la libertad que imparte el sacrificio de Jesús nos da ahora la capacidad para actuar bien para con los demás. Cuando Jesús dirige a Pedro a pagar el impuesto del templo para no hacer que otras personas caigan en pecado, está indicando que la verdadera libertad no está en servirnos a nosotros mismos, sino a los demás. Al pagar el impuesto del templo, aunque no tenía obligación, Pedro descubre otra forma de libertad, que es la capacidad de ir más allá de sí mismo para servir a los demás.

A menudo pensamos en la libertad como la simple capacidad para hacer lo que queremos. Hay algo de verdad en este concepto. Pero hay otro sentido de la libertad que surge cuando entendemos bíblicamente el efecto del pecado sobre la humanidad. Después de la caída, la humanidad no tiene la capacidad de hacer el bien de manera consistente (*cf.* Ro 3:9-18). Los seres humanos estamos bajo la maldición del pecado, que nos encadena al egoísmo y a la rebeldía contra lo que Dios quiere que hagamos. Sin embargo, cuando conocemos la verdad de Jesús sobre nuestra pecaminosidad y recibimos su sacrificio expiatorio, somos liberados de nuestra esclavitud al pecado (Ro 6:1-14; *cf.* Jn 8:31-32). Esta libertad nos capacita para obrar correctamente, algo que antes no podíamos hacer.

Por tanto, la verdadera libertad no consiste en la facultad ilimitada para hacer lo que queremos, sino en una capacidad para sacrificarnos por el bien de los demás. Este es el principio que el apóstol Pablo proclama para la iglesia que procuraba vivir dentro de su cultura pagana con las diversas prácticas que los creyentes introducían en ella por sus diversos trasfondos (*cf.* Ro 14:13-23; 1Co 8:13–9:1, 12, 22). La vida del reino caracteriza a la iglesia, y nuestro discipulado en este mundo no consiste en afirmar nuestros derechos, sino en la libertad de beneficiar y servir a los demás. Como dijo Martín Lutero: "El cristiano es libre señor de todas las cosas y no está sujeto a nadie. El cristiano es servidor de todas las cosas y está supeditado a todos".[25]

25. Martín Lutero, *La libertad cristiana*, 1.

Mateo 18:1-35

En ese momento los discípulos se acercaron a Jesús y le preguntaron:

—¿Quién es el más importante en el reino de los cielos?

2 Él llamó a un niño y lo puso en medio de ellos. 3 Entonces dijo:

—Les aseguro que a menos que ustedes cambien y se vuelvan como niños, no entrarán en el reino de los cielos. 4 Por tanto, el que se humilla como este niño será el más grande en el reino de los cielos.

5 »Y el que recibe en mi nombre a un niño como este, me recibe a mí. 6 Pero si alguien hace pecar a uno de estos pequeños que creen en mí, más le valdría que le colgaran al cuello una gran piedra de molino y lo hundieran en lo profundo del mar.

7 »¡Ay del mundo por las cosas que hacen pecar a la gente! Inevitable es que sucedan, pero ¡ay del que hace pecar a los demás! 8 Si tu mano o tu pie te hace pecar, córtatelo y arrójalo. Más te vale entrar en la vida manco o cojo que ser arrojado al fuego eterno con tus dos manos y tus dos pies. 9 Y si tu ojo te hace pecar, sácatelo y arrójalo. Más te vale entrar tuerto en la vida que con dos ojos ser arrojado al fuego del infierno.

10 »Miren que no menosprecien a uno de estos pequeños. Porque les digo que en el cielo los ángeles de ellos contemplan siempre el rostro de mi Padre celestial.

12 »¿Qué les parece? Si un hombre tiene cien ovejas y se le extravía una de ellas, ¿no dejará las noventa y nueve en las colinas para ir en busca de la extraviada? 13 Y si llega a encontrarla, les aseguro que se pondrá más feliz por esa sola oveja que por las noventa y nueve que no se extraviaron. 14 Así también, el Padre de ustedes que está en el cielo no quiere que se pierda ninguno de estos pequeños.

15 »Si tu hermano peca contra ti, ve a solas con él y hazle ver su falta. Si te hace caso, has ganado a tu hermano. 16 Pero si no, lleva contigo a uno o dos más, para que "todo asunto se resuelva mediante el testimonio de dos o tres testigos". 17 Si se niega a hacerles caso a ellos, díselo a la iglesia; y si incluso a la iglesia no le hace caso, trátalo como si fuera un incrédulo o un renegado.

18 »Les aseguro que todo lo que ustedes aten en la tierra quedará atado en el cielo, y todo lo que desaten en la tierra quedará desatado en el cielo.

**19 »Además les digo que si dos de ustedes en la tierra se ponen de
acuerdo sobre cualquier cosa que pidan, les será concedida por mi
Padre que está en el cielo. 20 Porque donde dos o tres se reúnen en
mi nombre, allí estoy yo en medio de ellos.**

21 Pedro se acercó a Jesús y le preguntó:

**—Señor, ¿cuántas veces tengo que perdonar a mi hermano que
peca contra mí? ¿Hasta siete veces?**

**22 —No te digo que hasta siete veces, sino hasta setenta y siete
veces —le contestó Jesús—.**

**23 »Por eso el reino de los cielos se parece a un rey que quiso ajustar
cuentas con sus siervos. 24 Al comenzar a hacerlo, se le presentó
uno que le debía miles y miles de monedas de oro. 25 Como él no tenía
con qué pagar, el señor mandó que lo vendieran a él, a su esposa y
a sus hijos, y todo lo que tenía, para así saldar la deuda. 26 El siervo
se postró delante de él. "Tenga paciencia conmigo —le rogó—, y se
lo pagaré todo." 27 El señor se compadeció de su siervo, le perdonó
la deuda y lo dejó en libertad.**

**28 »Al salir, aquel siervo se encontró con uno de sus compañeros
que le debía cien monedas de plata. Lo agarró por el cuello y
comenzó a estrangularlo. "¡Págame lo que me debes!", le exi-
gió. 29 Su compañero se postró delante de él. "Ten paciencia con-
migo —le rogó—, y te lo pagaré." 30 Pero él se negó. Más bien fue y
lo hizo meter en la cárcel hasta que pagara la deuda. 31 Cuando los
demás siervos vieron lo ocurrido, se entristecieron mucho y fueron
a contarle a su señor todo lo que había sucedido. 32 Entonces el
señor mandó llamar al siervo. "¡Siervo malvado! —le increpó—. Te
perdoné toda aquella deuda porque me lo suplicaste. 33 ¿No debías
tú también haberte compadecido de tu compañero, así como yo me
compadecí de ti?" 34 Y enojado, su señor lo entregó a los carceleros
para que lo torturaran hasta que pagara todo lo que debía.**

**35 »Así también mi Padre celestial los tratará a ustedes, a menos
que cada uno perdone de corazón a su hermano.**

Sentido Original

A medida que aumenta la oposición de los dirigentes religiosos (*cf.* 12:22-32; 15:1-20; 16:1-12), Jesús predice dos veces que sufrirá a manos de ellos, será crucificado, pero resucitará (16:21; 17:22-23). Sabe que se acerca la conclusión de su ministerio terrenal y por ello ha dedicado bastante tiempo a clarificar a sus discípulos cuál es su identidad y misión (caps. 14-17). Consciente de su inminente partida, ahora invierte también tiempo instruyéndoles sobre la clase de vida comunitaria que debería caracterizar sus relaciones personales entre ellos y con el mundo en general.

Esta amplia instrucción representa el cuarto de los cinco discursos de Jesús que Mateo consigna en su Evangelio (ver la Introducción). Este cuarto discurso, las Prescripciones de la Comunidad, presenta a la iglesia como la comunidad de discípulos que da testimonio de la realidad de la presencia del reino durante esta era. Este testimonio se produce mediante la proclamación del mensaje del evangelio y la vida como la familia de la fe caracterizada por la humildad, la pureza, la responsabilidad de rendir cuentas, la disciplina, la reconciliación, la restauración y el perdón.

Una buena parte de este material es exclusiva de Mateo, lo cual es especialmente visible por la aparición del término *ekklesia* en 18:17, que en los Evangelios solo aparece en Mateo (*cf.* 16:18). La amplia receta para la vida comunitaria eclesial continúa a lo largo del capítulo 20. En seguida, Jesús y los discípulos abandonan Galilea por última vez y se dirigen a Jerusalén atravesando la región transjordana de Judea llamada Perea (19:1) y entrando a Judea por Jericó (20:29).

La grandeza de la humildad (18:1-4)

En 17:24-27, Jesús y sus discípulos estaban en Capernaúm. Aunque Mateo no consigna su ubicación durante las Prescripciones de la Comunidad, sí nos dice en 19:1 que el grupo abandona Galilea. Es probable que Jesús se reúna con sus discípulos para un último encuentro en Capernaúm, puede que nuevamente en casa de Simón Pedro y Andrés, su cuartel general en Galilea (ver comentarios sobre 8:14).

El acontecimiento que suscita este discurso es una sorprendente pregunta por parte de los discípulos[1] sobre quién es el mayor en el reino de los cielos. estos siguen desarrollando su comprensión de lo que significa ser discípulo de Jesús, un compromiso distinto del adquirido en cualquier otra forma de discipulado dentro del judaísmo y del mundo grecorromano. El discipulado en el mundo antiguo implicaba a menudo un importante compromiso con un riguroso curso de estudio y estilo de vida disciplinado para alcanzar el nivel de aptitud del maestro.

El deseo de alcanzar grandeza es fundamental para los logros humanos, y en un plano estrictamente natural no es inapropiado. Jesús señaló a Juan el Bautista como el mayor de los profetas del antiguo orden, pero declaró, sorprendentemente, que el menor en el reino de los cielos es mayor que Juan (11:11). Es probable que los discípulos de Jesús recordaran esta comparación y pretendieran avanzar en la clase de grandeza del reino que creen que Jesús indica. Todos ellos se han sacrificado considerablemente siguiéndole por las zonas rurales durante los últimos dos o tres años, y quieren alcanzar el nivel más elevado de compromiso con el programa del reino de Jesús (*cf.* también, más adelante, 20:20-28).

1. Como es característico del Evangelio de Mateo, la expresión "discípulos" evoca a los doce, pero alude también al círculo más amplio de discípulos de Jesús. Este círculo más amplio incluye a todos los que han respondido a su invitación a la vida del reino (*cf.* Wilkins, *Concept of Disciple in Matthew's Gospel*, 163-72).

Pero, como indica la siguiente interacción, los discípulos tienen en mente un tipo distinto de grandeza de la que propone Jesús. Cuando habló de la grandeza de Juan y de los menores en el reino de los cielos, Jesús tenía en mente el honor de servir a Dios preparando el camino del Mesías, en el caso de Juan, y el de experimentar la llegada de las bendiciones del nuevo pacto por medio de su sangre (ver comentarios sobre 11:11). Por su parte, los discípulos entendían que Jesús aludía principalmente a la grandeza que procede del esfuerzo y los logros humanos. Una de las principales metas de Jesús en el capítulo 18 es revisar su forma de entender la "grandeza" según el criterio que tiene Dios sobre esta cuestión.[2]

Jesús comienza este proceso con una ayuda visual, llamando a un niño pequeño y poniéndolo en medio de ellos. Acto seguido, pronuncia una sorprendente declaración: "Les aseguro que a menos que ustedes cambien y se vuelvan como niños, no entrarán en el reino de los cielos". Jesús no está encomiando una supuesta inocencia inherente de los niños. El Antiguo Testamento tiene una idea equilibrada de la pecaminosidad y el valor de los niños. Estos pueden ser rebeldes y objeto de severo castigo (p. ej., Dt 21:18-21), y el salmista conoce su pecaminosidad desde la concepción (Sal 51:5). Pero los niños son también una maravillosa creación de Dios (139:13-14), y la tradición judía les consideraba una bendición y un don de Dios (127:3-5; 128:3-4; *Salmos de Salomón* 1:3).

Más que para señalar su inocencia, Jesús utiliza a aquel niño como un ejemplo práctico de humildad poniendo el foco en su vulnerabilidad: "Por tanto, el que se humilla como este niño será el más grande en el reino de los cielos". En el mundo antiguo, a los niños se los valoraba principalmente por el beneficio que traían a la familia en términos de mano de obra, poder defensivo y garantía de la futura gloria familiar. Pero no tenían derechos o relevancia aparte de su futuro valor para la familia y carecían de poder en la sociedad. La humildad de los niños está en su incapacidad para hacer progresar su causa sin la ayuda y recursos de los padres.

No obstante, Jesús celebra la humildad que procede de la debilidad, indefensión y vulnerabilidad del niño, quien, realmente, no puede hacer nada por sí mismo y morirá si se queda solo. Es esta clase de humildad la que Jesús utiliza como ayuda visual para contrastar la forma de grandeza del mundo con la del reino de los cielos. Como los valores que se establecen en las Bienaventuranzas (5:3-10), esta es una declaración explícita de gracia para aquellos que son aparentemente indignos del reino, pero es también una condena de quienes se creen dignos pero no lo son. Aquellos que desean entrar en el reino deben alejarse de sus intereses y poder, y, en inocente humildad, invocar la misericordia de Dios para que les

---

2. Quienes deseen considerar un estudio que subraya la sistemática incomprensión del mensaje y misión de Jesús por parte de los discípulos en Mateo, pueden ver Jeannine K. Brown, *The Disciples in Narrative Perspective: The Portrayal and Function of the Matthean Disciples* (SBL Academia Biblica 9; Atlanta: SBL, 2002), esp. 147-52.

permita entrar en el reino de los cielos. Para Jesús, el niño se convierte en una metáfora de los valores del discipulado.[3]

Por tanto, esta semejanza con un niño es una característica de todos los verdaderos discípulos, puesto que solo por la misericordia de Dios puede alguien entrar en su reino y encontrar la grandeza que procede de haber sido perdonado e investido de vida del reino. Obsérvese especialmente que Jesús está dirigiéndose a aquellos que ya son discípulos (*cf.* 18:1). Este sigue clarificando su forma de discipulado en contraste con otros modelos del judaísmo de aquel tiempo y en contra de las expectativas de quienes han respondido a su mensaje y se han confesado discípulos. Algunos de tales discípulos se unieron a él con sus propias expectativas y proyectos, especialmente Judas, pero había también otros que no creían verdaderamente en la identidad y misión de Jesús (*cf.* Jn 6:60-66). Aquellos que quieren seguir a Jesús deben entender su forma de discipulado.

Este encuentro es un momento importante para que los discípulos se examinen a sí mismos. Si todavía no creen de verdad, aunque puedan ser "discípulos" de nombre, deben arrepentirse, convertirse y entrar en el reino de los cielos. No todos los que se llaman discípulos de Jesús lo son verdaderamente. La prueba de tal profesión estará, al menos en parte, en este hacerse como un niño, algo que solo se produce cuando nos humillamos para recibir la nueva vida del reino.

Refugio para el humilde (18:5-9)

Jesús prosigue indicando que, igual que para entrar en el reino de los cielos y convertirse en un discípulo suyo (18:1-4) hay que recibir humildemente la misericordia de Dios, la humildad debe seguir caracterizando la vida de discipulado.[4] Los discípulos deben aprender a permitir que Dios dirija su camino mientras le sirven dentro de su reino. La humildad que procede de la vulnerabilidad es una de las principales características de nuestra vida como discípulos de Jesús, porque nos permite recibir constantemente la misericordia de Dios en lugar de enorgullecernos de nuestros logros humanos. Esto invierte las nociones humanas características de cómo se accede a la grandeza y se crece en ella.

Cuidado de los discípulos humildes (18:5). Pero al abogar por esta clase de humildad "infantil" para sus discípulos que procede de la debilidad, la indefensión y la vulnerabilidad, Jesús anima a que otros cuiden de ellos: "Y el que recibe en mi nombre a un niño como este, me recibe a mí". El "niño" es el verdadero discípulo que ha recibido humildemente la misericordia capacitadora de Dios para entrar en el reino y está ahora sirviendo a Dios. Jesús rememora el dicho paralelo del imperativo misionero (10:40-42), donde declaró que cualquiera que

3. Warren Carter, *Households and Discipleship: A Study of Matthew 19-20* (JSNTSup 103; Sheffield: JSOT Press, 1994), 96-97.

4. Bruner comenta: "Mateo 18:1-4 nos llama a la humildad, y el v. 5 nos brinda una manera esencial de *practicarla*" (*Matthew*, 2:637), lo cual indica que 18:1-4 es un llamamiento a entrar en el reino y 18:5, alude a *la vida de servicio* en el reino.

"recibe" (*dechomai*) a los discípulos misioneros que llevan su mensaje, le recibe de hecho a él mismo. Recibir a un niño en el nombre de Cristo significa aceptar y creer el testimonio de un discípulo cristiano.

Advertencia sobre aprovecharse de los discípulos humildes (18:6-7). Jesús no solo anima a preocuparse de los discípulos humildes, sino que también advierte a cualquiera que quiera aprovecharse de ellos de que, en el servicio a su Señor, contarán con la fuerza, protección e invencibilidad del reino. Aunque Jesús pasa del término "niño" como metáfora de discipulado a "pequeños que creen en mí", el significado es esencialmente el mismo.

Utilizando una hipérbole que recuerda los dichos del SM (p. ej., 5:27-30), Jesús subraya la seriedad de hacer tropezar a alguien que transita el camino del discipulado (18:6). La frase "hace pecar" no indica una sola indiscreción aislada, sino que, siguiendo la naturaleza metafórica del verbo *skandalizo* ("hacer tropezar"), señala a una persona que ha sido arrastrada al pecado y que ha sufrido una grave caída en su vida con Dios.[5] Practicar un estilo de vida que hace pecar a humildes discípulos de Jesús indica que uno se dirige a la condenación eterna, y por ello más valdría acabar rápido con la propia vida que arriesgarse a seguir en esta trayectoria.

El crescendo de la advertencia se acentúa con las siguientes palabras de Jesús: "¡Ay del mundo por las cosas que hacen pecar a la gente! Inevitable es que sucedan, pero ¡ay del que hace pecar a los demás!". Como en los "ayes" anteriores, pronunciados sobre ciertas ciudades impenitentes (11:21), Jesús no declara de manera desapasionada la sentencia condenatoria sobre el mundo. La expresión "Ay del mundo" declara juicio sobre quienes persisten en llevar a otras personas a pecar. Aunque estos estímulos a pecar son una realidad que sucede constantemente, quienes los llevan a cabo son personalmente responsables. Este mismo dictamen cae sobre Judas por su culpabilidad en la traición de Jesús (26:24).

Advertencia sobre permitir que las propias pasiones nos lleven a pecar (18:8-9). Jesús habla ahora directamente a sus discípulos sobre su responsabilidad personal por sus acciones. Para que no se engañen con la idea de que toda conducta pecaminosa es fruto de la presión de otros que los llevan a pecar, Jesús declara que han de asumir la responsabilidad de su propia tendencia a pecar (de nuevo *skandalizo*, como en 18:6). En una expresión similar a la hipérbole que utiliza en el SM (5:29-30), Jesús indica que cortarse una mano o un pie o arrancarse un ojo en esta vida (18:8-9) no puede compararse con el juicio eterno que tendrá lugar por permitir que las propias pasiones nos lleven al pecado. A través de estas dramáticas figuras literarias, Jesús no está abogando por una

5. "Hacer tropezar" = "hacer pecar" (NVI). El uso del verbo *skandalizo* relaciona este texto con 17:27, aunque aquí el uso del término alude a hacer *apostatar* perdiendo la fe y alejándose de Dios más que a *ofender* (Davies y Allison, *Matthew*, 2:761-62; Blomberg, *Matthew*, 274).

automutilación física, sino indicando el riguroso dominio propio que necesitan los discípulos comprometidos.

Las acciones de un discípulo indican el estado de su corazón (15:19), y la persona que se entrega constantemente al pecado es digna de eterna condenación puesto que este pecado revela que tal persona no sigue a Jesús. Los fuegos del infierno eterno del Gehena aguardan a quienes reciben el juicio de Dios.[6]

Protección angélica de los pequeños (18:10)

Jesús continúa su advertencia dirigiéndose a quienes pueden intentar aprovecharse de sus discípulos. La expresión "pequeños" alude aquí a discípulos que se han humillado para ser como niños impotentes (*cf.* 18:2-6), aunque puede que también hiciera referencia a niños literales entre los discípulos. Puesto que los discípulos se han humillado renunciando a centrarse en sus intereses y demuestran ahora la infantil humildad de la debilidad, la indefensión y la vulnerabilidad (*cf.* 18:1-4), ellos y quienes pueden aprovecharse de ellos pueden estar seguros de que el Padre celestial se ocupará de su bienestar por medio de ángeles, que están en constante comunicación con él.

Aunque se sabe que los ángeles están presentes en los asuntos de los seres humanos, de un modo sorprendentemente personal, Jesús alude a "sus ángeles".[7] La Escritura menciona a ángeles ocupándose de personas como Jacob (Gn 48:16; *cf.* Sal 34:7; 91:11), de iglesias (Ap 1:20) y naciones (Dn 10:13). La literatura judía contiene un insistente énfasis en los ángeles como guardianes de personas individuales.[8] Aluda o no esta afirmación de Jesús a ángeles custodios que velan constantemente sobre la vida de los creyentes,[9] sí confirma que el Padre celestial utiliza ángeles para cuidar a sus discípulos que se hacen como niños (*cf.* Heb 1:14). Aunque en algunos textos judíos solo las órdenes angélicas más

---

6. Quienes deseen considerar una exposición de cómo se convirtió el valle de Hinom en una referencia metafórica a los eternos fuegos del infierno, ver comentarios sobre 3:12; 5:22; 25:42.
7. Carson cita con aprobación la idea de B. B. Warfield en el sentido de que los "ángeles" de los "pequeños" son los espíritus de creyentes fallecidos, quienes tras la muerte están siempre en la presencia del Padre celestial ("Matthew", 401). Pero la mayoría de los comentaristas subrayan correctamente que el contexto habla de discípulos y de su protección por parte de los ángeles en *esta vida* (*cf.* Morris, *Matthew*, 464-65; Davies y Allison, *Matthew*, 2:768-72).
8. P. ej., *Tobit* 12:13-22; *1 En.* 100:5; *Jub.* 35:1; *T. Leví* 5.3; *T. Jac.* 2.5-6. Ver también, Keener, *A Commentary on the Gospel of Matthew* (1999), 450-51; Davies y Allison, Matthew, 2:770.
9. La mayoría de los comentaristas ven aquí una posible referencia a los ángeles custodios, pero los datos del pasaje no son concluyentes a falta de pruebas en otros pasajes neotestamentarios; p. ej., Blomberg, *Matthew*, 276; Davies y Allison, *Matthew*, 2:771-772; Hagner, *Matthew*, 2:527; Keener, *A Commentary on the Gospel of Matthew* (1999), 450-451; Morris, *Matthew*, 464-465.

elevadas se acercan a Dios,[10] la afirmación de Jesús en el sentido de que estos "contemplan siempre el rostro de mi Padre celestial" indica que los ángeles de los discípulos tienen constante acceso a Dios y la prerrogativa de comunicarse con él. La expresión "mi Padre" destaca de nuevo la singular relación entre Jesús y su Padre celestial.[11]

Dios busca a las ovejas perdidas (18:12-14)

Jesús demanda a los discípulos que establezcan la conexión entre el cuidado angélico de los "pequeños" y la parábola siguiente de las ovejas ("¿Qué les parece?").[12] La clave es una preocupación por sus humildes seguidores que se han extraviado del camino por el mal ejemplo de otros que les han hecho pecar (18:6-7) o por sus propias decisiones pecaminosas (18:8-9). El Padre no solo enviará ángeles para que procuren llevarles de vuelta al discipulado, sino que él mismo hará todo lo posible para que regresen sanos y salvos.

Para explicar lo que quiere decir, Jesús se sirve de una parábola sobre ovejas seguras en su redil y otras que se extravían. La imagen de seguridad del pueblo de Dios como ovejas suyas está presente por todo el Antiguo Testamento (p. ej., Sal 23; Is 53:6; Jer 13:17; Zac 10:3; 13:7), como lo está también la inquietante figura de algunos que se extravían (p. ej., Sal 119:176; Is 53:6; Jer 23:1-4; 50:6; Ez 34:1-30). Esta metáfora se relaciona de manera natural con Jesús, como él mismo parece dar aquí a entender,[13] como parte fundamental de su misión, tanto a Israel como a toda la humanidad (*cf.* Jn 10:7-18; 1P 5:2-4; Ap 7:17). Puesto que los pastores trabajaban a menudo juntos cuando sus ovejas pacían en las laderas, dejar a las noventa y nueve no era una acción preocupante, ya que otros pastores se harían cargo de ellas. Un rebaño de cien ovejas representa una majada de tamaño normal, fácil de cuidar por un solo pastor.[14]

Jesús hace después una asombrosa afirmación: "Y si llega a encontrarla, les aseguro que se pondrá más feliz por esa sola oveja que por las noventa y nueve que no se extraviaron". La alegría por encontrar la oveja perdida no indica que esta tenga más valor que las demás, sino la profundidad de la preocupación, cuidado y amor del pastor por todas sus ovejas. La profundidad de este amor solo se experimenta a menudo cuando se enfrenta con la posibilidad de la pérdida.

---

10. *Cf.* *1 En.* 14:21; 40:1-10.
11. *Cf.* 7:21; 10:32-33; 11:27; 12:50; 16:17; 18:19; 20:23; 25:34; 26:39, 42, 53.
12. Puesto que la transición entre la afirmación de Jesús sobre el cuidado angélico de los discípulos y la parábola de la oveja parece un tanto áspera, varios manuscritos han insertado una frase que no aparece en los mejores manuscritos, v. 11: "Porque el Hijo del hombre ha venido para salvar lo que se había perdido (RVR1960)".
13. Ver Davies y Allison, *Matthew*, 2:773-74.
14. Edwin Firmage, "Zoology (Animal Profiles): Sheep", *ABD*, 6:1126-27; Keener, *A Commentary on the Gospel of Matthew* (1999), 452.

Jesús explica entonces el sentido de la parábola: "Así también, el Padre de ustedes que está en el cielo no quiere que se pierda ninguno de estos pequeños". La mención de los "pequeños" alude de nuevo a discípulos que se han apartado del camino del discipulado, bien por los malos tratos y tentaciones a pecar que han sufrido por medio de otras personas, entre las que hay discípulos profesantes pero falsos (*cf.* 18:6-7), o bien por sus propias pasiones (18:8-9).

Obsérvese que, en la parábola similar de Lucas 15:3-7, las ovejas perdidas representan a pecadores no salvos, mientras que aquí alude a un creyente que se extraviado. Es posible que Jesús pronunciara esta parábola en dos ocasiones distintas con propósitos diferentes, o que su intención fuera ilustrar con su cuidado y restauración del discípulo rebelde su preocupación por todos los que están perdidos.[15] En cualquier caso, el acento de Jesús en el relato de Mateo está en la recuperación de discípulos apartados que están en peligro de juicio eterno. El peligro está en la posibilidad de que no sean verdaderos discípulos. La disidencia de Judas entre sombras sería un sombrío recordatorio para los lectores de Mateo. El Padre no forzará a nadie a que se arrepienta, como ilustra tan tristemente el caso de Judas, pero Dios ha comisionado a la comunidad de discípulos para que haga todo lo posible por rescatar a los hermanos y hermanas descarriados, porque han de tener el mismo corazón que su Padre celestial.

Disciplinando a discípulos rebeldes (18:15-17)

Esta perícopa (solo consignada por Mateo) es una consecuencia lógica de anteriores advertencias sobre el pecado cometido por discípulos. Jesús da los pasos de la disciplina (18:15-17) y el método de ratificación (18:18-20) que la comunidad ha de aplicar en las situaciones en que se ha cometido pecado.

Jesús comienza especificando el problema: "Si tu hermano peca contra ti". El "pequeño" al que se hace tropezar es ahora un "hermano" que ha cometido pecado. La palabra "hermano" rememora la escena en que Jesús subraya que sus discípulos, que han obedecido la voluntad del Padre siguiendo a Jesús, son su madre, hermano y hermana (*cf.* 12:46-50). Aquí no se alude al sexo del discípulo, podemos aplicar estas palabras a cualquier miembro de la familia de la fe. Jesús aborda lo que debe hacer la comunidad de creyentes si alguno de sus miembros comete pecado. La base de este proceso está en Deuteronomio 19:15-18, como indica la cita de este pasaje en Mateo 18:16.[16]

Jesús enumera cuatro pasos para tratar con un miembro que ha pecado en la comunidad de discípulos, que tienen como objeto la restauración de la persona

15. Blomberg, *Matthew*, 275-76, parece inclinarse por la primera opción, mientras que Young, *The Parables*, 191-200, lo hace por la segunda.
16. El pasaje de Levítico también subyace tras un proceso de disciplina en tres etapas que encontramos en la comunidad de Qumrán: confrontación personal, testigos y, si es necesario, un juicio final por los dirigentes de la comunidad (ver 1QS 5:24-6:1; *cf.* también CD 9:2-4).

en cuestión a un estado de pureza y el restablecimiento de la comunión en el cuerpo.

(1) *Confrontación personal.* "… ve a solas con él y hazle ver su falta. Si te hace caso, has ganado a tu hermano". La persona que ha sido ofendida o un miembro de la comunidad que está al corriente de lo sucedido ha de dirigirse a la persona que ha pecado y exponerle su falta. Este encuentro ha de acometerse con privacidad para que, si se resuelve, no se haya dedicado una atención indebida a la tragedia del pecado cometido por un miembro de la comunidad. El objetivo final del encuentro no es el castigo, sino la restauración, es decir, ganar a un hermano para que pueda ser restaurado al fiel camino del discipulado.

(2) *Testigos de la confrontación.* Si el primer paso no produce arrepentimiento, uno o dos miembros de la comunidad deben personarse como testigos de la confrontación (no significa que fueran testigos presenciales del pecado) y de la negativa del hermano a arrepentirse. Podrán ayudar a arbitrar, o, en caso de obstinada rebeldía, serán testigos de la falta de arrepentimiento. Este procedimiento sigue la directriz de Deuteronomio 19:15: "Un solo testigo no bastará para condenar a un hombre acusado de cometer algún crimen o delito. Todo asunto se resolverá mediante el testimonio de dos o tres testigos"

(3) *Participación de la iglesia.* Cuando no hay arrepentimiento, el tercer paso consiste en llevar la queja delante de la iglesia: "Si se niega a hacerles caso a ellos, díselo a la iglesia". Esta es la segunda vez que el término "iglesia" (*ekklesia*) aparece en el Evangelio de Mateo y en ambos casos es Jesús quien lo utiliza. Jesús mira hacia adelante, al funcionamiento futuro de su familia de discípulos como comunidad de creyentes en esta era (ver comentarios sobre 16:18).

Una vez más, con la meta de restaurar a los discípulos rebeldes ("ovejas"; 18:12-14), se hace participar a la iglesia en el proceso de disciplina para implicar al resto del cuerpo local de creyentes en el intento de que el hermano que ha pecado reconozca su falta. Quienes han compartido la comunión en la comunidad pueden persuadir al hermano que ha pecado de que acepte la responsabilidad de lo que ha hecho.

El modo en que esto se llevaba a cabo en las pequeñas congregaciones domésticas de la iglesia primitiva puede ser bastante distinto de como se practica en nuestro tiempo. El pecado en cuestión se hacía inmediatamente evidente a la comunidad. Hoy algunas iglesias publican una lista o hacen un anuncio desde el púlpito. Personalmente he visto que esto funciona de manera más efectiva cuando los dirigentes de la iglesia se incorporan al proceso de intentar la restauración en lugar de hacer un anuncio público.

(4) *Tratar como un incrédulo.* El cuarto paso de la disciplina es tratar al hermano que se niega a arrepentirse como a un pagano (*ethnikos*; lit., "gentil") o recaudador de impuestos, títulos comunes para quienes son conscientemente rebeldes a Dios y a su pueblo. En el judaísmo posterior, las prescripciones

veterotestamentarias de castigo (Dt 25:1-3) se aplicaban como una responsabilidad de la sinagoga, que no era solo el lugar de adoración, instrucción y comunión, sino también de disciplina. La disciplina extrema incluía la flagelación y la expulsión de la comunidad (*m. Mak.* 3.1-2; ver comentarios sobre 10:17). El enfoque de Jesús es la exclusión espiritual de la comunión eclesial, lo cual simboliza la muerte espiritual.

Una vez más, el modo en que esto se lleva a cabo en nuestro tiempo debe decidirse por las circunstancias concretas. Algunos proponen que no se permita que la persona en cuestión participe de las actividades de la iglesia. No obstante, puesto que animamos a los no creyentes a asistir a las reuniones de la congregación para que escuchen el evangelio, esto no puede significar su estricta remoción de la vida eclesial. Esta prescripción del Señor se cumple mejor cuando la iglesia considera no creyente a la persona en cuestión. Quienes profesan ser discípulos y viven con pecado no confesado indican con su vida que no son verdaderos miembros de la familia espiritual de Jesús y no debe permitírseles que disfruten su comunión. Deberían ser tratados como incrédulos, con la compasión y urgencia necesarias para animarles a arrepentirse; la comunidad no debe brindarles la misma apertura hacia la comunión interior que solo está reservada para los discípulos.

Consenso sobre disciplina y vida comunitaria (18:18-20)

Jesús prosigue subrayando que la responsabilidad de la comunidad de discípulos es alcanzar un consenso colectivo que refleje una correspondencia entre el cielo y la tierra en la realización de la voluntad del Padre.

Consenso en la disciplina (18:18). Esto significa, en primer lugar, buscar la voluntad del Padre por lo que respecta a las actividades de hermanos y hermanas acusados de conducta pecaminosa y procurar después que esta voluntad de Dios tenga peso en la situación. Jesús afirma: "les aseguro que todo lo que ustedes aten en la tierra quedará atado en el cielo, y todo lo que desaten en la tierra quedará desatado en el cielo". Este dicho es prácticamente idéntico al de la declaración sobre el papel de Pedro en el fundamento de la iglesia (ver comentarios sobre 16:19), con la sorprendente diferencia de que en este versículo los verbos están en plural, indicando que la autoridad fundacional de Pedro se extiende a toda la comunidad de discípulos. En este contexto, a la comunidad de discípulos, la iglesia, se le da autoridad para declarar los términos bajo los que Dios perdona o no el pecado de los discípulos rebeldes.

En otras palabras, la asamblea de los discípulos es responsable de declarar los términos bajo los cuales los pecados son perdonados o cómo debe excluirse a alguien de la comunión de la iglesia local. Como declaraciones paralelas, estos dichos de Jesús son la base para la entrada al reino, la iglesia local o la exclusión de ellos (16:19; 18:18).[17] Ambos dichos están relacionados con el perdón del pecado. Hay un tercer pasaje, Juan 20:22b-23, que también tiene que ver con el perdón de pecados y presenta una triple declaración de construcción casi idéntica. El futuro perifrástico indica que Dios ha decidido ya lo que hacen Pedro y los discípulos en este periodo.[18]

La iglesia es el instrumento de Dios, el único que puede conceder el perdón de pecados o consignar a juicio a una persona. El uso de la voz pasiva en "será atado (lit. habrá sido atado)" y "será desatado (lit. habrá sido desatado)" y la expresión "en el cielo" son circunloquios semíticos para aludir a las acciones de Dios.[19] Pero la iglesia tiene autoridad para "atar y desatar", es decir, para declarar los términos bajo los que Dios perdona o retiene pecados (*cf.* Jn 20:22b-23). La afirmación de Jesús asegura a la iglesia que Dios en el cielo confirma su juicio sobre un hermano que ha pecado.

Consenso al orar por la voluntad de Dios en la comunidad (18:19). La correspondencia que se busca en la comunidad de discípulos entre la tierra y el cielo también promete guiar los intentos de la iglesia en general de llevar a cabo la voluntad del Padre celestial en la tierra (*cf.* 6:10; 26:39-42): "Además les digo que si dos de ustedes en la tierra se ponen de acuerdo sobre cualquier cosa que pidan, les será concedida por mi Padre que está en el cielo". La confirmación de la acción de la comunidad al atar y desatar los pecados de los miembros de la iglesia se relaciona con la acción y voluntad del Padre de llevar a cabo las peticiones de la comunidad.[20]

Consenso en la experiencia de la presencia de Jesús dentro de la comunidad (18:20). La tercera declaración de Jesús amplía las dos primeras, indicando que la comunión que disfruta la comunidad al alcanzar un consenso sobre la disciplina de un hermano se produce de hecho por la presencia de Jesús: "Porque donde dos o tres se reúnen en mi nombre, allí estoy yo en medio de ellos". Los concilios judíos requerían un mínimo de tres jueces para decidir sobre casos menores en la comunidad local, asumiendo que la Shekiná permanece con un tribunal justo.[21] De igual modo, cuando dos hombres se reunían para hablar de la ley, la Shekiná estaba presente: "Pero si dos se sientan juntos y hablan palabras de la ley, la presencia de Dios descansa entre ellos" (*m. Abot* 3:2).

---

17. El dicho de 16:18-19 establece una distinción entre la "iglesia" (16:18) y el "reino de los cielos" (16:19), pero con la inclusión del dicho paralelo sobre atar y desatar que aparece en este pasaje sobre la disciplina de la iglesia (18:16-18), el requisito para entrar a ambos es el mismo: el perdón de pecados.
18. Gundry, *Matthew*, 335; Carson, "Matthew", 370-74; ver comentarios sobre 16:19.
19. Quienes deseen considerar una exposición de esta cuestión pueden ver comentarios sobre 16:19.
20. Ver David McClister, "'Where Two or Three Are Gathered Together': Literary Structure As a Key to Meaning in Matt 17:22-20:19", *JETS* 39 (1996): 556-57.
21. *Cf. m. Sanh.* 1:1; *b. Ber.* 6a; "Shekiná" significa la presencia de Dios.

Pero en una sorprendente declaración, Jesús mismo asume el lugar de la presencia divina entre sus discípulos, garantizando que cuando sus seguidores llegan a un consenso pidiéndole a Dios en oración que, les guíe en cuestiones de disciplina, su Padre celestial les guiará en su aplicación. La base de la certeza es la constante presencia de Jesús entre sus discípulos que se reúnen en su nombre. Estas palabras vislumbran el prometido futuro tras la resurrección en que él estará con sus discípulos para siempre en su presencia (ver comentarios sobre 28:20).

Aunque estos versículos se entienden normalmente como una promesa sobre el consenso en el ámbito de la oración (y puede que haya una apropiada aplicación en este sentido), estas promesas tienen que ver con la unidad de la iglesia en la toma de una decisión sobre un miembro que ha pecado. Pero el principio que subyace tras este dicho va más allá del asunto de la disciplina en la iglesia. En el contexto general de las Prescripciones de la Comunidad, la prometida presencia de Jesús entre ellos representa una verdadera dotación de poder cuando los "pequeños" de Dios se reúnen en el nombre de Jesús.

Uno de los acentos especiales de Mateo es que Dios concede poder a su pueblo mediante la permanente presencia de Emmanuel, "Dios con nosotros" (1:24), que continúa hasta el fin del tiempo (28:20). David Kupp afirma que la presencia de Jesús en la reunión de sus discípulos "es la experiencia social y religiosa de su pueblo reunido y siendo llenado de la autoridad, enfoque y coherencia divinos para los acontecimientos ordinarios y extraordinarios en la vida de su comunidad".[22] La presencia del Jesús resucitado dentro de su comunidad trae consigo una radical transformación que hace que los creyentes lleven a cabo persistentemente la voluntad del Padre imitando el inquebrantable compromiso de Jesús con esta voluntad.

Perdón en la comunidad de los discípulos que pecan (18:21-35)

Perdón repetido (18:21-22). El propósito de la disciplina dentro de la iglesia —que ha de estar dispuesta a perdonar y restaurar a cualquiera que se arrepiente— es la restauración del hermano que ha pecado al camino del discipulado. Pero el discípulo sabio reconoce que quienes se arrepienten y buscan el perdón pueden estar escenificando una farsa y apresurarse a volver a sus caminos pecaminosos una vez han obtenido lo que buscan. Tales personas pueden hacer mucho daño a los demás y perturbar el correcto funcionamiento de la comunidad. En este breve diálogo que solo consigna Mateo, Pedro parece estar pensando en esto cuando se acerca a Jesús y le pregunta: "Señor, ¿cuántas veces tengo que perdonar a mi hermano que peca contra mí? ¿Hasta siete veces?".

Hemos de investigar el trasfondo judaico para entender los asuntos más amplios que suscitan la pregunta de Pedro. En el Antiguo Testamento, el perdón era

22. Kupp, *Matthew's Emmanuel*, 199.

un don del Dios de gracia, que había instituido sacrificios que eran únicamente válidos porque él permitió hacer expiación mediante el derramamiento de sangre (Lv 17:11). Sin embargo, el mismo Dios que perdona la maldad, la rebeldía y el pecado "no deja sin castigo al culpable, sino que castiga la maldad de los padres en los hijos y en los nietos, hasta la tercera y la cuarta generación" (Éx 34:6-7). En el mundo de cada día, la gente puede quedar atrapada en un patrón regular de pecar y buscar restauración.

La enseñanza dentro del judaísmo (basada en Am 1:3; 2:6; Job 33:29, 30) es que con tres veces bastaba para mostrar un espíritu perdonador. El judaísmo rabínico entendía que quienes pecaban, se arrepentían y volvían a caer en lo mismo posiblemente no se habían arrepentido de verdad: "Si un hombre comete una transgresión, la primera, segunda y tercera vez se le perdona, pero no la cuarta" (*b. Yoma* 86b, 87a). La Mishná es incluso menos perdonadora: "Si un hombre dijera, 'pecaré y me arrepentiré, y pecaré de nuevo y me arrepentiré', no le será dada oportunidad de arrepentirse [...] porque las transgresiones que se producen entre un hombre y sus compañeros, solo son expiadas en el día de la expiación si este ha resuelto la ofensa con su compañero" (*m. Yoma* 8.9).

La pregunta de Pedro parece seguir esta línea, preguntándose cuántas veces debe perdonar a una persona que peque contra él. Su oferta de perdonarla hasta siete veces, más del doble de lo que declaran las citas anteriores, es magnánima y refleja un deseo de plenitud que suscita, por regla general, el número siete. Pedro se pregunta, no obstante, si es aquí donde debería establecerse el límite de su generosidad de espíritu.

La sorprendente respuesta de Jesús es que Pedro debe perdonar, no ya el generoso número de siete veces, sino incontables ocasiones: "No te digo que hasta siete veces, sino hasta setenta y siete veces". El significado del número que Jesús utiliza no está muy claro. Se puede entender como "setenta y siete veces", que es la misma fórmula que encontramos en la Septuaginta de Génesis 4:24, o "setenta veces siete", que es un sentido menos probable.[23] En esencia, Jesús parece estar diciendo que el número concreto no importa. Pedro y el resto de los discípulos han de seguir perdonando sin llevar la cuenta. Jesús da la razón de este pensamiento sin precedente en la parábola que sigue inmediatamente: Pedro ha de seguir perdonando porque la realidad de su propio perdón se demuestra en el modo en que Dios perdona a otras personas.

Parábola del siervo implacable e inmisericorde (18:23-35). Introduciendo esta parábola del mismo modo que las de los misterios del reino de los cielos (*cf.* 13:24, 31, 44, 45, 47), Jesús explica a Pedro y a los demás discípulos lo que es el perdón para aquellos que han experimentado el reino. Este reino es como un rey que quiso ajustar cuentas con sus siervos (18:23).

23. Ver BDF §248(2), 130; la LBLA y la RVR1960 traducen de este modo.

El primer siervo (18:23-27). La expresión "ajustar cuentas" suscita una siniestra nota de juicio al describir el escenario de lo que se debe al rey. Como deuda de una persona (10.000 talentos) era una cantidad inconcebible, que indica hiperbólicamente la naturaleza incalculable de la deuda del siervo. Puede que el deudor en cuestión fuera el gobernador de una región encargado de recaudar impuestos para el rey, pero que ha malgastado esta cantidad.

Es difícil determinar el exacto valor monetario, porque el "talento" no era una moneda, sino una unidad de cálculo monetario. Un talento de plata eran unos veinte kilos de este metal, y estaba valorado en unos 6.000 denarios. Puesto que un denario era el equivalente del salario diario de un jornalero (ver comentarios sobre 17:24-27) y si utilizamos el salario mínimo del año 2001 que en Estados Unidos era de 5,15 dólares la hora, un obrero normal podía cobrar unos 41,20 dólares al día. Un talento costaría, por tanto, unos 247.200 dólares aproximadamente (*cf.* 25:15).[24] En total, este hombre debe, pues, al menos 2.500.000.000 de dólares. Por extremas que sean estas cifras, las comparaciones son difíciles de apreciar, puesto que, en la Palestina del siglo primero, esta suma sería mucho más desproporcionada en relación con lo que significaría hoy. Algunos consideran que esta cantidad equivale a cientos de miles de millones de dólares (ver también comentarios sobre 25:15). En cualquier caso, la hipérbole que presenta la parábola es impresionante.[25]

Puesto que este hombre no puede pagar tal cantidad astronómica, él y su familia han de ser vendidos para satisfacer la deuda, dando a entender que el rey iba a venderlos como esclavos, una práctica común en el mundo antiguo. Los deudores se veían con frecuencia forzados a vender a sus hijos como esclavos o a entregárselos a su acreedor (*cf.* 1R 4:1; Neh 5:4-8). La esclavitud de los deudores tenía con frecuencia una intención más punitiva que de resarcimiento económico, puesto que, como en este caso, era imposible devolver la cantidad debida.

El siervo del rey hace una petición ridícula, al sugerir que con un poco de paciencia él puede devolver la cantidad que adeuda (18:26). Sin embargo, la abrumadora situación de este hombre suscita la compasión del rey que le otorga algo que no merece: cancela la deuda y lo deja libre (18:27). Los oyentes habrían recordado aquí el tema del perdón que introdujo la parábola (18:21-22). Esta primera escena es una poderosa demostración del perdón que Dios, el único rey legítimo, demuestra hacia quienes le han ofendido.

El segundo siervo (18:28-30). En la siguiente escena, el siervo al que le ha sido perdonada la inconcebible cantidad de diez mil talentos se encuentra con un compañero que le debe cien denarios. Utilizando las mismas cifras y

24. Quienes estén interesados en la tabla de pesas y medidas y sistema monetario en tiempos de Jesús pueden ver Wilkins, "Matthew", 115.
25. Quienes deseen considerar una visión general de la parábola dentro de su contexto judío pueden ver Young, *The Parables: Jewish Tradition and Christian Interpretation*, 127-44.

equivalencias para comparar esta cantidad, el segundo siervo debía poco más de cuatro mil dólares, una miseria comparada con los miles de millones que debía el primer esclavo. Pero aquel a quien tanto se le ha perdonado no responde con la misma compasión, sino más bien al contrario. "Lo agarró por el cuello y comenzó a estrangularlo. '¡Págame lo que me debes!', le exigió". El segundo siervo suplica con acciones y palabras casi idénticas a las que utilizó el primer siervo cuando suplicaba la indulgencia del rey. Pero, en lugar de reaccionar con la misma compasión y gracia, el primer siervo actúa con violencia, intentando estrangular a su deudor, en lugar de venderlo como esclavo, lo lleva a la cárcel, un castigo incluso más severo que aquel con que le amenazó a él el rey, algo que hacía imposible el pago de la deuda (18:29-30).

Castigo del primer siervo (18:31-34). Pero esta bajeza no le sale impune al siervo ingrato, porque otros siervos se entristecen viendo el injusto trato que da a su compañero y le cuentan al rey lo ocurrido (18:31). La verdadera naturaleza del siervo se pone de relieve cuando se le llama "malvado".

El rey le pregunta: "¿No debías tú también haberte compadecido de tu compañero, así como yo me compadecí de ti?". La misericordia y benevolencia del señor hacia el primer siervo deberían haber impactado hasta tal punto su vida y valores que habría tenido que dedicarse a prodigar misericordia y benevolencia a los demás. Sin embargo, su malvada naturaleza solo se ha aprovechado egoístamente de su señor. Ahora recibirá el castigo que merecía al principio. Es entregado a los "atormentadores (lit.)", es decir, a aquellos funcionarios de la cárcel para deudores que no se limitaban a custodiar a los reclusos para que no escaparan, sino que los torturaban. Puesto que sería imposible que este siervo devolviera la enorme cantidad que debía, la escena concluye con la sombría certidumbre de que va a experimentar un castigo sempiterno, una severa alusión metafórica a un eterno destino de juicio (*cf.* 8:12; 10:28; 13:42, 49-50; 24:51).[26]

Principio de la parábola (18:35). El significado nuclear de la parábola se encuentra en el último versículo: "Así también mi Padre celestial los tratará a ustedes, a menos que cada uno perdone de corazón a su hermano". Tener "misericordia" es *no dar* a una persona lo que merece, mientras que impartir "gracia" es *dar*le algo que *no* merece. Esto nos lleva a un principio fundamental sobre la clase de vida del reino que Jesús ha inaugurado. Quien verdaderamente ha experimentado la misericordia y la gracia de Dios respondiendo a la presencia de su reino será transformado en un discípulo de Jesús, lo cual, esencialmente, significa vivir con un nuevo corazón que producirá una vida transformada que imparte a los demás la misma misericordia y gracia que ha recibido de Dios (*cf.* Is 40:2).

Esta transformación será evidente en las palabras y acciones del discípulo (12:33-37; 13:8, 23; 15:17-20). Una persona que no haya experimentado

26. Para encontrar una exposición académica sobre el juicio escatológico en el Evangelio de Mateo, ver Sim, *Apocalyptic Eschatology in the Gospel of Matthew*, esp. 130-39.

verdaderamente la gracia y misericordia de Dios no experimentará su perdón. Tal persona aceptará, como el primer siervo, los beneficios personales, pero su experiencia será superficial. El mensaje no penetrará en un corazón duro y malvado para transformarla. La persona en cuestión experimentará, pues, condenación eterna. Los discípulos de Jesús deben perdonar a los demás, puesto que ellos han experimentado el perdón de Dios a través de su gracia y misericordia.

Pedro y los demás discípulos son llevados de este modo a una incomprensible verdad que va a marcar sus vidas para siempre. A medida que vayan viendo el desarrollo y fin de la vida y ministerio de Jesús y lleguen a entender el significado de la cruz y la tumba vacía, quedarán cautivados por la compasiva misericordia y gracia de Dios demostrada en su amante Salvador Mesías y Señor, Jesús. Esta transformación se producirá en sus propias vidas, y la misericordia de Dios se convertirá en una característica preeminente de la comunidad de discípulos. Pedro escribe más adelante en 1 Pedro 2:9-10:

> Pero ustedes son linaje escogido, real sacerdocio, nación santa, pueblo que pertenece a Dios, para que proclamen las obras maravillosas de aquel que los llamó de las tinieblas a su luz admirable. Ustedes antes ni siquiera eran pueblo, pero ahora son pueblo de Dios; antes no habían recibido misericordia, pero ahora ya la han recibido.

Construyendo Puentes

Los cinco discursos que Mateo consigna en su Evangelio son la colección más extensa de enseñanzas de Jesús que encontramos en la Escritura y son un tesoro de principios del reino que han dirigido a la iglesia a lo largo de su historia. Estos discursos están directamente vinculados con los propósitos de Jesús para todos sus seguidores, puesto que contienen el principal material a partir del que todos los discípulos han de aprender a obedecer todas las cosas que Jesús ordenó (*cf.* 28:18-20; hay más detalles sobre este asunto en la Introducción). Este cuarto discurso, las Prescripciones de la Comunidad, describe a la iglesia como una comunidad de discípulos que da testimonio de la realidad de la presencia del reino a lo largo de esta era. Su testimonio procede tanto de su declaración del mensaje del evangelio como de su ejemplo en vivirlo como la familia de la fe que se caracteriza por la humildad, la pureza, la responsabilidad, la disciplina, la reconciliación, la restauración y el perdón.

Jesús dirigió principalmente su primer y tercer discursos a sus discípulos, aunque las multitudes estaban también presentes para otros propósitos (ver comentarios sobre 5:1-2; 7:28-29; 13:1-2, 10-17) y los líderes religiosos eran un objeto implícito de reprensión (5:20; 6:1-18; 12:24-32, 46-50). Pero, como el segundo y el quinto, este se dirige exclusivamente a los discípulos. La singularidad de este material acentúa la urgencia de Jesús para prepararlos para el tiempo en que una nueva comunidad de fe sustituirá a Israel como cuerpo de Jesús que ejerce como testigo suyo de la realidad de la presencia del reino.

El carácter único de esta prescripción para la vida comunitaria acentúa también que la presencia del reino de los cielos pone patas arriba los valores de este mundo y la forma en que la nueva comunidad, la iglesia, será un testimonio vivo de este trastorno. Este discurso manifiesta de varias formas los valores de la comunidad.

La grandeza de la vida del reino. La grandeza no se consigue mediante logros personales, sino por medio de la humildad que recibe la gracia de Dios. El patrón del mundo el de contar los propios logros, especialmente si estos implican una medida de sacrificio personal. Los discípulos se han comprometido con este tipo de esfuerzo para el reino de los cielos y están ahora considerando quién ha logrado más y quién es, por tanto, el mayor entre ellos en el reino.

Pero Jesús invierte por completo este valor al demostrar mediante el ejemplo de un niño que la vida verdaderamente transformada no puede lograrse por esfuerzos personales, sino solo permitiendo humildemente que Dios lleve a cabo su renovación espiritual en la vida de una persona. Esta actividad renovadora introduce a la persona a la esfera del reino de Dios. Este es un mensaje muy parecido al de las Bienaventuranzas del SM, donde aquellos que han puesto a un lado todo esfuerzo propio para conseguir una posición delante de Dios podrán recibir el don de la vida del reino (*cf.* 5:3-16). Cuando alguien recibe humildemente este don de la vida, se convierte en discípulo de Jesús y está al corriente de toda la grandeza que procede de una relación íntima con Jesús y con su Padre (18:4).

Probablemente podemos usar un ejemplo de las antiguas familias reales. Una niña que nacía en una familia real no llegaba a ser princesa por sus esfuerzos. No había causa de orgullo en lo que era un don, y por ello las princesas sabias eran humildes. Igual que cualquier otro bebé, nacían débiles, indefensas y vulnerables. La grandeza de su posición la establecía su nacimiento en la familia real. A medida que crecían en su papel regio, se daban cuenta de que su grandeza como futuras reinas estaba en servir a sus súbditos. Todos sus logros solo eran posibles por el privilegio de haber nacido en su posición.

De igual manera, en nuestro caso, no es lo que hayamos hecho nosotros lo que nos hace grandes, sino solo lo que ya somos por lo que Dios ha hecho en nuestra vida para llevarnos a su reino. Este comienzo nos permite dedicar nuestra vida a seguir el patrón de servicio de Jesús por el reino que nos hace avanzar en esta clase de humilde grandeza (*cf.* 20:25-28).

Responsabilidad por la pureza de los demás. Jesús sigue demostrando que su comunidad es responsable de ejemplificar una vida para las personas que no las lleve a pecar. Puesto que el contexto alude a esfuerzos individuales para conseguir grandeza (18:1-4), podemos asumir que este es el punto de partida de Jesús. Los "pequeños", quizá una referencia a los nuevos discípulos, son débiles, indefensos y vulnerables cuando entran humildemente en el reino de los cielos. Observan el patrón de los discípulos que les han precedido y son muy propensos a seguir su ejemplo. Aunque todos los discípulos han de entrar en el reino haciéndose como niños humildes (18:3), el patrón de grandeza del mundo es una peligrosa tentación para quienes forman parte de la comunidad de discípulos. Estos pueden comenzar a contar sus logros, a comparar lo que han conseguido y a condenar los esfuerzos de sus hermanos y hermanas, todo ello buscando grandeza según las normas del mundo.

Si este es el patrón que adopta la comunidad, los nuevos discípulos serán tentados a modelar su nueva vida de discipulado según este ejemplo. Jesús declara, pues, que hemos de tomarnos muy en serio nuestra responsabilidad para con los demás discípulos, porque, si estos siguen un patrón erróneo, se encaminarán hacia el pecado de la grandeza mundana en lugar de dirigirse a la humildad del reino.

Por tanto, uno de los valores esenciales de la comunidad de la fe es la responsabilidad para con la pureza de los demás discípulos, comenzando con la propia actitud de grandeza personal. Esta es, posiblemente, la razón por la que Jesús dirige sus advertencias tanto a nuestra responsabilidad para con la conducta de los demás (18:5-7) como por la nuestra (18:8-9). El patrón del mundo es preocuparse principalmente por uno mismo, pero todo lo que hacemos dentro de la comunidad de la fe tendrá su impacto en los demás. Por ello, uno de los principales valores dentro de la comunidad debería ser el desarrollo de un patrón de vida en que todos los discípulos estén comprometidos con los demás en velar por la práctica de la pureza.

Responsabilidad en la restauración. Una consecuencia de la responsabilidad que tiene la comunidad por la pureza mutua es la que compartimos para restaurar a quienes se han apartado por el mal camino. La parábola de la oveja perdida (18:10-14) revela el corazón de Dios. El pastor podría haberse conformado con llevar sanas y salvas noventa y nueve ovejas. Es un buen porcentaje. No es nada raro que se pierda parte del rebaño por los montes. Sin duda, no habría sido condenado por perder solo una oveja. Pero, por la misma razón que envía ángeles protectores a todos sus pequeños (18:10), Dios considera imprescindible a cada uno de sus discípulos descarriados. Podemos asumir que los dirigentes de la comunidad tienen una importante responsabilidad en la restauración de aquellos que se han descarriado, pero lo cierto es que todos los miembros somos responsables de hacer lo que podamos por restablecer a la comunión a los hermanos y hermanas que se han apartado del camino.

Es a veces más fácil hacer leña del árbol caído, castigando a los descarriados por su falta de fidelidad o ajustando cuentas con ellos por el daño que han causado a otros. Pero lo que hemos de hacer es aceptar a tales personas de vuelta a la comunidad para que puedan encontrar fortaleza en nuestra unidad y fidelidad.

La comunidad rendirá cuentas al Pastor de su compromiso con la restauración de aquellos que han caído.

Disciplina y reconciliación. Asimismo, la comunidad tiene la responsabilidad de proteger su pureza de aquellos que han introducido actividades pecaminosas. A veces es más fácil comprometer la pureza de la comunidad que confrontar el pecado. O, como dice la máxima del mundo, es más fácil "vivir y dejar vivir" por las dificultades de mantener normas absolutas. Otra directriz que a menudo se impone es: "¿Quién soy yo para juzgar, si tampoco soy perfecto". Sin embargo, cuando nos preocupamos valientemente por los miembros de la comunidad de la fe tomaremos en serio la peligrosa situación de aquellos que practican el pecado y la pureza de la comunidad que permite que el pecado contamine la comunión.

Dos de las directrices más importantes para ejercer la disciplina dentro de la comunidad son la meta que esta persigue y la fuente última de la que emana. (1) La meta de la disciplina es la *reconciliación*. Si un hermano o una hermana acepta la disciplina, la meta es ganarlos de nuevo a la comunión (18:15). Un discípulo que persiste en el pecado queda alienado tanto de Dios como de la pura comunión con otros creyentes. Cuando esta persona confiesa su pecado, su comunión con Dios y con otros creyentes es restaurada.

(2) La fuente última de la disciplina es *Dios mismo*. Puesto que solo Dios puede perdonar o retener el pecado, la responsabilidad de la comunidad es entender sus normas, buscar la unidad del Espíritu que lleva a una comprensión de su voluntad y seguir la guía de la presencia de Jesús dentro de la comunidad (18:18-20). La comunidad que disciplina a sus miembros está expresando el amor, compasión y pureza de Dios Padre, quien une verdaderamente a sus miembros como hermanos y hermanas en Cristo.

Perdón incondicional. Es posible que el valor del reino que al mundo más le cuesta entender sea la clase de perdón que Jesús plantea en este discurso. No se trata de una aceptación condicional, sino de la eliminación categórica de todo lo que tenemos en contra de los demás. Una de las razones, al menos, por las que el mundo no puede entender realmente este valor es que, en aquellas relaciones personales donde ha habido ofensas, el dolor es algo real. Cuando se nos ha hecho daño, no queremos sufrir de nuevo. No vamos a permitir que nadie nos utilice. Queremos ajustar cuentas con aquellos que han abusado de nosotros. Cuando perdonamos a otras personas, lo hacemos a menudo de manera condicional, en función de las acciones del que ha de ser perdonado. Pero lo que Jesús muestra es que la experiencia del perdón incondicional de Dios va a influenciar todo lo que somos y tendrá un gran impacto en todas nuestras relaciones personales. La experiencia de la misericordia nos hará misericordiosos con los demás.

Este es el elemento que unifica el discurso de las Prescripciones de la Comunidad. La persona que ha experimentado la misericordia de Dios y ha recibido su perdón ha entrado humildemente en la vida del reino de los cielos. Todos los antiguos valores del mundo se han invertido completamente. Yo ya no tengo que estar en el lugar prioritario. No tengo ya por qué ser el mayor, porque cuando lo soy me distancio de quienes también quieren serlo. La competitividad malsana y las comparaciones son ahora eliminadas de nuestra comunidad; mi propósito es buscar lo mejor para ti, no para mí. Mi aspiración a servir tiene como objetivo perseguir tu bien.

Esto es lo que hace que la comunidad que Jesús ha establecido (la iglesia, el cuerpo de Cristo) sea tan singular. Aunque podamos usar otras directrices para determinar la salud de la iglesia, Jesús dice que su comunidad de discípulos es el principal testigo de la realidad de la presencia del reino en esta era. Nuestro testimonio se lleva a cabo mediante nuestra proclamación y práctica del evangelio como familia de la fe. Lo que distinguirá nuestra comunión es la humildad, la pureza, la responsabilidad, la disciplina, la reconciliación, la restauración y el perdón.

Significado Contemporáneo

Comunidad. Los famosos encuestadores George Gallup y su hijo George Gallup Jr. han estudiado los hábitos y preferencias del pueblo estadounidense desde el año 1930. Hace varios años, en uno de los estudios del Sr. Gallup Jr., este investigador concluyó que los norteamericanos estamos entre las personas más solitarias de la tierra. Gallup cita una serie de factores que contribuyen a este hecho, entre ellos el individualismo del mundo occidental, convertido en aislacionismo y exacerbado por la urbanización, la tecnología y el consumismo.[27]

Esta verdad señala algo que a muchos de nosotros, con nuestro obstinado sentido de la independencia, no nos gusta reconocer: nos necesitamos unos a otros. Nos enorgullecemos de nuestra capacidad para valernos por nosotros mismos. Pero Dios no nos creó para ser de este modo. La comunidad es un importante elemento de la creación de Dios. A pesar de los devastadores efectos del pecado, la comunidad es una fuerza estabilizadora que Dios ha establecido para perpetuar su creación. Como corona de la creación de Dios, los humanos están diseñados para ejemplarizar el modelo más elevado de comunidad. No era bueno que Adán estuviera solo, por lo que Dios le creó una ayuda idónea. Desde entonces nunca ha sido bueno que los humanos estén solos.

La comunidad es un elemento que llevamos incorporado desde el nacimiento. Es también un elemento que encontramos en la creación en general. En biología, una *comunidad* es un grupo de varias especies que interactúa en la misma

27. George Gallup Jr., *The People's Religion* (Nueva York: Macmillan, 1989), pássim.

ubicación. Por ejemplo, una comunidad biológica podría ser un bosque de árboles y matorrales, habitado por animales y arraigado en un suelo que contiene bacterias y hongos. Hay una serie de factores que determinan la estructura general de una comunidad biológica, como el número de especies (*diversidad*) que alberga en su interior, el número de individuos de cada especie (*abundancia*), las interacciones entre las distintas especies y la capacidad de la comunidad para volver a la normalidad (*resiliencia y estabilidad*) tras una influencia perturbadora como un incendio o un periodo de sequía. Al proceso de crecimiento y cambio de las comunidades biológicas se lo conoce como sucesión ecológica.[28]

Dios incorporó la comunidad en la creación a fin de capacitarla para sostenerse a sí misma y prosperar. Los ciervos nunca podrían sobrevivir sin la asombrosa interdependencia de todos los elementos del bosque que configuran la comunidad biológica. De entre todas las criaturas de Dios, los humanos, creados a su imagen, deberíamos poner la comunidad como uno de nuestros valores más elevados, puesto que dentro de la propia Deidad existe una maravillosa interacción de comunidad en la Trinidad. Sin embargo, el pecado perturba la comunidad, puesto que los seres humanos priorizan su propio bien por encima de la comunidad. Los mismos elementos comunitarios que sustentan la creación, como la diversidad, la abundancia, la interacción, la resiliencia y la estabilidad, son los factores que tienden a dividirnos.

Pero, con la llegada del reino de los cielos y su radicalización de la vida para aquellos que responden a su invitación, la comunidad se ve ahora con una nueva mirada. El mensaje de Jesús en este discurso de la comunidad nos da una fórmula para invertir los destructivos resultados del pecado en las relaciones humanas y promover la comunidad bíblica. En este discurso, Jesús se centra en cuestiones específicas que destruyen la comunidad y deben invertirse, subrayando tres cuestiones especialmente destructivas: competitividad, independencia y retribución, junto a tres cualidades que ayudarán a vencer estos elementos destructivos: humildad, responsabilidad y misericordia. Esta clase de comunidad eclesial funcionará fielmente como testimonio de la presencia de Jesús en esta era.

La humildad trastoca la competitividad. La pregunta que suscitó este discurso sobre la comunidad la plantearon los discípulos en su deseo de saber quién de ellos era el mayor en el reino de los cielos (18:1). El deseo de maximizar la propia vida no es de por sí algo malo. Sin embargo, como Jesús sigue mostrando a sus discípulos, el reino funciona con motivaciones distintas. Vivir principalmente con la meta de ser el mayor promueve una competitividad que destruye las relaciones personales. Siguiendo los paralelismos biológicos que hemos considerado antes, la competitividad surge cuando recursos como la comida o el espacio no son suficientes para suplir las necesidades de las especies que intentan vivir juntas en comunidad. Cuando surge este tipo de competitividad, los

28. Ver la entrada "Community" en la *Encyclopædia Britannica*.

miembros más jóvenes, débiles y marginados son aislados y a menudo acaban muriendo. Así es como funciona la creación que está dominada por el pecado.

No estoy sugiriendo, sin embargo, que toda competitividad sea mala. Cuando es dirigida por una apropiada humildad, una saludable competitividad en el ámbito del deporte puede promover el bien común y ayudar a las personas a maximizar su potencial. El propio Nuevo Testamento señala la competitividad en el atletismo como una positiva analogía de la vida cristiana (1Co 9:24; Ef 6:12). No obstante, esta analogía indica que el cristiano no debe esforzarse por conseguir coronas de reconocimiento y gloria humanos, sino la imperecedera corona de la vida eterna (1Co 9:25; 1Ti 4:8).[29] Para un sistema económico que busca productos de calidad y suministrados adecuadamente a los consumidores, la competitividad puede ser algo beneficioso. Pero cuando lo que prima es la propia promoción a expensas de los demás, la competitividad se convierte en algo destructivo.

En el mundo académico, la competitividad puede ser muy destructiva para la comunidad. Cada año advierto a mis estudiantes sobre los peligros de ciertas formas inapropiadas de competitividad. Es posible competir de formas que susciten celos, sospechas, envidias y resentimientos entre ellos. O pueden, por el contrario, aprender a trabajar juntos, apreciando los dones y talentos de cada uno y estimulándose entre sí a encontrar aquellas metas en sus vidas que sirvan finalmente para el bien común de establecer el reino de Dios.

Yo mismo experimenté esto hace muchos años cuando estuve en el seminario. En el periodo del instituto no fui demasiado buen estudiante, debido principalmente a dificultades de tipo personal. Prefería los deportes o las fiestas. Poco después de salir del ejército me hice cristiano y, de repente, descubrí la pasión por aprender. En la universidad me fue bien, y en el seminario me introduje en campos de estudio que fueron toda una revelación. De manera que competía conmigo mismo para sacar el máximo provecho de aquel periodo de estudios. Quería que Jesús supiera que me esforzaba al máximo. Por otra parte, me había casado y teníamos una niña recién nacida. Mi esposa se sacrificaba mucho para que yo pudiera estar en el seminario y, por ello, cuando llegaba a casa quería llevarle unas buenas notas que le hicieran saber que su sacrificio merecía la pena. Creo que aquella era una saludable competitividad conmigo mismo para sacar el máximo provecho de mis estudios, lo cual fue el primer indicador de que mi carrera iba a orientarse hacia el ámbito académico.

Pero un amigo mío comenzó a competir conmigo para sacar mejores notas y creo que aquello no era muy saludable. Quería saber qué notas sacaba en mis deberes, exámenes, etc. Quería graduarse con una nota media más elevada que yo. Puedo decir honestamente que a mí no me importaban cuales eran sus calificaciones, pero a él, sí. Esto afectaba, de algún modo, nuestra amistad. Yo me

29. "Athletics", *DBI*, 54.

mostraba más cauteloso con él y él era más agresivo para conseguir aventajarme en las calificaciones. Hasta este día seguimos siendo amigos, pero sigue habiendo un punto de competitividad entre nosotros. Hoy soy quizá más consciente de haber contribuido, sin darme mucha cuenta, a nuestra competitividad de aquel tiempo, y soy sobre todo consciente de que este tipo de competitividad destruye la comunidad.

Jesús ofrece una alternativa revolucionaria: la humildad. No se trata de la clase de abnegación que nos lleva a fustigarnos emocional o hasta físicamente como si no tuviéramos valor. Esta clase de devaluación de uno mismo niega el valor del individuo como persona creada singularmente a imagen de Dios. La humildad que Jesús propone es aquella actitud por la que nos situamos de manera incondicional en un estado de vulnerabilidad ante Dios. En este pasaje, esto lo vemos principalmente de dos formas, puesto que la humildad crea y hace crecer la comunidad.

La humildad crea comunidad. En lugar de perseguir agresivamente nuestro estatus y metas por nuestros esfuerzos, recibimos la vida como un don del reino de los cielos (18:1-4). Cuando entramos en esta vida, descubrimos nuestro valor personal como discípulos de Jesús. Todos somos el "mayor" por la gracia incondicional que hemos recibido cuando Jesús nos pone en relación con él. En esta relación entendemos sus propósitos para nuestra vida comunitaria y en relación con otras personas. La comunidad se crea por nuestra igualdad esencial. Somos parte de la misma familia, hermanos y hermanas de Jesús con un mismo Padre y una misma dignidad. No hay ninguna necesidad de competir para conseguir atención, amor o prominencia. Al entrar en el reino y a medida que experimentamos humildemente la gracia de Dios como discípulos de Jesús se crea la comunidad.

La humildad hace crecer el sentido de comunidad. La humildad también hace crecer la comunidad. En lugar de competir con los demás para ser el mayor, nuestras relaciones individuales con Jesús nos permitirán servirnos unos a otros para nuestro bien y para el de su reino en este mundo. Las comparaciones son un cáncer en nuestras relaciones personales, elevándonos por encima de otras personas y despojándolas de su carácter único. Jesús subraya que, cuando entramos en el reino de los cielos como niños, debemos también proteger a los demás que han entrado asimismo en él con la misma humildad (18:5-9).

La manifestación de la humildad hacia los demás es espinosa por los extremos en que podemos caer. Cuando creemos ser humildes estamos, posiblemente, siendo arrogantes. Sin embargo, la persona que tiene demasiado miedo de ser orgullosa no tendrá a menudo el valor de utilizar sus talentos y dones. Frecuentemente nos cuesta mantener el correcto equilibrio. En una ocasión se hizo pasar al estrado a un profesor de la escuela dominical para entregarle un pin en reconocimiento de su humildad sirviendo a los niños durante toda su vida. La semana siguiente este hermano fue acusado de orgullo por llevar el pin en la solapa y el pastor se lo quitó. El ejercicio de la humildad es una cuestión complicada.

Creo que estamos en un extremo cuando felicito a un estudiante por hacer un buen examen y este me dice: "No he sido yo, ha sido el Señor". Sé que está intentando ser humilde, pero sin duda no ha sido el Señor quien ha estudiado toda la noche, ni quien ha analizado la difícil sintaxis de un pasaje griego. Entiendo el deseo del estudiante de darle la gloria a Dios en todas las cosas, pero su respuesta puede ser de hecho una sutil forma de orgullo. ¿Acaso los otros estudiantes de la clase no aman también al Señor? ¿No actúa Dios también por medio de ellos? ¿Por qué no sacaron ellos una nota tan alta como él? La persona verdaderamente humilde reconoce que los dones y talentos que posee proceden de Dios y, a continuación, los ofrece para servir al Señor y a los demás.

El otro extremo lo veo cuando animo a un estudiante a ocupar una posición que ha sido ofrecida por una iglesia. El estudiante en cuestión declina el ofrecimiento porque no se considera cualificado para la tarea. Está tan absorto en la percepción de su inadecuación que se siente paralizado y no se deja utilizar por el Señor para ejercer sus maravillosas capacidades naturales y los dones impartidos por el Espíritu. Esta persona ha de reconocer humildemente que, si Dios la ha llamado a realizar una tarea, le proveerá también los dones y capacidades necesarios para llevarla a cabo.

La responsabilidad vence a la independencia. La independencia es muy apreciada en nuestra cultura occidental, ya que indica libertad de la influencia, del control o de la determinación de los demás, especialmente cuando se trata de un país sobre otro. Esta se filtra al nivel personal cuando no queremos depender de nadie o que otros dependan de nosotros. Aunque esta forma de independencia puede ser muy valiosa cuando se ejerce de manera saludable, puede también convertirse en un insidioso elemento que destruye la comunidad. Pensamos que no necesitamos a nadie más y que podemos apañárnoslas perfectamente por nuestra cuenta, de manera que desarrollamos una forma de aislacionismo en el que cada persona es solo responsable de sí misma.

La responsabilidad crea comunidad. La feroz independencia por tantos deseada en el mundo moderno es otra evidencia de una sutil pecaminosidad. Lo que vence esta independencia es un correcto sentido de responsabilidad que entiende que otros nos necesitan. Una amiga tuvo un embarazo difícil. Esta joven era fuerte y se enorgullecía de su independencia y capacidad para hacer frente a casi cualquier cosa que se le presentara. Había sido una atleta excepcional en el instituto y en la universidad. Pero el bebé que se iba desarrollando en su interior era un importante obstáculo para su independencia. A medida que el embarazo avanzaba le iba siendo más difícil competir a su gusto, y sentía que aquel bebé le estaba robando su libertad para hacer lo que quería. Comenzó incluso a resentirse en contra de la vida que crecía en su interior. Esta clase de pensamientos y sentimientos la horrorizaban. Estaba segura de que aquello no estaba bien, pero no podía evitarlo.

Pero todo aquello cambió tan pronto como nació su pequeña; de repente, la capturó el hecho de que ella la necesitaba, y comenzó a sentirse intensamente comprometida con ella. Ahora todos sus pensamientos y actividades conscientes se dirigen a las necesidades de su bebé. Apenas se acuerda de sí misma, hasta el punto de que su marido tiene prácticamente que forzarla a salir de casa para correr o nadar un poco. Siente que ahora tiene prioridades más elevadas. Es una intrigante transformación. Su individualismo se ha suavizado con su responsabilidad hacia su hijita y su marido.

Las Prescripciones de la Comunidad muestran que una apropiada responsabilidad para con las necesidades de otras personas puede vencer un malsano sentido de independencia. Una vez que Dios nos imparte el amor por sus hijos, que le lleva a enviar a ángeles que se ocupen de todas sus necesidades (18:10), nuestros ojos se abren a las necesidades de aquellos de que nos ha hecho responsables y se establece una relación de responsabilidad que crea la comunidad de Dios.

La responsabilidad hace crecer la comunidad. Una de las responsabilidades que Dios dio a Adán y Eva fue la de administrar la creación de Dios, lo cual ilustra las que tenemos dentro de la comunidad de discípulos. Somos administradores unos de otros. Podemos ayudar a suplir las necesidades de otras personas cuando las cosas se ponen cuesta arriba: por ejemplo, cuando hay necesidades económicas, alguien necesita un lugar donde alojarse o un hombro para llorar. Podemos ocuparnos de aquellos que acaban de llegar al pueblo o al barrio y necesitan comunión y ayuda en la mudanza. Podemos ayudarles a implicarse en algún ministerio significativo. Hay muchas formas de expresar esta clase de preocupación y atención. Esencialmente, hemos de ocuparnos de nuestros hermanos y hermanas del mismo modo que lo haría Dios mismo.

En las Prescripciones de la Comunidad vemos dos formas en que la responsabilidad hace crecer el sentido de comunidad: en la restauración de los que se apartan y en la audacia para practicar la disciplina. (1) La parábola de la oveja perdida (18:12-14) está relacionada con la restauración de los que se apartan, pero se extiende también al bienestar espiritual de todos los discípulos de la comunidad. Cuando amamos a las personas y deseamos tratarlas con el respeto que merecen por formar parte del reino, nos importa mucho la dirección de sus vidas. Esta parábola se interpreta a menudo con el sentido de preocuparse de los no creyentes. Esta es la orientación del pasaje paralelo de Lucas, pero, en el contexto de Mateo, el sentido de la parábola es que los discípulos han de preocuparse por los hermanos o hermanas que han caído, sabiendo que esto es lo que Dios mismo desea para la persona en cuestión.

A lo largo de los años, uno de los dolores más profundos lo he visto reflejado en los ojos de padres cristianos cuyos hijos se han apartado de los caminos del

Señor. Dudan de sí mismos y de la realidad de su propia fe. ¿Cómo es que no han tenido más influencia sobre sus hijos? Se sienten culpables por la forma en que han ejercido su paternidad, preguntándose si hubieran tenido que ser más estrictos o más indulgentes. ¿Deberían haber forzado a sus hijos a participar más en la iglesia? ¿O acaso deberían haberlo hecho menos? Aunque sus hijos hayan prosperado mucho en su vida laboral o en sus titulaciones académicas, sin ninguna orientación cristiana en sus vidas, ¿qué diferencia hay entre ellos y cualquier persona no creyente? ¿Qué de su destino eterno? ¿Cuál será su influencia en sus nietos? Esta es la clase de padres que entienden la alegría y el dolor que evidencia el pastor de la parábola cuando encuentra a la oveja perdida. No es que estos padres amen menos a sus hijos que no se han apartado del camino o se alegren menos con ellos, sino que lamentan la pérdida espiritual de su hijo rebelde.

Estos padres ilustran la necesidad de responsabilidad mutua dentro de la comunidad de discípulos. Es casi seguro que un padre nunca tirará la toalla con un hijo rebelde, y tampoco nosotros, dentro de la comunidad, debemos rendirnos con los hermanos difíciles. Deben saber que nosotros los amamos y seguiremos esforzándonos por restaurarlos. Hemos de respetar los límites que nos pongan, pero hemos de seguir interesándonos por ellos.

Mi hermano se apartó por el oscuro camino de la homosexualidad cuando solo llevaba uno o dos años caminando con Jesús. Cuando abandonó la vida cristiana, yo no lo entendía y casi le rechacé. Pero seguí orando. Después de casi quince años entendí cuál era la mejor forma de llevarle el evangelio. Dejé de condenarlo y me dije que seguiría amándolo fueran cuales fueran sus decisiones. Dos años más tarde murió en una residencia para enfermos terminales de SIDA. Estuve con él en su lecho de muerte y pude abrazarle y llorar con él en sus últimos momentos de vida, cuando, con un débil susurro, me dio las gracias por amarlo y no abandonarlo nunca. Creo que nuestro amante Señor Jesús estuvo con él y le restauró, porque en sus últimos días mi hermano mostró un profundo dolor y arrepentimiento. Es algo que nunca sabré con toda seguridad en esta vida, pero sí sé que él me enseñó a no tirar la toalla con aquellos que se han apartado de sus caminos. Puede que no consigamos los resultados que deseamos, pero somos, no obstante, responsables unos de otros y daremos cuenta de ello.

Esto tiene dos importantes derivaciones. (a) No hemos de estar nunca tan absortos con nuestra madurez y crecimiento en el servicio cristiano que nos olvidemos de que estamos aquí para ayudar a otros discípulos a seguir adelante, incluidos aquellos que se apartan del camino. (b) Aunque Dios ama a las noventa y nueve ovejas fieles y obedientes, y se regocija en su relación con ellas, su corazón no estará nunca completamente tranquilo hasta que todos estén seguros. Aunque hemos de participar en la alegría de la comunión cristiana, hemos de entregarnos a la oración por aquellos que se han apartado, así como a su búsqueda y restauración.

(2) Los cuatro pasos para tratar con hermanos que han pecado (18:15-19) son muy instructivos en nuestro tiempo. Por regla general, el tema de la disciplina no suele ser muy popular. En 1970, el Dr. James Dobson escribió un libro que se vendió de manera sorprendente: *¡Atrévete a disciplinar!*,[30] donde el Dr. Dobson desafiaba el patrón reinante de paternidad. La iglesia de nuestro tiempo también ha de atreverse a disciplinar, desafiando el modelo dominante de permisividad, a quienes practican el pecado. En la contenciosa atmósfera de la cultura popular, es a menudo más fácil permitir que las personas sigan viviendo en pecado que intentar poner en práctica los pasos de disciplina que Jesús desarrolla y afrontar la amenaza de una demanda judicial. Y puesto que en nuestro tiempo se impone lo de ir de iglesia en iglesia, a veces es más fácil dejar que las personas que han pecado en una congregación se marchen a otra que enfrentarlas con su pecado, puesto que hay poca acción conjunta entre las iglesias.

Pero es importante que intentemos analizar el proceso práctico. Como ministro ordenado de la Evangelical Free Church of America, me animó mucho que hace algunos años el departamento ministerial estudiara la cuestión de la disciplina y restauración de quienes habían caído en pecados de inmoralidad. Tras varios años y varios borradores, surgió un documento que pretendía servir de guía a las iglesias y denominaciones en el proceso de disciplinar y restaurar a aquellos pastores y dirigentes que habían sido acusados de pecados morales de algún tipo. Este documento seguía las directrices de Mateo 18:15-20, pero también recurría a todo el consejo de la Escritura para que informara este proceso y citaba concretamente la orden de Pablo en 1 Timoteo 5:19-22, que protege al acusado y a la iglesia.

Este es uno de los documentos mejor elaborados que he visto para la aplicación de este proceso. Aunque no resuelve todas las dificultades, es un valiente intento de seguir las directrices bíblicas y mantiene un firme equilibrio entre la disciplina y la restauración como objetivo del proceso. Responde a muchas de las complejas cuestiones prácticas sobre cómo conducir este proceso en el caso de un ministro ordenado, pero es también valioso para abordar cualquier situación de un hermano que ha pecado.[31]

Disciplinar a hermanos y hermanas no es una tarea agradable, pero seguir la enseñanza de la Escritura nos ayudará a ser una comunidad de discípulos que dan fiel testimonio de la presencia del Señor Jesús entre ellos. Y es importante recordar siempre que la meta no es la disciplina per se, ni siquiera el castigo, sino la restauración del hermano o hermana que han pecado a un estado de pureza y el restablecimiento de la comunión y la paz dentro del cuerpo.[32]

30. James C. Dobson, *¡Atrévete a disciplinar!* (Miami: Vida, 1976).
31. Puede pedirse el informe en http://www.efca.org.
32. Aquellos que deseen considerar una aplicación práctica pueden ver Ken Sande, *The Peacemaker: A Biblical Guide to Resolving Personal Conflict* (Grand Rapids: Baker, 1997).

La misericordia anula la alienación. Hace algunos años, cuando estaba de moda poner pegatinas en los parachoques, una de ellas me llamó la atención: "No me enfado, solo ajusto cuentas". Supuestamente era gracioso, sin embargo, en mí tuvo un efecto negativo, porque describía mi actitud unos años atrás. En otro lugar he mencionado que fui criado por un padrastro que nos hizo mucho daño tanto a mi familia como a mí; nos abandonó al principio de mi adolescencia y yo experimenté una profunda hostilidad hacia él durante muchos años. Cuando estuve en Vietnam, mi hostilidad se hizo casi obsesiva y juré que, a mi regreso, la primera vez que lo viera lo mataría. Le haría pagar todo lo que le había hecho a mi familia. A los pocos meses volví a casa y antes de un año me había convertido en cristiano. Mi mundo comenzó a cambiar y dejé de pensar en mi padrastro.

Apenas me había acordado de él hasta que, unos cuatro años después, un día apareció de repente en mi casa, donde yo vivía con mi mujer y mi hijita. Nos había seguido la pista hasta encontrarnos. Mi esposa, que es una persona muy amable y cariñosa, le invitó a pasar. Mientras estábamos allí sentados hablando educadamente, me vino a la mente la promesa que había hecho y le dije: "Cuando estaba en Vietnam juré que la primera vez que te viera, te mataría. Y hoy es ese día". Nunca se me olvidará la expresión de terror que se dibujó en su rostro. Comenzó a sudar y su lenguaje corporal expresaba angustia. "Pero ahora sé —seguí diciéndole— que no soy mejor que tú. Dios me ha perdonado. Y si él puede perdonar a un pecador como yo, también yo puedo perdonarte a ti. No pienses que esto es una muestra de debilidad, porque no voy a permitir que vuelvas a hacerle daño a mi familia. Te perdono porque yo he sido perdonado".

Posiblemente yo estaba tan estupefacto como él. No había pensado pronunciar aquellas palabras de perdón, pero fluyeron con facilidad. Era profundamente consciente de la misericordia y el perdón que Dios me había impartido a mí. Conocía mi pecado mejor que nadie. Aunque no había sido un maltratador como mi padrastro, ni había hecho daño a las personas de la misma forma que lo había hecho él a nuestra familia, con mi egoísmo, yo también había abusado de otras personas y las había herido. Cuando me di cuenta de esto, supe que necesitaba misericordia y perdón. Y como receptor del don de la vida que Jesús me había ofrecido por su obra en la cruz, tener misericordia y perdonar a mi antiguo padrastro era una respuesta natural. Mi juramento había sido la precipitada e irresponsable reacción de un joven pecador profundamente herido y amargado, pero el eterno y amoroso acto de gracia en el sacrificio de Jesús por mi pecado me impartió más adelante una nueva capacidad para perdonar. Descubrí que la clave del perdón está en dejar de pensar en lo que otros nos han hecho *a* nosotros y concentrarnos en lo que Jesús ha hecho *por* nosotros.

La misericordia crea comunidad. He tenido el privilegio de conocer a una persona que ejemplifica esta verdad. Su nombre es Tom Tarrants, y es el actual presidente del C. S. Lewis Institute, una organización que patrocina conferencias y desarrolla un programa que intenta derribar muros entre creyentes de diversos trasfondos para un común compromiso con el "Mero cristianismo" que formuló C. S. Lewis. Tom está bien capacitado para el liderazgo, y esto se debe, en parte, a su trasfondo. Tom ha sido pastor adjunto de un iglesia interracial en Washington, A.D., y ha aprendido que la recepción de misericordia crea comunidad.

Siendo segregacionista, Tom participó en violentas actividades del Ku Klux Klan entre 1960 y 1970 que le llevaron a la celda de una cárcel de Mississippi, donde conoció a Jesucristo como su Salvador. Su vida fue transformada de forma milagrosa: su odio fue reemplazado por amor y su fanatismo por reconciliación. Junto con John Perkins, un antiguo activista negro, Tom ha escrito un libro titulado *He's My Brother* [Es mi hermano], que no solo cuenta sus historias, sino que presenta también una estrategia factible para construir puentes de comprensión y reconciliación entre personas de distintos trasfondos y razas.[33] Su firme mensaje es que la reconciliación racial es imposible hasta que las personas de ambas partes experimentan la misericordia y el perdón de Dios por su pecado personal, un reconocimiento que creará una comunidad de fe fundamentada en la obra reconciliadora de Jesucristo. Estos hombres actúan movidos por una profunda gratitud a Dios por su misericordia y perdón, que a su vez los ha impulsado a expresar misericordia y perdón para aquellos que en otro tiempo odiaban.

La misericordia lleva adelante la comunidad. La creación de una comunidad de discípulos basada en la reconciliación requiere un constante proceso para hacer avanzar la comunidad. John Perkins lo expresa de este modo:

> Dios espera que valoremos a nuestros hermanos y hermanas como lo hace él [...]. Por mi parte, no lo veo como una opción, sino como parte integral del evangelio. Veo también la reconciliación como algo que lleva su tiempo. Las divisiones que hay en nuestro país son profundas. Tenemos profundas heridas que todavía no han comenzado a sanar. Tenemos sufrimientos y resentimientos que no se han tratado. Será necesario tiempo, paciencia y perseverancia para vencer estos obstáculos para la reconciliación.[34]

Tanto Tarrants como Perkins han entregado sus vidas y ministerios a ejemplificar esta reconciliación que experimentaron con Dios y entre ellos. Han recibido misericordia y expresan misericordia.

Puede que en tu caso no hayas odiado tan explícitamente a otras personas, pero nuestro dolor y resentimiento, incluso dentro de ámbito de la iglesia, obstaculizan la verdadera comunidad. Una comunidad que no vive en relación con la realidad de la cruz y la resurrección de Jesús no es espiritual, sino una comunidad que vive según el modelo reinante de valores. Puede que intentemos

---

33. John Perkins y Thomas A. Tarrants III, con David Wimbush, *He's My Brother: Former Racial Foes Offer Strategy for Reconciliation* (Grand Rapids: Baker, 1994).
34. *Ibíd.*, 228.

reunirnos alrededor de intereses, proximidad geográfica o incluso ideologías políticas. Pero la clase de comunidad que Jesús lleva adelante se basa en la recepción personal de misericordia y perdón, que a su vez nos impulsará a demostrar misericordia y perdón.

Hay algo lleno de fuerza en el contraste entre las dos deudas (18:23-35). Al primer hombre se le perdona una cantidad tan inmensa que ello debería afectar al modo en que responde a las infracciones que otros cometen contra él. Esta deuda representa el tipo de deuda que el Padre nos ha perdonado a nosotros. Nunca podremos liquidar una deuda tan enorme y el Padre nos concede un indulto con solo pedírselo. Por nuestra parte, deberíamos estar igual de dispuestos a perdonar las infracciones que se cometen contra nosotros, que, cualitativamente, son siempre mucho menores. Como hemos dicho, la clave del perdón está en dejar de pensar en lo que otros nos han hecho *a* nosotros y concentrarnos en lo que Jesús ha hecho *por* nosotros.

La evidente aplicación de este principio será mucho más que una mera tolerancia de la persona que nos ha ofendido. Es un perdón "de corazón" (18:35). La verdadera reconciliación no consiste simplemente en el desarrollo de una actitud tolerante entre nosotros que nos permita compartir un mismo espacio vital. Lo que Jesús desea es una conexión, verdadera, personal y amorosa entre las personas y, sin una actitud de verdadero perdón, este tipo de conexión no es ni siquiera posible.

Otra importante faceta que debe considerarse es que muchas veces cuando perdonamos a otras personas les señalamos que Dios quiere perdonarlas. El perdón no solo sustenta la intimidad de la comunidad, sino que es un poderoso recurso que nos permite hacer cambios en nuestras vidas y avanzar hacia una relación más profunda e íntima con Dios. Uno de mis estudiantes fue sorprendido por el impacto de este hecho en las realidades diarias del mundo. Este joven trabajaba en una imprenta que elaboró ciertos materiales para él, con la idea de que más adelante los pagaría. Después de cambiar de trabajo y marcharse sin pagar los materiales que adeudaba, el Señor le llevó a llamar al propietario y decirle que quería pagar su deuda. Le pidió perdón por no haber pagado en su momento. Inmediatamente, el propietario de la empresa se mostró tan perdonador que a mi alumno se le escaparon las lágrimas. Aunque era un asunto de importancia menor, aquel incidente le hizo ver vívidamente cómo era el perdón de Dios hacia nosotros. Pudo conectar con el Padre a un nivel más profundo por la inmediata obediencia de un hombre piadoso, aun en las pequeñas cosas, según el modelo de perdón expuesto por Jesús.

Mateo 19:1-30

Cuando Jesús acabó de decir estas cosas, salió de Galilea
y se fue a la región de Judea, al otro lado del Jordán. 2 Lo
siguieron grandes multitudes, y sanó allí a los enfermos.

3 Algunos fariseos se le acercaron y, para ponerlo a prueba, le preguntaron:

—¿Está permitido que un hombre se divorcie de su esposa por cualquier motivo?

4 —¿No han leído —replicó Jesús— que en el principio el Creador
“los hizo hombre y mujer”, 5 y dijo: “Por eso dejará el hombre a su
padre y a su madre, y se unirá a su esposa, y los dos llegarán a ser
un solo cuerpo”? 6 Así que ya no son dos, sino uno solo. Por tanto,
lo que Dios ha unido, que no lo separe el hombre.

7 Le replicaron:

—¿Por qué, entonces, mandó Moisés que un hombre le diera a su esposa un certificado de divorcio y la despidiera?

8 —Moisés les permitió divorciarse de su esposa por lo obstina-
dos que son —respondió Jesús—. Pero no fue así desde el prin-
cipio. 9 Les digo que, excepto en caso de infidelidad conyugal, el
que se divorcia de su esposa, y se casa con otra, comete adulterio.

10 —Si tal es la situación entre esposo y esposa —comentaron los discípulos—, es mejor no casarse.

11 —No todos pueden comprender este asunto —respondió
Jesús—, sino sólo aquellos a quienes se les ha concedido enten-
derlo. 12 Pues algunos son eunucos porque nacieron así; a otros
los hicieron así los hombres; y otros se han hecho así por causa
del reino de los cielos. El que pueda aceptar esto, que lo acepte.

13 Llevaron unos niños a Jesús para que les impusiera las manos y orara por ellos, pero los discípulos reprendían a quienes los llevaban.

14 Jesús dijo: «Dejen que los niños vengan a mí, y no se lo
impidan, porque el reino de los cielos es de quienes son como
ellos.» 15 Después de poner las manos sobre ellos, se fue de allí.

16 Sucedió que un hombre se acercó a Jesús y le preguntó:

—Maestro, ¿qué de bueno tengo que hacer para obtener la vida eterna?

17 —¿Por qué me preguntas sobre lo que es bueno? —respondió Jesús—. Solamente hay uno que es bueno. Si quieres entrar en la vida, obedece los mandamientos.

18 —¿Cuáles? —preguntó el hombre.

Contestó Jesús:

—"No mates, no cometas adulterio, no robes, no presentes falso
testimonio, 19 honra a tu padre y a tu madre", y "ama a tu prójimo
como a ti mismo".

20 —Todos ésos los he cumplido —dijo el joven—. ¿Qué más me
falta?

21 —Si quieres ser perfecto, anda, vende lo que tienes y dáselo a los
pobres, y tendrás tesoro en el cielo. Luego ven y sígueme.

22 Cuando el joven oyó esto, se fue triste porque tenía muchas
riquezas.

23 —Les aseguro —comentó Jesús a sus discípulos— que es difícil
para un rico entrar en el reino de los cielos. 24 De hecho, le resulta
más fácil a un camello pasar por el ojo de una aguja, que a un rico
entrar en el reino de Dios.

25 Al oír esto, los discípulos quedaron desconcertados y decían:

—En ese caso, ¿quién podrá salvarse?

26 —Para los hombres es imposible —aclaró Jesús, mirándolos
fijamente—, mas para Dios todo es posible.

27 —¡Mira, nosotros lo hemos dejado todo por seguirte! —le reclamó
Pedro—. ¿Y qué ganamos con eso?

28 —Les aseguro —respondió Jesús— que en la renovación de
todas las cosas, cuando el Hijo del hombre se siente en su trono
glorioso, ustedes que me han seguido se sentarán también en
doce tronos para gobernar a las doce tribus de Israel. 29 Y todo el
que por mi causa haya dejado casas, hermanos, hermanas, padre,
madre, hijos o terrenos, recibirá cien veces más y heredará la vida
eterna. 30 Pero muchos de los primeros serán últimos, y muchos de
los últimos serán primeros.

Sentido Original

El gran ministerio galileo ha terminado. Galilea fue la principal prioridad del ministerio terrenal de Jesús, y la ciudad de Capernaúm su principal centro de operaciones (ver comentarios sobre 4:12; 8:14). Grandes multitudes fueron testigos de su enseñanza y milagros. Pero la popularidad de Jesús comenzó a desvanecerse cuando las multitudes se dieron cuenta de que no iba a establecer el reino político-militar que ellos deseaban (ver comentarios sobre 13:10-17). Jesús y los discípulos comienzan ahora el trascendental viaje a Jerusalén, que culminará con la crucifixión, sepultura y resurrección en la primera semana de abril de año 30 A.D.[1]

1. Si se desea considerar una exposición de la datación, ver comentarios sobre 21:21; 26:17.

Viaje por Judea a Jerusalén (19:1-2)

La ruta que Jesús y los discípulos toman de Galilea a Judea va por la región que Mateo llama el "otro lado del Jordán" (19:1). Muy probablemente se trata de Perea, la tierra situada al este del Jordán, que está entre Samaria y Decápolis y que, junto con Galilea, administraba Herodes Antipas, con una población mayoritariamente judía.[2] La fortaleza de Maqueronte, donde Juan el Bautista fue decapitado, estaba ubicada en la región meridional de Perea. La reputación de su ministerio de sanidad en Galilea le ha precedido, porque grandes multitudes le siguen por toda la región. Igual que en Galilea, Jesús muestra su compasión sanando a los enfermos.

En la narración que hace Mateo del viaje a Jerusalén de casi seis meses es difícil determinar qué acontecimientos se producen en Perea y cuáles tienen lugar en Judea, si bien el último episodio se produce en Jericó (20:29-34), que se encuentra en Judea. Tras las Prescripciones de la Comunidad (cap. 18), Mateo consigna unos acontecimientos que revelan cómo es la vida en la congregación de sus discípulos, que le llevan a tratar la santidad del matrimonio (19:3-12) y el supremo valor del reino por encima de todo lo demás: posición (19:13-15), riqueza (19:16-29), recompensas (20:1-15), rango (20:20-28) y capacidades (20:29-34).

Santidad del matrimonio en la comunidad (19:3-12)

Durante su viaje a Jerusalén, Jesús se ve enfrentado varias veces a los líderes religiosos que le "ponen a prueba", intentando conseguir que se autoincrimine interpretando la ley de manera errónea, según las tradiciones. Llega también un grupo de fariseos, con la misma actitud hostil que la de aquellos que se le opusieron en Galilea (p. ej., 12:1-2) y los que vinieron desde Jerusalén (p. ej., 15:1). Ahora van a intentarlo con el tema del divorcio: "¿Está permitido que un hombre se divorcie de su esposa por cualquier motivo?".

La cuestión del divorcio (19:3-9). Solo Mateo consigna la expresión "por cualquier motivo", lo cual refleja su vívido recuerdo de esta controversia. Las interpretaciones de la regulación mosaica del divorcio se daban en el contexto de un acalorado debate.[3] Los dirigentes fariseos del tiempo de Jesús debatían los motivos para el divorcio que Moisés había establecido, y que permitía

---

2. La redacción de Mateo 19:1 parece implicar que Judea incluye la zona de Transjordania. El pasaje paralelo pasaje de Marcos 10:1 tiene la palabra *kai*, que significa "y" ("en... Judea y al otro lado del Jordán"), aunque textualmente este *kai* es inseguro. Para trasfondo, ver Van Elderen, "Early Christianity in Transjordan", 97-117; Diane I. Treacy-Cole, "Perea", ABD, 5:224-25.
3. Craig L. Blomberg, "Marriage, Divorce, Remarriage, and Celibacy: An Exegesis of Mt 19:3-12", *TrinJ* nueva serie 11 (1990): 161-196, presenta una excelente aproximación al pasaje que se esfuerza por aplicarlo a nuestro tiempo. Quienes deseen considerar el que podría ser el mejor tratamiento extenso que concluye con implicaciones pastorales pueden ver Instone-Brewer, *Divorce and Remarriage in the Bible*.

que un hombre se divorciara de su esposa si encontraba "en ella algo indecoroso" (Dt 24:1). Este debate se centraba en la palabra "indecoroso". El tratado mishnaico *Giṭṭin* ("Cartas de divorcio") consigna las distintas interpretaciones (*m Giṭ.* 9:10). Siguiendo la letra de la ley mosaica, la escuela más conservadora de Shammai decía que el término 'indecente' aludía a la falta de castidad". La escuela de Hillel, más liberal, interpretaba "indecencia" en el sentido de que "es posible divorciarse de ella incluso por preparar una mala comida". El respetado Rabino Akiva, que pertenecía a la escuela de Hillel, añadió más adelante que un hombre podía divorciarse de su mujer "si encontraba otra más guapa", lo cual demuestra que el divorcio se concedía por las razones más superficiales.

En el Sermón del Monte, Jesús aludió a la fidelidad matrimonial y al divorcio como un ejemplo del cumplimiento del Antiguo Testamento que se produce con la venida del reino de los cielos. Lo usó también para mostrar que las interpretaciones de aquel tiempo violaban el propósito original del Antiguo Testamento (ver comentarios sobre 5:31-32). Aquí utiliza la misma argumentación, pero se dirige directamente a los fariseos, que eran culpables de dicha violación.

Jesús regresa al comienzo de la creación para demostrar el propósito de Dios para la institución del matrimonio. Cita Génesis 2:24 para explicar que Dios diseñó a los humanos como hombres y mujeres, y el matrimonio como vínculo permanente entre un hombre y una mujer en una nueva unión consagrada por el vínculo sexual. Dios "aborrece" el divorcio, porque desgarra lo que debería considerarse una unión permanente (*cf.* Mal 2:16). Jesús evita el argumento farisaico y demanda que los seres humanos regresen al propósito de Dios, entendiendo que el matrimonio forma parte de su diseño original.[4] El divorcio separa lo que Dios unió (Mt 19:4-6).[5]

Pero los fariseos piensan que han atrapado a Jesús, porque apuntan a la ley mosaica que permite que un marido dé a su esposa un certificado de divorcio: "¿Por qué, entonces, mandó Moisés que un hombre le diera a su esposa un certificado de divorcio y la despidiera?". Puesto que los abusos conyugales eran una dura realidad en el mundo antiguo, Moisés instituyó una regulación diseñada para hacer tres cosas: (1) proteger la santidad del matrimonio de algo "indecente" que contaminara esta relación; (2) proteger a las mujeres de maridos que pudieran despedirlas por cualquier motivo trivial; y (3) documentar su posición como mujeres legítimamente divorciadas, para que no se las considerara prostitutas o adúlteras evadidas. Los fariseos insisten en que, si Moisés permitió el divorcio, este debe ser entonces una opción válida que los cónyuges pueden considerar.

Jesús rebate esta idea recurriendo una vez más al propósito original de Dios para el matrimonio: "Moisés les permitió divorciarse de su esposa por lo

4. G. D. Collier, "Rethinking Jesus on Divorce", *Restoration Quarterly* 37 (1995): 80-96. Jesús ataca la práctica de buscar una frívola autorización para el divorcio y el nuevo matrimonio.
5. Instone-Brewer, *Divorce and Remarriage in the Bible*, 133-41.

obstinados que son [...] Pero no fue así desde el principio". En toda relación que acaba en divorcio, algo se ha hecho mal, y era evitable. Moisés presenta, pues, la prescripción de Dios para tratar con el pecado. Jesús subraya que el divorcio no debe entenderse nunca como una opción moralmente neutral. Esta evidencia siempre la presencia del pecado, la dureza de corazón.[6] Los fariseos enfocan erróneamente la cuestión. No están considerando el propósito original de Dios, sino la prescripción de Moisés.[7] Con la llegada del evangelio del reino, ha comenzado la inversión del orden caído, lo cual significa también la redención de los matrimonios. Los corazones duros pueden ser regenerados y los certificados de divorcio convertirse en algo obsoleto.

No obstante, como hizo Moisés, Jesús deja margen para una excepción que proteja a la parte agraviada y a la institución del matrimonio para que esta no se convierta en una farsa indecente.[8] Esto sucede cuando una persona ha cometido *porneia*, que la NVI traduce acertadamente como "infidelidad conyugal". En una expresión que solo consigna Mateo (ver también, 5:32), Jesús afirma: "Les digo que, *excepto en caso de infidelidad conyugal* [*porneia*], el que se divorcia de su esposa, y se casa con otra, comete adulterio" (19:9; cursivas mías). Puesto que la idea de "adulterio" tiene ya una palabra específica que la expresa (*moicheuo*; 5:27-28; 19:9), *porneia* debe aludir a algo menos específico que la infidelidad sexual, pero, siguiendo la intención mosaica, más que una excusa frívola.

La variedad semántica de *porneia* incluye en su ámbito cualquier cosa que divide deliberadamente la relación matrimonial, incluyendo posiblemente ciertos pecados de naturaleza sexual relacionados como el incesto, la homosexualidad, la prostitución, el abuso infantil, el voyerismo o el exhibicionismo, aunque sin limitarse a ellos.[9] Algunos rabinos de periodos posteriores afirmaban que el divorcio era obligatorio en caso de adulterio (la ejecución de la parte culpable que Moisés prescribe en Dt 24:1-4 ya no se practicaba), porque el adulterio producía un estado de impureza que disolvía legalmente, de facto, el matrimonio

---

6. Carson, "Matthew", 413.
7. Ver Andrew Warren, "Did Moses Permit Divorce? *Modal weqaṭal* As Key to New Testament Readings of Deuteronomy 24:1-4", *TynBul* 49 (1998): 39-56.
8. Allen R. Guenther, "The Exception Phrases: Except πορνεία, Including πορνεία or Excluding πορνεία? (Matthew 5:32; 19:9)", *TynBul* 53 (2002): 83-96, recoge la cuestión de la construcción gramatical, muchas veces controvertida por lo que respecta a si Jesús pretendía darle un sentido *inclusivo* ("si un hombre se divorcia de su esposa aunque ella no haya sido infiel"), *excepcional* ("si un hombre se divorcia de su esposa, excepto si esta ha sido infiel") o *exclusivo* ("si un hombre se divorcia de su esposa [*porneia* es un caso aparte]"). Guenther acepta la última interpretación con carácter exclusivo, pero Instone-Brewer demuestra adecuadamente que en este versículo y en 5:32 se demanda la interpretación tradicional (Instone-Brewer, *Divorce and Remarriage*, 155-56).
9. Blomberg, "Marriage, Divorce, Remarriage, and Celibacy", 177; David Janzen, "The Meaning of *Porneia* in Matthew 5.32 and 19.9: An Approach from the Study of Ancient Near Eastern Culture", *JSNT* 80 (2000): 66-80.

(*m. Soṭah* 5:1; *m. Yebam.* 2:8).[10] Jesús no ordena el divorcio, pero lo permite para proteger a la persona ofendida. El divorcio sin esta excepción genera adulterio, cuya despreciable naturaleza la ha declarado Jesús en el SM (5:27-30), puesto que un divorcio ilícito convierte en adúlteros a ambos miembros de un nuevo matrimonio. Sin embargo, cuando un divorcio se concede bajo la excepción de *porneia*, es permisible que se produzca un nuevo matrimonio.[11]

La cláusula excepcional concuerda con la conducta de José como hombre "justo" en la narración de la infancia (1:18-25). Cuando María queda embarazada por medio del Espíritu Santo durante el periodo de su desposorio, José se entera de su estado sin conocer su origen sobrenatural. Como hombre justo, le conviene obtener un certificado de divorcio, porque piensa que ella ha incurrido en adulterio. Sin embargo, no sigue adelante con el divorcio una vez que el ángel del Señor se le aparece y le dice que la que va a ser su esposa no le ha sido infiel.

La cuestión de la soltería en la comunidad (19:10-12). Los discípulos no parecen entender el pleno significado de la afirmación de Jesús, por lo que, muy probablemente, cuando los fariseos se marchan, se acercan a él para adquirir una comprensión más completa de sus palabras (*cf.* 13:10; 15:12). Ahora entienden que el matrimonio es un compromiso mucho más permanente e inquebrantable de lo que incluso ellos mismos lo consideraban, pero lo siguen concibiendo de manera errónea, como una obligación insoportable. Si este es el caso, suponen erróneamente, es mejor no casarse (19:10).

Aunque es posible que la sugerencia de los discípulos tuviera un punto de cinismo, Jesús retoma su comentario con un enfoque positivo y sugiere que es la voluntad de Dios que algunas personas permanezcan solteras, y que solo ellas pueden asumirlo (19:11). Jesús no contradice su anterior confirmación en el sentido de que el correcto orden de la creación de Dios es que los hombres y las mujeres se casen y permanezcan en este estado (19:4-6), pero tampoco va a adoptar la cínica actitud de los discípulos por lo que respecta a vivir en celibato por la naturaleza inquebrantable del matrimonio. El celibato es una alternativa apropiada para aquellos que lo han recibido como don para su vida, sean estos eunucos en sentido literal (de nacimiento o por acción de los hombres) o figurado (19:12).

Algunos eunucos han nacido sin capacidad para las relaciones sexuales, como aquellos que no han desarrollado debidamente sus genitales.[12] Otros eran castrados para el desempeño de funciones oficiales, especialmente en ciertas culturas, como el eunuco etíope (Hch 8:27), y lo eran para ser funcionarios de la corte y desarrollar un servicio entre mujeres de la realeza. Un tercer grupo ha adoptado la abstinencia porque Dios ha hecho una excepción para su trabajo específico en

10. Ver Markus Bockmuehl, "Matthew 5.32; 19.9 in the Light of Pre-Rabbinic Halakah", *NTS* 35 (1989): 291-95.
11. *Cf.* Philip H. Wiebe, "Jesus' Divorce Exception", *JETS* 32 (1989): 327-33.
12. Blomberg, "Marriage, Divorce, Remarriage, and Celibacy", 185.

el reino de los cielos, como Juan el Bautista y el propio Jesús. Pablo señala que, ante situaciones extremas para la iglesia, algunos servirían mejor si estuvieran solteros (1Co 7:7-9). Pero no hay ningún texto de la Escritura en que la soltería se vea como una forma más elevada de espiritualidad que estar casado.

La comunidad del reino pertenece a los niños (19:13-15)

El tema de los niños surge de manera natural después de aludir al matrimonio. "Llevaron unos niños a Jesús para que les impusiera las manos y orara por ellos". Imponer las manos a los niños para bendecirlos era una práctica que contaba con una larga historia en Israel, principalmente al transmitir una bendición de una generación a otra (*cf.* Gn 48:14; Nm 27:18). Pero los discípulos se irritan con aquellos que llevan a los niños a Jesús para que los bendiga, y los reprenden. Es probable que los discípulos no quieran que lleven niños a Jesús por su insignificante posición social y porque interrumpen lo que ellos consideraban el asunto más importante de proclamar el reino de los cielos.

Pero esta escena recuerda otra en que Jesús utilizó niños pequeños como metáforas de discipulado para contrarrestar la actitud de protagonismo de los discípulos. Jesús pasa de nuevo a los valores sociales prevalentes que dirigen sus pensamientos para mostrar que la baja posición de los niños en la sociedad ilustra la humildad necesaria para entrar en el reino de Dios (19:14; ver comentarios sobre 18:1-5). Para los discípulos de Jesús, hacerse como niños no es solo el prerrequisito para entrar en el reino, sino también una necesaria característica de por vida. Como niños débiles, indefensos y vulnerables, han de seguir dependiendo de su Padre celestial para desarrollar el propósito, poder y trascendencia de su vida de discipulado.[13]

Jesús confirma, así, estos valores para su reino imponiendo las manos a los niños (19:15), en una demostración simbólica, que no una verdadera transmisión de vida del reino, como algunos interpretarían más adelante en el desarrollo de la iglesia.[14] Por medio de este acto Jesús demuestra a sus discípulos y a las multitudes la naturaleza esencial de las características de la vida del reino que han de producirse en ellos. Los discípulos van a necesitar desesperadamente este recordatorio cuando todo pensamiento de gloria, poder y grandeza desaparezca con el arresto y crucifixión de Jesús.

La metafórica lección sobre el discipulado no debe desplazar la lección literal acerca de los niños. Es su misma debilidad y vulnerabilidad lo que con frecuencia capacita a los niños para ser más receptivos al mensaje de Jesús. Antes de que las duras experiencias de esta vida endurezcan sus corazones, estos niños, ahora

13. Ver Carter, *Households and Discipleship*, 113-14.
14. Hagner, *Matthew*, 2:553, observa que la práctica del bautismo de infantes se fundamenta a veces en este pasaje, una relación improbable. En este pasaje no hay agua, y los niños son objeto de una metáfora, no receptores literales de una concesión de vida del reino.

vulnerables, pueden aprender a confiar en el mensaje de esperanza y salvación que encontramos en el evangelio. La actitud amable y abierta de Jesús hacia ellos, su toque compasivo y sus protectoras palabras les elevan desde la irrelevancia y los convierten en valiosos instrumentos en la extensión del evangelio.

Para el Señor, todos los seres humanos son igualmente valiosos, y esta tierna imagen de Jesús imponiendo las manos a los niños se ha convertido en un emblema de los esfuerzos misioneros y humanitarios para la iglesia a lo largo de la historia. La comunidad de los discípulos ve en las acciones de Jesús una imagen de cómo debe vencer la irritación de aquellos primeros discípulos y dedicarse al cuidado espiritual y físico, no solo de los niños, sino de todos aquellos que no tienen recursos y están heridos y marginados.

Es también importante reconocer que, como los nuevos discípulos, los niños llevan consigo una perspectiva que les es única. Podemos aprender mucho valorando las aportaciones de los niños y viendo su crecimiento y desarrollo espiritual, no solo en términos de lo que serán en el futuro, sino también de lo que puede aportarnos ahora. A menudo, los niños encarnan actitudes y reflexiones que vamos perdiendo a medida que vamos creciendo en el discipulado. Jesús da validez a las singulares perspectivas de estos pequeños que perciben correctamente la verdadera naturaleza del reino, y haremos bien en aprender de ellos.

La tragedia del joven rico (19:16-22)

El incidente del joven rico aparece en los tres Evangelios sinópticos (19:16-22; Mr 10:17-22; Lc 18:23). Aunque todos los evangelistas revelan que el hombre en cuestión es rico, cada uno describe los demás rasgos de su identidad de manera un tanto distinta: Mateo le llama "joven" (19:20), Marcos se limita a decirnos que es un "hombre" (10:17); y Lucas le llama: "cierto dirigente" (18:18). Este joven (de entre veinte y cuarenta años) es algún tipo de dirigente religioso laico, posiblemente fariseo (por su escrupulosa adhesión a la ley). Estas personas tenían a menudo una holgada posición económica, porque estaban entre los lacayos del régimen imperial. En la Palestina del siglo I, las fuerzas romanas de ocupación permitían una forma de autogobierno y, dentro del judaísmo, los líderes religiosos eran los que ejercían este rol.[15]

Dirigiéndose a Jesús con un título de respeto ("maestro") que reconocía la ayuda que este podía brindarle con su saber y dominio de la Escritura, este joven ha experimentado evidentemente una necesidad en su vida de llevar a cabo algún acto justo que le asegure la vida eterna. "Maestro, ¿qué de bueno tengo que hacer para obtener la vida eterna?".[16]

---

15. Saldarini, *Pharisees, Scribes and Sadducees*, 277-97.
16. A primera vista puede parecer que este joven pretendiera atrapar a Jesús en un error teológico, como hicieron otros fariseos (p. ej., 16:1; 19:3), pero Mateo no lo indica.

Este joven parece creer que hay algo deficiente en el hecho de obedecer la ley para conseguir la vida eterna. Jesús le lleva a centrarse en Dios como el único bueno, y a quien debe acercarse para conseguir la vida eterna (19:17). Jesús no está negando que él sea bueno o igual a Dios, sino intentando hacer que el joven rico vea que solo entendiendo a Dios como bueno puede descubrir que no va a conseguir la vida eterna haciendo algún tipo de buenas obras fuera del ámbito de la ley. Los escritos judíos exhortaban a todas las personas a bendecir a Dios como verdaderamente bueno: "Por la lluvia y las buenas nuevas ha de decir: 'Bendito es el bueno y hacedor de bien'" (*m. Ber.* 9.3).

Jesús prosigue: "Si quieres entrar en la vida, obedece los mandamientos". Jesús lleva de nuevo al joven a obedecer la ley como expresión de fe en aquel que es verdaderamente bueno. El buen Dios ha escrito su buena voluntad para su pueblo.[17] En consonancia con la exposición anterior sobre entrar en el reino de los cielos como un niño, el joven rico debe mostrar obediencia a la ley como fuente de todo bien, incluida la vida eterna. No se trata de *ganarse* la vida eterna, sino más bien de obedecer humildemente la ley con una fe sencilla e inocente en la bondad de Dios.

Jesús se acerca aquí al concepto de la vida eterna desde tres perspectivas, que se combinan para impartir una comprensión más clara de este fenómeno. (1) Vida eterna es entrar en una forma de existencia que difiere de la existencia humana en la que hemos nacido (19:17). Aunque entramos en esta forma de vida aquí y ahora, esta continúa tras la muerte física (*cf.* 25:46). (2) La vida eterna equivale a entrar en el reino de los cielos (19:23), que consiste en vivir la propia vida en la constante presencia de Dios y su reino, con sus realidades espirituales y físicas tanto presentes como futuras, (ver comentarios sobre 3:2; 4:17). (3) La vida eterna es lo mismo que ser salvo (19:25), que es ver la propia existencia desde la perspectiva de liberación del juicio que acompaña al pecado. Es raro encontrar estas tres perspectivas en un solo pasaje.

En 19:18, este joven responde a la orden de Jesús de obedecer los mandamientos preguntándole: "¿Cuáles?". Jesús contesta con un resumen de la ley, que incluye cinco de los mandamientos de la segunda parte del Decálogo (*cf.* Éx 20:1-17; Dt 5:7-21) y el segundo de los dos grandes mandamientos (Lv 19:18; *cf.* Mt 22:36-40). Con imperturbable confianza, este hombre (identificado por primera vez como "joven") declara que los ha guardado todos. Y no se refiere solo a los mandamientos citados por Jesús, porque entiende que representan toda la ley. Su obediencia a la ley es completa.

Aunque pueda parecernos presuntuoso que este joven diga que ha guardado todos los mandamientos, no es el único. Cuando Sirac llama a sus lectores a obedecer la ley, les pide que reconozcan el poder de su libre elección y les desafía: "Si así lo decides, puedes guardar los mandamientos, y actuar con fidelidad es

17. Larry W. Hurtado, "First-Century Jewish Monotheism", *JSNT* 71 (1998): 3-26.

algo que tú decides" (*Eclo.* 15:15). Cuando Pablo describe su antigua vida como fariseo y evalúa su obediencia a la ley, se considera "en cuanto a la justicia que la ley exige, intachable" (Fil 3:6).

Pero esta obediencia a la ley sigue sin satisfacer al joven, que tiene la sensación de que todavía le falta algo: "¿Qué más me falta?". Este es el lugar en que necesita estar. Jesús podría haber puesto en tela de juicio esta supuesta obediencia encontrando en ella alguna falta que necesitara corrección, pero la cuestión no es conformarse externamente a determinadas prácticas. Los fariseos se enorgullecían de la justicia que conseguían a través de la obediencia de la ley. No obstante, Jesús lleva al joven al lugar interior donde se forman sus valores (su corazón) y le desafía a reconocer cuál es su valor más preciado, esencialmente, el dios que gobierna su vida. Sin ser gobernado por el verdadero Dios bueno, seguirá experimentando la falta de algo. Obsérvese que Pablo, cuando consideró su corazón y se examinó en vista del impulso interior hacia la codicia, se dio cuenta de que era completamente pecador (*cf.* Ro 7:7-12).

Jesús respondió: "Si quieres ser perfecto, anda, vende lo que tienes y dáselo a los pobres, y tendrás tesoro en el cielo. Luego ven y sígueme". Casi con toda seguridad, este joven había dado limosna a los pobres, porque esta práctica era una de las columnas de la devoción judaica, especialmente entre los fariseos (ver comentarios sobre 6:1-4). Pero dar limosna a los pobres es algo que puede hacerse sin dejar de ser rico, dándole a quien lo hace un sentido aún más intenso de poder y soberbia personal. Jesús llama a este joven a enfrentarse a su carencia más fundamental. Sus posesiones materiales se han convertido en el elemento definitorio de su identidad, poder, propósito y sentido de la vida. En un sentido muy real, estas cosas se han convertido en su dios. Jesús le pide, pues, que cambie al dios de la riqueza por seguirle a él como único Dios verdadero.[18] Seguirá experimentando esta carencia hasta que se haga como un niño: impotente, indefenso y necesitado de la influencia de su Padre (ver 18:1-4; 19:13-15).

Ciertamente, la respuesta del joven constituye uno de los versículos desoladores de la Escritura: "Cuando el joven oyó esto, se fue triste porque tenía muchas riquezas". Este joven sabe que Jesús ha identificado correctamente lo que falta en su vida. Entiende exactamente cuáles son los asuntos que están en juego. Sus muchas posesiones le han cautivado el corazón, y no puede cambiar a este dios por Jesús (*cf.* 6:21-24). De manera que se aleja con gran angustia (*cf.* 26:22, 37), sabiendo en lo profundo de su corazón que su decisión tiene consecuencias eternas. Sabía desde el principio lo que le faltaba para la vida eterna y, cuando Jesús le ofrece una invitación para entrar en ella, la rechaza.

---

18. Quienes deseen considerar una perspectiva parecida basada en el patrón comunitario de la familia mediterránea del siglo I y el modelo espiritual alternativo de Jesús desde la perspectiva de Marcos, ver Joseph H. Hellerman, "Wealth and Sacrifice in Early Christianity: Revisiting Mark's Presentation of Jesus' Encounter with the Rich Young Ruler", *TrinJ* nueva serie 21 (2000): 143-164.

La generosa recompensa de quienes siguen a Jesús (19:23-30)

Dificultades de los ricos para entrar en el reino de los cielos (19:23-26). Jesús utiliza este incidente del joven rico como enseñanza para sus discípulos: "Les aseguro —comentó Jesús a sus discípulos— que es difícil para un rico entrar en el reino de los cielos". Este hombre ilustra un principio esencial de esta vida: las riquezas son un elemento embriagante, puesto que ofrecen la mayoría de sucedáneos que hacen creer a las personas que no necesitan a Dios. La persona rica es lo contrario del niño. El niño no tiene poder, defensa, ni recursos personales para conseguir lo que quiere en la vida. Hacerse como un niño es recibir a Dios en la propia vida, quien proveerá lo que nos falta (18:1-5; 19:13-15). Pero la persona rica es autosuficiente, tiene recursos para ser poderosa, y protegerse de la privación y las dificultades, y para hacer lo que quiere de sí misma.

Para ilustrar las dificultades de una persona rica para entrar en el reino de Dios,[19] Jesús se sirve de la analogía de un camello, el animal más grande de Palestina, y el ojo de una aguja, la apertura más pequeña que encontramos entre los enseres domésticos (19:24). Si no fuera por la seriedad del asunto, la analogía habría suscitado la risita de los oyentes de Jesús imaginándose a una de aquellas bestias enormes, jorobadas y peludas intentando pasar por el diminuto ojo de una aguja de coser común. Y es también posible que la intención de Jesús fuera aligerar un poco la atmósfera con este divertida imagen mental, porque quiere sorprender a la multitud con la idea de que incluso aquello que es absurdamente imposible es posible para Dios (19:26).[20]

La afirmación de Jesús sobre las dificultades de los ricos para entrar en el reino de Dios, deja atónitos a sus discípulos, puesto que, a menudo, se equiparaba las riquezas con la bendición del favor divino (Dt 28:1-14). Se asumía que la riqueza de Abraham era una recompensa por su obediencia como hombre temeroso de Dios (Gn 13:2), y, sobre aquellos que temen al Señor, el salmista declara: "Sus hijos dominarán el país; la descendencia de los justos será bendecida. En su casa habrá abundantes riquezas, y para siempre permanecerá su justicia" (Sal 112:1-3). Si aquellos que aparentemente son los más benditos de Dios no pueden ser salvos, ¿quién podrá entonces serlo (Mt 19:25)? Obsérvese que los

---

19. Obsérvese que Jesús utiliza aquí la expresión "reino de Dios" (19:24). Se utiliza en paralelo con "reino de los cielos" en el versículo anterior (19:23), un recordatorio de que estas expresiones eran sinónimas (*cf.* 3:2; 4:17).

20. Algunos manuscritos poco importantes consignan *kamilon* ("cuerda, cable de barco") en lugar de *kamelon* ("camello"), sugiriendo la dificultad de que una cuerda pueda pasar por el ojo de una aguja. Una interpretación popular originada en la Edad Media sugiere que había una pequeña puerta en Jerusalén llamada "ojo de la aguja" y que los camellos tenían que andar de rodillas con gran dificultad para franquearla. No hay datos históricos o arqueológicos que apoyen la existencia de dicha puerta. Ambas sugerencias pierden de vista el verdadero propósito de la analogía, que subraya la imposibilidad de que los ricos entren en el reino de los cielos.

discípulos entienden que "entrar en el reino de los cielos/Dios" (19:23-24) equivale a ser "salvos" (19:25), lo cual, a su vez, es lo mismo que entrar en la vida eterna y obtenerla (19:16-17).

Jesús sabe que las riquezas pueden hacer que las personas aparten su mirada de Dios. Pero sabe también que Dios obra en las vidas y afirma que, aunque sea imposible para los hombres, si un rico confía verdaderamente en Dios, él lo hará posible (19:26). El joven rico tiene la convicción profundamente arraigada de que en su vida falta algo. Jesús señala el problema interior: sus posesiones, que son la fuerza que gobierna su vida, y afirma que cambiando su riqueza por él como su Señor, se convertirá en discípulo suyo, entrará en el reino de los cielos y encontrará la vida eterna. Pero al joven todo esto le parece demasiado difícil y se aleja. Otras personas ricas, como José de Arimatea (27:57) y Zaqueo (Lc 19:9-10), sí encontraron salvación haciéndose discípulos de Jesús. Lo único que hemos de hacer es reconocer qué es lo que rige nuestra vida y cambiar ese tesoro por el de Jesús como nuestro Dios (*cf.* Lc 14:25-33).

Recompensa por seguir a Jesús (19:27-30). Una vez que Jesús ha hecho esta impresionante afirmación, Pedro da nuevamente un paso al frente como portavoz de los discípulos: "¡Mira, nosotros lo hemos dejado todo por seguirte! [...] ¿Y qué ganamos con eso?". Pedro entiende lo que Jesús quiere decir, pero no del todo. Percibe correctamente que Jesús no está hablando solo de los ricos, sino de todas las personas, porque sus palabras aportan un patrón para todos. Él y los demás lo han dejado todo para seguir a Jesús (4:18-22). Pero Pedro debería haberlo dejado ahí. Ya ha entrado en el reino de los cielos y ha encontrado salvación, pero está ahora pensando en las recompensas. Jesús reconoce que recibirán recompensas, pero esta interesada actitud de Pedro con la retribución suscita la parábola de 20:1-15, que es una sutil reprensión de su postura.

En la respuesta de Jesús a Pedro, el plural "les" (19:28a) implica al resto de los discípulos con la pregunta de Pedro: "Les aseguro —respondió Jesús— que en la renovación [*palingenesia*][21] de todas las cosas, cuando el Hijo del hombre se siente en su trono glorioso, ustedes que me han seguido se sentarán también en doce tronos para gobernar a las doce tribus de Israel". En Tito, Pablo alude a la regeneración individual que experimenta cada persona que nace de nuevo por el Espíritu de Dios cuando entra en el reino de los cielos (*cf.* Jn 3:3; 2Co 5:17; 1P 1:3). Pero esta regeneración individual mira con expectativa a la renovación que Jesús menciona en Mateo 19:28. La palabra *palingenesia* alude aquí a un periodo futuro de renovación, la esperanza que era esencial a la expectativa judía de la futura restauración nacional de Israel.[22]

21. En todo el Nuevo Testamento, la palabra *palingenesia* ("renovación, regeneración") solo aparece aquí y en Tito 3:5.
22. *Cf.* Sanders, *Jesus and Judaism*, 103. Frente a David C. Sim, "The Meaning of *palingenesia* in Mt 19.28", *JSNT* 50 (1993): 3-12.

Aunque la idea de "juzgar" puede indicar la condenación de Israel por rechazar a Jesús como Mesías nacional,[23] la idea de Jesús como Hijo del hombre con los doce gobernando es primordial (*cf.* Ap 3:21; 20:6). Condenar a Israel no proporcionaría ningún placer especial a los discípulos, pero sí lo haría la recompensa, que era el objetivo de la petición de Pedro (Mt 19:27). Jesús predice un periodo de renovación en el que los doce participarán en el establecimiento final del reino de Dios sobre la tierra, cuando Israel será restaurado a su tierra y los doce gobernarán con Jesús el Mesías.[24]

Aunque habrá una recompensa específica histórico-salvífica para los doce en relación con Israel en el tiempo del establecimiento del reino de los cielos en la tierra, también habrá recompensa para todos los que se hagan discípulos de Jesús: "Y todo el que por mi causa haya dejado casas, hermanos, hermanas, padre, madre, hijos o terrenos, recibirá cien veces más y heredará la vida eterna". A diferencia del joven rico que se ha alejado de Jesús, cualquiera que se examine a sí mismo y abandone sus pequeños dioses (familia, posesiones o terrenos) para seguir a Jesús como discípulo (*cf.* 10:34-39; Lc 14:25-33),[25] será recompensado con la plena materialización de su herencia de la vida eterna.

Jesús acaba mostrando que servirle a él y al reino de los cielos por el principal propósito de recibir recompensas y adquirir prominencia personal es la menos noble de las motivaciones para un discípulo (19:30). Quienes sirven con el objetivo de ganar recompensas serán últimos, pero aquellos que lo hacen para obedecer el llamamiento de Jesús serán primeros (*cf.* 20:1-16).

Construyendo Puentes

La frase transicional de 19:1, "Cuando Jesús acabó de decir estas cosas", no solo señala el comienzo de la narración del viaje de Jesús por Perea y Judea en su ruta a Jerusalén, sino también el fin de su cuarto discurso. Mateo señala la conclusión de cada uno de los cinco discursos principales de Jesús con una expresión parecida (7:28; 11:1; 13:53; 19:1; 26:1). Pero los temas que desarrolla en cada discurso siguen entretejiéndose en su ministerio, de modo que las narraciones de sus actividades son ilustraciones de la revelación que él ha impartido en los discursos.

Esto se ve rápidamente en la interacción de los temas que encontramos en el cuarto discurso con la narración que sigue. Las Prescripciones de la Comunidad

---

23. Carson, "Matthew", 426; *cf.* George Beasely-Murray, *Jesus and the Kingdom of God*, 275-76.
24. *Cf.* Saucy, *The Case for Progressive Dispensationalism,* 267-69.
25. Thomas E. Schmidt, "Mark 10.29-30; Matthew 19.29: 'Leave Houses... and Region?'", *NTS* 38 (1992): 617-20. Schmidt sugiere que la palabra aramea subyacente *agrous* indica que Jesús llamó a los discípulos a abandonar casa, familia y *territorio*: un llamamiento a una nueva familia y nación.

del capítulo 18 definen a la iglesia como la comunidad de discípulos que dan fe de la realidad de la presencia del reino durante esta era. Su testimonio se produce mediante su proclamación del mensaje del evangelio y su coherente ejemplo como familia de la fe caracterizada por humildad, pureza, responsabilidad, disciplina, reconciliación, restauración y perdón. Los capítulos 19-20 ilustran estos temas de la comunidad. La comunidad de discípulos de Jesús no es un concepto teórico, sino la expresión concreta de cómo el reino afecta las relaciones personales en la vida real. Estas relaciones personales ilustran el hecho de que los discípulos han de aprender a obedecer todo lo que Jesús ordenó (28:20). Algunos de estos principios se describen mediante ejemplos negativos de las cosas que destruyen la vida en comunidad.

Dureza de corazón. Con su habitual e increíble discernimiento de la condición humana, Jesús afirma que la razón del certificado mosaico de divorcio es "lo obstinados que son [lit. su dureza de corazón]" (19:8). Podríamos haber esperado que Jesús señalara pecados específicos, pero lo que hace es centrarse en el estado del corazón. Un corazón duro destruye el matrimonio de distintas maneras. (1) Resiste la voluntad de Dios para la persona y para el matrimonio. Esta clase de persona quiere conseguir lo que quiere y peca contra lo que Dios quiere. El pecado entra, pues, en la relación y contamina la pureza de la unidad del vínculo matrimonial. Un corazón endurecido comienza a destruir la unidad que Dios había iniciado.

(2) Las personas con un corazón endurecido se resisten a abrirse a su cónyuge. Si el amor es comprometerse con una persona, entonces el odio es rechazarla, y no hay ilustración más apropiada de estas verdades que la que representa un matrimonio (ver comentarios sobre 5:43-47). Por distintas razones, que van desde las más triviales (p. ej., la pérdida del aspecto juvenil del cónyuge por el envejecimiento) a las más complejas (p. ej., la pérdida de un hijo en un accidente de automóvil en el que conducía el otro cónyuge), es posible comenzar a endurecer el corazón hacia el marido o la esposa con quien antes había una gran sintonía y compromiso. La mutua apertura espiritual, emocional y relacional que disfrutaban en otro tiempo se trunca, el compromiso se convierte de forma gradual en rechazo y se viola la unidad del matrimonio.

(3) Un corazón endurecido no puede recibir ni impartir perdón. Esto se hace aún más trágico porque con esta clase de endurecimiento las personas se encierran en su pequeño mundo, recreando la realidad y justificando las actividades y actitudes, echándoles la culpa a los demás y desarrollando una capa de amargura que distorsiona todas las relaciones personales. Esta clase de persona se niega a arrepentirse y a aceptar el perdón de Dios y también a perdonar a su cónyuge. La esposa no consigue nunca dar la talla que establecen las expectativas de su marido, y viceversa, así que su unidad se destruye.

Una clase de endurecimiento parecido se produce cuando uno de los cónyuges del matrimonio ha sido herido constantemente por el otro. Cada vez que se producen estas situaciones, el que sufre el dolor endurece el corazón hacia el cónyuge para no volver a ser herido. La falta de confianza lleva a un endurecimiento y escepticismo hacia la restauración y a un aislamiento en el que la persona puede buscar compañerismo en otros lugares, destruyendo así la relación.

De estos corazones endurecidos surgen respuestas pecaminosas. Dios se aflige con este tipo de relaciones, pero, para impedir que el cónyuge que ha endurecido el corazón destruya al otro, permitió el divorcio. Asimismo, Jesús permite el divorcio cuando de un corazón endurecido surge *porneia* (exploraremos algunas implicaciones más adelante).

Hemos visto que la enseñanza de Jesús en las Prescripciones de la Comunidad revela el antídoto para los corazones endurecidos —humildad, pureza, responsabilidad, disciplina, reconciliación, restauración y perdón— sea en el ámbito del matrimonio o dentro de la iglesia. Jesús nos advierte a todos sobre la importancia de analizar habitualmente nuestro corazón y evaluar nuestro amor por nuestro cónyuge y por nuestros hermanos y hermanas dentro de la comunidad de discípulos. El mejor punto de partida es unir la humildad con el perdón, y esto esencialmente de dos formas: pidiendo perdón a Dios y a otras personas, y perdonando como Dios nos ha perdonado a nosotros.

Tesoros en la tierra. La tragedia del joven rico está en su preferencia por los tesoros de la tierra y su falta de apreciación por los del cielo (19:21), lo cual le impidió cambiar a este "dios" por una vida como discípulo de Jesús. La verdad que sobrecoge a los discípulos es que aquellas cosas que ellos han relacionado con la bendición de Dios, especialmente la prosperidad económica, son de hecho lo que impide que el joven rico entre en el reino de los cielos y se una a la comunidad de discípulos.

Pero lo que es cierto como advertencia para aquellos que están fuera de la comunidad lo es también para quienes estamos dentro de ella. El "dios" de nuestra vida que abandonamos cuando decidimos seguir a Jesús puede levantarse de nuevo para apartarnos del camino. Esta es la sutileza que subyace bajo todas las tentaciones de las que Jesús advierte a la comunidad (p. ej., 18:6-9). Cuando una persona se humilla para hacerse vulnerable como un niño, el resto de la comunidad ha de preocuparse por él y ayudarle a vencer la seducción de la vida. Tan pronto como Pedro saca pecho para proclamar lo que él y los demás han sacrificado e inquirir sobre su recompensa, los tesoros de la antigua vida muestran de nuevo sus encantos. En este caso, Jesús nos da la clave con su sutil reprensión de Pedro por querer ser el primero (19:30), igual que los discípulos competían por ser el mayor (18:1; ver también, 20:20-21). Los discípulos de Jesús no son solo responsables de ellos mismos, sino también de los demás, para el mantenimiento de la pureza y la responsabilidad ante el siempre presente Señor Jesús (18:20).

Significado Contemporáneo

Comunidad. La clase de comunidad que Jesús plantea en sus prescripciones e ilustra después en los capítulos 19 y 20 trasciende por completo a lo que muchos de nosotros entendemos por "comunidad". Esta se dirige a los sufrimientos, necesidades y cicatrices más profundos y ofrece una receta sanadora que unirá a discípulos de todas las posiciones y trasfondos en el nombre de Jesús. Asimismo, se convierte en un paradigma viable en cualquier ubicación, y para todo tipo de personas.

Randy Frazee es pastor de una vibrante iglesia en Arlington, Texas. A medida que su ministerio se ha ido desarrollando, ha entendido cada vez con mayor claridad que la comunidad es una de las necesidades más esenciales de su congregación y una de las características fundamentales de la iglesia. El pastor Frazee escribe sobre la "iglesia que conecta", e ilustra el modo en que la iglesia vence tres problemas conectando a las personas con tres cruciales ingredientes de la comunidad. La comunidad bíblica vence el individualismo conectando a las personas con un propósito común, lo cual resuelve el problema del aislamiento conectando a las personas a un lugar común, y resuelve después el problema del consumismo conectando a las personas con unas posesiones comunes. Sus pensamientos reflejan los principios que Jesús ha desarrollado en el cuarto discurso de Mateo y en la siguiente narración.

Hay mucha sabiduría, consejo práctico y experiencia en su libro. Como dice el propio Frazee: "El pensamiento más profundo del libro es este: *la comunidad bíblica es la vida de Cristo en la tierra hoy*. Cuando la iglesia funciona plenamente, rebosa la presencia, poder y propósito de Jesucristo".[26] La vida de Jesús se convierte en la fuerza vital de la iglesia cuando damos testimonio de la realidad del reino de los cielos. Nuestro testimonio se produce por medio de nuestra proclamación del mensaje del evangelio y mediante nuestro ejemplo de vivir el mensaje del evangelio como una familia de la fe caracterizada por la humildad, la pureza, la responsabilidad, la disciplina, la reconciliación, la restauración y el perdón. Dos áreas esenciales demandan nuestra atención: la santidad del matrimonio y el "dios" de nuestra vida.

La santidad del matrimonio. Celebrar una boda es una de las grandes alegrías de la vida pastoral. Personalmente invierto muchas horas durante varios meses de preparación prematrimonial con las parejas. Los ayudo a explorarse a sí mismos y su relación y a entender la naturaleza del matrimonio según el propósito de Dios. Después, en el día de la boda, es mi privilegio unirlos en Cristo. El júbilo que expresan aquellos rostros jóvenes y resplandecientes, a menudo con lágrimas de alegría, nos acerca a uno de los puros propósitos para

26. Randy Frazee, *The Connecting Church: Beyond Small Groups to Authentic Community* (Zondervan, 2001), 22.

el hombre y la mujer, porque fue Dios mismo quien estableció y santificó la relación matrimonial.

En Génesis, tras crear a Adán, Dios dijo: "No es bueno que el hombre esté solo. Voy a hacerle una ayuda adecuada" (Gn 2:18). Salomón afirma: "Quien halla esposa halla la felicidad: muestras de su favor le ha dado el Señor" (Pr 18:22). El apóstol Pablo, escribiendo su carta a la iglesia en Éfeso, describió el matrimonio como la relación entre nuestro Señor Jesucristo y la iglesia. Es una relación íntima, santa y sagrada. En palabras de Pablo, es una relación de sumisión y amor mutuos (Ef 5:21-33).

Estas palabras van al meollo del más puro ideal para el matrimonio. Si preguntamos a las personas por qué desean casarse, la mayoría describirá sus razones en términos de "obtener". Pero el verdadero matrimonio es una relación de dar. El matrimonio según el propósito de Dios consiste en entregarnos el uno al otro de manera incondicional, buscando la forma de suplir las necesidades del otro y la felicidad de nuestro cónyuge, incluso por encima de la nuestra. La belleza de esta clase de matrimonio radica en que, cuando nos entregamos mutuamente de manera incondicional —cuerpo, mente y espíritu—, lo que tenemos juntos es mucho mayor que lo que tendríamos por separado.

Esta clase de matrimonio parece imposible en el mundo de hoy, y lo sería si no fuera por una importante razón, y es que el mismo Dios que estableció el matrimonio imparte el valor y la fuerza para llevarlo a su plena realización. Aquellos que reciben el amor de Dios en una relación personal con Jesucristo poseen una inagotable provisión de amor que les permite comprometerse con lo que Dios quiere hacer por medio de ellos para servirse el uno al otro. El matrimonio es, pues, una unión mística y una fuente de gracia para todos los que entran en él bajo la bendición de Dios, y sigue siendo un vínculo de paz, con Cristo en el centro. Esto es lo que será el matrimonio, si lo embellecemos y enriquecemos con nuestro tierno cuidado, nuestra atención a las pequeñas cosas y nuestra paciencia y sacrificio mutuos.

El divorcio no es una opción. Una de las ideas que suelo subrayar desde un principio a quienes consideran el matrimonio es que la manera de ejemplificar este mutuo compromiso incondicional es no plantearse el divorcio como una opción. Recordemos los votos matrimoniales:

> Yo te tomo como esposa/marido y me entrego a ti de hoy en adelante en la prosperidad y en la adversidad, en la salud y en la enfermedad, para amarte y cuidarte hasta que la muerte nos separe. Según la santa ordenanza de Dios, empeño en ello mi vida.

La novia y el novio se comprometen para toda la vida, hasta el fin. Parte de mi responsabilidad en la preparación prematrimonial es llevarlos a que hagan suyo este compromiso y entiendan claramente las dificultades que vendrán y cómo superarlas juntos.

En nuestros días, muchos no hacen este tipo de votos. Lo digan o no explícitamente, sus votos son condicionales. La expresión preferida de los tribunales es que las parejas se divorcian por "diferencias irreconciliables", que pueden aludir casi a cualquier cosa, desde conflictos debidos a las metas profesionales, a disputas por derechos de propiedad a diferencias de personalidad. El divorcio se considera una opción moralmente neutra.

Los fariseos debatían el significado de la excepción de Moisés porque, en la escuela más liberal, el certificado de divorcio se estaba convirtiendo en una opción. Si un marido se sentía mal con su esposa, podía simplemente despedirla divorciándose de ella. Jesús condena esta actitud porque viola el propósito de Dios sobre la permanencia de la unión matrimonial. Un matrimonio que está centrado en Cristo se compromete desde un principio a permanecer unido al margen de lo que suceda entre ellos.

El divorcio es una excepción. Si el divorcio no debe, pues, considerarse una opción, ¿por qué lo permite Jesús? Como en el caso de la concesión de Dios por medio de Moisés, Jesús permite el divorcio como una excepción, por cuanto un destructivo pecado ha entrado en la relación y ha destruido la unión que Dios estableció. Dios permite el divorcio para proteger al cónyuge inocente. Al permitir el divorcio como una excepción, Jesús está condenando la dureza de corazón que lleva a la conducta pecaminosa y propone de manera indirecta una renovación del corazón, como se ve en el programa de su reino, que afectará estas áreas de la vida. En un mundo caído, permitir el divorcio y presentar el certificado para proteger los derechos de la parte ofendida evita que los daños se multipliquen.

Adulterio y abandono. En el caso de *porneia*, una palabra que entendemos básicamente como equivalente al adulterio, pero que incluye cualquier cosa que divida deliberadamente la relación conyugal (p. ej., el incesto, la homosexualidad, la prostitución, el abuso infantil o el exhibicionismo),[27] Jesús permite el divorcio y, por extensión, el nuevo matrimonio. El apóstol Pablo añadió otra excepción: el abandono de un cónyuge no creyente (*cf.* 1Co 7:12-16).[28] Juntas, las enseñanzas de Jesús y Pablo tratan los dos elementos más importantes del pacto matrimonial, a saber, la intimidad personal que culmina en las relaciones sexuales y la lealtad personal. "Tanto la infidelidad como el abandono vulneran una parte esencial del pacto matrimonial. La infidelidad destruye la exclusividad sexual, mientras que el abandono reniega del compromiso de 'dejar y unirse a'".[29]

27. Blomberg, "Marriage, Divorce, Remarriage, and Celibacy", 177; Instone-Brewer, *Divorce and Remarriage in the Bible*, 278-79.
28. Para una meticulosa exposición, ver Instone-Brewer, *Divorce and Remarriage in the Bible*, 189-212, 279-82; también Gordon Fee, *The First Epistle to the Corinthians*, 267-70.
29. Blomberg, "Marriage, Divorce, Remarriage, and Celibacy", 192.

En nuestros días, los cristianos deben apoyar la permanencia del matrimonio como diseño de Dios y no considerar el divorcio como una opción moralmente neutra. Como en el caso de cualquier otro pecado dentro de la comunidad, la meta que se persigue es la restauración. Quienes experimentan alguna de estas excepciones no deben ver el divorcio como algo preceptivo, sino buscar todas las posibilidades para que el cónyuge que ha pecado se arrepienta e intentar restaurar el matrimonio a un estado saludable. El dolor experimentado hace que esto no sea fácil, con la resultante falta de confianza. Pero la realidad de la vida del reino que Jesús defiende es precisamente la divina fuente de sanación y recuperación que introduce los poderes regenerativos del Espíritu a todas las relaciones personales dentro de la comunidad.

Aquellos que formamos parte de la comunidad de la fe hemos de considerar en serio nuestra responsabilidad de apoyar a quienes están atravesando estas dificultades. Aquellos que cometen el pecado que rompe el vínculo matrimonial necesitan nuestra atención procurando introducir disciplina y restauración a su vida. Son las ovejas descarriadas a las que hemos de buscar (18:10-14). Quienes han experimentado el divorcio como parte ofendida necesitan nuestra plena aceptación. Normalmente se sienten como cristianos de segunda con una deshonra permanente; necesitan la comunión de nuestra comunidad.

La santidad del celibato. Aquellos que han decidido permanecer solteros como expresión de la forma en que creen poder servir mejor a Dios nos necesitan como su comunidad de hermanos y hermanas. Jesús declara que la soltería es un estilo de vida aceptable para aquellos que reciben este don de Dios. Pablo amplía la afirmación de Jesús para indicar que si alguien no se casa queda libre de la inversión de tiempo y energía que se requieren para cumplir con las responsabilidades familiares, y el reino de Dios se beneficia de ello (1Co 7:27, 39-40).

Lamentablemente, muchas de nuestras iglesias avalan el matrimonio como una señal de madurez y aquellos que se casan tienden a tener las oportunidades de ministerio más "responsable" de la iglesia. Los solteros son vistos como personas que todavía no se han "establecido". Deberíamos reevaluar el modo en que vemos y valoramos a los solteros dentro de nuestros ministerios.

Reconciliación y restauración. También deberíamos considerar en serio la realidad del divorcio y el nuevo matrimonio que se sitúa fuera de estas excepciones. La reconciliación y la restauración son metas decisivas que solo se consiguen por medio del arrepentimiento y el perdón. El divorcio no es el pecado imperdonable; sin embargo, tendemos a ser extremistas en nuestro trato con aquellos que se han divorciado y vuelto a casar fuera de los criterios bíblicos. O bien los relegamos a la posición de marginados con un estigma permanente, o bien actuamos con ligereza como si no hubiera pasado nada. Los temas del arrepentimiento, el perdón, la restauración y la reconciliación que en el capítulo 18 caracterizaron la prescripción de Jesús a la comunidad han de guiar nuestro pensamiento en todas estas situaciones.[30]

El "dios" de una vida. En este capítulo, las posesiones del joven rico le impidieron entrar en el reino de los cielos (19:23). De esto aprendemos que hay que tener cuidado con "el engaño de las riquezas" (*cf.* 13:22). Este pasaje no sugiere, sin embargo, que la prosperidad económica sea intrínsecamente mala (*cf.* 27:57; José de Arimatea, un discípulo de Jesús, era un hombre rico); sí sugiere, no obstante, que hay algo en la prosperidad que puede ahogar la efectividad del evangelio e impedir que alguien entre en el reino. El joven rico sentía una carencia en su vida que no podía llenar con sus esfuerzos religiosos. Esta solo podía suplirse con la perfección que experimentamos al entrar en el reino de los cielos y vivir una transformación interior de corazón; estas dos cosas le habrían puesto en el camino de ser perfecto como lo es el Padre celestial (ver comentarios sobre 5:48). Este cambio interior producirá una transformación desde dentro hacia fuera.

El tesoro de nuestras vidas. Hemos de comenzar cambiando el tesoro de la propia vida por el tesoro del cielo. Jesús sabía perfectamente qué controlaba la vida del joven rico: eran sus posesiones que le proporcionaban poder, sentido y posición. Estas se habían convertido en el dios de su vida, que determinaba sus valores, prioridades y ambiciones. Jesús le llamó a cambiar este "dios" por seguirle a él en el discipulado del reino de los cielos. El alejamiento del joven es trágico, pero se convierte en una poderosa ilustración, incluso para nuestras vidas, de que hemos de ser conscientes en todo momento de lo que gobierna nuestra vida. Los cristianos también pueden encauzar mal su lealtad, de manera que cada ser humano ha de ser honesto consigo mismo para saber cuál es el tesoro de su corazón.

En juego está el lugar de Jesús como Salvador mesiánico de cada vida individual. Jesús quiere ser Dios, no solo del universo, sino también de nuestra vida y, si queremos encontrar salvación y avanzar en nuestra vida como discípulos, es esencial que lo sea. En cualquier grupo de personas habrá una mezcla de prioridades que motivan la vida de cada persona. Para reivindicar a Jesús como Salvador, todo ser humano ha de cambiar al "dios" de su vida para tener a Jesús como Dios. El coste varía de persona en persona según el "dios" de cada uno, pero es algo que cada cual ha de afrontar.

Todos enfrentamos este desafío diario en nuestro crecimiento como discípulos. Jesús nos sigue llamando a ser honestos con respecto a lo que dirige nuestra vida. Puede ser una adicción o un novio. Puede ser el deseo de conseguir un doctorado, la aceptación y respeto de los colegas, o una insaciable necesidad de placer o de poseer cosas. Es posible que las alegrías, seguridades y comodidades

---

30. Aquellos que deseen considerar una valiosa perspectiva pastoral sobre tratar con toda clase de escenarios relacionados con el divorcio y el nuevo matrimonio pueden ver Instone-Brewer, *Divorce and Remarriage in the Bible*, 300-314.

que estas cosas ofrecen temporalmente no parezcan malas, pero lo son cuando el verdadero motivo es servirnos a nosotros mismos.

Pedro y las recompensas. La respuesta de Pedro muestra que también a él le mueven unos tesoros en el cielo no demasiado puros (19:23-30). El dirigente rico se negó a poner a un lado sus riquezas para seguir a Jesús, y Jesús advirtió, entonces, a sus discípulos del peligro que suponen las riquezas para la salvación eterna de las personas. Pedro hace entonces alarde del sacrificio que habían hecho él y los otros discípulos que seguían a Jesús y pregunta con audacia: "¿Y qué ganamos con eso?" (19:27). Su pregunta pone de relieve una motivación errónea. Lo que le mueve principalmente a servir a Jesús y a la causa del reino es recibir recompensas y prestigio personal. Jesús reconoce el sacrificio de Pedro y afirma que sin duda recibirá su recompensa; sin embargo, esta es la menos noble de las motivaciones para un discípulo. La paradójica declaración sobre los primeros y los últimos (19:30; *cf.* 20:16) explica que quienes sirven con la principal motivación de recibir recompensas serán últimos y aquellos que lo hacen como una sencilla respuesta de obediencia al llamamiento de Jesús serán primeros (*cf.* 20:1-16).

¿Qué, pues, gobierna nuestras vidas? ¿Qué es lo que debe ser destronado porque nos impide experimentar libertad y plenitud de vida? Jesús nos llama a acercarnos a él y seguirle, para poder salvarnos de nuestra antigua forma de vida y ofrecernos una nueva. Hemos de entregar aquello que nos gobierna y aceptar un nuevo gobernante. Solo bajo el gobierno del reino podemos ser transformados en verdaderos hijos e hijas de Dios, dirigidos por su Palabra y su Espíritu para poder hacer su voluntad en la tierra.

A lo largo de la historia, los cristianos han tenido que pagar el precio de renunciar a sus placeres y seguridades terrenales para seguir solo a Jesús, porque los dioses del materialismo y el hedonismo no son nuevos. Agustín, uno de los gigantes teológicos de la historia de la iglesia, había sido también cautivo de estos "dioses". Después de su conversión escribió:

> Los juguetes más triviales y las vanidades más vacías, mis antiguas amantes, todavía me retenían, me tiraban del vestido de la carne, y me decían por lo bajo: "¿Nos dejas? ¿Desde este momento no estaremos ya contigo nunca más?".
>
> Dudaba yo en romper y desentenderme de ellas, porque una costumbre violenta me decía: "¿Qué, piensas de verdad que podrás vivir sin estas cosas?".

Pero cuando el Espíritu llevó a Agustín a leer las palabras de Pablo a los romanos, fue librado del poder de estas cosas sobre su vida:

> Lo tomé, pues; lo abrí y leí en silencio el primer pasaje que se me vino a los ojos, que decía: "no en glotonerías y borracheras, no en lujurias y lascivias, no en contiendas y envidia, sino vestíos

> del Señor Jesucristo, y no proveáis para los deseos de la carne" [Ro 13:13-14]. No quise leer más, ni tampoco era necesario, pues al punto que di fin a la frase, como si se hubiera infiltrado en mi corazón una luz de seguridad, se disiparon todas las tinieblas de mis dudas.[31]

Agustín luchó contra dudas filosóficas sobre la verdad del cristianismo. Tuvo también conflictos con su depravación moral. Sobre la conversión de Agustín, el historiador Will Durant afirma: "Al entregar su escepticismo intelectual experimentó por primera vez en su vida fuerza moral y paz mental".[32] Cuando entregó los dioses de los placeres que gobernaban su existencia y permitió que Jesús gobernara su vida, Agustín descubrió una realidad completamente desconocida para él.

La salvación no se gana, se recibe por la fe mediante la gracia de Dios. Pero al mismo tiempo, la salvación es costosa. A Jesús le costó la vida y a nosotros nos costará también la nuestra. C. S. Lewis entendió lo que significaba el desafío de Jesús de contar el coste de su relación con él. Vio que somos llamados a poner nuestra vida en manos de Jesús para que él pueda llevar a cabo la tarea de transformarnos totalmente a su imagen. Lewis ofrece una poderosa explicación desde la óptica de Jesús:

> Es por ello que Él aconseja a las personas que antes de hacerse cristianas "consideren el costo". Él nos dice: "Si me lo permites, te haré perfecto. Desde el momento en que te pones en mis manos, eso recibirás, y si lo deseas puedes apartarme de ti. Pero si me aceptas, voy a realizar un trabajo completo. Cualquiera que sea el sufrimiento que te cueste en tu vida terrenal; cualquiera purificación inconcebible que te cueste después de la muerte; cualquiera que sea el costo para mí mismo, no descansaré, ni te dejaré descansar, hasta que literalmente seas perfecto; hasta que mi Padre pueda decir sin reserva alguna que Él se agrada en ti, tal corno lo dijo de mí. Esto lo puedo hacer, y lo haré. Y no haré menos que esto".[33]

Ser discípulo de Jesús es para aquellos que han contado el coste y quieren la verdadera vida, la vida eterna, que reciben de un Salvador que vino a la tierra para buscarnos y salvarnos y que, con amor y persistencia, nos transforma a su imagen. Son palabras duras si tenemos temor y nos resistimos a él. Son, sin embargo, palabras de esperanza, promesa, paz y alegría si estamos cansados de dirigir nosotros mismos nuestra vida.

---

31. *The Confessions of Saint Augustine*, trad. ing. Edward B. Pusey (Nueva York: Macmillan, 1961), 8.12 (pp. 129-30; he actualizado la traducción de Pusey en algunos puntos).
32. Will Durant, *The Story of Civilization;* vol. 4: *The Age of Faith* (Nueva York: Simon Schuster, 1950), 66.
33. C. S. Lewis, *Cristianismo ¡y nada más!* (Miami: Vida, 1977), 192.

Mateo 20:1-34

»Así mismo el reino de los cielos se parece a un propietario que salió de madrugada a contratar obreros para su viñedo. 2 Acordó darles la paga de un día de trabajo y los envió a su viñedo. 3 Cerca de las nueve de la mañana, salió y vio a otros que estaban desocupados en la plaza. 4 Les dijo: "Vayan también ustedes a trabajar en mi viñedo, y les pagaré lo que sea justo." 5 Así que fueron. Salió de nuevo a eso del mediodía y a la media tarde, e hizo lo mismo. 6 Alrededor de las cinco de la tarde, salió y encontró a otros más que estaban sin trabajo. Les preguntó: "¿Por qué han estado aquí desocupados todo el día?" 7 "Porque nadie nos ha contratado", contestaron. Él les dijo: "Vayan también ustedes a trabajar en mi viñedo."

8 »Al atardecer, el dueño del viñedo le ordenó a su capataz: "Llama a los obreros y págales su jornal, comenzando por los últimos contratados hasta llegar a los primeros." 9 Se presentaron los obreros que habían sido contratados cerca de las cinco de la tarde, y cada uno recibió la paga de un día. 10 Por eso cuando llegaron los que fueron contratados primero, esperaban que recibirían más. Pero cada uno de ellos recibió también la paga de un día. 11 Al recibirla, comenzaron a murmurar contra el propietario. 12 "Estos que fueron los últimos en ser contratados trabajaron una sola hora —dijeron—, y usted los ha tratado como a nosotros que hemos soportado el peso del trabajo y el calor del día." 13 Pero él le contestó a uno de ellos: "Amigo, no estoy cometiendo ninguna injusticia contigo. ¿Acaso no aceptaste trabajar por esa paga? 14 Tómala y vete. Quiero darle al último obrero contratado lo mismo que te di a ti. 15 ¿Es que no tengo derecho a hacer lo que quiera con mi dinero? ¿O te da envidia de que yo sea generoso?"

16 »Así que los últimos serán primeros, y los primeros, últimos.

17 Mientras subía Jesús rumbo a Jerusalén, tomó aparte a los doce discípulos y les dijo: 18 «Ahora vamos rumbo a Jerusalén, y el Hijo del hombre será entregado a los jefes de los sacerdotes y a los maestros de la ley. Ellos lo condenarán a muerte 19 y lo entregarán a los gentiles para que se burlen de él, lo azoten y lo crucifiquen. Pero al tercer día resucitará.»

20 Entonces la madre de Jacobo y de Juan, junto con ellos, se acercó a Jesús y, arrodillándose, le pidió un favor.

21 —¿Qué quieres? —le preguntó Jesús.

**—Ordena que en tu reino uno de estos dos hijos míos se siente a
tu derecha y el otro a tu izquierda.**

**22 —No saben lo que están pidiendo —les replicó Jesús—. ¿Pueden
acaso beber el trago amargo de la copa que yo voy a beber?**

—Sí, podemos.

**23 —Ciertamente beberán de mi copa —les dijo Jesús—, pero
el sentarse a mi derecha o a mi izquierda no me corresponde
concederlo. Eso ya lo ha decidido mi Padre.**

**24 Cuando lo oyeron los otros diez, se indignaron contra los dos
hermanos. 25 Jesús los llamó y les dijo:**

**—Como ustedes saben, los gobernantes de las naciones oprimen
a los súbditos, y los altos oficiales abusan de su autoridad. 26 Pero
entre ustedes no debe ser así. Al contrario, el que quiera hacerse
grande entre ustedes deberá ser su servidor, 27 y el que quiera ser
el primero deberá ser esclavo de los demás; 28 así como el Hijo del
hombre no vino para que le sirvan, sino para servir y para dar su
vida en rescate por muchos.**

**29 Una gran multitud seguía a Jesús cuando él salía de Jericó con
sus discípulos. 30 Dos ciegos que estaban sentados junto al camino,
al oír que pasaba Jesús, gritaron:**

—¡Señor, Hijo de David, ten compasión de nosotros!

**31 La multitud los reprendía para que se callaran, pero ellos gritaban
con más fuerza:**

—¡Señor, Hijo de David, ten compasión de nosotros!

32 Jesús se detuvo y los llamó.

—¿Qué quieren que haga por ustedes?

33 —Señor, queremos recibir la vista.

**34 Jesús se compadeció de ellos y les tocó los ojos. Al instante
recobraron la vista y lo siguieron.**

Sentido Original

La parábola de los obreros y la viña (20:1-16), que solo consigna Mateo, surge del encuentro entre Jesús y el joven rico (19:16-22) y especialmente de la reacción de Pedro (19:23-30). Jesús demuestra que servirle a él y al reino de los cielos con miras a recibir recompensas y prestigio personal es la menos noble de las motivaciones para un discípulo. En su paradójica afirmación sobre los primeros y los últimos (19:30; 20:16), Jesús declara que aquellos que sirven para recibir una recompensa serán últimos, y quienes lo hacen como una sencilla respuesta de obediencia al llamamiento de Jesús serán primeros (*cf.* 20:1-16).

Parábola de los jornaleros de la viña: gratitud y servicio en la comunidad del reino (20:1-16)

La uva era uno de los productos más importantes de la agricultura israelita, y suscita una de las metáforas más importantes para aludir a Israel, a saber, la de la "viña" de Dios (p. ej., Jer 2:21; Os 10:1).[1] Aquí Jesús utiliza la viña para representar la esfera de la actividad mundana (*cf.* Mt 21:28-46): "Así mismo el reino de los cielos se parece a un propietario que salió de madrugada a contratar obreros para su viñedo". La típica fórmula introductoria, "el reino de los cielos es semejante a" (*cf.* 13:24, 31, 33, 44, 45, 47; 18:23), es una clave para entender que Jesús está impartiendo una lección sobre la actividad del reino en el mundo. Jesús representa el tiempo de la vendimia, en que los terratenientes contrataban jornaleros para recoger los racimos.[2] El propietario de la parábola fue de madrugada a la plaza, donde se apostaban los jornaleros esperando que los terratenientes los contrataran. La suma que se acordó por el trabajo era la esperada, puesto que un denario era el salario diario de los jornaleros (ver comentarios sobre 17:24-27; 18:24-28).

La jornada laboral de la antigüedad se dividía generalmente en periodos de tres horas, que iban desde las seis de la mañana hasta las seis de la tarde. El propietario contrató a los primeros obreros al comienzo de la jornada para que trabajaran todo el día. A la hora tercera (las nueve de la mañana), el terrateniente necesitaba más obreros por su abundante cosecha, de manera que volvió a la plaza y encontró personas que seguían esperando una oportunidad de trabajar. En el mundo antiguo, las familias vivían a menudo muy al límite, ganando solo lo suficiente para la comida de aquel día (*cf.* 6:11). Si no encontraban trabajo, no tendrían suficiente comida, así que seguían esperando que alguien los contratara. Estos obreros acordaron trabajar por "lo que sea justo" (20:4), esperando muy probablemente recibir una reducción proporcional del jornal habitual. La abundancia de la cosecha era tal que el terrateniente fue de nuevo a la hora sexta (las doce del mediodía) y a la novena (las tres de la tarde).

Necesitando más obreros, el terrateniente volvió a la plaza del pueblo donde todavía había jornaleros lo suficientemente desesperados como para seguir esperando que alguien los contratara. Era la hora undécima (las cinco de la tarde), cerca del fin de la jornada laboral. Estos obreros, que esperarían cobrar solo la hora que habían trabajado, es decir, la duodécima parte de un denario, fueron también contratados para trabajar en la viña.

Al final del día, cuando el capataz o administrador del terrateniente (*cf.* Lc 8:3; Gá 4:2) se dispuso a pagar el jornal, sucedió algo chocante. Los últimos obreros contratados cobraron un denario, la jornada entera, la paga esperada por todo un día de trabajo. Esto creó la expectativa de que quienes habían trabajado

1. "Vine and Vineyard", *DJBP*, 657-58.
2. Young, *The Parables: Jewish Tradition and Christian Interpretation*, 74-80.

más horas verían su paga incrementada proporcionalmente. ¡Pero no! Aquellos que trabajaron toda la jornada soportando el calor recibieron el mismo salario que quienes solo habían trabajado una, lo cual, como cabía esperar, produjo la protesta de los primeros obreros en el sentido de que los demás no merecían el mismo tratamiento. "¡Pocas cosas parecen más desiguales que tratar igual a los desemejantes!".[3]

Con tono benevolente, pero con la intención de clarificar su actitud, el terrateniente se dirigió a uno de los primeros jornaleros como "amigo". Este hombre no tenía trabajo, de manera que ganar el denario que había acordado por la mañana era mucho más de lo que habría conseguido al final del día sin la afortunada intervención del terrateniente. Debería limitarse a estar agradecido por tener lo suficiente para suplir las necesidades de su familia. El asunto fundamental era el egoísmo del jornalero. Pensaba solo en sí mismo, no en la generosidad e intervención del terrateniente o en la fortuna de los demás obreros.

La expresión "te da envidia" (20:15) puede traducirse literalmente: "¿... es malo tu ojo?", indicando que el jornalero no podía estar agradecido puesto que estaba cegado por su egocéntrica envidia. El "ojo malo" en el mundo antiguo era el que envidiaba codiciosamente lo que pertenecía a otra persona. Era un ojo avaricioso o codicioso (ver también, 6:23). Si un discípulo pone sus ojos en un tesoro terrenal y material considerándolo su valor, sentido personal y seguridad terrenal, entonces la oscuridad de este perverso valor determina el estado del corazón de esta persona. Cuando ponemos nuestra mirada en algo malo, el ojo se convierte en el conducto por el que el mal llena el interior de la persona.

La declaración final de Jesús en 20:16 repite las palabras de 19:30, pero invierte el orden para subrayar la conclusión de la parábola. Aquellos que fueron contratados en último lugar eran indignos de lo que recibieron; sin embargo, se les pagó primero y fueron tratados igual que los que empezaron a trabajar a primera hora. Y los que primero fueron contratados fueron los últimos en cobrar y, desde su punto de vista, tratados injustamente equiparando su esfuerzo, de algún modo, al de los últimos en incorporarse al trabajo. La aplicación a Pedro (19:27) y su petición de un trato y recompensa preferentes es evidente. Aunque él y los demás apóstoles fueron los primeros en dejarlo todo para seguirle (a diferencia del joven rico), Jesús incluye a todos los verdaderos discípulos considerando que han hecho lo mismo (19:29).

Esta parábola es, por tanto, una lección sobre la gratitud y la motivación en el servicio. Esta parábola no trata de la salvación o de ganar la vida eterna, puesto que estas no se consiguen por obras (Ef 2:8-9; Tit 3:5-6). Tampoco es una parábola sobre recompensas por el servicio, puesto que Dios recompensará a los creyentes de manera distinta según su servicio (1Co 3:8; Jn 4:36). Si el denario representara las recompensas, no habría entonces ninguna distinción, ya que todos

3. Blomberg, *Matthew*, 303.

los jornaleros recibieron la misma paga. Se trata, más bien, de una profunda parábola sobre lo que debería motivar al discípulo para el servicio. Deberíamos servir por gratitud, puesto que solo por la intervención de Jesús puede cualquier discípulo recibir algo. Cuando el Señor llama a otras personas al reino sin servir durante tanto tiempo o en tareas tan difíciles o duras como las nuestras, nuestra reacción debería ser alegrarnos.

Si pensamos que merecemos algo por nuestro tiempo, diligencia y compromiso en el servicio, hemos negado el verdadero valor de lo que hemos hecho. Todos los que responden a la gracia de Dios en la invitación al reino de Jesús son igualmente discípulos, y hemos de tener cuidado de no medir nuestro valor por lo que hemos hecho y sacrificado.[4] El nuestro sigue siendo un llamamiento de gracia, y un corazón agradecido servirá sin pensar en la recompensa o sin compararse con los demás. Como señala el terrateniente, pensar en las recompensas y compararse con los demás nos llevará a cuestionar la sabiduría y equidad de Dios y a tener envidia de otros discípulos (20:15).

La tercera predicción de la pasión (20:17-19)

Jesús y los discípulos siguen su viaje de Galilea a Judea pasando por Perea (19:1), con el objetivo de llegar a Jerusalén por la Pascua. Es evidente que Jesús viaja acompañado por un grupo bastante numeroso, que incluye a las mujeres que le ayudaban con sus recursos (Lc 8:1-3) y que presenciarán la crucifixión (ver comentarios sobre Mt 27:55-56). Con el doloroso suceso de Jerusalén a solo unas semanas, Jesús toma aparte a los doce para hacer otra predicción, esta vez la de su inminente traición. Esta es la tercera de cuatro predicciones de su arresto y crucifixión, pero su dramatismo se acentúa con la primera referencia a Jerusalén, la primera mención de la condenación a muerte de Jesús por parte de los líderes religiosos, y la primera mención de que la ejecución será llevada a cabo por los gentiles (ver comentarios sobre 16:21; *cf.* 17:22-23; 26:2).

El ejemplo de sacrificio, sufrimiento y servicio comunitarios por parte de Jesús (20:20-28)

Como acabamos de observar, varias mujeres acompañan, según parece, a Jesús y a los doce en su viaje a Jerusalén. Cuando Jesús predice su inminente crisis en Jerusalén, una de estas mujeres, la madre de Jacobo y Juan (ver 4:19-20), se acerca a Jesús con sus hijos y "arrodillándose, le pidió un favor". Esta mujer ha sido una fiel seguidora de Jesús. Identificada posteriormente como Salomé, está entre las que acompañan a Jesús en la cruz y dan testimonio de la tumba vacía (*cf.* 27:56; Mr 15:40; 16:1). La mejor explicación de los listados de mujeres identifican a Salomé como la hermana de María, la madre de Jesús (*cf.* Jn 19:25).

4. Así lo entiende también B. Rod Doyle, "The Place of the Parable of the Labourers in the Vineyard in Matthew 20:1-16", *ABR* 42 (1994): 39-58.

Sería, pues, una tía de Jesús, y su hijos, Jacobo y Juan, primos por parte de madre. Es posible que, cuando Jesús emprende su último y aciago viaje a Jerusalén, su madre y su tía viajaran con el grupo de sus discípulos. Esto explicaría, al menos en parte, por qué no hay indicios de escándalo con las otras mujeres que viajan con Jesús y sus discípulos a Jerusalén y que presencian la crucifixión y la resurrección (p. ej., María Magdalena, la otra María y Juana; *cf.* Mt 27:55-56; Lc 24:10).[5]

Al arrodillarse delante de él, Salomé muestra su deferencia a Jesús reconociéndole como su Señor mesiánico, pero, por lo que parece, pretende también ejercer su influencia como pariente. En el relato de Marcos son los dos discípulos quienes le piden directamente este favor a Jesús (Mr 10:35-36), lo cual indicaría que el deseo procede tanto de ellos como de su madre.

La petición de la mujer es explícita y directa: "Ordena que en tu reino uno de estos dos hijos míos se siente a tu derecha y el otro a tu izquierda". No está presionando a sus hijos para que hagan algo que no quieran, sino que juntos están demostrando su compromiso apoyando a Jesús en lo que está por llegar.[6] El que una madre pretendiera la promoción de sus hijos mediante una súplica directa a una autoridad no era algo extraño, como pone de relieve el ejemplo de Betsabé hablando a favor de su hijo Salomón al anciano rey David (1R 1:15-21).

Es posible que esta petición se inspire en el comentario de Jesús en 19:28, donde anuncia el papel que tendrían los doce en gobernar con él. Cuando Jesús se siente en su trono de gloria, ellos se sentarán en doce tronos juzgando a las doce tribus de Israel. Puesto que el verbo "juzgar" tiene más el sentido de gobernar que el de condenar, esta madre desea que sus hijos ocupen las posiciones más elevadas cuando Jesús inaugure su futuro reino.

Sentarse a la derecha es ocupar el lugar de mayor honor, sea que hablemos de la madre del rey sentada a su diestra (1R 2:19) o del rey David y el Mesías sentados a la diestra de Dios (Sal 16:11; Sal 110:1, 5; *cf.* Mt 22:44). El asiento izquierdo se reserva para el segundo lugar de importancia después del monarca. El rey Saúl reservaba estos dos lugares para su hijo y para su general (ver Josefo, *Ant.* 6.11.9 §235). Relegar a alguien a la izquierda en lugar de a la derecha podía ser en algunos casos un gesto simbólico de desaprobación (p. ej., 25:33-46), pero, generalmente, como en este pasaje, representa un lugar de gran importancia.

Jesús se dirige directamente a los hermanos cuando declara: "... no saben lo que están pidiendo" (20:22). Ni ellos ni su madre tienen idea de lo que les

5. Emily Cheney, "The Mother of the Sons of Zebedee (Matthew 27.56)", *JSNT* 68 (diciembre 1997): 13-21.
6. A diferencia de Cheney, *ibíd.*, quien sugiere que su presencia con los hijos indica su falta de compromiso con la familia de la fe, puesto que han mantenido su relación familiar, en contra de lo que deben hacer los discípulos (19:19).

aguarda. "¿Pueden acaso beber el trago amargo de la copa que yo voy a beber?". A lo largo de toda la Escritura, la "copa" alude figurativamente al destino que Dios ha establecido para alguien, sea de bendición y salvación (Sal 16:5; 116:13) o de ira y destrucción (Is 51:17; Jer 25:15-29). Jesús hace referencia a su copa de sufrimiento en la cruz (Mt 26:39), que acaba de predecir por tercera vez (20:17-19).

La respuesta de Jacobo y Juan, "sí, podemos", indica que entienden erróneamente que Jesús les está desafiando para ver si están dispuestos a soportar las dificultades que tienen por delante en la batalla por instaurar el reino escatológico. En la metáfora de la copa, ellos ven, posiblemente, tanto bendición como adversidad y declaran que están dispuestos a soportar cualquier dificultad que se presente por la recompensa de la gloria que tienen por delante. Es posible que tengan en mente a otros héroes en la historia de Israel que con audacia dieron un paso al frente en tiempos de crisis y se ofrecieron para luchar por Dios. David, por ejemplo, se ofreció voluntario para luchar contra Goliat para defender el honor del Dios vivo, aunque sabía que quien matara a Goliat sería recompensado con riquezas y se casaría con la hija del rey (1S 17:25-37). Los discípulos reafirmarán su compromiso con Jesús y su destino en el aposento alto (26:31-35), pero saben muy poco de lo que está por suceder. Su valentía es digna de encomio por el compromiso que expresa con Jesús y su disposición a afrontar dificultades por la recompensa de la gloria futura, pero realmente no se conocen a sí mismos ni son conscientes de lo que va a suceder.

Jesús mira al futuro, al tiempo en que Jacobo y Juan sufrirán por el reino de los cielos: "Ciertamente beberán de mi copa —les dijo Jesús—, pero el sentarse a mi derecha o a mi izquierda no me corresponde concederlo. Eso ya lo ha decidido mi Padre". Jacobo fue el primer mártir de la iglesia (Hch 12:2), y Juan experimentó persecución y exilio (Ap 1:9), aunque, según parece, no sufrió una muerte violenta. Estos compartirán la copa de bendición de Jesús, pero deben sujetarse a la voluntad del Padre para su futuro, igual que lo está haciendo él. Jesús ha venido para llevar a cabo la tarea asignada por el Padre, y esta no pasa por el camino de la gloria, sino por el del servicio. Los discípulos verán que el requisito de sumisión para ellos es el mismo.

Es probable que los hermanos y su madre tomaran aparte a Jesús para hacerle su petición y por ello, "Cuando lo oyeron los otros diez, se indignaron contra los dos hermanos". Los otros discípulos están posiblemente indignados,[7] no tanto por la falta de pudor de la petición de Jacobo y Juan, sino porque estos intentan utilizar la relación familiar de su madre con Jesús de manera injusta para conseguir lo que también ellos desean. Los discípulos ya habían discutido antes

7. Es mejor traducir el verbo *aganakteo*, "lamentarse", como "indignarse," indicando su irritación más que el temor a perder algo. Se utiliza para aludir a los discípulos en 26:8 y a los principales sacerdotes y escribas en 21:15.

sobre quién sería el mayor en el reino de los cielos (*cf.* 18:1), y Jesús les había prometido que compartirían con él el gobierno escatológico de Israel (19:28).

A continuación, Jesús reúne a todos los discípulos para derribar sus ambiciones estrictamente humanas estableciendo un contraste entre la concepción que el mundo tiene de la grandeza y la concepción de ella que tiene el reino de los cielos. Entre los gentiles, el criterio para la grandeza era el de enseñorearse de los demás y ejercer autoridad sobre ellos (20:25). Los "gobernantes" y los "altos oficiales" pueden hacer lo que quieran con los demás y hacer que les sirvan como mejor lo deseen. El primer pensamiento de los discípulos habría sido, sin duda, la ocupación romana bajo la que Israel llevaba décadas sufriendo una pesada carga tributaria y un gobierno militar foráneo. Para personas oprimidas bajo este tipo de penalidades, alcanzar estas posiciones de poder y autoridad es la mejor forma de conseguir una cierta medida de dignidad y categoría. Luchar por alcanzar estas posiciones de influencia y autoridad es una ambición muy valorada entre las estructuras de poder del mundo.

En otras palabras, la máxima que reina en el mundo es que la mejor posición para las personas es gobernar, no servir. Pero Jesús propone una clase de ambición distinta y sorprendente, que debe ser el valor principal entre sus discípulos: "Pero entre ustedes no debe ser así. Al contrario, el que quiera hacerse grande entre ustedes deberá ser su servidor y el que quiera ser el primero deberá ser esclavo de los demás". Los "servidores" (*diakonos*) trabajaban como asalariados para mantener las propiedades y la casa del señor, mientras que los "esclavos" (*doulos*) estaban obligados a servir. Los hombres no consideran que el servicio sea algo digno y elevado. Aunque servidores y esclavos están entre las clases más bajas de la sociedad, en la comunidad de sus discípulos, Jesús los considera "grandes" y "primeros".

Puesto que los discípulos tienen la ambición de ser los mayores (18:1) y los primeros (20:21), Jesús les ofrece los medios para serlo según los valores del reino de Dios. Han de ordenar sus vidas con la meta de entregarse para el beneficio de los demás. No es ninguna coincidencia que Pablo adopte estos títulos para describirse a sí mismo[8] y a otros[9] que dieron sus vidas por el bienestar de la humanidad y de la iglesia. Más adelante Juan utilizará el término *doulos* en referencia a Jesús (Ap 1:1), lo mismo que Pedro (2P 1:1) y los propios hermanos de Jesús (Stg 1:1; Jud 1).

El ejemplo decisivo para los discípulos es la propia vida de Jesús: "… así como el Hijo del hombre no vino para que le sirvan, sino para servir y para dar su vida en rescate por muchos" (20:28). Como Hijo del hombre (ver comentarios sobre 8:20) —un título que le había revelado como el Mesías, el Hijo de Dios (p. ej., 16:16-17), digno de toda la gloria y el honor— Jesús ha puesto

8. P. ej., *diakonos*: 2Co 3:6; Ef 3:7; Col 1:23; *doulos*: Ro 1:1; Gá 1:10.
9. P. ej., *diakonos*: Febe, Ro 16:1; Típuico, Ef 6:21; Epafras, Col 1:23; *doulos*: Epafras, Col 4:12.

voluntariamente a un lado esta prerrogativa para conseguir un propósito más elevado, a saber, servir dando su vida en rescate por muchos. Esta afirmación nos brinda una indicación explícita de cómo entiende Jesús el propósito de la crucifixión que pronto va a sufrir (*cf.* 16:21; 17:22-23; 20:17-19).

Jesús dará su vida en "rescate" (*lytron*), que significa "precio de liberación", un término que se utiliza a menudo para aludir al dinero que se pagaba para la emancipación de los esclavos. En el Nuevo Testamento, la "redención" como concepto teológico se basa en la experiencia de la liberación de Israel de la esclavitud de Egipto. Este término puede contener también una alusión al pasaje del Siervo Sufriente de Isaías 53, especialmente 53:6b: "...pero el SEÑOR hizo recaer sobre él la iniquidad de todos nosotros".

La expresión "por muchos" ("por" connota "en lugar de")[10] implica la idea de cambiar su lugar con todos aquellos que acepten su pago por sus pecados. Este dicho de Jesús prepara el camino para la doctrina de la expiación sustitutoria en la obra de su sacrificio en la cruz, que implica el pago del precio más elevado, a saber, la vida del Hijo del hombre.[11]

Misericordiosa sanación de dos ciegos en Jericó, camino de Jerusalén (20:29-34)

Jesús y los discípulos han terminado ahora el largo y difícil viaje desde Galilea, ministrando en Perea y Judea, y se disponen a subir a Jerusalén. Su ruta pasa por Jericó, donde le sigue una gran multitud y donde encuentra a dos ciegos. Durante el tiempo de Jesús, Jericó era una ciudad importante,[12] distinta de la antigua y famosa localidad veterotestamentaria (p. ej., Jos 5), que seguía habitada.[13] La nueva Jericó se inició con una urbanización alrededor de un enorme complejo palaciego construido por los asmoneos en un terreno de 13.000 m^2 situado casi dos kilómetros al sur del antiguo túmulo de la ciudad, y que Herodes el Grande amplió en gran medida.

Mateo sitúa esta sanación cuando Jesús está abandonando Jericó, mientras que Lucas la ubica cuando se está acercando a la ciudad (Lc 18:35). Esta aparente

10. La preposición *anti* no significa prácticamente nunca "en aras de", demanda el uso de "en lugar de" (*cf.* Wallace, *Greek Grammar*, 365-67). La palabra "muchos" (*pollon*) se ha entendido con un sentido exclusivo, "muchos, pero no todos" restringiendo la aplicación a la comunidad de los escogidos (p. ej., 1QS 6:1-23), o con un sentido inclusivo, "muchos, la totalidad que abarca muchos individuos", abriendo la aplicación a todos sin limitaciones. El argumento más convincente desde un punto de vista histórico y lingüístico afirma esto último; *cf.* Joachim Jeremias, "πολλοί", *TDNT*, 6:536-45.
11. *Cf.* Sydney Page, "Ransom Saying", *DJG*, 660-62; Scot McKnight, "Jesus and His Death: Some Recent Scholarship", *CurBS* 9 (2001): 185-228.
12. Hay más datos de trasfondo en Wilkins, "Matthew", 125.
13. T. A. Holland, "Jericho", *ABD*, 3:737. Esta sobrevivió principalmente por el agua dulce procedente de la cercana fuente, lo cual, probablemente, la convierte hasta el día de hoy en "el oasis habitado más antiguo del mundo".

diferencia puede conciliarse fácilmente teniendo en cuenta que había dos ciudades habitadas con el mismo nombre, con lo que Jesús estaría saliendo del antiguo enclave y entrando a la nueva Jericó camino de Jerusalén cuando llevó a cabo la sanación.[14]

Una escena similar acaecida antes, durante su ministerio en Galilea (ver 9:27-31), indica que este tipo de encuentro era relativamente frecuente cuando Jesús atravesaba nuevas zonas. Su asombrosa reputación le precedía. Marcos y Lucas hablan de un mendigo ciego, a quien Marcos identifica como Bartimeo (Mr 10:46; Lc 18:35). Probablemente, estos hablan de Bartimeo por ser el más conocido de los dos. Los ciegos entienden que Jesús es el "Hijo de David" (ver comentarios sobre 9:27-31; también 11:2-6), por ello suplican el don de la misericordia mesiánica para sanar su ceguera. Aunque ha experimentado el creciente rechazo de su pueblo y sufrirá una traición y rechazo decisivos cuando entre en Jerusalén, Jesús sigue teniendo compasión de aquellos que tienen más necesidad, de modo que toca sus ojos y les sana. En seguida siguen a Jesús.

En este incidente se produce un contraste y es que, mientras las multitudes intentan silenciar a estos dos ciegos (y permanecen como meros espectadores), Jesús dirige su ministerio precisamente a ellos. El toque sanador de Jesús permite que quienes carecen de capacidades naturales para seguirle puedan hacerlo.

Construyendo Puentes

Jesús y el grupo de discípulos se acercan a Jerusalén. Jesús va a tener que afrontar pronto el propósito final y la prueba de su vida terrenal, cuando sea arrestado y crucificado, pero después resucitará. Igual que la presencia física de Jesús ha sido el factor unificador entre los discípulos, esta seguirá uniéndolos como su comunidad de discípulos tras la resurrección (18:20). A fin de prepararlos para cuando no esté ya con ellos físicamente, Jesús pronunció el discurso de las Prescripciones de la Comunidad (cap. 18). Las narraciones de los capítulos 19-20 pasan a ilustrar los temas comunitarios esbozados en el capítulo 18. La comunidad de discípulos de Jesús no es un concepto teórico, sino una expresión concreta del modo en que el reino de los cielos afecta las relaciones personales en la vida real.

Unidad en la comunidad. La unidad es un elemento inherente de la comunidad. Sin la unidad, la comunión se desintegra. En este mundo habrá muchas fuerzas que tenderán a destruir la comunidad. Aunque Jesús prepara a la iglesia para hacer frente a fuerzas externas, como la persecución (p. ej., 10:16-25; 24:15-28), las principales fuerzas que tienden a destruir la unidad son internas.

14. Ver Morris, *Matthew*, 513-14. Otros sugieren que el milagro se produjo cuando Jesús abandonó la ciudad (20:29; Mr 10:46), aunque este se encontró con los hombres al acercarse a la ciudad (Lc 18:35).

La comunidad de discípulos ha de tener cuidado de que la soberbia y el egocentrismo no estén presentes en sus relaciones personales.

La llegada del reino de los cielos ha traído el poder para la transformación personal y comunitaria. El testimonio al mundo sobre la realidad del reino es la transformación de las relaciones personales dentro de la comunidad, expresadas especialmente en la humildad, la pureza, la responsabilidad, la disciplina, la reconciliación, la restauración y el perdón (ver comentarios sobre cap. 18). Pero hay fuerzas que actúan entre los discípulos y que pueden destruir su cohesión. En su consulta sobre las recompensas y las posiciones de prominencia en el reino, Pedro y los hijos de Zebedeo (con su madre) muestran que los discípulos están motivados por el deseo de una justa recompensa por su sacrificio como discípulos (19:27; 20:20-21). Esta motivación representa un valor esencial del mundo, sin embargo, Jesús le da la vuelta. Sí, es cierto que el discipulado fiel y sacrificado obtendrá recompensas. Pero, si la obtención de estas recompensas es la fuerza motivadora de la comunidad, este impulso destruirá la unidad produciendo envidia, comparación, autopromoción y competitividad.

¿Cómo puede superarse esta amenaza? Jesús la suplanta con dos motivaciones inspiradas en el reino: la gratitud y la disposición a servir. Si estas dos fuerzas son las que propulsan a sus discípulos, la unidad se mantiene y se fortalece, la obra del reino progresa de manera más efectiva y la recompensa por el servicio sacrificado se convierte en un mero subproducto. Estos dos revolucionarios principios del reino reflejan las aspiraciones más profundas de los seres humanos creados a imagen de Dios. Pero estos quedan cautivos de las fuerzas rivales del egoísmo y la soberbia.

Gratitud. En la parábola de la viña y los obreros, Jesús ilustra que la gratitud ha de ser una motivación apremiante para la comunidad de discípulos. La pregunta de Pedro en 19:27 pone de relieve que está motivado por el pensamiento de recibir recompensas por su sacrificio y devoción a Jesús. En vista del contexto, las recompensas que espera son principalmente materiales, puesto que las riquezas se entendían como una recompensa por la piedad y el servicio. Pero esta autopromoción generará una forma de envidia y comparación, que destruirá la cohesión del grupo.

Todos entendemos el pensamiento de Pedro, pero lo que Jesús ilustra en su parábola es que hemos de contemplar profundamente lo que Dios ha hecho por nosotros. Nosotros que no tenemos nada propio hemos sido llamados al reino de los cielos y dotados del privilegio de ser discípulos de Jesús, con la promesa de una justa recompensa. Cuando respetamos debidamente este privilegio, entendiendo claramente cuál es la terrible alternativa de no ser llamado al reino, se produce en nuestro corazón una profunda gratitud. Todo lo que somos, tenemos o esperamos conseguir es un don, y la única respuesta apropiada es la gratitud.

Ciertamente, sabemos que seremos bendecidos por la tarea que llevamos a cabo para nuestro Señor, pero esta recompensa no es nada en comparación con el don de la vida en el reino que ya hemos recibido. En vista de lo que nuestro Salvador ha hecho por nosotros, el mayor honor que podemos expresar por cualquier corona de recompensa es ponerla en agradecida adoración delante del trono del Dios que nos ha dado la vida y ha creado todas las cosas, como hacen los veinticuatro ancianos en su celestial expresión de alabanza (Ap 4:10-11).

Disposición a servir. En su diálogo con los hijos de Zebedeo y con su madre, Jesús revela que la disposición a servir y la gratitud han de ser las motivaciones esenciales de la comunidad de discípulos. Los hijos de Zebedeo están dispuestos a soportar cualquier sacrificio con tal de obtener la recompensa de ser prominentes en el reino (20:20-23). Pero, digámoslo una vez más, esta clase de incentivo desgarrará la unidad produciendo manipulación y competitividad.

Nos es fácil entender la motivación de estos hermanos y de su madre, porque esta es la lógica del mundo que todos conocemos tan bien. Pero cuando la disposición a servir se une a la gratitud por entender el don de la posición que tenemos como miembros del reino de Dios, podemos dejar de mirarnos a nosotros mismos. Nunca habrá ninguna posición más elevada para nosotros, puesto que todos somos hermanos y hermanas del mismo Padre y discípulos del mismo Maestro y Señor (23:8-12).

Puesto que nuestra posición está firmemente establecida, podemos darle la vuelta al patrón del mundo sobre la grandeza y encontrarla en atender las necesidades de aquellos que están dentro de la comunidad de discípulos entregándonos para servirles. Puesto que podemos confiar de manera incondicional en que nuestro Padre suplirá todas nuestras necesidades (6:11, 25-33) y en que el Señor al que servimos nos ha uncido a un yugo fácil que nunca nos llevará más allá de nuestras fuerzas (11:28-30), podemos ponernos en manos de Dios para que él nos guie, al tiempo que nos entregamos incondicionalmente a la comunidad de los creyentes.

El fascinante ejemplo que tenemos delante es el del propio Jesús, tan seguro en su identidad como Hijo de Dios que pudo entregarse incondicionalmente, a pesar de sus difíciles circunstancias terrenales, a servirnos. El paradigma de poder se invierte completamente, de modo que la aparente debilidad de un ser humano colgado de una cruz se convierte en la mayor demostración de poder que el mundo ha conocido. En este único acto sustitutorio de servicio, las mayores necesidades de la humanidad se cumplieron cuando Jesús se convirtió en el rescate por el pecado. Aquel acto se levanta ante nosotros como decisivo ejemplo de esta disposición a servir a la que se nos llama dentro de la comunidad de discípulos y a un mundo aletargado que espera.

Significado Contemporáneo

Los motivos son un fenómeno complejo, principalmente porque siempre está la tentación de actuar por motivos mezclados. Puedo querer expresarle un amor incondicional a mi esposa llevándole unas flores, ¡pero tras esta intención puede haber también el deseo de manipularla un poco para no sentirme culpable viendo el partido de los Lakers por televisión! Este puede ser un ejemplo trivial, pero pensemos en mezcolanzas más significativas. Tengo un inmenso deseo de que nuestros vecinos se conviertan en cristianos, ¿pero es del todo por su eterno bien? ¿O es posible que piense un poco en mi reputación cuando se hable de mis capacidades como evangelista?

En el SM hemos visto que Jesús ridiculizó a los líderes religiosos por su hipocresía, que en este contexto consistía en hacer *cosas correctas* por *razones erróneas*. Los actos externos de devoción que realizaban estaban guiados por un objetivo general: ser honrados por el pueblo y por los dirigentes religiosos (ver comentarios sobre 6:2).[15] Personalmente, sé que puedo caer en la misma trampa.

Ahora, Jesús pasa a dirigir su atención a los discípulos. Si no cuidamos nuestros motivos, también nosotros podemos hacer cosas correctas por razones erróneas y caer en la misma clase de hipocresía. La situación de este pasaje, igual que la de los fariseos del capítulo 6, tiene que ver con la motivación de las recompensas para el servicio: tanto de orden material como de notoriedad y prestigio personal. Por ello, al considerar esta sección final que interpela a la comunidad de discípulos de Jesús, hemos de evaluar nuestras propias acciones en vista de dos motivaciones esenciales para el servicio: la gratitud y la disposición a servir. Cuanto más nos concentramos en el ejemplo del ministerio terrenal de Jesús, quien no vino a ser servido sino a servir, más fácil nos será purificar las razones que nos llevan a hacer lo que hacemos. Como le oí decir a un predicador en una ocasión, lo que ha de llenar nuestro corazón no es la recompensa, sino aquel que nos la dará.

La actitud de gratitud. A G. K. Chesterton se le cita a menudo como autor de la frase: "la gratitud es la madre de todas las virtudes". Chesterton estaba constantemente agradecido por el "regalo de cumpleaños de haber nacido", y deseaba que se le recordara sobre todo por transmitir a la raza humana un sentido de gratitud. Sus palabras lo expresan con elocuencia:

> Dame algún tiempo;
> si abres tantas puertas y me das tantos regalos, Señor,
> no lo tendré para apreciarlos todos.[16]

---

15. Marshall, "Who Is a Hypocrite?" esp. 137, 149-50.
16. Citado en J. D. Douglas, "G. K. Chesterton, the Eccentric Prince of Paradox", *Christianity Today* (24 mayo 1974), http://www.christianitytoday.com/ct/2001/135/52.0.html.

La gratitud es la respuesta del creyente a la excelencia de la gracia de Dios en la creación y la redención, y constituye el auténtico distintivo del discípulo de Jesús. Sabemos que no tenemos nada que no hayamos primero recibido. Y de este conocimiento procede el manantial de gratitud que afecta a lo que somos, lo que hacemos y decimos, y al modo en que vivimos nuestras vidas. La gratitud impulsa nuestra adoración (Sal 126:1-2; Ef 5:19), motiva nuestro servicio (Ro 12:1) e inspira nuestra constante gratitud (Ef 5:20; 1Ts 5:18). Søren Kierkegaard expresó de forma memorable que la gratitud es la actitud característica de la persona redimida: "Soy un pobre miserable de quien Dios se hizo cargo y para quien ha hecho tantísimo más de lo que jamás hubiera esperado [...] que solo anhelo la paz de la eternidad para no hacer otra cosa que darle gracias".[17]

Desde similares perspectivas, Chesterton y Kierkegaard reflejan las profundas verdades de este patrón de la comunidad. La persona que ha recibido la misericordia y el perdón de Dios tendrá un profundo sentido de gratitud por la nueva vida que ha recibido y extenderá, por su parte, la misericordia y el perdón a los demás como una respuesta natural. La capacidad de perdonar procede del eterno y amoroso acto de gracia expresado en el sacrificio de Jesús por nuestro pecado. La clave de esto es dejar de mirar lo que otros nos han hecho *a* nosotros y concentrarnos en lo que Jesús ha hecho *por* nosotros.

Recompensas. En la parábola de los obreros de la viña, en lugar de ser motivados por la "justicia" o la recompensa, la más noble de las motivaciones es la gratitud. La profunda trascendencia de la gratitud está en su impacto, no solo en aquel a quien deberíamos estar agradecidos, sino también en todas las demás relaciones personales. Aquellos que dan a los necesitados, oran y ayunan en el secreto del corazón serán recompensados (6:4, 6, 18). Pero las recompensas se mencionan como resultado de una vida libre de ensalzamiento de uno mismo. Como sostiene el erudito neotestamentario Harold Hoehner, "la motivación de los creyentes en esta vida no ha de ser la obtención de recompensas como un fin en sí mismo, sino agradar a Dios de todo corazón agradecidos por todo lo que ha hecho por nosotros por medio de Cristo".[18]

Servicio. Lo que hacemos cuando nos entregamos en el servicio del reino de los cielos fluye de un corazón agradecido. Dios creó al primer hombre y a la primera mujer para que fueran administradores de su creación. Los seres humanos eran sus criaturas más elevadas, pero no las creó para dominar al resto de la creación, sino para cuidarla para Dios (Gn 1:26-29; 2:15; *cf.* Lc 16:1-13). Trágicamente, con la entrada del pecado se produjo la distorsión de esta responsabilidad de administrar, hasta el punto de que las personas se volvieron egoístas y se caracterizan por el deseo de recibir en lugar de dar, dominar en lugar de servir, odiar en lugar de amar.

---

17. Kierkegaard, *Diarios,* citado por Stuart B. Babbage, "Gratitude", *Baker's Dictionary of Christian Ethics,* ed. Carl F. H. Henry (Grand Rapids: Baker, 1973), 275.
18. Harold H. Hoehner, "Rewards", *NDBT*, 740.

Pero cuando su amor llevó a Dios a entregar a su Hijo, se produjo un cambio fundamental en aquellos que se humillan para recibir su don. Esta transformación invierte el impulso de recibir que se convierte en dar y el egocentrismo que mira a los demás como seres a quienes desea servir. El impacto del amor de Dios en nuestra vida nos permite ahora amar (1Jn 4:19). Y el impacto transformador del divino don de gracia en nuestras vidas nos permite ahora darnos para servir a los demás.

Ya he dicho antes que estuve combatiendo en Vietnam durante doce meses cuando solo tenía diecinueve años. Fue un periodo traumático, durante una de las fases más enconadas e intensas de la guerra. Vi perder la vida a muchos hombres jóvenes. Poco más de un año después de regresar de la guerra me convertí en cristiano. Un tiempo más tarde, un amigo me preguntó: "Mike, ¿dónde estarías ahora si hubieras muerto en Vietnam?". Y por primera vez me sentí sacudido por la enormidad de las eternas consecuencias de esta vida. Había estado a un paso de una eternidad en el infierno. Me sentí abrumado y sorprendido al darme cuenta de que mi vida era un don. Mi vida no me pertenecía, sino que era verdaderamente un don de Dios. La única respuesta apropiada de gratitud por aquel don era entregarme a Dios para que él me utilizara como quisiera.

Sabía claramente que no podía transferirle mi vida a Dios en un mero sentido religioso conceptual. Sin embargo, podía entregarle cada esfera de mi vida porque su gracia hacía de mí un tipo muy distinto de persona del que era antes. Podía entregarle mis relaciones personales para que la gracia de Dios fluyera a otras personas por medio de mí. Podía dedicarme a mis trabajos, por modestos y diversos que parecieran, siendo conserje, fontanero o líder del estudio bíblico para adolescentes, porque Dios estaba transformando mi vida y dejando en ella el sello de su obra.

Esto es lo que subyace tras el concepto de la vida cristiana como capaz de vivir en generosidad todo el día y cada día, como patrón de vida. La entrega de nuestro ser —que comprende nuestras carreras, relaciones personales, talentos, recursos y tiempo— fluye de una transformación de nuestra vida producida por la entrega de Dios a nosotros. La motivación para dedicarnos al servicio surge simplemente de un corazón agradecido.

¿Por qué "hay más dicha en dar que en recibir" (Hch 20:35)? ¿Por qué ama Dios "al que da con alegría" (2Co 9:7)? ¿Por qué en realidad la viuda pobre había "echado más que todos los demás", aunque su ofrenda era menor en cuantía (Lc 21:3)? En cada caso, es porque la entrega del don procedía de la plenitud de una vida de gratitud vivida en la presencia de Dios. El "dador" fiel es el que vive en una interminable confianza en Dios y puede por ello entregar todo su ser a los demás como un don gratuito. La próxima vez que hagas planes para pasar una tarde con tu hijo, desviarte de tu camino para dar una palabra de ánimo a tu colaborador, dedicar un día a servir en el refugio local para las personas sin techo o hacer una sacrificada ofrenda a tus amigos misioneros para que puedan llevar a cabo su ministerio, asegúrate de que cada una de estas ofrendas la haces dependiendo conscientemente de la gracia de Dios en tu vida.

Si pretendes hacerlo a partir de tus propios recursos, con el tiempo te sentirás completamente exhausto. Pero si recurres al divino don de la gracia en tu vida, tú mismo serás el don de Dios para otras personas en cada actividad de tu vida. El apóstol Pedro declara: "Cada uno ponga al servicio de los demás el don que haya recibido, administrando fielmente la gracia de Dios en sus diversas formas" (1P 4:10). Esto es lo que significa servir a la comunidad de los discípulos de Jesús en la viña del reino de los cielos desde la plenitud de un corazón agradecido.

La ambición de servir. En el seminario del que soy profesor, cada año tenemos un retiro para los miembros de la facultad. Este año, uno de nuestros profesores nos dirigió en maravillosos periodos de adoración comunitaria. La primera noche, nos llevó al salmo 95, que leímos juntos. Tras la lectura nos llevó al versículo 6, que dice: "Vengan, postrémonos reverentes, doblemos la rodilla ante el SEÑOR nuestro Hacedor". Acto seguido nos sorprendió diciéndonos: "¿Por qué no nos arrodillamos todos delante del Señor nuestro Creador?"

Imagínate a este profesor, un hombre de casi dos metros, que creció en la zona montañosa del estado de Colorado; su aspecto es más el de un enorme leñador que el de un profesor. Pero es también un hombre muy inteligente. Tiene un doctorado en Filosofía por Oxford y una exitosa carrera como profesor y erudito. Cuando se puso de rodillas, era como si se despojara de todo aquello que le hacía impresionante ante el mundo y se convirtiera sencillamente en Dave, un siervo arrodillado delante de su Señor.

Acto seguido, todos los que estaban en la habitación de aquella cabaña tenuemente iluminada, todos los miembros de la facultad, fueron lentamente poniéndose de rodillas. Todos los presentes tenían un doctorado académico; algunos de ellos están entre los eruditos cristianos más influyentes del mundo; todos ellos son respetados entre los dirigentes de la iglesia de la nación. Pero, simbólicamente, todos ellos se despojaron de cualquier dignidad ganada, cualquier posición de prestigio y poder que pudieran pensar que tenían y se fueron poniendo de rodillas. Guiados por las palabras del salmo 95 y viendo a Dios como nuestro Creador y como aquel a quien servimos, adoramos a Dios orando y cantando. A excepción de una persona, todos los demás afirmaron después que aquella fue una de las experiencias más impactantes de sus vidas cuando nos unimos para declarar nuestra disposición a servir a Jesús.

El mundo académico en general, y el gremio de los eruditos en particular, es altamente competitivo. Tienes que dominar tu especialidad para conseguir titularte. Debes ofrecer mejores soluciones a los problemas teológicos y bíblicos para conseguir que tus trabajos se publiquen. Y a veces esto significa que, como eruditos cristianos, no nos comportamos mejor que los demás, y podemos centrarnos en nuestros propios intereses.

El modo del mundo. Piensa en tu carrera, tu implicación en las actividades del barrio, o incluso en las de tu iglesia. En el mundo, las cosas se llevan adelante siendo más agresivos, poderosos, amenazadores o exigentes que los demás. En nuestro pasaje, Jacobo y Juan se granjearon la indignación de los otros apóstoles cuando se acercaron a Jesús y le pidieron posiciones destacadas en su reino. Estaban dispuestos y resueltos a soportar cualquier dificultad, y hacer cualquier sacrificio para acceder a posiciones de prominencia en el reino de Jesús.

El ejemplo de Jesús. El concepto de sacrificio se entiende rápidamente cuando pensamos en términos de nuestro propio beneficio personal. "No hay miel sin hiel", reza el antiguo adagio, que transmite un valor bien conocido y apreciado: hemos de sacrificar el placer presente para obtener una posterior ganancia personal. El dicho puede aplicarse a la hiel del ejercicio para conseguir la miel de un organismo saludable, o a la hiel de los sacrificios ahorrativos para ganar la miel de las anheladas vacaciones.

Jesús no invalida totalmente este principio, pero invierte el enfoque: "Mi hiel es miel para *otros*". La sacrificada disposición de Jesús a servir no se dirigía hacia su beneficio personal, sino hacia quienes creen en su obra en la cruz y reciben el perdón de sus pecados. Su disposición a servir nos ofrece el ejemplo que hemos ahora de aplicar unos y otros. Nos sacrificamos para capacitar a otros, no por lo que podemos sacar personalmente de ello. Con el trasfondo de la ambición humana, Jesús explica que en su reino la meta correcta no es ejercer autoridad sobre los demás, sino servirles.

De la problemática ambición a la desinteresada disposición a servir. Pero me apresuro a añadir que esto no significa que toda ambición sea mala. La ambición es mala cuando tiene un componente de avaricia, cuando hiere a las personas y se sirve de ellas, cuando nos exalta sobre los demás, cuando es arrogante. Jacobo y Juan eran ambiciosos. Querían vivir intensamente sus vidas, querían ser relevantes y útiles en el reino de Dios. Estos son puntos fuertes cuando se enfocan correctamente.

Pero la correcta clase de ambición implica enlazar nuestras aspiraciones con una desinteresada actitud de servicio. Por ello, siendo avariciosa y egoísta, el punto fuerte de Jacobo y de Juan era más bien una debilidad. Sin embargo, cuando la ambición se dirige abnegadamente hacia el servicio, Dios puede utilizarla de formas poderosas. El ambicioso impulso de Juan dirigió y sustentó a la iglesia primitiva de Jerusalén. El celo de Jacobo le llevó a ser el primer apóstol en sufrir el martirio, lo cual se convirtió en un acontecimiento decisivo para el coraje de la iglesia. Como cualquier otra persona, los discípulos de Jesús deben tener metas y objetivos, pero nuestra ambición debe vincularse con una desinteresada actitud de servicio, entregando nuestras vidas como fuente de bendición para quienes están bajo nuestra responsabilidad. Esto comienza con nuestras relaciones más cercanas para extenderse después a ámbitos más lejanos: nuestro cónyuge, hijos, vecinos, colaboradores y hermanos en general.

Esta disposición a servir se hace posible porque la inclinación de Jesús al ir a la cruz nos libera del poder del pecado, que es esencialmente orgullo y egoísmo. La motivación egocéntrica por nuestros intereses se desmorona y somos capaces de centrarnos en servir a los demás. Igual que Jesús se hizo Siervo Redentor por amor a nosotros, el verdadero discipulado conlleva una desinteresada disposición a servir.

La lección que todos nos llevamos del tiempo de adoración en el retiro fue que, de forma literal o simbólica, era vitalmente importante que nos pusiéramos de rodillas delante de Dios, de manera deliberada y habitual, y que nos despojáramos de todo aquello que hacemos y decimos para impresionar a los demás y sirviéramos a Jesús atendiendo a su pueblo. En lugar de exigir que nuestros estudiantes nos respeten y honren, nuestro llamamiento como profesores cristianos es vernos como siervos de Jesús y de nuestros estudiantes, preparándolos para vidas de servicio a los demás en la iglesia o en algún campo de misión.

Aquel fin de semana nos comprometimos de nuevo a algo que todos estamos llamados a considerar. La comunidad académica no es sustancialmente distinta del mundo empresarial, militar, la administración pública o cualquier otro marco en el que podamos encontrarnos. Curiosamente, muchas culturas de todo el mundo entienden este principio (a los políticos y miembros del gobierno se les llama a menudo "*servidores* públicos"). En mi pueblo natal, la policía local tiene una consigna rotulada en los vehículos policiales: "Proteger y *servir*". "Servicio" es también la consigna de muchas empresas: restaurantes, compañías de gas, centros comerciales o proveedores de servicios de internet. Representa un ideal humano. Pero lo que obstaculiza el servicio es el *egocentrismo*. El mundo no podrá experimentar una verdadera disposición a servir hasta que sea liberado del egoísmo del pecado.

Competencia de necesidades. Este principio no es muy distinto de lo que puede ocurrir en nuestras familias e iglesias. Todos lo hemos experimentado. La disposición a servir pone punto final a una perversa batalla de egoísmo emocional y relacional que nos permite invertir nuestra vida en los demás para llevarles la bendición de Dios.

Muchos matrimonios experimentan lo que yo llamo síndrome del "juego de la cuerda", en el que cada cónyuge jala del otro para que este supla sus necesidades. Las esposas quieren ver suplidas sus necesidades y esperan que sus maridos lo hagan. Pero antes de suplir las necesidades de sus esposas, los maridos esperan que ellas suplan las suyas. Pueden alcanzar un estado de equilibrio cuando cada uno de ellos ha tirado lo suficiente y están relativamente satisfechos. Pero si alguna vez han jugado a este juego de la cuerda, recordarán que el equilibrio es delicado, porque solo se mantiene por medio de la tensión. Muchos acaban agotándose de esta lucha constante y abandonan.

No obstante, en lugar de tirar de su lado de la cuerda, las parejas pueden aprender a servir. Es algo que intento enseñar a las parejas en mis sesiones de consejo prematrimonial o matrimonial. En un momento dado, le pido a cada pareja que lleven a cabo un experimento. Ambos se comprometen durante dos meses a no pedirle al otro que supla sus necesidades, sino a interesarse solo en las formas de satisfacer sus necesidades. Por regla general, esto supone un enorme cambio de paradigma que puede ser bastante inquietante.

Generalmente, las parejas reaccionan con incredulidad cuando les propongo este experimento. Una joven me dijo, con mucha honestidad: "Estoy tan acostumbrada a insistir e insistir que, si no es así, nunca conseguiré que me eche una mano en casa. ¡Nunca me lleva a cenar! Sencillamente, no piensa en mis necesidades".

Pero cuando explicamos con claridad que íbamos a intentar seguir el patrón de la gracia de Dios hacia nosotros, se asombró de la respuesta de su marido. Este desarrolló toda una nueva serie de prioridades diarias, preguntándose constantemente: "¿Qué cosas necesita hoy que yo puedo hacer o proveer?". Por su parte, ella se esforzaba para que él tuviera lo que sabía que necesitaba, como el habitual partido de baloncesto del sábado por la tarde con sus amigos. ¡Sorprendentemente, él se ofrecía muchas veces a hacer otra cosa si veía que ella le necesitaba!

En la mayoría de los casos, este experimento acaba como base de una nueva clase de relación matrimonial cuya directriz operativa es la disposición a servir. El equilibrio que alcanzan las parejas no se basa en la tensión, sino en la gracia y el servicio. Este tipo de equilibrio solo es posible cuando se produce una transformación fundamental al experimentar la gracia y misericordia de Dios en nuestras vidas.

Me sobrecoge pensar en la bondad de Jesús al servirnos. Pero quizá me siento aún más sobrecogido al descubrir que su disposición a servir es fundamento y ejemplo de la mía. Aunque Jesús merecía todo el honor y gloria que los hombres pudieran darle, él pensó primero en las necesidades de la humanidad. Este mundo estaba perdido en la oscuridad del pecado, y por ello Jesús puso a un lado lo que le pertenecía por derecho para entregarse como siervo a los demás.

Aunque seguro que podemos reivindicar ciertos derechos o autoridad, tenemos el ejemplo esencial de Jesús, que puso a un lado toda la gloria del cielo para tomar una cruz y servirnos. Su ministerio en nuestra vida nos lleva a experimentar una transformación de todos nuestros valores que nos permite servir a quienes nos rodean.

Al considerar este desafío, prueben a ponerse de rodillas. No tiene que ser de forma literal, pero despójense de todo lo que piensan que les hace importantes y considérense simples siervos: de Jesús y unos de otros.

Mateo 21:1-46

Cuando se acercaban a Jerusalén y llegaron a Betfagué, al
monte de los Olivos, Jesús envió a dos discípulos 2 con este
encargo: «Vayan a la aldea que tienen enfrente, y ahí mismo
encontrarán una burra atada, y un burrito con ella. Desátenlos y
tráiganmelos. 3 Si alguien les dice algo, díganle que el Señor los
necesita, pero que ya los devolverá».

4 Esto sucedió para que se cumpliera lo dicho por el profeta:

5 «Digan a la hija de Sión:
  "Mira, tu rey viene hacia ti,
humilde y montado en un burro,
  en un burrito, cría de una bestia de carga"».

6 Los discípulos fueron e hicieron como les había mandado
Jesús. 7 Llevaron la burra y el burrito, y pusieron encima sus
mantos, sobre los cuales se sentó Jesús. 8 Había mucha gente
que tendía sus mantos sobre el camino; otros cortaban ramas de
los árboles y las esparcían en el camino. 9 Tanto la gente que iba
delante de él como la que iba detrás, gritaba:

—¡Hosanna al Hijo de David!

—¡Bendito el que viene en el nombre del Señor!

—¡Hosanna en las alturas!

10 Cuando Jesús entró en Jerusalén, toda la ciudad se conmovió.

—¿Quién es este? —preguntaban.

11 —Este es el profeta Jesús, de Nazaret de Galilea —contestaba la
gente.

12 Jesús entró en el templo y echó de allí a todos los que compraban
y vendían. Volcó las mesas de los que cambiaban dinero y los
puestos de los que vendían palomas. 13 «Escrito está —les dijo—:
"Mi casa será llamada casa de oración"; pero ustedes la están
convirtiendo en "cueva de ladrones".»

14 Se le acercaron en el templo ciegos y cojos, y los sanó. 15 Pero
cuando los jefes de los sacerdotes y los maestros de la ley vieron
que hacía cosas maravillosas, y que los niños gritaban en el
templo: «¡Hosanna al Hijo de David!», se indignaron.

16 —¿Oyes lo que ésos están diciendo? —protestaron.

—Claro que sí —respondió Jesús—; ¿no han leído nunca:

»"En los labios de los pequeños
  y de los niños de pecho
  has puesto la perfecta alabanza"?

17 Entonces los dejó y, saliendo de la ciudad, se fue a pasar la noche en Betania.

18 Muy de mañana, cuando volvía a la ciudad, tuvo hambre. 19 Al ver
una higuera junto al camino, se acercó a ella, pero no encontró nada más que hojas.

—¡Nunca más vuelvas a dar fruto! —le dijo.

Y al instante se secó la higuera.

20 Los discípulos se asombraron al ver esto.

—¿Cómo es que se secó la higuera tan pronto? —preguntaron ellos.

21 —Les aseguro que si tienen fe y no dudan —les respondió Jesús—, no sólo harán lo que he hecho con la higuera, sino que podrán decirle a este monte: "¡Quítate de ahí y tírate al mar!", y así
se hará. 22 Si ustedes creen, recibirán todo lo que pidan en oración.

23 Jesús entró en el templo y, mientras enseñaba, se le acercaron los jefes de los sacerdotes y los ancianos del pueblo.

—¿Con qué autoridad haces esto? —lo interrogaron—. ¿Quién te dio esa autoridad?

24 —Yo también voy a hacerles una pregunta. Si me la contestan,
les diré con qué autoridad hago esto. 25 El bautismo de Juan, ¿de
dónde procedía? ¿Del cielo o de la tierra?

Ellos se pusieron a discutir entre sí: «Si respondemos: "Del cielo",
nos dirá: "Entonces, ¿por qué no le creyeron?" 26 Pero si decimos:
"De la tierra"... tememos al pueblo, porque todos consideran que Juan era un profeta.» Así que le respondieron a Jesús:

27 —No lo sabemos.

—Pues yo tampoco les voy a decir con qué autoridad hago esto.

28 »¿Qué les parece? —continuó Jesús—. Había un hombre que tenía dos hijos. Se dirigió al primero y le pidió: "Hijo, ve a trabajar
hoy en el viñedo." 29 "No quiero", contestó, pero después se
arrepintió y fue. 30 Luego el padre se dirigió al otro hijo y le pidió lo
mismo. Este contestó: "Sí, señor"; pero no fue. 31 ¿Cuál de los dos
hizo lo que su padre quería?

—El primero —contestaron ellos.

Jesús les dijo:

—Les aseguro que los recaudadores de impuestos y las prostitutas
van delante de ustedes hacia el reino de Dios. 32 Porque Juan fue
enviado a ustedes a señalarles el camino de la justicia, y no le creyeron, pero los recaudadores de impuestos y las prostitutas sí le creyeron. E incluso después de ver esto, ustedes no se arrepintieron para creerle.

33 »Escuchen otra parábola: Había un propietario que plantó un viñedo. Lo cercó, cavó un lagar y construyó una torre de

vigilancia. Luego arrendó el viñedo a unos labradores y se fue de
viaje. 34 Cuando se acercó el tiempo de la cosecha, mandó sus siervos
a los labradores para recibir de estos lo que le correspondía. 35 Los
labradores agarraron a esos siervos; golpearon a uno, mataron a
otro y apedrearon a un tercero. 36 Después les mandó otros siervos,
en mayor número que la primera vez, y también los maltrataron.

37 »Por último, les mandó a su propio hijo, pensando: "¡A mi hijo sí lo
respetarán!". 38 Pero cuando los labradores vieron al hijo, se dijeron
unos a otros: "Este es el heredero. Matémoslo, para quedarnos
con su herencia." 39 Así que le echaron mano, lo arrojaron fuera del
viñedo y lo mataron.

40 »Ahora bien, cuando vuelva el dueño, ¿qué hará con esos
labradores?

41 —Hará que esos malvados tengan un fin miserable —respondie-
ron—, y arrendará el viñedo a otros labradores que le den lo que le
corresponde cuando llegue el tiempo de la cosecha.

42 Les dijo Jesús:

—¿No han leído nunca en las Escrituras:

»"La piedra que desecharon los constructores
ha llegado a ser la piedra angular;
esto es obra del Señor,
y nos deja maravillados"?

43 »Por eso les digo que el reino de Dios se les quitará a ustedes y
se le entregará a un pueblo que produzca los frutos del reino. 44 El
que caiga sobre esta piedra quedará despedazado, y si ella cae
sobre alguien, lo hará polvo.

45 Cuando los jefes de los sacerdotes y los fariseos oyeron
las parábolas de Jesús, se dieron cuenta de que hablaba de
ellos. 46 Buscaban la manera de arrestarlo, pero temían a la gente
porque esta lo consideraba un profeta.

Sentido Original

El movimiento *in crescendo* del ministerio mesiánico de Jesús aparece cuando entra a Jerusalén, la ciudad del gran Rey (Sal 48:1-2), centro de la vida espiritual de Israel y de su esperanza mesiánica.[1] El itinerario desde Galilea, atravesando Perea y Judea, le había proporcionado a Jesús un extenso tiempo con sus discípulos, durante el cual prescribió principalmente para ellos las características que manifestaría como su nueva comunidad, su iglesia. Galilea había tenido

1. Para una visión global de la importancia de Jerusalén para Israel, el cristianismo y el islam, ver Zitza Rosovsky, ed., *City of the Great King: Jerusalem from David to the Present* (Cambridge, Mass.: Harvard Univ. Press, 1996).

el privilegio de ser la ubicación primaria donde se ponen de manifiesto su identidad y su misión mesiánicas, pero Jerusalén se convierte en el escenario de la revelación final. En una semana culminante, Jesús concluye el propósito primordial de su misión terrenal: la redención de la humanidad.

Aunque, hasta este momento, la descripción de la misión terrenal de Jesús ha requerido veinte capítulos, Mateo dedica ahora ocho —prácticamente el treinta por ciento de su Evangelio— a esta Semana Santa (ver Construyendo Puentes). Estos capítulos finales pueden dividirse en otros subtemas. En los primeros días de la llegada de Jesús a la ciudad, afirma su autoridad sobre Jerusalén, revelada en los acontecimientos de su apoteósica entrada (triunfal) (20:1-11), sus acciones en el templo (21:12-17) y su maldición a la higuera (21:18-22), en la serie de debates con los líderes religiosos del templo (21:23-22:46) y los lamentos que pronuncia sobre los maestros de la ley y de los fariseos (23:1-39).

Jesús pronuncia, entonces, su extenso discurso final a sus discípulos sobre los sucesos de su regreso en poder y gloria y cómo sus seguidores han de conducirse hasta que él vuelva (caps. 24-25). Los acontecimientos de su Pascua final y la institución de la Santa Cena, su arresto, juicio, crucifixión y sepultura se recogen en una narrativa fluida (caps. 26-27) y, a continuación, el capítulo final detalla la resurrección de Jesús y la Gran Comisión a sus discípulos (cap. 28).

El extenso trato de estos días finales es testimonio de la inmensa relevancia del ministerio redentor de Jesús el Mesías a su pueblo Israel y, más allá de este, a todas las naciones.

La apoteósica entrada a Jerusalén: la autoridad de Jesús como Mesías (21:1-11)

La última parada que se recoge en el viaje desde Galilea, atravesando Perea y Judea, hasta llegar a Jerusalén fue Jericó (20:29). El trayecto desde allí hasta Jerusalén suponía unos veintitrés kilómetros, por un terreno que se elevaba a unos 900 metros de altitud y atravesaba el árido desierto. Para llegar a Jerusalén había que caminar entre seis y ocho horas, de manera que Jesús y sus discípulos estaban ansiosos por llegar a su destino antes de que cayera la noche, ya que aquella ruta tenía mala fama por los robos que se perpetraban (*cf.* Lc 10:30-35). Al acercarse a Jerusalén, el camino pasaba por la ladera trasera (oriental) del monte de los Olivos y atravesaba Betania, lugar donde Jesús permaneció durante su última semana (Mt 21:17; *cf.* Jn 12:1-10), a unos tres kilómetros al sureste de Jerusalén (Jn 11:18). El camino seguía por el monte de los Olivos y descendía cruzando el valle del Cedrón, hasta llegar a Jerusalén.

A unos 800 metros sobre el nivel del mar, el monte de los Olivos (21:1) se encuentra al este de Jerusalén, y da directamente a la zona del templo. Es una cadena de montañas aplanadas y redondeadas, con cuatro cimas identificables. Su nombre deriva de los olivares que lo cubrían en tiempos antiguos. El enclave tradicional del huerto de Getsemaní se encuentra cerca del pie del monte de los Olivos, en la falda occidental por encima del valle del Cedrón.

Según el relato tradicional de la última semana, Jesús y la banda itinerante de discípulos llegan a Betania el viernes por la tarde, y celebran allí el día de reposo, que empieza a la caída del sol del viernes y acaba el sábado al ponerse el sol. Ese mismo día por la noche, en Betania, tendría lugar una celebración con muchos de sus seguidores más cercanos en la zona de Jerusalén, donde María ungiría los pies de Jesús (ver comentarios sobre 26:6-13; *cf.* Jn 12:1-8).[2] El domingo por la mañana, Jesús dirige a los discípulos para que se ocupen de los preparativos para su entrada a Jerusalén.

Los preparativos para la entrada (21:1-7). Cerca de Betania se encuentra la ciudad de Betfagé (21:1), de la que Mateo nos dice que es lugar desde el que Jesús dirige su entrada a Jerusalén. La ciudad se llama en la actualidad el-Azariyeh, nombrada así en honor a Lázaro, que fue resucitado en sus proximidades (Jn 11:1, 17-18). El enclave tradicional se halla sobre la falda suroriental del monte de los Olivos, a menos de un kilómetro y medio de Jerusalén. El nombre Betfagé (heb. *Betpagey*) significa "casa de la higuera temprana".[3]

Jesús envía a dos discípulos a Betfagé, donde deben obtener el asna y el pollino para la su entrada a Jerusalén. Tienen que desatarlos y llevárselos a Jesús, y si alguien cuestiona sus actos deben contestar: "El Señor los necesita" (21:3). El término "Señor" (*kyrios*) puede designar al amo terrenal o a la deidad en la que cree. Se usa en alusión al amo del esclavo en 10:24, pero también a Dios como el Señor de la cosecha (9:38), el Señor de la viña (20:8), el Señor del cielo y de la tierra (11:20, 25), y, con frecuencia, a Jesús como el Mesías (Hch 10:36). Resulta difícil decir qué habrían entendido los discípulos o cualquier otra persona por *kyrios* en este contexto, pero es evidente que Jesús pretendía que fuera una referencia a sí mismo como aquel que supervisa soberanamente estos acontecimientos. En este momento culminante de su ministerio terrenal se revela con creciente claridad.[4]

---

2. Para una breve visión global de las dificultades a la hora de asegurar las fechas reales de la Semana Santa, usando el viernes 15 de nisán como piedra angular y una útil resolución de las diversas posibilidades, ver el breve artículo "Problems in Dating the Crucifixion" [Problemas para fechar la crucifixión], en la página web del Departamento de Aplicaciones Astronómicas del Observatorio Naval de Estados Unidos: http://aa.usno.navy.mil/faq/docs/crucifixion.html. Ofrecen las fechas siguientes para la crucifixión de Jesús: el viernes 7 de abril del 30 A.D. o el viernes 3 de abril del 33 A.D. Para un fechado similar tras un debate más extenso, ver Kenneth F. Doig, *New Testament Chronology* (Lewiston, N. Y.: Edwin Mellen, 1990), que sostiene la fecha del 30 A.D. Si la seguimos, Jesús llega a Betania bien entrada la tarde del viernes 31 de marzo, pasa el día de reposo con sus discípulos en Betania y comen allí la comida de celebración en la noche del sábado 1 de abril. La apoteósica entrada triunfal se produce el domingo 2 de abril, y la crucifixión, el viernes 7 de abril, por lo que la resurrección sería el domingo 9 de abril.
3. Ver Scott T. Carroll, "Betfagé", *ABD,* 1:715.
4. *Cf.* También Carson, "Matthew", 437; Gundry, *Matthew,* 593.

Deliberadamente, Jesús declara su identidad a la nación. Las circunstancias de su entrada producirán toda una diversidad de reacciones entre el pueblo. En la estación de la Pascua, el entusiasmo mesiánico tendía a exaltarse. Con los peregrinos que acudían en masa a Jerusalén, no solo desde las diferentes regiones de Palestina, sino también de la diáspora, la esperanza de la aparición del Mesías estaba lista para encenderse en cualquier momento. La reciente resurrección de Lázaro estimuló un renovado interés en Jesús: tanto la esperanza de la multitud en él como libertador milagroso como la oposición de los líderes religiosos por percibirlo como una amenaza para la seguridad nacional (Jn 11:45-53; 12:9-11, 17-19).

El descenso de Jesús desde el monte de los Olivos para entrar a Jerusalén evoca imágenes de la profecía de Zacarías que presagiaba la pelea del Señor contra las naciones, con su pie sobre el monte de los Olivos y liberando a Jerusalén (Zac 14:3-21). Aún se estimula más el fervor al ver a Jesús montado sobre un pollino, cumpliendo la profecía de Zacarías sobre el rey mesiánico que viene a liberar a su pueblo (Zac 9:9-13; *cf.* Mt 21:4-5). Esto no es mera coincidencia. La aclamación de las multitudes procede de sus propias expectativas de lo que ellos quieren que Jesús sea. Sin embargo, para él es una revelación de sí mismo a Israel que sellará el destino de su pueblo, pero que también será un testimonio para sus discípulos cuando reflexionen sobre estos acontecimientos con los ojos de la fe, después de su crucifixión y resurrección.[5]

La frase de cumplimiento: "Esto sucedió para que se cumpliera lo que fue dicho por el profeta" (21:4) es, muy probablemente, el comentario de Mateo con respecto a que la entrada de Jesús a Jerusalén a lomos de un pollino cumple la profecía de Zacarías 9:9: "Tu rey viene hacia ti humilde y montado en un burro" (21:5). Ya ha llegado el momento de que Jesús declare abiertamente que él es el justo Mesías davídico. Es posible que también sea una alusión a Génesis 49:12, donde Jacob profetiza del descendiente real de Judá:

> Amarra su asno a la vid,
> y la cría de su asno a la mejor cepa;
> lava su ropa en vino;
> su manto, en la sangre de las uvas.

La profecía de Jacob aparece en el contexto de la promesa a Judá sobre un linaje real permanente en sus descendientes, cuyo reinado incluirá la obediencia de las naciones.

La profecía de Zacarías indica la naturaleza de la llegada de Jesús: viene como el justo que ofrece salvación, no como líder militar vencedor. Llega con reconciliación, como lo hicieron los gobernantes que en ocasiones montaban un asno en tiempos de paz (Jue 5:10; 1R 1:33). Por medio de este acontecimiento, Jesús delinea que no está viniendo para traer una conquista militar.

5. Carson, "Matthew", 437.

La profecía de Zacarías especifica con un paralelismo sinónimo que un pollino, la cría sin domar de un asno, es el animal sobre el cual entrará a Jerusalén el rey pacificador de Israel. De los cuatro Evangelios, Mateo es el único que menciona dos animales, y además añade que, cuando los discípulos llevaron los dos equinos y pusieron sus mantos, "Jesús se sentó sobre ellos" (Mt 21:7). La meticulosa atención de Mateo en las profecías veterotestamentarias le impide ignorar el paralelismo de la profecía de Zacarías sugiriendo que Jesús monta ambos animales. Más bien, su relato añade un toque de reminiscencia histórica: se controla mejor a un joven pollino sin domar si su madre va junto a él para calmarlo en medio del tumulto.[6]

Los discípulos colocan sus mantos (*cf.* 5:40) sobre ambos animales, pero Jesús se sienta sobre los que están puestos sobre el pollino. No hay error alguno con respecto a que procede a entrar a Jerusalén como rey esperado, el mesiánico Hijo de Dios. Sin embargo, su entrada es triunfante en un sentido paradójico, porque su victoria llegará cuando sea clavado a una cruz.[7]

La apoteósica entrada de Jesús a Jerusalén (21:8-11). Los acontecimientos para los que Jesús ha preparado a los discípulos empiezan ahora a desarrollarse. Al descender desde el monte de los Olivos para entrar a la ciudad, se reúne "mucha gente" para reconocer su llegada a Jerusalén. Algunos de ellos echan sus vestiduras[8] delante de él, en el camino, simbolizando su sometimiento a él como rey (21:8).[9] Otros cortan ramas de palmera (*cf.* Jn 12:13) y las extienden sobre el camino delante de Jesús (Mt 21:8). Las palmas simbolizaban el nacionalismo judío y la victoria, como cuando Judas Macabeo y sus seguidores recuperaron Jerusalén y el templo profanado por Antíoco (*2 Mac.* 10:7; *cf. 1 Mac.* 13:51). Muchas monedas del tiempo de Jesús llevan palmas, que por lo general expresan el nacionalismo tanto de los judíos como de los romanos.

Mateo se refiere a "la gente que iba delante de él como la que iba detrás". El Evangelio de Juan nos ayuda a entender la imagen. Las multitudes salen de Jerusalén para saludar a Jesús, al parecer son los peregrinos que han acudido allí para la Pascua y que han oído la milagrosa hazaña de la sanidad de Lázaro y que se ven atrapados por la expectación mesiánica (Jn 12:12). Se encuentran con Jesús por el camino y dan media vuelta para formar una procesión de bienvenida, mientras que los que acompañan a Jesús desde Betania, incluidos sus discípulos, siguen detrás.

---

6. *Cf.* Gundry, *Matthew,* 409-10; Hagner, *Matthew,* 2:594-95.
7. Hagner, *Matthew* 2:595.
8. El mismo término, *himatia,* se usa para los mantos que los discípulos colocaron sobre los dos animales (21:7).
9. Cuando Eliseo anunció que Jehú sería ungido rey, los demás oficiales procedieron a "tender sus mantos sobre los escalones, a los pies de Jehú. Luego tocaron la trompeta y gritaron: '¡Viva el rey Jehú!'" (2R 9:13).

Esta gran muchedumbre es una especie de mezcla. Lucas nos dice que hay una multitud de los propios discípulos de Jesús (Lc 19:37) que incluye a los doce y al grupo más amplio de sus seguidores. Entre el grupo mayor se encuentran, muy probablemente, las discípulas que siguieron a Jesús desde Galilea (Mt 27:55-56), pero también el contingente de los creyentes en la región de Jerusalén: entre ellos Lázaro, Marta y María, y otros que creyeron cuando Jesús resucitó a Lázaro (*cf.* Jn 12:1-3). Dentro de la multitud también están aquellos que no pertenecen a los discípulos de Jesús, pero que son parte de las típicas multitudes que seguían a Jesús durante todo su ministerio. Siguen con sus propias expectativas particulares, y aquí tal vez piensan que Jesús ha venido a liberar Jerusalén y al pueblo de Israel de la opresión romana. Otros están allí por curiosidad y se ven atrapados por el entusiasmo. Lucas revela, además, que entre toda la muchedumbre también hay líderes religiosos, como el habitual contingente fariseo que se opone a la autoridad de la afirmación de Jesús y que mantiene un ojo sobre él (Lc 19:39).

El gentío grita "Hosanna", transliteración de la expresión hebrea que significa "Oh, salva" (*cf.* 2S 14:4; 2R 6:26). Esto lleva a la turba a relacionarlo todo con el Hallel (Sal 113-118) que se cantaba durante el periodo de la Pascua y expresaba, en especial, las esperanzas mesiánicas de Israel como se manifestaban en Salmos 118:19-29 (*cf.* esp. 118:25: "SEÑOR, ¡danos la salvación!"). Además claman a Jesús como "Hijo de David" (21:9). Vinculado al Hosanna, el título "Hijo de David" es inequívocamente mesiánico. La multitud reconoce lo que Jesús ya ha declarado en su cumplimiento de Zacarías 9:9: Él es el Mesías davídico (ver comentarios sobre 1:1), a quien ellos apelan para que los salve de su opresión.

Cuando la multitud que lo acompaña entra a Jerusalén, "toda la ciudad se conmovió. ¿Quién es este?, preguntaban". Esto le recuerda al lector la reacción de esta misma ciudad cuando los magos llegaron buscando al rey de los judíos: " ... se turbó. Y toda Jerusalén con él" (2:3). Ahora, cuando Jesús entra a Jerusalén, "toda la ciudad se conmocionó". La expresión "toda la ciudad" indica que las autoridades religiosas son, una vez más, paranoicas sobre este que, según ellos, creen que podría intentar usurpar el poder, y quieren una explicación sobre cómo se quiere presentar Jesús.

Las multitudes responden de forma general: "Este es Jesús, el profeta de Nazaret de Galilea". Esta respuesta indica la naturaleza variada de los que asisten a la entrada de Jesús. Algunos de entre la muchedumbre lo llaman profeta, que es como lo veían muchos en su ministerio (16:14; 21:46). Esto no parece implicar que comprendan que es *el* Profeta de la profecía de Moisés (Dt 18:15-18),[10] sino más bien como el profeta que ha estado creando semejante agitación en Galilea, cuya localidad natal era Nazaret. Otros que clamaron "Hosanna" parecen esperar que Jesús traiga liberación, como lo hicieron los reyes del antiguo Israel y los macabeos de tiempos más recientes.

10. *Cf.* Jn 6:14; 7:40, 52; Hch 3:22; 7:37.

Sin embargo, Jesús había emprendido una "entrada triunfal" de una clase diferente a la que muchos de entre la turba esperaban. Jesús triunfará sobre el enemigo del pecado, trayendo salvación a su pueblo por medio de su justo sacrificio sobre la cruz que se cierne ante él. Muchos de entre el gentío solo piensan en la liberación física y militar. Ahora gritan "Hosanna", pero pronto verán que Jesús no está trayendo la libertad que ellos desean y acabarán gritando: "Crucifícalo" (27:22). Aunque la multitud lo aclama con fervor, Jesús sabe por qué le están dando la bienvenida en realidad. Conoce las ambiciones nacionalistas y volubles de ellos; Lucas nos dice, pues, que Jesús llora sobre la ciudad (Lc 19:42-44).

Las acciones del templo: El pronunciamiento de Jesús sobre la organización del templo (21:12-17)

Mateo condensa parte de la narración de las actividades de Jesús durante la Semana Santa, y es lo que ocurre aquí en el relato cronológico de las actividades del templo. Una comparación con los demás Evangelios indica una secuencia más plena de sucesos. Tras su apoteósica entrada a Jerusalén, Jesús va al recinto del templo y supervisa las actividades que se están realizando allí (Mr 11:11). Más tarde, aquel mismo día (es decir, el domingo por la tarde), regresa a Betania con los doce (11:11), donde pasan la noche. El lunes por la mañana temprano, Jesús y los discípulos regresan a Jerusalén, pero de camino maldice simbólicamente a la higuera (11:12-14). Después de entrar a la ciudad, Jesús se dirige al templo. En este punto, Mateo retoma el relato.

Juan y los sinópticos sobre los actos de Jesús en el templo. El Evangelio de Juan cuenta con la narración de una actividad similar en el templo al principio del ministerio de Jesús (Jn 2:13-17). Muchos eruditos discuten que Juan ha colocado esta acción de Jesús al principio por motivos temáticos, aunque los Evangelios sinópticos narran la cronología histórica real.[11] Hemos visto que no es inusual que los escritores de los Evangelios dispongan el material de manera temática,[12] de modo que esto puede justificar las dos versiones diferentes. Pocos son hoy los que sostienen las dos actividades del templo, similares aunque cronológicamente diferentes, una al principio del ministerio de Jesús y la otra al final. Estos eruditos se preguntan cómo habrían permitido los líderes religiosos que Jesús hiciera esto dos veces.

Es posible que no tengamos certeza sobre esta cuestión, pero hay mucho que elogiar en la opinión de que Jesús fuera dos veces al templo con un mensaje para

11. P. ej., George Beasley-Murray, *John,* 2ª ed. (WBC; Nashville: Thomas Nelson, 1999), 38-42; Hagner, *Matthew,* 2:599-600.
12. P. ej., la disposición temática que Mateo hace de los milagros de Jesús (caps. 8 y 9) y la de Lucas con respecto al orden de las tentaciones de Jesús (Lc 4:1-13; *cf.* Mt 4:1-11).

Israel y su liderazgo.[13] Al principio de su ministerio, Jesús hizo una declaración de la naturaleza de su ministerio mesiánico mediante la actividad en el templo que se recoge en Juan, y que era una advertencia para Israel. Que los líderes religiosos no lo pasaron por alto se revela en una declaración que hizo Jesús durante el primer incidente del templo que se usó más tarde contra él, falsamente, en su juicio (Jn 2:19; ver Mt 26:61; Mr 14:58; *cf.* Hch 6:14).

Cuando Jesús llega a Jerusalén al final de su ministerio, es evidente que las autoridades religiosas no han llevado al pueblo de Israel al arrepentimiento a la luz de la llegada del reino de los cielos. La actividad de Jesús en el templo, al final de su ministerio, es ahora, pues, un acto simbólico de juicio. En el primer incidente fueron tomados por sorpresa, mientras que, en el segundo, las multitudes están tan alineadas con Jesús que las autoridades del templo no se atreven a actuar contra ellos en público e impiden su actividad allí. No obstante, ahora no pueden pasar por alto la obvia naturaleza revolucionaria del rechazo de Jesús hacia la autoridad de ellos, de modo que intentan hacerlo caer en una trampa en un debate, con la esperanza de que será denunciado (21:23-27; 22:15-46). Al fallar esto, conspiran para arrestarlo y matarlo (21:46; 26:3-5) con el fin de evitar la amenaza que suponen para ellos el populacho y el cuerpo de gobierno romano.[14]

La acción de Jesús en el templo (21:12). En el extremo sur del monte del templo, Jesús entra al recinto del templo por la puerta de Hulda. A continuación sube por otra serie de escalones para entrar en el pórtico real, un largo vestíbulo con cuatro hileras de cuarenta gruesas columnas cada una. Este pórtico alberga un mercado donde la actividad comercial permite que los peregrinos de toda la diáspora que participen en las actividades del templo. Allí cambiaban sus diversas monedas por la del templo, el siclo tirio, que se usaba entonces para pagar el impuesto exigido para el templo (17:24-27; *cf.* Éx 30:11-16) y para la compra de animales y otros productos para sus sacrificios.[15]

De inmediato, Jesús empieza a expulsar a todos los que compran y venden, y vuelca las mesas de los cambistas y los bancos de los que venden palomas (21:12). Los que cambian dinero, así como los que compran y venden, están convirtiendo estas actividades en simples operaciones comerciales, y la tentación de abusar es

13. *Cf.* Leon Morris, *John,* ed. rev. (NICNT; Grand Rapids: Eerdmans, 1995), 166-69; Carson, *John,* 176-78.
14. La ausencia del primer incidente del templo en los sinópticos es coherente con la ausencia global del ministerio temprano de Jesús en Judea en sus narraciones. La ausencia del segundo incidente en el relato que Juan hace de la Semana Santa puede deberse a la diferencia de énfasis en el juicio de Jesús. El enfoque de los sinópticos en las acusaciones de las declaraciones de Jesús contra el templo (Mt 26:61; Mr 14:58) y en la acusación relacionada de blasfemia, aunque Juan solo recoge un vago interrogatorio por parte de Anás (el anterior sumo sacerdote), sobre la enseñanza de Jesús (Jn 18:19-23).
15. Ver Kathleen Ritmeyer, "A Pilgrim's Journey", *BAR* 15/6 (noviembre-diciembre 1989): 43-45, para la visión interna informativa de un viaje al interior del templo.

real, ya que se consignó una tasa adicional al fondo del templo (*m. Šeqal.* 2:5). Las palomas eran el sacrificio ofrecido por los pobres (que no podían permitirse sacrificios animales) y por los que hacían una variedad de tipos de ofrendas personales (*cf.* Lv 5:7; 12:6; 15:14, 29). El comercio del templo era, en ocasiones, notable por explotar a los más desfavorecidos (*m. Ker.* 1:7). Por supuesto, los actos de Jesús no detendrán de forma permanente estas actividades. De hecho, su crucifixión servirá de fuerte elemento disuasorio para cualquiera que pudiera querer comportarse de una forma similar.

Cabría esperar que las autoridades del templo lo detuvieran de inmediato, pero hasta los observadores más distantes lo tenían por profeta (21:11). Como portavoces de Dios, muchos profetas llevaron a cabo actos que fueron pronunciamientos de juicio, incluso en el recinto del templo (*cf.* cuando Jeremías rompe el cántaro en mil pedazos; Jer 19). El torbellino de popularidad que rodea a Jesús hace que los líderes religiosos teman a las multitudes. Sin embargo, como en el caso de Jeremías, una vez que se aparten las muchedumbres de Jesús, será apresado.

Una cueva de ladrones (21:13). Jesús extiende su autoritativo pronunciamiento de juicio contra el personal del templo, ya que le han dado un uso incorrecto aprovechando el lugar para la actividad comercial y no para la pretendida actividad espiritual. Declara: "Escrito está —les dijo—: 'Mi casa será llamada casa de oración'; pero ustedes la están convirtiendo en 'cueva de ladrones'". Los líderes religiosos están tratando el templo como lo hacen los ladrones con sus cuevas: un lugar de refugio para acumular riqueza conseguida de manera ilícita y para planear futuras actividades ilegales. El término "ladrón" (*lestes*) no es la palabra que se usa para un ladrón común, sino para aquel que es un insurrecto, como Barrabás y los dos revolucionarios entre los cuales fue crucificado Jesús.[16] Este puede ser un uso sutil del vocablo para indicar que las autoridades del templo están convirtiéndolo en una fortaleza nacionalista,[17] o, de forma más sutil, en un lugar donde están los insurrectos contra el plan que Dios pretendía para el templo.

Mateo omite la frase que dice que el templo es una casa de oración "para todas las naciones" (*cf.* Mr 11:17), pero la reprensión está implícita, ya que lo que Jesús despeja es el patio exterior de los gentiles. Sus contemporáneos están impidiendo que estos últimos usen este único lugar donde se les permitía orar, convirtiéndolo en una cueva de ladrones. Le están robando a Dios el medio por el cual su bendición se extiende a todas las naciones.[18] El principal propósito del templo se está perdiendo en un frenesí de actividad religiosa. El liderazgo del templo está condenado.

---

16. *Cf.* Wilkins, "Barabbas", *ABD,* 1:607.
17. Carson, "Matthew", 442; Hagner, *Matthew,* 2:601.
18. Ver Peterson, *Engaging with God,* 87-90.

La acción de Jesús aquí se ha denominado con frecuencia "limpieza" del templo, y esto implica que está intentando purificarlo de las prácticas corruptas y restaurarlo a su uso adecuado, como Dios pretendía. Aunque las prácticas corruptas están siendo reprendidas sin lugar a duda, Jesús va más allá de la purificación para representar intencionadamente un acto simbólico de juicio contra el liderazgo religioso de Israel.[19] Es, asimismo, una declaración extraordinaria de la autoridad de Jesús sobre los propósitos de las prácticas sacrificiales del templo, que se cumplirán con su inminente crucifixión como lo anuncia Dios de forma tan dramática cuando el velo se desgarra en el momento de su muerte (27:51).[20]

Curaciones y alabanza (21:14-16). Solo Mateo menciona las curaciones que Jesús llevó a cabo en el templo después de interrumpir las prácticas comerciales y la confrontación posterior con los principales sacerdotes y los escribas. A los ciegos y los cojos se les prohibía el acceso completo a las actividades del templo, para simbolizar la pureza que se esperaba ver manifestada en aquellos que se acercaban a Dios (*cf.* Lv 21:18-19). Sanando a ciegos y cojos, muestra su autoridad para crear pureza en todos los que desean adorar a Dios, demostrando que en su calidad de aquel que es mayor que el templo (12:6), cumple las prescripciones del Antiguo Testamento para la purificación que las prácticas del templo requerían para entrar a la presencia de Dios.[21]

Las actividades curativas de Jesús provocan que los niños del templo imiten el cántico "Hosanna al Hijo de David", que escucharon con anterioridad en boca de la multitud durante la extraordinaria entrada de Jesús a Jerusalén (21:9, 15). Las acciones de Jesús en el templo al pronunciar juicio y sanar a los ciegos y los cojos deberían haber hecho que las autoridades religiosas reconocieran su autoridad como el Mesías, el Hijo de David a quien los niños identifican de forma inocente e inconsciente.[22] En vez de ello, se "indignan" al ver que Jesús desafía la autoridad de ellos. El término "se indignan" (*aganakteo*) es el mismo vocablo usado en relación con la reacción de los diez discípulos ante los hijos de Zebedeo y el intento de la madre de ellos por usar las ventajas del parentesco para obtener lugares de privilegio en el reino de Jesús (20:24).

Los líderes religiosos reconocen a Jesús como una amenaza a sus posiciones de prominencia religiosa. Jesús admite la honra que, sin saberlo, le están otorgando los niños y la vincula a Salmos 8:2, reprendiendo a los líderes religiosos por algo que deberían haber sabido si de verdad conocieran el testimonio bíblico. El salmista aplica la alabanza de los niños a Dios, pero aquí los pequeños le están atribuyendo la honra a Jesús como el Hijo de David. Jesús admite, pues, su

---

19. France, *Matthew,* 300-303; Morris, *Matthew,* 525-26; Davies y Allison, *Matthew,* 3:133-37; Sanders, *Jesus and Judaism,* 61-69.
20. Peterson, *Engaging with God,* 87-90.
21. Schweizer, *Matthew,* 408.
22. Rudolf Schnackenburg, *The Gospel of Matthew,* trad. ing. R. R. Barr (Grand Rapids: Eerdmans, 2002), 203.

condición de Mesías recibiendo la bendición/alabanza y va más allá de algo que hasta los niños saben, aceptando personalmente lo que en el salmo era aplicable tan solo a Dios (21:16).[23]

Regreso a Betania (21:17). Tras los dramáticos acontecimientos de este lunes de Semana Santa, Jesús deja a los líderes religiosos muy probablemente con una mueca en la cara y su furia empezando a hervir. Regresará a la ciudad y al templo al día siguiente para involucrarse en un extenso debate, pero por ahora vuelve a Betania (ver comentarios sobre 21:1). Jerusalén estaba abarrotada de peregrinos durante el período de la Pascua, y muchos hallaban refugio fuera de la ciudad. Lo más probable es que Jesús se hospedara en casa de Lázaro, a quien resucitó de los muertos, y de sus hermanas María y Marta (Lc 10:38-42; Jn 11:1-44).

Maldición de la higuera: el juicio de Jesús sobre las naciones (21:18-22)

Mateo expone ambos temas juntos, tanto la maldición de la higuera como la reacción de los discípulos al verla seca,[24] mientras que Marcos proporciona el orden cronológico más probable. Jesús maldijo el árbol el lunes por la mañana de camino a la ciudad, para representar el juicio sobre el liderazgo del templo. Los discípulos regresan a Betania el lunes por la noche (Mr 11:19), y el martes por la mañana reaccionan al ver la higuera seca cuando regresan a Jerusalén (*cf.* 11:12-14, 20-26).

En su viaje desde Betania a Jerusalén, Jesús y los discípulos atraviesan la pequeña aldea de Betfagé (ver comentarios sobre 21:1). La aparición de hojas en una higuera en aquella región era una promesa de dulces higos tempranos. Sin embargo, el árbol es estéril y no produce fruto alguno. Se convierte, por tanto, en el objeto adecuado para que Jesús indique cuál es la condición espiritual de Israel (*cf.* Os 9:10, donde se compara a Israel con una higuera fructífera), proporcionando una impresionante lección para los discípulos.[25] Si la higuera daba fruto, era señal de que estaba sana y, del mismo modo, la productividad era señal de la fidelidad de Israel a los principios del pacto. Ahora que Israel, representado de forma especial por su liderazgo religioso, ha pervertido las prácticas del templo y no se ha arrepentido al aparecer Jesús el Mesías proclamando la llegada del reino de los cielos, Dios lo está juzgando.

Los discípulos están asombrados al ver que la higuera puede secarse con tanta rapidez, sencillamente por la palabra de Jesús, pero les dice que ellos también pueden hacer algo así, y mucho más (21:20-21). Que Jesús maldijera la higuera

---

23. France, *Matthew,* 302-3; Keener, *A Commentary on the Gospel of Matthew* (1990), 502-503.
24. *Cf.* la disposición temática que Mateo hace de los milagros en caps. 8-9.
25. La higuera también representa la nueva era mesiánica, cuando el reinado de Dios se establece por completo (*cf.* Zac 3:10; Mi 4:4). Para una exposición del simbolismo de la higuera e Israel, ver "Fig, Fig Tree", *DBI,* 283-84.

no es un acceso de furia, sino un acto simbólico que demuestra que las criaturas de Dios deben producir aquello para lo que fueron creadas: llevar a cabo la voluntad de Dios, lo que significa entrar en una relación de discipulado con él y, después, demostrando el fruto de esa relación en una vida de fe capacitada por la oración.[26]

Usando el objeto que tenía a mano, allí en el monte de los Olivos o quizás incluso en el monte del templo, del otro lado del valle del Cedrón, Jesús afirma que alguien con fe puede echar la montaña al mar (21:21). A continuación, Jesús declara un dicho parecido a otro anterior (17:20-21): "Si ustedes creen, recibirán todo lo que pidan en oración". Aquí no se trata de la cantidad de fe de los discípulos para hacer grandes cosas, sino más bien de su confianza a la hora de llevar a cabo la voluntad de Dios en el poder de Dios. Si él los dirige a mover un monte, él les proporcionará el poder para que lo realicen. Sencillamente deben ser obedientes y asentir a su voluntad.

Controversias en el atrio del templo sobre la autoridad de Jesús (21:23-27)

Lo más probable es que el martes por la mañana de la Semana Santa, Jesús va al templo. Mientras está enseñando a los que están allí, los líderes religiosos, sujetos del juicio simbólico representado por Jesús el día anterior en el templo, lo confrontan sobre su autoridad para hacer esas cosas. Jesús cuenta tres extensas parábolas que revelan el juicio divino sobre aquellos líderes por no cumplir su responsabilidad y hacer que el pueblo responda a su invitación al reino de Dios (21:28-22:14). Después de esta serie de cuatro interacciones, los líderes religiosos intentan hacerlo caer en una trampa, pero él pone las cartas boca arriba para revelar su verdadera identidad como Hijo de Dios (22:15-22:46). Jesús cierra esta sección pronunciando sus culminantes lamentos sobre estos líderes (23:1-39).

Los debates tuvieron lugar, probablemente, al aire libre, en uno de los soportales que rodeaban el atrio de los Gentiles. Jesús se enfrenta a "los principales sacerdotes y los ancianos del pueblo". Los primeros eran miembros de alto rango del linaje sacerdotal que se unía al sumo sacerdote en la supervisión de las actividades del templo, la tesorería y las órdenes sacerdotales. Los "ancianos" (*cf.* también 26:3, 47; 27:1) eran miembros del Sanedrín, el consejo de gobierno. Eran representantes de los saduceos y los fariseos (*cf.* 26:57; Mr 14:53).

Como Jesús había juzgado simbólicamente, el día anterior, a los líderes religiosos en público, avergonzándolos delante de las multitudes sobre las que ejercían autoridad religiosa, ellos le respondieron formulándole una pregunta: "¿Con qué

---

26. El apóstol Pablo enfatizará más tarde que el resultado normal de un discípulo en relación con Jesús está fundado, de forma especial, en el fruto del Espíritu producido en nuestras vidas (*cf.* Gá 4:6-7; 5:13-26).

autoridad haces esto? —lo interrogaron—. ¿Quién te dio esa autoridad?".[27] La referencia a la autoridad para hacer "estas cosas" se refiere, con toda probabilidad, a que Jesús interrumpiera las actividades comerciales del templo el día anterior (21:12-13), pero es posible que estén cuestionando también su autoridad para sanar (21:14-16) y enseñar en el templo (21:23). Después de todo, Jesús no es ni una autoridad sacerdotal oficial ni un escriba, según los principios sectarios de ellos.

En lugar de acobardarse ante el desafío de ellos, Jesús responde: "Yo también voy a hacerles una pregunta. Si me la contestan, les diré con qué autoridad hago esto". Ahora involucra a los líderes religiosos en una serie de debates de tipo rabínico que siguen un patrón típico: una pregunta hostil, seguida por una contrapregunta, reconocimiento y réplica final.[28]

La pregunta de Jesús es: "El bautismo de Juan, ¿de dónde procedía, del cielo o de la tierra?". ¿Piensan que Juan el Bautista tenía autoridad divina o humana para llevar a cabo su ministerio de llamar a todo Israel al arrepentimiento a la luz de la pronta venida del Mesías? Devolviendo la pregunta a los líderes religiosos, Jesús pone una trampa lógica (21:25b-26). No pueden ofender al pueblo diciendo que el ministerio profético tan popular de Juan no era de Dios. Temían que todos se volvieran contra ellos y provocaran una sublevación (21:26), y esto comprometería el apoyo romano a su liderazgo.

No obstante, tampoco pueden respaldar al profeta mismo que los había condenado por no arrepentirse (*cf.* 3:7-10). La implicación que Jesús les exige admitir es que la autoridad de Juan como verdadero profeta derivaba de Dios, y Juan había apuntado a Jesús como el Mesías (*cf.* 3:11-17; 11:1-6; Jn 1:19, 26-27). Si respondían que la autoridad de Juan procedía de Dios, esto validaría la autoridad de Jesús para decir y hacer lo que deseara, y sería una clara respuesta a la pregunta de ellos. Si estos líderes religiosos no apoyaban al profeta de Dios que señaló a Jesús, con toda seguridad no lo respaldarían como el Mesías, cuyos actos más recientes han demostrado que ha venido a juzgar el liderazgo de ellos en Israel.

Estos líderes religiosos reconocen el dilema en el que Jesús los ha metido, de modo que se niegan a responder. Esa negativa muestra la deshonestidad de ellos, y deben aceptar su culpabilidad. Por tanto, Jesús no siente obligación alguna de responder a la pregunta de ellos sobre su autoridad, ya que los ha obligado a aceptar la responsabilidad que tienen por la forma en que le han respondido. Son espiritualmente deshonestos por no reconocer la verdad que conocen y han endurecido sus corazones contra la revelación de Dios. Este es el pecado imperdonable que los fariseos cometieron con anterioridad (12:30-32).

---

27. Ver Joseph H. Hellerman, "Challenging the Authority of Jesus: Mark 11:27-33 and Mediterranean Notions of Honor and Shame", *JETS* 43 (junio 2000): 213-28.
28. Ver Keener, *A Commentary on the Gospel of Matthew* (1999), 506, para trasfondo y literatura.

Parábolas de condenación dirigidas al liderazgo religioso de Israel (21:28-46)

Ahora la iniciativa pasa a Jesús, al presionar a los líderes judíos con tres parábolas (21:28-22:14). En cada una de ellas, es evidente que Dios está disgustado con la clase dirigente de Israel. Todas ellas tratan de su deshonestidad y su fracaso como líderes del pueblo.

La parábola de los dos hijos. El liderazgo religioso no hizo caso a Juan el Bautista (21:28-32). La primera parábola trata de dos hijos a quienes se les pidió trabajar en la viña de su padre. Esta alegoría hace hincapié en la idea de Jesús con respecto a que los líderes religiosos no han reconocido correctamente el ministerio profético, facultado con poder divino, de Juan el Bautista. La uva era una de las cosechas más importantes en el Israel antiguo, y se convirtió en una de las metáforas más importantes para describirlo como la "vid" o "viña" de Dios (p. ej., Jer 2:21; Os 10:1). Esta parábola y la siguiente (21:33-46; *cf.* 20:1-16) traen a la mente a los líderes religiosos que han sido llamados a servir a Dios sirviendo a la nación de Israel. En la parábola, uno de los hijos se niega inicialmente a ir, pero luego accede. El otro obedece al principio, y después rehúsa.

Jesús les insiste a los fariseos y saduceos con la pregunta: "¿Cuál de los dos hizo lo que su padre quería?". Contestaron con la respuesta obvia: el que había obedecido. Al presionarlos para que les diera aquella respuesta, Jesús los obliga a aceptar su responsabilidad como líderes religiosos de Israel. El hijo que se había negado originalmente, pero que después obedeció, es como aquellos de Israel que desobedecieron a la ley, como los recaudadores de impuestos y las prostitutas. Pero cuando Juan llegó con el mensaje de justicia verdadera, mediante el anuncio de la llegada del reino de Dios, obedecieron el llamado divino a través de Juan y se arrepintieron. Por su parte, los líderes religiosos son como el hijo que accedió, pero no hizo nada. Aparentemente eran obedientes a la ley, pero cuando Dios envió a su mensajero, Juan el Bautista, no obedecieron el mensaje divino comunicado por medio de él.

Los pecadores que se arrepientan obedecerán a Dios y, así, mostrarán su arrepentimiento. No importa que una vez le dieran la espalda a Dios. Él quiere obediencia. Los líderes judíos son hipócritas porque no viven de acuerdo con lo que hablan. En definitiva, es el fruto de nuestras vidas el que demuestra si somos o no sumisos al mensaje de Dios transmitido por medio de sus mensajeros.

La parábola de los labradores malvados: Dios le quita el reino a Israel (21:33-46). Jesús sigue con la metáfora de la viña de la parábola anterior. En clara alusión a Isaías 5:1-7, intensifica su reprimenda al liderazgo religioso, pronunciando el juicio de Dios: El reino será tomado de Israel y se le dará a otro pueblo.[29]

29. Para el análisis, ver Klyne R. Snodgrass, "Recent Research on the Parable of the Wicked Tenants: An Assessment", *IBR* 8 (1998): 187-215.

Jesús revela su conocimiento de viticultura de primera mano, porque su descripción de la preparación de una viña para que produzca es conforme a las prácticas conocidas por otras fuentes de ese mismo periodo. Los muros de piedra se construían alrededor de las viñas para protegerlas de los ladrones y los animales salvajes, y otras más grandes tenían torres de vigilancia para mayor seguridad. En Palestina era bastante corriente que hubiera grandes fincas agrícolas que pertenecían a extranjeros o ricos judíos, que las arrendaban a agricultores judíos pobres. Un rico terrateniente podía emplear a un agricultor o arrendarles su viña a inquilinos si tenían otras preocupaciones.[30]

La apacible escena de viñas alquiladas se complica. Con la llegada de la cosecha, el terrateniente envía a sus siervos a los arrendatarios para que recojan la porción de fruto que le pertenece. Sin embargo, ocurre lo impensable: "Los labradores agarraron a esos siervos; golpearon a uno, mataron a otro y apedrearon a un tercero". Muchos terratenientes ausentes eran famosos por el duro trato que infligían a sus arrendatarios. Aquí, la escena es a la inversa y los siervos son los maltratados cuando van a recoger una porción de la cosecha. El dueño de la viña sigue enviando siervos para que se cobren lo que le pertenece por derecho, pero cada uno de ellos recibe el mismo trato (22:36). La forma de recibir a estos "siervos" trae a nuestra mente el mismo destino que cayó sobre los profetas de Dios a lo largo de toda la historia del Antiguo Testamento (p. ej., 1R 18:4; Jer 20:1-2). Pronto culpabilizará Jesús a los maestros de la ley a los fariseos por el destino aciago de los profetas y los sabios enviados a Israel (*cf.* Mt 23:34).

Finalmente, el terrateniente envía a su propio hijo para que recoja los pagos, diciendo: "¡A mi hijo sí lo respetarán!". Es una alusión inequívoca a que Dios el Padre envía a su Hijo Jesús (*cf.* 10:40-41; *cf.* 3:17; 11:27; 15:24; 17:5), que es una prueba más de la conciencia de su identidad como unigénito Hijo de Dios (*cf.* 3:17; 11:27). Por medio de esta parábola, Jesús está haciendo al liderazgo religioso y a las multitudes una afirmación pública de su filiación divina.[31]

La historia se vuelve impensablemente desagradable cuando los arrendatarios dicen: "'Este es el heredero. Matémoslo para quedarnos con su herencia'. Así que le echaron mano, lo arrojaron fuera del viñedo y lo mataron". Los líderes religiosos no han reconocido a Jesús públicamente como Hijo de Dios ni tampoco han condenado a Jesús públicamente, por temor a las multitudes (*cf.* 21:45-46). Pero Jesús predice lo que le harán en secreto y a escondidas. Lo condenarán por aspirar a ser el Mesías y harán que los gentiles lo maten, pensando que esto los capacitará para mantener su estatus de autoridad religiosa de Israel. Jesús les ha estado hablando a sus discípulos de su crucifixión a manos de los líderes

30. Ver Rousseau y Arav, "Viticulture", *Jesus and His World,* 328-32.
31. Kingsbury sugiere que esta es la primera afirmación de Jesús con respecto a su filiación divina; ver Jack Dean Kingsbury, "The Parable of the Wicked Husbandmen and the Secret of Jesus' Divine Sonship in Matthew: Some Literary-Critical Observations", *JBL* 195 (1986): 643-55.

religiosos durante varios meses (16:21; 17:23; 20:18), y ahora se lo dice a los gobernantes mismos en forma parabólica.

Sin embargo, los líderes judíos no pueden escapar a su doblez. Jesús concluye la parábola anunciando la desaparición de ellos. Hace que de labios de ellos salga su propia condena, preguntándoles a estos líderes religiosos lo que el dueño de la viña hará a aquellos labradores malvados cuando venga (21:40). Ellos contestan lo único que cabría responder: "Hará que esos malvados tengan un fin miserable [...] y arrendará el viñedo a otros labradores que le den lo que le corresponde cuando llegue el tiempo de la cosecha". Es una autocondena adecuada que Jesús hace explícita cuando predice el juicio y el rechazo de ellos (21:42-44).

Cuando Jesús entró a Jerusalén, las multitudes habían cantado una porción del último salmo Hallel: "Señor, ¡danos la salvación!", una cita de Salmos 118:25-26 (*cf.* Mt 21:9). Ahora, Jesús se inspira en Salmos 118:22 para señalar el rechazo hacia él y su futura vindicación: "La piedra que desecharon los constructores ha llegado a ser la piedra angular" (Mt 21:42). Dios da prominencia a su Siervo Sufriente como "remate" (lit. "cabeza del ángulo"), la piedra que mantiene juntas dos hileras en una esquina ("piedra angular") o la piedra en forma de cuña situada en el pináculo de un arco y que sostiene las piedras ascendentes. El sufrimiento del Hijo se convertirá en la posición de la prominencia y la importancia supremas.

Jesús culmina su acusación del liderazgo religioso con un pronunciamiento que escuece: "Por eso les digo que el reino de Dios se les quitará a ustedes y se le entregará a un pueblo que produzca los frutos del reino". Esto proporciona la conclusión nada ambigua de Jesús a la parábola precedente. Los líderes no están cumpliendo las obligaciones para con Dios de las que son responsables ni en sus propias vidas ni en la dirección de la nación de Israel. No se han arrepentido al llegar el reino de Dios; más bien, están rechazando al Hijo mismo que anunció su llegada. Es una declaración que les hace personalmente a ellos sobre el juicio que recibirán, y cuya representación simbólica habían presenciado los discípulos en la maldición de la higuera por no llevar fruto (21:18-21).

A los líderes religiosos se les retira el papel privilegiado de cuidar la "viña" de Dios. Pero esto también es una indicación de que a Israel se le quitará el papel privilegiado en el establecimiento del reino de Dios y se le dará a otro pueblo. "Pueblo" es el singular *ethnos,* que prepara para el momento en que la iglesia, una nación de personas reunidas, incluirá tanto a judíos como a gentiles en la influencia del reino de Dios en la era presente. Todos los que se convierten en discípulos individuales de entre las "naciones" plurales (28:19; *ethne*) serán reunidos como una nueva "nación". Pero también usa más tarde el singular *ethnos* en el contexto del pasaje de la "piedra" para referirse a la iglesia (1P 2:9). Esto no abolirá las promesas hechas a Israel como nación (*cf.* Ro 11:25-33), pero sí apunta a la transición del liderazgo y la prominencia que se le dará a la iglesia en el programa de Dios para la era presente.

El reino de Dios producirá su fruto en esta nueva nación de discípulos de Jesús que apunta, más allá, a la obra del Espíritu Santo en el establecimiento del nuevo pacto. El reino de la poderosa presencia de Dios se demuestra en personas regeneradas mediante vidas que se distinguen por el fruto de justicia (Mt 5:20) y buenas obras (Col 1:5-10), el fruto de la transformación de carácter producido por el Espíritu (Gá 5:21-14), y el fruto de nuevas generaciones de discípulos (Mt 28:18-20; *cf.* Jn 15:16) que darán testimonio de la realidad del reino sobre la tierra.

Todo esto podría haber sido fruto producido en Israel, pero en vez de ello se les está quitando. Jesús sigue insistiendo en el tema del juicio diciendo: "El que caiga sobre esta piedra quedará despedazado, y si ella cae sobre alguien, lo hará polvo". Aunque aquí se usan palabras distintas para "piedra" que no son las de 21:42, el significado parece estar relacionado. Las dos partes de la imaginería de la piedra son un tanto enigmáticas, pero el énfasis sobre el juicio es claro. La primera mitad habla de la culpabilidad personal de los individuos que tropiezan o caen en pecado por no reconocer correctamente la identidad de Jesús. Esto se inspira probablemente en la simbología de Isaías 8:13-15:

> Sólo al Señor Todopoderoso tendrán ustedes por santo,
> sólo a él deben honrarlo,
> sólo a él han de temerlo.
> El Señor será un santuario.
> Pero será una piedra de tropiezo
> para las dos casas de Israel;
> ¡una roca que los hará caer!
> ¡Será para los habitantes de Jerusalén
> un lazo y una trampa!
> Muchos de ellos tropezarán;
> caerán y serán quebrantados.
> Se les tenderán trampas,
> y en ellas quedarán atrapados.

La segunda mitad de 21:44 enfatiza el juicio absoluto que caerá sobre aquellos que tropiezan sobre Jesús, inspirándose probablemente en la célebre imaginería de la piedra en Daniel 2:34-35; 44-45. Jesús vuelve al tema de la piedra para emitir una advertencia a Israel y su liderazgo. La posición y el papel de privilegio en los resultados del reino de Dios serán ahora retirados, pero también caerá juicio sobre aquellos que rechazan al Hijo. Los que tropiecen sobre la piedra e intenten destruirla, como los líderes religiosos, serán destruidos. Y al final Jesús vendrá como juez y caerá sobre los que lo han rechazado (*cf.* caps. 24-25). "Esta piedra desechada (v. 42) no solo es escogida por Dios y promocionada al primer lugar, sino que también es peligrosa".[32]

---

32. Carson, "Matthew", 454.

La confrontación entre Jesús y los líderes religiosos (ahora especificados como "los principales sacerdotes y los fariseos", 21:45) alcanza un punto crítico. No pueden comprender que Jesús los está acusando con sus palabras de juicio. Entienden la naturaleza radical de lo que Jesús ha pronunciado e intentan arrestarlo. Podía agitar a las multitudes de tal manera que todo el poder institucional de ellos se viera amenazado. No obstante, su primer temor de provocar la ira del pueblo por causa del profeta Juan el Bautista también les impide apresar a Jesús, a quien las multitudes también perciben como profeta (*cf.* 21:45; *cf.* v. 11). Al menos por ahora, el entusiasmo de la multitud los disuade de conspirar para arrestarlo. Sin embargo, aquello que temen hacer en público, ahora planean acometerlo en secreto. Al final, ellos mismos persuadirán a la multitud para que pidan la muerte de Jesús (*cf.* 27:20).

Construyendo Puentes

Al entrar Jesús en Jerusalén para su semana final, todo sobre su persona y su misión se coloca bajo el foco del clímax para la culminación de su asignación terrenal. Todo lo que enseñó, cada milagro y cada acto tierno de bondad que ha realizado hallan ahora su significado supremo en los hechos de su semana final. Anuncia la llegada del reino de los cielos, y a continuación demuestra sus buenas nuevas de salvación del pecado con la predicación del evangelio y su poder con los milagros de sanidad y la expulsión de demonios. Esta semana final culmina su misión del reino estableciendo el nuevo pacto en su sangre (26:26-29). Con su sacrificio en la cruz se lleva a cabo la verdadera expiación por el pecado de la humanidad, y esto se convierte en la base para la creación de una nueva humanidad con la llegada del Espíritu Santo en Pentecostés.

Semana Santa. Esta semana se ha llamado, con razón, "Semana Santa" a lo largo de gran parte de la historia de la iglesia, una frase que usaron Atanasio, obispo de Alejandría y Epífanes, obispo de Constancia, al menos en el siglo IV. En algunas tradiciones, esta semana se denomina "Semana de Pasión" ("pasión" viene del latín *passio,* "sufrimiento"). Las traducciones latinas del Nuevo Testamento adoptaron el término *passio* para apuntar a los relatos de los Evangelios del sufrimiento de Jesús y los acontecimientos que lo acompañaron.

La iglesia prenicena concentró su atención celebrando un gran banquete, la Santa Cena o la Pascua Cristiana, la noche entre el sábado y la mañana del Domingo de Pascua. Pero, hacia el final del siglo IV, la iglesia empezó a separar los diversos sucesos y los conmemoró los días de la semana en que ocurrieron. Originalmente, solo se observaba el viernes y el sábado como días santos; posteriormente, se añadió el miércoles como el día en que Judas conspiró para traicionar a Jesús. La conmemoración de toda la Semana Santa empezó, después, con el Domingo de Ramos para marcar la extraordinaria entrada de Jesús a Jerusalén; el Jueves Santo señaló la traición de Judas y la institución de la Eucaristía; el sufrimiento, la muerte y la sepultura de Jesús se conmemoraban el Viernes Santo; y su resurrección se celebraba el Domingo de Pascua.

Como todos los evangelistas, Mateo presta una atención especial a la última semana de Jesús. El mensaje más básico sobre Jesús compartido por los apóstoles se concentraba en su muerte, sepultura y resurrección, como podemos ver en los relatos de la predicación de la iglesia primitiva.[33] Este mensaje básico es el *kerigma* (término griego que significa "predicación"), que se convirtió en el mensaje estandarizado para los incrédulos, pero también para los creyentes. Por tanto, al embarcarnos en el estudio de los ocho últimos capítulos del Evangelio de Mateo, entramos en la Semana Santa.

Imágenes de Jesús como profeta, sacerdote y rey. Mateo presenta las actividades de esta última semana para aclarar la forma en que Jesús cumple los diversos papeles profetizados del esperado Mesías. Uno de los rasgos distintivos del judaísmo del siglo i que separó a las diversas sectas y les dificultó comprender el cumplimiento, por parte de Jesús, de las profecías del Antiguo Testamento es su tendencia a centrarse en una corriente de predicción mesiánica excluyendo a veces las demás. Por ejemplo, muchos se centraron en las profecías de un conquistador real que surgiría para sentarse en el trono de David (p. ej., 2S 7:11-16). Otros se concentraron en las profecías de un gran profeta como Moisés que interpretaría con autoridad la ley de Dios (Dt 18:15-18). Y otros más examinaron pasajes sacerdotales y esperaban a una figura misteriosa como Melquisedec para tener una función mesiánica (Gn 14:18-20; Sal 110:4).[34]

Sin embargo, sí encontramos pruebas de que al menos algunos en Israel mantienen en equilibrio estas tres corrientes proféticas. Una trilogía de versículos mesiánicos sueltos, en un solo documento de la comunidad de Qumrán, habla primero de un profeta escatológico como Moisés (Dt 5:28-29; 18:18-19), a continuación, de una estrella que sale y de un cetro real que surge de Israel que aplastará a sus enemigos (Nm 24:15-17), y, finalmente, de una figura sacerdotal como Leví a quien Moisés bendijo (Dt 33:8-11).[35] Sin embargo, esto indica probablemente que la comunidad de Qumrán esperaba a más de un mesías. Nótese esta famosa frase en la Regla de la Comunidad: "… hasta que llegue el profeta, y los Mesías de Israel y de Aarón".[36] En ningún lugar encontramos una interpretación coherente de que los tres oficios de profeta, sacerdote y rey se cumplirían en una persona.

---

33. P. ej., Hch 2:23-36; 3:13-26; 7:51-53; 10:39-43; 13:26-31; 1Co 15:1-7.
34. Para una visión global de la expectativa mesiánica, ver Craig A. Evans, "Messianism", *DJG*, 698-707.
35. El documento en cuestión es 4QTestimonia.
36. 1Q Regla de la Comunidad [1QS] 9:11. Puede verse una exposición sobre esto en John J. Collins, *The Scepter and the Star: The Messiahs of the Dead Sea Scrolls and Other Ancient Literature* (ABRL; Nueva York: Doubleday, 1995), 74-101.

En diversos momentos del ministerio, Jesús reveló cómo cumplió aquellas facetas, pero en el relato de la pasión es donde empezamos a ver con mayor claridad la forma en que cumple los tres aspectos de su misión mesiánica. Mateo nos ayuda a ver que, como el verdadero Mesías y el Hijo de David, Jesús cumple toda la esperanza y la expectativa de los judíos profetizadas en el Antiguo Testamento, realizando las funciones escatológicas de profeta, sacerdote y rey. De hecho, todos los escritores de los Evangelios presentan a Jesús como el Mesías de Dios en su triple papel de maestro, de aquel que carga con el pecado y soberano (es decir, profeta, sacerdote y rey).

Profeta. Muchos dentro de Israel tenían en cuenta a los profetas que hablaron en nombre de Dios y declararon su voluntad para su pueblo, tanto en el momento en que hablaron como para el futuro. Esperaban al Mesías que era la voz de Dios, el mayor profeta que cumpliría la profecía de Moisés sobre el Profeta escatológico (Dt 18:15-18). La llegada de Jesús a Jerusalén impulsa a los que componen la multitud a anunciarlo como el profeta de Nazaret de Galilea (Mt 21:11); esto indica, probablemente, que lo ven como otra voz parecida a la de Juan el Bautista. Sin embargo, como algunos habían empezado a percibir con anterioridad,[37] Jesús era en verdad aquel gran Profeta al que Moisés había apuntado, que le reveló el Padre a su pueblo y se lo explicó (Jn 1:18; 6:14; 7:40).

Sacerdote. La línea sacerdotal del Antiguo Testamento representaba a Israel delante de Dios para buscar su perdón por el pecado. La comunidad de Qumrán ilustra a los que pertenecían al judaísmo del siglo I que esperaba a un Mesías sacerdotal, como se ve de forma especial en la frase “el ungido de Aarón” (p. ej., 1QS 9:11). Las acciones de Jesús en el templo y su declaración de juicio sobre aquellos que pervirtieron su función anuncian que él es la actualización de las esperanzas sacerdotales. Las actividades que se desarrollan en la Semana de Pasión culminan en sus exclamaciones desde la cruz y en el rasgado del velo del templo, proclamando que ha cumplido aquellas esperanzas. Según el libro de Hebreos, Jesús sigue intercediendo a diario por sus seguidores, demostrando que la verdadera pureza es una cuestión del corazón y que la pureza y la justicia funcionan de adentro hacia afuera (Heb 7:24-25).

Rey. El patriarca Jacob profetizó sobre un Mesías regio que procedería de la tribu de Judá y reinaría como rey: “El cetro no se apartará de Judá, ni de entre sus pies el bastón de mando, hasta que llegue el verdadero rey” (Gn 49:10). Este tema se expande en clásicos pasajes mesiánicos en los que el linaje de David contiene una dinastía de la que surgirá el Ungido para vencer a los enemigos de Dios y gobernará a su pueblo desde un trono eterno en Jerusalén (2S 7:16; *cf.* Sal 2:6; 110). Sin embargo, la corriente distintiva de estas profecías es que este Ungido extiende el gobierno de Dios, no el de los humanos.

La extraordinaria entrada de Jesús a Jerusalén reúne estas corrientes. Él es el rey divino y humano que cumple las profecías davídicas de un rey futuro, pero

37. *Cf.* Jn 6:14; 7:40,52; Hch 3:22; 7:37.

que también establece el reino de los cielos de un modo espiritual que le permitirá reinar en el corazón de sus seguidores a lo largo de esta era (Ef 3:17). Además, como representante humano, Jesús cumple el objetivo pretendido para la humanidad que fue creada para gobernar este mundo para Dios (*cf.* Gn 1:26-28; Sal 8:3-8). Mateo enfatiza los aspectos regios de la identidad mesiánica de Jesús cuando narra la semana final de su misión, aunque con frecuencia presenta estos detalles de forma trágica: Jesús es acusado de traición por reivindicar el título de rey de los judíos (27:11-14) y las multitudes se burlan de su condición de rey (p. ej., 27:29).

Dado que los papeles mesiánicos veterotestamentarios de profeta, sacerdote y rey se interpretaron, principalmente en el judaísmo, como algo que cumplirían tres individuos por separado, si una persona cumplía los tres oficios, tendría que ser una persona extraordinaria que superara lo que cualquiera pudiera concebir. Y así es, precisamente, como lo presentan los escritores de los Evangelios,[38] y es el enfoque especial de la aclaración mateana de la identidad y la misión mesiánicas de Jesús. Los tres oficios se funden en la sola persona de Jesús el Mesías, pero la forma en que se cumplen confunde al pueblo de Israel.

- Entra a Jerusalén como Rey, no para establecer la monarquía, sino para traer paz entre Dios y la humanidad, y entre los seres humanos por medio de su propia muerte.
- Purifica el templo, no solo para restaurar la integridad institucional y ética del orden sacerdotal, sino para anunciar que él es el Sacerdote que ofrecerá el sacrificio final que abrirá el acceso permanente de todos los seres humanos a Dios.
- Pronuncia juicio sobre Israel como los profetas de la antigüedad, no solo para restaurar el orden, sino para ejercer como el Profeta que ha cumplido el Antiguo Testamento para capacitar a su nación de discípulos para vivir una vida capacitada por el reino como testigos suyos durante esta era.

Por tanto, nuestro discipulado con Jesús debe entender que él es más que un guerrero de Dios, más que un ministro de Dios y más que un portavoz de Dios. J. I. Packer capta la esencia de esto cuando declara que Jesús es rey, sacerdote y profeta:

> Su gloria, recibida directamente del Padre, es ser así el Salvador todosuficiente. Nosotros, los que creemos, estamos llamados a entender esto y demostrar que somos su pueblo obedeciéndole como nuestro rey, confiando en él como nuestro sacerdote y aprendiendo

38. Estos tres aspectos de la obra de Jesús se encuentran reunidos en el libro de Hebreos, donde Jesús es el rey mesiánico exaltado a su trono (1:3, 13; 2:9; 4:16), el gran Sumo Sacerdote que se ofreció a Dios como sacrificio por nuestros pecados (2:17; 4:14-5:10; caps. 7-10) y el mensajero que es la revelación suprema de Dios (1:1-14; 3:1).

de él como nuestro profeta y maestro. Centrarnos de este modo en Jesucristo es el distintivo del cristianismo auténtico.[39]

Jesús es el Mesías que cumple todas las esperanzas para la humanidad y ofrece una forma completamente nueva de vida.

Jesús, Israel y la misión del nuevo pueblo de Dios. A lo largo del Antiguo Testamento, el concepto del reino de Dios incluye el reinado de Dios sobre el universo (1Cr 29:11-12; Sal 103:19) y la venida del reino cuando la gloria divina se manifestará sobre la tierra (Is 24:23). Los profetas prosiguen con este tema y enfatizan que, aunque Dios es Rey, tanto de Israel (Éx 15:18; Nm 23:21; Dt 33:5; Is 43:15) como de toda la tierra (2R 19:15; Sal 29:10; 99:1-4; Is 6:5; Jer 46:18), se convertirá en Rey y gobernará de una forma tangible sobre su pueblo (Is 24:23; 33:22; 52:7; Sof 3:15; Zac 14:9ss.). Esto lleva a muchos a la conclusión de que "aunque Dios es el Rey, también debe convertirse en Rey, es decir, debe manifestar su realeza en el mundo de los seres humanos y de las naciones".[40] Por consiguiente, el reino de Dios incluye tanto su actividad en su reinado como el ámbito de su reino.

El pueblo de Israel eran los hijos escogidos de Dios, por medio de los cuales él pactó establecer su reino en la tierra. No debían ser los únicos herederos del reino, sino más bien ser el centro del testimonio divino de su realidad. Se ha descrito como la misión centrípeta al mundo, ya que las personas vendrían a Israel a escuchar y dar testimonio de la revelación divina de sus propósitos para la humanidad.[41] La esperanza escatológica final revelada en los profetas sigue siendo centrípeta: los propósitos de Dios para toda la humanidad se realizan cuando van a Jerusalén. Isaías lo describe de forma clásica en Isaías 2:2-3 (*cf.* también Mi 5:1-2):

> En los últimos días,
> el monte de la casa del SEÑOR será establecido
> como el más alto de los montes;
> se alzará por encima de las colinas,
> y hacia él confluirán todas las naciones.
>
> Muchos pueblos vendrán y dirán:
> «¡Vengan, subamos al monte del Señor,
> a la casa del Dios de Jacob!,
> para que nos enseñe sus caminos
> y andemos por sus sendas».
> Porque de Sión saldrá la enseñanza,
> de Jerusalén la palabra del Señor.

39. J. I. Packer, *Concise Theology* (Wheaton, Ill.: Tyndale House, 1993), 133.
40. Ladd, *Theology of the New Testament,* 58.
41. *Cf.* Köstenberger y O'Brien, *Salvation to the Ends of the Earth,* 40-42.

Jesús vino a Israel anunciando que el reino de los cielos había llegado. Israel sigue siendo el pueblo de los receptores escogidos de Dios para la misión del reino y el testimonio. Ministró a Israel y a través de Israel, para que se arrepintieran y recibieran su ofrecimiento del reino, y que el concepto centrípeto continuara a medida que los gentiles iban llegando a raudales a Sión para adorar en el monte santo.

Sin embargo, los acontecimientos de la Semana Santa conducen a la coyuntura crítica de la relación entre Jesús e Israel, y el papel que jugarán durante esta era. Los acontecimientos también aclaran un poco más la relación y el papel para los discípulos que Jesús está reuniendo en torno a sí. A lo largo del relato de Mateo hemos visto una tensión incómoda entre la compasión de Jesús por el pueblo de Israel (p. ej., 9:35-38), a pesar de la continua oposición contra él por el liderazgo israelita (p. ej., 12:24). Hemos visto, asimismo, una desconcertante tensión entre el compromiso de Jesús solo con Israel (p. ej., 10:5-6; 15:24) y su tierna sensibilidad a la fe de los gentiles (8:10; 15:28). Hemos visto un énfasis en el cumplimiento presente de las promesas pactuales del linaje real davídico (1:17; 2:2-6), aunque también un énfasis sobre el cumplimiento futuro de las promesas pactuales al linaje abrahámico universal (8:11-12). Estas tensiones preparan ahora para ciertos cambios críticos tanto en la misión como en los misioneros del programa del reino de Dios. La narración de estos capítulos finales empieza a aclarar el proceso que conduce a dichos cambios.[42]

1. Jesús vino como judío al pueblo judío, para cumplir las promesas históricas de salvación a Israel (10:5-6; 15:24). No fue su intención emprender su ministerio con el propósito evidente de iniciar un nuevo movimiento dentro o fuera de Israel.
2. Aunque el ministerio de Jesús era particularista en su atención hacia Israel, respondió a la fe de los gentiles y mantuvo la promesa de un futuro de alcance universal.
3. Israel, en conjunto, incluido los líderes y el pueblo, rechazó a Jesús y su mensaje sobre el reino (12:25-32, 38-39; 13:10-17; 27:25).
4. Sin embargo, un grupo sustancial respondió en fe. Los que respondieron de forma positiva a su ofrecimiento del reino se convirtieron en sus discípulos. El discipulado entrañaba un compromiso sin reservas con él, y esto significaba que un nuevo discípulo entraba en el reino de Dios, en la presencia de la persona de Jesús (5:2-16, 20).
5. Jesús declara en los acontecimientos del templo, en la maldición de la higuera y en las parábolas dirigidas a los líderes religiosos que cuestionan su autoridad que el reino de Dios está siendo quitado de Israel (21:43).

42. Para una visión global de estas cuestiones, ver Ladd, *Theology of the New Testament,* 104-106. Concuerdo en gran parte con la perspectiva de Ladd, pero difiero allí donde enfatiza que la iglesia sustituye ahora a Israel y ella misma se convierte en Israel, al parecer, de forma permanente. Ver también Scot McKnight, “Gentiles”, *DJG,* 259-64.

6. Los receptores de su salvación mesiánica se convierten en su nueva nación de testigos de la realidad del reino (21:43).
7. La misión se vuelve ahora centrífuga en lugar de centrípeta. Esto significa que, en lugar de que los gentiles acudan a Israel para escuchar el mensaje de Dios, los discípulos de Jesús han de ir a todas las naciones con el evangelio del reino de los cielos para hacer más discípulos (28:18-20).[43]
8. Los doce apóstoles se sentarán sobre doce tronos, y "juzgarán" a las doce tribus de Israel (19:28). Esto indica gobierno, que habla de la futura existencia de Israel en los propósitos de Dios.

El papel de llevar a cabo los propósitos de Dios por medio del reino de Dios ha sido eliminado de la nación de Israel en la era presente, y los discípulos de Jesús disfrutan en la actualidad tanto de las bendiciones del reino de Dios como de la responsabilidad del papel de llevar el mensaje del evangelio del reino (21:43; 28:18-20). Pero Israel sigue estando en mente como receptor en el futuro del cumplimiento de las promesas del reino (10:23; 23:37-39; *cf.* Ro 11:25-32; 15:7-13; Ap 7:1-8).[44] Los discípulos de Jesús representan el cumplimiento parcial de las promesas a Israel, y ahora representan el papel que Israel desempeñó, pero ni sustituyen a Israel ni se convierten en él.

Significado Contemporáneo

Mi primer recuerdo del período de la Pascua pertenece a mi infancia, visitando una iglesia bastante grande. A todos los niños pequeños nos dieron ramas de palmeras; a continuación hicimos una fila y caminamos por el pasillo de la iglesia, con el coro cantando a todo pulmón. Nos colocábamos a cada lado del pasillo central, con nuestras ramas de palmas extendiéndose sobre nosotros, formando un palio. Me parecía una forma sumamente divertida de hacer iglesia. Luego me quedé completamente asombrado, porque por el pasillo venía un hombre de larga vestidura y montando sobre un asno. ¡Cabalgando sobre un asno en la iglesia! Es un buen recuerdo. Era una alegre procesión de niños, coros y un hombre cabalgando sobre un asno, casi como una celebración. Todos parecían amar a Jesús aquel Domingo de Ramos.

Sin embargo, los recuerdos de la infancia no son del todo correctos. Hace varios años, alguien me contó la historia de una maestra de escuela dominical que decidió preguntarle a su pequeña clase de preescolar qué recordaban sobre la Semana Santa. El primer niño sugirió que era un tiempo en el que toda la familia venía a la casa y comían un gran pavo y veían un partido de fútbol. La maestra pensó que tal vez estaba pensando en el Día de Acción de Gracias y no

43. Kostenberger y O'Brien, *Salvation to the Ends of the Earth,* 103-105, 135-37.
44. *Cf.* Hafemann, "Eschatology and Ethics", 161-92.

en la Semana Santa, así que dejó que respondiera una niña. Esta parecía creer que Semana Santa es el día en que bajas corriendo las escaleras por la mañana y ves todos los hermosos regalos debajo del árbol.

Llegados a este punto, la profesora se sintió realmente desalentada. No obstante, tras explicarle a la pequeña que probablemente se estaba confundiendo con la Navidad, dio la palabra a un niño que alzaba su mano con timidez. La maestra recuperó el ánimo de inmediato, cuando aquel pequeño dijo que la Semana Santa era el recordatorio de cuando Jesús fue crucificado en una cruz y enterrado. Finalmente, sintió que al menos se había hecho entender por uno de los niños. Luego el chiquillo añadió: "¡Y después salió de la tumba, y si ve su sombra, el invierno durará seis semanas más!".

Bueno, cuando yo era niño, pensaba que el Domingo de Ramos parecía decir que todos amaban a Jesús. Ahora que Jesús llega a lomos de un asno, todo irá bien. Pero como aquel niñito que confundió la Semana Santa con el Día de la Marmota, solo había entendido la mitad de la historia.

El Domingo de Ramos habla de celebración, pero ya hemos visto que el pueblo festejaba por toda una diversidad de razones, y que no todas ellas reflejan los propósitos de Jesús para entrar en Jerusalén. La mayoría de las personas gritaban de gozo, porque amaban a Jesús, pero no todos ellos se preocupaban en realidad de él por encima de sus propios sueños. En pocos días, muchos de aquellos mismos gritaron con enojo para que crucificaran a Jesús. Por su sacrificio redentor, las cosas irán bien para sus discípulos. Pero para el pueblo de Israel empieza ahora un futuro diferente y, para muchos de ellos, desencadenará la tragedia.

Caminar con Jesús durante la Semana Santa. La magnitud de los acontecimientos de la Semana Santa para el futuro de la humanidad debe interpretarse correctamente. Hemos de entender qué pretendía Jesús durante aquella semana para que nuestras propias expectativas y sueños se mantengan en línea con ello. Así, hace muchos años, empecé una práctica de lo que yo defino "caminar con Jesús durante la Semana Santa". Procuro visualizar lo que Jesús estuvo haciendo cada día de aquella semana, empezando por la celebración con sus discípulos el sábado por la noche, antes del Domingo de Ramos, hasta llegar a la resurrección el domingo de Pascua. Intento imaginar lo que hizo cada hora de cada día; ¿estaba disfrutando por última vez de la comunión con sus discípulos, o tan solo se estaba preparando para la experiencia de la cruz? Hago el esfuerzo de ponerme en su lugar para sentir lo que él estaba sintiendo; ¿se sentiría gozoso y conmovido cuando María ungió sus pies, o dolido por el rechazo cuando Pedro y los demás discípulos lo negaron? ¿Qué sintió cuando Judas los traicionó?

También intento imaginar su increíble sufrimiento mientras soportaba los horrores de su crucifixión y separación de Dios, aunque también procuro imaginar el gozo increíble al experimentar la resurrección, cuando se llevó a cabo su victoria sobre el pecado. Al caminar con Jesús por estos diversos acontecimientos, paso por toda una amplia gama de experiencias, desde sentimientos de ternura e intimidad con él a mi propia ira hacia lo que otros le hicieron, y al más completo asombro por la profunda experiencia del Dios y Hombre en la cruz y fuera de la tumba vacía.

Cada año leía un relato diferente de la Semana Santa en uno de los Evangelios. Marcos presenta la visión global cronológica más rápida, pero cada Evangelio recoge cuestiones y perspectivas relevantes que se complementan entre sí para una completa interpretación de los sucesos de aquella semana. Tras un par de años actuando así, empecé a memorizar cada uno de los sucesos para que, hiciera lo que hiciera —desde preparar un sermón para Semana Santa a unirme a mis hijas para una sesión de surf por la tarde, o arrancar las malas hierbas del jardín— pudiera reflexionar sobre lo que Jesús estaba haciendo en aquella misma hora. Esta semana se ha convertido en la semana más intensa de mi año.

También comencé a llevarme a otros conmigo mientras caminaba con Jesús por la Semana Santa. Como un pastor juvenil que se llevara a grupos de estudiantes en viajes misioneros o salidas a esquiar en esos días concretos, yo enseñaba sobre las actividades de Jesús a lo largo de la semana para que correspondieran con los sucesos individuales. Empecé también a pedirles a los estudiantes que memorizaran estos acontecimientos y, luego, les hacía un examen para alentarlos a estudiarlos. Así, cada vez que llegaran las vacaciones de Semana Santa, independientemente de dónde estuvieran o de lo que estuvieran haciendo, serían capaces de caminar con Jesús a lo largo de la Semana Santa. Literalmente, miles de estudiantes han hecho esto a lo largo de los años. La respuesta que obtengo de las personas que han hecho esto es, casi siempre, que han sacado un inmenso provecho de esta sencilla disciplina de centrarse en Jesús e intentar penetrar en las profundidades de las implicaciones históricas, personales y teológicas de su última semana en la tierra. Es probable que muchos de estos estudiantes hayan usado esto en sus propios ministerios y familias para ayudar a que otros participen con Jesús de los acontecimientos más importantes de la historia humana.

Para alentarte a que lo hagas y también, quizás, a que lo uses con tu propia gente, he vuelto a duplicar los sucesos básicos que corresponden a nuestro calendario y horas del día. Este tipo de disciplina ha sido practicado por los cristianos a lo largo de la historia para conmemorar, celebrar, condolerse y contemplar estos acontecimientos con Jesús y entrar en una interpretación profunda de lo que Jesús llevó a cabo por nosotros. Se puede practicar de forma individual, con grupos o incluso como tiempo de adoración en familia.[45]

---

45. Para actividades centradas en la familia, ver el excelente librito con selecciones de Charles Colson, Billy Graham, Max Lucado y Joni Eareckson Tada, *Christ in Easter: A Family Celebration of Holy Week* (Colorado Springs: NavPress, 1990).

Caminar con Jesús por la Semana Santa (Semana de Pasión)

Armonía de los sucesos de la última semana de Jesús[46]

(*cf.* Mt 21-28; Mr 11-16; Lc 19-24; Jn 12-21)

Días de calendario moderno	Suceso de la Semana Santa
	• Llegada a Betania (Jn 12:1)
Sábado	• Celebración nocturna, María unge a Jesús (Jn 2:2-8; *cf.* Mt 26:6-13)
Domingo	• Entrada triunfal a Jerusalén (Mt 21:1-11; Mr 11:1-10; Jn 12:12-18) • Jesús inspecciona la zona del templo (Mr 11:11) • Regreso a Betania (Mt 21:17; Mr 11:11)
Lunes	• Maldición de la higuera de camino a Jerusalén (Mt 21:18-22; *cf.* Mr 11:12-14) • Purificación del templo (Mt 21:12-13; Mr 11:15-17) • Milagros y desafíos en el templo (Mt 21:14-16; Mr 1:18) • Regreso a Betania (Mr 11:19)
Martes	• Reacción a la maldición de la higuera en el camino de regreso a Jerusalén (Mt 21:20-22; Mr 11:20-21) • Discusiones con los líderes religiosos en Jerusalén y enseñanza en el templo (Mt 21:23-23:39; Mr 11:27-12:44) • Discurso escatológico en el monte de los Olivos de regreso a Betania (Mt 24:1-25:46; Mr 13:1-37)

46. Recopilado con referencia a A. T. Robertson, *Una armonía de los cuatro evangelios* (Buenos Aires: Casa Bautista de Publicaciones, 1981), y Robert L. Thomas y Stanley N. Gundry, eds., *The NIV Harmony of the Gospels)* (Harper & Row, 1978).

Miércoles	• "Miércoles de Silencio": Jesús y los discípulos permanecen en Betania para tener comunión allí por última vez. • Judas regresa solo a Jerusalén para concertar la traición (Mt 26:14-16; Mr 14:10-11)
Jueves	• Preparativos para la Pascua (Mt 26:17-19; Mr 14:12-16) *Después de la caída del sol:* • Comida de Pascua y Santa Cena (Mt 26:20-35; Mr 14:17-26) • Discursos en el aposento alto (Jn 13-17) • Oraciones en el huerto de Getsemaní (Mt 26:36-46; Mr 14:32-42
Viernes	*En algún momento, quizá después de la medianoche:* • Traición y arresto (Mt 26:47-56; Mr 14:43-52) • Juicio judío. Jesús comparece en tres fases, ante: — Anás (Jn 18:13-24) — Caifás y parte del Sanedrín (Mt 26:57-75; Mr 14:53-65) — El Sanedrín reunido en su totalidad (*quizás después de la salida del sol*) (Mt 27:1-2; Mr 15:1) • Juicio romano. Jesús comparece en tres fases ante: — Pilato (Mt 27:2-14; Mr 15:2-5) — Herodes Antipas (Lc 23:6-12) — Pilato (Mt 27:15-26; Mr 15:6-15) • Crucifixión (*entre las 9:00 y las 15:00 aprox.*) (Mt 27:27-66; Mr 15:16-39)
Domingo	• Testigos de la resurrección (Mt 28:1-8; Mr 16:1-8; Lc 24:1-12) • Apariciones tras la resurrección (Mt 28:9-20; Lc 24:13-53; Jn 20-21)

El impacto de la Semana Santa sobre nuestra vida. La práctica de caminar con Jesús a lo largo de la Semana Santa logra, al menos, cinco funciones importantes en mi vida. (1) Consolida el fundamento histórico de mi cosmovisión cristiana. Al reflexionar sobre estos acontecimientos, reconozco que mi fe está edificada sobre sucesos firmes como una roca que Jesús realizó en la historia: por qué fue arrestado, por qué los líderes judíos lo rechazan, por qué lo ejecutaron los romanos y por qué incluso sus propios seguidores están tan asustados y perplejos. Cuando llego al domingo de la resurrección, habiendo seguido a Jesús a lo largo de los acontecimientos de esta semana, mi fe no es una ilusión; más bien está cimentada sobre los hechos de la historia revelados en la Palabra de Dios. La tumba vacía es el hecho convincente de que mi fe en un Salvador resucitado es real (1Co 15:12-34).

(2) Entiendo, asimismo, con mayor claridad a los discípulos. Comprendo por qué se asustaron y se acobardaron como grupo, tras puertas cerradas para salvar su propio pellejo, por su perplejidad al ver arrestado y crucificado a su Maestro, el hacedor de milagros. Pero también concibo cómo su experiencia de ver a Jesús resucitado de los muertos los transforma en líderes valientes y atrevidos que lo arriesgan todo por comunicarle al mundo estas buenas nuevas. Sirven de ejemplo para lo que puede ser mi propia vida cuando me cautivan los acontecimientos de la Semana Santa.

(3) Me mantengo bajo la convicción de mis responsabilidades como discípulo de Jesús. La segunda idea me impone una responsabilidad al observar la reacción del pueblo y de los líderes de Israel. Tuvieron el mayor de los privilegios que pueda tener la humanidad en su llamado para ser el pueblo escogido por Dios y experimentar su relación con él en persona. Con todo, sus propios programas personales y su dureza de corazón rechazaron a Jesús y su mensaje, y ahora han sido cortados tanto de sus privilegios como de sus responsabilidades. Los que han respondido pertenecen ahora a la nueva nación de los discípulos de Jesús (21:43).

Aquí existe un principio subyacente para nosotros también. Podemos, asimismo, estar tan metidos en nuestra propia agenda que endurezcamos nuestro corazón contra lo que Jesús quiere llevar a cabo a través de nosotros. Él es paciente, pero si los que están en posiciones de responsabilidad cometen ese error, él dará los privilegios y las responsabilidades a aquellos que sean fiables. Se debe confiar en que vivamos una vida y desempeñemos un ministerio según el criterio de Dios que Jesús reveló en su ministerio terrenal y que será desarrollado en el resto del Nuevo Testamento. De no ser así, sospecho que Dios encontrará a personas que vivan según los principios del reino y hagan la obra del reino del modo que él quiere que se realice.

(4) Mi experiencia de estos acontecimientos me impulsa a ser más sincero en la adoración. Entiendo la tragedia del templo. Uno de los mayores fracasos de Israel consistió en comprender la fundamental relevancia del templo. El fallo no estuvo tan solo en dirigir sacrificios de la forma incorrecta, de aprovecharse de los pobres, o de la corrupción personal entre el sacerdocio, aunque todas estas cosas estuvieran incluidas. La crítica de Jesús fue que "se permitía que las

mecánicas del ritual del templo oscurecieran la idea de comunión auténtica con Dios".[47] Cuando Jesús pronuncia juicio sobre Israel en el incidente del templo y en la maldición de la higuera, debo considerar mi propia vida. ¿Cuánto de todo lo que hago es, sencillamente, un ritual religioso y una hipocresía interesada? ¿Y cuánto de lo que hago en la rutina cotidiana de la vida se vive en la presencia consciente de mi Dios y Salvador, Jesucristo?

Cuando hacemos esto último, nuestra vida es un acto continuo de adoración. Entender los propósitos y la voluntad de Dios significa permitirle que sea el Dios de mi vida en todo lo que digo y hago. Y al actuar así —esté en el mercado o meditando, en la autopista o frente a mi clase, paseando al perro del vecino o despertándome con mi esposa junto a mí— vivo una vida llena de adoración que honra, alaba y glorifica a Jesús con solo estar vivo.

(5) Soy arrastrado a una relación más íntima con Jesús después de haber caminado con él durante todos los acontecimientos de esta semana. He entrado en la comunión que él experimentó con sus seguidores más cercanos aquella fatídica semana: la oleada de adrenalina de la entrada a Jerusalén y la purificación del templo, la ternura de los momentos finales del miércoles de silencio y de la cena en el aposento alto, el quebranto de corazón al verlos apartarse de él en su hora de mayor necesidad y hasta la forma en que lo niegan. He seguido a Jesús al huerto, donde en total agonía ora pidiendo una senda diferente, para después aceptar con decisión la voluntad del Padre de que vaya a la cruz. Me he acercado tanto como me he atrevido para ser testigo de su dolor físico bajo los azotes y la crucifixión, y he intentado tan tenuemente como he podido entender el abandono que experimenta por parte de Dios. Y, como afirma Pablo, he experimentado el ser resucitado con él de entre los muertos al reconsiderar y reivindicar mi propia experiencia de salvación (*cf.* Ro 6:1-14).

Nuestro caminar con Jesús a lo largo de la Semana Santa es el tiempo que mejor nos capacita para verle como nuestro Salvador divino y humano, y como nuestro Señor, y vivir en una relación correcta con él hoy.

---

47. Hagner, *Matthew,* 2:601.

Mateo 22:1-46

Jesús volvió a hablarles en parábolas, y les dijo: 2 «El reino
de los cielos es como un rey que preparó un banquete de
bodas para su hijo. 3 Mandó a sus siervos que llamaran a los
invitados, pero estos se negaron a asistir al banquete. 4 Luego
mandó a otros siervos y les ordenó: “Digan a los invitados que ya
he preparado mi comida: Ya han matado mis bueyes y mis reses
cebadas, y todo está listo. Vengan al banquete de bodas”. 5 Pero
ellos no hicieron caso y se fueron: uno a su campo, otro a su
negocio. 6 Los demás agarraron a los siervos, los maltrataron y los
mataron. 7 El rey se enfureció. Mandó su ejército a destruir a los
asesinos y a incendiar su ciudad. 8 Luego dijo a sus siervos: “El
banquete de bodas está preparado, pero los que invité no merecían
venir. 9 Vayan al cruce de los caminos e inviten al banquete a todos
los que encuentren”. 10 Así que los siervos salieron a los caminos
y reunieron a todos los que pudieron encontrar, buenos y malos, y
se llenó de invitados el salón de bodas.

11 »Cuando el rey entró a ver a los invitados, notó que allí había
un hombre que no estaba vestido con el traje de boda. 12 “Amigo,
¿cómo entraste aquí sin el traje de boda?”, le dijo. El hombre se
quedó callado. 13 Entonces el rey dijo a los sirvientes: “Átenlo de
pies y manos, y échenlo afuera, a la oscuridad, donde habrá llanto
y rechinar de dientes”. 14 Porque muchos son los invitados, pero
pocos los escogidos».

15 Entonces salieron los fariseos y tramaron cómo tenderle a Jesús
una trampa con sus mismas palabras. 16 Enviaron algunos de sus
discípulos junto con los herodianos, los cuales le dijeron:

—Maestro, sabemos que eres un hombre íntegro y que enseñas el
camino de Dios de acuerdo con la verdad. No te dejas influir por
nadie porque no te fijas en las apariencias. 17 Danos tu opinión:
¿Está permitido pagar impuestos al césar o no?

18 Conociendo sus malas intenciones, Jesús replicó:

—¡Hipócritas! ¿Por qué me tienden trampas? 19 Muéstrenme la
moneda para el impuesto.

Y se la enseñaron.

20 —¿De quién son esta imagen y esta inscripción? —les preguntó.

21 —Del césar —respondieron.

—Entonces denle al césar lo que es del césar y a Dios lo que es de
Dios.

22 Al oír esto, se quedaron asombrados. Así que lo dejaron y se fueron.

23 Ese mismo día los saduceos, que decían que no hay resurrección, se le acercaron y le plantearon un problema:

24 —Maestro, Moisés nos enseñó que si un hombre muere sin tener hijos, el hermano de ese hombre tiene que casarse con la viuda para que su hermano tenga descendencia. 25 Pues bien, había entre nosotros siete hermanos. El primero se casó y murió y, como no tuvo hijos, dejó la esposa a su hermano. 26 Lo mismo les pasó al segundo y al tercer hermano, y así hasta llegar al séptimo. 27 Por último, murió la mujer. 28 Ahora bien, en la resurrección, ¿de cuál de los siete será esposa esta mujer, ya que todos estuvieron casados con ella?

29 Jesús les contestó:

—Ustedes andan equivocados porque desconocen las Escrituras y el poder de Dios. 30 En la resurrección, las personas no se casarán ni serán dadas en casamiento, sino que serán como los ángeles que están en el cielo. 31 Pero en cuanto a la resurrección de los muertos, ¿no han leído lo que Dios les dijo a ustedes: 32 "Yo soy el Dios de Abraham, de Isaac y de Jacob"? Él no es Dios de muertos, sino de vivos.

33 Al oír esto, la gente quedó admirada de su enseñanza.

34 Los fariseos se reunieron al oír que Jesús había hecho callar a los saduceos. 35 Uno de ellos, experto en la ley, le tendió una trampa con esta pregunta:

36 —Maestro, ¿cuál es el mandamiento más importante de la ley?

37 —"Ama al Señor tu Dios con todo tu corazón, con todo tu ser y con toda tu mente" —le respondió Jesús—. 38 Este es el primero y el más importante de los mandamientos. 39 El segundo se parece a este: "Ama a tu prójimo como a ti mismo". 40 De estos dos mandamientos dependen toda la ley y los profetas.

41 Mientras estaban reunidos los fariseos, Jesús les preguntó:

42 —¿Qué piensan ustedes acerca del Cristo? ¿De quién es hijo?

—De David —le respondieron ellos.

43 —Entonces, ¿cómo es que David, hablando por el Espíritu, lo llama "Señor"? Él afirma:

44 »"Dijo el Señor a mi Señor:
'Siéntate a mi derecha,
hasta que ponga a tus enemigos
debajo de tus pies'".

45 Si David lo llama "Señor", ¿cómo puede entonces ser su hijo? 46 Nadie pudo responderle ni una sola palabra, y desde ese día ninguno se atrevía a hacerle más preguntas.

Sentido Original

El capítulo 21 concluyó con Jesús en un enfrentamiento directo con los líderes religiosos en el templo de Jerusalén (ver comentarios sobre 21:23). En el centro de la confrontación se encontraba el desafío de los líderes religiosos a la autoridad de Jesús. Había purificado el templo el día antes (lunes de Semana Santa), que representaba el pronunciamiento simbólico de juicio sobre la organización del templo. Fue asimismo el precedente del final del templo como institución, porque su inminente crucifixión proporcionaría un acceso directo al perdón y a la salvación de Dios.

Jesús no se acobardó ante el desafío a su autoridad. En vez de ello, cambió las tornas y les devolvió la pelota retándolos a reconocer en público la fuente de la autoridad de Juan el Bautista como procedente de Dios (21:24-27). A continuación, contó una serie de tres parábolas que desafiaba la propia autoridad de ellos y pronunciaba juicio sobre ella. Las dos primeras (la parábola de los dos hijos y la de los labradores malvados) se encuentran en 21:28-46 (ver comentarios). La parábola del banquete de boda que comienza en el capítulo 22 es la tercera.

La parábola del banquete de boda: respuestas a la invitación del reino (22:1-14)

La parábola del banquete de boda es única en este contexto, aunque en otro contexto de Lucas 14:15-24 encontramos una alegoría similar. Jesús se enfrenta a los líderes religiosos con una parábola cuidadosamente diseñada que aflora de la situación en el templo, al reprenderlos y condenarlos por no responder a su invitación al reino de los cielos.[1] Mediante una redacción familiar de una parábola sobre el reino (*cf.* 13:24; 13:31, 44, 45, 47, 52), Jesús describe las consecuencias que caerán sobre los líderes religiosos. Esta parábola se divide en tres secciones: el juicio que recaerá sobre ellos por rechazar su invitación al arrepentimiento y la entrada al reino (22:1-7), una descripción de los que serán invitados para sustituirlos (22:8-10) y los requisitos para la participación en el reino (22:11-14).

Rechazo a las invitaciones a la boda (22:1-7). La ambientación de la parábola es una celebración: un rey que preparó un banquete de bodas para su hijo. Este tipo de boda habría sido una celebración a nivel nacional que duraría varios días.

La parábola realiza su primer giro sorprendente, porque parece ser que algunos pasaron por alto la invitación inicial a la celebración de boda y, después, rechazaron la invitación personal del rey enviada por medio de sus siervos (22:3). Aunque uno pudiera ignorar una primera invitación, rehusar la invitación directa del rey sería algo impensable, una peligrosa afrenta al monarca. Sin embargo, la

1. Para encontrar más detalles, ver Blomberg, *Interpreting the Parables,* 237-40; para ver un reciente y excelente artículo sobre esta parábola, Noel Rabbinowitz, "Matthew 22:2-4: Does Jesus Recognize the Authority of the Pharisees and Does He Endorse Their *Halakhah*", *JETS* 46 (2003): 423-47.

gracia del rey se impone, y vuelve a emitir la invitación por medio de un número mayor de siervos, explicando con detalles la munificencia de la celebración: "Ya han matado mis bueyes y mis reses cebadas, y todo está listo. Vengan al banquete de bodas".

Algunos de los invitados siguen rechazando la invitación del rey con excusas triviales de preocupaciones por los asuntos cotidianos (p. ej., la agricultura y los negocios). El resto llega en realidad a maltratar y matar a los mensajeros del rey (22:6). Esto es un insulto increíble para el rey, que castiga con severidad a sus súbditos insubordinados con la muerte y el fuego (22:7). Este tipo de castigo solo se usaba en el caso de traición más grave y sublevación contra un rey.

Aunque no de manera tan explícita, prosigue la alusión a Israel como la viña de la profecía de Isaías en las parábolas anteriores, pero ahora recurriendo a la destrucción que caerá sobre la nación israelita y sus líderes (ver comentarios sobre 21:28, 33) por despreciar al Santo de Israel (*cf.* Is 5.3-12; 24-25).[2] Esta destrucción de los súbditos rebeldes y su ciudad es paralela a otras rebeliones en la historia judía.[3] Aunque aquí no menciona el templo, Jesús podría estar aludiendo a la destrucción futura de Jerusalén y al juicio de las autoridades religiosas en el 70 A.D., tema al que vuelve en el Discurso Escatológico (*cf.* 24.1-3).

Una invitación abierta a la boda (22:8-10). La segunda parte de la parábola utiliza otro desarrollo impensable. En lugar de los pocos privilegiados que habían sido convidados a la boda, ahora quienes reciben una invitación son los muchos indignos que no lo merecen ("todos los que encuentren"). Los que consideraron poder prescindir de la invitación del rey ahora ya no la merecen (22:8). Representan al liderazgo religioso de Israel y a los demás judíos orgullosos de su religiosidad que siguen sus directrices.

Esto abunda en un tema en el que Jesús ha venido haciendo hincapié a lo largo de su ministerio. Los invitados al reino de los cielos no son los que en apariencia son justos o tienen buena salud, sino los pecadores y los enfermos (5:20; 9:12-13). Solo aquellos que reconocen su indefensión personal (como un enfermo o un niño, p. ej., 9:12-13; 18:3-4) dejan a un lado su autodependencia y sus propios méritos para aceptar la gracia de Dios. Los que están en los caminos principales representan a los publicanos y los pecadores de Israel que han sido el objeto sorprendente del ministerio de Jesús (9:10-11), y a los gentiles, que se convierten en el objeto de su ministerio a través de la evangelización mundial de los discípulos (28:18-20). El salón de boda se llena con estos invitados que no son dignos, pero que responden a la invitación que se les hace por gracia (22:10).

Ropa inadecuada para la boda (22:11-13). La tercera parte de la parábola se centra en uno de los invitados que consigue entrar a la boda, pero que va vestido de forma no adecuada para la ocasión. Dado que el rey envió una invitación

2. Ver Gundry, *Matthew,* 436-37.
3. P. ej., Jue 1.8; Is 5.24; *1 Mac.* 5:28; *T. Jud.* 5.1-5.

abierta a los que no merecían estar en semejante celebración, debería acercarse para ver quién ha respondido. Aunque la invitación se hizo a todos, se esperaba al menos la indumentaria correcta. Basándose en las pruebas existentes de algún rey del mundo antiguo que proporcionó vestiduras de fiesta para sus invitados (Gn 45:22; Est 6:8-9), algunos lo han interpretado como una alusión a la justicia imputada que Jesús insinuó a principios de su ministerio (5:20) y que Pablo enunciaría más tarde (p. ej., Ro 3:21-31; 4:22-25). Otros sugieren que esto se refiere a las vestiduras limpias en oposición a las sucias, que no simbolizan obras que merezcan la salvación, sino obras probatorias de justicia para las que ya han obtenido la salvación.[4]

En cualquier caso, como se dirige al individuo como "amigo" (ver comentarios sobre 20:13) y este se queda sin palabras cuando se ve delante del rey (22:12), la implicación es que el invitado ha tenido a su disposición la ropa adecuada, pero ha declinado vestírsela. Se ata a ese hombre y se le echa a la calle, al lugar del llanto y del crujir de dientes (22:13), un lenguaje que suele referirse al juicio eterno (*cf.* 8:12; 13:42, 50; 24:51; 25:26, 30).[5]

Esto es una nueva indicación de la responsabilidad que uno tiene frente la invitación de Jesús al reino de los cielos. Los privilegiados líderes religiosos son juzgados por rechazar la invitación (22:7), y el pueblo llano de Israel, que también tiene el privilegio de ser los hijos de Dios, será juzgado por su respuesta al reino. No obstante, hasta discípulos profesos de Jesús, como Judas (llamado "amigo" en 26:50), son culpables de lo que hagan en última instancia con la invitación. No todos los que responden lo hacen de corazón. Esta es la idea de las tres parábolas de juicio (21:28-32, 33-46; 22:1-14). Cualquiera que insulte el ofrecimiento del reino de los cielos que Dios hace por su gracia, dándolo por sentado sin honrar al Hijo, recibirá el debido juicio.

Muchos invitados, pocos escogidos (22:14). Una declaración concisa le proporciona un pronunciamiento concluyente a la parábola del banquete de boda, pero también a las otras dos anteriores, de forma general: "Porque muchos son los invitados, pero pocos los escogidos". "Muchos" (*polloi*) sin el artículo es una expresión semita común con valor universalizador que se suele traducir como "todo aquel" o "todos" (*cf.* 20:28). En Salmos 109:30, por ejemplo, el *rabbim* hebreo se convierte en *polloi* en la LXX, indicando una referencia inclusiva para "todos" en la congregación. De manera similar, en la literatura del Qumrán, *rabbim* es un título inclusivo fijo para todos los que están en la Comunidad (1QS 6:8-11) o todos los que ejercen jurisdicción como líderes en la misma (p. ej., 1QS 6.1).[6] Mediante la expresión "muchos son los invitados", Jesús apunta a una invitación universal al reino de los cielos.

4. Gundry, *Matthew,* 439; Davies y Allison, *Matthew,* 3:204 n. 53; Keener, *A Commentary on the Gospel of Matthew* (1999), 522, n. 189.
5. Ver Keener, *A Commentary on the Gospel of Matthew* (1999), 523.
6. Joachim Jeremias, "πολλοί", *TDNT,* 6:536-45.

La idea que sirve de contrapeso en la segunda mitad del dicho, "pero pocos los escogidos", enfatiza que no todos los invitados son elegidos. Esto no especifica la cantidad real, sino que señala la perspectiva divina de las parábolas precedentes. Los escogidos son "los elegidos", que para Jesús es una expresión alternativa para sus verdaderos discípulos (*cf.* 11:27; 24:22, 24, 31). Israel y su liderazgo habían sido conocidos como los "escogidos", pero incluso este privilegio de ellos se pierde por no responder a la invitación de Jesús al reino de los cielos. Por tanto, aunque existe una invitación abierta al reino, desde la perspectiva divina solo la elección soberana de Dios es la que efectúa la salvación. Desde el punto de vista humano solo aquellos que responden a la llamada de la forma adecuada forman parte del banquete. Lo único que revela la elección divina de Dios es una respuesta adecuada.

Dios es el Rey que ha invitado a todos a la celebración de la llegada del reino de los cielos en la persona de su Hijo, Jesús el Mesías.[7] Ha enviado una invitación a los privilegiados líderes religiosos y sus seguidores, incluso a aquellos que supuestamente no lo merecen dentro de Israel. Se responsabiliza a Israel y sus dirigentes de haber rechazado la invitación y no importa que haya sido una simple negativa (22:3), la preocupación por sus propios asuntos (22:5), que sean activamente rebeldes (22:6) o que hayan manifestado una receptividad personal inadecuada (22:12). En lugar de ello, como Jesús predijo en la parábola anterior (21:41, 43), Dios se volverá a los indignos fuera de Israel para que llenen su reino de celebrantes.

Cuatro debates con los líderes religiosos en cuanto a la autoridad y la identidad de Jesús (22:15-46)

Prosigue la confrontación entre Jesús y los líderes religiosos con respecto a su autoridad para orquestar las actividades del templo y pronunciar juicio sobre las autoridades religiosas (*cf.* 21:23). Jesús entra ahora en cuatro debates con los diversos líderes: con los discípulos de los fariseos y los herodianos en lo que se refiere a pagar los impuestos al césar (22:15-22), con los saduceos sobre la resurrección de quien se ha vuelto a casar en esta vida (22:22-23), con un experto en la ley sobre el mayor de los mandamientos (22:23-40), y con los fariseos sobre el Mesías como hijo de David (22:41-46). Después de estos enfrentamientos, Jesús pronuncia sus ayes fatídicos sobre los líderes religiosos (23:1-36).

Pagar impuestos al césar: los discípulos de los fariseos y los herodianos (22:15-22). Los fariseos, que habían sido objeto del mordaz pronunciamiento de juicio de Jesús (21:45), salieron de la zona del templo para desarrollar una estrategia y ver "cómo tenderle a Jesús una trampa con sus mismas palabras" (22:15).

7. La parábola no habla del verdadero banquete de las bodas del Cordero en el cielo (Ap 19:5-8), sino que describe las respuestas a la invitación al reino de los cielos. Más allá de esto puede ilustrar las respuestas de los individuos en esta vida al mensaje del evangelio. Jesús destaca la gravedad de la respuesta que uno dé a la oportunidad de ser llamado a formar parte de la familia de Dios.

Antes de esto, en Galilea, los fariseos intentaron tentar (*peirazo*) a Jesús para que violara la ley (16:1; 19:3). De manera similar, pero tal vez con una motivación incluso más siniestra, ahora procuran hacerle caer en una trampa (*pagideuo*) o acorralar a Jesús con sus propias palabras, con la esperanza de que se incrimine él solo con un pronunciamiento que ellos puedan usar para llevarlo ante los romanos y que sea ejecutado.

Los discípulos de los fariseos y los herodianos (22:15-16). Tal vez sabiendo que Jesús es demasiado inteligente para sus malas intenciones, los fariseos envían a "sus discípulos" a la zona del templo, donde sigue candente la polémica entre Jesús y el liderazgo religioso de Israel. Es muy probable que estos discípulos sean los que se están formando para convertirse en plenos iniciados en la hermandad de los fariseos y que han sido inmersos en el compromiso farisaico de la ley oral y la rigurosa práctica de sus tradiciones. Pero, al no ser todavía expertos legales, a primera vista no parecerían suponer una gran amenaza para Jesús. En apariencia es un grupo inocuo que se acerca a él con deferencia aduladora, intentando desarmarlo para poder hacerle caer en su trampa.

A los discípulos de los fariseos se les unen los herodianos en esta siniestra maniobra (*cf.* también Mr 3:6; 12:13). Los herodianos eran los que respaldaban a la familia herodiana y su dinastía (aprox. 55 A.C.–aprox. 93 A.D.), y de forma más inmediata a Herodes Antipas, el tetrarca satélite romano que gobernó Galilea, al morir su padre, Herodes el Grande. Son, muy probablemente, un grupo organizado bastante flexible, con intereses económicos y políticos personales en hacer avanzar la influencia de los Herodes en Israel.[8] A Herodes Antipas siempre le molestó no haber logrado controlar todo el territorio anterior de su padre, de modo que sus adeptos hacen progresar su causa para intentar recuperar Judea, gobernada por Pilato para Roma. Aunque los herodianos y los fariseos estaban en desacuerdo en muchas cuestiones políticas y religiosas, aquí se combinan para combatir la amenaza común a sus respectivas bases de poder.

Llamar a Jesús "maestro" es un intento de congraciarse con él usando un título de respeto, el equivalente del título hebreo "rabbí". En Mateo es el título normal usado cuando los que no son discípulos se acercan a Jesús (9:11; 12:38; 17:24; 19:16; 22:24, 36). En este caso, los discípulos de los fariseos y los herodianos usan el título con engaño, porque Jesús no ha pasado por uno de los colegios de formación rabínica para alcanzar el estatus de rabino. Son descaradamente hipócritas al intentar desarmar a Jesús con su adulación. Este discurso es, sin embargo, mucho más veraz de lo que ellos suponen y es lo contrario a su propia hipocresía y a la de los líderes religiosos a los que Jesús ha condenado a lo largo de su ministerio (p. ej., 6:1-18). Si estos discípulos de los fariseos y herodianos

8. Para una visión global de la prueba y la investigación sobre este grupo misterioso, ver Meier, *A Marginal Jew*, 3:560–65. El estudio reciente más amplio es Kokkinos, *The Herodian Dynasty*.

quieren decir realmente lo que significan sus palabras, se convertirán en discípulos de Jesús.

Pagar los impuestos al césar (22:17-18). Estos que visitan a Jesús intentan agarrarlo por sorpresa con una pregunta que parece inocente: "¿Está permitido pagar impuestos al césar o no?". Aunque la pregunta en sí pueda ser inocente, la intención subyacente no lo es. Cualquier respuesta que Jesús diera podría usarse contra él. Lo que estaba en juego era el requisito legal de pagar los impuestos al "césar", apelativo tomado del apellido familiar de Julio César, que se había convertido en un título para los siguientes emperadores romanos. En aquel momento, Tiberio Julio César Augusto era emperador de Roma.[9]

Esta pregunta revela una cuestión inestable en Israel. El impuesto mencionado es el anual de capitación o una de las tasas más generales, como el impuesto al sufragio.[10] El pueblo de Israel, de hecho todos los súbditos romanos, trabajaba bajo una pesada carga de impuestos que mantenía en funcionamiento el imperio. Hacía mucho que los Herodes cobraban impuestos en nombre de Roma para financiar sus propias empresas militares, sus proyectos de edificación y su lujoso estilo de vida. Pagaban un tributo directamente a Roma, de modo que se les permitía recaudar impuestos más gravosos para llenar sus propias arcas. El prefecto romano de Judea y Samaria cobraba de un modo directo los impuestos sobre la tierra y el del sufragio para Roma. Las autoridades religiosas judías también cobraban sus propios impuestos por el templo y sus otros gastos institucionales (*cf.* 17:24-27).

El pueblo estaba, pues, furioso por tan asfixiantes gravámenes. Algunos estiman que una familia judía pagaba aproximadamente entre el cuarenta y nueve y el cincuenta por ciento de sus ingresos anuales en estas diversas tasas.[11] Si Jesús responde que ciertamente es justo pagar impuestos al césar, esto lo pondría en una postura desfavorecida con el pueblo agobiado, que pensarían que había capitulado y que ahora estaba confabulado con la opresión romana. Si Jesús contesta que no es justo pagar impuestos al césar, podrían usarlo contra él ante las autoridades romanas para respaldar la acusación de que es un insurgente. Los fariseos saben que cualquiera de las dos respuestas comprometerá la misión de Jesús, y esto es exactamente lo que pretenden.

Jesús capta de inmediato la hipócrita estratagema, porque conoce[12] el mal que hay tras la motivación de ellos (22:18). El término que se esconde tras el uso que Jesús hace aquí de "trampa" es *peirazo*, la palabra común para "tentar" o "probar". Están intentando conseguir que Jesús se incrimine solo. Se acercan

9. Para un gráfico de los emperadores romanos llamados "César" durante los tiempos del Nuevo Testamento y después, y las correspondientes referencias bíblicas, ver Wilkins, "Matthew", 136.
10. Colin Brown, Norman Hillyer, "Tax, Tax Collector", *NIDNTT,* 3:751-59.
11. Ver Rousseau y Arav, "Tax and Tax Collectors", *Jesus and His World,* 278.
12. *Cf.* 12:15; 18:8; 26:19 para la forma del conocimiento especial de Jesús.

con adulación servil, pero sus intenciones son perversas, y esto es el colmo de la hipocresía religiosa.

Dar al césar y a Dios (22:19-22). Pero Jesús revierte el enfrentamiento tomando la ofensiva. Pide una moneda de las que se usan para pagar el impuesto, el denario, y ellos se la dan. Señala la moneda y les pide que identifiquen la silueta y la inscripción grabadas en ella. Ellos responden "del césar". En el anverso del denario de plata, estaba la cabeza de Tiberio César de perfil, con la inscripción en latín sobre el perímetro de la moneda "Tiberio César, hijo del divino Augusto". En el reverso había una imagen de la Pax sentada, la diosa romana de la paz, con la inscripción en latín "Sumo sacerdote".[13]

En respuesta a la declaración de ellos con respecto a que el retrato y la inscripción de César están en el denario, Jesús afirma: "Denle al césar lo que es del césar y a Dios lo que es de Dios". Jesús no se está limitando meramente a intentar zafarse de un acertijo delicado y lógico proponiendo otro. Más bien, detrás de su respuesta hay una profunda declaración de su papel en ese punto de la historia de la salvación de Dios, así como la forma en que los que están en el reino de Dios operarán en este mundo. (1) Él no ha venido como amenaza militar o política para los gobernantes establecidos de este mundo. Su reino es revolucionario, pero, hasta que él regrese en gloria, el reino operará dentro del orden político existente.

(2) Los que han respondido a la invitación del reino de los cielos seguirán teniendo obligaciones para con las autoridades gobernantes de este mundo, hecho que los posteriores escritores del Nuevo Testamento enfatizan incluso cuando viven bajo las autoridades opresoras (p. ej., Ro 13:1-7; 1P 2:13-17). Por tanto, Jesús demuestra de nuevo que no está estableciendo un reino político para oponerse al césar.

(3) Darle a Dios lo que es de Dios implica mucho más que pagar el impuesto del templo. Debemos modelar nuestra vida de tal manera que mostremos que somos los administradores de todo lo que él ha creado, y que debemos usar lo que es suyo del modo que él ha designado que se haga. Esto implica que incluso lo que le pertenece al césar solo es suyo de una forma secundaria. La lealtad a Dios está por encima de la fidelidad al césar, en especial cuando este intenta usurpar la adhesión a la voluntad de Dios (*cf.* Hch 4:19; 5:29).

Jesús podría estar implicando además que, aunque la "imagen" de César estaba estampada en las monedas, los seres humanos son portadores de la imagen de Dios desde la creación (Gn 1:26-27). Dios tiene, pues, derecho a todo lo que cualquier persona tenga o sea.[14] Jesús no está diciendo que la vida tenga que

13. Rousseau y Arav, "Coins and Money", *Jesus and His World,* 55-61. Para la imagen de una moneda que describe a César Augusto, ver Wilkins, "Matthew", 135.

14. Dale Bruner declara: "Así como la moneda del césar lleva la imagen del césar y le pertenece a Dios, también la humanidad de Dios lleva la imagen de Dios y le pertenece a Dios" (*Matthew,* 2:784).

dividirse en dos compartimentos separados el uno del otro, con obligaciones para con el césar y para con Dios. Tanto el césar como el reino de Dios tienen derechos en sus respectivos ámbitos tal como Dios ordenó, pero "la obligación para con Dios cubre toda la vida; debemos servir al césar de un modo que honre a Dios".[15]

La profunda lógica de Jesús anula el intento de sus enemigos por hacerlo caer en la trampa con su enigma artificial. Quedan asombrados por la facilidad con la que él le ha dado la vuelta al debate (22:22). Detrás de ellos está la sabiduría de los malabarismos escriturales fariseos y la experiencia de la dinastía política herodiana que no es rival para el profundo entendimiento de Jesús con respecto a la forma en que Dios quiere que su pueblo opere en este mundo. Ellos se marchan, probablemente para volver junto a quienes los enviaron. Con toda seguridad se sienten disgustados por haber fracasado en su empresa de hacer caer a Jesús en la trampa, porque los fariseos los han enviado, después de preparar cuidadosamente la estrategia. Podría haber sido una oportunidad para que ellos vieran la superioridad de la enseñanza de Jesús frente a la sagacidad de los fariseos y las intrigas políticas de los herodianos, pero la sabiduría de él no irrumpe en sus duros corazones para convencerlos de sus pecaminosos intentos de atraparlo en una contradicción. Ciertamente, este no es el final de sus intentos de atraparlo.

El matrimonio en la resurrección. Los saduceos (22:23-33). Una vez que los discípulos de los fariseos y los herodianos lo han intentado, ahora les toca a los saduceos. Este debate tiene lugar en el templo, la fortaleza del poder saduceo (ver comentarios sobre 3:7). Gira en torno a la doctrina de la resurrección. Los saduceos no creen en la resurrección, ya que solo se inspiraban en el Pentateuco para su creencia. La resurrección es una doctrina desarrollada con mayor claridad en los últimos libros del Antiguo Testamento (*cf.* Is 26:19; Dn 12:2) y en la literatura judía del segundo templo y de los escritos rabínicos.[16] Jesús mostrará aquí lo que demostrará físicamente en su propia experiencia, que las implicaciones de la resurrección tienen un alcance mayor de lo que nadie pueda pensar.[17]

La pregunta de los saduceos sobre la resurrección (22:23-28). El debate comienza con los saduceos citando la ley del matrimonio de "levirato" en el Antiguo Testamento: "Moisés nos enseñó que si un hombre muere sin tener hijos, el hermano de ese hombre tiene que casarse con la viuda para que su hermano tenga descendencia". En esta ley, al *levir* (el hermano superviviente de un hombre que ha muerto sin hijos) se le exigía que se casara con su cuñada. Esta ley estaba pensada para cuidar de la viuda a la vez que se conservaba el linaje genealógico del hermano fallecido si tenían hijos (Dt 25.5-10).

---

15. Morris, *Matthew,* 558. Para una explicación extensa de las implicaciones para las relaciones iglesia-estado, ver Bruner, *Matthew,* 2:784-87.
16. P. ej., *2 Mac.* 7; *1 En.* 102; *2 Bar.* 49-51; *m. Sanh.* 10:1; *b. Roš Haš.* 16b-17a.
17. Ver Wilkins, "Matthew", 187, para comentarios sobre la resurrección de los muertos en el judaísmo y en Jesús.

Como los fariseos, los saduceos intentan crear una trampa teológica para demostrar que Jesús se aferra a doctrinas no comprobadas desde el punto de vista bíblico. Básicamente, preguntan qué ocurriría si siete hermanos siguen, uno detrás del otro, el matrimonio levirato y después la mujer muere. Suponen que su pregunta dejará a Jesús teológicamente perplejo: "Ahora bien, en la resurrección, ¿de cuál de los siete será esposa esta mujer, ya que todos estuvieron casados con ella?".

El caso que presentan podría haber sucedido, pero ellos tienen intenciones más maliciosas. Esperan desvelar que Jesús no está cualificado como líder teológico y que no tiene derecho ni autoridad para desafiar la autoridad de ellos. Al no creer en la resurrección, la pregunta de ellos revela el intento hipócrita de confundir a Jesús y a otros que sí creen en ella. Dan por sentado que la vida de la resurrección es como la vida presente, lo que conducirá a la acusación de que la mujer era culpable de incesto. Este intento de desarrollar un dilema lógico conduce a la conclusión obvia de que la idea de la resurrección es una fantasía absurda.

Conocer las Escrituras y conocer a Dios (22:29-30). Una vez más, Jesús devuelve la lógica a sus inquisidores. Esta vez revela que el problema no es sencillamente que no consiguen desarrollar un enigma infalible y lógico, sino la defectuosa interpretación teológica y bíblica del concepto de la resurrección. Comienza con su fracaso fundamental subyacente y acusa a los saduceos: "Ustedes andan equivocados porque desconocen las Escrituras y el poder de Dios". Ellos deberían reconocer que el resto del Antiguo Testamento también son las Escrituras, donde la doctrina de la resurrección es clara. También los reprende por negar la realidad de la resurrección, porque lo que está detrás de cualquier pensamiento de resurrección es el poder de Dios para hacerlo.

A continuación, Jesús vuelve a la cuestión específica que ellos han suscitado sobre la mujer que se casó con los siete hermanos: "En la resurrección, las personas no se casarán ni serán dadas en casamiento, sino que serán como los ángeles que están en el cielo" (22:30). Jesús traza un paralelo con los ángeles con el fin de indicar que los seres humanos resucitados no continuarán con la práctica del matrimonio. Esta línea de argumento tiene doble filo, ya que los saduceos también negaban la existencia de los ángeles (*cf.* Hch 23:8). Su ignorancia doctrinal se basa en su falta de conocimiento bíblico, que, a su vez, impacta dramáticamente en el deficiente entendimiento de la forma en que se ha de vivir la vida tanto aquí como en el más allá.

Jesús no sugiere que los seres humanos se conviertan en ángeles, sino que, así como los seres angélicos no se casan ni procrean, el estado resucitado acaba con la práctica del matrimonio y resulta en unas relaciones totalmente nuevas entre los seres humanos resucitados. Con esta declaración, su anterior fomento del celibato para quienes son llamados a ese tipo de vida, Jesús rechaza la "divinización del matrimonio".[18] Al mismo tiempo, aunque el estado de las relaciones

18. Bruner, *Matthew,* 2:790.

se verá alterado en la resurrección, esto no implica que las relaciones terrenales previas sean eliminadas por completo, ni tampoco implica que las relaciones resucitadas no cuenten con un apego especial. La esposa (o marido) de múltiples cónyuges en esta vida tendrá una capacidad y un entendimiento del amor distintos, que la capacitarán para amar a todos sin medida, celos ni posesividad.[19]

Yo soy el Dios de Abraham (22:31-33). Jesús desarrolla otro argumento irrebatible a partir de la base autoritativa de los saduceos, el Pentateuco. "Yo soy el Dios de Abraham, de Isaac y de Jacob". Él no es Dios de muertos, sino de vivos". Basándose en el tiempo presente de Éxodo 3:6 en la declaración "Yo *soy* el Dios de Abraham, de Isaac y de Jacob", Jesús declara que la implicación lógica es que, aunque los patriarcas habían muerto físicamente, seguían vivos cuando se escribió el libro de Éxodo. Siguen existiendo, como se ve en el hecho de que Dios siga en relación con ellos como su Dios, algo que no puede mantenerse con quienes ya no viven. Si siguen vivos, aunque estén físicamente muertos, y si el resto de las Escrituras apunta a la realidad de la resurrección, los saduceos deberían creer en el poder de Dios para resucitar a los patriarcas y que estos disfruten de sus propósitos continuados para la humanidad en el pacto eterno de Dios.

Las multitudes que escuchan la respuesta de Jesús al desafío saduceo están "asombrados" (*eklepso*) por su enseñanza (22:23). Es la misma palabra que expresa la reacción de las multitudes a su enseñanza en el SM (*cf.* 7:28) y la reacción de los habitantes de Nazaret a su predicación (13:54). Aunque el asombro pueda implicar un apego continuo a la enseñanza de Jesús (p. ej., 19:25), en ninguno de los casos anteriores esta reacción implica que se hayan convertido en discípulos de Jesús. En realidad, a pesar de la sorpresa de sus conciudadanos, Jesús no pudo hacer milagros en Nazaret por la falta de fe de ellos (13:58). Aquí también, las multitudes expresan asombro ante la profundidad de Jesús al responder a los saduceos, pero esto no es lo mismo que la fe. Las multitudes pronto serán influenciadas por los líderes religiosos para que pidan la muerte de Jesús (27:20-25). El asombro no es fe; la fe viene de la convicción, no de la emoción.

El mayor mandamiento. Un fariseo experto en la ley (22:34-40). La competición entre los líderes religiosos por ver quién derrota a Jesús en el debate se está poniendo al rojo vivo. Cuando los fariseos se enteran de cómo ha silenciado a los saduceos, se reúnen. Ahora les toca a ellos intentar ponerle la zancadilla a Jesús en lo que a teología se refiere. Un "experto en la ley" (*nomikis*) de entre los fariseos (22:35), que se acerca a Jesús para probarlo (*peirazo*; *cf.* 22:18)[20] es quien inicia el encuentro. El experto comienza el intercambio con una pregunta ladina: "Maestro, ¿cuál es el mandamiento más importante de la ley?". En este debate, "la ley" es la expresión abreviada para todo el Antiguo Testamento (*cf.* 5:17). Los rabinos discutían entre ellos con regularidad para determinar los

19. *Cf.* Blomberg, *Matthew,* 333; Carson, "Matthew", 461-62.
20. Marcos nos dice que, al final de la conversación, Jesús lo elogia (Mr 12:34), y esto podría indicar que el hombre se acerca a él con más sinceridad que los interpelantes anteriores.

mandamientos de mayor y menor peso (ver 23:23). Este experto legal está, probablemente, al tanto de estas discrepancias.[21]

La respuesta de Jesús no es inesperada. Cita Deuteronomio 6:5: "Amarás al Señor tu Dios con todo tu corazón y con toda tu alma y con toda tu mente". El *Shemá*, que se repetía dos veces al día, era bien conocido como obligación predominante de cada judío, e incluía el deber de obedecer los demás mandamientos dados por Dios (ver la misma lógica en 5:16-20). El amor hacia Dios no se entiende como un simple apego emocional, sino que significa entregarse a él por completo. Corazón, alma y mente no son compartimentos separados con rigidez de la existencia humana; reflejan que la totalidad de la persona se ha rendido a Dios.

Jesús prosigue citando Levítico 19:18: "Y el segundo es como este: 'Ama a tu prójimo como a ti mismo'". El venerable Rabbi Akiva había declarado que Levítico 19:18 era un "gran principio de la Torá".[22] Es muy posible que esta opinión se expresara también en la época de Jesús. Como el primer mandamiento, Jesús no está abogando sencillamente por un apego emocional o un amor abstracto. Más bien, aquí *amar* indica una responsabilidad concreta, el acto de ser útil y beneficioso para el prójimo, sea judío o gentil (*cf.* Lv 19:18, 34).[23] Amar es darle a alguien lo que necesita. De la misma manera que los individuos son llamados a cuidarse de un modo responsable y a adaptar su vida para llevar a cabo la voluntad de Dios en ella, también tienen que entregarse a los demás para cuidar de ellos de un modo responsable y ayudarlos a acomodar sus vidas para efectuar la voluntad divina.

Desde esta perspectiva, los dos mandamientos son similares a la regla de oro que, según Jesús explicó, es un resumen de la ley y de los profetas (7:12). Esto ayuda a explicar lo que quería decir con la expresión "De estos dos mandamientos dependen toda la ley y los profetas" (22:40). La vida del reino que Jesús inaugura colma la inclinación más profunda de los seres humanos creados a imagen de Dios. La vida del reino capacita a sus discípulos para que vivan de la forma en que Dios pretendía que viviéramos, lo que significa vivir de un modo responsable en la relación con Dios y con los demás. Como tal, todo el Antiguo Testamento depende del amor hacia Dios y hacia los demás, y ciertamente lleva la ley y los profetas a su cumplimiento (*cf.* 5:17-20).

Podría resultar de utilidad basarse aquí en una definición del "amor" desarrollada con anterioridad en el Sermón del Monte (ver comentarios sobre 5:43-48): el amor es un compromiso incondicional con una persona imperfecta por el que me obligo a llevar esta relación al propósito de Dios. La persona que ama a Dios con todo su ser —corazón, alma y mente— comprenderá que la voluntad de Dios para su vida se revela en el Antiguo Testamento, y la obedecerá con

21. Hagner, *Matthew,* 2:646.
22. *Génesis Rabbá* 24.7.
23. Ver Abraham Malamat, "Love Your Neighbor As Yourself", *BAR* 16/4 (julio-agosto 1990): 50-51.

alegría y entusiasmo, sabiendo que al actuar así está viviendo la vida tal como Dios diseñó que se hiciera. A su vez, su obediencia a la voluntad de Dios transformará todo su ser —corazón, alma y mente— a la imagen de Dios, para ser más conforme a la intención de Dios. Además, amar al prójimo como a uno mismo significa entregarse a otros seres humanos para ayudarlos a vivir tal como Dios diseñó que vivieran la vida, y ayudarlos así en su propia transformación.

Estos son los mayores mandamientos, porque van a la esencia de cómo diseñó Dios que vivieran los seres humanos: entregándose a Dios y a los demás para cumplir sus propósitos para nosotros como corona de su creación, manifestando en nuestra vida la gloria del reino de Dios en la tierra. Jesús inaugura el reino y esto hace posible que sea una realidad concreta para sus discípulos.

El hijo de David. Los fariseos (22:41-46). En la narración de las polémicas de la Semana Santa, los tres primeros encuentros con los líderes religiosos se iniciaron cuando ellos formularon preguntas destinadas a hacer caer a Jesús en una trampa. Todavía en los atrios del templo, el martes, con los diversos grupos presentes —los líderes religiosos (fariseos, saduceos, herodianos), las multitudes y sus discípulos—, Jesús toma la iniciativa para desviar el debate hacia una dirección crítica. Pasa a la ofensiva formulando una pregunta a los fariseos. Jesús va justo al núcleo central de la cuestión, desafiando la capacidad de ellos para interpretar como es debido uno de los textos mesiánicos más importantes del Antiguo Testamento. Si no son capaces de interpretar del modo adecuado, tampoco podrán entender correctamente su identidad. De modo que los insta a responder: "¿Qué piensan ustedes acerca del Cristo? ¿De quién es hijo?".

A los fariseos debió de parecerles una pregunta sencilla, a la que responden: "De David". Es la contestación automática basada en el conocimiento común de que el Mesías profetizado (*ho Christos,* "el Ungido") era del linaje de David.[24] Esto se confirma por la práctica común, con las recurrentes declaraciones de la identidad mesiánica de Jesús como "Hijo de David".[25]

Pero Jesús insiste más para sondear las profundidades del entendimiento que ellos tienen de la verdadera identidad del Mesías basándose en las profecías del Antiguo Testamento: "Entonces, ¿cómo es que David, hablando por el Espíritu, lo llama 'Señor'?". La idea que Jesús está exponiendo está tomada de Salmos 110:1, que cita; es el pasaje veterotestamentario más mencionado en el Nuevo Testamento.

Los fariseos reconocen este salmo como profecía mesiánica de David, bajo la inspiración del Espíritu Santo.[26] En este pasaje, el salmista se refiere al soberano

---

24. Ver comentarios sobre 1:1; *cf.* 2 S 7:12-14; Sal 89:4; Is 11:1, 10; Jer 23:5; *cf. Salmos de Salomón* 17:21.
25. Ver comentarios sobre 1:20; 9:27; 12:23; 15:22; 20:30-31; 21:9, 15.
26. Por extensión, Jesús implica la autoridad davídica del salmo como Escritura inspirada. Para considerar una reciente visión global, ver Barry C. Davis, "Is Psalm 110 a Messianic Psalm?", *BibSac* 157 (abril-junio 2000): 160-173.

mesiánico venidero —su descendiente, su "hijo"— como *kyrios*, "señor". El tratamiento familiar no esperaría que una persona mayor, como David, se refiriera a su retoño como "señor", sino que el vástago, el "hijo", debería referirse a David, su "padre", como "señor". La LXX, que es casi literalmente lo que Mateo consigna aquí, usa *kyrios* las dos veces que aparece el término "Señor". Sin embargo, el hebreo tiene Yahvé (*yhwh*) para el primero y Adonai (*'adoni;* lit., "mi Señor") para el segundo caso.

En otras palabras, Jesús usa las propias Escrituras de ellos para destacar la implicación obvia de estas ideas combinadas que los fariseos no pueden eludir. "Si David lo llama 'Señor', ¿cómo puede entonces ser su hijo?". David afirma que el Mesías que viene es aquel que no solo es su descendiente humano especial, sino también su "Señor". En Salmos 110:1 se indica además que su descendiente tiene una relación única con Yahvé: está sentado en la posición más alta de privilegio y autoridad, a su diestra, y Yahvé sujetará a todos sus enemigos a él. Esto tiene una impresionante similitud con la profecía de Daniel, donde el Hijo del hombre es introducido en la presencia del Anciano y "se le dio autoridad, poder y majestad. ¡Todos los pueblos, naciones y lenguas lo adoraron! ¡Su dominio es un dominio eterno, que no pasará, y su reino jamás será destruido!" (Dn 7:14).

El Mesías supera lo que los fariseos han entendido por el "hijo de David". Es más que un descendiente humano de David. Como los fariseos no comprenden de forma adecuada las profecías del Antiguo Testamento con respecto al Mesías, posiblemente no captarán cuál es la identidad de Jesús. Su mente no abarca la profundidad de la identidad personal del Mesías con respecto a Yahvé, por lo que tampoco discernirán la relación que hay entre Jesús y Yahvé. El Mesías es "Adonai", el "Hijo del hombre" a quien el Anciano le da autoridad (Dn 7:13-14). Jesús empuja a los fariseos a reconocer lo que deberían haber entendido desde el principio. Los judíos en general no creían que el Mesías sería divino, pero aquí Jesús los desconcierta mostrándoles que, al llamar David "hijo" y "Señor" al Mesías, este es en realidad su descendiente humano, pero sostiene una relación divina con Yahvé.[27]

A lo largo del ministerio de Jesús, su relación con Dios se ha ido revelando y aclarando cada vez más. Él es el Hijo unigénito de Dios (3:17; 4:3, 6; 10:32-33, 40; 11:27), una verdad de lo más asombrosa que sus discípulos han llegado a reconocer de forma progresiva (14:33). El entendimiento de ellos llegó a su culmen cuando Pedro confesó que Jesús es el Cristo, y que es el único "Hijo del Dios viviente" (16:16).

Mateo narra la reacción combinada al último altercado de Jesús con los líderes religiosos, en el templo: "Nadie pudo responderle ni una sola palabra, y desde ese día ninguno se atrevía a hacerle más preguntas" (22:46). El silencio y la reticencia de ellos a formularle más preguntas a Jesús es la conclusión no solo a

27. Ver también Craig A. Evans, *Mark* 8:27–16:20 (WBC 34B; Nashville: Nelson, 2001), 272-75.

la perícopa precedente, sino también a la serie de controversias que se remonta a 21:23. Jesús ha proporcionado una creciente aclaración sobre su identidad en cada punto de estas polémicas. Ellos no han sido capaces de hacerlo caer en su trampa. En lugar de eso, él ha revelado con toda claridad su identidad y su autoridad. Pronto los reprenderá con severidad en la serie de "ayes" (cap. 23) por no aceptarlo como quien ha revelado ser, su tan esperado Mesías, el "Señor" de David que sostiene una relación sin igual con Yahvé como su Hijo unigénito.

Construyendo Puentes

El capítulo 22 comienza con la tercera de las tres parábolas que se enfrentan a los dirigentes religiosos, porque no se arrepintieron ni buscaron entrar en el reino de Dios (21:28-32). Como resultado, Dios quitará el reino de Israel y se lo dará a otra nación que producirá fruto (21:33-46). En la parábola del banquete de bodas, Jesús declara que Dios juzga todas las respuestas en Israel a la invitación al reino de los cielos, incluidos la nación en general, los líderes religiosos en especial y los individuos personalmente (22:1-14). La narración de Mateo adopta un giro relevante al final de las parábolas. Uno tras otro, entra en un debate teológico con los diversos grupos de liderazgo en Jerusalén que intentaron socavar las afirmaciones mesiánicas de Jesús. Mateo especifica de una forma única que, aunque intentan debatir con Jesús, todos ellos tienen una forma deficiente de entender a los testigos veterotestamentarios de las afirmaciones mesiánicas de él.

Estas controversias entre Jesús y los líderes religiosos en el templo serán los últimos debates públicos del ministerio terrenal de Jesús. Aparecen a lo largo de gran parte del martes de Semana Santa. En menos de tres días, Jesús volverá a comparecer ante los líderes religiosos, pero será en el juicio por su vida, en los confines privados de la fortaleza del sumo sacerdote (26:57-68). Por tanto, al enfrentarse Jesús por última vez en público a estos líderes, se enjuicia todo lo que constituye su ministerio terrenal.

Sin embargo, lo más importante es que Mateo revela percepciones profundas de que, en realidad, a quienes se está juzgando es a los líderes religiosos y no a Jesús. En estas breves escenas, Jesús llama la atención a cada uno de los principales grupos de liderazgo de Jerusalén: fariseos, saduceos, herodianos, y hasta a los zelotes de forma tangencial.[28] Cuando comparamos las diversas narraciones que los Evangelios presentan de estas escenas, Mateo especifica cada grupo a los que Jesús se dirige. Su comprensión precisa de estos grupos refleja su íntima familiaridad con los detalles históricos de las controversias del templo, las

28. Los únicos que no aparecen son los esenios, y esto es coherente con su amplia ausencia histórica y geográfica de la vida política de Jerusalén y su ausencia literal del Nuevo Testamento.

guerras territoriales del liderazgo sectario de Jerusalén y los ámbitos concretos de culpabilidad teológica de la que todos ellos son responsables.

Cada grupo tiene su propio y exclusivo programa teológico, político, sociológico y religioso. Cada uno tiene sus puntos fuertes y débiles, y podemos aprender cómo beneficiarnos de sus compromisos y cómo evitar sus errores. Jesús habla abiertamente de las manías teológicas de cada grupo que, a menos que las rectifiquen, resultarán en la exclusión del reino de los cielos y, en última instancia, en el juicio final. Pero va más allá de las expectativas de cualquiera de los grupos en Israel para mostrarnos de qué forma podemos aprender de las debilidades y fortalezas de ellos para escuchar con mayor claridad el mensaje del reino de los cielos.

Los discípulos de los fariseos. Mateo es el único que deja constancia de la parábola del banquete de boda, que es un pronunciamiento de juicio directo sobre los líderes religiosos, por rechazar la invitación de Jesús al reino de los cielos. Del mismo modo, solo Mateo incluye la conspiración farisaica para hacerlo caer en una trampa teológica como respuesta a la presentación de dicha parábola (22:15). También es exclusivo de Mateo especificar que son "discípulos de los fariseos" los enviados por sus líderes para intentar acorralar a Jesús (22:16).

Esto añade una dimensión exclusiva a la intriga. Estos discípulos de los fariseos son, al parecer, sus lacayos. Al no ser expertos legales ni líderes farisaicos hechos y derechos, no se les considera una amenaza legal tan importante para Jesús; en apariencia son un grupo inocuo. Se acercan a él con adulaciones serviles, expresando descripciones precisas de Jesús, pero sus intenciones son malas. Es el colmo de la hipocresía religiosa (22:18): intentar desarmar a Jesús para poder prenderlo. Lo doloroso es que, por sincera y exacta que pueda parecer la representación religiosa externa, es mala si la impulsan perversas intenciones internas.

Los herodianos. Mateo menciona también la presencia del grupo llamado los herodianos junto con los discípulos de los fariseos (22:16; *cf.* Mr 12:13). En muchos sentidos, están del lado contrario de la contienda teológica dentro del judaísmo. Los herodianos representan a la dinastía herodiana y su despiadada representación de Roma en Israel. Los fariseos representan los vestigios de aquellos que, en el seno de Israel, luchan por la pureza legalista y el apartamiento de la contaminación étnica. Que ambos grupos acudan juntos a enfrentarse con Jesús no solo resalta que la política compone parejas extrañas, sino también que él es una amenaza para todos los estratos de las autoridades religiosas judías.

La pregunta de si hay que pagar impuestos al césar revela la cuestión subyacente con respecto a cuánta deferencia se debía tener con las fuerzas políticas seculares. Los fariseos y los herodianos representan metodologías opuestas. Aunque los primeros no aceptan la ocupación romana, expresan su oposición apartándose mediante la pureza ritual y orando por la llegada del libertador mesiánico.[29] Al representar a la dinastía herodiana, los segundos han capitulado ante los romanos y son los promotores de la cultura grecorromana. Como los saduceos, rechazan cualquier esperanza mesiánica y consideran que la acción política es el único medio de fomentar sus propios intereses.[30]

Pero Jesús no adoptará ninguno de los dos extremos. El reino de los cielos opera dentro de la esfera terrenal sin apoyarse en el poder político o militar de ningún gobierno humano para hacer avanzar su influencia, ni retirándose y suspirando por la venida de Dios. Los discípulos del reino de Jesús no son una amenaza para los sistemas gobernantes del mundo ni tampoco les prestan su primera lealtad. Ellos solo les dan la obligación debida (*cf.* Ro 13:1-7; 1P 2:13-17), pero procuran servir primero al reino de los cielos (Mt 6:24, 33).

Los saduceos. Los tres Evangelios sinópticos narran la instigación de los saduceos en el tercer debate relacionado con la resurrección (22:23; Mr 12:18; Lc 20:27). Eran un grupo influyente dentro de los círculos políticos de Jerusalén. Formaban el partido de los sumos sacerdotes, las familias aristocráticas y los comerciantes. Dentro del sistema económico de Israel representaban a los elementos más ricos. Como los herodianos, se presentaron bajo la influencia de la cultura grecorromana y las buenas relaciones cultivadas con los gobernantes romanos. En lo teológico eran, básicamente, conservadores, ya que solo aceptaban el Pentateuco escrito (los cinco primeros libros del Antiguo Testamento) y se aferraban a una interpretación literal de la Biblia. Eso los llevó a oponerse a la ley oral de los fariseos, pero también a negar la inmortalidad del alma, la resurrección corporal, la llegada de un futuro libertador mesiánico y la existencia de espíritus angélicos.[31]

A intentar acorralar a Jesús con una pregunta sobre la resurrección, él pone de manifiesto que la postura conservadora de ellos es, en realidad, una estratagema interesada. Si, como enseña la doctrina de ellos, no existe un futuro real, necesitarán hacerse con todo el poder y el placer que puedan obtener ahora para convertir la tierra en el cielo. Si no hay una participación real de Dios en la historia, podrán encargarse solos de su propia vida para asegurar su propio futuro. La riqueza y el poder político de los saduceos produce altivez, y su disposición a colaborar con los gobernantes romanos los obliga a comprometer sus convicciones teológicas. Jesús los critica por no conocer las Escrituras ni el poder de Dios (22:29).

Jesús sostiene que Dios es el Dios de los vivos y de los muertos, y que toda persona debe vivir cada momento de su vida bajo su señorío. Todo el poder, el

---

29. Para una breve visión de conjunto sobre los fariseos, ver Wilkins, "Matthew", 25. Para un tratamiento extenso, ver Meier, *A Marginal Jew,* 3:289-340.
30. Meier, *A Marginal Jew,* 3:560-65.
31. Para considerar una breve visión global de los saduceos, ver Wilkins, "Matthew", 25. Para un tratamiento más extenso, ver Meier, *A Marginal Jew,* 389-444.

prestigio y los placeres de este siglo no pueden compensar el comparecer un día delante de él y recibir el destino eterno que nos corresponda.[32]

Las multitudes. Solo Mateo menciona que las multitudes responden con asombro a la forma en que Jesús desmantela el dilema teológico de los saduceos (22:33). Una lectura superficial podría hacer que pensáramos que esto es una expresión de fe y compromiso con Jesús. Sin embargo, como Mateo ha venido enfatizando a lo largo de su Evangelio, asombrarse o maravillarse no es lo mismo que tener fe. Esta conduce al discipulado, mientras que el asombro lleva al apego emocional, que es voluble. Jesús sabe que la simple popularidad se puede lograr siendo alguien que cae bien a las personas.

Las multitudes que gritaron "¡Hosanna!" a Jesús cuando entró a Jerusalén, y que están asombradas por sus enseñanzas, no tardarán en dejarse convencer por los líderes religiosos para pedir la liberación de Barrabás y la ejecución de Jesús. Confían en el poder humano para traer el reino y no en el poder del reino de Dios. A lo largo del relato de la Semana Santa, Mateo nos proporciona la intensa percepción de que la gente quiere que las cosas se hagan a su manera y no a la de Dios. Jesús no está allí para agradar a las personas, como saben hasta sus enemigos (22:16), de manera que, independientemente de la aclamación recibida por parte de las multitudes, él debe conducir su vida en esta tierra de modo que cumpla la voluntad de Dios.

El fariseo experto en la ley. Mateo proporciona una percepción más específica a la intriga que se esconde detrás del tercer enfrentamiento. Los fariseos están siguiendo el debate y, cuando los saduceos fracasan, ellos dan otro paso enviando a uno de sus expertos legales para poner a Jesús a prueba. Mateo es el único evangelista que asocia a este experto en la ley con los fariseos (22:34-35).

Una cualidad elogiada de los fariseos es su compromiso con la Palabra de Dios y su deseo de convertirla en una práctica para la vida cotidiana. La respuesta del experto en la ley mencionada en Marcos nos permite ver que es alguien que, a pasar de las motivaciones perversas de algunos de los fariseos, está buscando la verdad con sinceridad. Jesús le dice que su sabia respuesta revela que no está lejos del reino de Dios (Mr 12:34).

Los enemigos rodean a Jesús por todos los lados, pero incluso entre aquellos que son sus críticos más duros puede encontrarse a los que buscan con sinceridad de corazón. Jesús tiene que refrenarse emocionalmente para ver las buenas intenciones del experto. De modo que Mateo indica a sus lectores el tipo de

32. Varias ideas relacionadas afloran de esta interacción posterior. (1) Nótese que aquí Jesús discute por la inspiración verbal de las Escrituras, ya que su argumentación se basa en el tiempo de un verbo del Antiguo Testamento ("Yo *soy*"). (2) Dado que el aspecto material de las personas a las que Jesús apunta ha muerto, el aspecto inmaterial implica suficientemente su verdadera existencia. (3) Jesús no explica el modo de existencia de los que han experimentado la muerte física, sino tan solo que todavía tienen una forma de existencia personal.

preguntas correctas que se le deben hacer a Jesús. Una de ellas es encontrar verdades dominantes que nos capaciten para entender el espíritu básico y práctico de la Biblia. Al buscar el mayor mandamiento de la ley, el experto está encontrando principios que lo capacitarán para obedecer la esencia del espíritu de la ley. Es importante aprender a darle prioridad a la Biblia en lugar de ser legalista y limitarse a memorizar reglas y a obedecerlas como robots. Hemos de comprender el propósito de Dios al darnos las Escrituras y lo que está detrás de por qué hacemos lo que hacemos.

Los fariseos. En el cuarto debate, Jesús vuelve a enfrentarse directamente con los fariseos, pero ahora es él quien hace su propia pregunta (22:41-42). Ellos se enorgullecían por su capacidad de interpretar correctamente la Biblia y esto les impide ver el verdadero significado del texto. Jesús los insta a ir más allá de las respuestas adecuadas de su tradición y a entender que el descendiente de David es más que su progenie humana; él es el "Adonai", el "Hijo del hombre" de la profecía de Daniel (22:43-45).

Mateo resalta, pues, el peligro del tradicionalismo que solo acepta aquello que la comunidad interpretativa propia entiende y practica. Los fariseos toman la respuesta típica de la tradición de los ancianos, pero no siguen insistiendo para ir más allá de la sencilla contestación y llegar al propósito de Dios revelado en la profecía mesiánica. La tradición puede ser una manera útil de ampliar la aptitud, la perspectiva y el aprendizaje de las generaciones precedentes, pero también puede estorbar y no dejarnos escuchar la voz de Dios ni en el texto bíblico ni cuando llegue Jesús como mensajero de Dios.

Si los fariseos hubieran estado abiertos a la revelación de Jesús, habrían visto incluso más de lo que este salmo mesiánico tenía que enseñar sobre la identidad y la misión de Jesús. Más tarde, los escritores del Nuevo Testamento citan el salmo 110 más que cualquier otra profecía del Antiguo Testamento para aclarar que Jesús es el Mesías (Hch 2:34-36), que es mayor que los ángeles (Heb 1:13), que después de su crucifixión, resurrección y ascensión, ahora está sentado a la diestra de Dios Padre, en el cielo (Hch 2:33-35; Heb 6:20), y que Dios ha puesto a sus enemigos bajo sus pies (1Co 25:25-28; Ef 1:22; Heb 10:13).[33]

Pero deberíamos observar otra cosa importante sobre los fariseos. Expresiones contemporáneas como "eres un fariseo" y "ella es tan farisaica" están basadas en el entorno del siglo I. Hacen hincapié en un legalismo estricto o en una santurronería hipócrita, y se usan hoy en día casi exclusivamente con sentido peyorativo. Sin embargo, llamar a alguien fariseo en el siglo I era un cumplido sobre su sincero logro en la aplicación de la Biblia a su vida. Decir que una persona era farisaica era elogiarla por su diligencia en la persecución de la justicia, aunque no fuera un miembro oficial de dicho grupo.

---

33. Davis, "Is Psalm 110 a Messianic Psalm?", 172.

Jesús mismo, que reservó la crítica más dura para los fariseos, también vio en el intenso interrogatorio de un doctor de la ley la búsqueda genuina del reino de Dios (Mr 12:34). El fariseo Nicodemo se convirtió en discípulo de Jesús (*cf.* Jn 19:39), y lo mismo ocurrió con José de Arimatea, miembro del Sanedrín y, con bastante probabilidad, un destacado fariseo a quien Lucas describe como un hombre bueno y justo "que esperaba el reino de Dios" (*cf.* Lc 23:50-51). Ambos fueron usados por Dios en uno de los momentos más estratégicos de la historia, por su posición de influencia que los facultó para reclamar el cuerpo de Jesús y darle sepultura (Mt 27:57-60; Jn 19:38-42).

No quiero en modo alguno rebajar el mal que Jesús vio en los fariseos ni disminuir su responsabilidad por haber participado en la traición que, finalmente, condujo a su crucifixión, pero deberíamos aportar un poco más de objetividad cuando consideramos a los fariseos del siglo I. Y esto es posiblemente así también para los saduceos, cuyos miembros incluían al sumo sacerdote y los principales sacerdotes que presentaron aquellas falsas acusaciones contra Jesús a los romanos, y cuyo resultado fue su crucifixión. Los sacerdotes saduceos se convirtieron en los principales antagonistas de la iglesia primitiva (p. ej., Hch 4:1-3; 6.17-18); no obstante, también muchos pertenecientes al linaje sacerdotal saduceo se convirtieron y fueron miembros influyentes de ella (Hch 6:7). Es muy probable que su trasfondo fuera un factor que los llevó a creer en Jesús.

Esta objetividad nos ayudará a reconocer que cada uno de estos grupos del siglo I tiene puntos fuertes y debilidades de los que podemos aprender mucho, en especial porque poseen características que se pueden encontrar en los círculos cristianos actuales. Al observar las interacciones básicas de Jesús con estos grupos en el templo de Jerusalén, abundan las lecciones para nosotros.

Significado Contemporáneo

Se invita a entrar a los privilegiados. La idea impresionante y casi aterradora de la parábola de la celebración de boda (22:1-14) es que los que son condenados con mayor severidad son los privilegiados. Jesús dirige la parábola a los líderes religiosos, principalmente los saduceos y los fariseos, y a ellos no les pasa por alto (21:45; 22:15). Jesús es una amenaza para los altos cargos saduceos del templo y para la influencia farisaica en las sinagogas. Reciben su invitación al reino de Dios junto con el resto del pueblo de Israel, pero los compromisos que tienen para con sus instituciones los ciegan de modo que no vean la verdad de la invitación de Jesús. Así que hacen que lo maten, pero el castigo de ellos será pronto y severo (2:7). Uno que sí responde a la convocatoria, pero que no va vestido de forma adecuada, es condenado al castigo eterno. Probablemente representa a privilegiados como Judas Iscariote, que traiciona a Jesús desde adentro.

Esta parábola no habla del banquete de boda del Cordero en el cielo (Ap 19:5-8), pero describe las respuestas del siglo I en Israel a la invitación del reino de los cielos. Más allá de esto, ilustra las respuestas de los individuos en esta vida al evangelio. Muchos son los llamados, pero pocos los escogidos. Jesús destaca la gravedad de la respuesta de cada uno a la oportunidad de ser llamado a la familia de Dios. Esto tiene importantes implicaciones para nosotros.

La parábola debería hacer que nos formáramos una opinión sobre nuestra verdadera membresía dentro del reino. El apóstol Pedro escribe: "Por lo tanto, hermanos, esfuércense más todavía por asegurarse del llamado de Dios, que fue quien los eligió. Si hacen estas cosas, no caerán jamás, y se les abrirán de par en par las puertas del reino eterno de nuestro Señor y Salvador Jesucristo" (2P 1:10). En la iglesia hay personas que no son verdaderos miembros del reino. Son hijos de miembros consolidados de la iglesia y son "privilegiados", pero no han respondido verdaderamente a la invitación del evangelio. No creo que el machaqueo continuo haga necesariamente la diferencia y, como sugerimos más arriba, las cuestiones de la elección que Jesús y Pedro enfatizan son un asunto de la soberana iniciativa electora de Dios. Pero si seguimos el consejo petrino deberíamos intentar "asegurar" nuestro llamamiento y nuestra elección.

Actuar así tanto en lo personal como con aquellos a los que ministramos, incluidas nuestras propias iglesias y familias, implica aprender de los líderes religiosos de la época de Jesús: los privilegiados que nunca vinieron al reino. Jesús afirmó que se les estaba quitando el reino a quienes no llevaban fruto y que les sería dado a aquellos que sí son productivos para el reino. Esto apunta más allá, a la obra del Espíritu Santo al establecer el nuevo pacto. El fruto producido es la presencia de Dios que reina en su pueblo regenerado, que demuestra su poder por medio de las vidas distinguidas por el fruto de justicia (Mt 5:20) y buenas obras (Col 1:5-10), el fruto de la transformación de carácter producida por el Espíritu (Gá 5:21-24), y el fruto de nuevas generaciones de discípulos (Mt 28:18-20; *cf.* Jn 15:16) que llevan testimonio de la realidad del reino en la tierra.

La exhortación de Pedro es que, como privilegiados, podemos ayudar a nuestra gente y a nosotros mismos, a aprender cómo examinarnos de la forma correcta. Cuando le entregamos nuestra lealtad sin trabas a Jesús solamente, como nuestra única afirmación de la vida terrenal y de la eterna, podemos declarar la confianza que según prometió Juan procede de la obediencia a su escrito: "Les escribo estas cosas a ustedes que creen en el nombre del Hijo de Dios, para que sepan que tienen vida eterna" (1Jn 5:13). No para que esperemos, deseemos o queramos, sino para que podamos *saber* que tenemos vida eterna. Los que de verdad permanecen en Jesús y en su Palabra verán el fruto de un carácter interno en desarrollo que no solo hace lo que está bien, sino que tiene el corazón inclinado a hacer lo correcto de una manera proactiva.

Al ocuparnos de esto, tengamos cuidado de no caer en el legalismo farisaico que cuenta los frutos en los demás. La realidad de que hay privilegiados que reaccionan bien y otros que siguen siendo incrédulos nos permite el consuelo de que somos realistas en cuanto a las cosas de la vida hasta el regreso de Jesús. *Será* un saco de buen trigo mezclado con malas hierbas hasta que él vuelva (ver 13:24-30). Conforme aprendemos a examinarnos a nosotros mismos y a ayudar a otros a hacer lo mismo, podemos quitarnos de en medio y dejarle el juicio a Dios.

Consejo para marcar la diferencia en este mundo. La respuesta de Jesús a los líderes religiosos sobre pagar impuestos al césar se presenta como uno de los principios más importantes para los cristianos que viven en este mundo hasta el retorno del Señor: "Denle al césar lo que es del césar y a Dios lo que es de Dios" (22:21). Jesús no está diciendo que la vida deba dividirse en dos compartimentos, con obligaciones hacia el césar y hacia Dios en sus respectivos ámbitos, como él ordenó, pero la forma de cumplir nuestros deberes para con las autoridades terrenales es, en primer lugar, llevar a cabo nuestras responsabilidades para con Dios.

El peligro para los líderes religiosos es la tendencia de irse a los extremos. Por un lado, o se apartan por completo del césar, como los esenios en la comunidad de Qumrán, o se apartan socialmente, como los fariseos. Por otra parte, pueden capitular y unir filas con el césar, como los saduceos y los herodianos, o pueden agarrar el toro por los cuernos y luchar contra él como los zelotes. Al mirar en torno a los diversos grupos dentro del mundo del cristianismo de hoy, descubrimos los mismos tipos de extremos. Algunos cristianos separatistas se retiran a su propio mundo, como los *amish*, o permanecen socialmente separados, como algunos grupos fundamentalistas. Otros van a otro extremo y capitulan, como varias denominaciones liberales que usan la política como su principal programa, mientras que otros usan la violencia y ponen bombas en las clínicas abortistas por su causa. Las palabras de Jesús deberían ayudarnos a mantenernos en una posición equilibrada.

En los días posteriores al impensable horror que los terroristas introdujeron en la vida cotidiana del pueblo, el 11 de septiembre del 2001, recuerdo con claridad haber visto en la televisión cómo el Congreso de Estados Unidos se reunió en las cámaras del Senado. El presidente George W. Bush pronunció un apasionado discurso. Honró a varios de los bomberos y oficiales de policía que se encontraron en aquella devastación. Honró a la esposa de uno de los hombres que se habían abalanzado sobre los secuestradores, dando sus vidas. Me impresionó la necesidad de sanidad que tenían todos los que experimentaron el horror de aquellos días de primera mano.

A medida que el presidente Bush pronunciaba su discurso, pude ver su cómo su resolución se extendía a todos los allí reunidos y a todos los que lo veíamos en toda la nación, en realidad, a todo del mundo. Pero mientras yo miraba la pantalla, vi todos aquellos acontecimientos con ojos muy distintos a como lo había hecho hacía más de treinta años, cuando también fui motivado a servir a mi país, alistándome para luchar contra el enemigo. En aquel tiempo yo era un inconverso llamado a cumplir su deber con su país. Sin embargo, ahora, percibía una necesidad que solo tú y yo podemos llenar. Poseemos la única esperanza real, la única paz verdadera.

Algunos cristianos se alistan para el servicio militar y sirven en combate. Entender ese llamado es algo entre ellos y el Señor. Algunos se convierten en bomberos u oficiales de policía. Otros se hacen médicos, economistas, ingenieros o contratistas, todos los gremios necesarios para reconstruir después de los estragos del terrorismo y la guerra, y hacer que las cosas sean más seguras para nuestros hijos. Espero que muchos respondan, porque el respeto y el apoyo adecuado al gobierno es una forma de honrar a Dios.

No obstante, nosotros, como cristianos, no debemos olvidar nunca esto: nuestra primera lealtad ha de ser al reino de Dios. Como cristiano, debo comprometerme en el servicio, llevando justicia a los que perpetran el mal. Sin embargo, ya he luchado en una guerra y conozco una perversidad de naturaleza horrible. Conozco también el mal que acechaba en mi propio corazón cuando yo mataba, no por justicia, sino por mi propio ego, mi propia satisfacción, sin consideración alguna por la persona a la que abatía.

Y ahora sé que mientras sigo siendo transformado a la imagen de Cristo tengo una lealtad diferente. Debo pelear para vencer el mal con el poder del evangelio, llevando la verdadera paz por medio de la sangre de la cruz de Jesucristo. Debo amar a mis enemigos y vencer su perversidad a través de la poderosa obra del Espíritu Santo para llevarlos al arrepentimiento ante un Dios amoroso, pero santo y justo. Todo lo que le damos al gobierno, ya sean nuestros impuestos, nuestra participación en el ejército o en la policía, o nuestra implicación en política, no apresurará la venida del reino de Dios. Y una lealtad sin reservas al estado infringe la segunda mitad de la declaración de Jesús: como todo lo que existe le pertenece a Dios, la lealtad suprema ha de ser hacia él.

En la conclusión de su profundo estudio de este pasaje, Calvino comenta: "En resumen, el derrocamiento del orden civil es la rebelión contra Dios, y la obediencia a líderes y magistrados va siempre unida a la adoración y al temor de Dios; pero si a cambio los líderes usurpan los derecho a de Dios, se les debe negar la obediencia tanto como sea posible, para no ofender a Dios".[34] Nuestra lealtad a Dios no debería fomentar que nos distanciemos de dar al césar o de rebelarnos contra él. Nuestra adhesión al césar tampoco debería violar nuestra fidelidad a Dios. Y, cuando el reino del césar atenta contra el reino de Dios, la aguda cláusula de Pedro y de los demás apóstoles entra en juego: "¡Es necesario obedecer a Dios antes que a los hombres!" (Hch 5.29).[35]

---

34. Calvino, *Matthew, Mark, and Luke,* 3:27.
35. Los pasajes que deberían estudiarse para ayudarnos a mantener el tipo de equilibrio correcto son Mt 5:38-42; Ro 13:1-7; 1Ti 2:1-7; Tit 3:1-2.

La declaración de Jesús debería seguir haciendo que controlemos a diario nuestras lealtades. Dale Bruner afirma, sabiamente, sobre el dicho de Jesús en Mateo 22:21:

> La gran frase de Jesús no resuelve definitivamente la cuestión de la relación entre los cristianos y el estado, porque cada día debemos preguntarnos de nuevo si no estaremos invirtiendo demasiadas energías en la política, o quizás no las suficientes. Lo que Jesús dice sobre el césar es una regla de cálculo que nos pide reajustar, de forma perpetua, el uso que hacemos del tiempo y de las prioridades.[36]

Dejemos que Dios sea Dios. La pregunta de los saduceos sobre la resurrección era un intento de ponerle una zancadilla a Jesús con lo que ellos veían como un dilema irreconciliable dentro del sistema de creencias de Jesús, pero también revelaba la cosmovisión que ellos tenían. Negaban, y con razón, la autoridad de la ley oral de los fariseos, pero habían confinado la voz de Dios a los libros de la Biblia que, en su opinión, eran inspirados, y esto limitaba a Dios a lo que ellos creían que él debería hacer en realidad en este mundo... que desde luego no era mucho. No había inmortalidad ni resurrección, ni intervención en la historia, ni mundo espiritual.

Yo era bastante fan de los Beatles, en mi juventud. Pero cuando considero la cosmovisión de los saduceos, suena extrañamente parecida a la canción de John Lennon "Imagine". En esta canción, Lennon pide a sus oyentes que imaginen que no hay cielo ni infierno, ni países ni nada que matar o por lo que morir. Soñaba con un mundo sin religión, y nos pedía que imagináramos a todo el mundo viviendo en paz. Su canción requería una fantasía feliz e ingenua. Pero el trágico final de la vida de John Lennon puso fin, para muchos, a lo que ellos consideraban entonces meramente una quimera.

De manera similar, los saduceos tuvieron un final trágico en el 70 A.D. con la destrucción del templo y la desolación de Jerusalén. Capitularon ante el gobierno romano, intentando crear alianzas políticas que los llevaran al poder, la riqueza, la seguridad y la paz. Buscaron la verdad y el poder en todos los lugares equivocados. Acabaron negando su propia fe judía, porque sofocaron la voz de Dios en el resto de las Escrituras y negaron su poder en sus propias vidas y en la del pueblo de quien eran responsables.

El ejemplo importante para nosotros es el de la censura que Jesús hace de los saduceos: "Ustedes andan equivocados, porque desconocen las Escrituras y el poder de Dios" (22:29). Debemos comprometernos a conocer la enseñanza completa de las Escrituras, y no solo aquellas selecciones o libros que nos parecen cómodos o compatibles con nuestra propia cosmovisión. La Biblia hará que nos sintamos incómodos con nuestro pecado. También indicará que es incompatible con nuestro bagaje cultural y filosofías secularistas. Por mucho que fuera fan de

36. Bruner, *Matthew,* 2:785. Su tratamiento de las cuestiones prácticas es sumamente útil.

John Lennon, tuve que evaluar sus filosofías laicistas a la luz de la Biblia... y eran incompatibles.

Además, debemos comprometernos a conocer el poder de Dios que puede cambiar vidas, que marca la diferencia en este mundo, rompe las cadenas de las adicciones y hace posible unos matrimonios que duran y florecen. El poder de Dios es para todos los cristianos, cada día, cada hora. Una de mis oraciones favoritas en la Biblia es la plegaria de Pablo por la iglesia efesia en Efesios 1:18-20:

> Pido también que les sean iluminados los ojos del corazón para que sepan a qué esperanza él los ha llamado, cuál es la riqueza de su gloriosa herencia entre los santos, y cuán incomparable es la grandeza de su poder a favor de los que creemos. Ese poder es la fuerza grandiosa y eficaz que Dios ejerció en Cristo cuando lo resucitó de entre los muertos y lo sentó a su derecha en las regiones celestiales.

¡Es un poder tremendo! Ningún poder conocido por los seres humanos es como este. Podemos conducir autos, lanzar cohetes a la luna, conectar energía para alumbrar ciudades enteras, pero no podemos levantar a nadie de los muertos. Y ese es el poder que Pablo pide para nosotros, para activar nuestra vida a diario. La fuente de ese poder consiste sencillamente en ser lleno del Espíritu Santo (Ef 5:18). Eso ocurre cuando nuestra vida individual y nuestras iglesias rechazan el error de los saduceos y demuestran la clase de discipulado con Jesús que depende de la enseñanza completa de las Escrituras y del pleno poder de Dios.

El amor como voluntad dominante de Dios para los discípulos. Al trabajar con estudiantes universitarios y seminaristas, los oigo debatir con regularidad sobre la voluntad de Dios para sus vidas, lo que él quiere que estudien, qué trabajo o ministerio deberían perseguir, dónde deberían vivir, ¡con quién deberían casarse! Todas ellas cuestiones fundamentales. Descubrir cuál es la voluntad de Dios para nuestra vida es un tema que se debate hasta la saciedad entre los jóvenes. Por lo general les lanzo a los estudiantes el dicho de San Agustín que se suele citar con frecuencia: "Ama [a Dios] y haz lo que quieras". Al principio les suena casi antinomiano, pero, cuanto más piensan en ello, más útil les suele resultar.

Pienso que es lo que el experto legal de los fariseos buscaba —una excusa práctica para entender la voluntad de Dios—, porque la Biblia es la voluntad escrita de Dios para su pueblo. Al preguntar cuál es el mayor mandamiento de la ley (22:35-36), está buscando una forma por excelencia de obedecer la voluntad divina, algo que Jesús resume en amar a Dios y al prójimo, y esto suena sorprendentemente similar a la declaración de San Agustín. Si de verdad amamos a Dios con todo nuestro corazón, alma y mente, toda nuestra persona estará centrada en entregarnos a él. No querremos hacer nada contrario a su voluntad para nosotros. Amaremos a nuestro prójimo, entregándonos a él, y, si de verdad lo amamos, solo haremos por él lo que sea por su bien. Hay mucha libertad cuando se entiende la Biblia con esta orientación.

En nuestra exposición sobre el Sermón del Monte, sugerí un esquema en el que nuestra transformación obra de adentro hacia afuera, con el corazón dirigiendo la mente, el cuerpo y las relaciones sociales para decirle que sí a Dios.[37] Cuando mantenemos esa perspectiva en mente, resulta congruente con lo que el experto en la ley busca en Jesús y cómo le responde este. La obediencia suprema a Dios se produce cuando la totalidad de nuestra persona va dirigida a amarlo a él y a los demás.

El novelista y poeta cristiano del siglo XIX, George MacDonald fue considerado por C. S. Lewis su maestro literario. MacDonald escribió de todo, desde grandes novelas victorianas hasta ficción cristiana. No obstante, también mantuvo una extensa correspondencia. En una carta a su hija Mary, cuando ella tenía dieciséis años, MacDonald intentó extender su comprensión del amor de Dios como factor determinante que guiara la vida de ella. Escribió:

> Dios es tan hermoso, tan paciente, tan amoroso y tan generoso que es el corazón, el alma y la roca de todo amor, toda bondad y toda felicidad en el mundo. Toda la belleza en el mundo y en los corazones de los hombres, toda la pintura, toda la poesía, toda la música, toda la arquitectura sale primero de su corazón. Es tan adorable que ningún corazón puede saber lo adorable que es, solo puede saberlo en parte. Cuando el mejor ama a Dios mejor, no ama ni por asomo como él merece ni como lo amará a su tiempo.[38]

Esta es la clase de amor de la que Jesús le habló al abogado farisaico. Y este es el tipo de amor que, cuando se practica en nuestra entrega a Dios de manera que podamos amar a nuestro prójimo, revela la libertad de vivir en obediencia a su voluntad.

Jesús bajo sospecha. Los fariseos, que respondieron a la pregunta de Jesús sobre la identidad del Mesías (22:42), dieron una respuesta que satisfacía la tradición de su hermandad académica, pero no proporcionaba la imagen panorámica del Mesías. Se habían quedado tan solo con un descendiente humano de David. Pero esa clase de mesías no puede hacer mucho más que cualquier otra figura religiosa humana. De modo que Jesús los insta, de forma brillante, a abrir sus ojos y sus corazones para ver lo que decía el salmo de David: ese Mesías es *Adonai,* el Señor, que es el divino Hijo de hombre de la profecía de Daniel. Esa gran experiencia que abre las mentes debería haber convencido a los fariseos. Ellos esperaban a un libertador mesiánico, pero esto no encajaba con sus ideas preconcebidas, y por eso se apartaron.

El resultado para nosotros es que debemos tener el valor de ver lo que de verdad enseñan las Escrituras sobre Jesús y, a continuación, actuar de acuerdo

37. Ver la sección Significado Contemporáneo sobre 5:17-20.
38. Mencionada como la cita del mes de junio 2002, en Golden Key, un "recurso *online* para todas las cosas relacionadas con el novelista victoriano, poeta y escritor de fantasía cristiana George MacDonald (1824–1905)" (www.george-macdonald.com).

con ello. Hace varios años, algunos colegas y yo reunimos una antología que intentaba defender la enseñanza bíblica con respecto a Jesús de las aberraciones modernas, de manera específica, del grupo conocido como Jesus Seminar. Titulamos el libro *Jesús bajo sospecha.*[39] Fue una maravillosa oportunidad de trabajar con destacados eruditos evangélicos de todo el país; todos ellos se dedicaban a una cosa: refutar las malas reinvenciones modernas de Jesús, a la luz de una comprensión más bíblica.

No estoy muy seguro de que muchos participantes del Jesus Seminar hayan reconsiderado su forma de entender a Jesús, pero ilustra para mí aquello con lo que él se encontró. Él también era objeto de ataques en el siglo I. Las tradiciones de los ancianos de los fariseos estaban reinventando las profecías mesiánicas del Antiguo Testamento, porque no podían descifrar cómo el Mesías podía ser humano y divino a la vez. Jesús no tuvo que darles una nueva Biblia a los fariseos. Lo único que necesitaban ya estaba allí. Sin embargo, como no podían concebir una verdad tan tremenda, revisaron el retrato bíblico.

Hoy no es menos relevante para nosotros. La forma de pensar modernista y postmodernista se muestra reacia ante las increíbles afirmaciones que la Biblia hace sobre Jesús. Pero lo que hemos avanzado en *Jesús bajo sospecha* es que las afirmaciones del Nuevo Testamento sobre Jesús de Nazaret son ciertas y es razonable creer que esto es así. Nuestra esperanza allí, como aquí, era que un estudio de la Palabra de Dios despertara tu apetito para buscar a Dios. Si tienes que vivir una vida de integridad delante de Dios, es imperativo que tus creencias sean veraces y que tus preguntas reciban respuestas intelectualmente satisfactorias. Jesús las proporcionó en el siglo I, y sigue haciéndolo hoy para nosotros. Sin él, estamos espiritualmente en bancarrota y sin esperanza. La clase de Mesías imaginado por los fariseos o por las reinvenciones modernas no puede ofrecer la salvación eterna ni el poder de vivir la vida tal como sabemos que deberíamos.

Estas verdades se encuentran en el centro de las afirmaciones cristianas. Si Jesús es realmente quien dice ser, tenemos un mensaje único que proclamar. Jesús es diferente a cualquier figura que haya caminado jamás sobre la tierra, porque no es un simple mensajero, sino el Hijo de Dios. El silencio de los líderes religiosos es el testimonio franco que la implicación directa del texto no puede evitar. El Mesías tiene una relación especial con Yahvé, que Jesús afirma para sí. Su silencio también es el testimonio declarado de hipócrita evasión de las implicaciones que tiene para ellos. Deberían reconocer a Jesús como su propio Señor y Mesías. Pero, en última instancia, ninguno de nosotros, cristianos o inconversos, podemos ignorar las influencias para nuestra vida personal. Jesús exige ni más ni menos que ser aceptado, servido y adorado como nuestro Señor.

39. Michael J. Wilkins y J. P. Moreland, eds., *Jesús bajo sospecha: una respuesta a los ataques contra el Jesús histórico* (Terrassa: Clie, 2003).

Mateo 23:1-39

Después de esto, Jesús dijo a la gente y a sus discípulos: 2 «Los
maestros de la ley y los fariseos tienen la responsabilidad de
interpretar a Moisés. 3 Así que ustedes deben obedecerlos y
hacer todo lo que les digan. Pero no hagan lo que hacen ellos,
porque no practican lo que predican. 4 Atan cargas pesadas y las
ponen sobre la espalda de los demás, pero ellos mismos no están
dispuestos a mover ni un dedo para levantarlas.

5 »Todo lo hacen para que la gente los vea: Usan filacterias grandes
y adornan sus ropas con borlas vistosas; 6 se mueren por el lugar de
honor en los banquetes y los primeros asientos en las sinagogas, 7 y
porque la gente los salude en las plazas y los llame "Rabí".

8 »Pero no permitan que a ustedes se les llame "Rabí", porque
tienen un solo Maestro y todos ustedes son hermanos. 9 Y no
llamen "padre" a nadie en la tierra, porque ustedes tienen un solo
Padre, y él está en el cielo. 10 Ni permitan que los llamen "maestro",
porque tienen un solo Maestro, el Cristo. 11 El más importante entre
ustedes será siervo de los demás. 12 Porque el que a sí mismo se
enaltece será humillado, y el que se humilla será enaltecido.

13 »¡Ay de ustedes, maestros de la ley y fariseos, hipócritas! Les
cierran a los demás el reino de los cielos, y ni entran ustedes ni
dejan entrar a los que intentan hacerlo.

15 »¡Ay de ustedes, maestros de la ley y fariseos, hipócritas!
Recorren tierra y mar para ganar un solo adepto, y cuando lo
han logrado lo hacen dos veces más merecedor del infierno que
ustedes.

16 »¡Ay de ustedes, guías ciegos!, que dicen: "Si alguien jura por el
templo, no significa nada; pero si jura por el oro del templo, queda
obligado por su juramento." 17 ¡Ciegos insensatos! ¿Qué es más
importante: el oro, o el templo que hace sagrado al oro? 18 También
dicen ustedes: "Si alguien jura por el altar, no significa nada; pero
si jura por la ofrenda que está sobre él, queda obligado por su
juramento." 19 ¡Ciegos! ¿Qué es más importante: la ofrenda, o el
altar que hace sagrada la ofrenda? 20 Por tanto, el que jura por el
altar, jura no sólo por el altar sino por todo lo que está sobre él. 21 El
que jura por el templo, jura no sólo por el templo sino por quien
habita en él. 22 Y el que jura por el cielo, jura por el trono de Dios y
por aquel que lo ocupa.

23 »¡Ay de ustedes, maestros de la ley y fariseos, hipócritas! Dan la
décima parte de sus especias: la menta, el anís y el comino. Pero

han descuidado los asuntos más importantes de la ley, tales como
la justicia, la misericordia y la fidelidad. Debían haber practicado
esto sin descuidar aquello. 24 ¡Guías ciegos! Cuelan el mosquito
pero se tragan el camello.

25 »¡Ay de ustedes, maestros de la ley y fariseos, hipócritas! Limpian
el exterior del vaso y del plato, pero por dentro están llenos de robo
y de desenfreno. 26 ¡Fariseo ciego! Limpia primero por dentro el
vaso y el plato, y así quedará limpio también por fuera.

27 »¡Ay de ustedes, maestros de la ley y fariseos, hipócritas!, que son
como sepulcros blanqueados. Por fuera lucen hermosos pero por
dentro están llenos de huesos de muertos y de podredumbre. 28 Así
también ustedes, por fuera dan la impresión de ser justos pero por
dentro están llenos de hipocresía y de maldad.

29 »¡Ay de ustedes, maestros de la ley y fariseos, hipócritas!
Construyen sepulcros para los profetas y adornan los monumentos
de los justos. 30 Y dicen: "Si hubiéramos vivido nosotros en los
días de nuestros antepasados, no habríamos sido cómplices de
ellos para derramar la sangre de los profetas." 31 Pero así quedan
implicados ustedes al declararse descendientes de los que
asesinaron a los profetas. 32 ¡Completen de una vez por todas lo
que sus antepasados comenzaron!

33 »¡Serpientes! ¡Camada de víboras! ¿Cómo escaparán ustedes
de la condenación del infierno? 34 Por eso yo les voy a enviar
profetas, sabios y maestros. A algunos de ellos ustedes los
matarán y crucificarán; a otros los azotarán en sus sinagogas y
los perseguirán de pueblo en pueblo. 35 Así recaerá sobre ustedes
la culpa de toda la sangre justa que ha sido derramada sobre la
tierra, desde la sangre del justo Abel hasta la de Zacarías, hijo de
Berequías, a quien ustedes asesinaron entre el santuario y el altar
de los sacrificios. 36 Les aseguro que todo esto vendrá sobre esta
generación.

37 »¡Jerusalén, Jerusalén, que matas a los profetas y apedreas a los
que se te envían! ¡Cuántas veces quise reunir a tus hijos, como reúne
la gallina a sus pollitos debajo de sus alas, pero no quisiste! 38 Pues
bien, la casa de ustedes va a quedar abandonada. 39 Y les advierto
que ya no volverán a verme hasta que digan: "¡Bendito el que viene
en el nombre del Señor!"».

Sentido Original

Estas extensas controversias de los capítulos 21 y 22 revelaban, sin lugar a duda, que las autoridades religiosas no conducían al pueblo de Israel al arrepentimiento ni a aceptar la invitación de Jesús al reino de los cielos. Estas polémicas se debatían en los atrios del templo, al alcance de los oídos de quienes desarrollaban allí sus negocios y también de las multitudes que se reunían para escuchar la enseñanza de Jesús (21:23). Tradicionalmente se interpreta que estos acontecimientos tuvieron lugar el martes de la Semana Santa. Se está acabando el tiempo de la interacción pública de Jesús con los líderes religiosos y las muchedumbres, del mismo modo en que cada vez es más evidente que la oposición de los líderes hacia él va llevándolos a planear su muerte.

Jesús hace una última denuncia mordaz de los maestros de la ley y los fariseos como advertencia a sus discípulos y a las multitudes. Aborda esta denuncia por varias razones. Esos líderes religiosos son los de mayor influencia sobre la gente común, porque estaban situados en los pueblos y aldeas de todo Israel y participaban en la vida de la sinagoga. Los fariseos fueron los oponentes más notorios de Jesús a lo largo de su ministerio, sobre todo porque él ha socavado su ley oral, y esto amenaza la autoridad de sus sentencias y su estima entre el pueblo. En muchos sentidos, las posturas doctrinales de los fariseos sobre las cuestiones cruciales son más similares a las de Jesús que las de otras sectas dentro de Israel, en especial los saduceos.[1]

Esta serie de "ayes" o lamentos sigue de cerca a las parábolas (21:28–22:14) que revelaban la culpabilidad de estos líderes religiosos por no dirigir a la nación en arrepentimiento con la llegada del reino de los cielos, y también derivan de los debates (22:15–22:46) en los que intentaron acorralar a Jesús. Él advierte a las multitudes y a sus discípulos sobre el falso liderazgo de estos dirigentes y los alerta para que no sigan el falso ejemplo de ellos (23:1-12). No obstante, también dirige los ayes contra ellos directamente para hacer que se enfrenten a su propia responsabilidad fallida como líderes y con sus consecuencias. Su liderazgo es absolutamente falso y, por ello, Jesús pronuncia un grave juicio sobre ellos (23:13-39).

Algunos vinculan estas declaraciones con el siguiente Discurso del monte de los Olivos (caps. 24–25) para formar el quinto y último discurso importante del Evangelio de Mateo. Sin embargo, como los temas son bastante diferentes, es mejor considerar estos ayes como la culminación del juicio sobre el liderazgo de Israel que se ha estado formando desde la apoteósica entrada de Jesús a Jerusalén y los acontecimientos del templo. A continuación, al regresar él con los discípulos a Betania aquella tarde, es cuando se produce el Discurso del monte de los Olivos (ver comentarios sobre caps. 24–25).

Advertencias a las multitudes y a los discípulos (23:1-12)

Las primeras personas a las que se dirige Jesús son las multitudes y sus discípulos, para advertirlas sobre el falso liderazgo que los maestros de la ley y los fariseos han impartido y avisarlas de que no sigan su ejemplo (23:1-12).

1. Ver comentarios sobre 3:7; ver también Wilkins, "Matthew", 25.

"Los maestros de la ley" (o escribas) y "los fariseos" son dos grupos aparte: los escribas son expertos intérpretes de la Torá, mientras que los fariseos son expertos teólogos (ver comentarios sobre 8:19).

Advertencias sobre una exigente interpretación legalista (23:1-4). Jesús advierte en primer lugar a las multitudes y a los discípulos sobre las cargas que los maestros de la ley y los fariseos han impuesto sobre ellos, a causa de su posición de autoridad en la sinagoga. Se sientan en la silla de Moisés, hacen pronunciamientos sobre la ley y esperan que el pueblo los siga, pero no ofrecen ayuda práctica alguna para que puedan llevarlos realmente a cabo.

La referencia de Jesús a la "silla [*katedra*] de Moisés" es la primera referencia literaria a esta expresión.[2] Otras alusiones en la literatura rabínica hablan de forma más general sobre una silla en la sinagoga en la que se sentaban los rabinos reputados cuando impartían sus enseñanzas.[3] Esta "silla" se consideraba con frecuencia como una expresión figurada para aludir a la autoridad de Moisés. Sin embargo, pruebas arqueológicas recientes apuntan a una silla literal.[4] El propósito de este asiento ha sido objeto de debate, aunque la mayoría de los eruditos lo consideran un siento para el líder de la sinagoga. Podría tratarse del lugar desde donde presidía el jefe de la sinagoga, o donde se sentaba el expositor después de leer e interpretar una porción de las Escrituras, o donde se acomodaba a un invitado u orador de honor.[5] La declaración de Jesús confirma el uso de la "silla de Moisés" como lugar desde el cual enseñan los expertos en la ley.

Jesús declara: "Así que ustedes deben obedecerlos y hacer todo lo que les digan". Esta declaración es un tanto sorprendente, dada su distanciamiento de ellos en las siguientes advertencias y ayes. Aunque esto podría ser sarcasmo o ironía,[6] la declaración de Jesús obedece a la posición de estos líderes religiosos como expositores de la enseñanza mosaica. Hace una denuncia mordaz, aunque reconoce la capacidad oficial de ellos cuando se ejerce de la manera adecuada. Se debe obedecer todas y cada una de las interpretaciones exactas de las Escrituras. Los fariseos tenían muchas cosas buenas que decir, y su doctrina era muy cercana a la de Jesús en muchas cuestiones fundamentales para la vida espiritual; él aprueba, en principio, el deseo que ellos tienen de perseguir fines justos.[7] En este sentido, Jesús no los condena por fomentar su enseñanza, sino que censura la tradición oral cuando interpreta de manera incorrecta la intención del Antiguo Testamento y la suplanta de un modo inadecuado (*cf.* 15:1-9).

---

2. Para una exposición, con las últimas pruebas, ver Levine, "Cathedra of Moses", *The Ancient Synagogue,* 323-27.
3. Ver *t. Suk.* 4:6, citado en *Ibíd.,* 324.
4. Para imágenes, ver Wilkins, "Matthew", 140.
5. Levine, *The Ancient Synagogue,* 326.
6. Carson, "Matthew", 473.
7. Hagner, *Matthew,* 2:654.

Jesús condena, además, la conducta hipócrita expresada por algunos (probablemente no todos) fariseos. “Pero no hagan lo que hacen ellos, porque no practican lo que predican”. No censura la búsqueda de la justicia en sí, sino que critica tan solo ciertas actitudes y prácticas manifestadas en el esfuerzo de ser justo. Aquí apunta a cuestiones específicas en las que los fariseos predican un valor, pero no lo practican. Es una forma de hipocresía, que Jesús condena, porque los fariseos hacían las cosas correctas por las razones equivocadas (*cf.* 6:2). Ambas formas de hipocresía están incluidas más abajo, en la crítica de Jesús.

A lo largo de su ministerio, una de las censuras principales que Jesús hizo a estos líderes religiosos fue que cargan al pueblo (p. ej., 9:36; 11:28-30). Como afirma aquí: “Atan cargas pesadas y las ponen sobre la espalda de los demás, pero ellos mismos no están dispuestos a mover ni un dedo para levantarlas”. “Cargas pesadas” sobre los hombros de las personas, denota la tradición oral rabínica que era un rasgo distintivo de la rama farisaica del judaísmo. Con ella se pretendía que el Antiguo Testamento fuera relevante para las situaciones de la vida donde parecía no serlo, como el complejo sistema sacrificial en contextos apartados del templo, tanto en tiempo como en lugar.

La tradición oral también fue estructurada como una “valla alrededor de la Torá” (ver *m. Abot* 1.1). Sus interpretaciones, aplicaciones y soluciones a los problemas se convirtieron en el medio de proteger la Torá en sí. Como se consideraba que la ley oral era de origen divino, sus incontables obligaciones se volvieron más gravosas que las Escrituras, y, con el paso de los años y el añadido de más y más prescripciones, los rabinos no podían aminorar la carga sin derribar todo el sistema. Este es el conflicto inherente entre Jesús y el sistema farisaico, porque estaban tan comprometidos con su sistema que se perdieron el movimiento de Dios entre ellos en la persona de Jesús.

Advertencias sobre las pretenciosas manifestaciones públicas de piedad (23:5-7). La segunda advertencia que Jesús da a las multitudes y a sus discípulos sobre los maestros de la ley y los fariseos es que “todo lo hacen para que la gente los vea”. La expresión “para que la gente los vea” evoca la crítica que Jesús hizo de los líderes religiosos en el SM (*cf.* 5:1). Aquí, la censura se centra en dos prácticas relacionadas: llevar vestiduras religiosas y posicionarse para la prominencia religiosa. Jesús opina que, en realidad, dirigir una representación religiosa para dar realce a la reputación y el estatus propios entre las personas ocultará a Dios de la atención de las personas.

Los ropajes religiosos de los líderes entran en la primera crítica: “Usan filacterias grandes y adornan sus ropas con borlas vistosas” (23:5). Las filacterias (*phylakteria,* heb. *tefillin*) son pequeñas cajitas cúbicas de cuero que contienen pasajes de las Escrituras escritos sobre pergamino. Se llevaban como intento de obedecer literalmente la amonestación del libro de Deuteronomio: “Grábense estas palabras en el corazón y en la mente; átenlas en sus manos como un signo, y llévenlas en su frente como una marca” (Dt 11:18; *cf.* Éx 13:9, 13; Dt 6:8). Se ataban al brazo izquierdo y a la frente, y las llevaban los varones adultos en el culto de la mañana.

El descubrimiento de cajitas de filacterias de cuero en Qumrán ilustra su uso en el tiempo de Jesús. Unas, de unos dos centímetros y medio de largo, se colocaban sobre la frente y contenían cuatro pequeños compartimentos internos para cuatro diminutos rollos sobre los que estaba escrito en letra diminuta Éxodo 13:9, 16; Deuteronomio 6:8; 11:18. El segundo tipo, que no llegaba a un centímetro de largo, se llevaba sobre el brazo izquierdo y contaba con un único compartimento en el que había un solo rollo minúsculo con los cuatro versículos.[8] Los rabinos mismos tenían normas sobre llevar las filacterias, a causa de la tentación de llevarlas demasiado grandes o de llamar la atención de forma inapropiada sobre la piedad propia.[9] Jesús advierte a las multitudes y a los discípulos sobre la práctica de lucir dichos objetos religiosos para pregonar lo piadoso que se es.

En las cuatro esquinas de la vestidura que vestían los varones había "borlas" (*kraspeda*) con un cordón azul, conforme a las instrucciones de Números 15:37-42 y Deuteronomio 22:12. Las borlas le recordaban al pueblo que obedecieran el mandamiento de Dios y que fueran santos para él (Nm 15:40). Jesús mismo las llevaba en su vestidura (ver Mt 9:20/Lc 8.44; Mt 14:36/Mr 6:56), aunque el término en estos contextos puede referirse al ribete exterior (decorado o liso) del ropaje. Jesús reprende a estos líderes religiosos por ampliar las borlas como manifestación de su piedad, que es otra de las formas en que intentan ganar la admiración de las personas.

En la segunda crítica entra la búsqueda de posiciones religiosas de honor: "Se mueren por el lugar de honor en los banquetes y los primeros asientos en las sinagogas". En las ocasiones de cenas especiales se sentaba a los invitados según su rango o estatus. Se reclinaban en divanes alrededor de una serie de mesas que formaban una U, y el lugar de honor se hallaba en la mesa del centro a la que se sentaba el anfitrión con uno de los convidados a quien más se honraba a cada lado. A continuación se acomodaban los demás por orden descendente de importancia (ver comentarios sobre 26:26).[10]

Sentarse en la sinagoga variaba de una localidad a otra; en algunas había bancos de piedra a lo largo de una, dos, tres o de las cuatro paredes, con bancos removibles o esterillas que se traían para la mayoría de la congregación. Existen pruebas suficientes de que los ancianos y otros líderes de la sinagoga tenían lugares destacados.[11] Los bancos o sillas se reservarían, quizás, para ocasiones especiales y para las personas importantes, y, en el caso de que la silla de

8. "Tefillin" y "Tefillin, Archaeology of," *DJBP,* 621.
9. Ver Wilkins, "Matthew", 141.
10. Para diversas costumbres, ver Gene Schramm, "Meal Customs (Jewish)", y Dennis E. Smith, "Meal Customs (Greco-Roman)", *ABD,* 4:648-53.
11. Un pasaje rabínico posterior es representativo: "¿Cómo se sentaban los ancianos? De frente a la congregación y dando la espalda a lo santo [es decir, Jerusalén y el templo]

Moisés (23:2) fuera un elemento habitual de todas las sinagogas, se reservaría sin duda para aquel que expusiera las Escrituras.[12]

El reconocimiento honorífico público para anunciar la posición religiosa de uno en la comunidad es especialmente odioso: "Se mueren [...] porque la gente los salude en las plazas y los llame 'Rabí'". El rabino era, por lo general, un maestro de la Torá, y el título suele referirse al jefe de una escuela rabínica. La asociación con esas escuelas tendía a apartarlos de alguna manera del populacho. La escuela era una comunidad santa, y el pueblo consideraba al conjunto de sus miembros con gran deferencia.[13] Estas instituciones académicas se distinguían de la sinagoga, siendo la academia un lugar que fomentaba el estudio de la Torá, y la sinagoga, el sitio donde se promovía la oración.[14]

Advertencias sobre la explotación de los títulos (23:8-10). Tras una advertencia general sobre la hipocresía de desear títulos honoríficos, Jesús advierte a sus discípulos contra el uso de tres títulos específicos: "rabbí", "padre" y "maestro". (1) La advertencia contra ser llamado "rabbí" da continuación a la amonestación contra las posiciones de honor en la comunidad. La meta suprema del discípulo de un rabino era convertirse él también en uno de ellos al final de sus estudios.[15] Sin embargo, con Jesús surge una nueva forma de discipulado. El discípulo suyo será, siempre y para siempre, solamente un discípulo, porque solo Jesús es Maestro. Dentro de la comunidad de discípulos, la autoridad máxima es él, y esto elimina la lucha por las posiciones autoritativas de enseñanza entre sus seguidores. Son hermanos de una familia y todos tienen el mismo estatus.

(2) Los discípulos de Jesús tampoco deben utilizar mal el término "padre": "Y no llamen 'padre' a nadie en la tierra, porque ustedes tienen un solo Padre, y él está en el cielo". Esta advertencia deriva de la anterior. Si los discípulos de Jesús son todos hermanos, deben tener un padre común. Aquí no se tiene en mente a los padres biológicos, ya que Jesús reitera en otros lugares la validez permanente del quinto mandamiento "honra a tu padre y a tu madre" (15:4; 19:19; *cf.* Éx 20:12; Dt 5:16), aunque amonesta contra elevar la lealtad a la familia por encima de la lealtad a Jesús (*cf.* 10:34-39).

El uso del término "padre" como título de honor, respeto y autoridad tenía profundas raíces en el judaísmo antiguo, incluido el uso que hizo de él Eliseo al gritarle a Elías cuando este ascendía al cielo (2R 2:12; 6:21), su referencia al mártir macabeo Razi como "padre de su pueblo" (*2 Mac.* 14:37) y su uso posterior para denotar al jefe de un tribunal rabínico.[16] "Padre" (*abba*) aparece

---

[...] el administrador de la sinagoga está frente a lo santo y toda la congregación también" (*t. Meg.* 3:21).

12. Levine, *The Ancient Synagogue,* 313-17.
13. "Rabbi", *DJBP,* 516; Levine, *The Ancient Synagogue,* 440-70.
14. Para una exposición de esta distinción, ver Levine, *The Ancient Synagogue,* 449-51.
15. Ver Wilkins, *Discipleship in the Ancient World,* 116-24.
16. Ver Levine, *The Ancient Synagogue,* 404-406.

con regularidad en las fuentes rabínicas como título para eruditos y rabinos a los que se tiene en alta estima.[17] La expresión "padre de la sinagoga" se usaba, en general, en los tiempos rabínicos para aludir a un individuo que tuviera un lugar de honor y liderazgo en los asuntos de la sinagoga.

El tema del "Padre celestial" figura a lo largo del Antiguo Testamento (Dt 14:1; 32:6; Sal 103;13; Jer 3:4; 31:9; Os 11:1), y creció cada vez más durante el periodo del segundo templo, en las oraciones para pedir protección y perdón.[18] Jesús llevó a sus discípulos a una relación única con Dios como Padre, ya que él es el Hijo unigénito de Dios y ellos son sus hermanos y hermanas (*cf.* Mt 6:9; 12:48-50). Aquí advierte contra elevar a los líderes religiosos a un nivel donde usurpan la autoridad que solo le corresponde a Dios. Ningún líder humano puede quitarle a Dios la preeminencia de Padre. Esto permite que los seguidores de Jesús dejen atrás la disputa por la preeminencia.

(3) Mateo usa una palabra que solo se encuentra en este lugar del Nuevo Testamento para describir el tercer título que los discípulos de Jesús deben evitar: *kathegetes* ("maestro"). Es un equivalente cercano del término *didaskalos* (p. ej., 26:18), pero tiene un sentido adicional de "líder" (NASB). El vocablo *kathegetes* no aparece en la LXX, pero sí en la literatura griega para designar, de forma especial, a un tutor privado, y puede apuntar a la autoridad individual que un instructor tiene sobre un estudiante.[19] Como Jesús está aludiendo a diversos títulos que uno podría asumir, tal vez la mejor traducción es "maestro".[20] Los discípulos de Jesús no deben procurar autoridad personal como "maestro" sobre los demás discípulos, porque como Mesías que es, solo Jesús es Maestro (*kathegetes*). Solo él tiene autoridad personal para guiar a sus discípulos (28:18, 20). Cuanto más exaltan los discípulos a Jesús como Mesías, menos pensarán en magnificarse sobre otros.

Un nuevo tipo de liderazgo (23:11-12). Jesús concluye sus advertencias contra las cargas legalistas (23:1-4), las manifestaciones públicas de piedad (23:5-7) y los títulos honoríficos (23:8-10) volviendo a un dicho que corrigió con anterioridad la inadecuada preocupación de los discípulos por las posiciones de prominencia (20:26-27): "El más importante entre ustedes será siervo de los demás" (23:11). En el nuevo orden que suplanta al anterior liderazgo de Israel (21:43), los discípulos de Jesús deben poner el liderazgo del siervo como la prioridad más alta. La grandeza en la comunidad del reino es muy diferente a la que manifiesta el liderazgo religioso de Israel. Los maestros de la ley y los fariseos

---

17. *Cf. b. Ketub.* 8a; *t. Beṣah* 1:7; ver ejemplos en *DJBP*, 2.3.
18. P. ej., *Jub.* 1:24, 28; 19:29; *Jos. Asen.* 12:14; *Eclo.* 23:1, 4; *Sab. Salomón* 2:16-20; 14:3; *Tobit* 13:4; 4Q372; 1QH 9:35. Ver "Father, God as", *DJBP,* 224.
19. Ver Bruce W. Winter, "The Messiah As the Tutor: The Meaning of καθηγητής in Mathew 23:10", *TynBul* 42 (1991): 152-57.
20. P. ej., Robertson, *Grammar,* 138.

han modelado su liderazgo con el ejemplo de los gobernantes mundanos, cuyo principal objetivo es extender su propio poder y autoridad.

Jesús ofrece un modelo diferente: el del siervo. El siervo ideal vivía para cuidar, proteger y hacer más fácil la vida de los que estaban por encima de él. Los discípulos de Jesús ambicionaban ser grandes (18:1) y tener las posiciones más altas (20:21), de modo que Jesús les proporciona el medio por el cual pueden tenerlo según los valores del reino de Dios y no de los reinos del mundo. Deben disponer sus vidas con la ambición de entregarse en beneficio de otros.

Como las advertencias dirigidas a esos líderes religiosos, Jesús amonesta a sus propios discípulos sobre intentar desbaratar este nuevo paradigma de siervo y líder: "Porque el que a sí mismo se enaltece será humillado, y el que se humilla será enaltecido". Si siguen la sed del mundo por el poder y el prestigio e intentan exaltarse a sí mismos, serán humillados. Como los líderes de Israel a los que Dios les había arrebatado su papel en el trabajo de su reino, los discípulos de Jesús que se exalten a sí mismos serán también humillados y perderán su lugar de liderazgo. No obstante, aquellos que siguiendo el ejemplo de Jesús no vinieron a ser servidos, sino a servir (20:28) y a vivir el humilde papel de siervo, serán exaltados como hijos e hijas verdaderos del reino. Esto no indica la exaltación de unos sobre otros, sino la exaltación por igual de la que disfrutan todos los discípulos de Jesús siendo ahora, como son, hermanos y hermanas entre ellos, con Jesús como Maestro, y con el Padre de este como suyo propio.

Lamentos por los maestros de la ley y los fariseos (23:13-36)

Jesús ha advertido a las multitudes y a sus discípulos sobre el ejemplo destructivo de los maestros de la ley y los fariseos. Ahora les habla a dichos líderes de Israel de forma directa y pronuncia una serie de siete "ayes" sobre ellos, que dan cuerpo a la condena que Jesús les ha dirigido a lo largo de su ministerio. La exclamación "ay" (*ouai*) es la mezcla entre un grito de lamento, compasión, dolor y denuncia.

Cuando Jesús emite este grito siete veces, está deplorando la miserable condición en la que los fariseos se pueden encontrar, pero también está pronunciando el destino que ellos mismos han acarreado sobre sí. No parecen ser conscientes del juicio que los espera, y viven en las nubes creyendo ser el epítome de la bienaventuranza religiosa. Su lamentable condición radica, de manera especial, en su hipocresía y ceguera con las que desfiguran la verdad de la revelación de Dios a través de su autoengaño y su incoherencia. Pero también resulta del abuso de su responsabilidad como líderes, por negarse a la invitación al reino de Dios y por dirigir a Israel al destino funesto que también se profetizó para Corazín, Betsaida y Capernaúm (11:20-24).[21]

21. Ver Norman Hillyer, "Woe (οὐαί),", *NIDNTT*, 3:1051-54.

Primer ay: la puerta cerrada (23:13 [14]). El primer ay establece el duro lenguaje: "¡Ay de ustedes...!", una reminiscencia de la serie de sentencias proféticas de juicio del Antiguo Testamento.[22] De manera parecida a la declaración clave de Jesús en el SM (5:20), el énfasis de los escribas y los fariseos sobre la justicia externa no solo los ha cegado al ofrecimiento de la justicia interna, que Jesús hace por gracia, por medio de la transformación del corazón, sino que su papel de liderazgo en Israel ha hecho que el pueblo también esté ciego. Por tanto, Jesús condena a esos líderes por su hipocresía.

Antes vimos que el término "hipócrita" (*hypokrites*) se usaba originalmente para un actor (ver comentarios sobre 6:2). En el SM, Jesús condenó a los líderes religiosos por la forma de hipocresía con la que se engañaban a sí mismos (*cf.* 6:1-18). Aquí los condena por el tipo de hipocresía con la que engañan al pueblo por medio de su falaz liderazgo. Han ocupado la silla de Moisés, desde la que ofrecen sus enseñanzas y tradiciones, pero sus pronunciamientos son falsos. No dirigen al pueblo hacia Dios, sino que lo apartan del reino de los cielos. No solo han rechazado el ofrecimiento de entrar ellos mismos en el reino, sino que sus enseñanzas y su oposición al ministerio de Jesús influyen en el pueblo para que rechace también la invitación.

Es un terrible abuso de su responsabilidad. Jesús los condena por su hipocresía, es decir, porque intentan traer al pueblo a una relación justa con Dios, aunque ellos no tienen una relación genuina con él.[23] El primer ay establece una trayectoria para los que siguen.[24]

Segundo ay: conversos atrapados (23:15). Jesús sigue denunciando la hipocresía de los líderes religiosos, y ahora pasa a dirigir la extensión de la actividad judía de hacer prosélitos (*proselytos;* NVI "ganar un adepto"): "Recorren tierra y mar para ganar un solo adepto, y cuando lo han logrado lo hacen dos veces más merecedor del infierno que ustedes". La historia judía consigna una activa propaganda dirigida a ganar prosélitos. Algunos rabinos llegaron a declarar que era el propósito divino para el exilio del pueblo judío (*cf. b. Pesaḥ* 87b).[25] Josefo indica que, tanto antes como después de la destrucción del segundo templo, se hicieron muchos prosélitos entre las masas y las clases superiores en las ciudades gentiles que rodeaban Israel.[26]

22. P. ej., seis en Is 5:8-22; cinco en Hab 2:6-20; *cf.* las dos series de tres en Ap 8:13; 9:12; 11:14; 12:12; y 1:10, 16, 19.
23. Marshall, "Who Is a Hypocrite?", esp. 139-42.
24. Algunos manuscritos añaden aquí un versículo adicional (ver nota de texto en la NVI): "¡Ay de ustedes, maestros de la ley y fariseos, hipócritas! Devoran las casas de las viudas y como pretexto hacen largas oraciones; por esto recibirán mayor condenación" (23:14). Los mejores manuscritos no tienen estos versículos.
25. Ver "Proselytes", *EJR,* 312-13.
26. Ver, p. ej., Josefo, *G. J.* 2.560-61 [2.20.2]; *Ant.* 20.24-48 [2.1-4]. Tácito en *Hist.* 5.5 critica a los judíos por intentar ganar conversos. Sobre la cuestión del proselitismo judío

Tal vez la principal idea de las fuertes palabras de Jesús se entiende mejor reconociendo que los fariseos, y no todo el judaísmo, son aquí los principales blancos. Los fariseos eran fervientes abogados de su propia interpretación sectaria del judaísmo, sosteniendo que su camino era la principal vía para vivir una vida de devoción verdadera. Por tanto, Jesús no condena que se haga proselitismo *per se*, sino que critica la forma en que los fariseos, celosos por ganar gente para su propia rama del judaísmo, los colocan bajo su código de conducta particularmente agobiante en la ley oral (*cf.* 23:4). "Solo tienen éxito creando un duplicado de sus propias estratagemas".[27]

Estos fariseos no han entrado al reino ni dejan entrar a sus seguidores (23:13), de modo que cuando ganan un adepto hacen que su prosélito sea "dos veces más merecedor del infierno que ustedes". Literalmente, "hijo del Gehena"; es otra referencia al valle de Hinón, la quebrada justo al sur de Jerusalén que los escritos judíos y neotestamentarios usan para describir el juicio final y el lugar de castigo eterno (p. ej., *1 En.* 26–27; ver comentarios sobre Mt 5:22). La expresión "dos veces más" puede ser una hipérbole literaria,[28] o puede apuntar al celo de un converso reciente que, no conociendo ningún otro camino, es más fácilmente adoctrinado en el camino del error y es mucho menos probable que escape.[29]

Tercer ay: juramentos vinculantes (23:16-22). Este tercer ay va dirigido a los "guías ciegos". Se da por sentado que el sujeto es el mismo, pero ahora Jesús les habla directamente a los maestros de la ley y los fariseos a través de la característica que tanto los ha desviado a ellos y a otros. Su hábil casuística los ha cegado a la verdad, algo que a su vez los ha llevado a desviar a otros de la verdad (*cf.* 15:14). "Dicen: 'Si alguien jura por el templo, no significa nada; pero si jura por el oro del templo, queda obligado por su juramento'". Los fariseos desarrollaron una complicada serie de normas con respecto a los votos y juramentos que, finalmente, se recopilaron en los tratados mishnaicos rabínicos *Nedarim* ("votos") y *Šebu'ot* ("juramentos").[30] Jesús trató los votos en 15:1-9, pero aquí se ocupa de los juramentos (y en 5:34-37).

Los fariseos distinguían entre los juramentos hechos "por el templo" y los que se hacían "por el oro del templo", los juramentos hechos "por el altar" y los que se hacían "por la ofrenda que había sobre él". Es posible que en la crítica de Jesús se incluyera que ellos habían comprendido al revés la importancia de los asuntos y, por tanto, prestaban más atención a los detalles minúsculos de

(que se debate entre los eruditos), ver esp. McKnight, *A Light Among the Gentiles,* 106-108.

27. Senior, *Matthew,* 261; *cf.* McKnight, *A Light Among the Gentiles,* 107.
28. Hagner, *Matthew,* 2:668-69.
29. Morris, *Matthew,* 580.
30. Un voto es distinto de un juramento: el voto prohíbe usar ciertas cosas, mientras que el juramento prohíbe a aquel que jura que haga cierta cosa, aunque esta no esté prohibida en sí misma.

la ley que a los principios de ella. Esto refleja una hipocresía incoherente en la enseñanza de los líderes religiosos cuando declaran que algunos juramentos son vinculantes y otros, no, y también en la conducta de ellos, cuando no tienen coherencia al hacer juramentos.[31] Por encima de todo, como Jesús enfatizó en el SM, declara que una persona no debería intentar jugar con Dios ni desarrollar elaborados sistemas para procurar permanecer fiel. La persona que vive en una responsabilidad hacia la presencia del Dios vivo, minuto a minuto, solo necesitará un simple "sí" o "no" como juramento vinculante (*cf.* 5:23, 34-37).

Cuarto ay: descuidar los asuntos importantes de la ley (23:23-24). El cuarto ay se combina con el tercero para enfatizar que la responsabilidad adecuada para con la ley de Dios no solo se encuentra en la quisquillosa atención a los detalles, sino especialmente en obedecer su intención predominante. La ley mosaica detallaba que cada uno debía dar el diez por ciento de todo lo que tenía para la obra de Dios por medio de los levitas y los sacerdotes (p. ej., Lv 27:30-33; Nm 18:21, 24; Dt 12:5-19). Los fariseos son tan escrupulosos en cumplir este requisito que miden y pagan el diezmo de los cultivos más pequeños del huerto, como la menta, el eneldo y el comino.

Jesús no les dice a los fariseos y a los maestros de la ley que descuiden el diezmo, sino que su escrupulosa atención a los detalles ceremoniales consume tanta cantidad de su tiempo y atención que ya no pueden dedicarse a planificar cómo ejercer cada día los asuntos más importantes, como impartir justicia a los que han sido agraviados, misericordia a los que ofenden y fidelidad a los que se han apartado de la fe. Estos líderes judíos han perdido de vista que el verdadero propósito de sus responsabilidades para con Dios consiste en producir justicia en este mundo y no solo perpetuar la religión y las cargas religiosas.

Con sarcasmo, y mediante lo que podría ser un dicho proverbial muy conocido, Jesús muestra que los fariseos y los maestros de la ley han pasado por alto los asuntos obviamente importantes, mientras se centraban en sus normas minuciosas: "¡Guías ciegos! ¡Cuelan el mosquito pero se tragan el camello!". La ley declaraba que muchas criaturas aladas eran inmundas (Lv 11:23, 41), y los rabinos lo aplicaban colando el vino para apartar cualquier pequeño insecto que lo contaminara. Aunque prestaban atención a las minucias de los asuntos legales, pasaban por alto al animal terrestre más grande de Palestina, el camello, que también era ceremonialmente impuro (Lv 11:4). Este puede ser el ejemplo más claro del tipo de hipocresía que demuestra la incoherencia de la conducta personal de ellos. Manifiestan una obediencia parcial a Dios junto a una desobediencia también parcial.[32] "Los escribas y fariseos juegan en la orilla del mar de la religión, mientras que el gran océano de la verdad fundamental permanece sin descubrir delante de ellos".[33]

31. Marshall, "Who Is a Hypocrite?", 140.
32. *Ibíd.,* 140-41.
33. Davies y Alison, *Matthew,* 3:295.

Quinto ay: limpian lo de afuera, y dejan la suciedad dentro (23:25-26). El quinto ay revela un defecto crítico de estos líderes religiosos. Están sumamente comprometidos con sus leyes de pureza que requieren la purificación ceremonial externa. Una y otra vez censuraron a Jesús por comer con los que no eran ceremonialmente puros (9:1-12) o por no exigir a sus propios discípulos que observaran estas leyes de pureza (15:1-20). Jesús había advertido antes a sus discípulos y las multitudes sobre este error (15:1, 10-20), pero ahora se enfrenta a ellos directamente: "Limpian el exterior del vaso y del plato, pero por dentro están llenos de robo y de desenfreno. ¡Fariseo ciego! Limpia primero por dentro el vaso y el plato, y así quedará limpio también por fuera".

El corazón es la fuente de todos los pensamientos, los motivos y las acciones. La avaricia y la permisividad de los fariseos y los maestros de la ley, en especial su codicia por las aclamaciones religiosas públicas, son motivaciones internas que impactan en la conducta externa. Con el fin de producir la pureza verdadera, sus corazones necesitan ser purificados. La única purificación genuina es a través del poder del reino de los cielos (ver comentarios sobre 5:20; 15:18-20). Al rechazar la operación de ese reino en sus propias vidas, están escogiendo permanecer internamente contaminados.

Una raíz de la hipocresía es el orgullo, el deseo de que los demás lo vean a uno mejor de lo que es en realidad. La actitud engañosa y pretenciosa alimenta la voluntad por el poder y el prestigio de aquellos que están en una posición donde pueden aprovecharse de los que son vulnerables (*cf.* 23:4, 6-7). Además, la hipocresía hizo que los fariseos pasaran por alto las cuestiones internas más importantes, fundamentales para la operación del reino: justicia, misericordia y fidelidad (23:23). Jesús los acusa de estar limpios por fuera, pero sucios por dentro; si lo de adentro está limpio, lo de afuera también lo estará.

Sexto ay: sepulcros blanqueados (23:27-28). El sexto ay describe, además, a los líderes religiosos como "sepulcros blanqueados". Era costumbre marcar las tumbas en los lugares de sepultura con cal blanca para que fueran visibles y que ningún transeúnte poco familiarizado con el terreno entrara en contacto con un sepulcro y quedara impuro durante siete días (Nm 19:16; *cf.* Lc 11:44). Esta práctica del blanqueo destacaba en Jerusalén de forma especial durante el tiempo de la Pascua, cuando muchos peregrinos viajaban a Judea, para evitar que caminaran sobre las tumbas sin darse cuenta e incurrieran en contaminación antes de la Pascua (*cf.* Jn 11:55; 18:28).[34] Esta puede ser otra declaración irónica de Jesús, porque uno se pregunta cómo podría el blanqueamiento de una tumba hacerla parecer "hermosa".[35]

Al mismo tiempo, este ay amplía probablemente el quinto, aludiendo a la práctica de la época de Jesús cuando se usaban osarios adornados (pequeños

34. Colin J. Hemer, "Bury, Grave, Tomb" *NIDNTT,* 1:265.
35. Para una exposición sobre los problemas, ver Davies y Allison, *Matthew,* 3:301-2.

receptáculos de huesos) hechos de piedra caliza para guardar los huesos de los antepasados fallecidos.[36] Los maestros de la ley y los fariseos eran como esos osarios, engañosamente adornados por fuera, sin más que impura muerte dentro. Jesús aclara su idea: esos líderes religiosos aparentan haber evitado la injusticia por la atención que prestan a sus muchos requisitos legales, pero por dentro son injustos, porque no se han ocupado de la transformación del corazón que llega cuando uno responde a Jesús (*cf.* 5:20; 15:17-20).

Séptimo ay: descendientes de los que mataron a los profetas (23:9-32). El séptimo ay sigue con el tema de la muerte: "¡Ay de ustedes, maestros de la ley y fariseos, hipócritas! Construyen sepulcros para los profetas y adornan los monumentos de los justos". Mateo alterna aquí entre "tumbas" para los profetas y "monumentos", o sepulturas, de los justos. Por una parte, podría haber una diferencia entre estos dos términos, ya que lo primero indicaría el "cementerio" para los profetas que los fariseos embellecían, y lo segundo señalaría "monumentos" adornados para los líderes religiosos "justos". En otros lugares se vincula también a los "profetas" y los "justos" (10:41; 13:17), indicando que los profetas del Antiguo Testamento y otros que fueron conocidos por haber tenido una vida justa delante de Dios. Por otra parte, podría ser un paralelismo de estilo, porque la explicación de Jesús no va dirigida a dos tipos distintos de personas a las que mataron, sino a uno: los profetas (23:20-31).

Por las pruebas literarias y arqueológicas sabemos que, en ese tiempo, los judíos empezaron a edificar recargados monumentos memoriales y osarios ricamente adornados, fachadas de tumbas y sarcófagos, así como pinturas murales y *graffiti* (*cf. 1 Mac*. 13:27-39; ver comentarios sobre Mt 27:57-61).[37] Las conocidas tumbas de figuras altamente estimadas de la historia de Israel (*cf.* Hch 2:29) se beneficiaron aparentemente de este desarrollo.

Como el lamento anterior, este es un contraste flagrante entre la escrupulosa observancia externa de los líderes religiosos con respecto a la pureza y la maldad de sus motivaciones internas. Edifican hermosos monumentos a los profetas, pero Jesús declara que son, en cuanto a sus motivaciones, descendientes de aquellos que los mataron. Afirman que ellos no habrían matado a los antiguos profetas, pero al conspirar para que ejecuten a Jesús están demostrando pertenecer al linaje perverso y espiritualmente corrupto de los asesinos antiguos.

Esto lo dispone todo para la invectiva final de Jesús en la que los maestros de la ley y los fariseos son hallados culpables de matar a los mensajeros de Dios. La hipocresía de ellos radica en la incoherencia entre honrar a los profetas muertos y asesinar a los contemporáneos como Jesús, que se enfrentará a la ira homicida de ellos en muy pocos días.[38] Los líderes religiosos están absortos en

36. Para imágenes y explicación de la práctica, ver Wilkins, "Matthew", 144, 160.
37. Ver Rachel Hachlili, "Burials", *ABD,* 1:789-94.
38. Marshall, "Who Is a Hypocrite?", 141-42.

sus prácticas engañosas, de modo que Jesús pronuncia infelizmente sobre ellos el destino que ellos mismos han determinado para sí: "¡Completen de una vez por todas lo que sus antepasados comenzaron!" (23:32).

Invectiva final: asesinos de los justos (23:33-36). Algunos colocan el versículo 33 con 29-32 a modo de pronunciamiento final del séptimo ay, porque el término "por eso" del 34 podría sugerir una nueva unidad. Sin embargo, 23:33 encaja bien con 23:34-36 como invectiva final de Jesús contra los líderes religiosos. Estos versículos no forman un ay aparte, sino que son una sentencia culminante de juicio. "Serpientes", tal como se usa aquí, y "camada de víboras" son sinónimos para subrayar la culpabilidad de estos líderes religiosos. El lenguaje evoca el de Juan el Bautista y el de los pronunciamientos anteriores de Jesús contra los líderes religiosos (ver comentarios sobre 3:7; 12:34). Sus actividades de los últimos tres años están sellando el juicio eterno para ellos. Todavía no es demasiado tarde para arrepentirse y "escapar", pero el endurecimiento de sus corazones contra el mensaje de Jesús y de Juan predice, lamentablemente, la condenación futura.

Jesús hace una predicción que hiela la sangre: "Por eso yo les voy a enviar profetas, sabios y maestros. A algunos de ellos ustedes los matarán y crucificarán; a otros los azotarán en sus sinagogas y los perseguirán de pueblo en pueblo". Esta declaración profética apunta a un futuro cercano, a la era cristiana, cuando Israel seguirá siendo el enfoque de la invitación de Jesús, por gracia, a través de sus mensajeros, pero seguirá rechazando ese mensaje. Los líderes judíos, con el apoyo romano, fueron capaces de desplegar su ira, primero sobre Esteban (Hch 7:54-60). La posterior crucifixión de cristianos fue a manos de los romanos, pero lo más probable es que fueran instigados por celosos oficiales judíos.

Aquí, el lenguaje se hace eco de la anterior declaración profética del destino de los misioneros cristianos (*cf.* 10:16-25) y añade que serán rechazados y perseguidos (23:34-35). Levantar la prohibición en cuanto a comer ciertas carnes (p. ej., Hch 10:9-16) haría que un judío converso a Cristo fuera inmundo a los ojos de los oficiales de la sinagoga y lo azotaran.[39]

Junto con la profecía con respecto a que los líderes religiosos asesinarán a sus mensajeros, Jesús incluye otra sobre el juicio que caerá sobre ellos por sus actividades homicidas: "Así recaerá sobre ustedes la culpa de toda la sangre justa que ha sido derramada sobre la tierra, desde la sangre del justo Abel hasta la de Zacarías, hijo de Berequías, a quien ustedes asesinaron entre el santuario y el altar de los sacrificios". El lapso de tiempo transcurrido desde la sangre del justo Abel a la de Zacarías, hijo de Berequías, incluye todo el panorama de la historia bíblica. La primera persona justa asesinada en la historia de la humanidad fue Abel, a manos de su hermano Caín, en un acto de celos perversos

39. Ver comentarios sobre 10:17; para antecedentes sobre azotamientos en la sinagoga, ver Wilkins, "Matthew", 69.

(*cf.* Gn 4:8-11). El último asesinato registrado en el Antiguo Testamento, en el orden canónico de la Biblia hebrea (Ley, Profetas, Escritos) es el de Zacarías, hijo del sumo sacerdote (2Cr 24:20-22), asesinado en el atrio del templo.[40]

Esta generación de la historia de Israel ha tenido el privilegio de presenciar la culminación de la historia de la salvación. Ha tenido la oportunidad de aceptar el evangelio del reino y de ver a Dios establecer su justicia en Israel. Sin embargo, como aquellas otras personas impías en la historia israelita que derramaron sangre inocente, los religiosos de esta generación seguirán vertiendo la sangre de los mártires: la de Jesús y sus mensajeros. Y las multitudes seguirán sus órdenes y pedirán la muerte de Jesús (27:20), con el resultado de que el pueblo de Israel de aquella generación declarará: "¡Que su sangre caiga sobre nosotros y sobre nuestros hijos!" (27:25). Israel no puede negar su responsabilidad por derramar sangre inocente: "Les aseguro que todo esto vendrá sobre esta generación" (23:36).

Lamento sobre Jerusalén (23:37-39)

El tono de Jesús combina ahora la denuncia de los ayes con un lamento compasivo. El término "Jerusalén" ha representado el liderazgo de la nación (*cf.* 2:3; 21:10), pero aquí parece incluir una referencia a toda la nación de Israel, por la que siente una intensa carga. Israel está condenada por eliminar la voz de los mensajeros de Dios, donde pronto se incluirá también la de Jesús y la de aquellos a los que enviará tras él (23:34). Pero, como Yahvé, en el Antiguo Testamento, que proporciona protección para su pueblo bajo sus alas metafóricas (p. ej., Éx 19:4; Dt 32:1; Rt 2:12; Sal 17:8; 91:4), Jesús sigue deseando reunir a su pueblo. No obstante, no los obligará; serán ellos quienes deban determinar su propio destino: "… pero no quisiste".

Jesús se siente especialmente cargado a la luz del juicio venidero de Israel. Predice la destrucción de la "casa" de Israel, una expresión para el templo en el Antiguo Testamento (1R 9:7-8; Is 64:10-11; *cf.* Jn 12:7). Posiblemente sea lo que se pretende decir aquí también, aunque puede apuntar de forma más amplia al juicio sobre el liderazgo de Jerusalén. La autoridad judía se perderá con la destrucción del templo en el 70 A.D. Este es el tema al que Jesús pasa a continuación (caps. 24–25).

---

40. La dificultad primordial de esta opinión es que aquí se menciona al padre de Zacarías como Joiada, y Jesús lo denomina el "hijo de Berequías". Esta referencia posterior encaja con el profeta Zacarías, llamado hijo de Berequías, hijo de Iddo (Zac 1:1), que, según algunos, es la identidad del Zacarías mencionado por Jesús y que representaría, pues, un lapso de tiempo desde la creación hasta el último profeta del que se habla (Blomberg, *Matthew,* 349). Sin embargo, como no se recoge que el profeta Zacarías muriera de muerte violenta, otros sostienen que el Zacarías cuya muerte en el atrio del templo narra 2 Crónicas fue identificado por una tradición en desarrollo como el profeta Zacarías (Hagner, *Matthew,* 2:677; Davies y Allison, *Matthew,* 3:319; Keener, *A Commentary on the Gospel of Matthew* [1999], 556), o que se le nombraría en Crónicas por el nombre de su abuelo y no de su padre, una práctica común (Morris, *Matthew,* 589 n. 45).

Jesús acaba su discurso al pueblo de Israel con una dramática profecía: "Y les advierto que ya no volverán a verme hasta que digan: "¡Bendito el que viene en el nombre del Señor!". Es la última vez que se dirige a las multitudes, que han tenido su oportunidad de arrepentirse. Las implicaciones cristológicas de la cita que hace de Salmos 118:26 son de gran calado. Las mismas palabras se citaron en 21:9 cuando entró a Jerusalén, aclamado por quienes lo identificaban como el mesiánico Hijo de David. Ahora, al citar Jesús el mismo pasaje, se identifica con el Mesías de Dios, el Salvador de Israel, el "que viene", que regresará de nuevo a su pueblo después de un tiempo de gran juicio, cuando no les quede más remedio que reconocerlo como Señor, en gran gozo o en gran aflicción.

Construyendo Puentes

Los fariseos habían empezado bien. Lo más probable es que sus raíces se encuentren en el cisma que hubo en Israel entre los hasidíes, que defendían la cultura judía pura, y los helenistas, que adoptaron formas griegas durante la dinastía seléucida, en especial bajo Antíoco IV Epifanes (172–164 A.C.). El nombre "fariseo" derivaba, probablemente, del *perušim* hebreo/arameo ("los apartados"), indicando que eran descendientes espirituales de los hasidíes, y separándose de todas las prácticas paganas que contaminarían a la pura religión judía y sus estilos de vida.

Los fariseos llegaron a ser una de las fuerzas dominantes dentro de la vida judía, por la influencia que tenían entre los laicos. Sin embargo, la mordaz denuncia que Jesús hace de ellos indica que habían empezado a acumular más autoridad de la debida y, en realidad, estaban desviando al pueblo de la intención divina de tomar solamente el Antiguo Testamento como autoridad fundamental. No asumieron su papel de liderazgo para dirigir al pueblo a aceptar la invitación del reino de los cielos que Jesús ofreció como el tan esperado y profetizado Mesías. Así, con la llegada del reino y el establecimiento de la iglesia para tomar el lugar de Israel como principal instrumento y testigo del evangelio, los maestros de la ley y los fariseos serán eliminados de sus posiciones (21:43).

Mateo ha sido testigo de esta asombrosa transición del liderazgo. Ha escuchado las denuncias que Jesús ha hecho de las autoridades religiosas, ha experimentado su propio llamamiento como apóstol, ha participado como los doce y los que estaban alrededor de ellos en Jerusalén se convirtieron en el fundamento y líderes de la iglesia, y ha observado cómo fueron surgiendo por todo el mundo mediterráneo las congregaciones locales con sus propios ancianos, pastores y diáconos. Todo un conjunto nuevo de líderes está guiando al pueblo de Dios. No obstante, necesitan directrices que los ayuden a evitar los errores de los fariseos y saduceos, y fomenten el tipo de personas que Jesús quiere. Aquí es donde Mateo da un paso al frente.

En el desarrollo de su Evangelio, uno de los propósitos principales de Mateo es reunir una colección de dichos de Jesús a sus discípulos en su ministerio terrenal, para que la iglesia tenga un recurso a partir del cual enseñar a los nuevos discípulos a obedecer todo lo que Jesús les ordenó a ellos (28:19-20). La mayor parte de ese material se encuentra en los cinco discursos de Jesús recopilados por Mateo (caps. 5–7, 10, 13, 18, 24–25). Pero el evangelista también ha recogido muchas otras sentencias de Jesús, incluida la colección más exhaustiva de sus advertencias y ayes, a través de las cuales amonesta sobre lo que deben evitar. Consideraremos brevemente aquí el fracaso de los líderes religiosos que produjeron cada una de las advertencias y lamento, y en la sección Significado Contemporáneo analizaremos las lecciones positivas que podamos recoger de cada uno de ellos.

Advertencias para los líderes. La sección de advertencias (23:1-12) avisa a los líderes de la iglesia sobre las tentaciones que hicieron que los maestros de la ley y los fariseos distorsionaran y abusaran del privilegio de su liderazgo. (1) La primera sección previene sobre las cargas del legalismo que estos líderes religiosos le imponen al pueblo (23:1-4). Enseñan correctamente la Palabra de Dios, pero su intención no consiste en proporcionar un ejemplo de cómo funciona en sus propias vidas, sino simplemente mantener el control sobre la vida de los demás a través de la carga de las expectativas legalistas.

(2) La siguiente sección (23:5-7) amonesta sobre las manifestaciones públicas de piedad que dan una imagen falsa de la autoridad de Dios. Los maestros de la ley y los fariseos intentan, con razón, incorporar patrones de piedad a su vida, pero están llamando la atención sobre sí mismos de una forma equivocada. Por tanto, los patrones son externos y están manipulados para que se consideren piadosos, pero Dios no tiene nada que ver con ese proceso. Los líderes de Jesús deben tener cuidado con autopromocionarse a costa de fomentar la autoridad de Dios. Este tipo de líder no ha desarrollado una justicia personal ni se ha ganado el respeto como líder, sino que ha manipulado el sistema religioso para lograr ser respetado.

(3) Las advertencias finales se dirigen a los que llevan títulos que usurpan la autoridad de Dios (23:8-10). Los maestros de la ley y los fariseos han estudiado correctamente y con cuidado para conocer las Escrituras y convertirse en rabinos, han llegado a ser, con razón, cuidadores fiables a los que el pueblo puede acudir para hallar la fuerza de un padre, y se han entregado justamente a proporcionar orientación a la comunidad como líderes. Pero cuando se exaltan a sí mismos mediante la acumulación de esos títulos usurpan la autoridad de Dios.

Ayes por los líderes. La segunda sección de esta colección dirigida a los líderes se compone de siete ayes y una invectiva final (23:13-19). (1) El primer ay se centra en el fracaso personal y del partido de estos líderes por no reconocer a Jesús como el Mesías, ya que esto condujo a un ejemplo de liderazgo defectuoso que aparta al pueblo de la vida en el reino de Dios.

(2) El segundo ay condena el celo de los maestros de la ley y los fariseos por ganar conversos a su forma de pensar y no a la de Dios. Al elevar sus tradiciones orales hasta igualar la autoridad con las Escrituras, en realidad están haciendo adeptos del infierno cuando las personas se convierten a la forma de pensar de ellos, porque están en el error y el sistema legal los mantiene cautivos.

(3) El siguiente ay trata los juramentos que los maestros de la ley y los fariseos hacen. Jesús los condena por jugar con Dios, ya sea para eludir sus propios compromisos o para dar preferencia a uno anterior. Supuestamente usan las Escrituras como la justificación de su juramento, pero esto no es más que tergiversarlas para conseguir lo que uno quiere.

(4) El cuarto ay condena a estos líderes religiosos por atribuir mayor importancia a las cosas menores, ya que esto les impide realizar la obra de Dios en este mundo. Además, su ejemplo dirige al pueblo al mismo tipo de preocupación agobiante con la letra de la ley.

(5) En el quinto ay, Jesús censura a estos líderes por no examinar sus motivaciones de avaricia y autoindulgencia. Cuando no se escudriñan los motivos y son pecaminosos, producen ministerios egocéntricos y manipuladores.

(6) El sexto ay demuestra que los líderes religiosos han creado una identidad superficial originada por el hombre. Enmascara un corazón contaminado por la hipocresía y la impiedad. La creación de esta fachada religiosa espera ganar seguidores para su carácter y su llamamiento falsos.

(7) El último ay censura a los maestros de la ley y a los fariseos por fomentar una autoridad religiosa que hace avanzar su propia causa en detrimento de la voz de Dios. Perpetúan un sistema religioso que mata a cualquiera que venga con justicia y con el mensaje de Dios.

Jesús nos lleva a la conclusión de que el liderazgo tiene una condena más estricta ("¿Cómo escaparán ustedes de la condenación del infierno?" 23:33; *cf.* Stg 3:1; 2Co 10–13). Los líderes han de escuchar el mensaje de Dios y ser cuidadosos cuando sofocan cualquier voz con la que discrepan. Dios vengará a los que han vivido en justicia y han sido maltratados por los que han tomado la justicia divina en sus propias manos y han rechazado toda oposición buscando su propio beneficio. Mucho cuidado: las posiciones de poder absoluto llevan a abusos que manipulan a las personas vulnerables. Pero el juicio de Dios aguarda a quienes abusan de su autoridad.

Significado Contemporáneo

Creo que, como líderes cristianos, podemos ser más parecidos a los fariseos de lo que nos gustaría admitir. No lo digo de una forma totalmente negativa, ya que este grupo tenía muchas cosas buenas: su piedad personal, su compromiso con las Escrituras, su creencia en un Mesías venidero y en la resurrección, en el más allá y en el mundo espiritual, su papel de liderazgo en la sinagoga, su deseo de apartarse del pecado de este mundo. Todos nosotros deberíamos relacionarnos con estas características.

No obstante, uno de los aspectos más humillantes al leer los Evangelios (Mateo en particular) es reconocer que muchas de las críticas que Jesús presenta contra los fariseos también se pueden dirigir contra nosotros. Y esto es especialmente cierto en cuanto a los líderes cristianos. Hemos visto cómo Jesús señaló muchas características problemáticas, en realidad pecaminosas: el orgullo, la parafernalia en público, el protagonismo, la obstinación, politizar la posición propia y, por supuesto, la hipocresía.

John Fischer, el músico y autor cristiano de dilatada carrera, confesó recientemente que él es como los fariseos. Escribe:

> Conforme he ido creciendo en la comprensión del evangelio y he conocido más de la gracia de Dios, también he tomado consciencia de la lucha correspondiente con el orgullo y la santurronería. Como cualquiera, me gusta que piensen bien de mí. Con frecuencia soy consciente, como lo soy incluso ahora, de escoger con cuidado mis palabras, como si caminara por el campo de minas de las impresiones, para parecer sincero, aunque sin llegar al punto de la cruda verdad que podría implicarme más de lo que quisiera. Es un problema que los fariseos de la época de Jesús procuraron vencer ocultándose tras una apariencia religiosa blanqueada.[41]

En su libro usa el modelo de recuperación, un tanto en tono de burla, para ayudar a que las personas desenmascaren la intoxicación del orgullo espiritual y el prejuicio que atrae a los creyentes y los aparta del discipulado genuino de Jesús. Los tres primeros pasos indican la dirección en que lleva a sus lectores.

1. Admitimos que nuestro único placer y el que menos mitigamos es juzgar a otras personas.
2. Haber llegado a creer que nuestro medio de obtener la grandeza consiste en rebajar a los demás hasta situarlos por debajo de nosotros mismos en nuestra propia mente.
3. Darnos cuenta de que detestamos la misericordia que se les da a aquellos que, a diferencia de nosotros, no han trabajado para conseguirla y no se la merecen.[42]

---

41. John Fischer, *12 Steps for the Recovering Pharisee (Like Me)* (Minneapolis: Bethany, 2000), 1.
42. Además del libro, los pasos se enumeran en su página web: www.fischtank.com/book/12step.cfm.

El Evangelio de Mateo es la fuente de la que los líderes pueden derivar un conocimiento profundo de los errores de los fariseos, así como la ayuda necesaria para establecer unas cualidades de liderazgo más coherentes. En la sección Construyendo Puentes enumeramos las advertencias y los ayes que Jesús pronunció sobre los maestros de la ley y los fariseos con el fin de aprender de sus errores. Aquí intentaremos sacar algunas lecciones positivas de esos errores. doce lecciones básicas nos ayudarán a establecer una trayectoria para convertirnos en la clase de líderes que Jesús desea.

Lecciones sobre el Liderazgo de Jesús

Contexto	**Advertencias para los líderes**	**Lecciones positivas para los líderes**
1ª advertencia	Exigir una actuación legalista es un insulto a la autoridad de Dios	1. Vivir el mensaje de gracia de Dios con el ejemplo
2ª advertencia	Las pretenciosas manifestaciones de piedad distorsionan la autoridad de Dios	2. Ganarse el respeto y la honra; no exigirlos
3ª advertencia	Explotar el uso de títulos usurpa la autoridad de Dios	3. Llevar con suavidad los títulos que apuntan a Dios
Líderes de Jesús	Perseguir la grandeza pone en entredicho la igualdad del reino	4. Servir al pueblo de Dios para capacitarlos para hacer avanzar el reino
Contexto	**Ayes por los líderes**	**Lecciones positivas para los líderes**
1er ay	No reconocer la identidad de Jesús impide que otros lo hagan	5. Ser un letrero indicador de la entrada del reino
2º ay	Propagar el extremismo para atrapar a los conversos en el error	6. Hacer conversos para el reino, no para ti mismo
3er ay	Violar los compromisos hechos a Dios mediante el juego religioso	7. Mantener la responsabilidad personal

4º ay	Atribuir más importancia a las minucias de la actuación religiosa	8. Dar más importancia a lo más importante del reino
5º ay	No refrenar los motivos impuros del liderazgo	9. Fomentar motivos para el ministerio-liderazgo de dentro hacia afuera
6º ay	Crear falsas identidades externas de liderazgo	10. Desarrollar una identidad personal como líder de dentro hacia afuera
7º ay	Perpetuar las clases dirigentes impías	11. Escoger con cuidado las tradiciones que representarás
Final	Acallar las justas voces de Dios para que las nuestras sean más altas	12. Escuchar a otros mensajeros de Dios, porque el liderazgo tiene una condenación más estricta

(1) Vivir el mensaje de gracia de Dios con el ejemplo (23:1-4). La primera advertencia de Jesús advierte contra abusar de la autoridad de la Palabra de Dios exigiendo la actuación legalista de las personas. La lección positiva que los líderes de Jesús pueden aprender de esto es que necesitamos vivir el mensaje de gracia de Dios con el ejemplo. El evangelio del reino es gracia, no practicar obras para conseguir el favor de Dios. Debemos demostrar gracia hacia aquellos a los que ministramos, y amarlos y aceptarlos independientemente de cómo actúen. Ciertamente seguiremos alentándolos hacia la piedad, pero la mejor forma de hacerlo es proporcionar un ejemplo de obediencia en nuestra propia vida que puedan seguir. Como líderes, no debemos intentar mantener el control sobre la vida de otras personas cargándolas de expectativas legalistas.

(2) Ganarse el respeto y la honra; no exigirlos (23:5-7). La segunda advertencia indica que esas pretenciosas manifestaciones de piedad no representan adecuadamente la autoridad de Dios. Un principio general del liderazgo es que el respeto se gana, no se exige. En el sentido más básico, liderazgo significa sencillamente que sabemos adónde vamos, cómo llegar allí, tenemos la capacidad, la formación y los recursos para lograrlo y las personas pueden tener la suficiente confianza en nosotros para seguirnos a nuestro destino.

Los líderes jóvenes e inexpertos adoptan una postura afectada como si supieran lo que están haciendo, y después exigen el respeto y la honra de quienes están por debajo de ellos. Fue algo que vi con claridad en mi propia vida, cuando era ayudante del sargento instructor en el ejército, a la edad de diecinueve años.

Tenía el conocimiento técnico y la posición, pero no las demás cualidades de líder. De manera que adoptaba la pose de malo y experimentado, intentando exigir el respeto de mis tropas. No funcionó. De hecho, prácticamente perdí todo el respeto de las personas a las que entrenaba. Tuve que aprender por las malas lo que significaba ganarse su respeto.

En las advertencias de Jesús, si las expresamos a la inversa, podemos comprender cómo se logran el respeto y la honra. Esto tiene una relevancia directa en el liderazgo en la iglesia. Hemos de ganarnos el respecto mediante el desarrollo diario y a largo plazo de nuestra piedad personal; no en una exhibición artificial y ostentosa de piedad, sino en el desarrollo de nuestra vida de oración, controlando nuestro carácter y manteniendo un comportamiento adecuado cuando estemos delante de los demás. También podemos ganarnos el respecto adoptando las posturas menos destacadas, como llegar el último a las comidas de la iglesia, sentarse con los niños en la celebración de Navidad, o compartir el púlpito con otros colegas que predican o enseñan mejor que nosotros. También podemos conseguir el respeto desarrollando una transparencia personal que permita que las personas entablen con nosotros una conversación íntima. Es una tentación esconderse detrás de los títulos y las posiciones, y figurar pretenciosamente como líderes, pero tu congregación necesita verte tal como eres: una persona corriente como ellos, que también se encuentra en el proceso de crecer a la imagen de Cristo. NO exijas respeto y honra mediante la manipulación.

(3) Llevar sin arrogancia los títulos que apuntan a Dios (23:8-10). Jesús advierte también contra la explotación del uso de títulos, porque al hacerlo usurpas la autoridad de Dios. La advertencia no es tan sencilla como para sugerir que los títulos sean siempre inadecuados. Más bien, es un aviso dirigido contra tres cuestiones que pueden sofocar nuestro discipulado con Jesús. *(a) Rabbí.* En nuestro deseo por enseñar y proveer a otros un conocimiento profundo de la Palabra de Dios, deberíamos ser cuidadosos y evitar *la arrogancia académica.* Deberíamos tener en cuenta que no podemos suplantar jamás a Jesús como el Maestro que guiará a sus discípulos a toda verdad, por medio de la Palabra inspirada de Dios (*cf.* Jn 16:13, 14). *(b) Padre.* En nuestro deseo de proteger y nutrir a los demás, deberíamos poner especial cuidado en evitar el *elitismo religioso.* Todos los discípulos de Jesús son sus hermanos y hermanas. *(c) Maestro.* En nuestro deseo de guiar y liderar a los demás hasta la plenitud del discipulado, deberíamos tener cuidado y evitar *el dominio autoritario.* Jesús es el Maestro, quien tiene toda autoridad, el Señor y Cabeza de la iglesia.

El lado positivo de esto es que deberíamos llevar con modestia cualquier título que podamos tener, porque cada uno de ellos señala algún aspecto de la relación de Dios con su pueblo. La forma de ejercer este tipo de liderazgo es entender las responsabilidades de un título, ayudar a las personas a respetar el oficio que subyace tras un título, a no imponer autoridad mediante un título que usurpe la autoridad de Dios. Resulta fácil ser conocidos por quienes somos, por lo que sabemos o por los diplomas que tengamos. Pero esto produce arrogancia y engreimiento. No debemos olvidar jamás la declaración de Pablo en cuanto a que “el conocimiento envanece, mientras que el amor edifica” (1Co 8:1). No uses tus títulos, diplomas o educación para manipular a las personas y hacer que te sigan. Utilízalos para bendecirlas y que puedan ser atraídas a una relación más íntima todavía con Jesús. Lleva tus títulos sin arrogancia, permitiendo que te hagan más sabio, más comprensivo y más eficiente como siervo de Cristo.

(4) Sirve al pueblo de Dios para capacitarlo para hacer avanzar el reino (23:11-12). Al concluir las tres advertencias, Jesús proporciona el principio más importante de lo que significa ser el nuevo tipo de líder para el programa de su reino: la condición de siervo. Este tipo de liderazgo significa capacitar a otros para hacer la voluntad de Dios. Para los que han sido colocados en posiciones de prominencia, como un maestro, un ministro o un ejecutivo, la meta de cada posición es hacer avanzar el reino; el medio es entregarte a todos para que puedan llevar a cabo, de la mejor manera posible, el llamamiento de Dios en sus vidas. Los que se autoascienden a posiciones de autoridad para que los aclamen y los honren verán cómo son despojados y apartados del servicio en el reino. Aquellos que solo buscan servir a Dios serán elevados al nivel de igualdad con los hermanos y las hermanas de Jesús, sin que se le dé preeminencia a nadie, sino tan solo a él.

(5) Ser un letrero indicador de la entrada del reino (23:13). El primer ay reprende a los líderes religiosos por no reconocer la identidad de Jesús como el Mesías. Lo que enseñamos y creemos tiene una influencia tremenda en la vida de quienes admiran nuestra posición de liderazgo. El quinto principio para los líderes es que, en todo lo que digamos o hagamos, debemos ser un letrero indicador de la entrada del reino. Hemos de proporcionar un ejemplo personal de la enseñanza relacionada con la realidad de la vida vivida en el poder de la presencia de Jesús, mediante el Espíritu de Dios que mora en nosotros.

(6) Hacer conversos para el reino, no para ti mismo (23:15). El segundo ay explota contra los líderes religiosos por propagar sus opiniones sectarias extremistas para convertir a otros a su forma de pensar y vivir, porque atrapa a sus conversos en el error, y, en última instancia, esto resultará en castigo eterno. Es la trágica consecuencia para los que quedan atrapados en una secta.

Los líderes que estamos dentro del reino de los cielos tenemos que orientar a las personas tan solo hacia Jesús, y no a nuestras cosas: debemos hacer conversos para el reino, no para nosotros. Debemos tomarnos en serio el llamado de Dios en nuestra vida, porque las respuestas de las personas al evangelio que proclamamos tienen consecuencias eternas. Sin embargo, no debemos creernos más de lo que somos en el proceso. Si sobrepasamos nuestros límites, Dios usará a otros. Asegúrate de mantener el agarre en la verdad, permaneciendo tan pegado a las Escrituras como te sea posible. Nuestras opiniones idiosincráticas o nuestros proyectos teológicos preferidos pueden llevar a las personas al error e incluso al juicio. Debemos buscar con entusiasmo a los conversos para llevarlos a la vida del reino, y no a nosotros mismos.

(7) Mantener la responsabilidad personal (23:16-22). El tercer ay reprende a los maestros de la ley y a los fariseos por violar compromisos hechos con Dios, mediante un juego religioso. Las formas externas de responsabilidad pueden ser útiles para permanecer fieles a nuestra relación con Jesús: pueden ejercerse en grupos pequeños, en supervisión individual, con diarios, etc. Pero podemos jugar unos con otros mintiendo, oscureciendo la verdad o, sencillamente, ocultando nuestros pensamientos y nuestras acciones. Es importante que los líderes mantengan su responsabilidad personal liberándonos de las formas artificialmente impuestas de mantener la rendición de cuentas ante Dios. El acercamiento más directo es la transparencia de una vida vivida en la intimidad de una relación con Jesús.

(8) Dar más importancia a lo más importante del reino (23:23-24). Jesús pronuncia el cuarto ay sobre los líderes religiosos porque están atribuyendo mayor importancia a las cuestiones menores de actuación religiosa, y esto les impide llevar a cabo la obra de Dios en este mundo. El principio positivo es fundamental. Los líderes de Jesús tienen que dar más importancia a las facetas primordiales del reino, y no a los puntos secundarios de la actuación religiosa. Como en el caso de la primera advertencia, resulta fácil dejarse enredar por las cuestiones menores que conducen a las exigencias y las expectativas legalistas. Entender cuáles son las preocupaciones realmente importantes —doctrinal, eclesial y relacionalmente— es prestar nuestro tiempo y nuestras energías a lo que de verdad cuenta para la eternidad.

9. Fomentar motivos para el ministerio-liderazgo de adentro hacia afuera (23:25-26). El quinto ay revela cómo los líderes religiosos no han examinado ni corregido su avaricia y sus motivaciones permisivas en el ministerio, y esto produce unos ministerios egocéntricos y manipuladores. El liderazgo puede estar altamente centrado en uno mismo y servirse a uno mismo. Jesús insta a todos sus líderes a evaluar por qué hacemos lo que hacemos, de modo que fomente su reino y no nuestros propios intereses. Es muy fácil montar un espectáculo. Dirige un culto de adoración espectacular y todos estarán convencidos de haber adorado de verdad. Pero los líderes pueden sentir la tentación de llamar la atención sobre ellos mismos y no sobre Dios. Esto ilustra la importancia de los ministerios en equipo que son sinceros y transparentes, donde nos señalan nuestra autoindulgencia y nos ayudan a fomentar motivos puros.

(10) Desarrollar una identidad personal como líder de adentro hacia afuera (23:27-28). El sexto ay es similar al quinto, salvo que el foco no está en los motivos egoístas, sino en crear falsas identidades externas de liderazgo. Los líderes religiosos han introducido el lema de que "una imagen vale más que mil palabras". Crea un exterior hermoso, blanquea los defectos antiguos y nadie sabrá jamás cómo son en realidad. Según la pose que adopte un líder, con frecuencia tendrá resultados que subrayen tristemente que el contenido del ministerio o la profundidad del carácter no importan.

Jesús llama a sus líderes a desarrollar una identidad personal desde el interior. En vez de una identidad personal externa superficial, creada por el hombre, debemos empezar con la nueva identidad profunda e interna en Cristo, hecha por Dios. Cuando el apóstol Pablo considera su futuro eterno, reflexiona: "Ahora conozco de manera imperfecta, pero entonces conoceré tal y como soy conocido" (1Co 13:12). Al abrirnos para ser conocidos por Dios, nos embarcamos en uno de los aspectos más importantes de nuestro crecimiento como líderes: conocernos como Dios nos conoce. Abrirnos a Dios lo capacita para ayudarnos a entendernos a nosotros mismos con mayor precisión. Descubre quién eres. ¿Qué te hace marcar el camino como lo haces? ¿Cuáles son tus problemas? Nuestra transformación continua se irá produciendo conforme nos vayamos conociendo como Dios nos conoce a nosotros. Deja que tu autoestima surja de quién eres en Cristo y no de lo que haces para él.

(11) Escoger con cuidado las tradiciones que representarás (23:29-32). El séptimo ay de Jesús les reprocha a los líderes religiosos que perpetúen sistemas de impiedad. Son como los asesinos de toda la historia de Israel que mataron a los profetas, aunque les edificaron monumentos. Los líderes de Jesús hemos de escoger con sumo cuidado las tradiciones que representamos. Existen muchas voces por ahí, pero nuestro llamamiento es para que escuchemos la voz de Dios y la de aquellos que lo representan.

(12) Escucha a otros mensajeros de Dios, porque el liderazgo tiene una condenación más estricta (23:33-36). La invectiva final de Jesús contra el liderazgo religioso los llama a rendir cuentas, y el resultado puede ser que se vean condenados al infierno. Es un concepto estremecedor. Los más privilegiados para dirigir al pueblo de Dios tienen una condena más estricta. Esto nos recuerda a nosotros, como líderes, la advertencia de Santiago que también es espeluznante: "Hermanos míos, no pretendan muchos de ustedes ser maestros, pues, como saben, seremos juzgados con más severidad" (Stg 3:1).

Como líderes, debemos escuchar el mensaje de Dios por medio de sus otros mensajeros y ser cuidadosos cuando notamos que estamos silenciando cualquier voz con la que discrepemos. Jesús reprende a los líderes religiosos por estar sofocando la voz justa de Dios para que solo se pudiera escuchar la de ellos. Dios vengará a aquellos que han vivido en justicia y han sido maltratados por los dirigentes y poderosos. Hay otras personas que también hablan de parte de Dios; no somos los únicos. Debemos examinar esas voces, pero seremos más sabios, más equilibrados y estaremos mejor preparados cuando aprendamos de otros y nos unamos a ellos para hacer avanzar el reino de Dios.

Mateo 24:1-35

Jesús salió del templo y, mientras caminaba, se le acercaron sus discípulos y le mostraron los edificios del templo.

2 Pero él les dijo:

—¿Ven todo esto? Les aseguro que no quedará piedra sobre piedra, pues todo será derribado.

3 Más tarde estaba Jesús sentado en el monte de los Olivos, cuando llegaron los discípulos y le preguntaron en privado:

—¿Cuándo sucederá eso, y cuál será la señal de tu venida y del fin del mundo?

4 —Tengan cuidado de que nadie los engañe —les advirtió Jesús—. 5 Vendrán muchos que, usando mi nombre, dirán: "Yo soy el Cristo", y engañarán a muchos. 6 Ustedes oirán de guerras y de rumores de guerras, pero procuren no alarmarse. Es necesario que eso suceda, pero no será todavía el fin. 7 Se levantará nación contra nación, y reino contra reino. Habrá hambres y terremotos por todas partes. 8 Todo esto será apenas el comienzo de los dolores.

9 »Entonces los entregarán a ustedes para que los persigan y los maten, y los odiarán todas las naciones por causa de mi nombre. 10 En aquel tiempo muchos se apartarán de la fe; unos a otros se traicionarán y se odiarán; 11 y surgirá un gran número de falsos profetas que engañarán a muchos. 12 Habrá tanta maldad que el amor de muchos se enfriará, 13 pero el que se mantenga firme hasta el fin será salvo. 14 Y este evangelio del reino se predicará en todo el mundo como testimonio a todas las naciones, y entonces vendrá el fin.

15 »Así que cuando vean en el lugar santo "el horrible sacrilegio", de que habló el profeta Daniel (el que lee, que lo entienda), 16 los que estén en Judea huyan a las montañas. 17 El que esté en la azotea no baje a llevarse nada de su casa. 18 Y el que esté en el campo no regrese para buscar su capa. 19 ¡Qué terrible será en aquellos días para las que estén embarazadas o amamantando! 20 Oren para que su huida no suceda en invierno ni en sábado. 21 Porque habrá una gran tribulación, como no la ha habido desde el principio del mundo hasta ahora, ni la habrá jamás. 22 Si no se acortaran esos días, nadie sobreviviría, pero por causa de los elegidos se acortarán. 23 Entonces, si alguien les dice a ustedes: "¡Miren, aquí está el Cristo!" o "¡Allí está!", no lo crean. 24 Porque surgirán falsos Cristos y falsos profetas que harán grandes señales y milagros

**para engañar, de ser posible, aun a los elegidos. 25 Fíjense que se
lo he dicho a ustedes de antemano.**

**26 »Por eso, si les dicen: "¡Miren que está en el desierto!", no salgan;
o: "¡Miren que está en la casa!", no lo crean. 27 Porque así como el
relámpago que sale del oriente se ve hasta en el occidente, así
será la venida del Hijo del hombre. 28 Donde esté el cadáver, allí se
reunirán los buitres.**

29 »Inmediatamente después de la tribulación de aquellos días,

> **»"se oscurecerá el sol**
> **y no brillará más la luna;**
> **las estrellas caerán del cielo**
> **y los cuerpos celestes serán sacudidos".**

**30 »La señal del Hijo del hombre aparecerá en el cielo, y se
angustiarán todas las razas de la tierra. Verán al Hijo del hombre
venir sobre las nubes del cielo con poder y gran gloria. 31 Y al
sonido de la gran trompeta mandará a sus ángeles, y reunirán de
los cuatro vientos a los elegidos, de un extremo al otro del cielo.**

**32 »Aprendan de la higuera esta lección: Tan pronto como se ponen
tiernas sus ramas y brotan sus hojas, ustedes saben que el verano
está cerca. 33 Igualmente, cuando vean todas estas cosas, sepan
que el tiempo está cerca, a las puertas. 34 Les aseguro que no
pasará esta generación hasta que todas estas cosas sucedan. 35 El
cielo y la tierra pasarán, pero mis palabras jamás pasarán.**

Sentido Original

Los acontecimientos de la Semana Santa continúan desarrollándose de maneras que deberían haber pasmado a los discípulos de Jesús. El domingo, Jesús entró en Jerusalén como el Mesías que había llegado, envuelto en lo que parecía ser una aclamación triunfante por parte de las multitudes (21:1-11). Pero el lunes, tras interrumpir las actividades comerciales en el templo, todo dio un giro siniestro (21:12-17). Jesús abordó polémicas interminables y debates sin fin durante toda la mañana del martes (21:23-22:46); a esto le siguió una impactante diatriba en la que Jesús advirtió a las multitudes y a sus discípulos, de forma pública, sobre los maestros de la ley y los fariseos. Luego se dirigió a estos de forma directa, con angustiosos ayes (23:1-39). A estas alturas, sus discípulos entienden que la semana en Jerusalén va a ser peligrosa, ya que los líderes religiosos han salido a poner a Jesús a prueba para poder silenciarlo.

De modo que Jesús centra su atención con insistencia en sus discípulos. Percibe claramente la inminente crisis de su arresto, por lo que debe preparar a sus seguidores para los acontecimientos que los aguardan. Por quinta y última vez en el Evangelio de Mateo, dirige un importante discurso a los discípulos que incluirá parte de lo que se les enseñará a todos los nuevos discípulos para que obedezcan (28:20). Este pronunciamiento es una profecía, con el fin de preparar a sus discípulos tanto para los acontecimientos catastróficos del juicio que sobrevendrá a la nación con la destrucción del templo como para el intervalo anterior a su regreso en gloria y triunfo.

El escenario del Discurso del monte de los Olivos (24:1-3)

Aparentemente, a última hora de la tarde del martes, tras los debates teológicos con los líderes religiosos, Jesús y los discípulos abandonan el templo y la ciudad para emprender de nuevo el camino a Betania, donde pernoctan cada noche (*cf.* 21:17). El camino entre Jerusalén y Betania atraviesa el monte de los Olivos, y proporciona una vista espectacular del templo por detrás y por debajo de ellos. Los discípulos echan un vistazo a la ciudad y le señalan a Jesús las bellas construcciones del templo (24:1). Según Marcos 13:1, exclaman: "¡Mira, Maestro! ¡Qué piedras! ¡Qué edificios!".

En respuesta a estas exclamaciones sobre la belleza y magnificencia del templo, Jesús pinta un oscuro cuadro de su futuro: "¿Ves todos estos grandiosos edificios? —contestó Jesús—. No quedará piedra sobre piedra; todo será derribado". La última diatriba que Jesús dirigió a los fariseos incluía una advertencia a toda la generación y un lamento por Jerusalén y su templo (*cf.* 23:36-38). Esto debió de haber sorprendido a los discípulos ya que Jerusalén era la ciudad santa y el templo reconstruido era el orgullo de la nación. La declaración de Jesús también debió de desconcertar a los discípulos, ya que el templo estaba casi totalmente reconstruido en aquel tiempo (*cf.* Jn 2:20).[1] Ahora Jesús está profetizando su destrucción (que ocurrió en el 70 A.D.).

Jesús se sienta en el monte de los Olivos, reflexionando quizá sobre su predicción profética, cuando sus discípulos se acercan a él y le preguntan cuál es su interpretación privada de los increíbles acontecimientos a los que acababa de aludir (24:3). La respuesta de Jesús inicia un largo discurso en que predice los acontecimientos que se desarrollarán a lo largo del curso de la historia. Este es el quinto y último discurso recogido en este Evangelio. Como ocurrió con los demás discursos, Jesús se dirige a los discípulos, y esto forma parte del material de enseñanza para los nuevos discípulos que deberán aprender y obedecer hasta su regreso (28:20). Aquí, el material es una revelación apocalíptica, mientras que los primeros discursos incluían enseñanza (caps. 5–7), un encargo misionero (cap. 10), parábolas (cap. 13) y dichos sobre la vida comunitaria de la iglesia (cap. 18). Se conoce tradicionalmente como el Sermón del monte de los Olivos, ya que fue allí sentado donde pronunció este discurso. Los tres Evangelios sinópticos contienen esta profecía, aunque Mateo proporciona la descripción completa.

1. Para una visión global, ver Michael O. Wise, "Temple", *DJG,* 811-17.

El contenido del discurso responde a las preguntas de los discípulos: "¿Cuándo sucederá eso, y cuál será la señal de tu venida y del fin del mundo?". Los discípulos formulan aquí dos preguntas: (1) "¿Cuándo sucederán todas estas cosas?"; (2) "¿Cuál será la señal de tu venida y del fin del mundo?". Es decir, esta segunda pregunta sondea la venida de Jesús y el fin del mundo como las descripciones de un único acontecimiento.[2] Está indicado en griego por un artículo que rige la frase "señal de tu venida", así como la frase "fin del mundo".[3]

La respuesta de Jesús a la primera pregunta se presenta de forma más directa en el relato de Lucas (Lc 21:20; *cf.* Mt 24:15), aunque alude al abandono del templo de Jerusalén en aquella generación, al final de los ayes sobre el liderazgo religioso de Israel (Mt 12:34). Sin embargo, la forma en que los discípulos formulan ambas preguntas podría indicar que, para ellos, la destrucción del templo y la parusía no son hechos separados, y esto nos proporciona una pista para la respuesta de Jesús.

En este discurso contamos con referencias históricas y escatológicas, y Jesús profetiza tanto la caída de Jerusalén como su propia parusía. Lucas se centra en los detalles históricos de la destrucción del templo y de la caída de Jerusalén, acontecimientos que tuvieron lugar en el 70 A.D. (Lc 21:20-24), mientras que Mateo y Marcos nos dan pormenores que resultan difíciles de ver totalmente cumplidos en los acontecimientos del siglo I, y que por tanto indican un cumplimiento futuro (*cf.* Mt 24:15-22; Mr 13:14-20). Jesús alude a la destrucción del templo en el 70 A.D., pero utiliza estos acontecimientos para predecir los eventos del fin de los tiempos.

George Ladd sugiere que los elementos históricos y escatológicos están deliberadamente entrelazados bajo una especie de "escorzo profético". El suceso cercano, a saber, la destrucción de Jerusalén, sirve de símbolo del evento más lejano.[4] Jesús entremezcla su respuesta a las dos preguntas de los discípulos sobre la destrucción de Jerusalén y la parusía. La destrucción del templo responde

---

2. *Cf.* France, *Matthew,* 337; Gundry, *Matthew,* 476; Hagner, *Matthew,* 2:688; Ladd, *New Testament Theology,* 196-98; Stanley D. Toussaint, *Behold the King: A Study of Matthew* (Portland: Multnomah, 1981), 268-69.

3. Para la exposición de la "Regla de Granville Sharp" en lo que concierne a la construcción "artículo-sustantivo-καί-sustantivo" (TSKS), ver Wallace, *Greek Grammar,* 270-90. Menciona Mateo 24:3 como construcción TSKS impersonal ambigua, que es exegética y teológicamente relevante (Wallace, *Greek Grammar,* 288 n. 87).

4. Ladd, *Theology of the New Testament,* 198. *Cf.* también Hagner, *Matthew,* 2:688; Mounce, *Matthew,* 228-30. Cranfield sugiere que, en la propia opinión de Jesús, lo histórico se mezcla con lo escatológico, y que el acontecimiento escatológico final se ve a través de la "transparencia" del incidente histórico inmediato (Cranfield, *Mark,* 390-94). Para un intento de equilibrio de ambas cosas, ver David L. Turner, "The Structure and Sequence of Matthew 24:1-41: Interaction with Evangelical Treatments", *GTJ* 10/1 (primavera de 1989): 3-27.

a las interrogantes de ellos, pero, más allá de ese día, él está pensando en la era completa y su venida en poder y gloria al final de los tiempos.[5]

Podemos ver, entonces, tres partes básicas en el discurso de Jesús: (1) La primera parte describe los acontecimientos, por lo general en orden cronológico, que anteceden a la venida de Jesús (24:4-31). (a) En primer lugar proporciona una descripción general de los sucesos que ocurrirán a lo largo de todos los tiempos (24:4-14), con una actividad evangelizadora a nivel mundial que pondrá fin a los tiempos; (b) a continuación describe la "gran tribulación" (24:15-28), que entrelaza la profecía con la destrucción del templo en el 70 A.D. y la desolación final al final de los tiempos; (c) luego explica la venida del Hijo del hombre durante el tiempo de la tribulación (24:29-31); (d) concluye la primera parte del discurso con un principio general de proximidad relacionado con la destrucción y la parusía (24:32-35).

(2) La segunda parte proporciona lecciones sobre cómo observar, esperar y estar preparados para la venida de Jesús (24:32-25:30). (a) Jesús aborda las enseñanzas declarando por qué deben estar alerta sus discípulos, a saber, porque se desconoce el momento de su venida (24:36-41); (b) entonces ofrece una advertencia general con respecto a "vigilar" (24:42-44), porque la venida se producirá a una hora desconocida, y prosigue con tres parábolas para instruirlos sobre cómo deben aguardar ese desconocido momento de su venida (24:45-51; 25:1-13; 25:14-30).

(3) La tercera parte pone fin al discurso con un aviso de juicio y una promesa de recompensa en el momento de su venida (25:31-46).

El comienzo de los dolores de parto (24:4-14)

En la primera sección del Discurso del monte de los Olivos, Jesús ofrece un avance de las condiciones generales de la tierra que, en algún sentido, caracterizan toda la era antes de la venida del Señor. A los doce se les ha advertido, en cierto modo, sobre la inminente persecución y el sufrimiento que soportarán en el futuro esfuerzo misionero a nivel mundial (*cf.* 10:16-23); sin embargo, aquí se incluye en un discurso que anticipa el sufrimiento que será común a todos los discípulos, mientras aguardan el retorno de Jesús y el fin de esta era.

Sufrimientos por todo el mundo (24:4-8). El discurso comienza con una dura advertencia: "Tengan cuidado de que nadie los engañe". Es posible que se produzcan muchos sucesos que puedan provocar en los discípulos la idea de que ha llegado el fin de los tiempos. En lugar de ello, todos estos acontecimientos no son más que características generales de este presente siglo de "dolores de parto". Jesús explica, a grandes rasgos y de forma explícita, una serie de condiciones que no deben entenderse como indicadores del fin de los tiempos.

5. Para una explicación adicional, ver más abajo la sección Construyendo Puentes.

Falsos mesías (24:4-5). Primero advierte: "Vendrán muchos que, usando mi nombre, dirán: 'Yo soy el Cristo', y engañarán a muchos". Durante el periodo del segundo templo, muchas fueron las figuras proféticas y los libertadores mesiánicos que intentaron sin cesar incitar a la revolución contra las fuerzas de ocupación, y siguieron haciéndolo a lo largo de los años siguientes a la fundación de la iglesia. El rebelde judío del siglo II, Simon Bar Kojba (que significa "hijo de una estrella") recibió este nombre del Rabbi Akiva, que lo proclamó el Mesías, basándose en la estrella de Jacob de Números 24:17. Más tarde, los rabinos rechazaron esta identificación y se refirieron a él como Bar Kosiba (lit. "hijo de la mentira").[6] A lo largo de los años, muchos han intentado proclamar una identidad mesiánica. Los discípulos de Jesús no deben dejarse engañar.

Guerras y calamidades (24:6-7). Jesús avisa después con respecto a las guerras y los rumores de guerra; se producirán de forma repetida durante este tiempo, y las naciones y reinos se levantarán unos contra otros. Sin embargo, exhorta: "Procuren no alarmarse. Es necesario que eso suceda, pero no será todavía el fin". Aun cuando las calamidades parezcan indicarlo, el fin aún no está cerca. El Antiguo Testamento asoció las guerras, las batallas cósmicas, las hambrunas, los terremotos y otros acontecimientos catastróficos con el fin de los tiempos, como hizo también la visión apocalíptica de 2 Esdras 9:1-6 (obsérvense también los sucesos desastrosos reflejados en Apocalipsis). Pero Jesús enfatiza que estas actividades cataclísmicas serán una parte habitual del sufrimiento de esta vida hasta que el regreso de Jesús inicie la redención de toda la creación.

Los dolores de parto (24:8). Todo esto no es más que "el comienzo de los dolores". Los profetas del Antiguo Testamento usan la expresión "dolores de parto" como metáfora común para representar el terrible sufrimiento humano en general (Is 13:8; 21:3; 42:14; Jer 30:7-10; Os 13:13), pero también el sufrimiento específico que tendría que padecer Israel antes de su liberación (Is 26:17-19; 66:7-11; Jer 22:23; Mi 4:9-10). La simbología señala un tiempo de sufrimiento esperado que caracterizará el periodo anterior a la era mesiánica. Aunque la inauguración del reino de los cielos trae redención a sus ciudadanos, todo el mundo continúa experimentando dolores de parto mientras aguarda la redención final, como lo hacen incluso los creyentes, que tienen las primicias del Espíritu (*cf.* Ro 8:22-23).

Podemos pensar que el símbolo de los "dolores de parto" contradice la declaración de Jesús en la que indica que se desconoce el tiempo de su venida (24:36), ya que tales dolores presagian el inminente nacimiento de un bebé. Pero la metáfora de los "dolores de parto" se utilizaba para destacar una faceta diferente del proceso prenatal: que el comienzo del alumbramiento no es un fenómeno ininterrumpido, sino que es algo repetitivo, que viene por oleadas una y otra vez.[7] El

6. "Bar Kosiba, Simon", *DJBP,* 77-78.
7. Conrad Gempf, "The Imagery of Birth Pangs in the New Testament", *TynBul* 45 (1994): 119-35; esp. 132-34.

bebé no llega con la primera punzada; no obstante, una vez que empieza el dolor, todos sabemos que el inexorable proceso ha comenzado. Desconocemos si el bebé llegará en la quinta, la decimoquinta, la quincuagésima o en la contracción número quinientos. Los periodos de guerras, rumores de guerra, trágicos terremotos y hambrunas inundan de constante dolor el panorama de la historia. Cada uno nos recuerda que el final está llegando, pero nadie sabrá cuándo será hasta que aparezca el Hijo del hombre. Debemos permanecer en guardia durante todo el alumbramiento.

Algunos intentarán confundir a los creyentes y hacerles creer que estos dolores *son* el final. Pero Jesús advierte a sus discípulos de que no se dejen engañar. La primera aparición, en especial las tragedias de las que serán testigos en Jerusalén en el 70 A.D., es el *comienzo* de los dolores de parto, pero seguirán repitiéndose y serán las características de toda la era. La metáfora indica el carácter ineludible de la secuencia de sucesos, una vez comenzado el proceso, además de la naturaleza repetitiva de las oleadas de dolor hasta el final.

El sufrimiento de los discípulos de Jesús (24:9-13). El adverbio "luego" (*tote*) aparece en Mateo de forma habitual, unas veces para indicar una secuencia cronológica (p. ej., 2:7; 4:5, 17), y otras tan solo a modo de conector suelto (p. ej., 3:15; 4:11). Del mismo modo, en este capítulo aparece *tote* en algunos casos como un conector suelto (p. ej., 24:10, 23) y en otras ocasiones tiene un fuerte sentido de secuencia temporal (24:14, 16, 30). Algunos ven que la secuencia cronológica de 24:9 indica que los acontecimientos de 24:9-14 presagiarán la parusía.[8] En lugar de ello, el énfasis especial de *tote* señala un cambio de enfoque.[9] Jesús pasa de profetizar el sufrimiento que experimentará el mundo a lo largo de este siglo (24:4-8) a predecir el padecimiento con el que se encontrarán sus discípulos por ser sus seguidores (24:9-13).[10]

La persecución (24:9-11). Evoca su Discurso de Misión, con el que preparó a sus discípulos para las responsabilidades de llevar el evangelio del reino a lo largo de esta era (cap. 10); Jesús los avisa de que hallarán persecución: "Entonces los entregarán a ustedes para que los persigan y los maten, y los odiarán todas las naciones por causa de mi nombre" (*cf.* 10:16-24). Los discípulos serán entregados para *thlipsis* ("persecución, aflicción, tribulación"), una palabra que aparece cuatro veces en Mateo, tres de las cuales se hallan en este capítulo (13:21; 24:9, 21, 29). En 24:21, 29, *thlipsis* indica un periodo futuro específico de "tribulación" (NVI) o "angustia" (NTV); aquí, como en 13:21, el término indica un tipo de

8. Algunos perciben un cambio del aumento de persecución de la iglesia señalado en 24:9 justo antes de la parusía; p. ej., Robert H. Gundry, *The Church and the Tribulation* (Grand Rapids: Zondervan, 1973), 49; Brent Kinman, *History, Design and the End of Time: God's Plan for the World* (Nashville: Broadman & Holam, 2000), 80.
9. P. ej., Blomberg, *Matthew,* 354-55; Carson, "Matthew", 498; Davies y Allison, *Matthew,* 3:341; Hagner, *Matthew,* 2:694.
10. France, *Matthew,* 338.

problema o persecución general. Los discípulos de Jesús sentirán la ira de la humanidad y serán aislados por ella, porque lo siguen a él y proclaman su mensaje.

La frase "por causa de mi nombre" es, literalmente, "por mi causa", y se trata de una importante expresión cristológica[11] (*cf.* 5:11, 24:9) que se remonta al significado veterotestamentario del nombre de Dios como representación de su persona como único centro de la adoración y la lealtad de Israel (p. ej., Éx 3:15; 6:3; 9:16; 20:7). Los discípulos de Jesús tendrán el privilegio de llevar su nombre, pero esto también conlleva sufrimiento, porque el antagonismo y el odio que se dirigen hacia él recaerán naturalmente sobre sus seguidores.[12]

La traición (24:10). La fe de los seguidores de Jesús será puesta a prueba por la persecución. "Muchos se apartarán de la fe; unos a otros se traicionarán y se odiarán". No es fácil soportar la persecución, y a aquellos que solo se aferran a Cristo por su propia comodidad les resultará más fácil alejarse de él y evitar el sufrimiento. No solo buscarán escapar de su sufrimiento individual, sino que se convertirán en enemigos de Jesús, se volverán contra sus seguidores, los que fueron sus antiguos compañeros discípulos. Los traicionarán ante los perseguidores, y el amor que había caracterizado la relación entre ellos (5:43-47; 22:34-40) se convertirá en odio cuando rechacen por completo a Jesús. Esta apostasía es la prueba de que nunca fueron discípulos verdaderos.

El engaño (24:11). No solo habrá falsos mesías que intentarán engañar al mundo (24:5), sino que aparecerán falsos profetas dentro de la comunidad para intentar confundir a los discípulos de Jesús. El apóstol Juan advierte también sobre las voces engañosas dentro de la iglesia y en el mundo (1Jn 2:18-27; 4:1-6), que deben ser probadas según el criterio de su conocimiento de Jesús como el Mesías encarnado (1Jn 2:22; 4:2-3). Este discernimiento se empleará a lo largo de este tiempo para someter a prueba las sectas y la falsa teología, pero, tristemente, estos falsos profetas engañarán a muchos.

La maldad y la falta de amor (24:12). Todos los fenómenos anteriores se describen como el aumento de la maldad, y esto apunta a la muerte espiritual de aquellos que se apartan y los que han intentado engañar a la comunidad. La característica principal de esto es que provoca el enfriamiento del amor. A lo largo de su ministerio, Jesús hizo hincapié en que el amor no es principalmente una emoción, sino el compromiso activo hacia Dios y para con los demás de promover la voluntad de Dios (*cf.* 5:43-47). Aquellos que están espiritualmente muertos no pueden producir este tipo de amor, y esto recalca una vez más que estos apóstatas nunca conocieron a Dios en absoluto. La expresión de la NIV "muchos" (gen. pl. de *polloi*), junto con los demás usos de *polloi* en este capítulo, que se traducen "muchos" (24:5, 10-11),[13] indica que un gran porcentaje de la

11. Hagner, *Matthew,* 1:278.
12. *Cf.* Jn 15:21; 2Ti 3:12; 1P 4:13-14.
13. Blomberg, *Matthew,* 355; Hagner, *Matthew,* 2:695.

comunidad apostatará.[14] Es una imagen sombría de la comunidad de discípulos impactada por la apostasía. Pero no es diferente a las declaraciones de Jesús en otros lugares donde enfatiza que la puerta y el camino a la vida son angostos, y que son pocos los que lo hallan (7:13-14).

Mantenerse firme (24:13). Junto con la lúgubre imagen de la apostasía, Jesús hace una promesa crucial: "Pero el que se mantenga firme hasta el fin será salvo". La resistencia activa es algo que se puede incluir en mantenerse firme, pero es mucho más visible la fortaleza imperecedera de los discípulos bajo cualquier circunstancia, hasta la persecución más odiosa. En el Discurso de Misión encontramos una expresión idéntica; allí Jesús les proporcionó gran seguridad en cuanto a que, a pesar de que aumentaría la persecución, el odio de la humanidad no vencería a sus discípulos misioneros (10:22). Aquí Jesús también contempla la promesa de que aquel discípulo que resista hasta el final, es decir, el final de la persecución, ya sea por la venida del Hijo del hombre (10:23) o porque la vida de la persona llegue a su fin, será salvo.

"Salvo" no se refiere al rescate de la muerte física, porque muchos discípulos han experimentado el martirio (*cf.* también 24:21-22). La promesa que hace Jesús es concreta y, a la vez, un recordatorio aleccionador. Promete que quien permanezca comprometido con su nombre hasta el final no será consumido por la persecución, sino que con su venida experimentará toda la bendición y la paz de la salvación del reino. Sin embargo, Jesús les recuerda al mismo tiempo que el compromiso real de un discípulo se demuestra permaneciendo firme. Jesús es fiel y proveerá los recursos para resistir cualquier dificultad que pueda presentarse, porque el mismo Espíritu que estuvo en él durante su ministerio terrenal (12:18) hablará a través de los discípulos cuando estén bajo presión y persecución (10:19-20), y les suministrará la fuerza necesaria para que resistan hasta el final. Jesús mismo estará con ellos hasta el fin de los tiempos (28:20).

Predicar el evangelio a todas las naciones (24:14). Jesús previno a los discípulos sobre las falsas suposiciones con respecto a las señales del fin (24:6, 8); ahora proporciona un indicador explícito de la actividad que se debe llevar a cabo antes del final de esta era: "Y este evangelio del reino se predicará en todo el mundo como testimonio a todas las naciones, y entonces vendrá el fin". La expresión "evangelio del reino" se halla únicamente en Mateo (*cf.* 4:23; 9:35), combinando las buenas nuevas de salvación con la llegada del reino de Dios. Es un testimonio o testigo de la realidad de la presencia de Dios en el ministerio de Jesús y de sus seguidores (*cf.* 8:4; 10:18). Aunque el aumento de los sucesos en 24:9-13 indica que la parusía está cerca, la única condición explícita que se debe cumplir es la proclamación del evangelio a todas las naciones. Después de que haya ocurrido esta proclamación, llegará el final.

---

14. El *ton pollon* articular puede indicar mayoría, como en la traducción de la NVI; *cf. BDAG*, 849; Davies y Allison, *Matthew,* 3:343 n. 98; France, *Matthew,* 338.

Durante el ministerio terrenal de Jesús, la misión de los discípulos se restringió a Israel (*cf.* 10:5-7), en cumplimiento del pacto davídico. La misión futura cambia y va dirigida a todas las naciones; esto cumplirá el pacto abrahámico, aunque se incluirá un alcance continuo hacia Israel (ver comentarios en 10:23; 28:19).[15] Esta futura misión se inaugurará con la "Gran Comisión" del Jesús resucitado (28:16-20), pero se profetiza tanto aquí en el Discurso del monte de los Olivos como en el anterior Discurso de Misión (10:16-23).

Esta proclamación mundial se realizó, en parte, durante el siglo I con la predicación de Pablo a lo largo de lo que entonces era el mundo conocido (p. ej., Ro 15:19), lo que contribuyó a la posibilidad del inminente regreso de Jesús.[16] Pero se exige la prioridad de la actividad misionera mundial mediante el reconocimiento de que el cumplimiento final de la declaración de Jesús en 24:14 aguarda la llegada escatológica de los acontecimientos de la gran tribulación, a los que ahora dirige su atención. Los discípulos de Jesús tienen que entregarse con urgencia a la tarea de la predicación del evangelio del reino, a lo largo de la era presente, porque no podemos discernir por completo cuándo habrá alcanzado por fin a todas las naciones.[17] Cada nueva generación de naciones lleva consigo un nuevo campo de misión. Pero, una vez cumplida esta proclamación, comenzará el tiempo de la tribulación en la tierra.

Descripción de la "gran tribulación" (24:15-28)

La combinación de las conjunciones temporales ("cuando") e ilativas ("así que, por tanto") con las que comienza 24:15 muestra un importante cambio temporal: "Así que cuando vean en el lugar santo 'el horrible sacrilegio'…". Jesús pasa ahora de las características generales de esta era hasta llegar a su regreso, y señala un suceso profetizado en Daniel 9:27: "… cometerá horribles sacrilegios hasta que le sobrevenga el desastroso fin". Algunos sostienen que, llegado a este punto, Jesús se centra exclusivamente en la destrucción del templo del 70 A.C.,[18] mientras que un amplio espectro de eruditos mantiene que estos acontecimientos también presagian un tiempo futuro de profanación y destrucción escatológica.[19] Aquí preferimos este segundo punto de vista, sobre todo al compararlo con la predicción paulina sobre el hombre de maldad escatológico (2Ts 2:1-12) y con la visión de la bestia de Juan en Apocalipsis 13:11-18, que son notablemente parecidas a la profecía de Jesús. Juntas indican alguna "figura maligna y divinizada como la del anticristo".[20]

---

15. *Cf.* Wayne A. Brindle, "'To the Jew First'", 221-33.
16. P. ej., Blomberg, *Matthew,* 356-57.
17. P. ej., Davies y Allison, *Matthew,* 3:344; Morris, *Matthew,* 602.
18. P. ej., France, *Matthew,* 340-41; Blomberg, *Matthew,* 485; Ladd, *Theology of the New Testament,* 675-76.
19. P. ej., Davies y Allison, *Matthew,* 3:344; Gundry, *Matthew,* 485; Ladd, *Theology of the New Testament,* 675-76.
20. Gundry, *Matthew,* 482.

Si nos limitamos al relato de Lucas 21:20-24, el foco se pone aparentemente en la caída de Jerusalén. No obstante, cuando consideramos Mateo 24:15-22 y Marcos 13:14-20, con la mención de "horribles sacrilegios, hasta que les sobrevenga el desastroso fin" (obsérvese que Lucas solo habla de la desolación de Jerusalén), podemos percibir que el foco se desplaza hacia algo que no ocurrió en la destrucción de Jerusalén en el 70 A.D. Esta referencia traslada el centro a los acontecimientos del final de los tiempos. Por tanto, Jesús está ofreciendo una mezcla de elementos proféticos que hablan tanto a su generación como a la futura.

El horrible sacrilegio (24:15). La profecía de Daniel se refiere a un periodo de "siete", en el cual, a mitad de los "siete", un gobernador cometerá "horribles sacrilegios" (Dn 9:27; *cf.* también 8:13; 11:31; 12:11). Durante la época de los macabeos, se usó la misma expresión para describir el sacrilegio de Antíoco IV Epifanes, el rey seléucida que decretó que se erigiera en el templo un altar dedicado al Zeus olímpico, además de colocar una estatua de sí mismo, en el 15 del mes de Quisleu del 167 A.C., (*1 Mac*. 1:54; *cf. 2 Mac*. 6:2). Antíoco decretó más adelante que el sabbat y otras celebraciones festivas debían ser profanados, que la circuncisión debía quedar abolida y que el cerdo y los demás animales impuros debían ser sacrificados en el templo (*cf. 1 Mac*. 1:41-50). Este fue uno de los peores momentos de la historia judía.

No obstante, los antiguos también recordaron las referencias de Daniel cuando, en el 26 A.D., Poncio Pilato llegó como prefecto para gobernar Judea e introdujo en Jerusalén los estándares militares que portaban símbolos idólatras del emperador.[21] Otros creían que la profecía de Daniel se estaba cumpliendo cuando el emperador Cayo César (Calígula) ordenó que se levantara una estatua gigantesca de sí mismo en el templo de Jerusalén, aunque el rey Herodes Agripa I lo disuadió, y murió en el 41 A.D. antes de que la orden se pudiese llevar a cabo.[22]

Sin embargo, en lugar de afirmar que se realizaron por completo en los hechos de Antíoco IV Epífanes, o en cualquier otro momento, Jesús cita directamente a Daniel para aclarar que el cumplimiento del "horrible sacrilegio" sigue siendo futuro.[23] Pablo se remonta a las profecías de Jesús y de Daniel cuando realiza su propia declaración profética sobre el anticristo que aún está por llegar (2Ts 2:3-4), y que prefigura al anticristo (la primera bestia) que será establecido por el falso profeta (la segunda bestia) como un dios en el templo (Ap 13:11-18).

Tanto Mateo como Marcos incluyen la frase "el que lee, que lo entienda" (*cf.* Mr 13:14). Este es un aparte que pretende conseguir que el lector de Daniel

21. Ver Josefo, *Ant.* 55-59; para una exposición al respecto, ver Paul Barnett, *Jesus and the Rise of Early Christianity: A History of New Testament Times* (Downers Grove, Ill.: InterVarsity Press, 1999), 144-48.
22. *Cf.* Filón, *Legatio ad Gaium* 200-203; Josefo, *Ant.* 257-309; ver F. F. Bruce, *New Testament History* (Nueva York: Doubleday, 1969), 253-57.
23. Para una exposición sobre las cuestiones relacionadas ver Gleason L. Archer Jr., "Daniel", *EBC* (Grand Rapids: Zondervan, 1985), 7:111-21.

vea que en las palabras de Jesús se hallará el verdadero cumplimiento de la profecía. Con el principio del horrible sacrilegio que causa el desastroso fin, como afirmó Daniel, comienza el período de "la gran tribulación" (Mt 24:21). Este horrible sacrilegio es el suceso predominante de este periodo de tribulación, que se corresponde con el periodo de "siete" de Daniel, durante el cual, a mitad del "siete", un gobernante "cometerá horribles sacrilegios, hasta que le sobrevenga el desastroso fin" (Dn 9:27). Cuando consideramos Daniel (esp. 9:25-27) y los acontecimientos de Apocalipsis (ver el número de 1.260 días en Ap 12:6, que equivale a tres años y medio), esto marca la segunda mitad de los siete años de tribulación, el tiempo de la "gran tribulación". Al parecer, los tres primeros años y medio eran un tiempo de relativa paz y tranquilidad.

Como se expuso en la introducción de este discurso, la profecía de Jesús es una respuesta a las dos preguntas de los discípulos. Predice la destrucción de Jerusalén y del templo en el 70 A.D., pero mira más allá a un tiempo futuro, cuando surgirá en Jerusalén otro horrible sacrilegio para desviar al pueblo de Dios y traer destrucción a todo aquel que se le resista.[24]

La huida de los creyentes (24:16-20). En una serie de cinco advertencias tomadas de la vida cotidiana en Israel, Jesús acentúa la inmediatez del peligro que acompañará al cumplimiento de la llegada del horrible sacrilegio. (1) "Los que estén en Judea huyan a las montañas". Cuando tenga lugar la abominación, aquellos que hayan prestado atención a las profecías de Jesús sabrán que una destrucción inmediata y absoluta está llegando a Jerusalén y que muchos morirán, de modo que deben apresurarse a huir. El historiador cristiano Eusebio relató que el aviso de Jesús de huir a las montañas se cumplió durante la revuelta judía, cuando los cristianos huyeron a Pella.[25] No obstante, la advertencia de Jesús es más general, ya que las montañas siempre han sido un lugar de refugio para quienes han sido asediados por los ejércitos invasores; por tanto, los cristianos deben encontrar refugio allí en este tiempo futuro de gran peligro.

(2) "El que esté en la azotea no baje a llevarse nada de su casa". La inminente destrucción significa que no habrá tiempo de reunir provisiones en el hogar. Las azoteas de muchas casas de Israel eran un lugar donde hallar una brisa fresca por la noche y se consideraban parte de la vivienda.

(3) "El que esté en el campo no regrese para buscar su capa". La cubierta exterior era un elemento esencial para viajar, que a menudo se usaba como manta para dormir al raso, y solo a alguien apurado por una prisa extrema se le ocurriría dejarla atrás.

24. Resulta interesante observar que existe un movimiento activo dentro del judaísmo en Israel para reedificar el templo, que sería el tercer templo (ver, p. ej., la página web siguiente: www.templeinstitute.org).
25. Eusebio, *Hist. Ecl.* 3.5.3.

(4) "¡Qué terrible será en aquellos días para las que estén embarazadas o amamantando!". La amenaza de viajar en este tiempo peligroso es mayor para los que corren más riesgo, y en especial para las madres embarazadas y sus hijos. Jesús describe su destino con un llanto de "aflicción", enfatizando que los más vulnerables y quienes dependen de la ayuda de los demás serán quienes más sufran.

(5) La última advertencia afirma sin rodeos: "Oren para que su huida no suceda en invierno ni en sábado". Huir en invierno, cuando las calles están inundadas y los ríos crecidos, supone una dificultad más extrema para los que huyen de los horrores de la destrucción inminente. Los discípulos deben aferrarse en oración a la presencia de Dios y a su ayuda, que siempre está disponible, aun cuando puedan verse obligados a romper hasta las tradiciones observadas con el mayor fervor, como el sabbat judío.

"La gran tribulación" (24:21). Aparece de nuevo el adverbio "luego" (*tote*), aquí con un fuerte sentido de secuencia temporal (ver comentarios en 24:9; *cf.* 24:14, 16, 30). La aparición de los horribles sacrilegios pone en marcha el periodo de la "gran tribulación, como no la ha habido desde el principio del mundo hasta ahora, ni la habrá jamás". Aunque el periodo del asedio y la destrucción de Jerusalén fue horrible,[26] la descripción de Mateo indica aquí un tiempo de tribulación que no había ocurrido durante la caída de dicha ciudad. Los horrores que cayeron sobre el pueblo judío y el mundo entero, con las dos guerras mundiales del siglo veinte, son una sombría advertencia de que la devastación venidera por la desatada depravación de la humanidad no tendrá igual. La visión que Jesús describe aquí debe, sin lugar a dudas, tener lugar en el futuro. La visión del apóstol Juan revela dicho tiempo de increíble horror futuro (Ap 7-19). La inusual acumulación de negativas en Mateo 24:21 ("como no la ha habido [...] ni la habrá jamás", *oud'ou me genetai*) da lugar a una negación enfática que señala el inigualable clímax de horror y también la promesa divina de que no volverá a repetirse.[27]

Los días se acortarán (24:22). Jesús reitera el terrible sufrimiento de esos días futuros: "Si no se acortaran esos días, nadie sobreviviría, pero por causa de los elegidos se acortarán". Es una forma proverbial de indicar que Dios controla incluso esos días de horror. De haberse permitido que la maldad de la humanidad y la ira de Dios corriesen de forma desbocada, el terror no tendría fin y nadie sobreviviría. Es la promesa de que el tiempo de tribulación no durará indefinidamente, porque Dios tiene el control.

---

26. Ver Josefo, *G. J.* 5-6.
27. Otros intentan justificar esta increíble declaración de la acumulación de horrores en 24:21-28 suponiendo que el porcentaje de judíos que murieron en Jerusalén en el 70 A.D. fue mayor que cualquier otro desde entonces (p. ej., Carson, "Matthew", 501), o sugiriendo que esto describe el sufrimiento de los creyentes a lo largo de toda la era de la iglesia, desde el 70 A.D. hasta el regreso de Jesús (p. ej., Blomberg, *Matthew,* 359-60). Ninguna de las dos propuestas le hace justicia, en realidad, al lenguaje que aquí se utiliza.

Con frecuencia se alude al pueblo de Israel como "el elegido" (p. ej., Is 45:4; *1 En.* 1:1), pero esta es una referencia a todos los cristianos que creen (p. ej., Ro 11:7). En el tiempo futuro de la gran tribulación, cuando Dios vuelva a usar a Israel como testimonio (p. ej., Ap 7:3-8) para introducir a una multitud de creyentes de todas las naciones que adoran a Dios y al Cordero (Ap 7:9-12), la expresión "el elegido" incluirá a todo aquel que crea en Cristo durante este periodo (*cf.* Mt 24:24, 31).

Advertencias sobre los falsos mesías (24:23-28). Aunque anteriormente Jesús había destacado que la presencia de estos charlatanes sería una característica de todo este tiempo hasta la parusía, y que no señalaría el final de los tiempos (ver comentarios sobre 24:5, 11), ahora apunta al surgimiento de falsos mesías y profetas declarando que durante el periodo de la gran aflicción aparecerán como nunca antes y obrarán milagros. Las señales y los prodigios que realizan indican una actividad sobrenatural, pero los creyentes deben tener cuidado y no dejarse engañar pensando que Dios los respalda. El mismo Satanás y sus fuerzas malignas son capaces de manipular lo sobrenatural, por lo que el discernimiento espiritual debe buscar la mano que se encuentra detrás de las señales y los milagros, para cerciorarse de que provengan verdaderamente de Dios. Estos falsos mesías y profetas que realizan hechos sobrenaturales son, pues, meros peones en las manos del maligno, el enemigo de Dios.

Creyentes, tengan cuidado. "Si les dicen: '¡Miren que está en el desierto!', no salgan; o: '¡Miren que está en la casa!', no lo crean". El desierto tenía matices mesiánicos para diversos grupos dentro de Israel, que lo asociaban con la liberación venidera (p. ej., los esenios de la comunidad del Qumrán); los impostores mesiánicos solían reunirse con sus seguidores en el desierto, antes de su aparición pública.[28] Jesús indica que no deben creer a los que "están en el desierto" ni a los que están "en la casa" y dicen ser el Mesías. Él no vendrá de una forma secreta ni en exclusiva para su pandilla de seguidores. Más bien, el Hijo del hombre vendrá de una manera espectacular, como el relámpago que es visible para todos: "Porque así como el relámpago que sale del oriente se ve hasta en el occidente, así será la venida del Hijo del hombre".

Las advertencias con respecto a las obras secretas de los falsos mesías y la declaración de su propia aparición espectacular impulsan a Jesús a pronunciar un dicho desconcertante: "Donde esté el cadáver, allí se reunirán los buitres". El término *aetos* se puede utilizar en referencia al "águila" (Ap 4.7; 8.13), pero cuando se menciona a un cadáver se traduce mejor como "buitres" (NVI), ya que las águilas no se reúnen en grupo ni se alimentan, por lo general, de carne muerta. Es un dicho proverbial citado por Jesús o creado por él para exponer una imagen macabra (*cf.* también Lc 17:37). Aquí está relacionado con la aparición de los falsos mesías y profetas, o con la venida del Hijo del hombre.

---

28. Ver Patrich, "Hideouts in the Judean Wilderness", 32-42. Para tener una visión global de estos grupos, ver Horsley y Hanson, *Bandits, Prophets, and Messiahs.*

El significado de este proverbio es, por tanto, una de las siguientes opciones. (1) Puede resaltar que la corrupción de este mundo atraerá a los falsos mesías y profetas para reunirse y alimentarse de los que han sido engañados y están, por consiguiente, espiritualmente muertos. Esto encaja mejor con las advertencias sobre los falsos profetas.[29] (2) Puede significar que, tan cierto como que los buitres se reúnen para devorar un cadáver o el cuerpo de un animal muerto, así todos serán atraídos para ver a Cristo en su regreso.[30] (3) Puede indicar el ámbito de operación desde el cual se puede ver cómo los buitres dan vueltas en lo alto, y convergen sobre el cadáver del animal muerto; así será la visibilidad del retorno del Hijo del hombre cuando venga a traer juicio sobre la falta de vida de este mundo corrupto.[31] Este último punto de vista parece tener más sentido en el contexto de la alusión que Jesús hace a su aparición como un relámpago, pero resulta torpe, por cuanto parece compararlo con un buitre. Sin embargo, estas incongruencias caracterizan a menudo las reflexiones y las parábolas proverbiales de Jesús para causar efecto.

Descripción de la venida del Hijo del hombre (24:29-31)

La frase "inmediatamente después de la tribulación de aquellos días" (24:29) introduce una secuencia temporal: el Hijo del hombre vendrá después de aquel tiempo de tribulación. Aquí, "tribulación" (*thlipsis*) está vinculada a 24:21 para indicar un periodo específico de gran tribulación. La expresión adverbial "inmediatamente después" enfatiza que las señales celestiales y la venida de Jesús ocurrirán después del tiempo de "gran tribulación" recién descrito en 24:15-28.

Los que sostienen que estos sucesos ocurrieron durante la caída de Jerusalén hacen hincapié en que se debe recurrir a un "patético prosaísmo"[32] para que estos acontecimientos tengan lugar, de forma literal, al final de la era. Pero los que interpretan que esto sucederá al final sugieren que uno debe "espiritualizar descontroladamente"[33] estos eventos para entender que ocurrieron en la caída de Jerusalén. Una vez más, se debería reconocer la mezcla de profecía que alude a este hecho con profecía que mira al final de la era. Aunque el juicio que caerá sobre Israel en el 70 A.D. con la destrucción de Jerusalén sí parece estar en la mente de Jesús (*cf.* 23:37-39; Lc 21:20-24), el énfasis principal está sobre el fin de la era cuando él venga como el Hijo del hombre, con gran poder universal.

29. Morris, *Matthew,* 608. Esto parece darle sentido a la metáfora relacionándola con unas connotaciones negativas, pero no encaja realmente en el contexto de la declaración de Jesús sobre su regreso.
30. Blomberg, *Matthew,* 361. Esto parece darle más sentido a la declaración de Jesús en el contexto, pero la metáfora no constituye realmente un paralelismo con la venida de Jesús; ¿acaso se puede representar la parusía con un cadáver?
31. Hagner, *Matthew,* 2:707; aunque Hagner minimiza el aspecto de juicio.
32. France, *Matthew,* 344.
33. Toussaint, *Behold the King,* 266.

Alborotos celestiales (24:29). El fin de los tiempos llegará con gran alboroto en los cielos, que se oscurecerán, las estrellas caerán, las fuerzas de este siglo se verán alteradas y, por fin, se producirá la venida de Jesús. A su llegada se reunirá con los elegidos de los extremos de los cielos. Estos sucesos se refieren, probablemente, a su llegada al final del tiempo de tribulación, y se corresponderían con el momento del juicio de las naciones (25:31-46).

Jesús utiliza aquí la simbología apocalíptica al aludir a pasajes como los de Isaías 13:10 y 34:4 para describir su llegada con una mezcla de lenguaje literal y figurado.[34] Dios hará que los cielos se oscurezcan y que los cuerpos celestiales sean sacudidos. Semejante lenguaje puede indicar fenómenos físicos, así como alteraciones políticas y espirituales. La oscuridad que tuvo lugar durante la crucifixión de Jesús fue una señal de que había vencido a las fuerzas del mal en la cruz, y las tinieblas que se producirán durante su segunda venida indican que ejercerá ahora su gobierno sobre todas las fuerzas, en especial las del demoníaco príncipe de las potestades del aire.

Apariciones celestiales (24:30-31). Junto con estas perturbaciones en el cielo llegarán las apariciones celestiales: "La señal del Hijo del hombre aparecerá en el cielo". Existe un debate con respecto a si la "señal" es algún tipo de insignia o estandarte celestial, o si se trata del Hijo del hombre mismo.[35] Muchos han relacionado la "señal" con el "estandarte" que el Mesías alzará cuando reúna a las naciones de Israel (Is 11:10-12; 18:3), o con el tipo de "banderas" que se indican en el Rollo de la Guerra y que alzaban las formaciones de combate de la congregación del Qumrán al final de la lucha (*cf.* 1QM 3:13-4:17). Entre las muchas teorías respecto a algún tipo de insignia celestial, algunos (p. ej., Crisóstomo) sugirieron que la señal será una cruz en el cielo. Sin embargo, como el resto del versículo apunta a que será la venida del Hijo del hombre mismo la que fomente el duelo, la aparente referencia a Daniel 7:13 ("alguien con aspecto humano") indica que Jesús mismo es la señal de la consumación escatológica de los tiempos (ver Mt 16:27; 26:64).[36]

Así como en su primera venida, cuando el ministerio y la resurrección de Jesús fueron señales suficientes de que ciertamente era el Mesías, el Hijo de Dios,[37] su segunda venida será la señal para "todas las razas [*phylai*] de la tierra", que en ese momento se lamentarán (24:30). El término *phylai* se puede traducir

34. *Cf.* Ez 32:7; Jl 2:31; 3:15; Am 8:9; *2 Esd.* 5:4-5; 7:39; *T. Mos.* 10:5.
35. En términos de gramática griega, la pregunta implica si el genitivo de la expresión "la señal del Hijo del hombre" es un genitivo objetivo ("la señal que indica al Hijo del hombre") o un genitivo de aposición ("la señal que es el Hijo del hombre").
36. *Cf.* también la expectativa mesiánica de una persona como bandera en Is 5:26-30; ver Gordon D. Kirchhevel, "He That Cometh in Mark 1:7 and Matt 24:30", *BBR* 4 (1994): 105-11.
37. Los líderes judíos habían pedido una y otra vez una señal así (12:38; 16:1; *cf.* Jn 2:18; 20:30-31).

"razas" (NVI) o "tribus" (RVR1960). Mateo utiliza con regularidad *ethne* para referirse a las razas (p. ej., 24:9; 28:19), y la única otra vez que vuelve a emplear *phylai* lo hace para referirse, de forma especial, a las doce tribus de Israel (19:28); por tanto, aquí debería verterse "tribus", para recordar a las doce tribus de Israel. De ser así, "tierra" se refiere a la tierra de Israel.[38] Esto incorpora el énfasis de Daniel sobre el tiempo de gran angustia que vendrá sobre la tierra en la venida del Hijo del hombre, junto con el énfasis del profeta sobre el venidero día del Señor con su juicio del mal.

Este lenguaje tendría un significado especial para el público judío, ya que la profecía de Zacarías 12:10 habla sobre el pueblo de Israel que se lamenta cuando mira a aquel al que traspasaron. El apóstol Juan aplica esta profecía a aquellos judíos que lamentan la crucifixión (Jn 19:37), y cita la profecía de Apocalipsis 1:7. Aquellos acontecimientos tuvieron una gran importancia para el pueblo de Israel, y Juan utiliza el sustantivo singular *phyle* para referirse a cada tribu individual de Israel (Ap 7:4-8). Es un tipo de pesar que produce arrepentimiento; si no es de este tipo, es del que surge al reconocer el juicio que está por caer sobre ellos. A la luz del lugar que Pablo concede al futuro arrepentimiento y conversión de Israel (Ro 9–11; *cf.* Mt 23:39), lo más probable es que sea el arrepentimiento lo que se tenga en mente.

Jesús prosigue con la descripción de su venida: "Verán al Hijo del hombre viniendo sobre las nubes del cielo, con poder y gran gloria". No resulta fácil hacer que venir sobre las nubes con poder y gloria se refiera a que Cristo vendrá espiritualmente en juicio contra Israel en el momento de la destrucción del templo. Más bien, este es un lenguaje escatológico que repite la profecía de Daniel y señala el regreso de Cristo al final de los tiempos. Jesús completa su identidad propia mediante el uso del título relativamente ambiguo "Hijo del hombre" (ver comentarios en 8:20). Él es el Hijo del hombre que manifiesta humillación, al no tener dónde recostar su cabeza (8:20), que experimenta sufrimiento como el siervo que da su vida por muchos (20:17-19, 28), y que ahora se revela como aquel que vendrá con glorioso poder, como el majestuoso soberano designado por el Anciano, para recibir adoración como Rey divino del reino de Dios (Dn 7:13-14).

Cuando aparezca, "al sonido de la gran trompeta mandará a sus ángeles". Sin embargo, en la escatología judía se asociaba las banderas y las trompetas con la majestuosa llegada del Mesías.[39] En la enseñanza escatológica de Pablo, se repite el regreso de Jesús, acompañado por los ángeles y el sonido de las trompetas (1Co 15:51-2; 1Ts 4:16). En otro lugar, Jesús menciona a la hueste angelical que acompaña su aparición escatológica, para congregar y traer juicio (Mt 13:39, 41, 49; 16:27; 25:31), y que está a su disposición (4:11; 26:53). Un ángel del Señor anunció la llegada de Jesús como el Emanuel encarnado

38. Así Blomberg, *Matthew,* 362.
39. Is 18:3; 27:13; Jer 4:21; 6:1; 51:27; 1QM 3-4, 8, 16, 17-18.

(1:20-24) y guio a la familia durante su infancia (2:13-23), y un ángel anunciará al Jesús resucitado (28:2-5).

Esta imagen coincide con el soberano Hijo del hombre, acompañando a los ángeles del cielo, que "reunirán de los cuatro vientos a los elegidos, de un extremo al otro del cielo". Los "elegidos" es otra referencia a todos los creyentes, judíos y gentiles, que han creído en él durante este tiempo de gran tribulación. La reunión "de los cuatro vientos, de un extremo al otro del cielo" puede referirse a los cuatro puntos cardinales (*cf.* Ez 37:9; Dn 8:8; 11:4) y de cada lugar debajo del cielo.[40] Otros interpretan la expresión como una referencia a los ángeles de Jesús reuniéndose y trayendo con él a todos los redimidos, que ya están en los cielos, para unirse con los creyentes de la tierra (*cf.* Ap 19:11-16).[41] Es probable que debiera incluir ambas cosas, de manera que al final del periodo de tribulación Jesús regresa para traer con él a todos los creyentes que están con él en el cielo, así como para reunir a los creyentes que sigan vivos en la tierra.[42]

La enseñanza de la higuera (24:32-35)

Ahora aparece un cambio de énfasis. Hasta este momento ha existido una combinación de rasgos históricos y escatológicos en respuesta a las preguntas sobre la destrucción del templo, el regreso de Jesús y el fin de los tiempos. Jesús ha proporcionado una descriptiva visión global de toda la era. Pero ahora se ocupa de las actitudes que deberían caracterizar a los que viven durante este siglo y aguardan su venida. Ofrece varias enseñanzas para equipar a las personas a fin de prepararse para el final.

La primera es la lección parabólica basada en la higuera. Antes de esto, la higuera le proporcionó a Jesús un ejemplo práctico para sus discípulos sobre la irresponsabilidad de los líderes judíos, que deberían haber reconocido su autoridad mesiánica cuando anunció la llegada del reino de los cielos (ver 21:18-22). Quizá Jesús esté continuando aquí con la alusión a Israel, señalando la futura liberación de Israel y del templo del dominio gentil, con la ilustración de la higuera que indica el tiempo de la futura bendición de Israel.[43] Pero lo más probable es que Jesús se sirva de la higuera como enseñanza parabólica impartida a los discípulos desde la naturaleza. Enseña un principio de cercanía con respecto al horrible sacrilegio del templo y el regreso del Hijo del hombre: "Tan pronto como se ponen tiernas sus ramas y brotan sus hojas, ustedes saben que el verano está cerca. Igualmente, cuando vean todas estas cosas, sepan que el tiempo está cerca, a las puertas".

---

40. Carson, "Matthew," 506; Keener, *Matthew* (1997), 352; Morris, *Matthew*, 611.
41. Blomberg, *Matthew*, 363.
42. Los pretribulacionistas afirman que Jesús trae con él a los muertos y a los creyentes "arrebatados" que están con él en el cielo, aunque los postribulacionistas sostienen que solo traerá con él a los primeros.
43. Flusser, "Jesus Weeps over Jerusalem", *Jesus,* 240-43.

En los meses de invierno, las higueras pierden sus hojas, de manera que solo los brotes y las hojas nuevas que salen en primavera indican que el verano está cerca; así también, cuando ocurran los acontecimientos del contexto anterior, los discípulos deben estar preparados para la venida del Hijo del hombre. Jesús declaró con anterioridad que los angustiosos sucesos de este siglo no deben interpretarse como indicativos de que el Señor está cerca (24:1-8). Sin embargo, conforme se va acercando el final, sutiles aumentos de dificultad empiezan a señalar el fin. El árbol lleno de brotes puede pasarse por alto; no es nada espectacular y puede pasar inadvertido hasta que sea demasiado tarde.

Por tanto, cuando sus discípulos vean "todas estas cosas" (es decir, el principio del aumento de la aflicción y el cumplimiento de la proclamación del evangelio del reino a nivel mundial), deberían estar alerta, porque el fin puede ser inminente. El ambiguo *estin* (24:33) permite la traducción "el tiempo está cerca" (NVI), que señala al antecedente "verano" del versículo precedente, o "Él está cerca" (LBLA), llevándonos así a la venida del Hijo del hombre de la sección anterior (24:30). Es mejor hacer como la NIV y dejarlo de forma impersonal, incluyendo así todos los aspectos de la parusía. Durante esta era, todos deberían permanecer alerta, porque el verano puede producirse sin que uno se dé cuenta. No obstante, para quienes estén vigilantes, existen indicaciones de que el final se acerca, y de manera específica el hecho de que se predique el evangelio del reino a todas las naciones (24:14). Por tanto, "verano" se refiere aquí a la era de la bienaventuranza y la abundancia de fruto que tendrá lugar cuando Jesús haya regresado. Esto ayuda a los discípulos a permanecer alertas. Sin embargo, los nuevos brotes del árbol no son algo espectacular, sino sutil, y pueden pasar desapercibidos. La idea consiste en que las personas deben estar vigilantes y que ciertas señales les predecirá que ha llegado el final.

A continuación, Jesús habla de "esta generación": "Les aseguro que no pasará esta generación hasta que todas estas cosas sucedan". La identidad de "esta generación" ha desconcertado a los intérpretes. Algunos sostienen que alude a la generación de los discípulos de Jesús que estaba viva cuando él habló, que serán testigos de los terribles acontecimientos del 70 A.D.[44] Otros sugieren que se refiere al pueblo judío vivo en el momento de la venida del Hijo del hombre.[45] Los hay que afirman que esto señala al tipo de personas impías que en la época de Jesús se opusieron a él en su ministerio terrenal, y que volverán a surgir para oponerse a sus discípulos antes de su venida.[46]

Tal vez sea mejor interpretarlo como una doble referencia, como Jesús ha venido haciendo a lo largo del discurso. Lo más natural es que los discípulos a los

44. P. ej., Davies y Allison, *Matthew,* 3:365-66; France, *Matthew,* 346.
45. P. ej., Schweizer, *Matthew,* 458.
46. P. ej., Gundry, *Matthew,* 491; Morris, *Matthew,* 612-13; Neil D. Nelson Jr., "This Generation" in Matt 24:34: A Literary Critical Perspective", *JETS* 38 (septiembre 1995): 369-85.

que Jesús se está dirigiendo en el monte de los Olivos sean "esta generación" que ve los acontecimientos de la destrucción del templo, porque esto muestra la aplicabilidad del discurso al 70 A.D. Además, el contexto de las afirmaciones de Jesús sobre la venida del Hijo del hombre debe ser principalmente aplicable a aquellos que, al final de la era, vean los sucesos que rodean la abominación de la desolación que se esté produciendo.[47] Cuando aparezcan estas señales del fin de la era, los que estén aguardando su llegada reconocerán que su redención se está acercando (Lc 21:28). Esto alude tanto al Israel arrepentido como a los impíos impenitentes. Pero también se refiere a los creyentes que sigan vivos en ese momento y que vean ocurrir todas estas cosas; ellos serán la generación de los discípulos de Jesús que verán aparecer a su Señor.

En otras palabras, los dicho es una palabra de advertencia a aquellos de la generación que están con Jesús y a los que no se hayan arrepentido aún en el futuro y para los que la llegada del Hijo del hombre traerá juicio. Sin embargo, también es una palabra de estímulo para sus seguidores en cuanto a que la tribulación no durará para siempre, como pudiera parecerles a los que estén sufriendo a causa de ella. El verano está cerca.

En las últimas palabras de esta sección, Jesús proporciona una profunda palabra de tranquilidad para todos los que contemplen los pasillos de la historia y vean los acontecimientos increíbles que él acaba de describir: "El cielo y la tierra pasarán, pero mis palabras jamás pasarán". Esto es similar a la cualidad perdurable del Antiguo Testamento que Jesús había declarado en el SM (ver comentarios sobre 5:18). Como entonces, Jesús le adscribe cualidades divinas y eternas a su propia enseñanza. Él no recibe sus palabras por inspiración, sino que son absolutamente suyas y, por esta razón, tienen autoridad (24:34), porque tienen el mismo carácter divino que Dios y sus palabras.[48] A lo largo de la historia sobrevendrán dolores de parto y tribulación que podrán hacer pensar que todo está fuera de control, incluida la historia misma. Pero la profecía de Jesús sobre su regreso para establecer su reino en la tierra es firme como una roca, y proporciona la seguridad que sus discípulos necesitan para mantener la esperanza y la determinación. Aunque el cielo y la tierra no existirán en el futuro en la forma que hoy los conocemos (*cf.* 2P 3:19; Ap 21:1), las palabras de verdad de Jesús son el fundamento firme para su discipulado por toda la eternidad.

Esto pone fin a la primera parte importante del Discurso del monte de los Olivos, que proporciona una predicción escatológica del carácter general de esta era, el tiempo de la gran tribulación con el horrible sacrilegio y la primera lección sobre cómo todos deberían aguardar la venida de Jesús. Esta tercera lección se ampliará en el resto del discurso para alentar a los discípulos de Jesús a

---

47. *Cf.* Ladd, *Theology of the New Testament,* 196-205.
48. Daniel Doriani, "The Deity of Christ in the Synoptic Gospels", *JETS* 37 (septiembre 1994): 333-50, esp. 343.

esperar alertas y con la expectativa de la recompensa, pero también para advertir sobre el juicio a los que no estén preparados ni se hayan arrepentido.

Construyendo Puentes

Las palabras de Jesús en este Evangelio, sobre todo en los cinco discursos principales, contienen abundantes principios del reino para guiar a la iglesia a lo largo de su historia. Están directamente vinculados con los propósitos de Jesús para todos sus seguidores, ya que contienen el material primordial que ha de servir para enseñar a todos los discípulos a obedecer todo lo que Jesús ordenó (*cf.* 28:18-20; ver comentarios al principio del SM [caps. 5–7], el Discurso de Misión [cap. 10], el Discurso de las Parábolas [cap. 13], las Prescripciones de la Comunidad [cap. 18] y el Discurso del monte de los Olivos [caps. 24–25].

Como los demás discursos, el quinto va dirigido a los de dentro: los discípulos de Jesús. Pretende proporcionarles una visión global básica y profética de los acontecimientos que tendrán lugar en un futuro cercano y lejano. Pero la intención de Jesús no consiste principalmente en ofrecer un calendario; él se centra en especial en las actitudes y en las cualidades de carácter que guían el discipulado de ellos en relación con él para los días y los años que están por venir.

Jesús imparte una preparación escatológica a los discípulos. Aunque la predicción escatológica de Jesús en este último discurso del Evangelio de Mateo es su exposición más completa de los sucesos del fin que rodean su regreso en gloria, no cubre todos los puntos. Obsérvese que Jesús emite esta predicción durante su última semana con sus discípulos. Ellos todavía no han alcanzado a comprender su crucifixión, su resurrección y su ascensión ni tampoco han captado que pronto se convertirán en la comunidad del reino, llamada iglesia, cuando descienda el Espíritu en Pentecostés. Aquí, Jesús solo les da un bosquejo a grandes rasgos de lo que sucederá a lo largo de esta era. Los acontecimientos que él expone tomarán forma más adelante, con una revelación adicional, cuando ellos estén más preparados para gestionar una imagen más completa de los eventos del fin. Pero, durante esta tumultuosa semana, ellos no están listos aún para tener la imagen panorámica.

Es probable que Jesús compartiera con los apóstoles algunos detalles sobre los sucesos del fin, durante los cuarenta días anteriores a su ascensión, cuando les habló del reino de Dios (Hch 1:4). A través de percepciones y de la revelación del Padre por medio del Espíritu, los apóstoles van rellenando más detalles cuando escriben libros posteriores del Nuevo Testamento (p. ej., 1-2 Tesalonicenses; Apocalipsis). Estas descripciones más tardías de las actividades del fin y de la eternidad completarán los detalles del bosquejo básico que Jesús proporcionó aquí, en el quinto discurso. Es similar a lo que ya impartió en el Discurso de la Misión (cap. 10) y en el Discurso de la Comunidad (cap. 18), donde solo proporcionó un simple bosquejo que más adelante rellenarían los escritores neotestamentarios inspirados por Dios, que aportarían detalles sobre la obra misionera (p. ej., Hechos) y la estructura y el funcionamiento de la iglesia (p. ej., Efesios; 1 y 2 Timoteo).

No debemos, pues, otorgarle a la predicción escatológica de Jesús en el Discurso del monte de los Olivos más información de la que él pretende dar. Los detalles adicionales tendrán que ser suministrados por otros escritos bíblicos cuyo estudio exhaustivo se sale del propósito de este comentario. Como hemos hecho con sus otros discursos, procuramos entender qué propósito tenía Jesús al darles este discurso a sus discípulos, en su entorno histórico, y la intención de Mateo al recogerlo para su comunidad.

Interpretación del Discurso del monte de los Olivos. Las predicciones de Jesús en este discurso han producido una gama de interpretaciones casi vertiginosa.[49] La cuestión principal consiste en entender qué relación tiene la profecía cumplida, de forma histórica, con las que están aún por cumplir. Podemos repasar aquí uno de los asuntos más importantes, subsumiendo las diversas interpretaciones bajo tres títulos amplios.

(1) Por una parte están los que sugieren que casi todos los acontecimientos que Jesús profetiza en el discurso se cumplirán en el siglo I, principalmente con la caída de Jerusalén y la destrucción del templo en el 70 A.D.[50] Alguien sugiere que en 24:4-35 solo se tiene en mente la caída de Jerusalén, y que no es hasta 24:35 cuando Jesús empieza a exponer sobre la parusía.[51] Esta opinión se toma en serio el contexto del juicio de Israel que Jesús acaba de enfatizar en los incidentes del templo, en las polémicas con los líderes religiosos y en los ayes pronunciados sobre los maestros de la ley y los fariseos (caps. 21–23). Tiene, además, paralelismos en los incidentes históricos que ocurrieron y que condujeron a la destrucción del templo, en el 70 A.D. que corresponde a la profecía de Jesús.[52] La debilidad de esta opinión está en que minimiza algunos de los detalles del discurso que no se cumplieron en dicha fecha,[53] así como en los extraordinarios paralelismos existentes en otra literatura profética en relación con los sucesos recogidos aquí, que apuntan a un cumplimiento futuro (p. ej., Dn 9:27; 12:11).

---

49. Para útiles visiones globales, ver Turner, "The Structure and Sequence of Matthew 24:1-41", 3-27; Ladd, *Theology of the New Testament,* 197-99; Carson, "Matthew", 448-92.
50. Se suele denominar postura "pretérita" (perspectiva pasada).
51. P. ej., France, *Matthew,* 333-36.
52. *Ibíd.,* 336-46.
53. P. ej., los cristianos huyeron a Pella, prácticamente dos años antes de la caída de Jerusalén y no después, y la descripción de la tragedia de Israel en estos acontecimientos como la mayor tribulación de la historia o del futuro (29:19) no cuadra con las tragedias posteriores en la historia de Israel; *cf.* Ladd, *Theology of the New Testament,* 197-99; Gundry, *The Church and the Tribulation,* 132.34.

(2) En el otro extremo está la visión futurista, cuya fuerza radica en el reconocimiento del cumplimiento directo de pasajes proféticos paralelos, como Daniel 9 y 12, en acontecimientos futuros profetizados aquí por Jesús. Este criterio sugiere que casi todos los sucesos del discurso se cumplen en el futuro, una vez que Israel vuelva a estar establecido en los propósitos de Dios.[54] Muchos que sostienen esta opinión sugieren que la iglesia será "arrebatada" antes de los sucesos de la gran tribulación, de manera que Israel sea de nuevo el instrumento que dé testimonio del evangelio del reino.[55] Toma en serio las promesas divinas a Israel con respecto a ser restablecido en la tierra en cumplimiento de la septuagésima semana de Daniel. Su debilidad radica en que pasa por alto que Jesús pronuncia este discurso para sus discípulos y no para Israel, a modo de manual que les sirva para entender el papel que tienen en esta era y a saber cómo tienen que responder a los acontecimientos futuros. Estos sucesos son una guía para las expectativas de la iglesia a lo largo de la era. Además, esta opinión minimiza la forma en que la profecía de Daniel sobre el horrible sacrilegio ya se ha cumplido, de manera parcial, en los actos de profanación de Antíoco IV Epifanes (Dn 11:31).

(3) Como hemos observado más arriba, este comentario adopta una postura intermedia, que aprecia un entrelazamiento intencionado entre el cumplimiento histórico y el escatológico. Existe en el discurso una cohesión teológica exhaustiva entre la forma en que Jesús trata la caída de Jerusalén y la parusía, pero aquí no hay punto divisorio claro entre ambos tipos de cumplimiento.[56] La resolución consiste en que ambos están entrelazados a propósito bajo lo que algunos denominan profecía de "referencia doble" o "escorzo profético", donde un suceso cercano sirve de cumplimiento parcial y de símbolo para la realización de acontecimientos futuros.[57] En esta opinión, los eventos de 24:4-14 describen, en general, la vida de la iglesia durante esta era, quizás con algunos incrementos de actividad en 24:9-14. Sin embargo, 24:15 inicia una doble referencia a los acontecimientos que se cumplirán parcialmente en el 70 A.D. con la destrucción del templo y de Jerusalén, pero que culminará en la futura realización del conjunto de sucesos que rodearán el regreso de Jesús: el horrible sacrilegio, el final de la era y la parusía.

Esta postura intermedia ha sido adoptada por una amplia gama de intérpretes, tal vez "una mayoría de fuentes conservadoras",[58] que incluyen las que tenían

54. Ver Louis Barbieri Jr., "Matthew", en *The Bible Knowledge Commentary, New Testament,* ed. John F. Walvoord y Roy B. Zuck (Wheaton: Victo, 1983), 76-78.
55. Cualquiera que sea la conclusión adoptada con respecto al "arrebatamiento", en el desarrollo de estos acontecimientos (ver Construyendo Puentes de 24:36–25:46), la escasez de material exegético en especial en este discurso (por no decir la ausencia del mismo), sugiere que no debería ser el principal factor determinante para la interpretación de este discurso.
56. Morris, *Matthew,* 593-94 n. 4.
57. Ladd, *Theology of the New Testament,* 198.
58. Turner, "The Structure and Sequence of Matthew 24:1-31", 9.

una perspectiva amilenarista,[59] las de visión premilenarista-pretribulacionista,[60] y también las de criterio premilenarista-postribulacionista.[61] Cierto es que mayoría no siempre significa precisión, pero aquí sugiere ser precavido contra lo que va demasiado lejos en cualquier dirección.[62] Jesús advierte sobre el juicio histórico del siglo I sobre Israel por haber rechazado la invitación al reino, pero también proporciona orientación futura para sus discípulos. Además, Cristo anticipa el cumplimiento de las promesas del pacto en cuanto a la restauración de Israel a la tierra, que introduce el reino mesiánico.[63]

Significado Contemporáneo

La profecía hoy. La profecía es un gran negocio. Un número reciente de la revista *Time* tenía una historia de portada titulada "The Bible and the Apocalypse: Why More Americans Are Reading and Talking About the End of the World" [La Biblia y el apocalipsis:

---

59. Anthony A. Hoekema, *La Biblia y el futuro* (Grand Rapids: Libros Desafío, 1984), p. 130 de la edición en inglés, sugiere que las señales que Jesús proporcionó "tuvieron su cumplimiento inicial en el momento de la destrucción de Jerusalén; sin embargo, dado que este discurso ejemplifica el principio del escorzo profético, las señales mencionadas tienen un cumplimiento adicional en el instante de la parusía". Ver también Hendricksen, *Matthew,* 853-56.
60. Turner, "The Structure and Sequence of Matthew 24:1-31", *passim;* Alva J. MacClain, *The Greatness of the Kingdom* (Chicago: Moody, 1959), 136-39; ver también Ed Glasscock, *Matthew* (Moody Gospel Commentary; Chicago: Moody Press, 1997), 468: "La naturaleza de la revelación escatológica permite un cumplimiento tipológico a un nivel, con un cumplimiento más completo en otro".
61. Robert Gundry indica que (1) los acontecimientos centrados en torno a la destrucción de Jerusalén en el 70 A.D. no agotaron la profecía de Jesús, con el resultado de que está aún por cumplir un tiempo de tribulación futura inmediatamente antes del regreso de Cristo; (2) los sucesos centrados alrededor de la destrucción de Jerusalén constituyeron, sin embargo, un cumplimiento precursor de otro más amplio y definitivo al final de la era (*The Church and the Tribulation,* 129). Ver también Ladd, *Theology of the New Testament,* 198).
62. Carson ("Matthew", 495) y David Wenham (*The Rediscovery of Jesus' Eschatological Discourse* [Gospel Perspectives 4; Sheffield: JSOT Press, 1984]), adoptan un planteamiento un tanto exclusivo que Turner denomina "visión pretérita-futurista revisada" ("The Structure and Sequence of Matthew 24:1-41", 9-10). Sugieren que Jesús presenta primero una exposición general de ese periodo de tiempo (24:4-28), con una breve explicación de la caída de Jerusalén en el 70 A.D. insertada a modo de ejemplo del juicio de Dios (24:15-21), y después llega el Segundo Advenimiento (24:29-31) con la advertencia en 24:32-35 que describe todo el periodo de tribulación que se extiende desde la ascensión al Segundo Advenimiento (*cf.* Carson, "Matthew", 495). Aunque un tanto singular, pertenece en general al amplio alcance de las posturas intermedias entre los extremos de las interpretaciones históricas y futuristas, pero evita la relevancia del templo y de Israel en estas escenas tribulacionales.
63. Hafemann, "Eschatology and Ethics", 161-92.

¿Por qué son más numerosos los estadounidenses que leen y hablan sobre el fin del mundo?].[64] La autora documentó el aumento actual de atención prestada por la población general de Estados Unidos a las exposiciones sobre el tiempo del fin. Destacó, de forma especial, la serie de Tim LaHaye y Jerry Jenkins que tiene un éxito fenomenal. Si empezamos por el primer libro, *Dejados atrás*,[65] del que se vendieron más de siete millones de copias, la serie consta a día de hoy de diez volúmenes, con unas ventas que superan los cincuenta millones de copias en total.[66] ¡Es un gran negocio!

No obstante, la profecía es mucho más que un gran negocio. Los cristianos evangélicos se han interesado, históricamente, por la profecía sobre todo porque gran parte de la Biblia habla sobre los tiempos del fin. Sin embargo, es curioso que el artículo declare que, de aquellos que leen la serie, solo la mitad son evangélicos, y esto sugiere que hay una audiencia mucho más amplia de personas interesadas, incluidos muchos no cristianos. La alarmante situación del mundo desde los trágicos sucesos del 11 de septiembre del 2001 ha contribuido, casi con toda seguridad, a este interés, del mismo modo en que los acontecimientos de la Segunda Guerra Mundial y la creación de la nación de Israel en su territorio, en 1948, estimularon el resurgimiento de la atracción por la profecía a mediados del siglo XX. He hablado con docenas de incrédulos que han leído al menos uno de los libros de la serie, y todos ellos indican que están buscando algún tipo de respuesta ante la situación mundial.

En medio de la cultura secularista, pluralista y relativista en la que vivimos, resulta fascinante que tantas personas recurran a esas novelas religiosas en busca de ayuda. Las encuestas realizadas en la investigación del artículo de *Time* sugirieron que un treinta y seis por ciento de los estadounidenses creen que la Biblia es la Palabra de Dios y que se debe entender al pie de la letra, y que el cincuenta y nueve por ciento creen que las profecías de Apocalipsis se cumplirán. Estas estadísticas me desconcertaron. Todo esto indica que la profecía es un mensaje poderoso tanto de esperanza como de advertencia, y que debería ser un punto de estudio y debate, pero sobre todo un ingrediente de evangelización y de formación espiritual.

Es un factor fundamental en el estudio de la escatología. Uno no tiene por qué sostener la misma postura teológica que la serie *Dejados atrás* para observar cuán en serio se han tomado los autores las implicaciones de sus opiniones escatológicas para la vida diaria de sus lectores.[67] Todos necesitamos pasar de la

---

64. Nancy Gibbs, historia de portada: "The Bible and the Apocalypse", *Time* (1 julio 2002): 40-48.
65. Tim LaHaye y Jerry B. Jenkins, *Dejados atrás: una novela de los postreros días de la tierra* (Miami: Unilit, 1998).
66. Gibbs, "The Bible and the Apocalypse", 44-45.
67. Los autores de las series adoptan una escatología pretribulacionista y premilenarista en la que se basan primero en la enseñanza de Pablo sobre el "arrebatamiento" (1Ts 4:16-17)

especulación a la implicación en nuestro estudio de la profecía, porque la Biblia no recoge la actividad de la profecía de los tiempos del fin simplemente para satisfacer la curiosidad. Muchos abordarán, sin duda, el estudio de la profecía en un vano intento de dilucidar lo que, según afirmó Jesús, nadie sabía: el momento del fin y su regreso. Pero la profecía sobre el futuro siempre se proporciona con el propósito de que tenga efecto sobre la conducta en el presente. Todos los pasajes bíblicos que he estudiado en toda mi vida, que tuvieran un mensaje sobre el día final, siempre se encuentran en el contexto de la exhortación y de la advertencia. Es algo que no se debe olvidar jamás.

En este comentario, el estudio de la vida y de las enseñanzas de Jesús entiende que el ofrecimiento y el establecimiento del reino de Dios es una propuesta del "ya, pero todavía no"; es presente y está plenamente operativa en la vida de aquellos que responden, pero sigue aguardando una manifestación final cuando Jesús el Mesías reine en la tierra e Israel experimente la realización de sus promesas del pacto. Este punto de vista premilenarista sobre el discurso escatológico de Jesús conlleva importantes implicaciones.

Una vida piadosa en el presente. El estudio del futuro debería estimularnos a una vida piadosa en el presente. La declaración de Jesús sobre la señal, "fíjense que se lo he dicho a ustedes de antemano" (24:25), se encuentra en medio de su profecía sobre acontecimientos futuros. Les predice estos acontecimientos a sus discípulos para que no seamos engañados y vayamos en pos de falsos mesías y profetas (24:23-24, 26), pero también para que podamos desarrollar una perseverancia piadosa cuando pasemos por guerras, hambrunas, terremotos y persecución (24:6-7, 9-10), para que nuestro amor por él y los unos por otros no falte cuando la impiedad nos rodee (24:12), y que el testimonio de nuestros labios y vida permanezca constante y puro hasta el final (24:13-14).

El mensaje de Jesús en el SM era que el resultado de entrar en el reino de los cielos debe ser la justicia personal (5:20). Ahora profetiza sucesos futuros para que nos disciplinemos manteniendo y ampliando esa justicia del reino personal mientras vivamos, independientemente de las circunstancias. Él no nos manifiesta estas cosas para que estemos obsesionados con fechas, sucesos y especulación sobre los detalles minúsculos de su profecía, sino para alentarnos a una vida piadosa.

Convicción sobre el futuro. Una segunda implicación es que nuestro estudio de la profecía debería producir convicción sobre lo que va a ocurrir en el futuro. Deberíamos admitir que podemos estar equivocados en ciertos puntos, y esto nos ayudará a evitar un dogmatismo estrecho; pero una vez hayamos hecho nuestros deberes y nos asentemos sobre lo que creamos ser la enseñanza bíblica, deberíamos desarrollar la convicción, porque una convicción adecuada tiene

---

para montar el escenario de la primera novela, y desde ahí se basa principalmente en escenas del Apocalipsis para el relato novelesco de los acontecimientos del fin.

efecto sobre nuestro carácter y nuestras actitudes. Las personas sin convicción recorren toda la gama de las emociones, desde la depresión hasta el vértigo, en cada cambio de circunstancia. Las superpotencias, a las que les encanta flexionar sus músculos nucleares o biológicos, producen en las personas que nos rodean el temor al desastre inevitable. Sin embargo, Jesús nos aconseja que no nos alarmemos cuando los sucesos internacionales parezcan indicar que el mundo se va a hacer pedazos (24:6). Cuando estemos convencidos de que el fin del mundo solo llegará cuando Jesús regrese de forma visible y poderosa, podremos mantener la esperanza y la vigilancia por mal que se pongan las cosas.

De manera similar, el apóstol Pablo hace una revelación profética sobre el regreso de Jesús para que sus lectores tengan esperanza con respecto a sus seres queridos que han muerto (1Ts 4:13-18). Uno de mis mejores amigos perdió a su hija de repente, en una muerte trágica. Fue un golpe que habría devastado a cualquiera; a pesar de ello, me dijo que sus convicciones inquebrantables de que ella estaba con el Señor y de que un día él estaría con ella eran para él como una cobija de paz en las frías y duras realidades de este mundo. Esta convicción solo procedía de un estudio de la Palabra de Dios sobre el futuro.

En nuestro estudio personal, en nuestra predicación y enseñanza, no debemos pasar por algo la destacada posición que ocupa la enseñanza profética en las Escrituras. Aunque debamos tener cuidado con el exceso y la obsesión por este tipo de estudio, no tendremos paz ni seguridad sin una comprensión adecuada de la revelación con respecto al futuro.

Advertencia sobre los tiempos difíciles que están por llegar. En la profecía de Jesús existe también una importante advertencia sobre los tiempos difíciles que están por llegar. Dedicó gran parte de su tiempo a los discursos para preparar a los discípulos con antelación para las duras realidades de la vida durante este siglo. El poder de esta preparación no puede subestimarse, porque la gran mayoría de nuestro desarrollo como discípulos se obtiene cuando nos preparamos antes de que ocurran las cosas. Jesús hace que tomemos conciencia del rechazo cuando salimos para llevar a cabo las misiones (10:22-23). Nos informa sobre la naturaleza mixta del reino hasta su regreso (13:24-50). Nos advierte de la imperfección de la comunidad cristiana hasta su regreso (18:7) y de cómo deberíamos responder a la luz de esta falta de perfección (18:12-20). Y nos informa una y otra vez sobre las dificultades y las pruebas que llegan como resultado de seguirlo a él.

El Discurso del monte de los Olivos abunda sobre esta preparación, poniéndonos al corriente de que habrá quien intente engañarnos y quien nos persiga. Saberlo nos ayudará a prepararnos mental y espiritualmente para esta realidad, y a evitar el desengaño. Cuando no hablamos de estas cosas a los discípulos, existen probabilidades de que se dejen confundir por impostores mesiánicos y lleguen a desilusionarse por la dificultad del proceso.

Las palabras proféticas de Jesús, así como gran parte de la profecía en general, son un estímulo para los creyentes en medio de la persecución, y no un manual para la predicción futura ni una simple esperanza de escapar de un mundo imperfecto. Cada generación ha contado con aquellos que intentaron predecir el momento del regreso de Jesús, y en ocasiones incluso llegaron a vender todas las posesiones mundanas de antemano. Estos grupos han quedado profundamente decepcionados, o, peor aún, cuando sus predicciones cayeron por su propio peso. La profecía no es escapismo de las pruebas de la vida. La realidad es que Jesús nos proporciona esta información para que podamos resistir y vivir de la forma adecuada hasta su regreso.

Advertencia sobre el juicio inminente. Pero aquí tenemos otro tipo de advertencia en la predicción escatológica de Jesús: el juicio inminente. La profecía no solo es estímulo a una vida santa; también es una incitación al arrepentimiento. Con frecuencia, oigo hablar a los comentaristas informativos en términos despectivos sobre los predicadores o evangelistas y tacharlos de agoreros; sin embargo, lo que la revelación profética enseña en realidad es que el juicio viene sobre aquellos que rechazan el día de la oportunidad que Dios ofrece. Ya sea al final de la vida o al final de la era, el juicio se acerca. De nuevo debemos cuidar de no caer aquí en los excesos, pero la mayoría de las iglesias con las que estoy familiarizado nunca se acercan a los excesos en este tipo de mensajes. La predicación, la enseñanza y la evangelización adecuadas a partir de los pasajes proféticos deben incluir la advertencia del juicio, porque de otro modo se habrá ignorado el mensaje completo. Esto requiere sabiduría en nuestras presentaciones, compasión en nuestros planteamientos y urgencia en nuestro mensaje.

Misiones y evangelización. La convicción del regreso de Jesús debería, por tanto, alimentar una enérgica implicación en las misiones, la evangelización y la plantación de iglesias. Cuando nos domina el hecho de que las almas de hombres y mujeres están en juego, llevamos nuestro estudio de la profecía más allá del debate académico o la vana curiosidad. La participación activa en alcanzar a un mundo perdido faculta a personas de toda la nación, y de todo el mundo, a prepararse para encontrarse con el Señor cuando él regrese en gloria. Las iglesias y los cristianos individuales que ignoren la centralidad de la misión y el esfuerzo evangelizador se pierden un componente esencial del plan global de Dios. Jesús nos dice que "el fin" llegará después de que el evangelio se haya predicado como testimonio a todas las naciones (24:14). Esto no significa que prediquemos el evangelio solo para forzar su regreso. Sin embargo, la parusía y la consumación del reino están estrechamente relacionadas con que todas las naciones escuchen el evangelio.

En otro orden de cosas, existe un fuerte aliento en la declaración de Jesús. Aunque en algunos momentos la oposición parezca insuperable, el verdadero cristianismo se afirmará en la predicación del mensaje del evangelio. La declaración profética de Jesús nos asegura que nadie podrá detener esto. A las iglesias de todo el mundo que perseveren bajo gobiernos que han legislado en contra de la evangelización o el proselitismo —por ejemplo, en algunas naciones islámicas o comunistas—, esta es una promesa poderosa y directamente relevante. Es, asimismo, una poderosa promesa para los que están en países occidentales que se han vuelto cada vez más secularizados. Independientemente de cuán mal puedan estar las cosas en la opinión pública o en el ámbito político, comoquiera que un gobierno pueda legislar contra el cristianismo, y, al margen de cuánta persecución se organice en su contra, el evangelio no puede ser detenido, hasta el final, cuando Jesús regrese en gloria y poder.

Mateo 24:36–25:46

»Pero en cuanto al día y la hora, nadie lo sabe, ni siquiera
los ángeles en el cielo, ni el Hijo, sino sólo el Padre. 37 La
venida del Hijo del hombre será como en tiempos de
Noé. 38 Porque en los días antes del diluvio comían, bebían y se
casaban y daban en casamiento, hasta el día en que Noé entró en
el arca; 39 y no supieron nada de lo que sucedería hasta que llegó
el diluvio y se los llevó a todos. Así será en la venida del Hijo del
hombre. 40 Estarán dos hombres en el campo: uno será llevado
y el otro será dejado. 41 Dos mujeres estarán moliendo: una será
llevada y la otra será dejada.

42 »Por lo tanto, manténganse despiertos, porque no saben qué
día vendrá su Señor. 43 Pero entiendan esto: Si un dueño de casa
supiera a qué hora de la noche va a llegar el ladrón, se mantendría
despierto para no dejarlo forzar la entrada. 44 Por eso también
ustedes deben estar preparados, porque el Hijo del hombre vendrá
cuando menos lo esperen.

45 »¿Quién es el siervo fiel y prudente a quien su señor ha dejado
encargado de los sirvientes para darles la comida a su debido
tiempo? 46 Dichoso el siervo cuando su señor, al regresar, lo
encuentra cumpliendo con su deber. 47 Les aseguro que lo pondrá
a cargo de todos sus bienes. 48 Pero ¿qué tal si ese siervo malo
se pone a pensar: "Mi señor se está demorando", 49 y luego
comienza a golpear a sus compañeros, y a comer y beber con los
borrachos?50 El día en que el siervo menos lo espere y a la hora
menos pensada el señor volverá. 51 Lo castigará severamente y le
impondrá la condena que reciben los hipócritas. Y habrá llanto y
rechinar de dientes.

25 »El reino de los cielos será entonces como diez jóvenes solteras
que tomaron sus lámparas y salieron a recibir al novio. 2 Cinco de
ellas eran insensatas y cinco prudentes. 3 Las insensatas llevaron
sus lámparas, pero no se abastecieron de aceite. 4 En cambio, las
prudentes llevaron vasijas de aceite junto con sus lámparas. 5 Y
como el novio tardaba en llegar, a todas les dio sueño y se
durmieron. 6 A medianoche se oyó un grito: "¡Ahí viene el novio!
¡Salgan a recibirlo!". 7 Entonces todas las jóvenes se despertaron
y se pusieron a preparar sus lámparas. 8 Las insensatas dijeron
a las prudentes: "Dennos un poco de su aceite porque nuestras
lámparas se están apagando". 9 "No —respondieron éstas—,
porque así no va a alcanzar ni para nosotras ni para ustedes. Es
mejor que vayan a los que venden aceite, y compren para ustedes
mismas". 10 Pero mientras iban a comprar el aceite llegó el novio, y

las jóvenes que estaban preparadas entraron con él al banquete de bodas. Y se cerró la puerta. 11 Después llegaron también las otras. "¡Señor! ¡Señor! —suplicaban—. ¡Ábrenos la puerta!". 12 "¡No, no las conozco!", respondió él.

13 »Por tanto —agregó Jesús—, manténganse despiertos porque no saben ni el día ni la hora.

14 »El reino de los cielos será también como un hombre que, al emprender un viaje, llamó a sus siervos y les encargó sus bienes. 15 A uno le dio cinco mil monedas de oro, a otro dos mil y a otro sólo mil, a cada uno según su capacidad. Luego se fue de viaje. 16 El que había recibido las cinco mil fue en seguida y negoció con ellas y ganó otras cinco mil. 17 Así mismo, el que recibió dos mil ganó otras dos mil. 18 Pero el que había recibido mil fue, cavó un hoyo en la tierra y escondió el dinero de su señor.

19 »Después de mucho tiempo volvió el señor de aquellos siervos y arregló cuentas con ellos. 20 El que había recibido las cinco mil monedas llegó con las otras cinco mil. "Señor —dijo—, usted me encargó cinco mil monedas. Mire, he ganado otras cinco mil". 21 Su señor le respondió: "¡Hiciste bien, siervo bueno y fiel! En lo poco has sido fiel; te pondré a cargo de mucho más. ¡Ven a compartir la felicidad de tu señor!". 22 Llegó también el que recibió dos mil monedas. "Señor —informó—, usted me encargó dos mil monedas. Mire, he ganado otras dos mil." 23 Su señor le respondió: "¡Hiciste bien, siervo bueno y fiel! Has sido fiel en lo poco; te pondré a cargo de mucho más. ¡Ven a compartir la felicidad de tu señor!".

24 »Después llegó el que había recibido sólo mil monedas. "Señor —explicó—, yo sabía que usted es un hombre duro, que cosecha donde no ha sembrado y recoge donde no ha esparcido. 25 Así que tuve miedo, y fui y escondí su dinero en la tierra. Mire, aquí tiene lo que es suyo." 26 Pero su señor le contestó: "¡Siervo malo y perezoso! ¿Así que sabías que cosecho donde no he sembrado y recojo donde no he esparcido? 27 Pues debías haber depositado mi dinero en el banco, para que a mi regreso lo hubiera recibido con intereses.

28 »"Quítenle las mil monedas y dénselas al que tiene las diez mil. 29 Porque a todo el que tiene, se le dará más, y tendrá en abundancia. Al que no tiene se le quitará hasta lo que tiene. 30 Y a ese siervo inútil échenlo afuera, a la oscuridad, donde habrá llanto y rechinar de dientes".

31 »Cuando el Hijo del hombre venga en su gloria, con todos sus ángeles, se sentará en su trono glorioso. 32 Todas las naciones se reunirán delante de él, y él separará a unos de otros, como separa el pastor las ovejas de las cabras. 33 Pondrá las ovejas a su derecha, y las cabras a su izquierda.

**34 »Entonces dirá el Rey a los que estén a su derecha: "Vengan
ustedes, a quienes mi Padre ha bendecido; reciban su herencia, el
reino preparado para ustedes desde la creación del mundo. 35 Porque
tuve hambre, y ustedes me dieron de comer; tuve sed, y me dieron
de beber; fui forastero, y me dieron alojamiento; 36 necesité ropa, y
me vistieron; estuve enfermo, y me atendieron; estuve en la cárcel,
y me visitaron". 37 Y le contestarán los justos: "Señor, ¿cuándo
te vimos hambriento y te alimentamos, o sediento y te dimos de
beber? 38 ¿Cuándo te vimos como forastero y te dimos alojamiento,
o necesitado de ropa y te vestimos? 39 ¿Cuándo te vimos enfermo o
en la cárcel y te visitamos?". 40 El Rey les responderá: "Les aseguro
que todo lo que hicieron por uno de mis hermanos, aun por el más
pequeño, lo hicieron por mí".**

**41 »Luego dirá a los que estén a su izquierda: "Apártense de
mí, malditos, al fuego eterno preparado para el diablo y sus
ángeles. 42 Porque tuve hambre, y ustedes no me dieron nada de
comer; tuve sed, y no me dieron nada de beber; 43 fui forastero, y
no me dieron alojamiento; necesité ropa, y no me vistieron; estuve
enfermo y en la cárcel, y no me atendieron." 44 Ellos también le
contestarán: "Señor, ¿cuándo te vimos hambriento o sediento, o
como forastero, o necesitado de ropa, o enfermo, o en la cárcel, y
no te ayudamos?". 45 Él les responderá: "Les aseguro que todo lo
que no hicieron por el más pequeño de mis hermanos, tampoco lo
hicieron por mí".**

46 »Aquéllos irán al castigo eterno, y los justos a la vida eterna.»

Sentido Original

Según el cálculo tradicional de las actividades de Jesús durante la Semana Santa, pasó gran parte de la mañana del martes debatiendo con los líderes religiosos en el templo (ver comentarios de la cronología en 21:1). A última hora del día, al poner rumbo a Betania con sus discípulos, mira al templo y a la ciudad de Jerusalén que se extiende hacia el lado occidental de donde se encuentran y medita sobre ellos y sobre el largo futuro al que se enfrentan sus discípulos (caps. 24–25). En el último capítulo observamos la exposición de Jesús sobre los acontecimientos que rodean su regreso (24:4-31), e imparte la primera enseñanza sobre cómo deben conducirse hasta ese momento (24:32-35). El resto del discurso prosigue a partir de aquí.

Jesús proporciona la exhortación necesaria que acompaña a su advertencia de que sus discípulos estén preparados para ese momento. Deben velar, pues no saben cuándo vendrá. A continuación, narra cuatro parábolas que proporcionan ciertas variaciones sobre el tema, y enseñan cada una de ellas un punto particular sobre cómo y por qué deben estar preparados: el dueño de la casa y el ladrón en la noche (24:43-44), el siervo fiel y el siervo malo (24:45-51), las diez jóvenes (25:1-13), y las monedas de oro (25:14-30). Sus discípulos deben esperar su regreso estando alertas y con expectación de la recompensa, porque los que no estén preparados y arrepentidos solo recibirán juicio (25:31-46).

El "momento" de la venida de Jesús (24:36-41)

Tanto en la declaración directa como en las parábolas que siguen, el tema principal de Jesús es la inminencia de su regreso. Aunque las personas que sufran el horror de la gran tribulación sabrán con certeza que están viviendo algunos de los peores incidentes que se hayan producido jamás en la tierra, los discípulos deben vivir hasta ese momento con la convicción de que él puede regresar de forma inesperada en cualquier momento.

Se desconoce el día y la hora de la venida (24:36). Jesús comienza con una sorprendente, aunque fundamental, verdad sobre su venida y el final de los tiempos: "Pero en cuanto al día y la hora, nadie lo sabe, ni siquiera los ángeles en el cielo, ni el Hijo, sino sólo el Padre". Esta es la respuesta directa de Jesús a la pregunta sobre el momento de su venida. ¡Nadie sabe! La expresión "el día y la hora" se usó a lo largo de las Escrituras para indicar una referencia general al tiempo (p. ej., 7:22; 10:19; 24:42). Esto no solo incluye de forma literal un día o momento del día literal, sino además el año o mes. Se debe considerar como una respuesta incluso con respecto a las tiernas ramas y a los nuevos brotes de la parábola anterior (24:32-35). Es posible que haya una indicación general de la venida, pero es tan general que nadie será capaz de concretar el momento preciso.

Conocer el momento de su regreso es algo que no se concedió a los seres angélicos celestiales, quienes, al parecer, tienen un conocimiento sobrehumano, aunque no ilimitado. Su comprensión se corresponde con aquello que, según la voluntad de Dios, ellos deben conocer.[1] Ni al Hijo se le dio a conocer el tiempo de su regreso. Esta es una importante declaración cristológica; es un ejemplo de la voluntaria limitación de Jesús de sus atributos divinos. Permanece voluntariamente desinformado.

La doctrina teológica de la *kenosis* (significa "vaciado"; *cf.* Fil 2:7) sostiene que Jesús limitó en su encarnación el uso de sus atributos divinos a fin de poder experimentar por completo la vida humana. A pesar de no haber abandonado su deidad en ningún sentido, Jesús limitó, de forma voluntaria, el uso de aquellas características divinas para poder experimentar la vida humana en su totalidad (*cf.* Heb 4:14-16). Solo podía usar sus atributos divinos bajo la voluntad del Padre, si este lo consideraba adecuado. Actuó, principalmente, desde su humanidad y fue fortalecido por el Espíritu (ver comentarios en 4:1-1).

Por ejemplo, en su manifestación humana no era omnipresente, y en otras ocasiones había restricciones en su omnipotencia (ver comentarios en 13:58;

---

1. Para tener una visión global, ver Erickson, *Christian Theology,* 1:441.

cf. Mr 6:5). Aquí, desconoce el futuro con respecto a su regreso y al final de la historia. El uso independiente de su conocimiento sobrenatural se limitaba a que la voluntad del Padre aprobaba que lo usara. En su ministerio terrenal, Jesús vino a hacer la voluntad de su Padre en los cielos. No entraba en el beneplácito del Padre que conociera la fecha de su regreso mientras estuviera en la tierra. En su conciencia humana, Jesús se limitó al conocimiento humano normal, aunque contuviera la omnisciencia en su naturaleza divina.[2] En otras ocasiones demuestra el conocimiento sobrenatural del presente y del futuro (p. ej., Jn 2:4; 4:17-18; 6:70; 11:4, 11; 13:10-11, 38).

Al parecer, esta expresión de Jesús rige el resto del discurso y debería ser la clave para interpretar la siguiente sección. A la luz del día o de la hora desconocida de su regreso, exhorta a sus discípulos a velar y estar preparados.

Analogía de los días de Noé (24:37-39). Jesús hace hincapié en la imprevisibilidad de su regreso estableciendo una comparación con el tiempo de Noé. Los seres humanos del tiempo de Noé no tuvieron en cuenta las advertencias del juicio que se les hicieron. Prosiguieron desempeñando las actividades de cada día, comiendo y bebiendo, casándose y dando a sus hijos en matrimonio. A pesar de tratarse de una generación libertina (Gn 6:11-12), la idea de Jesús no consiste en que estas actividades fueran pecaminosas, sino en que las personas estaban tan implicadas en dichas actividades cotidianas que no estaban prevenidas, porque no se preocupaban por la justicia ni por las realidades espirituales.

Por el contrario, Noé y su familia procedieron preparándose para el diluvio que venía, incluso cuando no veían indicios específicos de su venida y sin saber cuándo habría de producirse. El regreso de Jesús sorprenderá a todo aquel que no preste atención a las advertencias expresadas y a quienes no estén preparados espiritualmente (*cf.* 1Ts 5:1-6).

Algunos serán llevados; otros, dejados (24:40-41). Otras dos escenas de la vida diaria ilustran la imprevisibilidad de la venida del Hijo del hombre: "Estarán dos hombres en el campo: uno será llevado y el otro será dejado. Dos mujeres estarán moliendo: una será llevada y la otra será dejada". Mientras los hombres trabajan en el campo y las mujeres muelen el grano entre las piedras de un molino, uno está preparado, el otro, no. Que en cada caso se mencione a dos personas reitera que el estar preparado es una proposición de una cosa u otra (acerca de "molino manual" ver comentarios en 18:6).

---

2. Puede hallarse una visión global de las cuestiones teológicas en cualquier teología sistemática estándar, como Erickson, *Christian Theology,* 769-72; Grudem, *Teología sistemática,* esp. 572-78. Algunos teólogos enfatizan que Jesús operó exclusivamente desde su humanidad durante su permanencia en la tierra y que las manifestaciones de actividad sobrenatural son realmente el poder del Espíritu que obraba por medio de él (*cf.* Hch 2:22-23; 10:38). Otros, como Erickson y Grudem, hacen hincapié en que Jesús operaba con frecuencia en su naturaleza divina, mientras estuvo en la tierra.

El uso de los verbos "llevar" y "dejar" es misterioso. Son expresiones que podrían indicar que una persona de cada uno de los dos casos es llevada a juicio (como los que fueron arrastrados por el diluvio) y la otra es dejada para que disfrute de la bendición de la llegada del Hijo del hombre (así como Noé y su familia se salvaron por las advertencias de Dios),[3] aunque el verbo para "llevados" en el 24:40-41 es diferente del verbo en "se los llevó a todos" en 24:39). O viceversa, uno es llevado para estar a salvo y disfrutar de la bendición de la llegada del Hijo del hombre (como Noé y su familia en el arca), mientras que el otro es dejado para experimentar la ira del Hijo del hombre (como los que murieron con la llegada del diluvio).[4]

La segunda opción tiene a su favor que se corresponde, en cierto sentido, con los ángeles que se reúnen con los elegidos, en la venida del Hijo del hombre (24:31) y parece más coherente con las siguientes parábolas. Además, el verbo aquí empleado significa "poner a salvo" en 2:13, 14, 20, 21, mientras que el verbo "dejar" en Mateo tiene a menudo el significado de "abandonar" o "renunciar" (p. ej., 4:20, 22; 8:22; 19:29; 23:38; 26:56).[5] La idea consiste en que el Hijo del hombre reunirá a su pueblo cuando venga para disfrutar de la manifestación del reino de Dios, mientras que quienes hayan quedado atrás experimentarán su juicio.

La parábola del dueño de la casa y el ladrón (24:42-44)

Jesús comienza con una conclusión que resume el párrafo anterior, y que además presenta la parábola que sigue: "Por lo tanto, manténganse despiertos, porque no saben qué día vendrá su Señor". "Despierto" no solo implica seguir vigilante, sino también estar preparado. Jesús destaca la profunda división entre los que están preparados y aquellos que no lo están. Su preparación significará bendición a la llegada del Hijo del hombre, o juicio, por lo que deben estar despiertos y preparados en todo momento. Esta es la única vez que la expresión "su Señor" aparece en el Evangelio de Mateo, y acentúa que Jesús, como el Hijo de Dios que ha de venir, es el Señor de los discípulos (*cf.* 25:21, 23).

Jesús establece una comparación entre su venida y lo imprevisible de la actividad del ladrón, y llama a sus discípulos a reconocer y conocer la enseñanza que está impartiendo: "Pero entiendan esto: Si un dueño de casa supiera a qué hora de la noche va a llegar el ladrón, se mantendría despierto para no dejarlo forzar la entrada". Esta parábola destaca que la vigilancia es necesaria por si acaso aparece un ladrón. El término para ladrón (*kleptes*) designa a un ladrón común que roba para su propio beneficio, y no a un insurrecto como Barrabás.

---

3. P. ej., Gundry, *Matthew,* 494; Blomberg, *Matthew,* 366.
4. P. ej., Morris, *Matthew,* 614-15; Hagner, *Matthew,* 2:720; Davies y Allison, *Matthew,* 3:383.
5. Davies y Allison, *Matthew,* 3:383.

La responsabilidad de la seguridad de cada hogar recaía sobre el "propietario de la casa", ya que el concepto moderno de la fuerza policial no existía. Las fuerzas militares proporcionaban algo de protección a los gobernadores y a las clases altas, pero no a los individuos. Si el dueño de una casa supiera que va a venir un ladrón, haría todo lo necesario para estar preparado, ya fuera no acostarse en toda la noche y quedarse vigilando, o quizás reclutar la ayuda de los vecinos.[6] Aquí, las parábolas enfatizan la alerta necesaria para boicotear a un ladrón que pudiera intentar hacer un agujero en un tejado de juncos con una capa de barro o tejas (*cf.* Mr 2:4; Lc 5:19). Esta parábola es coherente con lo que sabemos respecto a los materiales de techado y muros de barro de las casas comunes del siglo I. El dueño de la casa puede relajarse si sabe en qué momento de la noche va a intentar entrar el ladrón. Pero, al desconocerlo, tiene que mantener la vigilancia durante toda la noche. Esto mismo ocurre en el caso de los discípulos de Jesús. Al no saber cuándo será su venida, deben vigilar durante toda la era, porque puede llegar en cualquier momento.[7]

Como muchas parábolas, un aspecto particular de esta alegoría se usa como comparación; aquí es lo inesperado. Para otros aspectos de la parábola no existen comparaciones, como que Jesús no es ningún ladrón que tenga la intención de robar (ver comentarios sobre 24:8). La alerta vigilante es importante, pero quizás sea más importante la "preparación". Vigilar de la forma adecuada debe ir acompañado de la preparación necesaria, así como los discípulos se preparan para la repentina aparición del Señor, asegurándose de su salvación, haciendo breves informes de su comportamiento, buscando sin cesar el reino de Dios en primer lugar, etc. Las siguientes parábolas recalcan cuáles son los distintos tipos de preparación adecuados.

La parábola de los dos tipos distintos de siervos (24:45-51)

La parábola de los dos siervos continúa con el tema de la parábola anterior, centrándose ahora en la fidelidad como la responsabilidad que uno tiene de estar preparado para el regreso del Señor.

El siervo fiel (24:45-47). El siervo (*doulos*) que desempeñaba una posición de responsabilidad en la supervisión y el cuidado de los demás siervos de la casa del dueño solía denominarse "mayordomo" (*oikonomos*), un término usado en una parábola parecida en Lucas 12:41-46. Este hombre es el siervo principal, el jefe de los asuntos y del personal de la casa del amo, y se esperaba que fuera él quien se ocupara de todos los asuntos personales del cabeza de familia. La prueba de su responsabilidad llega cuando el jefe se ausenta; ¿cumplirá fielmente sus tareas? Si así lo ha hecho, el jefe le dará mayor responsabilidad cuando regrese.

---

6. Para la idea de "irrumpir en una casa", ver comentarios sobre 6:19-20.
7. *Cf.* 1Ts 5:1-2; 2P 3:10; Ap 3:3; 16:15.

El siervo malo (24:48-51). Sin embargo, la prueba de la ausencia del jefe también revelará a un mayordomo infiel. Su maldad consiste en que recalca la larga ausencia del jefe: "Pero ¿qué tal si ese siervo malo se pone a pensar: 'Mi señor se está demorando'". La larga ausencia de su señor le permite al siervo abusar de su autoridad, maltratar a sus compañeros, así como juntarse y emborracharse, con malas compañías, actividades características de idólatras, paganos, incrédulos y de quienes se habían alejado de la fe (Éx 32:6; Is 28:7; 56:12; 1Co 10:7; Gá 5:21). Cuando el jefe regresa, sorprende al esclavo desprevenido. Como resultado, lo echa (*cf.* el uso de este verbo en Jer 34:18). Se describe al siervo malo junto con "los hipócritas", una de las expresiones favoritas de Jesús para los pecadores que simulan una justicia externa que intenta enmascarar un corazón perverso (p. ej., Mt 6:1-17; 23:13-29). Su lugar con los hipócritas merece un trato proverbial para la condenación eterna en el infierno, donde "habrá llanto y rechinar de dientes" (24:51; *cf.* 8:12). El siervo malo es un falso discípulo declarado.

Como ocurrió en escenas anteriores —la de Noé y los dos en el campo, y las dos mujeres moliendo—, esta es una proposición de o una cosa o la otra. El buen siervo revela su naturaleza en sus buenas acciones; el siervo malo demuestra su depravación cuando se queda solo. La parábola revela la naturaleza moral de ambos siervos e indica su relación con el reino de Dios. La transformación que conlleva la entrada al reino afectará a los discípulos de la forma adecuada, desde el corazón a la conducta (*cf.* 5:20; 15:18-20). La salida y el retraso del jefe dan lugar a la prueba, mientras que su regreso exige el ajuste de cuentas que pone de manifiesto la actuación de los criados desde su partida y durante el tiempo de su retraso.[8]

Esta parábola no alude a las recompensas ni al castigo de los creyentes, ni aboga por los creyentes "despedidos" que han caído. Es más bien el contraste entre los verdaderos y los falsos creyentes, y aborda las consecuencias de aquellos que a través de sus vidas demuestran merecer el infierno. Hemos de tener cuidado, asimismo, de no utilizar esta parábola para sugerir que se pueda conseguir la propia salvación por estar alerta o preparado; más bien, aquel que sea de verdad un discípulo de Jesús vigilará y estará preparado, porque su naturaleza como parte del reino consiste en ello. La advertencia para quienes profesan ser discípulos o para aquellos que no lo son es que no deberían retrasar demasiado su arrepentimiento, creyendo que tendrán tiempo de hacerlo. En realidad, su propia muerte o el regreso de Jesús los encontrará siendo pecadores no arrepentidos que fingen con hipocresía vivir la vida del reino, pero en realidad están espiritualmente corrompidos.

Esta parábola pone el foco principalmente en los líderes responsables de ocuparse de las necesidades dentro de la iglesia. Otros piensan que se refiere, de forma general, a todos los creyentes. El contexto global del discurso favorece

---

8. Ver Scott, *Hear Then the Parable,* 211-12.

este segundo criterio. El buen esclavo es el discípulo verdadero y fiel de Jesús, responsable y sabio en la forma de vivir su vida cristiana. Pero los líderes también pueden beneficiarse con la aplicación de todo esto a sus responsabilidades en el liderazgo.

Lo que impulsa la perversidad del siervo es notar que su señor lleva fuera mucho tiempo. La forma en que uno piense en la venida del Señor acabará influyendo en lo que diga y en cómo actúe. Tal vez el siervo pensara que su señor nunca regresaría o que podría escapar con su maldad, antes de que lo sorprendieran. Podría ser un indicio sutil de que el regreso de Jesús se demorará,[9] y de que el retraso servirá para poner a prueba el corazón de cada persona.

Parábola de las diez jóvenes (25:1-13)

La siguiente parábola expresa los temas de la vigilancia (24:42-44) y la fidelidad (24:45-51) para incluir la preparación: "El reino de los cielos será entonces como…". Jesús introduce esta parábola de una forma que no encontramos en ninguna otra parte del Discurso del monte de los Olivos, aunque es parecida a las alegorías presentadas en el Discurso de las Parábolas sobre los misterios del reino de los cielos (*cf.* 13:10-17, 24, 31, 44, 45, 47). Esto indica que esta parábola (y la siguiente) apuntan de manera explícita a las condiciones durante esta era, la era en la que el reino opera de una forma "misteriosa".

La parábola enseña, de un modo específico, la preparación a la luz del momento desconocido de la venida del Hijo del hombre. El Antiguo Testamento describe a Yahvé como el "esposo" de su pueblo Israel (Is 54:4-6; 62:4-5; Ez 16:7-34; Os 2:19); él allana el camino de Jesús como el mesiánico Hijo del hombre al que se representa como un novio (*cf.* Mt 9:14-17). Las diez jóvenes son prometidas que aún no se han casado. Siguiendo las costumbres típicas del matrimonio judío[10] (ver comentarios en 1:18), el novio abandona la casa de sus padres con un grupo de amigos para ir a la casa de su novia, donde se llevaban a cabo las ceremonias nupciales. Después de esto, todos los invitados a la boda formaban una procesión hacia el lugar del banquete de bodas, que por lo general era en casa del novio. El banquete nupcial solía celebrarse por la noche (22:13; 25:6).

La palabra para lámpara (*lampas*) es diferente a la lámpara (*lychnos*; 5:15) del SM, que se coloca en un candelabro para alumbrar una casa típica palestina. Era un recipiente más grande en forma de cúpula, con trapos empapados en aceite para alumbrar el camino, cuando la persona caminaba por el exterior.[11] Estas antorchas exteriores podían permanecer encendidas durante varias horas

---

9. Carson, "Matthew", 510.
10. Ver J. S. Wright y J. A. Thompson, "Marriage", *IBD,* 2:955-56; Victor P. Hamilton, "Marriage (OT y ANE)", *ABD,* 4:559-69; Jeremias, *Las parabolas de Jesús,* pp. 173-74 de la edición en inglés.
11. Para la explicación sobre diferentes tipos de lámparas, ver R. E. Nixon, "Lamp, Lampstand, Lantern", *IBD,* 2:871-73.

cuando se traían recipientes adicionales de aceite para ir rellenando la lámpara, como habían hecho las jóvenes prudentes. Están preparadas para la que podría ser una larga espera. Esta demora hace que tanto las jóvenes prudentes como las insensatas tengan sueño y se duerman, y esto no es una nota de condena, sino un detalle que intensifica el drama del intervalo. Tras aguardar aquel largo tiempo, un grito resuena en mitad de la noche: "¡Aquí está el novio! ¡Salgan a recibirlo!". Las jóvenes prudentes se despiertan y avivan sus lámparas para conseguir que la luz sea lo más brillante posible para la procesión, pero la parábola da un inesperado giro cuando las jóvenes insensatas piden a las prudentes: "Dennos un poco de su aceite porque nuestras lámparas se están apagando". Las prudentes no pueden ayudarlas, porque sus propias lámparas se apagarían si compartieran el aceite, de modo que indican a las insensatas que busquen aceite para ellas en una tienda local. Aunque, probablemente, les resultaría difícil a tan altas horas de la noche, finalmente lo consiguen, porque llegan tarde (o quizá quiera decir que recorren el camino hasta el lugar del banquete lentamente en la oscuridad). Mientras las jóvenes insensatas están fuera buscando aceite, la procesión llega finalmente con el novio. Ahora se revela la razón por la cual se define a aquellas vírgenes como "prudentes" en todas las referencias anteriores: Están "preparadas" para ir con el novio al banquete de boda (25:10). Solo las que se han preparado de la forma adecuada están listas para ir. Las jóvenes insensatas no lo están, y Jesús lo acentúa declarando: "Y se cerró la puerta".

Por fin llegan las jóvenes insensatas, pero el novio les grita mientras ellas están en la oscuridad de la noche: "¡No, no las conozco!" (25:12), la dura y directa declaración de rechazo a una persona que no tiene una verdadera relación con Jesús (7:23). A lo largo del Antiguo Testamento, se afirma que Dios "conoce" a aquellos a los que ha elegido para que sean su pueblo (Jer 1:5; Os 13:5; Am 3:2), un tema que se reitera en el Nuevo Testamento en alusión a una relación salvífica con Dios por medio de Jesucristo (*cf.* Gá 4:8-9; 2Ti 2:19).

Jesús se dirige a sus discípulos de una forma directa para explicar con claridad la enseñanza de la parábola: "Por tanto —agregó Jesús—, manténganse despiertos porque no saben ni el día ni la hora". Igual que en la parábola anterior, esta es otra distinción entre dos tipos de personas: los que son verdaderos discípulos de Jesús y los que no. Los discípulos de Jesús estarán preparados para la llegada del Hijo del hombre. El destino de los que no están preparados aguarda del otro lado de la puerta cerrada. Tanto la parábola anterior (24:50-51) como la siguiente (25:29-30) hablan del infierno como destino para aquellos que no "vigilan" de la forma correcta, estando adecuadamente preparados con la salvación para acompañar al Hijo del hombre cuando llegue. Por tanto, la "puerta cerrada" también señala aquí la condenación, en especial el ominoso comentario del novio: "¡No, no las conozco!".

Parábola de las monedas de oro (25:14-30)

Jesús prosigue con sus parábolas sobre las cualidades del carácter beneficioso de aquellos que esperan su regreso. La preparación de los que aguardan la venida del Hijo del hombre se encarna ahora en la productividad y la laboriosidad, donde la fidelidad en el servicio acompaña a la vigilancia.[12]

Monedas de oro (25:14-18). Los terratenientes ricos solían confiar sus propiedades y sus asuntos a sus siervos de confianza (*doulos* de nuevo, como en 24:45) cuando se ausentaban por negocios o por asuntos personales. Aquí se describe al terrateniente como alguien rico, ya que dispone de una liquidez de al menos ocho monedas de oro (25:15; para el valor de una moneda de oro, ver comentarios en 18:24). En términos de su valor actual, el terrateniente reparte, aproximadamente, la cantidad de 1.977,60 dólares entre los tres siervos. Sin embargo, las comparaciones son difíciles de apreciar, ya que semejante suma habría sido mucho más desproporcionada para un trabajador corriente en la Palestina del siglo I que en los tiempos modernos.

Siervos fieles (25:19-23). La suma distribuida por el amo simboliza, al parecer, los talentos o la capacidad personal, pero solo de forma general: "A cada uno según su capacidad" (25:15). El primer y segundo siervo utilizan de manera eficaz las cantidades confiadas, probablemente para poner en marcha algún tipo de negocio y tener unas ganancias sobre la inversión inicial que igualen los cinco y los dos talentos originales (25:16-17). El tercer siervo se limita a cavar un hoyo en el que esconde la moneda de su señor (25:18).

Tras un largo intervalo, parecido al que se expresa en las dos primeras parábolas, el amo regresa y ajusta cuentas con ellos. Ante los dos primeros siervos exclama: "¡Hiciste bien, siervo bueno y fiel! Has sido fiel en lo poco; te pondré a cargo de mucho más. ¡Ven a compartir la felicidad de tu señor!". La idéntica declaración de elogio a ambos siervos indica que el tema de la parábola no consiste en la cantidad total ganada, sino en la fiel responsabilidad de vivir a la altura del potencial y de los talentos de los que uno dispone. La recompensa de las ganancias otorgadas puede diferir, pero ambos siervos recibieron un gozo idéntico en la presencia de su señor.

El siervo malo (25:24-27). Al contrario que los dos primeros siervos, el tercero se presenta ante su señor contando otra cosa sobre el talento que recibió: lo ha escondido bajo tierra. El señor responde: "¡Siervo malo y perezoso!". La maldad del tercer esclavo surge de su actitud con su señor y esto, a su vez, ha conducido a la pereza y a la mala administración. La forma en que él se lo imagina ("usted es un hombre duro, que cosecha donde no ha sembrado y recoge donde no ha esparcido) le infunde miedo y lo lleva a esconder el talento y a no procurar ampliar el capital de su señor. La percepción errónea del siervo con respecto a su señor

12. Young, *The Parables,* 89-112. Para una parábola similar, presentada en una ocasión distinta, pero con un énfasis parecido, ver Lucas 19:11-27.

ha provocado enemistad, desconfianza, temor y, después, indolencia personal. De haber amado verdaderamente a su señor, no habría intentado echarle la culpa, sino que habría obrado por amor.

El señor le dice que al menos podría haber depositado el talento "en el banco". Este término se refiere, probablemente, a las casas de cambio, que cobraban un impuesto por sus servicios. Las casas de inversión o bancos, tal como los conocemos, no existían prácticamente en la sociedad judía. Una persona particular enterraría sus cosas de valor (ver 13:44; *cf.* Jos 7:21) o se las confiaría a un vecino (Éx 22:7) para salvaguardarlas.

Pero la culpa del siervo consiste en no haber sido lo suficientemente diligente para procurar que el talento devengara intereses para su señor (*tokos*; *cf.* Lc 19:23). El Antiguo Testamento prohibió cobrar intereses a otros judíos (Éx 22:25; Lv 25:35-37; Dt 23:19), aunque no a los gentiles (Dt 23:20). Aunque el uso contemporáneo distingue entre los intereses y la usura (carga, por un préstamo, de un porcentaje de interés más elevado de lo que permitían la ley o la práctica común), el judaísmo y la práctica rabínica posterior no hacían distinción y evitaban sistemáticamente todo lo que pareciera cargarse intereses los unos a los otros.[13]

Jesús no está defendiendo aquí que se deje a un lado la ley del Antiguo Testamento; más bien se está refiriendo a invertir las monedas con los cambistas, quienes desempeñaban un valioso servicio cambiando toda una variedad de formas de monedas para los que viajaban por Palestina, desde la diáspora. Esto es distinto a los cambistas que pervertían la práctica del templo (ver comentarios sobre 21:12). Es menos probable que Jesús esté apuntando a la práctica de los judíos de Palestina que cargaban intereses por los préstamos a los gentiles. O, dada la flexibilidad con la que Jesús usa las comparaciones en las parábolas, tal vez esté usando la práctica prohibida de cargar intereses para exponer una idea sobre algo bueno (*cf.* la relación entre el ladrón y el Hijo del hombre en 24:43-44).[14]

Abundancia y castigo (25:28-30). En un sorprendente giro de la historia, el señor declara que se deben tomar las mil monedas de oro del mal siervo y dárselas al que tenía diez mil, quien demostró su diligencia. La enseñanza se resume en la expresión: "Porque a todo el que tiene, se le dará más, y tendrá en abundancia. Al que no tiene se le quitará hasta lo que tiene". Esta máxima va en paralelo con lo dicho en 13:12, ilustrando un punto parecido sobre la sensibilidad espiritual; aquí enfatiza que el uso sabio y meticuloso de los talentos que Dios le da a uno es una responsabilidad que acompaña a una buena relación con Dios.

Pero el castigo no consiste sencillamente en quitarle el talento al esclavo impío, ahora catalogado de "inútil". El señor da instrucciones para que sea echado "afuera, a la oscuridad, donde habrá llanto y rechinar de dientes". Como en las

13. Para la explicación, ver "Interés", *DJBP,* 319.
14. Ver Carson, "Matthew", 517.

demás parábolas, el contraste se establece entre aquellos cuyo destino eterno es la salvación en la presencia del tan esperado Hijo del hombre y la condenación eterna.[15] Los dos primeros siervos son verdaderos discípulos; el tercero no lo es. La fidelidad de una persona es la prueba de que forma parte o no de los que le pertenecen a Jesús. Mientras los discípulos aguardan el regreso del Hijo del hombre, deben enseñar que la diligencia en el discipulado es el testimonio del amor que uno siente por Jesús como Señor y de la confianza que tiene en él. Sin embargo, su perseverancia no debe proceder de una motivación interesada, sino que debe demostrarse en el servicio a los demás, como hizo Jesús (20:20-28).

Juicio al final (25:31-46)

Esta escena final del Discurso del monte de los Olivos es exclusiva del Evangelio de Mateo. Hasta este punto, Jesús ha tratado dos asuntos básicos. En la primera parte, presentó un relato continuado, por lo general cronológico, de los acontecimientos que acompañarían su regreso como Hijo del hombre (24:4-35). En la segunda parte, mediante reflexiones y parábolas, expuso varias enseñanzas sobre vigilar, esperar y estar preparado para su segunda venida (24:36-25:30). En esta tercera parte, Jesús hace promesas de recompensa y advertencias sobre el juicio que llegará con su venida como glorioso Hijo del hombre (25:30-46). Cada una de las cuatro parábolas anteriores incluía declaraciones de juicio, pero el énfasis estaba en preparar la vida propia. Ahora se hace hincapié, de forma directa, en el juicio que sobrevendrá a quienes están excluidos y en la recompensa para los que están admitidos en el reino (25:34).

Las ovejas separadas de las cabras (25:31-33). La escena cambia ahora por la de la gloriosa venida del Hijo del hombre. En su gloria lo acompañan todos los ángeles, y está sentado en su trono de gloria. Todas las naciones se reunirán ante él (25:32). La debatida expresión "todas las naciones" se ha interpretado en referencia a la iglesia, a toda la humanidad o a todos los incrédulos, pero dentro del contexto mateano es más probable que aluda tanto a los judíos como a los gentiles, quienes, a lo largo de esta era, son ambos el objeto de la Gran Comisión (ver comentarios sobre 24:14; 28:18-20).[16] No se juzga a las naciones como entidades, sino más bien a las personas (NIV) que las conforman: "Y él separará a unos de otros, como separa el pastor las ovejas de las cabras".

La metáfora del pastor suaviza la imagen del juicio, aunque no disminuye las premonitorias consecuencias de separar a las ovejas de las cabras. La "oveja"

15. Para una explicación académica del juicio en el Evangelio de Mateo, ver Sim, *Apocalyptic Eschatology in the Gospel of Matthew,* esp. 130-39.

16. Para una historia detallada de la interpretación de la identidad aquí implicada, ver S. W. Gray, *The Least of My Brothers: Matthew 25:31-42—A History of Interpretation* (SBLDS 114; Atlanta: Scholars Press, 1989), aunque Gray argumenta que el juicio de la iglesia se describe en 24:45–25:30, y el juicio de los que están fuera de la iglesia, en 25:31-46 (358-59).

es siempre imagen del pueblo de Dios, ya sea que se refiera a Israel (9:36; 10:6; 15:24; *cf.* Ez 34) o a los discípulos de Jesús (Mt 10:16; *cf.* 26:31 citando Zac 13:7; Jn 10). Las cabras no aparecen a menudo en el Nuevo Testamento, pero, en el Antiguo Testamento, el setenta por ciento de sus referencias aluden a su uso como animales para el sacrificio, igual que la cabra ofrecida en sacrificio por el pecado y el chivo expiatorio del día de la expiación (Lv 16:8-10, 26). En la mayoría de las zonas del mundo, el asunto de separar las ovejas de las cabras no se presentaría nunca, ya que es improbable que ambos rebaños se mezclen. Sin embargo, en las tierras de los alrededores de Palestina, suelen ir juntas y las razas autóctonas pueden parecerse en tamaño, color y forma.[17]

No parece haber una razón relevante para que Jesús contraste a las ovejas con las cabras, excepto por el simbolismo que se vinculará a ambas, de una forma sorprendente: "Pondrá las ovejas a su derecha, y las cabras a su izquierda". El lado derecho es el lugar de honor (ver comentarios en 20:21). El lado izquierdo no suele ser un lugar de desaprobación, aunque aquí sí parece serlo.

La recompensa de la oveja (25:34-40). El rey explica la separación cuando les dice a los que están a su diestra: "Vengan ustedes, a quienes mi Padre ha bendecido; reciban su herencia, el reino". El rey representa al Hijo del hombre sentado en el trono (25:31), trayendo a la mente Daniel 7:13-14, donde el Hijo del hombre recibe el reino del Anciano. Esta es una de las pocas veces en que Jesús se refiere a sí mismo como rey, aunque el tema está presente a lo largo del Evangelio de Mateo. El evangelista rastrea el linaje de Jesús hasta llegar al rey David (1:1-17), los magos lo buscan como el rey nacido de los judíos (2:2), él anuncia la llegada del reino de los cielos (4:17), su ministerio terrenal llega a un punto apoteósico en su entrada triunfal a Jerusalén, donde cumple la expectativa de la venida del rey de Israel (ver comentarios sobre 21:5), el Sanedrín lo acusa de proclamar que es el rey de los judíos (27:11), y lo ridiculizan disfrazándolo de rey en su crucifixión (27:29. 37, 42).

El rey se dirige a las ovejas, que están a su diestra, como aquellas a quienes su "Padre ha bendecido". La bendición consiste en su herencia, y es el reino que ahora reciben, no por haberlo ganado por sus propios esfuerzos, sino porque es un regalo de su relación con el Padre y el Hijo. El propósito asegurado de Dios se lleva a cabo cuando se entiende como la bendición de la herencia del reino para las ovejas.

El "porque" transicional de 25:35 presenta la explicación por la que las ovejas reciben la herencia: la herencia del reino es la recompensa por preocuparse de las necesidades físicas de Jesús. El rey pronuncia: "Porque tuve hambre, y ustedes me dieron de comer…". Las ovejas se preocuparon de Jesús cuando él estuvo en necesidad, padeciendo hambre y sed, cuando fue forastero, estuvo desnudo, enfermo y encarcelado. El precedente se halla en las exhortaciones del Antiguo

17. George S. Cansdale, "Goats", *ZPEB,* 2:739-41.

Testamento, donde Dios rechaza las demostraciones externas de religiosidad de Israel (p. ej., el ayuno) por considerarlas una farsa y declara que la verdadera justicia se muestra en la preocupación por los necesitados (p. ej., Is 58:6-10).

Pero existe una sorprendente reacción en los que son recompensados: “Señor, ¿cuándo te vimos hambriento y te alimentamos, o sediento y te dimos de beber…?”. La sorpresa de las ovejas “justas” (*cf.* 10:41; 13:43, 49; 25:37) procede de tomarse las palabras de Jesús de forma literal, porque no logran recordar cuándo hicieron tal cosa por el rey. Dicho asombro indica que no fueron actos deliberadamente meritorios para ganar el acceso al reino. Más bien, estos actos de misericordia son pruebas de que las ovejas pertenecen al reino, así como las parábolas precedentes indicaban las pruebas del comportamiento externo de una persona que ha recibido de veras el regalo de la salvación y la transformación resultante, por medio del Espíritu.

Jesús responde: “Les aseguro que todo lo que hicieron por uno de mis hermanos, aun por el más pequeño, lo hicieron por mí” (25:40). Tras la sorpresa de los justos, esta declaración de Jesús es un principio central del pasaje (han servido a Jesús preocupándose por las necesidades del “más pequeño” de sus hermanos).

El más pequeño de mis hermanos (25:40). Es importante resolver la cuestión de la identificación de estos “hermanos”. La respuesta a esa pregunta determina lo que Jesús provee como bases para aceptar a una persona en la vida eterna o para su marcha hacia el castigo eterno (25:46). Se ofrecen cinco soluciones principales.[18] (1) *Todas las personas necesitadas de la humanidad.* Este punto de vista enfatiza que se debe mostrar misericordia hacia todas las personas.[19] (2) *Todos los cristianos.* Otros sugieren que se contempla a todos los cristianos, ya que la referencia explícita a los “hermanos”, en la forma en que Jesús usa este término en Mateo, se refiere a sus discípulos.[20] (3) *Misioneros cristianos.* Otros sugieren que se trata de misioneros cristianos, quienes, según el trato que se les dé, determinan el destino de todas las personas. Aquellos que los reciben, reciben a Jesús; los que los rechazan, rechazan a Jesús; es un tema parecido a la recompensa ofrecida en el Discurso de Misión (10:40-42).[21] (4) *Judíos cristianos.* Algunos concluyen que Jesús se refiere a los judíos cristianos, poniendo el foco especialmente en la forma en que los cristianos conversos tratan a los judíos conversos que fueron sus misioneros durante la gran tribulación.[22] (5) *Mártires*

18. Ver Gray, *The Least of My Brothers;* Eugene W. Pond, “Who are ‘The Least’ of Jesus’ Brothers in Matthew 25:40”, *BibSac* 159 (octubre–diciembre 2002): 436-48.
19. Esta era una postura minoritaria para gran parte de la historia de la iglesia, pero ha encontrado muchos adherentes recientes. Para una defensa actual, ver Davies y Allison, *Matthew,* 3:428-29; C. E. B. Cranfield, “Who Are Christ’s Brothers”, *Metanoia* 4 (1994): 31-39.
20. Ver 5:47; 12:49-50; 18:15-17; 23:8; 28:10. Los que adoptan esta postura: Hagner, *Matthew,* 2:744-45; Carson, “Matthew”, 519-21.
21. Blomberg, *Matthew,* 378.
22. P. ej., Barbieri, “Matthew”, 81; Glasscock, *Matthew,* 491-92.

de la tribulación. Este punto de vista sugiere que Jesús se refiere a los cristianos que fueron martirizados por la fe durante la gran tribulación y que regresarán junto al Señor exaltado en su segunda venida.[23] La manera como Jesús se refiere, de forma constante, a sus discípulos como "hermanos" en el relato de Mateo conduce al segundo punto de vista. Pero la expresión "el más pequeño" señala, de forma explícita, a los discípulos *necesitados*. Estos suelen ser los que quedan excluidos del cuidado (la atención se desviaba a menudo hacia los miembros importantes de la comunidad de discípulos). Esto coincide con la exhortación de Jesús a los discípulos cuando discutían sobre quién era el mayor en el reino de los cielos (18:1). Les pidió que se volvieran como niños, y recibir a los niños en su nombre es como recibir a Jesús mismo (18:2-5). Esto también coincide con el reproche del apóstol Santiago a su iglesia por mostrar partidismo hacia los ricos, mientras deshonraban al pobre en la iglesia (*cf.* Stg 2:1). Por tanto, Jesús afirma que los creyentes deben cuidar los unos de los otros, pero en especial del más pequeño e insignificante de ellos. Esto no puede absolver la misericordia general que los cristianos deben demostrar hacia todo el que esté en necesidad. Como afirma Morris: "Todo el que está en necesidad debe ser objeto de la benevolencia cristiana".[24] Pero la mayor luz de guía es, quizás, la que aporta el apóstol Pablo cuando declara el principio: "Por lo tanto, siempre que tengamos la oportunidad, hagamos bien a todos, y en especial a los de la familia de la fe" (Gá 6:10).

Sin embargo, deberíamos reiterar que estas buenas obras no son aquellas por las que se entra al reino; son la sustanciación de la clase de vida del reino que se ha producido por medio de la transformación del corazón de sus discípulos, por medio de la regeneración. Sus obras de cuidar a los necesitados de entre ellos confirmarán que pertenecen a Jesús. De otro modo, no son de verdad sus ovejas, porque no han nacido de nuevo por el Espíritu de Dios.

El castigo de las cabras (25:41-45). Jesús se dirige ahora a los que están a su izquierda, las "cabras", del mismo modo quc utilizó para elogiar a las "ovejas" situadas a su diestra, excepto que las cabras son condenadas por no haber mostrado misericordia para con Jesús en su necesidad. El castigo por no preocuparse de las necesidades físicas de Jesús es el fuego eterno (25:41-43). Las cabras responden de forma parecida a la de las ovejas (25:44). Jesús contesta de igual manera que lo hizo con las ovejas, salvo que las cabras *no* actuaron a favor "del más pequeño". Jesús omite la referencia "por uno de mis hermanos", pero debemos suponer que es una referencia abreviada.

Las cabras están tan sorprendidas como las ovejas, pero están igual de asombradas que los personajes de las parábolas anteriores. Las cinco jóvenes insensatas (25:1-13) y el siervo malo que no invirtió sus monedas (25:14-30) no fueron condenados al castigo eterno por algún pecado visible atroz, sino por no haber hecho lo correcto. Por tanto, "los pecados por omisión" también son

23. P. ej., Pond, "Who are 'The Least' of Jesus' Brothers in Matthew 25:40", 443-48.
24. Morris, *Matthew,* 639.

merecedores, aquí, de la condenación eterna, ya que son la prueba de que una persona no ha sido justificada mediante la asociación con el reino de Dios (5:20). Los actos justos nacen de un corazón santificado por el Espíritu de Dios, mientras que los actos injustos, aunque sean por omisión, indican que un corazón carece de la obra transformadora del Espíritu (*cf.* 15:19; Tit 3:1-8).

El castigo eterno y la vida eterna (25:46). Jesús concluye la escena del dramático juicio declarando: "Aquéllos irán al castigo eterno, y los justos a la vida eterna" (25:46). La profecía de Daniel sobre un tiempo futuro en el que una gran tribulación vendrá sobre la tierra conduce también a la profecía de la vida y del castigo eternos: "Y del polvo de la tierra se levantarán las multitudes de los que duermen, algunos de ellos para vivir por siempre, pero otros para quedar en la vergüenza y en la confusión perpetuas. Los sabios resplandecerán con el brillo de la bóveda celeste; los que instruyen a las multitudes en el camino de la justicia brillarán como las estrellas por toda la eternidad" (Dn 12:1-3; *cf. 2 Bar.* 51:5-6). La profecía de Daniel repite aquí las últimas palabras del último discurso de Jesús, en el Evangelio de Mateo.

A los que han respondido al anuncio de Jesús y se han convertido en discípulos suyos se les denomina "hijos del reino" (13:38), pero ahora entran en la plena bendición y experimentan la vida en el reino. Muchos interpretan esta escena de juicio como la misma que ocurrirá en esta era terrenal, justo antes del estado eterno (Ap 20:11-13).[25] Otros lo entienden como el juicio que tendrá lugar antes de la inauguración del reino milenial terrenal de Jesús, quien gobernará sobre los que son bendecidos para entrar en aquel reino con él.[26]

El punto de vista del creador está en armonía con las referencias a la vida eterna o al castigo a los que se dirigen ahora las ovejas o las cabras (25:41, 46). Los premilenaristas que mantienen esta postura deben explicar cómo la inmediatez de la venida del Hijo del hombre deja paso, en el discurso, a una escena de juicio que ocurre mil años después. La mayoría lo hace sugiriendo que Jesús ha condensado los acontecimientos futuros. El último punto de vista está más en consonancia con la continua alusión, a lo largo del discurso, a la inmediata venida del Hijo de Hombre, pero debe explicar las referencias en cuanto a entrar en la "vida eterna" en el momento del milenio: o Jesús está hablando de forma no cronológica y está condensando los acontecimientos futuros, o, más probablemente, el término "eterno" no tiene aquí el sentido de una experiencia del estado final de ellas, sino de una confirmación del mismo antes de la experiencia final.[27]

---

25. Erickson, *Christian Theology,* 1200-1203; Hagner, *Matthew,* 2:742-43; Blomberg, *Matthew,* 376; Morris, *Matthew,* 634-35.
26. P. ej., Eugene W. Pond, "The Background and Timing of the Judgment of the Sheep and Goats", *BibSac* 159 (abril–junio 2002): 201-20; Saucy, *Progressive Dispensationalism,* 130.
27. Pond, "The Background and Timing of the Judgment of the Sheep and Goats", 219-20; Saucy, *Progressive Dispensationalism,* 288 n. 67.

Las pruebas son escasas en ambos casos, pero el punto importante queda claro a lo largo de esta escena: el juicio llegará.[28] Esta escena de juicio aporta, de esta forma, una conclusión dramática a todo el discurso y una consecutiva culminación de las parábolas anteriores. La presencia de la vida del reino siempre producirá una evidencia en las palabras, pensamientos, acciones y carácter transformados de los seguidores de Jesús. La ausencia de cambio es la prueba de que una persona no ha aceptado la invitación al reino. La recompensa o el castigo se distribuyen de acuerdo con las pruebas.[29]

Tal y como se ha enfatizado a lo largo del Discurso de los Olivos y, finalmente, a lo largo de este Evangelio, solo existen dos tipos de persona. Los que no han seguido a Jesús están, en realidad, en su contra y tendrán que soportar el estar separados de él y el castigo eterno. Los discípulos de Jesús están con él y disfrutarán junto a él de la vida eterna. Esto debería producir el mayor de los gozos en los discípulos de Jesús, al considerar nuestro destino eterno. Sin embargo, la suerte de los malos también debería pesar sobre nosotros, provocando el mismo tipo de angustia que experimentó el apóstol Pablo cuando meditó en el destino eterno de sus compañeros judíos que habían rechazado a Jesús (Ro 9:1-3; 10:1-2).

Construyendo Puentes

Esta serie de reflexiones, parábolas y escenas de juicio completa el discurso final en el Evangelio de Mateo (para un resumen de su contenido, ver comentario en 24:1-3). La intención de Jesús en la presente sección no consiste en proporcionar un cronograma; se centra en las actitudes y las cualidades del carácter que guían su discipulado para cuando él ya no esté físicamente con ellos.

Como expusimos en el capítulo anterior, se debate la relación entre el regreso del Señor en el Discurso del monte de los Olivos y la explicación de Pablo sobre el "arrebatamiento" de los creyentes (1Ts 4:13-18). Muchos comentaristas sugieren que el apóstol habla de un regreso aparte del Señor, ya sea antes o a mitad de la tribulación, para arrebatar a los creyentes de la tierra y protegerlos de la ira de Dios, durante la gran tribulación. Otros afirman que tanto Pablo como Jesús se refieren al arrebatamiento de los creyentes al final del periodo de tribulación, cuando el Señor regresará para llevarse con él a los creyentes que han sido protegidos durante la tribulación.[30] Las cuestiones resultan demasiado difíciles de

28. Ver Sim, *Apocalyptic Eschatology in the Gospel of Matthew,* 130-39.
29. Ladd, *Theology of the New Testament,* 206-7.
30. Para la presentación de cada una de estas opiniones y la interacción entre sus defensores, ver Gleason L. Archer Jr., Paul D. Feinberg, Douglas J. Moo, y Richard R. Reiter, *The Rapture: Pre-, Mid-, or Post-Tribulational?* (Grand Rapids: Zondervan, 1984).

resolver aquí, pero para nuestros propósitos es importante conservar dos cosas en tensión, lo que al parecer es la principal intención de Jesús en este discurso.[31]

Lo repentino. Lo repentino del regreso del Hijo del hombre impregna cada escena de esta parte del Discurso del monte de los Olivos. Esto concuerda con el estímulo de Pablo a los tesalonicenses, cuando les asegura que la venida de Cristo aún no ha sucedido (1Ts 4:13-18). El apóstol insinúa que la venida de Jesús podría producirse en cualquier momento y arrebatar a los creyentes. El mundo que los rodea declara: "Paz y seguridad", y después de esto viene la destrucción (5:3). La aparición del Señor en las parábolas del Discurso del monte de los Olivos es repentina, sin aviso. Por tanto, dado que Jesús se dirige a los discípulos que vivirán a lo largo de este siglo, una característica crucial de nuestro discipulado implica que aguardemos su regreso, que será de forma repentina.

Preparación. El tema de la preparación también impregna el Discurso del monte de los Olivos. En el contexto de la paz o de la dificultad, todos los creyentes a lo largo de esta era tienen garantizado que experimentarán ambas cosas (*cf.*10:24-25). Por tanto, debemos estar preparados para el regreso del Señor, independientemente de las circunstancias. Cada una de las parábolas siguientes enfatizan diferentes aspectos de esa preparación: la responsabilidad (24:45-51), la disposición (25:1-13), la productividad (25:14-30) y la sensatez (25:31-46).

Algunas personas se centran tanto en el regreso de Jesús en gloria, al final del periodo de tribulación, que muestran poca preocupación por estar preparados ahora, pensando que pueden esperar hasta ver que los acontecimientos del fin empiezan a desarrollarse. Otros se centran tanto en la expectativa del regreso de Jesús, en cualquier momento, que se inquietan poco por el largo plazo, pensando que Jesús regresará tan pronto que no han de hacer ningún plan. El discipulado equilibrado implica tanto la preparación inmediata como a largo plazo. Las reflexiones de Jesús en las parábolas restantes y en la escena de juicio del discurso van dirigidas a sus discípulos, los de entonces y los de ahora, llamados a estar rápidamente preparados para un repentino e inesperado regreso del Señor, pero también deben hacer planes para una larga ausencia y, mientras tanto, hacer un uso provechoso de sus dones.

Significado Contemporáneo

Mi esposa y yo nos despertamos esta mañana con las últimas noticias de la devastadora pérdida de la nave espacial *Columbia,* en sus últimos dieciséis minutos de regreso a la atmósfera

31. Personalmente, sostengo que un arrebatamiento pretribulacionista explica mejor varias cuestiones teológicas (p. ej., el restablecimiento de Israel durante el milenio y el tiempo que se requiere para desarrollar un pueblo que habite el milenio). Sin embargo, también creo que tomar el discurso en el contexto de la instrucción de Jesús a sus discípulos resalta mejor los principios del discipulado que dan a conocer cualquier postura escatológica.

terrestre. Fue una trágica pérdida para nuestro programa espacial, pero, desde mi punto de vista, la pérdida de los siete hombres y mujeres a bordo de la nave fue aún más angustiosa. En la primera declaración oficial, el administrador de la NASA, Sean O´Keefe, confirmó que la nave ardió en llamas en el momento en que volvía a entrar en la atmósfera terrestre y sus restos se esparcieron sobre Texas. Describió que la tripulación desarrolló su misión de una forma brillante, pero a continuación declaró con la voz rota: "La pérdida de esta valiosa tripulación es algo que nunca olvidaremos".

Estos desgarradores acontecimientos nos afectan a cada uno de nosotros de una forma dramática, para recordarnos que la vida es frágil y efímera. Todo el trabajo, el esfuerzo y el gasto de estos hombres y mujeres a lo largo de sus vidas desaparecieron en un instante.

En pocas palabras, este es el mensaje del Discurso del monte de los Olivos. La vida, tal como la conocemos, llegará a su fin. Toda la historia alcanzará un final culminante cuando Jesús regrese. Esta conclusión puede llegar antes de lo que pensamos, así que estemos preparados. Tengo un lema en la vida que expresa lo que, a mi entender, es el reflejo de esta exhortación:

> Vive como si Jesús regresara hoy;
> haz planes como si no fuera a regresar en cien años.

Independientemente de tu punto de vista teológico en relación con el regreso de Jesús, esta exhortación es importante, porque la vida es frágil y efímera, y no sabemos cuándo llegará el fin. Ya sea al final de la historia tal como la conocemos, con el regreso de Jesús o al final de nuestra vida tal como la conocemos, con nuestra propia muerte, debemos estar preparados. Pero esto no significa que debamos retirarnos y contar las horas. En vez de ello, tenemos el privilegio y el encargo de maximizar los momentos preciosos de la vida que se nos han concedido para marcar una diferencia en favor del reino.

A la luz de que se desconoce el momento de su regreso (24:36), Jesús enfatiza que ciertamente habrá una separación entre los que serán arrebatados y los que se quedarán (24:37-41). Es una proposición de una cosa u otra. No existe un término medio. Por tanto, deberíamos vivir con la expectativa segura de que el final de cada uno de nosotros está cerca, y esto afectará a nuestro discipulado diario. Cuando acabe nuestra vida o cuando él regrese en gloria y poder, estaremos o no con él. Jesús presenta cuatro parábolas y una escena de juicio que ilustra por qué y cómo pueden tener los discípulos la seguridad de ser aprobados cuando Jesús venga de nuevo. Pero estas parábolas y esta escena de juicio también imparten la otra parte de la enseñanza: el juicio aguarda a los que no son fieles. A nivel primario indican quién demuestra la verdadera vida del reino para recibir la vida eterna. A nivel secundario, cada una de ellas indica cómo puede progresar el discipulado de Jesús.

La primera parábola, el dueño de la casa y el ladrón (24:43-44), proporciona el principio general del discipulado fiel de Jesús, que se demuestra en aquellos que *vigilan estando preparados* mientras aguardan su regreso. Las tres parábolas siguientes demuestran cómo debemos ser *responsables* (los dos tipos de siervos; 24:45-51), estar *preparados* (las diez jóvenes; 25:1-13) y ser *fructíferos* (las monedas de oro; 25:14-30). La escena final del juicio de las ovejas y las cabras (25:31-46) presenta una conclusión apoteósica mediante el anuncio de que la vigilancia y la espera, a lo largo de la vida y de la historia, requieren que seamos *sensatos* en nuestro discipulado.

Preparados (24:43-44). La parábola del dueño de la casa y el ladrón prepara el escenario para la forma en que deberíamos vivir nuestra vida con la expectativa de que Jesús regresará: Debemos *vigilar* con diligencia. Sin embargo, observar no significa sentarse solamente a esperar y contemplar lo que ocurrirá a continuación. Significa estar *preparado* para su llegada en cualquier momento o día. Por ejemplo, la gata de mi mujer, Maui, vigila nuestra casa de forma diligente cuando no estamos. Se percata de todo lo que sucede. No obstante, no está preparada para hacer nada al respecto. ¡Corre y se esconde en el armario si oye un ruido! Y, ciertamente, algunos perros no son mucho mejores. El mejor tipo de perro guardián es el que vigila y está preparado para hacer algo en cuanto al intruso.

Lo mismo sucede con nosotros. Debemos vigilar, pero aguardar el regreso del Señor ha de ir acompañado del tipo de preparación adecuado. A nivel primario, significa que alimentemos una expectación viva de su parusía.[32] Nuestra visión del mundo debe estar orientada hacia el reino, como Jesús ha venido enfatizando a lo largo de su ministerio. Nuestra esperanza está en el reino de Dios plenamente establecido en la tierra, y no en los reinos que nosotros creemos.

Junto con toda la creación, esperamos su completa liberación (Ro 8:18-25), pero nuestra espera y nuestra vigilancia significan que estamos preparados, respondiendo a la invitación del reino en la tierra, ahora, y experimentando el comienzo de la regeneración, a medida que nuestras almas son lavadas y renovadas por el Espíritu Santo (Tit 3:4-7). Cuando alimentamos a diario la bendita esperanza del regreso de Jesús, la gracia de Dios nos enseña a decir "no" a la impiedad y a las pasiones mundanas y "a rechazar la impiedad y las pasiones mundanas. Así podremos vivir en este mundo con justicia" (Tit 2:12). Cuando este es nuestro enfoque de cada día, cada hora, observamos y esperamos el regreso de Jesús, totalmente preparados para encontrarnos con él en paz y confianza.

Responsables (24:45-51). La parábola de los dos tipos de siervos prosigue con este tema, y enseña que una persona demuestra estar verdaderamente preparada con la vida del reino mediante una conducta *responsable.* La fiel responsabilidad de una persona es la manifestación externa de si le pertenece o no a

32. Daniel J. Lewis, *3 Crucial Questions about the Last Days* (Grand Rapids: Baker, 1998), 135.

Jesús en realidad. Debemos examinarnos a nosotros mismos para ver si somos verdaderos creyentes, algo que se demostrará en nuestra forma de pensar, de tratar a los demás y de vivir de un modo justo o injusto. El siervo malo reveló un corazón malvado cuando vio que su señor se demoraba mucho en regresar. En un principio, la presencia del amo lo motivaba; cuando se ausentó, su malvado corazón produjo acciones perversas.

Un corazón fiel y bueno vive de forma justa, independientemente de las circunstancias. Ya sea que estemos con otros creyentes o no, ya sea que pensemos que nos sorprenderán o no, el corazón puro está decidido a tener una conducta responsable (*cf.* comentarios en 5:20; 15:18-19). El apóstol Juan escribe: "Queridos hermanos, ahora somos hijos de Dios, pero todavía no se ha manifestado lo que habremos de ser. Sabemos, sin embargo, que cuando Cristo venga seremos semejantes a él, porque lo veremos tal como él es. Todo el que tiene esta esperanza en Cristo, se purifica a sí mismo, así como él es puro" (1Jn 3:2-3).

La comunidad de discípulos de Jesús, la iglesia, es el instrumento principal por el cual se da a conocer la realidad del evangelio del reino a un mundo que observa. Nosotros tenemos la responsabilidad de dar a conocer el evangelio con todo lo que somos y decimos. Cuando vivimos con la bendita esperanza del cercano regreso de Jesús, nos sentimos motivados para vivir de acuerdo con nuestras responsabilidades. Esto significa que somos éticamente responsables de la pureza diaria, a la luz de la expectativa de la venida de Jesús.[33] Alguien dijo, con razón: "Vive cada día como si no le tuvieras miedo al mañana ni sintieras vergüenza del ayer".

Además, debemos tomarnos en serio la responsabilidad que tenemos como mayordomos del mundo y de los recursos de Dios. Nuestro papel como cónyuges o padres implica preocuparnos de los demás como lo haría Dios. La trayectoria profesional que escojamos significa que servimos a Dios, con sentido del deber, a través de nuestro trabajo, sea este "sagrado o secular" (*cf.* Ef 6:7-8). En las posiciones de liderazgo que emprendamos, en los negocios, en la escuela o en la iglesia, servimos a las personas sirviendo a Jesús como nuestro Maestro y, en última instancia, somos responsables ante él de la forma en que tratemos a todos aquellos que estén bajo nuestra responsabilidad (Ef 6:9). Cuanta más responsabilidad tengamos en los asuntos del Maestro, mayor responsabilidad se nos dará. Es posible que los que posponen sus deberes, pensando que el Maestro se retrasará, lleguen a descubrir que es demasiado tarde para rectificar.[34]

Dispuestos (25:1-13). La parábola de las diez jóvenes continúa con el tema de la preparación vigilante, a saber, estar listos para la venida del Señor mediante nuestra *disposición* para encontrarnos con él en cualquier momento. Prepararse al final de la vida o cuando Jesús regrese será ya demasiado tarde. Debemos estar espiritualmente preparados para reunirnos con Jesús ahora.

33. Lewis, *3 Crucial Questions about the Last Days,* 135-36.
34. Blomberg, *Parables,* 193.

Percibo, sobre todo en la gente joven, el sentimiento de creerse invencibles. Se comportan como si creyeran que van a tener todo el tiempo del mundo para enderezar sus vidas más adelante. Sin embargo, una de las mayores enseñanzas que conduce a la madurez consiste en que nuestra vida no nos pertenece y que nos la pueden arrebatar en cualquier momento. Cuando los jóvenes llegan a este punto, reconocen que deben preparase espiritualmente para estar listos.

Estamos dispuestos cuando nuestras relaciones con Dios y con los demás son como deberían ser. Estamos dispuestos cuando, en cualquier momento del día, en la privacidad de nuestra casa, en el apartamento de nuestra novia o en los recodos de nuestra mente no nos avergonzamos de que Jesús se reúna con nosotros. También estamos dispuestos cuando nos aseguramos de que nuestros hijos están atendidos de la forma adecuada, cuando no nos avergoncemos de que las cuentas de nuestra tarjeta de crédito se hagan públicas. Estamos listos cuando los agravios del pasado se han absuelto.

Mi esposa y yo hemos hecho la promesa de no querer decir nunca "si hubiéramos": si nos hubiéramos preocupado más de nuestra salud; si hubiéramos pasado más tiempo con nuestros hijos; si hubiéramos sido más disciplinados para pagar nuestras deudas; si no hubiéramos permitido que aquella relación particular nos separara. Cuantos más "si hubiéramos" hayamos resuelto, más listos estamos para reunirnos con Jesús.

La costumbre judía de la llegada inesperada del novio a buscar a su novia aumentaba la expectación. La falta de preparación de las cinco jóvenes insensatas es una dramática representación de lo impensable. Trasladándolo a la actualidad, una novia o un novio que no planee llegar a tiempo a su propia boda sencillamente no se consideraría alguien desafortunado, sino emocionalmente incapaz de apreciar la importancia del día. Como discípulos que aman a Jesús y se comprometen con él, sería igualmente impensable que no nos preparásemos para su venida. La parábola indica la naturaleza personal de nuestra relación con el Señor. Nuestro compromiso y nuestro deseo de ver a Jesús cara a cara cuando venga a por nosotros debería animarnos para prepararnos de la forma apropiada.

Una de las formas más importantes de equiparnos es reflexionar profundamente en el significado de la parábola, de tal manera que actuemos basándonos en su seguridad. El apóstol Pablo vivió su vida a la luz del regreso de Cristo. Donald Hager declara: "La incertidumbre con respecto al momento no es, en cierto modo, un problema; lo que cuenta es el *hecho* del futuro regreso del Hijo del hombre".[35] La mayoría de los escritos de Pablo aportan conocimientos básicos sobre el comportamiento ético no solo en nuestro redimido estado actual, sino en su conexión con nuestra futura vida con Cristo (*cf.* Col 3:4). Esta es la actitud que deberíamos tener ahora, y deberíamos animar a la iglesia a que también la tenga. Una actitud apropiada de preparación en la iglesia y en nuestras vidas permite nuestra expectación de las cosas eternas para hacer más insignificantes

35. Hagner, *Matthew,* 2:716.

algunas de nuestras pequeñas preocupaciones y más manejables algunas de nuestras preocupaciones más grandes.

Fructíferos (25:14-30). La parábola de las monedas de oro también demuestra que los discípulos están preparados para la venida del Señor mediante su deliberada *productividad.* El término "talento" deriva de esta parábola. El uso común de "talento" en nuestros días se refiere a menudo a los dones personales del ser humano. Este es un uso adecuado, pero, con el fin de aproximarnos más al propósito de la parábola, las monedas simbolizan el talento que se le otorga a cada persona honrada con la vida del reino y la forma en que usamos nuestros dones en el servicio del reino (1Co 12:7).

Es importante tener una perspectiva conjunta. Todo lo que somos, por naturaleza u otorgado por el Espíritu, ha de ser empleado en el servicio del reino de Dios. No todos nacemos con los mismos talentos, como tampoco se nos proporciona a todos los mismos dones del Espíritu; incluso es posible que cada uno de nosotros seamos productivos a nuestra manera y de un modo único. Todo nuestro servicio en el reino es intrínsecamente valioso, ya sea en el ámbito sagrado o secular, con mayor o menor provecho. Nuestra responsabilidad consiste en hacer planes para el largo viaje y utilizar nuestros dones para el avance del reino de Dios.

Desafortunadamente, uno de los estériles efectos secundarios del estudio de la profecía es la especulación sensacionalista en las predicaciones y conferencias sobre el final de los tiempos. Este tipo de especulación consume la atención de la audiencia, paralizándola, con frecuencia, por el miedo a una imagen estereotipada de Dios, o de otra cosa, que los devora mediante una detallada conjetura. Otros se alejan de cualquier tipo de estudio productivo de la profecía a causa de una mala experiencia con aquellos implicados en la especulación improductiva. El estudio sólido de la profecía es beneficioso, porque motiva a las personas para vivir piadosamente, fomenta la evangelización y aclara la sana doctrina.[36]

El problema explícito del siervo malo es su actitud con respecto a su señor. Esta es la forma en que muchos tratan con Dios. Su actitud equivocada sobre él (Dios es malo, no se preocupa de nuestro destino, etc.) resulta en una excusa para desobedecer su llamado. También se puede aplicar a los cristianos que desarrollan una actitud errónea hacia Dios. Lo perciben indiferente por culpa de sus circunstancias, y entonces se apartan del camino de la obediencia.

Sin embargo, la fidelidad depende de una visión precisa de Dios. Una visión errónea de él nos permite racionalizar nuestra propia irresponsabilidad e infidelidad. Por tanto, es de vital importancia que tengamos una percepción bíblica correcta del carácter de Dios, de sus actividades y de sus metas para nosotros. Este

36. Para el intento de demostrar cómo el estudio de la profecía ha conducido históricamente a resultados de fruto, ver Larry D. Pettegrew, "The Rapture Debate at the Niagara Bible Conference", *BibSac* 157 (julio-septiembre 2000): 331-47.

es el importante papel que juegan una enseñanza y una predicación sólidas de la Biblia, porque nuestra visión de Dios determina nuestro comportamiento. La parábola revela que la maldad del siervo lo incitó a corromper la imagen de su jefe, que a su vez le proporcionó una excusa para su irresponsabilidad personal.

Podemos verlo en las personas que postergan, de forma trágica, su venida a Cristo para la salvación, porque no vendrán a la fe hasta poder comprender cómo un Dios supuestamente bueno puede seguir permitiendo el sufrimiento. También podemos constatarlo en los creyentes que le echan la culpa a Dios descaradamente por su propia pereza e irresponsabilidad. Lo podemos apreciar, asimismo, en las personas que están tan inmersas en sus problemas y sus tragedias personales que no pueden ver la luz del amor y del cuidado divinos. Un antiguo estudiante mío es pastor y acaba de perder a su esposa, tras una larga batalla contra el cáncer. Él lucha tratando de entender por qué Dios quiso llevarse a su esposa y madre de sus hijos en el momento en que más la necesitaban. Incluso llega a decir que su dolor lo ha consumido tanto que no puede leer la Biblia para ver con claridad una visión veraz de Dios.

La parábola nos enseña que el entendimiento verdadero de Dios traerá consigo la inversión productiva de nuestras vidas. Esto me lleva a examinar mi propia forma de ministrar a estas personas. Me doy cuenta de que, en última instancia, debo llevarlas de vuelta a su propia rendición de cuentas delante de Dios, pero también soy consciente de que he de tener con ellas toda la paciencia de la que sea capaz, hasta que sientan esa llamada a presentar sus cuentas. He de tratar de ayudarlas a comprender de forma correcta la naturaleza de Dios, y esto hará que inviertan sus vidas de un modo productivo al servicio del reino.

Sensatos (25:31-46). La escena del juicio de las ovejas y las cabras lleva estas parábolas y el discurso a una dramática conclusión, con el dictamen de que todos seremos responsables de lo que hagamos en esta vida, mientras aguardamos el regreso del Rey. El poderoso giro de la escena está en que nuestro servicio a Jesús se demuestra mejor en nuestra forma de servir al más pequeño de sus hermanos. Las parábolas anteriores también revelan el corazón de la persona (preparación, responsabilidad, disposición, productividad), pero preocuparse por el más necesitado entre los discípulos de Jesús es la prueba decisiva de la vida del reino.

Preocuparse por los que pertenecen a la familia de la fe es una responsabilidad principal, pero también debemos hacerlo por todas las criaturas de Dios. Existe un valor inherente en los que son creados a la imagen de Dios, incluso en aquellos que están viviendo una vida separada de él, así como en los que emocional, relacional y físicamente no resultan atractivos. Dios ama de verdad al mundo y desea que nadie perezca (Jn 3:16; 2P 3:9). Debemos sentir una gran empatía hacia todos los individuos hechos a su imagen y comprender su naturaleza eterna. Esto debería motivarnos con respecto a las misiones y proporcionarnos el intenso deseo de que nadie perezca eternamente.

El humilde ministerio para con los más pequeños demuestra la propia humildad de Jesús, que dejó la gloria de los cielos para traer la historia de la salvación al débil y al oprimido, al recaudador de impuestos y al pecador, al enfermo y al moribundo. No podemos servirles motivados únicamente por una obligación religiosa, porque en ese caso lo estaríamos haciendo por la propia fuerza de nuestro orgullo. Servimos porque hemos sido servidos; amamos porque nos han amado; levantamos porque hemos sido levantados; y nunca lo olvidamos. El deber religioso y el ministerio público pueden convertirse con facilidad en el tipo de hipocresía que Jesús condena continuamente, y que sirve al deseo de recibir el elogio comunitario y profesional (*cf.*6.1-17). Sin embargo, el corazón que ha sido verdaderamente transformado por la justicia del reino de Dios servirá desde la humildad.

Hace un tiempo, mi esposa y yo habíamos mantenido una conversación un tanto dolorosa al volver sobre esta misma idea. Yo acababa de compartir un mensaje en la iglesia, durante nuestro seminario sobre "ser un siervo ambicioso", en el que exhorté a que todos nosotros —los de la facultad, administración, personal, estudiantes— nos comprometiéramos a ser ambiciosos en el ministerio, con la motivación predominante de servir a Jesús, mediante el servicio a nuestra gente. Aquella noche, ya en casa, mi esposa recibió la llamada de uno de nuestros vecinos, cuyo padre estaba teniendo problemas para recuperarse después de una operación quirúrgica. Era la cuarta noche consecutiva que mi esposa pasaba una hora, o más, al teléfono hablando con un vecino, un miembro de la familia o un amigo en necesidad. Sentí como si estas personas se estuvieran aprovechando de ella, y así se lo advertí cuando colgó el teléfono. (Probablemente también me estaba sintiendo un poco descuidado personalmente).

En el diálogo posterior surgió el tema de la "condición de siervo" y ella me recordó amablemente el mensaje que yo había compartido en el seminario de la iglesia. En muchos sentidos, me pagan para que sea un siervo. Forma parte de la ética que debo desarrollar. ¿Pero cómo soy yo fuera de ese entorno? ¿No es el servicio a los más pequeños mi misión pública y también la misión de mi corazón en privado? Aquí es donde quiere llegar Jesús. Nuestro juicio final no consiste en la grandeza de nuestro ministerio público, sino en el ministerio que fluye de la humildad del propio corazón de Jesús por los necesitados que se hallan entre nosotros.

La vida es frágil y efímera. La trágica pérdida de la nave espacial *Columbia* ilustra que la vida es frágil y efímera. Este es el mensaje de la exhortación de Jesús al concluir el Discurso del monte de los Olivos. Debemos estar preparados para encontrarnos con él como nuestro Maestro y Señor, ya sea al final de la vida o al final de esta era. Con todo, somos llamados a rendir cuentas por lo que hemos hecho con nuestras vidas. *Vive como si Jesús regresara hoy; haz planes como si no fuera a regresar en cien años.*

Mateo 26:1-46

Después de exponer todas estas cosas, Jesús les dijo a sus
discípulos: 2 «Como ya saben, faltan dos días para la Pascua,
y el Hijo del hombre será entregado para que lo crucifiquen».

3 Se reunieron entonces los jefes de los sacerdotes y los ancianos
del pueblo en el palacio de Caifás, el sumo sacerdote, 4 y con
artimañas buscaban cómo arrestar a Jesús para matarlo. 5 «Pero
no durante la fiesta —decían—, no sea que se amotine el pueblo».

6 Estando Jesús en Betania, en casa de Simón llamado el
Leproso, 7 se acercó una mujer con un frasco de alabastro lleno
de un perfume muy caro, y lo derramó sobre la cabeza de Jesús
mientras él estaba sentado a la mesa.

8 Al ver esto, los discípulos se indignaron.

—¿Para qué este desperdicio? —dijeron—. 9 Podía haberse vendido
este perfume por mucho dinero para darlo a los pobres.

10 Consciente de ello, Jesús les dijo:

—¿Por qué molestan a esta mujer? Ella ha hecho una obra hermosa
conmigo. 11 A los pobres siempre los tendrán con ustedes, pero a mí
no me van a tener siempre. 12 Al derramar ella este perfume sobre
mi cuerpo, lo hizo a fin de prepararme para la sepultura. 13 Les
aseguro que en cualquier parte del mundo donde se predique este
evangelio, se contará también, en memoria de esta mujer, lo que
ella hizo.

14 Uno de los doce, el que se llamaba Judas Iscariote, fue a ver a los
jefes de los sacerdotes.

15 —¿Cuánto me dan, y yo les entrego a Jesús? —les propuso.

Decidieron pagarle treinta monedas de plata. 16 Y desde entonces
Judas buscaba una oportunidad para entregarlo.

17 El primer día de la fiesta de los Panes sin levadura, se acercaron
los discípulos a Jesús y le preguntaron:

—¿Dónde quieres que hagamos los preparativos para que comas
la Pascua?

18 Él les respondió que fueran a la ciudad, a la casa de cierto
hombre, y le dijeran: «El Maestro dice: "Mi tiempo está cerca.
Voy a celebrar la Pascua en tu casa con mis discípulos"». 19 Los
discípulos hicieron entonces como Jesús les había mandado, y
prepararon la Pascua.

[20] Al anochecer, Jesús estaba sentado a la mesa con los doce.

[21] Mientras comían, les dijo:

—Les aseguro que uno de ustedes me va a traicionar.

[22] Ellos se entristecieron mucho, y uno por uno comenzaron a preguntarle:

—¿Acaso seré yo, Señor?

[23] —El que mete la mano conmigo en el plato es el que me va a
traicionar —respondió Jesús—. [24] A la verdad el Hijo del hombre se
irá, tal como está escrito de él, pero ¡ay de aquel que lo traiciona!
Más le valdría a ese hombre no haber nacido.

[25] —¿Acaso seré yo, Rabí? —le dijo Judas, el que lo iba a traicionar.

—Tú lo has dicho —le contestó Jesús.

[26] Mientras comían, Jesús tomó pan y lo bendijo. Luego lo partió y se lo dio a sus discípulos, diciéndoles:

—Tomen y coman; esto es mi cuerpo.

[27] Después tomó la copa, dio gracias, y se la ofreció diciéndoles:

—Beban de ella todos ustedes. [28] Esto es mi sangre del pacto, que
es derramada por muchos para el perdón de pecados. [29] Les digo
que no beberé de este fruto de la vid desde ahora en adelante,
hasta el día en que beba con ustedes el vino nuevo en el reino de
mi Padre.

[30] Después de cantar los salmos, salieron al monte de los Olivos.

[31] —Esta misma noche —les dijo Jesús— todos ustedes me abandonarán, porque está escrito:

»"Heriré al pastor,
y se dispersarán las ovejas del rebaño".

[32] Pero después de que yo resucite, iré delante de ustedes a Galilea.

[33] —Aunque todos te abandonen —declaró Pedro—, yo jamás lo haré.

[34] —Te aseguro —le contestó Jesús— que esta misma noche, antes de que cante el gallo, me negarás tres veces.

[35] —Aunque tenga que morir contigo —insistió Pedro—, jamás te negaré.

Y los demás discípulos dijeron lo mismo.

[36] Luego fue Jesús con sus discípulos a un lugar llamado Getsemaní,
y les dijo: «Siéntense aquí mientras voy más allá a orar». [37] Se llevó
a Pedro y a los dos hijos de Zebedeo, y comenzó a sentirse triste
y angustiado. [38] «Es tal la angustia que me invade, que me siento
morir —les dijo—. Quédense aquí y manténganse despiertos
conmigo».

39 Yendo un poco más allá, se postró sobre su rostro y oró: «Padre
mío, si es posible, no me hagas beber este trago amargo. Pero no
sea lo que yo quiero, sino lo que quieres tú».

40 Luego volvió adonde estaban sus discípulos y los encontró
dormidos. «¿No pudieron mantenerse despiertos conmigo ni una
hora? —le dijo a Pedro—. 41 Estén alerta y oren para que no caigan
en tentación. El espíritu está dispuesto, pero el cuerpo es débil».

42 Por segunda vez se retiró y oró: «Padre mío, si no es posible
evitar que yo beba este trago amargo, hágase tu voluntad».

43 Cuando volvió, otra vez los encontró dormidos, porque se les
cerraban los ojos de sueño. 44 Así que los dejó y se retiró a orar por
tercera vez, diciendo lo mismo.

45 Volvió de nuevo a los discípulos y les dijo: «¿Siguen durmiendo
y descansando? Miren, se acerca la hora, y el Hijo del hombre va a
ser entregado en manos de pecadores. 46 ¡Levántense! ¡Vámonos!
¡Ahí viene el que me traiciona!».

Significado Contemporáneo

Mateo señala el final del discurso de Jesús en el monte de los Olivos con su declaración regular: "Después de exponer todas estas cosas, Jesús..." (26:1; *cf.* 7:28; 11:1; 13:53; 19:1). La diferencia entre este y los anteriores es la afirmación de que "acabó de decir *todas* estas cosas", indicando que Jesús ha acabado ahora sus cinco discursos primordiales para sus discípulos. Más tarde, Jesús describe el contenido de estos discursos como "todo lo que yo os he mandado" (28:20), que a su vez deben enseñarles a los discípulos a lo largo de esta era, hasta su regreso, como palabras vinculantes con las que él los dirige.

El destino de Jesús con la cruz sigue inexorablemente hacia adelante. Una vez acabado su Discurso del monte de los Olivos, pasa aquella noche de nuevo en Betania, donde habían pernoctado cada noche de la Semana Santa (*cf.* 21:1, 17). En tan solo dos breves días regresarán a Jerusalén para las horas finales de la vida y la misión terrenales de Jesús. Declara a sus discípulos de una forma dramática: "Como ya saben, faltan dos días para la Pascua, y el Hijo del hombre será entregado para que lo crucifiquen" (26:2).

Mateo concluye su Evangelio con dos largos capítulos que narran los acontecimientos que conducen a la muerte de Jesús y a un capítulo más breve que narra su asombrosa resurrección y el encargo final que hace a sus discípulos. Consideraremos los acontecimientos de la muerte de Jesús en tres secciones: (1) los acontecimientos que rodean la celebración de la Pascua y la institución de la Santa Cena, con el fatídico traslado a Getsemaní (26:1-46); (2) el arresto, los juicios y la condena de Jesús (26:47–27:26); (3) los azotes, la crucifixión, la muerte y la sepultura de Jesús (27:27–66).[1] La extensión del trato que Mateo da a estos sucesos indica el lugar fundamental que la muerte de Jesús tiene en el plan de salvación de Dios. Como exclama Malcolm Muggeridge: "Fue manifiestamente la muerte más famosa de la historia. Ninguna otra ha suscitado la centésima parte de la intensidad y la preocupación" de la muerte de Jesús de Nazaret.[2]

La predicción de Jesús y el complot de los líderes religiosos (26:1-5)

La Pascua (26:1-2). La fiesta de la Pascua se celebraba cada año para conmemorar la huida de Israel de Egipto (Éx 12). El mes de la Pascua, el primer mes del año religioso para los israelitas, primeramente llamado *aviv* (Éx 13:4), pero más tarde cambiado a *nisán* (Est 3:7). Después de oscurecer, el 15 de *nisán*, se comía la comida de la Pascua (Éx 12:2-11) que iniciaba la festividad de siete días de los Panes sin levadura. La afirmación de Jesús "faltan dos días para la Pascua" (lit. "en dos días") apunta más allá al jueves por la tarde, a la caída del sol, cuando él y los discípulos celebrarán juntos la Pascua, después de lo cual iniciará la "Santa Cena".

Esta es la cuarta y última vez que Jesús predice su arresto y su crucifixión: "El Hijo del hombre será entregado para ser crucificado" (*cf.* 16:21; 17:22-23, 20:17-19). Aunque esta predicción es más breve que las demás, Jesús relaciona su muerte con la celebración de la Pascua. Más tarde, Pablo reconoce la relevancia espiritual refiriéndose a Jesús como "nuestro cordero pascual" (1Co 5:7).

Los líderes religiosos conspiran para el arresto y la ejecución de Jesús (26:3-4). Al mismo tiempo que Jesús predice su crucifixión, "los principales sacerdotes y los ancianos del pueblo" están planeando su arresto. Los "principales sacerdotes", controlados por el sumo sacerdote y la rica aristocracia de Jerusalén, estaban dominados por la influencia saducea (ver comentarios sobre 3:7-10). Se encuentran entre los más ansiosos de la ciudad por deshacerse de la amenaza que Jesús y sus seguidores mesiánicos suponen para su influencia en el templo, de modo que conspiran para arrestarlo "con artimañas [...] para

1. Para una exposición evangélica del significado de la cruz tal como se anticipa en el Antiguo Testamento, narrado en los Evangelios y explicado en el resto del Nuevo Testamento, ver Derek Tidball, *The Message of the Cross: Wisdom Unsearchable, Love Indestructible* (BST; Downers Grove, Ill.: InterVarsity Press, 2000). La perspectiva de Mateo es explorada por Donald Senior, *The Passion of Jesus in the Gospel of Matthew* (Wilmington, Del.: Michael Glazier, 1985). Para un estudio académico extenso de las actividades de la pasión que comenzaron con Getsemaní, ver Raymond E. Brown, *The Death of the Messiah: From Gethsemane to the Grave. A Commentary on the Passion Narratives in the Four Gospels,* 2 vols. (Nueva York: Doubleday, 1994). Para otra extensa bibliografía académica, ver David E. Garland, *One Hundred Years of Study on the Passion Narratives* (Macon, Ga.: Mercer Univ. Press, 1989).
2. Malcolm Muggeridge, "The Crucifixion", *Observer* (26 marzo 1967); citado en Tidball, *The Message of the Cross,* 117.

matarlo".[3] Se reunieron en el palacio de Caifás, el sumo sacerdote en aquel tiempo. Conforme se va desarrollando la conspiración contra Jesús en el relato de Mateo, la estrecha colaboración entre Caifás y el gobierno romano será importante para justificar la forma en que se condena y se crucifica a Jesús con tanta rapidez.

Por primera vez en Mateo, se identifica al sumo sacerdote como "Caifás", yerno del anterior sumo sacerdote Anás (que sigue teniendo gran influencia). Caifás fue nombrado sumo sacerdote en el 18 A.D. por el prefecto romano Valerio Grato, el predecesor de Poncio Pilato.[4] Mantuvo la posición hasta que fue depuesto en el 36 A.D. por Vitelio, cónsul romano en Siria.[5] Al haber nombrado y depuesto el gobernador romano al sumo sacerdote, el cargo era básicamente político y, al parecer, Caifás sabía muy bien cómo manipularlo. A causa de esto, la reputación de dicho oficio quedó arruinada.[6] La comunidad del Qumrán fue especialmente crítica con el liderazgo sacerdotal, a quien llamaban el "Sacerdote Malvado".

El complot para arrestar a Jesús (26:5). Los principales sacerdotes y los ancianos no pueden arrestar a Jesús abiertamente, a causa de su popularidad entre el pueblo. Vieron la tumultuosa acogida que Jesús recibió de las multitudes, tan solo dos días antes, en su entrada triunfal a Jerusalén (21:8-11). En ese momento de la Pascua, con miles de peregrinos abarrotando la ciudad y con el embravecido fervor nacionalista al celebrar la forma en que Dios había liberado a sus antepasados de la esclavitud de Egipto, el pueblo está agitado por los rumores de que Jesús es su tan esperado Mesías. Hasta que los líderes religiosos puedan volver esa corriente de emoción contra Jesús, no se atreven a incomodar a las multitudes emprendiendo acción demasiado pronto contra él.

Los levantamientos populares eran cada vez más comunes en la Palestina del siglo I, a medida que el pueblo se iba cansando de estar bajo la opresión de los romanos y la duplicidad de sus propios líderes religiosos. Estas autoridades podrían muy bien recordar el levantamiento en el templo durante la Pascua, tras la muerte de Herodes el Grande en el 4 A.D. Su hijo Arquelao manifestó enseguida el mismo tipo de crueldad que marcó el reinado de su padre, enviando tropas y caballería que mataron a casi 3.000 peregrinos que tomaron parte en las revueltas.[7] Los líderes religiosos esperarán el momento más propicio y secreto para arrestar a Jesús.

---

3. Ver comentarios sobre 26:59, y la útil visión global del Sanedrín en Keener, *A Commentary on the Gospel of Matthew* (1999), 614-16.
4. Josefo, *Ant.* 18.2.2 §35.
5. *Ibid.,* 18.4.3 §95.
6. Sobre los sumos sacerdotes, ver Flusser, *Jesus,* 195-205; Bruce Chilton, "Annas", *ABD,* 1:257-58; ídem, "Caiaphas", *ABD,* 1:803-6.
7. Josefo, *Ant.* 2:111.

Jesús es ungido en Betania (26:6-13)

Mateo (y Marcos 14:3-9) cuentan la historia del ungimiento de Jesús en disposición temática, y lo colocan en el contexto de la conspiración para arrestar a Jesús, mientras que Juan 12:1-8 narra la historia cronológicamente, mostrando que esto tiene lugar el sábado por la noche, antes de la entrada triunfal de Jesús. Este tipo de disposición temática es típica de Mateo (ver comentarios sobre 21:12-17). Situado en este contexto, proporciona un vínculo entre la conspiración de los líderes religiosos (26:3-5) y la traición de Judas (26:14-16). El acto de homenaje de la mujer destaca de manera llamativa frente a la duplicidad de Judas y la conspiración del sumo sacerdote Caifás. Los personajes presentes en el ungimiento permanecen en el anonimato en el relato de Mateo, que pone toda su atención en lo que hace la mujer y en la reacción de los discípulos.[8]

María unge a Jesús (26:7). El sábado por la noche, justo al acabar el sabbat a la caída del sol, Jesús y los discípulos asisten a una cena en casa de "Simón el leproso", en Betania. Como Simón es el anfitrión de esta comida en su propia casa, es muy probable que Jesús lo hubiera sanado de lepra, ya que se exigía que este tipo de enfermos vivieran fuera de la población común. Según Juan 12:2, Lázaro y sus hermanas María y Marta están allí.[9] Lázaro, por supuesto, era una figura famosa, ya que Jesús lo había resucitado de los muertos, y Marta y María eran seguidoras de Jesús desde hacía mucho tiempo (Lc 10:38-42).

Durante la cena, una mujer (que en Juan 12:3 se identifica como María) se acerca a Jesús con un frasco de alabastro que contenía un carísimo perfume, lo "derramó sobre la cabeza de Jesús mientras él estaba sentado a la mesa". Los ungüentos de diversos tipos —en cremas, aceites, linimentos o perfumes— se usaban con mucha más liberalidad en el mundo antiguo de lo que se hace hoy. Algunos servían para purificarse, otros eran medicinales, y los había ceremoniales (*cf.* p. ej., Sal 133:2). En un banquete judío, el anfitrión solía derramar pequeñas cantidades de aceite sobre la cabeza de un invitado, y este permanecía sobre el cabello y la ropa, realzando la fragancia en el banquete.[10]

El perfume que María usa es nardo puro (ver Mr 14:3; Jn 12:3), un aceite extraído de la raíz de la planta del nardo, que crece en la India.[11] No es un aceite doméstico típico para ungir, sino un aceite de caro perfume que solo se utiliza para un acto solemne y especial de devoción. Al romper el frasco, María muestra

8. Este ungimiento tiene lugar en casa de "Simón el leproso" (26:6), un suceso similar pero bastante distinto al que ocurrió en casa de Simón el fariseo, donde una mujer ungió a Jesús, un relato recogido por Lucas (Lc 7:36-50).
9. Algunos han sugerido que Simón podría haber sido el padre del hermano y las hermanas, o el marido de María o Marta, aunque no hay nada en el contexto que respalde esta hipótesis.
10. Obsérvese el comentario de Jesús en la otra escena de ungimiento: "Tú no me ungiste la cabeza con aceite, pero ella me ungió los pies con perfume" (Lc 7:46).
11. Rousseau y Arav, "Ointments, Perfumes", *Jesus and His World,* 216-20.

que no está vertiendo unas pocas gotas para realzar el aroma del banquete, sino que está realizando el más alto acto de consagración a Jesús, ungiendo incluso sus pies (*cf.* Jn 12:3).

Las objeciones de los discípulos (26:8-9). El perfume cuesta al menos trescientos denarios (Mr 14:5), el equivalente al salario aproximado de un año para un trabajador medio (es decir, más de doce mil dólares; ver comentarios sobre 18:28; 20:9). El Evangelio de Juan nos informa de que Judas Iscariote es quien expresa los sentimientos de algunos de los apóstoles, en especial los suyos, que piensan que el perfume podría haberse vendido para entregar el dinero a los pobres (Jn 12:4-5). Sin embargo, Juan también expone los verdaderos motivos de Judas (12:6), ya que él sisaba con regularidad del contenido de la bolsa. Los otros discípulos no saben que Judas es un ladrón, pero también piensan que se está desperdiciando una recaudación muy valiosa. La pobreza era un problema dominante en Jerusalén y por todo Israel.

Un acto conmemorativo (26:10-13). Sin embargo, Jesús los critica duramente a todos: "¿Por qué molestan a esta mujer? Ella ha hecho una obra hermosa conmigo. A los pobres siempre los tendrán con ustedes, pero a mí no me van a tener siempre". Jesús no está relevando a los discípulos de preocuparse por los pobres, porque, haciendo uso de la ley (*cf.* Dt 15:11), reconoce que, como siempre habrá pobres entre ellos, darles es el deber de una conducta apropiada. Nótese también la última parábola del Discurso del monte de los Olivos, donde Jesús dejó a los discípulos con una dramática escena de recompensa y castigo relacionados con el cuidado de los necesitados, que serían su obligación permanente (Mt 25:31-46). En otras palabras, Jesús enfatiza aquí que la mujer está llevando a cabo un acto de homenaje hacia él que solo se puede realizar en ese momento, mientras que él está entre ellos (*cf.* comentarios similares sobre no ayunar en 9:14-17). Existen circunstancias especiales que afectan las prácticas de los discípulos mientras Jesús sigue estando con ellos.

Jesús sigue mostrando la relevancia incluso más profunda de la acción de María: "Al derramar ella este perfume sobre mi cuerpo, lo hizo a fin de prepararme para la sepultura". Es posible que la mujer sea capaz de ver, en el conjunto de nubes tormentosas de la oposición de los líderes religiosos, que Jesús pronto será arrestado y ejecutado, y que por esta razón haya acudido allí para prepararlo para su destino. Sin embargo, esto no parece probable, porque no encontramos prueba alguna de que alguien haya comprendido realmente sus profecías de la cruz y la resurrección hasta después de suceder. Más bien, María está ungiendo a Jesús en un acto que es más que un tributo especial y una acción de gracias por lo que él ha hecho para ella y su familia. También podría tratarse de un acto intencionado de adoración, ya que podría estar reconociendo cada vez más su verdadera identidad. Pero, cualquiera que sea su verdadera motivación, Jesús les dice a sus discípulos que lo que ella ha hecho es un acto de homenaje mucho más relevante de lo que ella misma cree. Sin saberlo, ha iniciado los preparativos para su sepultura, que sucederá antes de lo que cualquiera de ellos podría imaginar.

El acto de María presenta un ejemplo que sentará un precedente correcto para todos los tiempos: "Les aseguro que en cualquier parte del mundo donde se predique este evangelio, se contará también, en memoria de esta mujer, lo que ella hizo". Sea lo que sea que ella entendiera conscientemente sobre Jesús, está conmemorando su muerte para todas las generaciones por venir. En la proclamación del evangelio, la verdadera historia que subyace a esta, se contará que ella está realizando un acto de adoración a su Señor poniéndolo por encima de todos los demás valores. Su ejemplo debería establecer un alto precedente para todos los discípulos posteriores de Jesús.

Judas organiza la traición (26:14-16)

A continuación, Mateo narra el acto ruin de Judas, que recibe el pago por traicionar a Jesús. Se especifica que Judas es "uno de los doce", hecho que los lectores de Mateo conocen (*cf.* 10:1-4), pero la designación eleva la culpabilidad de este que ha tenido el privilegio de formar parte del círculo interno de los seguidores más cercanos de Jesús, que había sido designado para desempeñar liderazgo en la iglesia que iba a formarse, y que habría ejercido autoridad sobre las doce tribus de Israel (19:28). En vez de ello, su privilegio le da la oportunidad para la inconcebible traición que resultará en una impactante condenación.

Las disposiciones para la traición ocurren, probablemente, el miércoles de la Semana Santa. De ser así, es el único incidente de los Evangelios que ocurre ese día. Jesús y los demás apóstoles se quedan probablemente en Betania, tal vez en casa de Lázaro, María y Marta (ver comentarios sobre 21:17). Se suele denominar "miércoles de silencio", ya que no se menciona ninguna actividad específica de Jesús en este día de Semana Santa.

Judas abandona Betania y recorre los tres kilómetros hasta Jerusalén, donde se reúne en privado con los principales sacerdotes para preguntar cuánto están dispuestos a pagarle por traicionar a Jesús (26:14-15). Mateo es el único Evangelio que especifica la cantidad acordada de treinta monedas de plata (*cf.* Zac 11:12). Esta cantidad no solo es el precio de un esclavo accidentalmente corneado hasta la muerte por un buey (Éx 21:32), pero también parece ser una forma de indicar un importe ínfimo. Esto podría reflejar la insignificancia de Jesús en la mente de Judas y los principales sacerdotes, aunque podría haberse tratado tan solo de un anticipo sobre la cantidad acordada. La identidad de la moneda no se detalla, pero lo más probable es que el monto sea el equivalente al salario de cuatro meses, o alrededor de 5.000 dólares. Una vez que Judas recibe el importe, es probable que regresara a Betania para unirse a Jesús y los demás discípulos y aguardara la oportunidad de entregar a Jesús a las autoridades del templo (26:16).

Al entrar Judas en esta conspiración, su naturaleza espiritual queda revelada; no es un verdadero creyente (*cf.* Lc 22:3-4, que dice que Satanás entró en él). Muchas razones han sugerido por qué Judas actúa así: la avaricia y el amor al dinero; la envidia hacia los demás discípulos; la desilusión por el resultado inevitable del ministerio de Jesús; la determinada intención de forzar a Jesús a que declarara ser el Mesías; el espíritu amargo que surgió cuando sus esperanzas mundanas de tener un lugar prominente en el reino mesiánico se vieron aplastadas y este desencanto se convirtió en un rencor que dio paso al odio. Tal vez todo esto ocurriera en su corazón, pero lo más probable es que se sintiera decepcionado por la naturaleza espiritual de la mesiandad de Jesús y decidiera recuperar las pérdidas sufridas por seguir a Jesús durante tres años. Cualesquiera que sean las razones, la deslealtad de Judas representa el acto más infame de la historia de la traición más traicionera.

La Pascua y la Santa Cena (26:17-30)

CUESTIONES DE CRONOLOGÍA. Mateo narra ahora que "El primer día de la fiesta de los Panes sin levadura, se acercaron los discípulos a Jesús y le preguntaron: '¿Dónde quieres que hagamos los preparativos para que comas la Pascua?'". La interpretación tradicional del día de la semana de la Pascua, la celebración de la Santa Cena y, posteriormente, el día de la semana de la muerte de Jesús, deriva de un comentario básico de todos los Evangelios, a saber, que Jesús fue crucificado en el "día de preparación". Marcos hace una aclaración explícita para sus lectores: "Era el día de preparación (es decir, la víspera del sábado)" (Mr 15:42; *cf.* Mt 27:62; Lc 23:54; Jn 19:14, 31, 42). Esta expresión apunta al viernes, el día anterior al sabbat. Cuando empezaba el día de reposo, el viernes a la caída de sol, cesaba todo trabajo. Por tanto, Jesús murió el viernes por la tarde.

Sin embargo, varios pasajes del Evangelio de Juan sugieren que cuando Jesús fue llevado a juicio y la crucifixión, los judíos no habían comido aún la comida de la Pascua, y esto implicaría que la última comida de Jesús con sus discípulos no era una cena pascual (*cf.* Jn 13:1-2; 13:27-29; 18:28; 19:14, 31). Los puntos siguientes deben reconciliarse con esa perspectiva. (1) Todos los Evangelios declaran que Jesús comió la Última Cena el día antes de su crucifixión (Mt 26:20; Mr 14:17; Lc 22:14; Jn 13:2; *cf.* 1Co 11:23). (2) Los Evangelios sinópticos (Mt 26:17; Mr 14:12; Lc 22:7-8) describe los preparativos para la Pascua realizados el jueves por la tarde (el 14 de *nisán*), y Jesús compartió la comida pascual con sus discípulos tras la caída del sol, el jueves por la noche (ahora el 15 de *nisán*) e instituyó la Santa Cena más tarde, aquella noche. Luego Jesús fue crucificado al día siguiente, viernes (todavía 15 de *nisán*).

Algunos insisten en que o los sinópticos o Juan están equivocados, pero si lo consideramos en profundidad, podemos hallar una explicación plausible para las diferencias. Se han hecho varios intentos de explicar las diferencias entre los sinópticos y Juan,[12] pero los dos más prometedores son estas:

(1) Una opinión sugiere que Jesús y los discípulos celebraron la Pascua según el calendario solar del *Libro de los Jubileos*, que usaba, posiblemente, la comunidad del Qumrán.[13] Según este criterio, los Evangelios sinópticos siguen el método de los galileos y los fariseos, que medían los días desde la salida del sol hasta la salida del sol. Jesús y sus discípulos hicieron matar su cordero pascual al final de la tarde del jueves 14 de *nisán*, y comieron la Pascua con el pan sin levadura más tarde aquella noche. El Evangelio de Juan, sin embargo, sigue el método de los judeanos, en especial los saduceos, que cuentan el día desde el ocaso hasta el ocaso. Estos judíos hacían matar al cordero pascual al final de la tarde del viernes 14 de *nisán* y comían la Pascua con el pan sin levadura aquella noche, que ya era el 15 de *nisán*. Jesús ya había comido, pues, la comida pascual cuando sus enemigos, que todavía no habían celebrado la Pascua, lo arrestaron.[14]

(2) Otra opinión parece tener más fuerza. Es la que sugiere que los pasajes de Juan que parecen contradecir los sinópticos (p. ej., Jn 18:28; 19:14, 31) apuntan, todos ellos, al uso de la expresión "Pascua" para la serie de acontecimientos sucedidos durante toda la semana, y no solo a la comida pascual en sí.[15] Por ejemplo, cuando Juan 18.28 afirma que los judíos no querían volverse ceremonialmente impuros por entrar al palacio de Pilato durante el juicio de Jesús, era para poder seguir participando de la "semana de la Pascua", y no solo de la comida. En otras palabras, Jesús y sus discípulos comieron la comida pascual el jueves, al principio del 15 de *nisán* y de la festividad de siete días, al mismo tiempo que el resto de los congregados en Jerusalén (*cf.* Mr 14:12).[16]

---

12. Para una visión global, ver Karl P. Donfired, "Chronology", *ABD,* 1:1015-16. Algunos sugieren que la Última Cena no fue una comida pascual, sino una cena la noche anterior a la Pascua (Jn 113:1, 20). Sin embargo, los sinópticos declaran de forma explícita que la Última Cena fue una Pascua (Mt 26:2, 17-19; Mr 14:1, 12, 14, 16; Lc 22:1, 7-8, 13, 15). Otros sugieren que Jesús y sus discípulos tuvieron una Pascua privada. Sin embargo, el cordero pascual tenía que ser sacrificado dentro del recinto del templo y los sacerdotes no habrían permitido que se matara a un cordero pascual para celebrar una Pascua privada. Los hay que sugieren que la Pascua se celebraba dos días consecutivos, porque habría sido imposible sacrificar a todos los corderos pascuales en un solo día, pero no existe prueba explícita de semejante práctica.
13. Annie Jaubert, *The Date of the Last Supper,* trad. ing. Isaac Rafferty (Staten Island, N. Y.: Alba, 1965). Así también Morris, *Matthew,* 654.
14. Harold Hoehner, "Chronology", *DJG,* 121; así también Thomas y Gundry, *The NIV Harmony of the Gospels,* 312-13.
15. Esta opinión se presenta mejor en Carson, *John,* 455-58; así también Blomberg, *Historical Reliability of the Gospels,* 175-178.
16. Para una breve visión global de las dificultades y la útil resolución de las diversas posibilidades de la fecha actual en el siglo I, ver artículo "Problems in Dating the Crucifixion" en la página web del Departamento de Aplicaciones Astronómicas del Observatorio Naval de los EE. UU.: http://aa.usno.navy.mil/faq/docs/crucifixion.html. Ofrecen las fechas de la crucifixión de Jesús como viernes 7 de abril del 30 A.D. o el

Preparativos para la Pascua (26:17-19). Sabiendo que Jesús ha venido a Jerusalén para participar con ellos de la comida de Pascua, sus discípulos le preguntan dónde deberían preparar la celebración (26:17). Siguen en Betania el jueves por la mañana temprano. Jesús les indica que vayan a Jerusalén, donde encontrarán a un hombre concreto al que le dirán: "El Maestro dice: 'Mi tiempo está cerca. Voy a celebrar la Pascua en tu casa con mis discípulos'" (26:18). Encontrar a un hombre que llevara un cántaro de agua no sería difícil, ya que eran las mujeres las que solían ir a por agua. O Jesús había hecho ya algún acuerdo previo con amigos para tener un lugar y poder evitar a las autoridades judías, o eran planes divinos. De una u otra forma, la declaración de Jesús: "Mi tiempo está cerca" reconoce que está siguiendo un programa ordenado por Dios (*cf.* 26:45).

Mateo sigue, a continuación, con el relato más breve: "Los discípulos hicieron entonces como Jesús les había mandado, y prepararon la Pascua".

La comida de la Pascua y el orden de los acontecimientos de aquella noche (26:20). Mateo narra brevemente los acontecimientos mientras Jesús y sus discípulos se reúnen en Jerusalén para celebrar la Pascua. Con los demás Evangelios, podemos ver el orden completo de los sucesos de aquella noche.

1. Empiezan a comer la comida pascual cuando llega la noche (Mt 26:20)
2. Disensión entre los discípulos con respecto a quién de ellos es el mayor (Lc 22:24)
3. Jesús lava los pies de sus discípulos (Jn 13:1-20)
4. Se identifica a Judas como el traidor, tras lo cual este abandona el lugar (Mt 26:21-25)
5. Institución de la Santa Cena (Mt 26:26-29)
6. Mensajes y oraciones en el aposento alto (Jn 14:1–17:26)
7. Se dirigen a Getsemaní (Mt 26:30)
8. Se predice la triple negación de Pedro (Mt 26:31-35; *cf.* Lc 22:31-38)[17]
9. Oraciones de Jesús en Getsemaní (Mt 26:36-46)
10. Traición y arresto en Getsemaní (Mt 26:47-56)

El traidor, desvelado (26:20-25). Mateo apenas menciona que, cuando llegó la noche, "Jesús estaba sentado a la mesa con los doce". Los paralelos nos informan que Jesús primero celebra la Pascua con los doce y que, a medida que va progresando la noche, inicia la Santa Cena. El estilo más generalizado de una cena formal en el mundo grecorromano era el *triclinium.* Era un comedor en el que los invitados se reclinaban en un canapé que se extendía alrededor de tres de los lados de la sala. El anfitrión se sentaba en el centro de una serie de mesas

---

viernes 3 de abril del 33 A.D. Ver también Doig, *New Testament Chronology,* que sostiene la fecha del 30 A.D.

17. Algunos combinan las predicciones en Mateo y Lucas, aunque otros sugieren que Jesús predijo dos veces las negaciones de Pedro; ver Thomas y Gundry, *NVI Harmony of the Gospels,* 202, nota b.

dispuestas en forma de U, con los invitados más honorables a cada lado, y la cabeza reclinada hacia las mesas y los pies hacia la pared.[18]

Durante la Pascua, Jesús revela al traidor: "Les aseguro que uno de ustedes me va a traicionar". Jesús ha anticipado la traición y hasta ha advertido a los discípulos, cuando viajaban a Jerusalén, de que iba a ser traicionado (20:18; *cf.* Jn 6:71; 12:4), pero su predicción del acto traidor en la comida parece caer como una sorpresa a todos. De ahí que "se entristecieron mucho", o se afligieron. No esperan que la traición salga de su grupo tan unido, de ellos que han experimentado juntos tantas cosas durante los tres últimos años. A pesar de todo, los discípulos son ahora plenamente conscientes de que Jesús tiene una comprensión de los acontecimientos que supera la comprensión de ellos. Él sabe más sobre ellos que ellos mismos. De modo que, uno tras otro, preguntan, o más bien declaran vacilantes: "¿Acaso seré yo, Señor?". Esta pregunta espera una respuesta negativa, pero no hablan con confianza.

Jesús prolonga la consternación de ellos al declarar: "El que mete la mano conmigo en el plato es el que me va a traicionar". Cada uno de los que están en la sala han mojado su pan en boles para todo el grupo, de modo que esto implica que solo uno de los que están presentes en la comida, en ese momento, será el traidor, pero nadie sabe quién. "Parece ser que Judas escondió muy bien su rastro".[19]

Ni siquiera la traición frustra los planes de Dios, porque Jesús declara: "A la verdad el Hijo del hombre se irá, tal como está escrito de él". Jesús afirma la certeza divina de su muerte, aludiendo a que "está escrito" sobre él, una referencia a las profecías del Siervo Sufriente (Is 42–53).[20] Las profecías del Antiguo Testamento sobre un Siervo Sufriente que había de venir no las sostenían de forma generalizada ni siquiera los del propio círculo de seguidores de Jesús. Sin embargo, subraya la verdad de que las Escrituras han profetizado la venida de un Mesías ejecutado. Esto apunta, de nuevo, a la profunda interacción del control soberano de Dios sobre toda la actividad humana con la responsabilidad personal de cada uno y la culpabilidad por las decisiones propias.

El juicio divino anticipado sobre aquel que traiciona al sufriente Hijo del hombre es impactante: "Pero ¡ay de aquel que lo traiciona! Más le valdría a ese hombre no haber nacido". Con la muerte de Judas, su existencia seguirá en un infierno consciente. Jesús reitera la realidad del infierno para quienes rechacen su invitación a apartarse de su propia voluntad pervertida y encuentren la justicia

---

18. Para varias costumbres, ver Gene Schramm, "Meal Customs (Jewish)", y Dennis E. Smith, "Meal Customs (Greco-Roman)", *ABD,* 4:648-53.
19. Morris, *Matthew,* 656.
20. Ver Markus Bockmuehl, "A 'Slain Messiah' en 4Q Serekh Milhamah (4Q285)?", *TynBul* 43 (1992): 155-69. Bockmuehl halla poca expectativa de un mesías ejecutado en la interpretación judía del siglo I de las profecías veterotestamentarias, y probablemente ninguna en los Rollos del Mar Muerto, pero la propone como algo probable dentro de los círculos judíos más amplios.

del reino de los cielos.[21] Si Judas hubiera aceptado de verdad la invitación a la vida del reino, sería otra persona la que habría traicionado a Jesús, porque la necesidad de la cruz era un decreto divino. Sin embargo, Judas selló su propio destino eterno por propia elección, y ahora es personalmente responsable de ello.

Mateo acentúa el contraste entre el grupo más amplio en torno a la mesa que se dirige a Jesús como "Señor" (26:22) y Judas, que lo trata como "Rabí" (Maestro). Aunque "Señor" (*kyrios*) se puede usar como un título formal (7:21), cuando va dirigido a Jesús designaba discipulado. De un modo relevante, no se menciona en ningún sitio que Judas le diera a Jesús el título de "Señor". Esto podría ser una clave de que Jesús sabía desde el principio quiénes no creerían en él verdaderamente como su Señor y quién lo traicionaría (*cf.* Jn 6:60-65).

A continuación, Mateo señala la interacción entre Jesús y Judas, que, al parecer, fue oída por el resto de los doce (26:25). El Iscariote, aquel que lo traicionará, pregunta: "¿Acaso seré yo, Rabí?" (26:25). El tono de su pregunta es falso, engañosamente sincero, esperando una contestación negativa de Jesús. Judas ha estado llevando en secreto sus acuerdos para la traición, sin pensar ni remotamente que alguien pueda estar al tanto. Pero el conocimiento de Jesús es por revelación divina: "Sí, eres tú".

La traducción que la NVI hace de esta frase refleja con precisión la expresión griega literal: "Tú lo has dicho". Esta frase es una forma de afirmar que devuelve la responsabilidad a aquel que hace la pregunta. En lugar de enmascarar su falta de sinceridad, la propia pregunta de Judas lo ha acusado. Esta misma expresión reaparece en los importantes diálogos con Caifás (26:64) y Pilato (27:11). La respuesta de Jesús confirma la verdad que el interrogador está intentando evitar.[22] Aunque Mateo no menciona la respuesta de Judas ni su salida, lo más probable es que se marche en ese momento para hacer los arreglos finales de su traición. Su engaño se ha destapado, pero una fuerza satánica lo impulsa a llevar a cabo su traición. Juan hace un comentario terriblemente trágico: "En cuanto Judas tomó el pan, salió de allí. Ya era de noche" (Jn 13:30). Aparece el tiempo de oscuridad eterna para que Judas rinda cuentas por sus decisiones.

Institución de la Santa Cena (26:26-30). Una vez se ha marchado el traidor, Jesús continúa la Pascua con el resto de los doce. De forma dramática, lleva la relevancia simbólica de esta comida a su esperado cumplimiento, al instituir lo que llega a conocerse como "la Santa Cena".

El pan (26:26). La "Hagadá de la Pascua" era la forma establecida en la que se contaba la historia del éxodo, las dos primeras noches de la Pascua, como parte del ritual del séder (lit., "orden").[23] Había tres alimentos fundamentales en esta

21. P. ej., 8:12; 11:20-24; 13:42, 49-50; 25:46; *cf.* Jn 17:12, donde a Judas se le denomina "aquel que nació para perderse" (lit., "el hijo de perdición").
22. Senior, *Matthew,* 298.
23. Baruch M. Bokser, *The Origins of the Seder: The Passover Rite and Early Rabbinic Judaism* (Berkeley: Univ. of California Press, 1984). La expresión "Hagadá de la

comida —el pan sin levadura, hierbas amargas y la ofrenda de la Pascua (un cordero en la época del templo)—, junto con las cuatro copas (por tradición) de vino. Jesús usa el pan como asombrosa ilustración, diciendo: "Tomen y coman; esto es mi cuerpo". Pone en marcha la relevancia de la nueva observancia al invocar una oración para pedir la bendición de Dios. Solo la actividad divina hace posible lo que está a punto de ilustrar y acometer.

Durante la comida propiamente dicha, el anfitrión bendecía el pan sin levadura, lo partía y lo compartía con los que estaban alrededor de la mesa. Pero Jesús le da un significado totalmente nuevo: se identifica con el sacrificio de la Pascua. El Antiguo Testamento prescribía que el sacrificio pascual debería ser consumido por un grupo previamente invitado (Éx 12:4), de modo que la práctica judía siempre se centraba en el carácter corporativo del séder.[24] La naturaleza corporativa de la Santa Cena es, también, una característica principal que apunta más allá, a la iglesia que proclama de manera colectiva la muerte del Señor hasta que vuelva de nuevo (*cf.* 1Co 11:23-33).

El doble requerimiento de Jesús con la explicación ("Tomen y coman; este es mi cuerpo") demuestra que su cuerpo será el cumplimiento de las ceremonias que rodean al cordero pascual, al convertirse él en la expiación sacrificial por "pasar por alto" los pecados del pueblo. Es significativo que Jesús use el pan, y no el cordero de la Pascua, para iniciar la conmemoración. Por su muerte, ya no será necesario matar ningún cordero. Para enfatizar la naturaleza de una vez y para siempre de su inminente sacrificio, Jesús se centra en el pan, que también tiene una relevancia redentora en el séder, y que se podía comer como conmemoración continua, mientras sostiene el cese del sacrificio animal.[25] Los posteriores debates teológicos sobre el significado del "cuerpo" y su relación con la presencia de Jesús en el pan no habrían entrado en la mente de quienes escucharan sus palabras. Ya les cuesta bastante comprender el simbolismo. Pero una vez ocurridos los acontecimientos de la cruz, reconocerán como Pablo que el pan y la copa son elementos llenos de intensidad que conmemoran el acontecimiento más importante de la historia.

La copa (26:27-28). Prosiguiendo con el simbolismo, Jesús toma una copa, da gracias y les pide que se unan a él y beban de ella. De las cuatro copas de vino consumidas en la celebración de la Pascua (la copa de bendición, la copa antes de la comida, la tercera copa [de bendición] después de la comida y la copa que sigue al cántico del Hallel), lo más probable es que se trate de la tercera copa,

---

Pascua" llegó a usarse para todo el ritual del séder así como para el libro que contiene la liturgia y la narración ritual de los acontecimientos de Dt 26:5-9.

24. Para una visión global de las prácticas judías del segundo templo, ver "Haggadah of Passover", *DJBP,* 266-67; Robin Routledge, "Passover and Last Supper", *TynBul 53* (2002): 203-21; Joachim Jeremias, *The Eucharistic Words of Jesus,* trad. ing. Norman Perrin (Londres: SCM, 1966), 84-88.
25. Routledge, "Passover and Last Supper", 215-16.

que Jesús bebe y dice: "Esto es mi sangre del pacto, que es derramada por muchos para el perdón de pecados".

La tercera copa se denominaba, con frecuencia, la copa de redención, que correspondía a la tercera promesa de Dios en Éxodo 6:6: "*Voy a liberarlos* con gran despliegue de poder y con grandes actos de justicia". La muerte del cordero pascual y untar los dinteles de la puerta con su sangre abrió el camino para la redención del pueblo de Dios de Egipto, pero el derramamiento de la sangre de Jesús, que es lo que esta copa anticipa, abre el camino para la redención de toda la humanidad y posibilita la entrada a una nueva relación de pacto con Dios.[26] Con esta declaración, Jesús indica que está cumpliendo el nuevo pacto prometido al pueblo de Israel (ver esp. Jer 31:31, 34; Ez 36:26-27).[27]

A lo largo de su ministerio, Jesús ha basado su invitación al reino de Dios, el perdón de pecados que la acompaña y la promesa de regeneración en el inicio del nuevo pacto (*cf.* 5:17-20). Ha llegado la hora de su inauguración con la cruz y la venida del Espíritu en Pentecostés. Los que reciben la invitación de Jesús, por gracia, para participar de su muerte sacrificial viven en la bendición del nuevo pacto. Experimentamos el perdón de los pecados y los comienzos de la transformación a la imagen de Cristo que acompaña nuestra regeneración por medio del Espíritu Santo (*cf.* Tit 3:4-7; 2Co 3:18). Respecto a la expresión "por muchos", ver comentarios sobre 20:28.

La conmovedora promesa (26:29). Jesús le da un giro sorprendente a la ocasión cuando declara: "Les digo que no beberé de este fruto de la vid desde ahora en adelante, hasta el día en que beba con ustedes el vino nuevo en el reino de mi Padre". La cuarta copa de la Pascua se relacionaba con la promesa de Dios: *Haré de ustedes mi pueblo* (Éx 6:7). Se llenaba la copa y, tras concluir el cántico antifonal de la segunda parte del Hallel (Sal 115–118), la bebían entre todos. Es posible que el himno mencionado en Mateo 26:30 sea el Hallel y que Jesús se abstuviera de la cuarta copa como ilustración de que no participará de esta copa hasta su regreso.[28] Sin embargo, en el judaísmo posterior surgió una disputa con respecto a la obligatoriedad de una quinta copa durante la celebración de la Pascua, llamada la copa de Elías. Es la copa que se guardaba preparada para el advenimiento del profeta Elías, quien, según ellos creían, vendría en la Festividad de la Redención de Egipto para anunciar la redención mesiánica. Tal vez esta práctica se remontara a la época de Jesús.[29]

De una forma u otra, las palabras de Jesús ofrecen una conmovedora promesa (que su muerte sacrificial traerá el perdón de los pecados) y una triste indicación (que él tendrá que marcharse), pero también una seguridad (que regresará). Cuando vuelva otra vez y traiga el establecimiento final del reino en la tierra,

26. *Ibíd.*, 219.
27. *Cf.* Clay Hamm, "The Last Supper in Matthew", *BBR* 10 (2000): 53-69.
28. Routledge, "Passover and Last Supper", 219-20.
29. Ver "Haggadah, Passover", *EJR*, 166-67.

llevará a su cumplimiento el tiempo de paz y redención que sus discípulos están aguardando y la consolación que espera el pueblo de Israel. Hasta entonces, la Santa Cena es un recordatorio perpetuo del nuevo y gran éxodo por el cual todos los que acepten su significado y su cumplimiento histórico hallarán la liberación de la esclavitud del pecado y la liberación para entrar en la vida eterna.[30] Las bendiciones del reino, inaugurado por medio de la obra acabada de Cristo en la cruz, son un recordatorio permanente de que él va a volver para establecer definitivamente el reino para quienes esperan su comunión.

La última noche juntos con los doce concluye con el discurso de Jesús en el aposento alto (Jn 14–17). Tras este, cantan un himno final, quizás el Hallel (Sal 113–118) o el gran salmo Hallel (Sal 136), en el que se repite una y otra vez el estribillo antifonal "su gran amor perdura para siempre" a lo largo de la rememoración de los grandes y bondadosos hechos de Dios.[31] También podría tratarse de un himno de alabanza espontáneo dirigido por Jesús.

Predicción de la dispersión y de la negación (26:31-35)

Después de cantar juntos, Jesús se dirige con los doce al monte de los Olivos. Lo más probable es que estén volviendo a Betania, donde han estado pernoctando cada noche durante la Semana Santa (*cf.* 21:17). El trecho de tres kilómetros desde Jerusalén hasta Betania los lleva por el monte de los Olivos, donde está situado el Jardín de Getsemaní. Este huerto era el lugar favorito de oración para Jesús, así como un lugar de reunión para las personas que acampaban durante su peregrinación a la Pascua.

Por el camino, Jesús sobresalta a los discípulos con otra predicción inquietante: "Esta misma noche [...] todos ustedes me abandonarán, porque está escrito". Anteriormente, Jesús predijo que uno de los doce lo traicionaría; ahora insinúa que a todos ellos les faltará valor. La expresión "me abandonarán" (*cf.* 11:6; 13:57) indica que esa noche la lealtad de ellos hacia su Maestro tendrá que pasar una prueba extrema. No dejarán de ser sus discípulos, pero no superarán la prueba de valor de mantenerse firmes por él. Más tarde se tratará este tema de la falta de coraje, cuando se conviertan en el valiente fundamento de la iglesia, pero su fortalecimiento llega por medio del fracaso.

Zacarías también profetizó que ellos fallarían, como demuestra Jesús: "Heriré al pastor, y se dispersarán las ovejas del rebaño". El pastor herido por la espada es el que el profeta describe como traspasado (Zac 12:10; *cf.* Mt 24:30) y rechazado (Zac 11). Pero la escena cambia en Zacarías 13:7, ya que esta vez es Yahvé quien hiere al pastor. Se le identifica como su compañero, el que está junto a él en el mismo plano de igualdad. Al golpear a este Pastor mesiánico, las ovejas

30. Eugene H. Merrill, "Remembering: A Central Theme in Biblical Worship", *JETS* 43 (marzo 2000): 27-36.
31. H. Rushe, "Das letzte gemeinsame Gebet Jesu mit seinem Jungern: Der Psalm 136", *Wissenschaft und Weissheit* 51 (1988): 210-12.

se dispersan; en el contexto de Zacarías es una referencia a la dispersión de los judíos.[32] Esta cita demuestra que, incluso cuando son otros los que llevan a cabo las acciones de Dios, siempre son el resultado de su actividad soberana.

Jesús predijo su arresto y crucifixión en cuatro ocasiones (16:21; 17:22-23; 20:17-19; 26:2). En las tres primeras, además predijo su resurrección, cosa que también hace en esta cuarta vez: "Pero después de que yo resucite, iré delante de ustedes a Galilea" (*cf.* se recuerda esta declaración en 28:10, 17). Jesús profetizó el juicio para la traición de Judas (26:24), pero la promesa a los demás discípulos consiste en que, después de que tengan este fallo, serán restaurados en la comunión con él.

Sin embargo, con su bravuconería habitual, Pedro da un paso al frente para asegurar: "Aunque todos te abandonen [...] yo jamás lo haré". Pedro ha jugado un papel destacado en el Evangelio de Mateo tanto en un sentido positivo como negativo (ver 14:28-31; 15:15; 16:17-19; 17:24-27; 18:21). Es un discípulo imperfecto y, a la vez, un líder en proceso de desarrollo. La diferencia entre crecimiento y fracaso es si Pedro sigue siendo receptivo a la voluntad de Dios. Cuando permanece abierto a las cosas divinas, crece en su discipulado personal y su responsabilidad en el liderazgo. Cuando no sigue receptivo a las cosas de Dios, fracasa en ambas cosas.

Aquí Pedro falla en ambos campos. No presta oído a la advertencia de Jesús ni hace caso a su amonestación, y su falsa bravuconería hace que el resto de los discípulos se unan a él (26:33). Jesús le advierte a Pedro que caerá aún más bajo que los demás: " … esta misma noche, antes de que cante el gallo, me negarás tres veces". Las guardias militares romanas estaban organizadas en varias "vigilias", coincidentes con el amanecer, el mediodía, el ocaso y la media noche. El canto del gallo es proverbial para anunciar que ha llegado el nuevo día. La negación tendrá, pues, lugar antes del final de la cuarta vigilia, o al amanecer. La bravata de Pedro lo impulsa a reafirmar con vehemencia su lealtad a Jesús: "Aunque tenga que morir contigo [...] jamás te negaré".

La diferencia entre Judas y Pedro (y el resto de los discípulos) queda demostrada por su conducta *después* de sus fracasos. Un impulso satánico lleva a Judas a realizar su traición (*cf.* Lc 22:3-4; Jn 13:2), porque nunca fue un creyente verdadero (Jn 6:60-65). Pedro y los demás discípulos fallan, pero su arrepentimiento los lleva más tarde de regreso a Jesús para su restauración. "Uno puede negar o traicionar a Cristo y ser perdonado si se arrepiente de forma genuina. Sin arrepentimiento (el cambio del corazón seguido por la acción correcta), ambos quedan igualmente condenados".[33]

32. Kaiser, *The Messiah in the Old Testament,* 226-27.
33. Blomberg, *Matthew,* 393.

Getsemaní: las angustiosas oraciones de Jesús (26:36-46)

Getsemaní (26:36). Cuando salían de Jerusalén, Jesús y sus discípulos se detuvieron en un lugar llamado Getsemaní, que Juan llama "jardín" (Jn 18:1, 26). Esta palabra procede del hebreo/arameo *gat šemanim,* que muy probablemente significa "prensa de aceite" o almazara. Si reunimos los relatos, se sugiere que Getsemaní era una zona de jardín entre los olivares del monte de los Olivos, donde había un lugar para la preparación del aceite de oliva. Jesús y sus discípulos frecuentaban el lugar con asiduidad (Jn 18:2).

Se proponen al menos cuatro enclaves actuales como la verdadera identidad, pero las dos principales reclaman la atención de los eruditos.[34] El primer lugar alberga ahora a la Iglesia de Todas las Naciones, adyacente a un olivar de unos cincuenta metros cuadrados, con olivos de más de mil años. El segundo y más verosímil está situado a un centenar de metros al norte del jardín tradicional. Este lugar es una cueva en la que los arqueólogos han hallado pruebas de la preparación del aceite de oliva. Algunos sugieren que, originalmente, una zona de huerto rodeaba la cueva.

Velar y orar (26:37-38). Joan Taylor sugiere que los discípulos van a esta parte de huerto para dormir en la cueva que frecuentaron en otras ocasiones. Una vez en Getsemaní, Jesús da instrucciones al grupo más amplio para que permanezca en la cueva (26:36), pero le pide al grupo más íntimo de tres discípulos (Pedro, Jacobo y Juan; ver comentarios sobre 10:2-4) que se queden despiertos con él, mientras ora. Jesús quiere que compartan con él este tiempo abrumador de tristeza y aflicción al enfrentarse a la cruz: "Es tal la angustia que me invade, que me siento morir [...]. Quédense aquí y manténganse despiertos conmigo".

Jesús no les pide que oren, sino que velen. Al anticipar con gran dolor su muerte inminente, su abrumadora tristeza revela un corazón roto casi al borde de la muerte misma, porque sabe que experimentará el abandono de su Padre (*cf.* 27:46). Esto revela la profundidad de las relaciones humanas cuyo sostén Jesús siente necesario y en este momento lo necesita más que nunca. Puede resultar difícil de entender que el Hijo de Dios tenga semejantes necesidades, pero entenderlo nos proporciona una comprensión más adecuada de su encarnación.

La primera oración de Jesús (26:39). Jesús se aparta del trío de discípulos para estar a solas, porque debe suplicarle a su Padre en privado, aunque tener junto a él a sus seguidores más cercanos le proporciona el apoyo humano necesario. Solo allí "se postró sobre su rostro y oró". En esta postura de sumisa humildad, Jesús pone su vida delante de su Padre en absoluta honestidad y confianza. Mateo revela una de las percepciones más profundas de la intimidad entre Padre e Hijo. En este tiempo de oración, que dura una hora (26:40), Jesús

34. Joan E. Taylor, "The Garden of Gethsemane: NOT the Place of Jesus' Arrest", *BAR* 21.4 (julio-agosto 1995): 26-35, 62. Ver también Rousseau y Arav, "Gethsemane", *Jesus and His World,* 110-11.

reitera probablemente varias expresiones de este tema central, que justifican las variaciones entre los escritores de los cuatro Evangelios.

Con manso apremio y confianza, Jesús pone su vida bajo la custodia de su Padre, dirigiéndose a él de forma tierna e íntima: "Padre mío". Es la continuación del profundo y exclusivo conocimiento que Mateo tiene de la relación especial del Hijo con el Padre en este Evangelio (*cf.* 7:21; 10:32-33). Jesús suplica: "Si es posible, no me hagas beber este trago amargo. Pero no sea lo que yo quiero, sino lo que quieres tú". Jesús se está enfrentando a una tentación real, la más grave de su vida. Inició su ministerio terrenal con la tentación del diablo en el desierto (4:1-11), y en otros momentos de su ministerio fue tentado por elementos satánicos (p. ej., 16:22-23). El rasgo relevante de las anteriores tentaciones fue el intento satánico de disuadir a Jesús de ir a la cruz (*cf.* 4:8-9; 16:21-234). Ahora, en el momento en que está preparado para llevar a cabo la misión de su vida, la tentación se intensifica hasta lo sumo. Es el esfuerzo desesperado por convencerlo de que la cruz es innecesaria.

Sin embargo, Jesús ha demostrado una confianza completa en el poder soberano y en la voluntad perfecta del Padre a lo largo de toda su vida, de manera que, en este momento de la mayor de las tentaciones, recurre a su Padre en busca de dirección. Jesús ha profetizado que debe soportar esta copa de la crucifixión para llevar a cabo la redención de la humanidad (*cf.* 20:22-23, 28; 26:27), pero Satanás sigue tentándolo para que llegue a creer que no es algo absolutamente necesario.

Jesús expone la tentación ante su Padre, pero no pide eludir su destino. Solo quiere obedecer la voluntad de su Padre. Es el ejemplo emblemático de la honestidad y la confianza en la oración. La voluntad del Padre no responderá a la petición de la forma requerida, pero no refleja defecto alguno en aquel que hace la petición. El Padre sí escucha la súplica del Hijo, pero la obediencia de este a la respuesta paterna de seguir adelante hasta la cruz es la que trae salvación a la humanidad (Heb 5:7-10).

No es la muerte en sí la que suscita esta súplica por parte de Jesús, sino la clase de muerte. Se enfrenta al sufrimiento más intenso imaginable ya que no solo tiene que soportar la muerte, sino una muerte humana divinamente sostenida en la que sufre el castigo por los pecados de la humanidad. Su abrumadora tristeza (26:38) procede de la dolorosa expectativa de la separación de su Padre que él experimentará en su consciencia humana, ya que "al que no cometió pecado alguno, por nosotros Dios lo trató como pecador" (2Co 5:21). Aunque con temor a la perspectiva del dolor y la muerte en la cruz, pensar en sentirse separado del Padre es un horror mayor y también una tristeza más profunda (Mt 27:46). No obstante, hacer la voluntad del Padre es la única motivación de Jesús, porque sabe que millones de hombres y mujeres, antes y después de su triunfo sobre el pecado en la cruz, se reconciliarán con el Padre a través de su muerte.

El primer fracaso de los discípulos (26:40-41). Tras luchar intensamente en oración, Jesús regresa y se encuentra al trío de discípulos durmiendo. Se dirige a Pedro como líder de ellos. Pedro debe seguir siendo receptivo a la dirección de Dios si tiene que fortalecerse en lo personal y también como futuro líder en la iglesia. Mateo no tiene pelos en la lengua a la hora de valorar el papel como líder de Pedro ni cuando narra su fracaso a la hora de proveer el liderazgo adecuado (*cf.* 14:28-32; 16:16-23). Aunque le habla a Pedro, Jesús también regaña suavemente a los otros dos (los verbos en 26:41-42 son plurales) por no velar con él mientras oraba.

Jesús sigue amonestándolos: "Estén alerta y oren para que no caigan en tentación. El espíritu está dispuesto, pero el cuerpo es débil". Jesús los llamó a velar con él para que pudieran respaldar su oración al Padre. No han sido capaces de cumplir con su encargo, pero él les pide que sigan, aunque ahora deben también orar por su propia tentación. En el contexto inmediato, la tentación consiste en sucumbir al sueño físico a esa hora tan tardía, cuando se les está pidiendo que velen con Jesús. Apunta a la tentación de fallar en su responsabilidad de apoyar a Jesús en su gran hora de necesidad. Incluso podría señalar, de un modo más profundo, a la tentación a la que ellos mismos se enfrentarán cuando Jesús sea conducido a la cruz: la tentación de negarse a Jesús, como ha predicho (26:31-35).

Jesús establece un contraste entre el espíritu humano de ellos (no el Espíritu Santo), sus aspiraciones y su naturaleza humana impactada por el pecado (aquí de forma específica su condición física como seres humanos). Jesús no está creando una expresión proverbial para excusar la debilidad humana, sino que está dando un ejemplo de cómo se lleva a cabo la obediencia a la voluntad de Dios. Las disciplinas espirituales de velar y orar facultan el corazón espiritual para dirigir todos los aspectos de la naturaleza humana de la persona, para que la totalidad de esta sea obediente a la voluntad de Dios (ver comentarios sobre 5:20; 15:17-19). Lamentablemente, los discípulos le fallan a Jesús en su momento de necesidad personal, porque se quedan dormidos; no obstante, como declara Leon Morris: "Existe un sentido en el que [Jesús] tuvo que estar solo en oración, porque solo podía elevar la oración que pronunció. Pero también hay un sentido en el que podría haberse sentido alentado por el apoyo de sus seguidores más cercanos".[35]

La oraciones segunda y tercera y los fallos (26:42-44). Cuando Jesús se aparta para orar una segunda y tercera vez, su plegaria es la misma. Sin embargo, en la segunda oración existe una ligera, pero significativa, variación: "Padre mío, si no es posible evitar que yo beba este trago amargo, hágase tu voluntad". Ahora tenemos el reconocimiento consciente de que no es posible apartar la copa y de que Jesús debe beber su furiosa arremetida. Conscientemente, se somete a ese destino, con las palabras: "Hágase tu voluntad". Esto es probablemente lo que entendió el autor de Hebreos cuando escribió que Jesús "mediante el sufrimiento aprendió a obedecer" (Heb 5:8).

Sin embargo, los discípulos no han aprendido aún esta obediencia, porque una vez más Jesús vuelve donde ellos están y encuentra al trío durmiendo, "porque

35. Morris, *Matthew,* 668.

se les cerraban los ojos de sueño". No han aprendido la disciplina del espíritu sobre la carne. De modo que Mateo nos indica que Jesús los deja, aunque Marcos declara: "No sabían qué decirle" (Mr 14:40). Cuando vuelve a apartarse para orar una tercera vez, Jesús hace la misma oración. Aunque pueda haber cierto desarrollo en la comprensión de Jesús en cuanto a la naturaleza de la tentación y de la voluntad del Padre para él, Mateo nos permite ver que, incluso desde el principio, no hay deficiencia alguna en su oración. Tan solo sigue para buscar la voluntad del Padre.

Llega el traidor (26:45-46). Después de este tercer momento de intensa oración, Jesús regresa junto al trío y los encuentra todavía dormidos. Los reprende por dormitar cuando deberían haberle apoyado, y también estarán espiritualmente dormidos cuando llegue el momento de estar alertas y ellos nieguen a su Señor. Pero ya es demasiado tarde para prepararse. Él les anuncia: "Miren, se acerca la hora, y el Hijo del hombre va a ser entregado en manos de pecadores. ¡Levántense! ¡Vámonos! ¡Ahí viene el que me traiciona!". Las instrucciones que Jesús había dado anteriormente a sus discípulos aquel mismo día fueron impulsadas por el reconocimiento de que su "tiempo está cerca" (26:18), y ahora "se acerca la hora". El reloj divino va marcando su inexorable tic-tac; ha llegado el momento en que Jesús tendrá que cumplir su misión de salvación por medio de la cruz.

Es posible que Jesús haya visto la patrulla de guardias del templo guiada por Judas, cruzando el valle de Cedrón y acercándose al huerto con antorchas. En lugar de huir, convoca a sus discípulos para afrontar este reto de una vez. A pesar de su autoridad como representantes de los principales sacerdotes, aquellos representantes armados del templo son "pecadores". Los fariseos acusaron a los que comían con Jesús tachándolos de "pecadores" porque no se conformaban a sus prescripciones legales de pureza (9:11), pero él llama "pecadores" a quienes se oponen a la voluntad de Dios, incluidos estos oficiales del templo.[36] Intentan frustrar la voluntad divina tal como se representaba en el ministerio de Jesús, y el principal de ellos es Judas, el traidor.

Construyendo Puentes

Los capítulos 26–28 forman el núcleo central de la historia que Mateo narra sobre Jesús el Mesías. Es juzgado, crucificado y sepultado, pero también resucita de entre los muertos. A continuación, envía a sus discípulos con un encargo a nivel mundial. Dale Bruner denomina estos capítulos "La pasión de la iglesia", porque "el sufrimiento, la muerte, la resurrección y el señorío único y universal de Jesús son aquello por cuya predicación más ha sufrido la iglesia, y lo que ha proclamado con mayor "pasión".[37]

36. *Cf.* Wilkins, "Sinner," DJG, 757–60.
37. Bruner, *Matthew,* 2:930.

La mano de la historia es evidente en estos capítulos. La predicación más temprana de la iglesia fue la muerte, la sepultura y la resurrección de Jesús. Este es el *kerigma,* las buenas nuevas, la predicación del evangelio del reino de Dios.[38] Estas historias se transmitieron una y otra vez en cada localidad a la que viajaron los primeros misioneros. Mateo deja constancia de este apunte histórico con el fin de llevar a sus lectores a la fe en Jesús el Mesías, que ofrece salvación y discipulado por medio de su cruz y su resurrección. Los temas que se inician en la primera sección de su Evangelio, "en especial la inevitabilidad del plan divino de redención y la responsabilidad que la humanidad tiene ante este", se desvelan y se entretejen a lo largo de esta narración final.

El Mesías crucificado. Desde el principio mismo del Evangelio que anunciaba la llegada del hijo de David, el hijo de Abraham (1:1), Mateo ha presentado con todo detalle y esmero a Jesús como el Mesías que cumple las expectativas de Israel y la esperanza de las naciones. Al centrarse el foco de la historia en los acontecimientos de la cruz, Mateo atrae una vez más nuestra atención a Jesús como Mesías, pero de una forma trágicamente irónica. Jesús es el Mesías, pero de una manera que desconcertó a sus propios seguidores, decepcionó a las multitudes y enfureció a los líderes religiosos. Será un Mesías crucificado. Con cuatro pinceladas de su pincel narrativo a lo largo del relato de la pasión, Mateo rellena los detalles y los colores de su retrato de Jesús como el Mesías crucificado. Derek Tidball resalta este propósito de la habilidad histórica de Mateo:

> Quiere retener nuestra atención para centrarla en aquel que fue clavado de forma tan humillante y fatal sobre un madero en el monte del Gólgota. Es un retrato que nos comunica, de mil maneras, la verdadera identidad de la figura central y, por ende, de su misión.[39]

(1) Libertador profetizado. Como Mesías profetizado, Jesús cumple las Escrituras que profetizaron sus actos durante estas horas finales que lo llevan a la cruz para liberar a su pueblo. Es el momento escogido por Dios (26:18), la hora de pagar la cuenta (26:45), profetizado en el Antiguo Testamento (26:24). El pueblo de Israel aguardaba a un libertador, pero Jesús los librará en sentidos que no todos esperaban. Será herido (26:31), cumpliendo las profecías de un Mesías al que le quitarán la vida y que traerá sanidad a su pueblo, liberándolo de su iniquidad (Is 53:4-12; Zac 12:9-14). Los rabinos posteriores interpretaron que estos versículos indicaban que deberían esperar a un Mesías inmolado (*b. Suk. 52a*), pero para muchos esto será una piedra de tropiezo.

(2) Siervo sacrificial. Al cumplir estas profecías de un Mesías crucificado, Jesús derramará su sangre como el siervo que es el sacrificio voluntario para llevar los pecados de la humanidad. Levanta la copa de redención de la Pascua y declara: "Esto es mi sangre del pacto, que es derramada por muchos para el

38. P. ej., Hechos 2:23-36; 3:13-26; 7:5153; 10:39-43; 13:26-31; 1Co 15:1-7.
39. Tidball, *The Message of the Cross*, 134.

perdón de pecados" (26:28). Él es el cumplimiento del símbolo del cordero pascual al convertirse en el Siervo del Señor (Is 53:12). Los sucesos de la cruz no son agradables. Son sangrientos, y las susceptibilidades modernas quieren limpiarlos para hacerlos más aceptables. Sin embargo, actuar de este modo minimiza la atrocidad del pecado y el castigo eterno que requiere y que hace necesaria la terrible punición.

(3) Señor con plena disposición personal. A lo largo de su ministerio, Jesús ejerció control sobre las fuerzas de la naturaleza y el mundo espiritual. Este dominio no cesa cuando se dirige a la cruz. No es una víctima de estas circunstancias, sino un Señor con plena disposición personal. La mujer que lo adoró ungiéndolo expresó más de lo que cualquiera pudiera entender, porque él es verdaderamente el Mesías davídico ungido que es el Señor de David (22:43). A pesar de ello, y sin saberlo, el acto de aquella mujer lo unge para la muerte (26:12). Jesús inicia, de forma soberana, el nuevo pacto profetizado, pero por medio de la copa de ira que él acepta de manera voluntaria (26:28, 39-44).

(4) Rey humilde. Cuando nació, Jesús fue adorado como "rey de los judíos" (2:2, 11), y ahora se burlarán de él cuando sea el "rey de los judíos" crucificado (27:29). Estos dos escenarios hallan a Jesús en entornos humildes, el primero en una casa pobre de Belén, el segundo en la humillación del poderoso Pretorio romano. Pero Jesús sabe quién es y lo que ha venido a hacer. No tiene nada que demostrarle a nadie, porque sabe que es el rey de los judíos (27:11). La humillación de su encarnación supuso la llegada del reino de los cielos para aquellos que se atrevieron a responder a su invitación (4:17). La degradación de su crucifixión produce la redención de la humanidad para aquellos que osan responder a su inauguración del nuevo pacto en su sangre (26:28). Sin embargo, la humillación de su muerte también es una promesa conmovedora de que su reino se manifestará pronto con poder y gloria, cuando él regrese de nuevo (26:29; *cf.* 13:41-42; 24:30-31).

La inevitabilidad divina. Entrelazada a lo largo del relato de la pasión se aprecia la inevitabilidad divina de estos acontecimientos. Mateo enfatiza que no hay duda de que Dios tiene el control. El ministerio de Jesús parece estar escalando y saliéndose de control, porque los líderes religiosos están conspirando contra él, uno de los doce lo traicionará, el resto de ellos lo negará y no hay forma de evitar la copa de la ira. Con todo, detrás de los escenarios, Dios mantiene la espiral firmemente en control. Los acontecimientos sucederán de un modo trágico, pero no sin esperanza, porque la inevitabilidad divina controla el resultado. Esto se ve de manera especial en las predicciones que Jesús hace de los sucesos que él presagia proféticamente y emprende en su humanidad.

(1) La muerte de Jesús. Jesús predice la inminente crucifixión (26:1-2) que, según narra Mateo, se está organizando a consecuencia de la conspiración de los líderes religiosos (26:3-5). Anuncia su sepultura, para la que la mujer lo prepara con aquella unción (26:12-13). A lo largo de estas escenas, Jesús observa el reloj

divino que lentamente va marcando la llegada de su momento señalado (26:18), la hora (26:45) de la traición, de su arresto y crucifixión. Pero la censurable deslealtad y la crucifixión no son algo que se le imponga al Hijo del hombre. Él las acepta sabiendo que forman parte de su misión, ya que las Escrituras le han advertido con antelación de su llegada (26:24). Hacía mucho tiempo que los profetas habían presagiado el nuevo pacto, pero, al pasar Jesús su última noche en la tierra con sus discípulos, antes de la crucifixión, demuestra con la copa que el pacto solo se inaugurará por medio de su muerte (26:28). Su muerte es inevitable, pero es algo que se predijo de forma divina.

(2) La traición de Judas. El arresto de Jesús tampoco es accidental. Él ve perfectamente la conspiración de los líderes religiosos, conoce la duplicidad de uno de sus seguidores más cercanos y predice que aquellas dos fuerzas se combinarán para organizar su traición. Mateo narra los planes para la traición (26:14-15) que Jesús predice (26:20). Sin embargo, no es tan solo una conjetura. Cuando Jesús plantea el asunto a todos los discípulos, obliga a Judas a responder su propia pregunta de doble filo (26:25). Sabe perfectamente que ya se han hecho los arreglos necesarios y que el traidor ya ha llevado a cabo su felonía (26:45-46). Aunque este acto de Judas es inevitable, es algo que se predijo por inspiración divina.

(3) Las negaciones de los discípulos. Además, que Jesús fuera abandonado por sus seguidores más cercanos tampoco es un desliz decepcionante ni se debe a un desencuentro. Ellos lo desamparan porque no son capaces de honrar su nombre ni de valorar su relación con él como Señor suyo y Mesías. No obstante, una vez más, Jesús predice el resultado. Los discípulos no solo se alejan de él faltando así a su lealtad hacia él (26:31), sino que también lo hará el líder designado para el establecimiento de la iglesia: Pedro (26:33-34). En el incidente en el que Jesús pronunció el papel de liderazgo de este (16:17-19), su incontrolada impetuosidad lo hizo sucumbir a la tentación satánica de intentar disuadir a Jesús de la cruz (16:21-23). Pedro podría haber pensado que tenía que vencer esa debilidad, pero las bravatas de su vehemencia no pueden enmascararle a Jesús la realidad de su propensión a la cobardía. Este predice que Pedro lo negará tres veces aquella misma noche.

Pero esto no es tan solo una cierta percepción especial que Jesús emplee. Las Escrituras no solo profetizaban que Dios heriría al pastor (Jesús) para producir la redención de la humanidad (26:31; *cf.* Is 53:4-6; Zac 13:7), sino también que sus ovejas serían dispersadas. Las negaciones de los discípulos son inevitables, pero es algo predicho por inspiración divina.

La responsabilidad humana. No obstante, además de la inevitabilidad divina, aquellos seres humanos que participan son responsables de lo que hacen. Mateo presta menos atención que los demás evangelistas[40] a los individuos específicos en su relato del ministerio de Jesús; sin embargo, a lo largo del relato

40. *Cf.* Wilkins, *Discipleship in the Ancient World and Matthew's Gospel,* 169-70.

de la pasión, invierte esa tendencia y resalta una y otra vez a los personajes identificables. Cada escena destaca la responsabilidad de la persona ante la voluntad de Dios que Jesús está llevando a cabo.

(1) Caifás (26:1-5). Como sumo sacerdote, Caifás es responsable de dirigir al pueblo en sus sacrificios. Su posición privilegiada debería haberle preparado para esperar la llegada de un Mesías sacerdotal según el orden de Melquisedec (Sal 110:4; *cf.* Heb 5:10; 7:11-17), pero sus ambiciones políticas y sus manipulaciones lo ciegan. Tendrá que rendir cuentas por este fallo (*cf.* Mt 26:57–27:1).

*(2) María (26:*6-13). La segunda persona es la mujer que unge a Jesús. Según sabemos, es María, la hermana de Marta y Lázaro. Como seguidora por muchos años de Jesús, es responsable de ejercer su fe en él, y esto significa entregarle tanto de sí misma como ella sabe que él representa para ella. El valor del perfume es representativo de su fe en Jesús como su Mesías, que ha inaugurado el reino de Dios y resucitado a su hermano de los muertos. De modo que da todo lo que posee para ungir a Jesús. Es probable que la comprensión que ella tiene de su identidad y de su misión no sea aún completa, pero su acto es una expresión de fe rotunda en lo que ella sabe que es verdad. Su historia se contará a lo largo de esta era como ejemplo de una fe en Jesús ejercida de la manera adecuada.

(3) Judas (26:14-16, 20-25). Como tesorero del grupo apostólico y uno de los doce, Judas Iscariote no solo es responsable de llevar el mensaje del evangelio durante la misión terrenal de Jesús, sino a lo largo de la era (10:1-6, 17-23). Su posición privilegiada lo habría colocado en uno de los doce tronos para juzgar a las doce tribus de Israel (19:29). Sin embargo, a medida que se desarrolla esta sección, vemos que esa posición aventajada hace que sea mayor su responsabilidad, lo que conduce a una cada vez más aguda propensión a la tentación; todo esto hace su responsabilidad sea más grande (*cf.* 26:46-56; 27:1-10).

(4) Pedro (26:31-35, 37-46). Como Judas, Pedro ha tenido el privilegio de estar con Jesús a lo largo de su ministerio terrenal. No obstante, no solo es uno de los doce, sino que tuvo el privilegio de estar con Jesús durante el año de su ministerio relativamente privado en Judea, antes de que comenzara el ministerio galileo (*cf.* Jn 1:35-42).[41] Aparece con todos los discípulos para recibir la punzante acusación de que pronto negará a Jesús, pero, cuando declara su lealtad con gran vehemencia, el Maestro lo señala para una culpabilidad adicional al declarar que lo negará tres veces. Pedro también tiene el privilegio de encontrarse entre los tres íntimos llamados para estar con Jesús en su hora de necesidad en Getsemaní. Una vez más, se individualiza a Pedro por no haber sido capaz de permanecer despierto y velar con él. Su lealtad a Jesús es tan débil como su carne.

Pedro tuvo el honor de ser escogido para un papel de liderazgo especial en el establecimiento de la iglesia (16:16-19), pero con aquella responsabilidad mayor también crecen las cuentas que hay que rendir. A medida que se desarrollan los

41. Ver comentarios sobre 4:18-20; 10:1-4.

sucesos de aquella noche, Pedro renuncia lentamente a su liderazgo y niega su relación con Jesús (26:50-58, 69-75); esto lo deja susceptible del mismo juicio al que se enfrenta Judas. Fue tentado antes de usar su posición de responsabilidad para que se presente su propia comprensión arrogante de la voluntad de Dios para Jesús (16:21-23). Fracasó en esto, y volverá a fallar otra vez cuando Jesús necesite su apoyo a lo largo de la noche. Su cobarde ejemplo es una advertencia para los líderes y los discípulos, pero su arrepentimiento posterior proporciona una imagen de esperanza que también les sirve a ellos de estímulo.

(5) Jesús. La persona definitiva en estas escenas es Jesús. A lo largo del relato, el futuro de Jesús parece cada vez más lúgubre. Sabe perfectamente que la cruz lo aguarda, con el inimaginable sufrimiento que entraña. En Getsemaní, como todos los demás, sufre la tentación de abusar de su responsabilidad con respecto a la voluntad de Dios para sus vidas. Pero la tentación de Jesús llega hasta el límite extremo de que disponen las fuerzas satánicas. Lo que soporta allí es algo que no podemos concebir siquiera. Pero solo existe una opción para él: la voluntad de su Padre. Jesús es el ejemplo prototípico de alguien que entiende la voluntad de Dios, que lucha con la dificultad de llevarla a cabo y que demuestra que cuestionar a Dios sobre la inevitabilidad o la necesidad de su implicación en estos acontecimientos no es algo inadecuado, sino que demuestra un compromiso sin reservas a obedecer la voluntad de Dios.

Como en las primeras tentaciones en el desierto, Jesús soporta, pues, unas tentaciones exclusivas de su misión, pero su obediencia supone el primer ejemplo para todos sus discípulos que nos sirve en nuestra propia lidia con la tentación (ver comentarios sobre 4:1-11). La misión de nuestra vida, como la de Jesús, debería consistir en decirle una y otra vez al Padre: " … no sea lo que yo quiero, sino lo que quieres tú" (26:39).

Significado Contemporáneo

"En su voluntad está nuestra paz". El dicho bien conocido del poeta medieval Dante lo capacitó para experimentar la paz, aunque todos los que lo rodeaban fueran personas religiosas dominadas por el ansia de poder mundano. Dante Alighieri (1265–1321), el gran poeta italiano, escritor de prosa, teórico literario, filósofo moral y pensador político es más célebre por su monumental poema *La divina comedia.* Vivió en un tiempo en el que lo religioso y la confusión política hicieron pedazos el panorama italiano y provocaron que el papa Bonifacio VIII lo exiliara. El argumento de *La divina comedia* descubre a un hombre, seguramente el mismo Dante, que viaja de forma sobrenatural desde el Viernes Santo hasta el Domingo de Pascua para visitar a las almas que están en el Infierno, el Purgatorio y el Paraíso. Cuenta con dos guías: Virgilio, que lo conduce por el *Inferno* y el *Purgatorio,* y Beatriz, que lo introduce en el *Paraíso.*

Estos encuentros ficticios hicieron que Dante pudiera hacer comentarios sobre el clima religioso y político de su época. Le molestaban profundamente las ansias del papa por el poder mundano. No había modelos espirituales entre el liderazgo religioso de su tiempo que ejercieran algún tipo de restricción sobre los apetitos humanos, y la debilidad del imperio no proporcionaba ley alguna que fuera suficiente para ejercer un control físico sobre el apetito papal ni sobre ninguna otra voluntad. El engaño del papa había sido responsable del exilio de Dante y del incendio de su ciudad natal de Florencia, por lo que el escritor italiano pronostica a posteriori, en su epopeya, estos acontecimientos como advertencia a sus paisanos. Pero Dante también pretende mostrar el medio por el cual triunfó sobre su desastre personal, convirtiendo así su poema en una verdadera "divina comedia".[42]

La contribución más importante de Dante a la vida diaria de los perplejos cristianos se encuentra en los cantos del *Paraíso.* Los ayuda a centrarse en las glorias del cielo como forma de navegar por entre los mancillados apetitos de los oficiales religiosos que dominaban la vida política y social. El *Paraíso* es una profunda contemplación de realidades espirituales que Dante experimenta, en ficción, mientras viaja por el Paraíso. Las almas que encuentra insinúan el gozo y la paz del reino futuro.

La primera alma es Piccarda Donati, pariente política de Dante que fue infiel a sus votos religiosos en la tierra. Al principio no la reconoció, por su nueva e intensa belleza, que compara a "perla en blanca frente". La hermosura nacida "cual si de amor ardiera al primer fuego" que ahora vive en los recesos de experimentar la voluntad de Dios. Le revela Dante su completo gozo en la declaración: "Y en su querer se encuentra nuestra paz; y es el mar al que todo se dirige lo que él crea o lo que hace la natura" (*Paraíso* 3:85-87).[43]

"En su querer se encuentra nuestra paz". Esta es la brújula que, según descubre Dante, lo ayudará a navegar por los apetitos secretos de los hombres y mujeres que traicionan, engañan, niegan y destruyen todo lo que encuentran a su paso. Es un reflejo de Proverbios 3:5-6: "Confía en el SEÑOR de todo corazón, y no en tu propia inteligencia. Reconócelo en todos tus caminos, y él allanará tus sendas". Este es también uno de los temas más importantes de esta sección de la historia de Mateo. A pesar de la duplicidad, de la maniobra política y de la traición de las autoridades religiosas, Mateo diría igualmente que "en su voluntad está nuestra paz".

Dios tiene el control. Tal vez la lección más importante que podemos aprender de esta sección del relato de la pasión mateana es que Dios tiene el control. A pesar de la espiral descendente de los acontecimientos y su decepción en aquellos que los rodean, Jesús sigue adelante con resolución. Confía en la voluntad

42. Ricardo J. Quinones, "Dante", *Encyclopædia Britannica* 2003, *Encyclopædia Britannica Premium Service,* www.britannica.com/eb/article?eu=117772.

43. Quinones, "Dante".

del Padre, incluso cuando todo parece sombrío. La lección segura para nosotros es que debemos continuar siguiendo la voluntad conocida de Dios cuando no podemos ver lo que es desconocido, y el trazado más completo de esa voluntad se encuentra en las Escrituras, de las que Jesús también aprendió.

Como el antiguo patriarca Job, es posible que no siempre tengamos el privilegio de saber la razón o el bien que resulta de sucesos particulares de nuestra vida. Sin embargo, cuando descansamos en la voluntad conocida de Dios, hallamos nuestra paz. En última instancia, es Dios quien tiene el control de todo lo que acontece a nuestro alrededor. Aunque parezcan poderosas, las estructuras de poder humano no tienen el poder suficiente para frustrar la intención de Dios de cumplir sus deseos y sus fines supremos. Hoy descubrimos que nuestro sufrimiento no le es ajeno a Dios. El padecimiento de Jesús en su humanidad lo capacita para sentir compasión de nosotros directamente en medio de nuestro dolor. Y en esa empatía podemos afirmar el amor de Dios por nosotros. Jesús fue voluntariamente a la cruz para suplir nuestra más profunda necesidad de perdón de nuestros pecados y para que podamos entrar en la bendita existencia del reino de Dios. Es allí donde entramos en la paz de la voluntad de Dios.

Cómo experimentar esto en nuestras actividades cotidianas es uno de los principales puntos de nuestro discipulado con Jesús. Es posible que te hayan despedido del trabajo. Puede ser que la junta de tu iglesia y el pastor estén experimentando una profunda desavenencia. Tal vez le hayan diagnosticado autismo a tu hijo pequeño. Quizás tengas un vecino impredecible que te amenaza con denunciarte por los derechos de agua de su finca. Acaso tienes una lucha continua con tu esposo en la que te acusa de forma inadecuada de flirtear con otros hombres. Es posible que sufras una lesión prolongada que elimina tus probabilidades de conseguir esa beca para la universidad. Todas estas cosas pueden ser una amenaza para la estabilidad de tu vida.

He acompañado a personas cuando atravesaban cada una de estos escenarios. El impacto varía de un incidente a otro, pero en cada uno la reacción consiste en pensar que la vida está fuera de control. Dependiendo del nivel de madurez y de las circunstancias de la vida propia, se puede estar al borde de ello. Sin embargo, la lección de cada una de las escenas del relato de la pasión es que Dios está ahí para ayudarnos a superar cualquier cosa con solo acudir a él. Por esta razón es tan fundamentalmente importante la institución de la Santa Cena en este pasaje. Nos proporciona un esquema en el que podemos evaluar nuestras diversas circunstancias para inspirarnos en la actividad redentora demostrada y su ayuda siempre presente.

La Santa Cena como esquema de vida. La institución de la Santa Cena nos proporciona una experiencia crucial de la voluntad de Dios para nosotros, de manera individual y corporativa. No es un simple ejercicio religioso, sino un esquema para nuestra vida. Muchas iglesias celebran la Santa Cena al menos una vez al mes. Es un tiempo especial. Cabría pensar que la rutina pudiera llevar a un ritual que le roba la relevancia a la celebración. Sin embargo, en el simbolismo "se representan realidades que sobrepasan la expresión verbal".[44] Nos vendría muy bien explorar continuamente las muchas dimensiones de la Santa Cena, que son al menos seis.[45]

(1) Hacia atrás. La Cena del Señor apunta en retrospectiva a la realización histórica de la salvación por parte de Jesús como acto consumado. Además, mira a la historia de la salvación que origina la comida de la Pascua. Al remontarnos con la mirada nos sentimos impulsados a descansar en la obra acabada de salvación en la cruz y damos gracias al considerar el cuerpo y la sangre de Jesús entregados por nosotros (26:27-28). Como memorial de su sacrificio, la Santa Cena es un poderoso recordatorio del fundamento histórico de nuestra fe en su obra terminada de la cruz.

(2) Hacia delante. La Santa Cena mira hacia delante, al tiempo en que disfrutaremos de la consumación del reino de Dios y gozaremos de la comunión con Jesús bebiendo de nuevo la copa con él (26:29). Esperamos, asimismo, confiadamente cada nuevo día con la convicción de que nuestro futuro está seguro con él vivamos o muramos. Pero también miramos hacia delante con sobrio reconocimiento de que él volverá de nuevo para recompensar a los que anhelan su aparición (2Ti 4:8) y de que juzgue a los que comen indignamente (1Co 11:32).

(3) Hacia dentro. La celebración de la comunión es también un tiempo importante de autoexamen, como Pablo nos recuerda. Los que viven en patente pecado al acercarse a la mesa del Señor son culpables de pecar contra el cuerpo y la sangre del Señor (1Co 11:27-28). El momento de tomar la comunión puede ser una ocasión importante para mirar hacia dentro, al corazón de uno, y rendir cuentas delante de Dios. La Santa Cena original es suficiente advertencia para nosotros, ya que se produce en el contexto de la traición y la negación, el recordatorio formal para que todos nosotros prestemos atención, no sea que también caigamos.

(4) Hacia arriba. La Santa Cena también mira hacia arriba cuando recordamos que la muerte de Jesús en la cruz y su sepultura en la tumba no son el final de la historia. Su resurrección es la declaración segura de que su muerte fue eficaz. De manera que miramos hacia arriba con la convicción y el gozo de saber que el Salvador vive y está sentado a la diestra del Padre. Su resurrección es el fundamento de nuestra fe en que nosotros también hemos sido resucitados con él, de manera que concentremos nuestra atención en las cosas de arriba (Col 3:1-4).

(5) Alrededor. La comunión es también el momento de enfatizar la naturaleza corporativa de la Santa Cena. El relato que Juan hace de las actividades de aquella tarde incluye la conocida historia en la que Jesús se ciñe como un esclavo y lava los pies de sus discípulos (Jn 13:3-16), el poderoso recordatorio de la lección que había enseñado con anterioridad sobre el deber que tenían de servirse

44. Boring, "Matthew", 472.
45. Boring (*ibid.*, 472-473) expone cinco de estas seis.

unos a otros (Mt 20:20-28). La noche traerá, después, la jactanciosa declaración de Pedro: aunque todos los demás nieguen a Jesús, él resistirá hasta la muerte (26:33-35). Ese tipo de orgullo autoengañoso es la fórmula segura para el fracaso. Sin comunidad, fracasamos solos. Los discípulos de Jesús se necesitan unos a otros para ayudarse entre sí a mantenerse fieles, y los momentos de comunión son poderosas oportunidades de renovar nuestro servicio mutuo en el cuerpo.

(6) Hacia fuera. La naturaleza corporativa de la comunión también señala la dimensión que la Santa Cena tiene hacia fuera. Cuando Pablo va narrando cómo se instituyó aquella comida, declara que al participar de ella "proclama[mos] la muerte del Señor" hasta que él venga (1Co 11:26). El mundo está muriendo sin el mensaje de las buenas nuevas de que Jesús ha proporcionado salvación de los pecados por medio de su muerte en la cruz. Al renovar nuestro compromiso común con ese mensaje, somos renovados individualmente para caminar con ese Salvador resucitado en un mundo que aguarda escuchar nuestro testimonio personal.

En la celebración regular de la Santa Cena podemos centrarnos en una dimensión distinta cada vez para destacar de forma consecuente la profundidad de este bendito tiempo de comunión con nuestro Señor Jesús. Algunos se acercan a la mesa del Señor cumpliendo un ritual que es invariablemente el mismo, de manera que nadie se distraiga y pueda retraerse en las meditaciones de la conmemoración o en la confesión. Otros plantean el culto de comunión variando el ritual de un culto a otro para que la congregación centre su meditación, de un modo nuevo, sobre algún aspecto de la Santa Cena.[46] Independientemente de lo que hagamos, la Santa Cena se convierte en el esquema para que podamos comprender la voluntad histórica y salvífica de Dios para nuestra vida, de manera individual y colectiva.

Jesús, el "Príncipe de Paz". La experiencia de paz en este mundo de caos suena a sueño imposible e imaginario. Jesús afirmó que las guerras y las calamidades serán la experiencia común en la tierra hasta que él regrese en gloria (24:4-8). Entonces, ¿dónde podemos encontrar realmente la paz en la voluntad de Dios? En ningún otro lugar que no sea la obra acabada del Mesías crucificado.

Mateo ha demostrado que la vida de Jesús es el cumplimiento de las profecías de Isaías con respecto a un libertador mesiánico: desde su nacimiento (1:23; *cf.* Is 7:14) a su ministerio (Mt 4:14-16; *cf.* Is 9:1-2) y sus milagros (Mt 12:15-21; *cf.* Is 42:1-4). ¿Pero qué hay de la "paz" profetizada y que había de venir cuando el "Príncipe de Paz" estableciera su reino (Is 9:6-7)? Muchos judíos de hoy no respetan a Jesús como el Mesías verdadero, porque no destruyó a los enemigos de Israel ni estableció un tiempo de paz y prosperidad mundiales. La *shalom* forma parte del tiempo escatológico esperado (*cf.* Sal 85:8-10; Is 55:12), y Ezequiel dice del Pastor mesiánico davídico que hará un pacto de paz (*shalom*) que introducirá un tiempo de bendición y seguridad (Ez 34:23-30).

---

46. Ver Lloyd John Ogilvie, *The Cup of Wonder: Communion Meditations* (Wheaton: Tyndale, 1976), 10-11.

Los cristianos también viven en expectación del establecimiento del reino, cuando Jesús regrese para traer paz mundial. Pero los cristianos también viven en la realidad del nuevo pacto de paz de Jesús, el cordero pascual (1Co 5:7), traída por medio de su obra de la cruz. El nuevo pacto conlleva la paz personal, ya que se resuelve la separación entre un discípulo y Dios, a través del perdón del pecado (Ro 5:1; Col 1:20); pero también trajo, y trae, paz entre judíos y gentiles, al convertirse ambos en una nueva persona en la iglesia de Jesucristo (Ef 2:11-18). El nuevo pacto capacita a los discípulos de Jesús para que sean instrumentos de paz en este mundo, a través de su mensaje (Hch 10:36) y su vida (Ro 12:17-21; 14:19), y los faculta para que tengan una paz interna personal independientemente de las circunstancias de este mundo (Fil 4:7). El escritor de Hebreos nos da esta bendición final en Hebreos 13:20-21:

> El Dios que da la paz levantó de entre los muertos al gran Pastor de las ovejas, a nuestro Señor Jesús, por la sangre del pacto eterno. Que él los capacite en todo lo bueno para hacer su voluntad. Y que, por medio de Jesucristo, Dios cumpla en nosotros lo que le agrada. A él sea la gloria por los siglos de los siglos. Amén.

Jesús halló paz en el Jardín de Getsemaní cuando descansó en obediencia a la voluntad de su Padre, aun sabiendo que sus peores batallas estaban aún por venir. Del mismo modo, descubriremos la mayor paz de nuestra vida al descansar obedientemente en la voluntad de Dios por nosotros, como individuos y de forma corporativa. "En su voluntad está nuestra paz".

Mateo 26:47–27:26

Todavía estaba hablando Jesús cuando llegó Judas, uno de los
doce. Lo acompañaba una gran turba armada con espadas y
palos, enviada por los jefes de los sacerdotes y los ancianos
del pueblo. 48 El traidor les había dado esta contraseña: «Al que le
dé un beso, ése es; arréstenlo». 49 En seguida Judas se acercó a
Jesús y lo saludó.

—¡Rabí! —le dijo, y lo besó.

50 —Amigo —le replicó Jesús—, ¿a qué vienes?

Entonces los hombres se acercaron y prendieron a Jesús. 51 En eso,
uno de los que estaban con él extendió la mano, sacó la espada e
hirió al siervo del sumo sacerdote, cortándole una oreja.

52 —Guarda tu espada —le dijo Jesús—, porque los que a hierro
matan, a hierro mueren. 53 ¿Crees que no puedo acudir a mi Padre,
y al instante pondría a mi disposición más de doce batallones de
ángeles? 54 Pero entonces, ¿cómo se cumplirían las Escrituras que
dicen que así tiene que suceder?

55 Y de inmediato dijo a la turba:

—¿Acaso soy un bandido, para que vengan con espadas y palos
a arrestarme? Todos los días me sentaba a enseñar en el templo,
y no me prendieron. 56 Pero todo esto ha sucedido para que se
cumpla lo que escribieron los profetas.

Entonces todos los discípulos lo abandonaron y huyeron.

57 Los que habían arrestado a Jesús lo llevaron ante Caifás, el
sumo sacerdote, donde se habían reunido los maestros de la ley
y los ancianos. 58 Pero Pedro lo siguió de lejos hasta el patio del
sumo sacerdote. Entró y se sentó con los guardias para ver en qué
terminaba aquello.

59 Los jefes de los sacerdotes y el Consejo en pleno buscaban alguna
prueba falsa contra Jesús para poder condenarlo a muerte. 60 Pero
no la encontraron, a pesar de que se presentaron muchos falsos
testigos.

Por fin se presentaron dos, 61 que declararon:

—Este hombre dijo: "Puedo destruir el templo de Dios y reconstruirlo en tres días".

62 Poniéndose en pie, el sumo sacerdote le dijo a Jesús:

—¿No vas a responder? ¿Qué significan estas denuncias en tu contra?

63 Pero Jesús se quedó callado. Así que el sumo sacerdote insistió:

—Te ordeno en el nombre del Dios viviente que nos digas si eres el Cristo, el Hijo de Dios.

64 —Tú lo has dicho —respondió Jesús—. Pero yo les digo a todos: De ahora en adelante verán ustedes al Hijo del hombre sentado a la derecha del Todopoderoso, y viniendo en las nubes del cielo.

65 —¡Ha blasfemado! —exclamó el sumo sacerdote, rasgándose las vestiduras—. ¿Para qué necesitamos más testigos? ¡Miren,
ustedes mismos han oído la blasfemia! 66 ¿Qué piensan de esto?

—Merece la muerte —le contestaron.

67 Entonces algunos le escupieron en el rostro y le dieron puñetazos.
Otros lo abofeteaban 68 y decían:

—A ver, Cristo, ¡adivina quién te pegó!

69 Mientras tanto, Pedro estaba sentado afuera, en el patio, y una criada se le acercó.

—Tú también estabas con Jesús de Galilea —le dijo.

70 Pero él lo negó delante de todos, diciendo:

—No sé de qué estás hablando.

71 Luego salió a la puerta, donde otra criada lo vio y dijo a los que estaban allí:

—Este estaba con Jesús de Nazaret.

72 Él lo volvió a negar, jurándoles:

—¡A ese hombre ni lo conozco!

73 Poco después se acercaron a Pedro los que estaban allí y le dijeron:

—Seguro que eres uno de ellos; se te nota por tu acento.

74 Y comenzó a echarse maldiciones, y les juró:

—¡A ese hombre ni lo conozco!

En ese instante cantó un gallo. 75 Entonces Pedro se acordó de lo
que Jesús había dicho: «Antes de que cante el gallo, me negarás tres veces». Y saliendo de allí, lloró amargamente.

27:1 Muy de mañana, todos los jefes de los sacerdotes y los ancianos
del pueblo tomaron la decisión de condenar a muerte a Jesús. 2 Lo
ataron, se lo llevaron y se lo entregaron a Pilato, el gobernador.

3 Cuando Judas, el que lo había traicionado, vio que habían condenado a Jesús, sintió remordimiento y devolvió las treinta monedas de plata a los jefes de los sacerdotes y a los ancianos.

4 —He pecado —les dijo— porque he entregado sangre inocente.
—¿Y eso a nosotros qué nos importa? —respondieron—. ¡Allá tú!

5 Entonces Judas arrojó el dinero en el santuario y salió de allí.
Luego fue y se ahorcó.

6 Los jefes de los sacerdotes recogieron las monedas y dijeron:
«La ley no permite echar esto al tesoro, porque es precio de
sangre». 7 Así que resolvieron comprar con ese dinero un terreno
conocido como Campo del Alfarero, para sepultar allí a los
extranjeros. 8 Por eso se le ha llamado Campo de Sangre hasta
el día de hoy. 9 Así se cumplió lo dicho por el profeta Jeremías:
«Tomaron las treinta monedas de plata, el precio que el pueblo de
Israel le había fijado, 10 y con ellas compraron el campo del alfarero,
como me ordenó el Señor».

11 Mientras tanto, Jesús compareció ante el gobernador, y este le
preguntó:

—¿Eres tú el rey de los judíos?
—Tú lo dices —respondió Jesús.

12 Al ser acusado por los jefes de los sacerdotes y por los ancianos,
Jesús no contestó nada.

13 —¿No oyes lo que declaran contra ti? —le dijo Pilato.

14 Pero Jesús no respondió ni a una sola acusación, por lo que el
gobernador se llenó de asombro.

15 Ahora bien, durante la fiesta el gobernador acostumbraba soltar
un preso que la gente escogiera. 16 Tenían un preso famoso llamado
Barrabás. 17-18 Así que cuando se reunió la multitud, Pilato, que
sabía que le habían entregado a Jesús por envidia, les preguntó:

—¿A quién quieren que les suelte: a Barrabás o a Jesús, al que llaman Cristo?

19 Mientras Pilato estaba sentado en el tribunal, su esposa le envió el siguiente recado: «No te metas con ese justo, pues por causa de él, hoy he sufrido mucho en un sueño».

20 Pero los jefes de los sacerdotes y los ancianos persuadieron a la multitud a que le pidiera a Pilato soltar a Barrabás y ejecutar a Jesús.

21 —¿A cuál de los dos quieren que les suelte? —preguntó el gobernador.
—A Barrabás.

22 —¿Y qué voy a hacer con Jesús, al que llaman Cristo?
—¡Crucifícalo! —respondieron todos.
23 —¿Por qué? ¿Qué crimen ha cometido?

Pero ellos gritaban aún más fuerte:

—¡Crucifícalo!

24 Cuando Pilato vio que no conseguía nada, sino que más bien
se estaba formando un tumulto, pidió agua y se lavó las manos
delante de la gente.

—Soy inocente de la sangre de este hombre —dijo—. ¡Allá ustedes!
25 —¡Que su sangre caiga sobre nosotros y sobre nuestros hijos!
—contestó todo el pueblo.

26 Entonces les soltó a Barrabás; pero a Jesús lo mandó azotar, y lo
entregó para que lo crucificaran.

Sentido Original

En la última sección del relato mateano de la pasión (26:1-46) contemplamos la celebración de la Pascua y la institución de la Santa Cena, la conspiración de los líderes judíos con Judas para que arrestaran a Jesús, la mujer que ungió a Jesús para su sepultura y las predicciones de este tanto con respecto a la traición de Judas como a que los discípulos renegarían de su lealtad a él. Esa sección acabó con el fatídico recorrido hasta Getsemaní, donde Jesús emprendió sus angustiosas oraciones. En esta sección consideramos su arresto, sus juicios y su condena. El trato tan extenso que Mateo da a estos acontecimientos indica el lugar fundamental que la muerte de Jesús ocupa en el plan divino de salvación, lo que debería alertarnos del sitio tan central que debería tener para nosotros en el desarrollo de nuestra teología, en la práctica de nuestra adoración corporativa y en el crecimiento personal en Cristo, así como en el mensaje que proclamamos a un mundo que espera.

Un Mesías crucificado era una anomalía para las expectativas comunes judías, pero se convirtió en uno de los factores históricos fundamentales en la predicación y la enseñanza de la iglesia primitiva. Un Mesías crucificado también puede parecer algo anómalo para la gente moderna, cristiana y no cristiana por igual, que quiere una clase más sintetizada de "buenas nuevas". Sin embargo, la sangre de la cruz de Jesús es un hecho de la historia que ofrece las únicas buenas nuevas: que el Hijo de Dios soportó voluntariamente una muerte ignominiosa para que la humanidad pudiera experimentar la vida gloriosa que se libera de la garra de muerte del pecado.

El arresto de Jesús (26:47-56)

Después de las tres angustiosas oraciones que Jesús elevó a su Padre en Getsemaní (26:36-44), en las que se comprometió a obedecer la voluntad de su Padre, regresa al trío de discípulos más cercanos y, de nuevo, los encuentra dormidos. Es muy probable que el grupo más amplio de discípulos también esté durmiendo en la cueva que frecuentaron con anterioridad (ver comentarios sobre

26:36). Jesús declara que la senda inexorable a la cruz se está apresurando, por la llegada de aquel que lo ha traicionado (26:45-46).

Judas y la tropa armada del templo (26:47). Judas abandonó a Jesús y a los demás discípulos durante la Última Cena en el aposento alto, para terminar de organizar la traición (*cf.* Jn 13:26-30). Aquel huerto era el lugar de encuentro favorito para Jesús y los discípulos (*cf.* Jn 18:2), por lo que Judas sabe muy bien dónde encontrarlo. Llega con una gran multitud de personal armado. Mateo destaca la traición refiriéndose a Judas como "uno de los doce". Es una traición desde dentro, la increíble explotación de una relación de confianza.

Los que van más armados de los que acompañan a Judas serían el contingente de soldados romanos asignados por Pilato para la seguridad del templo (*cf.* Jn 18:3, 12; ver comentarios sobre Mt 27:65; 28:11), que tenían autorización para llevar espadas (*machairai*), el arma corta de doble filo usada en el combate cuerpo a cuerpo (*cf.* 26:51; Ef 6:17). La policía levítica del templo y los guardias que se ocupaban de la seguridad personal de los principales sacerdotes y del Sanedrín, que llevaban palos, formaban probablemente otro gran destacamento en la multitud que va a arrestarlo. Los han enviado los principales sacerdotes y los ancianos, aquellos con los que Judas hace los arreglos para la traición (Mt 26:14-16); representan a las más altas autoridades del pueblo judío y están respaldados por las propias fuerzas del gobernador romano.

En la entrada triunfal de Jesús a Jerusalén, la gente corriente esperaba que él fuera el libertador mesiánico que quebraría el yugo de la opresión de Roma (*cf.* 21:8-11), de modo que las autoridades del templo enviaron quizás la tropa armada con Judas, por si acaso se le ocurría iniciar un levantamiento. Este era el esperable malentendido con respecto a la misión de Jesús, y reflejaba la sesgada perspectiva surgida de una comprensión equivocada de los propósitos de Dios. Pero Judas también dirige a la tropa armada en la oscuridad de la noche hasta el apartado jardín donde encuentran a Jesús, apartado de las multitudes de la ciudad que, de otro modo, habrían intentado oponerse a su arresto.

El beso de muerte de Judas (26:48-49). En la antigua (y moderna) Palestina, los hombres solían saludarse con un beso en la mejilla. Judas ha dispuesto que besar a Jesús sea la señal para las tropas y que los soldados puedan así identificarlo (26:48), ya que no conocen al peregrino galileo y dado que es muy probable que haya otros grupos de peregrinos de Pascua acampados en las colinas que rodean Jerusalén. Era la forma habitual de saludar a un venerable rabino y los demás discípulos lo habrían interpretado como una salutación de paz y no como una desvergonzada hipocresía. Judas saluda, pues, a Jesús de esta forma típica y lo trata de "Rabbi" y no de "Señor" (26:49; ver comentarios sobre 26:25). Desde este momento en adelante, Judas será para siempre conocido en el salón de la infamia de la Biblia y la historia por haber traicionado a Jesús.[1]

1. Ver 10:4; 26:25; 27:3; Mr 8:19; Lc 6:15-16; Jn 6:71; 12:4; 13:2; 18:2, 5. Ver Wilkins, *Following the Master,* 164ss.

La traición de uno de los suyos (26:50). Jesús ofreció una relación a Judas, pero este abusó de ella y la manipuló para sus propios fines. Con un toque de triste ironía, Jesús lo apremia: "Amigo, ¿a qué vienes?". La designación "amigo" (*hetairos*) aparece tres veces en el Evangelio de Mateo. En las dos ocasiones anteriores, Jesús la usa en parábolas para dirigirse a una persona que abusó de una relación privilegiada (20:13; 22:12). Aquí, Judas ha violado la relación más privilegiada con Jesús el Mesías.[2] Se ha burlado y aprovechado del amor y de la amistad que Jesús le ha ofrecido.

La respuesta de Jesús se puede traducir como pregunta (RVR1960 y NVI: "¿A qué has venido?), pero otras versiones lo vierten de forma más adecuada como una orden: "Haz lo que viniste a hacer" (*cf.* LBLA, NTV), y siguen así con el tema de la inevitabilidad divina que impregna el relato de la pasión (*cf.* Jn 13:27b). Judas manipula a amigos y enemigos para que sus objetivos progresen, pero, dentro del engaño, Jesús conserva el control de su propio destino para reconciliar a amigos y enemigos con Dios y los unos con los otros.

La resistencia armada de un discípulo (26:51-54). Con el falso beso de honra se da la señal y la deshonrosa traición ha tenido lugar; la concurrencia de fuerzas armadas da un paso adelante para arrestar a Jesús. Uno de sus discípulos, al que Juan señala como Simón Pedro (Jn 18:10-11), intenta defender a Jesús sacando la espada que lleva (*machaira,* del mismo tipo que la de las tropas de arresto) y hiere a Malco, el siervo del sumo sacerdote. Pero lo roza solamente, cortándole la oreja (Mt 26:51). Lucas menciona que Jesús le sana la oreja (Lc 22:51).

No obstante, Jesús le indica a Pedro que guarde su espada, "porque los que a hierro matan, a hierro mueren" (26:52). La costumbre del mundo consiste en afirmar su voluntad sobre los demás por medio del poder humano, hasta haciendo uso de la violencia, y también respondiendo a la violencia con violencia. La consecuencia inevitable de abogar por la violencia suele ser, con frecuencia, el propio final violento de la persona. Jesús no está proporcionando aquí un respaldo general al pacifismo, que requeriría un apoyo bíblico más amplio que esta única declaración.[3] Sin embargo, rechaza la noción de que la voluntad de Dios se fomente o deba imponerse a los demás con medios violentos. Un principio general que nos puede guiar en el uso de la fuerza es que se debería ser leal a las metas del reino de Dios (*cf.* 5:38-42). El uso que Pedro hace de la fuerza no está guiado por las prioridades del reino, sino por el deseo humano de venganza.

La propia vida de Jesús ilustra este principio, ya que declara: "¿Crees que no puedo acudir a mi Padre, y al instante pondría a mi disposición más de doce batallones de ángeles? Pero entonces, ¿cómo se cumplirían las Escrituras que dicen que así tiene que suceder?". Jesús ya ha indicado que los ángeles lo acompañarán cuando regrese en gloria como el Hijo del hombre y que estos obedecerán

2. Rengstorf, "ἑταῖρος," *TDNT,* 2:701".
3. France, *Matthew,* 375-76.

sus órdenes reuniendo a los escogidos (24:30-31). Esta es otra imagen que coincide con el estatus de Jesús como Hijo de Dios soberano a cuya disposición están los seres angelicales del cielo. Una legión romana contaba con 6.000 soldados, lo que significa que Jesús podría haber pedido 72.000 ángeles. El número podría tener un valor simbólico, pero cabe destacar que apunta a la enormidad de los recursos que están a su disposición (*cf.* también 1R 6:17). Las circunstancias podrían indicar que la misión de Jesús se ha visto frustrada, pero los acontecimientos no están fuera de control.

Jesús ha venido a llevar a cabo el plan divino de redención tal como se profetizó en "las Escrituras" (26:54). No apunta a un pasaje profético aquí, sino a la totalidad de las Escrituras que indican el propósito de su ministerio terrenal que "debe" (*dei*) conducirlo a la cruz. Es una "necesidad divina".[4] Como en las oraciones de Getsemaní, la obediencia a la voluntad del Padre para su vida es el deseo supremo de Jesús y no perseguir la suya propia.

Jesús no es ningún rebelde (26:55-56a). Jesús ironiza sobre el contingente que ha venido tan sumamente armado para arrestarlo, porque él ha estado a alcance de ellos en los recintos del templo, enseñando, toda la semana. Su enseñanza ha sido una amenaza obvia a la autoridad de los dirigentes religiosos. Ellos no pudieron contrarrestar aquella doctrina, ya que no tenían respuesta para las palabras divinamente autoritativas que pronunciaba. Tampoco pudieron arrestarlo por temor a la popularidad que Jesús tenía entre las multitudes; por tanto, ahora se presentan para detenerlo con el único poder que pueden dominar: espadas y palos bajo la cobarde cubierta de la noche. La pregunta en la NVI: "¿Acaso soy un bandido...?" (26:55) niega claramente que en Jesús haya intención alguna de ser un insurgente militar.

Mateo usa aquí el mismo término (*lestes*) que más adelante utiliza para describir a las dos personas entre las cuales Jesús es crucificado (27:38; Mr 15:27); es también la misma palabra que describe a Barrabás (Jn 18:40) como un rebelde que se resiste a la ocupación romana.[5] Jesús rechaza sistemáticamente la violencia como método de establecimiento del reino de Dios. Sin embargo, las autoridades del templo ocultan su propia rebeldía contra la voluntad de Dios acusando a Jesús exactamente de aquello que él ha rechazado, y esta será la acusación que interpongan en su contra cuando lo lleven ante Pilato.

No obstante, ni sus habilidosas manipulaciones pueden frustrar los propósitos de Dios. Jesús declara a estos representantes de las autoridades religiosas que Dios ha ordenado el engaño de ellos desde hacía ya mucho tiempo. En "los escritos de los profetas", una expresión que solo se encuentra aquí en todo el Nuevo Testamento (ver esp. Is 53; Zac 12–13), los portavoces de Dios predijeron la impiedad de estos líderes. Su plan de redención por medio de los sucesos

---

4. Hagner, *Matthew,* 2:790.
5. Horsley y Hanson, *Bandits, Prophets, and Messiah,* 48-87.

de la crucifixión de Jesús se predijo por inspiración divina, pero aquellos que llevan a cabo estos actos perversos tienen su propia responsabilidad. Esta maldad de las autoridades religiosas cumplirá el plan de Dios, pero será a expensas de su desaparición personal y nacional supremas.

Los discípulos abandonan a Jesús (25:56b). La impetuosidad y el deseo de Pedro de vengarse con la fuerza, blandiendo la espada, hace que los discípulos sean vulnerables al arresto junto con Jesús, de modo que todos ellos huyen a toda prisa. Al declarar Jesús la inevitabilidad divina de estos acontecimientos, los discípulos deberían haber permanecido firmes y confiar en el control de Dios. Él ya había predicho la cobardía de ellos (26:31-34), y ellos habían rechazado el presagio con bravuconería, pero la palabra profética de Jesús se cumple. Una vez más, en el momento en que Jesús tiene mayor necesidad personal de apoyo humano, sus seguidores más cercanos desertan y lo abandonan. Se enfrenta a la cruz solo.

El juicio judío de Jesús (26:57-68)

Tras el arresto de Jesús en Getsemaní, lo conducen ante "Caifás, el sumo sacerdote, donde se habían reunido los maestros de la ley y los ancianos". Las autoridades religiosas judías se han reunido a toda prisa para interrogar a Jesús, hallarlo culpable de violar sus leyes y sustanciar una causa por la cual acusarlo de quebrantar la ley romana. Los romanos ejercían el control sobre todos los procesos judiciales, pero permitían cierta libertad a los pueblos sometidos para que juzgaran sus propios asuntos legales. Sin embargo, la pena de muerte seguía bajo su propia jurisdicción y ellos se reservaban el derecho de entrometerse en cualquier caso y tomar las riendas del proceso. Al parecer, el sumo sacerdote sabía muy bien cómo tenderle una trampa a cualquiera que supusiera una amenaza a su poder confabulándose con el gobernador romano.

Los eruditos han venido observando, desde hace mucho tiempo, las irregularidades del proceso legal judío contra Jesús comparándolo con otros posteriores de la Mishná (esp. *m. Sanh. 4–7*). Entre las anomalías figura el hecho de que se celebrara de noche, que fuera en casa del sumo sacerdote en vez de en los tribunales del templo, que fuera la noche de un día festivo, que empezara con las razones para condenarlo en lugar de los motivos para la exculpación, que los testigos fueran falsos y no coincidieran, y que el veredicto de culpabilidad se confirmara aquel mismo día en vez de esperar al día siguiente, tras una noche de sueño. Sin embargo, como los principios mishnaicos se recopilaron casi doscientos años más tarde, resulta difícil saber con exactitud cuáles eran las prácticas del Sanedrín en la época del juicio de Jesús. De la misma manera, es poco probable que un juicio controlado por un sumo sacerdote saduceo siguiera las prácticas fariseas, que son las que se encuentran en la Mishná.[6]

6. Para mayor exposición, ver Brown, *Death of the Messiah,* 357-63; Carson, "Matthew", 551-53; Garland, "Mark", 291.

Por tanto, las anomalías de este juicio no invalidan la historicidad de los registros de los Evangelios, sino que más bien señalan la enrevesada conveniencia con la que se dirige el juicio.[7] La inesperada y fortuita traición de Judas impulsa a las autoridades religiosas a actuar con rapidez para aprovechar la oportunidad de deshacerse de él ahora que pueden. El sabbat se está acercando y, según parece, las autoridades romanas apoyan los intentos de los principales sacerdotes por cerrarle la boca a Jesús antes de que gane muchos más adeptos. Si son capaces de convencer a los romanos de que Jesús es una amenaza para la seguridad nacional, podrán desacreditarlo a los ojos del pueblo con la crucifixión.[8]

Mateo resalta el carácter fraudulento del arresto y juicio de Jesús indicando que los maestros de la ley y los ancianos ya están reunidos con el sumo sacerdote Caifás (26:57; ver comentarios sobre 26:3). Esperan hacer una rápida sentencia de muerte. Ninguno de los escritores de los Evangelios proporciona un relato completo del proceso judicial que conduce a la muerte de Jesús, pero el patrón global que emerge es que las autoridades judías juzgan primero a Jesús y lo acusan de blasfemia. Lo llevan primero ante Anás, el anterior sumo sacerdote y suegro de Caifás (Jn 18:13-24); a continuación comparece ante el Sanedrín, que solo está reunido en parte (26:57-68); y después, tras el amanecer, ante el quórum reunido del Sanedrín que pronuncia el veredicto (27:1-2). Después se lo llevan a Pilato y cambian la acusación por la de traición (ver comentarios sobre 27:11).[9]

La casa de Caifás (26:57-58). Después de su arresto en Getsemaní, parece ser que llevan a Jesús a casa del sumo sacerdote Caifás, una mansión palaciega. Los descubrimientos arqueológicos sugieren que la mansión perteneciente a alguien de la posición de Caifás era suficientemente grande para albergar tanto a Anás como a Caifás y también las oficinas de estos, por lo que la doble comparecencia de Jesús en tan breve periodo de tiempo, en las primeras horas de la mañana, suena totalmente lógica.[10]

Cuando Jesús es conducido ante las autoridades religiosas judías, Pedro sigue a cierta distancia detrás de la tropa de arresto. El Evangelio de Juan nos informa de que a Pedro le acompaña otro discípulo, probablemente el mismo Juan (*cf.* Jn 18:15-16), que tiene cierta relación con el sumo sacerdote. Pedro demuestra una valentía personal que lo impulsa a seguir a Jesús y la delegación de arresto hasta el patio del sumo sacerdote, donde se sienta de incógnito entre

---

7. Para una defensa clásica y enérgica de la historicidad del relato de los Evangelios sobre los juicios de Jesús, ver Sherwin-White, "The Trial of Christ in the Synoptic Gospels", *Roman Society and Roman Law in the New Testament,* 24-47.
8. Hagner, *Matthew,* 2:797.
9. Brown, *Death of the Messiah,* 357-63; Morris, *Matthew,* 678-80.
10. Para la leer sobre la excavación de una inmensa mansión palaciega en Jerusalén y la posible relación con los relatos de los Evangelios, ver Arthur Rupprecht, "The House of Annas-Caiaphas", *Archaeology in the Biblical World* 1/1 (Primavera 1991): 4-17. Ver también Rousseau y Arav, "Jerusalem, Caiapha's House", *Jesus and His World,* 136-39.

los guardias. Desde allí puede observar cómo arrastran a su Maestro de audiencia en audiencia.

Falsos testigos (26:59-60). Por primera vez, Mateo observa que "los sacerdotes y el Consejo en pleno" están reunidos para juzgar a Jesús, lo que significa que los constituyentes necesarios están presentes. Hasta ahora el enfoque ha estado sobre los "principales sacerdotes y los ancianos del pueblo" (26:3, 47), un grupo probablemente más pequeño y selecto de los aliados de Caifás. "Sanedrín" (*synedrion*) denota un concilio reunido, traducido libremente en el judaísmo para indicar un tribunal judío local (5:22; 10:17) y, como aquí, el tribunal eclesiástico supremo de los judíos, que en aquella época significaba la asamblea de los líderes judíos de Jerusalén. Más tarde, el término se convirtió en un título para el tratado de la Mishná dedicado a la organización del gobierno judío y del sistema judicial.

Aunque el Sanedrín contaba con setenta miembros, más el sumo sacerdote, bastaba con tres miembros para decidir los casos relacionados con el robo o las lesiones personales. Cuando se trataba de un caso capital, los sabios requerían que debían ser veintitrés los miembros reunidos para formar quórum (*m. Sanh.* 1.1). La composición del Sanedrín en la época de Jesús es tema de debate, probablemente sería una mezcla de nobleza sacerdotal y de ancianos aristócratas de Jerusalén (es decir, dominada por los saduceos), pero con algunos elementos de influencia farisea a través de sus expertos legales, los "maestros de la ley" (26:57).[11]

En vez de presumir la inocencia hasta que se demuestre la culpabilidad, el Sanedrín intenta hallar falsos testigos que testifiquen contra Jesús, acusándolo de haber violado la ley. No hay carencia de falsos testigos, porque muchos se presentan, pero su testimonio no se sostiene. Marcos deja constancia de que el Sanedrín es incapaz de condenar a Jesús, porque los testigos no consiguen reunir testimonios coherentes (Mr 14:56). Todos los procedimientos son falsos, porque los líderes judíos están manipulando los acontecimientos para quitar de en medio a Jesús tan pronto como sea posible.

Destrucción y reedificación del templo (26:61-63a). Finalmente, de todo el montón de falsos testigos, dos testificarán que Jesús ha declarado: "Soy capaz de destruir el templo de Dios y reedificarlo en tres días". Su desdeñosa referencia a Jesús como "este hombre" muestra que no forman parte de los seguidores de Jesús, por lo que tienen una perspectiva torcida de sus palabras. Parecen estarse refiriendo a una declaración que Jesús profirió en las primeras etapas de su ministerio, cuando los judíos le exigieron una "señal milagrosa" para justificar sus actos cuando purificó el templo. Jesús les respondió: "Destruyan este templo [...] y lo levantaré de nuevo en tres días" (Jn 2:19). Esta declaración era lo bastante difícil como para que sus seguidores la entendieran, pero muy fácil

11. Para una explicación completa sobre el Sanedrín y sus cambios, ver Brown, *Death of the Messiah,* 340-57. *Cf.* Saldarini, *Pharisees, Scribes, and Sadducees.*

de distorsionar por quienes no sintieran empatía alguna hacia sus intenciones.[12] Aparentemente, este dicho circuló entre los oponentes de Jesús en toda una diversidad de formas, dondequiera que se contaran historias sobre él.

Mateo no explica por qué esta acusación capta la atención del sumo sacerdote, cuando las demás no lo han hecho, pero considera que este es un cargo grave contra Jesús, porque se levanta y se enfrenta a él: "¿No vas a responder? ¿Qué significan estas denuncias en tu contra?" (26:62). Esto puede parecer bastante ingenuo, pero, en su acusación, el sumo sacerdote parece interpretarlo como que Jesús se autoensalza por encima del templo de Dios.

Es muy probable que las audaces acciones de Jesús de aquella misma semana siguieran enfureciendo al sumo sacerdote. Habían sido una declaración simbólica de juicio contra el liderazgo religioso de Israel y la declaración de su autoridad sobre los propósitos de las prácticas del templo.[13] Además, cuando Jesús sanó al ciego y al cojo en el templo (21:14-16), manifestó su autoridad para crear pureza en todos los que deseaban adorar a Dios. Es posible que también le comunicaran al sumo sacerdote que Jesús había declarado con anterioridad que él era mayor que el templo (12:6), algo que se consideraría una afirmación blasfema, ya que suplantaba las prescripciones de Dios por medio de Moisés con respecto a las prácticas del templo. Semejante acusación merecería la muerte (*cf.* Hch 6:11-14).

Jesús guarda silencio (26:63a). Estas acusaciones patentemente distorsionadas no pueden responderse, porque cualquier cosa que Jesús pudiera decir para defenderse sería también tergiversada. Por ello, permanece en silencio. Pero es "un silencio soberano".[14] A lo largo de esta larga noche, Jesús ha hablado de la inevitabilidad divina de estos acontecimientos. Las Escrituras los han profetizado y la voluntad del Padre los supervisa. El tema del silencio se nota en diversos momentos durante las pruebas, cumpliendo Isaías 53:7 y volviendo toda la responsabilidad por su muerte en contra de sus acusadores.

¿Eres tú el Cristo? (26:63b). El silencio de Jesús frustra al sumo sacerdote, ya que no consigue que Jesús se autoincrimine con la acusación inventada de los dos testigos. De modo que va a la fuente y coloca a Jesús bajo el solemne juramento por el Dios vivo: "... que nos digas si eres el Cristo, el Hijo de Dios". En el núcleo central de las controversias que rodean a Jesús se encuentra la pregunta: ¿es el Mesías? En la mente del pueblo común, el título *Cristo* (heb. *Messiah*) implica la esperanza de un libertador procedente de la casa de David que los liberará. Llevando así el interrogatorio, Caifás está intentando que Jesús

---

12. Juan aclaró para sus lectores que Jesús no se estaba refiriendo al templo físico, sino que estaba profetizando la resurrección futura de su cuerpo (Jn 2:21).
13. France, *Matthew,* 300-303; Morris, *Matthew,* 525-26; Davies y Allison, *Matthew,* 3:133-37; Sanders, *Jesus and Judaism,* 61-69.
14. Hagner, *Matthew,* 2:799.

se enfrente al gobierno romano, con el fin de poder llevarlo ante Pilato acusándolo de insurrección.

"Mesías" e "Hijo de Dios" son expresiones básicamente equivalentes en este contexto, enfatizando que el Mesías esperado es el hijo de David y también el Hijo de Dios (16:16; *cf.* 2S 7:14; Sal 2:7; 89:26-27). El sumo sacerdote no está pensando en el Mesías en el sentido trinitario que conocemos hoy como la verdad sobre Jesús. Más bien, Caifás se inspira en el concepto judío del Mesías como rey davídico, el Ungido de Dios que gobernará a su pueblo para siempre.[15]

Jesús como Hijo del hombre mesiánico (26:64). Jesús da una respuesta impresionante: "Tú lo has dicho". Esta traducción de la NVI refleja con precisión la expresión griega que es, literalmente, "Tú mismo lo has dicho". Es una forma indirecta de hacer una afirmación que coloca la responsabilidad de nuevo en aquel que hace la pregunta. Es la forma en que Jesús respondió la pregunta de Judas en cuanto a si él era el traidor (ver comentarios sobre 26:25; *cf.* también 27:11). Jesús afirma que es el Mesías, pero también le permite sobrepasar el concepto inadecuado de Caifás para proporcionar una aclaración del tipo de Mesías que es y de qué forma es el Hijo de Dios. Jesús evitó esas clases de títulos en su ministerio, por la forma en que podían malentenderse. Ahora ha llegado el momento de la aclaración: "Pero yo les digo a todos: De ahora en adelante verán ustedes al Hijo del hombre sentado a la derecha del Todopoderoso, y viniendo en las nubes del cielo".

Jesús declara que no es tan solo un libertador mesiánico humano; es el divino Hijo del hombre anunciado en Daniel 7:13-14 y el objeto de la referencia del salmista a la figura divina que está sentada a la diestra de Dios (Sal 110:1-2) citado anteriormente en sus debates con los fariseos (ver comentarios sobre Mt 22:41-46). El título mismo que Jesús usó a lo largo de su ministerio para aclarar su identidad, "Hijo del hombre", deja inequívocamente claro para Caifás y el Sanedrín[16] que la próxima vez que vean a Jesús será cuando él venga como Rey eterno que reinará para siempre. Él es el Mesías, el Hijo de Dios, pero de una forma exaltada que ellos no tienen la capacidad de concebir. Jesús se está equiparando a Dios. Los judíos no creían que el Mesías sería divino, pero aquí Jesús los confunde mostrándoles que mantiene una relación divina con Yahvé.[17]

La acusación de blasfemia (26:65-68). Caifás capta perfectamente la idea de Jesús. Se rasga las vestiduras[18] y grita: "¡Ha blasfemado! ¿Para qué necesitamos

15. Para unas visiones de conjunto útiles de este concepto, ver Guthrie, *New Testament Theology,* 301-21; A. R. Millard y D. W. B. Robinson, "Sons (Children) of God", *IBD,* 3:1474-75.
16. La frase "verán" está en segunda persona del plural.
17. Para una explicación completa del simbolismo, ver Darrell L. Bock, *Blasphemy and Exaltation in Judaism: The Charge Against Jesus in Mark 14:53-65* (Grand Rapids: Baker, 1998).
18. Nótese *m. Sanh.* 7.5, que. tras confirmar la acusación de blasfemia, "los jueces se ponen en pie y rasgan sus vestiduras, y no pueden volver a arreglarlas". Nótese también cómo

más testigos? ¡Miren, ustedes mismos han oído la blasfemia!". La blasfemia significa actuar, o, de forma más específica, hablar con desdén en contra de Dios.[19] Levítico 24:11 habla de la lapidación de un hombre que "blasfemó el Nombre y maldijo" (*cf.* Dn 3:29; *2 Mac* 15:22-24). El acto culpable de blasfemia en el caso de Jesús no es el de hablar en contra del nombre de Dios, sino su afirmación de poseer estatus divino como Hijo del hombre. Reclama para sí mismo unas prerrogativas que solo le pertenecen a Dios.[20]

Tras escuchar la patente reclamación que Jesús hace del estatus divino, Caifás pronuncia que son suficientes los testigos de esta blasfemia. Recurren al Sanedrín para su veredicto, que responde: "Merece la muerte" (26:66). Desde el punto de vista de la ley judía (Lv 24:10-23), y también según lo interpretan los rabinos (*m. Sanh.* 7.5), Jesús merece morir por pretender ser divino. La triste ironía es que está diciendo la verdad y que será sentenciado a muerte por ello.

Desde el punto de vista de la ley romana, sin embargo, la blasfemia no es un crimen que merezca la muerte. Por tanto, tendrán que manipular los cargos y centrarse en Jesús como impostor mesiánico corriente, peligroso para Roma como insurgente que está reuniendo en torno a sí a hombres a los que conducirá a la sublevación contra el gobierno militar (*cf.* 27:1-2. 11).

Con lo que ellos perciben como el culmen de la blasfemia, los oficiales del Sanedrín le escupen en la cara, lo golpean con los puños (26:67) y se burlan de él casi como en un juego de niños que se ha convertido en algo cruel y agrio, intentando humillar a este que ha declarado ser el divino y todopoderoso Hijo del hombre (26:68).[21] Escupirle es una muestra de desdén por su afirmación de ser de estatus divino, golpearlo demuestra lo impotente que es, y abofetearlo, junto con las burlas por no saber quién le ha golpeado, es un intento de demostrar que no tiene don profético alguno para conocer el futuro.[22]

Pedro niega a Jesús (26:69-75)

Durante la inquisición de Jesús a manos del Sanedrín, Pedro aguarda en el patio interior. Se queda allí durante las diversas fases del juicio, llamando cada vez más la atención del diverso personal que sirve allí y de otras personas que esperan el final del juicio. Sus tres negaciones se producen, probablemente, a lo largo de un extenso periodo de tiempo. Comprimirlas en tan solo unos pocos versículos hace que su impacto sobre el lector sea impresionante al máximo.

Bernabé y Pablo rasgan sus vestiduras como señal de horror cuando el pueblo de Listra intentó atribuirles condición divina (Hch 14:14).

19. *Cf.* "Blaspheme", *DJBP,* 97-98.
20. Brown, *The Death of the Messiah,* 523.
21. Flusser ("Who Is It That Struck You?" en *Jesus,* 187-94) relaciona la burla directamente con los juegos de niños conocidos entonces y hoy, pero también con los prisioneros de escenas de guerra, en los que los gentiles se burlan de los prisioneros judíos.
22. Morris, *Matthew,* 686.

Primera negación: una criada (26:69-70). La primera que aborda a Pedro es una muchacha de servicio en la entrada (*cf.* Jn 18:16) al patio: "Tú también estabas con Jesús de Galilea". Este es el menos amenazador de los tres enfrentamientos, porque va dirigido a Pedro y no a los que están alrededor de él. Lo acusa de estar "también" con Jesús de Galilea, incluyendo quizás al otro discípulo con el que Pedro acudió inicialmente al patio (Jn 18:15-16) o a Judas.

Pedro ha permanecido valientemente en ese entorno hostil hasta las primeras horas de la mañana. Sin embargo, cuando su propia seguridad personal se ve amenazada por la exposición pública de su afiliación con Jesús, su valor se desvanece. No niega la acusación de la muchacha, pero la elude negando ante todo aquel que pueda oírle que no sabe de qué está hablando aquella criada (26:70). Obviamente, pierde la oportunidad de declarar su lealtad a Jesús.

Segunda negación: otra muchacha (26:71-72). Pedro reconoce que su seguridad se está viendo cada vez más comprometida, porque se aparta del calor de las hogueras, al cielo raso del patio interior, prefiriendo el frío y las sombras de la entrada. Pero otra criada se enfrenta a él allí. Esta confrontación es más intensa que la anterior, porque habla en voz alta a las personas que los rodean: "Este estaba con Jesús de Nazaret". Cuando la usaban sus seguidores, la designación "Jesús de Nazaret" era una expresión de fe en él como libertador mesiánico (Hch 2:22; 3:6; 10:38). Sin embargo, usado por sus enemigos era un título de mofa para negar su identidad mesiánica (ver comentarios sobre Mt 2:23). La referencia a Pedro como "este" también puede ser desdeñosa (*cf.* 26:61).

El enfrentamiento con esta segunda criada supera en intensidad a la primera y lo mismo sucede con la negación de Pedro. "Les juró"; con un juramento niega tener algo que ver con Jesús: "A ese hombre ni lo conozco". El juramento no es un voto vulgar, sino la invocación de algo sagrado (p. ej., el nombre de Dios) para afirmar la veracidad de la declaración que uno acaba de pronunciar. Jesús advirtió con anterioridad acerca de invocar este tipo de juramentos, porque con frecuencia son el intento de esconder el engaño propio (*cf.* 5:33-37). Pedro se está hundiendo cada vez más en la negación personal a medida que va negando su lealtad a Jesús. En Cesarea de Filipo, Pedro había hecho la declaración más profunda sobre la identidad de Jesús, en aquel punto de su ministerio, definiéndolo como "el Cristo, el Hijo del Dios viviente" (16:16). Ahora, sin embargo, Jesús no es más que "ese hombre" (26:72).

Tercera negación: los que estaban allí (26:73-75). Transcurre otro periodo de tiempo (Lc 22:59 dice que alrededor de una hora), ya debía de ser un momento paralelo a las etapas finales del interrogatorio de Jesús por parte del sumo sacerdote y del Sanedrín. Jesús declara abiertamente su identidad divina que resultará en la sentencia de muerte. También siguen interrogando a Pedro, pero la intensidad de las preguntas va acompañada de la negación más vehemente con respecto a tener relación alguna con Jesús para poder salvar su propia vida.

Algunos de los que estaban allí se acercan intencionadamente a Pedro mostrando certeza en su identificación y lo abordan afirmando: "Seguro que eres uno de ellos; se te nota por tu acento". Los discípulos de Jesús eran mayoritariamente de Galilea (excepto Judas), donde Jesús había limitado la mayor parte de su ministerio. Esto hacía que sus discípulos destacaran entre los judeanos de la región de Jerusalén. Estos últimos menospreciaban la forma en que los galileos pronunciaban ciertas palabras.

Este tercer y último enfrentamiento aumenta la amenaza para Pedro, de modo que intensifica su propia negación invocando maldiciones sobre sí mismo y pronunciando juramentos, algo que pretende posiblemente duplicar las enfáticas invocaciones de la ira de Dios sobre él mismo si está mintiendo. Cuanto más les parece a los demás que Pedro está mintiendo, más enfáticos son sus intentos de embaucar a la multitud con su engañosa sinceridad, una táctica bien conocida de los mentirosos flagrantes. Su tercer y última negación adopta la misma forma que la segunda: "¡A ese hombre ni lo conozco!".

Que Pedro negara a su Señor era algo profetizado. Es posible que intente ocultar sus negaciones incluso de sí mismo, pero la señal predicha resuena: "En ese instante cantó un gallo". Entonces Pedro se acuerda de la predicción de Jesús: "Antes de que cante el gallo, me negarás tres veces". La vehemente promesa de defender a Jesús se le clava en lo más profundo. Se da cuenta de que es un farsante. "La intención no siempre puede juzgarse cuando se actúa de cierta manera una sola vez. Pero esto no sirve cuando el acto se repite tres veces: la repetición refleja resolución. Esta es la razón por la que las múltiples negaciones de Pedro son tan condenatorias".[23]

El brutal patetismo de la revelación que Pedro tiene de sí mismo se declara de forma sucinta: "Y saliendo de allí, lloró amargamente". El amargo llanto es el reconocimiento de que no es nada, porque ha tirado por la borda todo lo que le ha dado una nueva identidad como discípulo de Jesús. Sin embargo, el llanto es también, quizás, la primera señal de su arrepentimiento. "El ejemplo de Pedro nos advierte de que estemos preparados para ser probados, pero también nos invita a empezar de nuevo si hemos fallado, y mostrar misericordia a aquellos que ya han tropezado, pero desean regresar al camino de Cristo (compárese 18:10-35)".[24] Es la última vez que el Evangelio de Mateo menciona a Pedro por su nombre, pero vuelve a aparecer entre los once (28:16) y se convierte en el líder destacado de la iglesia primitiva (*cf.* Hch 1-10).

Jesús condenado por el Sanedrín y entregado a Pilato (27:1-2)

Las deliberaciones durante las primeras horas de la mañana traen el veredicto de muerte por blasfemia (26:57-68). Ahora, al amanecer, el viernes por la

23. Davies y Allison, *Matthew,* 3:549.
24. Keener, *Matthew* (1997), 380.

mañana, se reúne un número probablemente mayor de miembros del Sanedrín, esta vez con quórum, de modo que pueden hacer una ratificación más formal a la luz del día de la sentencia de ejecutar a Jesús. Según el criterio mishnaico posterior, cuando se trataba de un caso capital, los sabios requerían la presencia de veintitrés miembros para formar quórum (*m. Sanh.* 1.1). Sin embargo, Mateo ha dejado claro que el protocolo legal no es obstáculo para el Sanedrín, ya que están empeñados en hallar a Jesús culpable a cualquier precio.

Como los líderes religiosos judíos de aquella época no tenían la libertad, bajo la ley romana, de llevar a cabo el castigo capital, atan a Jesús y lo llevan ante Pilato. El prefecto romano podía estar preocupado por la conmoción que rodeó a Jesús en el templo y las presiones de Caifás para juzgarlo en un tribunal religioso. Cuando de dicho juicio sale el veredicto de culpabilidad, Jesús es conducido ante Pilato, que también lo encuentra culpable y lo manda ejecutar. La relación de trabajo entre el sumo sacerdote y el gobernador romano parece ser armoniosa para los fines con motivaciones políticas de cada uno de ellos.

Pilato era el prefecto romano y gobernador de Judea bajo el emperador Tiberio. Cuando se convirtió en gobernador, intentó imponer la superioridad romana por todo Israel. Colgó imágenes del emperador por Jerusalén e hizo acuñar monedas que llevaban grabados símbolos religiosos paganos. Pilato estaba expuesto a la crítica creciente de los judíos por tales actos, y esto podría haber alentado a los líderes religiosos a sacar provecho de la vulnerabilidad del gobernador romano, lo que los llevaría a alinearse con él en su intento de mantener la paz. Que ellos exigieran una sentencia de muerte legal para Jesús, supuestamente un rival de César que ellos habían acusado falsamente (27:11-14; Jn 19:12), habría sido el modo bien acogido de reprimir una sublevación popular.

Los remordimientos y el suicidio de Judas (27:3-10)

Judas apareció por última vez en el relato de Mateo cuando traicionó a Jesús en Getsemaní. Presumiblemente, acompañó a Jesús y a la tropa del templo hasta el recinto palaciego de Caifás, donde permanecería durante las horas del juicio judío.

Los remordimientos de Judas (27:3-4). Mateo es el único que recoge los sentimientos de remordimiento de Judas y su intento de rechazar el dinero manchado de sangre, aunque Lucas menciona un relato paralelo de suicidio en Hechos 1:16-19. Mateo muestra la magnitud de su "remordimiento", pero parece tener sumo cuidado en no sugerir que Judas se arrepintiera de su pecado. El término "remordimiento" (*metamelomai*) es distinto del que se usa normalmente para "arrepentimiento" (*metanoeo*). "Arrepentimiento" significa un cambio de corazón, ya sea de forma general o con respecto a un pecado específico, mientras que "remordimiento" significa experimentar sentimientos de pesar. Los vocablos pueden solaparse, porque una persona que se arrepiente y escoge un patrón diferente de conducta experimentará también, con frecuencia, un gran pesar. Sin embargo, "remordimiento" indica aquí que el dolor de Judas por su culpa produce un acto de restitución, pero no provoca un arrepentimiento verdadero (*cf.* 2Co 7:8-10).

Judas confiesa que pecó entregando sangre inocente; la enormidad de su acto de traición pesa sobre su conciencia.[25] De haberse arrepentido de verdad de su patrón de rebeldía, se habría visto impulsado a buscar en Dios el perdón de su pecado.[26] En vez de ello, acude a los principales sacerdotes y a los ancianos, tan culpables como él de haber derramado la sangre de Jesús, que le responden: "¿Y eso a nosotros qué nos importa? ¡Allá tú!" (27:4). Sus corazones están aún más endurecidos que el de Judas.

Judas intenta devolver las treinta monedas de plata que recibió cuando organizaba la traición (*cf.* 26:14-15), pero no consigue aliviar la culpa por el pecado ni arrojando el "dinero manchado de sangre" al santuario del templo (27:5). Es poco probable que entrara al interior del santuario, de modo que cabe suponer que se acercara todo lo que pudo a la zona restringida de los sacerdotes y que lanzara las monedas por encima de un separador.

El suicidio de Judas (27:5). Entonces Judas "fue y se ahorcó". Este es el único incidente de suicidio en el Nuevo Testamento (*cf.* 1S 31:4-5; 2S 17:23; 1R 16:18). El judaísmo rabínico consideraba el suicidio moralmente incorrecto, una rebeldía contra Dios que daba la vida y que era el único que podía elegir quitarla (*b. Abod. Zar.* 18a). La iglesia primitiva también consideraba el suicidio como una especie de asesinato (el asesinato de uno mismo) y, por tanto, estaba prohibido por el sexto mandamiento.

La exposición en Hechos 1:15-25 de la sustitución de Judas entre los apóstoles incluye el comentario "que Judas dejó para irse al lugar que le correspondía" (1.25; *cf.* Jn 6:64). Es un lenguaje sombrío que sugiere que Pedro conoce el resultado final de Judas: consignado al lugar de juicio eterno del que él mismo fue responsable. El acto de suicidio mismo no es el centro de la condenación, sino más bien haberse apartado de Jesús y traicionarlo. Era el diablo mismo quien lo controlaba (Lc 22:3; Jn 6:71; 13:26-27). Era un incrédulo que escogió suicidarse por escapar al horror diario de enfrentarse a sus actos, de los que no quería arrepentirse.

La manera tradicional de reconciliar los relatos de la muerte de Judas mediante el ahorcamiento en 27:3-10 y al caer de cabeza en Hechos 1:18-19 es que los sacerdotes usaron el dinero de Judas para comprar el campo, después de lo cual Judas se ahorcó llevado por el remordimiento (en este campo o en otro). Parte de la estructura sobre la que colgaba (la rama de un árbol quizás) se rompería y, como resultado, él cayó de cabeza sobre algún obstáculo (tal vez rocas) y sus entrañas se desparramaron.[27]

25. Morris, *Matthew,* 694-95.
26. Otto Michel, "μεταμέλομαι ἀμεταμέλητος", *TDNT,* 4:626.
27. P. ej., Leen y Kathleen Ritmeyer, "Akeldama: Potter's Field or High Priest's Tomb?", *BAR* 20 (noviembre-diciembre 1994): 22-35, 76-78; esp. 25.

Los líderes religiosos compran el campo del alfarero (27:6-10). Después de que Judas salga del templo, los principales sacerdotes recogen las monedas y dicen: "La ley no permite echar esto al tesoro, porque es precio de sangre" (para esto se basaban en el principio que se encuentra en Dt 23:18). Están obsesionados con la escrupulosa observancia de la costumbre religiosa, pero tienen el corazón endurecido sobre su complicidad carente de escrúpulos en la traición de Jesús que lo llevó a la muerte. La ironía es que tienen gran cuidado en no contaminar el tesoro del templo con dinero manchado de sangre, pero son ellos mismos quienes han conspirado para proveer el dinero que hizo derramar la sangre de un hombre inocente.

Deciden, pues, "comprar con ese dinero un terreno conocido como Campo del Alfarero, para sepultar allí a los extranjeros. Por eso se le ha llamado Campo de Sangre hasta el día de hoy" (27:7-8). "Campo de sangre" aparece en el arameo transliterado como *Akeldamach* en Hechos 1:19, también escrito *Akeldama* o *Acheldama.* Al parecer, los principales sacerdotes encuentran un terreno, conocida con anterioridad por proporcionar materiales para hacer utensilios de arcilla; lo compran con las treinta monedas de plata y la convierten en un cementerio para los viajeros que se dirigían a Jerusalén y que morían antes de regresar a su ciudad natal. Se le llamó "Campo de Sangre" porque se relacionó con la muerte violenta (es decir, la de Jesús y Judas).[28]

Mateo resume su narración de la muerte de Judas y los tratos comerciales de los insensibles jefes de los sacerdotes con su cita final de cumplimiento: "Así se cumplió lo dicho por el profeta Jeremías: "Tomaron las treinta monedas de plata, el precio que el pueblo de Israel le había fijado, y con ellas compraron el campo del alfarero, como me ordenó el Señor". Nótese, sin embargo, que esta cita pertenece en gran parte a Zacarías 11:11-13.[29] Es similar a la forma en que Mateo combinó anteriormente los temas del "renuevo" mesiánico de varios profetas (ver comentarios sobre Mt 2:23), y el modo en que Marcos hace lo mismo con las citas de Isaías y Malaquías, mencionando solamente las palabras de Isaías (Mr 1:2; *cf.* Is 40:3; Mal 3:1). Jeremías es el más destacado de los dos profetas, sobre todo en el Evangelio de Mateo, donde se le nombra tres veces (Mt 2:17; 16:14; 27:9).

Inspirándose en una combinación de Jeremías y Zacarías, Mateo demuestra que los acontecimientos que rodean el fatídico viaje de Jesús a la cruz no son tragedias aleatorias de la historia, sino acciones profetizadas en las que Dios supervisa la redención de la humanidad. Por repulsiva y trágica que sea la traición

28. La mayoría de los eruditos concuerdan en que la ubicación del Campo del Alfarero original se sigue desconociendo hoy día. Ver la exposición en Ritmeyer y Ritmeyer, "Akeldama", 22-35, 76-78; asimismo, para el mismo asunto, Gideon Avni y Svi Greenhut, "Akeldama: Resting Place of the Rich and Famous", *BAR* 20 (noviembre-diciembre 1994): 36-46.

29. Para una explicación extensa de las dificultades, ver Douglas M. Moo, "Tradition and Old Testament in Mt 27:3-10", en *Gospel Perspectives,* 3:157-75; Knowles, *Jeremiah in Matthew's Gospel,* 15, 52-81.

y la muerte de Judas, así como la duplicidad y las despiadadas manipulaciones de los principales sacerdotes, todo ha sido previsto por Dios. El precio de la traición figura de una forma prominente como tema del juicio sobre el liderazgo de Israel.[30] Ya fuera en los días de Jeremías, Zacarías o Jesús, Israel rechazó a los buenos líderes y sufrió bajo los perversos, pero estos que se negaron a actuar con justicia experimentarán la justicia de Dios.

El juicio romano de Jesús (27:11-26)

Mateo regresa al escenario central de su relato sobre el tránsito de Jesús a la cruz: "Mientras tanto, Jesús compareció ante el gobernador". Los círculos oficiales han juzgado a Jesús y lo han declarado culpable de blasfemia, por lo que es sentenciado a muerte. Sin embargo, al no tener la máxima autoridad para imponer una pena de muerte, deben llevarlo ante Pilato, el gobernador romano, y que sea este quien dicte sentencia. Bajo el gobierno romano, los cargos religiosos no son suficientes para que el veredicto sea la pena de muerte, así que modifican las acusaciones al entregar al reo al prefecto. El sumo sacerdote sabe muy bien cómo incriminar a Jesús, colaborando a la vez con el gobernador romano, pero bajo la superficie de su relación existe un doble rasero.

De la misma forma en que el juicio judío se desarrolló en tres fases (ver comentarios sobre 26:57-68), el juicio romano también consta de tres etapas: primero, Jesús comparece ante Pilato (27:2, 11-14), a continuación, es enviado a Herodes Antipas (solo en Lucas 23:6-12), y, finalmente, se presenta por segunda y última vez ante Pilato, quien lo condena a muerte (Mt 27:15-26).

Jesús ante Pilato (27:11-14). Pilato ostentaba el título de "procurador",[31] que en la administración del Imperio romano indicaba al responsable de las finanzas de una provincia, pero que también se usaba como título para el "gobernador" (*hegemon*; 27:11) de una provincia romana de tercera clase, como en Judea. El gobernador era un "delegado" que tenía el control de las legiones militares. Pilato llevaba, inicialmente, el título de "prefecto", que designaba a varios altos cargos oficiales o magistrados de diferentes funciones y rangos en la antigua Roma y que conllevaba las funciones administrativas, financieras, militares y judiciales. Tiberio había creado una mezcla de responsabilidades en Judea en el tiempo de Jesús, así que Pilato desempeñaba toda una combinación de funciones como prefecto y procurador/gobernador.

La importancia de la modificación en los ámbitos legales es evidente en la primera pregunta que Pilato le formula a Jesús: "¿Eres tú el rey de los judíos?" (27:11). Es similar a la interrogación de Caifás: "¿Eres el Cristo, el Hijo de

30. Knowles, *Jeremiah in Matthew's Gospel,* 77-81; L. Nortjé, "Matthew's Motive for the Composition of the Story of Judas's Suicide in Matthew 27:3-10", *Neotestamentica* 28 (1994): 41-51.
31. Mencionado en Tácito, *Anales* 15.44, donde explica el surgimiento del término "cristianos".

Dios?" (26:63), aunque el sumo sacerdote le atribuía un énfasis diferente: una acusación de blasfemia que merecía la muerte bajo la ley judía, pero no en la legislación romana. Este nuevo cargo, a saber, que Jesús declaraba ser un rey rival del césar, se centra en la traición y la insurrección. Jesús responde de la misma forma indirecta en que le contestó a Judas (26:25) y a Caifás (26:64): "Tú lo dices" (27:11). Su respuesta confirma la pregunta, pero le devuelve a Pilato la responsabilidad de discernir, de la forma adecuada, lo que implica la pregunta.

Jesús afirma ser el rey de los judíos, pero le corresponde a Pilato llegar al núcleo central de lo que esto significa. Sin embargo, así como guardó silencio al ser acusado por los principales sacerdotes y los ancianos (ver comentarios sobre 26:63), ante Pilato actúa del mismo modo, porque son el sumo sacerdote y el Sanedrín quienes proveen el falso testimonio e inventarán las acusaciones que consideren pertinentes para convencer a Pilato de que Jesús es una amenaza para la ocupación romana. Como Mesías de Israel, Jesús es ciertamente el rey de los judíos (*cf.* 2:1-6), pero los líderes judíos han cargado las tintas en las acusaciones para hacerlo parecer un rebelde y un rey rival de Tiberio César.[32]

Jesús ha respondido a la pregunta inicial de Pilato y no necesita añadir nada más; por tanto, no contesta a los cargos inventados, y "el gobernador se llenó de asombro". Pilato ya había oído hablar de Jesús, claro está, pero no está preparado para el soberano silencio que mantiene en medio de estas circunstancias amenazantes. Jesús reconoce que el juicio es una farsa, y no se presta a adornar la pantomima con una respuesta. Su negativa a hablar puede traer a la mente de los lectores de Mateo al siervo de Isaías 53:7: "Maltratado y humillado, ni siquiera abrió su boca; como cordero, fue llevado al matadero; como oveja, enmudeció ante su trasquilador; y ni siquiera abrió su boca".

La multitud, Barrabás y Jesús (27:15-18). La posición de Pilato como prefecto le atribuía la autoridad de absolver a un prisionero, convicto o no y ya condenado. En un intento ingenioso de llevarse al pueblo a su terreno, parece ser que años atrás había iniciado la costumbre de soltar a un preso, con ocasión de la Pascua, al que "la multitud" (*ochlos*) favoreciera. Solo unos días antes, el pueblo había aclamado a Jesús gritando "¡Hosanna!" en su entrada a Jerusalén. Tal vez si les ofrecía liberarlo sería una manera de apaciguar cualquier tumulto y a la vez se congraciaría con la multitud.[33] Existen pruebas de estas costumbres generalizadas de liberar a prisioneros en festividades puntuales del mundo antiguo,[34] y el relato de los Evangelios sobre la costumbre de indultar a un prisionero durante la Pascua se hace eco de dicha práctica.

---

32. Lucas 23:2 expande esto y lo convierte en una triple acusación: hemos hallado a este hombre sublevando a nuestra nación, se opone al pago de los impuestos al césar y afirma ser el Cristo, un rey.
33. Ver Flusser, *Jesus,* 164-66.
34. Robert L. Merritt, "Jesus Barabbas and the Paschal Pardon", *JBL* 104 (1985): 53-68.

Mateo cataloga al prisionero Barrabás de “famoso”, evidentemente por su reputación de luchador por la libertad y apreciado por el pueblo. Su nombre no aparece en ninguna otra parte del Nuevo Testamento, al margen de lo que cuentan los Evangelios sobre el juicio de Jesús, y no existe ningún relato extrabíblico de sus actividades. No obstante, en los cuatro Evangelios figura como el criminal escogido por la multitud (ante la iniciativa de los líderes religiosos) para que Pilato lo liberara durante la fiesta de la Pascua.

Los términos utilizados para describir a Barrabás (27:16; Mr 15:7; Lc 23:19; Jn 18:40) tienen un estrecho parecido con las características del bandolerismo social que se ha examinado en estudios recientes de la historia social de la Palestina del siglo I.[35] Como “bandido” (*lestes*), es posible que Barrabás perteneciera a una de las bandas rurales. La agitación social era habitual, y en parte eran instigadas por estas guerrillas. Los dos criminales entre los que Jesús fue crucificado también se denominan con este mismo término (ver comentarios sobre 27:38). Estos bandidos eran populares entre la gente común, porque asaltaban a los ricos de Israel y creaban el caos en el gobierno romano (algo parecido al Robin Hood del siglo XII, que robaba a los ricos para dárselo a los pobres).

El juicio romano ante Pilato habría comenzado en el silencio de las primeras horas de la mañana (suponiendo que el juicio judío terminara al alba, 27:1). Es posible que Pilato hubiera pensado que podía conducir el juicio con relativa rapidez y que podría despachar a Jesús antes de que las multitudes de la ciudad se agitaran al tener conocimiento de que el popular Jesús había sido arrestado. Sin embargo, aquí están. Pilato ve que esta podría ser su oportunidad de ganar mayor apoyo público, por lo que le pregunta a la muchedumbre: “¿A quién quieren que les suelte: a Barrabás o a Jesús, al que llaman Cristo?”. Una interesante variante aparece en el 27:16-17, donde a Barrabás se le llama “Jesús Barrabás”. Aunque el manuscrito existente es poco sólido, Orígenes insinúa que la mayoría de los manuscritos de su tiempo (en torno al 240 A.D.) incluían el nombre completo. Muchos eruditos de hoy aceptan el nombre completo como original, y sugieren que tal vez fuera omitido por escribas posteriores por la aversión a que el nombre de Jesucristo fuera compartido con Barrabás.[36] De ser así, el texto de Mateo parece más dramático con dos personas que llevan el mismo nombre: ¿A cuál quieren, Jesús el hijo de Abba, o Jesús el supuesto Mesías?[37]

Mateo hace un sutil comentario sobre el motivo por el cual Pilato pide a las multitudes que elijan entre Barrabás y Jesús: “sabía que le habían entregado a Jesús por envidia”. Es consciente de que el sumo sacerdote y el Sanedrín no han acusado a Jesús porque les preocupe la fuerte amenaza que supone para el gobierno romano. Más bien, tienen envidia de Jesús y de su popularidad entre el

35. Horsley y Hanson, *Bandits, Prophets, and Messiahs,* 48-87.
36. Metzger, *TCGNT,* 56.
37. W. F. Albright y C. S. Mann, *Matthew* (AB 26; Garden City, N.Y.: Doubleday, 1971), 343-344.

pueblo (ver 7:28-29; 9:8, 31, 33-34; 21:8-16), y quieren quitárselo de en medio. Además, su autoritativo ministerio amenaza toda la forma de vida que ellos llevan. Si lo que dice es verdad, deberán arrepentirse y seguirlo, como Juan el Bautista les advirtió que debían hacer hacía ya tiempo (3:7-10). Pero han endurecido sus corazones a lo largo de los meses y los años del ministerio de Jesús. La amenaza que él supone para su sistema religioso ha alcanzado su clímax de modo que están convencidos de que tienen que eliminarlo.

Pilato se da cuenta de sus maniobras, y piensa que ha encontrado la forma de congraciarse con las multitudes poniendo al Sanedrín, una vez más y de forma sutil, en su lugar. La vieja expresión es cierta: la política hace extraños aliados. Pero también es verdad que las intrigas políticas pueden revolverse y morder la mano que intenta manipular a la otra.[38]

El sueño de la esposa de Pilato (27:19). Mateo menciona un aparte curioso sobre la esposa de Pilato, que ocurre mientras su esposo está sentado en el "asiento" de juez o tribunal (*bema*, la plataforma en la que se sentaba un magistrado romano, flanqueado por consejeros, para administrar justicia). La *bema* se erigía, tradicionalmente, en algún lugar público, como parece ser el caso aquí, ya que Pilato puede dirigirse a la multitud reunida (*cf.* Jn 19:13). El lugar donde Pilato juzga el caso de Jesús es objeto de debate (las opciones incluyen la Fortaleza Antonia, en la esquina noroeste del templo; el viejo palacio real asmoneo, en la ladera oeste del valle de Tiropeón; y el magnífico palacio de Herodes el Grande, construido en el lado oeste de la Ciudad Alta); la mejor opción es la tercera. Pilato se alojaba en este palacio, más nuevo y opulento que los demás lugares.[39]

Solo Mateo deja constancia del incidente de la esposa de Pilato que intenta disuadirlo por el sueño que ha tenido. Los sueños ocupan un lugar prominente en Mateo (ver esp. caps. 1–2), por lo que quizás se trate de un sueño sobrenatural, utilizado por Dios para dejarle claro a Pilato que Jesús es inocente de todo crimen. Sin embargo, los romanos solían tomar a menudo los sueños como presagios. Al no existir indicación alguna de que la esposa de Pilato fuera temerosa de Dios o discípula de Jesús, este sueño sería tal vez natural, aunque era una intensa premonición. En cualquier caso, sobrenatural o natural, la súplica que le hace a su esposo representa una exoneración de Jesús para los lectores de Mateo. No obstante, Pilato no hace caso de la advertencia de su esposa.

Los principales sacerdotes y ancianos persuaden a la multitud (27:20). Los mismos líderes religiosos que habían planeado el arresto de Jesús, que conspiraron para conseguir que lo traicionaran, que manipularon su juicio judío y que lo ataron y llevaron ante Pilato llegan ahora al juicio romano para

38. Ver Barnett, *Jesus and the Rise of Early Christianity,* 144-48; Anselm C. Hagedorn y Jerome H. Neyrey, "'It Was Out of Envy That They Handed Jesus Over' (Mark 15.10): The Anatomy of Envy and the Gospel of Mark", *JSNT* 69 (marzo 1998): 15-56.

39. Josefo, *G. J.*. 5.4.4 §177ss.

convencer a la multitud y que pidan la crucifixión de Jesús. Probablemente intentan convencerla de que Jesús es un blasfemo charlatán y no su esperado libertador. A lo largo del ministerio de Jesús, la "multitud" (de nuevo *ochlos*) ha sido objeto de su oferta de salvación y discipulado, pero siempre fue una cuestión de elección (ver comentarios en 5:1-2). Una persona está con Jesús o contra él (12:30); no hay término medio. Si una persona responde a su invitación, saldrá de la multitud para convertirse en discípulo de Jesús. Sin embargo, ahora los líderes religiosos intentan persuadir a la multitud a fin de que se unan a ellos y, juntos, ir contra Jesús. No son más que eso, una multitud. Han gritado con asombro y entusiasmo al oír su enseñanza (7:28-29), al ver sus milagros (9:7) y con ocasión de la entrada triunfal a Jerusalén (21:8-16). Pero, cuando se les ofrece algo mejor, abandonan su lealtad superficial.

Mateo no nos indica los medios utilizados por los principales sacerdotes y los ancianos, pero no resulta difícil imaginar que logran convencer a la multitud de que Barrabás es la clase de luchador por la libertad que llevará a la nación a una sublevación final que los librará del yugo de la opresión romana.[40] Es posible que les recuerden a las multitudes cómo Jesús siempre predicó, de forma sistemática, la paz, la misericordia y hasta el perdón para los enemigos, y que es evidente que esto no ha mejorado en absoluto lo que les ha tocado en suerte. El gobernador solo les ha dado dos opciones, y, llegados a este punto, las autoridades religiosas dirigen la esperanza de la muchedumbre hacia un conocido y notable insurgente. Quieren un reino en la tierra ahora. De modo que, en un creciente clamor, piden que se ponga en libertad a Barrabás y que Jesús sea crucificado (27:21-22).

La multitud se vuelve amenazante (27:21-23). El astuto Pilato reconoce que los principales sacerdotes y los ancianos han intentado embaucar a la multitud y que están desviando la maniobra que él pretendía contra ellos, de modo que intenta invertir la lógica. Le pregunta a la multitud: "¿Y qué voy a hacer con Jesús, al que llaman Cristo?". Pilato comprende que Jesús no es el héroe peligroso que los líderes religiosos están intentando presentar. Pero también es consciente de que Jesús ha reivindicado el título de "Cristo" como quien ofrece esperanza espiritual. Esto le parece bastante inofensivo, por lo que intenta conseguir que la multitud recuerde que muchos de ellos, hasta hace relativamente poco, han fijado sus esperanzas en Jesús.

Pero la multitud se está unificando en una turba, y "todos" responden a una: "¡Crucifícalo!". Es la primera vez que se utiliza este verbo en el relato de la pasión, aunque volverá a aparecer seis veces más conforme vayan avanzando, de manera inevitable, los acontecimientos culminantes. La multitud sabe perfectamente que aquel que no sea elegido para ser liberado se enfrentará a la muerte en la cruz.

Como demostró Jesús en sus parábolas, cuando la multitud se niega a permitir que el mensaje del evangelio penetre en sus corazones, se vuelve cada

40. Ver Michael J. Wilkins, "Barabbas", *ABD,* 1:607.

vez más endurecida ante su misión y es incapaz de arrepentirse y de creer en él (13:10-17). Ese tiempo ya ha llegado. Pilato intenta que piensen racionalmente en la inocencia de Jesús, preguntándoles por qué deberían querer verlo crucificado y que le expliquen en detalle qué crimen ha cometido (27:23). Pero están perdiendo toda apariencia de orden, y gritan cada vez más fuerte: "¡Crucifícalo!".

La farsa de Pilato (27:24). La multitud está entrando en una histeria que puede descontrolarse y estallar en un disturbio, algo que ya ocurrido otras veces durante la Pascua.[41] No queriendo acarrear mayor recelo contra su inestable gobierno, Pilato se lava las manos con agua delante de la multitud y dice: "Soy inocente de la sangre de este hombre [...] ¡Allá ustedes!". Existen abundantes antecedentes de fuentes judías y helenísticas para la práctica de lavarse las manos en señal de demostración pública de inocencia. Es prácticamente el reconocimiento de que Pilato no ha encontrado nada en Jesús que merezca la pena de muerte. Pero su duplicidad no puede forzar toda la responsabilidad de esta muerte sobre la multitud o sobre los líderes, porque en ese momento él aún podría haber liberado a Jesús por falta de pruebas con respecto a la insurrección y a la traición, y la verdad es que debería haberlo hecho.

La responsabilidad de Israel por la muerte de Jesús (27:25). El término "multitud" (*ochlos*) es la palabra que Mateo ha utilizado de forma habitual para mencionar a las masas que han sido testigos del juicio y que han pedido la crucifixión de Jesús (27:15, 20, 24). Ahora Mateo cambia este término por una palabra diferente, "pueblo" (*laos*), en la expresión "contestó todo el pueblo" (27:25). Actuando así, enfatiza que la multitud y los líderes religiosos han tenido su oportunidad (ahora deben asumir la responsabilidad por no haberse arrepentido y por pedir la muerte de Jesús). *Laos* es la palabra que suele utilizar Mateo para aludir a Israel como nación (p. ej., 1:21; 2:6; 4:16; 15:8). Aquí, sus implicaciones son inquietantes. Los líderes judíos y las multitudes reclaman para sí la responsabilidad por la muerte de Jesús, a la vez que declaran con osadía: "¡Que su sangre caiga sobre nosotros y sobre nuestros hijos!".

La sangre sobre una persona (o "sobre la cabeza") era un modismo habitual para indicar la responsabilidad de alguien por la muerte de otro;[42] "sobre nuestros hijos" muestra la solidaridad familiar de generaciones en el seno de Israel (p. ej., Gn 31:16). Estas personas están tan convencidas de que Jesús merece la muerte que proclaman con ímpetu la responsabilidad por su muerte y extienden esa responsabilidad hacia sus descendientes. Esta declaración se ha denominado "el versículo más oscuro y duro de este Evangelio",[43] porque Mateo deposita la

---

41. P. ej., Arquelao reaccionó exageradamente ante una sublevación en el templo, durante la Pascua, tras la muerte de su padre Herodes el Grande en el 4 A.C., y envió tropas y caballería que mataron alrededor de tres mil peregrinos (Josefo, *Ant.* 17.9.3 §§213-18; ídem. *Guerras* 2.6.2 §§88-90).
42. P. ej., Lv 20:9; Jos 2:19; 2S 1:16; Ez 18:13; Hch 5:28; 18:6.
43. Robert H. Smith, "Mt 27:25 —The Hardest Verse in Matthew's Gospel", *Currents in Theology and Missiology* 17 (1990): 421.

responsabilidad, de forma directa, sobre la nación judía. Pilato intenta escapar de la culpa, pero no puede lavarse las manos en este asunto. Es tan culpable como ellos por ordenar la ejecución de Jesús, aun sin hallar culpa alguna en él.

Pero incluso a pesar de haber crucificado ignorantemente a su propio Mesías, Dios toma este doloroso acto y proporciona salvación para ellos y para el mundo (Hch 3:17-19). En su primer sermón público en Pentecostés, el apóstol Pedro acusa de la muerte de Jesús a los líderes religiosos, las multitudes judías y a los romanos (*cf.* Hch 2:23, 36). Pero también extiende una oferta de perdón de pecados y salvación para quienes reconocen su culpa (2:37-41; *cf.* 3:19-44). Miles de judíos, incluidos numerosos sacerdotes, recibieron ese ofrecimiento los primeros días después de Pentecostés (2:41; 4:4; 6:7). En su ignorancia, acarrearon la responsabilidad sobre sus hijos, pero esto no excusa, en modo alguno, cualquier forma de antisemitismo, ni entonces ni ahora. Cada uno es responsable de sus propios actos, pero el perdón de Dios aguarda a todo aquel que se arrepiente.

Jesús es azotado y enviado a la crucifixión (27:26). Esta parte del relato de la pasión acaba con una nota desgarradora: "Entonces les soltó a Barrabás; pero a Jesús lo mandó azotar, y lo entregó para que lo crucificaran". Los azotes eran golpes propinado con un látigo o vara, por lo general en la espalda de una persona. Era un método común de castigo para los criminales y para mantener la disciplina. En el Antiguo Testamento había base para la pena de azotes (Dt 25:1-3) y, más tarde, la tradición rabínica dio amplias prescripciones de azotar a los delincuentes en la sinagoga (*cf.* Mt 10:17; 23:34).

Pero el azotamiento romano era diferente del judío. La palabra que emplea Mateo para azotamiento (*mastigoo*) en la sinagoga judía es distinta a la que utiliza aquí (*phragelloo*). Es un horrible método de tortura. Aunque el azotamiento en la sinagoga judía se limitaba a cuarenta latigazos (ver Dt. 25:3); el romano no contaba con tales restricciones. Se ataba al hombre condenado (las mujeres no eran azotadas) a un poste y se le golpeaba con el cruel *flagellum*, una correa de cuero entretejida con piezas de hueso y metal que rasgaba la piel y la dejaba colgando a tiras.[44] Los repetidos azotes exponían a menudo los huesos y los intestinos, y, en muchos casos, era fatal. El azotamiento debilitaba al acusado antes de la crucifixión. Con la aproximación del sabbat, los romanos azotan a Jesús casi hasta la muerte, pues así no habría que dejarlo en la cruz después de la caída del sol.

Construyendo Puentes

A lo largo de la mayor parte de este Evangelio, Mateo centra su atención en Jesús. Otras figuras entran y salen del escenario y comparten el foco de atención momentáneamente por lo que revelan

44. Ver Wilkins, "Matthew", 176, para la imagen de un instrumento de azote con un mango de madera y seis tiras de cuero.

sobre Jesús. Sin embargo, tanto en los capítulos de introducción como de conclusión, otras figuras comparten mucho más del foco narrativo. En los capítulos de apertura, el enfoque se hallaba en el niño Jesús, pero sus padres José y, en menor medida, María se desplazan al escenario principal. Los magos y Herodes el Grande entraron con un énfasis especial, igual que Juan el Bautista. Cada una de estas figuras de apoyo tuvo mucho que decir sobre la identidad y la misión de Jesús, gracias a un ejemplo positivo o negativo.

Del mismo modo, en su relato de los capítulos finales de la vida de Jesús, Mateo sigue presentando a Jesús como la figura principal de un escenario narrativo, pero otras figuras avanzan con una especial atención en las escenas de la pasión. Caifás, el sumo sacerdote judío, y Pilato, el gobernador romano, están a ambos lados de la escena narrativa. Sus manipulaciones, de motivación política, resultan en la ejecución de Jesús, pero, sin saberlo, sus veredictos perduran en toda la historia como testimonios de la verdadera identidad de Jesús como el divino Hijo del hombre mesiánico y como el rey de los judíos. Sus actos también nos dicen mucho sobre ellos como individuos que transigieron en sus responsabilidades, divinamente ordenadas, por su carácter defectuoso.

Entre Caifás y Pilato, Jesús está flanqueado por Pedro, que lo niega, y Judas, que lo traiciona. Sus acciones nos dicen mucho sobre ellos como individuos que abandonan su inicial llamado divino como discípulos de Jesús, porque no se inspiran en las realidades transformadoras que Jesús puso a su disposición. Las distintas respuestas y sus consecuencias son duras lecciones para toda la humanidad.

Judas. A Judas se le conoce en el salón de la infamia bíblica e histórica por haber traicionado a Jesús.[45] Se encontraba bajo la dirección de Satanás (Lc 22:3; Jn 13:2), y esa misma codicia que lo había llevado a robar (Jn 12:4-6) podría haberlo motivado para traicionar a Jesús por la insignificante cantidad de treinta monedas de plata (Mt 26:14-16). Aunque Jesús esperaba la traición (Jn 6:71; 12:4), el acto desleal supuso al parecer una sorpresa para todos, menos para Jesús, en la Última Cena (Mt 26:20-25). Los principales sacerdotes y los fariseos le proporcionan a Judas un grupo de soldados, y este los conduce al lugar donde se encuentra Jesús solo con sus discípulos, en el Jardín de Getsemaní, alejados de la multitud; allí, lo besa para que los soldados lo identifiquen (26:47-56).

Judas es un individuo complejo. Al haber sido el tesorero del grupo de apóstoles, podemos asumir que mostraba ciertas características positivas reconocidas por los demás. Por lo general, este cargo no se le adjudicaba a alguien conocido por su codicia e irresponsabilidad. Era un puesto respetado que, probablemente, indica el grado de consideración que tenían por él los doce.[46]

---

45. Ver Wilkins, *Following the Master,* 164-67.
46. Morris, *John,* 578.

Sin embargo, el amor al dinero ha contribuido en la caída de más de una persona, y Judas parece haber sido una víctima de ello. De acuerdo con Juan, la objeción de Judas cuando María ungió a Jesús con un costoso perfume no se debía a su preocupación por los pobres, sino a su codicia. Durante su tiempo como tesorero se había convertido en un ladrón y sustraía de la bolsa del dinero (Jn 12:6). Jesús indica, en otro lugar, que Judas nunca creyó en él, sino que solo aparentaba ser un creyente, discípulo o apóstol (Jn 6:64, 70-71). "Aquí, a la codicia se le añade el rasgo del engaño".[47]

Esto conduce a la complejidad subyacente al acto de traición de Judas. ¿Por qué traiciona a Jesús, a aquel a quien había seguido y servido fielmente? Se ha presentado un amplio abanico de explicaciones posibles que expliquen su actitud (ver comentarios en 26:14-16). Pero detrás de todo intento de comprender la motivación de Judas se encuentra el reconocimiento claro de su estado espiritual.

Aunque el plan divino predeterminado incluye la traición de Judas, él tiene claramente la responsabilidad espiritual de sus actos. El llamamiento de Jesús a Judas para que fuera discípulo y apóstol era sincero, y todo parece indicar que Judas respondió con sinceridad. Sin embargo, como otros que respondieron a ese llamado y luego se apartaron, Judas nunca creyó en realidad (Jn 6:64). En su interior siempre formó parte de las fuerzas del diablo (6:70), aunque en la superficie seguía a Jesús. Su verdadera naturaleza interna se reveló justo al final, como aquel que "nació para perderse" (17:12), un instrumento de Satanás (13:2, 27-30). Judas forma parte de una conspiración para traicionar a Jesús, porque Satanás había entrado en él (Lc 22:3). En Hechos 1:26 se declara con solemnidad el veredicto eterno para Judas: "... servicio apostólico que Judas dejó para irse al lugar que le correspondía". Ralph Martin declara gráficamente:

> Judas nunca fue un verdadero hombre de Cristo. Perdió el apostolado, pero nunca (hasta donde podemos afirmar) tuvo una relación genuina con el Señor Jesús. Siguió siendo "el hijo de perdición" que se perdió porque nunca fue "salvo". El título más alto con el que se dirigió a Cristo fue "Rabí" (Mt 26:25), nunca "Señor". Se limitó a vivir en el escenario de las Escrituras como horrible advertencia para el seguidor de Jesús no comprometido, que está en su compañía, pero que no comparte su espíritu (*cf.* Ro 8:9b); abandona la historia de los Evangelios como "hombre condenado y maldito", porque así lo eligió, y Dios lo confirmó en aquella terrible elección.[48]

El estado espiritual de Judas es la verdadera motivación subyacente a la traición; el que no está verdaderamente con Jesús está contra él. Judas permanece

47. Ralph P. Martin, "Judas Iscariot," *IBD,* 2:830.
48. Martin, "Judas Iscariot," 831.

como el horrible ejemplo del resultado para la persona cuya apostasía se origina en su deficiencia espiritual.

Pedro. Las negaciones de Pedro con respecto a Jesús se yuxtaponen de forma inquietante a la traición y el suicidio de Judas. Hasta ese momento, Pedro había ocupado un importante lugar en el Evangelio de Mateo hasta este momento. Mateo relata cinco incidentes que no aparecen en ninguna otra parte de los Evangelios, en los que Pedro ocupa un lugar prominente: camina sobre el agua, en medio de la tormenta, hacia Jesús (14:28-31), pide la explicación de una de las parábolas de Jesús (15:15), confiesa a Jesús como el Cristo, evocando una declaración de Jesús sobre su papel fundacional en la iglesia (16: 17-19), recomienda construir refugios en el monte de la transfiguración (17:24-27) y pregunta cuántas veces debería perdonar a un hermano (18:21). Ahora, niega tres veces conocer a Jesús.

Mateo no encubre a Pedro, a pesar de que llegará a ser el valiente líder de la iglesia. En cambio, se centra en él como ejemplo de la forma en que Jesús toma a hombres y mujeres corrientes, con todas sus fortalezas y debilidades, todos sus logros y fracasos, y los transforma en su tipo de discípulo. Mateo también se centra en Pedro como ejemplo de cómo Jesús toma discípulos normales y los transforma en su tipo de líderes, líderes que se tambalean y caen, pero que, cuando aprenden a fijar sus ojos de fe en Jesús, con firmeza, son capaces de dirigir a su pueblo.

Esto conduce a la complejidad de las razones existentes tras las negaciones de Pedro con respecto a Jesús. ¿Por qué niega Pedro a Jesús, a quien le prometió seguirlo incluso hasta la muerte (26:35)? Probablemente se encuentra en algún tipo de peligro por haber utilizado la fuerza contra el siervo del sumo sacerdote, durante el arresto de Jesús en Getsemaní (26:51). Las acusaciones contra Jesús son cada vez más hostiles en el patio de la casa de Caifás, mientras Pedro aguarda en las sombras. Pero nada de esto asegura que terminará en su arresto. Yo sugiero que Pedro y los demás discípulos abandonan y niegan a Jesús debido al momento de aguda transición en el que se hallaban. Pero, una vez que experimentan la muerte, la resurrección y la ascensión de Jesús, y cuando desciende el Espíritu en Pentecostés, son transformados para siempre y se convierten en el ejemplo de nuestro propio potencial para la transformación.

Por tanto, ¿qué lleva concretamente a Pedro a negar y abandonar a Jesús? *(1) Pedro aún no entiende con claridad quién es Jesús.*[49] A lo largo del tiempo que los discípulos lo siguieron, su comprensión de la identidad de Jesús va en aumento. Sin embargo, sus propios prejuicios se cruzaban con frecuencia en el camino. No entienden claramente quién es Jesús y, por ello, no son capaces de dejar que él sea quien es realmente en sus vidas. El Jesús al que han seguido no parece ofrecerles demasiado ahora. Lo conducen a un juicio judío y será

49. Ver además en Wilkins, *In His Image,* 28-30.

crucificado como cualquier otro insurrecto. ¿Qué puede ofrecer ahora? Todas sus esperanzas se han roto con el arresto y la inminente crucifixión de Jesús. Pedro debe de pensar que es el fin de un sueño, y no tiene sentido arriesgar nada más por un sueño que se ha convertido en una pesadilla.

Será necesario el milagro más radical de toda la historia, la resurrección, para demostrarle a Pedro que Jesús es más de lo que él ha imaginado y que ahora es capaz de producir el cambio que había prometido en su vida. Saber que sirve a un Señor resucitado le proporcionará a Pedro la visión y el valor de entregarse sin reservas.

(2) Pedro aún no se cree quién es como discípulo de Jesús. Jesús les prometió todo el tiempo a sus discípulos una transformación con la llegada del reino de Dios. Aunque se han comprometido a ser sus discípulos, siguen sin creer con claridad que serán cambiados por Dios para siempre, desde dentro hacia fuera. Pero el peligro de aquel momento concreto hace que Pedro y los demás pierdan de vista la nueva visión radical que Jesús tiene de lo que ellos deben ser como discípulos suyos. De modo que se dispersan y le niegan.

Pedro intenta cumplir desesperadamente con su llamado, pero es conocido por su incoherencia, incluidas sus negaciones. Sin embargo, es el mismo Pedro quien más tarde alienta a los creyentes exiliados a ser fieles durante su persecución, y les escribe: "Pues ustedes han nacido de nuevo, no de simiente perecedera, sino de simiente imperecedera, mediante la palabra de Dios que vive y permanece" (1P 1:23). Ahora comprende, con rotundidad, que el discipulado es un trabajo interno en el que Dios produce vida de resurrección y que lo transforma de tal manera que confesará con valentía a Jesús, durante el resto de sus días.

(3) Pedro aún no sabe de qué dispone para vivir, valientemente, como discípulo de Jesús. Los temblorosos discípulos han mirado a Jesús para recibir fuerza y liderazgo. Ahora, con él arrestado y crucificado, no tienen ningún sitio al que recurrir. La promesa de Jesús de enviar a otro Consolador debe de parecer una vaga ilusión (Jn 14:15-27; 16:5-16). Todos los discípulos huyen en Getsemaní, y Pedro se escabulle de la pregunta de una joven. Además, se esconderá cuando lleven a Jesús a la cruz. Incluso después de oír sobre su resurrección, se esconden temiendo por sus propias vidas (Jn 20:19). Siguen sin comprender plenamente de qué disponen para vivir valiente y victoriosamente en un mundo hostil.

Pero pronto lo sabrán. Con la venida del Espíritu Santo en Pentecostés, la antigua promesa del profeta Joel y la propia promesa de Jesús son ahora una realidad (*cf.* Jn 14:15-17; Hch 2:16-36). El Espíritu Santo es un regalo para todo aquel que invoque el nombre de Jesús para salvación (Hch 2:38-39), que ahora proporciona la valentía para predicar y sanar, el valor de permanecer bajo persecución y el poder de ser transformados en sus características y valores personales.

(4) Pedro no asimila aún su llamado como discípulo de Jesús. Los discípulos oyeron declarar a Jesús que el reino de Dios estaba cerca (4:17), pero con

frecuencia tergiversaban esta declaración para que significara privilegio y posición para ellos (*cf.* 18:1; 20:20-28). Pedro y los demás no han entendido aún por completo que Jesús no los ha llamado sencillamente para su propia comodidad y beneficio. El llamado de Pedro es a ser un embajador del reino. Llevará un mensaje de transformación a un mundo perdido y moribundo. Pero, cuando conducen a Jesús a morir por ese mundo, las esperanzas y la visión de Pedro parecen morir con él. Pedro y los demás no acaban de entender el llamamiento divino en su vida.

No obstante, cuando se encuentran con su Maestro resucitado, contemplan la cruz bajo una nueva luz. Sí, es un símbolo de sufrimiento y dolor, pero ahora también es un símbolo de sacrificio y servicio. Jesús no ha venido para que lo sirvan, sino para servir, y para dar su vida en rescate por muchos (20:28). Su propósito de venir a la tierra es para ir a la cruz, a fin de llevar los pecados de un mundo perdido y sin esperanza. Por tanto, Pedro y los demás discípulos comprenderán, de una forma nueva, el llamamiento de Jesús a negarse a uno mismo, tomar su cruz y seguirle. También deben negar su propia voluntad para su vida en favor de la del Padre. Actuando así hallarán finalmente la vida verdadera (*cf.* 16:24-27).

Significado Contemporáneo

La intriga de estas escenas de la pasión revela la perdición de los que entran y salen del escenario narrativo de Mateo (Caifás, Pilato, las multitudes que piden la sangre de Jesús, y Pedro). Todos fallan en la responsabilidad que les ha caído en suerte en la vida. Aunque sus actos están motivados por un medio ideado por el hombre para conseguir el éxito, cada uno de ellos falla finalmente. En cambio, solo una vida mantiene su curso divinamente ordenado: Jesús. A pesar de que su fin parece ser un fracaso, su perseverancia da lugar a la victoria final.

Cuando estas diferentes figuras aparecen, con un enfoque especial en el relato de la pasión de Mateo, el foco revela deficiencias del carácter que nos advierten e instruyen. El contraste entre ellos y la fiel confesión de Jesús nos dicen mucho sobre él, y este es al fin y al cabo el propósito de Mateo.

Caifás, la convicción religiosa obligada por un líder. Durante el juicio judío, Jesús declara que es el divino Hijo del hombre, profetizado por Daniel, y esto enfurece a los líderes religiosos y los impulsa a ejecutarlo. Caifás se deja llevar por la convicción de lo que en su opinión es correcto (no es posible que Jesús pueda ser quien dice ser), por lo que manipula al Sanedrín y a los testigos para obtener el veredicto de culpabilidad que persigue. No solo su convicción religiosa es errónea, sino que su ceguera ante la verdad y su propia falta de integridad impiden que la nación reciba al Mesías, la tarea de la que él como sumo sacerdote es el máximo responsable.

Los líderes religiosos tienen hoy la responsabilidad de comprender el mensaje de Dios y de pastorear con este al pueblo de Dios para él. Su certeza sobre las verdades bíblicas debe ser su inquebrantable entusiasmo, pero siempre existe la tentación de creer que sus propias convicciones equivalen a la verdad misma. Por su parte, Caifás tenía razón al dudar de las declaraciones de que Jesús era el Mesías de Israel. Aquel hombre no se ajustaba a las expectativas de su grupo saduceo, que no creía en un libertador mesiánico personal. Caifás rechaza las declaraciones mesiánicas de Jesús, porque ellos derivaban su doctrina del Pentateuco, y este no les proporcionaba pruebas suficientes de que se tratara del Mesías profetizado.[50] ¡Pero qué trágico fue que Caifás no tuviera el valor de oponerse a la tendencia de su grupo religioso y de escudriñar todo el Antiguo Testamento; lo habría conducido a comprender las declaraciones de Jesús! En cambio, recurre a la manipulación y la falsedad para negar la verdad de un canon más amplio de revelación.

Recientemente observé cómo se desarrollaba una situación en una iglesia que ilustra cómo podemos aprender del ejemplo negativo de Caifás. El pastor de una iglesia local estaba convencido de una forma particular de gobierno eclesial, que era exactamente lo opuesto a la constitución de la iglesia. Sabía que la iglesia mantenía aquella forma de gobierno cuando él asumió su cargo, pero sentía que bajo su dirección la iglesia acabaría por convencerse. La intrigante situación estaba distorsionada, porque el pastor derivaba el principal respaldo para su eclesiología y su política de los modelos del Antiguo Testamento, en particular de Moisés. Sin embargo, la iglesia basaba su comprensión de la organización y el liderazgo de la iglesia de ejemplos del Nuevo Testamento, principalmente las cartas pastorales de Pablo, que los llevaban a enfatizar la pluralidad de ancianos en el liderazgo de la iglesia.

El pastor y los ancianos estudiaron las posturas con seriedad durante seis meses. Al final, ambas partes estaban más convencidas de su propia forma de pensar. Con el criterio constitucional en mano, los ancianos abogaban por seguir con su modelo. Finalmente, se le pidió al pastor que dimitiera y se le evitó a la iglesia la desagradable lucha entre ambas partes. Existía el deseo de mantener un dialogo verdadero y de examinar las enseñanzas bíblicas y las necesidades de la iglesia, con mucha oración.

Es un ejemplo positivo donde convicciones distintas en las que se creía con firmeza se trataron de la forma adecuada y todos mantuvieron su integridad. El pastor no intentó manipular a la iglesia para salirse con la suya. De hecho, no se informó al cuerpo de la iglesia ni tampoco al resto del personal pastoral de aquel *impasse* hasta el final. Creo que el pastor sostenía unas convicciones desacertadas, pero debo decir a su favor que estaba convencido de que su integridad personal tenía mayor prioridad que sus opiniones sobre aquel asunto.

50. Para un trasfondo adicional, ver Wilkins, "Matthew," 25.

Son cuestiones difíciles. Personalmente sentí que habría sido incluso mejor conciliación que el pastor siguiera cediendo en este asunto, como hizo cuando asumió el cargo en un principio, y someterse a los ancianos y a la constitución de la iglesia establecida desde hacía tanto tiempo. No obstante, la obra de Dios en la iglesia sigue adelante.

Pilato: un líder que transige en la convicción política. El historiador Paul Maier declara en su novela sobre la vida de Pilato:

> Pilato no podía saber —se habría quedado perplejo de haberlo sabido— que aun siendo, al parecer, el insignificante exprefecto que era, su nombre acabaría siendo el más familiar de toda la historia romana. Y es que incontables masas en las eras futuras que sabían bien poco sobre César, Augusto o incluso Nerón, confesarían en el Credo: "Creo en Jesucristo [...] padeció bajo el poder de Poncio Pilato".[51]

El infame acto de Pilato al ordenar la ejecución de Jesús fue llevado a cabo en la políticamente atrasada Palestina del siglo I. Sus actos se realizaron en una oscuridad relativa sin pensar en las consecuencias históricas y espirituales que tendrían para toda la humanidad de todos los tiempos. Sin embargo, Pilato será conocido para siempre como alguien cuyas maquinaciones políticas pervirtieron su integridad. Con todo, a pesar de sus maniobras, la voluntad de Dios se cumplió. Un líder pagano como él no busca conscientemente la voluntad de Dios, pero la clara afirmación de Proverbios es que "En las manos del SEÑOR el corazón del rey es..." (Pr 21:1). Dios ha establecido a todas las autoridades para que ejerzan la justicia según la conciencia con la que han nacido como seres humanos creados a imagen de Dios (*cf.* Ro 13:1-5). La responsabilidad de Pilato como líder, considerara la voluntad de Dios o no de forma consciente, consistía en mantener una integridad acorde con los más altos ideales de la naturaleza humana.

Es imposible meterse en la cabeza de Pilato para comprender todo lo que experimentó y todas las opciones que barajó, pero es evidente que actuó fuera de un marco político de referencia. Estaba intentando apaciguar demasiadas partes. Intentaba manipular al pueblo y las circunstancias. En esta atrasada región del Imperio romano, pensó que podría salir impune con sus maniobras, dejar intacta su reputación y mantener la paz.

Por el contrario, la resolución de Jesús de mantener su "admirable testimonio" (1Ti 6:13) se expresó con un testimonio silencioso de lo que toda su vida había expresado. No recurrió a la duplicidad ni transigió para llevar a cabo las ambiciones de su vida. Su silencio ante Pilato es un testimonio resonante de su inquebrantable compromiso con el llamamiento de Dios. Como proclama el escritor de Hebreos en Hebreos 12:2-3:

51. Paul Maier, *Pontius Pilate* (Grand Rapids: Kregel, 1996), 349.

> Fijemos la mirada en Jesús, el iniciador y perfeccionador de nuestra fe, quien por el gozo que le esperaba, soportó la cruz, menospreciando la vergüenza que ella significaba, y ahora está sentado a la derecha del trono de Dios. Así, pues, consideren a aquel que perseveró frente a tanta oposición por parte de los pecadores, para que no se cansen ni pierdan el ánimo.

Es el patrón constante de Jesús que contrasta con la debilidad de la concesión de Pilato.

Tal vez no sean muchos y es posible que no salgan a menudo, pero son montes por los que merece la pena luchar y morir, aunque puedan surgir en la oscuridad relativa de nuestro pequeño mundo. Quizás estemos lejos de los centros de poder y aclamación, pero las responsabilidades que nos han sido asignadas tienen consecuencias indecibles. Son una prueba de nuestro carácter. Pilato transigió en el momento más importante de su vida, sabiendo que la sentencia de crucifixión que pronunció era para un hombre inocente. El rasgo intrigante de la narración es que Dios le proporcionó el consejo fiable de su propia esposa, que podría haberle dado la valentía de rebelarse contra sus intuiciones de motivaciones políticas. En vez de ello, decidió obrar por su cuenta y su intento de negociación política lo marcó para toda la historia como un hombre débil y fracasado.

Cuando se presenta la oportunidad, cada uno de nosotros tiene que luchar por lo que sabe que es correcto y por aquellos de los que es responsable, independientemente de que piense que el resultado jamás será conocido por los demás. Encontramos un ejemplo dramático en la experiencia de John McCain, senador de los EE. UU. por Arizona. Pasó siete horrendos años en un campo de prisioneros de Vietnam del Norte, tras haber sido derribado sobre Hanoi durante un bombardeo. Sin embargo, al principio de su cautiverio se le hizo un ofrecimiento que muchos de nosotros consideraríamos demasiado bueno para rechazarlo. Un año después de ser capturado, un oficial norvietnamita que hablaba inglés, y a quien los presos llamaban el Gato, le preguntó: "¿Quieres volver a casa?". Cuando McCain se dio cuenta de que se trataba de una oferta legítima de libertad, la idea de regresar a su hogar agitó sus emociones como un asiento de eyección activado. Le dieron tres días para pensar en el ofrecimiento.

Durante ese tiempo, asimiló la realidad de lo que su decisión significaría para sus compañeros prisioneros. Sin saberlo él, su padre, que era almirante, acababa de ser nombrado comandante sobre todas las fuerzas de Estados Unidos en el Pacífico. Los captores norvietnamitas vieron la oportunidad de ofrecerle al joven McCain la oportunidad de volver a casa, algo que dañaría de forma inconmensurable la moral de los demás prisioneros. Podrían burlarse de los que quedaban atrás: "Su padre no es almirante. Jamás saldrán de aquí. Tiren la toalla ahora y denuncien a su país". La decisión afirmativa de McCain habría afligido enormemente a los colegas prisioneros que dejara allí.

Tres días después, McCain desconcertó al Gato cuando declinó el ofrecimiento. El resultado fue que pasó seis brutales años más en aquel campamento de prisioneros. Pero Dios ha redimido esos años muchas veces en la vida de McCain en la actualidad. No podía saber que, en la oscuridad de un campamento de prisioneros norvietnamita, su decisión inspiraría a millones de personas para mantener su propia integridad.

El consejero familiar John Trent nos habla de Jim, vicepresidente primero que iba camino de alcanzar pronto el cargo de presidente. Cuando sus hijos llegaron a la escuela secundaria se le pidió que aceptara un ascenso que requería traslado. Se sentó y valoró el coste, reconociendo que le había prometido a la familia que el cargo que ostentaba ahora sería una permanencia a largo plazo. Tras mucho pensar y orar, rechazó el ascenso. Como suele ser el caso, cuando una persona va en contra de la voluntad corporativa, Jim fue despedido sin miramientos por "recorte de plantilla". Durante cinco meses estuvo desempleado, pero mantuvo su confianza en que había tomado la mejor decisión. Dios honró el compromiso de Jim con su familia con una increíble oferta de trabajo: un cargo que lo ha mantenido cerca de su hogar y que ha fomentado su relación con su esposa y sus hijos.

Una decisión afirmativa a un gran ofrecimiento no siempre es lo mejor para quienes están cerca de nosotros. En ocasiones, diciendo que no, conseguiremos mejores posibilidades. Trent, que escribe aconsejando a los hombres que se enfrentan a retos similares, ofrece unas palabras útiles a todos los que puedan encontrase ante una decisión.

1. *¿En qué punto está hoy tu vida espiritual?* Si no estamos pasando tiempo en la Palabra de Dios o en la oración, ¿cómo podemos esperar tomar una decisión que honre a Dios en cuanto a un traslado o una transición?
2. *¿Cuánto tiempo adicional le restarás a tu familia?* Sé implacablemente sincero al responder esta pregunta. ¿Te exigirá tu nuevo cargo que le restes a tu familia un diez, un quince o el cincuenta por ciento más de tiempo? Pregúntale a tu cónyuge qué porcentaje escogería.
3. *¿Te está advirtiendo tu cónyuge que no aceptes esta oportunidad?* Si las "luces de emergencia" de tu cónyuge están parpadeando con respecto a este cambio, no lo ignores. Dios suele hablar con frecuencia a través de nuestro cónyuge.
4. *¿Has roto promesas anteriores en cuanto a tu trabajo?* ¿Vino el último traslado o trabajo con la promesa "Esto solo será algo a corto plazo"? Las promesas sin cumplir pueden socavar la confianza de tu familia en ti.[52]

Son consejos juiciosos. Pilato debería haber hecho caso a su esposa y también debería haber escuchado su propio pálpito intuitivo de que Jesús era inocente. Pero sus maquinaciones políticas pervirtieron su integridad. Hasta los líderes

52. John Trent, "A Father's Heart," *Christian Parenting Today* 13/5 (mayo-junio 2001): 56.

paganos tienen que rendir cuentas a Dios por la integridad de su conciencia. Nuestras decisiones requieren nuestra responsabilidad para con el llamado de Dios en nuestra vida, independientemente de la oscuridad o la aparente insignificancia de su impacto.

El pueblo: si se reivindica la responsabilidad, es responsabilidad para todo por igual. La multitud que exigió la liberación de Barrabas se volvió premonitoriamente desagradable en el juicio de Jesús ante Pilato. Querían el reino en la tierra ahora, y cuando Jesús no se comportó según las expectativas de ellos, prefirieron a un luchador por la libertad con antecedentes probados de rebelarse contra la ocupación romana. Ya estaban bastante hartos de que Jesús anunciara la llegada del reino, que no se había materializado como ellos querían. De modo que los líderes judíos y la multitud, como representantes del pueblo de Israel, exigieron la ejecución de Jesús y declararon que aceptarían la responsabilidad por su muerte: "¡Que su sangre caiga sobre nosotros y sobre nuestros hijos!" (27:25).

Anteriormente observamos que esta declaración se ha denominado "el versículo más oscuro y duro del Evangelio de Mateo". Una de las razones es que se ha usado a lo largo de la historia como base para perseguir a los judíos. El antisemitismo es un cáncer que ha infestado a la humanidad durante gran parte de la historia, y la narración que Mateo hace de la declaración del pueblo se ha interpretado de manera errónea para condonar, y hasta para fomentar, este sentimiento antisemita. Sin embargo, Mateo no está invocando una maldición de los judíos contra ellos mismos ni tampoco está haciendo una referencia indirecta a una maldición eterna de Dios sobre Israel. Más bien, el evangelista menciona la frase para mostrar cómo los líderes religiosos y algunos de entre el pueblo judío de aquella época ofrecieron asumir la culpa por la muerte de Jesús. Creyeron que era un blasfemo y querían que fuera ejecutado por ello.

Estas palabras reflejan las mismas declaraciones en otros lugares de la narración, cuando Jesús echó la culpa directamente a los líderes religiosos de no recibirlo como el Mesías de Israel y por el papel que ellos habían jugado en apartar al pueblo de él (p. ej., 23:13-15). Israel tiene la responsabilidad de haber rechazado a su Mesías y ha tenido la responsabilidad funcional, como cuidador del reino de Dios, que le fue quitada en esta era presente (*cf.* comentarios sobre 21:43). Pero esto no significa, desde luego, que los judíos posteriores deban ser etiquetados con títulos racistas como "asesinos de Cristo" ni que los cristianos los maltraten en aras de buscar venganza para Dios.

La triste y dolorosa tragedia de este versículo es que Israel ha rechazado a su Mesías. El apóstol Pablo llora por sus paisanos, porque sabe que han sufrido las consecuencias de ese rechazo: no participan en las bendiciones que estarían disfrutando si le hubieran aceptado (p. ej., Ro 9:1-5; 10:1-4). En este tiempo, Israel está experimentando un endurecimiento, porque ha rechazado al Mesías, un endurecimiento que seguirá experimentando hasta que se realice la plenitud del programa de Dios con respecto a los gentiles (Ro 11:25). Sin embargo, el amor de Dios por Israel continúa, y él permanecerá fiel a los pactos que hizo con la nación. Existe un tiempo, todavía por llegar, cuando Israel regresará a aquel al que ha rechazado y experimentará un despertar nacional (Zac 12:10–13:1; Mt 23:39; Ro 11:26-32).

Los que rechacen a Jesús, sean judíos o gentiles, sufrirán las consecuencias. Hoy, cada individuo judío debe considerar las afirmaciones de Jesús y el mensaje que los apóstoles traen. Pocos días después de la crucifixión, millares de judíos se arrepienten al escuchar la predicación de Pedro sobre el Jesús al que ellos mataron (Hch 2:23, 37-41), e incluso muchos de los sacerdotes se convertirán (Hch 6:7). La responsabilidad de los cristianos consiste, hoy, en amar al pueblo judío como Dios lo ama, en reconocer el lugar especial del que disfrutan en el plan de Dios por todos los siglos, y en compartir con ellos el evangelio como lo haríamos con cualquier otra persona.[53] Nadie puede respaldar la intolerancia racial hacia los judíos apelando a lo que Mateo menciona aquí.[54]

Pedro: la derrota personal requiere restauración deliberada. Durante la intimidad de la última noche que pasó con sus discípulos —compartiendo la Pascua y la institución de la Santa Cena—, Jesús predijo de manera inquietante que todos le negarían. Ante la bravucona declaración de Pedro de que nunca lo negaría y de que llegaría hasta la muerte por él, Jesús pronuncia la predicción aún más siniestra de una triple negación, que se produciría aquella misma noche (26:31-35). Sin embargo, antes de las declaraciones proféticas de Jesús, Lucas menciona una intensa declaración sobre la restauración de Pedro: "Simón, Simón, mira que Satanás ha pedido zarandearlos a ustedes como si fueran trigo. Pero yo he orado por ti, para que no falle tu fe. Y tú, cuando te hayas vuelto a mí, fortalece a tus hermanos" (Lc 22:31-32).

Poco se imagina Pedro la inmensidad de la predicción de Jesús. Ofrece una promesa para que todos nosotros sepamos que en cualquier tentación que estemos tenemos la oración sustentadora de Jesús. Además, le extiende a Pedro la promesa de su recuperación y la responsabilidad que tiene de fortalecer a sus hermanos que también fallarán. Reconocer su responsabilidad es clave para el arrepentimiento, la recuperación y la transformación de Pedro.

---

53. Ver John J. Johnson, "A New Testament Understanding of the Jewish Rejection of Jesus: Four Theologians on the Salvation of Israel," *JETS* 43 (junio 2000): 229-46.

54. Como han observado los eruditos judíos mismos: "A pesar del uso cristiano de Mateo para ataques antisemitas, la dura polémica del Evangelio no ataca a los judíos como grupo, sino a los líderes de los judíos (escribas, fariseos, saduceos, principales sacerdotes, ancianos) y a aquellos que fueron inducidos a error y a ser hostiles a Jesús" ("Matthew, Jews in the Gospel of," *DJBP,* 416). Para una perspectiva similar desde una perspectiva cristiana más amplia, ver Anthony Saldarini, "Reading Matthew without Anti-Semitism", *The Gospel of Matthew in Current Study,* ed. David E. Aune (Grand Rapids: Eerdmans, 2001): 166-84; proporciona seis "normas concretas para predicar y enseñar sobre el judaísmo y sobre los judíos" que tienen relevancia para la aplicación práctica (*cf.* 182-83).

J. Glyn Owen sucedió al doctor Martyn Lloyd-Jones como ministro de la Capilla de Westminster de Londres, Inglaterra. En el transcurso de varios años predicó una serie de mensajes sobre Pedro. La concentración especial de estos sermones, que más tarde transcribió en forma de libro, estaba sobre la transformación de Simón en Pedro: de un pescador ansiosamente pendenciero pasó a ser el personaje fundamental firme como una roca de la iglesia. La naturaleza alentadora de esta transformación consiste en que tiene mucho que ofrecernos como ejemplo para nosotros mismos. Owen afirma:

> Creo que la historia de esta transformación es una de las grandes epopeyas de la historia. Es un relato extraordinario que llega a ser más portentoso en la medida en que Simón nos representa a todos nosotros. Impetuoso, impulsivo, inestable, es tan humano y está tan obviamente hecho del mismo material que nosotros que su carácter simboliza el nuestro. Todos nos vemos retratados en él en algún momento. Por esta razón no podemos evitar cobrar ánimos cuando vemos cómo el Señor enseña y transforma a Simón. Aprendemos lo que la gracia de Dios puede hacer también por nosotros.[55]

En la sección Construyendo Puentes consideramos varias razones que pueden explicar por qué Pedro y el resto de los discípulos negaron a Jesús. Más tarde, después de la resurrección y Pentecostés, cada una de estas cuestiones se invierte en su vida. De manera voluntaria, se convierten en valientes líderes de la iglesia, y muchos de ellos fueron mártires por su lealtad a Jesús como el divino Mesías de Israel. Ahora saben que el discipulado es mucho más que una relación funcional: entraña su transformación constante a la imagen de Jesús. Ahora saben lo que está a su disposición por medio del ministerio del Espíritu Santo en su vida para mantener su discipulado con Jesús. Y ahora saben que su llamado es más que su comodidad: son impulsados por la comisión que Jesús les encomendó de hacer discípulos de todas las naciones.

Desde nuestra perspectiva histórica, tenemos un entendimiento más claro de todas estas cuestiones que hoy son fundamentales para llevar a cabo, de manera realista, nuestro propio discipulado fiel con Jesús.[56] ¿Pero nos hemos entregado de buen grado a la realización de estos asuntos en nuestra vida diaria? De esto trata el discipulado responsable.

Dos mujeres cristianas jóvenes descubrieron la realidad de estas cuestiones de la forma más inesperada. Dayna Curry y Heather Mercer sirvieron como misioneras, por un breve tiempo, en Afganistán durante 1998. Ese viaje las convenció de que Dios las estaba llamando a servir entre aquellas personas necesitadas. En palabras de Dayna: "Sentí como si Dios me dijera que fuera y que entregara mi

55. J. Glyn Owen, *From Simon to Peter* (Herts, Inglaterra: Evangelical Press, 1985), 4.
56. He desarrollado estas cosas de forma práctica en Wilkins, *In His Image,* 27-30.

vida por ellos".[57] Como en el caso de Pedro, la valentía de las palabras de Dayna sería puesta a prueba.

Fue a Afganistán con Heather, donde sirvieron con Shelter Now, como obreras de reemplazo, sobre todo entre los niños pobres y hambrientos. Pronto fueron arrestadas por los talibanes que ejercían el control, por mostrar la película *Jesús* a una familia afgana. Mientras estaban encarceladas, las fuerzas aliadas invadieron Afganistán. Después de las tragedias del 11 de septiembre del 2001, los ataques terroristas sobre Nueva York y Washington, D.C., muchos inocentes quedaron atrapados en las operaciones militares, entre ellos Dayna y Heather. Pero, a través de los acontecimientos que una audiencia internacional siguió en directo, las dos jóvenes y otros misioneros con ellas fueron rescatados.

A diferencia de Pedro, cuando llegó el momento de pasar la prueba, estas jóvenes permanecieron firmes. Vivieron en el bendito periodo en el que conocieron la verdadera identidad y la presencia capacitadora de Jesús, supieron quiénes eran como discípulas suyas, conocieron los recursos que tenían a su disposición para estar firmes en el Espíritu y conocían su llamado a llevar las buenas nuevas de Jesús el Mesías. En una entrevista después de su regreso a casa, Dayna recordó su anterior y valiente declaración de ir a Afganistán, y se acordó de una reafirmación posterior de esa convicción cuando ella y Heather estaban en la cárcel, tal vez esperando ser ejecutadas. Había orado: "Señor, si es mejor para mí morir y ser una mártir, para que haya un importante progreso en Afganistán, me parece bien". Frente a aquella oración, siguió diciendo: "Pero sentí una paz sobrenatural durante la mayor parte del tiempo".[58]

Dayna y Heather son cristianas normales que fueron perseguidas de una forma anormal, pero que también fueron fortalecidas de forma sobrenatural. El apóstol Pedro experimentó ese fortalecimiento sobrenatural, después de arrepentirse y regresar a su Maestro. Más tarde les escribe a otros jóvenes líderes de la iglesia, muy parecidos a ti y a mí, o a Dayna y Heather, quienes tienen que saber del mismo modo cuán abundante provisión hay disponible para todos los discípulos de Jesús. Su oración por ellos es una oración por todos nosotros.

> Humíllense, pues, bajo la poderosa mano de Dios, para que él los exalte a su debido tiempo. Depositen en él toda ansiedad, porque él cuida de ustedes.
>
> Practiquen el dominio propio y manténganse alerta. Su enemigo el diablo ronda como león rugiente, buscando a quién devorar. Resístanlo, manteniéndose firmes en la fe, sabiendo que sus

57. Citado por Bob Paulson y Scott D. Noble, "Captive in Afghanistan," *Decision* 43/7 (julio 2002): 8.
58. "Double Jeorpardy", entrevista a las exrehenes de los talibanes Dayna Curry y Heather Mercer por Stan Guthrie y Wendy Murray Zoba, *Christianity Today* (8 julio 2002): 26-32, esp. 30.

> hermanos en todo el mundo están soportando la misma clase de sufrimientos.
>
> Y después de que ustedes hayan sufrido un poco de tiempo, Dios mismo, el Dios de toda gracia que los llamó a su gloria eterna en Cristo, los restaurará y los hará fuertes, firmes y estables. A él sea el poder por los siglos de los siglos. Amén. (1P 5:6-11)

Pedro aprendió su lección y se erige como poderoso ejemplo de alguien que negó a su Señor, pero que fue alentado lo suficiente como para permitir que Jesús lo restaurara y que él, a su vez, pudiera ayudar a restaurar a otros.

Mateo 27:27-66

Los soldados del gobernador llevaron a Jesús al palacio y
reunieron a toda la tropa alrededor de él. 28 Le quitaron la ropa
y le pusieron un manto de color escarlata. 29 Luego trenzaron
una corona de espinas y se la colocaron en la cabeza, y en la mano
derecha le pusieron una caña. Arrodillándose delante de él, se
burlaban diciendo:

—¡Salve, rey de los judíos!

30 Y le escupían, y con la caña le golpeaban la cabeza. 31 Después de
burlarse de él, le quitaron el manto, le pusieron su propia ropa y se
lo llevaron para crucificarlo.

32 Al salir encontraron a un hombre de Cirene que se llamaba
Simón, y lo obligaron a llevar la cruz. 33 Llegaron a un lugar llamado
Gólgota (que significa «Lugar de la Calavera»). 34 Allí le dieron
a Jesús vino mezclado con hiel; pero después de probarlo, se
negó a beberlo. 35 Lo crucificaron y repartieron su ropa echando
suertes. 36 Y se sentaron a vigilarlo. 37 Encima de su cabeza pusieron
por escrito la causa de su condena: «Este es Jesús, el Rey de los
judíos». 38 Con él crucificaron a dos bandidos, uno a su derecha
y otro a su izquierda. 39 Los que pasaban meneaban la cabeza y
blasfemaban contra él:

40 —Tú, que destruyes el templo y en tres días lo reconstruyes,
¡sálvate a ti mismo! ¡Si eres el Hijo de Dios, baja de la cruz!

41 De la misma manera se burlaban de él los jefes de los sacerdotes,
junto con los maestros de la ley y los ancianos.

42 —Salvó a otros —decían—, ¡pero no puede salvarse a sí mismo!
¡Y es el Rey de Israel! Que baje ahora de la cruz, y así creeremos
en él. 43 Él confía en Dios; pues que lo libre Dios ahora, si de veras
lo quiere. ¿Acaso no dijo: "Yo soy el Hijo de Dios"?

44 Así también lo insultaban los bandidos que estaban crucificados
con él.

45 Desde el mediodía y hasta la media tarde toda la tierra quedó en
oscuridad. 46 Como a las tres de la tarde, Jesús gritó con fuerza:

— *Elí, Elí, ¿lama sabactani?* (que significa: "Dios mío, Dios mío,
¿por qué me has desamparado?").

47 Cuando lo oyeron, algunos de los que estaban allí dijeron:

—Está llamando a Elías.

48 Al instante uno de ellos corrió en busca de una esponja. La
empapó en vinagre, la puso en una caña y se la ofreció a Jesús
para que bebiera. 49 Los demás decían:

—Déjalo, a ver si viene Elías a salvarlo.

50 Entonces Jesús volvió a gritar con fuerza, y entregó su espíritu.

51 En ese momento la cortina del santuario del templo se rasgó
en dos, de arriba abajo. La tierra tembló y se partieron las
rocas. 52 Se abrieron los sepulcros, y muchos santos que habían
muerto resucitaron. 53 Salieron de los sepulcros y, después de la
resurrección de Jesús, entraron en la ciudad santa y se aparecieron
a muchos.

54 Cuando el centurión y los que con él estaban custodiando a
Jesús vieron el terremoto y todo lo que había sucedido, quedaron
aterrados y exclamaron:

—¡Verdaderamente este era el Hijo de Dios!

55 Estaban allí, mirando de lejos, muchas mujeres que habían
seguido a Jesús desde Galilea para servirle. 56 Entre ellas se
encontraban María Magdalena, María la madre de Jacobo y de
José, y la madre de los hijos de Zebedeo.

57 Al atardecer, llegó un hombre rico de Arimatea, llamado José, que
también se había convertido en discípulo de Jesús. 58 Se presentó
ante Pilato para pedirle el cuerpo de Jesús, y Pilato ordenó que
se lo dieran. 59 José tomó el cuerpo, lo envolvió en una sábana
limpia 60 y lo puso en un sepulcro nuevo de su propiedad que había
cavado en la roca. Luego hizo rodar una piedra grande a la entrada
del sepulcro, y se fue. 61 Allí estaban, sentadas frente al sepulcro,
María Magdalena y la otra María.

62 Al día siguiente, después del día de la preparación, los jefes de
los sacerdotes y los fariseos se presentaron ante Pilato.

63 —Señor —le dijeron—, nosotros recordamos que mientras ese
engañador aún vivía, dijo: “A los tres días resucitaré.” 64 Por eso,
ordene usted que se selle el sepulcro hasta el tercer día, no sea
que vengan sus discípulos, se roben el cuerpo y le digan al pueblo
que ha resucitado. Ese último engaño sería peor que el primero.

65 —Llévense una guardia de soldados —les ordenó Pilato—, y
vayan a asegurar el sepulcro lo mejor que puedan.

66 Así que ellos fueron, cerraron el sepulcro con una piedra, y lo
sellaron; y dejaron puesta la guardia.

Sentido Original

En esta sección crucial de su relato de la pasión, Mateo nos lleva al corazón de su Evangelio sobre Jesús, el Mesías. El relato de la crucifixión culmina un texto crucial de este Evangelio, un tema que marca el propósito central de toda la misión terrenal de Jesús: Jesús trae salvación del pecado. El relato de la infancia empezó con el anuncio de que el niño que estaba a punto de nacer se llamaría Jesús "porque [salvaría] a su pueblo de sus pecados" (1:21). A medida que se desarrolla el relato, Jesús hace declaraciones sobre perdonar pecados (9:1-8) y sobre proporcionar un rescate para muchos (20:28). Al menos en cuatro ocasiones, Jesús predijo que sería entregado por los líderes judíos para ser ejecutado a manos de los gentiles (16:21; 17:22-23; 20:17-19; 26:2).

Para los lectores de Mateo, aquellos pasajes del Antiguo Testamento que hablaban de una forma tan oscura de un Siervo Sufriente que traería el perdón del pecado son ahora claros como el cristal (p. ej., Is 42:1-4; 52:13–53:12). Apuntan a la crucifixión de su Mesías, que trae la verdadera redención en su sacrificio en la cruz. Mateo narra estos acontecimientos escuetamente, con poco comentario sobre su significado. Pero sus lectores no lo necesitan, porque lo entienden perfectamente: Jesús es el Mesías crucificado, cuya muerte libera a su pueblo por medio del horror inimaginable de morir por el pecado de ellos y en su lugar. Con tristeza, lleno de aflicción, aunque con un gozo impensable, vemos cómo nuestro Salvador se dirige hacia la cruz.

El relato completo de los acontecimientos de la crucifixión que conduce a la muerte de Jesús, tal como los recogen los cuatro Evangelios, es como sigue:

1. Llegada al Gólgota (Mt 27:33)
2. Jesús se niega a beber el vino mezclado con hiel que le ofrecen los soldados (27:34)
3. Se reparten la ropa de Jesús (27:35)
4. El cartel sobre la cabeza de Jesús: "ESTE ES JESÚS, EL REY DE LOS JUDÍOS" (27:37)
5. Lo crucifican entre dos ladrones (27:38)
6. *Primera* exclamación desde la cruz: "Padre, perdónalos, porque no saben lo que hacen" (Lc 23:34)
7. Todos los que pasan por allí se burlan de Jesús (Mt 27:39-44)
8. Conversación con los ladrones (Lc 23:39-43)
9. *Segunda* exclamación desde la cruz, al ladrón: "Te aseguro que hoy estarás conmigo en el paraíso" (Lc 23:43).
10. *Tercera* exclamación, a su madre: "Mujer, ahí tienes a tu hijo", y al discípulo: "Ahí tienes a tu madre" (Jn 19:26-27).
11. La oscuridad se impone en la escena del Gólgota (Mt 27:45)

12. *Cuarta* exclamación: "Dios mío, Dios mío, ¿por qué me has desamparado? (27:46)
13. *Quinta* exclamación: "Tengo sed" (Jn 19:28)
14. *Sexta* exclamación: "Todo se ha cumplido" (Jn 19:30)
15. *Séptima* exclamación: "¡Padre, en tus manos encomiendo mi espíritu! (Lc 23:46)[1]
16. Jesús muere y entrega su espíritu (Mt 27:50; *cf.* Jn 19:30)

Los soldados azotan a Jesús y se burlan de él (27:28-31)

Una vez Pilato ha pronunciado el veredicto de muerte (27:26), sus soldados llevan a Jesús al pretorio, donde es azotado. Era la residencia oficial del gobernador romano, pero el término también se usaba con respecto al campamento de las tropas que le servían. Se debate el lugar donde Pilato residía cuando estaba en Jerusalén, aunque lo más probable es que fuera en el palacio de Herodes (ver comentarios sobre 27:19). Cada una de las tres posibles residencias había sido edificada para hacer las veces de fortaleza, de manera que en la residencia de Pilato había un gran contingente militar disponible.[2]

En el pretorio, Jesús está en pie, rodeado por los soldados de Pilato. La expresión "toda la tropa [*speira*]" puede indicar una cohorte militar romana, entre 400 y 600 soldados,[3] que es la décima parte de una legión. Pero el término también se usaba para una *manípula* (la tercera parte de una cohorte, es decir, entre 120 y 200 soldados).[4] Josefo afirma que un gran contingente de soldados romanos estaba permanentemente acuartelado en la Fortaleza Antonia.[5] La expresión "soldados del gobernador" (27:27) puede indicar que, además de la cohorte en Antonia, una *manípula* más pequeña se alojaba en el anterior palacio de Herodes el Grande[6] como guardia personal de Pilato. Teniendo esto último en mente, a Jesús lo rodea un grupo escarnecedor de al menos uno o dos centenares de soldados.

Jesús ya ha sido azotado (ver comentarios sobre 27:26). Como parte típica del trato que recibían los que estaban a punto de ser crucificados, los soldados despojan a Jesús de su propia ropa y lo visten con una túnica escarlata. Los soldados romanos de Jerusalén, en aquella época, eran famosos por jugar a un juego cruel con los prisioneros condenados y, en especial, con los bandidos revolucionarios. Se disfrazaba al reo de rey burlesco y se le usaba como un juguete. A cada

1. De las siete exclamaciones de Jesús desde la cruz, Lucas recoge tres (1, 2, 7) y Juan, tres (3, 5, 6). Mateo y Marcos solo mencionan la cuarta.
2. Page, *Jesus and the Land,* 147-48; Rousseau y Arav, "Jerusalem, Herod's Palace", 151-52.
3. Parecido a un batallón del Ejército de Estados Unidos.
4. BDAG. Similar a una compañía del Ejército de Estados Unidos.
5. Josefo, *Guerras.* 5.5.8 §244. Esto respaldaría la opción de que Antonia fuera la residencia de Pilato.
6. Para conocer el contexto de los contingentes militares romanos, ver Everett Ferguson, *Backgrounds of Early Christianity,* 2ª ed. (Grand Rapids: Eerdmans, 1993), 46-52.

tirada del "dado", se iba desplazando al "rey" prisionero alrededor de un tablero grabado en el suelo. Los soldados le lanzaban improperios al simulado rey[7] y lo maltrataban físicamente, todo para entretenimiento de las tropas. Los cargos contra Jesús lo convierten en una presa fácil para este desgarrador pasatiempo. Los soldados lo disfrazan y se ríen de él como "rey de los judíos".

La "túnica escarlata" que lleva uno de los soldados romanos se convierte en un simulado manto real. Ramas entrelazadas con espinas representan la corona de imitación, y tal vez infligían heridas a su cabeza, a modo se maliciosa imitación de la corona de un emperador romano. Un "báculo" común de madera es la farsa de mal gusto que representa el cetro de un gobernante. Ese palo se utilizará para golpear a Jesús una y otra vez en la cabeza, mientras le escupen y le lanzan una sarta de insultos. Jesús sufrió un trato cruel parecido en casa de Caifás, después de ser condenado. Allí, la guardia del sumo sacerdote jugó a un juego brutal con él para ridiculizar su afirmación de la profecía (26:68); aquí, los soldados romanos lo utilizan para un juego aún más brutal para mofarse de su declaración de ser el rey mesiánico de Israel (27:29).[8]

Tras el cruel entretenimiento, los soldados vuelven a vestir a Jesús con su propia ropa para recorrer el fatídico camino por las calles de Jerusalén, hasta el lugar donde lo crucificarán, fuera de los muros de la ciudad.

El camino hacia el Gólgota (27:32-34)

La costumbre requería que los criminales condenados a morir llevaran a cuestas, hasta el escenario de la crucifixión, el pesado travesaño de la cruz (*patibulum*), sobre el que serían clavados.[9] Aquel trozo de madera se aseguraba entonces al poste vertical (*palus*), y toda la cruz se alzaba en el aire, con la víctima sujeta a ella. El *patibulum* solía pesar entre 13 y 18 kilos aproximadamente, y se ataba a los hombros, por la espalda. Jesús ya había sido azotado (27:26), casi hasta el borde de la muerte. Los azotes y la pérdida de sangre lo habían debilitado tanto que a duras penas podía caminar y llevar el *patibulum,* por las tremendas heridas de su piel, sus músculos y sus órganos internos.

Simón de Cirene (27:32). Al abandonar sus cuarteles militares en el palacio de Pilato para crucificar a Jesús, los soldados reconocen que Jesús no puede llevar la cruz hasta el lugar de la ejecución. Al parecer, escogen al azar a un hombre llamado Simón, de la ciudad de Cirene, y lo obligan a llevar la cruz. Cirene era una ciudad en el norte de África, que contaba con una gran población judía (como Alejandría). Probablemente, Simón es un judío que ha peregrinado hasta

---

7. Ver Wilkins, "Mateo", 177, para una imagen del pavimento de la Vía Dolorosa, de la época romana, que tiene inscripciones relacionadas con el "juego del rey". Ver también Page, *Jesus and the Land,* 149-51.
8. Flusser, *Jesus,* 169.
9. Ver Plutarco, *Moralia* 554A/B; *cf.* 554D; *De sera numinis vindicta* (*Sobre la demora de la venganza divina*) 9.

Jerusalén para la Pascua.[10] Como la mayoría de los peregrinos, Simón permanecería allí hasta Pentecostés. La tradición nos dice que este incidente de llevar la cruz de Jesús impactó tanto a Simón que se convirtió al cristianismo, tal vez por la predicación de Pedro en el día de Pentecostés (*cf.* Hch 2:41; 4:4).

Gólgota (27:33). Los soldados escoltaron a Jesús y a Simón hasta llegar al lugar de la crucifixión, que Mateo dice llamarse "Gólgota". El nombre es una transliteración de la palabra aramea para "calavera", que Mateo aclara proporcionando una traducción griega "que significa Lugar de la Calavera". La designación común "Calvario" viene del término en latín para calavera, *calvaria.* A la identidad y el enclave del lugar se les ha prestado una atención considerable a lo largo de la historia. No se ha encontrado jamás un lugar en la antigua Jerusalén conocido como Gólgota, pero se sugieren tres razones principales para el nombre: (1) Era un lugar de ejecución; (2) era un lugar conocido por las numerosas tumbas; (3) el enclave tenía, en cierto modo, la forma de una calavera.

Las claves más importantes para la identidad y la ubicación del Gólgota son las siguientes. (1) El lugar debía estar fuera de Jerusalén, porque la ley romana (y la ley judía, Lv 24:14) exigía que la crucifixión se produjera fuera de la ciudad. (2) Debió de haber sido un punto bastante llamativo, probablemente no lejos de una de las puertas de la ciudad y cerca de una carretera principal, porque los romanos usaban la crucifixión como elemento disuasorio y querían que fueran testigos de aquella escena espantosa el mayor número de personas posible (ver comentarios sobre 27:39). (3) Cerca había un huerto con una tumba. Esta le pertenecía a José de Arimatea, quien más tarde reclamó el cuerpo de Jesús y lo colocó allí (Jn 19:41-42).

Se han sugerido dos enclaves principales. (1) Un lugar popular es la colina de Gordon, con su tumba del huerto, que recibe su nombre del general Charles George Gordon, un conocido héroe militar británico. Durante un breve servicio en Israel (1883), identificó una colina que tenía la forma de una calavera, situada al norte del muro septentrional de la Ciudad Vieja de Jerusalén. Bajo la colina hay un inmenso cementerio subterráneo, incluida una cripta que se identifica como la sepultura de Jesús. Sin embargo, estas tumbas no se utilizaron en el siglo I, de manera que no se puede asegurar que fuera la tumba recién cavada de José de Arimatea.[11]

10. El Evangelio de Marcos hace una referencia de pasada a "un cierto hombre de Cirene, Simón, padre de Alejando y Rufo" (Mr 15:21), lo que sugiere que Alejandro y Rufo eran personas conocidas para la audiencia de Marcos, que muy probablemente es la iglesia en Roma (*cf.* Ben Witherington III, *The Gospel of Mark: A Socio-Rhetorical Commentary* [Grand Rapids: Eerdmans, 2001], 393-94; para la bibliografía ver Thomas R. Schreiner, *Romans* [BECNT; Grand Rapids: Baker, 1998], 791). Muchos sugieren que Rufo, en Marcos, es la misma persona llamada Rufo a quien Pablo se dirige en sus saludos a la iglesia de Roma (Ro 16:13; *cf.* Alejandro en Hch 19:33).
11. Para imágenes de la tumba del huerto, ver Wilkins, "Matthew", 182. Para una explicación adicional, ver Gabriel Barkay, "The Garden Tomb: Was Jesus Buried Here?", *BAR* 12

(2) El mejor candidato es el lugar donde el emperador Constantino edificó la "Iglesia del Santo Sepulcro" como monumento conmemorativo de la crucifixión y sepultura de Jesús. Está situado en el corazón del barrio cristiano de la Ciudad Vieja, dentro del recinto del muro. Tres comunidades cristianas —la armenia, la griega y la latina— señalan este enclave, al oeste de la ciudad de Jerusalén, como lugar de la crucifixión y sepultura de Jesús. La mayoría de los eruditos concuerdan por varias razones. (a) Durante la época de Jesús, esta ubicación se encontraba fuera de los muros de la ciudad. Un muro posterior, construido por Herodes Agripa entre el 41 y el 44 A.D. cercó este enclave dentro de la ciudad. (b) La zona estaba cerca de una vía pública. (c) El enclave era una antigua cantera de calizas cuya piedra aprovechable se había agotado hacia el siglo I A.C. En aquel tiempo, la cantera se había rellenado y se usaba como jardín o huerto, y en el cambio de siglo albergaba ya un gran terreno para sepulturas.[12]

Vino e hiel (27:34). En el lugar de la crucifixión, los soldados romanos le ofrecieron a Jesús "vino [...] mezclado con hiel". Sin embargo, después de que hubo probado aquel brebaje, se negó a beberlo. La tradición rabínica indica que, cuando se llevaba a un prisionero hasta el lugar de su ejecución, se le ofrecía un vaso de vino que contenía un grano de incienso para adormecer sus sentidos (*b. Sanh.* 43a, citando Pr 31:6). La práctica se realizaba por compasión. Algunos eruditos han sugerido que, como Jesús se negó a tan compasiva atención, podemos suponer que deseaba experimentar la plenitud de su sacrificio expiatorio sin tener los sentidos embotados.[13]

Sin embargo, los que han llevado a Jesús al Gólgota son los que le brindan el bebedizo, y ellos difícilmente podrían sentir compasión por él. Ya lo han azotado y se han burlado de él. Lo más probable es que esta bebida sea otro intento de crueldad por parte de los soldados romanos. Fingiendo presentarle una copa que lo refresque, el vino ha sido mezclado con "hiel", una hierba amarga que incluso puede ser venenosa. Cuando Jesús prueba la acibarada poción, sabe que no es para hacerle un favor, sino otra forma de tortura. La amargura no hará más que intensificar su sed abrasadora (ver Sal 69:20-21). Como el rey David antes que él, Jesús, el Rey Mesías también busca compasión, pero solo encuentra burla (*cf.* también Lc 23:36).[14]

(marzo-abril 1986): 40-57; John McRay, "Tomb Typology and the Tomb of Jesus", *Archaeology in the Biblical World* 2/2 (primavera 1994): 34-44.

12. Se puede ver la imagen de una cámara dentro de la Iglesia del Santo Sepulcro y la recreación de un artista de los distintos niveles de la tumba original y de los monumentos de Constantino en relación con un edificio posterior, en Wilkins, "Matthew", 184-85. Para una explicación adicional, ver Dan Bahat, "Does the Holy Sepulchre Church Mark the Burial of Jesus?", *BAR* 12 (mayo-junio 1986): 26-45; Joan E. Taylor, "Golgotha: A Reconsideration of the Evidence for the Sites of Jesus' Crucifixion and Burial", *NTS* 44 (1998): 189-203; Flusser, *Jesus,* 255-57.
13. P. ej., Morris, *Matthew,* 715; Keener, *A Commentary on the Gospel of Matthew* (1999), 678.
14. *Cf.* Carson, "Matthew", 575; Hagner, *Matthew,* 2:834-35.

Jesús es crucificado (27:35-38)

Los escritores de los Evangelios no se centran en los detalles de la crucifixión de Jesús. Recientes estudios históricos y arqueológicos han ayudado a aportar un sentido realista de sus horrores para nosotros que vivimos tan alejados de esta práctica.[15] La crucifixión era una forma dolorosa y lenta de ejecución. Los que pasaban por allí gritaban insultos al crucificado (*cf.* 27:39). Después de dos o tres días de agonía, la víctima solía morir de sed, agotamiento y por estar a la intemperie. Las manos se clavaban o ataban al travesaño, que se levantaba después y se fijaba al poste recto, al que se sujetaban los pies con clavos. La muerte se adelantaba, en ocasiones, quebrando las piernas de la persona; pero este no fue el caso de Jesús, ya que estaba tan débil por los azotes recibidos que se encontraba al borde de la muerte (*cf.* Jn 19:33).

Los guardias echan suertes y siguen vigilando (27:35-37). En la primera de una serie de alusiones al salmo 22,[16] Mateo cita prácticamente de forma literal Salmos 22:18, de la LXX, pero sin usar ningún tipo de fórmula de cumplimiento, como hace en otros lugares. A pesar de ello, sus lectores saben que al repartirse los soldados su ropa echándola a suertes estaban cumpliendo las Escrituras. En el Antiguo Testamento se echaban las suertes para descubrir la voluntad de Dios en diversos asuntos, como el chivo que se debía sacrificar en el día de la expiación (Lv 16). Pero aquí la suerte es en forma de juego por parte de la guardia romana, ya que se reparten lo que queda de la ropa de Jesús, que probablemente no era gran cosa. Al hacerlo, le arrebatan su dignidad externa final y su protección de las moscas y de los elementos que torturan su cuerpo golpeado.

Una vez que Jesús queda fijado a la cruz y esta se levanta, los soldados se sientan a observar, posiblemente para asegurarse de que ninguno de sus muchos seguidores intente rescatarlo. Solo Mateo menciona este detalle que prepara el camino para sus percepciones de los detalles posteriores con respecto a las reacciones de los guardias ante la muerte y la resurrección de Jesús (27:54, 62-66; 28:11-15).

Mientras contemplan cómo muere Jesús, los soldados llevan a cabo algo que era probablemente una práctica regular para disuadir de que se cometieran crímenes como el que resultó en la crucifixión de Jesús. Él fue falsamente acusado y condenado por ser el sedicioso Rey mesiánico de los judíos (*cf.* 27:11-14; ver comentarios sobre 27:1-2). Para desalentar a cualquier judío que pensara seguir su sedición o causar otro tipo de sublevación contra Roma, los soldados colocaron un cartel sobre su cabeza donde figuraba el cargo por el que lo ejecutaban: "ESTE ES JESÚS, EL REY DE LOS JUDÍOS". Quizás lo habrían obligado a llevarlo colgado del cuello mientras caminaba hacia el Gólgota. Sin embargo, es curioso, pero la inscripción era una declaración de verdad sobre Jesús. Él *es* el

15. El estudio histórico más importante es Martin Hengel, *Crucifixion in the Ancient World and the Folly of the Message of the Cross* (Filadelfia: Fortress, 1977), 77.
16. Ver también 27:39, 42-43, 46.

rey de los judíos, rechazado e incriminado por aquel mismo pueblo al que había venido a redimir.

Los dos ladrones (27:38). Jesús no está solo en el Gólgota. A ambos lados se encuentran dos "ladrones" (*lestes*). No son ladrones comunes, sino insurrectos políticos (*cf.* comentarios sobre Mt 27:16). Este mismo término apareció con anterioridad cuando Jesús reprendió a los que fueron a arrestarlo en Getsemaní, como si él fuera un *lestes* (26:55); también describía a Barrabás (Jn 18:40). Al parecer, Pilato estaba capturando, arrestando y condenando a aquellos que agitaban a las multitudes para crear una insurrección. De no haber escogido el pueblo a Barrabás en lugar de Jesús, tal vez lo habrían crucificado a él con estos compatriotas rebeldes también implicados en las revueltas. Pero no fue así; acusaron falsamente a Jesús de aquellos crímenes políticos y tuvo la ejecución de un rebelde. Los dos hijos de Zebedeo habían pedido el privilegio de sentarse a la derecha y a la izquierda de Jesús en su reino (20:21); con amarga ironía, Mateo menciona que dos criminales rebeldes son quienes lo acompañan, en una cruz y no en un trono.

Se burlan del Mesías (27:39-44)

Esta sección es el triste escenario de tres grupos que lanzan improperios a Jesús, mientras está en la cruz: el pueblo, los líderes religiosos que lo han condenado y los dos ladrones. En el caso de los dos primeros grupos, las cuestiones están relacionadas de forma similar con su identidad como Hijo de Dios.

El pueblo (27:39-40). "Los que pasaban" puede incluir a quienes entraban o abandonaban la ciudad de manera aleatoria, pero también los que han presenciado los juicios. Los han convencido de las acusaciones contra Jesús, porque "meneaban la cabeza y blasfemaban contra él". La expresión "blasfemaban contra él" es literalmente "le gritaban insultos", indicando que se ríen de él por sus afirmaciones blasfemas (ver comentarios sobre 26:65-66) y por la falsa acusación de que destruiría el templo y lo reedificaría en tres días (*cf.* 26:61). Es una mofa por la aseveración de Jesús con respecto a su poder sobrenatural. Si de verdad poseía tales poderes, debería ser capaz de salvarse a sí mismo

Al principio del ministerio de Jesús, el diablo lo tentó del mismo modo (4:3, 6); ahora, el pueblo le lanza otra cruel tentación para que escape de la cruz: "¡Si eres el Hijo de Dios, baja de la cruz!". La burla de ellos dice más de lo que saben, pero Jesús seguirá adelante para cumplir la voluntad del Padre, como lo afirmó con decisión, por tres veces, en Getsemaní (26:39-44). Los lectores de Mateo escucharán, en estos escarnios de los transeúntes, otra alusión al salmo 22: "Pero yo, gusano soy y no hombre; la gente se burla de mí, el pueblo me desprecia. Cuantos me ven, se ríen de mí; lanzan insultos, meneando la cabeza" (Sal 22:6-7).

Los líderes religiosos (27:41-43). Los líderes religiosos que formaban el Sanedrín —los principales sacerdotes, los maestros de la ley y los ancianos— se unen a la burla. Su presencia indica, de la manera más plena, que los que observan la crucifixión no están allí por casualidad. Los oficiales de mayor cargo en Israel han seguido a Jesús hasta el Gólgota deliberadamente, para gritar sus insultos finales a este al que desprecian por ser quien es en realidad. Luego le echan en cara la afirmación que hizo cuando lo estaban juzgando (ver comentarios sobre 26:64).

Como el pueblo, se burlan de él por reivindicar tener poderes sobrenaturales. ¿Cómo puede salvar a otros y no a sí mismo? Lo han visto sanar a los enfermos, rescatar a los endemoniados y hasta resucitar a personas de entre los muertos. A lo largo de su ministerio, ellos lo han estado probando pidiéndole señales de su verdadera identidad (12:38-39). Ahora no se dirigen a él directamente cuando piden una señal; más bien, con cruel irrisión, se miran unos a otros y bromean: "Que baje ahora de la cruz, y así creeremos en él".

Mateo alude de nuevo al salmo 22 (*cf.* Mt 27:35) al mofarse los líderes religiosos de la supuesta confianza de Jesús en Dios (Sal 22:8).[17] Si de verdad es el Hijo de Dios, este no permitiría que muriera en una cruz. Para ellos, un Mesías crucificado es algo impensable. La prueba definitiva de su identidad que ellos querrían sería que Dios rescatara a su Hijo. Pero, como Jesús declaró con anterioridad, la señal concluyente de quién él es será su resurrección de los muertos, que a su vez también será la indicación del juicio divino sobre estos líderes religiosos (Mt 12:40-42). Aunque se burlen de él diciéndole que se salve a sí mismo, Jesús debe proseguir con la misión de su vida hasta el final, porque allí salvará el Hijo de Dios a la humanidad.

Los ladrones (27:44). Los dos hombres entre los cuales crucifican a Jesús se unen a la mofa, amontonando insultos sobre él. Parece incongruente que los otros dos que estaban padeciendo la misma ejecución que él lo insultaran, pero Lucas aporta algunos detalles. Uno de ellos ridiculiza a Jesús por su afirmación inútil de ser el Mesías: "¿No eres tú el Cristo? ¡Sálvate a ti mismo y a nosotros!" (Lc 23:39). Pero Lucas sigue narrando que el otro bandido detiene la ridiculización y reconoce la inocencia de Jesús. Manifiesta una forma de arrepentimiento que, según declara Jesús, hará que el ladrón penitente se una a él en el paraíso (cielo) aquel mismo día (23:40-43).

La muerte de Jesús el Mesías (27:45-50)

El tono de burla de los testigos en el Gólgota se vuelve de repente sombrío, a medida que la oscuridad va cayendo sobre la tierra, desde la hora sexta hasta

17. Los líderes religiosos aplican las palabras de Salmos 22:8 a Jesús de una forma en que están consciente (Hagner, *Matthew,* 2:839) o inconscientemente (Carson, "Matthew", 577; Keener, *A Commentary on the Gospel of Matthew* [1999], 681) al tanto de la relación. Si son conscientes, están burlándose de Jesús por establecer un paralelismo con una conocida profecía mesiánica. Si no lo son, es como la profecía inconsciente que Caifás pronunció (Jn 11:51-52).

la novena (es decir, desde las doce del mediodía hasta las tres de la tarde). No se trata de un eclipse solar, porque la Pascua tenía lugar en luna llena; más bien es un acto insólito de Dios. Jesús ya lleva unas tres horas en la cruz (Mr 15:25).

La oscuridad (27:45). En el Antiguo Testamento, como en el Nuevo Testamento, "oscuridad" es un término evocador. Si la luz simboliza a Dios, la oscuridad sugiere todo lo que es contrario a él: los impíos (Pr 2:13-14; 1Ts 5:4-7), el juicio (Éx 10:21; Mt 25:30) y la muerte (Sal 88:13). La salvación trae luz a los que están en tinieblas (Is 9:1; Mt 4:16). El momento del juicio supremo de Dios, el día del Señor, es un día de oscuridad (Am 5:18, 20; Jl 2:2; Sof 1:15; Mt 24:29; Ap 6:12-17). Las tinieblas manifiestan aquí una limitación sobre el poder de Satanás (*cf.* Lc 22:53), lo disgustado que Dios está con la humanidad por crucificar a su Hijo, y el juicio divino sobre los pecados del mundo.[18]

***Elí, Elí, ¿lama sabactani?* (27:46).** Alrededor de las tres de la tarde, el cuerpo torturado de Jesús está casi sin vida. Desde la oscuridad que rodea el Gólgota, la voz de Jesús grita: *Elí, Elí, ¿lama sabactani?,* que significa: "Dios mío, Dios mío, ¿por qué me has desamparado?". La relación entre las tinieblas y la exclamación de Jesús es estrecha: la penumbra es un símbolo de su contenido agónico.[19] Una vez más, la escena de la crucifixión recuerda el lamento del rey David en Salmos 22:1. David sigue contando su vindicación (21:21-22), pero el grito de Jesús no llega tan lejos. Los lectores de Mateo, que conocen toda la historia, pueden pensar en la totalidad del salmo 22 como pronóstico de la vindicación de Jesús mediante la resurrección. Pero Mateo se centra en el abandono de Jesús, un tema que impregna el relato.[20]

De las siete exclamaciones de Jesús desde la cruz, este es el único que mencionan Mateo y Marcos, y su significado es profundamente difícil de entender por completo.[21] Mateo no interpreta su significado, aunque esta exclamación indica que la muerte de Jesús no lo toma por sorpresa. Aun así, no es la declaración de victoria que surge, en última instancia, de Jesús al concluir su sacrificio expiatorio y que Juan recoge (Jn 19:30). Mateo nos proporciona un enfoque singular sobre los sentimientos de Jesús al verse abandonado en la cruz. Para poder llevar el pecado de su pueblo, tiene que apartarse del Padre (Mt 1:21; 20:28; 26:28).

---

18. Wilkins, "Darkness", *BTDT,* 142-43; Hans Conzelmann, "σκότος, κτλ". *TDNT,* 7:423-45; H. C. Hahn, "Darkness", *NIDNTT,* 1:420-25.
19. Hendriksen, *Matthew,* 970.
20. P. ej., Boring, "Matthew", 492.
21. Hagner afirma sobre esta exclamación de Jesús: "Es uno de los misterios más impenetrables de todo el relato de los Evangelios", y: "Tal vez sea mejor dejar sencillamente que las palabras se presenten tal como son, duras en su impenetrabilidad para nosotros, los mortales" (Hagner, *Matthew,* 2:845-46). Morris resalta: "Los cristianos piadosos y serios siempre han encontrado estas palabras muy difíciles" (Leon Morris, *The Cross of Christ* [Grand Rapids: Eerdmans, 1988], 67). Para una explicación sobre cómo percibió Jesús su propia muerte, ver Scot McKnight, "Jesus and His Death: Some Recent Scholarship", *CurBS* 9 (2001): 185-228.

Está cargando con la retribución divina y el castigo por el pecado, al derramarse la copa de la ira del Padre sobre él, en castigo divino.

Jesús no solo lleva la carga del pecado de la humanidad, sino que se convierte en pecado por nosotros (ver 2Co 5:21). Dios lo maldijo por nosotros, "Porque escrito está: 'Maldito todo el que es colgado de un madero'" (Gá 3:13). William Hendriksen comenta gráficamente sobre la oscuridad que presagia la exclamación de Jesús:

> La oscuridad significaba juicio, el juicio de Dios sobre nuestros pecados, su ira como si ardiera y saliera del corazón mismo de Jesús, de manera que él, como Sustituto nuestro, sufrió la más intensa agonía, la aflicción más indescriptible, el aislamiento o abandono más terrible. El infierno vino al Calvario aquel día y el Salvador descendió a él y llevó sus horrores en nuestro lugar.[22]

El abandono de Jesús es horrendo, pero tiene un propósito.

De la reflexión teológica posterior entendemos que, aunque el Padre abandonó a Jesús, esto no afectó a su relación ontológica; es decir, Jesús no fue apartado en su esencia o sustancia del Padre, como la segunda Persona de la Trinidad. Más bien, la humanidad divinamente sostenida de Jesús experimentó conscientemente el castigo total de la muerte por los pecados de la humanidad. Anteriormente él había dicho a sus discípulos que la misión de su vida consistía en ser el "rescate por muchos" (20:28). Aquí se lleva a cabo esta predicción fatal. Establece el fundamento para la doctrina teológica de la expiación en la que el sacrificio de Jesús en la cruz es de "sustitución penal" o "expiación vicaria": Jesús sufre el castigo que nos corresponde a nosotros por nuestro pecado. La paga del pecado es la muerte (Ro 6:23), y, en su separación de Dios, experimenta el castigo mortal por los pecados de la humanidad.[23]

Pero, incluso en la profundidad del abandono de Jesús a su sacrificio expiatorio, sigue sabiendo que esta experiencia no es de desesperación; sigue llamando a su Padre "Dios mío, Dios mío". La separación relacional que se produjo mientras llevó los pecados de la humanidad no puede separarlo por completo de Dios, porque su confianza consumada en el Padre le hace esperar que no será abandonado para siempre y porque la unidad ontológica entre ellos es indisoluble.

Los espectadores piensan en Elías (27:47-49). El clamor de Jesús a Dios en arameo (*elí, elí;* 27:46) suena parecido al nombre hebreo para Elías (*eliyyah*), de modo que los espectadores se confunden creyendo que intenta invocar al profeta. Al sonido de su grito, alguien de entre la multitud corre en busca de una esponja que empapa en vinagre y, pinchándola en un palo, la acerca para que Jesús beba. Esa bebida ofrecida es *oxos,* un vino agrio que el pueblo común y

22. Hendricksen, *Matthew,* 970.
23. Para una explicación completa de la doctrina de la expiación, ver Erickson, *Christian Theology,* 802-23; Grudem, *Teología sistemática,* 595-634.

los soldados usaban como bebida diaria con las comidas. Aliviaba la sed de un modo más eficaz que el agua y, al ser más barato que el vino corriente, era la bebida favorita de las clases más bajas de la sociedad. Quizá uno de los espectadores (¿un soldado romano?) tiene un acto de bondad y de misericordia para con Jesús. O tal vez esta persona esté continuando con la burla anterior (ver comentarios sobre 27:34), nada indica que la mofa de las multitudes haya cesado.

Si esta persona está intentando darle a Jesús una bebida compasiva, la multitud no quiere nada de esto. O, si está llevando adelante la burla, dándole a Jesús hiel amarga, los espectadores no quieren que nada interfiera en su cruel entretenimiento. Le dicen que deje de dar de beber a Jesús para que puedan ver si Elías viene a rescatarlo.[24] La mayoría de la muchedumbre está jugando con Jesús por su propia curiosidad o diversión. Sin embargo, sin que ellos lo sepan, Dios observa su crueldad y desde luego que rescatará a su Hijo de la muerte, resucitándolo una vez acabada la obra redentora de la cruz. Tan profundo amor por aquellos que son tan crueles es inimaginable.

Jesús entrega su espíritu (27:50). Jesús sabe que su sufrimiento está llegando a su fin. Clama de nuevo en voz alta. Ni Mateo ni Marcos nos proporcionan el contenido de la exclamación final de Jesús, pero la implicación es que se trata de la agonizante experiencia final de separación del Padre al llevar el castigo por el pecado de la humanidad. A continuación, "entrega su espíritu" (*cf.* "expiró" en Mr 15:37). Es una representación abreviada para la experiencia de la muerte, aunque ninguno de los escritores de los Evangelios describe la muerte de Jesús diciendo simplemente: "Murió", un indicio de que ven su muerte como singularmente única.

En realidad, Mateo muestra que, hasta el final mismo, Jesús mantiene un control volitivo sobre su destino. Se acerca voluntariamente a su muerte (*cf.* Jn 10:17-18). Esto apunta a lo que el Evangelio de Juan aclara de forma explícita: que Jesús llega al reconocimiento de que ha pagado por completo la deuda por el pecado; con un grito de victoria, Jesús exclama: "Consumado es" (Jn 19:30). Juan usa una sola palabra, *tetelestai*, para recoger este triunfo, una frase usada con frecuencia en este sentido en los antiguos recibos griegos: "Pagado por completo". La redención que Jesús vino a conseguir se realizó de una vez por todas.

Testimonios de la muerte de Jesús (27:51-54)

Mateo recoge de inmediato varios acontecimientos que siguen a la muerte de Jesús, y que proporcionan un testimonio histórico y teológico relevante para explicar el impacto de la muerte de Jesús.

Testimonio del templo (27:51). El primer testimonio procede del templo, donde, en el momento de la muerte de Jesús, "la cortina del santuario del templo se

24. Ver Hans W. Heidland, "ὄξος", *TDNT,* 5:288-89.

rasgó en dos, de arriba abajo". El término para cortina (*katapetasma*) se usa en la LXX, tanto para la cortina entre el lugar santo y el santísimo (p. ej., Éx 26:31-35; 27:21; 30:6; 2Cr 3:14) como para la entrada al Lugar Santo (p. ej., Éx 27:37; Nm 3:26). La primera opción es más probable aquí (*cf.* Heb 6:19; 9:3; 10:20). La cortina era de una tela de elaborado tejido, con setenta y dos trenzados retorcidos de veinticuatro hilos cada uno, y el velo medía dieciocho metros de alto por nueve de ancho.[25]

Hacía falta romper con fuerza para rasgar tan imponente velo, de modo que el incidente supone un testimonio memorable del significado de la muerte de Jesús en la cruz. Este desgarro de la cortina que separaba el Lugar Santísimo del resto del templo recalca la eliminación de la separación entre Dios y el pueblo, y es una señal adicional del juicio divino sobre la actividad del templo de Israel (*cf.* 21:12-22). La cortina de dieciocho metros de alto se dividió de arriba abajo, y esto indicaba que Dios mismo abolía la separación del Lugar Santísimo, recalcando que la forma nueva y viva estaba ahora abierta para que todas las personas entren a su presencia por medio del sacrificio de Jesús en la cruz (Heb 10:20; Ef 2:11-22). Dado que solo la aristocracia sacerdotal se habría enterado del desgarro del velo, lo más probable es que tan solo unas pocas semanas más tarde, cuando numerosos sacerdotes se convirtieron (Hch 6:7), ellos mismos serían quienes informaron a la comunidad cristiana sobre este suceso.[26]

El sistemático énfasis de Mateo sobre el "cumplimiento" alcanza aquí su cima. Jesús cumplió toda justicia cuando acometió su ministerio terrenal (3:15-17), observó la Ley y los Profetas, ya que declaró autoritativamente cuál era su sentido original (5:17-48), y en su ministerio llegó uno mayor que el templo (12:6). Que la cortina del templo se rasgara da testimonio de que el sacrificio de Jesús en la cruz ha cumplido las esperanzas expresadas en los años de sacrificios en el templo. Jesús es el gran sumo sacerdote, cuyo sacrificio es la satisfacción permanente de la ira de Dios sobre el pecado de la humanidad (Heb 4:14–5:10). Jesús es el nuevo templo, al que se puede acceder de forma permanente, y todos los que acudan a él son reconciliados con el Padre.

Testimonio de los muertos (27:51b-52). El segundo testimonio es un conjunto de terremotos que parte en dos las rocas y resucita cuerpos. Mateo dice primero que "la tierra tembló y se partieron las rocas". Este lenguaje implica que es una relevante reacción terrenal a los sucesos divinos en la cruz. Por las características geológicas de Palestina, que se asienta sobre una importante falla sísmica, un terremoto no sería algo poco habitual, pero si va acompañado por rocas que se parten y tumbas que se abren, esto es otro testimonio relevante del significado de la crucifixión de Jesús. Otro terremoto atestiguará pronto otro acontecimiento divino importante: la resurrección de Jesús (*cf.* 28:2).

25. Ver *m Šeqal.* 8.5; Josefo proporciona una detallada descripción de la cortina en *G. J.* 5.5.4 §§212-13.
26. *Cf.* Keener, *A Commentary on the Gospel of Matthew* (1999), 687.

Mateo menciona a continuación un incidente que no figura en ninguno de los demás Evangelios: "Se abrieron los sepulcros, y muchos santos que habían muerto resucitaron. Salieron de los sepulcros y, después de la resurrección de Jesús, entraron en la ciudad santa y se aparecieron a muchos". Aunque los terremotos pueden causar desperfectos a las tumbas, porque están excavadas en la piedra, que los cuerpos resucitaran solo puede atribuirse a la acción directa de Dios, lo que implica que él está detrás del terremoto.

La única mención a estos sucesos en Mateo enfatiza la victoria sobre la muerte que logra el sacrificio de Jesús sobre la cruz. Se describe literalmente a los resucitados como "los santos que habían dormido" (27:52; NVI "habían muerto"), un modismo común del Nuevo Testamento para una persona que ha fallecido, pero cuyo destino eterno es seguro (p. ej., 1Co 11:30; 15:18, 20; 1Ts 4:13-15). Como en el caso de los testimonios anteriores de milagros, que los cuerpos de estos santos resucitaran de forma sobrenatural y se aparecieran en Jerusalén es un impresionante testimonio de la obra que Jesús realizó en la cruz y, después, en su resurrección.

La expresión "santos" se refiere probablemente a figuras piadosas del Antiguo Testamento, héroes y mártires de la historia de Israel escogidos para dar un testimonio milagroso de estos sucesos.[27] Podemos pensar en la forma en que Moisés y Elías fueron escogidos para aparecer junto a Jesús en el monte de la transfiguración (17:1-8). Pero, en este caso, es una resurrección corporal de dichas personas santas. Esto le permite ver al lector que incluso con el juicio que Jesús pronunció sobre el liderazgo israelita y su condena en los capítulos 23–24, Israel sigue estando en los planes de Dios.[28]

El inciso que la NVI coloca en 27:53, después de la frase "salieron de los sepulcros", da a entender que los cuerpos resucitaron en el momento del terremoto y, posteriormente, se aparecieron en Jerusalén. Parecería extraño tener cuerpos resucitados que permanecen en una tumba durante varios días hasta que hacen su aparición. Sin embargo, el texto griego no tiene puntuación, y la conjunción "y" no está en el texto. La mejor explicación es poner un punto después de la frase "salieron de los sepulcros" y empezar una nueva frase con la siguiente locución. De esta forma, se leería: "Y los cuerpos de muchos santos que habían muerto resucitaron. Saliendo de las tumbas, después de la resurrección de Jesús, fueron a la ciudad santa y se aparecieron a muchas personas".[29] Con esta interpretación, Mateo indica lo siguiente: (1) las tumbas se abren por los terremotos en la crucifixión de Jesús; (2) Jesús resucita tres días después; (3) los cuerpos de esos santos resucitan entonces y entran a la ciudad, apareciéndose a muchos.

27. Davies y Allison, *Matthew,* 3:633.
28. Ver Blomberg, *Matthew*, 421.
29. *Cf.* John W. Wenham, "When Were the Saints Raised?" *JTS* 32 (1981): 150-52; Carson, "Matthew", 581-82; Blomberg, *Matthew*, 421.

De esta forma, las tumbas que se han abierto milagrosamente en el momento de la muerte de Jesús son una prolepsis de su resurrección, y los cuerpos de los santos le siguen en tres meros días. Su aparición ante la gente de Jerusalén es un testimonio de la eficacia de la obra de Jesús en la cruz y la declaración de su victoria sobre la muerte en su resurrección y en la de ellos. Esto anticipa la enseñanza paulina sobre Jesús como primicia de los que durmieron (1Co 15:20-23).

Algunos catalogan este incidente como leyenda o, en todo caso, solo como relato teológico (es decir, teología presentada como historia). Sin embargo, poco hay en ninguno de los hechos que rodearon la crucifixión de Jesús (la oscuridad en la crucifixión, la cortina del templo rasgada de arriba abajo, un terremoto que abre las tumbas, y la resurrección de los santos del Antiguo Testamento) que tenga sentido a un nivel histórico normal. Son, todos ellos, sucesos únicos que testifican de manera uniforme de los actos únicos de Dios en la historia divina: la muerte vicaria de Jesús en la cruz y su resurrección de entre los muertos. Estos son testimonios extraordinarios y sobrenaturales que confirman "que Jesús es quien había afirmado ser y que su ministerio queda vindicado ante la nación".[30]

Recordando la imaginería de Ezequiel, que profetizó que el Señor Soberano abriría tumbas y resucitaría a algunos a la vida en el valle de los huesos secos (Ez 37:11-14), Mateo deja este suceso sin adornos, porque su significado queda claro. Derek Tidball dice: "La resurrección de estos santos es un adelanto de la resurrección que todos los creyentes pueden esperar. Por medio de la muerte de Jesús ha llegado un nuevo día, un día en el que la muerte ha sido derrotada por la muerte, y la resurrección a la vida eterna ya es posible".[31] Mateo no responde todas las preguntas como nos gustaría, sobre estos acontecimientos milagrosos, pero al narrarlos presenta un testimonio unificado de la confirmación sobrenatural de la identidad y de la misión de Jesús.

Testimonio de los gentiles (27:54). El tercer testimonio que le sigue a la muerte de Jesús es el del centurión y los guardias en el escenario de la crucifixión. El centurión, un oficial al mando de un centenar de soldados (ver comentarios sobre 8:5), ha estado probablemente de servicio desde el juicio romano de Jesús, la posterior flagelación y la mofa de los soldados. Es muy posible que haya sido testigo de muchas crucifixiones, pero los sucesos catastróficos del terremoto y de la apertura de las tumbas, además de la forma de morir de Jesús, se combinan para provocar la declaración: "¡Verdaderamente este era el Hijo de Dios!".

Las opiniones varían con respecto a lo que el centurión y los que estaban con él quisieron decir con esta exclamación. *(1) Una reacción pagana.* Algunos sugieren que es una reacción pagana a los acontecimientos dramáticos que se van desarrollando, pero esto no indica una fe verdadera. Sugieren que la expresión se puede interpretar mejor: "Verdaderamente este era hijo de un dios". El centurión

30. Darrell L. Bock, *Jesus According to Scripture: Restoring the Portrait from the Gospels* (Grand Rapids: Baker, 2002), 391.
31. Tidball, *The Message of the Cross,* 133.

y los que están con él consideran a Jesús meramente como una típica figura "hombre-dios", un gran héroe humano deificado a su muerte. Sin embargo, es más verosímil que el centurión y sus hombres estén comentando las acusaciones de los judíos contra Jesús, sin asociar lo ocurrido con estas deidades grecorromanas tan alejadas.

(2) Una respuesta de temor. Otros sugieren que la declaración de los soldados es un reconocimiento de culpa y derrota frente a lo divino. Están enormemente "aterrorizados", una expresión que implica pavor. Estos soldados son los mismos que trataron con brutalidad a Jesús y lo ejecutaron, y son personajes impíos durante el relato de la pasión. "El terror y el posterior grito de derrota por parte de los soldados del mal prefiguran la actitud de los impíos en el día del ajuste de cuentas, cuando se enteren del horrible destino que los aguarda".[32] Sin embargo, la forma positiva en que se recoge esta confesión hace que los lectores de Mateo entiendan que el centurión y sus hombres no están sencillamente aterrados, sino que están reconociendo que Jesús es verdaderamente ("con seguridad" o "de veras") el Hijo de Dios.

(3) La confesión de una fe que comienza. La comprensión más satisfactoria de esta declaración es que, por poco que puedan haber entendido estos hombres, es un verdadero paso de fe. El centurión está adquiriendo un entendimiento profundo de la verdadera identidad de Jesús. La acusación de blasfemia del Sanedrín iba dirigida, en parte, contra su afirmación de ser el Hijo de Dios, a la que Jesús respondió de forma afirmativa (26:63-64). El centurión está seguro de conocer las diversas acusaciones contra Jesús, porque la cadena militar de mando necesita que él esté al tanto de potenciales sublevaciones para rescatar al Jesús condenado. Mientras observan el desarrollo de los acontecimientos, él y sus hombres se sienten abrumados al darse cuenta de que la identificación es veraz. Jesús es inocente de las falsas acusaciones (*cf.* Lc 23:47), y esto conduce, enseguida, a la conclusión lógica de que él es ciertamente quien afirmaba ser: *el* Hijo de Dios que, como el Hijo del hombre, mantiene una relación divina con el Anciano de Daniel.[33]

Independientemente de cómo el centurión y sus hombres concibieran estas palabras, la idea de Mateo es clara. Enfatiza para sus lectores que la reacción del centurión y sus soldados ("quedaron aterrados") es exactamente la misma que experimentaron los discípulos en la transfiguración (17:6), y su confesión es prácticamente idéntica a la conclusión a la que llegan los discípulos cuando Jesús calma el mar (14:33). Por tanto, el punto de vista evaluativo de estos

---

32. David C. Sim, "The 'Confession' of the Soldiers in Matthew 27:54", *Heythrop Journal* 34 (1993): 401-24. *Cf.* Whitney T. Shiner, "The Ambiguous Pronouncement of the Centurion and the Shrouding of Meaning in Mark", *JSNT* 78 (2000): 3-22.

33. Para una exposición técnica de la Regla de Colwell y el Corolario de Apolonio (a la Regla de Apolonio), que apuntan en la dirección de la construcción traducida como "el Hijo de Dios", ver Wallace, *Greek Grammar,* 256-70.

guardias romanos concuerda con el de Dios Padre (3:17; 17:5) y Pedro (16:16), una confesión que ahora se da en público.[34]

Mateo ha proporcionado un énfasis creciente a Jesús como Hijo de Dios, ya que el juicio judío puso de manifiesto los cargos de blasfemia (26:63-65). La evocación del centurión está en la dramática distinción de los líderes religiosos y los espectadores junto a la cruz, que se burlaron de Jesús por su afirmación de ser el Hijo de Dios (27:40-43). Es una impresionante imagen para los lectores de Mateo. Los sucesos catastróficos que aquí se mencionan testifican de la verdadera identidad de Jesús, y el centurión y sus hombres dan un paso de fe para reconocer la verdad de este testimonio.

Las mujeres seguidoras de Jesús (27:55-56)

Mateo narra ahora una escena apacible, aunque melancólica, de las mujeres que han observado fielmente el desarrollo de los acontecimientos. Todos los escritores del Evangelio mencionan a un grupo de mujeres que siguieron y sirvieron a Jesús en Galilea, lo acompañaron a Jerusalén y fueron testigos de los sucesos de la última semana, incluida la crucifixión y la resurrección.[35] La descripción que Mateo hace de ellas en la escena de la crucifixión y de la sepultura nos prepara para el papel relevante que tendrán en las escenas de la resurrección.

(1) "Estaban allí, mirando de lejos, muchas mujeres". En los pasajes del Evangelio sobre la crucifixión se identifica al menos a seis mujeres, aunque Mateo y Marcos indican que un grupo aún mayor de féminas anónimas observaban la crucifixión. El Evangelio de Juan indica que, al menos durante algún tiempo, la madre de Jesús y otras tres mujeres y uno de sus discípulos estuvieron lo suficientemente cerca de la cruz como para que Jesús pudiera hablarles y darles directrices con respecto al cuidado de su madre (Jn 19:26). Pero la mayor parte del tiempo se mantienen en la distancia, posiblemente porque todavía existía el peligro de que los guardias romanos las acosaran si sabían que estaban relacionadas con Jesús.[36] No obstante, el valor y el compromiso de ellas con Jesús les impiden salir corriendo.

(2) Estas mujeres "siguieron a Jesús desde Galilea". Las expresiones usadas para describirlas concurren con las pruebas, en otros lugares, de que son discípulas de Jesús.[37] El verbo "seguir" puede usarse en un simple sentido espacial (p. ej., 4:25; 9:19). Pero el contexto indica aquí el sentido metafórico de "seguir", acompañando a Jesús como sus discípulas. Un "discípulo" es alguien que ha evaluado el coste, ha hecho un compromiso de fe y, a continuación, ha

---

34. Kingsbury, *Matthew As Story,* 90.
35. *Cf.* Mr 15:40-41; 16:1; Lc 23:49, 55-56; 24:1, 10-11; Jn 19:25-27; 20:1-18.
36. *Cf.* Keener, *A Commentary on the Gospel of Matthew* (1999), 691-94.
37. Ver esp. Jane Kopas, "Jesus and Women in Matthew", *TT* 47 (1990), 20; G. Osborne, "Women in Jesus' Ministry", *WTJ* 51 (1989): 275; Witherington, *Women in the Ministry of Jesus,* 122-23.

"seguido" a Jesús.[38] Mientras las mujeres seguían a Jesús, cuidaban de sus necesidades (Mt 27:55; Lc 8:1-3; Mr 15:41), lo llamaban Señor (Jn 20:2, 13, 18), y lo adoraron después de la resurrección (Mt 28:9). Estas descripciones no solo designan a las mujeres como discípulas, sino que también las presentan como discípulas *ejemplares* de Jesús. Están manifestando el compromiso con Jesús que los doce mismos deberían haber exhibido.

(3) Estas mujeres "cuidaban de sus necesidades". Aunque no estaban implicadas en la proclamación real, no hay base para suponer que el término "cuidar" o "servir" (*diakoneo*) indica que estas mujeres sencillamente cocinaban y limpiaban para Jesús y los doce.[39] *Diakoneo* significa mucho más que limitarse a "servir mesas". Este verbo condensa todo el propósito redentor de Jesús para venir a la tierra (20:28; Mr 10:45) y caracterizará tanto la misión de los apóstoles (1Co 4:1) como el llamado de los discípulos en la iglesia primitiva (*cf.* Lc 22:24-27; Gá 5:13). Tal vez podamos decir que, aparte de proveer ayuda económica para la labor misionera, las mujeres se unieron a los doce como compañeras de Jesús y como testigos de su ministerio.[40]

(4) Mateo nombra a tres de estas mujeres que parecen ser las más destacadas entre ellas. "María Magdalena" es una persona muy conocida, aunque no se la menciona antes en este Evangelio. "Magdalena" implica que era de Magdala, una ciudad y región en la orilla occidental del mar de Galilea, a unos cinco kilómetros al norte de Tiberias (ver 15:39). Lucas 8:2 menciona que es una mujer "de la que habían salido siete demonios". María Magdalena aparece aquí de forma destacada en el escenario de la crucifixión y aún más en las escenas de la resurrección (esp. Jn 20). Que se la nombre en primer lugar sugiere que, probablemente, es una líder entre las mujeres.

"María la madre de Jacobo y de José" es, quizás, la mujer que se nombra en tercer lugar en el relato que Juan hace de la crucifixión, identificada como María la esposa de Cleofas. No se sabe nada más de esta María, aunque el hecho de que esté en el segundo lugar de la lista implica que es una mujer de cierta relevancia en el grupo de discípulos.

"La madre de los hijos de Zebedeo" es, probablemente, Salomé, la que se nombra en segundo lugar en Juan 19:25, como "hermana de la madre" de Jesús,

38. Jack Kingsbury sugiere que dos factores —coste y compromiso— son la clave para entender si "seguir a Jesús" debería tomarse de forma literal o metafórica en Mateo (Kingsbury, "The Verb AKOLOUTHEIN ['To Follow']", 58).
39. P. ej., Witherington, *Women in the Ministry of Jesus,* 118; Hengel, "Maria Magdalena und die Frauen als Zeugen", *Abraham unser Vater,* ed. Otto Betz y Martin Hengel (Leiden: Brill, 1963), 247-48. Una crítica contra la suposición de que las mujeres solo proporcionaran ayuda doméstica para el equipo ministerial itinerante se encuentra en David C. Sim, "The Women Followers of Jesus: The Implications of Luke 8:1-3", *Heythrop Journal* 30 (1989): 51-62. Sim no especula sobre cuál era su papel exacto, más allá de proporcionar alguna ayuda económica.
40. P. ej., Joel Green, *The Gospel of Luke* (NICNT; Grand Rapids: Eerdmans, 1963), 317.

o su tía por parte de madre (ver comentarios sobre Mt 20:20).[41] Esto aclara quizás por qué Jesús deja a su madre al cuidado del discípulo amado, el apóstol Juan, su primo (Jn 19:26-27).

Una de las perspectivas más importantes de las mujeres es que Dios las usó como testigos, no solo del acto redentor central de la historia, la muerte de Jesús en la cruz y el sellado de la tumba (*cf.* 27:60-61), sino también como testigos de su resurrección de los muertos. Dado que las mujeres están presentes en la muerte de Jesús y cuando José de Arimatea le da sepultura (*cf.* 27:55-56, 61), pueden verificar que Jesús está verdaderamente muerto y no solo inconsciente. Dios les está concediendo un honor especial. Son ejemplo del verdadero discipulado de Jesús, y, por su fidelidad y valor, reciben el privilegio especial de ser testigos de estos intensos acontecimientos.

Sepultura de Jesús el Mesías (27:57-61)

El cielo se había oscurecido hasta las tres de aquel viernes por la tarde (27:45), el "día de preparación" para el sabbat (*cf.* 27:62; Mr 15:42; Lc 23:54; Jn 19:42), después del cual muere Jesús. La costumbre judía dictaba que los cuerpos debían bajarse antes de la noche, sobre todo antes del día de reposo que empezaba a la caída del sol, el viernes (alrededor de las seis de la tarde).

José de Arimatea (27:57). Mateo narra ahora la extraordinaria llegada de un hombre llamado José que reclama el cuerpo del Mesías crucificado. José, uno de los nombres más comunes para los varones judíos, era de Arimatea. La ubicación de este sitio es incierta, y algunos lo identifican como Ramatayin, lugar donde nació Samuel (1S 1:1, 19), en las tierras altas de Efraín, a unos treinta kilómetros al noroeste de Jerusalén, que Lucas describe como "un pueblo de Judea llamado Arimatea" (Lc 23:51). Algunos sugieren que también se conoce por el nombre de Ratamain (*1 Mac.* 11:34) o Ramatayín.[42] El retrato que pintan de él los Evangelios es históricamente plausible.[43]

No existe explicación alguna de por qué da un paso adelante en este momento, salvo que, como escribe Mateo, "se había convertido en discípulo[44] de Jesús". No se nos dice cuándo ni cómo había venido a la fe. Aunque se defina a José como discípulo, no es uno de los doce, pero, como las mujeres, se encuentra entre el círculo más amplio de los seguidores de Jesús.[45]

41. *Cf.* Beasley-Murray, *John,* 348-49; Carson, *John,* 616.
42. Josefo, *Ant.* 13.127.
43. Para una refutación de los intentos recientes de desacreditar la historicidad de José de Arimatea, ver Gerald O'Collins y Daniel Kendall, "Did Joseph of Arimathea exist", *Bib* 75 (1994): 235-41.
44. Mateo usa tres veces el verbo "se había convertido en discípulo" (*cf.* 13:52; 28:19).
45. *Cf.* Przybylski, *Righteousness in Matthew and His World of Thought.* La expresión "partidarios de Jesús" expresa el significado principal de la relación en el uso típico del siglo I, *cf.* Wilkins, *The Concept of Disciple in Matthew's Gospel,* 41-42, 124-25.

José es miembro del Sanedrín y colega de Nicodemo, y ambos parecen judíos ejemplares que aguardan la llegada del reino de Dios (Mr 15:43; Lc 23:50-51; Jn 3:1-15; 19:38-42). Estos dos son paradigmas de personas que, al parecer, no seguían a Jesús por todas partes en su ministerio terrenal, pero a las que se seguía considerando discípulos suyos incluso cuando continuaban sirviendo en el seno de las instituciones religiosas de Israel.[46] Aunque para ellos es peligroso revelar su apego a Jesús en ese momento concreto, cuando se necesita su ayuda dan un paso al frente y muestran sus verdaderos colores. Lucas 23:50 nos dice que José no consintió en los actos del Sanedrín en contra de Jesús. No solo ha provocado, seguramente, la ira de los demás miembros del Sanedrín, sino que ahora se dirige a la guarida de los verdugos romanos. Que lo asociaran a uno con alguien condenado por traición era un asunto peligroso, aun con la ambigüedad de Pilato.[47]

José le pidió a Pilato el cuerpo de Jesús (27:58). La alta posición de José dentro de la comunidad judía le permite el acceso a Pilato, a quien se dirige para pedir el cuerpo de Jesús para poder darle adecuada sepultura. El gobernador romano le entrega el cuerpo de inmediato. Lavándose las manos, Pilato intentó de forma fútil lavarse las manos con respecto a la responsabilidad por la ejecución de Jesús y, tal vez, al llegarle la petición de José vio la oportunidad de quitarse de encima el tener que enterrar a Jesús.

Al ser José un hombre rico (solo Mateo menciona este detalle), tenía los recursos para comprar una tumba recién excavada que se convierte en el cumplimiento de la sepultura adecuada para Jesús (Is 53:9).[48] Su valor al pedir el cuerpo y su servicio de Jesús son ejemplares de lo que un discípulo debería hacer. José establece el contraste adecuado con los discípulos que han abandonado a Jesús (26:56).[49] Como miembro del Sanedrín, no le habría resultado fácil seguir a Jesús, pero, cuando todos los discípulos huyen él, se presenta para darle a Jesús un sepelio como es debido.

La acción de José al iniciar el acto de sepultar a Jesús es de obediencia a la ley judía y de devoción hacia aquel que es su Maestro. No solo se está acercando el día de reposo, sino que Deuteronomio 21:22-23 ordena que la persona que colgara de un árbol debía ser enterrada en el mismo día para que la tierra no fuera contaminada, porque esa persona está bajo la maldición de Dios.

José prepara el cuerpo de Jesús para la sepultura (27:59). José empieza a preparar el cuerpo de Jesús para sepultarlo, colocándolo en una sábana limpia de lino o "sudario" (27:59). El Evangelio de Juan aporta algunos detalles más,

---

46. Michael J. Wilkins, "Named and Unnamed Disciples in Matthew: A Literary/Theological Study", *SBLSP* 30 (Atlanta: Scholars Press, 1991), 418-39.
47. *Cf.* Keener, *Matthew* (1999), 691-94.
48. *Cf.* W. Boyd Barrick, "The Rich Man from Arimathea (Mt 27:57-60) y 1QIsa[a], *JBL* 96 (1977): 235-39.
49. Gundry, *Matthew,* 580; Kingsbury, *Matthew As Story,* 27.

como otro discípulo secreto, Nicodemo, que se descubre en este momento crítico para ayudar a José (Jn 19:39-40; *cf.* 3:1-21). Juntos preparan el cuerpo de Jesús.

Los judíos no practicaban la cremación ni el embalsamamiento completo de los cadáveres, sino que preparaban el cuerpo para el entierro lavándolo, vistiéndolo con una indumentaria especial y envolviéndolo en la sábana de lino con especias aromáticas. Además de mitigar el olor del cuerpo en descomposición, la mirra y otras sustancias aromáticas servían para la conservación del cuerpo, que, para la mente judía, era el prerrequisito de la resurrección. José de Arimatea y Nicodemo llevan a cabo actos mucho más relevantes de lo que ellos mismos entienden.[50]

La tumba nueva de José es el lugar donde sepultan a Jesús (27:60). Después de envolver el cuerpo en la sábana de lino, José lo coloca en su propia tumba nueva excavada en la roca. En aquella época se solía sepultar a las personas en tumbas que eran como cuevas. Se trataba de una cámara rectangular subterránea cavada en la roca, en ocasiones en una cantera abandonada. Se accedía mediante una entrada baja y abovedada, cerrada con una piedra que podía rodarse hacia un lado o el otro, mayormente para proteger el cuerpo de cualquier animal salvaje que se alimentara de cadáveres. Se depositaba a los muertos sobre unos bancos excavados en paralelo en la roca o en huecos o nichos tallados en perpendicular a los lados de la tumba. El cuerpo permanecía en su hueco hasta que la carne se descomponía (entre uno y tres años), tras lo cual se recogían los huesos y se metían en osarios (pequeños receptáculos hechos de piedra tallada o de hueso).

Después de dejar el cuerpo de Jesús en la tumba, José hace rodar una gran piedra para tapar la entrada. Él y Nicodemo regresan a la ciudad. Aunque parte de la preparación para la sepultura se ha llevado a cabo en ese momento, al aproximarse el día de reposo, no pueden ocuparse más del muerto y deben posponerlo hasta después del sabbat para acabar con los preparativos rituales.

La triste vigilia de las mujeres (27:61). Mateo nos dice que al menos dos de las mujeres que presenciaron la crucifixión de Jesús —María Magdalena y la "otra María" (*cf.* Mr 15:47)— se sientan frente a la tumba y observan la triste y solitaria ceremonia. Aquellas fieles mujeres siguen con Jesús incluso en la muerte. Hasta es posible que ellas (y tal vez otras), que han seguido a Jesús desde Galilea y que han estado cerca de él y de su familia, ayudaran a José y Nicodemo a preparar el cuerpo de Jesús para su sepultura.[51]

La guardia junto a la tumba (27:62-66)

Solo Mateo narra el incidente que ocurre al día siguiente, "después del día de la preparación", es decir, el sabbat. Aunque algunos dudan de la historicidad

---

50. Ver Kjeld Nielsen, "Incense", *ABD,* 3:404-9; Victor H. Matthews, "Perfumes and Spices", *ABD,* 5:226-28; Joel Green, "Burial of Jesus", *DJG,* 88-92.
51. *Cf.* John Wenham, *Easter Enigma: Are the Resurrection Accounts in Conflict?* 2ª ed. (Grand Rapids: Baker, 1992), 60-67.

de este suceso,[52] Mateo está escribiendo para una audiencia judeocristiana, que habría oído circular las acusaciones entre los judíos con respecto a que los discípulos habían robado el cuerpo de Jesús (28:11-15). Por tanto, Mateo trata una situación de insistente preocupación para sus lectores.[53]

Querían mantener muerto a un hombre muerto (27:62-63). No satisfechos con la ejecución y la sepultura de Jesús, los principales sacerdotes y los fariseos van a Pilato para asegurarse de que el hombre muerto no despierte más apoyos, incluso después de su muerte. A pesar del sabbat y de las demás celebraciones asociadas con la Pascua, los oficiales judíos consiguen una audiencia con Pilato, por la amenaza de los seguidores de Jesús. Siempre que no recorran más de la distancia permitida en día de reposo ni entren en la residencia del gobernador (*cf.* Jn 18:28), no estarán profanando el sabbat.[54]

Es la primera vez que los fariseos aparecen en la narración desde que Jesús pronunció los ayes contra ellos (cap. 23), aunque participaron en las resoluciones generales del Sanedrín. Ahora salen al frente con un recuerdo acusatorio. Al menos en una ocasión, Jesús predijo de forma específica a los fariseos que él resucitaría al tercer día (12:40). Ellos no lo han olvidado. Desconocemos qué entendieron ellos de aquella declaración, pero los seguidores de Jesús entrarán en razón y cobrarán valor para seguir con el movimiento, perpetuando su engaño. De modo que se acercan a Pilato, probablemente de nuevo en el Pretorio, y se dirigen a él con deferencia: "Señor [*kyrie*] [...] nosotros recordamos que mientras ese engañador aún vivía, dijo: 'A los tres días resucitaré'".

Resulta curioso que ni siquiera los discípulos recuerden esta predicción, probablemente por su temor y su dolor personales. Pero estos líderes religiosos son inteligentes. Han sido testigos de los poderes milagrosos de Jesús, y quieren asegurarse de que, cualquiera que sea el poder que está detrás de Jesús, no sea liberado. Los catastróficos sucesos de la crucifixión, con la aterradora oscuridad, con el desgarro del velo del templo y los terremotos presagian poderes amenazadores. Los líderes judíos religiosos sienten que las cosas pueden salirse de control, de manera que consiguen la ayuda de Pilato para mantener la tumba segura.

Un intento engañoso para impedir el engaño (27:64). Los líderes religiosos no tienen autoridad para apostar una guardia que custodie a un criminal ejecutado por las autoridades romanas, así que le piden a Pilato que envíe a un contingente de soldados. Si el pueblo y los discípulos de Jesús pretenden hacer algo, la guardia debe proteger de inmediato el lugar hasta que pase el tercer día.

---

52. P. ej., Brown, *Death of the Messiah,* 2:1310-13; Davies y Allison, *Matthew,* 3:652-53.
53. *Cf.* Keener, *A Commentary on the Gospel of Matthew* (1999), 696-97; Carson. "Matthew", 585.
54. Éx 16:29 establecen un límite para viajar en día de reposo, y le advierte al pueblo que no salga para que puedan observar el descanso del sabbat. Los rabinos permitían una distancia total de unos 900 metros, poco menos de un kilómetro.

Como explicación, afirman que los discípulos son capaces de intentar perpetuar un engaño sobre la resurrección de Jesús.

Poca cuenta se dan de cuán cierto es aquello que intentan tapar como falso. Los líderes religiosos alegan que el primer engaño de Jesús fue su afirmación de ser el Mesías, y el segundo, declarar que resucitará de los muertos. Si este tipo de rumor se difunde, saben que resultará sumamente difícil sofocar las historias sobre las reivindicaciones de Jesús. Pero Mateo deja claro que los verdaderos engañadores son los líderes religiosos que, en realidad, se están autoengañando.

Pilato ordena que se aposte una guardia junto a la tumba (27:65-66). Pilato concuerda con la potencial amenaza contra la paz de Jerusalén si los discípulos perpetuaran un bulo sobre la resurrección de Jesús, después de robar el cuerpo; por ello ordena que se establezca una guardia. Los mismos soldados romanos asignados a la seguridad del templo (ver comentarios sobre 26:47) están ahora a disposición de los oficiales judíos para proteger la tumba. La expresión traducida como un encargo, "llévense a una guardia", puede ser una declaración, "ahí tenéis una guardia" (RVR1960), que indica que ahora están autorizados a usar las tropas para llevar a cabo la misión de seguridad. Nótese cómo los guardias van más tarde a las autoridades del templo para informar de la resurrección de Jesús en lugar de decírselo a Pilato mismo (28:11).

Después de que una familia colocara el cuerpo de uno de sus miembros en un nicho funerario de la tumba, se ponía una piedra sobre la entrada y con frecuencia se sellaba con arcilla.[55] Sin embargo, aquí parece ser que el "sello" es más que un elemento oficial de seguridad, por lo que muy probablemente sería un dispositivo como un cordón pegado a la piedra que bloqueaba la entrada y a la vertiente rocosa de la tumba mediante cera, en la que se lacraba el sello romano, de manera que cualquier manipulación se detectaría (*cf.* Dn 6:17). El contingente militar que montaba guardia actúa como sello de seguridad final. Aunque los líderes religiosos y Pilato han tomado las medidas más extremas para impedir un engaño sobre la resurrección de Jesús, proporcionan otro testigo de la objetividad de la tumba vacía y de la resurrección de Jesús, para su propio juicio.

Construyendo Puentes

A lo largo de su Evangelio, Mateo ha llamado nuestra atención a la forma en que Jesús es el cumplimiento de las esperanzas y los sueños del pueblo de Israel. Es el cumplimiento del gran pacto davídico y del abrahámico (1:1), de las profecías del Antiguo Testamento (1:22-24; 2:5-6, 15, 17-18, 23, etc.), de la justicia (3:15) y de la ley (4:17), la realidad de un misterio visible tan solo a los ojos y los oídos de la fe (13:10-17). Con la llegada de Jesús se produce un cambio de era.

55. Ver la mención de ejemplos en "Burial Sites", *DJBP.*

En el centro de este cambio se levanta la cruz. El pecado y la muerte son absorbidos en el dolor y el amor que ella representa. Mateo nos proporciona, pues, una visión atrevida de la pasión de la cruz que culmina el propósito de la venida de Jesús a su pueblo. Pero el evangelista también quiere que sepamos que la cruz cambia a las personas. Ha derrotado a la muerte, nos ha llevado a las manos amorosas de un Dios airado, y ha iniciado una nueva vida para aquellos que se atrevan a seguir su ejemplo. Junto con la declaración de victoria en la resurrección, la cruz marca la transición a un mundo nuevo que Jesús ha inaugurado por medio de su sangre. "En su venida ha amanecido una nueva era; nada volverá a ser lo mismo".[56]

Mateo aminora el paso de su relato al acercarse a su conclusión, para que podamos meditar plenamente en los inmensos acontecimientos de la crucifixión de Jesús. En un movimiento triple, cuenta la naturaleza horrible del sufrimiento de Jesús (27:27-44), pero a continuación apunta, más allá de la agonía, a su significado (27:45-53) y a sus resultados (27:54-66). Ahí está la comprensión que Mateo, y nosotros, tenemos de la cruz como símbolo consumado de esta era.

El sufrimiento de Jesús (27:27-44). Observamos la vida de Jesús desde la infancia, cuando nació en medio de un mundo duro y cruel dominado por Herodes el Grande (2:1-23). Siendo tan solo un bebé, Jesús se vio atrapado en la batalla por este mundo, y la guerra nunca amainó. Ya fuera al enfrentarse con Satanás en sus tentaciones (4:1-11), en la embestida incesante de las furias de la naturaleza en la tormenta (8:23-27), el acoso de los endemoniados (8:28-34) o la oposición de los líderes de Israel (12:22-45), Jesús luchó continuamente contra fuerzas poderosas en su misión de establecer el reino de Dios.

A medida que se acerca la escena de la batalla final —la cruz—, su sufrimiento va aumentando de forma exponencial. El Salvador sufre horror tras horror. Los soldados lo azotan y se burlan de él sin misericordia hasta llevarlo al borde de la muerte (27:32-34). En el destino final, que Mateo traduce de forma inquietante "Lugar de la Calavera", Jesús es clavado a una cruz como si fuera un criminal revolucionario común (27:35-38). Los soldados colocan un cartel sobre su cabeza que, de forma triste e irónica, recoge una acusación que es la verdad: ESTE ES JESÚS, EL REY DE LOS JUDÍOS (27:39-40), los líderes religiosos se burlan de él como supuesto Salvador de Israel, Rey e Hijo de Dios (27:41-43), y los insurrectos crucificados con él lo insultan por no ser de la misma clase de revolucionarios valientes que ellos (27:44).

La dolorosa narración de Mateo hace que nosotros también hagamos una pausa y meditemos en el sufrimiento de Jesús. Es el mismo Jesús que rechazó el intento de Pedro por rescatarlo con una espada, indicando que había doce legiones de ángeles preparados y esperando una señal suya si así lo deseaba (26:50-53). El sufrimiento de Jesús no es un accidente en la historia ni tampoco el intento

56. France, *Matthew,* 38.

masoquista de aseverar el significado de su vida. Su tormento es el muro de dolor en el que debe abrir una brecha para entrar en la esfera de la misión de su vida.

El sufrimiento es una realidad de la vida bien conocida de este lado del cielo, una realidad que todos nosotros debemos aprender a dominar o, al menos, aprender a no dejar que nos domine. Pero el sufrimiento de Jesús nos muestra, de una forma única, toda una nueva dimensión nuestra en la que anteriormente intentó instruir a los hijos de Zebedeo y el resto de los discípulos (20:20-28). Nuestro sufrimiento ha de tener un propósito más elevado que nuestro propio avance. Jesús no sufrió por algo que obtuviera a cambio de su padecimiento, y esto nos lleva a considerar humildemente nuestro dolor personal. Al menor cansancio o tensión, ¿nos centramos en fomentar el propósito de nuestra vida en el establecimiento de la realidad del reino de Dios en la vida de los demás o nos lamentamos por los infortunios de la vida?

Yo no he sufrido nada que se parezca a lo que Jesús padeció, pero, cuando medito en su marcha decidida hacia la cruz y la tribulación de los santos corrientes que me rodean y que han tomado con decisión la cruz de su vida para seguirlo, me veo obligado a humillarme para aceptar cualquier sufrimiento que se cruce en mi camino para hacer avanzar los propósitos de Jesús en mi vida. El poderoso predicador del Londres del siglo XIX, Charles Spurgeon, dijo del impacto que el sufrimiento de Jesús en la cruz tendría sobre nosotros:

> Si no eres humilde en la presencia de Jesús, no lo conoces. Estabas tan perdido que nada podría salvarte, excepto el sacrificio del Unigénito Hijo de Dios. Al inclinarse Jesús hacia ti, póstrate humildemente a sus pies. Entender el asombroso amor de Cristo nos humilla más incluso que la conciencia de nuestra propia culpa. Bajo la cruz no puede vivir el orgullo. Sentémonos allí y aprendamos nuestra lección. Luego, levantémonos y pongámosla en práctica.[57]

El significado del sufrimiento de Jesús (25:45-53). En ningún lugar proporciona Jesús una exposición completa del significado del sufrimiento de la cruz que, según él predijo, lo aguardaba en Jerusalén. Esa explicación teológica completa espera al resto de los autores del Nuevo Testamento, en especial al apóstol Pablo. Sin embargo, a lo largo de su vida, Jesús dio a entender el significado de la cruz y, después, en los acontecimientos catastróficos que rodearon la crucifixión, quedó ilustrado su sentido.

Las alusiones al significado de la cruz en el ministerio de Jesús. Justo desde el principio del Evangelio de Mateo, leemos que Jesús llevaría a cabo las esperanzas de salvación del pueblo. Su nombre "Jesús" indicaba que salvaría a su pueblo de sus pecados (1:21), y, a medida que su vida fue desarrollándose, quedó

57. Charles H. Spurgeon, "The Lesson of the Cross", *Evening by evening* (Springdale: Whitaker House, 1984), 157; citado en Calvin Miller, ed., *The Book of Jesus,* ed. rev. (Nueva York: Simon & Schuster, 1998), 368-69.

claro que los salvaría de un modo único y costoso. Su autoridad para perdonar pecados (9:6) lo enfrentó a la autoridad del sistema religioso, como ocurrió con otros sucesos de su vida. Predijo su padecimiento futuro en la cruz (16:21; 17:22-23; 20:17-19; 26:2), que contiene alusiones al significado de la cruz: él era una amenaza tanto para la clase dirigente religiosa de Israel como para la maquinaria militar y política romana.

La forma en que Jesús manifestó su poder no fue sirviéndose a sí mismo, sino a los demás, y comparó su servicio con convertirse en el "rescate de muchos" (20:28), un tema que tiene connotaciones inherentemente inquietantes. Por haber sufrido a manos de hombres impíos (21:38-41), su muerte insinúa su propia justicia. Al prometer una nueva era de vida del reino sobre la tierra, lo hizo señalando el final del papel funcional de Israel y el comienzo de una nueva nación de discípulos suyos que llevarían fruto, y que llegarían a ser fructíferos incluso cuando a él lo rechazaran y lo mataran (21:42-44).

Ilustraciones del significado de la cruz en los acontecimientos de la muerte de Jesús. Tal como se presagió en el ministerio de Jesús, todas estas alusiones al significado de la cruz se ilustran de forma gráfica en este capítulo.

1. La oscuridad (27:45). La oscuridad que cayó sobre la tierra en el escenario de la crucifixión manifiesta una limitación del poder de Satanás (*cf.* Lc 22:53), el descontento de Dios con la humanidad por crucificar a su Hijo y, de forma más importante, el juicio de Dios sobre el mal.

2. El grito de Jesús en la cruz (27:46). Las experiencias de Jesús y sus dolorosos gritos en la cruz son la consecuencia de su sufrimiento humano. Sin embargo, a lo largo de la historia de la iglesia, estas exclamaciones desde la cruz se han entendido como testimonio de experiencias mucho más profundas. Ninguno de estos clamores es tan poderoso como "Dios mío, Dios mío, ¿por qué me has desamparado?" (27:45-46). La humanidad de Jesús, sustentada por Dios, experimentó con total consciencia el castigo pleno de la muerte por los pecados de la humanidad. Cuando los teólogos reflexionaron más tarde sobre las palabras pronunciadas por Jesús desde la cruz, reconocieron que, en el momento infinitamente relevante de su muerte, sufrió el castigo de la humanidad por el pecado, a saber, la muerte (Ro 6:23) y, al verse apartado de Dios, experimentó el castigo mortal por los pecados de todos. Esto establece el fundamento para la doctrina teológica de la expiación en la que el sacrificio de Jesús en la cruz es una "sustitución penal" o "expiación vicaria".

3. Jesús entrega el espíritu (27:50). Al clamar Jesús de nuevo con una gran exclamación desde la cruz, esta ya es la experiencia de la agonía final por la separación del Padre, por llevar él a sus espaldas el castigo de la humanidad. A continuación, "entregó su espíritu". Es la demostración voluntaria final de su dignidad divina, en la que realiza la entrega irrevocable de su vida por los pecados de su pueblo.

4. La cortina del templo se desgarra (27:51). El desgarro de la cortina del templo de arriba abajo testifica de la actividad de Dios para eliminar la separación entre él y su pueblo, por medio de la muerte de Jesús. El acceso al Lugar Santísimo para tener comunión con Dios ya no solo se le permite al sumo sacerdote. Los sacrificios sumosacerdotales dejan de ser necesarios (Heb 10:10-22). Todos los que son limpios de pecado por la sangre de Jesús forman un sacerdocio santo para Dios (1P 2:5) y viven constantemente en su presencia, porque él mora en nuestros corazones y por el consuelo siempre presente del Espíritu de Dios (Ef 2:11-22; 3:16-17).

5. Se levanta un pueblo santo y testifica (27:51b-53). El terremoto y la apertura de las tumbas que se producen a la muerte de Jesús son señales de los grandes acontecimientos que seguirán tres días después: Jesús resucitará y también muchos santos del Antiguo Testamento. Estos últimos se aparecerán a distintas personas de Jerusalén como testigos de la eficacia de la obra de Jesús en la cruz y la declaración de su victoria sobre la muerte en su resurrección y en la de ellos. Estas santas personas resucitadas son un poderoso testimonio de la obra y de la identidad de Jesús, así como de la realidad del futuro: la resurrección final. Por la resurrección de Jesús y del pueblo santo, la vida victoriosa sobre la muerte es una realidad.

Reflexiones teológicas sobre el significado de la cruz. Se suele aludir a los Evangelios como teología representada, mientras que las cartas de Nuevo Testamento son teología explicada. En los Evangelios descubrimos a Dios actuando en la historia, en la persona de su Hijo, Jesús, el Mesías, para llevar a cabo la salvación para su pueblo. En las cartas encontramos a los líderes de la iglesia que meditan y dan una explicación teológica inspirada de lo que Dios hizo en la historia. El teólogo Wayne Grudem resume la obra expiatoria de la vida y muerte de Jesús citando primero cuatro necesidades de la humanidad pecaminosa:

1. Merecemos *morir* como castigo por el pecado.
2. Merecemos *soportar la ira de Dios* contra el pecado.
3. Nuestros pecados nos *separan* de Dios.
4. Estamos *esclavizados al pecado* y al reino de Satanás.

La muerte de Jesús suple las cuatro necesidades de las formas siguientes:

1. Jesús murió como *sacrificio* por nosotros para pagar el castigo de muerte que merecíamos por nuestro pecado (Heb 9:26).
2. Jesús murió como *propiciación* por nuestros pecados para apartarnos de la ira de Dios (1Jn 4:10).
3. Jesús experimentó la muerte y la separación de Dios para vencer nuestra separación de él. Proveyó *reconciliación* para que fuésemos llevados de vuelta a la comunión con Dios (2Co 5:18-19).

4. Por medio de la muerte de Jesús, experimentamos la *redención* de la esclavitud al pecado y a Satanás, para que ahora vivamos en novedad de vida en el Espíritu en el reino del amado Hijo (Mt 20:28; *cf.* Ro 6:11, 14; Col 1:13; Heb 2:15; 1Jn 5:19).[58]

Por mucho que desconcierte a nuestro limitado entendimiento el sufrimiento de Jesús en la cruz, la seria reflexión proporciona poderosas percepciones de lo que es el acto central de misericordia divina sobre la humanidad. El *significado* del sufrimiento de Jesús en la cruz es esencial para que entendamos las buenas nuevas del reino de Dios. Los *resultados* del sufrimiento de Jesús son, asimismo, dignos de contemplación.

Los resultados del sufrimiento de Jesús: discipulado sin límites (27:54-66). Los resultados del sufrimiento de Jesús en la cruz están inextricablemente vinculados al significado de su padecimiento: su sacrificio por el pecado, su propiciación de la ira de Dios sobre el pecado, su reconciliación de los pecadores a la comunión con Dios y su redención de los pecadores perdidos de las garras del pecado. Pero aquí consideramos de forma específica tres conjuntos de personas que ilustran los resultados del sufrimiento de Jesús en sus vidas y apuntan al principio central de la vida del reino de Dios en esta era: *el discipulado sin límites de Jesús.* En palabras del viejo proverbio, lo que esto nos enseña es que "el suelo está nivelado a los pies de la cruz". Descubrimos una singularidad y una igualdad en la cruz que trascienden los límites nacionales, culturales étnicos, genéricos, sociales y políticos. Entre estos "individuos que no rechazan a Jesús, destacan: el centurión romano confiesa a Jesús como Hijo de Dios (27:54); se menciona por su nombre a las mujeres que observan la crucifixión (27:55), y José de Arimatea le proporciona una tumba a Jesús (27:57ss.)".[59]

Gentiles y poderosos (27:54). El centurión romano y sus hombres son gentiles. Representan la maquinaria militar y política más poderosa de aquel tiempo, y una de las más relevantes de toda la historia humana. El centurión es responsable de llevar a cabo las órdenes de Pilato, que representa el poder del Imperio romano. Este centurión es, probablemente, quien supervisó el azotamiento de Jesús, quien permitió que los soldados ridiculizaran a Jesús, quien ordenó que se clavaran los clavos en el cuerpo de Jesús, quien observó con diversión cómo sus soldados se mofaban de Jesús con la bebida agria, quien escuchó cómo el propio pueblo de Jesús se burlaba y se reía de él, y quien había evaluado, tal vez con cierta angustia, la sublevación que se podría producir.

Pero el centurión y sus hombres ven morir a Jesús y escuchan su estremecedor grito dirigido a Dios por su abandono. Al observar el oscurecimiento sobrenatural del cielo, el velo del templo rasgado en dos, el terremoto y cómo se abren

---

58. Grudem, *Teología sistemática,* 608-10. Ver aquí la importante advertencia de Grudem con respecto a usar la analogía del "rescate".

59. Howell, *Matthew's Inclusive Story,* 158.

las tumbas, de repente caen en la cuenta de que Jesús podría ser quien dijo ser. Y, totalmente sobrecogidos, pronuncian: "¡Verdaderamente este era el Hijo de Dios!" (27:54). Los acontecimientos catastróficos que rodean la crucifixión testifican de la verdadera identidad de Jesús, y el centurión y sus hombres dan un paso de fe para reconocer la verdad de este testimonio.

Como resultado de esta aclamación de gentiles, el camino está ahora abierto, en principio, para ir y hacer discípulos de todas las naciones (28:19).[60] Mateo ha insinuado la salvación de los gentiles desde el primer versículo mismo de su Evangelio, al recordar que Jesús cumple el pacto abrahámico (1:1). Anteriormente, en el ministerio de Jesús, un centurión romano había expresado fe en la capacidad de Jesús para sanar a su siervo (8:5-13), y ahora otro centurión da un paso adelante para hacer una profunda declaración de fe en la verdadera identidad de Jesús. Este centurión pagano ha dado un humilde paso para seguir a Jesús.

Las mujeres y los marginados (27:55-56, 61). Las mujeres y los marginados se encuentran entre los discípulos más cercanos de Jesús. Mujeres y hombres fueron originalmente creados por Dios como iguales y como colaboradores que se complementaban entre sí para gobernar a la creación divina en su nombre (Gn 1:26-28). Pero, en algunos círculos dentro del judaísmo, al interpretar erróneamente las Escrituras y por causa del prejuicio cultural, las mujeres perdieron su dignidad, su valor y su mérito. Josefo declaró: "Según dice la ley, la mujer es en todo inferior al hombre",[61] al parecer interpretando Génesis 3:16 para indicar que las mujeres no solo están bajo la autoridad de los hombres, sino que también tienen un estatus personal inferior. Una de las oraciones rabínicas más ampliamente citadas refleja una actitud prevalente, al menos entre algunos de los rabinos: "¡Alabado sea Dios por no haberme creado gentil! ¡Alabado sea Dios por no haberme creado mujer! ¡Alabado sea Dios que no me ha creado ignorante!".[62]

Un resultado directo del ministerio de Jesús fue la restauración y la afirmación de las mujeres que Dios pretendió desde el principio de la creación, como se demuestra de las formas siguientes:

- Las mujeres son igualmente merecedoras de la actividad salvífica de Jesús (Jn 4:1-42).
- Las mujeres fueron llamadas a ser discípulas de Jesús (Mt 12:48-50).
- Las mujeres recibieron instrucción y educación como discípulas de Jesús (Lc 10:38-42).
- Las mujeres formaban parte de su equipo ministerial (Lc 8:1-3).

60. Ver Kingsbury, *Matthew As Story,* 90.
61. Josefo, *Contra Apión* 2:201.
62. *t. Ber.* 7:18.

- Por su valiente presencia junto a la cruz y la tumba vacía, las mujeres fueron designadas para ser las primeras en dar testimonio de la realidad de la resurrección (Mt 28:10; Mr 16:7; Jn 20:17).

Que entre los discípulos de un gran maestro hubiera mujeres era una circunstancia ciertamente inusual en la Palestina del siglo I. A pesar de ello, encontramos aquí otro ejemplo de la singularidad del discipulado que Jesús instituyó. Aunque las mujeres no formaban parte de los doce, varias de ellas viajaban con Jesús y tenían un papel relevante en su ministerio terrenal. Él las restauró y reafirmó su dignidad y su mérito como personas totalmente iguales a los hombres, como seres humanos creados a imagen de Dios. También preservó la distinción varón-hembra de los humanos, para que fueran restaurados y afirmados en los distintos papeles que Dios había pretendido desde el principio. Jesús restauró a las mujeres el estatus de colaboradoras de los hombres en el plan de Dios para llevar a cabo su voluntad en la tierra.[63]

Ricos y religiosos (27:57-60, 62-66). Los ricos y los religiosos están juntos delante de Jesús el Mesías crucificado. El hombre rico de Arimatea, llamado José, pide el cuerpo de Jesús para sepultarlo como es debido. Su valentía al pedir el cuerpo y su servicio a Jesús son ejemplo de lo que un discípulo debería hacer. Como tal, es un contraste adecuado para los discípulos que abandonaron a Jesús. Anteriormente, un rico se había ido, sintiéndose triste, al darse cuenta de que Jesús debía ser su único Maestro y de que cualquier otro "dios" de su vida debía rendirse a él (19:16-22). Es más difícil que un rico sea salvo que un camello pase por el ojo de una aguja, pero, como Jesús declaró entonces, para Dios todo es posible (19:23-26). Por tanto, vemos aquí que Dios capacitó a José para que se rindiera a Jesús como Maestro, que se convirtiera en su discípulo y que fuera salvo.

Es un extraordinario discípulo de Jesús. Derribó a la clase dirigente religiosa, puso su propia vida en juego y dio su propia tumba familiar para su Maestro. ¡Qué impresionante contraste con los líderes religiosos que recuerdan que Jesús les había dado la "señal de Jonás" (12:40) y entonces unen fuerzas con Pilato para que pusiera una guardia que protegiera la tumba (27:62-66)! Su objetivo consiste en impedir que los discípulos de Jesús, entre los que ahora se encuentra José, roben su cuerpo y proclamen la resurrección (27:64). Por consiguiente, los líderes judíos siguieron con su oposición activa contra Jesús, incluso después de su muerte. Pero el ejemplo de José es un franco testimonio de que hasta los ricos y los religiosos son bienvenidos a la cruz y al discipulado de Jesús.

63. Este material se desarrolla de una forma más completa en Wilkins, "Women in the Teaching and Example of Jesus", *Women and Men in Ministry,* 91-112.

Significado Contemporáneo

Sentarse en la pequeña capilla Rosa de Sharon de nuestro campus es siempre una experiencia conmovedora para mí. La diminuta iglesia es un lugar silencioso, apacible, donde compartir mi corazón con nuestro Salvador. Es un pequeño templo de oración. Allí no hay predicación ni enseñanza programadas. Es un lugar donde se puede encontrar solaz en medio de la agitación del campus universitario, en la abrumadora actividad del sur de California.

Sin embargo, la capilla representa mucho más. Una cruz vacía adorna, de forma austera, la pared. Es un poderoso testimonio a la joven Sharon Lynn Menshew. Era estudiante de enfermería para misiones médicas. Conoció a su futuro esposo, Robert, cuando trabajaba a tiempo parcial en el restaurante de la familia de él, a la vez que asistía a la universidad. Empezaron a salir juntos, pero no tardaron en diagnosticarle a ella un cáncer. Era una joven pareja enamorada, y, aun así, el futuro parecía triste, pero se casaron de todas formas. Poco después, Sharon murió. Bob siguió asistiendo a la universidad, y buscaba respuestas de Dios sobre la muerte de su mujer. No podía encontrar un lugar silencioso donde orar, de modo que Dios lo llevó a recaudar fondos para edificar una pequeña capilla en nuestro campus que llevara el nombre de su joven y amada esposa.

La Rosa de Sharon es un pequeño templo dolorosamente apacible, con una cruz vacía a modo de gozoso recordatorio de la esperanza de ellos, pero también como memorial de sus sueños de una vida en las misiones. Aunque joven, Sharon perdió la vida en esta tierra con demasiada rapidez, hoy está viva porque su Salvador vive. La cruz vacía del Gólgota apunta más allá, a una tumba vacía, y anuncia el llamado al servicio sacrificial.

¿Qué nos viene a la mente cuando oímos la palabra "cruz"? Para algunos de nosotros puede indicar tan solo una pieza de joyería. Para otros trae a la mente las dificultades de la vida que se nos exige soportar, o produce una reacción emocional al pensar en Jesús allí colgado, entre dos ladrones. Pero, para Jesús, la palabra "cruz" es el símbolo que mejor expresa su *corazón.* En esta poderosa escena final del relato de la pasión, Mateo nos llama a reconocer que la cruz representa la totalidad del ministerio terrenal de Jesús y nos permite una mirada íntima en el corazón que él tiene para este mundo; simboliza, asimismo, la obra de Dios en nuestra vida.

La ultrajante cruz exige nuestra contemplación. Un Mesías ejecutado es difícil de imaginar intelectualmente, pero quizás sea incluso más complicado de entender de forma espiritual, relacional y emocional. Mateo disminuye el ritmo de su narración para que nos veamos obligados a meditar en la cruz. Escucha este desafío de Lloyd John Ogilvie sobre la cruz:

> Siéntela si quieres. Deja que te ocurra a ti, si te atreves.
>
> Toma al amigo más preciado de tu vida. La persona con quien has conocido el gozo, la diversión y la tristeza. Con quien has compartido los profundos lazos del afecto. Ponlo sobre la cruz y observa cómo se retuerce de dolor.
>
> Los clavos que traspasan sus amadas manos se clavan en las nuestras. Los músculos que se tensan con dolores horribles son los nuestros. El terrible ardor de su lengua y su boca está en las nuestras. Lo sentimos todo como si estuviéramos allí, porque la persona más preciosa de todo el mundo está allí en nuestro lugar.
>
> Siéntela. Experiméntala si quieres.[64]

El pastor Ogilvie fue elegido sexagésimo primer capellán del Senado de Estados Unidos en 1995. Como pastor que fue durante muchos años y como líder evangélico, entiende la centralidad de la cruz para la vida y el ministerio. Creo que es necesario que nos tomemos este desafío en serio —y con regularidad— y que intentemos entrar en la experiencia de la cruz. Es de vital importancia para el desarrollo preciso de nuestra teología y es igual de importante para nuestra propia transformación personal.

En muchas de nuestras iglesias y capillas evangélicas, la cruz vacía que adorna nuestras paredes es una declaración deliberada de que Jesús ya no está en la cruz, porque ha llevado a cabo su sacrificio de una vez y para siempre. Nuestro énfasis está en la tumba vacía y no en la cruz, y con razón, porque la tumba vacía es un recordatorio permanente de que la obra de Jesús en la cruz ha anulado de forma eficaz el castigo por nuestros pecados. Como Pablo declara: "Y si Cristo no ha resucitado, la fe de ustedes es ilusoria y todavía están en sus pecados" (1Co 15:17).

Pero no debemos apresuramos tanto a la tumba vacía que no podamos meditar plenamente en los acontecimientos incluidos en la cruz. Pablo le atribuye un lugar destacado a la sepultura desocupada, pero en la misma carta que acabo de mencionar empieza declarando: "Me propuse más bien, estando entre ustedes, no saber de cosa alguna, excepto de Jesucristo, y de este crucificado" (1Co 2:2). Para captar toda la relevancia de lo que el apóstol expresa, podemos verter el término traducido "y" en una última cláusula de una forma explicativa como "incluso" o "es decir": "Me propuse no conocer nada mientras estaba entre ustedes, excepto a Jesucristo, es decir, a Jesucristo crucificado". El propósito de Pablo al escribir a los corintios consiste en mostrarles la verdad sobre Jesucristo, que está envuelta en el hecho y en el significado de su crucifixión.[65]

---

64. Lloyd John Ogilvie, *The Cup of Wonder: Communion Meditations* (Wheaton: Tyndale, 1976), 75.
65. *Cf.* W. Harold Mare, "1 Corinthians", *EBC,* 10:198; Fee, *1 Corinthians,* 92; William F. Orr, *1 Corinthians* (AB 32; Garden City, N.Y.: Doubleday, 1976), 162-63.

La gran profundidad de la crucifixión de Jesús nos tienta para que minimicemos su horror y escuchemos en su exclamación desde la cruz tan solo el clamor de otro ser humano que sufre la muerte. No obstante, no debemos disminuir la monstruosidad de la cruz, porque es allí donde el Dios hecho hombre sufrió una muerte que fue única: llevó la carga del pecado por la humanidad y experimentó la separación máxima de Dios, aunque retuvo en su consciencia una dolorosa intimidad con su Padre.

En nuestro deseo de llegar a la tumba vacía del capítulo 28, no debemos precipitarnos más allá de estos versículos finales del capítulo 27. Debemos reflexionar en ellos de una forma más clara. Sin embargo, debemos meditar de la forma correcta. El llamado de Martín Lutero a meditar sobre la cruz, nos proporciona esta advertencia: "Algunos meditan con tanta falsedad que solo ven la culpa de Judas y los judíos. Algunos llevan crucifijos para que los protejan del agua, del fuego y de la espada, y convierten el sufrimiento de Cristo en un amuleto contra el sufrimiento. Otros lloran y ahí acaba la historia".[66] Lutero nos exhorta a evaluar con sinceridad la cruz, de manera que no la trivialicemos ni pasemos por su lado demasiado rápido, no sea que nos perdamos su más profunda relevancia. Y prosigue diciendo:

> La verdadera contemplación es aquella que encoge el corazón y golpea la conciencia. Debes sentirte abrumado por la terrorífica ira de Dios que odió tanto el pecado que no escatimó a su Hijo Unigénito...
>
> Si, pues, Cristo está tan firmemente plantado en tu corazón, y si te has convertido en un enemigo del pecado por amor y no por temor, entonces, en lo sucesivo, el sufrimiento de Cristo que empezó como sacramento puede continuar toda la vida como ejemplo. Cuando la tribulación y la preocupación te asalten, piensa cuán ligeras son comparadas con las espinas y los clavos de Cristo. Si estás frustrado, recuerda cómo lo ataron y lo arrastraron. Si el orgullo te acosa, considera cómo se burlaron del Señor y cómo fue menospreciado por ladrones. Si la falta de castidad incita tu carne, recuerda cómo la suya fue azotada, traspasada y golpeada. Si el odio, la envidia y la venganza te tientan, piensa cómo intercedió Cristo por ti y por todos sus enemigos con lágrimas, aunque se podía haber vengado él mismo. Si estás afligido y no puedes hacer lo que quieres, anímate y di: "¿Por qué no debería yo sufrir si mi Señor sudó sangre por cada angustia?".
>
> Es asombroso que la cruz de Cristo haya caído en el olvido, porque ¿acaso no es olvido de la cruz que nadie quiera sufrir, sino más bien disfrutar y eludirla?[67]

---

66. Martin Lutero, *Luther's Meditations on the Gospels* (Filadelfia: Westminster, 1962), 135.
67. *Ibid.,* 135-36.

Al meditar en la cruz, Lutero (y los autores del Nuevo Testamento) nos dicen que en su sombra encontraremos un ejemplo para nuestra propia vida, no en algún tipo de autodegradación irreflexiva, sino en la conformación de por vida al ejemplo de Jesús, quien vio en la cruz la misión de su vida y entregó su ser para que otros pudieran vivir. Algunos lo denominan "cruciformidad", es decir, la experiencia de la salvación, morir y resucitar con Cristo, que nos embarca en la experiencia vitalicia de la santificación, de ser conformados a su imagen, y encontrar la vida del reino que se expresa en fe, amor, poder y esperanza.[68] La cruz ordena nuestra contemplación continua al abrirnos al poder transformador y conformador de Dios.

La cruz vacía crea nuestra paz. Mientras escribo estas palabras, en la primavera de 2003, la invasión de Iraq por parte de los aliados y el asalto sobre Bagdad están en marcha. Hombres y mujeres jóvenes del ejército se enfrentan a la muerte por primera vez. Ver la muerte violenta cambia a los jóvenes de un modo permanente. Durante su entrenamiento, pensaron en ella y consideraron la suya propia. Probablemente bromearon sobre su bravura y rechazaron con frialdad los pensamientos de temor. Espero que muchos se arrodillaran en oración antes de entrar en su primera batalla. Pero ni sus bravatas ni tan siquiera sus oraciones podrían inmunizarlos por completo contra la dura realidad de su primera experiencia de combate.

El columnista Gordon Dillow viajaba con los marines de la Compañía Alfa del Primer Batallón, Equipo 5 del Regimiento de Combate de los Marines. Estos jóvenes marines entablaron una de las primeras batallas de la guerra en la estación de bombeo número 2 en los campos de petróleo de al-Rumeilah y sufrieron una de las primeras bajas estadounidenses de la guerra: el subteniente Therrel "Shane" Childers, de treinta años, natural de Harrison, Mississippi. En su primera columna, después de su primera batalla y su primer encuentro con la muerte violenta, escribió: "Después del tiroteo, algunos de los marines estaban entusiasmados por su primera experiencia de combate. Otros tuvieron que admitir que, cuando empezaron los disparos y la matanza, se sintieron más desconcertados de lo que pensaban". Escribió sobre un joven marine:

> "No fue como creí que sería", dijo Cpl. Martin Vera, 27, de Long Beach [California], que se había vuelto a alistar en los marines después de los ataques del 11 de septiembre, porque pensaba que ahora, por fin, podría tener la oportunidad de ver algo de acción. "No fue como en las películas y eso. Después del once de septiembre fue como si quisiera regresar para esto. Pero me desconcertó disparar contra esos hombres. Tenía que hacerlo; es mi trabajo. Pero me sentí mal. Muy mal".

---

68. P. ej., Michael J. Gorman, *Cruciformity: Paul's Narrative Spirituality of the Cross* (Grand Rapids: Eerdmans, 2001), 369.

Dillow concluyó su columna con estas reflexiones:

> A pesar de la sangre que han visto hasta el momento, los jóvenes marines del 1/5 todavía no se han vuelto más duros, o al menos no más que cualquier soldado marine joven. Harán lo que tengan que hacer.
>
> Pero su primer tiroteo los ha cambiado.
>
> De alguna manera, ya no son tan jóvenes como lo eran ayer.[69]

Dillow observa, con razón, que ver la muerte de cerca cambia a las personas. Tú y yo no somos distintos. En gran parte de la cultura occidental nos hemos aislado de la muerte. Enviamos a los enfermos a hospitales donde mueren fuera de la vista. Enviamos a los ancianos a casas de retiro o residencias, donde mueren aislados de la vida normal... y con frecuencia solos. La muerte es una parte incómoda de la vida, por no decir temible, que muchos intentan evitar y empujar tan lejos como les sea posible.

Sin embargo, la muerte es una parte real de la vida. Una importante dimensión de nuestro discipulado de Jesús es aprender cómo gestionarlo. Esto es, al menos, una lección que podemos aprender contemplando la cruz de Jesús vacía. Él ha vencido el pecado y la muerte. La cruz vacía no significa que nos centremos en nuestra propia muerte, sino que miremos a la resurrección que está más allá. Meditar en una cruz vacía debería llevarnos a la mayor expectación de nuestro propio destino. Al hacerlo, se convertirá en uno de los mensajes más importantes del mundo que nos rodea.

Aunque no era cristiano cuando luché en Vietnam, y era bastante franco en mi desdén por los cristianos, me impactó profundamente un joven de mi pelotón que era un devoto cristiano. No recuerdo ahora su nombre —han pasado ya treinta años—, pero recuerdo su vida. Era alto, bien formado, exjugador de fútbol americano, pelirrojo y de cabello muy corto y con el rostro cubierto de pecas. Tenía la conducta más apacible que nadie que yo hubiera conocido jamás, paz en medio del horror de la guerra. En combate, vivíamos manteniendo a raya nuestro temor a la muerte, porque de otro modo nos habría paralizado. Pero el temor nunca estaba demasiado lejos.

En una ocasión, interrogué bromeando a "Red" [pelirrojo] sobre su tranquilidad, y le pregunté si estaba tomando drogas. Pero lo único que me contestó, con su habitual calma, era que tenía miedo, pero que sabía lo que le ocurriría a él si moría. Estaría en las manos seguras de Jesús, que le daba paz independientemente de lo que le pudiera suceder. "Red" fue herido un día; nada grave, pero lo suficiente como para que lo enviaran de regreso a Estados Unidos. Después de aquella batalla, fue cargado en un helicóptero para ser enviado a la retaguardia.

---

69. Gordon Dillow, "Battle Transforms Fresh-Faced Troops", *Orange County Register* (23 marzo 2003), Noticias: 1, 21.

Me miró con la misma expresión apacible y me dijo: "Sargento Mike, piense en lo que le he dicho".

Nunca lo olvidé. Años después, me convertí y llegué a comprender lo que él había experimentado, y ahora reconozco que mi propio discipulado con Jesús implica cómo miro a la muerte y la forma en que testifico de mi propia paz, cuando pienso en lo que está más allá.

Pero enfrentarse a la muerte no es solo para los que están involucrados en el combate de la guerra. Es algo que todos afrontamos en el combate de la vida cotidiana. Uno de los testimonios más profundos de nuestro discipulado es cómo nos enfrentemos a la muerte. Howard Hendricks, un querido catedrático del Seminario Teológico de Dallas, escribió recientemente una serie de artículos que incluyen sus propias reflexiones sobre ir envejeciendo y acercándose a los últimos años de su carrera y de su vida. En uno de los artículos hizo una observación crítica.

> La tarea más importante de un cristiano de edad avanzada es, tal vez, enseñarle al mundo cómo muere un creyente. Si Dios no pone fin a nuestra vida de una forma inesperada, entonces, como Zacarías el sacerdote y los apóstoles Pablo y Juan, estamos en el escenario, delante de una generación más joven, representando el proceso de abandonar esta vida.[70]

La cultura occidental idolatra lo joven, lo hermoso, lo fuerte y lo virulento. En ocasiones, esa misma exaltada admiración se introduce en la iglesia. Pero si afrontamos nuestra propia mortalidad con sabiduría y enfatizamos adecuadamente nuestro destino eterno, otorgaremos un lugar más destacado a los santos mayores que están entre nosotros y que tienen tanto conocimiento, experiencia y sabiduría que transmitir a las generaciones siguientes. Parte de esto es la forma de morir bien.

Los padres de mi esposa vivieron con nosotros durante sus últimos años, mientras mi suegra, Marge, sufrió un creciente deterioro por culpa de la esclerosis múltiple. Un año, durante la época de Acción de Gracias y de manera repentina, con toda la familia reunida en casa para la fiesta, hubo que llevarla al hospital a toda prisa, por un fallo respiratorio. No pensamos que sería una larga estancia, pero, al tercer día, la enfermera que la cuidaba nos llamó para que acudiéramos tan pronto como nos fuera posible: Marge se estaba apagando. Pasamos la mañana en su habitación compartiendo nuestros últimos pensamientos y expresiones de amor, y nuestras lágrimas. Cuando poco a poco empezó a entrar en su instante final, nos colocamos alrededor de su lecho. Yo estaba a los pies de su cama de hospital, ella me miró y me pidió que leyera un pasaje de las Escrituras. Recordé que una de sus lecturas favoritas era Filipenses 4:6-7 y lo leí en voz alta. Todos nos fuimos pasando la Biblia y leímos aquellos pasajes que sabíamos

70. Howard Hendricks, "Me, Myself, and My Tomorrows", *BibSac* 157 (julio-septiembre 2000): 268.

sus preferidos y que nosotros necesitábamos escuchar en aquellos momentos. Oramos juntos, y cuando su respiración se volvió cada vez más fatigosa, miró tranquila alrededor de su cama. Miró a cada miembro de la familia, uno por uno, directamente a los ojos, y movió los dedos de su pequeña mano frágil en señal de despedida. Sus ojos fueron de cada uno de sus hijos a sus nietos y, finalmente, al que había sido su amado esposo durante más de sesenta años, y nos dijo adiós con un ademán. A continuación, cerró los ojos y poco después ya se había ido.

Ninguno de nosotros olvidará jamás ese momento. Marge era la matriarca de la familia. Era una fuerte, voluntariosa, obcecada e increíblemente amorosa noruega; ¡una verdadera vikinga! Y su amor por su Salvador era el centro de su vida. Fue una firme discípula de Jesús. En aquellos momentos finales de su vida, dejó una marca indeleble en todos nosotros. Murió bien, llena de la paz de Dios. Conforme su mirada fue recorriendo el entorno de su cama, fue pasando el encargo a cada miembro de la familia de vivir —y morir— bien con el Salvador.

Marge habría querido que yo compartiera su pasaje favorito: "No se inquieten por nada; más bien, en toda ocasión, con oración y ruego, presenten sus peticiones a Dios y denle gracias. Y la paz de Dios, que sobrepasa todo entendimiento, cuidará sus corazones y sus pensamientos en Cristo Jesús" (Fil 4:6-7). La cruz vacía de Jesús es una llamada a cada uno de nosotros para que expandamos nuestra visión de esta vida y nos enfrentemos con valor a ella, y a la muerte, con la paz que sobrepasa todo entendimiento.

La maravillosa cruz exige la totalidad de nuestro ser. En el relato de ficción de Gerd Theissen sobre los acontecimientos que rodearon la muerte y la crucifixión de Jesús, *La sombra del galileo*, incluye una carta imaginaria escrita por Barrabás al personaje principal de la historia, Andrés, tras la muerte de Jesús. Aunque sus conclusiones no lo llevan a abrazar el programa de su ministerio, tiene una intuición con respecto a la naturaleza sustitutoria de la muerte de Jesús por él y lo que se espera de él a cambio. En su carta, dice:

> En primer lugar, estoy escribiendo para darte las gracias. Me han dicho cuánto hiciste por mí. Escapé a la muerte por los pelos. El precio era alto. Otro murió en mi lugar. Dos de mis amigos fueron crucificados con él. Desde entonces me he estado preguntando: ¿Por qué el otro? ¿Por qué Jesús? ¿Por qué no yo?
>
> Sé que Jesús está cerca de tu corazón. Defendiste su amable forma de rebelión y rechazaste mi forma de resistir. Ahora estoy ligado a él con lazos indisolubles. Sigo pensando en lo que esto significa para mí.
>
> Si él ha muerto en mi lugar, yo estoy obligado a vivir para él...[71]

71. Gerd Theissen, *La sombra del galileo: La búsqueda del Jesús histórico en forma narrativa,* Salamanca: Ediciones Sígueme, 1988), 177 de la versión en inglés.

Nuestra respuesta debería ser similar. La contemplación de la maravillosa cruz de Jesús debería llevarnos a hacer una seria pausa y preguntar *¿Por qué?* ¿Por qué haría esto Jesús por mí? Debería dejarnos una sensación de gratitud al determinar que es, sencillamente, el resultado de su amor por nosotros. Pero también deberíamos sentir que estamos "ligados a él con lazos indisolubles" si aceptamos el pago que hizo en nuestro lugar, y que resulta en nuestra obligación de vivir para él. Estamos ligados a él de tal manera que cuando Dios nos mira ve a Jesús y el sacrificio que hizo por nosotros, permitiendo que seamos justificados a sus ojos; ya no necesitamos llevar el castigo de nuestros pecados. En consecuencia, ahora somos libres para vivir para él, convertirnos en aquellos que él pretendía que fuéramos antes de que el pecado tuviera su efecto devastador sobre el mundo. Lord John Acton, el brillante historiador del siglo XIX, definió la cultura libre como aquella que es libre para hacer lo correcto, libre para ser virtuoso, pero no libre para hacer lo que uno desee.[72]

En este sentido, deberíamos considerar la libertad que Cristo compró para nosotros de tal manera que nos sintamos obligados ahora a seguir su llamado en nuestra vida. Declaró: "Si se mantienen fieles a mis enseñanzas, serán realmente mis discípulos; y conocerán la verdad, y la verdad los hará libres" (Jn 8:31-32). Con todo, es una obligación que trae paz y cumplimiento a medida que aprendemos a "ser santos, como Dios es santo".

Considera las figuras poco conocidas que rodean la cruz. Su diversidad es extraordinaria, pero la confesión de sus labios y su vida son uniformemente ejemplares para nosotros. El centurión romano y sus valientes hombres sufrirían duras represalias por aquel primer paso de fe, al pronunciar en voz alta que Jesús era, ciertamente, el Hijo de Dios (27:54). Los ricos líderes religiosos judíos, José de Arimatea y Nicodemo, se arriesgan a ser marginados por sus colegas y castigados por las fuerzas de ocupación romanas al haberse presentado para reclamar el cuerpo de Jesús como fieles discípulos suyos (25:57-50). Y las mujeres, siervas y seguidoras siempre devotas de Jesús, corren el peligro del ostracismo social y religioso, así como un castigo legal por relacionarse con un criminal convicto y no alejarse nunca de la cruz o de la tumba (27:55-56, 61).

Estos tres grupos establecen precedentes históricos para nuestro propio discipulado. Tal vez no realicemos grandes hazañas a los ojos del mundo, pero cuando las profundas verdades que Jesús llevó a cabo en la cruz nos atrapen, nosotros también seremos vivificados por el Espíritu de Dios para ser hombres y mujeres cuyo servicio a nuestro Maestro es un testimonio valiente de que el evangelio del reino ha triunfado. El ejemplo de ellos es una impresionante reflexión del desafío que Jesús ha presentado en un punto de inflexión crucial de su ministerio terrenal:

---

72. Lord John Emerich Edward Dalberg Acton, *The History of Freedom,* "Introduction", de James C. Holland (Grand Rapids: Acton Institute, 1993).

> Si alguien quiere ser mi discípulo, tiene que negarse a sí mismo, tomar su cruz y seguirme. Porque el que quiera salvar su vida, la perderá; pero el que pierda su vida por mi causa, la encontrará. ¿De qué sirve ganar el mundo entero si se pierde la vida? ¿O qué se puede dar a cambio de la vida? (16:24-26)

Isaac Watts, el prolífico escritor de himnos, entendió estas verdades. Compuso las poderosas palabras de uno de sus himnos más famosos: "La cruz excelsa", teniendo en mente las palabras de Jesús recogidas en este pasaje.[73] Al centrar Watts nuestra atención en la cruz, nos muestra las implicaciones que tiene para nuestra propia vida, conforme vamos aprendiendo a negarnos a nosotros mismos de forma sistemática, a tomar nuestra cruz y seguir a Jesús. Contempla de forma especial la humildad personal que, según entiende Watts, viene de ver con claridad el sacrificio de Jesús en la cruz por nosotros y la única respuesta que el compositor puede dar en respuesta: su rendición sacrificial. Después de contemplar la cruz en sus versos y de desestimar cualquier posible pago por su parte, concluye: "Amor tan grande, sin igual, en cambio exige todo el ser".

Watts demuestra en su propia vida el poderoso significado de una persona totalmente rendida a la voluntad de Dios. Es posible que ni tú ni yo escribamos himnos tan hermosos como este. ¡Yo ni siquiera sé leer las notas! Sin embargo, a nuestra manera, podemos contemplar este ejemplo hímnico y sacar de él el estímulo para nuestro propio compromiso con la voluntad de Dios. Y para aquellos de ustedes que estén en el liderazgo, debemos hacer el duro trabajo de traducir esto al lenguaje claro de nuestra congregación, ayudarla a vivir esto de forma sistemática en su vida cotidiana. El asombroso amor divino y sacrificial de Jesús por nosotros nos exige nuestra alma, nuestra vida, todo nuestro ser, seamos las camareras o el dueño de un hotel, alumnos escolares o maestros, expresidiarios o agentes de policía. Esta es la única respuesta adecuada de una vida que contempla la excelsa cruz.

73. La vida personal de Watts fue un modelo de fidelidad sistemática como ministro del evangelio, desde 1674 a 1748. No solo desempeñó un ministerio relevante predicando y escribiendo, sino que compuso más de 460 himnos.

Mateo 28:1-20

Después del sábado, al amanecer del primer día de la semana, María Magdalena y la otra María fueron a ver el sepulcro.

2 Sucedió que hubo un terremoto violento, porque un ángel del Señor bajó del cielo y, acercándose al sepulcro, quitó la piedra y se sentó sobre ella. 3 Su aspecto era como el de un relámpago, y su ropa era blanca como la nieve. 4 Los guardias tuvieron tanto miedo de él que se pusieron a temblar y quedaron como muertos.

5 El ángel dijo a las mujeres:

—No tengan miedo; sé que ustedes buscan a Jesús, el que fue crucificado. 6 No está aquí, pues ha resucitado, tal como dijo. Vengan a ver el lugar donde lo pusieron. 7 Luego vayan pronto a decirles a sus discípulos: "Él se ha levantado de entre los muertos y va delante de ustedes a Galilea. Allí lo verán". Ahora ya lo saben.

8 Así que las mujeres se alejaron a toda prisa del sepulcro, asustadas pero muy alegres, y corrieron a dar la noticia a los discípulos. 9 En eso Jesús les salió al encuentro y las saludó. Ellas se le acercaron, le abrazaron los pies y lo adoraron.

10 —No tengan miedo —les dijo Jesús—. Vayan a decirles a mis hermanos que se dirijan a Galilea, y allí me verán.

11 Mientras las mujeres iban de camino, algunos de los guardias entraron en la ciudad e informaron a los jefes de los sacerdotes de todo lo que había sucedido. 12 Después de reunirse estos jefes con los ancianos y de trazar un plan, les dieron a los soldados una fuerte suma de dinero 13 y les encargaron: «Digan que los discípulos de Jesús vinieron por la noche y que, mientras ustedes dormían, se robaron el cuerpo. 14 Y si el gobernador llega a enterarse de esto, nosotros responderemos por ustedes y les evitaremos cualquier problema».

15 Así que los soldados tomaron el dinero e hicieron como se les había instruido. Esta es la versión de los sucesos que hasta el día de hoy ha circulado entre los judíos.

16 Los once discípulos fueron a Galilea, a la montaña que Jesús les había indicado. 17 Cuando lo vieron, lo adoraron; pero algunos dudaban. 18 Jesús se acercó entonces a ellos y les dijo:

—Se me ha dado toda autoridad en el cielo y en la tierra. 19 Por tanto, vayan y hagan discípulos de todas las naciones, bautizándolos en el nombre del Padre y del Hijo y del Espíritu Santo, 20 enseñándoles

a obedecer todo lo que les he mandado a ustedes. Y les aseguro que estaré con ustedes siempre, hasta el fin del mundo.

Sentido Original

La famosa *Pax Romana* era una condición aparente impuesta por César Augusto y el poder militar romano, pero no proporcionaba libertad a todos sus súbditos. Bajo la superficie se arremolinaban las mareas de descontento y la insurrección. Mateo abre su Evangelio declarando que en una de las regiones remotas del imperio, donde no cesaba de surgir toda una diversidad de disturbios, aquella libertad tan esperada llegó por fin de un modo inesperado. En Belén nació un rival de Augusto. Sin embargo, este contrincante no apareció entre fanfarrias ni desafiaría directamente el poder militar y político de Roma. La revolución que traía Jesús, el esperado Mesías de Israel, cumplió las promesas del pacto sobre un reino davídico presagiado y las promesas del pacto con Abraham en cuanto a que todas las naciones de la tierra serían bendecidas por medio de Israel (1:1). Sin embargo, a lo largo de la misión de su vida, Jesús decepcionó a muchos de su propio pueblo, porque la suya era una revolución del corazón y no una de espadas o carros.

Jesús se dispuso, con resolución, a traer el reino de Dios a la tierra siguiendo su camino, con su esperada victoria sobre el enemigo supremo, Satanás y sus fuerzas. Pero esta tampoco llegó como esperaban muchos en el seno de Israel. Llegó a través de la ejecución de Jesús. En la más extensa narración de este Evangelio, Mateo nos relata la impresionante historia de la traición final cometida contra Jesús el Mesías, las negaciones, el arresto, los juicios y la crucifixión (caps. 26–27). Ese relato acaba con una nota tan sombría que los lectores podrían dar por sentado que todo aquello que Jesús había venido a realizar se había perdido. No obstante, en una de las narraciones más breves de su Evangelio, Mateo nos proporciona otro relato, igualmente asombroso, de la resurrección de Jesús el Mesías de entre los muertos (cap. 28).

La brevedad del relato de la resurrección es casi decepcionante. Sin embargo, igual que ocurrió con el breve anuncio de la concepción de Jesús, la resurrección fue un hecho histórico bien aceptado por los lectores de Mateo, de modo que no había necesidad de una narración extensa. La resurrección declara que Jesús es quien dijo ser, que lo que vino a realizar en la cruz fue eficaz y que ahora vive para ser el fiel Compañero, Maestro y Señor de todos los que responde a su Gran Comisión. Esto es lo que proporciona la paz suprema, el perdón de los pecados que reconcilia a los seres humanos con Dios y los unos con los otros, una revolución que el Imperio romano jamás podría aplastar. Es la nueva era de paz real, *pax Dei*, la "paz de Dios" que trasciende todo entendimiento (Fil 4:7), ha empezado para todo aquel que se atreva a convertirse en discípulo de Jesús.

El capítulo final de Mateo es el punto culminante de la asombrosa historia de Jesús el Mesías. Fue concebido de una forma milagrosa como Salvador de su pueblo. Vivió una vida sensacional en el poder del Espíritu, y anunció la llegada del reino de los cielos. Sin embargo, fue trágicamente traicionado por su propio pueblo y crucificado por el gobierno romano. ¿Sería este el final de la historia? ¡Por supuesto que no! Resulta que se descubre que Jesús el Mesías no está en su tumba, tal como predijo. El ángel anuncia la resurrección, las mujeres que le habían seguido son las primeras en dar testimonio de que la tumba está vacía y de que Jesús ha resucitado, las autoridades intentan inventar una historia que contrarreste el milagro, y todos sus seguidores tienen ahora la comisión de invitar a otras personas para que establezcan una relación con el Jesús resucitado, como discípulos suyos.

La resurrección de Jesús es la asombrosa comprobación de su identidad divina como Hijo de Dios (Ro 1:4) y de la eficacia de su obra expiatoria en la cruz, y, como tal, figura de forma destacada en los cuatro Evangelios. Aunque no podemos resolver todas las diferencias entre los relatos de la resurrección, sus variaciones fortalecen la verdad de que estos escritores de los Evangelios son testigos independientes y no están intentando reproducir un engaño tramado.[1] "El planteamiento de que Jesús había resucitado corporalmente de los muertos posee un poder sin igual para explicar los datos históricos que forman el núcleo central del cristianismo primitivo.[2] En realidad, las variaciones añaden plausibilidad histórica a este acontecimiento tan trascendental de la historia.[3]

Tres elementos son comunes a los cuatro Evangelios: la tumba vacía, el anuncio de la resurrección a las mujeres y el encuentro de los discípulos con el Jesús

---

1. *Cf.* Morris, *Matthew,* 733; Hagner, *Matthew,* 2:868.
2. N. T. Wright, *The Resurrection of the Son of God,* vol. 3 de *Christian Origins and the Question of God* (Minneapolis: Fortress, 2003), 718.
3. La literatura sobre la resurrección es ingente, pero lo que sigue le proporcionará al lector un punto de partida. Para el estudio más concienzudo de las cuestiones históricas y exegéticas, ver Wright, *The Resurrection of the Son of God;* ver también Richard N. Longenecker, *Life in the Face of Death: The Resurrection Message of the New Testament* (Grand Rapids: Eerdmans, 1998). La fiabilidad histórica de los relatos de la resurrección queda de manifiesto en Blomberg, *The Historical Reliability of the Gospels,* 100-110; William Lane Craig, "Did Jesus Rise from the Dead?" en *Jesus Under Fire,* 142-76; y ya a nivel más académico, William Lane Craig, *Assessing the New Testament Evidence for the Historicity of the Resurrection of Jesus* (Lewinston, N.Y.: Edwin Mellen, 1989). A nivel popular y apologético está Gary R. Habermas, *The Resurrection of Jesus: An Apologetic* (Grand Rapids: Baker, 1980) y George Eldon Ladd, *I Believe in the Resurrection of Jesus* (Grand Rapids: Eerdmans, 1975). Los distintivos teológicos de cada Evangelio son explorados por Grant R. Osborne, *The Resurrection Narratives: A Redactional Study* (Grand Rapids: Baker, 1984). Para una explicación sobre las cuestiones filosóficas, ver Stephen T. Davis, *Risen Indeed: Making Sense of the Resurrection* (Grand Rapids: Eerdmans, 1993); a un nivel más académico, Peter Carnley, *The Structure of Resurrection Belief* (Oxford: Clarendon, 1987). Para meditaciones devocionales, ver James Montgomery Boice, *The Christ of the Empty Tomb* (Chicago: Moody Press, 1985).

resucitado.[4] Otra sincronización encomiable de los sucesos que rodearon la resurrección y las apariciones de Jesús en las versiones de los cuatro Evangelios y en el relato de Pablo de 1 Corintios 15:1-11 es la siguiente:[5]

1. Un grupo de mujeres acude a la tumba, casi al amanecer. Es muy posible que María Magdalena llegara la primera (Mt 28:1; Mr 16:1-3; Lc 24:1; Jn 20:1).
2. María y las demás mujeres se encuentran con dos jóvenes varones, que en realidad son ángeles, y uno de ellos les anuncia la resurrección de Jesús (Mt 28:2-7; Mr 16:4-7; Lc 24:2-7).
3. Las mujeres abandonan el jardín con una mezcla de temor y gozo, sin querer decir nada en un principio, pero al final deciden informar a los doce (Mt 28:8; Mr 16:8). Es posible que María Magdalena se adelantara y le contara a Pedro y Juan lo sucedido, antes de que llegaran las demás (Jn 20:2).
4. Pedro y Juan corren a la tumba y descubren que está vacía (Lc 24:12; Jn 20:3-5).
5. María también regresa a la tumba y ve a los ángeles. Entonces Jesús se le aparece, aunque al principio ella cree que es uno de los cuidadores del huerto (Jn 20:11-18).
6. Jesús se encuentra con las demás mujeres y les confirma el encargo de ir a decirle a los discípulos lo que han visto, y que les recuerden la promesa de reunirse con ellos en Galilea; las mujeres obedecen (Mt 28:9-10; Lc 24:8-11).
7. Durante la tarde, Jesús se le aparece solo a Pedro en Jerusalén o cerca de allí, el domingo mismo de la resurrección (Lc 24:34; 1Co 15:5).
8. Más tarde, ese mismo día, Jesús se le aparece a Cleofas y su compañero anónimo, en el camino de Emaús. Regresan a Jerusalén a contárselo a los once (Lc 24:13-35; *cf.* Mr 16:12-13).
9. Estando Cleofas y su amigo en el aposento alto con los discípulos (a excepción de Tomás), con las puertas cerradas, Jesús se les aparece (Lc 24:36-43; Jn 20:19-25).
10. A la semana siguiente, también domingo por la tarde, Jesús se aparece a los once, en el mismo lugar de Jerusalén, esta vez con Tomás presente (Jn 20:26-29; 1Co 15:5; *cf.* Mr 16:14).
11. Unos tres días después, Jesús se aparece a siete de los discípulos junto al mar de Galilea (Jn 21:1-14).

---

4. Morris, *Matthew,* 722; Hagner, *Matthew,* 2:868.
5. Esta reconstrucción se sugiere en John Wenham, *Easter Enigma,* 139 y *passim*. Para una reconstrucción similar, ver Craig L. Blomberg, *Jesus and the Gospels: An Introduction and Survey* (Nashville: Broadman & Holman, 1997), 354-55.

12. Jesús se aparece a los apóstoles, así como a unos quinientos creyentes, en los montes de Galilea (1Co 15:6). Otras apariciones tuvieron lugar a lo largo de un periodo de cuarenta días (Lc 24:44-47; Hch 1:3, 1Co 15:6).
13. Es probable que durante este tiempo en Galilea Jesús se apareciera a Jacobo, su hermanastro (1Co 15:7).
14. Jesús encomienda su culminante Gran Comisión a los once (¿y otros?) sobre un monte de Galilea, ordenándoles que hagan discípulos por todo el mundo (Mt 28:16-20; *cf.* Mr 16:15-18).
15. Ya de vuelta a la zona de Jerusalén, Jesús da instrucciones de despedida a los discípulos diciéndoles que aguarden la venida del Espíritu Santo. Asciende a los cielos cerca de Betania, desde el monte de los Olivos, en las afueras de Jerusalén (Lc 24:44-53; Hch 1:4-12; *cf.* Mr 16:19-20).

Las mujeres, discípulas de Jesús, descubren la tumba vacía (28:1-4)

Mateo acaba el relato de la crucifixión con José de Arimatea envolviendo el cuerpo de Jesús en un sudario y depositándolo en la tumba de su propiedad. Al menos dos de las mujeres discípulas de Jesús, María Magdalena y la otra María, observaron este comienzo de la preparación del cuerpo para la sepultura. Tal vez estas mujeres, junto con las demás que habían seguido a Jesús desde Galilea, trabajaran con José y Nicodemo para alistar el cadáver para sepultarlo.[6]

Marcos 16:1 nos dice que, al concluir el sabbat, las discípulas fueron a comprar materiales para ungir el cuerpo de Jesús. Las restricciones del día de reposo limitaban su desplazamiento y el poder comprar todos los productos necesarios. Al parecer, antes del inicio del sabbat habían empezado a reunir los elementos de los que disponían para el ritual de la sepultura (*cf.* Lc 23:56), y después de la caída del sol, pudieron conseguir los artículos restantes cuando volvieron a abrir las tiendas.

Después del sábado, al amanecer (28:1). Mateo inició su relato de las escenas de la resurrección narrando cómo ciertas mujeres acudieron a la tumba “después del sábado”.[7] Jesús afirmó una y otra vez que resucitaría “al tercer día” (16:21; 17:23; 20:19). Teniendo en cuenta que el Antiguo Testamento solía contar parte de un día como un día completo,[8] entendemos que Jesús estuvo en la tumba durante una parte de los tres días. Habiendo muerto alrededor de las tres de la tarde del viernes, fue colocado en la sepultura antes de la caída del sol (primer día).

---

6. Ver comentarios sobre 27:57-61; *cf.* Wenham, *Easter Enigma,* 60-67.
7. Esta es la raíz de la práctica posterior de que los cristianos se reúnan el domingo por la mañana para adorar al Jesús resucitado (p. ej., 1Co 16:2); *cf.* Carson, “Matthew”, 587; Davies y Allison, *Matthew,* 3:663; France, *Matthew,* 406; Hagner, *Matthew,* 2:868-69; Keener, *A Commentary on the Gospel of Matthew* (1999), 700; Morris, *Matthew,* 734 n. 3.
8. *Cf.* Gn 42:17-18; 1S 30:12-13; 1R 20:29; 2Cr 10:5, 12; Est 4:16; 5:1.

Permaneció en la tumba todo el sábado (segundo día) y desde la caída del sol del sábado hasta su resurrección el domingo por la mañana (tercer día). Resucitó, pues, al tercer día, como había profetizado (ver comentarios sobre 12:40; 26:16).

La mayoría de estas mismas mujeres, que fueron valientes testigos de la espantosa crucifixión y del entierro, planean visitar la tumba para ayudar a la familia acabando de preparar el cuerpo para la sepultura. La costumbre judía permitía que hombres y mujeres prepararan los cadáveres, y estas podían ocuparse de los de ambos géneros; sin embargo, a los hombres no se les permitía arreglar cuerpos de mujer.[9] Ellas van al lugar donde Jesús fue colocado antes del día de reposo (ver comentarios sobre 27:60-66). María Magdalena vuelve a adoptar aquí un papel destacado, pero va acompañada de "la otra María", la madre de Jacobo y José (*cf.* 27:56). Aunque Marcos y Lucas citan también a otras mujeres (ver comentarios sobre 27:55-56), Mateo se centra solo en María Magdalena y en esta otra María.

Un terremoto, un ángel y una piedra rodada (28:2-4). Otro terremoto (ver comentarios sobre 27:51) sacude la zona de Jerusalén, esta vez parece ser que fue antes del alba. Aunque no es algo poco habitual en esa región, este segundo terremoto rodea el supremo acontecimiento sobrenatural: la resurrección de Jesús. A. T. Robertson cita la siguiente declaración de Cornelio à Lapide: "La tierra que, por así decirlo, tembló de tristeza ante la muerte de Cristo, saltó de gozo en su resurrección".[10]

La conjunción "porque" (*gar*) que inicia la frase "porque un ángel del Señor bajó del cielo y, acercándose al sepulcro, quitó la piedra y se sentó sobre ella" (28:2) sugiere que el terremoto acompaña la aparición del ángel, que es el medio que el ángel usó para rodar la piedra, o quizás es el ángel quien lo causa al mover la roca.[11] El milagro de la concepción, el nacimiento y la infancia de Jesús fueron supervisados por el ángel del Señor (1:20-21; 2:13,19), de modo que no es de sorprender que sea un ángel del Señor quien controla ahora la resurrección, enmarcando así la historia de Mateo sobre el mensaje divino que Dios da a su pueblo en la persona de su Hijo Jesucristo. Como en la narración de la infancia, este ángel es uno de los mensajeros privilegiados de Dios, quizás Gabriel, que parece tener un papel especial en los anuncios (ver Lc 1:11-20, 26-38).[12]

Las entradas a las tumbas se sellaban de diversas formas; esta se cerró con una piedra cilíndrica que se rodaba por un canal abierto durante la preparación del cuerpo en el interior de la cámara. Mateo es el único en narrar que, al rodar el ángel la piedra, se sienta sobre ella. La roca que fue sellada por los soldados para

9. Keener, *A Commentary on the Gospel of Matthew* (1999), 700. Ver también los comentarios sobre 27:59-61.
10. Robertson, "Matthew", *Word Pictures in the New Testament,* 1:240-41.
11. Ver Wright, *The Resurrection of the Son of God,* 636.
12. Ver Hurtado, *One God, One Lord,* 71-92; Carol A. Newsom, "Gabriel", *ABD,* 2:863; Carol A. Newsom y Duane F. Watson, "Angel", *ABD,* 1:248-55.

asegurarse de que el cuerpo de Jesús permaneciera en la cripta se convierte ahora en el asiento de triunfo para el ángel. La piedra no se aparta para que el Jesús resucitado salga, sino para que las mujeres sean testigos de que la tumba está vacía.

La dramática aparición del ángel es "como el de un relámpago, y su ropa era blanca como la nieve". El resplandor del ángel del Señor suele asociarse a las descripciones de los relámpagos (*cf.* Ap 4:5; 16:17-18), como lo es también el regreso de Cristo (24:27). La vestidura blanca simboliza la pureza angélica y resplandeciente. Las mujeres han venido a la tumba con el temor de que alguien pudiera robar el cuerpo; ahora descubren que la roca ha sido rodada y que un ángel está sentado dentro de la sepultura. Rápidamente descubren que está ocurriendo algo muy distinto: Jesús ha resucitado y está vivo de nuevo.

La aparición de un ángel de fuego era algo que solía aterrorizar al pueblo (Jue 13:19-20; *4 Esdras* 10:25-27). Cuando los guardias vieron al ángel, se asustan tanto que se pusieron a temblar y quedaron "como muertos". "Temblar" es el mismo verbo que se usó para el terremoto en el momento de la crucifixión (*seio,* 27:51). Que se quedaran "como muertos" es la misma expresión utilizada para describir la reacción de Juan a su visión del Jesús ascendido en Apocalipsis 1:17. Tal vez se desmayaran por la impresión que les causó la visitación angelical, pero Donald Hagner apunta a la ineludible ironía: "Los guardias asignados para custodiar al muerto parecen muertos, mientras que el muerto ha revivido".[13] Son hombres veteranos curtidos en batalla, acostumbrados a enfrentarse a situaciones de miedo. Pero nada los ha preparado para este encuentro. Después de que el ángel hable a las mujeres, los vigilantes se apresuran y corren a la ciudad para informar a los principales sacerdotes.

El ángel anuncia la resurrección de Jesús (28:5-6)

El ángel tranquiliza a las mujeres (28:5). Por primera vez, el ángel habla a las mujeres: "No tengan miedo; sé que ustedes buscan a Jesús, el que fue crucificado". Lucas incluye a un segundo ángel, pero Mateo y Marcos solo se centran en el que habla por los dos.[14] El ángel del Señor le dijo a José que no temiera a los sucesos que rodearan la concepción y el nacimiento de Jesús (1:20), que es el mismo mensaje necesario en los acontecimientos en torno a la resurrección de Jesús. Ninguna experiencia anterior pudo preparar a los seres humanos de la forma adecuada para gestionar emocionalmente los eventos sobrenaturales de la encarnación y la resurrección. Estas mujeres han venido por Jesús, en quien depositaron sus esperanzas de la liberación mesiánica, pero que ahora no es más que aquel "que fue crucificado".

---

13. Hagner, *Matthew,* 2:869.
14. Esto es lo contrario de la anterior práctica mateana, como cuando Mateo habla de dos endemoniados, mientras que Marcos y Lucas se centran solo en uno (*cf.* Mt 8:28; Mr 5:1-20; Lc 8:26-39).

La oración de participio perfecto "que fue crucificado" se usa sustancialmente en aposición a Jesús. Podemos traducirlo como "Jesús, el Crucificado". El tiempo perfecto indica, por lo general, un resultado en curso como consecuencia de la finalización de una acción pasada. Aquí y en otros lugares del Nuevo Testamento, Jesús sigue siendo el Crucificado (*cf.* 1Co 1:23; 2:2; Gá 3:1). Mateo ha demostrado el poder de la cruz, y no lo niega. Aquí, sin embargo, puede también haber un sentido de ironía en el apelativo. Las mujeres están buscando a Jesús como aquel que fue crucificado, pero que ya no está en esa situación. No está allí como el Crucificado.

El ángel anuncia la resurrección de Jesús (28:6). El ángel sigue anunciando la razón por la que la tumba está vacía: "No está aquí, pues ha resucitado, tal como dijo. Vengan a ver el lugar donde lo pusieron". Aunque se inventan otras historias para intentar tapar la verdad (*cf.* 28:11-15), la palabra de revelación de Dios por medio del ángel cuenta la historia real: Jesús ha resucitado de entre los muertos. El judaísmo esperaba la resurrección corporal de todas las personas; ahora Jesús es las primicias extraordinarias de dicha expectativa (*cf.* 1Co 15:20,23). Estos acontecimientos no se desarrollan al azar. El ángel da testimonio del cumplimiento de las profecías de Jesús con respecto a su muerte y su resurrección (16:21; 17:23; 20:19), que confirma de forma convincente las palabras de Jesús sobre su misión y su identidad.

No se expresa el agente de la voz pasiva "fue resucitado" (no "ha resucitado", como en la NVI), sino que es un claro uso de la "pasiva divina", donde la agencia queda sin enunciar, ya que el contexto deja claro que Dios el Padre es quien resucitó a Jesús de los muertos.[15] Ha hecho la afirmación final y la declaración de la identidad y del ministerio del Hijo al resucitar a Jesús (*cf.* Ro 1:1-3), completando un tema de aprobación en su bautismo y su transfiguración.[16]

Para completar la comprobación de la resurrección, el ángel invita a las mujeres a entrar en la tumba para ver el lugar donde Jesús fue colocado unos pocos días antes. Jesús no solo fue resucitado espiritualmente, sino físicamente; su cuerpo ya no estaba en la sepultura.

Las instrucciones del ángel a las discípulas (28:7)

A continuación, el ángel da instrucciones a las mujeres para que vayan de inmediato y comuniquen a los discípulos de Jesús las extraordinarias nuevas y les digan que él se reunirá con ellos en Galilea. La expresión "sus discípulos" se refiere, probablemente, a los once. Irán a Galilea a pasar un tiempo de concentración con su Señor resucitado, quien les aclarará el papel que ha desempeñado en la historia de la salvación en relación con la llegada y la naturaleza del reino de Dios para, de este modo, prepararlos a ellos para la función del liderazgo en la iglesia (*cf.* Lc 24:44-47; Hch 1:3).

15. *Cf.* Wallace, *Greek Grammar,* 437-38.
16. Ver 3:16-17; 17:5; *cf.* Blomberg, *Matthew,* 427.

Mujeres testigos. Una de las perspectivas más importantes aquí sobre las mujeres es que Dios no solo las usa como testigos del acto redentor de la historia, la muerte de Jesús en la cruz, sino también de su resurrección. Como ellas estuvieron presentes en el momento de su muerte en la cruz y cuando fue sepultado por José de Arimatea (*cf.* 27:55-56, 61), pueden confirmar que estaba verdaderamente muerto y no meramente inconsciente. Varias de ellas presenciaron el sellado de la tumba (27:60-61; Mr 15:46-47; Lc 23:55), y ellas son los primeros testigos de la tumba vacía y del Jesús resucitado (Mt 28:1-6; Mr 16:1-6; Lc 24:1-8; Jn 20:1-16). Son designadas por el ángel y también por Jesús para llevar su testimonio a los demás discípulos y ser, así, las primeras en testificar de la realidad de la resurrección (Mt 28:10; Mr 16:7; Jn 20:17).

Galilea. Galilea era el lugar donde Jesús pasó su infancia, pero más importante aún es que fue la ubicación principal de su ministerio terrenal (*cf.* 4:12). Ahora Galilea sigue como punto central de su ministerio de ascensión. Esto cumple la propia profecía de Jesús en cuanto a que después de resucitar iría delante de ellos a Galilea (26:32). Jesús se aparecerá a sus discípulos durante el transcurso de una semana, más o menos, en Jerusalén hasta que ellos puedan comprender por completo el hecho de su resurrección (*cf.* Lc 24:11; Jn 20:24-25). A continuación, ellos van a Galilea, donde él se les aparece durante treinta días (*cf.* Mt 28:16; Jn 21; Hch 1:3).

El Jesús resucitado se aparece a las discípulas (28:8-10)

Las mujeres corrieron a dar la noticia a los discípulos (28:8). Las mujeres atienden la urgente directiva del ángel de apresurarse y comunicarles a los discípulos la resurrección de Jesús. Estos llegaron a la tumba esperando ver cómo se desvanecían sus esperanzas, pero ahora todo está patas arriba, y hasta sus sueños más inimaginables palidecieron frente al asombroso mensaje de que Jesús había resucitado. Su reacción es de "temor", pero también de "gran gozo". La tumba vacía, la aparición y el mensaje del ángel, y la urgencia de informar a los discípulos les producen miedo. Además, la incertidumbre del futuro también les hace temer lo desconocido. Es probable que estas discípulas no tengan más que una ligera consciencia de todo lo que esto significa, pero han seguido a Jesús durante el tiempo suficiente para saber adónde lo ha llevado a él: al rechazo de su propio pueblo y a su muerte. Sus vidas ya no volverán a ser las mismas jamás.

A pesar de todo, hay gran gozo. En lo más profundo de su ser están empezando a reconocer que todo aquello que esperaban en Jesús está comenzando a hacerse realidad. Estas mujeres saben lo justo como para entender lo que el futuro puede depararles ahora, porque se ha cumplido la predicción de la resurrección de Jesús. Él está vivo. Su futuro incluye ahora al Jesús resucitado, el tan esperado Mesías de Israel y Salvador del mundo, ahora plenamente consagrado.

El Jesús resucitado se aparece a las mujeres que lo adoran (28:9). Cuando las mujeres se aprestaban a marcharse, el Jesús resucitado les sale al encuentro para confirmar la realidad de sus esperanzas. Aparece "de repente" y les dirige un saludo corriente, como cualquiera que le hubieran oído pronunciar en muchas ocasiones, pero que ahora las impulsa a caer a sus pies para "adorarlo". La presencia del Jesús resucitado cambia el temor de ellas en adoración. Al mencionar que le "abrazan los pies", Mateo enfatiza sutilmente que no se trata de una mera visión espiritual, sino de una resurrección física.

La realidad de la resurrección de Jesús comunica a las mujeres algo sobre él que provoca en ellas una profunda adoración. El término para "adorar" (*proskyneo*), en Mateo, puede indicar el arrodillarse ante una figura religiosa estimada (p. ej., 8:2) o adoración cuando va unida a la acción de abrazar los pies. Al permitir aquí y en 28:17 este acto de adoración, algo que ni los ángeles (Ap 22:8-9) ni los apóstoles permiten hacia su persona (Hch 10:25-26; 14:11-15), Jesús está aceptando el reconocimiento de su deidad. Solo se debe adorar a Dios (*cf.* Mt 4:9-10; 14:33; Ap 22:9), y estas mujeres se postran ahora ante el Resucitado, a quien se le brinda esa honra con toda la razón.

El Jesús resucitado hace un encargo a las mujeres como primeros testigos de la resurrección (28:19). Las mujeres siguen, probablemente, asustadas por los extraordinarios acontecimientos con los que se acaban de encontrar, y la aparición de Jesús no hace más que aumentar su temor. Los sucesos se están desarrollando a un ritmo que no les permite controlarse. De modo que Jesús calma sus miedos confortándolas con las mismas palabras que el ángel ("No tengan miedo"), pero también repite el encargo del ser angelical: "Vayan a decirles a mis hermanos que se dirijan a Galilea, y allí me verán". Jesús pasa de "discípulos" a "mis hermanos". Esto puede ser, sencillamente, una variación estilística para referirse a los once, o puede indicar el grupo más amplio de discípulos que también serán testigos del Jesús resucitado (p. ej., 1Co 15:6). Esto último podría explicar la reacción de "algunos" que dudan (ver comentarios sobre 28:17).[17]

En 12:49-50 denomina a sus discípulos "mi hermano, mi hermana y mi madre", no solo indicando la relación de ellos con él, sino también entre sí. Ahora son hermanos y hermanas de una familia de fe. Siguen existiendo diferencias funcionales dentro de la familia de fe, en especial con referencia a las posiciones de liderazgo (p. ej., 16:16-19; 1Ti 3:1-15; 5:17-20; Heb 13:17; 1P 5:1-5). Pero el énfasis está en la igualdad de todos los hermanos y hermanas en Cristo.

Muchos eruditos consideran que el hecho de que Dios escogiera a estas mujeres como primeros testigos de la resurrección de Jesús es una de las verdades fundamentales de los relatos y de la historicidad de la resurrección misma.[18] No es probable que ningún judío hubiera creado una historia, así como ficción. (1) Entre algunos de los rabinos había discrepancias con respecto a la aceptabilidad de que una mujer diera testimonio en un tribunal de justicia. Los había que no las aceptaban como testigos válidos, porque se decía que eran mentirosas

17. Ver Carson, "Matthew", 589-60; Hagner (*Matthew*, 2:874) duda de un grupo más amplio.
18. P. ej., Grant R. Osborne, "Women in Jesus' Ministry", *WTJ* 51 (1989): 270.

por naturaleza.[19] Sin embargo, esta parece ser una opinión minoritaria, ya que eran muchos los que sí les permitían dar testimonio.[20] Sin embargo, por causa de este desacuerdo, parecía poco probable que un judío inventara un testimonio femenino en el caso de la resurrección de Jesús.

(2) La imagen de cobardía que se describe en los hombres, escondidos lejos de allí, en Jerusalén, mientras que las mujeres desempeñaron con valentía sus responsabilidades para preparar el cuerpo de Jesús para la sepultura, habría ofendido, sin lugar a dudas, las susceptibilidades de los lectores judíos; es más que evidente que no se habría mencionado de no ser totalmente cierto.

(3) El listado de los nombres de las mujeres es también un hecho de peso que descarta una ficción, ya que estas mujeres eran conocidas en la congregación cristiana primitiva y no se las habría relacionado fácilmente con un relato falso.[21]

Verán a Jesús en Galilea (28:10). Mateo no especifica en qué lugar de Galilea pretende Jesús encontrarse con los discípulos, pero más adelante apunta que los once se dirigen "a la montaña que Jesús les había indicado" (28:16). Por la cantidad de tiempo que habían pasado con él, conocerían el punto de encuentro. Pronto se sentirán tan seducidos por la realidad de la resurrección que sabrán que el Jesús resucitado es capaz de encontrarlos dondequiera que puedan estar.

La intención de Jesús al mandar a estas mujeres a llamar a sus hermanos para que se reúnan con él en Galilea marca un importante giro de los acontecimientos en la historia de la salvación. Al ser las primeras en comprobar la resurrección, esto sugiere que se les debe atribuir el mismo valor que a los hombres y que han de ser restauradas como colaboradoras de ellos en la comunidad de fe, un papel que les había sido asignado desde la creación (Gn 1:26-28). La mención de "mis hermanos" reitera, asimismo, que todos los discípulos de Jesús son igual de valiosos dentro de la familia de fe. Además, el regreso a Galilea vuelve a recordar la región de "Galilea de los gentiles" (*cf.* 4:15-16), preparando así el camino para el encargo de Jesús de hacer discípulos de todas las naciones (28:10-20). La precedencia histórica de ir a Israel (10:5-6; 15:24) se ha cumplido. Ahora, la familia de fe incluye a todos los que son discípulos de Jesús, de todo género, etnia y religión.

La conspiración para negar la verdad de la resurrección de Jesús (28:11-15)

Las seguidoras de Jesús obedecen de inmediato a su Maestro resucitado y corren a contar la historia milagrosa de la resurrección, pero los enemigos de Jesús

19. P. ej., Rabbi Akiva en *m. Yeb.* 16:7. Ver también *m. Šeb.* 4:1; Josefo, *Ant.* 4:219.
20. Ver Witherington, *Women in the Ministry of Jesus,* 9-10, para una explicación de las diversas actitudes rabínicas respecto a la capacidad de las mujeres como testigos.
21. Para una exposición sobre las cuestiones más amplias, ver Craig, "Did Jesus Rise From the Dead?", 151-55.

se apresuran para poner fin a los acontecimientos históricamente trascendentales de la tumba vacía. Este incidente sobre la conspiración para negar la verdad de la resurrección de Jesús le sigue al incidente anterior en el relato de la crucifixión, cuando los principales sacerdotes y los fariseos acuden a Pilato a pedir que se aposte una guardia junto a la tumba (ver 27:62-66).

Mateo es el único escritor de los Evangelios que narra estos incidentes, y esto ha provocado que algunos duden de su historicidad, por su evidente naturaleza apologética.[22] Sin embargo, de no haber circulado nunca rumor alguno al respecto, resulta difícil imaginar por qué los cristianos habrían inventado semejante historia y por qué habrían metido esta idea en la cabeza de otras personas. Y, si la tumba no hubiera estado vacía, los líderes religiosos habrían señalado la prueba de que allí estaba el cuerpo.[23] Pero Mateo está escribiendo más bien para una audiencia judeocristiana que probablemente ha oído hablar de las acusaciones que circulaban entre los judíos en cuanto a que el cuerpo de Jesús había sido robado por sus discípulos; es posible que las audiencias de los demás evangelistas no hubieran estado al tanto de tales denuncias. Por consiguiente, en lugar de ser una leyenda tardía creada por la comunidad cristiana, en esta historia Mateo trata una situación que es exclusivamente una preocupación acuciante para sus lectores.[24] Según comenta N. T. Wright:

> La idea es que este tipo de historia solo podría tener sentido en una comunidad en la que la tumba vacía fuera un dato absoluto e incuestionable. De haber existido variedades de cristianismo que desconocieran algo así —en otras palabras, si Bultmann tuviera razón al decir que la tumba vacía fue, en sí misma, una ficción apologética tardía—, suscitar tanto la historia del robo del cuerpo como las contrahistorias para explicar por qué dichas acusaciones no eran verdad es algo sencillamente increíble.[25]

Detrás de la historia tal como la narra Mateo parece haber, pues, una historia de la tradición de la polémica judía y cristiana, un patrón en desarrollo de afirmación y contraafirmación como el que sigue:

---

22. P. ej., Beare, *The Gospel According to Matthew,* 543; George Wesley Buchanan, *The Gospel of Matthew* (The Mellen Biblical Commentary; Lewiston, N.Y.: Mellen Biblical Press, 1996), 2:1022-23; Hare, *Matthew,* 326-27.
23. Existe una inverosímil teoría reciente de que el cuerpo solo se había depositado en una tumba poco profunda, apenas cubierto por tierra, y que los perros carroñeros se habían comido el cadáver (John Dominic Crossan, *Who Killed Jesús* [San Francisco: HarperCollins, 1995], 187-88). Sin embargo, esto no concuerda con el respeto con el que los judíos trataban todos los cuerpos ni con el reticente respeto que los romanos atribuían a los cadáveres judíos, por su deseo de mantener la paz (ver Wright, *The Resurrection of the Son of God,* 638).
24. Para la defensa de la historicidad de los acontecimientos ver William Lane Craig, "The Guard at the Tomb", *NTS* 30 (1984): 273-81; Wright, *The Resurrection of the Son of God,* 638-40; Keener, *A Commentary on the Gospel of Matthew* (1999), 713-15.
25. Wright, *The Resurrection of the Son of God,* 638-39.

Cristiano: "¡El Señor ha resucitado!".

Judío: "No, sus discípulos robaron su cuerpo".

Cristiano: "El guarda junto a la tumba habría impedido cualquier robo".

Judío: "No, sus discípulos se lo llevaron mientras el soldado dormía".

Cristiano: "Los principales sacerdotes sobornaron a la guardia para que afirmara esto".[26]

Los guardias informan a los principales sacerdotes (28:11). Aunque parece ser que algunos de los soldados se quedaron junto a la tumba, por no haber sido oficialmente relevados de su guardia, otros van a la ciudad para informar a los jefes de los sacerdotes.[27] Ante tan grave quebrantamiento de su responsabilidad de mantener la integridad de la tumba sellada, es necesario que los guardias informen a sus oficiales superiores. Son personal militar romano asignado por Pilato a las autoridades del templo para la seguridad, y esta es la razón de que los informen a ellos y no al gobernador (ver comentarios sobre 26:48; 27:65). Su informe incluye, presumiblemente, lo que sucedió hasta la aparición del resplandor del ángel y la tumba vacía. Al parecer, no vieron al Jesús resucitado, solo los resultados de su resurrección. Pero saben que han incumplido sus órdenes de proteger el escenario del sepulcro, porque la tumba está vacía.

Los principales sacerdotes conspiran con los ancianos (28:12). Tan pronto como los jefes de los sacerdotes escuchan el informe de los guardias, se reúnen con los ancianos para un intento inmediato de controlar los daños. Deben dar explicaciones sobre la tumba vacía. Una vez más, los líderes religiosos conspiran para deshacerse del ministerio de Jesús (*cf.* 16:21; 21:23; 26:3-4). Como en la escena anterior, en la que los principales sacerdotes y los fariseos dejan a un lado sus antagonismos teológicos y políticos para colaborar en asegurar la tumba (27:62), vuelven a conspirar, porque ven amenazada la base de su poder religioso y político si trasciende la verdad de la resurrección de Jesús. De saberse que ha resucitado, como él predijo, eso sería la validación de sus afirmaciones mesiánicas y el pueblo volvería a él, algo que harían millares de personas en Pentecostés y después (Hch 2:41; 4:4; 6:1, 7).

¿Por qué intentan impedir estos líderes religiosos judíos la verificación de la identidad mesiánica de Jesús? Es necesario recordar que ellos estaban realmente convencidos de que el ministerio de Jesús recibía su poder de Satanás (12:22-32), y sin lugar a dudas pensaban que estaban haciendo lo correcto al impedir que se engañara al pueblo mediante otro acontecimiento facultado por Satanás. Sin embargo, el conjunto de los líderes judíos están tristemente engañados. Con todo, las maravillosas buenas nuevas son que Dios puede llegar a todo corazón

26. Craig, "The Guard at the Tomb", 273; citando también a Paul Rohrbach, *Die Berichte über die Auferstehung Jesu Christi* (Berlín: Georg Reimer, 1898), 79.
27. Esto implica que la tumba se encontraba fuera de los muros de la ciudad; para la relevancia de este punto, ver comentarios sobre 27:33, 60.

duro, si uno se arrepiente de verdad, como se demuestra en los primeros días de la iglesia, cuando hasta los sacerdotes se convirtieron en obedientes discípulos de Jesús (p. ej., Hch 6:7).

De la misma manera en que los principales sacerdotes y los ancianos sobornaron a Judas para que traicionara a Jesús (26:3-4, 15), ahora hacen lo mismo con los guardias para tramar una historia. Cabría preguntarse cómo llegaron a conocerse estas deliberaciones entre la comunidad cristiana, hasta que recordamos que algunos de los propios seguidores de Jesús, como Nicodemo y José de Arimatea (ver comentarios sobre 27:55-61), pertenecían a los más altos escalafones de la élite religiosa de Jerusalén.

La historia inventada (28:13). El plan específico que los principales sacerdotes y los ancianos idean es obligar a los guardias a decir: "Los discípulos de Jesús vinieron por la noche y mientras dormíamos se robaron el cuerpo". Es una historia extremadamente dudosa. Es muy poco probable que todos los guardias hubieran estado durmiendo estando de guardia, porque el castigo por dormirse estando de servicio podía ser la ejecución (*cf.* Hch 12:19). Además, ¿cómo puede ser que no se despertaran, al menos algunos de ellos, cuando se rodó la piedra? Y, si estaban dormidos, ¿cómo saben que los discípulos robaron el cuerpo? Esto por no mencionar que los discípulos no tuvieron el coraje suficiente para asistir a la crucifixión y hasta negaron a Jesús. ¿Para qué montar un complot para robar su cuerpo de una tumba tan protegida?

Entonces, ¿por qué inventan los líderes religiosos una historia tan turbia? ¿Y por qué acceden los guardias a verse acusados de negligencia? Como hemos observado más arriba, los líderes están desesperados y quieren ocultar lo que sucedió en realidad. De todas formas, los soldados están en un aprieto se diga lo que se diga. Si aceptan el plan de los líderes religiosos judíos, se ponen en peligro ante sus superiores romanos por haberse quedado dormidos. Pero, al mismo tiempo, ya están en una situación delicada por haber permitido que se quebrantara la seguridad de la tumba. No pueden negar que la sepultura está vacía, ¿y quién los creería si hablaran de un ser angélico? Por si fuera poco, ni siquiera opusieron resistencia. De una forma u otra se enfrentan a una posible ejecución por abandono de la guardia. Con el respaldo de los líderes religiosos judíos tienen, pues, al menos una oportunidad de escapar al castigo, y estas autoridades ven en su proposición una forma ingeniosa de justificar que la tumba está vacía.

La estratagema de los líderes judíos (28:14-15). Los líderes religiosos deben, por tanto, mantener a los guardias al margen de problemas con Pilato. Así que les dicen: "Si este informe llega al gobernador, él quedará satisfecho y ustedes no tendrán dificultades". No sería la primera vez que existiera una colaboración retorcida entre los líderes religiosos y Pilato, en el que ambas partes intentaran usarse una a otra para sus propósitos personales (ver comentarios sobre 27:1-2, 21-25). A Pilato no le convendría que circularan rumores sobre la resurrección de Jesús, de modo que las autoridades judías confían en poder conseguir que Pilato los ayude a ocultar la verdad de la tumba vacía y, al mismo tiempo, a manchar la imagen de los discípulos por intentar perpetuar el engaño de la resurrección de Jesús.

El personal militar está entrenado para cumplir órdenes sin formular preguntas a sus superiores. Estos soldados conocían demasiado bien la verdad de la sepultura vacía, pero lo que desconocen es la relevancia de la amenaza que supone para las autoridades religiosas o la importancia que esto tiene para la religión. Si tanto sus superiores judíos como los romanos están de acuerdo, para ellos no hay amenaza alguna si se limitan a aceptar el soborno y a mantener la boca cerrada. De modo que aceptan el dinero y llevan a cabo el ardid de los líderes judíos.

Mateo escribe más de treinta años después de estos acontecimientos, y aun así declara: "Esta es la versión de los sucesos que hasta el día de hoy ha circulado entre los judíos". Esta nota aparte indica el intento activo por parte de los líderes judíos para contrarrestar la declaración cada vez más generalizada de que Jesús había resucitado de los muertos, corroborando así su afirmación de ser el Mesías. Casi un siglo después, el rumor seguía difundiéndose entre los judíos, como demuestran los escritos de Justino Mártir.[28] La verdad suele ser más difícil de creer que una mentira, y muchas personas de aquella época, y hasta de hoy, se decantan por esta conspiración para evitar la verdad radical de la resurrección de Jesús.

La Gran Comisión de Jesús (28:16-20)

Existen variaciones sobre el tema de este encargo en los demás Evangelios y Hechos (*cf.* Lc 24:44-49; Jn 21:15-23; Hch 1:8), pero este párrafo de conclusión es exclusivo del Evangelio de Mateo y tiene un énfasis único. Los temas que han caracterizado este Evangelio están todos aquí, culminados y reunidos:[29]

1. La autoridad única de Jesús como Hijo divino de Dios exige la adoración de sus seguidores (p. ej., caps. 1–2; 3:17; 4:1-11; 14:33).
2. La forma del discipulado de Jesús trasciende las fronteras étnicas, de género y religiosas para formar una nueva comunidad de fe llamada la iglesia (p. ej., 12:46-50; 16:18-19; 18:17-18).
3. El movimiento final de Jesús, desde el particularismo de cumplir las promesas del pacto con Israel a la salvación universal ofrecida a todas las naciones, se proclama en la predicación del evangelio del reino de Dios (p. ej., 1:1; 10:5-6; 15:21-28).
4. El llamado de Jesús a una justicia de dentro para afuera se experimenta por medio de la obediencia a sus enseñanzas como cumplimiento de la voluntad de Dios para su pueblo (p. ej., 5:20-48; 15:1-20).

---

28. Ver su *Diálogo con Trifón* 108.2.
29. *Cf.* Blomberg, *Matthew,* 429; Hagner, *Matthew,* 2:881-83; Keener, *A Commentary on the Gospel of Matthew* (1999), 715-21.

5. Las promesas de Jesús con respecto a su presencia eterna con sus discípulos se cumplen, porque él es Emanuel, "Dios con nosotros" (p. ej., 1:23).

La brevedad del relato final, comparada con la extensión del resto de los Evangelios, acentúa mediante la subestimación la importancia radical de estos acontecimientos. Resalta firmemente la milagrosa resurrección de Jesús como la causa de la tumba vacía, y después enfatiza con la misma fuerza la autoridad universal del Jesús resucitado como aquel que empieza a alterar la historia humana con la invitación universal al discipulado personal y a la transformación mediante la predicación del evangelio del reino de Dios. Los cinco breves versículos que forman este pasaje de la Gran Comisión se encuentran entre los más importantes para establecer el programa continuado de la iglesia a lo largo de los siglos. Crisóstomo, padre de la iglesia primitiva, capta bien este sentimiento:

> Obsérvese la excelencia de aquellos que fueron enviados al mundo entero. Otros que fueron llamados hallaron formas de excusarse. Pero estos no intentaron zafarse [...]. Con la resurrección de Jesús se restaura de nuevo su propia gloria adecuada, después de su humillación. Jesús les recordó a sus discípulos la consumación de todas las cosas, para que no miraran a los peligros presentes solamente, sino también a lo bueno que estaba por venir y que duraría para siempre. No solo prometió estar con aquellos discípulos, sino con todos los que creyeran posteriormente, después de ellos [...]. De modo que no temamos ni nos acobardemos. Arrepintámonos mientras haya oportunidad. Levantémonos y dejemos atrás nuestros pecados. Por gracia podemos hacerlo, si estamos dispuestos a ello.[30]

Este es también la llamada de clarín para que escuchemos y obedezcamos las palabras finales de Jesús en este magnífico Evangelio según Mateo.

El Jesús resucitado se aparece a sus discípulos en Galilea (28:16-17). Mateo solo cita las apariciones de Jesús a las mujeres, en la mañana del día de resurrección, en Jerusalén (28:9-10), y después su aparición en Galilea a (al menos) los once discípulos. Aproximadamente diez días después de la resurrección, los once discípulos llegan a Galilea para reunirse con Jesús según las instrucciones que él y el ángel dieron (28:7, 10). "Galilea de los gentiles" es, pues, una expresión cargada, de forma implícita, de importancia al principio de la narración de Mateo sobre el ministerio de Jesús (4:15-16), que ahora llega a su cumplimiento explícito ante la perspectiva de que el evangelio irá a todas las naciones (28:19).[31]

Por primera vez, los que habían sido designados como los doce (*cf.* 10:1-2) se denominan ahora "los once discípulos". La designación "once" tiene una

---

30. Crisóstomo, "The Gospel of Matthew, Homily 90:2", citado en Simonetti, *Matthew 14–28,* 1b:314.

31. *Cf.* Paul Hertig, *Matthew's Narrative Use of Galilee in the Multicultural and Missiological Journeys of Jesus* (Mellen Biblical Press Series 46; Lewiston: Edwin Mellen, 1998), 82-127.

relevancia dramática. Judas ha traicionado a Jesús y se ha ahorcado (27:3-5), de modo que está excluido. Sin embargo, aunque Pedro negó a su Señor y se escondió en el momento de la prueba, sigue figurando entre los discípulos (Lc 24:9-12, 33-34) y se le restaura a una posición de liderazgo entre ellos (*cf.* Hch 1:15-26; 2:14-39).

Cuando los once discípulos se dirigen a Galilea, la región donde pasaron la mayor parte del tiempo con Jesús, van a la montaña a la que Jesús les pidió que fueran. El monte Tabor es el enclave tradicional asociado con esta aparición, pero por la misma razón por la que no es probable que fuera el lugar de la transfiguración (*cf.* 17:1-8) tampoco es verosímil que fuera ahora el lugar escogido por Jesús para reunirse con los discípulos después de la resurrección. Más bien lo dispone todo para encontrarse con ellos en algún sitio que les resulte conocido de los numerosos montes que rodean el mar de Galilea, un lugar que nunca ha sido identificado de forma específica.

Por primera vez en la narración de Mateo, los discípulos se encuentran con el Jesús resucitado y la respuesta de ellos es la que debe ser: "adorarlo". Desde el principio, Jesús ha venido dirigiéndolos a entender su verdadera identidad como el Hijo de Dios, un hecho que en su ministerio terrenal les resultaba difícil de comprender. Pero, ahora que ha resucitado, declaración evidente de su identidad como el verdadero Hijo de Dios, y tras haber presenciado al menos dos o tres apariciones del Jesús resucitado en Jerusalén, ya están preparados para brindarle el homenaje que se le debe.

Pero entonces Mateo introduce una nota discordante, aunque extraordinariamente creíble, al comentar además: "… pero algunos [*hoi de*] dudaban".[32] Dado que el evangelista solo menciona a los once discípulos, ¿estará indicando que algunos de ellos dudaron? ¿Cuántos son "algunos"? Esto parece incoherente con la frase anterior, donde los once adoran a Jesús. Los comentaristas están divididos con respecto a la mejor forma de entender lo que Mateo pretende aquí.

(1) Muchos eruditos sostienen que Mateo quiere decir que algunos de los once dudan (tomando *hoi de* en un sentido partitivo).[33] La causa de su duda puede ser que Jesús es, y a la vez no es, el mismo que antes de la resurrección. Aunque algunos entre los once tienen una comprensión más completa, otros siguen desconcertados, o tal vez incluso temerosos por todo lo que está ocurriendo. Las dudas se apoderan de ellos, impidiendo que entreguen su confianza completa a aquel que, según entienden, es Jesús.

32. Wright alude a esta declaración como "la más firme marca de autenticidad en este párrafo" (*The Resurrection of the Son of God,* 643). Este ambiguo comentario no se le habría ocurrido a alguien que contara la historia como pura ficción.

33. *Cf.* Wright, *The Resurrection of the Son of God,* 644; Davies y Allison, *Matthew,* 3:681-82; P. W. van der Horst, "Once More: The Translation of οἱ δέ en Mateo 28:17", *JSNT* 27 (1986): 105-9; McNeile, *St. Matthew,* 434.

(2) Otros comentaristas interpretan el *hoi de* como un pronombre que significa "ellos",[34] que implica que son los once los que dudan.[35] Según esta opinión, el verbo *distazo* no debería traducirse "dudaban" en el sentido de incredulidad o descreimiento (para lo que se usan otros términos),[36] sino más bien como "no estaban seguros". *Distazo* puede indicar incertidumbre o indecisión sobre un curso de acción particular.[37] En otras palabras, con todo lo que ha sucedido, los discípulos no están seguros de lo que tienen que hacer. Han sido muchas cosas las que se han desarrollado con demasiada rapidez para que ellos entiendan por completo lo que está sucediendo.[38]

Ambas opiniones concuerdan con los actos de los discípulos en la transfiguración de Jesús (17:5-8), donde a la voz del Padre los discípulos sintieron una mezcla de adoración y temor hasta que Jesús se les acercó con un toque y una palabra de exhortación y comisión.

(3) Sin embargo, otros eruditos sugieren que *hoi de* apunta a otros que no forman parte de los once discípulos. Argumentan que si lo que se pretende en "adoración" (*proskyneo*) es su sentido más completo, entonces la separación de "algunos" indica dos grupos separados. Carson observa que "dudar sobre quién es Jesús o sobre la realidad de su resurrección no parece adecuado para la verdadera adoración".[39] La identidad más probable de estas otras personas es el uso inesperado de "hermanos" en 28:10, distinto de "discípulos" en 28:7. Cuando Jesús dio instrucciones a las mujeres discípulas para que les dijeran a sus "hermanos" que fueran a Galilea, donde le verían, señala probablemente al grupo más amplio de discípulos más allá de los once. El grupito de once tendrá el privilegio de ver a Jesús en Jerusalén, pero el grupo mayor de discípulos que todavía no se ha encontrado con el Jesús resucitado lo verá en la reunión de Galilea.

Esta última opinión parece más en línea con las amplias apariciones del Jesús resucitado. Los once discípulos, que han presenciado al menos dos o tres apariciones de Jesús antes de esta (Lc 24:36-49; Jn 20:19-28), están preparados para adorarlo. Sin embargo, estos discípulos de Judea y Galilea que todavía no han visto a Jesús resucitado (es decir, "hermanos" en Mt 28:10) dudan, de un modo muy parecido a Tomás (Jn 20:24-29), hasta que Jesús se les apareció corporalmente. Resulta difícil entender cómo estos que cuestionan aquí a Jesús

34. Para una explicación del artículo como pronombre personal, ver Wallace, *Greek Grammar,* 211-13.
35. Hagner, *Matthew,* 2:884, apunta a los ejemplos siguientes, aunque concede que algunos de ellos son ambiguos: 2:5; 4:20, 22; 14:17, 33; 15:34; 16:7, 14; 20:5, 31; 21:25; 22:19; 26:15; 26:67; 27:4, 21, 23; 28:15.
36. P. ej., 17:17 *apistos* ("incrédulos") o Lucas 24:38 *dialogismoi* ("dudas").
37. BDAG, 252.
38. Hagner, *Matthew,* 2:884.
39. Carson, "Matthew", 593.

pudieran ser los mismos once que habían presenciado cómo él eliminó de forma extraordinaria la duda de Tomás.[40]

Esta reminiscencia refuerza la historicidad de la resurrección de Jesús, que no se recibe con ingenuo entusiasmo, sino con lógica vacilación hasta que todos estén convencidos por los hechos. ¿Acaso no debían resucitar todos los muertos juntos? ¿Qué significa que solo Jesús el Mesías haya resucitado? Estas son las clases de preguntas que muchos judíos tienen hasta que vean personalmente a Jesús resucitado en cuerpo. Si esta última opinión es correcta, este pasaje puede muy bien ser una alusión al grupo de más de quinientas personas a quienes Jesús se les apareció (ver 1Co 15:6). Esto se correspondería, además, con la directriz de Jesús a los discípulos de reunirse con él en la zona montañosa (28:16), un lugar donde se había encontrado con grandes grupos de personas (p. ej., 5:1; 15:29-30). Una vez eliminada la duda de estas personas al ver a Jesús, ellos también caerán en humilde adoración al Hijo de Dios resucitado.

El Jesús resucitado encarga su Gran Comisión a los discípulos (28:18-20). Al llegar Mateo a los tres versículos finales de su Evangelio, resume el impulso principal de todo el libro. Otto Michel exagera quizás la relevancia de estos versículos, aunque capta su importancia para el propósito de Mateo al escribir su Evangelio:

> Basta con decir que todo el Evangelio se escribió bajo esta premisa teológica de Mt 28:18-20 (*cf.* 28:19 con 10:5ss.; 15:24; v. 20 con 1:23; también el regreso al bautismo, *cf.* 3:1). De alguna manera, la conclusión vuelve al principio y nos enseña a entender todo el Evangelio, la historia de Jesús "de atrás hacia adelante". *Mt 28:18-20 es la clave para comprender todo el libro* [el énfasis es suyo].[41]

Hagner declara, del mismo modo, que estos versículos son "el sello distintivo del Evangelio de Mateo. Y es que estas palabras, quizás más que cualesquiera otras, destilan el punto de vista y los diversos énfasis del evangelio".[42] En esta famosa "Gran Comisión", Jesús declara que sus discípulos deben aprovechar mejor aquello en lo que él los ha convertido. En ese sentido, la comisión encierra el propósito de Jesús para venir a la tierra, y que esté situada en la conclusión de este Evangelio indica el propósito global de Mateo para escribirlo.[43] Jesús ha venido a inaugurar el reino de Dios en la tierra llevando a hombres y mujeres a

40. Ver también Morris, *Matthew,* 745.
41. Otto Michel, "The Conclusion of Matthew's Gospel: A Contribution to the History of the Easter Message", *The Interpretation of Matthew,* ed. Graham N. Stanton, 2ª ed. (Edimburgo: T. & T. Clark, 1995, 45.
42. Hagner, *Matthew,* 2:881.
43. Para una exposición al respecto, ver Doyle, "Matthew's Intention As Discerned by His Structure", 34-54; David R. Bauer, *The Structure of Matthew's Gospel* (Sheffield: Almond Press, 1988).

una relación salvífica consigo, que desde ahora en adelante se denominará "discipulado de Jesús".

Toda autoridad en el cielo y en la tierra. En esta mezcla de adoración, vacilación, perplejidad y asombro del amplio grupo de discípulos, Jesús se acerca a ellos y les habla para darles fuerza y tranquilidad. Él fue, es y siempre será su Maestro, cuya presencia y palabras son lo que da sentido y dirección a sus vidas cotidianas. Sus primeras palabras son el fundamento esencial para la seguridad personal de los discípulos, pero también para el encargo que les va a hacer. El alcance total y exhaustivo de la Gran Comisión para la era presente se indica mediante la repetición del adjetivo *pas* ("todo"): "toda autoridad", "todas las naciones", "todas las cosas" (NVI "todo"), "todos los días" (NVI "siempre"). De la declaración de Jesús sobre su autoridad total fluyen varios puntos.

(1) Jesús posee ahora toda autoridad. En su ministerio terrenal, Jesús declaró su autoridad como Hijo del hombre para perdonar el pecado (9:6) y revelar al Padre (11:27). Ahora, como Mesías resucitado, alude claramente a su cumplimiento de la profecía de Daniel sobre el Hijo del hombre, a quien se le ha dado toda autoridad, gloria y poder, a quien todas las naciones adoran con razón y cuyo dominio y reino perdura para siempre (Dn 7:13-14). Jesús solo puede hacer esta afirmación si es plenamente Dios, porque todo el universo está contenido en la autoridad delegada en él.[44] Durante su ministerio terrenal tuvo la autoridad absoluta, pero el ejercicio que hiciera de ella se restringía a su consciencia encarnada. En su estado resucitado, ejerce su absoluta supremacía en todo el cielo y la tierra.

(2) Esta autoridad, como enfatizó la voz pasiva (divina), "le ha sido dada" a él por el Padre. El Hijo de Dios es el Rey mediador a través del cual se media la autoridad de Dios. El Jesús resucitado aparece delante de los discípulos para iniciar un nuevo orden de existencia que anticipa su gloriosa exaltación divina y entronización a la diestra de Dios (Lc 24:51; Hch 1:9; Fil 2:9-11).

(3) Como aquel que tiene toda autoridad, Jesús dirige el plan de establecer el reino de Dios por toda la tierra. El particularismo del mensaje del evangelio, restringido a Israel durante su misión terrenal, se cumple y se eleva, ya que ahora dirige a sus discípulos autoritativamente a una misión universal.[45] A. T. Robertson declara:

> El más sublime de todos los espectáculos es ver al Cristo resucitado sin dinero, ejército o estado encargándole a su banda de quinientos hombres y mujeres que conquisten el mundo y llevándolos a creer que es posible y a emprender esta misión con serio entusiasmo y con poder. Pentecostés está aún por venir, pero sobre este monte de Galilea reina la fe dinámica.[46]

---

44. *Cf.* Blomberg, *Matthew,* 431.
45. *Cf.* Carson, "Matthew", 595; Hagner, *Matthew,* 2:886.
46. Robertson, "Matthew", 244-45.

La estructura de la Gran Comisión. La Gran Comisión contiene un mandamiento principal, central, el imperativo "hacer discípulos" con tres subordinadas de participio griego, "ir", "bautizar" y "enseñar" [traducidas como gerundio en español]. El imperativo explica el impulso central de la comisión, aunque los participios describen aspectos del proceso. Estas subordinadas adquieren fuerza imperativa, por el verbo principal imperativo, y caracterizan así el proceso obligatorio continuado del discipulado de Jesús.[47]

La Gran Comisión de Jesús implica más que asegurar la salvación como discípulo suyo. En el imperativo "hagan discípulos" van implícitos el llamado a convertirse en un discípulo y también el proceso mismo para llegar a serlo.[48] Jesús pasó gran cantidad de tiempo guiando e instruyendo a los discípulos en su crecimiento. Ahora los envía para que hagan lo mismo. El proceso no será exactamente el mismo que Jesús utilizó, porque las circunstancias posteriores a Pentecostés cambian el procedimiento. Sin embargo, el proceso es, en muchos sentidos, similar. Cuando una persona responde a la invitación de salir de las naciones para iniciar la vida como discípulo, comienza la vida del discipulado por medio del bautismo y la obediencia a la enseñanza de Jesús.[49]

Hagan discípulos. Así como el Hijo del hombre ejerce dominio sobre todas las naciones en la profecía de Daniel (Dn 7:13-14), Jesús demuestra su autoridad mesiánica para llamar a personas de todas las naciones para que sean sus discípulos. Jesús dedicó su ministerio terrenal a "hacer discípulos" dentro de Israel (*cf.* Jn 4:1), y ahora encarga a sus discípulos que "hagan discípulos" entre las naciones.

Es la tercera vez que en el Evangelio de Mateo se usa el verbo *matheteuo* ("hacer discípulos"; *cf.* 13:52; 27:57). En las dos primeras, *matheteuo* tiene un matiz pasivo: "se ha convertido en un discípulo, ha sido hecho un discípulo". Aquí, el verbo adquiere un sentido claramente transitivo, "hacer un discípulo", cuyo enfoque está en llamar a individuos a un compromiso absoluto con la persona de Jesús como único Maestro y Señor.[50] Este mandamiento encuentra un extraordinario cumplimiento verbal en la cuarta y última aparición de este verbo en el Nuevo Testamento, cuando los primeros cristianos proclaman el mensaje de Jesús y "hacen discípulos" (Hch 14:21; NVI "hacer muchos discípulos"). El requerimiento de la Gran Comisión es para los once y también para el círculo más amplio de discípulos.

---

47. Para la forma en que los participios que acompañan a un imperativo acumulan una fuerza imperativa, ver Wallace, *Greek Grammar,* 640-45; también Carson, "Matthew", 597; Hagner, *Matthew,* 2:886-87.
48. Osborne, *The Resurrection Narratives,* 91; *cf.* la nota en Moisés Silva, "New Lexical Semitisms?" *ZNTW* 69 (1978): 256 n. 9.
49. Para una explicación de las similitudes, aunque con claras diferencias también, del discipulado después de Pentecostés, ver Wilkins, *Following the Master,* caps. 13-16.
50. Ver comentarios sobre 13:52 y 27:57; también Davies y Allison, *Matthew,* 3:684; Hagner, *Matthew,* 1:401-2; Morris, *Matthew,* 746; Przybylski, *Righteousness in Matthew,* 109-10; Wilkins, *Discipleship in the Ancient World and Matthew's Gospel,* 160-63.

Convertirse en un discípulo era un fenómeno común en el antiguo mundo, pero, a lo largo de su ministerio, Jesús desarrolló una forma singular de discipulado para aquellos que lo seguían. Irrumpió a través de toda una diversidad de barreras —de género, étnicas, religiosas, sociales, económicas, etc.— llamando a todos los pueblos a una relación personal de discipulado con él. Ser discípulo de Jesús no era, principalmente, un esfuerzo académico como el de los fariseos (p. ej., 22:16), ni tampoco el compromiso con un gran profeta como Juan el Bautista (p. ej., 9:14). El discípulo de Jesús acude a él y solo a él para la vida eterna y siempre será discípulo de Jesús solamente (*cf.* 19:16, 25-30; 23:8-12; Jn 6:66-71). La expresión es prácticamente sinónima del título "cristiano".

Todas las naciones. El objeto de hacer discípulos es "todas las naciones". Personas de todas las naciones tienen que recibir la oportunidad de convertirse en discípulos de Jesús. Cuando leemos esta comisión a la luz del Evangelio de Lucas, de que "en su nombre se predicarán el arrepentimiento y el perdón de pecados a todas las naciones, comenzando por Jerusalén" (Lc 24:47), entendemos que el ministerio de Jesús en Israel fue el punto inicial de la oferta universal de salvación a todos los pueblos de la tierra.[51]

Algunos sugieren que "todas las naciones" indica solamente "gentiles", no "judíos", ya que Mateo se refiere habitualmente a los gentiles con este título.[52] Muchos suelen apelar a esta opinión, por las duras declaraciones de Jesús sobre el rechazo de la nación judía (p. ej., 21:43). Sin embargo, la mayoría de los eruditos reconoce que la intención global de Jesús es incluir a los judíos en su comisión, y Mateo pretende que sus lectores entiendan que están incluidos.[53] Los líderes judíos de la época de Jesús experimentaron el castigo por su fracaso en el liderazgo y por su papel culpable al conspirar para llevar a Jesús a los romanos y que estos lo ejecutaran (ver comentarios sobre 27:25). No obstante, Dios sigue amando a todo el mundo, por quien Cristo murió, que incluye a los judíos (*cf.* Jn 3:16; Ro 5:8).

El resto del Nuevo Testamento presenta claramente la evangelización de los judíos como parte de la estrategia misionera (p. ej., Hch 2:22; 13:38-39; Ro 1:16; Ef 2:11-16). Aunque Israel ha sido rechazado en el presente como instrumento y testigo del resultado del reino de Dios, se sigue invitando a los judíos individuales para que participen en la salvación que Jesús ha traído.[54] Mateo usa la

51. Ver Wilkins, *Following the Master,* 188-89.
52. P. ej., Stephen Hre Kio, "Understanding and Translating 'Nations' In Mt 28:19", *BT* 41 (1990), 230-39; Douglas R. A. Hare, *The Theme of Jewish Persecution of Christians in the Gospel According to St. Matthew* (Cambridge: Cambridge Univ. Press, 1967).
53. P. ej., ver Davies y Allison, *Matthew,* 3:684; Keener, *A Commentary on the Gospel of Matthew* (1999), 719-20; Charles H. H. Scobie, "Israel and the Nations: An Essay in Biblical Theology", *TynBul* 43 (1992): 283-305; esp. 297-98.
54. Del mismo modo, esto no abole las promesas hechas a Israel como nación. Anteriormente afirmamos que queda un papel futuro para Israel (*cf.* Mt 21:42-43, ver comentarios; Ro 11:25-33).

expresión completa "todas las naciones" en entornos que, de forma más natural, incluyen a todas las personas, incluidos los judíos (*cf.* 24:9, 14; 25:32). Lo más importante es que aquí Mateo regresa al tema universal de 1:1, donde las bendiciones prometidas a Abraham, y por medio de él a todos los pueblos de la tierra (Gn 12:3), están siendo cumplidas ahora en Jesús el Mesías. El tema de Mateo, la salvación universal por medio de Jesús (p. ej., 1:1; 2:1-12; 4:15-16; 8:5-13; 10:18; 13:38; 24:14), lleva este Evangelio a su punto culminante en el mandamiento de "hacer discípulos de todas las naciones".[55] *Por tanto, vayan.* El primer participio que modifica el mandamiento de hacer discípulos se traduce "vayan". Jesús ejerce ahora una autoridad universal, "por tanto", sus discípulos deben salir y acometer la misión universal de hacer discípulos de todas las naciones. Y, por esa autoridad, tienen la confianza suprema de que posee el control soberano de todas las fuerzas universales.

Los discípulos se habían centrado en ayudar a Jesús a establecer el reino en la tierra, pero ahora que ha sido crucificado y que ha resucitado no saben muy bien qué deberían estar haciendo. Según Hechos 1:6, siguen esperando que Jesús restaure el reino de Israel, incluso después de la resurrección. De modo que Jesús les da ahora sus órdenes de marcha para la era presente. Toda la tierra debe ser su campo de misión "como testimonio a todas las naciones, y entonces vendrá el fin" (24:14).

Obedecer la comisión de Jesús podría requerir tener que abandonar la tierra natal y salir a otros lugares del mundo, pero la naturaleza imperativa de la comisión requiere que todos los creyentes estén implicados en ella. La finalidad de la comisión no es tan solo la evangelización. Significa, más bien, llamar a los incrédulos para que se conviertan y se embarquen en el proceso de ser transformados a la imagen de Jesús en un discipulado de por vida.[56]

Bautizándolos en el nombre del Padre y del Hijo y del Espíritu Santo. Aun cuando uno sea llamado de entre las naciones para empezar a vivir como discípulo, a su vez debe seguir al Señor mediante el bautismo y la obediencia a la enseñanza de Jesús. Cuando una persona responde a la invitación de creer en él, queda regenerada para empezar una vida de discípulo. El participio "bautizándolos" describe la actividad por la cual el nuevo discípulo se identifica con Jesús y su comunidad, y el participio "enseñándoles" presenta las actividades por las que crece el nuevo discípulo en el discipulado.[57]

---

55. Alfred Plummer, *An Exegetival Commentary on the Gospel According to St. Matthew* (Grand Rapids: Baker, 1982), 430.
56. P. ej., Blomberg, *Matthew,* 431; Keener, *A Commentary on the Gospel of Matthew* (1999), 718-19.
57. Richard DeRidder, *Discipling the Nations* (Grand Rapids: Baker, 1975), 190. Para una explicación del significado del bautismo como "adhesión", ver William B. Badke, "Was Jesus a Disciple of John?", *EvQ* 62 (1990): 195-204.

Los lavamientos de purificación eran comunes entre las diversas sectas de Israel, ya fuera para entrar al templo o para los rituales diarios. El bautismo de prosélito fue indicando cada vez más la conversión del paganismo al judaísmo. En un principio, Jesús y Juan el Bautista bautizaban el uno junto al otro, marcando la llegada del reino de Dios (*cf.* Jn 3:22–4:3). Sin embargo, con el inicio del nuevo pacto por medio de la muerte y la resurrección de Cristo, así como de la llegada del Espíritu, la forma de bautismo de Jesús es única. Es el símbolo de la conversión que indica la unión con Jesús el Mesías, y una nueva identidad en él, que ha muerto y ha resucitado a una nueva vida (*cf.* Ro 6:1-4).

En el acto del bautismo, el nuevo discípulo se identifica con Jesús y con su comunidad de fe, y hace la declaración pública de haberse convertido en seguidor de Jesús para toda la vida. Es muy probable que el bautismo de los primeros conversos de Pentecostés, en Jerusalén, se llevara a cabo en los baños de la *mikveh* que rodeaban el templo, un testimonio público y poderoso del compromiso recién hallado con Jesús el Mesías (*cf.* Hch 2:41).[58]

La unicidad de la forma de bautismo de Jesús se enfatiza en que los nuevos discípulos deben ser bautizados "en el nombre del Padre y del Hijo y del Espíritu Santo" (28:19). El uso del "nombre" es común en las Escrituras para el poder y la autoridad de Dios.[59] A los judíos no los bautizaban en el nombre de una persona. El bautismo en el "nombre" (nótese el singular) del Padre, Hijo y Espíritu Santo asocia a los tres como distinciones personales, una indicación primitiva de la Deidad Trinitaria y una proclamación abierta de la divinidad de Jesús.

Es el lenguaje trinitario más claro de los Evangelios, al que con frecuencia se acusa de ser una "fórmula" teológica posterior insertada por Mateo, porque se considera demasiado desarrollado teológicamente para haber sido usado por Jesús en aquella etapa. Sin embargo, no es la expresión trinitaria más temprana del Nuevo Testamento (*cf.* Gá 4:4-7; 1Co 12:4-6; 2Co 13:14), y hasta en el ministerio primitivo de Jesús y en su enseñanza podemos captar los primeros indicios de la pluralidad de la naturaleza de la Deidad (p. ej., Mt 3:17; 11:27; 12:28).

Hemos observado con regularidad lo difícil que les resultaba a los seguidores de Jesús dejar el estricto monoteísmo teológico para reconocer la pluralidad de la Deidad en la persona de Jesús en relación con su Padre celestial. Sin embargo, ahora, en su estado resucitado, la disonancia cognitiva es tan profunda que el *shock* ha posibilitado el cambio de paradigma más completo. Solo esto explica que Pablo, el fariseo estrictamente monoteísta, captara la pluralidad de la naturaleza de la Deidad cuando se vio confrontado con el Señor Jesús resucitado. Como Mesías de Dios, ahora revelado como divino, Jesús ejerce toda la autoridad que el Padre le ha dado, y el modo por el cual la ejerce es a través del Espíritu.

58. *Cf.* Clinton E. Arnold, "Acts", *ZIIBBC,* 2:236.
59. P. ej., *onoma* en LXX (Éx 3:13-15; Pr 18:10; *cf. Jub* 36:7).

La comisión de Jesús con respecto al bautismo también es congruente con lo que encontramos en el resto del Nuevo Testamento.[60] En el libro de Hechos, el bautismo se realiza, por lo general, "en" el nombre de Jesús (p. ej., Hch 2:38; 8:16; 10:48; 19:3-5) y, en los escritos de Pablo, "en" Cristo (p. ej., Ro 6:3; Gá 3:27).[61] El Jesús resucitado está en el centro de la vida cristiana y es la imagen tangible del Dios vivo. En realidad, no está dando una fórmula, sino que está enfatizando una verdad teológica simbolizada por el bautismo. Es una ceremonia de entrada a la familia de Dios, la familia del nuevo pacto, de manera que lo que uno hace en el nombre de Jesús lo hace en el nombre del Padre, del Hijo y del Espíritu Santo. Pablo vincula el bautismo, de forma explícita, a lo que el Dios vivo ha llevado a cabo en la resurrección de Jesús.[62] El bautismo marca la profunda verdad de que, con el nuevo pacto, todos los nuevos discípulos son llevados a una nueva existencia fundamentalmente determinada por Dios.

Enseñándoles a obedecer todo lo que les he mandado a ustedes. El último participio en la Gran Comisión, "enseñándoles", indica el proceso mediante el cual los discípulos de Jesús son transformados de manera continuada mediante el proceso de ser discipulado y discipular. Ser *discipulado* es el proceso mediante el cual un discípulo (cristiano) es transformado, mientras que *discipular* es el compromiso de un discípulo que ayuda a otro a crecer como tal.

Los elementos básicos de esta frase participial final está llena de relevancia. (1) El pronombre "ellos" indica que todo aquel que se ha convertido en discípulo de Jesús debe estar involucrado en el proceso del discipulado. En el judaísmo rabínico, el acceso a la educación a manos de un estimado rabino se reservaba normalmente a hombres privilegiados. Algunos de ellos les negaban a las muchachas incluso la instrucción básica de la Torá. Pero Jesús vuelve a romper todas las barreras para indicar que a todos sus discípulos —mujeres y hombres, gentiles y judíos, pobres o ricos— se les debe enseñar a obedecer todo lo que él ha ordenado. Esto significa que todo aquel que ha escuchado el mensaje del evangelio y ha respondido creyendo en Jesús para la vida eterna es un discípulo/cristiano/creyente; todos estos términos son prácticamente sinónimos (*cf.* Hch 2:44; 4:32; 5:14; 6:1, 7; 11:26; 26:28).

Hoy, muchos usan de forma incorrecta el título "discípulo" para aludir a una persona más comprometida que otros cristianos, o para los que están implicados en "programas de discipulado" especiales. Sin embargo, el encargo de Jesús muestra que todos los cristianos son discípulos. Tan solo se trata de que algunos son discípulos obedientes, mientras que los demás no lo son. Esto nos conduce a los siguientes elementos de esta frase participial.

---

60. *Cf.* Davies y Allison, *Matthew,* 3:685. Para el uso de *eis* con *onoma* en el sentido de "en" empleado aquí, y que no significa "a", ver 18:20; *cf.* 10:41-42.
61. Se usan diversas preposiciones como *epi, eis* y *en,* pero sin diferencias relevantes de matiz.
62. *Cf.* Wright, *The Resurrection of the Son of God,* 644-45.

(2) La actividad del discipulado está implicada con la "enseñanza". Se debe enseñar a los nuevos discípulos los elementos rudimentarios de la vida cristiana, aunque a los más maduros se les imparte una enseñanza más adelantada, a medida que progresan en la vida cristiana. Pero el énfasis no está sencillamente en adquirir conocimiento; el rasgo distintivo es siempre que los discípulos tienen que obedecer o conformar su vida a la enseñanza. La obediencia era la marca distintiva de los discípulos de Jesús (ver 12:49-50).[63]

(3) A todos los discípulos, nuevos y maduros, hay que enseñarles a "obedecer todo lo que yo [Jesús] he ordenado [*entellomai*], de manera que vayan siendo cada vez más como él (*cf.* 10:24-25; Ro 8:29; 2Co 3:18). ¿Implica *entellomai* solo "mandamientos" específicos dados por Jesús (como en la interpretación veterotestamentaria de "dar la ley"), o acaso incluye todo el ministerio verbal de Jesús? Este verbo en Mateo y en el Nuevo Testamento se puede referir, en general, a un encargo general (Mt 4:6; Mr 11:6; 13:34; Heb 11:22), los mandamientos de Dios desde el Antiguo Testamento (Mt 4:6 con Lc 4:10; Heb 9:20), y la orden de Moisés (Mt 19:7; Mr 10:3; Jn 8:5). Su uso más distintivo se encuentra en el contexto presente, donde tiene un sentido más amplio y que abarca más. Jesús no está señalando mandamientos particulares, sino más bien la plena explicación en su vida y su ministerio para los discípulos.[64] Todo lo que Jesús comunicó verbalmente está incluido en sus mandamientos, ya sean enseñanzas, proverbios, bendiciones, parábolas o profecías.

Sin embargo, deberíamos llegar más lejos todavía y sugerir que toda la *vida* de Jesús está incluida en *entellomai.* Este verbo unifica las palabras y los hechos de Jesús y, por tanto, recuerda todo el Evangelio de Mateo.[65] De palabra o de hecho, la vida de Jesús cumple la voluntad de Dios en el Antiguo Testamento y, a medida que sus discípulos enseñan a otros discípulos a obedecer sus mandamientos, sus vidas reflejarán la voluntad transformadora de Dios en cada una de sus palabras y hechos.[66]

---

63. Este término también es importante como tema de discipulado en el Evangelio de Juan (p. ej., Jn 14:15, 23-24). Ver Melvyn R. Hillmer, "They Believed in Him: The Johannine Tradition", en *Patterns of Discipleship in the New Testament,* ed. R. N. Longenecker (Grand Rapids: Eerdmans, 1996), 92.
64. Gottlob Schrenk, "ἐντέλλομαι ἐντολή," *TDNT,* 2:545: "En este contexto, el término ἐντέλλεσθαι expresa sencillamente la obligación incondicional a la obediencia que, basada cristológicamente, es la obediencia de la fe".
65. Davies y Allison, *Matthew,* 3:686: "Pero lo implicado es más que la revelación verbal, porque dicha revelación no puede separarse de la vida de Jesús que es, en sí misma, un mandamiento. ἐνετειλάμην unifica, en consecuencia, la palabra y el hecho, y recuerda así la totalidad del libro: todo está en mente. El ministerio terrenal en conjunto es un imperativo".
66. Carson, "Matthew", 599: "Las palabras de Jesús, como las de las Escrituras, son más permanentes que el cielo y la tierra (24:35); y la peculiar expresión "todo lo que les he mandado" recuerda la autoridad de Yahvé (Éx 29:35; Dt 1:3, 41; 7:11; 12:11, 14)".

El verbo *entellomai* y el nombre *entole* tienen un efecto de resumen en otros contextos también, en especial cuando el amor se considera el resumen de la voluntad de Dios, de la Ley y de los Profetas (Mt 22:34-40). El amor resume todo lo que Jesús dijo e hizo (*cf.* Jn 13:34-35). Así, en la expresión "enseñándoles a obedecer todo lo que les he mandado a ustedes", el contenido de "mandado" es la expresión completa de todo lo que Jesús dijo e hizo. Para los propósitos del contexto de la Gran Comisión, podemos decir que el contenido es el Evangelio de Mateo mismo. Todos los discípulos, nuevos y maduros, deben considerar la vida y las palabras autoritativas de Jesús en este Evangelio —en realidad, a lo largo de las Escrituras— y deben ser enseñados a obedecerlas, seguirlas y practicarlas en su propia vida.

En los cinco discursos y las narraciones alternas de la vida de Jesús recogidas en su Evangelio, Mateo ha preparado un compendio conveniente del material que Jesús dio inicialmente a sus primeros discípulos. El Evangelio de Mateo se convirtió en un manual sobre el discipulado en la iglesia primitiva, para las siguientes generaciones de discípulos de Jesús. H. N. Ridderbos declara de forma sucinta: "Los apóstoles tenían que enseñar a las personas a obedecer todo lo que Jesús les ordenó a ellos durante su ministerio en la tierra. Sus oyentes tenían que ser llevados bajo sus mandamientos para que pudieran mostrar, por sus vidas, que de verdad le pertenecían a él. Este es el propósito final de la predicación del evangelio".[67] Aquello que Jesús llevó a cabo al hacer discípulos de sus primeros seguidores las generaciones siguientes de la iglesia lo realizarán haciendo nuevos discípulos de Jesús.

En otras palabras, en la Gran Comisión sería inadecuado que Jesús indicara "enseñándoles a obedecer todo lo que yo les *enseñé*". Él había hecho mucho más que enseñar. Había proporcionado una nueva base con autoridad para la vida como discípulo en esta era. Debemos "obedecer todo lo que Jesús *mandó* o *reveló de forma autoritativa que fuera tan vinculante en nuestra vida como la voluntad de Dios para nosotros*", en especial tal como Mateo lo ha estructurado en el Evangelio en general, y en los cinco discursos de forma específica.

Y les aseguro que estaré con ustedes siempre, hasta el fin del mundo. La entrada de Jesús a la historia está condensada en el nombre de Emanuel, "Dios con nosotros" (1:23), y su presencia permanente con sus discípulos es evidente en su seguridad concluyente: "Estaré con ustedes siempre". Un verdadero israelita proclamaría que solo Dios es eterno y omnipresente, de modo que aquí Mateo deja constancia de la afirmación final de Jesús en cuanto a su divinidad. Jesús pone, pues, fin a la comisión con el elemento crucial del discipulado: la presencia del Maestro. Tanto los que obedecen este encargo como los que respondan a él son consolados al saber que el Jesús resucitado seguirá moldeando a todos sus discípulos.

---

67. H. N. Ridderbos, *Matthew,* trad. ing. Ray Togtman (Bible Student's Commentary; Grand Rapids: Zondervan, 1987), 555-556.

* Jesús está presente cuando sus discípulos van por todas las naciones con el evangelio del reino de Dios e invitan a todas las personas a que se conviertan en discípulos suyos.
* Jesús está presente cuando nuevos discípulos son bautizados y enseñados a obedecer todo lo que él ha ordenado.
* Jesús está presente cuando los discípulos que van madurando atraviesan todas las fases de su vida.
* Jesús está presente cuando la iglesia mora durante esta era esperando su regreso.
* Jesús siempre está presente para que sus discípulos lo sigan como su Maestro.

Adoramos y seguimos a un Maestro resucitado, que está con nosotros constantemente. Todo lo que él ordenó de palabra y de hecho, y que era necesario para nuestro crecimiento como discípulos suyos, está incluido en las Escrituras, pero su presencia real conforta nuestras necesidades individuales y nos sostiene a lo largo de todos nuestros días, ya sea en nuestra debilidad, tristeza, gozo, poder o dolor. Hasta "el fin del mundo" o hasta la terminación de los planes de Dios para esta era, Jesús promete ser la presencia sustentadora que nos asegure que la historia no está fuera de control, que el reino de Dios ha sido realmente inaugurado, que es una ayuda muy presente en tiempos de dificultad y que la obra que llevó a cabo en la cruz está continuamente disponible por medio de su ministerio resucitado y ascendido.

Esta maravillosa promesa de la continua presencia de Jesús nos invita como lectores a entrar en el relato. Esto no debería provocar temor ni una conciencia culpable; más bien debería espolear a todos sus discípulos para que sigan proclamando las buenas nuevas de la presencia del reino de Dios en nuestra vida. Somos los capítulos en curso de esta historia, receptáculos andantes de la presencia del Jesús resucitado y las demostraciones vivas del poder del reino de Dios.[68] Ojalá que seamos discípulos fieles y obedientes de Jesús al caminar en la intimidad más estrecha con él y proclamar estas buenas nuevas de que él está con nosotros hasta el fin de la era.

Construyendo Puentes

Durante tres largas horas, una gran oscuridad vino sobre la tierra mientras Jesús colgaba de la cruz (27:45). Desde la perspectiva de los discípulos de Jesús que se habían escondido, las tinieblas debieron de parecer una broma cruel. La muerte parecía haber ganado. Mateo había

68. Green, *Matthew,* 322-23.

narrado el comienzo del ministerio de Jesús en Galilea con una brillante promesa (4:15-17):

> Tierra de Zabulón y tierra de Neftalí,
> camino del mar, al otro lado del Jordán,
> Galilea de los gentiles;
> el pueblo que habitaba en la oscuridad
> ha visto una gran luz;
> sobre los que vivían en densas tinieblas
> la luz ha resplandecido.

Sin embargo, mientras Jesús colgaba de la cruz durante aquellas tres largas horas, la luz se desvaneció. La sombra de muerte reclamó la tierra, no solo en Galilea de los gentiles, sino por todo el mundo. La brillante esperanza de salvación que Jesús anunció parecía haberse extinguido.

Pero la luz no se apagó. Al amanecer de la nueva semana, la resplandeciente luz del sol, la refulgente luz del ángel y la gloriosa luz del Salvador resucitado saludaron al mundo. Y las benditas discípulas solo pueden acercarse, aferrarse a los pies de Jesús y adorarlo. Es toda la respuesta que necesitan. El Jesús resucitado disipa toda oscuridad, todo temor de muerte, toda carga fatigosa de pecado, dolor y tristeza. Porque él vive, pueden enfrentarse al mañana.

Durante veinte capítulos, Mateo ha relatado la vida más maravillosa jamás concebida y vivida sobre la faz de este planeta terrenal, treinta y tantos espléndidos años narrados en veinte alucinantes capítulos. A continuación, Mateo ralentiza el ritmo en siete largos capítulos, casi agotadores, para seguir el paso de Jesús a lo largo de todos los acontecimientos de la Semana de Pasión, incluidas su crucifixión y su sepultura. Luego, en un breve capítulo, el segundo más breve de su Evangelio, Mateo narra con sencillez, pero con elegancia, la resurrección de Jesús el Mesías. Veintidós breves versículos declaran las nuevas realmente buenas que la humanidad necesitan escuchar: Jesús está vivo, no es un engaño, y está triunfando sobre la historia.

La luz del evangelio del reino de los cielos no se extinguió con la muerte de Jesús. Su resurrección ha vencido la oscuridad, y la luz de su vida que vivió a través de sus discípulos va por todo el mundo. Este es el mensaje que Mateo presenta en su capítulo final. Podríamos desear más detalles de los últimos días que el Jesús resucitado pasó con sus discípulos antes de su ascensión, pero Mateo nos da lo que necesitamos oír: la muerte está vencida. Richard Longenecker declara: "La muerte es una dura e inquietante realidad que constituye gran parte de la historia personal de todos nosotros".[69] Fue una oscura realidad que aguijoneó las esperanzas de los seguidores de Jesús y pareció vencerlos a ellos. Sin embargo, ahora Mateo elimina la oscuridad y vuelve a encender la esperanza con

69. Longenecker, "Introduction", *Life in the Face of Death,* 1.

la única verdad necesaria: "No tengan miedo; sé que ustedes buscan a Jesús, el que fue crucificado. No está aquí, pues ha resucitado, tal como dijo" (28:5-6).

Resulta vital captar la verdad de la resurrección, así como la perspectiva de Mateo al proporcionárnosla. La obra de la cruz culmina el propósito expiatorio de Jesús en su vida encarnada y su ministerio en esta tierra. Por esta razón, Mateo ralentizó el ritmo de su narración. Sin embargo, la historia de la resurrección, que sigue un ritmo más rápido, es la simple aunque profunda confirmación de que la muerte de Jesús en la cruz tuvo éxito al realizar la obra de su vida. Una vez entendemos esta verdad, reconocemos que no es necesario que Mateo diga nada más. De hecho, el resto del Nuevo Testamento y nuestra vida son el resto de la historia. Porque Jesús vive, *nosotros* podemos enfrentarnos al mañana. En la victoria de la propia resurrección de Jesús, nosotros también hemos sido resucitados con él a una vida nueva. El apóstol Pablo entendió esta verdad en toda su profundidad:

> ¿Acaso no saben ustedes que todos los que fuimos bautizados para unirnos con Cristo Jesús, en realidad fuimos bautizados para participar en su muerte? Por tanto, mediante el bautismo fuimos sepultados con él en su muerte, a fin de que, así como Cristo resucitó por el poder del Padre, también nosotros llevemos una vida nueva. (Ro 6:3-4)

La resurrección es la confirmación de que la oscuridad de la muerte ha sido vencida y de que Jesús ofrece el principio de una nueva vida para todos los que se atrevan a seguirle. Ese tema se desarrolla en la narración final de Mateo, en varios temas breves.

(1) La resurrección de Jesús cumple las esperanzas más profundas de la humanidad. La expectativa de la resurrección de los justos a la nueva vida y de los impíos al castigo queda bien atestiguada en el Antiguo Testamento (Is 26:19; Dn 12:2) y en la literatura judía del segundo templo (p. ej., *2 Mac.* 7; *1 En.* 102; *2 Bar.* 49-51). En el judaísmo rabínico, la resurrección alude al concepto de que todos los muertos serán traídos de nuevo a la vida por Dios en el Día del Juicio, dando vida eterna a los justos y consignando a los impíos al Gehena. Pero la resurrección de Jesús el Mesías tiene implicaciones de mayor alcance. Se declara con poder que Jesús es el Hijo de Dios (Ro 1:2-6), por medio del cual todas las personas ganan ahora acceso a la salvación mediante su sacrificio en la cruz. Y, con su resurrección, esta nueva era del evangelio de la salvación se inaugura con el envío del Espíritu de Dios en Pentecostés. En su vida, muerte y resurrección, Jesús es el ejemplo de aquellos que serán regenerados y transformados a su imagen (Ro 6:1-11; 8.29; 1Co 15; 2Co 3:18).

(2) Jesús el Crucificado vive como el Resucitado. El mensaje del ángel a las discípulas tiene la intención de disipar la oscuridad que el palio de la muerte sostenía sobre ellas. Son testigos de primera mano de la muerte de Jesús en la cruz y de cómo su cuerpo fue llevado y colocado en una tumba. Probablemente temen la retribución por buscar a su líder ejecutado. Han venido a preparar el cuerpo de aquel que ellos habían esperado que fuera el que había de venir y al que Juan el Bautista apuntó, pero que ya solo es Jesús, el Crucificado. Al acercarse a la tumba, en la oscuridad del amanecer, un terremoto sacude la zona; se descubre que la piedra ha sido rodada, los asustados guardias romanos yacen como muertos en el suelo y se les aparece una resplandeciente figura angélica.

Este ser celestial las tranquiliza: "No tengan miedo; sé que ustedes buscan a Jesús, el que fue crucificado". Este ángel disipa los temores de las mujeres y de los seguidores de Jesús para toda la historia con estas palabras: "No está aquí, pues ha resucitado, tal como dijo. Vengan a ver el lugar donde lo pusieron". La resurrección de Jesús —corporal y física— se ofrece como la única esperanza contra la incertidumbre.

Es importante ver la relación de la resurrección y la crucifixión. Según Pablo, Jesús, como el Crucificado, era el centro de su mensaje a los corintios (ver 1Co 2:2). Mateo ha demostrado la poderosa relevancia de la cruz, y no niega este hecho. Aunque el ángel anuncia que Jesús ha resucitado, esto no significa que no haya sido crucificado, sino que ya no se encuentra en ese estado. Ahora es el Resucitado. Sin la resurrección, nosotros que creemos en Jesús somos dignos de lástima y no tenemos esperanza, porque la crucifixión en y por sí misma no fue eficaz (ver 1Co 15:17-19). El Crucificado es victorioso, porque es el Resucitado, y ya no estamos en nuestros pecados, porque Jesús fue crucificado y resucitó.

(3) La resurrección de Jesús restaura a hombres y mujeres a la igualdad del discipulado. Los relatos de la crucifixión y la resurrección nos enseñan muchas cosas sobre los propósitos de Dios para las mujeres en la vida y el ministerio de Jesús. A lo largo de este, Jesús restauró a los hombres y las mujeres a un nivel de igualdad que se negaba a muchas mujeres en el Israel del siglo I (ver comentarios sobre 12:46-50; 27:55-56). Al comisionar Jesús a las mujeres como primeros testigos de su resurrección, tenemos una de las verdades fundamentales de estos relatos (ver comentarios sobre 28:10).

Existen, asimismo, varios puntos que la acompañan y que es importante tener en cuenta. (a) Dios está concediendo un honor especial a esas mujeres. Son ejemplo del verdadero discipulado de Jesús, y por su fidelidad y valor reciben el privilegio especial de ser los primeros testigos de la tumba vacía y las apariciones postresurrección de Jesús. (b) Las mujeres son restauradas en la comunidad de fe de Jesús a su estatus original de igualdad con los hombres, porque ambos fueron creados a imagen de Dios (Gn 1:26-28). (c) Al ser ellas las que dan testimonio de la realidad del Señor Jesús resucitado, las mujeres quedan validadas como dignas del servicio más privilegiado en la comunidad de fe.

(4) La resurrección de Jesús sobrevive a los engaños. Mateo quiere que sus lectores sepan que desde el principio mismo hubo intentos de tapar la verdad de la resurrección de Jesús. Nadie podía negar la cruda realidad de una tumba vacía. Por tanto, los que tenían más que perder se vieron obligados a salir con una historia que justificara este hecho.

Para los principales sacerdotes, la resurrección de Jesús contradecía su teología saducea que negaba la resurrección (22:23). Esa teología los obligaba a negar cualquier cosa que fuera en su contra, de modo que refutaron los relatos de la resurrección corporal de Jesús. Era, asimismo, una amenaza contra su seguridad personal. De ser cierto que Jesús era el Mesías, el pueblo se volvería contra ellos por haberlo ejecutado. Y también ponía en peligro su posición de autoridad como líderes religiosos. No sabían cómo explicar lo que Jesús había hecho, de modo que, igual que los fariseos en Galilea, ellos también tuvieron que afirmar que Jesús actuó como lo hizo porque Satanás le daba su poder. No les quedaba más alternativa, porque de otro modo tendrían que reconocer que Jesús obró en el poder de Dios; pero su corazón endurecido no les permitía arrepentirse.

Los guardias también tenían mucho que perder. Lo único que tenían por seguro era que la tumba estaba vacía. Contaban historias de un terremoto, de la piedra rodada a un lado y de alguna criatura brillante y resplandeciente frente a ellos, pero aparte de esto no recordaban nada más. Se habían quedado como muertos, y esto implica que o bien se desmayaron o bien estaban tan paralizados por el terror y la impresión que quedaron incapacitados. De una forma u otra, habían cometido una grave negligencia y se enfrentaban a una posible ejecución por no haber sido capaces de proteger un enclave enemigo, en un territorio ocupado. La desesperación los obligó a colaborar con el ardid de los líderes judíos.

Los líderes religiosos y los guardias estaban igual de desesperados y el resultado fue el lamentable rumor que perduró hasta los días de Mateo, y más allá. Si Mateo hubiera inventado simplemente la historia para intentar perpetuar una resurrección mítica, lo único que los líderes religiosos necesitaban mostrar era el cuerpo de Jesús. Sin duda, a ellos les habría encantado poder hacerlo, porque la creencia generalizada de que Jesús había resucitado estaba causando agitación en los círculos judíos de toda Palestina y el más amplio mundo mediterráneo. No obstante, la tumba vacía seguía mirando fija e inexpresivamente a estos líderes judíos a la cara, y ellos solo podían esperar que algunos fueran lo bastante necios como para preferir el falaz rumor que ellos estaban difundiendo sobre la históricamente trascendental verdad de la resurrección de Jesús.

(5) El Maestro resucitado sigue formando a sus discípulos a través del manual mateano sobre el discipulado. La tremenda Gran Comisión, que en su énfasis particular honra la conclusión del Evangelio de Mateo, es una mirada hacia afuera, hacia adentro y hacia arriba.

Mirada hacia afuera. La Gran Comisión mira, obviamente, hacia afuera por su obligado empuje misionero de hacer discípulos de todas las naciones. El mundo de ahí afuera está perdido y muere sin un Salvador. La Gran Comisión final de Jesús se asegura de que no nos volvamos estrechos de miras, complacientes o insensibles. Debemos mirar hacia afuera y llevar las buenas nuevas del evangelio del reino de los cielos a personas de todas las naciones. El Evangelio de Mateo es un poderoso relato de cómo Jesús el Mesías entró en la historia con el propósito de redimir a la humanidad perdida. La misión de su vida para con el mundo se convierte en nuestro ejemplo cuando salimos con el amor apasionado que él sentía por las personas perdidas.

Mirada hacia adentro. La Gran Comisión también mira hacia adentro, porque habla de la transformación incesante de aquellos que se han convertido en discípulos de Jesús. Los discípulos individuales consideran su propia transformación en el discipulado personal por estar unidos en el bautismo a Jesús y a su comunidad de fe, y al rendir su obediencia a todo lo que Jesús ordenó. Solo esta obediencia puede producir transformación a la semejanza de Jesús.

Sin embargo, esto no puede realizarse solo. Los discípulos más maduros deben enseñar a otros discípulos cómo obedecer todo lo que Jesús mandó. La comunidad de discípulos busca dentro de sí misma para proporcionar ejemplos concretos, estímulo compasivo y una enseñanza estructurada e informal de la vida y las obras de Jesús en el proceso de enseñar a otros discípulos cómo obedecer todo lo que Jesús ordenó. Los demás Evangelios, y en realidad todas las Escrituras, son una fuente disponible. No obstante, el Evangelio de Mateo es un manual básico de discipulado, porque su estructura misma de relato alternado con discursos pone delante de los discípulos la colección más extensa de los mandamientos de Jesús, de palabra y hechos, que se pueda hallar en ningún otro lugar del Nuevo Testamento.

Mirada hacia arriba. La Gran Comisión también mira hacia arriba, porque los discípulos deben tener como Maestro y Señor solo al Jesús resucitado y ascendido. Ningún otro maestro puede suplantarlo, y no debemos considerar jamás que seamos maestro de ningún otro discípulo. Esta es una de las desviaciones más radicales de la forma de discipulado de Jesús con respecto a otras formas del mundo antiguo (*cf.* comentarios sobre 23:8-10). Lo que hace que esto sea posible es que Jesús promete estar con nosotros siempre, hasta el final mismo de la era (28:20). El Evangelio de Mateo nos asegura que, al caminar con Jesús por este mundo y en esta era, él provee continuamente para nosotros el ejemplo de vida, la dirección de sus palabras y la provisión de su poder para transformar de continuo nuestra vida desde el interior hacia el exterior, hasta que él regrese de nuevo en poder y gloria para establecer por completo su reino en la tierra.

Significado Contemporáneo

En los días anteriores a la comunicación electrónica o a los noticiarios informativos de veinticuatro horas, las noticias de las grandes ocasiones tenían que transmitirse principalmente por el boca a boca. En la Inglaterra del siglo XIX, las personas esperaban con ansiedad noticias sobre el resultado de la estratégica batalla de Waterloo, donde las fuerzas británicas bajo el mando del general Wellington se enfrentaban a las fuerzas francesas dirigidas por Napoleón. En lo más alto de la Catedral de Winchester se apostaba a un hombre con instrucciones de mantener la vista en el mar. Cuando recibiera un mensaje, debía pasárselo a otro hombre que estaba en una colina. Este debía transmitírselo a otro y así sucesivamente. De esta forma, las noticias del resultado de la batalla llegaban a Londres y, a continuación, se difundían por toda Gran Bretaña.

Por fin se distinguió un barco a través de la niebla, que en aquel día cubría espesa el canal. El encargado de las señales de a bordo envió la primera palabra: *Wellington.* La siguiente era *derrotado.* Entonces la niebla se cerró y ya no se veía el barco. "¡Wellington derrotado!". El trágico mensaje se envió por toda Inglaterra, y una gran tristeza descendió sobre la campiña. Tras unas pocas horas, la niebla se alzó y la señal regresó: *¡Wellington ha derrotado al enemigo!* Ahora, el mensaje completo recorría de nuevo la campiña a toda prisa, pero esta vez la nación se regocijó.

James Montgomery Boice narra esta historia y a continuación establece el impresionante paralelismo de que, cuando Jesús sufrió su muerte cruel en la cruz, sus seguidores se hundieron en la tristeza más profunda. Al parecer, Jesús había sufrido una trágica derrota, y las esperanzas de sus seguidores murieron con él. Sin embargo, tres días después, la niebla se alzó y llegó el mensaje completo: "¡Jesús ha resucitado! ¡Jesús ha derrotado al enemigo!".[70]

Mirando tan solo a la crucifixión, los seguidores de Jesús no contaron con todo el mensaje de su misión. Debían mirar más allá, a la resurrección. No obtenemos el mensaje completo de Jesús a menos que tengamos toda la imagen panorámica. Podemos familiarizarnos tanto con la historia de Jesús que no lleguemos a experimentar el asombroso impacto que la crucifixión, y después la resurrección, tuvieron en sus primeros seguidores. A veces es necesario mirar a través de los ojos de otra persona.

Cuando nuestras hijas eran pequeñas, inicié la costumbre de leerles antes de que se fueran a la cama, luego hablábamos sobre la lectura, orábamos con ellas antes de que se acostaran. Yo todavía era un cristiano relativamente nuevo, y, explorando lecturas diversas, se abrió todo un mundo al contemplar las historias a través de los ojos de ellas.

Alguien sugirió que les leyera *Las crónicas de Narnia* de C. S. Lewis. Los libros apologéticos del profesor Lewis me habían influenciado profundamente cando vine a la fe, tan solo unos cuantos años antes, pero jamás había leído una de sus historias de ficción. De modo que nos pareció que aquello sonaba bien y empezamos a leer toda la colección. Mientras leíamos el primer volumen, *El león, la bruja y el armario,* una honda tristeza se apoderó de nosotros cuando

70. Citado en Boice, *The Christ of the Empty Tomb,* 79-80.

Aslan, el gran león, fue sacrificado. Su inmensa melena fue afeitada, lo ataron con cuerdas y, allí, sobre la Mesa de Piedra, hundieron un cuchillo malvado en su cuerpo para apaciguar la Magia Insondable provocada por Edmund, el niño necio y egoísta.

Aquella noche, nuestras hijitas y yo nos sentimos apesadumbrados mientras hablamos y oramos. Solo tenían ocho y cuatro años por aquel entonces, pero yo podía asegurar que nuestras pequeñas estaban profundamente impactadas por la historia, ya que las lágrimas corrían por sus mejillas por el amado Aslan.

La noche siguiente, cuando leímos el capítulo que seguía, fue uno de los momentos más emocionantes que compartimos jamás. Cuando las niñas de la historia, Lucy y Susan, fueron a comprobar qué le había sucedido a Aslan, el gran león apareció ante ellas, vivo otra vez. Los tres estábamos locos de alegría. Leí las palabras de la historia, pero con un gran nudo en la garganta, y los tres estuvimos a punto de llorar de gozo. Cuando las pequeñas de la historia brincaban de alegría por la cima de la colina con Aslan, mis niñas saltaban de gozo por todas partes, en su dormitorio. ¡Qué conversación tuvimos aquella noche! Sobre la muerte, sobre la vida, sobre Jesús que murió por nosotros y resucitó para liberarnos y brincar por la vida con nosotros.

Fue una hermosa experiencia que no hemos olvidado nunca, y ya han pasado casi veinte años. Tal vez fue una experiencia más bella para mí, al contemplar a través de los inocentes ojos de mis hijitas la muerte y la resurrección de Jesús. Una especia de niebla se disipó de mis propios ojos, de manera que la muerte y la resurrección de Jesús fueron tan reales para mí como la posible muerte y resurrección de mis propias hijas. Ellas no han experimentado aún la muerte, pero lo harán, y solo aferrándonos a la verdad de la resurrección se puede quitar el aguijón. Nuestra hija mayor ya había profesado a Jesús como su Salvador en aquel tiempo, pero, tan solo un par de semanas después de aquello, la pequeña preguntó si podía pedirle a Jesús que entrara en su corazón, como su hermana, mamá y papá habían hecho. Y ahora, porque Jesús vive, todos podemos enfrentarnos al mañana con total confianza.

Aunque breve, el relato que Mateo hace de la resurrección de Jesús y de su posterior aparición a sus discípulos en Galilea nos brinda algunos puntos inmensamente relevantes para que meditemos en ellos.

(1) La perspectiva de la resurrección sobre la vida. Mateo nos enseña cuán sumamente importante es mantener la perspectiva de la resurrección sobre la vida. La tumba vacía es un hecho demostrable de la historia a la que el ángel apuntó. Es muy probable que las mujeres estuvieran igual de aterradas que los guardias, pero, al escuchar al ángel y centrarse en la sepultura vacía, su mundo dio un giro radical. Seguían sin entenderlo del todo, con la mezcla de temor y gozo que sentían, pero al encontrarse con el Jesús resucitado todo empezó a encajar. Ahora vieron quién era Jesús en realidad, y se postraron para adorarlo. Sus vidas no volverían a ser las mismas, porque su Maestro no es tan solo un líder religioso ni una autoridad, sino el Dios del universo. Esta debió de ser también la reacción de los once que adoraron a Jesús cuando se les apareció en Galilea. Los que no tuvieron este encuentro con el Jesús resucitado dudaron, pero quienes vivieron la experiencia lo adoraron (28:16-17).

Nuestra vida será como la de ellos si mantenemos la perspectiva de la resurrección. Mantener la mirada fija en la evidencia histórica de la tumba de Jesús vacía abrirá para nosotros el encuentro con él a nivel personal, en el que no solo será una figura religiosa, sino nuestro Dios. Como hemos visto desde el principio de nuestro estudio de este Evangelio, Mateo quiere que sepamos que el cristianismo es una fe basada en la historia, una fe en la que descubrimos la prueba creíble de que Dios ha entrado en la historia en la persona de Jesús el Mesías. Entre la crucifixión y la resurrección, los discípulos debieron de pensar que las cosas habían llegado a un trágico final. Sin embargo, la realidad es que se estaba preparando su discipulado con Jesús para ser imbuido de una nueva realidad. Lo mismo ocurre con nosotros; la realidad de nuestra experiencia de discipulado está basada y tiene su punto de partida en la resurrección de Jesús.

Al aprender a considerar la vida a través de la tumba vacía, todo lo demás entra en perspectiva. Nuestra carrera adopta una perspectiva eterna, para que podamos colocar nuestras prioridades de tiempo, finanzas y éxito en línea con la voluntad de Dios para nuestras vidas. Igualmente, nuestro matrimonio se convierte en una vida compartida con otro compañero discípulo de Jesús conforme nos vamos apoyando el uno al otro para cumplir el llamado de Dios para nosotros, tanto de forma individual como en pareja. De manera similar, ya sea la enfermedad de nuestros padres, la muerte de un hijo o nuestra propia batalla repentina con el cáncer, la tumba vacía pone toda nuestra tristeza en perspectiva cuando sabemos que, porque Jesús vive, podemos enfrentarnos al mañana y hacer planes para toda una eternidad.

Las discípulas que corrieron a contarles a los demás que la tumba estaba vacía de repente sienten que su mundo está boca abajo. No volverán a ser las mismas. No obstante, su experiencia de temor y gozo debería servir de instrucción para nosotros. Jesús, como el gran león Aslan, no puede ser domado. Más adelante en la historia, el señor Castor advierte a los niños: "Un día verán ustedes a Aslan y al otro, no. A él no le gustan las ataduras [...] además tiene otros países que atender. Todo está bien. Se dejará caer por aquí con frecuencia. Pero no deben presionarlo. Al fin y al cabo, es un león salvaje, no está *domesticado*".[71]

No podemos domar a Jesús. Él es nuestro Señor, Dios y Maestro. Cuando y dondequiera que él se deje caer en nuestra consciencia, debemos estar preparados para adorarlo, ya sea en la escuela, el mercado, el gimnasio o en la playa.

71. C. S. Lewis, *El león, la bruja y el armario* (Barcelona: Editorial Planeta, 2010), 1:149 del original inglés.

Desconocemos nuestro futuro, pero él sí lo conoce. Y lo único que nos pide es que estemos listos para cualquier cosa que nos llame a ser o a hacer. Aunque trastoque nuestra zona de comodidad, él estará allí para crear un nuevo espacio seguro entre sus brazos amorosos. A continuación, de las profundidades de nuestro ser surge el gozo al vivir centrados en el Salvador resucitado.

(2) Poder de resurrección para la vida. La resurrección y la siguiente escena de Mateo, donde Jesús hace la Gran Comisión, destilan poder supremo. Jesús, al que consideraron "incapaz de salvarse a sí mismo", es ahora el receptor de un poder que lo levantó de los muertos. Su resurrección va acompañada de un terremoto, un ángel y una enorme piedra que se aparta de la entrada de la tumba. Pero aquel alarde de poder palidece comparado con la resurrección misma. Y el poder del ejército romano, representado en los guardias, se estremece y cae frente a estos acontecimientos. En la escena de la Gran Comisión, los puristas monoteístas judíos sucumben y adoran al Jesús resucitado, quien entonces declara que toda autoridad en el cielo y la tierra le ha sido dada a él. No hay mayor autoridad, y él tiene el poder para respaldar su afirmación.

En realidad, los seres humanos no conocen un poder semejante a este. Imagina el poder de un camión de ocho cilindros o de una inmensa grúa de construcción. Piensa en el poder que hay tras la iluminación de una ciudad del tamaño de Nueva York. Figúrate el poder de una bomba de hidrógeno que pueda eliminar una ciudad como esa. Como seres humanos, tenemos mucho poder para hacer el bien y mucho para hacer el mal. Pero, con todo ese poder, somos incapaces de resucitar a alguien de los muertos. Para resucitar a Jesús fue necesario el poder de la Deidad, y esto no es sino una porción de su poder, ya que él ejerce "toda autoridad en el cielo y en la tierra".

Ahora, ese Jesús resucitado mora en cada uno de sus discípulos, y ese es el tipo de poder que está disponible para nosotros, para que vivamos el tipo de discipulado al que él nos llama. Un maravilloso pasaje de la carta de Pablo a los efesios expone exactamente esto para nosotros. En Efesios 1:19-21 el apóstol ora así:

> Pido también que les sean iluminados los ojos del corazón para que sepan a qué esperanza él los ha llamado, cuál es la riqueza de su gloriosa herencia entre los santos, y cuán incomparable es la grandeza de su poder a favor de los que creemos. Ese poder es la fuerza grandiosa y eficaz que Dios ejerció en Cristo cuando lo resucitó de entre los muertos y lo sentó a su derecha en las regiones celestiales, muy por encima de todo gobierno y autoridad, poder y dominio, y de cualquier otro nombre que se invoque, no sólo en este mundo sino también en el venidero.

Nótese que ese poder por el que Pablo ora será nuestro para nuestra vida cotidiana. Ese es el poder que está a nuestra disposición para que vivamos nuestro discipulado con Jesús.

De modo que, cuando vivimos con la perspectiva de la resurrección, debemos centrar nuestras vidas de tal manera que podamos acceder al poder de la resurrección. Entonces tendremos el poder de llevar a cabo cualquier cosa que Jesús nos llame a hacer: controlar nuestro carácter, vencer adicciones, permanecer fieles a nuestros compromisos, mantener la paciencia con un padre o una madre que demuestren una demencia creciente. Cualquier cosa que nos llegue en la vida, el discipulado del Jesús resucitado incluye el poder de realizarla.

Este poder inherente a la resurrección de Jesús nos proporciona gran valentía cuando hacemos lo que Jesús pide de nosotros. Por grande que fuera el ministerio público de Jesús antes de su muerte, fue su resurrección la que se convirtió en el fundamento del mensaje apostólico. En la iglesia primitiva se resume este mensaje principal: "Los apóstoles, a su vez, con gran poder seguían dando testimonio de la resurrección del Señor Jesús. La gracia de Dios se derramaba abundantemente sobre todos ellos" (Hch 4:33). El mensaje de Pablo puso el foco en "las buenas nuevas de Jesús y de la resurrección" (17:18), que fue la base de su teología (1co 15:14-19). Peter Kreeft y Ronald Tacelli argumentan que la resurrección es fundamental para todo mensaje y toda vida:

> Las consecuencias existenciales de la resurrección son incomparables. Es la prueba concreta, objetiva y empírica de lo siguiente: la vida tiene esperanza y sentido; "el amor es más fuerte que la muerte"; la bondad y el poder son aliados supremos, no enemigos; la vida gana al final; Dios nos ha tocado justo aquí, donde nos encontramos, y ha derrotado a nuestro último enemigo; no somos huérfanos cósmicos, como nuestra cosmovisión secular moderna quisiera hacernos creer. Y estas consecuencias existenciales de la resurrección pueden verse si comparamos a los discípulos antes y después de ella. Antes huyeron, negaron a su Maestro y se apiñaron tras las puertas cerradas, llenos de temor y confusión. Después, fueron transformados; dejaron de ser conejos asustados y se convirtieron en santos confiados, misioneros que cambiaron el mundo, mártires valientes y embajadores itinerantes de Cristo llenos de gozo.
>
> La importancia principal de la resurrección no está en el pasado: "Cristo resucitó", sino en el presente: "Cristo ha resucitado". El ángel junto a la tumba preguntó a las mujeres: "¿Por qué buscan ustedes entre los muertos al que vive?" (Lc 24:5). Se podría formular hoy la misma pregunta a meros historiadores y eruditos. Si al menos no mantuviéramos a Cristo momificado en un ataúd que llevara la etiqueta de "historia" o "apologética", él haría arder nuestra vida y el mundo de la misma forma poderosa en que lo hizo hace dos milenios; y nuestro nuevo imperio pagano se pondría en guardia, prestaría atención, se frotaría los ojos, se maravillaría y volvería a

convertirse por segunda vez. Tal es la trascendencia existencial de la resurrección.[72]

Mantener la perspectiva de la resurrección en la vida tiene el mismo potencial de prender un fuego en *nuestra* vida con el poder de la resurrección. Si reconocemos los beneficios y el poder inherente a la resurrección, ¿qué tenemos que perder? La muerte ya ha perdido su aguijón; ya no puede limitarnos, como tampoco fue capaz de derrotar a Jesús. Esto nos proporciona gran valentía cuando vamos llevando el mensaje del evangelio al mundo y comprometiendo nuestra vida con el programa del reino de Jesús.

(3) La persuasión de la resurrección contra las mentiras. El autor del siglo XVIII, Daniel Defoe, con frecuencia considerado el fundador de la novela moderna, escribió cuentos clásicos como *Robinson Crusoe* (1719) y *Moll Flanders* (1722). Escribió, asimismo, un ingenioso poema satírico, *The True Born Englishman* [El verdadero inglés] (1701), en el que decía:

> Dondequiera que Dios erige una casa de oración,
> el diablo siempre construye una capilla;
> y, si lo examinamos, descubriremos
> que la segunda cuenta con una congregación mayor.[73]

En ocasiones, las buenas nuevas parecen demasiado buenas para ser verdad. Con frecuencia lo son, pero el diablo suele intentar tomar las nuevas realmente buenas y convertirlas en un engaño, y este acaba pareciendo más creíble para el corazón endurecido que la verdad. Los líderes religiosos tuvieron la oportunidad de conocer la verdad que habría transformado sus vidas, como hizo con aquellos sacerdotes que se convirtieron en obedientes discípulos de Jesús después de Pentecostés (Hch 6:7). Pero su dureza de corazón contra el mensaje de Dios los hizo rechazar la verdad e intentar sustituirla por el fraude de Satanás (28:11-15).

La resurrección de Jesús siempre tendrá sus disidentes. La vida del discipulado es una vida de oposición, y debemos esperar rechazo por parte de quienes son del mismo parecer que los líderes religiosos. Mateo observa que la historia inventada de que el cuerpo de Jesús había sido robado "hasta el día de hoy ha circulado entre los judíos" (28:15). La duda sobre la resurrección de Jesús es una realidad en este mundo, a causa de la naturaleza endurecida del corazón de las personas. Deberíamos tomarlo como un estímulo en medio de las dudas de los demás, así como un estímulo para defender la realidad de la resurrección. El apóstol Pedro escribe: "Estén siempre preparados para responder a todo el que les pida razón de la esperanza que hay en ustedes" (1P 3:15).

---

72. Peter Kreeft y Ronald K. Tacelli, *Handbook of Christian Apologetics* (Downers Grove, Ill.: InterVarsity Press, 1994), 177.
73. Daniel Defoe, *The True Born Englishman* (1701), pt. 1, 1.1.; citado en "Defoe, Daniel", *Encyclopædia Británica* (2003).

Las personas siguen usando la hipótesis del "cuerpo robado" para intentar desacreditar el cristianismo, y no podemos ser negligentes en nuestra defensa del evangelio y en la demostración de la cosmovisión cristiana en una cultura que cuestiona la resurrección de Jesús. Como vimos con anterioridad, gran parte de la dureza de corazón de los líderes religiosos estaba relacionada con sus nociones preconcebidas de lo que significa mantener una relación correcta con Dios. Hoy, estas nociones preconcebidas que impiden que los individuos acepten la realidad de la muerte y la resurrección de Jesús incluyen la cosmovisión naturalista que insiste en la imposibilidad de que estos tipos de milagros ocurran; de ahí que deba haber alguna clase de explicación naturalista. Las razones pueden ser diferentes, pero los individuos de corazón duro siempre hallarán motivos para rechazar la revelación que Dios nos ha hecho y nuestras tácticas deben ajustarse para tratar con estas objeciones.

(4) El propósito de la resurrección para la vida. La conclusión de cualquier libro, carta o tratado suele contener una declaración explícita o un resumen del propósito del autor para escribirlos; Mateo no es una excepción. En sus versículos finales, nos proporciona una afirmación que se hace eco de la relevancia de la resurrección de Jesús para sus seguidores. F. Dale afirma:

> ¿Acaso ha ocurrido alguna vez algo parecido a la resurrección de Jesucristo? Los cristianos no lo creen. Precisamente porque es *el acontecimiento* por excelencia, resulta casi de forma natural que la gran responsabilidad de aquellos que conocen este suceso es, por supuesto, la Misión. La resurrección no ocurre porque sí, y el Evangelio de Mateo no acaba, por tanto, con la resurrección, sino con la Gran Comisión de la misión a nivel mundial.[74]

Porque Jesús vive, nuestra vida tiene un propósito que nos impulsa. Seamos o no misioneros profesionales itinerantes por el mundo, todos nosotros tenemos el llamamiento fundamental de hacer discípulos de todas las naciones, y el Evangelio de Mateo nos muestra cómo hacerlo.

Este libro pretende, al menos en parte y como herramienta de consulta, ayudar a los discípulos de Jesús en su tarea de hacer otros discípulos y contribuir a su desarrollo. Se puede considerar un "manual sobre el discipulado". Mateo señala a Jesús como Señor y Maestro supremo, y enfatiza que su vida y su enseñanza produjeron en sus discípulos la obediencia a la verdad de la revelación de Dios y la facultad de comprenderla. Esas mismas obediencia y comprensión seguirán siendo la marca distintiva de los discípulos, y su Evangelio es de fácil utilización para este propósito.

Como en el ministerio de Jesús, debemos llamar a las personas al arrepentimiento y a creer en el evangelio del reino. Así es como se convierten en discípulos. A continuación, debemos involucrarlos en la familia de la fe cuando son

74. Bruner, *Matthew,* 2:1072.

bautizados, declaran en público su lealtad a Jesús y se identifican con la comunidad de los discípulos. Quizás donde más hayamos fracasado sea al llevar a cabo la directriz de la última subordinada de participio: "... enseñándoles a obedecer todo lo que les he mandado a ustedes". ¿Tienes una estrategia personal para hacer esto? Por carecer nosotros personalmente, y la mayoría de nuestros ministerios, de dicha estrategia, muchos han denominado a esto la *Gran Omisión* de la Gran Comisión.

Sin embargo, aquí es donde podemos aprender de la historia y poner atención al propósito de Mateo para escribir su Evangelio. Durante gran parte de la historia de la iglesia se usó el Evangelio de Mateo como una de las herramientas catequéticas principales para enseñar a los discípulos cómo obedecer todo lo que Jesús mandó.[75] Con sus secciones alternas de relato y discurso, nos proporciona una de las imágenes más completas de las acciones y las palabras de Jesús. Dicho de otra forma, Mateo ha recogido todo el ministerio de la vida de Jesús para que pueda transmitirse a las generaciones sucesivas de la iglesia. Dado que el discipulado es básicamente equivalente a la enseñanza sobre la formación espiritual que encontramos en las Escrituras, Mateo nos ha proporcionado una valiosa herramienta para nuestro crecimiento en la vida cristiana y en una obediencia completa a Cristo.

Los cinco discursos principales van dirigidos al desarrollo de los discípulos y pretenden instruirnos en lo que significa ser la clase exclusiva de discípulo de Jesús, a la vez que nos lo aclara. Pero también vemos que existe una progresión en los discursos que trata la plenitud de la vida del discípulo. En empuje básico de cada discurso apunta a ese tipo de conjunto cabal que podemos ver brevemente en un resumen de cada discurso y en el tipo de discípulo que resultará de cada uno de ellos.

El *Sermón del Monte* desarrolla *discípulos de la vida del reino* (caps. 5–7). Jesús expone la realidad de un discipulado radical, diario, vivido en la presencia y en el poder del reino de Dios dentro del mundo cotidiano. Como discípulos suyos, deberíamos ser una demostración viva de la realidad de la clase de vida que está disponible para todos.

El *Encargo de la Misión* desarrolla *discípulos guiados por la misión* (cap. 10). Jesús encarga a todos sus discípulos que salgan a compartir y a vivir el evangelio del reino de Dios a un mundo extraño y, con frecuencia, hostil.

La *Revelación de las Parábolas* desarrolla *discípulos del reino clandestino* (cap. 13). Por medio de sus parábolas, Jesús pone a prueba el corazón de la multitud, para revelar si el mensaje del reino ha arraigado y está produciendo fruto. Desvela, asimismo, a sus discípulos lo que significa para ellos vivir como súbditos del reino en un mundo que todavía no ha experimentado la consumación completa del reino de Dios.

75. Guthrie, *New Testament Introduction,* 21.

Las *Prescripciones de la Comunidad* desarrollan *discípulos basados en la comunidad* (cap. 18). Jesús muestra cómo debe expresarse la vida del reino por medio de la iglesia que él establecerá en la tierra. El discipulado debe manifestarse por medio de una iglesia que se caracteriza por la humildad, la responsabilidad, la pureza, la rendición de cuentas, el perdón, la reconciliación y la restauración.

El *Discurso del monte de los Olivos* desarrolla *discípulos que son residentes expectantes* (caps. 24–25). Jesús contempla el largo corredor del tiempo y profetiza a sus discípulos sobre su regreso, el final de la era y el establecimiento de su trono mesiánico. Describe cómo han de vivir cada día en esta era de la consumación del "ya, pero todavía no" del reino de Dios, en expectante preparación para cuando él regrese con poder.

Con una estrategia intencionada para desarrollar este tipo de discípulo, el Evangelio de Mateo se convierte en la pauta dada por Dios para el desarrollo que él quiere. Una vez le oí decir a alguien que la iglesia está llena de "discípulos indisciplinados". En otras palabras, aunque podamos estar comprometidos con misiones hasta el punto de *salir* al mundo y participar en la *evangelización,* que produce discípulos, y en el *bautismo,* que abraza a los discípulos, no hemos cumplido los propósitos de Jesús hasta que nos hayamos comprometido del mismo modo en llevar a cabo el resto de la Gran Comisión: enseñar a los discípulos a obedecer todo lo que Jesús mandó. Este es el propósito subyacente al Evangelio de Mateo y es el propósito del Jesús resucitado al llamarnos para que realicemos, de una forma completa, su Gran Comisión.

El dicho final de Jesús en este Evangelio es lo que nos proporciona la mayor seguridad con la que podemos llevar a cabo su propósito en nuestra vida, porque él promete incondicionalmente: "Y les aseguro que estaré con ustedes siempre, hasta el fin del mundo" (28:20). Nuestro discipulado con el Jesús resucitado sigue siendo nuestra mayor fuente de consuelo, poder y seguridad. Como Mateo ya ha demostrado una y otra vez, la llegada de Jesús inició la mayor revolución que la historia haya conocido jamás. Comienza en el corazón, donde Jesús entra y empieza la transformación. Pero, a continuación, se extiende a todos los ámbitos de nuestra vida, de manera que nuestra vida física, emocional, de pensamiento y relacional se ve impactada por el poder del reino de los cielos. Le pido a Dios que, al acabar el estudio de este magnífico Evangelio, nuestra vida también se haya visto revolucionada.

Nos agradaría recibir noticias suyas.
Por favor, envíe sus comentarios sobre este libro
a la dirección que aparece a continuación.
Muchas gracias.

Editorial Vida®
.com

Vida@zondervan.com

www.editorialvida.com